金融科技丛书

Quantitative Risk Management

Concepts, Techniques and Tools

(Revised Edition)

量化风险管理

概念、技术和工具

（修订版）

[英] Alexander J. McNeil
[德] Rüdiger Frey 著
[瑞士] Paul Embrechts

卜永强 译

電子工業出版社
Publishing House of Electronics Industry
北京•BEIJING

内 容 简 介

近几十年来，金融风险管理领域随着金融工具和市场的日益复杂以及金融服务业监管的不断加强而迅速发展。本书专门讨论这个领域中出现的量化建模问题，对量化风险管理的理论概念和建模技术进行了最全面的处理，描述了该领域的最新进展，涵盖了市场、信用和操作风险建模的方法。它将标准的行业方法置于更正式的基础之上，并探索了诸如损失分布、风险度量、风险聚合和分配原则等关键概念。这本书的方法借鉴了不同的定量学科，从数学金融和统计学到计量经济学和精算数学。贯穿始终的一个主要主题是，需要令人满意地解决极端结果和关键风险驱动因素的依赖性。

无论你是金融风险分析师、精算师、监管人员还是量化金融相关专业的学生，本书都可为你提供解决实际问题所需的实用工具。

图书在版编目（CIP）数据

量化风险管理：概念、技术和工具：修订版 /(英) 亚历山大 · J. 麦克尼尔 (Alexander J. McNeil), (德) 吕迪格 · 弗雷 (Rüdiger Frey), (瑞士) 保罗 · 艾布奇茨 (Paul Embrechts) 著；卜永强译. – 北京：电子工业出版社, 2020.1

（金融科技丛书）

书名原文：Quantitative Risk Management: Concepts, Techniques and Tools(Revised Edition)

ISBN 978-7-121-37689-4

I. ①量…II. ①亚…②吕…③保…④卜…III. ① 金融风险－风险管理 IV. ①F830.9

中国版本图书馆 CIP 数据核字 (2019) 第 243594 号

责任编辑：高洪霞

印　　刷：三河市良远印务有限公司

装　　订：三河市良远印务有限公司

出版发行：电子工业出版社

　　　　　北京市海淀区万寿路 173 信箱　　　邮编：100036

开　　本：787×1092　1/16　　印张：36.25　　字数：928 千字

版　　次：2020 年 1 月第 1 版（原著修订版）

印　　次：2022 年 1 月第 5 次印刷

定　　价：199.00 元

凡所购买电子工业出版社图书有缺损问题，请向购买书店调换。若书店售缺，请与本社发行部联系，联系及邮购电话：（010）88254888，88258888。

质量投诉请发邮件至 zlts@phei.com.cn，盗版侵权举报请发邮件至 dbqq@phei.com.cn。

本书咨询联系方式：（010）51260888-819，faq@phei.com.cn。

译者序

《量化风险管理：概念、技术和工具》（修订版）系统、全面地阐述了量化风险管理中的理论概念和建模方法，覆盖了风险管理中市场风险、信用风险和操作风险的建模，为解决现实问题提供了很多实用的工具，在国外早已成为精算师、咨询师、风险管理人员和监管机构等金融从业人员手头必备的工具书。本书英文版曾作为北京大学、复旦大学、上海交通大学和中国人民大学等国内大学的本、硕教材使用。本书将金融风险理论与严谨的数学推导紧密结合，能够使读者更为详细地了解金融风险模型，对于精于计算、渴望探索金融风险管理背后的科学本质并希望建立易于理解的知识体系且较为独立的研究生来说，将会非常有帮助。

中国金融市场从 1990 年上海证券交易所成立以来已经走过了 29 个年头，得以长足发展。银行业在 2004 之后开始了股份制改革。在完成股份制改革之后，商业银行内部风险管理能力持续增强。银行业同时积极参与国际银行业监管改革和标准制定，金融监管体制不断完善。近 10 年巴塞尔 III 和偿付能力二代的实施在有效地提高了金融机构抗风险能力的同时，对防范金融风险提供了有效的手段。近些年风险事件频发，金融机构原有的风险管理模式正在接受挑战，金融科技基于大数据、云计算、人工智能等一系列创新技术，全面应用于金融的各大领域，是金融业未来的主流趋势。本书在结合了金融数学、保险数学、统计学等学科之后建立了一套量化风险管理体系，填补了银行、保险公司及其他领域具有广泛跨学科技能的量化风险管理人员的需求。

本书英文版的起源追溯至 1996 年 A.M 和 R.F. 跟随 P.E. 在苏黎世联邦理工学院 (ETH) 进行的博士后研究。巴塞尔协议是金融行业最重要的监管准则，“巴塞尔”一词取自瑞士东北部风景秀丽小城巴塞尔。国际清算银行作为致力于国际货币政策和财政政策合作的国际组织，总部位于瑞士的巴塞尔，其是世界上最早的国际金融组织，目前由 60 个国家地区的中央银行或金融管理当局组成。巴塞尔银行监管委员会于 1974 年年底成立，作为国际清算银行的一个正式机构，以各国中央银行官员和银行监管当局为代表。苏黎世联邦理工学院作为位于瑞士的全球顶级高校，其教授自然承担了很多巴塞尔协议标准的制定工作。三位作者作为该校教授，其优秀的理论基础加上一直与业界的合作交流，使本书成为理论与实践结合的典范。在出版之前，本书英文版内容一直作为该校高年级本科生和硕士生的课程讲义，经过 10 多年的锤炼才得以成书。本书英文版现在已成为欧美众多高校的教材，也成为华尔街、伦敦金融城从事量化风险管理人员的案头参考书籍。

翻译本书的想法由来已久，本人在瑞典查尔姆斯理工大学攻读数学硕士期间，曾学过金融风险管理和金融时间序列两门课程，本书第 1 版严谨的数学推导和丰富的案例给予我很多帮助。硕士毕业之后本人有幸拿到 Maxwell 全额奖学金并于 2007 年开始在爱丁堡跟随 A.M. 攻读博士学位。博士毕业之后，跟导师提过翻译本书第 1 版的想法，但由于修订版正在酝酿之中，遂决定等修订版出版之后直接翻译修订版。2015 年英文修订版出版之后，由于本人忙于各类琐碎事情，直到今年才得以完成。

作为译者，本人能够深刻体会到将一本这样大篇幅的著作翻译成中文的艰巨。在此，我要感谢使这本书能够成功面世的人们：感谢曾经在翻译过程中提供支持与鼓励的众多业界朋友们，包括陈娟、蔡晔、黄定江、李迅、廖毅琴、陆琤、苏剑晗、屠昕怡、谭言覃、谢朓、周军龙、朱燕和郑昱盈（按姓名首字母排序）。同时，感谢曾经的一些学生们，感谢他们在本书翻译过程中提供有价值的反馈。另外谢谢编辑高洪霞的贡献，没有她的努力，中文版的问世是不可能的。

卜永强

上海

2019/11/7

序　　言

为什么要写这本书　近几十年来，金融风险管理领域随着金融工具和市场的日益复杂以及金融服务业监管的不断加强而迅速发展。本书专门讨论这个领域中出现的定量建模问题。由于多年来与行业专业人士和监管机构进行讨论和项目合作，我们觉得有必要出版一本在技术水平上可被接受的量化风险管理（QRM）教科书，主要针对业内人士和进入该领域的学生。

我们试图汇集这一主题的课程核心材料并建立一套方法论体系。这些材料及其呈现方式代表了我们自己的融合观点，这些观点来自金融数学、保险数学和统计学的视角。我们认为，将这些观点结合在一起的一本书，填补了现有文献的空白，并适应对银行、保险公司及其他领域具有广泛跨学科技能的量化风险管理人员的需求。

第 2 版更新了哪些内容　本书为原书第 2 版，做了广泛的修订和拓展，以反映自 2005 年第 1 版以来 QRM 方法论的持续发展。这期间包括 2007—2009 年的金融危机，在这场危机中，许多方法都受到了严峻的考验。虽然我们增加了细节，但令我们倍受鼓舞的是，我们无须根据金融危机修改第 1 版的主要内容。事实上，这些内容中的许多主题（极值和极值依赖的重要性、系统风险以及投资组合信贷模型中固有的模型风险）被证明是此次危机的核心问题。

尽管在第 1 版的内容侧重巴塞尔协议和银行业，但我们在第 2 版中增加了更多与偿付能力 II 和保险相关的内容。此外，方法论部分现在很自然地从讨论银行和保险公司的资产负债表和业务模式开始。

第 2 版包含了 4 章对信用风险的扩展内容，其中包括关于信用组合衍生工具和交易对手信用风险的新材料。有一章新的市场风险内容，汇集了更多关于将投资组合映射到市场风险因素以及应用和反测试统计方法的细节。我们还拓展了对风险度量和风险聚合等基本主题的处理方式。

我们修改了本书的结构以方便教学使用。这些章节比第 1 版略短，但我们将更多高级或专业材料放在一系列专题章节中。这些章节分为 4 个部分：（I）QRM 简介；（II）方法篇；（III）应用篇；（IV）专题。

本书为谁而写？　本书主要是一本 QRM 课程的教科书，针对高年级本科生或研究生以及金融行业的专业人士。概率论和统计学的知识至少达到大学数理统计专业基础课程的水平，熟悉本科微积分和线性代数是基本的先决条件。事先接触一些金融、经济或保险方面的知识虽然不是绝对必要的，但将有助于更好地理解某些章节。

本书的第二功能是可作为风险专业人员的参考书，其对于清晰简洁地处理在实践中使用的概念和技术非常感兴趣。因此，我们希望它能够促进监管机构、最终用户和学术界之间的沟通。

本书的第三类读者是在该领域工作的研究人员。大多数章节能够把读者带到当前的前沿、实际相关的研究，并包含广泛的、注释的参考资料，引导读者阅读大量的文献。

使用本书的方法 本书作为教材已经给苏黎世联邦理工大学（ETH Zurich）、苏黎世大学、莱比锡大学、赫瑞瓦特大学、伦敦政治经济学院和维也纳经济与商业大学的本科生和研究生使用过。它还被用于面向风险管理人员、精算师、咨询师和监管机构的专业培训课程。基于这一经验，我们可以提出一些使用这本书的方法。

尽管具体如何选择第 2~3 部分的材料取决于课程的重点，一般一门授课式课程内容将结合第 1~3 部分的材料。第 1 部分的第 2~3 章通常是核心的教学模块，而第 1 章可能被指定为背景阅读材料。

关于 QRM 的完整课程可以基于第 1~3 部分的全部内容。入门课程最少需要两个学期，每周三四个小时，当然详细的介绍需要更长时间。精算师的企业风险管理（ERM）定量课程将遵循非常类似的选择，可能会省略第 11~12 章中的内容，其中包含巴塞尔协定要求的投资组合的信用风险建模的基本细节和投资组合信用衍生品内容。

对于信用风险建模课程，有很多材料可供选择。两个学期的全面课程将包括第 1 部分（可能省略第 3 章），第二部分的第 6~7 章，以及第 3 部分的第 10~12 章。第 4 部分关于交易对手信用风险的资料（第 17 章）也可以纳入。

一学期的市场风险专业课程可以基于第 1 部分的第 4 ~ 5 章、第 2 部分的第 6 章和第 3 部分的第 9 章。金融计量经济学家风险管理导论可以遵循类似的选择，但可能需要涵盖第 2 部分的所有章节。

当然我们还可以设计更专业的课程，例如基于第 2 章、第 7 章和第 8 章的风险度量和风险聚合概念课程。此外，各章节的材料可以作为有趣的例子，使多元分析、时间序列分析和广义线性建模等主题的统计课程更加生动。在第 4 部分中有许多适合研究生和博士研讨会的潜在主题。

我们尚未覆盖的内容 我们没能覆盖读者可能期望在 QRM 标题下找到的所有主题。也许最明显的疏漏是，缺乏关于对冲衍生品风险管理的章节。我们认为，一些优秀的教科书已经很好地涵盖了理解它们所需的相关技术和金融数学。其他遗漏包括价格流动性风险的建模技术，以及全国性和全球性金融公司网络中的系统性风险模型，自 2007—2009 年金融危机以来，这两个领域都是近期研究的领域。除了这些较大的领域外，由于篇幅的原因，许多较小的问题被忽略了，但是在说明与评论部分提出了进一步阅读的建议，这些部分应该被视为文本的组成部分。

致谢 这本书的起源可以追溯到 1996 年，当时 A.M. 和 R.F. 开始在苏黎世联邦理工学院（ETH）的 P.E. 组进行博士后研究。三位作者都非常感谢 ETH 为该项目提供了最初蓬勃发展的环境。A.M. 和 R.F. 分别感谢瑞士再保险和瑞银集团为他们的博士后职位提供资金支持。P.E. 感谢瑞士金融学院继续通过高级 SFI 教授的职位提供支持。

A.M. 感谢他当时工作的赫瑞瓦特大学（Heriot-Watt University）的支持（在本书中文版出版之际，A.M. 已经前往约克大学任教），并感谢艾萨克·牛顿数学科学研究所（Isaac Newton Institute for Mathematical Sciences）提供的访问奖学金，在此期间，他对本书的手稿进行了最后润色。R.F. 随后在苏黎世大学瑞士银行研究所、莱比锡大学和维也纳经济和商业大学担任职务，并感谢所有这些机构的支持。感谢伦敦政治经济学院，在他担任“百年金融学”教授期间，他与同事们进行了许多富有成果的讨论，感谢牛津–英仕曼学院和牛津大学在他作为 OMI 客座教授访问牛津–英仕曼学院期间的盛情款待。

苏黎世联邦理工学院的数学研究所（FIM）在整个项目中提供了慷慨的财政支持，并为三位作者散居海外后在苏黎世召开的所有的会议提供了便利。在 2004 年年初的关键时刻，奥伯沃尔法数学研究所（Mathematisches Forschungsinstitut Oberwolfach）是一个令人难忘的一周进步的场所。我们也感谢苏黎世风险实验室（RiskLab Zurich）为企业的宝贵贡献：本书的编撰受到了与风险实验室（RiskLab）赞助商瑞银、瑞士信贷和瑞士再保险的联合项目和讨论的强烈影响。我们还从瑞士的 NCCR FINRISK 研究项目中受益匪浅，该项目资助了关于该书主题的博士和博士后研究。

我们感谢对手稿各个部分发表评论的众多读者，感谢苏黎世、莱比锡、爱丁堡、维也纳以及其他地方的同事，他们帮助我们理解了 QRM 及其数学基础。这些人中包括 Stefan Altner, Philippe Artzner, Jochen Backhaus, Guus Balkema, Michał Barski, Uta Beckmann, Reto Baumgartner, Wolfgang Breymann, Reto Bucher, Hans Bühlmann, Peter Bühlmann, Valérie Chavez-Demoulin, Dominik Colangelo, Marius Costeniuc, Freddy Delbaen, Rosario Dell’Aquila, Stefan Denzler, Alexandra Dias, Stefano Demarta, Catherine Donnelly, Douglas Dwyer, Damir Filipovic, Tom Fischer, Gabriel Frahm, Hansjörg Furrer, Rajna Gibson, Kay Giesecke, Enrico De Giorgi, Michael Gordy, Bernhard Hodler, Friedrich Hubalek, Marius Hofert, Andrea Höing, Christoph Hummel, Edgars Jakobsons, Alessandro Juri, Roger Kaufmann, Philipp Keller, Erwan Koch, Hans Rudolf Künsch, Filip Lindskog, Hans-Jakob Lüthi, Natalia Markovich, Benoît Metayer, Andres Mora, Alfred Müller, Johanna Nešlehová, Monika Popp, Giovanni Puccetti, Lars Rösler, Wolfgang Runggaldier, David Saunders, Hanspeter Schmidli, Sylvia Schmidt, Thorsten Schmidt, Uwe Schmock, Philipp Schönbucher, Martin Schweizer, Torsten Steiger, Daniel Straumann, Dirk Tasche, Hideatsu Tsukahara, Laura Vana, Eduardo Vilela, Marcel Visser, Ruodu Wang, Jonathan Wendin 和 Mario Wüthrich。感谢他们帮助我们准备手稿，感谢 Gabriele Baltes 和 Edgars Jakobsons。当然，我们也应该感谢（匿名的）学生们，他们根据这本书参加了 QRM 的讲座，并通过他们的批判性问题和评论做出了贡献。

我们感谢普林斯顿大学出版社的团队为本书的出版提供的所有帮助，特别是我们的编辑 Richard Baggaley（第 1 版）和 Hannah Paul（第 2 版）。我们也要感谢匿名的评审者，他们为我们提供了堪称楷模的反馈，使这本书变得更好。特别感谢 T&T Productions Ltd 的 Sam Clark，他将我们不均匀的 LaTeX 代码以惊人的速度和效率变成了一本更加精美的书。

我们很高兴，第 1 版的日文版本，感谢翻译团队 Hideatsu Tsukahara, Shun Kobayashi, Ryozo Miura, Yoshinori Kawasaki, Hiroaki Yamauchi 和 Hidetoshi Nakagawa，感谢他们的辛勤工作以及对本书有价值的反馈和新书发布会上对 A.M. 的盛情款待。

对于我们的妻子珍妮、卡萨琳娜和格尔达，以及我们的家人，我们应该向他们表示最诚挚的感谢。毫无疑问，我们长期以来对风险的思考让我们心烦意乱，但没有明显的回报，然而他们的支持始终不变。

特殊缩写 本书中使用了一些概率常用术语的缩写词，“rv” 代表随机变量，“df” 代表分布函数，“iid” 代表独立同分布，“se” 代表标准误。

目　录

第 1 部分

QRM 简介

第 1 章　风险透视

本章将主要使用非数量化的方式来介绍本书所需要的背景知识。在第 1.1 节中，我们将从风险的属性开始，揭示风险与随机性之间的关系，总结在金融领域（包含保险）中常见的风险种类，并展示如何度量和管理这些风险。

在第 1.2 节中，我们将提到金融风险管理的简史以及金融监管的发展史，在第 1.3 节中将归纳金融和保险行业的监管框架。

在第 1.4 节中，我们将给出我们需要度量和管理风险的根本原因。最后，在第 1.5 节中，我们将回到量化风险管理（QRM）这一主题，阐述我们所认为的这门学科的本质以及它所面临的挑战。在这一节中，将重点解释本书中我们所选择的方法论。

1.1　风险

《简明牛津英语词典》对风险有着如下定义：危险，引发坏情况、损失或者毁坏的可能性。在金融风险管理这门课中，最经常被提及的概念是事件、决策、结果和不确定性。在绝大多数情况下，大家只会讨论下行风险，对上行风险（即获益的可能性）很少提及。对很多人而言风险主要是“负面”概念，但也有带来机会的极大可能性。如果金融风险不存在的话，金融企业就没机会创造出提高金融确定性的产品与服务，并销售给他们的客户，也就意味着金融行业将没有生存空间。

在金融风险中，无法用一句话来完整表达风险的定义。根据使用环境，风险可以被解释为“任何能给组织达成目标或执行策略带来不利影响的事件或行为”，或者也可以是“损失或低于预期收益的可量化可能性”。

1.1.1　风险和随机性

独立于任何概念外，风险与不确定性有着极强的关联性，因此也与随机性这一概念紧密相连。几个世纪以来随机性都没有一个清晰、可行的定义，直到 1933 年俄罗斯数学家 A. N. Kolmogorov 给出随机性和概率的公理化定义 (参见 Kolmogorov, 1933)。这一定义及其相关的理论成为与风险相关的绝大部分文献的理论基石，本书也将沿用这一理论基础。

本书中对概率的信任可能比其他一些文献要狭隘些。它绕开了现在对风险和不确定性的一些讨论（弗兰克 • 奈特），在经济学讨论框架下（约翰 • 凯恩斯），未知金融冲击的不可预见性，通常用“黑天鹅事件”来表示（纳西姆 • 塔勒布），这也包括那些已知、未知以及不可知的政治表达；请参考说明与评论。虽然这些辩论十分有趣并且重要，但是在数理研究领域，给出明确的定义和论据才是重要的。Kolmogorov 给出的风险的定义和公理，是数理推导领域较为认可的理论框架，当然，这并不是唯一的定义。

在 Kolmogorov 的定义中，概率空间可用三要素 $(\Omega, \mathcal{F}, P)$ 来描述。样本空间 Ω 中的

一个元素 ω 表示一个样本点，在经济学中通常用来表示某种状态。在 Kolmogorov 的公理化定义中，$P(A)$ 表示“事件 A 发生的概率”，其中 A 是事件集合 $\mathcal{F}$ 中的一个元素。P 表示概率测度函数。对数理基础较为薄弱的读者来说，只需要理解到 Kolmogorov 的定义能将我们讨论所涉及的随机性变成一个简明的、公理化语言刻画的、清晰的规则即可。

考虑以下例子：一个持有某公司股票的投资人，一家销售了某保单的保险公司，一个想要将其固定利率按揭贷款置换成浮动利率的个人。所有可能发生的情况都有着重要的共同点：投资人现在所持有的资产在未来有着不确定的收益。这一特点在股票市场上已经十分明显，对保险公司而言，销售出去的保单可能被潜在的事件触发生效或者未生效。而在按揭贷款的情况下，我们当下对重新签署融资协议的决定有可能对未来的还款产生有利或者不利的影响。所以，随机性在投资人、保险公司、户主对当下资产估值的过程中十分重要。

在对以上情形建模的过程中，数学家需要定义风险事件 X，也就是定义在概率空间 $(\Omega, \mathcal{F}, P)$ 的函数，这个函数就被称作 *随机变量*。我们暂时不指定 X 的范围（即可能的值）。在大部分模型中，X 的*分布函数*表示为 $F_X(x) = P(X \leqslant x)$，其中，分布函数表示在 X 的取值等于或小于给定的常数 x 情况下的概率值。多个风险头寸的集合记为一个随机向量 $(X_1, \ldots, X_d)$，通常也可用 $\boldsymbol{X}$ 来表示。随机过程记为 $(\boldsymbol{X}_t)$，描述了随着时间而演化的状态。在本书中我们将涉及很多这样的随机过程，它们是本书中量化风险分析的必要基础。

读者需要了解一些*概率论与数理统计学*相关的基本概念、术语和公式，这门学科是关于随机模型和其现实世界应用的学科。“随机”（stochastic）这个词，是从希腊语“Stochazesthai”演化而来的，表示猜测的艺术；“Stochastikos”则表示瞄准的技术；“stochos”则指的是目标。在讨论风险管理中的随机方法时，我们希望强调技术方面而不是猜测。

1.1.2　金融风险

在本书中，我们讨论了金融和保险领域的风险（尽管所介绍的许多工具在此范围之外都适用）。下面，我们将从金融行业所涉及的风险类型开始。

最为大众熟悉的风险种类可能是*市场风险*，该风险是由投资组合中的基础资产，比如股票和债券的价格、汇率、大宗商品价格等的变动引起的财务状况或者投资组合发生变动的风险。接下来重要的风险种类是*信用风险*，是无法按时获得投资品（比如借款或债券）预先承诺收益的风险，这一风险是由于借款人“违约”引发的。还有一种风险是*操作风险*，即由于不完善或者失效的内部流程、人员和系统，以及外部事件所引发的。

市场风险、信用风险和操作风险是本书中涉及最多的三类风险，但整个金融机构所面临的风险远不止这些，同时它们之间的边界定义也并不十分清晰。比如，某企业债券出现折价是市场风险，但折价通常与发行人的信用水平恶化相关，也就意味着市场风险与信用风险相关。处理金融风险的理想方式是*综合分析*，比如将所有类型的风险以及它们之间的相互影响一并考虑来分析。

其他重要的风险类型还有*模型风险*及*流动性风险*。模型风险指的是在度量风险的时候使用了不合适的模型。比如，当使用 Black-Scholes 模型来为一个奇异期权定价时，其 Black-Scholes 模型违反了标的资产（假设其收益率服从正态分布）的基本假设条件。当然有一种说法是，模型风险在某种程度上是始终存在的。

流动性风险一般指的是价格或者市场流动性风险。这类风险主要是因为投资的市场化程度较低，导致不能通过快速的买卖来阻止或者最小化损失。流动性往往被认为是“一个健康市场中的氧气”，它支撑着市场正常运行，但是大多数时候我们都感受不到它的存在。然而，当流动性紧缺的时候，它就能马上被感知并将引发灾难性的后果。

在银行界，还有*资金流动性风险*的概念常被提及，这类风险主要与机构筹集资金来付款或者撤销资金募集的便利程度有关。本节将不涉及资金流动性风险的管理，这是商业银行司库管理 (比如参考 (Choudhry, 2012)) 专家而不是交易柜台风险管理者所需要负责的项目。然而，资金流动性和市场流动性会在资金紧张时相互影响。对于难以获得融资的企业来说，可能会通过降价销售其资产来获得现金，这样则会导致市场流动性紧缺、价格压低、资产负债表上的资产价值扭曲，从而进一步加剧融资获得的难度，这一现象被称作流动性螺旋 (Liquidity Spiral, Brunnermeier and Pedersen, 2009)。

在保险领域，还有一类风险被称为*承保风险*（underwriting risk），此类风险是保单销售的内生风险。引发这类风险的主要因素有自然灾害、寿险类产品所依赖的人口统计表的变化、政治或法律干预或顾客行为（例如保单持有人变更保单）。

1.1.3 度量和管理

本书的大部分章节都涉及度量风险的统计技术方法，这是风险管理的其中一个环节，在本节中我们将试图阐明一些基本原理。

风险度量 假定我们持有一个投资组合，包含了 d 个投资标的，其中各个投资标的权重分别是 $w_1, \ldots, w_d$，所以这个投资组合在持有期内的价值变化（被称为 P&L，也就是损益）可表示为 $X = \sum_{i=1}^{d} w_i X_i$，其中 X_i 代表第 i 个投资标的价值变化。在度量投资组合的风险时，主要需要确定投资损益的分布函数 $F_X(x) = P(X \leqslant x)$，或者能描述其分布函数的要素，比如均值、方差或 99 分位数。

为了实现这个目标，我们需要合理率定投资标的随机变量 $(X_1, \ldots, X_d)$ 的联合模型，以便统计方法在风险度量中发挥重要作用。再基于历史观测值和给定特定模型，就可以计算出价值变化分布，或者其中一个要素（参数）的统计估计。在第 2 章中，我们将给出关于风险度量的理论框架的细节。我们将看到，这也确实是贯穿全书的一个主线，而绝不是一个简单的任务与唯一的解决方案。

显然，一个好的风险度量是非常重要的。金融机构的客户往往需要了解所购买产品的目标和详细信息，而当此类信息缺失时，企业可能会面临法律诉讼。对于任何被销售的产品，必须明确、适当地去量化投资标的的潜在风险，促使顾客根据其风险偏好做出是否购买产品的决策。在 2007—2009 年的危机中，就出现了许许多多违背此基本原则的案例。我们将在第 1.5 节中详细讨论风险定量的重要性。

风险管理 关于什么是风险管理的最常见的回答，Kloman (1990) 写道：

> 对于很多分析师、政治家、学者来说，就是管理环境、不确定的风险，这些技术产生宏观风险并会威胁生存。对于银行家和金融从业人员来说，则是对于货币对冲和利率掉期之类技术的复杂应用。对于保险的购买人或销售人来说，就是不确定风险以及降低保险成本之间的权衡。对于医院管理人而言，这可能意味着“质量保证”。对于安全专家而言，它意味着减少事故和伤害。总之，风险管理是处理未来可能引发不利影响事件发生的可能性的一门学科。

上面这段描述，特别是最后一句（我们提炼的），概括了风险管理的一般本质，它涉及确保未来事件的弹性。对金融机构而言，还能走得更远。一个金融企业对风险的态度绝不是消极和被动防御式的。银行和保险机构特别希望能有风险相随，因为风险意味着收益，无风险则意味着没有收益。实际上风险管理被视为一个保险企业或者银行的核心成份。通过有效使用其经验、市场地位和资本结构，一个金融机构能通过定制化的方式重新组合或者捆绑风险，并将风险向市场转移。

金融机构风险管理包含了诸多任务。一开始，从监管和经济资本管理的目的来看，企业需要决定所持有的资金能对冲损失，同时也需要对账面进行风险管理。这就要求投资组合多样化，并且根据风险收益来最优化投资组合。这些投资组合可以通过引入衍生品来对冲一部分风险，比如利率风险、汇率风险。此外，一些风险能通过证券化的形式被重新打包并销售给投资人，常见于保险风险管理（比如天气险衍生品以及长寿衍生品（longevity derivatives））、信用风险管理（抵押贷款支持证券，担保债务凭证（CDO））。使用衍生品的企业需要管理好它们的衍生品账面，比如定价策略、对冲方式以及一些贸易项下的担保品管理。最后，金融机构需要管理它们的交易对手的信用风险敞口，这一风险来源于双边的、场外交易（OTC）衍生品，但是也在类似于再保险条约等情况中。

我们认为风险管理这门学科是精算师必学的核心课程。英国精算师协会（IFoA）对精算师的定义如下：

> 精算师是受人尊敬的专家，他们在保障与公共利益匹配一致的前提下，通过创新促成商业成功。精算师为金融难题寻找解决方案。他们通过分析历史事件来进行资产负债管理，为未来可能发生的事情建模并评估现在的风险。

世界各地的精算组织联合创建了特许企业风险精算师（CERA）资格认证，用以履行其对建立风险管理最佳实践的承诺。

1.2 风险管理简史

在本节中，我们将提及风险管理领域历史进程，重点描述革新并刻画金融行业的现代风险管理的重大事件。我们也将提及在一系列事件和危机爆发后监管规则的发展历程。

1.2.1　从巴比伦到华尔街

虽然 Steinherr (1998) 认为风险管理是“20 世纪最重要的创新”，我们所讲述的大部分故事都发生在现代社会，但很多现代风险管理所提及的概念，尤其是衍生品，却有很长的应用历史。在本书中，我们重点强调了金融衍生品的案例，因为它们在形成现代规则的关键事件中扮演了十分重要的角色，并且增加了风险管理挑战的复杂度。

从远古时代到 20 世纪　衍生品是指某种基础资产价格变动派生出来的金融产品，例如期权、期货、互换。比如，一个执行价格为 K、到期日为 T 的欧式看涨期权给予购买者在期权到期时能以价格 K 向销售者购买基础资产的一个权利，但不是义务。一个欧式看跌期权给予持有人一个权利，使其能以价格 K 来出售基础资产。

Dunbar (2000) 发现“期权”这一概念最早出现在公元前 1800 年巴比伦的《汉谟拉比法典》（The Code of Hammurabi）中，主要用于提供农作物颗粒无收情况下的财务保护。对期权的精准表述出现在 17 世纪末期的阿姆斯特丹，在 Josephde la Vega 于 1688 年所著的 *Confusión de Confusiones* 中，出现在律师、商人以及哲学家之间关于阿姆斯特丹公平的讨论中。他们的讨论涉及了我们现在所称的欧式看涨和看跌期权，并用于投资和风险管理，甚至还提到了“卖空”这一概念。在他 (de la Vega, 1996) 所翻译的最佳版本中写道：

> 如果我来解释“opsies”（我们在后面会说到它），它就是通过支付一定的保费，移交一部分收益来保障其股票或者获得一定的收益。如同在一次快乐的航行中，遇到风暴时所掷下的安全锚一样。

在此之后，de la Vega 还给出了一些现代金融学课程中必定会引用的例子。

常见的金融衍生品，尤其是期权，并不是什么新鲜事物。此外，它们被视为管理风险的基本工具，“风暴中的安全锚”，而不是大家认为的用于危险投机的工具，“金融猛兽” (Steinherr, 1998)。

20 世纪的学术革新　虽然诸如衍生品这类风险管理工具很早就被使用了，但直到 20 世纪后期，衍生品定价理论才形成，这被视为在定量及管理金融风险的学术研究领域中最重要的里程碑。

在 20 世纪 50 年代之前，一项投资基本上只由其收益来度量。哈里 • 马科维茨于 1952 年发表的著作奠定了投资组合选择理论的基础，通过风险收益图来全面评价投资组合，其中风险用标准差 (参见 Markowitz, 1952, 1959) 来刻画。通过描绘有效边界（efficient frontier），投资组合管理人能在给定风险水平的前提下最大化投资收益。在之后的几十年内，风险管理理论得到了爆发性的增长，出现了包括夏普比率（Sharpe ratio）、资本资产定价模型（CAPM）和套利定价理论（APT）等在内的一系列理论。而后，又出现了大量的延伸应用和优化改进，这些课程如今在任意金融 MBA 课程中都有普及。

1973 年著名的欧式看涨期权定价理论模型——Black-Scholes-Merton 期权定价模型诞生了 (参见 Black and Scholes, 1973)。1997 年 Robert Merton 和 Myron Scholes（那时

Fischer Black 已过世）因为“发明了评价衍生品的一套全新的方法”而被瑞典银行授予当年的诺贝尔经济学奖。

在 20 世纪最后 20 年内，金融数学理论研究发展迅速并有很多被应用到实践中。其中最具开创性的论文当属 Harrison and Kreps (1979) 和 Harrison and Pliska (1981)，明确了无套利定价和鞅论之间的联系，另外一个例子就是 Heath et al. (1992) 关于利率期限结构的研究。这些论文以及其他的一些文章共同构成了金融数学学科的数学基础。随机积分及伊藤积分（Itô calculus）已成为宽客必学的内容，如同年轻的投资银行家们手中常会拿着《金融时报》一样。

20 世纪市场的增长　金融衍生品中的合理定价以及对冲模型方法论的发展改变了金融业。华尔街的巫师们（比如那些精通新方法的数理专家们）在过去几十年内对改变金融市场游戏规则产生了巨大影响。他们不但发明了期权定价公式，更改变了金融市场。在 1973 年芝加哥期货交易所开业的时候，第一天进行交易的只有不到一千个期权产品。到 1995 年时，衍生品市场已经超过百万个期权产品以每天超十万亿美元的换手金额在进行交易。其中，Black-Scholes-Merton 模型在新期权市场的蓬勃发展中起到了至关重要的作用，以至于具有极高影响力的《福布斯》杂志将 1987 年美国股市崩盘归因于这一模型。Scholes 说，与其来责备模型本身，不如说是由于市场交易员在使用这个模型时不够老道。

与学术创新一起，IT 技术的发展也带来了风险管理以及投资产品爆发性的增长。这一增长在 20 世纪 80 年代世界范围内放松管制的大背景下被进一步放大。20 世纪 70 年代的石油危机以及布雷顿森林固定汇率体系的崩塌是促使风险管理技术和产品的需求增大的重要因素。能源价格和汇率变成了极不稳定的风险因子，客户需要使用衍生品来对冲这些风险。在 1929 年大萧条后，美国在 1933 年通过了“格拉斯—斯蒂格尔法案”（Glass-Steagall Act），禁止商业银行从事保险及大部分的证券化业务，这一行为间接促使专业的投资银行这一新业态的出现。1999 年，格拉斯—斯蒂格尔法案被“金融服务现代化法案”（Financial Services Act）取代，之前法案中很多关键的条款被废除了。但是，在经历了 2007—2009 年的金融危机后，美国于 2010 年再次通过了该法案，结束了金融业放松管制的趋势。

20 世纪 90 年代的金融灾难　1992 年 1 月份，纽约联储银行的第 7 任主席杰拉尔德·科里根在纽约州银行家协会的年度冬季会议中说道：

> 你们最好十分仔细地去看资产负债表上的科目，特别要关注一下这些科目的增长和复杂度，以及引发信用结算风险。我这样说起来像是一个警告，也确实是警告。资产负债表上的科目（例如衍生品）扮演了一个角色，但是它们必须被严格管理和控制，也必须被高层管理者、交易员以及火箭科学家们所了解。

科里根所指的是在银行交易账簿上不断增长的衍生品数量，事实上在很多情况下，衍生品并不会出现在资产负债表上的资产或者负债科目里。他的话事后被证明是有先见之明的。

在 1995 年 2 月 26 日，巴林银行被迫进入“破产管理程序”。7 亿英镑的损失压垮了这家于 1761 年成立的英国最古老的商业银行集团。除了很多操作失误（这些失误几乎违背了风险管理手册中的每一条规定），压垮巴林银行的最后一根稻草就是其位于新加坡分行的交易员尼克·利森（Nick Leeson）所操作的日经指数跨式（Straddle）套利。跨式套利是指以相同的执行价格同时买进或卖出不同种类的期权，这个价格上的标的基础资产涨跌的变化不是很大，在巴林的例子中，基础资产就是日经指数。但是，如果这个指数上涨（或下跌）幅度很大，就会带来很大的潜在损失。不巧的是，阪神大地震引发了日经指数的大幅波动。

3 年后，美国长期资本管理公司（LTCM）成为又一家由于进行衍生品交易而导致巨大损失的企业，它需要 35 亿美元来避免倒闭的命运，最为讽刺的是迈伦·斯科尔斯（Myron Scholes）和罗伯特·莫顿（Robert Merton）是对冲基金的创始人。根据 Black-Scholes 模型，《观察者》在一篇报道中言道："这真的是通往未来财富的钥匙吗？赢大，输更大！"

还有其他一些在被广为讨论需要加强监管时的案例，比如 1993 年的德国金属事件（投机于石油价格衍生品），以及 1994 年的奥兰治县事件（投机于利率衍生品）。

在寿险行业，公平人寿（Equitable Life）是世界上最古老的互助保险公司，该公司提供了一个由于带嵌入式期权的保险产品而无法通过合理的手段进行对冲后引发亏空的案例。在 1988 年以前，公平人寿销售养老产品，这些产品承诺在到期日提供固定年化收益率的选择权。20 世纪 70 年代，当通货膨胀率和年金收益率很高时，这一收益率被定为 7%。但是在 1993 年，当时的年金收益率低于承诺收益率，很多人行使了这一期权。公平人寿并没有办法对冲这一期权，很快就面临了金额巨大的亏空。2004 年 3 月出版的《彭罗斯报告》（Penrose Report）认为公平人寿 2001 年时可能面临约 45 亿英镑的资金缺口。当保险公司拒绝支付养老金时，尽管公司的很多行为最后被认定为违法，然后从公共账户里划拨一些补偿金，但那些投保人其实承担了相应的损失。这一案例说明了必须规定保险公司的资本充足率以保障投保人的合法权益。

世纪之交　20 世纪末期被证明是全世界金融系统的关键时刻。纳斯达克指数从 1996 年的 1000 点左右涨到 2000 年 3 月 10 日的最高点 5408.62，直至本书英文版交付印刷之时也未再次突破这一高点（但 2017 年突破这一高点）。1996—2000 年期间之所以被认为是网络泡沫时代，主要因为很多曾经为纳斯达克指数上涨贡献力量的公司属于互联网行业。

时任美联储主席的艾伦·格林斯潘（1987—2006 年）于 1996 年 12 月 5 日在他美国企业研究所的演讲中提到："当非理性繁荣过度抬高资产价格时，我们如何可以得知这些国家是否会像过去 10 年的日本一样，遭受长期的经济收缩？"非理性繁荣这个词能十分准确地描述那个年代。道琼斯工业平均指数不断攀登，1999 年 3 月 29 日居然突破了 10000 点，畅销书甚至用了"道指 40000，史上最牛牛市获利指南"标题。泡沫持续了 4 年之久，2000 年 3 月份达到最高点，但 1 年内就跌去了一半的市值，并在 2002 年末期稳定在 10000 点。全球的股票指数都一路下跌，但市场从 2004 年就开始回暖并开始新一轮攀升。

"互联网泡沫"在很多方面其实是传统资产的泡沫，但也正是在那段时期孕育了下一个金融危机。金融工程师们发现了证券化的魔力，将风险捆绑和重新包装成特定风险组合的证券化产品以销售给潜在投资人。将所谓的风险池的“分层”（tranches）转移给其他风险承担者，这一做法在保险行业中已经十分常见，现在也被大规模地应用于存在信用风险的资产，例如抵押贷款、债券、信用卡债务以及学生贷款（参见第 12.1.1 节中对“分层”这一概念的描述）。

在美国，涌向低信用等级借款人的次级贷款为证券化提供基础资产并创造了抵押贷款证券化（MBS）市场。这些资产又属于可用于转化为担保债务凭证（CDO）的更大的资产池。发起这些信用衍生产品的银行发现将不良信用风险转化为证券是一个有利可图的业务。信用衍生工具的数量在短时间内急剧上升，以当时的名义价格计算，CDO 在 2008 年就达到了 3 万亿美元的规模，但这一规模与信用违约互换（CDS）相比就相形见绌了，CDS 的市场规模则高达 30 万亿美元。

另外一种信用衍生品信用违约互换（CDS），最初被用作对冲大型公司债券风险的工具，但现在越来越多地被投资者用来通过采用所谓的“裸露头寸”来投机公司的信用前景变化（详见第 10.1.4 节）。当以轧差净额结算时，CDS 和 CDO 的实际规模并不高，但与全球 GDP 相比（当时大概有 60 万亿美元的规模），也是一个巨大的数字。

大家的共识是这些活动都是有利的。时任美联储主席格林斯潘在 2002 年 11 月 19 日于华盛顿的美国外交关系委员会前说道 (Greenspan, 2002)：

> CDS、CDO 和 CLN 这类工具这几年发展得特别快。结果呢？这些风险管理工具优化了信用风险管理，降低了电信以及其他行业的贷款集中度，也降低了银行和其他金融机构相关的压力。值得注意的是，小但快速发展的信用衍生品市场所带来的支出，顺利进行了大部分。虽然这一市场太新而尚未在信用衰退周期中测试过，但就目前表现来说运行还算良好。

2006 年 4 月 IMF 在《全球金融稳定报告》中提到：

> 分散信用风险而不是将它们留在资产负债表中的意识已经由银行扩展到更多的投资者群体中，有助于使银行和整个金融体系更具弹性。弹性提升后能让银行远离倒闭，提高信贷供给能力。因此，在金融系统中的核心地位处于商业银行，可能不太会受到信用和经济冲击。

在这 IMF 的报告中还警告了如果这些信贷工具不能被正确理解，则可能会暴露的风险甚至引发市场崩盘的可能性。

CDO 的风险并没有像 IMF 设想的那样被外部投资人完全分散。在 Acharya et al. (2009) 的报告中，大型银行其实自己持有了其中的大部分风险：

> 这些大而复杂的金融机构（LCFI）忽视了他们证券化的商业模式，并且选择不将信用风险转移给其他投资人。相反，他们采用证券化制造和保留尾部风险，这种风险本质上是系统性风险而且资本不足。从 2006 年开始，瑞银的 CDO 团队注意到，他们的风险管理系统将 AAA 证券视为基本无风险，即使他们有着明显的溢价（这就如同免费的午餐）。所以他们就决定持有这些证券而不是销售出去。在 6 月 2 日他们才持有不到 50 亿美元，但到了 7 月 9 日就已经超过 500

亿美元了。相同地，2007 年夏末，花旗积累了超过 550 亿美元的 AAA 级 CDO。

在危机爆发前期，很多金融机构都对此熟视无睹。美国保险业巨头美国国际集团，通过美国国际集团金融产品部门（AIG Financial Products）途径销售 CDS，导致自己深陷保险业的 MBS 及 CDO 风险漩涡中。2007 年 8 月，AIG 金融产品部门的 CEO 说道：

> 毫不轻率地说，很难在任何一种理性的境界中看到我们在任何这些交易中损失一美元的情景。

2007—2009 年金融危机 2006 年年初的高峰期过后，2006—2007 年美国的房价开始直线下跌。次级抵押贷款持有人在以较高的利率再融资时遇到困难，拖欠还款人数不断增加。从 2007 年年底开始，这导致快速重新评估证券化风险以及对 CDO 证券价值损失。银行开始被迫对资产负债表中的这些资产价值进行了减记，即将到来的危机的严重性开始逐渐显现。

诺贝尔奖获得者约瑟夫·斯蒂格利茨在 2008 年的“经济学家之声”中回顾了他的文章“这不需要诺查丹玛斯”，回顾了他在 1992 年发表的关于证券化和住房市场的观点：

> 问题是，证券化的发展是源于更有效的交易技术发展的结果，还是源于毫无根据地降低了贷款申请人审查重要性？虽然现在来讨论还为时过早，但我们至少应该承认它是后者而不是前者的可能性。

他还写道：

> 至少银行被证明忽视了两个非常基本的风险：a）相关性的重要性；b) 价格下跌的可能性。

这些在银行大一基础课程里出现的“基本面”风险使得世界经济陷入 20 世纪 20 年代末以来最严重的危机。危机中的关键事件有贝尔斯登以及雷曼兄弟的轰然倒塌，其中，贝尔斯登在 2008 年 3 月份的时候被卖给了 JP 摩根，雷曼兄弟在 2008 年 9 月 15 日申请破产保护（在第 11 章中还会涉及此事件）。雷曼兄弟的破产引发了全世界的恐慌。由于市场暴跌以及流动性匮乏，很多银行都处于崩溃的边缘。政府不得不通过向这些银行注入资本，或者通过安排如美国的问题资产救助计划（TARP）收购其不良资产来帮助它们摆脱困境。

美国国际集团曾经通过销售 CDS（信用违约互换）计划来保障其证券化产品的违约风险，但仍然难以从基础资产证券违约的泥潭中脱身。这家公司并没有像其之前预测的“不会从这些交易中损失 1 美元”，2008 年 9 月 16 日，只能从纽约联邦储备银行申请了一笔高达 850 亿美元的紧急贷款。乔治·索罗斯 (Soros, 2009) 认为 CDS 是“大崩溃的爪牙”，需要被禁止交易：

> 某些衍生工具就应该被禁止交易。我认为 CDS 首当其冲。我对它们了解越多，就越认为它们是真正的毒药。

关于这些事件已经写了很多，“说明与评论”部分包含了许多参考。其中跟本书有关的一种观点是将部分责任推给数学家们（或者说金融工程师们），复杂证券化产品的估值模型的失效让他们变成众矢之的。Felix Salmon 于 2009 年 2 月 23 日发表在《连线杂志》（Wired

Magazine）上的一篇名为“引发灾难的秘方：杀死华尔街的公式”的博文成为最知名的檄文。那个被质疑的公式就是李祥林度量信用风险的*高斯连接函数*（*Copula*）。在精算学位中所学知识的启发下，李祥林建议人寿保险依赖寿命建模的工具可用于建立债券投资组合相关的违约时间，为 CDO 的估值和风险管理提供框架，我们将在第 12 章中讨论这一模型。

虽然对于博客和头条新闻的写手而言，一个陌生的名字和晦涩公式简直就是天赐的礼物，但一些监管者也将批评的矛头指向了数学公式。特纳评论在讨论到全球银行危机时(Lord Turner, 2009)，用了“对复杂数学公式的错爱”作为标题。参考第 1.3.3 节关于此问题更详细的描述。但是对数学公式的依赖只是引发危机的一个方面的因素，而且确定并不是最重要的因素。数学家也预先警告说，证券化世界正在建立在难以校准的摇摇欲坠的模范基础之上（具体例子见 Frey et al. (2001)）。政客的短视、市场参与者的贪婪以及监管者的反应过慢，都是导致最终巨灾的重要因素。

近期的发展和关注点　任何时候都有新威胁出现在金融系统中，2007—2009 年的金融危机还引发了大衰退和主权债务危机。在银行纾困浪潮之后，对银行兑付能力的担忧变成了对国家债务偿还能力的担忧。一段时间以来，人们对欧元区的生存能力提出疑问，似乎各国可能选择或可能被迫退出单一货币。

在更多的技术层面，2010 年 5 月 6 日的闪电崩盘事件引发监管关注高频交易（HTP，High Frequency Trading）。在这一小插曲事件中，由于“机器交易已经疯狂”，虽然在几分钟之内就纠正了错误，但道琼斯指数已经下跌了 1000 多点。高频交易是一种基于算法的交易程序，它将根据算法在几分之一秒中就由计算机自动执行。在这种算法交易下，在 2012 年 8 月 1 日的交易失误中，骑士资本（Knight Capital）损失了近 4.6 亿美元。展望未来，需要警惕由于新技术应用及其系统性意义产生的风险。

事实上，由于金融危机，我们变得对*系统性风险*一直十分敏感。这是一种会导致整个金融系统崩塌的风险，是由于金融压力在参与者网络之间传导而引发的崩塌。雷曼兄弟倒闭，极有可能演变成一个银行和其他公司连锁倒闭的灾难性后果。银行间同业拆借市场已变得很不正常，资产价格暴跌，任何形式的债务市场都非常缺乏流动性。此外，在 CDS 市场中，由于大量的双边支付协议引用的是相同的信用风险资产，构成了复杂的关系链，引发了对更大的交易对手倒闭带来的其他银行“像多米诺骨牌一样倒下”的担忧。

各国政府协调一致地、果断地抢救这场“世界末日”式的崩塌，自这次金融危机以来，对金融网络及嵌入式系统性风险的研究便成为一项重要课题。这个关系网相当复杂，此外，很多银行和保险公司成为对冲基金和结构化投资工具的“影子银行系统”的重要组成部分，在很大程度上其实是不受管制的。其中一个很重要的主题便是如何定义所谓的“系统性重要金融机构”，就是那些如果倒闭就会引发系统性危机的机构。

1.2.2　监管之路

毫无疑问，监管可以追溯到很遥远的过去，至少可以回溯到威尼斯银行以及 18 世纪早期萌芽于伦敦咖啡店的保险公司。在那个世纪，更多的是依赖于自发监管或者本地监管，但基本的规则已经确立。然而，当代的几个关键发展事件才确立了现在的金融服务审慎监管框架。现代的审慎监管的主要目的是，确保金融机构有足够的资本能够在金融冲击中屹立不倒，并且有足够的能力偿还债务。

罗伯特·詹金（Robert Jenkin），英国央行的金融政策委员会委员，曾经在 2012 年 4 月 27 日的《独立报》上说：

> 资本能有效吸收我们所认知和尚未认知到的风险损失。证据表明，无论是冒进者还是监管者，都无法全面认识到银行有时承担的风险。这就是银行需要一个合适的损失吸收资产水平的原因。

其中，巴塞尔银行监管委员会发起并制定了大部分的监管条例。该委员会于 1974 年年末由 G10 集团国央行行长们共同建立。G10 其实是由 11 个工业国家组成的一个组织，主要协商处理在经济、货币和金融事务的合作事项。巴塞尔委员会本身不具有法定跨国监管的权力，因此其所作结论或监管标准与指导原则在法律上也没有强制效力。但是，它制定了广泛的监管标准和准则，并且一般仍预期各国将会采取立法规定或其他措施，并结合各国实际情况，逐步实施其所订监管标准与指导原则，或实务处理相关建议事项。对巴塞尔协议简要说明如下。感兴趣的读者，如想要知道 Tarullo (2008) 的细节，可进一步阅读说明与评论中的相关内容。

巴塞尔协议 I　巴塞尔协议 I 是 1988 年诞生的银行业监管的第一个巴塞尔协议，它规定了一个极为重要的国际最低资本标准。它主要关注信用风险，也就是银行业面临的最重要的一个风险。事后看来，巴塞尔协议 I 中的规定相当粗糙，并且以一个不够细致的方式来度量风险。在度量信用风险时，根据交易对象分为政府、监管银行以及其他三大类。例如，对一个公司借款人的风险资本要求要比 OECD 银行的借款高出 5 倍。所有企业借款人的权重都是一样的，没有根据他们的信用等级做区别处理。而且对衍生品的相关规定和处理也不尽如人意。

VaR 的诞生　1993 年，G30（这是一个由私营机构、公共部门以及学术界的高级代表所组成的有影响力的国际机构）在一份开创性的报告中首次系统地提出了那些所谓的表外产品，例如衍生品。同时，银行业也清晰地看到了合理度量这些新产品风险的需求。例如，在 JP 摩根著名的每天下午 4：15 分给其 CEO 呈报的 Weatherstone 4.15 报告，该报告要求每天有 1 页篇幅，主要是关于银行市场风险的小结报告。度量市场风险的 VaR（Value-at-Risk，风险价值）和由 JP 摩根研发的 RiskMetrics 风险量化模型，成为风险定量的行业标准。

在一个具有全天候市场活动的高度动态的世界中，对于即时市场交易头寸的估值（就是盯市 Marking-to-Market）变得非常必要。此外，在那些同一基础资产上的头寸（无论是多头还是空头），基于名义头寸的简单加总来管理风险已经变得不合时宜。银行被迫考虑净额效应，例如，对于基于同一资产的多头和空头进行补偿。

在 1996 年对巴塞尔 I 协议的修订中，给出了一个市场风险的所谓的标准模型，但是同时又允许大型的（就是那些更为复杂的）银行可以选择一个内部的、基于 VaR 的模型（例如，内部开发的模型）。该项法案到了 2000 年开始真正施行。但是仍然未解决信用风险管理的问题，银行持续宣称没有给予它们更多的动力去多样化信贷组合，并认为当前实行的资本监管规则对于风险过于敏感。由于对信贷头寸补充了过多的监管资本，银行逐渐转移业务重心，远离那些它们所认为的较少风险收益率的细分市场。

巴塞尔协议 II 2001 年启动了新巴塞尔协议（Basel II）的协商程序，并于 2004 年 6 月发表了正式的基础文本。一个重要方面是建立三大支柱监管体系：第一支柱（最低资本要求）是关于监管资本的量化；第二支柱（监督检查）明确了对建模过程中的监管，包括哪些在第一支柱里没有被考虑到的风险；第三支柱（市场约束）定义了一套全面的披露要求。

第一支柱下新巴塞尔协议的主要关注点是信用风险，主要目的是为了促使银行使用更精准、对风险更敏感的方法来评估其信贷组合的风险。银行可以选择*内评法*来解决，该法允许银行选择适当的内部或者外部的评级系统。

第一支柱下新巴塞尔协议的第二个重要规定是，将操作风险作为一个新型的风险等级考虑进去。巴塞尔协议 II 的一个基本前提是，在新规下整个行业的监管资本总体规模是保持不变的。由于新的信用风险规则可能会降低信用风险费用，这为操作风险敞开了大门，操作风险指的是，由不完善或者失效的内部流程、人员、系统，以及外部事件引发损失发生的风险，包含了法律风险，但不包含声誉及战略风险。

主要是由于 2007—2009 年的金融危机，全球实施巴塞尔协议 II 的指导方针遭遇延误，并在 2004 年版本基础上做了很多的修订和增补。在危机中，对于巴塞尔协议 II 的一个最主要的批判就是它的*顺周期性*，巴塞尔协议 II 迫使企业在商业周期中的错误时点增加它们的资本充足率，这样会影响流动性并使形势更加恶化，我们将在第 1.3.3 节中进一步讨论。

巴塞尔协议 2.5 危机中的一个明显教训是，像 CDO 这样的现代产品通过将信贷风险从资本密集型银行账簿（或贷款账簿）转移到资本较少的交易账簿，为监管套利开辟了机会。2009 年提出了对巴塞尔协议 II 的一些改进，目的是解决危机中交易账簿中明显的风险积累问题。这些增补的规定，也就是我们说的巴塞尔协议 2.5，包括了*压力风险价值* (stressed VaR)，这一指标基于 12 个月的市场动荡期下的数据计算出来的 VaR，以及所谓的*增量风险资本*，旨在捕捉交易账簿头寸的一些违约风险；还有一些针对某些特定证券化的新规。

巴塞尔协议 III 鉴于巴塞尔定立的规则未能阻止 2007—2009 年危机，上述巴塞尔协议 II 公认的缺陷，以及公众和政界人士要求监管行动使银行和银行系统更安全的喧嚣，这样大家的关注点迅速转移到巴塞尔协议 III 就不足为奇了。

2011 年出台一系列措施，在 5 个主要领域扩展巴塞尔协议 II（以及 2.5）：(1) 通过改变核心资本比率的定义，并允许在危机中逆周期调整这些比例，来提高银行资本的数量和质量；(2) 强化衍生品交易对手风险管理，并鼓励使用中央交易对手；(3) 引入杠杆率，防止过度使用杠杆；(4) 引入能确保银行有充足流动性的各类比例；(5) 强制系统性重要银行（SIBs）提高消化损失的能力。

虽然个别国家可能就时间安排和内容方面有自己更为严格的标准，但是大部分新规要求在 2019 年之前落地执行。

保险监管的并行发展 近年来，全球保险业也受到越来越多的风险监管。然而，保险业监管的故事相比较更加分散，国际间的协调要少得多。唯一的例外是欧盟（EU）偿付能力（Solvency）II 框架的开发，该过程在下面会有更详细的描述。该框架是提议中最为详细和模型集约化的监管框架，将作为本书中保险行业监管领域的主要参考依据。偿付能力 II 框架的开发由欧洲保险和职业养老金管理局（EIOPA，以前的 CEIOP）监督，但各国的实施是各国监管机构的事情，例如英国的审慎监管局（PRA）。

在美国，保险监管通常是州政府的事情。美国保险监督官协会（NAIC）为各州的保险监管机构提供支持，并有助于促进公认的监管标准和最佳实践的发展，这取决于各州是否将这些标准纳入法律并以何种形式纳入。在 20 世纪 90 年代早期，美国保险监督官协会为保险公司提出了风险资本（RBC）的概念，以应对前几年出现的一些破产事件；美国保险监督官协会在保险公司里推动风险资本（RBC）指标，该指标被认为“在考虑了所报告的经营主体的规模和利润的情况下，能够度量出支持它全部业务运营所需要的最小资本额的方法”。这一以规则而非模型为基础的方法，成为美国保险监管的主要方法。

美国联邦政府对保险监管的干预一般都会受到抵制，但这一现象可能会由于 2007—2009 年金融危机后在 2010 年颁布和实施的广义多德—弗兰克法案（Dodd-Frank ACT，在 2007—2009 年危机后颁发）影响有所改变。其中包括创建联邦保险办公室（Federal Insurance Office）来“监测保险业的各个方面”和建立金融稳定监督委员会（FSOC）来“负责识别美国金融稳定性风险”，覆盖了出现风险的金融服务领域。

国际保险监督官协会（IAIS）一直致力于促成国际规范的保险公司的资本充足率标准，同时也在积极推进 ORSA（风险和偿付能力评估）指标。这已被纳入偿付能力 II 框架中，并且得到了美国保险监督官协会的支持。

此外，还有一些综合监管银行和保险机构的举措，特别是针对同时涉及银行和保险业务的金融集团。1996 年年初，在巴塞尔委员会、IAIS 以及国际证监会组织（IOSCO）的主导下成立了金融集团联合论坛来专门负责这项工作。

从偿一代到偿二代 与银行领域的监管变化类似，偿付能力 II 也历经了从简单粗暴地要求保险公司资本规则约束，过渡到风险敏感型的管理办法。

欧盟第一份寿险和非寿险领域的偿付能力保证金出现在 20 世纪 70 年代。偿付能力保证金被定为针对意外事件的额外资本缓冲，例如高于预期的索赔水平或不利的投资结果。

然而整个欧洲的监管方式存在差异，大家呼吁监管方面多协同统一。

偿一代于 2004 年生效，是一个相当基本的规则框架，要求公司拥有 300 万欧元的最低保证金（最低资本），同时要求非寿险保费的 16%～18% 作为偿付能力保证金以及 4% 的寿险保费作为准备金。这一规定建立了一个单一、强大、易于理解且监控成本低廉的系统。然而，从消极方面来看，它主要基于规模而不是风险，很多国家都忽视了担保、嵌入式期权以及资产和负债的适当匹配等问题。

为了解决这些不足，偿二代于 2001 年启动并发布了具有影响力的《夏玛报告》（Sharma Report）。虽然欧盟理事会和欧洲议会于 2009 年 11 月份通过了偿付能力 II 指令，但预计该框架的实施要到 2016 年 1 月 1 日。欧洲保险和职业养老金监管委员会（EIOPA）主导该框架的细化过程，该过程的一个特征是一系列定量影响研究（QIS），其中公司层面已经充分测试并反馈新规的影响和实用性。

偿二代流程的目标是，通过减少保险行业消费者损失以及市场混乱来加强资本充足率制度，因此，偿二代既有保单保障，又有金融稳定的作用。此外，欧洲监管的协调也应促进欧盟保险市场的深度整合和欧洲保险公司竞争力的提高。关于偿二代框架的详细说明请见第 1.3.2 节。

瑞士偿付能力测试　要特别提一下瑞士，该国早已建立并实施了它们自己基于风险一资本的保险行业监管原则。瑞士偿付能力测试（SST）已于 2011 年 1 月 1 日起强制实施，它遵循与偿付能力 II 一样的原则，但是在对不同类型风险的处理方式上略有不同，它也更加重视内部模型的发展。瑞士金融市场监管管理局（FINMA）负责实施瑞士偿付能力测试，该组织是在 2007 年由银行和保险监管机构联合成立的，有超过银行、保险、证券交易所、集合投资计划等其他实体的法定权利。

1.3　监管框架

本节中我们将对巴塞尔系列协议以及欧盟偿付协议进程做进一步的介绍。

1.3.1　巴塞尔框架

如第 1.2.2 节所述，巴塞尔框架应被视为进化过程的产物。截至本书英文版的出版日，巴塞尔协议 II 和巴塞尔协议 2.5 的提案已在许多发达国家实施（各国在实施细节上略有不同），同时巴塞尔协议 III 也在不断讨论和完善中。本书在巴塞尔协议 III 的框架修订和增补的条款明确之前，将只介绍现行执行的框架协议内容。

三大支柱　三大支柱构成了巴塞尔协议框架中的核心内容，在正式文本的巴塞尔协议 II 中，对巴塞尔理念的描述如下 (Basel Committee on Banking Supervision, 2004)：

> 巴塞尔协议 II 框架规定了对银行机构采用更具风险敏感性的最低资本要求（第一支柱）。新框架强化了这些对风险敏感的要求，为银行制定了评估其资本充足性的原则，并为监管机构审查此类评估以确保银行有足够的资本来支持其风险

> （第二支柱）。它同样要求银行增加财务报告的透明度来加强市场约束力（第三支柱）。这些约束规定都是由世界范围的监管者和银行家共同协商出来的结果。这些要求可以作为国家规则制定、审批程序继续进行的基础要素，也可以作为银行机构落实新框架实施要求的基础。

在*第一支柱*下，银行需要计算*最低资本要求*（minimum capital charge），也就是资本监管。银行账簿的信用风险，交易账簿的市场风险以及操作风险需要额外第一支柱资本，这些风险被认为是主要的可定量风险。大部分银行使用基于 VaR 模型的内部法来计算市场风险的资本要求。对信用风险和操作风险来说，银行可以在几种提高风险敏感性和复杂性的方法之间进行选择，后面将详细讨论。

*第二支柱*认识到风险管理的任何定量方法都应该被嵌入到运作良好的公司治理结构中。风险管理的最佳实践必须被贯彻在整个机构的所有组织环节中，例如，董事会、管理层、员工、内部和外部审计过程中。特别是，董事会承担了监督风险状况和制定公司风险偏好的最终责任。通过第二支柱（也被称为*监督检查*），当地监管机构审查实施的各种制衡措施。在第二支柱下，需要考虑那些未包含在第一支柱中的可定量的风险，例如银行账簿利率风险（IRRBB），就必须进行银行资本充足率的*压力测试*，目的是确保银行持有符合其真正经济损失潜力的资本，这一概念被称为*经济资本*。

最后，为了履行加强监管将增加透明度和减少系统性风险的承诺，需要制定明确的金融机构风险报告指南。*第三支柱*旨在通过更好地公开披露风险措施和与风险管理相关的其他信息来建立*市场纪律*。特别是，银行必须更深入地了解其资本充足情况。

信用风险和市场风险，银行账簿和交易账簿 从历史上看，银行业务活动围绕银行账簿和交易账簿进行，这种分割反映了不同类型资产的不同会计实务。银行账簿包含了*持有到期*的资产，比如贷款，这些通常根据资产的原始成本按账面价值进行估值。交易账簿包含了*可供出售类*资产和工具，这些通常*逐日盯市*（即使用市场报价）。从监管角度来看，信用风险主要与银行账簿有关，市场风险主要与交易账簿有关。

我们已经注意到这种简单的二分法存在一些问题，并且（部分）引入了巴塞尔协议 2.5 规则，以解释交易账簿中忽略的信用风险（违约和评级迁移风险）。同样，在银行账簿中也存在一定形式的市场风险，例如利率风险以及汇率风险。然而，巴塞尔协议坚持银行账簿和交易账簿之间区别对待，我们将分别探讨这两种账户之间的资本支出。很明显，这种区别在某种程度上是任意的，并且依赖于“可供交易”的概念。此外，金融机构也有动力“转换”或者将金融工具从一个账户体系转移到另一个账户体系中（一般而言，是从银行账簿转到交易账簿），以便从更有利的资本处理中受益。在《交易账簿的基本审查：市场风险框架修订版》(Basel Committee on Banking Supervision, 2013a) 的背景讨论中，巴塞尔协议委员会提到：

> 委员会认为，交易账簿和银行账簿之间监管边界的定义一直是当前制度设计薄弱的根源。边界定义中的关键要素是由银行自行决定的交易意图，再加上资本

要求与边界两侧类似风险的巨大差异，总体资本框架在危机前和危机期间证明易受套利影响。为了减少诱发套利，委员会正在寻求一个渗透率较小、能严格限制账户和措施之间切换的边界，进而防止在允许切换的场合下出现“资本利益”。

银行账簿的资本要求　银行账簿组合的信用风险为*风险加权资产*（RWA）的总和，即通过反映交易对手信用状况的系数（风险权重）加权的名义风险敞口的总和。为了计算风险权重，银行可以使用*标准法*或更复杂的*内部评级法*（IRB）。内部评级法的选择主要取决于银行的规模和复杂程度，大型跨国银行必须使用内部评级法。资本要求由组合的风险加权资产的一个比值来决定。资本充足率这一比值，在巴塞尔协议 II 中要求达到 8%，但在 2019 年实施的巴塞尔协议 III 中，这一比例被提高。

标准法在巴塞尔协议 I 时就已实施，其中的风险权重是由监管机构根据交易对手的性质和信誉规定而成的，例如有用于抵押的物业（按揭）零售贷款和无担保个人贷款（如信用卡及透支）的风险权重，也有不同评级的公司和政府债券赋予不同的风险权重。

在内部评级法下，银行可以不采用由监管机构规定的固定风险权重。取而代之的是在内部对于信用风险暴露的风险程度进行评估，通过预估的年化*违约概率*（PD）和*违约损失率* (LGD)来刻画，这两个参数作为计算风险加权资产的输入项。风险加权资产的总和使用巴塞尔委员会指定的公式，公式中还需要考虑投资组合中的信用风险出现正相关关系的情况（有时也被认为是系统风险）。相比标准法，使用内部评级法计算的违约概率和违约损失率，能增加内部评级法下的资本要求的风险敏感度。然而，必须指出的是，内部评级法下并不能将银行账簿下的所有风险都建模，那些可以通过建模输入的参数都必须是经过监管认可的。

交易账簿的资本要求　对于交易账簿中的市场风险，可以选择基于风险权重系统的标准法方式计算，也可以根据不同金融工具来计算资本要求。然而，绝大部分大银行选择使用于 1996 年的巴塞尔协议 I 修订案中允许使用的*内部* VaR模型法来计量。在本书第 2.2 和 9.2 节中，我们详细描述了交易账簿 VaR 风险计量方法。该方法基于 10 天持有期的 P&L（损益）分布函数以及损失分布的 99% 的分位数来计算。

一个持有期为 10 天、置信区间为 99% 的 VaR 值为 2000 万美元，这表示假设市场组合在持有期内保持不变的情况下，持有 10 天后，仅有 1% 的概率可能会损失 2000 万美元或以上。我们将在第 2.3.3 节中给出将 VaR 的数字转化为实际资本要求的计算公式。

风险价值计算是交易账簿风险定量的主要组成部分，但 2009 年巴塞尔协议 2.5 版本增添了一些新的要素，具体参考 Basel Committee on Banking Supervision (2012), p10，包括以下内容。

- *压力风险价值*：银行必须使用标准 VaR 方法进行 VaR 计算，但要通过选用对其造成重大损失的连续 12 个月作为压力情景来校准原始的模型。
- *增量风险资本要求* (IRC)：因为在标准 VaR 模型中并不考虑违约和评级变化的风险，所以银行必须通过基于由违约和评级变化引起的 99.9% 的 1 年期损失分布来计算额外的资本要求。在进行此计算时，它们可能会使用内部模型进行信用风险计算（与银行账簿形成对比），但也必须考虑信用风险项目的市场流动性。

- 证券化：在交易账簿中证券化的风险暴露需要额外的资本要求，以达到与银行账簿风险暴露一样的要求。

操作风险的资本要求　还有一些用于评估操作风险的更加复杂的选项。在基本指标以及标准法下，银行可以用一个基于全年总收入的简单公式计算操作风险所需的资本要求。在高级法下，银行必须要开发内部模型。巴塞尔协议并不严格规定捕捉极端情况尾部风险的模型，大部分模型都基于历史损失数据（公司内部或者外部的），这一技术借用了保险精算领域计算损失的方法。我们将在第 13 章中详细讨论。

巴塞尔协议 III 的新要求　巴塞尔协议 III 对巴塞尔协议框架做了大量的修订和增补。虽然这些新规则在 2019 年正式实施前仍然有可能变化，但是修订的主要原则性已明确：

- 银行需要根据所承担的风险持有*更多资本和更优质的资本*。通过对合格资本的更严格定义（通过对一级和二级资本的更严格定义以及正在逐步淘汰三级资本）实现“更优质的”；在第 2.1.3 节中将详细描述不同级别的资本。“更多”资本的要求，则需要额外 2.5% 的风险加权资产的资本留存缓冲（高于最低资本要求的 8%），在平稳时期补充资本用于缓冲压力期产生的损失，在 0~2.5% 范围内建立逆周期缓冲，此举能增强银行的抗冲击能力，并限制在信贷扩张时期的过度增长。这样就要求一级资本加二级资本的总和超过了 13%，而巴塞尔协议 II 中仅做了 8% 的要求。新比例于 2019 年 1 月 1 日起施行，给大家留足够的缓冲准备期。
- 银行体系将被强制实施*杠杆率*来限制银行系统中过高的杠杆。杠杆率将通过一级资本占总资本的比例来度量，从测试结果来看，可能会要求 3% 的最低比例，虽然这一结果可能会因多次测试和银行的游说而改变。杠杆率的限制将抑制银行的资产规模，而与其风险无关。
- 资本充足要求下所覆盖风险的范围正在扩大，特别是要求考虑*交易对手信用风险*的资本要求。在场外交易（OTC）的合约中考虑交易对手信用风险时，必须根据 CVA（贷款估值调整）来适当调整无风险收益价值，在本书第 17.2 节中将给出更详细的解释。这样，就必须因调整了 CVA 而提高资本要求。
- 银行将受到*流动性规则*的约束，对于巴塞尔协议框架而言，这是一个全新的产物，以前协议只关注资本充足率。通过引入*流动性覆盖率*（LCR），以确保银行拥有足够高流动性的资产来承受持续 30 天的净现金流出期。*净稳定资金比率*（NSFR）将确保有充足的资金来支付长期承诺（超过一年）。

在对交易账簿的不断审查中，风险定量建模原则从基于 VaR（分位数）变化到基于*预期损失* (ES)。在给定持有期内，99% 置信区间水平的预期损失指损失超过同期 99% 置信区间水平 VaR 的平均损失。预期损失是用于度量后果严重性的指标，该指标总是主宰 VaR 的频率测量，并可以给出尾部损失的预期值大小。相比 VaR，预期损失还具有较优的集合特性，我们将在第 2.3.5 节以及第 8 章中详细讨论（尤其会在第 8.1 节和第 8.4.4 节中讨论）。

1.3.2 偿付能力 II 监管框架

本节将介绍偿付能力 II，该监管框架于 2016 年 1 月 1 日起在欧盟内施行（译者注：在本书英文版出版后，欧盟推迟了偿付能力 II 的实施）。

主要特点 与巴塞尔协议类似，偿付能力 II 采用三大支柱体系，其中，第一支柱需要监管资本要求，第二支柱主要考虑治理和监管，第三支柱要求向公众披露信息，以便更容易地比较公司的风险状况，从而改善市场纪律。

在第一支柱下，公司需要计算*偿付能力资本要求*（SCR，Solvency Capital Requirement），这是公司应该具有的资本金额以确保一年内破产的概率不超过 0.5%，也通常表示为 99.5% 的置信水平。该公司还需要计算另外一个较小的指标——*最低资本要求*（MCR，Minimum Capital Requirement），这是在没有监管干预的情况下公司能持续经营所需的最低资本。

为了计算资本要求，公司可以使用*内部模型*或者相对简单的*标准公式*方法。两种方法都是为了在*总资产负债表*中考虑所有风险以及风险之间的影响。保险公司应拥有超过偿付能力资本要求和最低资本要求的*自有资金*（即资产减去负债的盈余部分）。公司的资产和负债必须按照*市场一致*方式来估值。

第二支柱明确了公司面临的监管审查。公司必须明确展示已具备风险管理系统，并且该系统已融入决策流程，包括由董事会来设置风险偏好、制定不同业务单元的风险限制等。内部模型必须通过“生产实验”，它必须是企业风险管理系统的一个组成部分，并能经常运用于日常经营中。此外，企业必须通过自身风险和偿付能力评估（ORSA 评估）：

市场一致性估值 在偿付能力 II 中，估值必须根据市场一致的原则进行，并且要采用*逐日盯市*方式确定实际*市场价值*。在由欧洲保险联盟（CEA）以及 Groupe Consultatif 在 2007 年提出的《偿付能力 II》字典中，市场价值定义如下：“在一个深度活跃的、流动性好的市场中，在公平交易的情况下，交易双方都知识渊博、有交易意愿的资产或者负债的交易价格”。市场价值的概念由会计中*公允价值*的概念衍生而来，偿付能力 II 估值原则则受到了 IFRS 的会计准则的影响。当没有市场价值存在时（或者当市场不满足定义中“深度活跃、流动性好”的特点时），市场一致性估值就需要尽可能地不断校准，以保持与金融市场信息相一致，这一过程被称作*按模型定价*，我们将在第 2.2.2 节中进一步讨论。

可以通过如下方式计算保险公司负债的市场一致性估值：如果现金流支付给投保人能通过由所谓的出于同等目的所持有的匹配资产的现金流复制，那么负债的价值可以通过计算匹配资产的*复制组合*的价值来获得。然而，负债一般很难被完全复制及对冲，比如死亡风险就是很难被对冲的风险因子。

对于企业负债中那些无法对冲部分的估值，主要通过计算这些负债的*最佳估计值*（其实就是计算期望值），再加上一个额外的*风险安全边际*来覆盖一些无法确定的负债估值。风险安全边际指的是，第三方在最佳估值下的定价中不希望承担无法对冲的负债，但是又必须用于缓冲资产真实价值的额外不确定部分。

标准法　保险公司根据这种方法计算一系列模块中不同类型风险的资本要求。例如，市场风险、交易对手违约风险、寿险承保风险、非寿险承保风险和健康保险风险等模块。由这些模块计算出风险资本后，再通过将其他相关参数输入计算公式来算出偿付能力资本要求，详见第 8.4.2 节。

在每个模块中，该方法深入研究基本风险因子。例如，在市场风险模块中，存在与利率风险、股权风险、信用利差风险和其他典型市场风险因子相关的子模块。通过考虑一系列确定的压力情景对净资产（资产减去负债）价值的影响，计算每个风险因子的资本要求。这些压力情景基本上是 200 年才会发生 1 次的事件（例如，每年发生概率为 0.5% 的事件）。

每个风险因子的资本要求汇总时会产生模型风险资本要求，可以通过使用其中最高水平类型的公式来计算该资本要求。与之前类似，监管采用一组相关因子考量不同基本风险因子之间的依存关系。其中的细节极其复杂，需要用大量篇幅展示，但是这种方法确实是简单而高效的。再一次，一组相关性表达了基本风险因子影响之间依赖关系的监管观点。

内部模型法　在这种方法下，公司可以为影响其业务的财务和承保风险因子制定内部模型，在经过监管审批后使用内部模型代替标准模型。这些模型通常采用所谓经济情景发生器（ESG）的方式，考量在随机产生的场景中一年期的风险因子对资产和负债的影响，进而计算偿付能力资本要求。经济情景发生器的细节差异很大，从简单的分布模型到离散或连续时间的更复杂的动态模型。

自我风险与偿付能力评估（Own Risk and Solvency Assessment,ORSA）　在 2008 年由 CEIOPS（EIOPA 的前身）发表的文章中说，自身风险和偿付能力评估是指：用来识别、评估、监测、管理以及报告面对或将要面对的短期和长期风险（再）保险承诺的全部过程与程序，并确定在任何情况下都满足整体偿付能力所需的自有资金量。在偿付能力 II 框架中，其定义并不是唯一确定的，保险专员协会（NAIC）在它的美国官网上写道：

> 从本质上讲，自我风险与偿付能力评估（ORSA）是保险公司或保险集团承担的内部流程，用于评估其风险管理的充分性以及正常和严重压力情景下的当前和预期偿付能力状况。自我风险与偿付能力评估将要求保险公司分析可能对保险公司履行保单持有人义务的能力产生影响的所有合理可预见和相关的重大风险（即承保、信贷、市场、运营、流动性风险等）。

第二支柱的自我风险与偿付能力评估资本计量在很多方面与第一支柱的不同，主要有以下区别：一，自我风险与偿付能力评估的定义中更倾向于过程，或者说流程，而不仅仅是依照监管相关法规要求简单处理。二，由于它不是由一套公允的规则约束而成的，每家公司的自我风险与偿付能力评估都有其自己的、独一无二的处理流程。相反，第一支柱下的标准公式法程序是要求每家公司都完全遵照统一模板执行的，同时，在第一支柱下的高级模型法，也是在相似的约束条件下计算出来的。最后，自我风险与偿付能力评估流程需要超过 1 年的时间（在第一支柱中，1 年期是一个明确的限制条件），促使企业能评估其业务规划期内偿付能力，这样就能覆盖类似寿险产品的长规划周期的产品。

1.3.3 对监管框架的批评

金融服务实施监管的收效显著。客户保护法、负责任的公司治理、公平和可比较的会计准则、关于股东和客户的风险、资本和偿付能力的透明信息都被视为积极的发展。

本书将不讨论涉及审慎监管框架的极端观点和言论。总的来说，在危机之后，加强监管的需求（至少来自公众和政界人士）越来越多。然而，正如我们现在讨论的那样，监管框架的某些方面引起了批评。

成本与复杂性 在现行监管框架下建立一个功能完备的风险管理系统所要耗费的成本是巨大的，尤其是对于较小机构而言。2013 年 3 月 27 日，《金融时报》援引了英国审慎监管局（PRA）主席安德鲁 • 贝利（Andrew Bailey）的评价，说经过“初步估计”，偿付能力 II 监管体系至少花费了英国公司 30 亿英镑的成本。巨额成本的产生源于监管似乎变得对风险十分敏感，也过于复杂。巴塞尔委员会在 2013 年专文就这个话题进行过讨论，发表了题为“监管框架：均衡风险敏感性、简单性以及可比性”的文章 (Basel Committee on Banking Supervision, 2013b)。

内生性风险 一般而言，这指的是系统内产生的风险，并且由于反馈效应而被放大。作为金融体系的一个特征，监管可能是放大冲击的渠道之一。

监管可能会导致*风险管理羊群效应*，遵循类似（大部分都是基于 VaR 的）风险管理规则的机构在危机发生时可能都在“跑向同一个出口”，并会推动岌岌可危的局面更为恶化。有人提出这种“羊群效应”与 1987 年股市崩盘和 1998 年长期资本管理公司危机相关的事件有关 (Daníelsson et al., 2001)。

在 2007—2009 年的金融危机期间，我们观察到一个更引人注目的例子。为了在资产价值下降和风险增加的市场中遵守监管资本比率，公司通过出售资产调整其资产负债表，导致资产价值进一步下跌并消弱市场流动性。这引发了对巴塞尔协议 II 规则固有的*顺周期性质*的批评，即资本要求可能在压力时期上升，在扩张时期下降。巴塞尔协议 III 的提案试图通过逆周期资本缓冲来解决这个问题。

公允价值会计和市场一致性估值的后果 顺周期性问题还与公允价值会计和市场一致性估值的广泛使用有关，这是交易账簿和偿付能力 II 框架的巴塞尔规则的核心。资本要求与波动的金融市场紧密相关的事实是批评的另一个焦点。

此外，还有围绕保险负债在市场压力时期估值方面的争论。与 2007—2009 年那样的信贷危机类似，能影响在资产负债表中的资产方中保险企业持有的高质量公司债券。相比安全的政府债券，公司债券的相对价值将会由于投资者对公司债券可能出现的信用风险、尤其是流动性风险提出更多的补偿而骤降。

对保险公司的影响是，它们的资产价值相对于负债价值下降，因为负债是通过将现金流与安全的政府债券进行比较来估值的。在某一特定时间点，保险公司可能会出现自身资金不足、无法满足偿付能力资本要求的情况。但是，如果保险公司的资产和负债现金流相匹配，并且能够继续履行对投保人的合同义务，那么资本的明显耗竭可能就不是问题。保险是一项长期业务，保险公司不需要在短期内出售资产或剥离债务，因此，除非部分债券确实违约，否则不会真的出现资本损失。

那些描绘保险公司偿付能力状况不佳情景的监管结论，在受监管的公司中并不受欢迎。企业一直主张，它们应该能够将负债估值在一个较低的水平，将现金流与昂贵的政府债券进行比较，而不是与实际用作匹配资产的公司债券进行比较，只考虑公司债券的信贷风险。这就产生了使用额外的*非流动性溢价*或*匹配溢价*来折现无风险利率的想法。关于这个问题，有些人认为这种建议破坏了市场一致性的估值，有些人认为严格遵守市场一致性的估值夸大了风险，并可能造成系统性后果，例如可参考 Wüthrich (2011)。

定量的局限 对监管的高度定量性以及数学和统计方法的广泛使用进行了进一步的批评。特纳评论全球银行业危机 (Lord Turner, 2009) 中关于“错位依赖复杂数学”的部分指出：

> 此外，用于度量和管理风险的数学非常复杂，使得最高管理层和董事会越来越难以评估和判断所冒的风险。数学的复杂程度最终并没有包含风险，而是提供了错误的保证，让人们可以放心地忽略风险增加的其他表面指标（例如信贷快速扩张和资产负债表增长）。

监管可能导致人们对统计风险度量的质量过于自信，这种观点与下述观点有关：从历史数据得出的估计基本上是向后看的，这是一种弱点。传统的基于 VaR 的方法被比作“开车时从后视镜里看”，其思想是，这种方法在应对未来的冲击方面用处有限。

对操作风险定量方法的扩展一直存在争议。虽然每个人都同意，像人为操作（例如不胜任、欺诈）、过程风险（例如模型、交易和操作控制风险）、技术风险（例如系统故障、编程错误）和法律风险等风险是重要的，但在这些风险的可度量程度上存在很大分歧。

有效监管的局限 最后，对于更严格的监管是否能够防止 2007 年至 2009 年那样的危机发生，存在一些争议。在《经济学人》杂志（2014 年 1 月 25 日）一篇名为“不稳定的必然性”的文章中，报告了央行官员和监管机构数字的怀疑观点，参见 Prates (2013)。这篇文章认为，“规则不断被金融创新超越”，指的是经济学家 J.K. 加尔布雷斯，他写道：

> 所有金融创新都以某种形式涉及通过实际资产以更大或更小的充分性来确保债务的产生。所有危机都涉及债务，从某种方式上，这种债务与基础支付方式相比已经危险得超出规模。

收紧证券化的资本处理可能会防止围绕 2007—2009 年危机的事件重演，但持怀疑态度的人士认为，这不会阻止未来不同形式的债务引发的危机。

1.4 为什么管理金融风险

前面，我们只谈了一个重要的问题，那就是为什么我们应该首先投资于风险管理（RM）。这个问题可以从不同的角度提出，包括金融机构的客户、其股东、管理层、董事会、监管机构、政界人士或公众的角度，每个利益相关者可能有不同的答案。我们有选择性地仅关注其中两个观点——社会大众的观点和企业股东（所有者）的观点。

1.4.1 社会观点

现代社会依赖银行和保险系统的顺利运作，这些系统的稳定符合集体利益。巴塞尔协议（Basel）和偿付能力 II 框架的监管过程，其初衷是防止单个机构的破产，从而保护客户和投保人利益。这有时被称为*微观审慎方法*。然而，降低系统性风险——即单个金融机构的问题可能蔓延，并在极端情况下扰乱整个金融体系的正常运作——已成为一个重要的次要关注点，尤其是自 2007—2009 年的危机以来。因此，监管现在也采取了*宏观审慎*的观点。

大多数社会成员可能会同意，保护客户不受单个机构破产的影响是一个重要目标，而且人们普遍认为，促进金融稳定至关重要。然而，这两个目标是否一致尚不清楚。虽然很显然某个公司的失败可能导致系统性危机的溢出效应，但也可能存在这样的情况：通过允许公司失败来更好地实现金融稳定的长期利益——它可能会给其他公司提供一个更好的风险管理重要性的教训。这个问题显然与该公司的*系统重要性*有关，换句话说，和它的规模及其与其他公司的联系程度有关。但是，考虑到可能有些公司太重要或者*大而不倒*会造成*道德风险*，因为这些公司的管理层可能会由于知道公司会在危机中得到救助而承担更多风险。当然，在一些国家可能也会出现这样的案例——因为机构太大而没有能力救它。

2007—2009 年的金融危机提供了一个案例研究，将其中许多问题推到了前台。正如我们在第 1.2 节关于危机的报告中所指出的，人们最初认为证券化的增长使整个信用风险得以在系统中分散，有利于金融稳定。但交易账簿中大量资本不足的信贷风险（CDO），再加上银行通过衍生品和银行间借贷活动相互关联，意味着事实恰恰相反。2008 年 9 月 15 日雷曼兄弟（Lehman Brothers）申请破产，各国政府出手救助银行时，积累起来的系统性风险变得明显起来。

在随后的危机阶段，社会遭受了苦难。世界经济陷入衰退，家庭债务违约，储蓄和养老金受到沉重打击。这场危机从“华尔街”转移到了“主街”。这自然导致了不满，因为银行业仍是一个报酬颇丰的行业，而且政府资助的纾困似乎让银行“将收益私有化，将亏损社会化”。

自危机爆发以来，人们一直在争论，美国政府是否本可以像拯救美国国际集团（AIG）那样出手拯救雷曼。2009 年 9 月 14 日，历史学家尼尔弗格森在《金融时报》写道：

> 就像伏尔泰名言中那位被处决的英国海军上将一样，雷曼兄弟必须为鼓励其他银行而死——说服其他银行需要注入公共资本，并说服立法机构批准它们。历史上并非一切都是不可避免的，突发事件比比皆是。因此，有时说“如果”是正确

> 的。但是对雷曼兄弟想象的救援却是错误的反事实。正确的则像这样，如果雷曼兄弟的失败和 Tarp 的通过——不是立即，而是六个月后——向幸存下来的银行发出一份明确声明，即它们中没有一家从此变得“大而不倒”，那么我们或许真能从这场危机中学到一些东西。

虽然很难用“社会”的权威说话，但以下结论似乎并非毫无道理。在金融公司中，通过使用监管来加强风险管理的纪律，从而服务于社会的利益。更好的风险管理可以降低公司失败的风险，保护与大公司存在非常不平等的财务关系的客户和投保人。然而，所采用的监管在设计时必须小心谨慎，不应助长羊群行为、顺周期行为或其他形式的内生性风险，这些内生性风险可能导致系统性危机，其对社会的影响可能比一家公司倒闭严重得多。需要允许个别公司偶尔倒闭，前提是客户可以通过适当的补偿方案免受最糟糕后果的影响。一个允许公司变得“大而不倒”的系统会产生道德风险，应该杜绝。

1.4.2 股东观点

人们普遍认为，适当的金融风险管理可以提高公司的价值，从而增加股东价值。事实上，这是不受金融监管机构监管的公司从事风险管理活动的主要原因。了解股东价值和金融风险管理之间的关系也对风险管理（RM）系统的设计具有重要意义。需要回答的问题包括以下几点：

- 风险管理何时增加公司的价值，以及应该管理哪些风险？
- 风险管理对投资政策和资本预算有何影响？

有大量的公司金融文献涉及关于“公司风险管理和股东价值”的问题。我们简要讨论一些主要论点。通过这种方式，我们希望提醒读者，除本书核心所涉及的与风险管理战略实施相关的主要技术问题之外，风险管理还有更多的内容。

首先要注意的是，从企业融资的角度来看，在一个拥有完善的资本市场的世界里，风险管理增加股东价值并不明显：个人投资者是典型的风险厌恶者，因此应该管理其投资组合中的风险，然而我们并不清楚*企业层面*的风险管理或者风险削减，例如对冲外汇敞口或持有一定量的风险资本是否增加了公司的价值。持有这种观点的理由首先令人惊讶——而我们观察到的事实其实很简单：如果投资者面对的是完善的资本市场，那么他们可以通过自己的交易和分散化投资进行他们认为必要的风险管理交易。一家保险公司的首席投资官的以下声明，例证了这种推理：“如果我们的股东认为我们的投资组合风险太大，那么他们应该做空主要股指期货。”

公司风险管理与公司价值的潜在不相关性是著名的 *Modigliani-Miller 定理*的直接结果 (Modigliani and Miller, 1958)。这一结果标志着现代公司财务理论的开端，它指出，在一个没有税收、破产成本和信息不对称、无摩擦和无套利资本市场的理想世界中，公司的财务结构——以及由此产生的风险管理决策——与企业价值无关。因此，为了找到公司风险管理的原因，人们必须“将 Modigliani-Miller 定理颠倒过来”，识别出风险管理通过偏离该定理中不切实际的强假设来提高公司价值。这就导致了以下风险管理的基本原理：

- 风险管理可以降低*税收成本*。在典型的税收制度下，企业应纳税额是企业利润的*凸函数*; 通过减少公司现金流的可变性，风险管理因此可以导致更高的预期税后利润。
- 风险管理可能是有益的，因为公司可能（通常也会）比个人投资者更容易进入资本市场。
- 风险管理可以在存在*破产成本*的情况下增加企业价值，它降低了破产的可能性。
- 风险管理可以减少*成本高昂的外部融资*对企业价值的影响，它有助于实现最优投资。

最后两点值得进行更详细的讨论。破产成本包括直接破产成本，如诉讼成本和更重要的间接破产成本。后者可能包括清算成本，在研发 (R&D) 和专利技术等无形资产的情况下，清算成本可能是巨大的。这就是高研发 (R&D) 支出似乎与风险管理技术的使用呈正相关关系的原因。此外，增加破产的可能性往往对核心员工、管理层和客户关系产生负面影响，尤其是在客户希望建立长期业务关系的领域。例如，很少有客户愿意与一家濒临破产的保险公司签订保险合同。与此相关的是，濒临破产的银行可能会面临令人不快的“挤兑”的情况，即储户试图同时提取存款。对这些问题进一步的讨论在 Altman (1993) 中给出。

对于公司来说，获得外部资金的成本要高于内部资金，这是一个公司财务的“典型化事实”，这种现象通常归因于公司管理层与债券和股票投资者之间信息不对称的问题。例如，如果新投资者对一家公司的经济前景不完全了解，将股票发行解读为该公司估值过高的信号，那么通过发行新股从外部筹集外部资本的成本可能会很高。这可以为风险管理提供一个基本原理，原因如下：如果没有风险管理，那么公司现金流增加的可变性将转化为需要从外部筹集的资金增加的可变性，或者转化为投资额增加的可变性。随着增加外部资本的边际成本和减少新投资的边际利润，这导致（预期）利润的下降。因此，适当的风险管理，即对公司产生的现金流进行平滑处理，是有益的。参考文献见说明与评论。

1.5 量化风险管理

本章的目的是将量化风险管理（QRM）置于一个更大的历史、监管甚至社会框架中，因为对 QRM 的研究没有讨论其适当的设置和动机是没有意义的。在本书的其余部分中，我们采用了一种较为狭隘的观点，并将 QRM 作为一种一般使用数学语言尤其是概率和统计的定量科学。

在这一节中，我们讨论了 QRM 中“Q”的相关性，描述了我们在本书中试图遇到的定量建模挑战，并以 QRM 未来可能引领的方向作为结束。

1.5.1 QRM 中的“Q”

在第 1.2.1 节中我们讨论了一种观点，即使用先进的数学模型和估值技术是导致金融危机的一个因素，特别是那些归因于衍生产品的因素，例如 2007—2009 年危机中的 CDO。我们还提到对第 1.3.3 节中现代监管框架过于强调量化和统计的批评。我们固然必须认真对待这些争议，但我们认为，从风险管理中删除定量要素既不可能，也不可取。

数学和统计为我们提供了一种合适的语言和概念来描述金融风险。这对于衍生品等复杂金融产品来说是显而易见的，如果没有数学模型就无法对其进行估值和处理。但对于更简单的产品，例如面向零售客户的抵押贷款契约，定量建模的需求已经出现。管理这种契约的主要风险是出现了许多不成比例的违约，这种风险与违约之间的依赖关系直接相关（详见第 11 章）。为了描述这种依赖性，我们需要来自多元统计的数学概念，例如相关性或连接函数。如果我们想对投资组合在不同经济情景下的行为进行模拟研究，则需要一个描述违约事件联合分布的数学模型；如果投资组合庞大，则还需要先进的模拟技术来生成有效的相关情景。

此外，数学和统计方法可以比 2007—2009 年的危机时做得更好。事实上，提供概念、技术和工具来解决当前方法的一些弱点是本书的主题，我们将在下一节中再讨论这一点。

有一种观点认为，关于风险管理，除了使用数学模型外，还需要通过对历史案例研究的文本定性分析和叙述方式来学习更多的东西。非专业人士常常忽略的一点是，数学模型本身就是一种叙述，只不过这种叙述是用精确的符号语言表达的。2012 年诺贝尔经济学奖获得者 Lloyd Shapley 针对“什么是数学？”这一问题写道 (Gale and Shapley, 1962)：

> 任何具有足够精度的论据都是数学化的。

当然，数学方法是会被滥用的。数学家非常清楚，一个数学结果不仅有一个结论，而且同样重要的是，有它成立的条件。统计学家清楚地知道，基于模型的归纳推理依赖于这些条件在现实世界中成立的假设。在经济学中尤其如此，因为社会科学关注的是不容易用清晰的数学或物理定律描述的现象。但是如果从可疑的假设开始，使用（或操纵）模型则会提供坏的答案。经济学家罗杰斯 • 格斯纳在 2009 年 3 月 20 日的一次演讲中说：

> 对于这场危机，数学家是无辜的——这基于这个词的两个含义。

这意味着，量化风险管理者必须更加全面地了解模型的使用方式。但同样地，监管体系需要更加警惕模型被玩弄的方式和可以绕过审慎量化风险管理者最好的制预期的制度压力。

QRM 的 Q 是量化风险管理过程的一个重要部分——我们坚定地认为这种观点只有通过金融危机研究才能得到加强。我们拒绝这样的观点，即 Q 是问题的一部分，并相信它仍然是（如果应用正确和可靠）管理风险的一部分方法。总之，我们非常同意 Shreve (2008) 的说法。

> 不要怪宽客。雇用优秀的员工，倾听他们的声音。

1.5.2 挑战的本质

当开始撰写这本书时，我们给自己设定的任务是定义一个新的学科——QRM，而我们实现目标的方法有两条主线。其一，我们试图将当前的做法置于更坚实的数学基础上，例如，给出损益分布、风险因子、风险度量、资本分配和风险聚合等概念的正式定义和一致符号。在这样做的过程中，面对众多对风险管理问题感兴趣的学生，我们所考虑的是什么主题应该形成 QRM 课程的核心。尽管如此，这份名单还远远没有完成，而是随着学科的成熟而不断发展。其二，我们努力的第二个方面是把材料放在超越当前做法的技术和工具上，解决批评者反复提出的一些缺陷。下面，我们将详细介绍其中的一些问题。

极值问题 QRM 中的一个非常重要的挑战，并使它作为概率和统计领域特别有趣的一个挑战是需要解决意想不到的、异常的或极端的结果，而不是许多经典应用程序关注预期的、正常的或平均结果。这与艾伦·格林斯潘所表达的监管观点相符：

> 从风险管理者的角度看，不恰当地使用正态分布可能导致对风险的低估，这是简化的显著优势相平衡付出的代价。从中央银行的角度来看，这样做的后果更加严重，因为我们在制定最后贷款人救助政策时，往往需要把注意力集中在分布的左尾。因此改进极值分布的特征是至关重要的。
>
> 1995 年联合中央银行研究会议

虽然这是一句古老的引语，但特纳评论（Turner review）的一篇文章也提出了同样的担忧，即对极端情况的低估 (Lord Turner, 2009):

> 危机期间的价格波动往往是由模型（甚至使用长期投入）计算出来的，其概率几乎是无穷小的。这表明，这些模型系统性地低估了小概率高影响事件发生的可能性……金融市场运动有可能是以厚尾分布为特征的。VaR 模型需要通过应用压力测试技术来对其加以支持，压力测试技术考虑到了超出模型解释范围的极端运动的影响。

在我们的书中，有很多篇幅是关于金融风险因子的模型的，这些模型超越了正态（或高斯）模型，并尝试捕捉厚尾、过度波动和极端值的相关现象。

风险的相互依赖和集中 风险的多变量性质提出了进一步的重要挑战。无论是市场风险、信用风险还是企业整体风险，我们一般都对某种形式的综合风险感兴趣，这取决于基本风险因子的高维向量，例如市场风险中的个别资产价值，或信用利差以及信用风险中交易对手违约指标。

在我们的多元模型中，一个特别值得关注的问题是，当许多风险因子同时对我们不利时，极端结果之间的相互依赖现象。关于 LTCM 案例（见第 1.2.1 节），我们找到 1998 年 9 月的《商业周刊》的如下引用：

> 金融市场的极端同步涨跌并不经常发生，但确实会发生。模型的问题是，它们没有给同时出现很多问题的情景（“完美风暴”情景）匹配足够高的发生的可能性。

在一个完美风暴场景中，风险管理者发现，投资组合多元化参数崩溃，并且风险集中度远高于想象。2007—2009 年的危机就是这样，当借款利率上升、债券市场价格大幅下跌、流动性消失、许多其他资产类别的价值下降时，除了少数例外（例如贵金属和农业土地），系统性危机创造了这场完美风暴。

我们已经提到（见第 1.2.1 节）高斯连接函数模型在 2007—2009 年金融危机中“臭名昭著”。2009 年 4 月《经济学人》中题为“保卫高斯连接函数”的文章唤起了证券化繁荣时的场景：

> 一直到 2001 年，相关性都是一个大问题。一个新的热情正在抓住华尔街——几乎像在 Black-Scholes 模型引起股票期权和衍生品在 20 世纪 80 年代初爆发时所发生的革命性变化那样。这就是结构性融资，是华尔街 20 年定量分析师的巅峰之作。然而问题在于相关性。任何表外资产证券化都无法正确捕捉到的问题是结构性融资所包含的成千上万个不同抵押贷款之间的相互关系。

高斯连接函数似乎通过提供贷款或其他信用风险资产的违约相关时间的模型来解决这个问题。这种方法的危险性后来变得显而易见。事实上，高斯连接函数并不是过度复杂数学应用的一个例子。这是一个相对简单的模型，很难可靠地校准到可用的市场信息。依赖信用风险的建模，以及在这种背景下的模型风险问题，是我们在处理信用风险时要详细研究的问题。

规模问题 QRM 面临的另一个挑战是考虑中的投资组合的典型规模。在最普遍的情况下，投资组合可以代表金融机构风险资产的全部头寸。为所有风险因子校准详细的多元模型几乎是一项不可能完成的任务，因此任何明智的策略都涉及降维，也就是说，识别关键风险驱动因素，并集中精力对整体风险图景的主要特征进行建模。

简而言之，我们被迫采取一种相当“粗略”的方法。当我们使用计量经济学工具，如金融收益系列的模型时，我们满足于对单个系列的相对简单的描述，这些描述捕捉了波动的主要现象，并且可以用于一个简单的多因子模型。同样，在投资组合信用风险的背景下，在投资组合信用风险方面，我们更关心为交易对手的违约依属找到合适的模型，而不是准确描述个人违约的机制，因为我们相信前者至少与后者在确定风险的大型多元化投资组合上同等重要。

跨学科问题 QRM 另一个挑战是，来自几个现有定量学科的思想和技术被汇集在一起。当考虑未来的量化风险管理者的理想教育时，毫无疑问一套综合的量化技能应该包括来自数学金融、统计学、金融计量经济学、金融经济学和精算数学等领域的概念、技术和工具。一个坚定的信念强有力地引导着我们对主题的选择，就是将现代统计和计量经济学技术以及精算方法的精选部分包含在内，这对于建立最佳实践 QRM 至关重要。当然，尽管金融数学和衍生品定价可能是重要的，但量化风险管理却不仅限于此。

通讯和教育问题 当然，量化风险管理者是在其他非定量技能同样重要的环境中管理风险的。沟通无疑是一项重要的技能，作为一名风险管理专业人员，根据其职责的定义，他/她必须与在组织各级受过不同培训和具有不同背景的同事进行交流。此外，量化风险管理者必须快速熟悉所有重要的市场实践和制度细节。还需要一定程度的谦逊以在更大的视野内识别 QRM 的作用。

从 2007—2009 年的危机中得到的教训是，改进 QRM 的教育至关重要；从前台到后台再到会议室，模型的用户及其输出需要得到更好的培训，以理解模型假设和局限性。这种教育用户的任务是量化风险管理者角色的一部分，他应该理想地拥有（或发展）教育技巧，以便向不同数学复杂程度的受众解释方法和结论。

1.5.3 金融领域之外的量化风险管理

QRM 技术的使用并不局限于金融服务行业，并且在其他工业部门已经或正在发生类似的发展。QRM 的一些最早的应用是在制造业中找到的，其中类似的概念和工具存在于可靠性或全面质量控制之类的名称中。工业公司长期以来一直认识到将问题产品推向市场的风险。特别是日本的汽车制造业一直是这方面的早期推动力。

最近，QRM 技术已被运输和能源工业采用，这里仅举两个例子。在能源的案例中，此技术与金融市场有明显的相似性：电力在能源交易所交易；衍生品合约用于对冲未来电力价格的不确定性；公司优化将能源产品与金融产品相结合的投资组合；一些巴塞尔方法可以应用于能源部门的风险建模。然而，由于行业的具体性质不同，这两者也有重要的差异，最重要的是存在作为基本商品的电力存储和运输成本的问题，以及对物理网络建模的必要性，包括国界和准垄断的存在所造成的限制。

还有环境排放配额市场。例如，芝加哥气候期货交易所（CCFE）提供关于二氧化硫排放的期货合约。工业企业在制造过程中产生污染物，并迫使这些企业将污染成本视为其风险图景中的进一步风险。

不同行业的 QRM 思维演进的一个自然结果是行业间风险转移的利益，在不同行业的量化风险管理思维发展的自然结果是对不同工业之间风险转移的兴趣，这个过程被称为另类风险转移（alternative risk transfer）。迄今为止，最好的例子是保险和银行业之间的风险转移，1992 年芝加哥期货交易所（Chicago Board of Trade）设立的巨灾期货就说明了这一点。这些都是在安德鲁飓风之后出现的，那次飓风造成了美国东海岸 200 亿美元的保险损失。虽然这是保险业相对于整个再保险能力的重大事件，但与全球金融交易所的每日交易量相比，这只是沧海一粟。这使人们认识到，可以通过发行具有票面流和本金偿还的结构适当的债券来弥补未来的损失，这些债券的偿还取决于明确界定的自然灾害事件发生或不发生，例如风暴和地震。

这些发展可能导致的投机性场景是由 Shiller (2003) 提出的，他认为风险管理思维的激增加上 21 世纪的技术复杂性允许社会中存在任何代理，从公司到国家到个人，都应用 QRM 方法来应对所面临的风险。对个人而言，可能是失业、房地产市场贬值或儿童教育投资的风险。

说明与评论

概率论和统计学的语言在这本书中起着非常重要的作用，读者应该对这些学科有很好的了解。Rice (1995) 对初级概率、统计方法进行了很好的介绍。更高级的概率和随机过程的文本是 Williams (1991), Resnick (1992) 和 Rogers and Williams (1994)；当然，尽管这些著作为数学上要求更复杂且又对金融数学感兴趣的读者提供了极好的阅读材料，然而要理解我们这本书是不需要完全深入地去读上面这些著作的。关于统计推断的进一步推荐包括

Casella and Berger (2002), Bickel and Doksum (2001), Davison (2003) 和 Lindsey (1996)。

在第 1.1.1 节中讨论风险和随机性时，我们提到 Knight (1921) 和 Keynes (1920)，他们的经典文章非常值得重温。奈特不确定性是指无法度量的不确定性，有时与可以使用概率度量的风险进行对比。这涉及最近的一个“黑天鹅”事件的概念，这个术语由 Taleb (2007) 推广并在早期的 Taleb (2001) 中引入。黑天鹅一直被认为是虚构的生物，直到欧洲人对澳大利亚的探索并发现之后，“黑天鹅”这个名字才被用来指代挑战传统观念和模式的空前的、不可预测的事件。

关于风险历史和概率的金融应用优秀教科书是 Bernstein (1998) 的作品。我们还推荐 Shiller (2012) 的书，以了解更多金融风险管理的社会背景。从华尔街历史角度看待风险的发人深省的著作当推 Brown (2012)。

对于希望获得更多相关经济学知识的数学读者，微观经济学我们推荐 Mas-Colell et al. (1995); 计量经济学推荐 Campbell et al. (1997) 或 Gourieroux and Jasiak (2001)；公司理财推荐 Brealey and Myers (2000)。对于期权方面的文献，一般读者的入门级教材是 Hull (2014)。在更偏数学层面上则是 Bingham and Kiesel (2004), Musiela and Rutkowski (1997), Shreve (2004a) 和 Shreve (2004b)。关于期权的基本概念，最易读的文本之一是 Cox and Rubinstein (1985)。相当广泛的衍生品的文献可以从比如 Haug (1998) 中找到。

关于投机性交易和不当使用衍生品造成的巨大损失，有好几篇文章都有提及。关于金融危机的历史概述，参见 Reinhart and Rogoff (2009) 以及早期的 Galbraith (1993) 和 Kindleberger (2000) 的著作。关于最近的危机有几个文章，我们只列出了几个。LTCM 案例在 Dunbar (2000), Lowenstein (2000) 和 Jorion (2000) 中有详细记录，后者特别描述了风险度量的技术问题。Boyle and Boyle (2001) 对奥兰治县、巴林银行和长期资本管理公司（LTCM）的故事做了可读性很强的叙述，也可参考 Jacque (2010) 的论述。有关公平人寿的案例，请参阅英国政府发布的彭罗斯报告原件 (Penrose Report, 2004) 或者 Roberts (2012) 写的一篇有趣文章。很多关于 2007—2009 年危机的书已经问世；而格林斯潘的名言“非理性繁荣”很好地总结了早期的警告，另外推荐危机前由 Shiller (2000) 所著的书和同一作者危机后的分析 (Shiller, 2008)。

Dillmann (2002) 概述了人寿产品中嵌入期权，Hardy (2003) 详细讨论了担保，Briys and de Varenne (2001) 包含了对人寿保险风险管理很好的解释。对于人寿保险基础资产的风险管理和估值问题，请参考 Koller (2011) 和 Møller and Steffensen (2007)。 Wüthrich et al. (2010) 讨论了市场一致的精算估值问题。

Crouhy et al. (2001) 和 Steinherr (1998) 阐述了银行监管的历史发展。除了各项协议的副本外，还有利益相关者编写的有关各种协商一揽子文件的有用的工作文件、出版物和评论。对于偿二代和瑞士偿付能力测试，许多文件都可以在网上找到。综合教材包括 Sandström (2006) 和 Sandström (2011)，而 Wüthrich and Merz (2013) 则包含了更多的技术处理方法。Hawke Jr (2003) 以美国货币监理署署长的身份，批判性地论述了巴塞尔协议 II 之后风险管理方法的复杂性。在 2007—2009 年金融危机后的众多文献中，我们发现 Rochet

(2008), Shin (2010), Dewatripont et al. (2010) 和 Bénéplanc and Rochet (2011) 有用于在金融危机期间使用公允价值会计问题的讨论，见 Ryan (2008)。

对基于风险管理的相关实际问题非常详细的概述，我们再次强烈推荐 Crouhy et al. (2001) 的著作。Jorion (2007) 强调使用 VaR 作为一种风险度量，并包含几个有效的案例，该书对同一主题配有一套教学手册 (Jorion, 2002b)。风险管理中的保险相关问题在 Doherty (2000) 中有详细描述。

有关监管限制的银行资本管理的全面讨论见 Matten (2000), Klaassen and van Eeghen (2009) 和 Admati and Hellwig (2013)。Graham and Rogers (2002) 包含了对风险管理和税收激励的讨论。关于 Modigliani-Miller 定理的正式介绍及其含义可以在许多公司理财的教科书中找到：标准参考文献是 Brealey and Myers (2000)，de Matos (2001) 从现代金融经济学的角度给出了一个更理论化的解释。这两本书还讨论了企业中各利益相关者之间信息不对称的影响。从公司理财角度看待风险管理的正式模型可以在 Froot and Stein (1998), Froot et al. (1993) 和 Stulz (1996, 2002) 找到。关于保险公司理财问题的具体讨论，请参见 Froot (2007) 和 Hancock et al. (2001)。

有几篇关于风险管理技术用于非金融公司的研究文献（如Bodnar et al. (1998); Geman (2005, 2009)）。工业过程可靠性领域的两个参考文献是 Bedford and Cooke (2001) 和 Does et al. (1999)。另类风险转移的著作包括 Shimpi (2001), Barrieu and Albertini (2009) 和 Kiesel et al. (2010)；在另类风险转移背景下模型风险的详细研究是 Schmock (1999)。到目前为止我们在讨论 QRM 时还没有提到的一个领域是实物期权。实物期权是采取行动的权利，而不是义务。（延期、扩张、收缩或放弃）以预先确定的成本，在预先确定的一段时间内（即期权的有效期限）以行使价格行使。这个定义来自 Copeland and Antikarov (2001)。后者讨论的实物期权的例子是对互联网项目和药物研究与开发项目的估值。另一个有用的参考是 Brennan and Trigeorgis (1999)。

Rebonato (2007) 对风险管理标准方法的缺陷给出了一个很好的批判性观点。最后，对于一篇关于饱受批评的“经济人”生物学的有趣文章，我们喜欢 Coates (2012)。

第 2 章　风险管理的基本概念

在这一章里，我们定义在金融风险度量和管理中一些常用的基本概念。第 2.1 节开头我们给出了银行和保险公司简化的资产负债表，然后我们讨论这些公司所面临的风险、资本的本质，以及公司为抵御财务危机、保持还债能力而想要拥有充足资本金的需求。

在第 2.2 节，我们通过建立一个数学框架来描述投资组合的价值变化，并推导损失分布。我们提供了大量例子来说明这个框架适用于所有有着不同类型的资产和负债的投资组合。这些例子也用来详细讨论在参照公允价值计量和风险中性估值时价值的意义。

第 2.3 节重点讲述了如何通过风险评估来确定风险资本或偿付能力资本要求。我们提出不同的定量方法来度量风险，尤其关注从损失分布计算出来的风险度量，比如风险价值和预期损失。

2.1　金融公司的风险管理

2.1.1　资产、负债和资产负债表

了解现代金融机构所面临的风险的一个很好的方式就是，查看银行或保险公司的资产负债表。资产负债表是一个列示*资产*和*负债*的财务报表。大致说来，资产描述了金融机构的投资，而负债是指筹集到的资金和融资产生的债务。

银行通过吸收客户存款，发行债券以及向其他银行或中央银行借款来筹集资金。所有这些形成了银行的*债务资本*，然后银行用多种方式将其进行投资。银行将大部分债务资本用于零售贷款、企业和国家贷款、可交易证券、银行间贷款、房地产或其他公司的投资，只有少部分以现金形式持有。

保险公司通过出售保险合同来收取保费，它们也通过发行债券来融资。因此，保险公司的负债包括对保单持有人的负债和对债券持有人的负债。其中，对保单持有人的负债是以未来偿付的*技术准备金*形式存在的。然后，它们将筹集的资金投资于可交易证券，尤其是债券，也投资于房地产等其他资产。

银行和保险公司偶尔也会通过*发行股票*来筹集少量额外资金，这些形成了它们的股本。这种形式的融资是至关重要的，因为它意味着没有对外部参与方的债务。

这些简化的银行和保险公司*商业模型*可以通过表 2.1 和表 2.2 所示的资产负债反映。在这些财务报表中，资产和负债在给定日期计价。资产负债表负债侧标有*权益*的头寸是资产负债表方程中定义的残值

$$资产价值 = 负债价值 = 债务 + 权益 \tag{2.1}$$

在一个给定的时间，如果一个公司的权益是正的，就意味着该公司是有*偿付能力*的。破产应该和违约概念区分开来，违约是指公司不能对债券持有人或其他债权人进行偿付。特

表 2.1　代表性银行的资产负债表。

ABC 银行 (2015/12/31)			
资产		负债	
现金（和央行资产）	£10M	客户存款	£80M
有价证券	£50M	债券发行	
- 债券		- 高级债券发行	£25M
- 股票		- 次级债券发行	£15M
- 衍生金融产品		短期借款	£30M
贷款和抵押贷款	£100M	准备金（贷款损失）	£20M
- 企业			
- 零售和小客户		负债（以上之和）	£170M
- 政府			
其他资产	£20M		
- 不动产			
- 长期股权投资		股权	£30M
短期借款	£20M		
资产合计	£200M	负债合计	£200M

表 2.2　代表性保险公司的资产负债表。

XYZ 保险 (2015/12/31)			
资产		负债	
投资		保单准备金	£80M
- 债券	£50M	（准备金）	
- 股票	£5M	债券发行	£10M
- 房地产	£5M		
结构化产品投资	£30M	负债（以上之和）	£90M
其他资产	£10M		
- 房产			
		权益	£10M
资产合计	£100M	负债合计	£100M

别是，一个有偿付能力的公司有可能因为流动性问题而发生违约，这会在下一节中详细讨论。

应该注意的是，给银行或保险公司的资产负债表上的项目定价并非是一件简单的事。

一般来说，有两种不同的定价方法。在*公允价值法*计量下，资产的价格按其出售时能被接受的价格定价，负债的价格按其转移给其他方时需要支付的价格定价。对于类似可以在流动市场上交易的证券的资产，公允价值法相对简单，因为它们只需要根据市场价格定价（作为估值）。将公允价值法应用于非交易或流动性差的资产和负债更具挑战性。

*摊余成本*计量作为更传统的实践仍然被应用于各种金融资产和负债。在这种做法下，该头寸在开始时会被分配一个*账面价值*，并随着时间的推移结转。在某些情况下，随着时间推移以及受不良事件的影响，资产和负债的价值可能会逐渐减少。以账面价值计量的资产价值的一个例子就是银行资产负债表上的贷款。账面价值通常是未来承诺的利息和本金减去违约损失准备金的现值的估计（贷款形成时）。

在偿付能力 II 框架下，欧洲保险行业*市场一致性价值理论*的实践已经有了推广。正如第 1.3.2 节所述，市场一致性价值法的基本原理与公允价值法非常类似，即“资产和负债按照在公平交易中，基于在一个活跃的、规模较大的、流动性强的市场上的可观测价格，熟悉情况的交易双方自愿进行资产交换或者债务清偿的金额计量”。然而，对特定种类的资产和负债，市场一致性价值法和公允价值法也有一些细节差异。欧洲保险公司通常会有两个版本的资产负债表，一方面用来遵守会计规则，另一方面用来遵守偿付能力 II 规定的资本充足率。保险公司的资产负债表可能混合使用公允价值法和账面价值法，但偿付能力 II 要求公司资产负债表自始至终使用市场一致性原则。

总之，在金融行业存在一个趋势，即会计准则越来越偏向于公允价值法，即使 2007—2009 年的金融危机表明，在交易活动和市场流动性突然消失的时候，这个方法是有问题的，第 1.3.3 节进一步讨论了这个问题。金融产品的公允价值法的细节则会在第 2.2.2 节进一步讨论。

2.1.2　金融公司面临的风险

银行面临的一个显而易见的风险来源就是资产负债表中资产方投资品价值的减少。其中包括市场风险，例如证券交易损失和信用风险，以及另一个重要的与资金和*期限错配*相关的风险：对于一个典型的银行，大部分资产由流动性相对较差、期限较长的贷款组成，比如贷款或房地产；而大部分的负债包括短期债务，如从货币市场借入的资金和大部分客户存款。当短期利率上升从而短期再融资成本增加时，这可能会导致一些问题，因为银行可能难以做到通过出售长期资产来筹集资金。这就有可能导致技术上有偿付能力的银行发生违约。在极端例子中，甚至会发生*银行挤兑*的情况，就像 2007—2009 年金融危机发生时的情况一样。这清楚地表明，资产负债表的两边都有可能出现风险，风险管理者不应该只专注于资产方面。

保险公司的主要风险显然是无力赔付的风险，即保单持有人的索赔不能得到满足的风险。这可能是因为不良事件影响了资产负债表中的资产或负债。在资产方面，保险公司面临的风险与银行类似，而负债的主要风险在于风险准备金不足以覆盖未来赔付款项。重要的是要记住，人寿保险公司的负债是长期性的（由于销售如年金这一类产品），受到许多类别的风险影响，包括利率风险、通货膨胀风险和长寿风险，其中一些也会影响资产。因此，保险公司风险管理战略的一个重要方面是，通过合理地投资保费来对冲部分风险（所谓的负债驱动投资）。

从本节讨论中可以很明显地看到，一个良好的风险管理方法不能独立地看待资产负债表中的资产和负债。

2.1.3　资本

银行资本有许多不同的概念，最常用的三种为：*股权（账面）资本*、*监管资本*和*经济资本*。所有这些资本的概念都是指资产负债表负债边的项目中没有（或很少有）针对外部债权人的债务，因此，这些资本可以缓冲损失。

根据资产负债公式 (2.1)，股权资本可以从资产负债表得到，它度量的是对股东而言的公司价值。资产负债表通常对股权资本有更详细的分类，将其分开列示为*股本*、*留存收益*和其他不那么重要的项目。股本就是股权投资者投资于公司的初始资本。对于通过单次股票发行成立的公司，股本等于发行的股票数量乘以发行日的股票价格。因此，股本和市值是不同的，市值等于发行的股票数量乘以股票当前的市场价格。留存收益指的是没有向股东以股息形式发放的累计收益，如果公司亏损，那么原则上留存收益可以为负。

监管资本指的是依据监管规则，公司应当拥有的资本数量。对于银行来说，这些规则是指在巴塞尔协议框架中设定的内容（第 1.3.1 节有详细的描述）。对于欧洲保险公司来说，监管资本表现为偿付能力 II 框架中设定的最低资本要求和偿付能力资本要求（详见第 1.3.2 节）。

监管资本框架通常是指在考虑到金融机构的规模和所处的风险的情况下，金融机构维持其运营所需的资本数量。此外，它还规定了资本的质量，从而规定了资本在资产负债表上的形式。针对这种情况，我们应在不同*资本等级*之间进行区分。

例如，在巴塞尔协议框架中，一级资本是指股本和留存收益的总和，换句话说，是权益资本的主要组成部分。当没有其他债权需要赔付时，该项资本可以全额作为弥补损失的缓冲。二级资本包括资产负债表的其他项，特别是次级债务。当公司进行清算时，次级债券持有者是在分配股东权益之前最后一个被偿付的级别。因此，次级债务可以被视为对存款人和其他高级债券持有者的一层额外保护。为了方便说明，表 2.1 中的银行的一级资本为 £30,000,000（假设权益资本仅包括股东资本和留存收益），二级资本为 £45,000,000。

经济资本是指在一年内为了控制企业破产的可能性，对金融机构所需的资本数量的估计。它是在经济建模原则的指导下，对风险资本的内部评估。特别是，经济资本框架试图从整体视角出发，同时关注资产和负债，并且在可能的情况下，对报表项目进行公允价值法计量或市场一致性价值法计量。虽然从历史上看，监管资本框架已经更多地基于相对简单的规则，使用资产负债表项目账面价值，但经济资本和监管资本的概念越来越相近，特别是在偿付能力 II 中强调负债使用市场一致性价值法的保险领域。

请注意，资本的各种概念是指金融公司为其自身融资的方式，而不是指用来投资的资本。特别地，资本要求不需要剔除不能进行有效投资的资金，例如通过发放新的贷款所获得的资金。还有其他形式的金融监管，涉及资产负债表的资产方面，限制了投资的可能性，比如银行的现金储备以及对保险资产股票投资比例的限制。

说明与评论

Choudhry (2012) 对银行业务和影响银行的风险进行了很好的介绍，Thoyts (2010) 基于英国保险行业的理论和实践提供了简单的概述。读者若想深入了解资产负债表的相关科目，有许多财务方面的书籍可供选择，最出名的是 Elliott and Elliott (2013) 的著作。Ryan (2008) 的论文对公允价值计量法给出了很多解释，同时还探讨了由金融危机引发的一些问题。

银行业的监管资本在巴塞尔委员会下发的许多文件当中都有涉及，特别是包括巴塞尔 II 和巴塞尔 III 资本框架的文件（Basel Committee on Banking Supervision (2006, 2011)）。对于偿付能力 II 中规定的监管资本，详见 Sandström (2011) 中的内容。规范的监管约束下银行资本管理的方法可以在 Matten (2000) 和 Klaassen and van Eeghen (2009) 中找到。Admati et al. (2013) 针对资本监管提出了一个强有力的论点，以确保银行具有充足的权益资本。这一观点在 Admati and Hellwig (2013) 中也进行了讨论。关于经济资本概念的很好解释可以在定量金融百科全书的相关条目中找到 Rosen and Saunders (2010)。

2.2 建模价值和价值变动

我们在第 2.1.1 节中已经看到，为了分析金融机构所面临的风险，我们需要考虑其资产和负债价值的变化。在第 2.2.1 节中，我们为建模价值和价值变动建立一个正式的框架，并且对这个带有典型化资产和负债组合的框架进行说明；在第 2.2.2 节中，我们通过一些例子进一步探讨估值方法；最后，在第 2.2.3 节中，我们将讨论在给定时间内，用于构造投资组合损失分布的不同方法。

2.2.1 风险映射

在描述金融风险的一般的数学模型中，我们通常把未来世界状态的不确定性表示为概率空间 $(\Omega, \mathcal{F}, P)$，这是我们接下来要介绍的所有随机变量的定义域。

我们考虑一个给定的由资产和可能负债组成的投资组合。从最简单的层面来说，它可能是股票或债券的集合、一系列的衍生品或者高风险贷款的集合。一般而言，它可能是由债券等证券投资支持的人寿保险合同（负债）组合，甚至是金融机构的整体资产负债表。我们把 t 时刻投资组合的价值表示为 V_t，在 t 时刻，假设随机变量 V_t 是已知的或者可以从已知信息中得到。当然，给金融公司的资产负债表项目进行估值都是一个具有挑战性的任务，我们在第 2.2.2 节中将回到这个问题探讨相应细节。

我们考虑一个给定的风险管理时间段 Δt，这个时间对市场风险管理而言可能是 1 天或者 10 天；对信贷、保险或者公司的风险管理而言，可能是 1 年。为了使我们所探讨的价值、价值变动和风险因子的作用形成简单的体系，我们将做出两个简化的假设：

- 在一定的时间范围内，投资组合的成分保持不变；
- 在一定的时间范围内，没有中间收入。

尽管这些假设可能只适用于一天或十天，但不太可能适用于一年以上，因为投资组合中的项目可能会到期并被其他投资取代，并且股息或者利息收入也可能累积。在特定情况下，也有可能放松这些假设，比如通过为投资组合指定简单的再平衡规则或通过考虑中间收入。

通过使用时间序列的符号（随着时间的推移，把时间记录为时间段 Δt 的倍数），我们把投资组合期末的价值写作 V_{t+1}，把投资组合价值的变动写作 $\Delta V_{t+1}=V_{t+1}-V_t$。损失被定义为 $L_{t+1}:=-\Delta V_{t+1}$，对于短时间间隔来说这是很自然的。然而，当时间间隔较长时，这个定义就忽略了货币的时间价值，我们可以选择把损失定义为 $V_t-V_{t+1}/(1+r_{t,1})$，其中 $r_{t,1}$ 是指从 t 时刻到 $t+1$ 时刻简单的无风险利率；该无风险利率度量了时间 t 的单位货币损失。随机变量 L_{t+1} 在时间 t 内通常是随机的，它的分布被称为**损失分布**。风险管理从业者通常会比较关注所谓的损益 (P&L) 分布。它是指资产组合价值变化 ΔV_{t+1} 的分布。在本节内容中，我们将重点关注 L_{t+1}，因为它简化了许多统计方法的应用，并且与保险精算风险理论的惯例保持一致。

通常来说，投资组合价值 V_t 是由时间函数和风险因子的 d 维随机向量 $\boldsymbol{Z}_t=(Z_{t,1},\ldots,Z_{t,d})'$ 构建的模型表示的，对于一些可测函数 $f:\mathbb{R}_+\times\mathbb{R}^d\to\mathbb{R}$ 来说，我们写出表达式

$$V_t=f(t,\boldsymbol{Z}_t) \tag{2.2}$$

风险因子通常被假设为是可观测到的，因此在 t 时刻随机向量 $\boldsymbol{Z}_t$ 表示为实现价值 $\boldsymbol{z}_t$，投资组合价值 V_t 由实现价值 $f(t,\boldsymbol{z}_t)$ 表示。风险因子和 f 的选择很显然是一个建模问题，并且取决于手中的投资组合、可用的数据和所需的精度水平，详见第 2.2.2 节。以公式 (2.2) 形式表示的投资组合价值被称为风险的**映射**。下面提供一些有关映射过程的例子。

我们将一定时间范围内**风险因子变化**定义为随机向量 $\boldsymbol{X}_{t+1}:=\boldsymbol{Z}_{t+1}-\boldsymbol{Z}_t$。假定当前时间为 t，运用公式 (2.2) 中的映射，投资组合的损失可以由下式得出：

$$L_{t+1}=-(f(t+1,\boldsymbol{z}_t+\boldsymbol{X}_{t+1})-f(t,\boldsymbol{z}_t)) \tag{2.3}$$

由该式可以看出损失分布由风险因子变化 $\boldsymbol{X}_{t+1}$ 的分布所决定。

如果 f 是可微的，则我们可以使用公式 (2.3) 中损失的一阶近似 L^{Δ}_{t+1} 形式，

$$L^{\Delta}_{t+1}:=-\left(f_t(t,\boldsymbol{z}_t)+\sum_{i=1}^{d}f_{z_i}(t,\boldsymbol{z}_t)X_{t+1,i}\right) \tag{2.4}$$

其中 f 的下标表示偏导数。符号 L^{Δ} 源自衍生工具对冲中的标准 *delta* 术语（见例 2.2）。一阶近似很方便，因为它允许我们将损失表示为风险因子变化的**线性**函数。如果风险因子变化很小（即如果我们在很短的时间范围内测量风险）并且投资组合的价值与风险因子线性相关（即如果函数 f 的二阶导数很小），那么公式 (2.4) 中的近似的质量是非常好的。

现在，我们思考有关市场风险、信用风险和保险风险领域的一些例子，通过例子说明典型的风险管理问题是如何适用于这个框架中的。

例 2.1 (股票投资组合). 考虑一个包含 d 种股票的固定投资组合，t 时刻投资组合中股票 i 的份额用 λ_i 表示，股票 i 的价格过程用 $(S_{t,i})_{t\in\mathbb{N}}$ 表示。根据金融和风险管理的标准做法，我们使用自然对数价格作为风险因子，即 $Z_{t,i} := \ln S_{t,i}$，其中 $1 \leqslant i \leqslant d$，于是我们得到 $V_t = \sum_{i=1}^{d} \lambda_i \exp(Z_{t,i})$。风险因子变化表示为 $X_{t+1,i} = \ln S_{t+1,i} - \ln S_{t,i}$，相当于投资组合中股票的对数收益。从 t 时刻到 $t+1$ 时刻投资组合的损失可以由下式得出：

$$L_{t+1} = -(V_{t+1} - V_t) = -\sum_{i=1}^{d} \lambda_i S_{t,i}(\mathrm{e}^{X_{t+1,i}} - 1)$$

线性化的损失 L_{t+1}^{Δ} 可以由下式得出：

$$L_{t+1}^{\Delta} = -\sum_{i=1}^{d} \lambda_i S_{t,i} X_{t+1,i} = -V_t \sum_{i=1}^{d} w_{t,i} X_{t+1,i} \tag{2.5}$$

其中权重 $w_{t,i} := (\lambda_i S_{t,i})/V_t$ 是指 t 时刻投资于股票 i 的投资组合价值的比例。给定均值向量和风险因子变动分布的协方差矩阵，可以很容易地计算出线性化损失 L^{Δ} 分布的二阶矩。假设随机向量 $\boldsymbol{X}_{t+1}$ 服从均值向量为 $\boldsymbol{\mu}$、协方差矩阵为 Σ 的分布。运用随机向量线性组合均值和方差的一般规则（在方程 (6.7) 和 (6.8) 中可看到），我们立即得到

$$E(L_{t+1}^{\Delta}) = -V_t \boldsymbol{w}'\boldsymbol{\mu} \quad 和 \quad \mathrm{var}(L_{t+1}^{\Delta}) = V_t^2 \boldsymbol{w}' \Sigma \boldsymbol{w} \tag{2.6}$$

例 2.2 (欧式看涨期权). 现在我们考虑一个有关衍生证券投资组合的简单例子，也就是一个建立在零股息股票上的到期日为 T，行权价为 K 的标准欧式看涨期权。我们用 B–S 期权定价公式来确定投资组合的价值。在 t 时，价格为 S 的股票的看涨期权价值如下

$$C^{\mathrm{BS}}(t, S; r, \sigma, K, T) := S\Phi(d_1) - K\mathrm{e}^{-r(T-t)}\Phi(d_2) \tag{2.7}$$

其中，Φ 是标准正态分布函数，r 为连续复利无风险利率，σ 是标的股票的波动，并且

$$d_1 = \frac{\ln(S/K) + (r + \frac{1}{2}\sigma^2)(T-t)}{\sigma\sqrt{T-t}}, \quad d_2 = d_1 - \sigma\sqrt{T-t} \tag{2.8}$$

简便起见，我们假设距离期权到期的时间 $T-t$ 以投资期为一单位来度量，同时，参数 r 和 σ 也采取了同样的度量单位；例如，投资期为一天，那么 r 和 σ 为日利率和日波动率。这不同于标准的习惯做法，按照习惯做法，时间以年为单位，而 r 和 σ 也是年化的。

为了展现 t 时刻的投资组合，把 S_t 记作 t 时的股票价格，r_t 和 σ_t 分别为当时从业者选择的利率和波动率。股票价格的对数 $(\ln S_t)$ 是投资组合价值变化中一个很显然的风险因子。而在 B–S 期权定价模型中，假设利率和波动率是常数，在现实市场中利率不断变化，从业者倾向于使用隐含波动率作为波动率参数的输入。因此，我们将 $\boldsymbol{Z}_t = (\ln S_t, r_t, \sigma_t)'$ 作为风险因子向量。

根据 B–S 公式，看涨期权在 t 时的价值为 $C^{\mathrm{BS}}(t, S_t; r_t, \sigma_t, K, T)$，即公式 (2.2)。风险因子的变动由下式得出：

$$\boldsymbol{X}_{t+1} = (\ln S_{t+1} - \ln S_t, r_{t+1} - r_t, \sigma_{t+1} - \sigma_t)'$$

而线性化损失由下式得出：

$$L_{t+1}^{\Delta}=-(C_t^{\mathrm{BS}}+C_S^{\mathrm{BS}}S_tX_{t+1,1}+C_r^{\mathrm{BS}}X_{t+1,2}+C_\sigma^{\mathrm{BS}}X_{t+1,3}) \tag{2.9}$$

其中，下标表示 B–S 公式 (2.7) 的偏导数。注意，为了简化公式，我们省略了关于 C^{BS} 的论证。并且，这里有一个 S_t 项出现是因为我们将股票价格的对数而不是股票价格来作为股票的风险因子；将 $S=e^{z_1}$ 应用于链式法则，我们得到：

$$C_{z_1}^{\mathrm{BS}}=C_S^{\mathrm{BS}}\frac{\mathrm{d}S}{\mathrm{d}z_1}\bigg|_{z_1=\ln S_t}=C_S^{\mathrm{BS}}S_t$$

在第 9.1.2 节和例 9.1 中，我们给出了与公式 (2.9) 相似的映射公式的推导过程，并着重讨论了映射函数中时间尺度的选择。

B–S 期权定价方程的导数常常用一些希腊字母表示：C_S^{BS}（对股价 S 的偏导数）被称作期权的 delta；C_t^{BS}（对时间的偏导数）被称作期权的 theta；C_r^{BS}（对利率 r 的偏导数）被称作期权的 rho；我们再加一个希腊字母，C_σ^{BS}（对波动率 σ 的偏导数）被称作期权的 vega。这些希腊字母在衍生品组合的风险管理中具有重要作用。

读者应该记住，对于含衍生品的投资组合，其线性化损失与真实损失相差甚远，因为投资组合的价值往往是风险因子的非线性函数。这导致了高阶近似值的发展，比如运用了一阶导和二阶导的 delta-gamma 近似值，请参考第 9.1.2 节。

例 2.3 (典型化贷款组合). 在下一个例子中，我们将展示短期贷款投资组合的损失如何符合我们的总体框架，有关贷款组合模型的详细讨论将在第 11 章中介绍。

遵循信用风险管理的标准做法，风险管理期限 Δt 取一年。我们考虑 m 个不同借款人或债务人的贷款组合，这些贷款在 t 时刻发放，并使用账面价值方法进行估值。为了简化例子，我们假定所有的贷款将在 $t+1$ 时被偿还。我们用 k_i 表示债务人 i 要偿还的金额；此期限包括支付 $t+1$ 时的利息及偿还贷款本金。债务人 i 的风险暴露由本金和利息以约定利率折现得到，公式为 $e_i=k_i/(1+r_{t,1})$。

为了考虑违约的可能性，我们引入了一系列随机变量 $(Y_{t,i})_{t\in\mathbb{N}}$，表示债务人 i 在 t 时刻的违约状态，如果债务人 i 在 t 时刻违约，则让 $Y_{t,i}=1$，否则 $Y_t=0$。这些变量称为违约指示函数。简单起见，我们假设所有债务人在 t 时刻处于非违约状态，因此对于任意 $1\leqslant i\leqslant m$，$Y_{t,i}=0$。

根据实践中的估价惯例，我们将贷款的账面价值定义为贷款的风险敞口因违约而减少的贴现期望损失，这样，估值就包括了违约风险准备金。我们假设在借款人 i 违约的情况下，贷方可以在到期日 $t+1$ 收回金额 $(1-\delta_i)k_i$，其中 $\delta_i\in(0,1]$ 表示贷款的所谓违约损失率（LGD），即在违约情况下损失的风险的百分比。此外，我们用 p_i 表示债务人 i 在 $(t,t+1]$ 期间违约的概率。在这个示例性的例子中，我们假设 δ_i 和 p_i 是已知的常量。在实践中，可以使用信用打分卡模型估计 p_i。更多讨论，请参见第 10.2 节。债务人 i 违约所造成的贴现期望损失为：

$$\frac{1}{1+r_{t,1}}\delta_ip_ik_i=\delta_ip_ie_i$$

因此，贷款 i 的账面价值等于 $e_i(1-\delta_i p_i)$，即贷款的贴现预期收益。请注意，在实践中，我们将进一步规定管理、再融资和资本成本，但简单起见，我们忽略了这些问题。此外，人们应该记住，账面价值不是对贷款公允价值的估计（对贷款在证券化交易中可以出售的金额的估计），后者通常低于贷款的贴现预期收益，因为投资者要求承担违约风险的溢价。下一节还将讨论风险中性估值。因此，贷款组合在 t 时刻的账面价值为

$$V_t=\sum_{i=1}^{m}e_i(1-\delta_i p_i)$$

到期日债务人 i 的贷款价值 $t+1$ 等于还款规模，因此如果 $Y_{t+1,i}=0$，则等于 k_i（债务人 i 无违约），如果 $Y_{t+1,i}=1$，则等于 $(1-\delta_i)k_i$（债务人 i 违约）。因此，V_{t+1}，即投资组合在时间为 $t+1$ 时的价值，等于

$$V_{t+1}=\sum_{i=1}^{m}\big((1-Y_{t+1,i})k_i+Y_{t+1,i}(1-\delta_i)k_i\big)=\sum_{i=1}^{m}k_i(1-\delta_i Y_{t+1,i})$$

因为我们采用了相对较长的风险管理期,即一年,所以很自然地在计算组合损失时要将 V_{t+1} 折现。再次利用公式 $e_i=k_i/(1+r_{t,1})$，得到

$$\begin{aligned}L_{t+1}=V_t-\frac{V_{t+1}}{1+r_{t,1}}&=\sum_{i=1}^{m}e_i(1-\delta_i p_i)-\sum_{i=1}^{m}e_i(1-\delta_i Y_{t+1,i})\\&=\sum_{i=1}^{m}\delta_i e_i Y_{t+1,i}-\sum_{i=1}^{m}\delta_i e_i p_i\end{aligned}$$

这样，计算组合损失就有了一个简单的公式，其中包括风险暴露、违约概率、违约损失率和违约指示函数。

最后，我们解释了这个例子如何适合公式 (2.2) 和公式 (2.3) 给出的映射框架。在这种情况下，风险因子是违约指示函数变量 $\boldsymbol{Z}_t=(Y_{t,1},\ldots,Y_{t,m})'$。如果我们把映射公式写成

$$f(s,\boldsymbol{Z}_s)=\sum_{i=1}^{m}(1-Y_{s,i})\frac{k_i}{(1+r_{s,1})^{t+1-s}}\big(1-(t+1-s)\delta_i p_i\big)+\sum_{i=1}^{m}Y_{s,i}k_i(1-\delta_i)$$

则可以看到，在 $s=t$ 和 $s=t+1$ 这里给出了正确的投资组合价值。至于如何找到并调整适用于风险因子变化 $\boldsymbol{Z}_{t+1}-\boldsymbol{Z}_t$ 的联合分布的模型，我们将在第 11 章中进行介绍。

例 2.4 (保险案例). 我们考虑一个简单的终身年金产品，在该产品中，投保人已经购买了在其有生之年获得一系列付款的权利。虽然现实的产品通常会按月支付，但简单起见，我们假设每年支付一次，并考虑一年的风险管理期限。

在 t 时刻，我们假设保险公司的投资组合中有 n 的年金，当前年龄 x_i, $i=1,\ldots,n$。领年金者 i 收到固定的年度年金支付 κ_i，并且死亡时间由随机变量 τ_i 表示。年金的支付出现在时间 $t+1,t+2,\ldots$，这是一种被称为终身直接年金的产品。

在 t 时刻，任何个人年金的现金流的价值都存在不确定性，这是由于死亡时间的不确定性造成的。单一年金的责任采用如下形式

$$\sum_{h=1}^{\infty} I_{\{\tau_i>t+h\}}\kappa_i D(t,t+h)$$

其中 $D(t,t+h)$ 是一个折现因子，它给出了一个单位在 t 时刻的价值在 $t+h$ 所支付的价值。遵循标准的离散时间保险精算实践，我们设置 $D(t,t+h)=(1+r_{t,h})^{-h}$，其中 $r_{t,h}$ 是 t 时刻的 h 年简单即期利率。该负债在时间 t 时的预期现值为

$$\sum_{h=1}^{\infty} q_t(x_i,h)\kappa_i \frac{1}{(1+r_{t,h})^h}$$

其中我们假设 $P(\tau_i>t+h)=q_t(x_i,h)$。换句话说，领年金者 i 的生存概率仅依赖于年金的当前时间 t 和年龄 x_i；$q_t(x,h)$ 表示年龄为 x 的个人在时间为 t 的情况下再生存 h 年的概率。

如果 n 足够大，则分散投资的论点表明，个体死亡风险（变量 $\tau_1,\ldots,\tau_n$ 与其期望值的偏差）可能被忽略，整个投资组合的负债可以用下式表示：

$$B_t=\sum_{i=1}^{n}\sum_{h=1}^{\infty} q_t(x_i,h)\kappa_i \frac{1}{(1+r_{t,h})^h}$$

现在考虑单个年金在 $t+1$ 时的负债

$$\sum_{h=1}^{\infty} I_{\{\tau_i>t+1+h\}}\kappa_i \frac{1}{(1+r_{t+1,h})^h}$$

我们再次使用大投资组合多样化参数，将 $I_{\{\tau_i>t+1+h\}}$ 替换为其期望值 $q_t(x_i,h+1)$，从而将投资组合在 $t+1$ 时负债近似为

$$B_{t+1}=\sum_{i=1}^{n}\sum_{h=1}^{\infty} q_t(x_i,h+1)\kappa_i \frac{1}{(1+r_{t+1,h})^h}$$

年金的一次性保费支付通常会投资于一个匹配的债券投资组合，这是一个选择的投资组合，使债券的现金流与保单持有人的现金流密切匹配。我们假设这些投资是在（无违约）d 种不同到期日（均大于或等于一年）的政府债券中进行的，因此，t 时的资产价值为

$$A_t=\sum_{j=1}^{d} \frac{\lambda_j}{(1+r_{t,h_j})^{h_j}}$$

其中，h_j 是第 j 个债券的到期日，而 λ_j 是此类债券的持有数量。组合在 t 时的净资产价值为 $V_t=A_t-B_t$。

在未来的资产和负债价值可以折现到时间 t 的情况下，损失（以 t 时刻的货币表示）将由下面的公式给定：

$$L_{t+1}=-\left(\frac{A_{t+1}}{1+r_{t,1}}-A_t\right)+\left(\frac{B_{t+1}}{1+r_{t,1}}-B_t\right)$$

本例中的风险因子是即期利率 $Z_t = (r_{t,1}, \ldots, r_{t,m})'$，其中 m 表示可能需要支付年金的最大期限。生命周期变量 $\tau_1, \ldots, \tau_m$ 中的死亡风险通过使用固定生存概率 $\{q_t(x,h)\}$ 的生命表来消除。

2.2.2 估值方法

现在，我们将根据上一节的典型例子进一步研究估值原则。当例 2.3 的贷款组合使用账面价值方法进行估值时，股票投资组合（例 2.1）、欧洲看涨期权（例 2.2）和资产支持年金投资组合（例 2.4）在实践中都将使用公允价值方法进行估值。在本节中，我们将阐述公允价值会计中使用的不同方法，并解释如何将风险中性估值理解为公允价值会计的一种特殊情况。

我们回顾第 2.1.1 节，对保险公司的资产和负债使用公允价值方法与市场一致性价值的概念密切相关。二者主要的区别是，将公允价值法应用于会计资产负债表以进行报告；而市场一致性价值法则用于满足欧盟偿付能力 II 资产负债表中规定的资本充足率。虽然两个规则之间存在细节差异，但是考虑到我们的目的，可以将市场一致性价值法视为公允价值计量法的一种变形。

公允价值会计计量　一般而言，资产的公允价值是在活跃市场上交易出售资产时收到的价格的估计。同样，负债的公允价值是在基于市场的交易中将负债转移给另一方所必须支付的价格的估计，这有时被称为退出值。

只有少数资产负债表头寸在活跃市场直接交易。因此，会计师制定了三级公允价值计量方法，将公允价值计量法适用范围延伸到非交易项目。美国的会计准则 FAS 157 把该分级编纂在内，并在 2009 年“国际财务报告准则第 7 号修订版”中将其推广到全球，它具有以下三个层次：

第 1 层：　一项工具的公允价值是根据同一工具在活跃市场中的报价确定的，无须修改或重新包装。

第 2 层：　当所有重要输入值均基于可观察的市场数据时，工具的公允价值根据活跃市场中对类似（但不完全相同）工具的报价确定或使用估值技术确定，例如衍生工具的定价模型。

第 3 层：　当一些关键输入值不是可观察的市场数据（或其他公开的可观察数据）时，使用估值技术（定价模型）估算某种工具的公允价值。

在风险管理语言中，这些层次有时被描述为按市价估值、具有客观输入模型估值以及具有主观输入的模型估值。

例 2.1 中的股票投资组合显然属于第 1 层估值：投资组合价值是通过查看股票的当前市场价格来确定的。现在考虑例 2.2 中的欧式看涨期权，假设该期权不在市场上交易（可能是因为没有标准的行权价或到期日），但存在其他以该股票为标的的期权的活跃市场。这就是第 2 层估值的一个例子：使用 B–S 期权定价公式来给工具定价。公式的输入值是股票价格、利率和隐含波动率，它们都是市场可观察量（因为我们假设以该股票为标的的期权存在活跃市场）。

例 2.4 的保险投资组合可以被看作第 2 层或第 3 层估值的例子，这取决于所输入参数的确定方法。如果生存概率是由公开可用的数据（例如，官方生命表）确定的，则年金例子对应第 2 层估值，因为其他风险因子基本上都是市场观察值，可能长期利率除外。另一方面，如果使用专有数据和方法来估计生存概率，则对应第 3 层估值。

风险中性估值　风险中性估值是公允价值计量法的特殊情况，它广泛应用于衍生证券等金融产品的定价。在风险中性定价中，金融工具的价值是由未来现金流的预期贴现值计算得到的，其中预期值的确定与某种概率测度 Q 相关，这种测度称为*风险中性定价测度*。Q 是一种人工测度，将可交易证券的贴现价格变成所谓的鞅（公平下注），也称*等价鞅测度*。为了确保以这种方式得到的价格与市场报价一致，我们通常会对其进行校正。

到目前为止，我们所有的概率和期望都是基于*物理或真实概率测度* P。为了解释风险中性测度 Q 的概念，并说明 P 和 Q 之间的关系，我们使用信用风险领域的简单单期模型，称之为单期违约模型。我们考虑一个期限 T 为 1 年的可违约零息债券，并做出以下假设：真实违约概率 $p = 1\%$。回收率 $1 - \delta$（在违约情况下估计的债券支付比例）是确定的，为 60%；无风险利率为 5%；债券的当前 $(t = 0)$ 时刻的价格为 $p_1(0, 1) = 0.941$；相应的无违约债券的价格 $p_0(0, 1) = (1.05)^{-1} = 0.952$。债券的价格演变如图 2.1 所示。

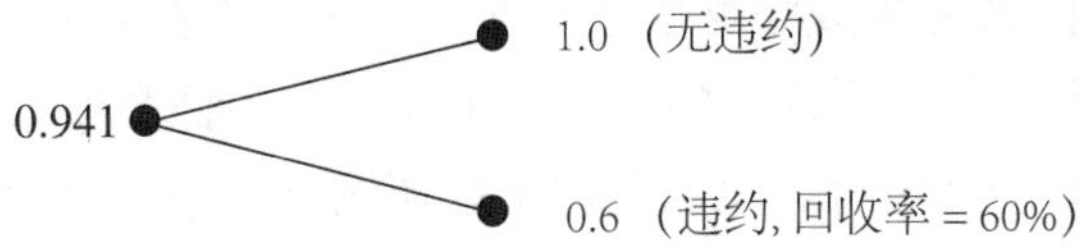

图 2.1　单期违约模型中违约债券价格 $p_1(\cdot, 1)$ 的演变；上分支和下分支的概率分别为 0.99 和 0.01。

债券的预期折现值等于 $(1.05)^{-1}(0.99 \cdot 1 + 0.01 \cdot 0.6) = 0.949 > p_1(0, 1)$。我们看到，在这个例子中，价格 $p_1(0, 1)$ 小于债权的预期折现值。这是公司债券在实际市场中的典型情况，因为投资者为承担债券的违约风险而要求溢价。

在单期模型中，等价鞅测度或风险中性测度仅是一个新的概率测度 Q，使得对于每个交易的证券，收益折现值的 Q 期望等于该证券的当前价格，因此投资该证券成为一个公平的赌注。在更一般的情况下（例如在连续时间模型中），当交易证券的折现价格过程是所谓的 Q 鞅（因此称为鞅测度）时，公平赌注的想法就被表现出来。因此，在基本的单阶段违约模型中，可以根据人工违约概率 q 给出 Q

$$p_1(0, 1) = (1.05)^{-1}((1 - q) \cdot 1 + q \cdot 0.6)$$

显然，q 由该方程唯一确定，并且我们得到 $q = 0.03$。注意，在我们的例子中，q 大于真实违约概率 $p = 0.01$。这也是真实市场的典型特征，反映了买家对可违约债券所要求的风险溢价。该例子还表明，我们需要不同的方法来确定历史违约概率 p 和风险中性违约概率 q：

前者是用信用质量相似的公司的违约历史数据估计的（参见第 10.3.3 节和第 11.5 节），而 q 则根据交易证券的市场价格进行校准。

在风险中性定价方法下，证券价格的计算值为未来现金流的贴现（有条件）期望值，其中期望值是根据风险中性测度 Q 得到的。用随机变量 H 表示 $r_{0,1} \geqslant 0$ 时证券资产的收益率，用 $r_{0,1} \geqslant 0$ 表示时间 0 到 1 之间的无风险利率，我们因此得到在 $t = 0$ 时债权价值 V_0^H 的表达式为：

$$V_0^H = E^Q\Big(\frac{H}{1+r_{0,1}}\Big) \tag{2.10}$$

考虑一个单期违约模型中的特例：*违约看跌期权*，如果债券违约，则在 $t = 1$ 时支付一个单位，否则不支付；该期权可以被认为是信用违约互换的简化版本。使用风险中性定价方法，可得期权在 $t = 0$ 时的价值是

$$V_0 = (1.05)^{-1}((1-q)\cdot 0 + q\cdot 1) = (1.05)^{-1}0.03 = 0.0285$$

在连续时间模型中，通常使用连续复利，公式 (2.10) 被下面更一般的表达式替换

$$V_t^H = E_t^Q\big(\mathrm{e}^{-r(T-t)}H\big), \quad t < T \tag{2.11}$$

这里 T 是证券的到期日，期望运算符的下标 t 表示期望值是根据 t 时刻投资者可用的信息得到的，这将在第 10 章中进行更详细的解释。

公式 (2.10) 和 (2.11) 被称为*风险中性定价规则*。适用于非交易金融产品的风险中性定价是第 2 层估值的典型例子：交易证券的价格用于在风险中性测度 Q 下校准模型参数，然后这一测度用于给非交易产品定价。我们举例来强调例 2.2 中 B–S 定价方法的应用。

例 2.5 (**B–S 模型中的欧式看涨期权**). *再次考虑例 2.2 中的欧式看涨期权，并假设行权价格为 K 和/或到期时间为 T 的期权没有被交易，但以该股票为标的的其他期权产品是有交易的。给定常数 $\mu \in \mathbb{R}$（漂移项）、$\sigma > 0$（波动率），(W_t) 是一个标准布朗运动，我们假设在真实概率测度 P 下，股票价格 (S_t) 遵循几何布朗运动模型，即所谓的 B-S 模型，其动态过程由下式表示*

$$\mathrm{d}S_t = \mu S_t\,\mathrm{d}t + \sigma S_t\,\mathrm{d}W_t$$

众所周知，存在等价鞅测度 Q，其中股票价格折现值 $(e^{-rt}S_t)$ 是鞅，在 Q 下，股价遵循具有漂移项 r 和波动率 σ 的几何布朗运动模型。欧式看涨期权到期收益 $H = (S_T - K)^+$，而公式 (2.11) 中的风险中性估值公式可能通过例 2.2 中的带有 C^{BS} 的形式来表示

$$V_t = E_t^Q\big(\mathrm{e}^{-r(T-t)}(S_T-K)^+\big) = C^{\mathrm{BS}}(t, S_t; r, \sigma, K, T), \quad t < T \tag{2.12}$$

为了在 t 时刻给定看涨期权一个风险中性价值（知道股票的当前价格 S_t、利率 r 以及期权特征 K 和 T），我们需要校准模型参数 σ。如上所述，我们通常使用具有不同特征的股票期权的报价 $C^{\mathrm{BS}}(t, S_t; r, \sigma, K^*, T^*)$ 来推断 σ 值，然后将所谓的隐含波动率代入公式 (2.12)。

风险中性定价有两个理论支持。首先，数理金融的标准结果（所谓的资产定价第一基本定理）指出，当且仅当证券定价模型承认至少有一个等价鞅测度 Q 时，该模型是无套利的。因此，如果一个金融产品按照无套利原则定价，则其价格必须由一些风险中性测度 Q 的风险中性定价公式给出。第二个理由是指对冲：在金融模型中，通常可以通过资产交易来复制金融产品的收益率，其中一种就是（动态）对冲，我们知道，在一个无摩擦市场中实施对冲的成本是由风险中性定价规则给定的。风险中性定价的优点和局限性将在第 10.4.2 节中进行更详细的讨论。

2.2.3　损失分布

知道投资组合风险的映射后，我们现在考虑如何从中获得损失分布，以便于在风险管理实践（如资本设定）中使用。假设当前时间为 t，回顾一下公式 (2.3) 中在时间段 $[t, t+1]$ 上的损失：

$$L_{t+1} = -\Delta V_{t+1} = -(f(t+1, \boldsymbol{z}_t + \boldsymbol{X}_{t+1}) - f(t, \boldsymbol{z}_t))$$

我们看到，为了确定损失分布（即 L_{t+1} 的分布），我们需要做两件事情：(i) 我们需要指定一个风险因子变化模型 $\boldsymbol{X}_{t+1}$；(ii) 我们需要确定随机变量 $f(t+1, \boldsymbol{z}_t + \boldsymbol{X}_{t+1})$ 的分布。

请注意，在这一过程中有效地使用了两种模型。(i) 中使用的模型是*预测模型*，用于预测现实世界中风险因子的行为，通常根据描述过去风险因子变化的经验数据估算 $(\boldsymbol{X}_s)_{s\leqslant t}$。根据所涉及头寸的复杂程度，(ii) 中的映射函数 f 通常也将体现*估值模型*; 在本书中考虑使用 B–S 模型来评估欧式看涨期权，如例 2.2 和例 2.5 中所述。

从广义上讲，有三种方法可用于解决这些挑战：解析法、历史模拟法、模拟方法（也称为蒙特卡罗方法）。

解析法　在解析法中，我们尝试为 $\boldsymbol{X}_{t+1}$ 和映射函数 f 选择一个模型，这样就可以确定 L_{t+1} 的分布。这种方法的一个典型例子是用于市场风险管理的所谓的方差—协方差法，它可以追溯到 RiskMetrics 工作组 (RiskMetrics, 1996) 的早期工作。在方差—协方差法中，假定风险因子的变化 $\boldsymbol{X}_{t+1}$ 服从多元正态分布，记为 $\boldsymbol{X}_{t+1} \sim N_d(\boldsymbol{\mu}, \boldsymbol{\Sigma})$，其中 $\boldsymbol{\mu}$ 是均值向量，$\boldsymbol{\Sigma}$ 是分布的协方差（或方差—协方差）矩阵。例如，这可以从假设风险因子 $\boldsymbol{Z}_t$ 根据多元布朗运动在连续时间内演化而来。多元正态分布的性质在第 6.1.3 节进行了详细的讨论。

我们还假设风险因子的线性化损失是实际损失的足够精确的近似，并通过考虑公式 (2.4) 中定义的 L^{Δ}_{t+1} 的分布来简化问题。线性化损失将具有一般结构

$$L^{\Delta}_{t+1} = -(c_t + \boldsymbol{b}'_t \boldsymbol{X}_{t+1}) \tag{2.13}$$

其中在 t 时刻常数 c_t 和常数向量 $\boldsymbol{b}_t$ 就已知。我们以例 2.1 股票投资组合为例，其中损失表示为 $L^{\Delta}_{t+1} = -v_t \boldsymbol{w}'_t \boldsymbol{X}_{t+1}$，$\boldsymbol{w}_t$ 是 t 时刻资产的权重向量。

多元正态的一个重要性质是 $\boldsymbol{X}_{t+1}$ 的线性函数 (2.13) 必须服从一元正态分布。通过计算随机向量线性组合均值和方差的一般规则，我们得到

$$L^{\Delta}_{t+1} \sim N(-c_t - \boldsymbol{b}'_t \boldsymbol{\mu}, \boldsymbol{b}'_t \boldsymbol{\Sigma} \boldsymbol{b}_t) \tag{2.14}$$

方差—协方差法为风险计量问题提供了一个简单的解决方案，但这种便利是建立在两个粗略的简化假设的代价之上的。首先，线性化可能并不总能很精确地得到真实损失分布与风险因子变动的关系的近似值。其次，风险因子变动分布的正态性可能不现实，当然是针对日数据的，有时候周数据甚至月数据也是如此。实证金融的一个典型性事实表明，与高斯分布相比，金融风险因子收益率分布是尖峰且厚尾的。在第 3.1.2 节中，我们将在每天、每周、每月和季度股票收益率分析中提供这一观察的证据。其含义是，高斯风险因子的假设往往会低估损失分布的尾部而低估投资组合的风险。

备注 2.6. 注意，我们把如何从历史风险因子变动 $(\boldsymbol{X}_s)_{s\leqslant t}$ 中估计模型参数 $\boldsymbol{\mu}$ 和 Σ 的讨论推迟到后面的章节。然而，我们应该指出，当考虑 $\boldsymbol{X}_{t+1}$ 的动态模型时，不同的估计方法是可行的，这取决于我们是关注给定过程过去值的 $\boldsymbol{X}_{t+1}$ 的条件分布，还是考虑平稳模型中的均衡分布。据说这些不同的方法构成了计算损失分布的有条件和无条件方法，我们会在第 9 章中更详细地讨论这个问题。

历史模拟法　对于 $\boldsymbol{X}_{t+1}$，历史模拟法不是在某个显式参数模型中估计 L_{t+1} 的分布，而是可以将历史模拟法看作使用过去风险因子变化经验分布估计损失的分布。假设我们收集 n 时间段内的历史风险因子变动数据，并用 $\boldsymbol{X}_{t-n+1},\ldots,\boldsymbol{X}_t$ 表示这些数据。在历史模拟中，我们构建了以下一元假想损失数据集

$$\{\tilde{L}_s=-(f(t+1,\boldsymbol{z}_t+\boldsymbol{X}_s)-f(t,\boldsymbol{z}_t)):s=t-n+1,\ldots,t\}$$

如果风险因子在 s 期间的变化再次发生，那么 $\tilde{L}_s$ 的值表示当前投资组合将发生的变化。如果我们假设，风险因子的变化过程是平稳的，且分布函数为 $F_{\boldsymbol{X}}$，那么（受进一步的技术条件约束）历史模拟损失的实证分布函数是损失分布的一致估计。损失分布任何统计量的估计例如期望损失、损失的方差或风险价值（参见第 2.3.2 节的定义）可以通过历史模拟损失的实证分布函数计算得出。例如，期望损失可以通过公式 $E(L_{t+1})\approx n^{-1}\sum_{s=t-n+1}^{t}\tilde{L}_s$ 来估计，分位数估计等技术可以用来求出风险值的估计值。进一步的细节可以在第 9 章找到。

历史模拟法具有明显的吸引力：它很容易实现，并将损失分布计算问题降低到一维问题。然而，该方法的成功取决于我们是否能收集足够数量的、相关的、同步的风险因子历史数据。由于数据的可得性，这种方法主要用于银行的市场风险管理（由于相对较短的风险管理时间跨度）。

蒙特卡洛方法　任何涉及风险因子变动的显式参数模型模拟的风险度量方法都称为蒙特卡罗方法。该方法不解决为 $\boldsymbol{X}_{t+1}$ 寻找多元模型的问题，所得到的任何结果都只与所使用的模型一样好。对于大型投资组合，蒙特卡罗方法的计算成本是相当可观的，因为每个模拟都需要重新评估投资组合。如果投资组合中包含许多无法以封闭形式定价的衍生品，则这一点尤其成问题。这样的导数位置可能必须使用蒙特卡罗近似技术来计算，这也是基于模拟的。这导致蒙特卡罗过程是嵌套的情况，模拟是在模拟中生成的，可能非常慢。

模拟技术经常在信用组合管理中得到应用，参见第 11.4 节中的例子。保险行业中使用的所谓经济情景生成模型也属于蒙特卡洛法。这些模型都是经济驱动模型，通常是表现不同风险因子演变且相互作用的动态模型，常常用来得到 $\boldsymbol{X}_{t+1}$。

说明与评论

RiskMetrics 小组首先提出将投资组合价值映射到主要的风险因子，参见 RiskMetrics 技术文档 (RiskMetrics, 1996) 和 Mina and Xiao (2001) 的著作。我们将在第 9 章用例子进一步详细探讨这个话题。其他研究头寸映射的文献包括 Dowd (1998), Jorion (2007) 和 Alexander (2009)《市场风险　第三卷》。Duffie and Pan (1997) 提出使用一阶近似来估计投资组合的价值（所谓的增量近似）；二阶近似参见第 9.1.2 节。

例 2.2 中使用的 B–S 估值公式的细节可能会在很多关于期权和衍生品的文献中找到，例如 Haug (1998), Wilmot (2000) 和 Hull (2014)。对于类似例 2.4 中分析的年金产品和其他标准寿险产品，Hardy (2003), Møller and Steffensen (2007), Koller (2011), Dickson et al. (2013) 和经典的 Gerber (1997) 提供了很好的参考。

关于国际财务报告准则标准 7 和金融工具公允价值计量，最好的资源是国际财务报告准则的网站。Shaffer (2011) 考虑公允价值计量对金融机构的影响，然而 Laux and Leuz (2010) 强调公允价值计量是否有助于减少金融危机。

市场一致的保险精算估值是 Wüthrich et al. (2010) 的著作的主题（也可以参考 Wüthrich and Merz (2013)）。资产定价基本定理和风险中性定价的基础概念是大多数数理金融文献所讨论的，参见 Björk (2004) 或 Shreve (2004b)。

基于风险因子正态性变化假设下得到损失分布的分析方法，属于上文引用的原始 RiskMetrics 方法。在银行交易账簿的损失分布的分析已经几乎被历史模拟法取代了 (Pérignon and Smith, 2010)。蒙特卡洛法（经济情景生成器）被广泛应用于保险业偿付能力 II 的内部模型，参见 Varnell (2011)。

2.3 风险度量

总的来说，风险度量将发生损失 L 的金融头寸和衡量的“L 风险”实数相关联。在实践中，风险度量出于很多不同的目的。首先，金融机构通过风险管理来确定对冲未来不可预期投资组合风险所需持有的资本，从而满足监管部门对其偿付能力的要求。同样，在交易所交易的投资者通过风险管理来确定合适的保证金。此外，风险度量经常被作为一种管理工具，用于限制一个公司内业务单元可能承担的风险量。例如，银行的交易员可能会受到规则限制，每日头寸 95% 下的风险价值不能超过给定界限。

在第 2.3.1 节中，我们给出了一些不同的风险计量方法的概述，然后关注来自损失分布的风险度量。我们在第 2.3.2 节中介绍了广泛使用的风险价值（VaR）计量，并且在第 2.3.3 节中解释 VaR 在风险资本计算中的特性。在第 2.3.4 节中提出了来自损失分布的替代风险度量，在第 2.3.5 节中介绍了理想的风险度量属性，定义了一致性概念和凸性（Convex）风险度量，并给出了例子进行讨论。

2.3.1　风险度量方法

现有的度量金融头寸风险的方法可分为三类：名义金额法、基于损失分布的风险度量法和基于情景的风险度量法。

名义金额法　名义金额法是最早量化资产组合风险的方法，其中，投资组合的风险由组合中单个证券的名义价值之和组成，而名义价值各有权重，该权重是一个代表证券所属资产大类的风险评估的因子。该方法的一个例子就是巴塞尔监管框架下的标准法。参见第 1.3.1 节的概述和第 13.1.2 节操作风险中应用的标准法。

名义金额法的优点是简单明了。然而，正如第 1.3.1 节中提到的，从经济角度看，这种方法是有缺陷的，原因如下：首先，这种方法不区分多头空头头寸，且没有净值。例如，公司债中多头头寸风险如果使用相抵持仓的信用违约互换对冲，其风险是未对冲债券风险的两倍。此外，该方法没有反映出分散化在投资组合整体风险计量上的优势。例如，如果使用名义金额法，则会出现这种情况，即多家公司贷款构成的信用组合，分散状况良好，但其风险和将全部资金借给单一公司的风险相同。最后，因为标的资产的名义金额和衍生品头寸的经济价值有很大不同，所以名义金额法在处理衍生品组合上有不足。

基于损失分布的风险度量　对投资组合风险的大多数现代度量都是统计量，描述的是投资组合在某些预定范围 Δt 内的有条件或无条件损失分布。例子包括方差、风险价值和预期损失等风险度量，我们将在本章中详细讨论。基于损失分布的风险度量有许多优点。损失分布的概念在从单一工具组成的投资组合到金融机构的总体地位的所有层次上都是有意义的。此外，如果估计适当，那么损失分布反映了净额结算和多样化的影响。

在使用损失分布时应牢记两个问题。第一，任何损失分布的估计都是基于历史数据的。如果金融市场监管法律变化，那么这些历史数据在预测未来风险时用处就不大。第二，即使在一个稳定的环境下，特别是对于大的投资组合而言，精确地估计损失分布也是十分困难的。许多看似复杂的风险管理系统都是基于相对粗略的统计模型来确定损失分布的（例如，没有根据的正态分布假设）。这些问题有需要改进的地方，如损失分布的估计，当然在实际应用中，基于损失分布的风险管理模型应被谨慎使用。特别要指出的是，基于损失分布的风险计量应通过假设情景中的信息加以完善。此外，反映市场参与者期望的前瞻性信息，如隐含波动率，应该和统计估计值（必须基于历史信息）一起在校准损失分布模型时被用到。

基于情景的风险度量　基于情景分析的风险计量法考虑了未来风险因子（情景）可能的变化，如关键汇率上升 10%，或主要股市指数同时下降 20%，或全球的关键利率同时上升。在这种风险计量法下，投资组合的风险为其在所有情景下的最大损失。为了计量的合理性，情景也可以被加权。基于情景分析的风险计量法经常会在压力测试中用到。

我们现在给出一个正式描述。给定集合 $\mathcal{X} = \{\boldsymbol{x}_1, \ldots, \boldsymbol{x}_n\}$ 表示风险因子变化（即情景变化），向量 $\boldsymbol{w} = (w_1, \ldots, w_n)' \in [0,1]^n$ 表示权重。假设情景 $\boldsymbol{x}$ 发生，$L(\boldsymbol{x})$ 表示投资组合

遭受的损失。使用第 2.2.1 节的符号，有

$$L(\boldsymbol{x}) := -(f(t+1, \boldsymbol{z}_t + \boldsymbol{x}) - f(t, \boldsymbol{z}_t)), \quad \boldsymbol{x} \in \mathbb{R}^d$$

投资组合的风险由下式度量

$$\psi_{[\mathcal{X}, \boldsymbol{w}]} := \max\{w_1 L(\boldsymbol{x}_1), \ldots, w_n L(\boldsymbol{x}_n)\} \tag{2.15}$$

在实践中使用的许多风险度量都是公式 (2.15) 形式的。下面我们来简单描述芝加哥商品交易所（CME）开发的用来确定所需保证金的系统，参见 Chicago Mercantile Exchange (2010)。以计算一个简单投资组合的初始保证金为例，该投资组合包含远期合约以及该合约的看涨、看跌期权，因此我们需要考虑 16 种情景。前 14 种情景包含向上波动、向下波动和没有波动的情况，其中给定期货价格向上波动或向下波动的范围为 1/3, 2/3 或 3/3 个单位。该 14 种情景下权重 w_i, $i = 1, \ldots, 14$ 之和为 1。其余两种极端情景的权重为 $w_{15} = w_{16} = 0.35$。交易所要求的该投资组合所需的保证金由公式 (2.15) 计算。

备注 2.7. 我们可以对公式 (2.15) 给出一个稍微不同的数学解释，这将在第 2.3.5 节中非常有用。假设 $L(\mathbf{0}) = 0$，即如果所有的风险因子保持不变，则头寸的价值是不变的。这是合理的，至少对于短期 Δt 的风险管理来说是这样。在这种情况下，表达式 $w_i L(\boldsymbol{x}_i)$ 可以看作风险因子变化空间概率测度下 L 的期望值；该测度将质量 $w_i \in [0, 1]$ 与点 $\boldsymbol{x}_i$ 相关联，将质量 $1 - w_i$ 与点 $\mathbf{0}$ 相关联。表示 $\delta_{\boldsymbol{x}}$ 的概率测度与质量 1 到点 $\boldsymbol{x} \in \mathbb{R}^d$ 相关联，通过 $\mathcal{P}_{[\mathcal{X}, \boldsymbol{w}]}$ 在 $\mathbb{R}^d$: 上概率测度表示为

$$\mathcal{P}_{[\mathcal{X}, \boldsymbol{w}]} = \{w_1 \delta_{\boldsymbol{x}_1} + (1 - w_1)\delta_{\mathbf{0}}, \ldots, w_n \delta_{\boldsymbol{x}_n} + (1 - w_n)\delta_{\mathbf{0}}\}$$

然后 $\psi_{[\mathcal{X}, \boldsymbol{w}]}$ 可以写成

$$\psi_{[\mathcal{X}, \boldsymbol{w}]} = \max\{E^P(L(\boldsymbol{X})) : P \in \mathcal{P}_{[\mathcal{X}, \boldsymbol{w}]}\} \tag{2.16}$$

形式为公式 (2.16) 的风险度量，其中 $\mathcal{P}_{[\mathcal{X}, \boldsymbol{w}]}$ 被某些风险因子变动空间上所有概率测度集合的任意子集 $\mathcal{P}$ 替换，被称为广义情景。广义情景在一致风险度量理论中扮演重要角色（具体参见第 8.1 节）。

正如芝加哥商品交易所的例子所示，当投资组合敞口在相对较小的风险因子集合下时，基于情景分析的风险度量是一种重要的风险管理工具。此外，它还能基于损失分布的统计值，为风险度量提供有价值的补充信息。此种方法的难点在于确定一组合适的情景和权重因子。

2.3.2　风险价值

风险价值（VaR）是金融机构使用最多的风险计量指标，其在巴塞尔监管框架中有突出的作用，并在偿付能力 II 中也有很大影响。

在固定时间范围 Δt 上考虑风险资产组合，我们用 $F_L(l) = P(L \leqslant l)$ 表示相应损失分布的分布函数。我们希望定义一个基于 F_L 的统计数据，该统计数据衡量在 Δt 期间持有我们投资组合的风险的严重程度。一个明显的例子是最大可能的损失 $\inf\{l \in \mathbb{R} : F_L(l) = 1\}$。然而，对于大多数感兴趣的分布，最大损失是无穷大。此外，通过使用最大损失，忽略 F_L 中的任何概率信息。风险价值定义中的想法是用“最大损失不会超过给定的高概率”代替“最大损失”。

定义 2.8 (风险价值). 给定置信水平 $\alpha \in (0,1)$。在置信水平 α 下损失 L 的投资组合的 VaR 由最小数字 l 给出，使得损失 L 超过 l 的概率不大于 $1-\alpha$。定义为

$$\mathrm{VaR}_\alpha = \mathrm{VaR}_\alpha(L) = \inf\{l \in \mathbb{R} : P(L > l) \leqslant 1-\alpha\} = \inf\{l \in \mathbb{R} : F_L(l) \geqslant \alpha\} \tag{2.17}$$

从概率的角度看，风险价值就是损失分布的一个分位数。置信水平 α 一般取 $\alpha = 0.95$ 或 $\alpha = 0.99$; 在市场风险管理中，持有期 Δt 一般为 1 天或 10 天，而在信用风险和操作风险管理中 Δt 一般为 1 年。注意根据风险价值在置信水平 α 的定义，当概率小于 $1-\alpha$ 的事件发生时，VaR 不能给出任何有关损失严重程度的信息。这也是 VaR 作为风险度量指标的不足之处。例 2.16 给出的案例研究，用数据举例阐述了这个问题。

图 2.2 说明了风险价值的概念。损失分布的概率密度函数在 95% VaR 值处以垂直线表示。注意平均损失为负的 ($E(L) = -2.6$)，意味着虽然我们期望获得收益，但和左尾相比，损失分布的右尾相对较长。95% VaR 大约是 2.2，意味着有 5% 的机会损失这个数。

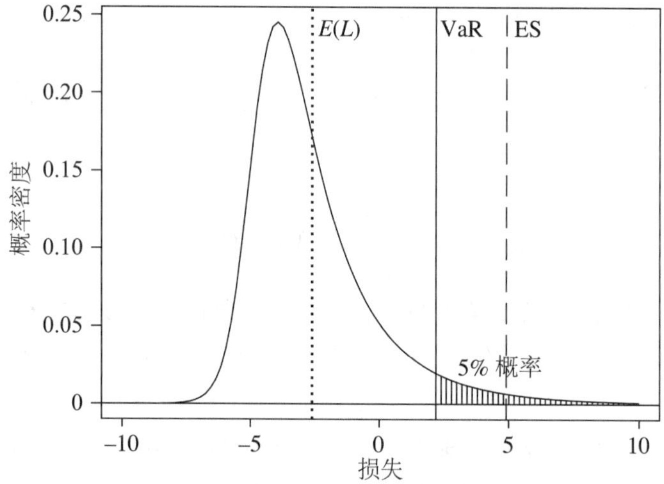

图 2.2　一个损失分布的例子，95% VaR 标记为一条垂直线；平均损失用点线表示，还有一种称为 95% 预期损失的替代风险度量方法（见第 2.3.4 节和定义 2.12）。

由于分位数在风险管理中发挥着重要作用，我们给出精确的定义。

定义 2.9 (广义逆和分位数函数).

(i) 给定一个递增函数 $T:\mathbb{R}\to\mathbb{R}$，$T$ 的广义逆函数定义为 $T^{\leftarrow}(y) := \inf\{x \in \mathbb{R} : T(x) \geqslant y\}$，其中我们使用的惯例是空集的下限为 ∞。

(ii) 给定一个分布函数 F，其广义逆函数 $F^{\leftarrow}$ 称为 F 的分位数函数。当 $\alpha \in (0,1)$ 时，F 的 α 分位数如下

$$q_\alpha(F) := F^{\leftarrow}(\alpha) = \inf\{x \in \mathbb{R} : F(x) \geqslant \alpha\}$$

对于分布函数为 F 的随机变量 X，我们经常使用另外一种表达方式 $q_\alpha(X) := q_\alpha(F)$。如果 F 是连续和严格递增的，则我们有 $q_\alpha(F) = F^{-1}(\alpha)$，其中 F^{-1} 是 F 的逆函数。为了在更一般的情况下计算分位数，我们可以使用以下简单的准则。

引理 2.10. 当且仅当以下两个条件满足时：$F(x_0) \geqslant \alpha$；对所有 $x < x_0$，$F(x) < \alpha$，点 $x_0 \in \mathbb{R}$ 是分布函数 F 的 α 分位数。

引理直接来自广义逆的定义和 F 的右连续性。在某些棘手的情况下，分位数的计算例子和广义逆的进一步性质在第 A.1.2 节中给出。

例 2.11 (正态和 t 损失分布的 VaR). 假设损失分布 F_L 服从正态分布，均值为 μ、方差为 σ^2。限定 $\alpha \in (0,1)$，有

$$\mathrm{VaR}_\alpha = \mu + \sigma \Phi^{-1}(\alpha) \tag{2.18}$$

其中 Φ 表示标准正态分布函数，$\Phi^{-1}(\alpha)$ 是 Φ 的 α 分位数。证明过程比较简单，因为 F_L 严格递增，根据引理 2.10，我们只需要证明 $F_L(\mathrm{VaR}_\alpha) = \alpha$。现在

$$P(L \leqslant \mathrm{VaR}_\alpha) = P\left(\frac{L-\mu}{\sigma} \leqslant \Phi^{-1}(\alpha)\right) = \Phi(\Phi^{-1}(\alpha)) = \alpha$$

这个结果通常用在方差—协方差方法（也称为德尔塔—正态方法）中，用来计算风险度量。

当然，对于任何位置—尺度族都可以得到类似的结果，另一个有用的例子是学生 t 损失分布。假设我们的损失 L 满足 $(L-\mu)/\sigma$ 有一个标准的 t 分布和 ν 自由度；我们用 $L \sim t(\nu, \mu, \sigma^2)$ 表示这个损失分布，当 $\nu > 2$ 时，一阶矩和二阶矩为 $E(L) = \mu$ 和 $\mathrm{var}(L) = \nu\sigma^2/(\nu-2)$，因此 σ 不是分布函数的标准差。我们得到

$$\mathrm{VaR}_\alpha = \mu + \sigma t_\nu^{-1}(\alpha) \tag{2.19}$$

其中 t_ν 表示标准 t 分布函数，它及它的逆在大多数统计计算机包中是可用的。

在本节的其余部分中，我们将讨论一些与实际中使用 VaR 作为风险度量相关的进一步问题。

VaR 参数选择 在计算风险价值时，需要选择参数 Δt 和 α。当然，这些参数没有一个最优值，但是有一些因素可能会影响监管机构或内部模型构建者的选择。

风险管理持有期 Δt 表示金融机构承诺持有组合的时间，它将受到合同和法律的限制，以及流动性的考虑。在选择整个企业的风险管理持有期时，金融机构必须使用适合它的核心业务活动所在市场的期限。例如，保险公司的负债组合持有期通常是一年，在这期间，它们不能改变投资组合或重新调整它们收到的保费。因此，一年是衡量保险公司的负债与资产组合风险的一个合适的时间。此外，如果某资产的市场流动性不足，则金融机构就会被

迫持有风险资产的亏损头寸，所以，对于流动性不足的资产，我们需要给定一个相对较长的时间范围。

此外，我们建议 Δt 应该取相对较小值，这是出于更多实际的考虑。我们假设投资组合的组成成分保持不变，但这只有在很小的持有期内是成立的。另外，如果 Δt 很小，历史风险因子的变动 $(\boldsymbol{X}_t)$ 的模型的标准化和检验就会更加容易。这样，我们将有更多可以使用的数据。

对于置信水平，目的不同，选择 α 的值也不同。为了给交易者设置限制，银行通常设 α 为 95%，Δt 为 1 天。出于资本充足的目的，经常使用更高的置信水平。比如，巴塞尔资本规定，为了覆盖市场风险，在使用风险价值时，银行交易账簿的置信水平为 99%，持有期为 10 天。偿付能力 II 框架使用的 α 等于 0.995，持有期为 1 年。另一方面，产生 VaR 数字的模型的回溯测试常常需要在较低的置信水平上使用较短的时间进行，以便有足够的统计能力来检测模型的不良性能。

模型风险和市场流动性　在实践中，VaR 数值有时被赋予一个非常字面的解释；一个特定投资组合在置信水平 $\alpha = 99\%$ 上的每日 VaR 等于 l 表示“有一个确切的 1% 的概率，这个位置上的损失将大于 l”。这种解释具有误导性，因为它忽略了估计误差、模型风险和市场流动性风险。

模型风险就是我们错误指定损失分布模型的风险。比如，我们可能使用正态分布来作为损失的模型，然而真实的分布是厚尾的。或者，在建立潜在损失风险因子变动分布的模型时，我们没有关注波动性聚类或者尾部相关性的存在（参见第 3 章）。当然，如果我们在较高的置信水平下模拟 VaR，这些问题就会比较显著。流动性风险指的是，任何试图清算一个巨额亏损头寸的行为，都可能导致价格对我们不利，从而加剧亏损。

2.3.3　风险资本计算中的 VaR

在实际操作中，许多风险资本计算都采用了基于分位数的风险度量。在本节中，我们将给出两个例子。

交易账簿监管资本计算中的 VaR　VaR 风险度量被用于计算银行交易账簿的监管资本。在内部模型法中，假设持有期内交易账簿的组合是固定的，银行基于最近风险因子变动的数据计算 10 日损失分布的每日 VaR。我们描述的这个统计方法通常在第 9.2 节的计算中使用。

然而，不同国家监管机构的细节各不相同，但在第 t 天的基本资本要求通过下述方程计算

$$\mathrm{RC}^t = \max\left\{ \mathrm{VaR}_{0.99}^{t,10}, \frac{k}{60}\sum_{i=1}^{60}\mathrm{VaR}_{0.99}^{t-i+1,10} \right\} \tag{2.20}$$

其中 $\mathrm{VaR}_{0.99}^{j,10}$ 代表第 j 天计算的 99% 的置信水平下 10 日风险价值，k 是范围为 3~4 的乘数，是由监管者根据银行内部模型的总体质量用函数确定的。过去 60 日每日 VaR 值的

均值显然会使所需风险资本平滑变动，除非大多数近期 $\mathrm{VaR}_{0.99}^{t,10}$ 值特别大。

基本资本要求 RC^t 还需要增加其他资本要求。这些包括压力 VaR 资本和增量风险资本（IRC），以及考虑特定风险的资本，这是由于不能被一般市场风险因子解释的工具的异质价格变动所引起的。压力 VaR 资本可以使用与标准资本 VaR 方法类似的方法计算得到，但是，数据来自波动市场的历史窗口。增量风险资本是根据交易账簿年度损失分布的 99.9% 分位数估计的，该损失源于信用风险工具违约和降级（不包括证券化）。

偿付能力 II 中偿付能力资本要求　偿付能力资本要求的一个非正式定义为：资本的水平能够确保承保人在一年范围内，在一个较高的置信水平（99.5%）下有偿债能力（在 2007 年荷兰银行的简介中得到）。我们使用基于风险价值的风险度量，给出论证。

考虑表 2.2 中承保人的资产负债表，假设当前股权资本可以通过 $V_t = A_t - B_t$ 得到，即资产价值与负债价值差额或者净资产价值；这在偿付能力 II 中被称作*自有资本*。负债 B_t 被认为包括以市场一致方式计算的所有技术准备金，包括必要时不可对冲风险的风险保证金。

承保人想要确保一年内，在较高 α 下有清偿债务的能力。这可能需要增加额外的资本，我们做出下面的计算。为了保证一年后在置信水平 α 下有清偿债务的能力，发行人需要基于当前资产负债表和商业模式来确定额外资本 x_0 的最小值，该资本需要在当前时间 t 筹集，并投资到无风险资产。数学符号表示如下：

$$x_0 = \inf\{x : P(V_{t+1} + x(1 + r_{t,1}) \geqslant 0) = \alpha\}$$

其中，$r_{t,1}$ 为一年期的无风险利率，V_{t+1} 是一年后净资产价值。如果 x_0 是负的，则意味着公司在时间 t 时资本雄厚，资金可以从公司取出。

简单的计算如下：

$$\begin{aligned} x_0 &= \inf\{x : P(-V_{t+1} \leqslant x(1 + r_{t,1})) = \alpha\} \\ &= \inf\{x : P(V_t - V_{t+1}/(1 + r_{t,1}) \leqslant x + V_t) = \alpha\} \end{aligned}$$

这表明

$$V_t + x_0 = q_\alpha(V_t - V_{t+1}/(1 + r_{t,1}))$$

$V_t + x_0$ 的和就是偿付能力资本要求，也就是用 x_0 修正的可用资本。因此，偿付能力资本要求是 $V_t - V_{t+1}/(1 + r_{t,1})$ 分布的分位数，正如第 2.2.1 节中讨论的，该损失分布通过折现考虑了货币时间价值。对于一个资本雄厚的公司 $x_0 < 0$，$-x_0 = V_t - q_\alpha(V_t - V_{t+1}/(1 + r_{t,1}))$（自有资本减去偿付能力资本要求）被称为超额资本。

2.3.4　其他基于损失分布的风险度量

在本节中，我们提供了一些关于损失分布的其他统计摘要的简短说明，这些统计摘要在财务和保险风险管理中经常用作风险的度量。

方差　根据历史事实，损益分布的方差已经主导了金融风险度量方法。在很大程度上，这是由于马柯维茨组合理论的巨大影响，该理论将方差作为风险的度量，从理论和实践上已经对金融行业产生影响 (参考例子，Markowitz, 1952)。方差是一个较好理解的概念，也较容易使用分析。然而，作为风险度量的工具，它有两个缺点。在技术层面，如果我们想要使用方差，则必须假设损失分布的二阶矩存在。然而毫无疑问，对于金融行业大多数收益分布来说，这是不成立的，这样假设将在非人寿保险的某些领域或操作损失分析中产生问题（见第 13.1.4 节）。在概念层面，因为偏离均值的正偏差和负偏差没有区别，因此，方差只能很好地度量在均值上对称（大致地）的分布的风险。例如，正态分布或（有限方差）学生 t 分布。然而，在风险管理的许多领域，比如信用或操作风险管理，我们需要处理不对称的损失分布。

下偏矩和上偏矩　偏矩是对分布左部或右部风险的度量。在大多数关于风险管理的文献中，主要关注 P&L 分布左尾的内在风险和被用于度量风险的下偏矩。根据我们的符号规定，我们考虑损失分布右尾的内在风险和被用于度量风险的上偏矩。给定指数 $k \geqslant 0$ 和参考点 q，上偏矩 $\mathrm{UPM}(k,q)$ 定义如下：

$$\mathrm{UPM}(k,q) = \int_q^{\infty} (l-q)^k \, \mathrm{d}F_L(l) \in [0,\infty] \tag{2.21}$$

某些 k 和 q 的组合有特殊的解释：当 $k=0$ 时，我们可以得到 $P(L \geqslant q)$；当 $k=1$ 时，我们可以得到 $E((L-q)I_{\{L\geqslant q\}})$；当 $k=2$ 和 $q=E(L)$ 时，我们可以得到 L 的*右半方差*。当然，k 的取值越高，我们的风险度量越保守，这是因为我们给参考点 q 的偏差更大的权重。

预期损失　预期损失与风险价值密切相关，风险管理界正在就这两种风险度量的优缺点进行辩论。

定义 2.12 (预期损失). *对于损失 L 有 $E(|L|) < \infty$，在置信水平 $\alpha \in (0,1)$ 下，分布函数 F_L 的预期损失定义为：*

$$\mathrm{ES}_\alpha = \frac{1}{1-\alpha} \int_\alpha^1 q_u(F_L) \, \mathrm{d}u \tag{2.22}$$

其中 $q_u(F_L) = F_L^{\leftarrow}(u)$ 是 F_L 的分位函数。

条件 $E(|L|) < \infty$ 明确定义了公式 (2.22) 中的积分。根据定义，预期损失与 VaR 相关

$$\mathrm{ES}_\alpha = \frac{1}{1-\alpha} \int_\alpha^1 \mathrm{VaR}_u(L) \, \mathrm{d}u$$

我们不固定一个特定的置信水平 α，而是在所有 $u \geqslant \alpha$ 的水平上得到平均 VaR，从而“深入研究”损失分布的尾部。显然，ES_α 只依赖于 L 的分布，并且 $\mathrm{ES}_\alpha \geqslant \mathrm{VaR}_\alpha$。图 2.2 是对一个预期损失价值及它与 VaR 关系的一个简单说明。95% 置信水平下的预期损失值为 4.9，至少是 95% 置信水平下 VaR 值 2.2 的两倍。

对于连续损失分布，可以得到一个更直观的表达式，该表达式表明，预期损失可以解释为超过 VaR 时所发生的预期损失。

引理 2.13. 对于有连续密度函数 F_L 的可积损失 L，在任意 $\alpha \in (0,1)$ 时有：

$$\mathrm{ES}_\alpha = \frac{E(L; L \geqslant q_\alpha(L))}{1-\alpha} = E(L \mid L \geqslant \mathrm{VaR}_\alpha) \tag{2.23}$$

其中，我们用符号 $E(X;A) := E(XI_A)$ 来表示一般的可积随机变量 X 和一般集 $A \in \mathcal{F}$。

证明. 一个在区间 $[0,1]$ 上服从均匀分布的随机变量用 U 来表示。初等概率论告诉我们，随机变量 $F_L^{\leftarrow}(U)$ 的分布函数为 F_L（证明见命题 7.2 ）。我们要说明 $E(L; L \geqslant q_\alpha(L)) = \int_\alpha^1 F_L^{\leftarrow}(u)\,\mathrm{d}u$。现在有

$$E(L; L \geqslant q_\alpha(L)) = E(F_L^{\leftarrow}(U); F_L^{\leftarrow}(U) \geqslant F_L^{\leftarrow}(\alpha)) = E(F_L^{\leftarrow}(U); U \geqslant \alpha)$$

在上一个等式中，我们运用了由于 F_L 连续所以 $F_L^{\leftarrow}$ 严格递增的性质（见命题 A.3 (iii)）。因此我们得到 $E(F_L^{\leftarrow}(U); U \geqslant \alpha) = \int_\alpha^1 F_L^{\leftarrow}(u)\,\mathrm{d}u$。第二个表示是因为对于连续损失分布 F_L，我们有 $P(L \geqslant q_\alpha(L)) = 1-\alpha$。 □

为了将这个结果扩展到带有原子的损失分布，我们在第 8 章中引用命题 8.13。接下来，我们使用引理 2.13 来计算两个常见连续分布的预期损失。

例 2.14 (高斯损失分布的预期损失). 假设损失分布 F_L 服从正态分布，均值为 μ，方差为 σ^2。固定 $\alpha \in (0,1)$，有：

$$\mathrm{ES}_\alpha = \mu + \sigma \frac{\phi(\Phi^{-1}(\alpha))}{1-\alpha} \tag{2.24}$$

其中 ϕ 是标准正态分布的密度函数。易得到证明。首先我们有

$$\mathrm{ES}_\alpha = \mu + \sigma E\left(\frac{L-\mu}{\sigma} \,\middle|\, \frac{L-\mu}{\sigma} \geqslant q_\alpha\left(\frac{L-\mu}{\sigma}\right)\right)$$

以此能算出服从标准正态分布的随机变量 $\tilde{L} := (L-\mu)/\sigma$ 的预期损失。我们得到：

$$\mathrm{ES}_\alpha(\tilde{L}) = \frac{1}{1-\alpha}\int_{\Phi^{-1}(\alpha)}^{\infty} l\phi(l)\,\mathrm{d}l = \frac{1}{1-\alpha}[-\phi(l)]_{\Phi^{-1}(\alpha)}^{\infty} = \frac{\phi(\Phi^{-1}(\alpha))}{1-\alpha}$$

例 2.15 (学生 t 损失分布的预期损失). 假设损失 L 满足 $\tilde{L} = (L-\mu)/\sigma$，它服从自由度为 ν 的标准 t 分布，如例 2.11。进一步假设 $\nu > 1$。通过例 2.14 的论证（其适用于任意位置—尺度族（Location-Scale Family）），我们得到 $\mathrm{ES}_\alpha = \mu + \sigma\,\mathrm{ES}_\alpha(\tilde{L})$。标准 t 分布的预期损失通过直接积分算出：

$$\mathrm{ES}_\alpha(\tilde{L}) = \frac{g_\nu(t_\nu^{-1}(\alpha))}{1-\alpha}\left(\frac{\nu + (t_\nu^{-1}(\alpha))^2}{\nu - 1}\right) \tag{2.25}$$

其中 t_ν 代表标准 t 的分布函数，g_ν 为密度函数。

由于 ES_α 可看作所有大于或等于 VaR_α 的所有损失的平均值，它对损失超过 VaR_α 的程度非常敏感。预期损失的优点将在以下例子中说明。

例 2.16 (股票收益的风险价值和预期损失). 我们考虑一个特定股票头寸的日损失；头寸的现值 $V_t = 10\,000$。回忆例 2.1，投资组合的损失为 $L^{\Delta}_{t+1} = -V_t X_{t+1}$，其中 X_{t+1} 代表股票的日对数收益率。我们假设 X_{t+1} 的平均值为 0，标准差 $\sigma = 0.2/\sqrt{250}$，并假设股票的年波动率为 20%。比较分布的两个不同模型，即（i）一个正态分布（ii）一个自由度为 4，标准差为 σ 的 t 分布。t 分布是一个厚尾的对称分布，因此相比正态分布会更有可能出现数值大的绝对值；在很多实证研究中，这个分布也都非常适合（见例 6.14）。在表 2.3 中，我们对两个模型和不同的 α 给出 VaR_α 和 ES_α。在例（i）中，这些值用公式 (2.24) 计算得出；t 模型预期损失用公式 (2.25) 计算得出。

表 2.3　不同 α 取值下的正态和 t 分布的 VaR_α 和 ES_α。

α	0.90	0.95	0.975	0.99	0.995
VaR_α（正态模型）	162.1	208.1	247.9	294.3	325.8
VaR_α（t 模型）	137.1	190.7	248.3	335.1	411.8
ES_α（正态模型）	222.0	260.9	295.7	337.1	365.8
ES_α（t 模型）	223.5	286.5	357.2	466.9	565.7

许多风险管理者认为 t 分布比正态分布模型风险更大，因为在 t 分布下更有可能出现极端损失。然而，如果我们使用 95% 或 97.5% 置信水平的 VaR 来计算风险，则正态分布的风险和 t 分布至少一样大；只有在超过 99% 的置信水平上，t 分布尾部更高的风险才比较明显。另一方面，如果我们使用预期损失，则 t 分布的尾部风险会在对较低 α 值的风险计量中体现出来。当然只是在使用 VaR 时用 99% 的置信水平并不会有助于克服 VaR 的这个缺陷，因为也存在其他例子，更高的风险只在超过 99% 置信水平时变得明显。

备注 2.17. 对于 $\alpha \to 1$，可以从预期损失风险价值比$\mathrm{ES}_\alpha\,/\,\mathrm{VaR}_\alpha$ 的渐进性中得到结果。对于正态分布，我们有 $\lim_{\alpha\to 1}\mathrm{ES}_\alpha/\mathrm{VaR}_\alpha = 1$；对于自由度 $\nu > 1$ 的 t 分布，我们有 $\lim_{\alpha\to 1}\mathrm{ES}_\alpha/\ \mathrm{VaR}_\alpha = \nu/(\nu-1) > 1$。这表明厚尾分布的预期损失和风险价值的区别比正态分布更为显著。我们将在第 5.2.3 节中更详细地说明这个问题，也可参见第 8.4.4 节。

2.3.5　一致性和凸性风险度量

这部分的前提是：首先，给出一个好的风险度量方法应有的性质（公理）。Artzner et al. (1999)（一致性风险度量）和 Föllmer and Schied (2002)（凸性风险计量）提出了这样的公理，并应用到风险管理中。在这一部分，我们讨论这些与具体风险计量例子有关的公理。第 8 章将会涉及对一致性和凸性风险计量更具体和更理论的处理。应该提到的是，风险度量的公理系统的概念与精算文献中的优质原则的类似系统有一些关系，这些系统具有悠久而独立的历史（例如，参见 Goovaerts et al. (2003) 以及说明与评论中的进一步引用）。

风险度量公理　这部分内容讲述了风险度量的定义，即在随机变量 $\mathcal{M}$ 的线性空间上的实值函数，假设其包含常量。$\mathcal{M}$ 中的元素有两种可能的含义。第一种，$\mathcal{M}$ 中的元素可以被看作投资组合或头寸中的未来净资产价值；在这种情况下 $\mathcal{M}$ 中的元素用 V 来表示，净资产的现值用 V_0 来表示。第二种，$\mathcal{M}$ 中的元素可以代表损失 L，$L = -(V - V_0)$，可见这些损失与未来价值有关（为了简化无需贴现）。

相应地，对 $\mathcal{M}$ 的风险度量有两种理解。一方面，我们可以将风险度量视为额外资本的数量，额外资本需要和未来净资产价值 V 一起加到头寸中去，这个头寸要能够让监管者或谨慎的经理人接受；这种情况下我们用 $\tilde{\varrho}(V)$ 来表示风险度量。另一方面，我们会将风险度量解释为*总权益资本*，总权益资本需要能够覆盖头寸的损失 L；这种情况下我们把风险度量记为 $\varrho(L)$。

上述两种理解方法与下式有关：

$$\varrho(L) = V_0 + \tilde{\varrho}(V)$$

这是由于“总资本”等于“可用资本”加上“额外资本”。然而这两种不同的概念影响了人们表述公理和理解公理的方式。因为在本书中我们主要关注损失分布，所以我们只提出损失的公理，并用 $\varrho : L \mapsto \varrho(L)$ 来度量风险。需注意的是，另一种理解在文献中也很常见。

公理 2.18 (**单调性**). *对于 $L_1, L_2 \in \mathcal{M}$，这样 $L_1 \leqslant L_2$ 几乎必然发生，我们有 $\varrho(L_1) \leqslant \varrho(L_2)$。*

从经济学角度来看，这个公理是显而易见的：在世界各国造成更高损失的头寸需要更多的风险资本。持有 $\varrho(L) \leqslant 0$ 的头寸不需要任何资本。

公理 2.19 (**平移不变性**). *对于所有 $L \in \mathcal{M}$ 和每个 $l \in \mathbb{R}$，我们有 $\varrho(L + l) = \varrho(L) + l$。*

公理 2.19 指出，通过在导致损失 L 的头寸中添加或减去一个确定的数量 l，我们可以准确地将我们的资本要求更改为该金额。根据未来净资产价值定义的风险度量的另一种概念，这个公理意味着对于 $k \in \mathbb{R}$，我们有 $\tilde{\varrho}(V + k) = \tilde{\varrho}(V) - k$。由此得出 $\tilde{\varrho}(V + \tilde{\varrho}(V)) = 0$，以便在没有进一步注入资本的情况下立即接受具有未来净资产价值 $V + \tilde{\varrho}(V)$ 的头寸。这是有道理的，且意味着风险是用货币来衡量的。

公理 2.20 (**次可加性**). *对所有 $L_1, L_2 \in \mathcal{M}$，我们有 $\varrho(L_1 + L_2) \leqslant \varrho(L_1) + \varrho(L_2)$。*

公理 2.20 背后的基本原理由 Artzner et al. (1999) 总结过，他说“合并不会增加额外的风险”（忽略合并中产生问题的情况）。公理 2.20 是描述一致性风险度量的四个公理中争议最大的一个，可能是因为它排除了 VaR 在某些情况下作为风险度量的可能性。我们提供了一些论据来解释为什么次可加性确实是一个合理的要求。首先，次可加性反映了一种观点，即风险可以通过分散化来降低，这是金融学和经济学中一个由来已久的原则。其次，如果监管机构在确定一家金融机构的监管资本时使用了一种非次可加的风险度量方法，该机构就有动机将其合法拆分为多个子公司，以降低其监管资本要求。类似地，如果证券交易所在确定投资者保证金要求时使用的风险计量法是非次可加的，则投资者可以通过为投资组合中每一个头寸开立不同的账户来减少需付的保证金。最后，次可加性使风险管理系统的分散化成为可能。以两个导致损失 L_1 和 L_2 的交易席位为例。假设风险经理想要确保 $\varrho(L)$，总体损失的风险 $L = L_1 + L_2$，小于某个数字 M。如果他使用子次可加性风险度量 ϱ，则可以简单地选择界限 M_1 和 M_2，使 $M_1 + M_2 \leqslant M$，并对每个交易账簿施加 $\varrho(L_i) \leqslant M_i$ 的约束；ϱ 的次可加性自动确保 $\varrho(L) \leqslant M_1 + M_2 \leqslant M$。

公理 2.21 (正齐性). 对所有 $L \in \mathcal{M}$ 以及每个 $\lambda > 0$，我们有 $\varrho(\lambda L) = \lambda\varrho(L)$。

假设公理 2.20 成立，公理 2.21 很容易被证明。对 $n \in \mathbb{N}$，次可加性意味着

$$\varrho(nL) = \varrho(L + \cdots + L) \leqslant n\varrho(L) \tag{2.26}$$

由于在这个投资组合中，损失之间不存在净额结算或分散化，因此很自然地要求相等性应该存在于公式 (2.26) 中，这导致了正齐性。注意，次可加性和正齐性意味着风险度量 ϱ 在 $\mathcal{M}$ 上是凸的。

定义 2.22 (一致性风险度量). 如果一个风险度量 ϱ 满足公理 2.18~2.21，且其定义域包含凸锥 $\mathcal{M}$，那么该风险度量值被称为在 $\mathcal{M}$ 上是一致性的。

公理 2.21（正齐性）受到了批评，特别是有人建议对于大型乘数 λ，我们应该有 $\varrho(\lambda L) > \lambda\varrho(L)$，以惩罚集中度风险计算较大头寸的流动性风险。正如等式 (2.26)，不存在有次可加性的风险度量。这个问题带来了更大一类凸性风险度量的研究。在这个类别中，次可加性和正齐性的限制已经被放松；取而代之的是只需要一个较弱的凸性特征。

公理 2.23 (凸性). 对于所有 $L_1, L_2 \in \mathcal{M}$ 以及所有 $\lambda \in [0,1]$，我们都有 $\varrho(\lambda L_1 + (1-\lambda)L_2) \leqslant \lambda\varrho(L_1) + (1-\lambda)\varrho(L_2)$。

凸性的经济原理是分散化能减少风险。

定义 2.24 (凸性风险度量). 如果满足公理 2.18，公理 2.19 和公理 2.23，那么基于 $\mathcal{M}$ 的风险度量值 ϱ 被称为在 $\mathcal{M}$ 上是凸性的。

虽然每个一致性风险度量都是凸的，但反过来却并非如此。特别地，在凸性风险度量的类别中，可以找到风险度量惩罚集中度风险的方式，即对于 $\lambda > 1$，$\varrho(\lambda L) \geqslant \varrho(L)$，参考例 8.8。另一方面，对于正的同质凸性和次可加性的风险度量，它们是等价的。

例子 在考虑实际的相关性之前我们先讨论 VaR。作为损失分布分位数的 VaR 的定义比较直接，VaR 是平移不变的、单调的和正齐性的。然而，接下来一个例子将会显示 VaR 在一般情况下是非次可加性的，因此它既不是一个凸性风险度量，也不是一个一致性风险度量。

例 2.25 (可违约债券的非次可加性 VaR). 考虑由两个零息债券组成的组合，其期限为一年，且两个债券违约是相互独立的。假定两个债券的违约概率完全相同，都为 $p = 0.9\%$。债券的现价和面值都为 100，债券支付的利息为 5%。如果没有违约的话一年之后将收到 105 元；如果发生违约的话，将收不到任何钱，也就是说我们假设回收率为零。把一个单位债

券的损失记为 L_i，我们有

$$\begin{aligned} P(L_i=-5) &= 1-p &= 0.991 \quad &（无违约）\\ P(L_i=100) &= p &= 0.009 \quad &（违约）\end{aligned}$$

设 $\alpha=0.99$。我们有 $P(L_i<-5)=0$ 和 $P(L_i\leqslant-5)=0.991>\alpha$，因此 $\mathrm{VaR}_\alpha(L_i)=-5$。

现在考虑一个由公司债券组成的组合，相应损失为 $L=L_1+L_2$。既然两家公司的违约事件是相互独立的，我们有

$$\begin{aligned} P(L=-10) &= (1-p)^2 &= 0.982081 \quad &（无违约）\\ P(L=95) &= 2p(1-p) &= 0.017838 \quad &（1 违约）\\ P(L=200) &= p^2 &= 0.000081 \quad &（2 违约）\end{aligned}$$

特别是 $P(L\leqslant-10)=0.982<0.99$ 和 $P(L\leqslant95)>0.99$，因此 $\mathrm{VaR}_\alpha(L)=95>-10=\mathrm{VaR}_\alpha(L_1)+\mathrm{VaR}_\alpha(L_2)$，因此 VaR 是非次可加性的。实际上，在例子中 VaR_α 惩罚了分散化，如

$$\mathrm{VaR}_\alpha(0.5L_1+0.5L_2)=0.5\,\mathrm{VaR}_\alpha(L)=47.5>\mathrm{VaR}_\alpha(L_1)$$

在例 2.25 中，VaR 的非次可加性是由于组成投资组合的资产具有非常偏斜的损失分布这一事实造成的；如果我们的投资组合中有违约债券或期权，则这种情况显然会发生。但请注意，此例子中的资产具有无害的依赖结构，因为它们是独立的。

事实上非次可加性的 VaR 可以在很多不同的例子中看到，接下来的内容是我们将在这本书中所遇到的一些情况。

- 例 2.25 中独立的损失有着高偏度的离散分布。
- 连续薄尾分布但 α 值比较低的独立损失。将会在例 7.30 的指数分布中和第 8.3.3 节中进一步讨论。
- 当依赖结构具有特殊形式时，连续对称分布的依赖损失。将在例 8.39 中对正态分布的损失进行演示。
- 具有连续但非常厚尾分布的独立损失。这可以在例 8.40 中看出，用于无限均值帕累托风险的极端情况。虽然与建模市场和信用风险的相关性较低，但无限均值分布有时用于模拟某些类型的保险损失以及由于操作风险造成的损失；有关更多讨论，请参阅第 13 章。

注意，域 $\mathcal{M}$ 是凸风险度量或一致风险度量定义的一个完整部分。如果限制在足够小的范围内，我们经常会遇到一致或凸的风险度量。例如，在理想化的情况下，所有的投资组合都可以表示为同一组基础多元正态或更一般地说，椭圆分布的风险因子的线性组合，VaR 是这种情况下的次可加的，可参考第 8 章的命题 8.28。

关于 VaR 的非次可加性的实际意义一直存在着争论。如果使用 VaR 来为交易员设置风险限制，那么非次可加性可能会带来特别大的问题，因为这会导致投资组合的集中度风

险。例如，在例 2.25 的设置中，假设一个交易员希望在他的头寸的 VaR 小于某个给定正数的约束下，使两个违约债券的投资组合的预期收益最大化且不允许卖空。显然，这个交易员的最佳策略是将所有资金投资于这两种债券中的一种，这是一个非常集中的头寸。对于这个案例的细化，参考 Frey and McNeil (2002)。

例 2.26 (预期损失的一致性). 另一方面，预期损失是一致性的风险度量。从分位数的相应属性可以立即得到平移不变性，单调性和正齐性。例如，它认为

$$\mathrm{ES}_\alpha(\lambda L) = \frac{1}{1-\alpha}\int_\alpha^1 q_u(\lambda L)\,\mathrm{d}u = \frac{1}{1-\alpha}\int_\alpha^1 \lambda q_u(L)\,\mathrm{d}u = \lambda\,\mathrm{ES}_\alpha(L)$$

类似的论点适用于平移不变性和单调性。在第 8 章中定理 8.14 给出了次可加性的一般证明。这里我们给案例一个简单证明，其中 L_1, L_2 和 L_1+L_2 具有连续分布。我们可以从引理 2.13 中回忆对随机变量 L 的连续分布，它认为

$$\mathrm{ES}_\alpha(L) = \frac{1}{1-\alpha}E\left(LI_{\{L\geqslant q_\alpha(L)\}}\right)$$

简化符合，我们设 $I_1 := I_{\{L_1\geqslant q_\alpha(L_1)\}}$, $I_2 := I_{\{L_2\geqslant q_\alpha(L_2)\}}$ 和 $I_{12} := I_{\{L_1+L_2\geqslant q_\alpha(L_1+L_2)\}}$。我们计算得

$$\begin{aligned}&(1-\alpha)\left(\mathrm{ES}_\alpha(L_1)+\mathrm{ES}_\alpha(L_2)-\mathrm{ES}_\alpha(L_1+L_2)\right)\\&\quad= E\left(L_1I_1\right)+E\left(L_2I_2\right)-E\left((L_1+L_2)I_{12}\right)\\&\quad= E\left(L_1\left(I_1-I_{12}\right)\right)+E\left(L_2\left(I_2-I_{12}\right)\right)\end{aligned}$$

考虑第一项并假设 $\{L_1\geqslant q_\alpha(L_1)\}$。它遵循 $I_1-I_{12}\geqslant 0$，因此 $L_1(I_1-I_{12})\geqslant q_\alpha(L_1)(I_1-I_{12})$。假设另一方面 $\{L_1<q_\alpha(L_1)\}$。它遵循 $I_1-I_{12}\leqslant 0$，因此 $L_1(I_1-I_{12})\geqslant q_\alpha(L_1)(I_1-I_{12})$。同样的道理也适用于 L_2，所以在这两种情况下我们都可以得出结论

$$\begin{aligned}&(1-\alpha)\left(\mathrm{ES}_\alpha(L_1)+\mathrm{ES}_\alpha(L_2)-\mathrm{ES}_\alpha(L_1+L_2)\right)\\&\quad\geqslant E\left(q_\alpha(L_1)\left(I_1-I_{12}\right)\right)+E\left(q_\alpha(L_2)\left(I_2-I_{12}\right)\right)\\&\quad\geqslant q_\alpha(L_1)E\left(I_1-I_{12}\right)+q_\alpha(L_2)E\left(I_2-I_{12}\right)\\&\quad\geqslant q_\alpha(L_1)\left((1-\alpha)-(1-\alpha)\right)+q_\alpha(L_2)\left((1-\alpha)-(1-\alpha)\right)=0\end{aligned}$$

这证明了次可加性。

与 VaR 相比，我们现在已经看到了预期损失的两个优点：预期损失更好地反映尾部风险（参见例 2.16），而且它总是次可加的。另一方面，VaR 有实际的优势：它更容易估计，特别是对于厚尾分布，VaR 估计比预期损失的估计更容易回测。我们将在第 9.3 节中回来继续讨论这个问题。

例 2.27 (广义情景风险度量). 方程 (2.16) 中的广义情景风险度量是一致性风险度量的另一例子。平移不变性、单调性和正齐性是非常明显的，我们需要检测次可加性。对于 $i=1,2$,

用 $L_i(\boldsymbol{x})$ 表示情景中假设的头寸损失 i，$\boldsymbol{x}$ 表示风险因子的变动。我们观察到

$$\begin{aligned}&\max\{E^P(L_1(\boldsymbol{X}))+L_2(\boldsymbol{X})): P\in\mathcal{P}_{[\mathcal{X},\boldsymbol{w}]}\}\\&\quad\leqslant \max\{E^P(L_1(\boldsymbol{X})): P\in\mathcal{P}_{[\mathcal{X},\boldsymbol{w}]}\}+\max\{E^P(L_2(\boldsymbol{X})): P\in\mathcal{P}_{[\mathcal{X},\boldsymbol{w}]}\}\end{aligned}$$

例 2.28 (一致性保费原则). 在 Fischer (2003) 中，提出了一种类似于某些精算保费原则的一致性风险度量方法。这些风险度量指标对于希望在一致性基础上计算保费而不偏离标准精算实践的保险公司具有潜在的用途。

给定常量 $p>1$ 和 $\alpha\in[0,1)$，一致性保费原则 $\varrho_{[\alpha,p]}$ 定义如下。设 $\mathcal{M}:=L^p(\Omega,\mathcal{F},P)$，所有 L 的距离为 $\|L\|_p:=E(|L|^p)^{1/p}<\infty$，且当 $L\in\mathcal{M}$ 时，定义，

$$\varrho_{[\alpha,p]}(L)=E(L)+\alpha\|(L-E(L))^+\|_p \tag{2.27}$$

在公式 (2.27) 下，与损失 L 相关的风险通过 $E(L)$ 的总和，损失的纯精算保险费和风险因子载荷系数来度量，风险因子载荷系数由中心损失 $L-E(L)$ 的正的 L^p 范数的 α 部分。此风险因子载荷系数可以由公式 $(\int_{E(L)}^{\infty}(l-E(L))^p\,\mathrm{d}F_L(l))^{1/p}$ 更为清晰地表达。α 和 p 的值越大，风险度量 $\varrho_{[\alpha,p]}$ 变得越保守。

$\varrho_{[\alpha,p]}$ 的一致性很容易检验。平移不变性和正齐性是显而易见的。为了证明次可加性，我们来观察两个随机变量 X 和 Y，我们可以得到 $(X+Y)^+\leqslant X^++Y^+$。因此对于任意两个 $L_1,L_2\in\mathcal{M}$，我们可以从 Minkowski 不等式（对于 L^p-范数三角不等式）中得到：

$$\begin{aligned}\|(L_1-E(L_1)+L_2-E(L_2))^+\|_p&\leqslant\|(L_1-E(L_1))^++(L_2-E(L_2))^+\|_p\\&\leqslant\|(L_1-E(L_1))^+\|_p+\|(L_2-E(L_2))^+\|_p\end{aligned}$$

表明 $\varrho_{[\alpha,p]}$ 是次可加性的。为了证明单调性，我们假设 $L_1\leqslant L_2$ 几乎必然发生且 $L=L_1-L_2$。因为 $L\leqslant 0$ 几乎必然发生，那么 $(L-E(L))^+\leqslant -E(L)$ 也几乎必然发生，因此由于 $\alpha<1$ 有 $\|(L-E(L))^+\|_p\leqslant -E(L)$ 和 $\varrho_{[\alpha,p]}(L)\leqslant 0$。利用 $L_1=L_2+L$ 的事实和我们得到，次可加性为

$$\varrho_{[\alpha,p]}(L_1)\leqslant\varrho_{[\alpha,p]}(L_2)+\varrho_{[\alpha,p]}(L)\leqslant\varrho_{[\alpha,p]}(L_2)$$

说明与评论

Crouhy et al. (2001) 提出了关于不同风险量化方法的广泛讨论。VaR 模型是由 JP-Morgan 在风险矩阵系统中第一次提出，且很快被行业内的风险管理者和监管者所认可。也可以看到Brown (2012) 在华尔街提出了一个关于 VaR 的历史和使用的更广泛的观点 (参见 Alexander, 2009, 卷 4)，但都与损益分布的分位数观点相关。

Artzner et al. (1997, 1999) 使得预期损失变得流行。预期损失风险有着大量不同名字的变量，如尾部条件期望（TCE），最坏条件期望（WCE）以及条件 VaR（CVaR）。对于所有变量的连续损失分布都是一致的。Acerbi and Tasche (2002) 讨论了不同变量概念的关系。基于损失分布的风险度量也出现在法律不变风险度量标题的文献中。

例 2.25 是由 Albanese (1997) 和 Artzner et al. (1999) 给出的。关于非次可加性的 VaR 在文献中有着很多不同的例子，包括独立事件，有限均值帕累托风险；参考 Embrechts et al. (2002) 的例 7 和 Denuit and Charpentier (2004) 的例 5.2.7。在 Frey and McNeil (2002) 中讨论了 VaR 的非次可加性对投资组合优化的影响；也可参考 Basak and Shapiro (2001), Krokhmal et al. (0102) 和 Emmer et al. (2001) 的文章。

在整个对冲基金行业非常常用的一类风险度量指标，是基于某项投资在一段时间内的业绩曲线从顶峰到谷底的损失。这些度量通常被称为（最大）跌幅风险度量。(请参考，Jaeger, 2005; Chekhlov et al., 2005)。

金融风险的度量和精算保费的计算至少从概念上讲是类似的问题，因此关于保费原则中保险精算的文献和金融风险管理中的文献是相关的。我们参考 Rolski et al. (1999) 的第 3 章的相关概述；Goovaerts et al. (1984) 提出了专业的解释。

模型风险已经成为现代风险管理中的核心问题。1998 年，对冲基金长期资本管理公司（LTCM）在基于 VaR 的风险管理系统中提出了较为初级的模型风险。虽然长期资本管理公司（LTCM）有一个表面上看起来复杂的 VaR 系统，但错误的参数估计，未预期到市场大波动（厚尾），以及殆尽的市场流动性几乎让这家对冲基金处于破产边缘，引发全球范围内重大金融动荡。Jorion (2000) 对于 LTCM 的案例有一个很完美的分析，尤其是他把基于 t 分布的方法和基于高斯 VaR 的方法相比较。在更一般层面，Jorion (2002a) 讨论了基于 VaR 方法下市场风险管理体系的大量谬误。

第 3 章　金融数据的实证性质

在第 2 章中，我们发现金融投资组合在给定的时间段内价值变动的风险可以在基本风险因子的变化中进行建模，例如股票价格、利率和汇率，可以参考第 2.2.1 节中的例子。为风险管理目的而建立真实的模型，我们需要考察基本风险因子的实证属性并建立相应的模型。

在本章中，我们首先在第 3.1 节中考虑风险因子变化的一元时间序列的单变量属性，接下来在第 3.2 节中考察多元时间序列的情况。我们描述的特征激发了本书第 2 部分所述之统计方法。

3.1　金融收益率序列的典型化事实

金融时间序列的典型化事实是经验观察的集合，以及从这些观察中得出的推论，适用于股票、指数、汇率和商品价格的风险因子, 变化的许多时间序列；现在，这些观察在计量经济学方面已经根深蒂固，以至于它们已被赋予了事实上的地位。

我们描述的典型化事实通常适用于对数日收益率，并且对于每周、每月收益率等较长间隔序列或者日间收益等更短间隔序列，这些事实通常仍然成立。大多数风险管理模型基于这些频率收集的数据。

非常高频的时间序列数据，例如逐笔数据，有自己的典型化事实，但这并不是本章的研究对象。此外，极低频数据（例如年收益率）的性质更难以确定，因为这些数据比较稀疏，而且很难假定它们是在长期平稳的制度下产生的。

对于一元时间序列的金融收益，典型化事实的版本如下：

(1) 收益率序列不是独立同分布的，尽管只有微弱的序列相关。

(2) 绝对收益或平方收益的序列具有强序列相关性

(3) 条件期望收益近乎 0。

(4) 波动率似乎会随着时间而变化。

(5) 极值收益率有聚类的现象。

(6) 收益率序列有尖峰性和厚尾性。

为了接下来讨论这些现象，我们记收益率序列为 $X_1, \ldots, X_n$，并且假定此时所言之收益率为股价，指数或者外汇序列的对数差分，记为 $(S_t)_{t=0,1,\ldots,n}$，则 $X_t = \ln(S_t/S_{t-1})$，$t = 1, \ldots, n$。

3.1.1　波动率聚类

图 3.1 和图 3.2 收集了前两个典型化事实证据。图 3.1 (a) 显示了德国 DAX 指数从 1985 年 1 月 2 日到 1994 年 12 月 30 日这十年间的 2608 个日对数收益率，这一时期包括 1987 年股市崩盘和德国统一。图 3.1 的 (b) 和 (c) 部分分别展示了正态分布 和 t 分布模拟的独立同

分布数据，在这两种情况下，模型参数都是通过在独立同分布（iid）假设下使用极大似然方法将模型拟合到真实的收益率数据来设定的。在正态分布模型下，我们仅需模拟正态分布 $N(\mu,\sigma^2)$ 的独立同分布数据，其中 $\mu=\bar{X}=n^{-1}\sum_{i=1}^{n}X_i$ 以及 $\sigma^2=n^{-1}\sum_{i=1}^{n}(X_i-\bar{X})^2$。在 t 分布模型下似然函数最大值可以通过数值方法求解，解出自由度为 $\nu=3.8$。

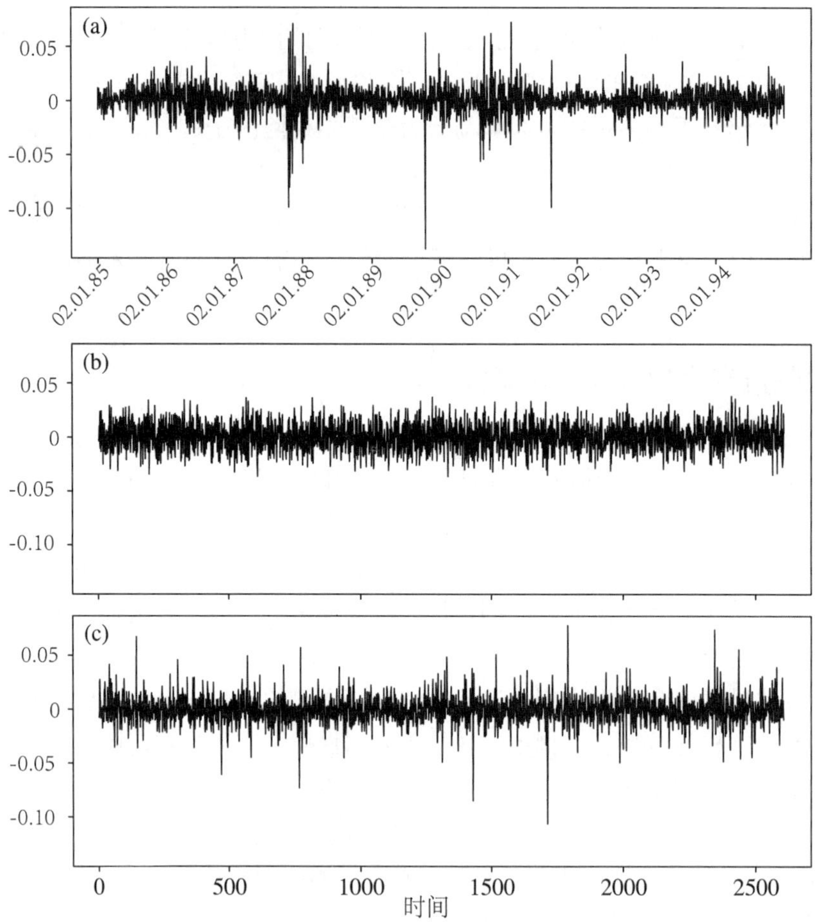

图 3.1　(a) 1985 年 2 月到 1994 年 12 月德国 DAX 指数的对数收益率与 (b) 正态分布下模拟的独立同分布数据、t 分布下模拟的独立同分布数据比较，其中参数是通过拟合德国 DAX 数据来确定的。

很显然，通过正态分布模型模拟出的数据和真实的德国 DAX 指数收益率数据大不相同，并且极值的范围也不同。而 t 分布模型可以模拟出与真实数据可比较的极值，通过更细致的观察可以发现真实收益率数据显示出*波动率聚类现象*，而通过模拟而得的数据则观测不到。波动率聚类是极端收益紧随其他极端收益的趋势，尽管不一定具有相同的标志。在德国 DAX 指数的数据中，我们看到了 1987 年 10 月的股市崩盘，以及 1989 年末至 1990 年德国统一期间的政治不确定性，这些时期的股市出现了大幅的正负波动。

在图 3.2 中显示了所有三个数据集的原始数据和绝对数据的*相关图*。相关图是一种用于估计序列相关性的图形展示，其构造和解释在第 4.1.3 节中进行了讨论。虽然所有数据

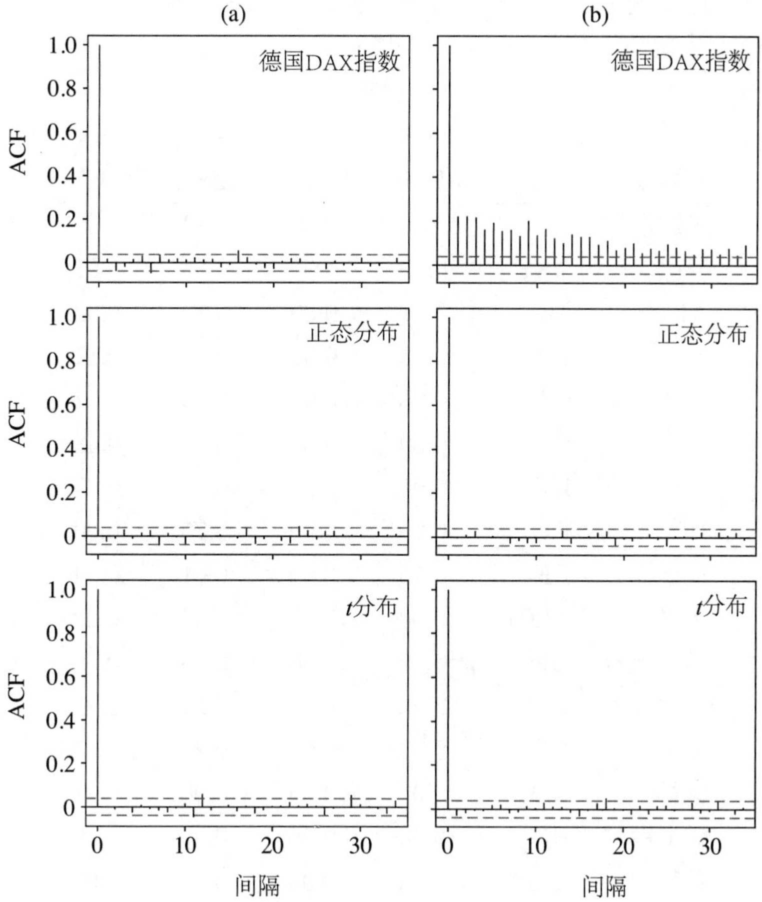

图 3.2 (a) 图 3.1 中的三个数据集的相关关系图和 (b) 这些数据的绝对值。虚线表示 95% 置信水平下，独立同分布的有限方差随机变量的自相关性。

集的原始数据中几乎没有证据表明序列相关性，但真实财务数据的绝对值似乎显示出序列依赖性的证据。显然，超过 5% 的估计相关性位于虚线之外，当基础资产过程由独立同分布有限方差随机变量组成时，虚线是序列相关性的 95% 可信区间。绝对收益的这种序列依赖性在收益平方值中同样明显，并且似乎证实存在波动率聚类。我们可以通过考察独立同分布有限方差随机变量序列清晰地看到，有超过 5% 的估计相关性落在 95% 的置信区间之外。平方序列有着和绝对值序列类似的自相关性，验证了波动率聚类现象。我们的结论是：对真实的独立同分布序列，该检验不能拒绝原假设（独立同分布），而对德国 DAX 指数收益率数据可以拒绝独立同分布之原假设，即不能认为德国 DAX 指数收益率序列是独立同分布的。

表 3.1 列举了更多针对每日股票收益数据的不是独立同分布假设的证据。对于 1993—2000 年期间道琼斯 30 指数的股票，已经进行了 Ljung-Box 随机性检验（在第 4.1.3 节中有描述）。在日收益率的两列中，分别对原始收益率数据（LBraw）及其绝对值（LBabs）进行测试，并将 p 值制表；这些证据强有力地证明了非独立同分布假设（特别是当应用于

表 3.1　30 只道琼斯股票在 1993—2000 年的收益率的随机性检验。LBraw 和 LBabs 列分别表示对原始收益率和其绝对值进行 Ljung-Box 检验的 p 值。

		日		月	
名称	缩写	LBraw	LBabs	LBraw	LBabs
美国铝业	AA	0.00	0.00	0.23	0.02
美国运通	AXP	0.02	0.00	0.55	0.07
AT&T	T	0.11	0.00	0.70	0.02
波音	BA	0.03	0.00	0.90	0.17
卡特彼勒	CAT	0.28	0.00	0.73	0.07
花旗	C	0.09	0.00	0.91	0.48
可口可乐	KO	0.00	0.00	0.50	0.03
杜邦	DD	0.03	0.00	0.75	0.00
柯达	EK	0.15	0.00	0.61	0.54
美孚	XOM	0.00	0.00	0.32	0.22
通用电器	GE	0.00	0.00	0.25	0.09
通用汽车	GM	0.65	0.00	0.81	0.27
惠普	HWP	0.09	0.00	0.21	0.02
家得宝	HD	0.00	0.00	0.00	0.41
霍尼韦尔	HON	0.44	0.00	0.07	0.30
英特尔	INTC	0.23	0.00	0.79	0.62
IBM	IBM	0.18	0.00	0.67	0.28
美国纸业	IP	0.15	0.00	0.01	0.09
JP 摩根	JPM	0.52	0.00	0.43	0.12
强生	JNJ	0.00	0.00	0.11	0.91
麦当劳	MCD	0.28	0.00	0.72	0.68
默克	MRK	0.05	0.00	0.53	0.65
微软	MSFT	0.28	0.00	0.19	0.13
3M	MMM	0.00	0.00	0.57	0.33
高特利	MO	0.01	0.00	0.68	0.82
宝洁	PG	0.02	0.00	0.99	0.74
SBC	SBC	0.05	0.00	0.13	0.00
联合技术	UTX	0.00	0.00	0.12	0.01
沃尔玛	WMT	0.00	0.00	0.41	0.64
迪斯尼	DIS	0.44	0.00	0.01	0.51

绝对值时)。而如果金融对数收益率率序列不是独立同分布的，则与流行的离散时间下资产(例如指数等)的对数价格由 随机游走驱动假设矛盾。如果对数收益率率序列既非独立同分布又不服从正态分布，则与 Black-Scholes-Merton 定价理论基础中的资产价格由几何布朗运动驱动这一假设矛盾。

此外，若金融收益率数据存在序列依赖性，则问题出现了：这种依赖性在多大程度上可以用来预测未来？这是第三和第四条典型化事实的主题。仅仅基于过去的数据来预测未来回报是一件极其困难的事情。这种预测未来回报的困难是金融中众所周知的有效市场假说的证据的一部分，该假设表明价格反应迅速，以反映有关资产的所有可用信息。

在实证上，金融收益率的不可预测性来源于其原始收益率系列数据缺乏序列相关性。我们有时会看到一阶滞后（或前几阶滞后）的相关性的证据。一阶滞后时的小的正相关性表明，有某种明显的趋势，即带有特定符号（正的或负的）的收益在下一个周期之后会出现具有相同符号的收益。然而这一现象在德国 DAX 指数数据上并不明显，这表明根据我们迄今为止的信息对于未来的预测有用性为 0。此表述为第三个典型化事实，即条件期望收益率近似于 0。

波动率一般被严格定义为给定历史数据下金融收益率的 条件标准差，尽管条件预期收益始终接近于零，但波动率聚类的存在表明条件标准差以部分可预测的方式不断变化。如果我们知道，由于市场的乐观，过去几天的收益率很大，那么我们有理由相信，从明天的收益率中提取的分布应该有很大的方差。我们将在第 4 章中研究用于更改波动性的时间序列模型背后的思想。

图 3.3 给出了波动率聚类的进一步证据，其绘制了 100 个最大单日跌幅的德国 DAX 指数收益率数据和根据 t 分布模拟出的 100 个最大损失数据。在第 5.3.1 节我们总结了在独立同分布序列下最大值的独立增量过程服从一个泊松过程，跳跃等待时间是独立同分布并且服从指数分布。图 3.3 的 (b) 和 (d) 部分显示了这些等待时间与指数参考分布的 Q–Q 图（QQplot）。如果独立同分布（iid）数据的极值的出现遵循泊松过程的假设成立，那么德国 DAX 指数数据中极值的集群出现导致了过多的超短等待时间与超长等待时间的现象则无法支持指数函数分布的假设。因此，第五个典型性事实构成了对收益率数据的非独立同分布（iid）假设的进一步有力反驳。

在第 4 章中，我们将介绍能反映真实收益率数据的波动率聚类时间序列模型。特别是我们将介绍 ARCH 模型和 GARCH 模型，其可以准确复制迄今为止讨论的典型化事实和马上要讨论的第六个典型化事实所解决的典型非正态性收益率数据。

3.1.2　非正态性和厚尾

通常可见的正态分布模型在描述日、周甚至月收益率上效果较差。这可以使用各种众所周知的正态性检验来确认，包括针对标准正态分布的 Q–Q 图以及一些数值变量正态性检验。

Q–Q 图是一种标准的可视化工具，用于显示数据的实证分位数与参考分布的理论分位

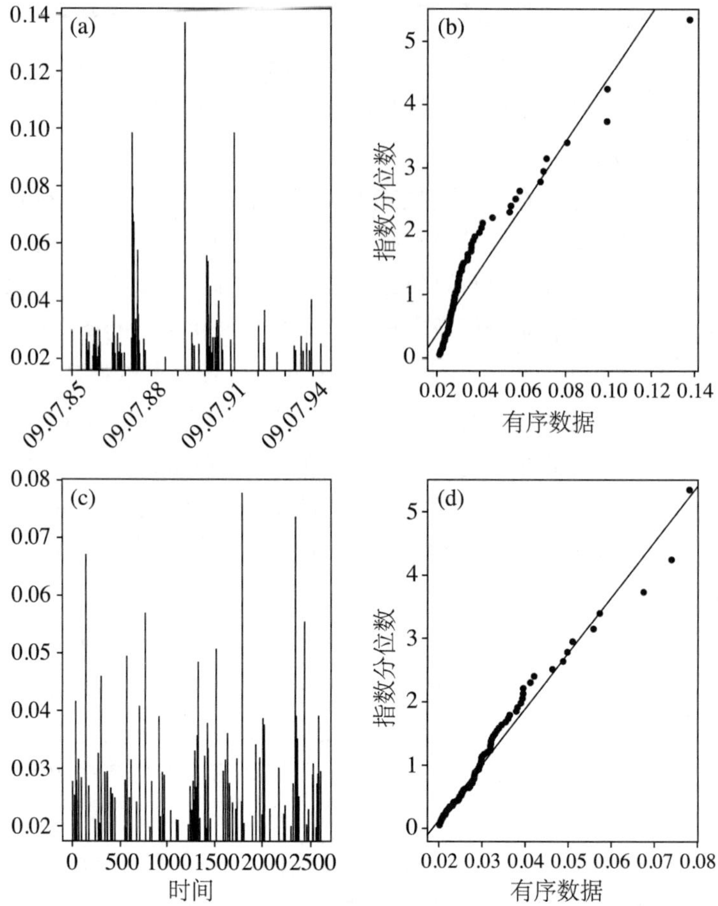

图 3.3　(a) 德国 DAX 指数收益率中最大 100 个损失和 (c) 模拟的 t 数据的时间序列图，以及这些极端值之间等待时间的指数分布检验的 Q–Q 图。

数之间的关系。Q–Q 图中缺乏线性被解释为反对假设参考分布的证据。在图 3.4 中，我们给出 1993 年至 2000 年迪斯民股票的日收益率和正态参考分布的 Q–Q 图，其所呈现之倒“S”形表明数据对应样本分布的极值分位数较之正态参考分布的极值分位数大，即用正态分布描述该收益率的效果较差。

通常的数值检验包括 Jarque-Bera 检验，Anderson-Darling 检验，Shapiro-Wilk 和 D'Agostino 检验。Jarque-Bera 检验实际上是一种混合的矩检验，即同时比较样本和高斯正态分布之偏度和峰度。样本偏度和峰度分别定义为：

$$b = \frac{(1/n)\sum_{i=1}^{n}(X_i - \bar{X})^3}{((1/n)\sum_{i=1}^{n}(X_i - \bar{X})^2)^{3/2}}, \qquad k = \frac{(1/n)\sum_{i=1}^{n}(X_i - \bar{X})^4}{((1/n)\sum_{i=1}^{n}(X_i - \bar{X})^2)^2} \tag{3.1}$$

这些被设计用来估计理论偏度和峰度，它们分别由下式定义 $\beta = E(X-\mu)^3/\sigma^3$ 和 $\kappa = E(X-\mu)^4/\sigma^4$，其中 $\mu = E(X)$ 和 $\sigma^2 = \mathrm{var}(X)$ 分别表示均值与方差，而 β 和 κ 分别在随机变量 X 正态分布分别取 0 和 3。Jarque-Bera 检验统计量为：

$$T = \tfrac{1}{6}n(b^2 + \tfrac{1}{4}(k-3)^2) \tag{3.2}$$

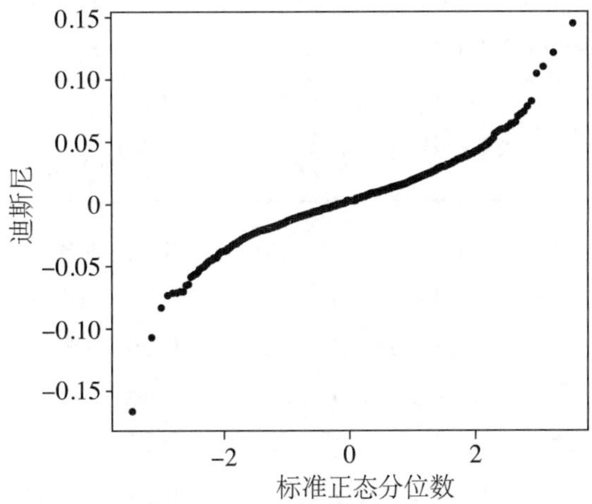

图 3.4　1993 年到 2000 年迪斯尼股票日收益率正态分布检验的 Q–Q 图

在正态分布的原假设下，该统计量服从两个自由度的渐进卡方分布。若样本样本峰度与 3、样本偏度与 0 均相距甚远，则应拒绝原假设，即样本不服从正态分布。

在表 3.2 中，正态性检验了道琼斯指数成分股的任意 10 只股票。我们采用 1993—2000 年 8 年的数据，并计算每日、每周、每月和季度的对数收益率。对于每种股票，我们计算样本偏度和峰度，并将 Jarque-Bera 检验应用于多元时间序列。每日和每周收益率序列均拒绝原假设，尤其需要注意的是样本峰度有一些大的值。对月收益率，有四只股票收益率服从正态分布之原假设没有落在拒绝域里（p 值大于 0.05）。对季度收益率，尽管样本较小，却有 5 只股票数据不能拒绝原假设。

公式 (3.2) 所述之 Jarque-Bera 检验拒绝了正态分布的原假设。特别是，每日金融收益率数据似乎具有比正态分布高得多的峰度；其分布被称为尖峰，意为相较正态分布中心狭长而厚尾。

更多的经验分析显示日收益率或短期收益率分布下降得将较正态分布之指数速率更慢。说明相较正态分布样本数据更容易因分布之重尾性，出现极端情况。我们将在第 5 章讨论极值理论（EVT）。

3.1.3　长间隔时间收益率序列

随着我们通过从每日、每月、每季度和每年的数据移动逐步增加收益率的间隔，之前所现之种种现象显著性逐步变弱。波动率聚类消失、收益率序列趋于呈现独立同分布（iid）且分布不厚尾。

我们首先选定某个时间间隔（例如日或者周），取其 n 个收益率数据作为样本，我们可以将其聚合为更长时间间隔的对数收益率数据，例如 t 时刻的 h 间隔周期的对数收益率数据定义为：

$$X_t^{(h)} = \ln\left(\frac{S_t}{S_{t-h}}\right) = \ln\left(\frac{S_t}{S_{t-1}} \cdots \frac{S_{t-h+1}}{S_{t-h}}\right) = \sum_{j=0}^{h-1} X_{t-j} \tag{3.3}$$

即我们根据原始数据得到 h 期非重叠的收益率：$\{X_t^{(h)} : t = h, 2h, \ldots, \lfloor n/h \rfloor h\}$，其中 $\lfloor\cdot\rfloor$

表 3.2 样本偏度 (b) 和峰度系数 (k)，以及道琼斯 30 中任意 10 只股票（股票名字在表 3.1 中）的 Jarque-Bera 正态性检验的 p-值

股票	b	k	p 值	b	k	p 值
	日收益率，$n=2020$			周收益率，$n=416$		
美国运通	0.05	5.09	0.00	−0.01	3.91	0.00
柯达	−1.93	31.20	0.00	−1.13	14.40	0.00
波音	−0.34	10.89	0.00	−0.26	7.54	0.00
花旗	0.21	5.93	0.00	0.44	5.42	0.00
可口可乐	−0.02	6.36	0.00	−0.21	4.37	0.00
微软	−0.22	8.04	0.00	−0.14	5.25	0.00
惠普	−0.23	6.69	0.00	−0.26	4.66	0.00
英特尔	−0.56	8.29	0.00	−0.65	5.20	0.00
JP 摩根	0.14	5.25	0.00	−0.20	4.93	0.00
迪斯尼	−0.01	9.39	0.00	0.08	4.48	0.00
	月收益率，$n=96$			季收益率，$n=32$		
美国运通	−1.22	5.99	0.00	−1.04	4.88	0.01
柯达	−1.52	10.37	0.00	−0.63	4.49	0.08
波音	−0.50	4.15	0.01	−0.15	6.23	0.00
花旗	−1.10	7.38	0.00	−1.61	7.13	0.00
可口可乐	−0.49	3.68	0.06	−1.45	5.21	0.00
微软	−0.40	3.90	0.06	−0.56	2.90	0.43
惠普	−0.33	3.47	0.27	−0.38	3.64	0.52
英特尔	−1.04	6.50	0.00	−0.42	3.10	0.62
JP 摩根	−0.51	5.40	0.00	−0.78	7.26	0.00
迪斯尼	0.04	3.26	0.87	−0.49	4.32	0.16

表示不大于其的最大整数，即向下取整函数，亦可写为 $\lfloor x\rfloor=\max\{k\in\mathbb{Z}:k\leqslant x\}$。

因 h 期收益率有着求和的结构，可以预期会出现一些中心极限效应，即随着 h 增加，尖峰变小且更符合正态分布结构。值得注意的是，尽管我们对日收益率数据非独立同分布深信不疑，但中心极限定理也适用于许多平稳时间序列过程，包括第 4 章要重点讨论的 GARCH 模型。

在表 3.1中，Ljung-Box 随机性检验也被应用于非重叠的月度收益数据。Ljung-Box 检验发现 30 只股票中有 20 只股票的原收益率和绝对收益率在 95% 的水平下不能拒绝独立同分布的原假设。故在月收益率数据下序列难发现序列相关性现象。

h 期非重叠收益率的数据聚合将样本量从 n 缩减为 $\lfloor n/h\rfloor$，更长的周期（比如季度或

者年度收益率）意味着大幅度缩小样本量。一种可供选择的方法是可重叠之聚合，对 $1 \leqslant k < h$，我们可以构造可重叠聚合数据如下：

$$\left\{X_t^{(h)} : t = h, h + k, h + 2k, \ldots, h + \lfloor (n - h)/k \rfloor k\right\} \tag{3.4}$$

将产生 $1 + \lfloor (n - h)/k \rfloor$ 个数据，其中有 $h - k$ 个不重叠。使用可重叠的收益率我们可以得到一组样本量很大的数据，但是我们需要仔细考察其序列相关性。因为就算原始数据是独立同分布的，可重叠收益率序列依然可能有比较严重的序列相关性，而这将使分析更加复杂化。

说明与评论

一些教科书包含了对金融收益率序列的广泛实证分析和对其性质的讨论。我们特别提到 Taylor (2008)，Alexander (2001)，Tsay (2002) 和 Zivot and Wang (2003)。Lo and MacKinlay (1999) 的书侧重讨论了股票收益率的随机游走假设及其缺陷。

有关多元正态性的检验很多，“统计百科全书” (Kotz et al., 1985) 第二卷的“偏离正态性”提供了一个很好的切入口。Rice (1995, pp. 353～357) 介绍了 Q–Q 图；若想进一步了解基于样本峰度和偏度并广泛使用的 Jarque-Bera 检验，可以参考 Jarque and Bera (1987)。

3.2　多元典型化事实

在风险管理应用中，我们通常对一系列金融风险因子的变动更感兴趣。对于第 3.1 节中确定的典型化事实，我们有对应的多元版本。

对 $j = 1, \ldots, d$，我们现在考察多元收益率率数据 $\boldsymbol{X}_1, \ldots, \boldsymbol{X}_n$，每个数据由对应的成分序列 $X_{1,j}, \ldots, X_{n,j}$ 组成，每个成分为前文所述之每日收盘价，指数和汇率序列的对数差分序列。通常观测到的多元典型化事实如下：

(M1) 多元收益序列除了同时期的收益外，几乎没有互相关的证据。

(M2) 多元绝对收益序列存在广泛的互相关证据。

(M3) 不同序列之间（例如同期收益率序列）的相关系数随着时间的变化而变化。

(M4) 某序列中的极端回收益通常与其他序列的极端回报相一致。

3.2.1　序列之间的相关性

前两个典型化事实很明显是第 3.1 节中多元典型化事实 (1) 和 (2) 的延伸。正像对 $h > 0$，微软的股价收益率在 t 时刻和 $t + h$ 时刻几乎没有相关性，并且，微软股价在 t 时刻和可口可乐股价在 $t + h$ 时刻没有相关性。当然，同日之股票不可否认有相关性，因其受同一日之市场因子的影响。当我们考察绝对收益率的时候，需要记住波动率高或低通常发生在不止一只股票上。因此，一只股票的巨大收益可能会在随后的日子里，对该股票和其他股票产生更大的收益，这可以解释 (M2)。互相关及其估计的问题是多元时间序列分析中的一个主题，这里我们通过第 14.1 节以案例的形式做相应的研究。

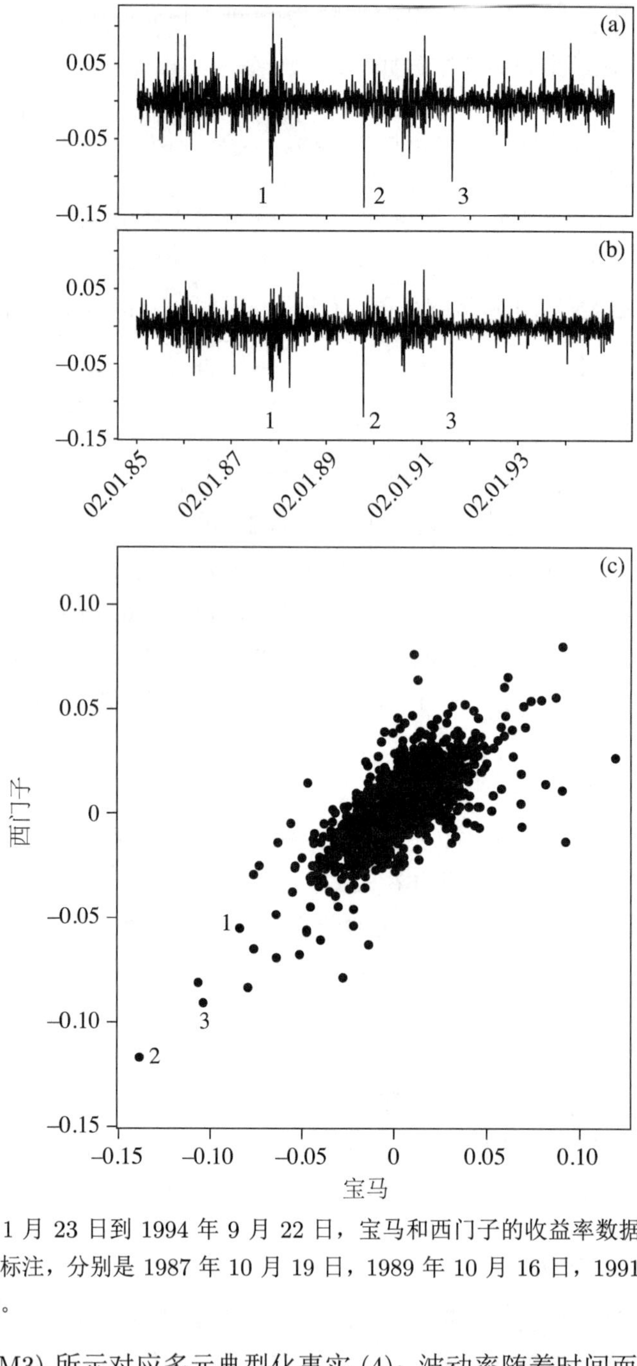

图 3.5　从 1985 年 1 月 23 日到 1994 年 9 月 22 日，宝马和西门子的收益率数据。出现极端负收益率的三天已被标注，分别是 1987 年 10 月 19 日，1989 年 10 月 16 日，1991 年 8 月 19 日。见文章中的评论。

典型化事实 (M3) 所示对应多元典型化事实 (4)：波动率随着时间而变动。根据不同的模型，我们可以将这一条用不同的方法来诠释。一方面，我们可以参考一个模型，其中存在所谓的平稳状态；在这些机制中，相关性是固定的，但状态会随着时间而变化。另一方面，我们可以参考更加动态的模型，其中条件相关性随着时间在不断变化。就像波动率是由历史数据的条件方差所定义那样，我们同样可以根据历史数据建立不断变化的条件相关性模型。例如在第 14.2 节中所考察之多元 GARCH 模型。根据该模型我们可以发现很多

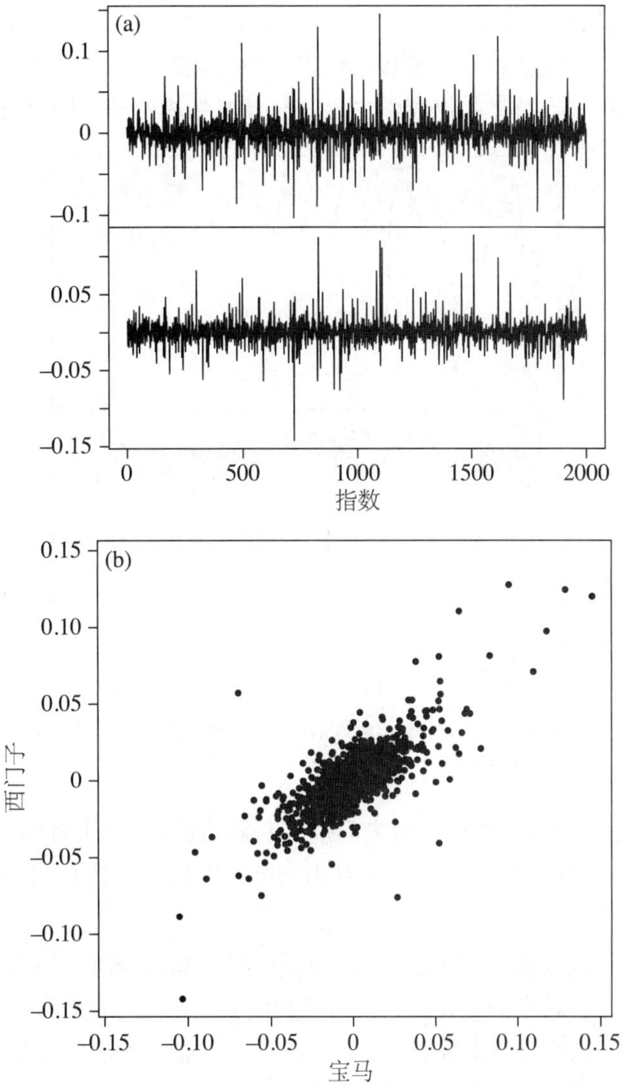

图 3.6　双变量 t 分布产生的 2000 个独立同分布的数据点，参数是通过拟合图 3.5 中宝马—西门子数据的 t 分布而来的。

对风险因子序列有着 (M3) 的现象。

但是，在更多专门的分析下我们需要谨慎得出动态相关性的结论。为了进一步解释，我们来看两组数据。第一组数据，在图 3.5 中所展示的，由 1985 年 1 月 23 日至 1994 年 9 月 22 日宝马和西门子的每日对数收益率序列共 2000 个数据组合而成。

第二组数据，如图 3.6 中所示，由双变量 t 分布生成的随机数组成。而分布参数是根据宝马—西门子股票收益率数据，通过极大似然估计法拟合而得。通过拟合，得出 t 分布的自由度为 2.8，相关系数的估计值为 0.72。第 6.2.1 节给出了多元 t 分布更多的细节。

这两组数据表面上看起来很相似。数值的分布在两组数据中都很相似。但是模拟出来的数据是独立的，并且没有任何序列相关性或波动率聚类性。

我们使用 25 天的移动窗口估计两个系列的滚动相关系数，这大约是一个典型日历月的交易日数。这种滚动实证估计在观测核心模型参数变化时是一种常用的方法。图 3.7 中展示了宝马—西门子对数收益率数据和学生 t 分布模拟生成的独立同分布数据的估计结果。

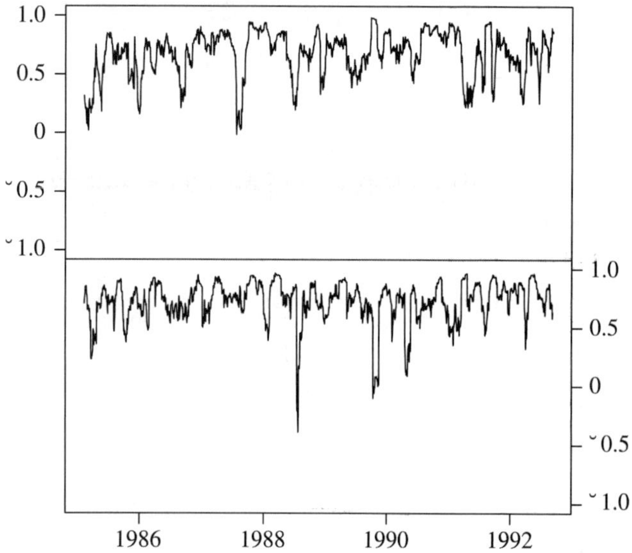

图 3.7 图 3.5 中 25 天实证数据的滚动相关系数估计（上面部分）以及图 3.6 中模拟的 25 天独立同分布数据的滚动相关系数估计。

值得注意的是，两个数据集的结果之间没有明显的差异；如果有的话，独立同分布（iid）数据的估计相关性的范围更大，尽管它们是由一个固定相关性为 0.72 的一元平稳模型生成的。

这说明了运用实证预测来简单的尝试证明第三条 (M3) 需要更谨慎些。当预测相关性的样本数量较少时会有较多的误差，尤其是当数据分布是厚尾的双变量分布，例如 t 分布，而不是高斯分布（同内容可以参见例 6.30）。因此最可靠的方法来证实（M3）以及确认相关性会如何变动，就是为变化的相关性设置不同的模型，再用正式的统计方法进行模型的比较。

3.2.2 尾部相关性

典型化事实（M4）在时间序列被拿来作比较的时候时常是显而易见的。我们来回顾图 3.5 中宝马和西门子的对数收益率数据，在时间序列图和散点图中都有 3 个日子被标示了出来。这是在德国市场上出现的剧烈波动时期股票等有巨大的损失出现的日子。这三天分别是 1987 年 10 月 19 日华尔街的黑色星期一，1989 年 10 月 16 日超过 10 万名德国人对莱比锡东德政权进行抗议等一系列时间最终导致了柏林墙的倒塌以及德国的统一，1991 年 8 月 9 日苏联解体。非常明显这些重大事件在这些日子中导致了极值的出现。

与典型化事实（M4）相关的一个理念是“在市场遭遇压力情景时相关性变为 1”。在图 3.5 中，发生极值的这 3 天都出现在散点图的左下方角落的方向，因此这也是为什么我

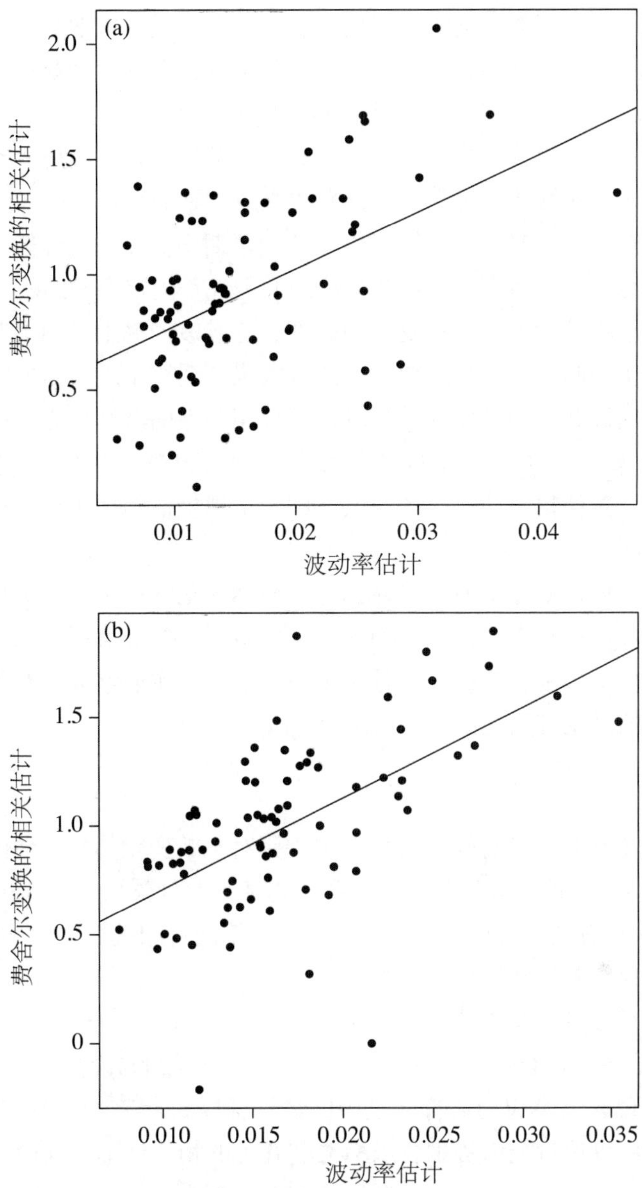

图 3.8　在 25 个观察对象的 80 个不重叠区域的估计波动性上作估计的相关系数的费雪变换图；左边使用的是图 3.5 中宝马—西门子收益率数据；右边使用的是图 3.6 模拟的双变量 t 分布数据；两种情况下，估计的相关关系和波动性之间都有显著的回归关系。

们很容易看到有人用相关性趋向于 1 形容这种现象。当波动率较高时，要正式测试模型相关性较高的假设是相当困难的，这应该在包含自然条件相关性或状态变化的多元时间序列模型的背景下完成。再一次重申，在解读简单的基于实证相关性预测的分析时我们需要非常谨慎，如我们接下来所展示的。

在图 3.8 中，我们将进行一项分析，我们将把 2000 组的双变量收益率数据拆解成 80 组无重叠的 25 日（时间窗口）的数据块。在每一块数据中，我们来预测收益率序列之间的实证相关性，以及两个序列的波动率。我们绘制了估计相关性的*费雪变换*与宝马系列的估计波动性，然后对后者进行回归。相关性与波动率估计值之间存在显著的回归关系（用直线表示）。人们很容易认为，在波动率较大的压力时期，相关性也很高。费雪变换是众所周知的方差稳定化变换，当相关性是回归分析中的因变量时，该变换是适当的。

然而当我们将相同的做法运用到从 t 分布中生成出来的那组数据（图 3.6(b)）的时候，结果却非常类似。在这种情况下，在较高估计波动率期间估计相关性较高的观察结果是两个量的估计误差的纯假象，因为基础资产真正的相关性是固定不变的。

我们举这个例子不是为了争论和反对相关性会随着波动率上升而上升这个观点，而是想简单地展示，基于预测相关性而运用特定的方式来证明这个观点是非常困难的。当正式地比较不同的多元的波动率和相关性模型时，区分相关性的特性是必需的；类似模型的更多讨论会在第 14.2 节中介绍。此外，尽管有用的多元时间序列模型在一定程度上是正确的，但当波动性较大时，条件相关性往往会变大，同时出现极值的现象也可以通过其他方式加以解决。

比如说，我们可以在多元模型中选择那种有被称为*尾部或极值相关性*的分布。松散地说，这意味着模型中，在我们已经观察到另一个风险因子的极值的情况下，观察到一个风险因子的极值的条件概率是非负的，而且在某些情况下确实非常大。有关这部分定义的数学解释及其重要性的讨论可以在第 7.2.4 节中找到。

说明与评论

Boyer et al. (1999) 是一篇有趣的文章其中讲到对不断变化的相关性做检验时易犯的错误，这篇文章不赞成简单地将数据分成正常和压力情景两种体系下进行实证分析。Loretan and English (2000) 也有文章讨论如何在市场不稳定期间将相关性拆分。Engle (2009) 是一本介绍风险管理中相关重要性的有趣的书。

尾部相关性有很多种定义方式，参考 Joe (1997) 和 Coles et al. (1999)。 Embrechts et al. (1999)，Embrechts et al. (2002) 和 Mashal et al. (2003) 强调了尾部相关性在风险管理中的作用。而现在已经成为监管文献中的公认话题。参考 CEIOPS 咨询文件中尾部相关性的讨论，其用以偿付能力资本要求标准公式中的相关性 (CEIOPS 2003) (CEIOPS, 2009)。

第 2 部分

方法篇

第 4 章　金融时间序列

在第 3章中，我们讨论了金融风险因子变动数据的实证特性，本章我们提出了模拟真实收益率数据特性的一元时间序列模型。

在第 4.1 节中，我们回顾分析时间序列的重要基本概念（如稳定性、自相关、白噪音和 ARMA 过程）。第 4.2 节中，我们介绍用以描述波动率特征的一元 ARCH 和 GARCH 模型（广义自回归条件异方差模型）。

GARCH 模型不是描述金融收益率波动的唯一模型。其他重要的模型类别包括离散随机波动率模型，长记忆 GARCH 模型，用以模拟离散数据的连续时间模型以及由高频数据计算得出的真实波动率，这些模型方法在本书中不再涉及。

我们关注 GARCH 模型主要源于出于两种原因。第一种较为实际。比如，在风险管理中，当我们通常需要处理大量的风险因子时，我们的逻辑（就像第 1.5 节中介绍的一样）认为，找到能处理大量时间序列主要风险特征的广义工具比纠缠于具体的一元序列分析更重要。GARCH 就是这样一种广义工具，而且拟合起来相对简单（参见第 14 章）。同时，我们也可以将模型拓展至多元，方法很简单，可以从一元模型分阶段调整。使用的便捷性使 GARCH 模型与其他复杂的模型（通过过滤或 Gibbs 抽样来估计随机波动模型）产生重大差别，对复杂模型而言，拓展到多元在计算上会遇到挑战，这也是多元模型没有被广泛使用的原因。不仅如此，一个普通的金融机构通常会每日收集一整套风险因子数据以实现有效风险管理，这就会自动排除需要高频数据的复杂模型。

我们第二个关注 ARCH 和 GARCH 的原因是说教。这些模型在收益率序列应用上与经典时间序列模型 ARMA 体系相近，并具有标准的方法论体系。一个定量风险管理人员如果懂得 GARCH，那么他就有良好的基础去理解更复杂的模型并用一种理性的观点看待历史波动率。同时，这也有助于他更清晰地理解更特别的模型方法（如 EWMA）。

4.1　时间序列分析基础

本节简要概述了经典一元时间序列分析的要点，重点介绍了与风险因子收益率序列建模相关的内容。我们的研究也基于 Brockwell and Davis (2002, 1991) 的内容，所以这些内容可以作为辅助阅读材料。

4.1.1　基本概念

单个风险因子的时间序列模型是由整数索引并定义在某个概率空间 $(\Omega, \mathcal{F}, P)$ 上的离散随机过程 $(X_t)_{t\in\mathbb{Z}}$，即一族随机变量。

时间序列矩　假设我们定义时间序列 $(X_t)_{t\in\mathbb{Z}}$ 的均值函数为 $\mu(t)$，自协方差函数 $\gamma(t,s)$ 为

$$\begin{aligned}\mu(t) &= E(X_t), & t\in\mathbb{Z}\\ \gamma(t,s) &= E((X_t-\mu(t))(X_s-\mu(s))), & t,s\in\mathbb{Z}\end{aligned}$$

对于任意 t, s 和 $\gamma(t,t)=\mathrm{var}(X_t)$，自协方差函数满足 $\gamma(t,s)=\gamma(s,t)$。

平稳性　一般而言，满足以下一个或两个条件，我们就认为序列是平稳的。

定义 4.1 (严平稳性). 对所有 $t_1,\ldots,t_n,k\in\mathbb{Z}$ 以及任意 $n\in\mathbb{N}$，如果满足

$$(X_{t_1},\ldots,X_{t_n})\stackrel{\mathrm{d}}{=}(X_{t_1+k},\ldots,X_{t_n+k})$$

我们称时间序列 $(X_t)_{t\in\mathbb{Z}}$ 为严平稳的。

定义 4.2 (协方差平稳). 如果存在第一、二阶矩且满足

$$\begin{aligned}\mu(t) &= \mu, & t\in\mathbb{Z},\\ \gamma(t,s) &= \gamma(t+k,s+k), & t,s,k\in\mathbb{Z}\end{aligned}$$

那么时间序列 $(X_t)_{t\in\mathbb{Z}}$ 是协方差平稳（或弱 (二阶) 平稳）。

以上两个定义都尝试将时间序列的表现与现实中观察得到的特性对等。在均等分布的样本空间中，均值、方差及协方差的系统性变化与平稳性是不一致的。

我们可以简单地证明具有限方差的严平稳时间序列是协方差平稳的，但需要注意的是，我们可以定义一个无限方差过程（包括某些 ARCH 和 GARCH 过程)，该时间序列是严平稳的但不是协方差平稳的。

平稳时间序列中的自相关　协方差平稳是指对所有 s,t，满足 $\gamma(t-s,0)=\gamma(t,s)=\gamma(s,t)=\gamma(s-t,0)$，以至于 X_t 和 X_s 之间的协方差只取决于时间差异 $|s-t|$，常被称为滞后期。这样，对于一个协方差平稳的序列，我们可以将它的自协方差函数定义为一元函数：

$$\gamma(h):=\gamma(h,0),\quad \forall h\in\mathbb{Z}$$

注意，对于所有的 $\forall t$，都有 $\gamma(0)=\mathrm{var}(X_t)$，现在我们可以定义协方差平稳过程的自相关函数。

定义 4.3 (自相关函数). 协方差平稳过程 $(X_t)_{t\in\mathbb{Z}}$ 的自相关函数 (ACF)$\rho(h)$ 为

$$\rho(h)=\rho(X_h,X_0)=\gamma(h)/\gamma(0),\quad \forall h\in\mathbb{Z}$$

这里所说的自相关或序列相关系数 $\rho(h)$ 的滞后期为 h。在经典时间序列分析中，序列相关性及其从数据中得到的实证模拟是主要的研究兴趣所在。自相关研究也称为时域分析。

白噪声过程　没有序列相关性的平稳过程是建立有效的时间序列模型的基础，这个过程被称白噪声，定义如下：

定义 4.4 (白噪声). 如果一个序列 $(X_t)_{t\in\mathbb{Z}}$ 是协方差平稳的并具有以下自相关函数：

$$\rho(h)=\begin{cases}1, & h=0\\ 0, & h\neq 0\end{cases}$$

我们称之为白噪声过程。

一个白噪声具有均值为 0，方差为 $\sigma^2=\operatorname{var}(X_t)$ 的特性并表示为 $\mathrm{WN}(0,\sigma^2)$。白噪声过程的一个简单例子就是可由一系列带有有限方差的独立同分布随机变量，这也被称为严白噪声过程。

定义 4.5 (严白噪声). 如果一个序列 $(X_t)_{t\in\mathbb{Z}}$ 由有限方差的独立同分布随机变量所组成，我们称之为严白噪声过程。

严白噪声 (SWN) 过程 $\mathrm{SWN}(0,\sigma^2)$ 的均值为 0，方差为 σ^2。虽然它是最简单的噪声过程，但却不是我们唯一使用的。后期，我们将会看到协方差平稳的 ARCH，GARCH 过程，它们事实上也是白噪声过程。

鞅差　特别当我们讨论波动性和 GARCH 过程时，我们使用的另一个噪声概念是鞅差序列。前文中，我们已将鞅定义为一个可积随机变量序列 (M_t)，在给定先前历史信息序列情况下，M_t 的期望值为 M_{t-1}。这意味着，如果我们通过定义 (M_t) 的一阶差分为 (X_t)，那么给定关于先前值信息的基础上 X_t 的期望值为零。我们在第 3.1 节中观察到，这个属性可能适用于金融收益率数据。鞅差常被说成是我们在连续几轮的公平游戏中获胜的模型。

为了更准确地讨论这一概念，我们假设时间序列 $(X_t)_{t\in\mathbb{Z}}$ 能适应于某种 $(\mathcal{F}_t)_{t\in\mathbb{Z}}$ 域流，该形式代表随时间信息流增加。σ 域 $\mathcal{F}_t$ 表示到时间 t 为止市场所隐含的所有信息，且通常这些信息已经被包含在过去以及时间序列本身的现值 $(X_s)_{s\leqslant t}$ 中。我们称到时间 t 为止的历史，表示为 $\mathcal{F}_t=\sigma(\{X_s : s\leqslant t\})$。相对应的域流形式就是自然域流。

定义 4.6 (鞅差). 如果 $E|X_t|<\infty$ 且 $\mathcal{F}_t$ 可测 (适应)，而且

$$E(X_t\mid\mathcal{F}_{t-1})=0,\quad \forall t\in\mathbb{Z}$$

那么时间序列 $(X_t)_{t\in\mathbb{Z}}$ 是关于域流 $(\mathcal{F}_t)_{t\in\mathbb{Z}}$ 的鞅差序列。很明显，这样一个随机过程的无条件均值也为零。

$$E(X_t)=E(E(X_t\mid\mathcal{F}_{t-1}))=0,\quad \forall t\in\mathbb{Z}$$

不仅如此，如果对于任意 t 满足 $E(X_t^2)<\infty$，那么其自协方差满足

$$\gamma(t,s)=E(X_tX_s)$$

$$= \begin{cases} E(E(X_tX_s \mid \mathcal{F}_{s-1})) = E(X_tE(X_s \mid \mathcal{F}_{s-1})) = 0, & t < s \\ E(E(X_tX_s \mid \mathcal{F}_{t-1})) = E(X_sE(X_t \mid \mathcal{F}_{t-1})) = 0, & t > s \end{cases}$$

因此，有限方差鞅差序列具有零均值和零协方差。如果对于任意 t，其方差都是常数，那么这就是一个白噪声过程。

4.1.2　ARMA 过程

经典 ARMA 过程被广泛应用于时间序列分析的许多传统应用中。它们是协方差平稳过程，是用白噪声作为基本构建区间来构建的。为了保证称谓连贯，本章剩余部分将用 $(\varepsilon_t)_{t\in\mathbb{Z}}$ 表示白噪声，$(Z_t)_{t\in\mathbb{Z}}$ 表示严白噪声。

定义 4.7 (ARMA **过程**). 设 $(\varepsilon_t)_{t\in\mathbb{Z}}$ 服从 $\mathrm{WN}(0,\sigma_\varepsilon^2)$。如果时间序列是协方差平稳过程且满足以下差分方程：

$$X_t - \phi_1X_{t-1} - \cdots - \phi_pX_{t-p} = \varepsilon_t + \theta_1\varepsilon_{t-1} + \cdots + \theta_q\varepsilon_{t-q} \quad \forall t \in \mathbb{Z} \tag{4.1}$$

则该过程为零均值 ARMA(p,q) 过程。如果序列 $(X_t-\mu)_{t\in\mathbb{Z}}$ 为零均值化 ARMA(p,q) 过程，那么我们称 (X_t) 为均值为 μ 的 ARMA 过程。

根据我们的定义，事实上并不存在协方差不平稳的 ARMA 过程。这个过程严平稳与否直接取决于该过程是否有驱动白噪声的特质，即 新息（*innovations*）过程。如果新息服从独立同分布，或其能形成一个严平稳的过程，那么 ARMA 过程也会变成严平稳。

出于所有实用目的，我们可以将 ARMA 过程的研究限制为因果 ARMA 过程。意思是指满足方程式 (4.1) 的过程，这么做是指此过程满足以下条件

$$X_t = \sum_{i=0}^{\infty}\psi_i\varepsilon_{t-i} \tag{4.2}$$

其中 ψ_i 为必须满足下式的系数

$$\sum_{i=0}^{\infty}|\psi_i| < \infty \tag{4.3}$$

备注 4.8. 所谓的绝对可求和条件 (4.3) 是一个确保 $E|X_t| < \infty$ 的技术条件。这保证无限求和 (4.2) 几乎必然绝对收敛，意味着两个 $\sum_{i=0}^{\infty}|\psi_i||\varepsilon_{t-i}|$ 和 $\sum_{i=0}^{\infty}\psi_i\varepsilon_{t-i}$ 以概率为 1 有限 (参见 Brockwell and Davis, 1991, 命题 3.1.1)。

我们现在通过直接计算验证因果 ARMA 过程确实是协方差平稳的并且在继续查看一些简单的标准例子之前计算它们的自相关函数的形式。

命题 4.9. 任何满足公式 (4.2) 和 (4.3) 的过程均为协方差平稳的过程，且它的自相关公式为

$$\rho(h) = \frac{\sum_{i=0}^{\infty}\psi_i\psi_{i+|h|}}{\sum_{i=0}^{\infty}\psi_i^2}, \quad h \in \mathbb{Z} \tag{4.4}$$

证明. 显然，根据公式 (4.3)，对于所有 t，我们有 $E(X_t)=0$ 和 $\mathrm{var}(X_t)=\sigma_\varepsilon^2\sum_{i=0}^{\infty}\psi_i^2<\infty$。此外，自协方差为

$$\mathrm{cov}(X_t,X_{t+h})=E(X_tX_{t+h})=E\left(\sum_{i=0}^{\infty}\psi_i\varepsilon_{t-i}\sum_{j=0}^{\infty}\psi_j\varepsilon_{t+h-j}\right)$$

由于 (ε_t) 是白噪声，它遵循 $E(\varepsilon_{t-i}\varepsilon_{t+h-j})\neq 0 \Longleftrightarrow j=i+h$，因此

$$\gamma(h)=\mathrm{cov}(X_t,X_{t+h})=\sigma_\varepsilon^2\sum_{i=0}^{\infty}\psi_i\psi_{i+|h|},\quad h\in\mathbb{Z} \tag{4.5}$$

这仅取决于滞后 h，而不是 t。自相关函数易于遵循。 □

例 4.10 (MA(q) **过程**). 很明显，一个 MA 过程

$$X_t=\sum_{i=1}^{q}\theta_i\varepsilon_{t-i}+\varepsilon_t \tag{4.6}$$

形成一个简单的公式 (4.2) 形式的因果过程的例子。由公式 (4.4) 很容易推断出该自相关函数由

$$\rho(h)=\frac{\sum_{i=0}^{q-|h|}\theta_i\theta_{i+|h|}}{\sum_{i=0}^{q}\theta_i^2},\quad |h|\in\{0,1,\dots,q\}$$

给出，其中 $\theta_0=1$。对于 $|h|>q$ 我们有 $\rho(h)=0$，则自相关函数称为滞后 q 截尾。如果在经验数据的估计自相关中观察到这一特征，则通常将其作为 MA 行为的指标。MA(4) 过程的实现及其 ACF 的理论形式如图 4.1 所示。

例 4.11 (AR(1) **过程**). 当且仅当 $|\phi_1|<1$ 时，一阶 AR 过程满足以下差分方程

$$X_t=\phi_1X_{t-1}+\varepsilon_t,\quad \forall t \tag{4.7}$$

那么该过程是因果的，这可以通过公式 (4.7) 的迭代来直观理解，并得到：

$$\begin{aligned}X_t&=\phi_1(\phi_1X_{t-2}+\varepsilon_{t-1})+\varepsilon_t\\&=\phi_1^{k+1}X_{t-k-1}+\sum_{i=0}^{k}\phi_1^i\varepsilon_{t-i}\end{aligned}$$

使用更仔细的概率参数，可能会显示条件 $|\phi_1|<1$ 可以确保第一项在 $k\to\infty$ 时消失，而第二项是收敛的。

$$X_t=\sum_{i=0}^{\infty}\phi_1^i\varepsilon_{t-i} \tag{4.8}$$

结果是定义方程 (4.7) 的唯一解。可以很容易地验证这是一个形式 (4.2) 并且 $\sum_{i=0}^{\infty}|\phi_1|^i=(1-|\phi_1|)^{-1}$ 的过程，这样就满足了公式 (4.3)。看一下方程 (4.8) 的解，我们看到 AR(1) 过程可以表示为一个 MA(∞) 过程：一个无穷大阶 MA 过程。

该过程的自协方差和自相关函数可以由 (4.5) 和 (4.4) 计算得到

$$\gamma(h)=\frac{\phi_1^{|h|}\sigma_\varepsilon^2}{1-\phi_1^2},\quad \rho(h)=\phi_1^{|h|},\quad h\in\mathbb{Z}$$

因此，ACF 以可能交替的符号呈指数衰减。AR(1) 过程及其 ACF 的理论形式的实现如图 4.1 所示。

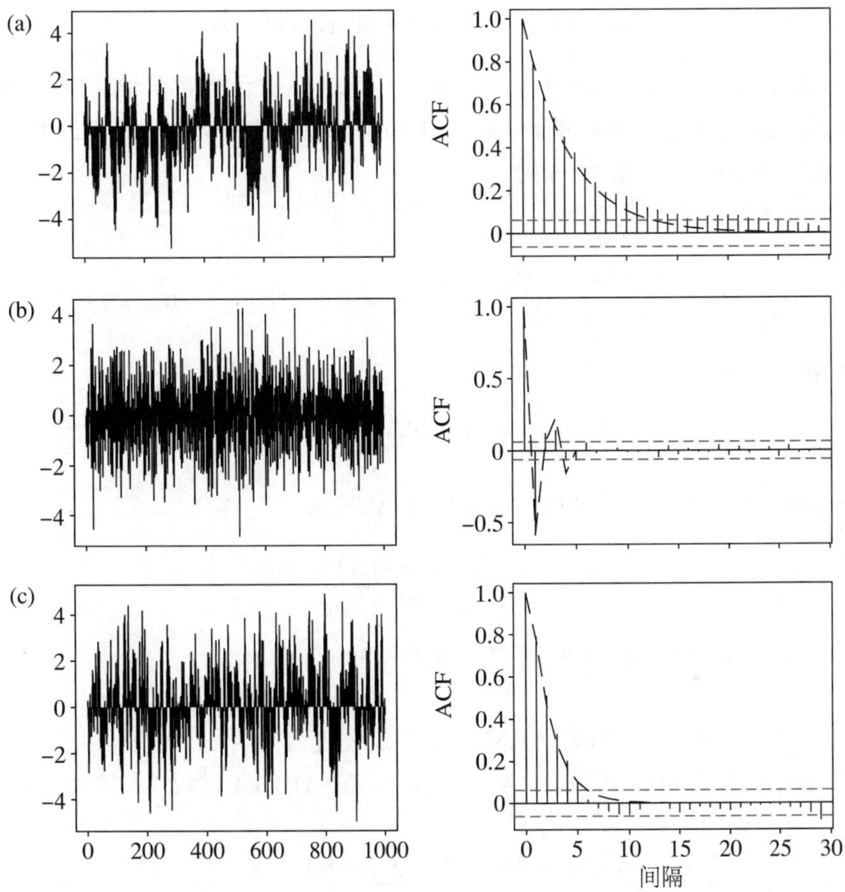

图 4.1　许多模拟 ARMA 过程及其自相关函数（虚线）和相关图。新息是高斯的。(a) AR(1), $\phi_1=0.8$. (b) MA(4), $\theta_1=-0.8,0.4,0.2,-0.3$. (c) ARMA(1,1), $\phi_1=0.6$, $\theta_1=0.5$。

广义 ARMA 理论的备注　在定义 4.7 的广义 ARMA 过程中，该过程是否具有公式 (4.2) 的因果表示的问题由研究了复平面上的两个多项式给出，它们是根据 ARMA 模型参数给出的

$$\tilde{\phi}(z)=1-\phi_1 z-\cdots-\phi_p z^p$$
$$\tilde{\theta}(z)=1+\theta_1 z+\cdots+\theta_q z^q$$

倘若 $\tilde{\phi}(z)$ 和 $\tilde{\theta}(z)$ 没有公共根，那么当且仅当 $\tilde{\phi}(z)$ 在单位圆 $|z| \leqslant 1$ 中没有根时，ARMA 过程是一个满足公式 (4.2) 和公式 (4.3) 的因果过程。公式 (4.2) 中的系数 ψ_i 由下面的方程得出

$$\sum_{i=0}^{\infty} \psi_i z^i = \frac{\tilde{\theta}(z)}{\tilde{\phi}(z)}, \quad |z| \leqslant 1$$

例 4.12 (ARMA(1,1) **过程**). 对于以下过程

$$X_t - \phi_1 X_{t-1} = \varepsilon_t + \theta_1 \varepsilon_{t-1}, \quad \forall t \in \mathbb{Z}$$

其复数多项式为 $\tilde{\phi}(z) = 1 - \phi_1 z$ 和 $\tilde{\theta}(z) = 1 + \theta_1 z$，这些没有共同根提供 $\phi_1 + \theta_1 \neq 0$。$\tilde{\phi}(z) = 0$ 的解是 $z = 1/\phi_1$，在提供的 $|\phi_1| < 1$ 的单位圆之外，所以这就是因果关系的条件（就像在例 4.11的 AR(1) 模型中一样）。

公式 (4.2) 可以通过下式得到

$$\sum_{i=0}^{\infty} \psi_i z^i = \frac{1+\theta_1 z}{1-\phi_1 z} = (1+\theta_1 z)(1+\phi_1 z + \phi_1^2 z^2 + \cdots), \quad |z| \leqslant 1$$

很容易计算得到：

$$X_t = \varepsilon_t + (\phi_1 + \theta_1) \sum_{i=1}^{\infty} \phi_1^{i-1} \varepsilon_{t-i} \tag{4.9}$$

通过公式 (4.4)，我们可以计算出对于 $h \neq 0$ 的 ACF 是

$$\rho(h) = \frac{\phi_1^{|h|-1}(\phi_1+\theta_1)(1+\phi_1\theta_1)}{1+\theta_1^2+2\phi_1\theta_1}$$

ARMA(1,1) 过程的实现及其 ACF 的理论形式如图 4.1 所示。

可逆性 公式 (4.9) 显示了如何将 ARMA(1,1) 过程视为 MA(∞) 过程。实际上，如果我们强加条件 $|\theta_1| < 1$，我们还可以将 (X_t) 表示为以下 AR(∞) 过程

$$X_t = \varepsilon_t + (\phi_1 + \theta_1) \sum_{i=1}^{\infty} (-\theta_1)^{i-1} X_{t-i} \tag{4.10}$$

如果我们将其重新调整为 ε_t 的等式，那么我们可以在某种意义上“重新构建”来自整个流程历史的最新新息 ε_t $(X_s)_{s \leqslant t}$。条件 $|\theta_1| < 1$ 被称为可逆性条件，对于广义 ARMA(p,q) 过程，可逆性条件是 $\tilde{\theta}(z)$ 在单位圆 $|z| \leqslant 1$ 中没有根。在实际应用中，我们拟合的模型将是定义 ARMA 方程的可逆和因果解。

条件均值的模型 考虑一个非 0 均值的广义可逆 ARMA 模型。为了便于接下来的讨论，我们把这样的模型写成

$$X_t = \mu_t + \varepsilon_t, \qquad \mu_t = \mu + \sum_{i=1}^{p} \phi_i (X_{t-i} - \mu) + \sum_{j=1}^{q} \theta_j \varepsilon_{t-j} \tag{4.11}$$

因为我们假设了可逆性，ε_{t-j} 以及 μ_t 项可以写成到 $t-1$ 时刻为止过程所有信息；μ_t 可以称为 $\mathcal{F}_{t-1}=\sigma(\{X_s : s\leqslant t-1\})$ 可测。

如果我们假设白噪音 $(\varepsilon_t)_{t\in\mathbb{Z}}$ 是关于 $(\mathcal{F}_t)_{t\in\mathbb{Z}}$ 鞅差序列（参考定义 4.6），那么 $E(X_t \mid \mathcal{F}_{t-1})=\mu_t$。换言之，这样的 ARMA 过程可以看作是在过程的条件均值 μ_t 上放置一个特定的结构。ARCH 和 GARCH 可以看作是在条件方差 $\mathrm{var}(X_t \mid \mathcal{F}_{t-1})$ 上放置一个结构。

ARIMA 模型　在传统的时间序列分析中，我们经常考虑一类更大的模型，称为 ARIMA，或自回归求和移动平均。设 ∇ 为差分算子，对于时间序列过程 $(Y_t)_{t\in\mathbb{Z}}$ 我们有 $\nabla Y_t = Y_t - Y_{t-1}$。用 ∇^d 表示重复差分，其中

$$\nabla^d Y_t = \begin{cases} \nabla Y_t, & d=1 \\ \nabla^{d-1}(\nabla Y_t)=\nabla^{d-1}(Y_t-Y_{t-1}), & d>1 \end{cases} \tag{4.12}$$

如果由 $X_t = \nabla^d Y_t$ 给出的差分数列 (X_t) 是一个 ARMA(p,q) 过程，那么时间序列 (Y_t) 被称为 ARIMA(p,d,q) 过程。对于 $d>1$ ，ARIMA 过程是非平稳过程。它们在实际应用中很受欢迎，因为差分操作（一次或多次）可以将一个明显“非平稳”的数据集转换为一个可能由平稳 ARMA 过程建模的数据集。例如，如果我们使用 ARMA(p,q) 过程来建模某些价格系列 (S_t) 的每日对数收益，那么我们实际上是说原始的对数价格序列 $(\ln S_t)$ 遵循 ARIMA$(p,1,q)$ 模型。

当在时间序列上下文中使用求和这个词时，它通常意味着我们看到的是一个非平稳过程，它可能通过差分而变得平稳，参见第 4.2.2 节对 IGARCH 模型的讨论。

4.1.3　时域分析

现在假设我们有一个样本 $X_1,\ldots,X_n$ 来自协方差平稳时间序列模型 $(X_t)_{t\in\mathbb{Z}}$。时域分析包括从这个随机样本中计算自协方差和自相关的经验估计，并使用这些估计来推断基础过程的序列依赖结构。

相关图　样本自协方差根据

$$\hat{\gamma}(h)=\frac{1}{n}\sum_{t=1}^{n-h}(X_{t+h}-\bar{X})(X_t-\bar{X}),\quad 0\leqslant h<n$$

计算，其中 $\bar{X}=\sum_{t=1}^{n} X_t/n$ 是样本均值，用于估计时间序列的均值 μ。根据这些，我们计算样本 ACF:

$$\hat{\rho}(h)=\hat{\gamma}(h)/\hat{\gamma}(0),\quad 0\leqslant h<n$$

相关图是 $\{(h,\hat{\rho}(h)) : h=0,1,2,\ldots\}$ 的绘图，它的设计目的是用来帮助解释样本 ACF。各种模拟 ARMA 过程的相关图如图 4.1 所示。请注意，对于这些特定的例子，估计的相关性自然与理论 ACF 相当接近。

为了解释这种序列相关性的估计，我们需要了解它们在特定时间序列中的行为。下面是因果线性过程的一般结果，它是由严白噪声驱动的公式 (4.2) 形式的过程。

定理 4.13. 设 $(X_t)_{t\in\mathbb{Z}}$ 为线性过程

$$X_t-\mu=\sum_{i=0}^{\infty}\psi_i Z_{t-i},\quad \text{其中}\ \sum_{i=0}^{\infty}|\psi_i|<\infty,\ (Z_t)_{t\in\mathbb{Z}}\sim \mathrm{SWN}(0,\sigma_Z^2)$$

假设要么 $E(Z_t^4)<\infty$ 或 $\sum_{i=0}^{\infty} i\psi_i^2<\infty$。那么，对于 $h\in\{1,2,\dots\}$，我们有

$$\sqrt{n}(\hat{\boldsymbol{\rho}}(h)-\boldsymbol{\rho}(h))\xrightarrow{\mathrm{d}}N_h(\mathbf{0},W)$$

其中

$$\hat{\boldsymbol{\rho}}(h)=(\hat{\rho}(1),\dots,\hat{\rho}(h))'$$
$$\boldsymbol{\rho}(h)=(\rho(1),\dots,\rho(h))'$$

N_h 代表一个 h 维正态分布（参见第 6.1.3 节），$\mathbf{0}$ 是 h 维 0 向量，W 是协方差矩阵，其元素为

$$W_{ij}=\sum_{k=1}^{\infty}(\rho(k+i)+\rho(k-i)-2\rho(i)\rho(k))(\rho(k+j)+\rho(k-j)-2\rho(j)\rho(k))$$

证明. 这是Brockwell and Davis (1991, pp. 221~223) 研究结果的一个特例。 □

对于 ARMA 过程，条件 $\sum_{i=0}^{\infty} i\psi_i^2<\infty$ 是成立的，因此由 SWN 驱动的 ARMA 过程属于该定理的范围（无论新息是否存在四阶矩）。

这个定理同样适用于 SWN 本身。对于 SWN，我们有

$$\sqrt{n}\hat{\boldsymbol{\rho}}(h)\xrightarrow{\mathrm{d}}N_h(\mathbf{0},\boldsymbol{I}_h)$$

其中，$\boldsymbol{I}_h$ 表示 $h\times h$ 单位矩阵，因此，对于足够大的 n，SWN 过程中数据的样本自相关性将表现为均值为零和方差为 $1/n$ 的独立同分布正态观测值。95% 的估计相关性应该位于区间 $(-1.96/\sqrt{n},1.96/\sqrt{n})$ 中，正因为这个原因，相关图是用这些值的置信区间绘制的。如果超过 5% 的估计相关性位于这些界限之外，那么这就被认为是反对原假设的证据，即数据是严白噪声。

备注 4.14. 根据对 SWN 样本自相关渐近行为的讨论，白噪声中这些估计量是如何表现的会被提及。然而，这是一个非常普遍的问题，因为白噪声包含了各种可能的基础过程（包括我们稍后讨论的标准 ARCH 和 GARCH 进程），它们只共享二阶属性（方差的有限性和缺乏序列相关性）。在某些情况下适用标准高斯置信区间；在某些情况下则不会。对于 GARCH 过程来说，关键的问题是平稳分布厚尾状况 (参见 Mikosch and Stărică, 2000, 更多细节)。

混成（Portmanteau）检验　将相关图的可视化分析与严白噪声假设的数值检验结合起来通常是有用的，一个流行的检验是 Ljung-Box 检验，如第 3.1.1 节中应用的检验。在 SWN 的原假设下，统计量

$$Q_{\mathrm{LB}} = n(n+2)\sum_{j=1}^{h}\frac{\hat{\rho}(j)^2}{n-j}$$

有一个自由度为 h 的渐近卡方分布。这个统计量通常首选更简单的 Box-Pierce 统计量 $Q_{\mathrm{BP}} = n\sum_{j=1}^{h}\hat{\rho}(j)^2$，尽管卡方近似在较小的样本可能不是那么好，在原假设下也有一个渐近 χ_h^2 分布。这些检验是最常用的混成（Portmanteau）检验的应用。

如果一随机变量序列形成一个 SWN 过程，那么变量的绝对值或平方序列也必须是独立同分布。将相关图和 Ljung-Box 检验应用于绝对值序列作为对 SWN 假设的进一步检验是一个不错的主意。我们更喜欢用绝对值而不是平方值来检验 SWN 假设，是因为只有基础序列有一个有限的四阶矩时平方数序列才是一个 SWN（根据我们使用的定义）。每日对数收益数据指向存在有限四阶矩的模型。

4.1.4　时间序列统计分析

在实际中，对时间序列数据 $X_1, \ldots, X_n$ 进行统计分析需要遵循一系列程序化步骤，步骤如下：

初步分析　先将数据绘制成图，并考虑了单一平稳模型的合理性。这里可能会用到很多关于平稳性的数值检验。详见说明与评论。

由于这里我们将焦点聚集在对数差分值序列，所以我们假设这些数据需要经过初步的简单处理。经典时间序列分析中很多技术可以把非平稳数据中的*趋势*和*周期性*剔除。这些技术在所有标准文本中都有讨论，包括 Brockwell and Davis (2002) 和 Chatfield (2003)。虽然某些金融时间序列会显示周期性规律，比如收益时间序列。我们认为这些特征对日或周收益数据的影响相对较小，而风险管理办法都适用这样的数据。如果我们的风险管理研究基于高频数据，初步的数据清洗就更为重要，因为这些数据显示了日周期和其他确定性特征 (参见 Dacorogna et al., 2001)。

显然，如果我们将时间窗口放长或者选择涵盖重要经济政策变化的时间窗口，数据本身的平稳性假设就会有问题。虽然市场永远在变化，但我们总是会面临使用最新的数据与使用足够多的数据以确保统计估计精确性之间的冲突。半年、1 年、5 年或是 10 年的数据是否适合将取决于我们要解决的实际情况。然而，如果能使用不同的时间窗口并由此分析不同数据量推出的统计结论的敏感性，将有利于提升研究质量。

时域分析　处理完数据后，第 4.1.3 节中的技术就能直接使用了。通过对原始数据及其绝对值进行相关图分析和诸如 Ljung-Box 的混合检验，我们可以评估 SWN 假设。如果原假设不能被拒绝，正式的时间序列分析已然结束，可以使用简单的分布拟合代替动态建模。

对于每日风险因子收益率序列，我们预期其 SWN 假设能被快速拒绝。虽然原始数据的相关图结果可能不会显示序列相关性，但对于其绝对值数据的相关图而言，很有可能显示很强的序列相关性。换句话说，数据可能支持白噪声模型而拒绝严白噪声假设。在这种情况下，ARMA 模型就不适用了，但第 4.2 节中描述的波动模型可能仍有效。

如果相关图显示序列相关性是由 ARMA 过程引起的，那么我们可以尝试用 ARMA 模型来拟合数据。

模型拟合　模型拟合的传统方法首先尝试使用相关图和另一种称为部分相关图的工具来识别合适的 *ARMA* 过程的顺序（未在本书中描述但在一般文献中找到）。例如在相关图中存在滞后期 q 的截止值（参见例 4.10) 就可以作为判断 q 阶移动平均的依据（偏相关图中类似现象则暗示了 AR 过程）。应用现代计算机科技，我们已能很简单地拟合不同种类的 MA、AR 和 ARMA 过程，并使用诸如 AKaike（详见第 A.3.6 节）这样的模型选择标准来选择出“最好”的模型。同时，我们也可应用诸如 Tsay and Tiao (1984) 提出的自动模型选择程序。

有时，我们能找到先验理由来预期哪类模型是最合适的。举例来说，假设我们分析类似公式 (3.4) 中有重叠的长期收益数据。假如现在我们已有日收益数据，要构建周收益率。在公式 (3.4) 中，我们设 $h=5$ 得到周收益率，$k=1$（得到尽可能多的数据）假设基础数据来自白噪音过程 $(X_t)_{t\in\mathbb{Z}}\sim \mathrm{WN}(0,\sigma^2)$，那么 t 时刻和 $t+l$ 时刻的加总周收益率满足：

$$\operatorname{cov}(X_t^{(5)},X_{t+l}^{(5)})=\operatorname{cov}\left(\sum_{i=0}^{4}X_{t-i},\sum_{j=0}^{4}X_{t+l-j}\right)=\begin{cases}(5-l)\sigma^2, & l=0,\dots,4\\ 0, & l\geqslant 5\end{cases}$$

因此，重叠的收益率相关性具有 MA(4) 的特征结构，这是时间序列模型的自然选择。

在选定了模型后，我们有许多拟合的方法，包括针对 AR 模型的特定方法，如 Yule-Walker 法，该方法对白噪声新息分布的假设条件较少。更多细节可查阅标准时间序列的文献。在第 4.2.4 节中，我们讨论了（条件）极大似然法，可用于带有 GARCH 误差（或没有）的 ARMA 模型的拟合。

残差分析与模型比较　回顾公式 (4.11) 中因果和可逆 ARMA 过程的方程，假设我们已经拟合了这样一个过程，并估计了参数 ϕ_i 和 θ_j。对于未观察到的新息 ε_t，残差是推断出的值 $\hat{\varepsilon}_t$，并根据数据和拟合模型递归计算

$$\hat{\varepsilon}_t=X_t-\hat{\mu}_t,\qquad \hat{\mu}_t=\hat{\mu}+\sum_{i=1}^{p}\hat{\phi}_i(X_{t-i}-\hat{\mu})+\sum_{j=1}^{q}\hat{\theta}_j\hat{\varepsilon}_{t-j}\tag{4.13}$$

其中 $\hat{\mu}_t$ 有时候被称为拟合值。显然，在计算 $\hat{\varepsilon}_t$ 的最初几个数值时，我们可能碰到问题，即数据样本的拟合度不高以及递归式 (4.13) 的无限性。解决这个问题的方案有很多，其一便是设 $\hat{\varepsilon}_{-q+1}=\hat{\varepsilon}_{-q+2}=\cdots=\hat{\varepsilon}_0=0$，$X_{-p+1}=X_{-p+2}=\cdots=X_0=\bar{X}$，并对 $t=1,\dots,n$

时运用公式 (4.13)。因为最初的几个值会被初始值的取值所影响，在之后的分析中可能会忽略它们。

残差 $(\hat{\varepsilon}_t)$ 的行为应该类似于白噪声过程的实现，因为这是我们对创新的模型假设，可以通过构建它们的相关图来评估。如果相关图中确实存在序列相关性，这就说明我们还未找到一个合适的 ARMA 模型。不仅如此，我们还可以使用混合检验来正式验证残差是否是一个严格的白噪音过程。如果残差表现得像 SWN，那么其他时间序列模型就不需要了。但如果它表现得像 WN 而不是 SWN，则可能需要第 4.2 节中讨论的波动模型。

通常，对于一组数据我们可以找到多种合适的 ARMA 模型，这时我们就需要模型比较工具来确定哪个或哪些为“最优”的模型。我们可以使用第 A.3.6 节中提到的 Akaike 信息选择标准，或是该标准的其中一些变量，这些变量在时间序列中常被用到 (参见 Brockwell and Davis, 2002, 第 5.5.2 节)。

4.1.5　预测

时间序列的预测方法有很多种，我们总结了两种很容易推广到 GARCH 模型的方法。第一种策略使用了拟合的 ARMA（或 ARIMA）模型，又称*博克斯—詹金斯模型*（*Box-Jenkins*）(Box and Jenkins, 1970)。第二种策略是一种称为*指数平滑*的无模型预测方法，这种方法与用于预测波动率的 EWMA 方法相关。

使用 ARMA 模型进行预测　考虑可逆 ARMA 模型及其在公式 (4.11) 中的表示。和之前一样，设 $\mathcal{F}_t$ 代表该过程到 t 时刻为止（包括 t 时刻）的所有历史信息，并假设新息 $(\varepsilon_t)_{t\in\mathbb{Z}}$ 具有关于 $(\mathcal{F}_t)_{t\in\mathbb{Z}}$ 的鞅差属性。

对于预测问题，用 $X_{t-n+1},\ldots,X_t$ 来表示我们的 n 数据样本将会很方便。假设这些是遵循特定 ARMA 模型的随机变量的实现。我们的目标是预测 X_{t+1} 或更一般的 X_{t+h}，用 P_tX_{t+h} 表示预测。我们介绍的方法假设可以得到该过程到 t 时刻为止所有的历史信息，目的是得到一个公式，并用其估算有限的样本。

我们用条件期望 $E(X_{t+h} \mid \mathcal{F}_t)$ 作为 X_{t+h} 的预测值。在所有基于到 t 时刻为止所有历史信息的预测值 P_tX_{t+h} 中，此预测器最小化均方预测误差 $E((X_{t+h}-P_tX_{t+h})^2)$。

基本理念为，当 $h\geqslant 1$ 时，我们根据 $E(X_{t+h-1} \mid \mathcal{F}_t)$ 通过递归方法得到预测值 $E(X_{t+h} \mid \mathcal{F}_t)$。我们会用到 $E(\varepsilon_{t+h} \mid \mathcal{F}_t)=0$（新息的鞅差特征）以及随机变量 $(X_s)_{s\leqslant t}$ 和 $(\varepsilon_s)_{s\leqslant t}$ 在 t 时刻是已知这两个事实条件。可逆性假设公式 (4.10) 保证了新息 ε_t 可以被写成过程 $(X_s)_{s\leqslant t}$ 无限历史信息的方程。为了解释这个方法，考虑 ARMA(1,1) 模型就足够了，扩展到一般的 ARMA(p,q) 模型较为简单。

例 4.15 (ARMA(1,1) **模型预测**). *假设我们已经用 (4.11) 的 ARMA(1,1) 模型来拟合一组数据，并确定其参数 μ, ϕ_1 和 θ_1。我们对 X_{t+1} 的一步预测是*

$$E(X_{t+1} \mid \mathcal{F}_t)=\mu_{t+1}=\mu+\phi_1(X_t-\mu)+\theta_1\varepsilon_t$$

由于 $E(\varepsilon_{t+1} \mid \mathcal{F}_t) = 0$。再进行第二步预测，我们得到：

$$\begin{aligned} E(X_{t+2} \mid \mathcal{F}_t) = E(\mu_{t+2} \mid \mathcal{F}_t) &= \mu + \phi_1(E(X_{t+1} \mid \mathcal{F}_t) - \mu) \\ &= \mu + \phi_1^2(X_t - \mu) + \phi_1\theta_1\varepsilon_t \end{aligned}$$

最后一般来说我们有

$$E(X_{t+h} \mid \mathcal{F}_t) = \mu + \phi_1^h(X_t - \mu) + \phi_1^{h-1}\theta_1\varepsilon_t$$

如果不知道 $(X_s)_{s\leqslant t}$ 的所有历史值，这个预测器就不能准确地计算，因为我们不知道 ε_t 的准确值，但是如果 n 相当大，就可以准确地估计它。最简单的方法是用公式 (4.13) 计算得到的模型残差 $\hat{\varepsilon}_t$ 来替代 ε_t。注意，$\lim_{h\to\infty} E(X_{t+h} \mid \mathcal{F}_t) = \mu$，几乎必然，这样的预测在更长的时间范围内收敛于对进程的无条件平均值的估计。

指数平滑　它是一个可以被应用到时间序列预测和趋势估计的常用方法。这里，我们虽然需要假设数据中不存在确定的周期性变化因素，却不必要假定数据来自一个平稳模型。通常来说，这种方法不太适用于存在经常性变化信号的收益率序列，更适用于没有经过差分的价格或价值序列。它是常用的波动率预测模型的基础（参见第 4.2.5 节）。

假设我们的数据为随机变量 $Y_{t-n+1}, \cdots, Y_t$，且不与具体的参数模型相关。我们用以下表达式来预测 Y_{t+1}：

$$P_tY_{t+1} = \sum_{i=0}^{n-1} \lambda(1-\lambda)^i Y_{t-i}, \quad \text{其中 } 0 < \lambda < 1$$

因此，我们将数据以从最近到最远的权重加权，其中一系列指数递减的权重总和几乎为 1。很容易计算出来

$$\begin{aligned} P_tY_{t+1} = \sum_{i=0}^{n-1} \lambda(1-\lambda)^i Y_{t-i} &= \lambda Y_t + (1-\lambda)\sum_{j=0}^{n-2} \lambda(1-\lambda)^j Y_{t-1-j} \\ &= \lambda Y_t + (1-\lambda)P_{t-1}Y_t \end{aligned} \tag{4.14}$$

因此通过简单的递归方案从时间 $t-1$ 的预测中得到时间 t 的预测。对 λ 的选择是主观的，值越大，最近观察的权重就越大。可以使用不同数据集的经验验证研究来确定 λ 的值，从而获得良好的结果；Chatfield (2003) 报告在实践中经常使用 0.1 到 0.3 之间的值。

注意，尽管该方法通常被视为一种无模型预测技术，但它可以被证明是基于非平稳 ARIMA$(0,1,1)$ 模型的条件期望的自然预测方法。

说明与评论

有许多教科书涵盖了经典时间序列分析的主题，包括 Box and Jenkins (1970), Priestley (1981), Abraham and Ledolter (1983), Brockwell and Davis (1991, 2002), Hamilton (1994) and Chatfield (2003)。我们使用的 ARMA 模型和时域基本概念主要沿袭了 Brockwell and Davis (1991)，我们只是总结了观点，想要了解更彻底的背景资料还需查阅他们的文献。目前，我们还没有在频域上讨论时间序列分析方法，这些方法在金融数据中不那么常见，相关内容请参照 Brockwell and Davis (1991) 或 Priestley (1981)。

Brockwell and Davis (2002) 文中提供了更多用于检验严白噪声假设的方法。Box-Pierce 和 Ljung-Box 检验原始参考资料是 Box and Pierce (1970) 和 Ljung and Box (1978)。

关于平稳性检验和单位根检验的计量经济学文献很多，其中单位根检验是对非平稳随机游走行为的零假设的有效检验。具体的例子是 Dickey-Fuller 和 Phillips-Perron 单位根检验 (Dickey and Fuller, 1979; Phillips and Perron, 1988) 和平稳性 KPSS 检验 (Kwiatkowski et al., 1992)。

线性模型中有大量的关于预测和预测的文献。在 Chatfield (2003) 中可以找到一个很好的非数学性介绍。我们在 Hamilton (1994) 中详细讨论了基于时间序列的无限历史的方法。Brockwell and Davis (2002) 集中研究有限样本的精确线性预测方法。指数平滑的一般综述见 Gardner Jr (1985)。

4.2 用于波动率变化的 GARCH 模型

本节将讨论最重要日风险因子收益序列的模型。我们将给出 ARCH（自回归条件异方差）和 GARCH（广义 ARCH) 模型的定义，并将讨论它们的一些数学性质，然后再讨论它们在实践中的应用。

4.2.1 ARCH 过程

定义 4.16. 设 $(Z_t)_{t\in\mathbb{Z}}$ 为 SWN(0,1)。如果过程 $(X_t)_{t\in\mathbb{Z}}$ 是严平稳的，并且对所有 $t\in\mathbb{Z}$ 和某一个严正值过程 $(\sigma_t)_{t\in\mathbb{Z}}$ 满足方程

$$X_t = \sigma_t Z_t, \tag{4.15}$$

$$\sigma_t^2 = \alpha_0 + \sum_{i=1}^{p} \alpha_i X_{t-i}^2 \tag{4.16}$$

那么我们称其为 ARCH(p) 过程，其中 $\alpha_0 > 0$ 和 $\alpha_i \geqslant 0, i = 1, \dots, p$。

设 σ 域 $\mathcal{F}_t = \sigma(\{X_s : s \leqslant t\})$ 再次代表到 t 时刻为止该过程的历史信息，因此 $(\mathcal{F}_t)_{t\in\mathbb{Z}}$ 是自然 σ 域流。公式 (4.16) 确保 σ_t 是 $\mathcal{F}_{t-1}$ 可测且 $(\sigma_t)_{t\in\mathbb{Z}}$ 被认为是可预知的。这样给定 $E(|X_t|) < \infty$，我们可以得出

$$E(X_t \mid \mathcal{F}_{t-1}) = E(\sigma_t Z_t \mid \mathcal{F}_{t-1}) = \sigma_t E(Z_t \mid \mathcal{F}_{t-1}) = \sigma_t E(Z_t) = 0 \tag{4.17}$$

这样 ARCH 进程就有了 $(\mathcal{F}_t)_{t\in\mathbb{Z}}$ 的鞅差分属性。如果过程是协方差平稳的，那么它如在第 4.1.1 节中所述只是一个白噪声。

备注 4.17. 注意，我们在上面假设的 Z_t 和 $\mathcal{F}_{t-1}$ 的独立性源于这样一个事实，即 ARCH 进程必须是因果的，即对某些 f，公式 (4.15) 和公式 (4.16) 必须具有形式 $X_t = f(Z_t, Z_{t-1}, \dots)$

的解，这样 Z_t 就独立于过程的前一个值。这与 ARMA 模型形成了对比，在 ARMA 模型中，方程可以有非因果解 (参见 Brockwell and Davis, 1991, 例 3.1.2)。

如果我们仅假设过程是一个协方差平稳的白噪声（在命题 4.18中会给出条件），那么 $E(X_t^2) < \infty$ 且

$$\operatorname{var}(X_t \mid \mathcal{F}_{t-1}) = E(\sigma_t^2 Z_t^2 \mid \mathcal{F}_{t-1}) = \sigma_t^2 \operatorname{var}(Z_t) = \sigma_t^2$$

这样的模型就有一个有趣的特征，即其过程的条件标准差 σ_t（或称*波动率*）是该过程前值平方的一个持续变化方程。如果 $|X_{t-1}|, \ldots, |X_{t-p}|$ 中一个或多个值特别大，X_t 就可能出自一个大方差分布，且其本身值也较大。这样一来，模型就可能形成波动率聚类的形态。ARCH 的名称指的是这种结构：该模型是自回归的，因为 X_t 显然依赖于前面的 X_{t-i}，并且由于条件方差不断变化，它是有条件异方差的。

新息 $(Z_t)_{t\in\mathbb{Z}}$ 原则上服从均值为 0 且方差为 1 的分布。为了方便统计上的拟合，我们根据使用的拟合方法是极大似然 (ML)、拟极大似然（QML）还是非参数化拟合法（见第 4.2.4 节）来决定是否指定分布。ML 常用于拟合标准正态分布或标准 t 分布。后者是指如例 6.7 中所示的 $Z_t \sim t_1(\nu, 0, (\nu-2)/\nu)$，所以分布的方差为 1。在进一步讨论 ARCH 和 GARCH 模型的理论性质时，我们会将这些选择牢记在心。

ARCH(1) 模型　在此节的剩余部分，我们将分析 ARCH（1）模型的一些特点。这些特点可以扩展到更一般的 ARCH 和 GARCH 模型，但这里我们仅初步介绍了其中最简单的例子。图 4.2 中，展示了一个具有高斯新息的模拟 ARCH(1) 过程及其对应的波动过程。

当 $p=1$ 时，我们使用 $X_t^2 = \sigma_t^2 Z_t^2$ 和公式 (4.16) 推导出 ARCH(1) 过程的平方满足

$$X_t^2 = \alpha_0 Z_t^2 + \alpha_1 Z_t^2 X_{t-1}^2 \tag{4.18}$$

ARCH(1) 模型具体的数理分析需要参照公式 (4.18)，该公式是一个*随机递归方程* (SRE)。对于像例 4.11中展示的 AR(1) 而言，我们想知道这个方程什么情况下有关于所有历史新息的平稳解，也就是说，形式为 $X_t^2 = f(Z_t, Z_{t-1}, \ldots)$ 的解。

对于 ARCH 模型我们必须仔细区分协方差平稳解和严平稳解。可以使 ARCH(1) 模型具有无限方差，这显然不可能是协方差平稳的。

随机递归关系　分析公式 (4.18) 的随机递归关系所需的详细理论超出了本书的范围，我们只给出简短的说明来阐述所涉及的观点。我们的处理方法是基于 Brandt (1986), Mikosch (2003) 和 Mikosch (2013)；请参阅本节末尾的说明与评论以获得更多参考资料。

方程 (4.18) 是这种形式的一类递归方程的一个特殊例子

$$Y_t = A_t Y_{t-1} + B_t \tag{4.19}$$

其中 $(A_t)_{t\in\mathbb{Z}}$ 和 $(B_t)_{t\in\mathbb{Z}}$ 是独立同分布随机变量序列。以下条件就足以求出解：

$$E(\ln^+ |B_t|) < \infty \quad 且 \quad E(\ln |A_t|) < 0 \tag{4.20}$$

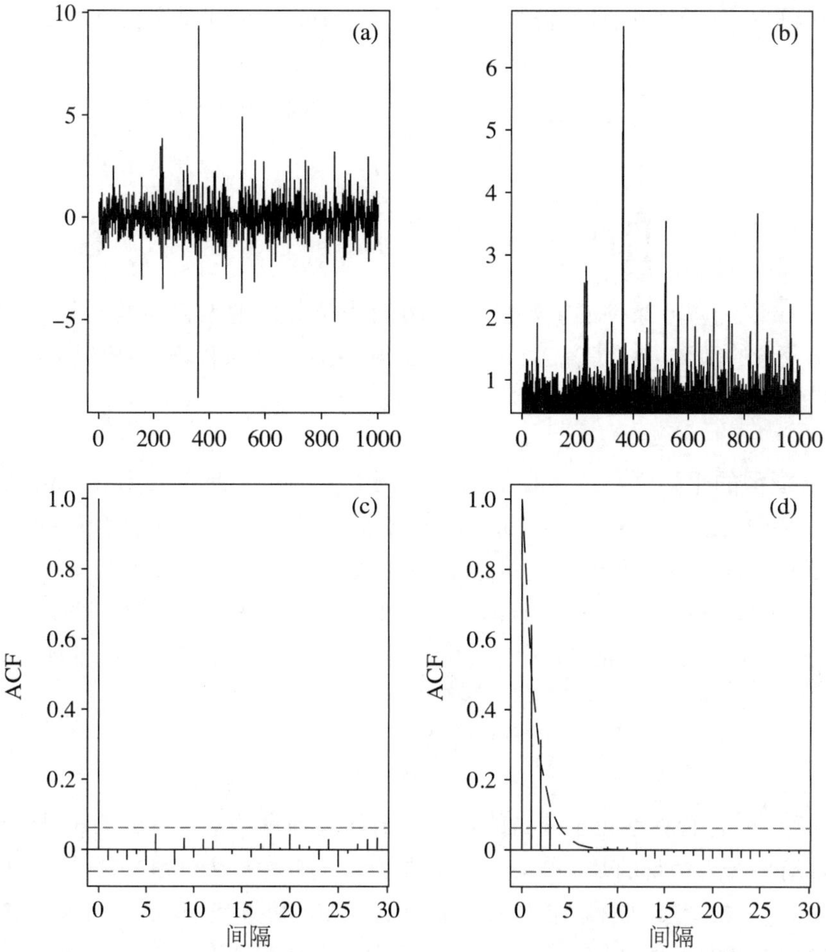

图 4.2 一个模拟的 ARCH(1) 过程，带有高斯新息和参数 $\alpha_0 = \alpha_1 = 0.5$：(a) 过程的实现，(b) 波动性的实现，和相关图 (c) 原始数据 (d) 平方值。该过程是具有单位方差和有限四阶矩的协方差平稳（因为 $\alpha_1 < 1/\sqrt{3}$) 以及平方值遵循一个 AR(1) 过程。平方值的 ACF 的真正形式由相关图中的虚线表示。

其中 $\ln^+ x = \max(0, \ln x)$。唯一解由下式给定：

$$Y_t = B_t + \sum_{i=1}^{\infty} B_{t-i} \prod_{j=0}^{i-1} A_{t-j} \tag{4.21}$$

其中几乎必然的是和绝对收敛。

我们可以通过迭代方程 (4.19)k 次，我们能得到条件 (4.20) 和解 (4.21) 的形式的一些启示。

$$\begin{aligned} Y_t &= A_t(A_{t-1}Y_{t-2} + B_{t-1}) + B_t \\ &= B_t + \sum_{i=1}^{k} B_{t-i} \prod_{j=0}^{i-1} A_{t-j} + Y_{t-k-1} \prod_{i=0}^{k} A_{t-i} \end{aligned}$$

条件 (4.20) 确保右侧的中间项绝对收敛以及最终项消失。特别要注意的是根据强大数定律

$$\frac{1}{k+1}\sum_{i=0}^{k}\ln|A_{t-i}| \xrightarrow{\text{几乎必然}} E(\ln|A_t|) < 0$$

因此

$$\prod_{i=0}^{k}|A_{t-i}| = \exp\left(\sum_{i=0}^{k}\ln|A_{t-i}|\right) \xrightarrow{\text{几乎必然}} 0$$

这显示了 $E(\ln|A_t|) < 0$ 条件的重要性。对随机递归方程的解 (4.21) 是一个严平稳过程（是独立同分布变量的函数 $(A_s, B_s)_{s\leqslant t}$），以及 $E(\ln|A_t|) < 0$ 条件证明是 ARCH 和 GARCH 模型严平稳性的关键。

ARCH(1) 模型的平稳性　ARCH(1) 模型 (4.18) 的平方是形式为 (4.19) 的随机递归方程过程，其中 $A_t = \alpha_1 Z_t^2$ 且 $B_t = \alpha_0 Z_t^2$。这样等式 (4.20) 的条件即可被解释为 $E(\ln^+|\alpha_0 Z_t^2|) < \infty$，对于我们定义的 ARCH(1) 过程，它自动成立并且 $E(\ln(\alpha_1 Z_t^2)) < 0$。这就是 ARCH(1) 方程有严格平稳解的条件，事实上，该条件也是所有严平稳过程的充分必要条件 (参见 Bougerol and Picard, 1992)。根据 (4.21)，方程 (4.18) 的解可以写成

$$X_t^2 = \alpha_0\sum_{i=0}^{\infty}\alpha_1^i\prod_{j=0}^{i}Z_{t-j}^2 \tag{4.22}$$

如果 (Z_t) 是符合标准正态分布的新息，则该过程有严格平稳解的条件近似为 $\alpha_1 < 3.562$；也许有些令人惊讶的是，如果 (Z_t) 是标准化为自由度为 4 和方差为 1 的 t 新息，则这个条件为 $\alpha_1 < 5.437$。严平稳性依赖于新息的分布，协方差平稳性不依赖于新息的分布；协方差平稳性的充要条件总是 $\alpha_1 < 1$，正如我们现在证明的那样。

命题 4.18. 当且仅当 $\alpha_1 < 1$ 时，ARCH(1) 过程是协方差静态白噪声过程。协方差平稳过程的方差由 $\alpha_0/(1-\alpha_1)$ 给出。

证明. 假设协方差平稳性遵循公式 (4.18) 和 $E(Z_t^2) = 1$，我们得到

$$\sigma_x^2 = E(X_t^2) = \alpha_0 + \alpha_1 E(X_{t-1}^2) = \alpha_0 + \alpha_1\sigma_x^2$$

显然，$\sigma_x^2 = \alpha_0/(1-\alpha_1)$，同时 $\alpha_1 < 1$ 必须满足。

相反，如果 $\alpha_1 < 1$，那么根据詹森不等式，

$$E(\ln(\alpha_1 Z_t^2)) \leqslant \ln(E(\alpha_1 Z_t^2)) = \ln(\alpha_1) < 0$$

然后我们使用公式 (4.22) 计算得到

$$E(X_t^2) = \alpha_0\sum_{i=0}^{\infty}\alpha_1^i = \frac{\alpha_0}{1-\alpha_1}$$

$(X_t)_{t\in\mathbb{Z}}$ 过程是一个有着有限、非时间依赖性二阶矩的鞅差。因此它是一个白噪声过程。□

图 4.3 显示了一个非协方差平稳的 ARCH(1) 模型的例子，以及一个由 ARCH(1) 方程产生的非平稳（突增的）过程的例子。在图 4.2 中，过程是协方差平稳的。

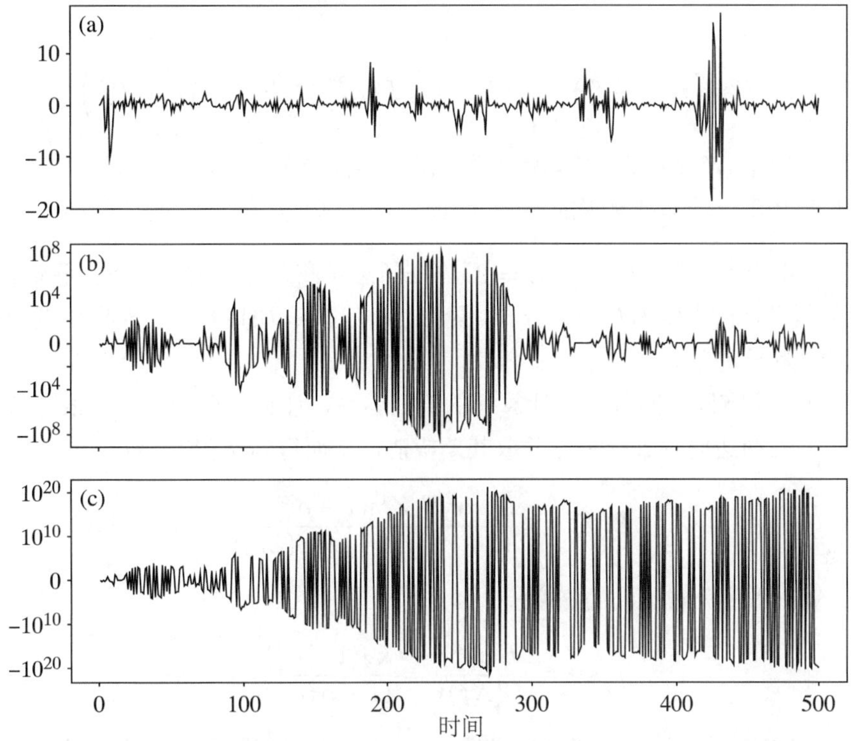

图 4.3 (a), (b) 严平稳的 ARCH(1) 是具有非协方差平稳的高斯新息的模型（分别为 $\alpha_1 = 1.2$ 和 $\alpha_1 = 3$）。(c) ARCH(1) 等式生成的一个非平稳过程，其中 $\alpha_1 = 4$。注意 (b) 和 (c) 使用特殊的双对数 y 轴，其中模量小于 1 的所有值都在 0 处绘制。

X_t 的平稳性分布 从公式 (4.22) 可以清楚地看出，(X_t) 在 ARCH(1) 模型中的分布与新息 (Z_t) 的分布有着复杂的关系。即使新息是高斯分布，最终的时间序列平稳分布也可能不是高斯分布，而是一个具有尖峰且尾部缓慢衰减的分布。

此外，从公式 (4.15) 可以看出，X_t 的分布是第 6.2 节中讨论的那种正态分布。其分布取决于 σ_t 的分布，并没有简单的形式。

命题 4.19. 对 $m \geqslant 1$，当且仅当 $E(Z_t^{2m}) < \infty$ 且 $\alpha_1 < (E(Z_t^{2m}))^{-1/m}$ 时，严平稳 ARCH(1) 过程具有有限阶矩 $2m$。

证明. 我们重写 (4.22) 为正随机变量 $Y_{t,i} = \alpha_0\alpha_1^i \prod_{j=1}^{i} Z_{t-j}^2$ 和 $Y_{t,0} = \alpha_0$ 的形式 $X_t^2 = Z_t^2\sum_{i=0}^{\infty}Y_{t,i}$。当 $m \geqslant 1$ 时，下列不等式成立 (后者是 Minkowski(闵可夫斯基) 不等式)：

$$E(Y_{t,1}^m) + E(Y_{t,2}^m) \leqslant E((Y_{t,1} + Y_{t,2})^m) \leqslant ((E(Y_{t,1}^m))^{1/m} + (E(Y_{t,2}^m))^{1/m})^m$$

因为

$$E(X_t^{2m}) = E(Z_t^{2m})E\left(\left(\sum_{i=0}^{\infty} Y_{t,i}\right)^m\right)$$

所以

$$E(Z_t^{2m})\sum_{i=0}^{\infty} E(Y_{t,i}^m) \leqslant E(X_t^{2m}) \leqslant E(Z_t^{2m})\left(\sum_{i=0}^{\infty}(E(Y_{t,i}^m))^{1/m}\right)^m$$

因为 $E(Y_{t,i}^m) = \alpha_0^m \alpha_1^{im}(E(Z_t^{2m}))^i$，所以当且仅当 $E(Z_t^{2m}) < \infty$，$\alpha_1^m E(Z_t^{2m}) < 1$ 时，我们可能推断出以上 3 个量都是有限的。 □

例如，对于一个有限四阶量（$m = 2$），在新息是高斯分布的情况下，我们需要 $\alpha_1 < 1/\sqrt{3}$；如果新息是自由度为 6 的 t 分布，则 $\alpha_1 < 1/\sqrt{6}$；如果新息服从自由度为 4 的 t 分布，则其四阶矩无法定义。

假设存在一个有限的四阶矩，计算它的值很容易，计算过程的峰度也很容易。我们将公式 (4.18) 左右两边同时进行平方并取其期望值，从而得到 $E(X_t^4)$ 为：

$$E(X_t^4) = \frac{\alpha_0^2 E(Z_t^4)(1-\alpha_1^2)}{(1-\alpha_1)^2(1-\alpha_1^2 E(Z_t^4))}$$

然后可以计算出平稳分布 κ_X 的峰度

$$\kappa_X = \frac{E(X_t^4)}{E(X_t^2)^2} = \frac{\kappa_Z(1-\alpha_1^2)}{(1-\alpha_1^2\kappa_Z)}$$

其中，$\kappa_Z = E(Z_t^4)$ 代表新息的峰度。显然，当 $\kappa_Z > 1$ 时，平稳分布的峰度比新息分布的峰度大；对于高斯分布或 t 分布新息 $\kappa_X > 3$，平稳分布中存在尖峰现象。图 4.2 中所示过程的峰度为 9。

与 AR(1) 过程平行　现在我们将注意力转到协方差平稳性 ($\alpha_1 < 1$) 情况下平方级数的序列依赖结构。我们把过程的平方写成

$$X_t^2 = \sigma_t^2 Z_t^2 = \sigma_t^2 + \sigma_t^2(Z_t^2 - 1) \tag{4.23}$$

因为 $E|V_t| < \infty$，$E(V_t \mid \mathcal{F}_{t-1}) = \sigma_t^2 E(Z_t^2 - 1) = 0$，如果让 $V_t = \sigma_t^2(Z_t^2 - 1)$，则 $(V_t)_{t\in\mathbb{Z}}$ 形成了鞅差序列。现在我们将公式 (4.23) 重写成 $X_t^2 = \alpha_0 + \alpha_1 X_{t-1}^2 + V_t$，并观察到这与 X_t^2 的 AR(1) 进程非常类似，除了 V_t 未必是白噪声过程。如果我们将注意力限制在 $E(X_t^4)$ 有限的过程中，那么 V_t 具有一个有限且恒定的二阶矩，并且是一个白噪声过程。在这种假设条件下，根据定义 4.7，X_t^2 就可认为是一个 AR(1) 过程，形式如下：

$$\left(X_t^2 - \frac{\alpha_0}{1-\alpha_1}\right) = \alpha_1\left(X_{t-1}^2 - \frac{\alpha_0}{1-\alpha_1}\right) + V_t$$

它的均值为 $\alpha_0/(1-\alpha_1)$，此外我们可以根据例 4.11确定其自相关方程 $\rho(h) = \alpha_1^{|h|}$, $h \in \mathbb{Z}$。图 4.2 展示了一个有着有限四阶矩的 ARCH(1) 过程，其平方值符合 AR(1) 过程。

4.2.2 GARCH 过程

定义 4.20. 设 $(Z_t)_{t\in\mathbb{Z}}$ 为 SWN(0,1)。如果 $(X_t)_{t\in\mathbb{Z}}$ 是一个严平稳的序列并且对于所有 $t\in\mathbb{Z}$ 和某些严格正值过程 $(\sigma_t)_{t\in\mathbb{Z}}$，都满足：

$$X_t=\sigma_t Z_t,\qquad \sigma_t^2=\alpha_0+\sum_{i=1}^{p}\alpha_i X_{t-i}^2+\sum_{j=1}^{q}\beta_j\sigma_{t-j}^2 \tag{4.24}$$

那么 $(X_t)_{t\in\mathbb{Z}}$ 是一个 GARCH(p,q) 过程，其中 $\alpha_0>0$, $\alpha_i\geqslant 0$, $i=1,\dots,p$，另外 $\beta_j\geqslant 0$, $j=1,\dots,q$。

GARCH 过程是广义 ARCH 过程，其允许平方波动率 σ_t^2 取决于先前的平方波动率，以及过程的先前平方值。

GARCH(1,1) 模型 在实践中，低阶 GARCH 模型的应用最为广泛，我们将重点介绍 GARCH(1,1) 模型。此模型中，高波动率会有延续性，这是因为 $|X_{t-1}|$ 或 σ_{t-1} 中任意一个值变大，都可能促使 $|X_t|$ 变大。高阶的 ARCH 模型也有类似的效应，但低阶 GARCH 模型能更容易产生这种效应。图 4.4 中展示了一个新息符合高斯分布的 GARCH(1,1) 的仿真路径和与之关联的波动率过程。和图 4.2 中的 ARCH(1) 模型相比，很明显波动率在高点时持续的时间比在低点时持续的时间长很多。

平稳性 从公式 (4.24) 中已知对于一个 GARCH(1,1) 模型，我们有：

$$\sigma_t^2=\alpha_0+(\alpha_1 Z_{t-1}^2+\beta_1)\sigma_{t-1}^2 \tag{4.25}$$

这也是 $Y_t=A_tY_{t-1}+B_t$ 形式的 SRE，如同公式 (4.19)。这次它是 $Y_t=A_tY_{t-1}+B_t$，而不是 X_t^2 的 SRE，但分析方法仍简单沿袭了 ARCH(1) 样例。

把公式 (4.19) 中严平稳解的条件 $E(\ln|A_t|)<0$ 变成公式 (4.25) 中条件 $E(\ln(\alpha_1 Z_t^2+\beta_1))<0$，那么公式 (4.21) 的通用解变成

$$\sigma_t^2=\alpha_0+\alpha_0\sum_{i=1}^{\infty}\prod_{j=1}^{i}(\alpha_1 Z_{t-j}^2+\beta_1) \tag{4.26}$$

如果 $(\sigma_t^2)_{t\in\mathbb{Z}}$ 是严平稳的过程，则 $(X_t)_{t\in\mathbb{Z}}$ 也是，因为 $X_t=\sigma_tZ_t$ 和 $(Z_t)_{t\in\mathbb{Z}}$ 是严白噪声。GARCH(1,1) 的解则可被写成

$$X_t=Z_t\sqrt{\alpha_0\left(1+\sum_{i=1}^{\infty}\prod_{j=1}^{i}(\alpha_1 Z_{t-j}^2+\beta_1)\right)} \tag{4.27}$$

我们可以用它来推导协方差平稳的条件。

命题 4.21. 当且仅当 $\alpha_1+\beta_1<1$ 时，GARCH(1,1) 是协方差平稳白噪声过程。协方差平稳过程的方差可以写成 $\alpha_0/(1-\alpha_1-\beta_1)$。

证明. 我们使用与引理 4.18 相似的论据和公式 (4.27) 来进行证明。 □

四阶矩和峰度　引用与命题 4.19 相似的方法，我们可以使用公式 (4.27) 推导得出协方差平稳的 GARCH(1,1) 过程存在高阶矩的必要条件。对于四阶矩存在的充分必要条件就是 $E((\alpha_1 Z_t^2+\beta_1)^2)<1$，或

$$(\alpha_1+\beta_1)^2<1-(\kappa_Z-1)\alpha_1^2$$

假设以上条件成立，X_t 的四阶矩和峰度。对公式 (4.25) 中式子两端进行平方并取期望值得到：

$$E(\sigma_t^4)=\alpha_0^2+(\alpha_1^2\kappa_Z+\beta_1^2+2\alpha_1\beta_1)E(\sigma_t^4)+2\alpha_0(\alpha_1+\beta_1)E(\sigma_t^2)$$

解出 $E(\sigma_t^4)$，使用我们已经得到方差的计算公式 $E(\sigma_t^2)=E(X_t^2)=\alpha_0/(1-\alpha_1-\beta_1)$，并设定 $E(X_t^4)=\kappa_Z E(\sigma_t^4)$ 得到

$$E(X_t^4)=\frac{\alpha_0^2\kappa_Z(1-(\alpha_1+\beta_1)^2)}{(1-\alpha_1-\beta_1)^2(1-\alpha_1^2\kappa_Z-\beta_1^2-2\alpha_1\beta_1)}$$

由此得到

$$\kappa_X=\frac{\kappa_Z(1-(\alpha_1+\beta_1)^2)}{(1-(\alpha_1+\beta_1)^2-(\kappa_Z-1)\alpha_1^2)}$$

很明显，当 $\kappa_Z>1$ 时，X_t 的峰度比 Z_t 的峰度大，例如对于高斯和标准 t 新息。图 4.4 中 GARCH(1,1) 模型的峰度为 3.77。

与 ARMA(1,1) 过程平行　使用与等式 (4.23) 相同的表示形式，协方差平稳 GARCH(1,1) 过程可以写成

$$X_t^2=\alpha_0+\alpha_1 X_{t-1}^2+\beta_1\sigma_{t-1}^2+V_t$$

其中 V_t 是鞅差序列，$V_t=\sigma_t^2(Z_t^2-1)$。由于 $\sigma_{t-1}^2=X_{t-1}^2-V_{t-1}$，我们可以写成

$$X_t^2=\alpha_0+(\alpha_1+\beta_1)X_{t-1}^2-\beta_1 V_{t-1}+V_t \tag{4.28}$$

它开始类似于 X_t^2 的 ARMA(1,1) 进程。如果我们进一步假设 $E(X_t^4)<\infty$，以及 $\alpha_1+\beta_1<1$，那么

$$\left(X_t^2-\frac{\alpha_0}{1-\alpha_1-\beta_1}\right)=(\alpha_1+\beta_1)\left(X_{t-1}^2-\frac{\alpha_0}{1-\alpha_1-\beta_1}\right)-\beta_1 V_{t-1}+V_t$$

我们认为它是一个 ARMA(1,1) 过程。图 4.4 展示了一个有限四阶矩 GARCH(1,1) 模型样例，其过程值的平方服从 ARMA(1,1) 模型。

GARCH(p,q) 模型　高阶 ARCH、GARCH 模型和低阶 ARCH(1)、GARCH(1,1) 模型具有相似特征，但高阶模型的数学解析方法更加复杂。Bougerol and Picard (1992) 得出了 SRE 过程有严平稳性解的条件，但解法非常复杂。该解是协方差平稳的充要条件为 $\sum_{i=1}^{p}\alpha_i+\sum_{j=1}^{q}\beta_j<1$。

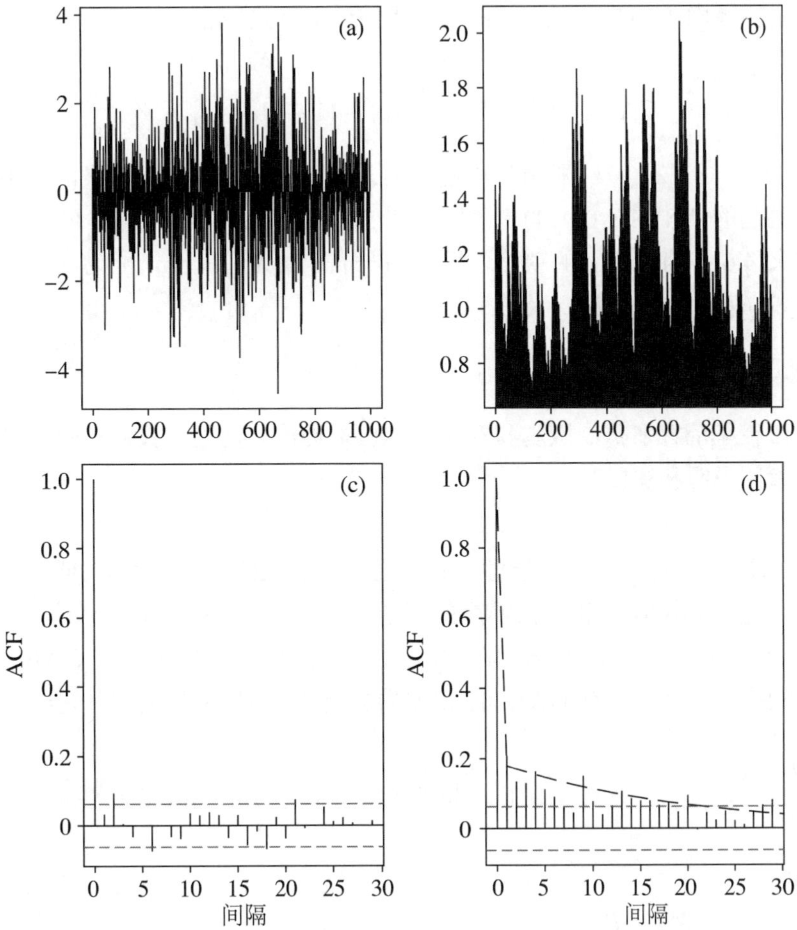

图 4.4　新息为高斯分布的一个 GARCH(1, 1) 过程，参数 $\alpha_0 = 0.5$, $\alpha_1 = 0.1$, $\beta_1 = 0.85$：(a) 此过程的路径；(b) 过程的波动率走势；(c) 源数据的相关图；(d) 源数据平方值的相关图。此过程是一个方差为 1、有限四阶矩的协方差平稳过程，且平方值符合一个 ARMA(1, 1) 过程。平方值的 ACF 在自相关图中用虚线表示。

GARCH(p, q) 平方过程有以下结构

$$X_t^2 = \alpha_0 + \sum_{i=1}^{\max(p,q)} (\alpha_i + \beta_i) X_{t-i}^2 - \sum_{j=1}^{q} \beta_j V_{t-j} + V_t$$

如果 $q > p$，对于 $i = p+1, \ldots, q$，则 $\alpha_i = 0$，或者 $p > q$，对于 $j = q+1, \ldots, p$，则 $\beta_j = 0$。这类似于 ARMA$(\max(p, q), q)$ 过程，在形式上是由 $E(X_t)^4 < \infty$ 提供的过程。

IGARCH　研究集成 GARCH（或 IGARCH) 过程一直出于这一事实，GARCH 模型在日数据或高频风险因子收益率数据的一些应用中，发现求得的 ARCH 和 GARCH 参数 $(\alpha_1, \ldots, \alpha_p, \beta_1, \ldots, \beta_q)$ 之和经常非常接近于 1，有时甚至稍大于 1。在一个 $\sum_{i=1}^{p} \alpha_i + \sum_{j=1}^{q} \beta_j \geqslant 1$ 的模型中，过程有*无限方差*，因此是非协方差平稳的。$\sum_{i=1}^{p} \alpha_i + \sum_{j=1}^{q} \beta_j = 1$ 的特殊情况称为 IGARCH，已经引起了一些关注。

简单起见，考虑 IGARCH(1,1) 模型。我们使用公式 (4.28) 来得出平方过程必须满足的结论

$$\nabla X_t^2 = X_t^2 - X_{t-1}^2 = \alpha_0 - (1-\alpha_1)V_{t-1} + V_t$$

其中 V_t 是由 $V_t = \sigma_t^2(Z_t^2 - 1)$ 和 $\sigma_t^2 = \alpha_0 + \alpha_1 X_{t-1}^2 + (1-\alpha_1)\sigma_{t-1}^2$ 定义的噪声序列。这个方程是让人想起的 ARIMA(0,1,1) 模型（见公式 (4.12)）X_t^2，虽然噪音 V_t 不是白噪声，也不是根据定义 4.6 严格意义上的鞅差过程。$E(\sigma_t^2) = E(X_t^2) = \infty$，因为 $E(V_t \mid \mathcal{F}_{t-1})$ 没有被定义，所以 $E|V_t|$ 也没有被定义。

4.2.3　GARCH 模型的简单扩展

GARCH 模型的许多扩展版本和变化版本已被提出。这里，我们只简单提起其中一部分（详情请参阅说明和注释）。

具有 GARCH 误差的 ARMA 模型　我们已经看到 ARMA 过程由白噪声 $(\varepsilon_t)_{t\in\mathbb{Z}}$ 驱动，并且协方差平稳 GARCH 过程是白噪声的例子。在本节中，我们将 ARMA 和 GARCH 模型结合在一起，设 ARMA 误差 ε_t 为 $\sigma_t Z_t$，其中 σ_t 遵循 ε_t 历史值的 GARCH 波动率规范。这为我们提供了一个具有 GARCH 误差的灵活的 ARMA 模型族，它结合了这两个模型类的特性。

定义 4.22. 设 $(Z_t)_{t\in\mathbb{Z}}$ 为 SWN(0,1)。如果 $(X_t)_{t\in\mathbb{Z}}$ 协方差平稳且其差分方程满足以下等式

$$\begin{aligned}
X_t &= \mu_t + \sigma_t Z_t \\
\mu_t &= \mu + \sum_{i=1}^{p_1}\phi_i(X_{t-i}-\mu) + \sum_{j=1}^{q_1}\theta_j(X_{t-j}-\mu_{t-j}) \\
\sigma_t^2 &= \alpha_0 + \sum_{i=1}^{p_2}\alpha_i(X_{t-i}-\mu_{t-i})^2 + \sum_{j=1}^{q_2}\beta_j\sigma_{t-j}^2
\end{aligned}$$

则 $(X_t)_{t\in\mathbb{Z}}$ 是一个具有 GARCH(p_2,q_2) 误差的 ARMA(p_1,q_1) 过程，其中 $\alpha_0>0, \alpha_i \geqslant 0$，$i=1,\dots,p_2$，$\beta_j \geqslant 0$，$j=1,\dots,q_2$，以及 $\sum_{i=1}^{p_2}\alpha_i + \sum_{j=1}^{q_2}\beta_j < 1$。

为了与前面对 ARMA 过程的定义保持一致，我们将 GARCH 误差的协方差平稳条件构建到定义中。对于 ARMA 过程是一个因果和可逆线性过程，如前所述，多项式 $\tilde{\phi}(z) = 1-\phi_1 z - \cdots - \phi_{p_1}z^{p_1}$ 和 $\tilde{\theta}(z) = 1+\theta_1 z + \cdots + \theta_{q_1}z^{q_1}$ 应该没有共同的根，并且在单位圆内没有根。

设 $(\mathcal{F}_t)_{t\in\mathbb{Z}}$ 表示 $(X_t)_{t\in\mathbb{Z}}$ 的自然域流并假设该 ARMA 模型是可逆的。就像公式 (4.11)，ARMA 过程的可逆性确保了 μ_t 在 $\mathcal{F}_{t-1}$ 可测。此外，由于 σ_t 依赖于无限历史 $(X_s-\mu_s)_{s\leqslant t-1}$，因此 ARMA 的可逆性也确保了 σ_t 是 $\mathcal{F}_{t-1}$ 可测。简单的计算表明 $\mu_t = E(X_t \mid \mathcal{F}_{t-1})$ 和 $\sigma_t^2 = \mathrm{var}(X_t \mid \mathcal{F}_{t-1})$，因此 μ_t 和 σ_t^2 是新过程的条件均值和方差。

GARCH 的杠杆效应 对标准 ARCH 和 GARCH 过程广为诟病的一个特征是它们不考虑收益率正负，而对最近收益引起的波动率直接使用对称性结构进行解决的方法。经济理论认为，市场信息对波动性具有非对称效应，导致公司股票价值下跌的坏消息往往会增加波动性。这种现象被称为*杠杆效应*，因为股票价值的下降会导致公司的债务股本比或所谓的杠杆率上升，从而使股票更加不稳定。从不太理论化的角度看，相同程度的股价上升和下跌，投资者总是对股价下跌表现得更紧张。

给 GARCH$(1,1)$ 模型添加杠杆效应的一种方法是在波动率方程 (4.24) 中引入一个额外的参数来获取杠杆效应

$$\sigma_t^2 = \alpha_0 + \alpha_1(X_{t-1} + \delta|X_{t-1}|)^2 + \beta_1\sigma_{t-1}^2 \tag{4.29}$$

就像 GARCH$(1,1)$ 模型中一样，这里我们假设 $\delta \in [-1,1]$ 和 $\alpha_1 \geqslant 0$。这样公式 (4.29) 可以被写成

$$\sigma_t^2 = \begin{cases} \alpha_0 + \alpha_1(1+\delta)^2 X_{t-1}^2 + \beta_1\sigma_{t-1}^2, & X_{t-1} \geqslant 0 \\ \alpha_0 + \alpha_1(1-\delta)^2 X_{t-1}^2 + \beta_1\sigma_{t-1}^2, & X_{t-1} < 0 \end{cases}$$

因此

$$\frac{\partial\sigma_t^2}{\partial X_{t-1}^2} = \begin{cases} \alpha_1(1+\delta)^2\sigma_{t-1}^2, & X_{t-1} \geqslant 0 \\ \alpha_1(1-\delta)^2\sigma_{t-1}^2, & X_{t-1} < 0 \end{cases}$$

这样，波动率对最近收益率的反馈机制就取决于收益率的正负。一般情况下 $\delta < 0$，即坏消息能对波动率产生更大的影响。

阈值 GARCH 模型 根据公式 (4.29)，我们把公式简单地重写为

$$\sigma_t^2 = \alpha_0 + \tilde{\alpha}_1 X_{t-1}^2 + \tilde{\delta}_1 I_{\{X_{t-1}<0\}} X_{t-1}^2 + \beta_1\sigma_{t-1}^2 \tag{4.30}$$

其中 $\tilde{\alpha}_1 = \alpha_1(1+\delta)^2$ 和 $\tilde{\delta} = -4\delta\alpha_1$。公式 (4.30) 给定了阈值 GARCH（或 TGARCH）模型的最常见版本。实际上，阈值已设置为零级，并且在时间 t 时，动态取决于过程 X_{t-1}（或新息 Z_{t-1}）的先前值是否低于或高于这个阈值。然而，也可以在 TGARCH 模型中设置非零阈值，因此这代表了比 GARCH 模型更通用的一类模型。

在阈值 GARCH 较不常见的版本中，GARCH 效应的系数依赖于该过程先前值的正负；一阶过程即可被描述为

$$\sigma_t^2 = \alpha_0 + \alpha_1 X_{t-1}^2 + \beta_1\sigma_{t-1}^2 + \delta I_{\{X_{t-1}<0\}}\sigma_{t-1}^2 \tag{4.31}$$

备注 4.23. 这里也需要注意，将非对称性融入 GARCH 模型的更进一步的方法是假设一个非对称的新息分布（尽管仍是均值为 0，方差为 1 的标准分布）。可用的备选分布可以在第 6.2.3 节中提到的广义双曲分布族中选择。

4.2.4 GARCH 模型的数据拟合

构建似然方程 在实践中,将 GARCH 模型与数据进行拟合最常用的方法是极大似然法。我们依次考虑 ARCH(1) 和 GARCH(1,1) 模型的拟合,更一般的 ARCH(p) 和 GARCH(p,q) 模型的拟合很容易由此类推。

对于 ARCH(1) 模型和 GARCH(1,1) 模型,假设我们共有 $n+1$ 个数据 $X_0, X_1, \ldots, X_n$,则相应随机变量的联合密度可写为

$$f_{X_0,\ldots,X_n}(x_0,\ldots,x_n) = f_{X_0}(x_0)\prod_{t=1}^{n} f_{X_t|X_{t-1},\ldots,X_0}(x_t \mid x_{t-1}\ldots,x_0) \tag{4.32}$$

对于纯 ARCH(1) 过程(即一阶马尔可夫过程),公式 (4.32) 中的条件密度 $f_{X_t|X_{t-1},\ldots,X_0}$ 仅取决于 σ_t 过去的值,或等效地 X_{t-1}。条件密度函数很容易计算出来:

$$f_{X_t|X_{t-1},\ldots,X_0}(x_t \mid x_{t-1},\ldots,x_0) = f_{X_t|X_{t-1}}(x_t \mid x_{t-1}) = \frac{1}{\sigma_t} f_Z\left(\frac{x_t}{\sigma_t}\right) \tag{4.33}$$

其中 $\sigma_t = (\alpha_0 + \alpha_1 x_{t-1}^2)^{1/2}$ 并且 $f_Z(z)$ 代表新息 $(Z_t)_{t\in\mathbb{Z}}$ 的密度函数。我们记得它必须为均值 0 和方差 1,典型的选择是标准正态密度,或者是标准 t 分布(单位方差)的密度。

然而,对于 ARCH 和 GARCH 而言,公式 (4.32) 中的边际密度函数还没有准确的解析解,这样要基于公式 (4.32) 得到似然函数就存在一定问题。实践中,我们通过给定 X_0 来构建条件似然函数求解,形式如下:

$$f_{X_1,\ldots,X_n|X_0}(x_1,\ldots,x_n \mid x_0) = \prod_{t=1}^{n} f_{X_t|X_{t-1},\ldots,X_0}(x_t \mid x_{t-1},\ldots,x_0) \tag{4.34}$$

对于 ARCH(1) 模型,公式 (4.33) 就变成了

$$L(\alpha_0,\alpha_1;\boldsymbol{X}) = f_{X_1,\ldots,X_n|X_0}(X_1,\ldots,X_n \mid X_0) = \prod_{t=1}^{n}\frac{1}{\sigma_t} f_Z\left(\frac{X_t}{\sigma_t}\right)$$

其中 $\sigma_t = (\alpha_0 + \alpha_1 X_{t-1}^2)^{1/2}$。对于 ARCH($p$) 模型,我们能用相似的办法,即给定前 p 个值来得到条件似然方程。

在 GARCH(1,1) 模型中,σ_t 是用 σ_{t-1} 递归定义的,在这里,我们不使用公式 (4.34),而是根据 X_0 和 σ_0 的实现值来构造 $X_1,\ldots,X_n$ 的联合密度函数,即

$$f_{X_1,\ldots,X_n|X_0,\sigma_0}(x_1,\ldots,x_n \mid x_0,\sigma_0) = \prod_{t=1}^{n} f_{X_t|X_{t-1},\ldots,X_0,\sigma_0}(x_t \mid x_{t-1},\ldots,x_0,\sigma_0)$$

条件密度函数 $f_{X_t|X_{t-1},\ldots,X_0,\sigma_0}$ 依赖于过去信息仅通过 σ_t 实现,这是使用 $\sigma_t^2 = \alpha_0 + \alpha_1 X_{t-1}^2 + \beta_1\sigma_{t-1}^2$ 递归给出的 σ_0, $X_0,\ldots,X_{t-1}$。这样,我们就能得到如下条件似然:

$$L(\alpha_0,\alpha_1,\beta_1;\boldsymbol{X}) = \prod_{t=1}^{n}\frac{1}{\sigma_t} f_Z\left(\frac{X_t}{\sigma_t}\right), \qquad \sigma_t = \sqrt{\alpha_0 + \alpha_1 X_{t-1}^2 + \beta_1\sigma_{t-1}^2}.$$

问题仍然是 σ_0^2 的值实际上没有被观察到，所以我们经常通过设定合理的初始值来解决，如样本方差 $X_1,\ldots,X_n$，或直接等于零。

对于 GARCH(p,q) 模型，我们假设有 $n+p$ 个数据 $X_{-p+1},\ldots,X_0,X_1,\ldots,X_n$。我们基于可观测到的样本 $X_{-p+1},\ldots,X_0$ 和不可观测的标准差 $\sigma_{-q+1},\ldots,\sigma_0$ 来估计似然函数。例如，如果 $p=1$ 和 $q=3$，这样我们就需要输入 σ_0 的初始值。

类似的方法可以用于推导带有 GARCH 误差的 ARMA 模型的似然值。在这种情况下，我们会得到以下条件似然方程

$$L(\boldsymbol{\theta};\boldsymbol{X})=\prod_{t=1}^{n}\frac{1}{\sigma_t}f_Z\left(\frac{X_t-\mu_t}{\sigma_t}\right)$$

其中 σ_t 遵循 GARCH 规范，μ_t 遵循 ARMA 规范，如定义 4.22，所有未知参数（可能包括新息分布的未知参数）已经收集在向量 $\boldsymbol{\theta}$ 中。我们当然也可以考虑具有杠杆效应或阈值效应的模型。

参数估计　现在考虑一个对数似然方程

$$\ln L(\boldsymbol{\theta};\boldsymbol{X})=\sum_{t=1}^{n}l_t(\boldsymbol{\theta}) \tag{4.35}$$

其中 l_t 表示由第 t 个观测值产生的对数似然贡献。最大似然估计 $\hat{\boldsymbol{\theta}}$ 在公式 (4.35) 中最大化（条件）对数似然值，并且通常是局部极大值，解似然方程

$$\frac{\partial}{\partial\boldsymbol{\theta}}\ln L(\boldsymbol{\theta};\boldsymbol{X})=\sum_{t=1}^{n}\frac{\partial l_t(\boldsymbol{\theta})}{\partial\boldsymbol{\theta}}=\boldsymbol{0} \tag{4.36}$$

其中，左侧也称为条件似然的得分向量。方程 (4.36) 通常使用所谓的修正牛顿迭代法（Newton-Raphson）进行数值求解。GARCH 模型中广泛使用的一种特殊方法是 Berndt et al. (1974) 的 BHHH 算法。

在下面的段落中，在描述参数估计的行为时，我们区分了两种情况。在第一种情况下，我们假设已拟合的模型*正确指定*，因此源数据确实是从已假定新息分布和动态特征的时间序列模型中衍生得到。我们描述了最大似然估计（MLEs）在这种理想化下的渐近行为。

第二种情况下，我们假设正确的动态特征已经确定，但错把新息分布假设成了高斯分布。在这种情况下，我们就需使用*拟极大似然法*（QML）来估计模型参数，而这样得到的估计值为拟极大似然估计值（QMLs）。需要注意的是，高斯似然函数是需要被最大化的目标函数，而不是一个合适的似然函数；直觉告诉我们，只要新息分布的假设合理，这样得到的参数估计值可能也是合理的。

MLE 的属性　现在，回忆一下在第 A.3 节中我们已经总结了在经典独立同分布样本中 MLEs 的渐进分布理论。GARCH 模型的渐进结果事实上和独立同分布样本的形似类似。但需要重视的是这并不是那些结果的简单应用。渐进性在一系列文章中已被单独推导出来，

推导过程并不简单。为此我们在说明与评论中给出了起始参考文献。这里，我们将把结果运用到没有 ARMA 成分的纯 GARCH 模型或额外的杠杆结构上。这些都已被仔细研究，但结果的形式应该被更广泛地应用。

对于一个带有高斯新息的纯 GARCH(p,q) 模型（假设模型已正确指定）

$$\sqrt{n}(\hat{\boldsymbol{\theta}}_n-\boldsymbol{\theta})\xrightarrow{\mathrm{d}}N_{p+q+1}(\mathbf{0},\boldsymbol{I}(\boldsymbol{\theta})^{-1})$$

其中

$$\boldsymbol{I}(\boldsymbol{\theta})=E\left(\frac{\partial l_t(\boldsymbol{\theta})}{\partial\boldsymbol{\theta}}\frac{\partial l_t(\boldsymbol{\theta})}{\partial\boldsymbol{\theta}'}\right)=-E\left(\frac{\partial^2 l_t(\boldsymbol{\theta})}{\partial\boldsymbol{\theta}\partial\boldsymbol{\theta}'}\right)\tag{4.37}$$

$\boldsymbol{I}(\boldsymbol{\theta})$ 是任意单个观测得到的费雪（Fisher）信息矩阵。这样我们就得到了 GARCH 参数的一致和渐近正态估计。在实践中，预期信息矩阵 $\boldsymbol{I}(\boldsymbol{\theta})$ 近似为观测到的信息矩阵，在这里我们可以取公式 (4.37) 中期望信息矩阵的任意一种等价形式的观测信息矩阵。也就是说，我们可以用

$$\bar{\boldsymbol{I}}(\boldsymbol{\theta})=\frac{1}{n}\sum_{t=1}^{n}\left(\frac{\partial l_t(\boldsymbol{\theta})}{\partial\boldsymbol{\theta}}\frac{\partial l_t(\boldsymbol{\theta})}{\partial\boldsymbol{\theta}'}\right)\quad\text{或}\quad\bar{\boldsymbol{J}}(\boldsymbol{\theta})=-\frac{1}{n}\sum_{t=1}^{n}\frac{\partial^2 l_t(\boldsymbol{\theta})}{\partial\boldsymbol{\theta}\partial\boldsymbol{\theta}'}\tag{4.38}$$

其中，第一个矩阵有外积形式，第二个为 Hessian 形式。这些矩阵都可由极大似然估计法来估计，得到 $\bar{\boldsymbol{I}}(\hat{\boldsymbol{\theta}})$ 或 $\bar{\boldsymbol{J}}(\hat{\boldsymbol{\theta}})$。实际上，极大似然法下，对数似然的导数经常通过一阶和二阶差分来估计。

如果模型本身的结构设定正确，估计值 $\bar{\boldsymbol{I}}(\hat{\boldsymbol{\theta}})$ 和 $\bar{\boldsymbol{J}}(\hat{\boldsymbol{\theta}})$ 理应相似，是同一个 Fisher（费雪）信息矩阵估计值的不同表达形式。实际上，我们也可通过 $\bar{\boldsymbol{J}}(\hat{\boldsymbol{\theta}})\bar{\boldsymbol{I}}(\hat{\boldsymbol{\theta}})^{-1}\bar{\boldsymbol{J}}(\hat{\boldsymbol{\theta}})$ 来估算 $\boldsymbol{I}(\boldsymbol{\theta})$，它就是 QML 计算过程中的三明治估计量。

QMLE 的属性　在这种方法中，我们假设真正的数据生成机制是一个 GARCH(p,q) 模型，它具有非高斯新息的，但是我们试图通过最大化具有高斯新息的 GARCH(p,q) 模型的可能性来估计过程的参数。我们仍然得到模型参数的一致估计，如果真正的新息分布有一个有限的四阶矩，我们再次得到渐近正态性；然而，渐近协方差矩阵的形式发生了变化。

我们现在区分矩阵 $\boldsymbol{I}(\boldsymbol{\theta})$ 和 $\boldsymbol{J}(\boldsymbol{\theta})$，由

$$\boldsymbol{I}(\boldsymbol{\theta})=E\left(\frac{\partial l_t(\boldsymbol{\theta})}{\partial\boldsymbol{\theta}}\frac{\partial l_t(\boldsymbol{\theta})}{\partial\boldsymbol{\theta}'}\right),\qquad\boldsymbol{J}(\boldsymbol{\theta})=-E\left(\frac{\partial^2 l_t(\boldsymbol{\theta})}{\partial\boldsymbol{\theta}\partial\boldsymbol{\theta}'}\right)$$

这里矩阵的期望值取自真实模型（而不是错误假定的高斯模型）。如果高斯分布的假设不正确，则 $\boldsymbol{I}(\boldsymbol{\theta})$ 和 $\boldsymbol{J}(\boldsymbol{\theta})$ 通常不一致。我们可以看到：

$$\sqrt{n}(\hat{\boldsymbol{\theta}}_n-\boldsymbol{\theta})\xrightarrow{\mathrm{d}}N_{p+q+1}(\mathbf{0},\boldsymbol{J}(\boldsymbol{\theta})^{-1}\boldsymbol{I}(\boldsymbol{\theta})J(\boldsymbol{\theta})^{-1})\tag{4.39}$$

渐进协方差矩阵也会通过三明治形式来表现。它能由 $\bar{\boldsymbol{J}}(\hat{\boldsymbol{\theta}})^{-1}\bar{\boldsymbol{I}}(\hat{\boldsymbol{\theta}})\bar{\boldsymbol{J}}(\hat{\boldsymbol{\theta}})^{-1}$ 来估计，其中公式 (4.38) 定义了 $\bar{\boldsymbol{I}}(\boldsymbol{\theta})$ 和 $\bar{\boldsymbol{J}}(\boldsymbol{\theta})$。如果下文介绍的模型检验过程显示，数据动态特征已经能被 GARCH 模型充分解释，但高斯假设似乎值得怀疑，那么参数估计的标准误差应该以此为基础协方差矩阵的估计。

模型检查 就像 ARMA 模型一样，我们通常会用残差特征来检验已拟合的 GARCH 模型。我们现在考虑一个广义 ARMA-GARCH 模型 $X_t - \mu_t = \varepsilon_t = \sigma_t Z_t$，其中 μ_t 和 σ_t 如定义 4.22 中说明。在这个模型中，我们要区分非标准和标准残差。前者是从模型 ARMA 部分得到的残差 $\hat{\varepsilon}_1, \ldots, \hat{\varepsilon}_n$，可用公式 (4.13) 中提到的方法计算。在假设模型的基础上，这些残差的表现应符合纯 GARCH 过程。后者是经重新构造的 SWN 过程，我们假设其驱动了模型中的 GARCH 部分，可由下式计算得出：

$$\hat{Z}_t = \hat{\varepsilon}_t / \hat{\sigma}_t, \qquad \hat{\sigma}_t^2 = \hat{\alpha}_0 + \sum_{i=1}^{p_2} \hat{\alpha}_i \hat{\varepsilon}_{t-i}^2 + \sum_{j=1}^{q_2} \hat{\beta}_j \hat{\sigma}_{t-j}^2 \tag{4.40}$$

为使用公式 (4.40)，我们需要设定一些初始值，一种解决办法是令残差初始值 $\hat{\varepsilon}_t$ 等于 0，令波动率初始值 $\hat{\sigma}_t$ 等于样本方差或 0。因为最初几个估算值会被这些初始值设定所影响，同时也会用于计算非标准化残差的初始值所影响，所以它们在后面的分析中可能被忽略。

就标准化残差而言，它理应表现得像一个 SWN 过程。我们可通过第 4.1.3 节中描述的严白噪声检验方法或画出原始数据和绝对值数据的自相关图形来验证其 SWN 特性。

假设没有拒绝 SWN 假设，这就说明模型能较好地反应数据的特征，ML 拟合过程中需要用到的分布有效性，也可通过对标准正态分和标准 t 分布绘制 Q–Q 图和实施拟合优度检验来实现。如果高斯似然函数能合理地拟合数据特征，但残差并不符合独立的标准正态分布，则应使用 QML 拟合法，而标准误差则应通过公式 (4.39) 中隐含的三明治估计量来估计得出。

这开启了两阶段分析的可能性，首先，我们用 QML 来估计拟合数据变化过程，然后，用该动态模型提供的残值作为数据来获取新息残差分布。这里，第一阶段有时候也常被称为数据的首次预白噪声化。第二阶段中，我们可选择适用于非对称新息的厚尾模型来替代高斯分布。

两阶段方法的一个缺点是，时间序列建模的误差传播到第二阶段和总体的分布拟合误差是很难量化，但过程也导致模型建立更加透明，让我们单独地任务波动性建模和模拟冲击驱动过程。在高维风险因素建模中，这可能是一种有用的实用方法。

例 4.24 (微软对数收益率的 GARCH 模型). 我们使用 1997—2000 年微软公司的 1009 个日对数收益率数据，见图 4.5。虽然原始数据没有显示序列相关性（见图 4.6），但其绝对序列却显现出了序列相关性，并在 5% 的置信水平上拒绝了 Ljung-Box 检验（基于前 10 个估计的相关性）。

对于这些数据，由于 t 分布比高斯分布更适合拟合新息，我们选择带有 t 分布新息的模型，并用 ML 法来估算模型参数。我们对比标准 GARCH(1,1) 模型（均值固定）和那些含有 ARMA 结构 (AAR(1), MA(1) and ARMA(1,1)) 且均值为条件均值的模型；ARMA 结构似乎在模型结构上只实现了细微的进步，经 Akaike 信息检验，基本的 GARCH(1,1) 是更好的选择。但是，使用公式 (4.29) 中提到的杠杆 GARCH 模型会有显著的优化。就从模型中获取的标准误而言，无论是原始数据还是绝对值都没有显示序列相关性（见图 4.6），也不能拒绝 Ljung-Box 检验。经模型计算后，t 分布的自由度参数估计值为 6.30（标准误

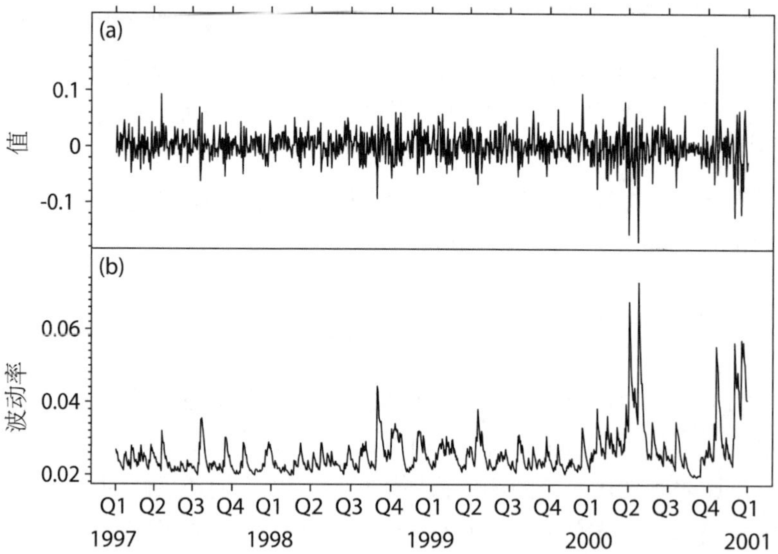

图 4.5　微软股票 1997—2000 年的对数收益率；带有杠杆项的 GARCH(1,1) 模型中的波动性的数据和估计。

为 1.07)。残差的 Q–Q 图中显示模型选择十分恰当（见图 4.7)。表 4.1 罗列了这个模型中剩余参数的估计值（包括标准误)。

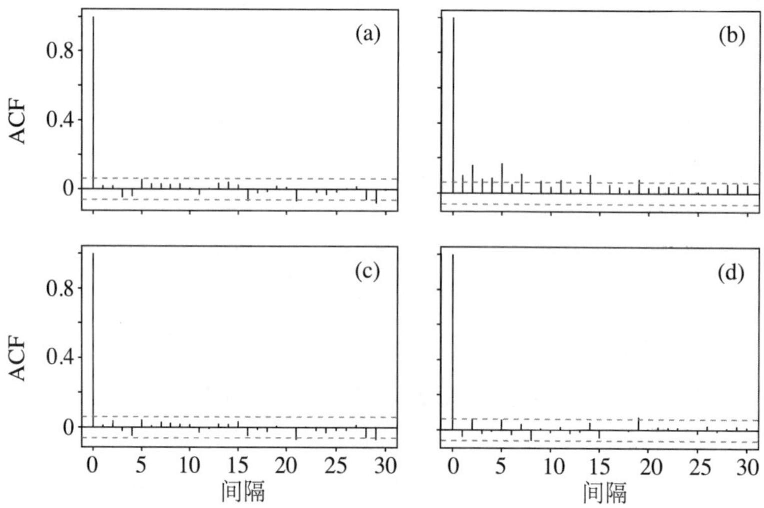

图 4.6　微软 1997—2000 年对数收益率，GARCH(1,1) 模型相关图：(a) 原数据，(b) 绝对值数据；(c) 原数据；(d) 绝对值数据。

4.2.5　波动率预测和风险度量估计

在本节中，我们假设我们的基础模型是严格和协方差平稳时间序列过程 (X_t) 适应域流 $(\mathcal{F}_t)$ 满足下列方程

$$X_t = \mu_t + \sigma_t Z_t \tag{4.41}$$

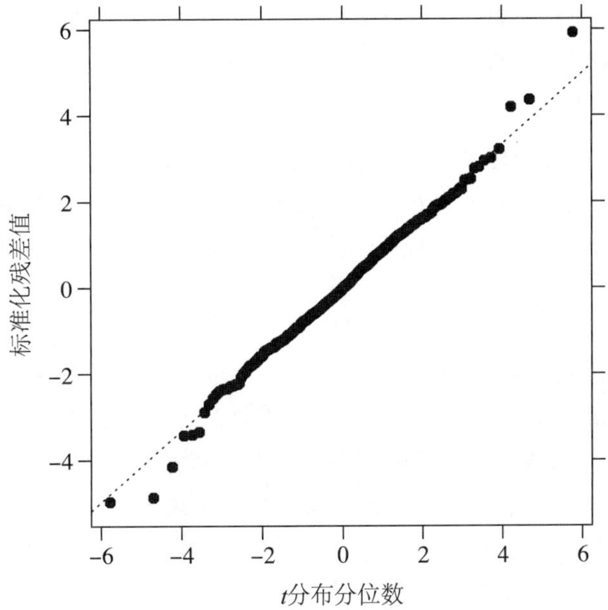

图 4.7 微软股票 1997—2000 年的对数收益率；杠杆 GARCH(1,1) 模型残差和自由度为 6.3 的 t 分布残差的 Q–Q 图。

表 4.1 微软股票 1997—2000 年的对数收益率的分析；新息为 t 分布的假设下，参数的 ML 估计值以及杠杆 GARCH(1,1) 模型的标准误。

参数	估计	标准误	比例
μ	9.35×10^{-4}	7.21×10^{-4}	1.30
α_0	7.79×10^{-5}	3.07×10^{-5}	2.54
α_1	0.108	0.0369	2.91
β_1	0.778	0.0673	11.57
δ	−0.178	0.123	−1.45

这里 μ_t 和 σ_t 是 $\mathcal{F}_{t-1}$ 可测，Z_t 是一个均值为 0 方差为 1 且独立于 $\mathcal{F}_{t-1}$ 的新息变量。适合公式 (4.41) 框架的例子是本章讨论的任何 ARCH 和 GARCH 模型，以及带有 GARCH 误差的因果和可逆 ARMA 模型。

我们的任务是根据 n 个样本数据 $X_{t-n+1}, \ldots, X_t$ 为 $h \geqslant 1$ 预测 σ_{t+h}。假设这些样本数据由过程 (4.41) 产生。正如在第 4.1.5 节中所述，假设我们已经观察到该过程直到时间 t 为止的无限历史，并推导出适应于考虑样本的有限性的预测公式。

由于 $E(\sigma_{t+h}^2 \mid \mathcal{F}_t) = E((X_{t+h} - \mu_{t+h})^2 \mid \mathcal{F}_t)$，我们的预测问题事实上与预测 $(X_{t+h} - \mu_{t+h})^2$ 的问题密切相关，我们可以使用与第 4.1.5 节中类似的方法来预测。在提出指数加权移动平均（EWMA）预测这一特别技术之前，我们首先在基础模型（即我们指定 (4.41) 中 σ_t 和 μ_t 的结构）的显式假设下推导预测方程。最后，我们描述如何基于波动率预测结果来估计风险价值（VaR）和预期损失（ES）。

基于 GARCH 的波动率预测　假设已经拟合了 GARCH 模型并估计了其参数；我们将在本节的剩余部分中取消参数的估计表达式。我们计算了两个简单模型，从中可以清楚地了解更复杂模型的一般过程。

例 4.25 (GARCH(1,1) **模型预测**). 假设我们使用的是纯 GARCH(1,1) 模型，如定义 4.20中所示，该模型符合 (4.41)，且 $\mu_t=0$。由于 $E(X_{t+h}\mid\mathcal{F}_t)=0$（GARCH 过程的鞅差特征），所以 X_{t+h} 的最优估计为 0。基于 $\mathcal{F}_t$ 的 X_{t+1}^2 自然预测值就是其条件均值 σ_{t+1}^2，为

$$E(X_{t+1}^2\mid\mathcal{F}_t)=\sigma_{t\mid 1}^2=\alpha_0+\alpha_1X_t^2+\beta_1\sigma_t^2$$

如果 $E(X_t^4)<\infty$，这就是最优平方误差预测量。注意，基于信息 $\mathcal{F}_t$ 的随机变量 X_{t+1}^2 的预测量就是 σ_{t+1}^2 的值，在 t 时刻就能知道，因为它是历史过程的一个函数。

在实践中，我们必须基于此公式进行近似，因为我们无法使用允许我们计算 σ_t^2 的无穷级数的历史值。在应用中，一种自然的方法是通过从残差方程 (4.40) 计算出的波动率平方 $\hat{\sigma}_t^2$ 的估计值来近似 σ_t^2。我们对 X_{t+1}^2 的近似预测也可以作为对时间 $t+1$ 时的平方波动率的估计，并由下式给出：

$$\hat{\sigma}_{t+1}^2=\hat{E}(X_{t+1}^2\mid\mathcal{F}_t)=\alpha_0+\alpha_1X_t^2+\beta_1\hat{\sigma}_t^2 \tag{4.42}$$

因此，公式 (4.42) 可以被认为是用于估计前一步波动率的递归方案。

当我们在时间 t 时观察 $h>1$ 步前时，X_{t+h}^2 和 σ_{t+h}^2 都是随机变量。其预测是一致的

$$\begin{aligned}E(X_{t+h}^2\mid\mathcal{F}_t)&=E(\sigma_{t+h}^2\mid\mathcal{F}_t)\\&=\alpha_0+\alpha_1E(X_{t+h-1}^2\mid\mathcal{F}_t)+\beta_1E(\sigma_{t+h-1}^2\mid\mathcal{F}_t)\\&=\alpha_0+(\alpha_1+\beta_1)E(X_{t+h-1}^2\mid\mathcal{F}_t)\end{aligned}$$

所以一般的公式是

$$E(X_{t+h}^2\mid\mathcal{F}_t)=\alpha_0\sum_{i=0}^{h-1}(\alpha_1+\beta_1)^i+(\alpha_1+\beta_1)^{h-1}(\alpha_1X_t^2+\beta_1\sigma_t^2)$$

像之前一样，我们通过替换波动率平方的估计值 $\hat{\sigma}_t^2$ 来获得一个实用的公式。当 $h\to\infty$ 我们发现几乎必然 $E(\sigma_{t+h}^2\mid\mathcal{F}_t)\to\alpha_0/(1-\alpha_1-\beta_1)$，所以波动率平方的预测收敛于过程的无条件方差。一个在 GARCH(1,1) 模型中进行波动率预测的具体例子如图 4.8 所示，该模型用于例 4.24 中分析的微软收益率数据。

我们现在考虑第二个例子，它结合了我们对 ARMA 和 GARCH 模型中预测的了解。

例 4.26 (ARMA(1,1)–GARCH(1,1) **模型预测**). 假设我们应用如定义 4.22 中定义的具有 GARCH(1,1) 误差的 ARMA(1,1) 模型。这个模型与公式 (4.41) 也一致，其预测的公式可从例 4.15和例 4.25中得到。通过将残差公式 (4.40) 中隐含的 ε_t 和 σ_t 用估计值替代，这样就可计算得出

$$E(X_{t+h}\mid\mathcal{F}_t)=\mu+\phi_1^h(X_t-\mu)+\phi_1^{h-1}\theta_1\varepsilon_t \tag{4.43}$$

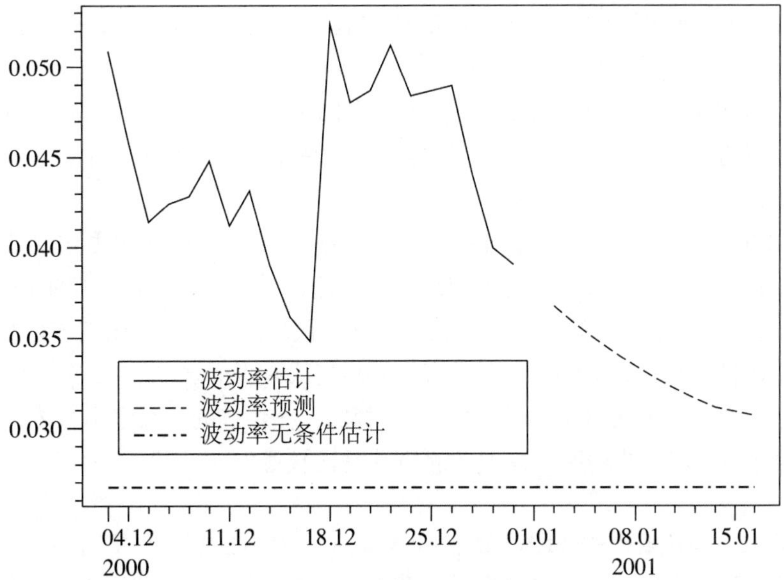

图 4.8 基于例 4.24 中的微软收益率数据的 GARCH(1, 1) 模型（不使用杠杆）对 2000 年最后几天的波动率进行估计，并对 2001 年头 10 天的波动率进行预测。

$$\mathrm{var}(X_{t+h} \mid \mathcal{F}_t) = \alpha_0 \sum_{i=0}^{h-1} (\alpha_1 + \beta_1)^i + (\alpha_1 + \beta_1)^{h-1}(\alpha_1 \varepsilon_t^2 + \beta_1 \sigma_t^2) \tag{4.44}$$

方程 (4.43) 产生 μ_{t+h} 或 X_{t+h} 的预测，以及方程 (4.44) 产生 $(X_{t+h} - \mu_{t+h})^2$ 或 σ_{t+h}^2 的预测。

波动率的指数平滑 现在假设我们不想在公式 (4.42) 中 σ_t 和 μ_t 的结构做出详细的假设。我们考虑一种基于第 4.1.5 节中指数平滑思想的更简单的波动率预测方法。根据公式 (4.14) 中已提到，对于一个合理选择的参数 λ，X_{t+1} 在 t 时刻基于所有信息的预测量 $P_t(X_{t+1})$ 能够通过以下更新后的公式得出

$$P_t X_{t+1} = \lambda X_t + (1 - \lambda) P_{t-1} X_t \tag{4.45}$$

如果我们将此式应用于预测 $(X_{t+1} - \mu_{t+1})^2$，则对于一个合理选择的参数 α，我们能得到

$$P_t(X_{t+1} - \mu_{t+1})^2 = \alpha(X_t - \mu_t)^2 + (1 - \alpha) P_{t-1}(X_t - \mu_t)^2 \tag{4.46}$$

当然，除了选择 α，我们还需要插入一个未观察到的条件平均值 μ_t 的估计数来使用等式 (4.46)。

由于 $\sigma_{t+1}^2 = E((X_{t+1} - \mu_{t+1})^2 \mid \mathcal{F}_t)$，我们也可应用公式 (4.46) 来估计无法观察到的波动率平方的指数平滑方法。这样就给出了预测下一步波动率的递归公式：

$$\hat{\sigma}_{t+1}^2 = \alpha(X_t - \hat{\mu}_t)^2 + (1 - \alpha)\hat{\sigma}_t^2 \tag{4.47}$$

这就是一个 EWMA 过程。对于大多风险因子收益序列，条件均值经常接近于 0（在第 3.1 节中我们已经介绍了收益率序列的典型化事实），而且我们通常也会设定 $\hat{\mu}_t = 0$。或者，我们也可以把指数平滑思想应用于条件均值中，用由递归公式 (4.45) 得到的估计量 $P_{t-1}X_t$ 来替代 $\hat{\mu}_t$。α 值通常取得很小，例如，在银行界广为使用的风险矩阵法中，(Mina and Xiao, 2001) 建议设定 $\alpha = 0.06$。

如果我们将公式 (4.47) 与公式 (4.42) 中所示的 GARCH$(1,1)$ 模型定义的一阶前向波动率估计方法进行比较，那么很容易得出这样的结论：在参数 α_0 等于 0 的 IGARCH 模型中，EWMA 对应于使用基于条件期望的技术来估计波动率。这个类比应该谨慎使用；具有 $\alpha_0 = 0$ 的 GARCH 和 IGARCH 模型没有很好地定义，并且公式 (4.27) 中的随机递归关系的解消失了。此外，IGARCH 不是协方差平稳的。在传统的指数平滑技术的基础上，将 EWMA 作为一种合理的波动率无模型预测方法是比较好的。

风险价值（VaR）和预期损失（ES）的估计　最后，我们假设数据 $X_{t-n+1},\ldots,X_t$ 可以解释为金融损失，我们考虑基于损失分布的风险度量（参见第 2.3.1 节）在条件分布 $F_{X_{t+1}|\mathcal{F}_t}$ 的应用。例如，数据可能代表资产价格的负对数收益，而不是收益。这里，我们尤为关注分布 $F_{X_{t+1}|\mathcal{F}_t}$ 的风险价值（VaR）和预期损失（ES）。

将 F_Z 表示为新息 (Z_t) 的分布函数，μ_{t+1} 和 σ_{t+1} 在 $\mathcal{F}_t$ 的可测性意味着

$$F_{X_{t+1}|\mathcal{F}_t}(x) = P(\mu_{t+1} + \sigma_{t+1}Z_{t+1} \leqslant x \mid \mathcal{F}_t) = F_Z((x-\mu_{t+1})/\sigma_{t+1})$$

让 VaR_α^t 表示 $F_{X_{t+1}|\mathcal{F}_t}$ 的 α 分位数，并让 ES_α^t 表示相应的预期损失。使用例 2.11 和例 2.14 中介绍的方法可得：

$$\mathrm{VaR}_\alpha^t = \mu_{t+1} + \sigma_{t+1}q_\alpha(Z), \qquad \mathrm{ES}_\alpha^t = \mu_{t+1} + \sigma_{t+1}\,\mathrm{ES}_\alpha(Z), \tag{4.48}$$

其中 Z 代表分布函数为 F_Z 的一般随机变量。

显然，如果我们可以估算 μ_{t+1} 和 σ_{t+1}，那么我们只需要能够估算 $q_\alpha(Z)$ 和 $\mathrm{ES}_\alpha(Z)$ 的新息分布，就可以获得公式 (4.48) 中风险度量的估计数。参数或非参数方法（或半参数）都可以解决这个问题。如果我们用第 4.2.4 节中提到的 ML 方法来估算完全指定的 GARCH 类模型，那就能直接计算出新息分布的 $q_\alpha(Z)$ 和 $\mathrm{ES}_\alpha(Z)$。另一方面，如果我们使用 QML 方法来拟合 GARCH 类型模型，或者更简单地说，我们使用指数平滑技术来估计波动率和条件均值，这样就可获得残差 $\hat{Z}_s = (X_s - \hat{\mu}_s)/\hat{\sigma}_s$，其中 $s = t-n+1,\ldots,n$，并对这些残差应用分位数和预期损失估计方法。第 9.2.6 节中将具体讨论从数据中获取风险度量的统计方法。

说明与评论

ARCH 过程起初由 Engle (1982) 提出，GARCH 由 Bollerslev (1986) 提出，他们都提出了协方差平稳的条件。关于 GARCH 的综述的教科书包括 Gouriéroux (1997)、Francq and Zakoïan (2010) 的著作，还有一些有用的评述文章 Bollerslev et al. (1992)、Bollerslev et al. (1994) 和 Shephard (1996)。Alexander (2001)、Tsay (2002) 和 Zivot and Wang (2003) 的书中也有很多章节中涉及 GARCH 模型。IGARCH 首先由 Engle and Bollerslev (1986) 提出。

Nelson (1990) 基于 GARCH(1, 1) 模型提出了 GARCH 模型严平稳的条件，而 Bougerol and Picard (1992) 基于 GARCH(p,q) 提出的。需要了解的理论包括 Kesten (1973) 提出的随机递归关系；当然，Brandt (1986) 也能提供了有用的参考。Embrechts et al. (1997)、Mikosch and Stărică (2000),、Mikosch (2003) 和 Mikosch (2013) 对该理论进行了通俗易懂的解释。

更多关于 ARCH 和 GARCH 模型条件似然函数的推导，请参见 Hamilton (1994) 和 Tsay (2002)。BHHH 算法 (Berndt et al., 1974) 是目前计算最大似然值最常用的方法。关于最大似然函数下数值优化过程的一般讨论，请参考Hamilton (1994, pp. 133–142)。QML 方法的标准通用参考文献包括 White (1981) 和 Gourieroux et al. (1984)。

GARCH 模型中 MLEs 和 QMLEs 的基本渐近特征在很多文献中都有描述，但是详细的数学证明常常滞后于这些断言。早期的文章，诸如 Crowder (1976) 通常倾向于提出条件模型的规律条件，事实上这些条件却难以验证。Lee and Hansen (1994) 和 Lumsdaine (1996) 证明了 GARCH(1, 1) 模型的中 QMLE 估算量的一致性和渐进正态性。最近，Berkes et al. (2003) 在最少的假设下，将这些结果拓展到 GARCH(p,q) 应用中，对于各种一阶模型，Straumann (2005) 和 Straumann and Mikosch (2006) 给出了类似的结果。

从更实际的角度来看，GARCH 模型参数由于似然值趋于平滑且在有限样本中初值无法忽略的影响，估计过程很难实现很高的精度。自己编程的读者可能希望将自己估算值与 McCullough and Renfro (1999) 和 Brooks et al. (2001) 的基准研究进行比较。

除高斯分布和 t 分布以外，还有其他模拟新息分布的方法，比如 Nelson (1991) 提出的广义误差分布（GED），Venter and de Jongh (2002) 提出的正态逆高斯分布（NIG）；尤其是后者，作者提供了大量的证据，证明了 NIG 在实践中是一种很好的模拟新息分布的方法，且基于 NIG 的 GARCH 模型在估算过程中对分布的错误设定不太敏感。

对 GARCH 类的许多扩展已经被提出，在 Bollerslev et al. (1994) 和 Shephard (1996) 中可以找到详细的调查。Ding et al. (1993) 讨论了 GARCH 模型中的杠杆效应和广义的 PGARCH 模型。同时，文献中也建议了很多类型的阈值 GARCH 模型，模型 (4.30) 就是 Glosten et al. (1993) 提出的类型，而公式 (4.31) 是 Fornari and Mele (1997) 提出的波动率转换 GARCH(SV-GARCH) 模型。ARCH 和 GARCH 的非参方面的拓展也在文献中找到，包括 Yang et al. (1999) 提出的的多元 ARCH(p)-模型和 Bühlmann and McNeil (2002) 提出的非参 GARCH 过程。对于具有长记忆过程波动率建模，请参阅 Beran et al. (2013)。

使用基于指数平滑的 EWMA（指数加权移动平均）波动率估计方法由 JPMorgan (RiskMetrics, 1996; Mina and Xiao, 2001) 中的 RiskMetrics 推广。有关使用此方法的例子，另请参阅 Zivot and Wang (2003)。

第 5 章　极值理论

极值理论 (EVT) 是概率的一个分支，涉及大样本中极值的极限定律。该理论包含许多重要的结果，这些结果描述了样本最大值和最小值的行为，高阶统计量（例如，样本中第 k 个最大值）和超过高阈值的样本值。我们对这一理论的兴趣集中在结果的应用上，以开发金融风险因子极端行为的模型。特别是，我们感兴趣的模型尾部分布的金融风险因子的变化。我们在第 3 ~4 章中的时间序列中多次观察到，与正态分布相比，风险因子的变化往往更厚尾。

本章的大部分内容都是基于在 Embrechts et al. (1997)（此后简称 EKM) 中介绍的极值理论（EVT），每当缺少理论细节时，读者都应该查阅该书。我们着重描述了 EVT 提出的统计模型，同时简要总结了统计方法所依据的理论思想。

我们主要关注极值的两种主要模型。最传统的模型是第 5.1 节中描述的区间极大值模型（BMM，Block Maxima Models）：这些模型适用于来自同分布大样本的最大观察值。而阈值超越量（Threshold Exceedance）模型更为先进、有效，这些会在第 5.2 节中讲到。这些模型适用于所有超过某个高水平的大型观测，通常被认为对实际应用最有用，因为它们更有效地利用了（通常有限的）关于极端结果的数据。

阈值超越的模型可以嵌入一个优雅的点过程框架，该框架同时处理它们在时间上的发生以及超过阈值的超额损失的大小。这就是第 5.3 节所描述的阈值模型（POT，Peaks Over Threshold）。POT 模型作为一个起点，使用自激（Hawkes）过程对极端情况的发生和大小进行更动态的描述。这些高级的动态模型会和多元极值理论一起在第 16 章讲述。

5.1　极大值

首先，我们考虑一个代表金融损失的独立同分布的随机变量 $(X_i)_{i\in\mathbb{N}}$ 序列。这些损失可能有不同的原因，比如操作损失、保险损失以及固定时间内信用组合的损失。之后，我们放松独立性这一假设，认为这些随机变量形成相关损失的严平稳时间序列；它们可能是（负）投资于单一股票、指数或投资组合的收益。

5.1.1　广义极值分布

和的收敛性　广义极值 (GEV) 分布在极值理论中的作用类似于正态分布（更普遍的是稳定定律）在随机变量求和的中心极限理论中的作用。假设一组基础随机变量 $X_1, X_2, \dots,$ 是独立同分布且有限方差的，那么前 n 个随机变量的和可以写作 $S_n = X_1 + \cdots + X_n$。中心极限理论（CLT）标准版本认为，当 n 趋近于无穷时，适当的标准化和 $(S_n - a_n)/b_n$ 在分布上收敛到标准正态分布。标准化会用到常数序列 (a_n) 和 (b_n)，其中 $a_n = nE(X_1)$，

$b_n = \sqrt{n\,\text{var}(X_1)}$，用数学符号表示如下：

$$\lim_{n\to\infty} P\left(\frac{S_n - a_n}{b_n} \leqslant x\right) = \Phi(x), \quad x \in \mathbb{R}$$

极大值的收敛性　经典的 EVT 关心的是标准化极大值的极限分布。我们把 n 个独立同分布随机变量 $X_1, \ldots, X_n$ 的极大值表示成 $M_n = \max(X_1, \ldots, X_n)$，也把它叫作 n 区间极大数。当 n 趋向于无穷大时，标准化极大值唯一可能的非退化的极限分布在广义极值分布族（GEV family）。

定义 5.1 (**广义极值分布** (GEV)). 广义极值分布（标准化的）的分布函数可以表示成：

$$H_\xi(x) = \begin{cases} \exp(-(1+\xi x)^{-1/\xi}), & \xi \neq 0 \\ \exp(-\mathrm{e}^{-x}), & \xi = 0 \end{cases}$$

其中 $1 + \xi x > 0$。通过定义 $H_{\xi,\mu,\sigma}(x) := H_\xi((x-\mu)/\sigma)$，其中位置参数 $\mu \in \mathbb{R}$，尺度参数 $\sigma > 0$，我们可以得到一个三参数族。

参数 ξ 是广义极值分布的形状参数，H_ξ 定义了分布的类型，表示一族指定到位置和尺度的分布（有关正式定义，请参阅第 A.1.1 节）。从参数形式看，定义 5.1 中的极值分布是广义的，因为该参数形式包括了根据 ξ 的值分类的三种分布：当 $\xi > 0$ 时，该分布被称为 Fréchet 分布；当 $\xi = 0$ 时，该分布被称为 Gumbel 分布；当 $\xi < 0$ 时，该分布被称为 Weibull 分布。我们也注意到，给定一个 x，我们有 $\lim_{\xi\to 0} H_\xi(x) = H_0(x)$（左右趋近都适用），因此定义 5.1 参数化形式中的 ξ 是连续的，使得该分布在统计建模中使用起来很方便。

图 5.1 展示了三种情况下广义极值分布的分布函数和密度函数，$\xi = 0.5$、$\xi = 0$ 和 $\xi = -0.5$，分别对应 Fréchet 分布、Gumbel 分布和 Weibull 分布。可以看到，Weibull 分布是短尾分布，有着所谓的有限右端点。分布的右端点可以表示成 $x_F = \sup\{x \in \mathbb{R} : F(x) < 1\}$，Fréchet 分布和 Gumbel 分布的右端点是无限的，但 Fréchet 分布比 Gumbel 分布尾部衰减更慢。

假设在适当标准化的情况下，当 $n \to \infty$ 时，独立同分布的随机变量 M_n 的极大值在分布上收敛。回顾公式 $P(M_n \leqslant x) = F^n(x)$，我们观察到，这种收敛意味着存在实常数序列 (d_n) 和 (c_n)，其中对所有 n 都有 $c_n > 0$，那么对于非退化的分布函数 $H(x)$ 就有：

$$\lim_{n\to\infty} P((M_n - d_n)/c_n \leqslant x) = \lim_{n\to\infty} F^n(c_n x + d_n) = H(x) \tag{5.1}$$

GEV 分布在极大值研究中的作用通过以下定义和定理得以形式化。

定义 5.2 (**极大值吸引域**（MDA，Maximum Domain of Attraction）). 如果公式 (5.1) 适用于一些非退化的分布函数 H，那么 F 就是 H 的极大值吸引域，写作 $F \in \text{MDA}(H)$。

定理 5.3 (Fisher-Tippett, Gnedenko **定理**). 如果 $F \in \text{MDA}(H)$ 适用于一些非简化的分布函数 H，那么 H 肯定是 H_ξ 型分布的一种类型，比如广义极值分布。

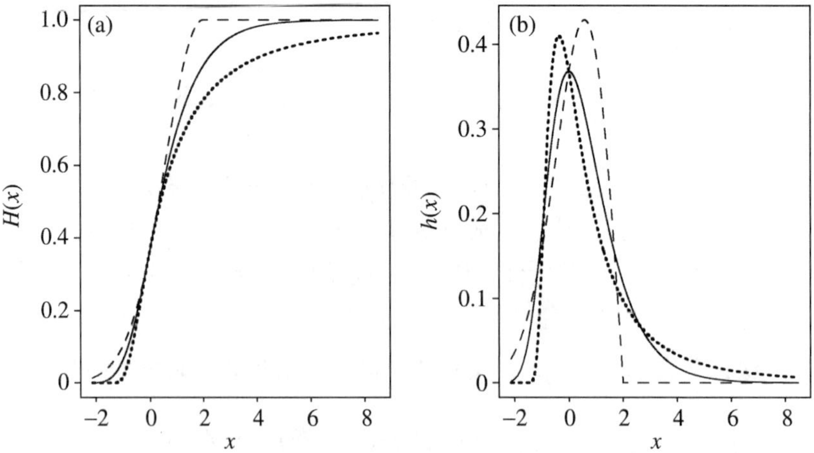

图 5.1　(a) 三种情况下标准 GEV 分布函数：实线对应 $\xi = 0$ (Gumbel)；点划线对应 $\xi = 0.5$ (Fréchet)；短划线对应 $\xi = -0.5$ (Weibull)。(b) 当 $\mu = 0$ 和 $\sigma = 1$ 时三个分布对应密度函数。

备注 5.4.

(1) 如果发生标准化极大值的收敛，则极限分布的类型（由 ξ 指定）是唯一确定的，尽管分布的位置和尺度（μ 和 σ）取决于所选择的精确标准化序列；这是由所谓的“类型收敛定理”(EKM, p. 554) 保证的。我们总是可以选择这些序列，因此极限出现在标准形式 H_ξ 中。

(2) 所谓非退化分布函数，是指不集中于一点的分布。

例子　我们计算了两个例子来说明 GEV 极限如何出现在两个已知的基础分布和适当选择的标准化序列中。一般来说，要了解如何构造标准化序列，请参考 EKM 的第 3.3 节。

例 5.5 (指数分布). 如果基础分布为指数分布，分布函数为 $F(x) = 1 - \exp(-\beta x)$，其中 $\beta > 0$ 且 $x \geqslant 0$，那么，通过选取标准化序列 $c_n = 1/\beta$ 和 $d_n = (\ln n)/\beta$，我们可以使用公式 (5.1) 直接计算极大值的极限分布，得到

$$
\begin{aligned}
F^n(c_n x + d_n) &= \left(1 - \frac{1}{n}\exp(-x)\right)^n, \quad && x \geqslant -\ln n \\
\lim_{n\to\infty} F^n(c_n x + d_n) &= \exp(-\mathrm{e}^{-x}), && x \in \mathbb{R}
\end{aligned}
$$

从上式中，我们推断出 $F \in \mathrm{MDA}(H_0)$。

例 5.6 (帕累托分布). 如果基础分布是帕累托（Pareto）分布 $\mathrm{Pa}(\alpha, \kappa)$，分布函数为 $F(x) = 1 - (\kappa/(\kappa + x))^\alpha$（$\alpha > 0$、$\kappa > 0$ 且 $x \geqslant 0$），那么我们可以选取标准化序列 $c_n = \kappa n^{1/\alpha}/\alpha$ 和 $d_n = \kappa n^{1/\alpha} - \kappa$。用公式 (5.1) 可以得到

$$
\begin{aligned}
F^n(c_n x + d_n) &= \left(1 - \frac{1}{n}\left(1 + \frac{x}{\alpha}\right)^{-\alpha}\right)^n, \quad && 1 + \frac{x}{\alpha} \geqslant n^{-1/\alpha} \\
\lim_{n\to\infty} F^n(c_n x + d_n) &= \exp\left(-\left(1 + \frac{x}{\alpha}\right)^{-\alpha}\right), && 1 + \frac{x}{\alpha} > 0
\end{aligned}
$$

从上式中，我们推断出 $F \in \mathrm{MDA}(H_{1/\alpha})$。

极小值收敛　极大值收敛的极限理论包含了极小值利用恒等式的极限行为

$$\min(X_1, \ldots, X_n) = -\max(-X_1, \ldots, -X_n) \tag{5.2}$$

我们可知，如果分布函数 $\tilde{F}(x) = 1 - F(-x)$，那么分布函数为 F 的独立同分布样本的标准化极小值在分布中是收敛的，其中 $\tilde{F}(x)$ 是极值分布的最大吸引域中的随机变量 $-X_1, \ldots, -X_n$ 的分布函数。设 $M_n^* = \max(-X_1, \ldots, -X_n)$，假定 $\tilde{F} \in \mathrm{MDA}(H_\xi)$，我们得到

$$\lim_{n\to\infty} P\left(\frac{M_n^* - d_n}{c_n} \leqslant x\right) = H_\xi(x)$$

结合公式 (5.2) 可以很容易地得出

$$\lim_{n\to\infty} P\left(\frac{\min(X_1, \ldots, X_n) + d_n}{c_n} \leqslant x\right) = 1 - H_\xi(-x)$$

因此，极小值的极限为形如 $1 - H_\xi(-x)$ 的分布。F 的对称分布 $\tilde{F}(x) = F(x)$，因此，如果 H_ξ 是特殊值 ξ 极大值分布的极限类型，那么 $1 - H_\xi(-x)$ 为极小值分布的极限类型。

5.1.2　极大值吸引域

大多数的应用已经充分证明，对于某些值为 ξ，基本上所有常见的统计或精算的分布都属于 $\mathrm{MDA}(H_\xi)$。本节我们考虑的问题是，哪些基础分布导致了极大值的哪些限制。

Fréchet 情况　它是指一种分布，使得 Fréchet 的极限 $H_\xi(x)$（$\xi > 0$）具有慢变或者正则变差函数的特征。

定义 5.7 (慢变和正则变差函数).

(i) 如果

$$\lim_{x\to\infty} \frac{L(tx)}{L(x)} = 1, \quad t > 0$$

那么取值在 $(0, \infty)$ 上的正的 Lebesgue(勒贝格) 可测函数 L 在 ∞ 区间内是慢变的（记作 $L \in \mathcal{R}_0$）。

(ii) 如果

$$\lim_{x\to\infty} \frac{h(tx)}{h(x)} = t^\rho, \quad t > 0$$

那么取值在 $(0, \infty)$ 上的正的 Lebesgue 可测函数 h 在 ∞ 区间内是定期变化的，其中指数 $\rho \in \mathbb{R}$。

与幂函数相比，慢变函数是一种当 x 越大变化越缓慢的函数，对数函数 $L(x) = \ln(x)$ 就是一种慢变函数。通常来说，正则变差函数可以表示成幂函数和慢变函数相乘的形式，例如，$h(x) = x^\rho L(x)$，其中 $L \in \mathcal{R}_0$。

定理 5.8 (Fréchet **极大值吸引域**，Gnedenko). 当 $\xi > 0$ 时，

$$\text{对于某个函数 } L \in \mathcal{R}_0,\ F \in \mathrm{MDA}(H_\xi) \iff \bar{F}(x) = x^{-1/\xi}L(x) \tag{5.3}$$

这意味着引发 Fréchet 情况的分布的尾部是正则变差函数，该函数的变差指数是负数。这些分布的尾部衰减基本上像幂函数，衰减速度 $\alpha = 1/\xi$ 经常被称作该分布的尾部指数。我们可以从定理 5.8 得出结论，在 Fréchet 极大值吸引域中，任何分布的右端点都满足 $x_F = \infty$。

这些分布是 EVT 中研究最多的分布，由于它们是具有无限高阶矩的厚尾分布，在金融应用中具有特殊的意义。如果 X 是非负的随机变量，它的分布函数服从 $\mathrm{MDA}(H_\xi)$（$\xi > 0$），那么可以得出，对于 $k > 1/\xi$，有 $E(X^k) = \infty$(EKM, p. 568)。如果当 $\varepsilon > 0$ 且很小时，分布满足 $\mathrm{MDA}(H_{(1/2)+\varepsilon})$，那么该分布是无限方差分布；如果分布满足 $\mathrm{MDA}(H_{(1/4)+\varepsilon})$，那么该分布是带有无限四阶矩的分布。

例 5.9 (**帕累托分布**). 在例 5.6 中，通过直接计算，我们验证了独立同分布帕累托变量的规范化极大值收敛于一个 Fréchet 分布。当 $L(x) = (\kappa^{-1} + x^{-1})^{-\alpha}$ 是一个慢变函数时，公式 (A.19) 中帕累托分布函数的尾部可以被写作 $\bar{F}(x) = x^{-\alpha}L(x)$；事实上，随着 $x \to \infty$，$L(x)$ 收敛于常数 κ^α。于是，我们证明了帕累托分布函数具有 (5.3) 的形式。

导致极大值的 Fréchet 极限的分布有很多例子，包括 Fréchet 分布本身、逆伽马分布、学生 t 分布、对数伽马分布、F 分布以及 Burr 分布等。在第 16.1.1 节中，我们将对其中一些分布进行更深入的演示。

Gumbel 情况 与 Fréchet 情况相比，Gumbel 情况下分布的特征显得更为复杂。我们从例 5.5 中可以看出，指数分布属于 Gumbel 类，更一般地说，这类情况的分布，其尾部本质上是指数衰减。分布函数为 $\mathrm{MDA}(H_0)$ 且值为正的随机变量在任意正阶下具有有限矩，例如对于任意 $k > 0$， $E(X^k) < \infty$(EKM, p. 148)。

但是，这类分布的尾部有很多变化，例如，正态分布和对数正态分布都属于 Gumbel 类 (EKM, pp. 145–147)。正如在第 6.1.4 节中所讨论的，正态分布是薄尾的，但是对数正态分布有更厚的尾，在将它的尾行为与 Fréchet 类中的分布区别开来之前，我们需要从对数正态分布中收集大量的数据。而且，也应该注意这种情况下分布的右端点满足 $x_F \leqslant \infty$，因此 $x_F < \infty$ 这种情况是可能出现的。

在金融模型中，经常错误地假设金融收益的唯一模型是 Fréchet 类的幂尾分布。Gumbel 类也很有趣，因为它包含了许多尾部比正常情况厚得多的分布，即使这些尾部不是正则变差的幂次尾部。例如双曲分布和广义双曲分布（除了特殊的边界情况，即学生 t 分布）。

其他满足 $\mathrm{MDA}(H_0)$ 的分布包括伽马分布、卡方分布、标准 Weibull 分布（从 GEV 分布的 Weibull 特例中区分出来的）、Benktander 类型 I 和类型 II 分布（流行的保险精算损失分布）以及 Gumbel 分布本身。我们将在第 16.1.2 节中对其中一些例子提供演示。

Weibull 情况　这可能是金融模型中最不重要的情况，至少在市场风险方面是这样，因为这类分布都具有有限的文本右端点。尽管所有潜在的金融和保险损失实际上都是有限的，但我们仍倾向于支持那些有无限损失的损失模型。然而在信用风险建模当中可能会有例外，我们将在第 10 章看到，概率分布在单位区间 $[0,1]$ 上是非常有用的。Weibull 这一类情况的特征如下。

定理 5.10 (Weibull MDA, Gnedenko). 对 $\xi < 0$,

$$\text{对某些函数 } L \in \mathcal{R}_0,\ F \in \mathrm{MDA}(H_\xi) \iff x_F < \infty \text{ 和 } \bar{F}(x_F - x^{-1}) = x^{1/\xi}L(x)$$

在 (EKM, p. 137) 中可以看到，给定如 (A.10) 的密度 $f_{\alpha,\beta}$，带有密度 $f_{\alpha,\beta}$ 的 β 分布满足 $\mathrm{MDA}(H_{-1/\beta})$。其中包括均匀分布这一特殊情况，即 $\beta = \alpha = 1$。

5.1.3　严平稳时间序列的极大值

前几节的标准理论涉及独立同分布序列的极大值。考虑到金融时间序列，我们现在简要地看一下严平稳时间序列的极大值理论，发现同样类型的极限分布也适用。

在本节中，我们用 $(X_i)_{i\in\mathbb{Z}}$ 表示带有平稳分布 F 的严平稳时间序列，用 $(\tilde{X}_i)_{i\in\mathbb{Z}}$ 表示相关的独立同分布过程，即分布函数同为 F 的严白噪声过程。$M_n = \max(X_1, \ldots, X_n)$ 和 $\tilde{M}_n = \max(\tilde{X}_1, \ldots, \tilde{X}_n)$ 分别表示原始序列的极大值和独立同分布序列的极大值。

对于很多过程 $(X_i)_{i\in\mathbb{N}}$，可能显示存在 0 到 1 之间的实数 θ，当且仅当

$$\lim_{n\to\infty} P((\tilde{M}_n - d_n)/c_n \leqslant x) = H(x) \tag{5.4}$$

使得非简化极限 $H(x)$ 有

$$\lim_{n\to\infty} P((M_n - d_n)/c_n \leqslant x) = H^\theta(x) \tag{5.5}$$

在这种过程中，θ 值表示该过程的极值指数（不要与 Fréchet 类中分布的尾部指数混淆）。正式的定义更具技术性（参见说明与评论），但公式 (5.4) 和 (5.5) 背后的基本思想很容易解释。

对于带有极值指数的过程，如果相关独立同分布过程的极大值依分布收敛，也就是当 ξ 取某些值时，基础分布 F 在 $\mathrm{MDA}(H_\xi)$ 中，那么其标准化极大值也是依分布收敛。此外，因为我们很容易就可以验证出 $H_\xi^\theta(x)$ 是与 $H_\xi(x)$ 同一类型的分布，那么相关序列标准化极大值的极限分布属于 GEV 分布，并且该 GEV 分布与相关独立同分布的极限有着相同的 ξ。只有该分布的位置和尺度可能会发生变化。

记 $u = c_n x + d_n$，我们可以观察到，对于足够大的 n，公式 (5.4) 和公式 (5.5) 意味着

$$P(M_n \leqslant u) \approx P^\theta(\tilde{M}_n \leqslant u) = F^{n\theta}(u) \tag{5.6}$$

因此，当 u 比较大时，极值指数（extremal index）为 θ 的时间序列的 n 个观测值中，极大值概率分布可以近似为相关独立同分布序列 $n\theta < n$ 个观测值中极大值的分布。从某种

意义上说，$n\theta$ 可以看作是 n 个观察值中独立聚类数量的大致估计，θ 通常被解释为均值聚类规模的倒数。

并非所有的严平稳过程都有极值指数（详见 EKM, p. 418 的反例），但是，在金融建模中，我们感兴趣的各种时间序列过程通常存在极值指数。必要的话，我们只区分以下两种情况，当 $\theta = 1$ 时和当 $\theta < 1$ 时。在前一种情况下，极值并不会在高位聚类，并且，时间序列中的大样本最大值与样本大小类似的独立同分布样本的最大值完全一致；在后一种情况下，我们必须知道极值有聚类的趋势。

- 严白噪声过程（独立同分布随机变量）具有极值指数 $\theta = 1$。
- 有高斯严白噪声新息的 ARMA 过程有 $\theta = 1$(EKM, pp. 216–218)。但是，如果对于 $\xi > 0$，新息分布是在 MDA(H_ξ) 中，则有 $\theta < 1$(EKM, pp. 415, 416)。
- ARCH 过程和 GARCH 过程都有 $\theta < 1$(EKM, pp. 476–480)。

最后一点与金融应用尤其相关，因为我们在第 4 章中指出，ARCH 过程和 GARCH 过程为许多金融中的收益率序列提供了很好的模型。

例 5.11 (ARCH(1) **过程的极值指数**). *在表 5.1 中，我们再现了 de Haan et al. (1989) 的部分结果，他使用蒙特卡洛模拟方法来计算 ARCH(1) 过程（见定义 4.16）极值指数的近似值。很显然，ARCH 效应越强（即参数 α_1 的数值越大），该过程聚类的趋势就越强。一个参数为 0.9，极值指数值 $\theta = 0.612$ 的过程，其平均聚类规模为 $1/\theta = 1.64$。*

表 5.1　极值指数的近似值作为 (4.22) 中 ARCH(1) 过程的参数 α_1 的函数。

α_1	0.1	0.3	0.5	0.7	0.9
θ	0.999	0.939	0.835	0.721	0.612

5.1.4　区间极大值模型

拟合 GEV 分布　假设我们有未知分布 F 的数据，并且我们假设该分布在某些 ξ 的极值分布 H_ξ 的吸引域中。如果数据是独立同分布变量，或者是具有极值指数过程的变量，例如 GARCH 变量，那么理论表明 n 组最大值 M_n 的真正分布，如果 n 足够大，则可由三参数 GEV 分布 $H_{\xi,\mu,\sigma}$ 来近似。

我们通过这个想法将 GEV 分布 $H_{\xi,\mu,\sigma}$ 在 n 区间极大值数据上拟合。很显然，我们需要重复观察一个 n 组最大值，并且我们假设数据可以分成 m 个大小为 n 的组。这在通过自然方法将数据分成若干模块时很重要。这个方法来源于水文地理学，例如，水位的每日测量值可以以年来划分成组，并取得组最大值。我们在金融中也运用类似方法，把每日收益率数据（以交易日记）以年（或者半年，或季度）划分为组，并且分析组中的日最大值。

我们记第 j 组的组最大值为 M_{nj}，所以我们的数据为 $M_{n1}, \ldots, M_{nm}$。GEV 分布可以通过多种方法拟合，包括极大似然法。其中一个方法为概率加权矩法（参见说明与评论）。在极大似然法中，假设组的大小 n 足够大，则无论基础数据是否相关，组最大观测值是独立的。在这种情况下，记 GEV 分布密度为 $h_{\xi,\mu,\sigma}$，似然对数可由下式简单得出：

$$
\begin{aligned}
&l(\xi,\mu,\sigma;M_{n1},\ldots,M_{nm})\\
&=\sum_{i=1}^{m}\ln h_{\xi,\mu,\sigma}(M_{ni})\\
&=-m\ln\sigma-\left(1+\frac{1}{\xi}\right)\sum_{i=1}^{m}\ln\left(1+\xi\frac{M_{ni}-\mu}{\sigma}\right)-\sum_{i=1}^{m}\left(1+\xi\frac{M_{ni}-\mu}{\sigma}\right)^{-1/\xi}
\end{aligned}
$$

该式必须在满足参数约束下进行最大化参数约束为 $\sigma>0$，并且对于所有 i，有 $1+\xi(M_{ni}-\mu)/\sigma>0$。尽管因为参数空间对数据值的依赖，这表现为一个不规则相似的问题，但当 $\xi>-\frac{1}{2}$ 时，作为结果的极大似然估计具有一致性与渐近有效性（使用 Smith (1985) 中的结果）。

在决定组的数量和大小（分别为 m 和 n）时，我们必须权衡以下几点：简单来讲，一个大的 n 值会使得由 GEV 分布得出的组最大值分布近似值更精确，并且参数估计的偏差更小；一个大的 m 值为极大似然估计提供更多的组最大值数据，并且使参数估计的方差更小。并且，当数据相关时，独立同分布情况下应使用稍大一点的组规模。如果有效样本规模 $n\theta$ 比 n 小，则相关性一般会使得收敛于 GEV 分布的过程变慢。

例 5.12 (S&P **收益率数据的组最大值分析**)**.** 假设我们把时钟拨回到 1987 年 10 月 16 日星期五的傍晚。在股市异常动荡的一周，标准普尔 500 指数下跌了 9.12%。仅在那个星期五，该指数前一天就下跌了 5.16%，是 1962 年以来最大的单日跌幅。

我们用 GEV 分布来拟合每年标准普尔指数日降幅的极大值。使用自 1960 年以来的数据，如图 5.2 所示，我们有 28 个年度最大降幅的观测值（包括没有结束的 1987 年的最新观测值）。估计参数值为 $\hat{\xi}=0.29$，$\hat{\mu}=2.03$，$\hat{\sigma}=0.72$，对应标准误差分别为 0.21，0.16 和 0.14。因此，拟合的分布是一个有无穷四阶矩的厚尾 Fréchet 分布，表明基础分布也是厚尾分布。注意标准误差表明我们的分析中存在相当大的不确定性，主要考虑到只有 28 个最大观测值。事实上，在似然比检验中，原假设为 Gumble 模型拟合了数据（$H_0:\xi=0$），但原假设不能被拒绝。

为了增加组的数量，我们用 GEV 模型来拟合 56 个半年度极大值，并得到参数估计值为 $\hat{\xi}=0.33$，$\hat{\mu}=1.68$，$\hat{\sigma}=0.55$，对应标准误差分别为 0.14，0.09 和 0.07。这个模型尾部更厚，Gumble 模型是充分的原假设，现在被拒绝了。

收益水平与压力损失 拟合的 GEV 模型可用于估计描述压力事件发生的两个相关量。一方面，我们可以估计以规定频率发生的压力事件的大小（收益率水平问题）。另一方面，我们可以估计具有规定大小的压力事件的频率 (收益率周期问题)。

定义 5.13 (**收益率水平**)**.** 将 H 记为 n 区间组极大值真实分布的分布函数。k 个 n 区间组收益率水平记作 $r_{n,k}=q_{1-1/k}(H)$，其中，$(1-1/k)$ 即 H 的分位数。

k 个 n 区间的收益率水平可以大致解释为平均每 k 个 n 区间中就有一个超过这个水

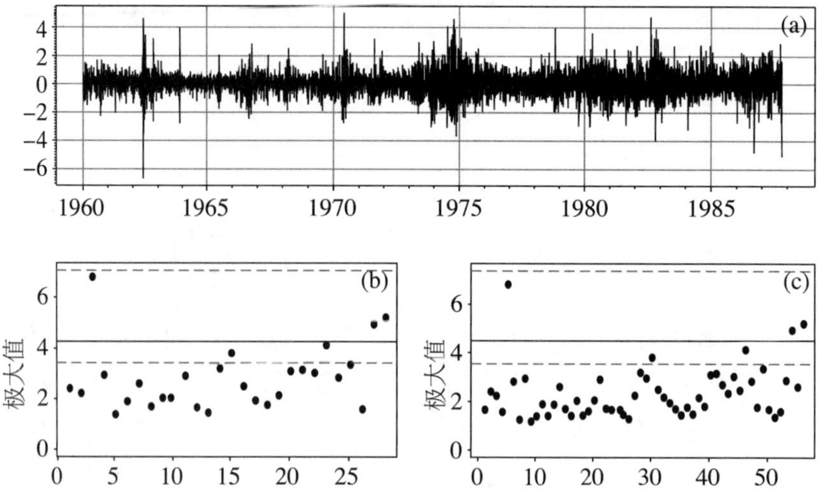

图 5.2　(a) 自 1960 年至 1987 年 10 月 16 日的标准普尔收益率百分比。(b) 每年的指数最大降幅；叠加的是 95% 置信区间下的 10 年收益水平估计（虚线）。(c) 每半年的指数最大降幅；叠加的是 95% 置信区间下的 20 个半年收益水平估计（虚线）。详见例 5.12 和例 5.15。

平。例如，10 个交易年的收益率水平 $r_{260,10}$ 是平均每 10 年有 1 个超出值的水平。（在注释中我们假设每年有 260 个交易日，尽管这只是个平均数，每年会有所不同。）我们可以使用合适的模型来计算收益率水平

$$\hat{r}_{n,k} = H^{-1}_{\hat{\xi},\hat{\mu},\hat{\sigma}}\left(1-\frac{1}{k}\right) = \hat{\mu} + \frac{\hat{\sigma}}{\hat{\xi}}\left(\left(-\ln\left(1-\frac{1}{k}\right)\right)^{-\hat{\xi}} - 1\right) \tag{5.7}$$

定义 5.14 (收益率周期). 将 H 记作 n 区间极大值真实分布的分布函数。事件 $\{M_n > u\}$ 的收益率周期由 $k_{n,u} = 1/\bar{H}(u)$ 得出。

注意，$k_{n,u}$ 的收益率周期定义为 $k_{n,u}$ n 区间收益水平为 u。换句话说，在 $k_{n,u}$ n 区间中我们期望观察到一个出现超过水平 u 情况的区间。如果极值有聚类的强趋势，那么我们期望看到区间里有多个超出量。假设 H 是 GEV 分布的分布函数，通过合适的模型，我们可以由 $\hat{k}_{n,u} = 1/\bar{H}_{\hat{\xi},\hat{\mu},\hat{\sigma}}(u)$ 来估计极值间隔期。

注意，$\hat{r}_{n,k}$ 和 $\hat{k}_{n,u}$ 都是估计 GEV 分布参数的简单函数。在计算这些量的点估计值时，我们需要给出反映 GEV 分布的参数估计误差的置信区间。一个较好的方法就是在似然比数据的基础上建立置信区间，如第 A.3.5 节中提到的。为此，我们根据相关变量重新确定 GEV 分布的参数。例如，在收益率水平的例子中，让 $\phi = H^{-1}_{\xi,\mu,\sigma}(1-(1/k))$，并让 $\boldsymbol{\theta} = (\phi,\xi,\sigma)'$，而不是 $\boldsymbol{\theta} = (\xi,\mu,\sigma)'$，从而来确定 GEV 分布的参数。$\phi$ 的极大似然估计值可以用公式 (5.7) 得到，而置信区间可以通过第 A.3.5 节（尤其是等式 (A.28)）中的方法得到。

例 5.15 (S&P 收益数据的压力损失). 我们继续例 5.12，根据 1987 年 10 月 16 日之前的数据估计 10 年期和 20 个半年度收益率水平，使用 (5.7) 对点估计和上面描述的似然比方法得到置信区间。10 年期收益率水平的点估计值为 4.3%，95% 置信区间为 (3.4, 7.3)。20

个半年度收益率水平的点估计值为 4.5%，95% 置信区间为 (3.5, 7.1)。显然，即使有 28 年或 56 个半年度的数据，这种频率事件的规模也存在一些不确定性。

我们的数据集结束后的第二天，1987 年 10 月 19 日，是黑色星期一。该指数在一天内下跌了前所未有的 20.5%。这一事件远远超出了我们对 10 年亏损的置信区间。如果我们估计 50 年的收益率水平（一个事件超出我们的经验，我们有 28 年的数据），那么我们的点估计为 7.2，置信区间是 (4.8, 23.4)，因此，1987 年的暴跌是一个较为罕见的事件，处在置信区间的上限附近。但是 28 个最大值太少，不足以得出 50 年一遇的罕见事件的可靠估计。

我们换一个角度看问题，试着估计 20.5% 损失的收益率周期，那么点估计为 1631 年（几乎是两千年一遇的事件）。但是，95% 的置信区间意味着所有事情最多 42 年发生一次，甚至会永远不发生！半年最大值的分析只是稍微多提供了一些信息：点估计为 1950 个半年；置信区间为 121 个半年至 3.0×10^6 个半年。总的来说，在 1987 年 10 月 16 日，我们掌握的数据对于这样严重的事件没有任何帮助。这表明想要量化超乎我们实证经验的事件有内在的困难。

说明与评论

本章的主要资料来源是 Embrechts et al. (1997)（EKM）。更多关于 EVT 的重要文献包括 Gumbel (1958)，Leadbetter et al. (1983)，Galambos (1987)，Resnick (1987)，Falk et al. (1994)，Reiss and Thomas (1997)，de Haan and Ferreira (2000)，Coles (2001)，Beirlant et al. (2004) 和 Resnick (2007)。

Fisher and Tippett (1928) 首先研究了最大值极限法的形式。Gnedenko 在其基础论文 Gnedenko (1941, 1943) 中将该课题转变为完整的数学成果。极值指数出现在平稳序列最大值理论中，其概念具有悠久的历史。第一个数学上精确的定义似乎是由 Leadbetter (1983) 给出的，详情参见 Leadbetter et al. (1983) 和 Smith and Weissman (1994)。计算 ARCH(1) 过程的极值指数所需的理论（如表 5.1 所示）在 de Haan et al. (1989) 以及 EKM 的第 473~480 页中。对于 GARCH(1, 1) 过程可以参考 Mikosch and Stărică (2000)。

另一个更困难的任务是假定数据确实来自具有极值指数的过程时，从这些时间序列数据得到极值指数的统计估计。EKM 第 8.1.3 节中描述了组和游程这两种通用的方法。这些方法可以回溯到 Hsing (1991) 和 Smith and Weissman (1994) 的著作。尽管极端指数的估计量已经用于现实世界的数据分析中 (参见，例如， Davison and Smith, 1990)，但是极端指数仍然是一个难以准确估计的参数。

GEV 分布的极大似然拟合由 Hosking (1985) 和 Hosking et al. (1985) 提出。当 $\xi > -0.5$ 时，可以使用 Smith (1985) 中的结果来证明一致性和渐近正态性。Hosking et al. (1985) 已经提出了被称为概率加权矩（PWM）的替代方法（参见 EKM，第 321~323 页）。例 5.12 和例 5.15 中的组最大值分析是基于 McNeil (1998) 的。使用组最大值法的财务数据分析也可以在 Longin (1996) 中找到，它是最早将 EVT 方法应用于金融数据的论文之一。

5.2 阈值超越量

第 5.1.4 节讨论的区间极大值方法有一个主要缺陷，那就是非常浪费数据。为了便于分析，我们只保留数量较大的区间中的最大损失。正是由于这个原因，基于阈值超越量的方法在实践中很大程度上取代了区间极大值法。在基于阈值超越量的方法中，我们使用所有的极端数据，这些极端数据是指超过特定水平的数据。

5.2.1 广义帕累托分布

阈值超越量的主要分布模型是广义帕累托分布（GPD）。

定义 5.16 (GPD). GPD 的分布函数由下式给出：

$$G_{\xi,\beta}(x)=\begin{cases}1-(1+\xi x/\beta)^{-1/\xi}, & \xi\neq 0\\ 1-\exp(-x/\beta), & \xi=0\end{cases}\tag{5.8}$$

其中当 $\xi\geqslant 0$ 时，$\beta>0$，$x\geqslant 0$；当 $\xi<0$ 时，$0\leqslant x\leqslant -\beta/\xi$，参数 ξ 和 β 分别是形状和尺度参数。

与定义 5.1 中的 GEV 分布一样，GPD 是广义的，因为它包含许多特殊情况：当 $\xi>0$ 时，分布函数 $G_{\xi,\beta}$ 是具有 $\alpha=1/\xi$ 和 $\kappa=\beta/\xi$ 的普通帕累托分布（参见第 A.2.8 节）；当 $\xi=0$ 时，是指数分布；当 $\xi<0$ 时，这是一个薄尾的帕累托 II 型分布。此外，正如 GEV 分布的情况，对于固定的 x，其参数形式在 ξ 上是连续的，因此 $\lim_{\xi\to 0}G_{\xi,\beta}(x)=G_{0,\beta}(x)$。不同 ξ 值情况下 GPD 的分布函数和密度如图 5.3 所示，其中 $\beta=1$。

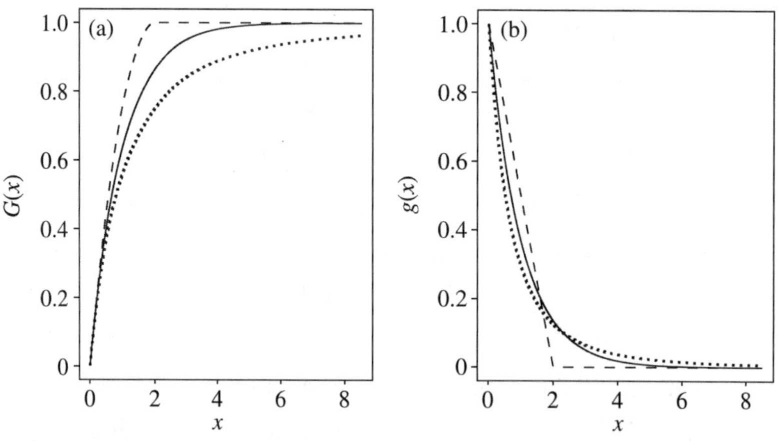

图 5.3　（a）GPD 在三种情况下的分布函数：实线对应 $\xi=0$（指数分布）；点划线 $\xi=0.5$（帕累托分布）；短划线 $\xi=-0.5$（帕累托 II 型分布）。在所有情况下，尺度参数 β 都等于 1。（b）三种情况相应的密度函数。

至于吸引域，对于所有的 $\xi\in\mathbb{R}$，我们有 $G_{\xi,\beta}\in\text{MDA}(H_\xi)$。需要注意的是，对于 $\xi>0$ 和 $\xi<0$ 的情况，该论断很容易遵从定理 5.8 和定理 5.10 的特征。在厚尾的情况下，$\xi>0$，可以容易地证明出，在 $k\geqslant 1/\xi$ 时，$E(X^k)=\infty$。假定 $\xi<1$，GPD 的平均值为

$$E(X)=\beta/(1-\xi)\tag{5.9}$$

GPD 在 EVT 中的作用是作为阈值超额分布（*excess distribution*）的自然模型。我们用均值超额函数（*mean excess function*）来定义这个概念，它也将在理论中发挥重要作用。

定义 5.17 (超过阈值 u 的超额分布). 假设 X 是一个服从 F 分布的随机变量。当 $0 \leqslant x < x_F - u$ 时，阈值 u 的超额分布服从下式

$$F_u(x) = P(X - u \leqslant x \mid X > u) = \frac{F(x+u) - F(u)}{1 - F(u)} \tag{5.10}$$

其中 $x_F \leqslant \infty$ 是 F 的右端点。

定义 5.18 (均值超额函数). 具有有限平均值的随机变量 X 的均值超额函数由下式给出：

$$e(u) = E(X - u \mid X > u) \tag{5.11}$$

超额分布函数 F_u 描述了假定已经超过阈值 u 的情况下，高于阈值 u 的超额损失的分布。均值超额函数 $e(u)$ 是 u 的函数，表示 F_u 的平均值。在生存分析中，超额分布函数通常被称为剩余寿命分布函数，它表示已经使用了 u 单位时间的电子元件，在时间段 $(u, u+x]$ 内失效的概率。均值超额函数被称为平均剩余寿命函数，它给出了使用了不同时间的部件的预期剩余寿命。对于 GPD 的特殊情况，超额分布函数和均值超额函数可以很容易地计算。

例 5.19 (指数和 GPD 分布超额分布). 如果 F 是一个指数随机变量的分布函数，因为指数分布有无记忆性的特点，那么我们可以容易地验证对于所有的 x，有 $F_u(x) = F(x)$，即前面提到的电气部件的剩余寿命时间与这些部件已经被使用的时间无关。更一般地讲，如果 X 的分布函数为 $F = G_{\xi,\beta}$，则使用公式 (5.10) 可以容易地将超额分布函数表示为下式

$$F_u(x) = G_{\xi,\beta(u)}(x), \quad \beta(u) = \beta + \xi u \tag{5.12}$$

其中若 $\xi \geqslant 0$，则 $0 \leqslant x < \infty$；若 $\xi < 0$，则 $0 \leqslant x \leqslant -(\beta/\xi) - u$。超额分布仍是一种有着相同形状参数 ξ 的 GPD，但尺度随着阈值 u 而线性增长。GPD 的均值超额函数可以很容易地从公式 (5.12) 和 (5.9) 得到

$$e(u) = \frac{\beta(u)}{1-\xi} = \frac{\beta + \xi u}{1 - \xi} \tag{5.13}$$

其中若 $0 \leqslant \xi < 1$，则 $0 \leqslant u < \infty$；若 $\xi < 0$，则 $0 \leqslant u \leqslant -\beta/\xi$。可以观察到，均值超额函数是阈值 u 的线性函数，这是 GPD 的独特性质。

例 5.19 显示，在计算超额分布时，GPD 显示了其稳定性。我们现在给出的数学结果显示，GPD 实际上是许多基础损失分布的自然极限超额分布。这个结果也可以看作是 GEV 分布最大吸引域的特征定理。在第 5.1.2 节中，我们分别查看了分布的 $\xi > 0$、$\xi = 0$ 和 $\xi < 0$ 三种情况下的特征。以下结果为所有 ξ 提供了 MDA(H_ξ) 的全局特征，它考虑到了超过阈值的超额分布的极限行为。

定理 5.20 (Pickands-Balkema-de Haan **定理**). 当且仅当 $F \in \text{MDA}(H_\xi)$，$\xi \in \mathbb{R}$ 时，我们可以找到一个（正可测函数）$\beta(u)$

$$\lim_{u \to x_F} \sup_{0 \leqslant x < x_F - u} |F_u(x) - G_{\xi,\beta(u)}(x)| = 0$$

因此，标准化极大值（normalized maxima）收敛于 GEV 的分布包含了一系列分布，这些分布随着阈值的上升收敛于 GPD；此外，超额数的极限 GPD 的形状参数与最大值极限 GEV 分布的形状参数相同。我们已经在第 5.1.2 节中说明，基本上所有对于某些 ξ 的常用统计连续分布都在 $\text{MDA}(H_\xi)$ 中。因此通过定理 5.20 基本上可认为 GPD 是一个正则分布，用来模拟高阈值上的超额损失该定理有广泛的适用性。

5.2.2 超额损失建模

我们假设处理的损失分布 $F \in \text{MDA}(H_\xi)$，利用定理 5.20，对于一些被适当选择出来的高阈值 u，可以通过广义帕累托分布对 F_u 建模。假设详见下文。

假设 5.21. 设 F 是右端点为 x_F 的损失分布，并假定对于一些高阈值 u，当 $0 \leqslant x < x_F - u$，$\beta > 0$ 时，有 $F_u(x) = G_{\xi,\beta}(x)$，其中 $\xi \in \mathbb{R}$。

这显然是一个理想化的假设。因为在实践中超额分布通常不会恰好是 GPD，但我们通过使用假设 5.21 在以下部分进行一些计算。

方法 给定来自 F 的损失数据 $X_1, \ldots, X_n$，随机数 N_u 将超过我们的阈值 u。方便起见，重新标记这些数据为 $\tilde{X}_1, \ldots, \tilde{X}_{N_u}$（原文加上波浪线）。对于每一个超额值，超额损失都记为 $Y_j = \tilde{X}_j - u$。我们希望通过将该分布与 N_u 超额损失拟合来估计 GPD 模型的参数。有多种拟合 GPD 的方法，包括极大似然法（ML）和概率加权矩法（PWM），前一种方法更常用。而且，如果可以假定超额数据是独立随机变量（rvs），则前一种方法也很容易实现，因为联合密度是边际 GPD 密度的乘积。

对于 GPD 的密度函数 $g_{\xi,\beta}$，可以很容易地计算其对数似然形式

$$\begin{aligned}\ln L(\xi, \beta; Y_1, \ldots, Y_{N_u}) &= \sum_{j=1}^{N_u} \ln g_{\xi,\beta}(Y_j) \\ &= -N_u \ln \beta - \left(1 + \frac{1}{\xi}\right) \sum_{j=1}^{N_u} \ln\left(1 + \xi \frac{Y_j}{\beta}\right) \end{aligned} \tag{5.14}$$

该式必须在 $\beta > 0$ 和对于所有 j 都有 $1 + \xi Y_j/\beta > 0$ 的参数约束情况下最大化。求解最大化后，得到了一个超额分布 F_u 的 GPD 模型 $G_{\hat{\xi},\hat{\beta}}$。

非独立同分布数据 对于保险或操作风险数据，独立同分布假设往往是没有问题的，但这显然对于金融收益率时间序列是不成立的。如果数据是序列相关的但没有显示出极端值聚类的趋势，那么这可能表明基础过程具有极值指数 $\theta = 1$。在这种情况下，我们在第 5.3 节

总结的渐近理论表明一个高阈值超越量的极限模型，其中超额发生服从泊松过程，并且超额损失金额是独立同分布的广义帕累托分布。如果极值聚类，表明极值指数 $\theta < 1$（和基础的广义自回归条件异方差模型过程一致），独立超额损失的假设不再满足。最简单的方法是忽略这个问题，并认为极大似然方法是一种拟极大似然（QML）的方法，而当数据序列相关时，似然值是错误的。本节我们使用该方法。虽然标准误差可能太小，但点估计依然是合理的。在第 5.3 节，我们将更详细地讨论阈值超越量为非独立同分布数据的情况。

高阈值超越量　从我们拟合阈值 u 的超额分布的模型中，我们可以很容易地推断出超过任一更高阈值的超额分布。我们有以下引理。

引理 5.22. 在假设 5.21 下，对于任一更高的阈值 $v \geqslant u$，遵循 $F_v(x) = G_{\xi,\beta+\xi(v-u)}(x)$。

证明. 我们使用公式 (5.10) 和 (5.8) 中 GPD 的微分推断出

$$\begin{aligned}\bar{F}_v(x) &= \frac{\bar{F}(v+x)}{\bar{F}(v)} = \frac{\bar{F}(u+(x+v-u))}{\bar{F}(u)}\frac{\bar{F}(u)}{\bar{F}(u+(v-u))}\\ &= \frac{\bar{F}_u(x+v-u)}{\bar{F}_u(v-u)} = \frac{\bar{G}_{\xi,\beta}(x+v-u)}{\bar{G}_{\xi,\beta}(v-u)}\\ &= \bar{G}_{\xi,\beta+\xi(v-u)}(x)\end{aligned}$$

□

超过更高阈值的超额分布仍是一个有着相同 ξ 参数的 GPD，但尺度随着阈值 v 线性增长。当 $\xi < 1$，均值超额函数为：

$$e(v) = \frac{\beta+\xi(v-u)}{1-\xi} = \frac{\xi v}{1-\xi} + \frac{\beta-\xi u}{1-\xi} \tag{5.15}$$

其中如果 $0 \leqslant \xi < 1$，则 $u \leqslant v < \infty$；如果 $\xi < 0$，则 $u \leqslant v \leqslant u - \beta/\xi$。

v 中均值超额函数 (5.15) 的线性度通常用作证明超额分布是 GPD 的数据诊断程式。它形成了以下选择合适的阈值的简单图形法的基础。

样本均值超额图　对于正的损失数据 $X_1, \ldots, X_n$，我们定义样本均值超额函数是一个定义 5.18 中的均值超额函数的实证估计。估计值是：

$$e_n(v) = \frac{\sum_{i=1}^{n}(X_i - v)I_{\{X_i>v\}}}{\sum_{i=1}^{n} I_{\{X_i>v\}}} \tag{5.16}$$

为了研究这个函数，我们通常建立均值超额图，$\{(X_{i,n}, e_n(X_{i,n})) : 2 \leqslant i \leqslant n\}$，其中 $X_{i,n}$ 表示第 i 大（或小）的顺序统计量。如果数据支持一个超过某较高阈值的 GPD 模型，那么等式 (5.15) 表明该图表会随着 v 值增加而越来越“线性”上升。线性上升的趋势表明 GPD 模型有正的形状参数 ξ；绘图趋向于水平表明 GPD 有几乎为零的形状参数，换言之，指数超额分布；线性下降的趋势表明 GPD 有负的形状参数。

这些都是理想的情况，但在实践中，看懂均值超额图还需要一些经验。即使是真的广义帕累托分布的数据，样本的均值超额的图也很少是完全线性的，特别是对右端，我们对少量大额超过数进行了平均。事实上，我们经常忽略最后几个点，因为它们会严重扭曲图形。如果我们看到的直观图形表明，那么均值超额图变得线性，然后，我们可以选择我们的阈值 u 作为图中线性区间起始值（参见例 5.24）。

例 5.23 (**丹麦火灾损失数据**). 丹麦火灾保险数据是一个很好的金融损失研究案例，因为该观测数据恰好符合独立同分布模型。该数据集包括 1980 年到 1990 年之间 2156 起火灾保险中，损失超过 1 000 000 丹麦克朗的数据，以百万克朗为单位。损失数字是包含了建筑物和内部财产物资的综合损失，以及在某些情况下也包括经济利润的损失；损失经过通胀调整后，得到 1985 个值，如图 5.4 (a) 所示。

图 5.4 (b) 的样本均值超额图实际上在整个损失范围内相当“线性”，而根据向上的斜率，我们预期形状参数 ξ 为正的 GPD 可以拟合整个数据集。然而，图形显示在 10 以下扭曲，在 10 以上又变直了。因此，我们把阈值设置在 $u=10$，用超过 10 的超额损失来拟合 GPD，以此获得一个能较好拟合最大部分损失的模型。极大似然参数估计值 $\hat{\xi}=0.50$，$\hat{\beta}=7.0$，其对应标准误分别为 0.14 和 1.1。因此，我们拟合的模型本质上是一个厚尾、无限方差的模型。一个对超额分布 $\hat{F}_u(x-u)$ 进行拟合的 GPD 模型图也在图 5.4 (c) 中给出，在每一损失的超额概率的经验估计值上叠加点；请注意经验估计值与 GPD 曲线之间的良好对应关系。

在保险中，我们可以使用该模型来估计保险损失的预期大小，因为它进入了一个给定的保险层。因此，我们可以根据公式 (5.15) 采用适当的参数估计来估计预期损失大小，给定阈值为 10 000 000 克朗或任何其他更高的阈值。

例 5.24 (AT&T **周损失数据**). 假设我们对 AT&T 股票进行投资，想用无条件的方法模拟每周的价值损失。如果用 X_t 代表周对数收益率，那么我们一周的头寸价值损失百分比由 $L_t=100(1-\exp(X_t))$ 给出。图 5.5 (a) 表示在 1991 年到 2000 年共 521 个完整星期的损失数据。

图 5.5 (b) 表示正损失值的均值超额损失图，因此，在超额损失分布可以近似为广义帕累托分布的点以上，可以找到阈值。我们选取阈值为日 2.75% 的损失，因此有 102 个点超过阈值。

观察第 3.1 节中 1993—2000 年 AT&T 的月度收益率数据，不符合严格白噪声假设，因此超额损失不能作为独立数据处理。第 5.3 节暂时忽略以上情况，使用标准极大似然法估计广义帕累托超额损失分布模型的参数。从而得到 $\hat{\xi}=0.22$ 和 $\hat{\beta}=2.1$，其对应的标准误分别为 0.13、0.34。因此拟合的模型几乎有无限四阶矩。图 5.5 (c) 给出了超额损失分布 $\hat{F}_u(x-u)$ 的拟合 GPD 模型，图形上叠加的点表示每个损失超过阈值概率的经验估计。

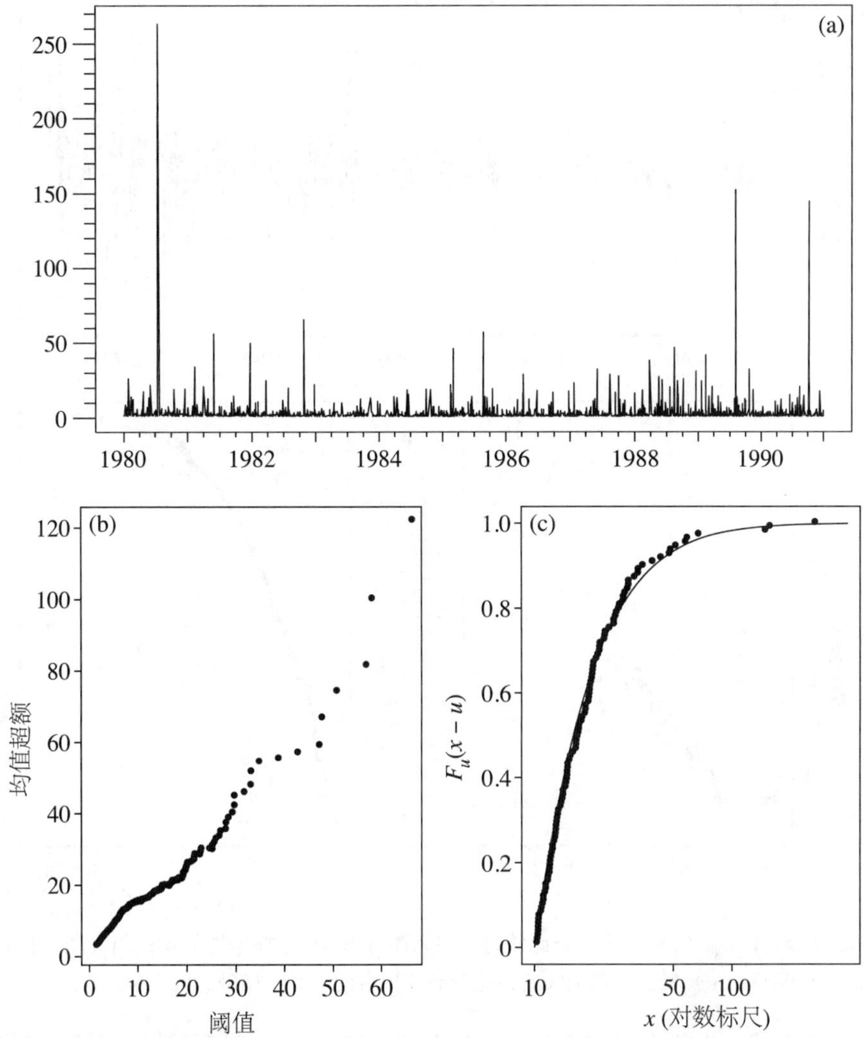

图 5.4 (a) 丹麦保险数据的时间序列图。(b) 样本均值超额图。(c) 超额值的经验分布和拟合的 GPD。详见例 5.23。

5.2.3 尾部风险建模及尾部风险度量

本节描述如何通过超额损失的 GPD 模型来估计相应损失分布 F 的尾部概率和相关风险度量。我们再次假设 5.21 以进行必要的理论计算。

尾部概率和风险度量 首先观测在假设 5.21 下，当 $x \geqslant u$ 时有

$$
\begin{aligned}
\bar{F}(x) &= P(X > u)P(X > x \mid X > u) \\
&= \bar{F}(u)P(X - u > x - u \mid X > u) \\
&= \bar{F}(u)\bar{F}_u(x - u) \\
&= \bar{F}(u)\left(1 + \xi\frac{x - u}{\beta}\right)^{-1/\xi}
\end{aligned} \tag{5.17}
$$

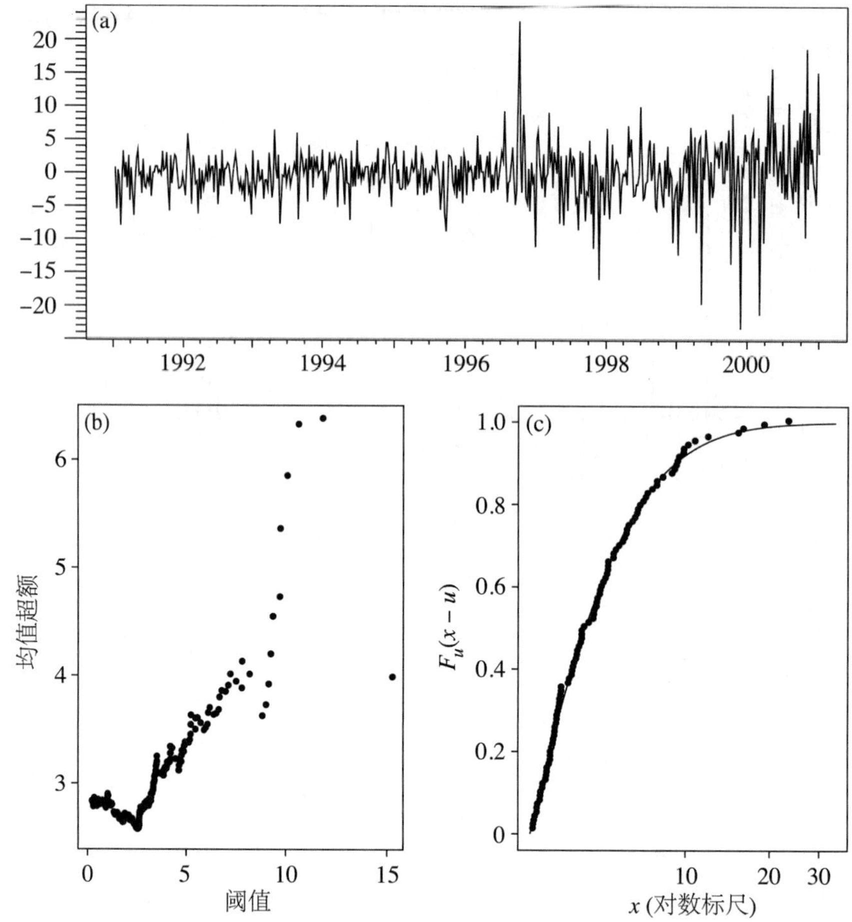

图 5.5 (a) 表示 AT&T 每周损失百分比的时间序列图。(b) 表示样本均值超额损失图 (Sample mean excess plot)。(c) 表示超额损失的经验分布和拟合的 GPD 模型。详见例 5.24。

其中，若已知 $F(u)$，上式为尾部概率的计算公式。其可以被反解成计算对应分布的高分位数的公式，即 VaR。当 $\alpha \geqslant F(u)$ 时，VaR 等于

$$\mathrm{VaR}_\alpha = q_\alpha(F) = u + \frac{\beta}{\xi}\left(\left(\frac{1-\alpha}{\bar{F}(u)}\right)^{-\xi} - 1\right) \tag{5.18}$$

假设 $\xi < 1$，可通过 (2.22) 和 (5.18) 计算联合预期损失。可得

$$\mathrm{ES}_\alpha = \frac{1}{1-\alpha}\int_\alpha^1 q_x(F)\,\mathrm{d}x = \frac{\mathrm{VaR}_\alpha}{1-\xi} + \frac{\beta - \xi u}{1-\xi} \tag{5.19}$$

注意假设 5.21 和引理 5.22 表示超过 VaR_α 部分的超额损失满足 GPD 分布，$F_{\mathrm{VaR}_\alpha} = G_{\xi,\beta+\xi(\mathrm{VaR}_\alpha - u)}$。$\mathrm{VaR}_\alpha$ 加上分布的均值也能得到公式 (5.19) 中的预期损失即 $\mathrm{ES}_\alpha = \mathrm{VaR}_\alpha + e(\mathrm{VaR}_\alpha)$，其中 $e(\mathrm{VaR}_\alpha)$ 由公式 (5.15) 给定。分位数概率为 α 时，观察极端值下两种风险度量的比的变化是一件十分有趣的事。可通过公式 (5.18) 和公式 (5.19) 计算得

出

$$\lim_{\alpha\to 1}\frac{\mathrm{ES}_\alpha}{\mathrm{VaR}_\alpha}=\begin{cases}(1-\xi)^{-1}, & 0\leqslant\xi<1\\ 1, & \xi<0\end{cases} \tag{5.20}$$

因此，在分布的最尾部，GPD 的形状参数 ξ 能有效地决定该比率。

实践中的估计　在假设 5.21 下，尾部概率、VaR 和预期损失均由公式 $g(\xi,\beta,\bar{F}(u))$ 给定。如第 5.2.2 节中所示，假设在阈值 u 下拟合出超额损失的 GPD，我们首先将公式 (5.17)~(5.19) 中的参数 ξ 和 β 替换成他们的估计值，从而得到分位数的估计值。当然，我们也需要 $\bar{F}(u)$ 的估计值，在这里，用简单的经验估计 N_u/n 表示。其中，隐含假设是有足够多的超过阈值 u 的样本来可靠地估计 $\bar{F}(u)$。然而，我们争取的经验方法是基于 GPD 将更极端尾部概率和风险测量外推出来。为了获得尾部概率，可先使用由 Smith (1987) 提出的下列形式

$$\hat{\bar{F}}(x)=\frac{N_u}{n}\left(1+\hat{\xi}\frac{x-u}{\hat{\beta}}\right)^{-1/\hat{\xi}} \tag{5.21}$$

我们强调该式只有在 $x\geqslant u$ 时才成立。当 $\alpha\geqslant 1-N_u/n$ 时从公式 (5.18) 和公式 (5.19) 可获得 VaR_α 和 ES_α 的点估计。

当然也想计算置信区间。当采用似然方法估计 ξ 和 β 时，考虑 $\hat{\xi}$ 和 $\hat{\beta}$ 的不确定性以及忽略 N_u/n 作为 $\bar{F}(u)$ 估计值的不确定性，可以较为容易地得到 $g(\hat{\xi},\hat{\beta},N_u/n)$ 的置信区间。根据 $\phi=g(\xi,\beta,N_u/n)$ 将 GPD 模型再参数化，$\hat{\phi}$ 的置信区间由第 5.1.4 节中的似然比检验得到，第 A.3.5 节的末尾正是采用这种方法计算收益率水平。

例 5.25 (AT&T **公司损失数据的风险度量**). 假设我们已经得到例 5.24 中拟合的周超额损失的 GPD 模型，其中阈值 $u=2.75\%$，在 99% 的置信水平下估计损失分布的和预期损失。图 5.6 展示了此种方法的实质。这是一个关于对数轴估计尾概率的图，叠加的点划线表示风险度量和相关置信区间的估计。图上的点表示有 102 个阈值超越量，y 值由相应的经验分布函数确定。通过这些点的光滑曲线可以得到尾部估计值 (5.21)。

99% 分位数的估计下，能确定尾部度量曲线和水平线 $\bar{F}(x)=0.01$ 的交点（图中没有标记）。第一条垂直虚线表示分位数估计。水平虚线显示了在 95% 的置信水平下 VaR 的估计。置信度写在图右边的 y 轴上。95% 置信区间的边界可以通过水平线与虚线曲线的交点得到，该曲线是 GPD 模型的参数——VaR 的似然曲线的轮廓，是使用第 A.3.5 节中讨论的似然比检验得到的。降水平线设置为 99% 可以相应得到 99% 置信区间下 VaR 的估计。低于 99% 的水平线相当于在 99% 的置信水平下计算 VaR 时采用的置信水平 99% 的分位数下，点估计和 95% 的置信区间估计分别为 11.7% 和 (9.6, 16.1)。

图 5.6 中第二条垂线表示 99% 的预期损失的点估计。95% 的置信区间由水平虚线和其与第二条垂直虚线的交点确定。点估计和 95% 置信水平下的区间估计是 17% 和 (12.7, 33.6)。注意损失和 VaR 的点估计之比为 $17/11.7\approx 1.45$，比公式 (5.20) 中的渐近比 $(1-\hat{\xi})^{-1}=1.29$ 大；这是有限水平下的普遍情况，由公式 (5.19) 中的第二项作为不可忽略的正数来解释。

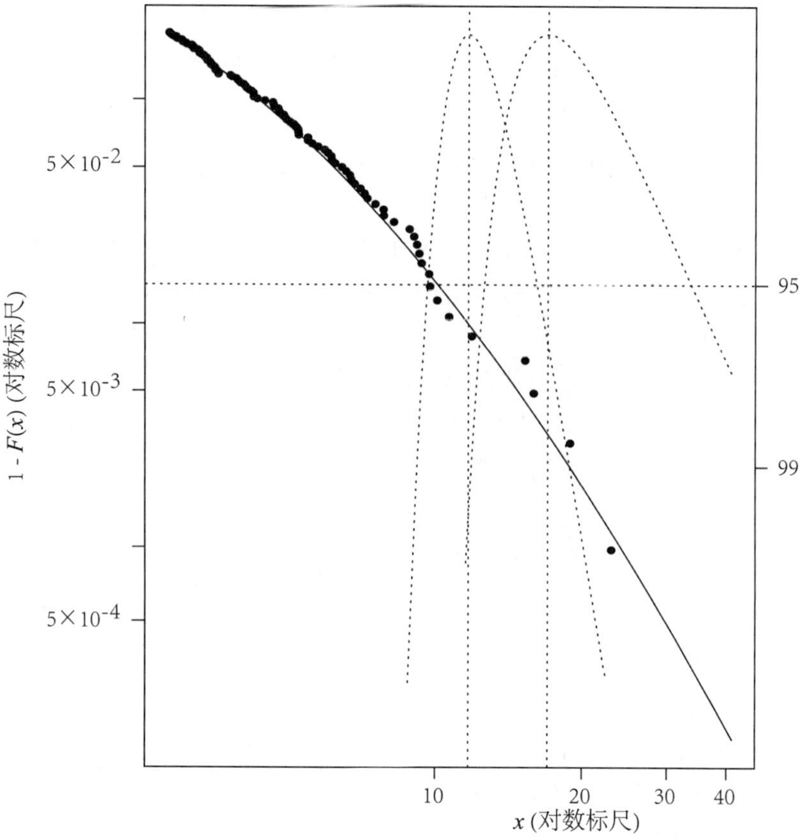

图 5.6 平滑曲线表示采用估计量 (5.21) 中的估计方法得到的 AT&T 每周损失百分比的尾部估计。图中的点表示根据经验分布函数计算的经验尾部概率。垂直虚线表示 99% 置信水平下 VaR 和预期损失的估计。其他的曲线用于构建置信区间。详见例 5.25。

在结束 GPD 尾部建模的主题之前，很明显，了解我们的风险度量估计对阈值的选择有多敏感是很重要的。到目前为止我们已考虑单个的阈值 u，并且总是基于相同 GPD 模型对超过该阈值的数进行增量计算。我们希望阈值选择标准有一定的稳定性。

例 5.26 (阈值变化). 在 AT&T 的每周损失数据的案例中，不同阈值的影响如图 5.7 所示，考虑到在决定尾部权重和分位数与预期损失关系时参数 ξ 的重要性，通过选取一系列阈值使超过数的数量为 20 到 150 个，我们首先展示 ξ 的估计值是如何变化的。事实上，这些估计值相当恒定，在 0.2 左右。图形还显示了由标准差估计构建的对称的 95% 置信水平，表明当阈值降低或者阈值超过数的数量增加时，参数值不确定性增加。

图形也显示了 99%VaR 的点估计和预期损失估计。前者仍旧明显稳定在 12%，然而后者随着 ξ 估计值变化有微小的波动。这些图形再次保证不同的阈值不会严重影响结论。我们再次回到第 5.2.5 节中阈值选择的话题。

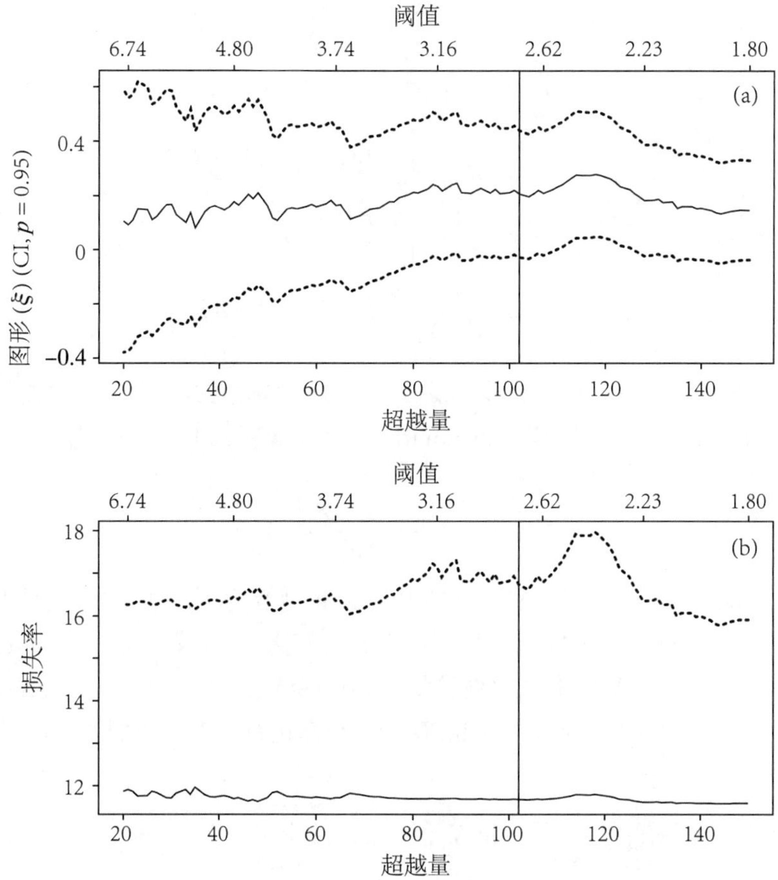

图 5.7 (a) 95% 的置信区间内，不同阈值 u 下的 ξ 和超过数 N_u 的估计。(b) 99%VaR 的相关点估计（实线）和预期损失（点划线）。评论参见例 5.26。

5.2.4 Hill 法

GPD 模型不是估计分布尾部的唯一方法，著名的 Hill 法也可以为厚尾分布的尾部建模，在本节中我们会进行阐述。

尾部指数估计 对于该模型，我们假设基础损失分布在 Fréchet 分布的最大吸引域中，因此，通过定理 5.8，对于慢变函数 L 和一个正的参数 α，其尾部可以有以下表达式

$$\bar{F}(x) = x^{-\alpha} L(x) \tag{5.22}$$

传统意义上，我们对 Hill 法感兴趣的是*尾部指数*α，而不是 (5.3) 中它的倒数 ξ。目标是通过基于同分布数据 $X_1, \ldots, X_n$ 找到 α 的估计值。

Hill 估计量可以用不同的方法导出（见 EKM，pp.330~336）。最简洁的方法可能是考虑一般对数损失 $\ln X$ 的均值超额函数，其中 X 是分布函数为 (5.22) 的随机变量。e^* 为 $\ln X$ 均值超额函数，利用分部积分法可以得到:

$$
\begin{aligned}
e^*(\ln u) &= E(\ln X - \ln u \mid \ln X > \ln u) \\
&= \frac{1}{\bar{F}(u)} \int_u^\infty (\ln x - \ln u)\,\mathrm{d}F(x) \\
&= \frac{1}{\bar{F}(u)} \int_u^\infty \frac{\bar{F}(x)}{x}\,\mathrm{d}x \\
&= \frac{1}{\bar{F}(u)} \int_u^\infty L(x) x^{-(\alpha+1)}\,\mathrm{d}x
\end{aligned}
$$

如果 u 足够大，则当 $x \geqslant u$ 时，慢变函数 $L(x)$ 可以本质上被视为一个常数，可以放到积分符号外面。更正式地，通过使用 Karamata 理论（见第 A.1.4 节），当 $u \to \infty$ 时，我们可以得到

$$
e^*(\ln u) \sim \frac{L(u)u^{-\alpha}\alpha^{-1}}{\bar{F}(u)} = \alpha^{-1}
$$

所以，$\lim_{u\to\infty} \alpha e^*(\ln u) = 1$。我们预期由记录的观测值构建的样本均值超额函数 e_n^*（见 (5.16)）具有类似的尾部表现。这意味着，当 n 足够大、k 足够小时，预期有 $e_n^*(\ln X_{k,n}) \approx \alpha^{-1}$，其中 $X_{n,n} \leqslant \cdots \leqslant X_{1,n}$ 是顺序统计量（order statistics）。评估 $e_n^*(\ln X_{k,n})$ 能得到估计量 $\hat{\alpha}^{-1} = ((k-1)^{-1}\sum_{j=1}^{k-1} \ln X_{j,n} - \ln X_{k,n})$。稍微进行修改，我们就可以得到 Hill 估计量的标准形式

$$
\hat{\alpha}_{k,n}^{(\mathrm{H})} = \left(\frac{1}{k}\sum_{j=1}^{k} \ln X_{j,n} - \ln X_{k,n}\right)^{-1},\quad 2 \leqslant k \leqslant n \tag{5.23}
$$

Hill 估计量是 EVT 文献中研究最多的估计量之一。在包括 ARCH 和 GARCH（见说明与评论）在内的各种假设模型下，对该估计量的渐近性质（一致性、渐近正态性）（如样本量 $n \to \infty$、极端值 $k \to \infty$ 的数目以及所谓的尾部分数 $k/n \to 0$）进行了广泛的研究（参见说明与评论）。我们专注于估计量在实践中的使用，特别是关于 GPD 估计方法的性能。

如果一个分布的尾部是近乎完美的幂函数，则对于该分布的数据，Hill 估计量通常能很好地估计 α，或者它的倒数 ξ。在实践中，一般的策略是对不同的 k 值来画 Hill 估计量。由此得到 Hill 图 $\{(k, \hat{\alpha}_{k,n}^{(\mathrm{H})}) : k = 2, \ldots, n\}$。我们期望在 Hill 图中找到一个稳定的区域，尽管顺序统计量不同，但得到的 Hill 统计量是相似的。

例 5.27 (Hill 图). 例 5.8（Hill 图）我们对例 5.23 中的丹麦火灾数据和例 5.24 中的周损失百分比数据（仅正数）构建 Hill 图。

为所有可能的 k 值构建 Hill 图并不难，但是这样做可能会产生误导。实践经验（见例 5.28）显示，最好把 k 值选小一点，如在 1000 个样本量中，选 10~50 个顺序统计量。为此我们有 Hill 图的补充部分，表示 k 值小于 60 时得到的估计量。

丹麦火灾数据得到的 α 估计量在 1.5 和 2 之间，意味着 ξ 估计量在 0.5 和 0.67 之间，这些数据全部对应于无限方差模型。回想例 5.23 中来自 GPD 模型的估计量 $\hat{\xi} = 0.50$。对于 AT&T 数据，在图中没有特别稳定的区域。当顺序统计量 $k = 2, \ldots, 60$ 时，α 统计量

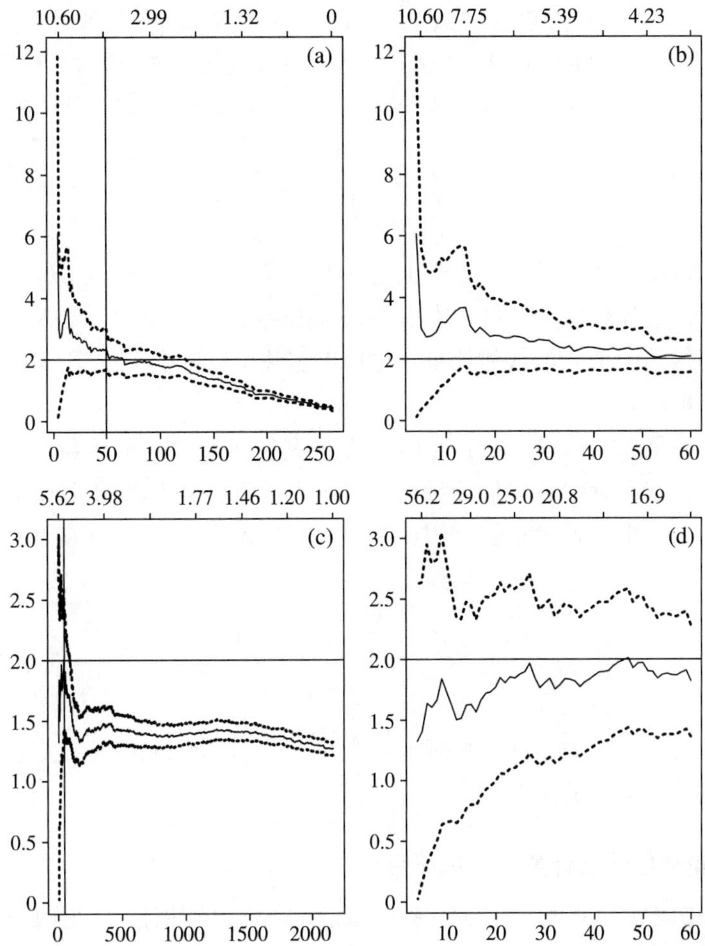

图 5.8 (a) 中的 Hill 图显示了尾部指数 $\alpha = 1/\xi$ 的估计量。(b) 为 AT&buT 每周损失百分比。(c),(d) 是丹麦火灾损失数据。(b) 和 (d) 是 (a) 和 (c) 的扩展版本，表明当顺序统计量高达 60 个时的 Hill 估计量。

大部分在 2 到 4 之间，意味着 ξ 估计量在 0.25~0.5 之间，这比例 5.26 中 GPD 模型中的估计值要大。

例 5.27 表明，对 Hill 图的解释可能很困难。在实践中，可能会出现各种偏离理想情况的情况。如果数据不是来自尾部有正则变差的分布，则 Hill 方法实际上是不合适的，而且 Hill 图可能非常具有误导性。数据的序列相关性也会损坏估计量的表现，GPD 估计量也是这样的。EKM 包含了许多基于模拟数据的 Hill“恐怖绘图”来说明出现的问题（参见说明与评论）。

基于 Hill 的尾部估计 对于本书的风险管理应用，我们较少关注厚尾数据的尾部指数估计，而更多地关注尾部和风险度量估计。下面给出了一个基于 Hill 方法的标准尾部估计的启发式参数。对一些高阈值 u，我们假设尾部模型的形式为 $\bar{F}(x) = Cx^{-\alpha}$，其中 $x \geqslant u > 0$，换言之，当 x 足够大时，我们可以用常数来代替慢变函数。对于合适的 k 值，尾部指数 α

可以由 $\hat{\alpha}_{k,n}^{(\mathrm{H})}$ 估计，阈值 u 可以由 $X_{k,n}$（一些版本中为 $X_{(k+1),n}$）代替；仍旧需要估计 C。由于 C 可以写为 $C = u^{\alpha}\bar{F}(u)$，这等价于估计 $\bar{F}(u)$，显然，经验估计量为 k/n（在一些版本中为 $(k-1)/n$）。把这些观点结合一起，可以得到 *Hill* 尾部估计值的标准形式：

$$\hat{\bar{F}}(x) = \frac{k}{n}\left(\frac{x}{X_{k,n}}\right)^{-\hat{\alpha}_{k,n}^{(\mathrm{H})}}, \quad x \geqslant X_{k,n} \tag{5.24}$$

以这种方式表示估计值强调了它在数学上的处理方式。对于任意一组 k 和 n，Hill 估计量和相关的尾部估计量都被视为来自样本 n 的 k 高阶统计量的函数。显然，我们可以对这个估计量求倒数，得到一个分位数估计量，也可以用关于正则变差的尾部的参数来设计一个预期损失的统计量。

基于 GPD 的尾部估计量 (5.21) 通常被认为是随机数 N_u 的函数，N_u 是固定阈值 u 下的高阶统计量。在文献中这些估计量由于惯例不同而有着不同的表示法，但我们很容易就可以用相似的形式重新表示它们。假设我们重写公式 (5.24) 中的 (5.21)，用 $\hat{\xi}^{(\mathrm{H})}$，u 和 N_u 分别代替 $1/\hat{\alpha}_{k,n}^{(\mathrm{H})}$，$X_{k,n}$ 和 k。得到：

$$\hat{\bar{F}}(x) = \frac{N_u}{n}\left(1 + \hat{\xi}^{(\mathrm{H})}\frac{x-u}{\hat{\xi}^{(\mathrm{H})}u}\right)^{-1/\hat{\xi}^{(\mathrm{H})}}, \quad x \geqslant u$$

由于这个估计量缺少公式 (5.21) 中的额外的尺度参数 β，所以往往无法运行良好，这将在下一部分的模拟案例中显示出来。

5.2.5　极值理论分位数估计量的模拟研究

首先，我们考虑 ξ 的估计，然后考虑高分位数 VaR_{α} 的估计。在这两个例子中，都用均方误差（MSEs）来比较估计量；$\hat{\theta}$ 是参数 θ 的估计量，其均方误差由 $\mathrm{MSE}(\hat{\theta}) = E(\hat{\theta}-\theta)^2 = (E(\hat{\theta}-\theta))^2 + \mathrm{var}(\hat{\theta})$ 得出，由此得到著名的分解式，将其分解为*平方偏差和方差*的和。一个好的估计量应该令偏差项 $E(\hat{\theta}-\theta)$ 和方差项 $\mathrm{var}(\hat{\theta})$ 都很小。

由于对偏差和方差进行分析评估并不可行，所以我们通过在每个实验中模拟 1000 个数据集来计算蒙特卡洛估计值。GPD 的参数在所有案例中都是通过最大似然来确定的；另一个可以选择的方法是 PWM，该方法会得出略微不同的结果，但结论是类似的。

基于不同高阶统计量（或不同阈值），我们用 Hill 法和 GPD 法来计算估计量，并试图确定对大小为 n 的样本最合适的 k（或 N_u）。在估计 VaR 的例子中，我们也将极值理论 (EVT) 估计值与实证分位数估计值做了对比。

例 5.28 (蒙特卡洛实验). *假设某样本含有 1000 个数据，这些数据是服从有四个自由度的 t 分布的独立同分布数据，现在想要估计尾部指数的倒数 ξ，在此例中 ξ 的真实值为 0.25（详见例 16.1。）Hill 估计是为了估计在区间 $\{2,\ldots,200\}$ 上的 k 值，GPD 估计是为了估计在区间 $\{30,40,50,\ldots,400\}$ 上的 k（或 N_u）值。结果在图 5.9 中显示。*

t 分布具有良好的正则变差尾部，Hill 估计法相比 GPD 估计法能更好地估计 ξ，其中 k 的最佳值在 20~30 之间。方差图显示了 Hill 法在哪些方面优于 GPD 法。对于顺序统计

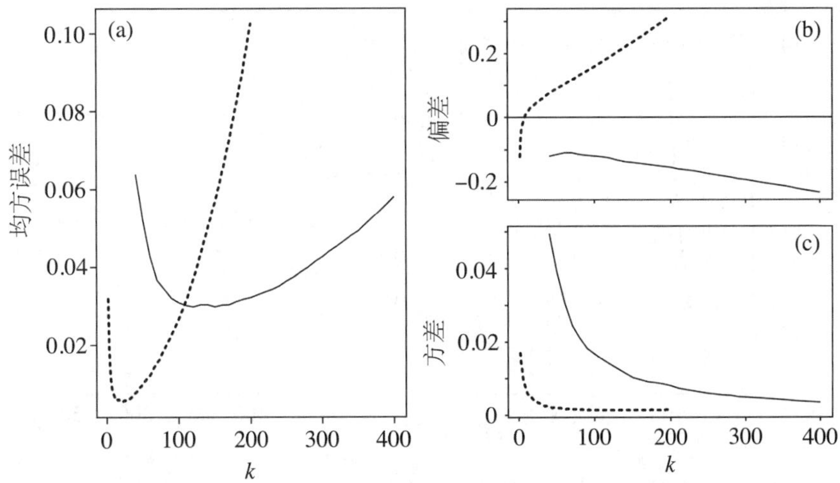

图 5.9　比较 ξ 的 Hill 估计量（点划线）和 GPD 估计值（实线）的：(a) 均方误差的估计值、(b) 偏差和 (c) 方差，ξ 是尾部指数的倒数，作为函数 k（或 N_u），来自具有四个自由度的 1000 个 t 分布式数据样本的高阶统计量。详见例 5.28。

量中的较小值，GPD 法估计值的方差比 Hill 估计量的方差更大。两者偏差的量级更接近，Hill 法往往会高估 ξ，GPD 法往往会低估 ξ。如果我们使用 GPD 法，则阈值的最佳选择将会是给定 100~150 个超越量。

当我们试图估计置信度为 99% 的 VaR 时，结论会有所改变。结果在图 5.10 中显示。k 值较小时，Hill 法有负偏差，但对大值 k 会有快速增长的正偏差；GPD 估计值的正偏差增长非常缓慢；实证法则有负偏差。当 k 值为 100 左右时，GPD 可以得到最小的均方误差值，然而，更重要的是，由于偏差的低增长，不管 k 值如何选择，均方误差都很稳健。当 $20 \leqslant k \leqslant 75$ 时，Hill 法表现良好（我们使用的 k 值只是那些能产生超过有效阈值 $X_{k,n}$ 的分位数估计），但之后迅速恶化。两种极值理论明显比实证分位数估计表现更佳。由于 GPD 尾部估计量对 k 值的变化相对稳健，所以该估计值的阈值选择问题似乎没有 Hill 法的阈值选择问题那么重要。

5.2.6　金融时间序列的条件极值理论

当 GPD 方法应用于金融收益率序列的阈值超越量（如在例 5.24 和例 5.25）时，它给出了基础时间序列的平稳（或无条件）分布的风险度量估计值。现在我们考虑一个简单的 GPD 方法的适应性，它允许我们获得一个时间序列的条件分布（或提前一步预测）的风险度量估计。这种适应性使用了 GARCH 模型和第 4 章中的相关思想，并将在第 9 章的市场风险内容中应用。

我们使用第 4.1.5 节和第 4.2.5 节中对预测的说明。设 $X_{t-n+1},\ldots,X_t$ 代表负对数收益率，假设这些收益率来源于一个严平稳的时间序列过程 (X_t)。进一步假设这个过程满足方程 $X_t=\mu_t+\sigma_t Z_t$，其中 μ_t 和 $\sigma_t \mathcal{F}_{t-1}$ 可测的，(Z_t) 是独立同分布新息，包含一些未知的分布函数 F_Z；一个例子是具有 GARCH 误差的 ARMA 模型。

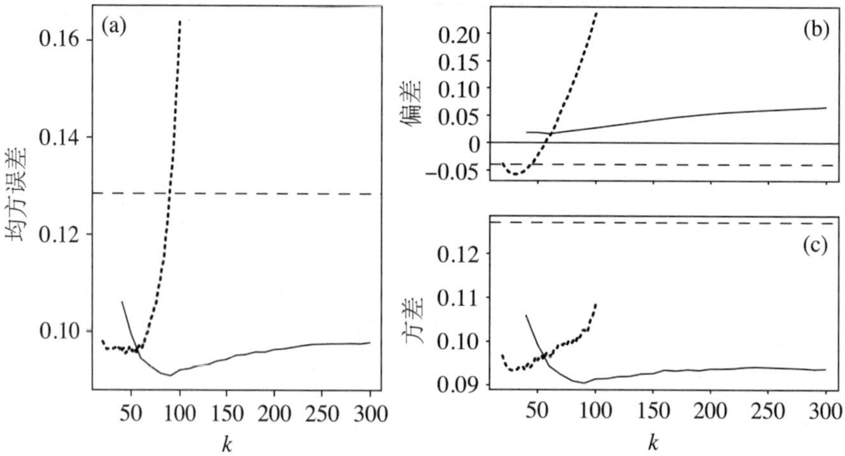

图 5.10　比较 $\mathrm{VaR}_{0.99}$ 的 Hill 估计量（点划线）和 GPD 估计值（实线）的：(a) 均方误差的估计值、(b) 偏差和 (c) 方差，$\mathrm{VaR}_{0.99}$ 的估计值由 k（或 N_u）的函数得到，从具有四个自由度的 1000 个 t 分布数据样本中得到的高阶统计量。详见例 5.28。

我们想得到条件分布 $F_{X_{t+1}|\mathcal{F}_t}$ 的 VaR 和预期损失的估计量，在第 4.2.5 节中，这些风险计量由下式给出：

$$\mathrm{VaR}_\alpha^t = \mu_{t+1} + \sigma_{t+1} q_\alpha(Z), \qquad \mathrm{ES}_\alpha^t = \mu_{t+1} + \sigma_{t+1}\,\mathrm{ES}_\alpha(Z)$$

其中，我们用 Z 来表示密度函数为 F_Z 的一般随机变量。

这些方程提出了如下估计方法。首先，我们用第 4.2.4 节中的拟最大似然法来拟合 ARAMA-GARCH 模型（由于我们不愿假设一个特定的新息分布），并用它来估计 μ_{t+1} 和 σ_{t+1}。我们也可以使用 EWMA 波动性来预测。为了估计 $q_\alpha(Z)$ 和 $\mathrm{ES}_\alpha(Z)$，我们本质上将 GPD 尾部估计过程应用到新息分布 F_Z 上。为了解决不能直接从新息分布中观测到数据的问题，我们将第 5.2.3 节的 GPD 尾部估计法应用到 GARCH 分析得到的残差上。特别地，我们用 (5.18) 和 (5.19) 中的 VaR 和预期损失方程估计 $q_\alpha(Z)$ 和 $\mathrm{ES}_\alpha(Z)$。

说明与评论

定理 5.20 背后的思想是 GPD 建模的基础，见 Pickands (1975) 和 Balkema and de Haan (1974)。在统计文献中开发这种技术的重要论文有 Davison (1984) 和 Davison and Smith (1990)。由极大似然和概率加权矩法得到的 GPD 参数估计，在 Hosking and Wallis (1987) 中有详细讨论。尾部估计方程 (5.21) 由 Smith (1987) 提出，本文对极值分布吸引域中的独立同分布数据估计值的理论性做了深入研究。丹麦火灾损失案例（The Danish fire loss）取自 McNeil (1997)。

Hill 估计量最早由 Hill (1975) 研究得到 (也可见 Hall, 1982)。利用 Resnick and Stărică (1995, 1996) 研究了相关数据的理论性质，包括具有厚尾新息的线性过程、ARCH 和 GARCH 过程。平滑估计值的想法在 Resnick and Stărică (1997) 以及 Resnick (1997) 中进行了研究。Hill 的“恐怖绘图”表示 Hill 估计得到极差的尾部估计值的情况，见 EKM

中的 pp.194，270 和 343。

另外基于顺序统计量的估计值包括 Pickands (1975) 中的估计值，Dekkers and de Haan (1989) 以及 Dekkers et al. (1989) 的 DEdH 估计值。后者在 de Haan and Rootzén (1993) 里作为分位数估计值的基础。Pickands 估计值和 DEdH 估计值都是用来估计极值极限中的 ξ（Hill 估计量则只用来估计正 ξ）。在实证研究中，DEdH 估计值似乎比 Pickands 估计值表现更佳。此类估计值中顺序统计量的最佳数量问题在 Dekkers and de Haan (1993) 以及 Daníelsson et al. (2001) 所著的一系列文献中都有涉及。Hall (1990) 提出了一个本质上基于自助法（bootstrap approach）来预测均方误差的方法，Matthys and Beirlant (2000) 阐述了将其应用到保险和金融业的相关方法。

Koedijk et al. (1990)，Lux (1996)，Daníelsson and de Vries (1997b,c,a) 的许多著作都用到基于 Hill 估计量的方法，从而对金融数据的尾部进行分析。McNeil and Frey (2000) 提出了条件极值理论法，也阐述了蒙特卡洛法，即使用 GPD 模型来对 h 天损失分布进行风险计量估计。关于极值理论方法论运用到金融时间序列和 VaR 估计中的内容可见 Gençay et al. (2003)，Gençay and Selçuk (2004) 以及 Chavez-Demoulin et al. (2014)。

5.3 点过程模型

在我们讨论阈值模型的第 5.2 节中，只考虑了超过高阈值的超额损失的大小。在本节中，我们将超过阈值视为时间上的事件，并使用点处理方法对这些事件的发生进行建模。我们从研究规则间隔独立同分布数据的情况开始，讨论关于此类数据中出现极端情况的著名的 POT 模型。这个模型很好地包含了我们到目前为止描述的最大损失模型和 GPD 模型。

然而，由于数据波动性聚类产生的序列相关性，标准 POT 模型的假设一般会受到金融收益率序列的扰乱。我们最终的目标是找到更普遍的点过程模型来描述金融时间序列中极端值的出现，在自激发的点过程中，我们找到了合适的选择。这些模型有着动态的属性，且可以被用来估计条件风险价值。对于第 5.2.6 节中的条件极值方法，它们提供了更优的选择，因为这些模型不要求有着预白噪声化数据的 GARCH 过程。

下面的部分给出了 POT 模型背后的理论，但是可能会被满足于直接进入第 5.3.2 节中对标准 POT 模型的描述的读者所忽略。

5.3.1 严格白噪声下的阈值超越量

假设有一个代表金融损失的严白噪声过程 $(X_i)_{i\in\mathbb{N}}$。简单起见，我们讨论独立同分布变量时，我们所描述的结果对极值指数 $\theta=1$ 的相关过程同样适用，例如那些没有出现群聚现象的极值过程（可以在第 5.1.3 节中查看这些过程的案例）。

在本节中，我们假设一般损失分布在对极值分布 $\mathrm{MDA}(H_\xi)$ 的最大吸引域上，因此公式 (5.1) 适用非退化极限分布 H_ξ 和标准化序列 c_n、d_n。对于任意固定 x 值，通过对数化，都可从公式 (5.1) 得到下式：

$$\lim_{n\to\infty} n\ln F(c_nx+d_n)=\ln H_\xi(x) \tag{5.25}$$

在本节中，对于某个固定的 x 值，我们也考虑了以 $u_n(x) := c_n x + d_n$ 定义的阈值 $(u_n(x))$ 序列。当 $y \to 1$ 通过 $-\ln y \sim 1-y$，由此我们可以从公式 (5.25) 中推断得出阈值序列的以下特征：当 $n \to \infty$，$n\bar{F}(u_n(x)) \sim -n\ln F(u_n(x)) \to -\ln H_\xi(x)$。

样本 $X_1, \ldots, X_n$ 中的超过阈值 $u_n(x)$ 的损失值服从期望为 $n\bar{F}(u_n(x))$ 的二项式随机变量 $N_{u_n(x)} \sim B(n, \bar{F}(u_n(x)))$。正如公式 (5.25)，标准泊松限制结果意味着当 $n \to \infty$ 时，超越量 $N_{u_n(x)}$ 收敛于一个泊松随机变量，该变量的均值取决于 x 的选择，$\lambda(x) = -\ln H_\xi(x)$。

理论可以进一步深入。不仅这些超越量的数量符合渐进的泊松分布，而且这些超过值的产生服从于泊松点过程。为了解释这个过程，我们需要对点过程的相关观点进行简要总结。

点过程 假设我们有一个在某状态空间 $\mathcal{X}$（例如，$\mathbb{R}$ 或者 $\mathbb{R}^2$）上取值的随机变量序列或向量 $Y_1, \ldots, Y_n$，对于任意集合 $A \subset \mathcal{X}$，我们定义随机变量

$$N(A) = \sum_{i=1}^{n} I_{\{Y_i \in A\}} \tag{5.26}$$

该公式得到了集合 A 中随机变量 Y_i 的数量。在某些技术条件下 (EKM, pp. 220–223)，(5.26) 定义了一个点过程 $N(\cdot)$。点过程的一个例子就是泊松点过程。

定义 5.29 (泊松点过程). 如果满足以下两个条件，点过程 $N(\cdot)$ 就被称为状态空间 $\mathcal{X}$ 上的泊松点过程（或者泊松随机变量），该状态空间的强度测度（intensity measure）为 $\boldsymbol{\Lambda}$。

(a) 对于 $\boldsymbol{A} \subset \mathcal{X}$ 且 $k \geqslant 0$

$$\boldsymbol{P}(N(\boldsymbol{A}) = k) = \begin{cases} \mathrm{e}^{-\boldsymbol{\Lambda}(\boldsymbol{A})} \dfrac{\boldsymbol{\Lambda}(\boldsymbol{A})^k}{k!}, & \boldsymbol{\Lambda}(\boldsymbol{A}) < \infty \\ 0, & \boldsymbol{\Lambda}(\boldsymbol{A}) = \infty \end{cases}$$

(b) 对于任意 $m \geqslant 1$，如果 $\boldsymbol{A}_1, \ldots, \boldsymbol{A}_m$ 是 $\mathcal{X}$ 中互不相交的子集，那么随机变量 $N(\boldsymbol{A}_1), \ldots, N(\boldsymbol{A}_m)$ 是独立的。

$N(\cdot)$ 的强度测度 $\boldsymbol{\Lambda}(\cdot)$ 也被称之为均值测度，因为 $\boldsymbol{E}(N(\boldsymbol{A})) = \boldsymbol{\Lambda}(\boldsymbol{A})$。我们也会介绍过程的强度函数（或只是强度），即 $\boldsymbol{\Lambda}(\boldsymbol{A}) = \int_A \lambda(\boldsymbol{x})\,\mathrm{d}\boldsymbol{x}$ 的导数 $\lambda(\boldsymbol{x})$。

超越量点过程的渐进性 再次考虑某些固定 x 的严白噪声序列 $(\boldsymbol{X}_i)_{i\in\mathbb{N}}$ 和阈值序列 $u_n(x) = c_n x + d_n$。当 $n \in \mathbb{N}$ 且 $1 \leqslant i \leqslant n$ 时，设 $\boldsymbol{Y}_{i,n} = (i/n) I_{\{X_i > u_n(x)\}}$ 可以观察到 $Y_{i,n}$ 的值不是超越量的标准化时间 i/n，就是为零。超过阈值 u_n 的数的点过程 $N_n(\cdot)$ 在状态空间 $\mathcal{X} = (0, 1]$ 时，可以表示为：

$$N_n(\boldsymbol{A}) = \sum_{i=1}^{n} I_{\{Y_{i,n} \in \boldsymbol{A}\}} \tag{5.27}$$

其中 $\boldsymbol{A} \subset \mathcal{X}$。正如公式所示，我们把这类过程看作以 n 为指数的点过程序列。点过程 (5.27) 计算了在集合 $\boldsymbol{A}$ 中的阈值超过数以及超过的时间，且当 $n \to \infty$ 我们对这个点过程行为很感兴趣。

这表明（见 EKM 中的定理 5.3.2）$N_n(\cdot)$ 在 $\mathcal{X}$ 上的分布收敛于一个泊松点过程 $N(\cdot)$，当 $\boldsymbol{A}=(t_1,t_2)\subset\mathcal{X}$，该过程的强度测度 $\boldsymbol{\Lambda}(\cdot)$ 满足 $\boldsymbol{\Lambda}(\boldsymbol{A})=(t_2-t_1)\lambda(x)$。和之前一样，$\lambda(x)=-\ln H_\xi(x)$。特别地，这意味着 $\boldsymbol{E}(N_n(\boldsymbol{A}))\to\boldsymbol{E}(N(\boldsymbol{A}))=\boldsymbol{\Lambda}(\boldsymbol{A})=(t_2-t_1)\lambda(x)$ 显然，这个强度不随时间变化，是一个固定值 $\lambda:=\lambda(x)$；我们把限制过程当作在强度或者利率 λ 下同质泊松过程。

结果在实践中的应用　我们给了一个启发式的论点来解释限制性结果是如何在实践中运用的。我们考虑一个固定的规模为 n 的大样本和一个固定的高阈值 u，假设对于一些 y 值，满足 $u=c_ny+d_n$。我们期望阈值超越量的数量可以用一个泊松随机变量来估计，而超过阈值 u 的点过程可以用速率为 $\lambda=-\ln H_\xi(y)=-\ln H_\xi((u-d_n)/c_n)$ 的同质泊松过程来估计。如果我们将标准化常数 c_n 和 d_n 以 $\sigma>0$ 和 μ 来替换，会有一个速率为 $-\ln H_{\xi,\mu,\sigma}(u)$ 的泊松过程。显然，我们可以在任何高阈值的情况下重复同样的论证。因此，例如我们可以预期超过值水平 $x\geqslant u$ 会依从速率为 $-\ln H_{\xi,\mu,\sigma}(x)$ 的泊松过程发生。

因此，我们认为在区间极大值的 GEV 模型和描述高阈值的超过值发生时间的泊松模型之间有着紧密的联系。因此，这一章节的论证为图 3.3 中的观测值提供了理论支持，即在模拟的独立同分布 t 数据中，超越量发生的时间间隔是独立同分布指数观测值。

5.3.2　POT 模型

结合上一节和第 5.2 节的理论，我们可以得到阈值超越量渐进模型，这些数据来源于规则间隔的独立同分布数据（或者数据来源一个极值指数 $\theta=1$ 过程）。POT 模型有以下的假设：

- 超越量发生的时间服从同质泊松分布。
- 阈值超越量大小是独立同分布的且与超过时间相互独立。
- 超越量大小的分布为广义帕累托分布。

我们有很多不同的方式来描述这个模型。这也有可能被称为标记泊松点过程，即超越量的时间组成了这些点，而服从 GPD 分布的超越量是这些标记。它也可以被称为二维泊松点过程，即用二维空间的点 (t,x) 来记录时间与超过数的超过程度。后一种陈述尤为重要，现在让我们来讨论。

POT 模型的二维泊松公式　假设我们有一个规则分布的随机损失 $X_1,\ldots,X_n$，然后我们设定阈值为 u。我们假设在状态空间 $\mathcal{X}=(0,1]\times(u,\infty)$，以 $N(\boldsymbol{A})=\sum_{i=1}^n I_{\{(i/n,X_i)\in\boldsymbol{A}\}}$ 定义的点过程是一个泊松过程，该过程在点 (t,x) 的强度表示如下：

$$\lambda(t,x)=\frac{1}{\sigma}\left(1+\xi\frac{x-\mu}{\sigma}\right)^{-1/\xi-1} \tag{5.28}$$

其 $(1+\xi(x-\mu)/\sigma)>0$ 中，否则 $\lambda(t,x)=0$，注意这个强度并不取决于 t 而是取决于 x，因此二维泊松过程是异质的；我们把等式简化为 $\lambda(x):=\lambda(t,x)$。在表示为 $\boldsymbol{A}=$

$(t_1, t_2) \times (x, \infty) \subset \mathcal{X}$ 的集合上，其强度测度为：

$$\boldsymbol{\Lambda}(\boldsymbol{A}) = \int_{t_1}^{t_2}\int_{x}^{\infty} \lambda(y)\,\mathrm{d}y\,\mathrm{d}t = -(t_2 - t_1)\ln H_{\xi,\mu,\sigma}(x) \tag{5.29}$$

从 (5.29) 得出，对于任意的 $x \geqslant u$, x 水平的一元超越量过程是一个同质泊松过程，速率为 $\tau(x) := -\ln H_{\xi,\mu,\sigma}(x)$。现在考虑超过阈值 u 的超过数量。阈值 u 超越量的分布函数的尾部，即之前的 $\bar{F}_u(x)$，可以用超过水平 $u+x$ 和 u 的比率来计算。对一个正的换算因子 $\beta = \sigma + \xi(u - \mu)$ 我们有：

$$\bar{F}_u(x) = \frac{\tau(u+x)}{\tau(u)} = \left(1 + \frac{\xi x}{\sigma + \xi(u-\mu)}\right)^{-1/\xi} = \bar{G}_{\xi,\beta}(x)$$

而这恰恰是在第 5.2.2 节中的超过阈值 u 的 GPD 模型的尾部。因此这个表面上看起来复杂的模型正是在本章开始时正式提到的 POT 模型。

也要注意 GEV 分布模型是针对极大值的。为了证明，考虑对于一些 $x \geqslant u$ 的事件 $\{M_n \leqslant x\}$。可以用点过程语言表述成点没有在集合 $\boldsymbol{A} = (0, 1] \times (x, \infty)$ 中的事件。事件概率的计算公式为 $\boldsymbol{P}(M_n \leqslant x) = \boldsymbol{P}(N(\boldsymbol{A}) = 0) = \exp(-\boldsymbol{\Lambda}(\boldsymbol{A})) = H_{\xi,\mu,\sigma}(x)$，其中 $x \geqslant u$，这也恰好是第 5.1.4 节中所运用到的 n-组 GEV 模型。

POT 模型的统计估计 让 POT 模型拟合数据的最优办法，是用一步超越量数据来拟合强度为公式 (5.28) 的点过程。

给定超越量数据为 $\{\tilde{X}_j : j = 1, \ldots, N_u\}$，其概率表示如下：

$$L(\xi, \sigma, \mu; \tilde{X}_1, \ldots, \tilde{X}_{N_u}) = \exp(-\tau(u))\prod_{j=1}^{N_u}\lambda(\tilde{X}_j) \tag{5.30}$$

ξ，σ 和 μ 值的参数估计可以通过最大化这个表达式得到，用数值方法可以很容易地得到。对于这个概率的导数，可以参见说明与评论中的相关文献。

然而，存在更简单的方法来得到同样的参数的估计。假设我们将 POT 模型进行再参数化，让 $\tau := \tau(u) = -\ln H_{\xi,\mu,\sigma}(u)$，即数值超过水平 u 的一维泊松过程的速率，且超额损失的隐含 GPD 换算因子为 $\beta = \sigma + \xi(u - \mu)$。那么公式 (5.28) 的强度可以表示为：

$$\lambda(x) = \lambda(t, x) = \frac{\tau}{\beta}\left(1 + \xi\frac{x-u}{\beta}\right)^{-1/\xi-1} \tag{5.31}$$

其中 $\xi \in \mathbb{R}$ 和 $\tau, \beta > 0$。通过参数化，我们可以很容易地证明公式 (5.30) 中的可能性变为：

$$\ln L(\xi, \sigma, \mu; \tilde{X}_1, \ldots, \tilde{X}_{N_u}) = \ln L_1(\xi, \beta; \tilde{X}_1 - u, \ldots, \tilde{X}_{N_u} - u) + \ln L_2(\tau; N_u)$$

在这里，L_1 是用 (5.14) 中给定的超额损失数据来拟合 GPD 的可能性，$\ln L_2(\tau; N_u) = -\tau + N_u \ln\tau$，是速率为 τ 的一维同质泊松过程的对数似然。这样把对数似然分割成两个不同参数集项之和，意味着我们可以对两个参数集分别做推断。我们可以先估计 GPD 分析中的 ξ 和 β，然后用极大似然估计值 N_u 来估计 τ，最后用这些值来得出 μ 和 σ 的估计值。

POT 模型的优点　有人可能会问，通过强度 (5.28) 描述的二维泊松点估计过程模型来模拟极值有何优点？

一个优点是，泊松点过程模型中的参数 ξ，μ 和 σ 不像 GPD 模型中的参数 β 那样在理论上依赖于所选择的阈值，而 GPD 模型中的参数 β 在理论上是阈值 u 的函数。在实践中，我们期望泊松模型的估计参数在高阈值范围内大致稳定，而估计的 β 参数随阈值的选择而变化。

因此，强度 (5.28) 是一个经常用来在极值模型中介绍协变量作用的框架。方法之一就是用不停变化的参数替换 (5.28) 中的参数 μ 和 σ，该参数随时间变化，是确定性协变量的方程。比如说，假如有 $\mu(t) = \alpha + \boldsymbol{\gamma}'\boldsymbol{y}(t)$，其中 $\boldsymbol{y}(t)$ 代表在时间 t 的协变量的值向量，这将及时告诉我们一些异质泊松过程。

POT 模型收益率序列数据适应性　现在我们转向使用带有金融收益率数据的 POT 模型。最初的评论是，与记录的水位或风速相比，收益率并不能真正在时间上形成真正的点事件。收益率是离散时间度量，描述在一天或一周的过程中发生的值变化。尽管如此，我们假设如果我们从长远来看，这些数据可以用时间点事件来近似。

尤其在第 3.1 节和图 3.3 中，我们可以看到证据，与独立同分布数据相比，金融数据日收益率序列的阈值超越量不一定服从同质泊松过程，会随着高波动性片段出现而趋向于形成聚类。因此，标准的 POT 模型并不能直接适用于金融收益率数据。

理论表明，对于极值指数 $\theta < 1$ 的随机过程，如 GARCH 过程，极值簇的发生应该在时间上服从同质泊松过程，因此个体的超越应按照一个*泊松簇过程*发生。(参见，如，Leadbetter, 1991) 因此，描述金融收益率系列中超越量的发生以及超过程度可以是泊松簇过程的某种形式。

与其试图详细说明聚类形成的机制，还不如通过*分簇*金融收益率数据来规避这个问题：我们试图正式确定超越量的聚类，然后我们只将 POT 模型应用于最大聚类。这种方法显然有些特别，因为通常没有明确的方法来决定一个聚类的结束和另一个聚类的开始。一个可能的分簇算法可以由*游程方法*（*runs method*）得到。在这种方法中，游程规模 r 是固定的，如果两个连续的超越量被一连串至少 r 个低于阈值的数分开，那么属于两个不同的聚类（见 EKM,pp422～424）在图 5.11 中，图 3.3 中的德国 DAX 指数每日负收益率被一串为 10 个交易日的数据分簇，把 100 个超越量减少到 42 个最大数聚类。

然而，将 POT 模型应用于已分簇的数据是否会给我们提供一个特别有用的模型，目前还不清楚。我们可以估计极端情况下聚类的发生率，并说明聚类的平均大小；我们还可以推导出一个 GPD 模型，用于计算聚类极大值的超过阈值的超额损失（其中参数的标准误差可能比我们将 GPD 拟合到所有超过阈值的依赖样本中更为实际）。然而，由于忽略了聚类形成的模型，我们无法对阈值超越在任何时间点发生的强度做出更动态的说明。在下一节中，我们将描述尝试这样做的点流程模型。

例 5.30 (**关于** AT&T **周损失的** POT **分析**). *我们以一个应用于金融收益率数据极端情况*

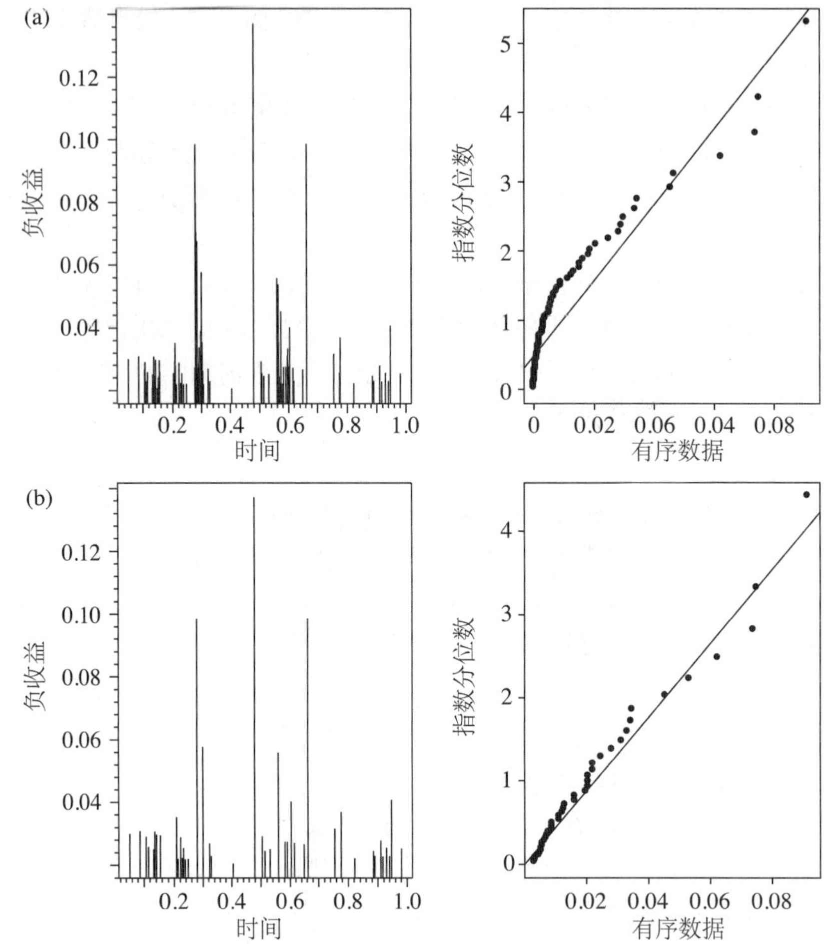

图 5.11　(a) 图 3.3 中德国 DAX 指数每日负收益率和这些数间距的 Q–Q 图。(b) 经过 10 个交易日的运行法分离的分簇。泊松模型中 42 个聚类最大值的间距更一致。

的标准 POT 模型示例来结束本节。为了缓解上面讨论的聚类现象，我们使用了周收益数据，正如前面的例 5.24 和例 5.25 中分析的那样。回顾一下，这产生了 102 个 AT&T 股票价格周损失百分比超过了阈值 2.75% 的数。数据如图 5.12 所示，我们观察到超越量间次数大致遵循指数分布，虽然时间的离散性和 n 相对较低的值意味着空间上有一些捆绑的值，这使得情节看起来有点不平滑。另一个值得注意的特点是，阈值的超越似乎随着时间的推移而变得更加频繁，这可以作为反对阈值超越的同质泊松假设和反对基本数据是由平稳时间序列实现的隐含假设的证据。我们有可能考虑采用一种包含越来越频繁的超越趋势的 POT 模型，但我们不会研究得那么深入。

我们用 102 个阈值 2.75% 的超越量来拟合标准二维泊松模型，使用公式 (5.30) 中的似然方程，并得到参数估计值 $\hat{\xi} = 0.22$，$\hat{\mu} = 19.9$ 和 $\hat{\sigma} = 5.95$。阈值 u 的超额损失的隐含 GPD，其尺度参数是 $\hat{\beta} = \hat{\sigma} + \hat{\xi}(u - \hat{\mu}) = 2.1$，所以我们有完全相同的估计值 ξ 和 β，就像在例 5.24 中一样。

阈值 $u = 2.75$ 的超越量发生率估计由 $\hat{\tau}(u) = -\ln H_{\hat{\xi},\hat{\mu},\hat{\sigma}}(u) = 102$ 得到，这和理论

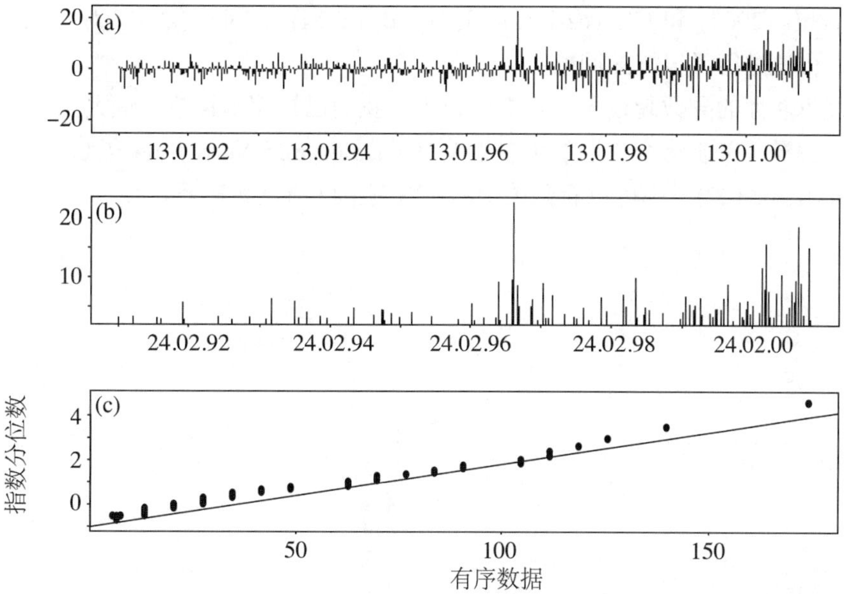

图 5.12　(a) AT&T 从 1991 到 2000 周损失百分比的时间序列。(b) 超过阈值 2.75% 的标记点过程的对应实现。(c) 超过数发生之间的时间 Q–Q 图和作为对照的指数分布图。详见例 5.30。

建议的阈值超越量数量完全一致。观察更高阈值的估计超过数点率很有趣。例如，我们有 $\hat{\tau}(15) = 2.50$，这表示该泊松过程每 10 年中有 2.5 次损失超过 15%。因此损失大致而言是周期为 4 年的事件。因此泊松模型给了我们一个可供选择的方法来定义压力时间的周期，也给我们一个更有力的方法来进行风险度量。类似地，我们可以将问题转化到估计收益率水平。假如我们定义一个 10 年的收益率水平，超过该水平的收益率服从泊松过程，发生率为每 10 年 1 次。那么我们可以通过我们的模型简单计算损失水平：

$$H^{-1}_{\hat{\xi},\hat{\mu},\hat{\sigma}}(\exp(-1)) = 19.9$$

所以一个发生周期为 10 年的事件是周损失大致为 20%。使用第 A.3.5 节中的轮廓似然法，我们可以得到对于这些估计值的置信区间。

说明与评论

关于点过程的更多信息，请参考 EKM，Cox and Isham (1980)，Kallenberg (1983) 和 Resnick (1987)。极值的点过程方法可以追溯到 Pickands (1971)，Leadbetter et al. (1983)，Leadbetter (1991) 和 Falk et al. (1994) 也研究过这个问题。

二维泊松点过程模型最初被 Smith (1989) 用于实践中，也可以在 Smith and Shively (1995) 中发现，两篇文章都讨论了调整点过程模型，使其在环境数据背景下包含协变量或者时间趋势。Smith and Goodman (2000) 在保险中用到了点过程模型，并从贝叶斯角度处理点过程模型。一个有趣的风暴损失的应用是 Rootzén and Tajvidi (1997) 提出的。McNeil and Saladin (2000) 进行了进一步的应用，用一个二元点过程框架来建立保险损失的模型，展现了损失发生的强度和严重程度。更多在保险和金融上的应用，参见 Chavez-Demoulin and Embrechts (2004) 和 Chavez-Demoulin et al. (2014)。Coles (2001) 对 GPD 和点过程模型的数据方法进行了很好的回顾。

点过程可能性的导数超过了这本书的范围，我们已经简单记录了最大化的似然值，但没有进一步解释。关于这个主题的更多细节参见Daley and Vere-Jones (2003, Chapter 7)。在Coles (2001, p. 127)）中可以看到关于泊松案例很好的直观解释。

第 6 章　多元模型

无论针对市场风险还是信用风险，金融风险模型在本质上都是多元的。交易工具组合在固定时间范围内的价值变化取决于风险因子变化或收益的随机向量。信贷组合产生的损失取决于投资组合中各个交易对手的随机损失向量。

本章是关于随机向量模型的两章中的第一章。本章的重点是描述随机向量各分量的个体行为，以及它们的联合行为或依赖结构的可处理模型。我们考虑了一些扩展多元正态分布的分布，但为多种金融数据提供了更现实的模型。

在第 7 章中，我们明确地关注于对随机向量的依赖结构建模，而在很大程度上忽略了边际行为，引入了依赖关系的连接函数模型，研究了一系列与连接函数相关的依赖度量和概念。第 6 章和第 7 章都对多元模型采取静态的、分布式的观点进行建模，有关多元时间序列模型，请参阅第 14 章。

本章第 6.1 节回顾了多元统计的基本观点，并且讨论了多元正态（高斯）分布及其在实证数据建模应用时的缺陷。

本章第 6.2 节讨论了多元正态分布的推广，即多元正态混合分布，它与多元正态分布有许多相同的结构，并且保留了它的许多特性。我们同时处理椭圆分布的方差混合和允许不对称的均方差混合。具体的例子包括 t 分布和广义双曲分布，我们在实证研究中发现，这些模型能比高斯分布更好地拟合到资产收益率数据。在某些情况下，多元收益率数据不是强非对称的，椭圆分布类模型足够好。在第 6.3 节中，我们研究了这些分布的优雅特性。

在第 6.4 节中，我们讨论了降维技术的重要问题，以便将大量风险因子减少到较小的基本风险驱动因子。这里的关键思想是因子模型，我们还回顾了构造因子的主成分分析法。

6.1　多元建模基础

本节回顾了多元统计的基础知识，这些材料为许多读者所熟悉。该部分的主要议题是多元正态分布及其性质。这种分布是许多经典多元分析的核心，也是建立市场风险模型的起点（见第 9.2.2 节的方差—协方差方法）。

6.1.1　随机向量及其分布

联合和边际分布　考虑风险因子变动（或收益）的 d 维随机向量 $\boldsymbol{X}=(X_1,\ldots,X_d)'$。$\boldsymbol{X}$ 的分布完全由联合分布函数（df）描述

$$F_{\boldsymbol{X}}(\boldsymbol{x})=F_{\boldsymbol{X}}(x_1,\ldots,x_d)=P(\boldsymbol{X}\leqslant\boldsymbol{x})=P(X_1\leqslant x_1,\ldots,X_d\leqslant x_d)$$

在不会引起歧义的地方，我们将只写 F，省略下标。X_i 的边际分布函数可以用 F_{X_i} 表示或者简写成 F_i，该函数是第 i 个单独考虑该风险因子的分布函数，它可以很容易地由联合

分布函数计算得到。对于所有的 i，有

$$F_i(x_i) = P(X_i \leqslant x_i) = F(\infty, \ldots, \infty, x_i, \infty, \ldots, \infty) \tag{6.1}$$

如果边际分布函数 $F_i(x)$ 是绝对连续的，那么我们称它的导数 $f_i(x)$ 为 X_i 的边际密度。当 $2 \leqslant k \leqslant d-1$ 时，同样也可以定义 $\boldsymbol{X}$ 的 k 维边际分布。假设我们把 $\boldsymbol{X}$ 划分为 $(\boldsymbol{X}_1', \boldsymbol{X}_2')'$，其中 $\boldsymbol{X}_1 = (X_1, \ldots, X_k)'$ 和 $\boldsymbol{X}_2 = (X_{k+1}, \ldots, X_d)'$，那么 $\boldsymbol{X}_1$ 的边际分布函数是

$$F_{\boldsymbol{X}_1}(\boldsymbol{x}_1) = P(\boldsymbol{X}_1 \leqslant \boldsymbol{x}_1) = F(x_1, \ldots, x_k, \infty, \ldots, \infty)$$

对于二维或者其他低维边际分布函数，我们可以用一个更简单的符号表示，例如，$F_{ij}(x_i, x_j)$ 表示 X_i 和 X_j 的边际分布函数。

对于随机向量 $\boldsymbol{X}$，如果存在非负函数 f，使

$$F(x_1, \ldots, x_d) = \int_{-\infty}^{x_1} \cdots \int_{-\infty}^{x_d} f(u_1, \ldots, u_d)\,\mathrm{d}u_1 \cdots \mathrm{d}u_d$$

那么称 f 为 $\boldsymbol{X}$ 的*联合密度函数*。联合密度的存在意味着对于所有的 k 维边际分布，存在对应的边际密度函数。但是，反过来，边际密度函数的存在并不能表明联合密度函数一定存在（关于连接函数反例，请参阅第 7 章）。

在一些情形下，利用 $\boldsymbol{X}$ 的*生存函数*进行分析计算会比较方便，$\boldsymbol{X}$ 的生存函数定义为

$$\bar{F}_{\boldsymbol{X}}(\boldsymbol{x}) = \bar{F}_{\boldsymbol{X}}(x_1, \ldots, x_d) = P(\boldsymbol{X} > \boldsymbol{x}) = P(X_1 > x_1, \ldots, X_d > x_d)$$

并且可以简写为 $\bar{F}$。X_i 的边际生存函数定义为

$$\bar{F}_i(x_i) = P(X_i > x_i) = \bar{F}(-\infty, \ldots, -\infty, x_i, -\infty, \ldots, -\infty)$$

可以用 $\bar{F}_{X_i}$ 表示或者简写成 $\bar{F}_i$。

条件分布与独立性　如果以联合分布函数、生存函数或密度函数的形式存在风险的多元模型，那么我们已经隐含地描述了它们的*依赖结构*。可以用条件概率来描述特定成分取特定值的概率给定其他成分取其他值。例如，把 $\boldsymbol{X}$ 划分为 $(\boldsymbol{X}_1', \boldsymbol{X}_2')'$，并且假设 $\boldsymbol{X}$ 的分布函数是绝对连续的，设 $f_{\boldsymbol{X}_1}$ 是 k 维边际分布 $F_{\boldsymbol{X}_1}$ 的联合密度函数，那么在给定 $\boldsymbol{X}_1 = \boldsymbol{x}_1$ 的前提下，$\boldsymbol{X}_2$ 的条件分布的密度函数是

$$f_{\boldsymbol{X}_2|\boldsymbol{X}_1}(\boldsymbol{x}_2 \mid \boldsymbol{x}_1) = \frac{f(\boldsymbol{x}_1, \boldsymbol{x}_2)}{f_{\boldsymbol{X}_1}(\boldsymbol{x}_1)} \tag{6.2}$$

并且对应的分布函数是

$$F_{\boldsymbol{X}_2|\boldsymbol{X}_1}(\boldsymbol{x}_2 \mid \boldsymbol{x}_1) = \int_{u_{k+1}=-\infty}^{x_{k+1}} \cdots \int_{u_d=-\infty}^{x_d} \frac{f(x_1, \ldots, x_k, u_{k+1}, \ldots, u_d)}{f_{\boldsymbol{X}_1}(\boldsymbol{x}_1)}\,\mathrm{d}u_{k+1} \cdots \mathrm{d}u_d.$$

如果 $\boldsymbol{X}$ 的联合密度函数可以分解为 $f(\boldsymbol{x})=f_{\boldsymbol{X}_1}(\boldsymbol{x}_1)f_{\boldsymbol{X}_2}(\boldsymbol{x}_2)$，那么在 $\boldsymbol{X}_1=\boldsymbol{x}_1$ 的条件下，$\boldsymbol{X}_2$ 的条件分布函数和条件密度函数等于 $\boldsymbol{X}_2$ 的边际分布函数和边际密度函数，即 $\boldsymbol{X}_1$ 和 $\boldsymbol{X}_2$ 是独立的。我们称 $\boldsymbol{X}_1$ 和 $\boldsymbol{X}_2$ 是独立的，当且仅当

$$F(\boldsymbol{x})=F_{\boldsymbol{X}_1}(\boldsymbol{x}_1)F_{\boldsymbol{X}_2}(\boldsymbol{x}_2),\quad \forall \boldsymbol{x}$$

或者，在 $\boldsymbol{X}$ 有联合密度函数的情形下，$f(\boldsymbol{x})=f_{\boldsymbol{X}_1}(\boldsymbol{x}_1)f_{\boldsymbol{X}_2}(\boldsymbol{x}_2)$。

当且仅当对于所有的 $\boldsymbol{x}\in\mathbb{R}^d$，有 $F(\boldsymbol{x})=\prod_{i=1}^d F_i(x_i)$，$\boldsymbol{X}$ 的成分是相互独立的，或者在 $\boldsymbol{X}$ 有密度函数时，$f(\boldsymbol{x})=\prod_{i=1}^d f_i(x_i)$。

矩与特征函数　如果 $\boldsymbol{X}$ 的均值向量存在，那么可以定义为

$$E(\boldsymbol{X}):=(E(X_1),\ldots,E(X_d))'$$

如果 $\boldsymbol{X}$ 的协方差矩阵cov($\boldsymbol{X}$) 存在，那么可以定义为

$$\mathrm{cov}(\boldsymbol{X}):=E((\boldsymbol{X}-E(\boldsymbol{X}))(\boldsymbol{X}-E(\boldsymbol{X}))')$$

其中期望算子是对矩阵的分量方式进行运算。如果我们用矩阵 $\boldsymbol{\Sigma}$ 表示 $\mathrm{cov}(\boldsymbol{X})$，那么它的第 (i,j) 个元素是

$$\sigma_{ij}=\mathrm{cov}(X_i,X_j)=E(X_iX_j)-E(X_i)E(X_j)$$

这是 X_i 和 X_j 的两两间的协方差。对角线元素 $\sigma_{11},\ldots,\sigma_{dd}$ 是 $\boldsymbol{X}$ 成分的方差。

首先我们引入标准化向量 $\boldsymbol{Y}$，它满足对于任意的 i，有 $Y_i=X_i/\sqrt{\mathrm{var}(X_i)}$，那么 $\boldsymbol{X}$ 的相关矩阵 $\rho(\boldsymbol{X})$ 定义为 $\rho(\boldsymbol{X}):=\mathrm{cov}(\boldsymbol{Y})$。如果我们用矩阵 P 表示 $\rho(\boldsymbol{X})$，那么它的第 (i,j) 个元素是

$$\rho_{ij}=\rho(X_i,X_j)=\frac{\mathrm{cov}(X_i,X_j)}{\sqrt{\mathrm{var}(X_i)\,\mathrm{var}(X_j)}}\tag{6.3}$$

这是 X_i 和 X_j 的两两间的线性相关系数。为了用矩阵的形式描述相关性和协方差矩阵间的关系，我们引进协方差矩阵 $\boldsymbol{\Sigma}$ 上的运算：

$$\Delta(\boldsymbol{\Sigma}):=\mathrm{diag}(\sqrt{\sigma_{11}},\ldots,\sqrt{\sigma_{dd}})\tag{6.4}$$

$$\wp(\boldsymbol{\Sigma}):=(\Delta(\boldsymbol{\Sigma}))^{-1}\boldsymbol{\Sigma}(\Delta(\boldsymbol{\Sigma}))^{-1}\tag{6.5}$$

因此 $\Delta(\boldsymbol{\Sigma})$ 是由 $\boldsymbol{\Sigma}$ 提取得到的一个由标准差组成的对角矩阵，而 $\wp(\boldsymbol{\Sigma})$ 是一个相关矩阵。这样，$\boldsymbol{X}$ 的协方差矩阵 $\boldsymbol{\Sigma}$ 和相关矩阵 P 之间的关系可以表示成

$$P=\wp(\boldsymbol{\Sigma})\tag{6.6}$$

我们可以很容易地对向量 $\boldsymbol{X}$ 的均值向量和协方差矩阵进行线性运算。对于任意矩阵 $\boldsymbol{B}\in\mathbb{R}^{k\times d}$ 和向量 $\boldsymbol{b}\in\mathbb{R}^k$，有

$$E(\boldsymbol{BX}+\boldsymbol{b})=\boldsymbol{B}E(\boldsymbol{X})+\boldsymbol{b}\tag{6.7}$$

$$\mathrm{cov}(\boldsymbol{BX}+\boldsymbol{b})=\boldsymbol{B}\,\mathrm{cov}(\boldsymbol{X})\boldsymbol{B}' \tag{6.8}$$

因此，协方差矩阵（或相关矩阵）是半正定的；用 $\boldsymbol{\Sigma}$ 表示 $\mathrm{cov}(\boldsymbol{X})$，可以发现由公式 (6.8) 可以得到对于任意的 $\boldsymbol{a}\in\mathbb{R}^d$，有 $\mathrm{var}(\boldsymbol{a}'\boldsymbol{X})=\boldsymbol{a}'\boldsymbol{\Sigma a}\geqslant 0$。如果对于任意的 $\boldsymbol{a}\in\mathbb{R}^d\setminus\{\boldsymbol{0}\}$，有 $\boldsymbol{a}'\boldsymbol{\Sigma a}>0$，那么就称 $\boldsymbol{\Sigma}$ 是正定的；在这种情形下，这个矩阵是可逆的。我们在许多方面利用 *Cholesky* 分解对正定协方差矩阵进行分解。众所周知，协方差矩阵可以分解为 $\boldsymbol{\Sigma}=\boldsymbol{A}A'$，其中矩阵 $\boldsymbol{A}$ 是一个对角元素为正值的下三角矩阵，并且称矩阵 $\boldsymbol{A}$ 为 Cholesky 因子。用 $\boldsymbol{\Sigma}^{1/2}$ 表示这个因子，那么它的逆矩阵就表示成 $\boldsymbol{\Sigma}^{-1/2}$。也有很多种其他方法（比如对称分解）可以定义一个对称正定矩阵的“平方根”，但是我们总是用 $\boldsymbol{\Sigma}^{1/2}$ 表示 Cholesky 因子。

在本章中，向量 $\boldsymbol{X}$ 的多元分布的许多性质都是使用特征函数来进行证明的，特征函数可以表示为

$$\phi_{\boldsymbol{X}}(\boldsymbol{t})=E(\mathrm{e}^{\mathrm{i}\boldsymbol{t}'\boldsymbol{X}}),\quad \boldsymbol{t}\in\mathbb{R}^d$$

6.1.2 协方差矩阵和相关矩阵的标准估计量

假设我们有一个 d 维风险因子收益率向量的 n 观察值，表示为 $\boldsymbol{X}_1,\dots,\boldsymbol{X}_n$。通常，这些日收益率、周收益率、月收益率或年收益率的观测值形成一个多元时间序列。我们将在本章中假设观测值在观测窗口中是同分布的，并且是独立的或者至少是序列不相关的（也被称为多元白噪声）。正如在第 3 章中所述，这个独立假设对于长时间间隔的收益率数据是大致成立的，如月度或年度。而对于短一些的时间间隔可能就不是一个恰当的假设（原因见在第 3.1.1 节讨论的波动率聚类的现象），而收益率数据间的序列相关性常常是非常弱相关的。

我们假设观测值 $\boldsymbol{X}_1,\dots,\boldsymbol{X}_n$ 服从均值向量为 $\boldsymbol{\mu}$，有限协方差矩阵为 $\boldsymbol{\Sigma}$ 和相关矩阵为 P 的分布。我们现在简要地回顾一下这些向量和矩阵参数的标准估计量。

$\boldsymbol{\mu}$ 和 $\boldsymbol{\Sigma}$ 的标准矩估计量由它们的样本均值向量 $\bar{\boldsymbol{X}}$ 和样本协方差矩阵 $\boldsymbol{S}$ 给出，它们的定义如下：

$$\bar{\boldsymbol{X}}:=\frac{1}{n}\sum_{i=1}^{n}\boldsymbol{X}_i,\qquad \boldsymbol{S}:=\frac{1}{n}\sum_{i=1}^{n}(\boldsymbol{X}_i-\bar{\boldsymbol{X}})(\boldsymbol{X}_i-\bar{\boldsymbol{X}})' \tag{6.9}$$

其中对向量和矩阵的算术运算是按分量方式进行的。$\bar{\boldsymbol{X}}$ 是一个无偏估计量，而 $\boldsymbol{S}$ 是有偏估计量。不过，$S_u:=nS/(n-1)$ 是 $\boldsymbol{S}$ 的无偏估计量，这可以由下面的计算看出：

$$\begin{aligned}nE(S)&=E\left(\sum_{i=1}^{n}(\boldsymbol{X}_i-\boldsymbol{\mu})(\boldsymbol{X}_i-\boldsymbol{\mu})'-n(\bar{\boldsymbol{X}}-\boldsymbol{\mu})(\bar{\boldsymbol{X}}-\boldsymbol{\mu})'\right)\\&=\sum_{i=1}^{n}\mathrm{cov}(\boldsymbol{X}_i)-n\,\mathrm{cov}(\bar{\boldsymbol{X}})=n\boldsymbol{\Sigma}-\boldsymbol{\Sigma}\end{aligned}$$

这是因为当数据向量是独立等分布或同分布且不相关时，$\mathrm{cov}(\bar{\boldsymbol{X}})=n^{-1}\boldsymbol{\Sigma}$。

样本相关矩阵 $\boldsymbol{R}$ 可以很容易地由样本协方差矩阵计算得到，样本相关矩阵的第 (j,k) 个元素是 $r_{jk}=s_{jk}/\sqrt{s_{jj}s_{kk}}$，其中 s_{jk} 表示 $\boldsymbol{S}$ 的第 (j,k) 个元素。或者使用公式 (6.5) 中

的表示，我们有

$$\boldsymbol{R} = \wp(\boldsymbol{S})$$

这与估计量的方程 (6.6) 有些相似。

估计量 $\bar{\boldsymbol{X}}$, $\boldsymbol{S}$ 和 $\boldsymbol{R}$ 的进一步属性将在很大程度上依赖于观测值的真实多元分布。这些量不一定是所有情况下相应理论量的最佳估计值。这一点在金融风险管理中经常被遗忘，在金融风险管理中，样本协方差和相关矩阵通常被计算和解释，很少对基础模型进行批判性的考虑。

如果数据 $\boldsymbol{X}_1,\ldots,\boldsymbol{X}_n$ 服从独立同分布的多元正态分布，那么 $\bar{\boldsymbol{X}}$ 和 $\boldsymbol{S}$ 就是均值向量 $\boldsymbol{\mu}$ 和协方差 $\boldsymbol{\Sigma}$ 的极大似然估计量 (MLE)。它们作为估计量的行为是很好地理解和统计推断的模型参数描述在所有标准文本中的多元分析。

然而，多元正态分布当然不能很好地描述短时间间隔（如每日数据）内的金融风险因素收益，而且通常也不能很好地描述长时间间隔内的金融风险因素收益。在这种情况下，公式 (6.9) 中的标准估计量通常不太好理解，而真实均值向量 $\boldsymbol{\mu}$ 和协方差矩阵 $\boldsymbol{\Sigma}$ 的其他估计量可能在有效性和稳健性上表现得更好。简单来说，一个更有效的估计量指的是这个估计量的期望估计误差更小；一个更稳健的估计量指的是该估计量不太容易受异常数据值影响。

6.1.3　多元正态分布

定义 6.1. 如果

$$\boldsymbol{X} \stackrel{\mathrm{d}}{=} \boldsymbol{\mu} + A\boldsymbol{Z}$$

那么 $\boldsymbol{X} = (X_1,\ldots,X_d)'$ 服从多元正态分布或者高斯分布，其中 $\boldsymbol{Z} = (Z_1,\ldots,Z_k)'$ 是独立同分布一元标准正态随机变量（均值为 0，方差为 1) 的向量，$\boldsymbol{A} \in \mathbb{R}^{d\times k}$ 和 $\boldsymbol{\mu} \in \mathbb{R}^d$ 分别是一个矩阵和一个常数向量。

利用公式 (6.7) 和 (6.8)，可以很容易看出这个分布的均值向量是 $\boldsymbol{E}(\boldsymbol{X}) = \boldsymbol{\mu}$，协方差矩阵是 $\mathrm{cov}(\boldsymbol{X}) = \boldsymbol{\Sigma}$，其中 $\boldsymbol{\Sigma} = \boldsymbol{A}\boldsymbol{A}'$ 是一个半正定矩阵。而且，由于服从标准正态分布的一元 Z 的特征函数是 $\phi_Z(t) = \exp(-\frac{1}{2}t^2)$，那么 $\boldsymbol{X}$ 的特征函数可以通过下式计算：

$$\phi_{\boldsymbol{X}}(\boldsymbol{t}) = \boldsymbol{E}(\exp(\mathrm{i}\boldsymbol{t}'\boldsymbol{X})) = \exp(\mathrm{i}\boldsymbol{t}'\boldsymbol{\mu} - \tfrac{1}{2}\boldsymbol{t}'\boldsymbol{\Sigma}\boldsymbol{t}), \quad \boldsymbol{t} \in \mathbb{R}^d \tag{6.10}$$

可以很明显地看出，这个分布是由它的均值向量和协方差矩阵决定的，因此可以用一个标准的形式 $\boldsymbol{X} \sim N_d(\boldsymbol{\mu},\boldsymbol{\Sigma})$ 表示这个分布。值得注意的是，当且仅当 $\boldsymbol{\Sigma}$ 是对角阵时，$\boldsymbol{X}$ 的元素之间是相互独立的。例如，当且仅当 $X_1,\ldots,X_d$ 是独立同分布标准一元正态分布 $N(0,1)$ 时，$\boldsymbol{X} \sim N_d(\boldsymbol{0},\boldsymbol{I}_d)$。

我们主要讨论 $\mathrm{rank}(\boldsymbol{A}) = d \leqslant k$ 时的多元正态分布的非奇异情形。在这种情形下，协方差矩阵 $\boldsymbol{\Sigma}$ 是满秩的，秩为 d，因此 $\boldsymbol{\Sigma}$ 是可逆的（非奇异）并且是正定的。而且，$\boldsymbol{X}$ 有一个绝对连续分布函数，它的联合分布密度函数是

$$f(\boldsymbol{x}) = \frac{1}{(2\pi)^{d/2}|\boldsymbol{\Sigma}|^{1/2}}\exp\{-\tfrac{1}{2}(\boldsymbol{x}-\boldsymbol{\mu})'\boldsymbol{\Sigma}^{-1}(\boldsymbol{x}-\boldsymbol{\mu})\} \quad \boldsymbol{x} \in \mathbb{R}^d \tag{6.11}$$

其中 $|\boldsymbol{\Sigma}|$ 表示 $\boldsymbol{\Sigma}$ 的行列式。

从这个密度函数可以很清楚地看出密度值相同的点位于一个椭球面上，该椭球面是由公式 $(\boldsymbol{x}-\boldsymbol{\mu})'\boldsymbol{\Sigma}^{-1}(\boldsymbol{x}-\boldsymbol{\mu})=c$ 决定的，其中常量 $c>0$。正如在图 6.1 中所示，在二维情形下，等密度值的点形成一个椭圆。当多元密度 $f(\boldsymbol{x})$ 只通过二次型 $(\boldsymbol{x}-\boldsymbol{\mu})'\boldsymbol{\Sigma}^{-1}(\boldsymbol{x}-\boldsymbol{\mu})$ 依赖于 $\boldsymbol{x}$ 时，它就是所谓椭圆分布的密度函数，在第 6.3 节中有更详细的讨论。

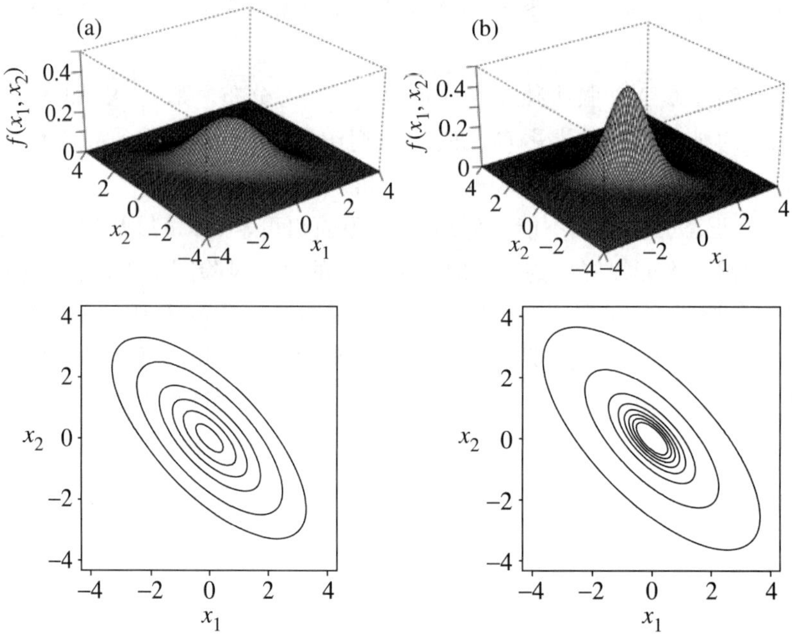

图 6.1　(a) 一个二元正态分布的密度函数的透视图和等值线，其边际分布是标准正态分布且相关系数是 -70%。(b) 相应的自由度是 4 的二元 t 分布的密度函数图形（更多细节可参考例 6.7），均值向量和协方差矩阵和正态分布一样。两个密度函数的等值线具有相同的高度。

定义 6.1 本质上是对多元正态分布的一种模拟方法。具体来说就是，如果我们想要产生一个服从分布 $N_d(\boldsymbol{\mu},\boldsymbol{\Sigma})$ 的向量 $\boldsymbol{X}$，其中 $\boldsymbol{\Sigma}$ 是正定的，那么我们可以使用下边的算法。

算法 6.2 (多元正态分布的模拟).

(1) 对 $\boldsymbol{\Sigma}$ 进行 Cholesky 分解 (参见例子 Press et al., 1992) 以获得 Cholesky 因子 $\boldsymbol{\Sigma}^{1/2}$。

(2) 生成一个独立标准正态分布变量的向量 $\boldsymbol{Z}=(Z_1,\ldots,Z_d)'$。

(3) 令 $\boldsymbol{X}=\boldsymbol{\mu}+\boldsymbol{\Sigma}^{1/2}\boldsymbol{Z}$。

现在我们继续总结多元正态的一些有用特性，这些性质加强了多元正态分布在风险管理计算中的作用。然而，值得注意的是，更广泛的多元混合分布和椭圆分布也具有这些性质中的大部分性质（对于后者的性质可以参考第 6.3.3 节）。

线性组合　如果对多元正态随机向量进行线性组合运算，那么结果仍然是多元正态随机向量。假设 $\boldsymbol{X}\sim N_d(\boldsymbol{\mu},\boldsymbol{\Sigma})$，且对于任意的矩阵 $\boldsymbol{B}\in\mathbb{R}^{k\times d}$ 和向量 $\boldsymbol{b}\in\mathbb{R}^k$，那么利用特征函

数 (6.10) 等方法可以看容易地得到，

$$\boldsymbol{BX}+\boldsymbol{b}\sim N_k(\boldsymbol{B\mu}+\boldsymbol{b},\boldsymbol{B\Sigma B}') \tag{6.12}$$

作为一个特例，如果 $\boldsymbol{a}\in\mathbb{R}^d$，那么

$$\boldsymbol{a}'\boldsymbol{X}\sim N(\boldsymbol{a}'\boldsymbol{\mu},\boldsymbol{a}'\boldsymbol{\Sigma a}) \tag{6.13}$$

这个事实在方差—协方差的风险管理方法中经常用到，如第 9.2.2 节所讨论的。

在这种情况下，接下来可以看到一些关于多元正态分布的性质。使用特征函数可以很容易地发现当且仅当对于任意的向量 $\boldsymbol{a}\in\mathbb{R}^d\setminus\{\boldsymbol{0}\}$，$\boldsymbol{a}'\boldsymbol{X}$ 是一元正态分布时，$\boldsymbol{X}$ 服从多元正态分布。

边际分布　从公式 (6.13) 可以很容易看出 $\boldsymbol{X}$ 的一元边际分布也一定服从一元正态分布。更广泛地讲，利用第 6.1.1 节中的表示方法 $\boldsymbol{X}=(\boldsymbol{X}_1',\boldsymbol{X}_2')'$，并且把它扩展到 $\boldsymbol{\mu}$ 和 Σ，

$$\boldsymbol{\mu}=\begin{pmatrix}\boldsymbol{\mu}_1\\\boldsymbol{\mu}_2\end{pmatrix},\qquad \boldsymbol{\Sigma}=\begin{pmatrix}\Sigma_{11}&\Sigma_{12}\\\Sigma_{21}&\Sigma_{22}\end{pmatrix}$$

那么可以由性质 (6.12) 看出 $\boldsymbol{X}_1$ 和 $\boldsymbol{X}_2$ 的边际分布也服从多元正态分布，即，$\boldsymbol{X}_1\sim N_k(\boldsymbol{\mu}_1,\Sigma_{11})$ 和 $\boldsymbol{X}_2\sim N_{d-k}(\boldsymbol{\mu}_2,\Sigma_{22})$。

条件分布　假设 $\boldsymbol{\Sigma}$ 是正定矩阵，那么在给定 $\boldsymbol{X}_1$ 的情况下。$\boldsymbol{X}_2$ 的条件分布和在给定 $\boldsymbol{X}_2$ 的情况下 $\boldsymbol{X}_1$ 的条件分布，也可能服从多元正态分布。例如，$\boldsymbol{X}_2\mid\boldsymbol{X}_1=\boldsymbol{x}_1\sim N_{d-k}(\boldsymbol{\mu}_{2.1},\Sigma_{22.1})$，其中，

$$\boldsymbol{\mu}_{2.1}=\boldsymbol{\mu}_2+\Sigma_{21}\Sigma_{11}^{-1}(\boldsymbol{x}_1-\boldsymbol{\mu}_1)\quad 和\quad \Sigma_{22.1}=\Sigma_{22}-\Sigma_{21}\Sigma_{11}^{-1}\Sigma_{12}$$

分别是条件均值向量和条件协方差矩阵。

二次型　如果 $\boldsymbol{X}\sim N_d(\boldsymbol{\mu},\boldsymbol{\Sigma})$ 与 $\boldsymbol{\Sigma}$ 是正定的，那么

$$(\boldsymbol{X}-\boldsymbol{\mu})'\boldsymbol{\Sigma}^{-1}(\boldsymbol{X}-\boldsymbol{\mu})\sim\chi_d^2 \tag{6.14}$$

是服从自由度为 d 的卡方分布。这是通过观察 $\boldsymbol{Z}=\boldsymbol{\Sigma}^{-1/2}(\boldsymbol{X}-\boldsymbol{\mu})\sim N_d(\boldsymbol{0},I_d)$ 和 $(\boldsymbol{X}-\boldsymbol{\mu})'\boldsymbol{\Sigma}^{-1}(\boldsymbol{X}-\boldsymbol{\mu})=\boldsymbol{Z}'\boldsymbol{Z}\sim\chi_d^2$ 得到的。且这个性质 (6.14) 可以用于检验多元正态分布（参阅第 6.1.4 节）。

卷积　如果 $\boldsymbol{X}$ 和 $\boldsymbol{Y}$ 是相互独立的 d 维随机向量，并且分别满足 $\boldsymbol{X}\sim N_d(\boldsymbol{\mu},\boldsymbol{\Sigma})$ 和 $\boldsymbol{Y}\sim N_d(\tilde{\boldsymbol{\mu}},\tilde{\boldsymbol{\Sigma}})$，那么利用它们特征函数的乘积可以得到 $\boldsymbol{X}+\boldsymbol{Y}\sim N_d(\boldsymbol{\mu}+\tilde{\boldsymbol{\mu}},\boldsymbol{\Sigma}+\tilde{\boldsymbol{\Sigma}})$。

6.1.4　多元正态性检验

现在我们考虑如何检验数据 $\boldsymbol{X}_1,\dots,\boldsymbol{X}_n$ 是否来自多元正态分布的观测值的问题。

一元检验 如果 $\boldsymbol{X}_1,\ldots,\boldsymbol{X}_n$ 是独立同分布多元正态分布，那么对于 $1\leqslant j\leqslant d$，由第 j 个元素的观察值组成的一元样本 $X_{1,j},\ldots,X_{n,j}$ 也一定是独立同分布一元正态分布。事实上，对于由 $\boldsymbol{a}'\boldsymbol{X}_1,\ldots,\boldsymbol{a}'\boldsymbol{X}_n$ 形式的线性组合构成的任意一元样本，也一定是独立同分布一元正态分布。这个性质可以通过用 Q–Q 图和标准正态分布做对比进行图形检验，或者使用正态分布的数值检验方法进行检验。更多关于一元正态性检验的细节可以参考第 3.1.2 节。

多元检验 为了检验多元正态性，仅检验分布的一元边际分布是否正态是不够的。我们将在第 7 章中看到，有多元分布的边际分布服从正态分布，但是其本身并非多元正态分布。因此我们需要进行联合正态性检验，一个比较简单的方法就是利用公式 (6.14) 中的二次型服从卡方分布这个性质。假设我们使用公式 (6.9) 中的标准估计量来估计 $\boldsymbol{\mu}$ 和 $\boldsymbol{\Sigma}$，然后构造数据

$$\{D_i^2=(\boldsymbol{X}_i-\bar{\boldsymbol{X}})'S^{-1}(\boldsymbol{X}_i-\bar{\boldsymbol{X}}):i=1,\ldots,n\} \tag{6.15}$$

由于在每个 D_i^2 的构造中使用了均值向量和协方差矩阵的估计量，因此即使原始 $\boldsymbol{X}_i$ 数据是独立的，这些数据也不是独立的。此外，零假设下的边际分布 D_i^2 不完全是卡方分布；实际上，我们有 $n(n-1)^{-2}D_i^2\sim\text{Beta}(\frac{1}{2}d,\frac{1}{2}(n-d-1))$，所以真正的分布是一个标准贝塔分布，当 n 很大时，该分布接近卡方分布。我们期望 $D_1^2,\ldots,D_n^2$ 表现得像卡方分布的独立同分布样本，简单起见，我们针对此分布构建 Q–Q 图（也可以针对贝塔参考分布制作 Q–Q 图，这些看起来非常相似）。

另外，基于和的多元测量的多元正态性的数值测试也是可能的。类似于公式 (3.1)，假设我们定义

$$b_d=\frac{1}{n^2}\sum_{i=1}^{n}\sum_{j=1}^{n}D_{ij}^3,\qquad k_d=\frac{1}{n}\sum_{i=1}^{n}D_i^4 \tag{6.16}$$

其中 D_i 在 (6.15) 中已经给出，并且它被称为 $\boldsymbol{X}_i$ 和 $\bar{\boldsymbol{X}}$ 之间的马氏距离，而 $D_{ij}=(\boldsymbol{X}_i-\bar{\boldsymbol{X}})S^{-1}(\boldsymbol{X}_j-\bar{\boldsymbol{X}})$ 被称为 $\boldsymbol{X}_i-\bar{\boldsymbol{X}}$ 和 $\boldsymbol{X}_j-\bar{\boldsymbol{X}}$ 间的马氏角度，在多元正态性的零假设下，当 $n\to\infty$ 时，这些统计量的渐近分布是

$$\tfrac{1}{6}nb_d\sim\chi^2_{d(d+1)(d+2)/6},\qquad \frac{k_d-d(d+2)}{\sqrt{8d(d+2)/n}}\sim N(0,1) \tag{6.17}$$

Mardia 多元正态性检验是将偏态和峰度统计量与上述理论参考分布进行比较。由于统计量大，对多元正态模型产生怀疑，因此一般采用单边检验。通常，峰度和偏度的测试是分开进行的，尽管也有一些联合测试（或所谓的综合测试）（参见说明与评论）。

例 6.3 (道琼斯 30 收益率正态性检验). 在第 3.1.2 节中，我们对道琼斯指数成分股中任意 10 只股票子集进行了一元正态性检验。我们采用了 1993—2000 年总共 8 年的数据，并且对日收益率、周收益率、月收益率和季度收益率四个对数收益率进行检验。在本例中，我们利用基于多元偏度和峰度的 Marida 检验对所有 10 只股票进行多元正态性检验。结果列在表 6.1 中。我们也利用 Q–Q 图（参见图 6.2）把 D_i^2 数据 (6.15) 和 χ^2_{10} 分布比较。

表 6.1　多元正态性 Mardia 检验，该检验基于式 (6.16) 中偏度和峰度的多元检验和公式 (6.17) 中的渐近分布（细节可以参见例 6.3）

	日	周	月	季
n	2020	416	96	32
b_{10}	9.31	9.91	21.10	50.10
p 值	0.00	0.00	0.00	0.02
k_{10}	242.45	177.04	142.65	120.83
p 值	0.00	0.00	0.00	0.44

日、周、月收益率数据未通过正态性多元检验。对于季度收益率数据，多元峰度检验并没有拒绝零假设，而多元偏度检验拒绝了零假设；图 6.2 (d) 中的 Q–Q 图看起来稍微偏线性，因此可以得到一定的证据表明，季度收益率数据接近于正态分布，尽管因为实验中数据样本太少而不能得到更加可靠的结论，但是这个实验结果仍可能说明这些季度收益率数据满足中心极限定理。对于每日、每周和每月的数据来说，反对多元正态分布的证据无疑是压倒性的。

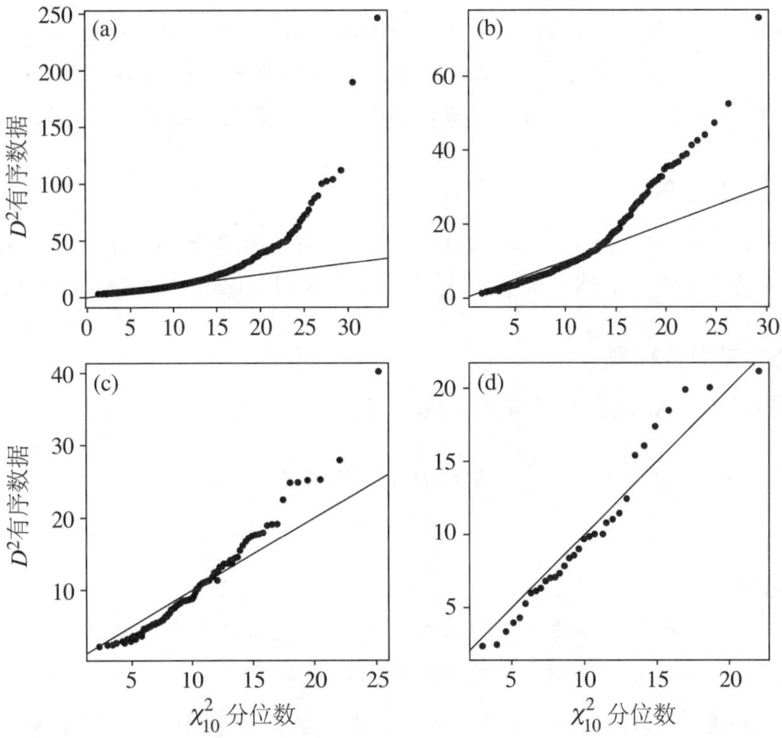

图 6.2　把式 (6.15) 中的 D_i^2 对应于例 6.3 中数据集的 χ^2_{10} 分布的 Q–Q 图：(a) 日收益率分析；(b) 周收益率分析；(c) 月收益率分析；(d) 季度收益率分析。在多元正态性的零假设下，这些图应该是大致线性的。

例 6.3 中的结果对于金融收益率数据来说是相当典型的。这表明，在许多风险管理应用中，多元正态分布并不是对现实的良好描述。本书在不同的地方讨论了它的三个主要缺陷。

(1) 一元边际分布的尾部过薄。它们没有给极端事件分配足够的权重，参阅第 3.1.2 节。

(2) 分布的联合尾部没有赋予联合极端结果足够的权重，参阅第 7.3.1 节。

(3) 这种分布具有很强的对称性，称其为椭圆对称性。

在下一节中，我们将研究解决其中一些缺陷的模型。我们考虑了正态方差混合模型，它具有多元正态的椭圆对称性，但具有处理上述 (1) 和 (2) 的灵活性；我们还研究了通常的均值—方差混合模型，该模型引入了一些不对称性，从而解决了 (3) 的问题。

说明与评论

第 6.1 节简要介绍的大部分内容在一些关于多元统计分析的教材中都有更加详细的介绍，例如 Mardia et al. (1979)、Seber (1984)、Giri (1996) 或 Johnson and Wichern (2002)。

对于独立同分布高斯数据，$D_i^2 = (\boldsymbol{X}_i - \bar{\boldsymbol{X}})S^{-1}(\boldsymbol{X}_i - \bar{\boldsymbol{X}})$ 的真实分布，在 Gnanadesikan and Kettenring (1972) 中显示如何转换为标准贝塔（beta）分布 (也可参见 Gnanadesikan, 1997)。Small (1978) 考虑了这一事实对在小样本中构建 Q–Q 图的影响。Mardia (1970, 1974, 1975) 讨论了关于偏度和峰度的多元测度以及 Mardia 多元正态性检验。同时也可以参见 Mardia et al. (1979)，统计百科全书 (Kotz et al., 1985) 的第六卷关于“多元正态性检验”的内容，以及第五卷关于“Mardia 多元正态性检验”的内容。Joenssen and Vogel (2014) 使用 R 对多元正态分布的不同拟合优度检验的效果进行了比较。

6.2　正态混合分布

在本节中，我们对多元正态分布进行扩展得到多元正态混合分布。其关键思想是首先将随机性引入协方差矩阵，然后通过一个正混合变量引入多元正态分布的均值向量，即 W。

6.2.1　正态方差混合模型

定义 6.4. 随机向量 $\boldsymbol{X}$ 被称为具有方差混合（多元）正态分布，如果

$$\boldsymbol{X} \stackrel{\mathrm{d}}{=} \boldsymbol{\mu} + \sqrt{W}\boldsymbol{A}\boldsymbol{Z} \tag{6.18}$$

其中

(i) $\boldsymbol{Z} \sim N_k(\boldsymbol{0}, I_k)$。

(ii) $W \geqslant 0$ 是一个非负的、标量值的随机变量，该随机变量独立于 $\boldsymbol{Z}$。

(iii) $\boldsymbol{A} \in \mathbb{R}^{d\times k}$ 和 $\boldsymbol{\mu} \in \mathbb{R}^d$ 分别是常量矩阵和常向量。

这样的分布被称为方差混合分布，这是因为在随机变量 W 取某给定值的条件下，可以看到有 $\boldsymbol{X} \mid W = w \sim N_d(\boldsymbol{\mu}, w\boldsymbol{\Sigma})$，其中 $\boldsymbol{\Sigma} = \boldsymbol{A}\boldsymbol{A}'$。$\boldsymbol{X}$ 的分布可以被认为是一个复合分布，它是通过采用一组具有相同均值向量且具有相同协方差矩阵的多元正态分布构造的，乘以一个乘法常数 w。混合分布是根据 W 的分布确定的一组“权值”，从这组多元正态分布中随机抽取，得到的混合分布本身不是多元正态分布。在建立风险因子收益率模型的背景下，混合变量 W 可以被解释为来自新信息并影响所有风险因子波动性的扰动。

对于多元正态分布，我们最关心的情形是 $\operatorname{rank}(\boldsymbol{A}) = d \leqslant k$ 并且 $\boldsymbol{\Sigma}$ 是满秩正定矩阵的情形。在这种情形下，会有一个非奇异的正态方差混合分布。

如果 W 的期望是有限值，那么可以很容易地计算得到

$$E(\boldsymbol{X}) = E(\boldsymbol{\mu} + \sqrt{W}\boldsymbol{A}\boldsymbol{Z}) = \boldsymbol{\mu} + E(\sqrt{W})\boldsymbol{A}E(\boldsymbol{Z}) = \boldsymbol{\mu}$$

和

$$\operatorname{cov}(\boldsymbol{X}) = E((\sqrt{W}\boldsymbol{A}\boldsymbol{Z})(\sqrt{W}\boldsymbol{A}\boldsymbol{Z})') = E(W)\boldsymbol{A}E(\boldsymbol{Z}\boldsymbol{Z}')\boldsymbol{A}' = E(W)\boldsymbol{\Sigma} \tag{6.19}$$

我们把 $\boldsymbol{\mu}$ 和 $\boldsymbol{\Sigma}$ 分别称为分布的位置向量和分散矩阵。值得注意的是当 $E(W) = 1$ 时，$\boldsymbol{\Sigma}$（$\boldsymbol{AZ}$ 的协方差矩阵）才是 $\boldsymbol{X}$ 的协方差矩阵，而当 $E(\boldsymbol{X})$ 有定义时，$\boldsymbol{\mu}$ 才是 $\boldsymbol{X}$ 的均值向量，这个结论成立的前提是 $E(W^{1/2}) < \infty$。当 $E(W) < \infty$ 时，$\boldsymbol{X}$ 的相关矩阵和 $\boldsymbol{AZ}$ 是一样的。同时要注意的是这些分布提供了一些好的模型例子，这些例子表明 $\boldsymbol{X}$ 的成分之间没有相关性并不能必然说明它们也是相互独立的。事实上，我们有下边的简单结论。

引理 6.5. 假设 (X_1, X_2) 有一个正态混合分布，并且满足 $A = I_2$ 和 $E(W) < \infty$ 则 $\operatorname{cov}(X_1, X_2) = 0$。当且仅当 W 几乎必然恒定时，X_1 和 X_2 是相互独立的，即 (X_1, X_2) 服从正态分布。

证明. 如果 W 几乎必然是一个常数，那么 (X_1, X_2) 具有二元正态分布且相互独立。反过来，如果 (X_1, X_2) 是相互独立的，那么我们一定有 $E(|X_1||X_2|) = E(|X_1|)E(|X_2|)$。我们计算出

$$\begin{aligned}E(|X_1||X_2|) &= E(W|Z_1||Z_2|) = E(W)E(|Z_1|)E(|Z_2|) \\ &\geqslant (E(\sqrt{W}))^2 E(|Z_1|)E(|Z_2|) = E(|X_1|)E(|X_2|)\end{aligned}$$

只有当 W 是常数时，等式才始终成立。 □

利用 (6.10)，我们可以计算出正态方差混合的特征函数

$$\begin{aligned}\phi_{\boldsymbol{X}}(\boldsymbol{t}) &= E(E(\exp(\mathrm{i}\boldsymbol{t}'\boldsymbol{X}) \mid W)) = E(\exp(\mathrm{i}\boldsymbol{t}'\boldsymbol{\mu} - \tfrac{1}{2}W\boldsymbol{t}'\boldsymbol{\Sigma}\boldsymbol{t})) \\ &= \exp(\mathrm{i}\boldsymbol{t}'\boldsymbol{\mu})\hat{H}(\tfrac{1}{2}\boldsymbol{t}'\boldsymbol{\Sigma}\boldsymbol{t})\end{aligned} \tag{6.20}$$

其中 $\hat{H}(\theta) = \int_0^\infty \mathrm{e}^{-\theta v}\,\mathrm{d}H(v)$ 是关于 W 的分布函数 H 的 Laplace–Stieltjes 变换。在公式 (6.20) 的基础上，我们用 $\boldsymbol{X} \sim M_d(\boldsymbol{\mu}, \boldsymbol{\Sigma}, \hat{H})$ 表示正态方差混合分布。

假设 $\boldsymbol{\Sigma}$ 是正定的，并且 W 的分布在 0 处没有点质量，我们可以得到正态方差混合分布的联合密度函数。用 $f_{\boldsymbol{X}|W}$ 表示在 W 给定的条件下 $\boldsymbol{X}$ 的（高斯）条件密度函数，那么，$\boldsymbol{X}$ 的密度函数是

$$\begin{aligned}f(\boldsymbol{x}) &= \int f_{\boldsymbol{X}|W}(\boldsymbol{x} \mid w)\,\mathrm{d}H(w) \\ &= \int \frac{w^{-d/2}}{(2\pi)^{d/2}|\boldsymbol{\Sigma}|^{1/2}} \exp\left\{-\frac{(\boldsymbol{x}-\boldsymbol{\mu})'\boldsymbol{\Sigma}^{-1}(\boldsymbol{x}-\boldsymbol{\mu})}{2w}\right\}\mathrm{d}H(w)\end{aligned} \tag{6.21}$$

其中的积分是 Lebesgue–Stieltjes(勒贝格—斯蒂尔杰斯) 积分。当 H 有密度函数 h 时，我们简单地说就是黎曼积分 $\int_0^\infty f_{\boldsymbol{X}|W}(\boldsymbol{x} \mid w)h(w)\,\mathrm{d}w$。所有这些密度都是通过二次型 $(\boldsymbol{x}-\boldsymbol{\mu})'\Sigma^{-1}(\boldsymbol{x}-\boldsymbol{\mu})$ 依赖于 $\boldsymbol{x}$，这意味着它们是椭圆分布的密度，这部分内容将在第 6.3 节中讨论。

例 6.6 (多元两点正态混合分布). 当 W 表示离散随机变量时，可以得到一些简单的正态混合分布模型。例如，通过将公式 (6.18) 中的 W 设为离散随机变量，得到两点正态混合模型，该模型假定 k_1 和 k_2 为不同的正值，概率分别为 p 和 $1-p$。当 k_2 比 k_1 大，且概率值 p 大时，这种分布可以用来定义两种市场状态：一种是通常情况下的市场状态，另一种是发生概率很小 $(1-p)$ 的压力市场状态。显然，这一想法可以扩展到 k 点混合分布。

例 6.7 (多元 t 分布). 如果我们将公式 (6.18) 中的 W 作为具有逆伽马（IG）分布$W \sim \mathrm{Ig}(\frac{1}{2}\nu, \frac{1}{2}\nu)$ 的随机变量（相当于 $\nu/W \sim \chi^2_\nu$），那么 $\boldsymbol{X}$ 是自由度为 $\boldsymbol{X}$ 的多元 t 分布（有关逆伽马分布的详细信息，请参阅第 A.2.6 节）。可以把该多元 t 分布写成 $\boldsymbol{X} \sim t_d(\nu, \boldsymbol{\mu}, \boldsymbol{\Sigma})$，其中 $\boldsymbol{\Sigma}$ 并不是多元 t 分布定义中 $\boldsymbol{X}$ 的协方差矩阵。因为 $E(W) = \nu/(\nu-2)$，所以 $\mathrm{cov}(\boldsymbol{X}) = (\nu/(\nu-2))\boldsymbol{\Sigma}$ 并且只有当 $\nu > 2$ 时，这个协方差矩阵（和相关矩阵）才有定义。

使用公式 (6.21)，可以得到密度函数

$$f(\boldsymbol{x}) = \frac{\Gamma(\frac{1}{2}(\nu+d))}{\Gamma(\frac{1}{2}\nu)(\pi\nu)^{d/2}|\boldsymbol{\Sigma}|^{1/2}}\left(1+\frac{(\boldsymbol{x}-\boldsymbol{\mu})'\boldsymbol{\Sigma}^{-1}(\boldsymbol{x}-\boldsymbol{\mu})}{\nu}\right)^{-(\nu+d)/2} \tag{6.22}$$

显然，具有相同密度的点的轨迹也是一个由 $(\boldsymbol{x}-\boldsymbol{\mu})'\Sigma^{-1}(\boldsymbol{x}-\boldsymbol{\mu}) = c$ 表示的椭圆面，其中 $c > 0$。图 6.1 是一个自由度为 4 的二元例子。与多元正态相比，等密度线在分布中心上升较快，在分布的“下坡”处衰减较慢。另外，多元 t 边际分布尾部更厚（如第 5.1.2 节所讨论的），并且更明显地倾向于同时生成极值（参见第 7.3.1 节）。

例 6.8 (对称广义双曲分布（generalized hyperbolic distribution）). 通过在 (6.18) 中的 W 得到一个灵活的正态方差混合族，得到广义逆高斯 (generalized inverse Gaussian,GIG) 分布$W \sim N^-(\lambda, \chi, \psi)$（参阅第 A.2.5 节）。使用公式 (6.21)，可以看出由这个混合密度构造的正态方差混合分布的联合密度是

$$f(\boldsymbol{x}) = \frac{(\sqrt{\chi\psi})^{-\lambda}\psi^{d/2}}{(2\pi)^{d/2}|\boldsymbol{\Sigma}|^{1/2}K_\lambda(\sqrt{\chi\psi})}\frac{K_{\lambda-(d/2)}(\sqrt{(\chi+(\boldsymbol{x}-\boldsymbol{\mu})'\boldsymbol{\Sigma}^{-1}(\boldsymbol{x}-\boldsymbol{\mu}))\psi})}{(\sqrt{(\chi+(\boldsymbol{x}-\boldsymbol{\mu})'\boldsymbol{\Sigma}^{-1}(\boldsymbol{x}-\boldsymbol{\mu}))\psi})^{(d/2)-\lambda}} \tag{6.23}$$

其中 K_λ 表示第三类修正 Bessel(贝塞尔) 函数（更多细节可以参见第 A.2.5 节）。这种分布是多元广义双曲分布更一般族的一种特殊情况，我们将在第 6.2.2 节中更详细地讨论它。该族更广泛的分布可以通过正态的均值—方差混合得到，它们并不一定是椭圆分布。

GIG 分布是一类很灵活的分布，其中伽马（gamma）分布和逆伽马（IG）分布是它的特殊边界案例（对应着 $\lambda > 0$，$\chi = 0$ 和 $\lambda < 0$，$\psi = 0$）。在这些情况下，公式 (6.23) 中的密度应该解释为当 $\chi \to 0$ 或 $\psi \to 0$ 时的极限（Bessel 函数的极限在第 A.2.5 节有介绍）。伽马混合分布生成拉普拉斯分布或所谓的对称方差—伽马模型，而逆伽马（IG）分布生成例 6.7 中的 t 分布。更准确地说，t 分布对应的情形是 $\lambda = -\nu/2$ 且 $\chi = \nu$。金融建模中有

时会用到 $\lambda = -0.5$ 和 $\lambda = 1$ 对应的分布。前者产生对称正态逆高斯（NIG）分布，而后者产生对称多元分布，该对称多元分布的一元边际分布就是双曲分布。

为了计算对称广义双曲分布族中分布的协方差矩阵，需要计算 GIG 分布的均值，公式 (A.15) 给出了当 $\chi > 0$ 和 $\psi > 0$ 时的，均值计算方法。而公式 (6.19) 给出了公式 (6.23) 中多元分布的协方差矩阵的计算方法。

正态方差混合分布的线性计算很简单，下边的命题可以说明这一点。

命题 6.9. 如果 $\boldsymbol{X} \sim M_d(\boldsymbol{\mu}, \boldsymbol{\Sigma}, \hat{H})$ 且 $\boldsymbol{Y} = B\boldsymbol{X} + \boldsymbol{b}$，其中 $B \in \mathbb{R}^{k\times d}$，$\boldsymbol{b} \in \mathbb{R}^k$，那么 $\boldsymbol{Y} \sim M_k(B\boldsymbol{\mu} + \boldsymbol{b}, B\boldsymbol{\Sigma}B', \hat{H})$.

证明. 使用公式 (6.20) 中的特征函数可以得到

$$\phi_{\boldsymbol{Y}}(\boldsymbol{t}) = E(\mathrm{e}^{\mathrm{i}\boldsymbol{t}'(B\boldsymbol{X}+\boldsymbol{b})}) = \mathrm{e}^{\mathrm{i}\boldsymbol{t}'\boldsymbol{b}}\phi_{\boldsymbol{X}}(B'\boldsymbol{t}) = \mathrm{e}^{\mathrm{i}\boldsymbol{t}'(B\boldsymbol{\mu}+\boldsymbol{b})}\hat{H}(\tfrac{1}{2}\boldsymbol{t}'B\boldsymbol{\Sigma}B'\boldsymbol{t})$$

□

因此，由 $\hat{H}$ 确定的混合分布的子集在线性变换下是封闭的。例如，如果 $\boldsymbol{X}$ 有一个自由度是 ν 的多元 t 分布，那么 $\boldsymbol{X}$ 的线性变换也服从相同分布；线性组合 $\boldsymbol{a}'\boldsymbol{X}$ 就有一个自由度为 ν 的一元 t 分布（更准确地说，有 $\boldsymbol{a}'\boldsymbol{X} \sim t_1(\nu, \boldsymbol{a}'\boldsymbol{\mu}, \boldsymbol{a}'\boldsymbol{\Sigma}\boldsymbol{a})$）。

正态方差混合分布（和稍后在第 6.2.2 节中介绍到的均值方差混合分布）很容易模拟，从定义 6.4 就可以得到模拟方法。为了生成带有正定矩阵 $\boldsymbol{\Sigma}$ 的变量 $\boldsymbol{X} \sim M_d(\boldsymbol{\mu}, \boldsymbol{\Sigma}, \hat{H})$，我们可以使用下边的算法。

算法 6.10 (正态方差混合分布的模拟方法).

(1) 使用算法 6.2 生成 $\boldsymbol{Z} \sim N_d(\boldsymbol{0}, \boldsymbol{\Sigma})$。

(2) 独立地生成一个正混合变量 W，它的分布函数是 H(对应 Laplace–Stieltjes(拉普拉斯—斯蒂尔杰斯) 变换 $\hat{H}$)。

(3) 设 $\boldsymbol{X} = \boldsymbol{\mu} + \sqrt{W}\boldsymbol{Z}$。

为了生成 $\boldsymbol{X} \sim t_d(\nu, \boldsymbol{\mu}, \boldsymbol{\Sigma})$，混合变量 W 应当服从分布 $\mathrm{Ig}(\frac{1}{2}\nu, \frac{1}{2}\nu)$；值得注意的是，在本例中，$\nu/W \sim \chi^2_\nu$ 是自由度 ν 的一个卡方分布。从具有密度 (6.23) 的广义双曲分布中进行抽样需要我们生成 $W \sim N^-(\lambda, \chi, \psi)$。可以使用 Atkinson (1982) 提出的拒绝算法来完成 GIG 分布的抽样。

6.2.2 正态混合均值方差模型

到目前为止我们考虑的所有多元分布都具有椭圆对称性（有关说明请参阅第 6.3.2 节），这些模型对于现实的风险因子收益数据可能过于简化了。另一方面，椭圆对称性意味着所有的一元边际分布是严格对称的，这常常和很多股票收益率数据矛盾，股票收益率数据的负收益率（损失）往往比正收益率（收益）更加厚尾。接下来要介绍的模型通过混合具有不同均值和不同方差的正态分布，从而对正态分布族增加了一定的非对称性。这样就产生一族多元正态混合均值—方差 (Normal Mean-Variance Mixtures) 分布。

定义 6.11. 随机向量 $\boldsymbol{X}$ 被称为有一个（多元）正态混合均值—方差分布，如果满足

$$\boldsymbol{X} \stackrel{\mathrm{d}}{=} \boldsymbol{m}(W) + \sqrt{W}\boldsymbol{A}\boldsymbol{Z} \tag{6.24}$$

其中

(i) $\boldsymbol{Z} \sim N_k(\mathbf{0}, I_k)$；

(ii) $W \geqslant 0$ 是一个独立于 $\boldsymbol{Z}$ 的非负标量随机变量；

(iii) $\boldsymbol{A} \in \mathbb{R}^{d\times k}$ 是一个矩阵；

(iv) $\boldsymbol{m} : [0, \infty) \to \mathbb{R}^d$ 是一个测度函数。

在这种情形下，我们有

$$\boldsymbol{X} \mid W = w \sim N_d(\boldsymbol{m}(w), w\boldsymbol{\Sigma}) \tag{6.25}$$

其中 $\boldsymbol{\Sigma} = \boldsymbol{A}\boldsymbol{A}'$，从中可以很明显地看出为什么这样的分布被称为正态混合均值—方差分布。一般而言，这样的分布常常不是椭圆的。

公式 (6.25) 中函数 $\boldsymbol{m}(W)$ 的一个具体的例子是

$$\boldsymbol{m}(W) = \boldsymbol{\mu} + W\boldsymbol{\gamma} \tag{6.26}$$

其中 $\boldsymbol{\mu}$ 和 $\boldsymbol{\gamma}$ 是 $\mathbb{R}^d$ 中的参数向量。因为 $E(\boldsymbol{X} \mid W) = \boldsymbol{\mu} + W\boldsymbol{\gamma}$ 且 $\operatorname{cov}(\boldsymbol{X} \mid W) = W\boldsymbol{\Sigma}$，所以当混合变量 W 的方差是一个有限值时，经过简单的计算可以得到

$$E(\boldsymbol{X}) = E(E(\boldsymbol{X} \mid W)) = \boldsymbol{\mu} + E(W)\boldsymbol{\gamma} \tag{6.27}$$

$$\begin{aligned}\operatorname{cov}(\boldsymbol{X}) &= E(\operatorname{cov}(\boldsymbol{X} \mid W)) + \operatorname{cov}(E(\boldsymbol{X} \mid W)) \\ &= E(W)\boldsymbol{\Sigma} + \operatorname{var}(W)\boldsymbol{\gamma}\boldsymbol{\gamma}'\end{aligned} \tag{6.28}$$

从公式 (6.27) 和公式 (6.28) 中可以看出，参数 $\boldsymbol{\mu}$ 和 $\boldsymbol{\Sigma}$ 通常不是 $\boldsymbol{X}$（或其倍数）的均值向量和协方差矩阵。而只有当 $\boldsymbol{\gamma} = \mathbf{0}$ 时，它们才是 $\boldsymbol{X}$ 的均值向量和协方差矩阵。此时的分布就是正态方差混合（Normal Variance Mixture）分布，公式 (6.19) 给出了它的矩计算公式。

6.2.3 广义双曲分布

在例 6.8 中，我们讨论了广义双曲分布的一个特殊子集，该子集是由椭圆对称正态方差混合分布组成的。利用均值—方差混合构造 (6.24) 和条件均值规范 (6.26) 得到了完整的广义双曲族。对于混合分布，我们假设 $W \sim N^{-}(\lambda, \chi, \psi)$，一个带有密度 (A.14) 的 GIG 分布。

备注 6.12. 许多金融建模的文章都对这类分布做过讨论研究，特别是一元的情形。该类分布受到关注的一个重要原因就是它们和 Lévy（列维）过程，Lévy 过程是一个具有独立且平稳增量的过程（有些像布朗运动或复合泊松分布）的联系，它可以用来建立连续时间的

价格变动模型。对于每一个广义双曲分布，可以构造一个 Lévy 过程并且使得在固定时间间隔下该过程的增量值服从该广义双曲分布。可以这样构造广义双曲分布的原因是因为广义双曲律是所谓的无穷可分分布，这个性质是由 W 的 GIG 混合分布产生的。

非奇异情形下（$\boldsymbol{\Sigma}$ 的秩是 d）的联合密度是

$$f(\boldsymbol{x}) = \int_0^\infty \frac{\mathrm{e}^{(\boldsymbol{x}-\boldsymbol{\mu})'\boldsymbol{\Sigma}^{-1}\boldsymbol{\gamma}}}{(2\pi)^{d/2}|\boldsymbol{\Sigma}|^{1/2}w^{d/2}} \times \exp\left\{-\frac{(\boldsymbol{x}-\boldsymbol{\mu})'\boldsymbol{\Sigma}^{-1}(\boldsymbol{x}-\boldsymbol{\mu})}{2w} - \frac{\boldsymbol{\gamma}'\boldsymbol{\Sigma}^{-1}\boldsymbol{\gamma}}{2/w}\right\} h(w)\,\mathrm{d}w$$

其中 $h(w)$ 是 W 的密度函数。求该积分可以得到广义双曲分布的密度是

$$f(\boldsymbol{x}) = c\frac{K_{\lambda-(d/2)}\left(\sqrt{(\chi+(\boldsymbol{x}-\boldsymbol{\mu})'\boldsymbol{\Sigma}^{-1}(\boldsymbol{x}-\boldsymbol{\mu}))(\psi+\boldsymbol{\gamma}'\boldsymbol{\Sigma}^{-1}\boldsymbol{\gamma})}\right)\mathrm{e}^{(\boldsymbol{x}-\boldsymbol{\mu})'\boldsymbol{\Sigma}^{-1}\boldsymbol{\gamma}}}{\left(\sqrt{(\chi+(\boldsymbol{x}-\boldsymbol{\mu})'\boldsymbol{\Sigma}^{-1}(\boldsymbol{x}-\boldsymbol{\mu}))(\psi+\boldsymbol{\gamma}'\boldsymbol{\Sigma}^{-1}\boldsymbol{\gamma})}\right)^{(d/2)-\lambda}} \tag{6.29}$$

其中标准化常数是

$$c = \frac{(\sqrt{\chi\psi})^{-\lambda}\psi^{\lambda}(\psi+\boldsymbol{\gamma}'\boldsymbol{\Sigma}^{-1}\boldsymbol{\gamma})^{(d/2)-\lambda}}{(2\pi)^{d/2}|\boldsymbol{\Sigma}|^{1/2}K_\lambda(\sqrt{\chi\psi})}$$

很明显，如果 $\boldsymbol{\gamma}=\mathbf{0}$，那么这个分布可以简化成例 6.8 中的对称广义双曲分布的特殊情形。通常情形下，我们讨论的是具有非对称边际分布的非椭圆分布。结合 GIG 分布的信息和第 A.2.5 节定义的矩，利用公式 (6.27) 和公式 (6.28)，可以很容易地计算出这个分布的均值向量和协方差矩阵。利用类似于公式 (6.20) 中的方法，可以计算出广义双曲分布的特征函数，

$$\phi_{\boldsymbol{X}}(\boldsymbol{t}) = E(\mathrm{e}^{\mathrm{i}\boldsymbol{t}'\boldsymbol{X}}) = \mathrm{e}^{\mathrm{i}\boldsymbol{t}'\boldsymbol{\mu}}\hat{H}(\tfrac{1}{2}\boldsymbol{t}'\boldsymbol{\Sigma}\boldsymbol{t} - \mathrm{i}\boldsymbol{t}'\boldsymbol{\gamma}), \tag{6.30}$$

其中 $\hat{H}$ 表示 GIG 分布的 Laplace–Stieltjes 变换。

我们采用表示方法 $\boldsymbol{X} \sim \mathrm{GH}_d(\lambda,\chi,\psi,\boldsymbol{\mu},\boldsymbol{\Sigma},\boldsymbol{\gamma})$。值得注意的是对于任意的 $k>0$，$\mathrm{GH}_d(\lambda,\chi/k,k\psi,\boldsymbol{\mu},k\boldsymbol{\Sigma},k\boldsymbol{\gamma})$ 和 $\mathrm{GH}_d(\lambda,\chi,\psi,\boldsymbol{\mu},\boldsymbol{\Sigma},\boldsymbol{\gamma})$ 表示相同的分布，这就会造成在实际中估计参数时的识别问题。这个问题可以通过在适当的情况下把行列式 $|\boldsymbol{\Sigma}|$ 限定为一个特定的值（例如 1）来解决。要注意的是，这样的限定会对 χ 和 ψ 的估计值产生影响，但是不会对 $\chi\psi$ 的值产生影响，所以这个乘积是 GH 分布的一个有用的总结参数。

线性组合　广义双曲类在线性操作下是封闭的。

命题 6.13. 如果 $\boldsymbol{X}\sim\mathrm{GH}_d(\lambda,\chi,\psi,\boldsymbol{\mu},\boldsymbol{\Sigma},\boldsymbol{\gamma})$ 且 $\boldsymbol{Y}=\boldsymbol{B}\boldsymbol{X}+\boldsymbol{b}$，其中 $\boldsymbol{B}\in\mathbb{R}^{k\times d}$，$\boldsymbol{b}\in\mathbb{R}^k$，那么 $\boldsymbol{Y}\sim\mathrm{GH}_k(\lambda,\chi,\psi,B\boldsymbol{\mu}+\boldsymbol{b},\boldsymbol{B}\boldsymbol{\Sigma}\boldsymbol{B}',\boldsymbol{B}\boldsymbol{\gamma})$.

证明. 利用公式 (6.30) 以及命题 6.9 中类似的方法，我们计算得到

$$\phi_{\boldsymbol{Y}}(\boldsymbol{t}) = \mathrm{e}^{\mathrm{i}\boldsymbol{t}'(\boldsymbol{B}\boldsymbol{\mu}+\boldsymbol{b})}\hat{H}(\tfrac{1}{2}\boldsymbol{t}'\boldsymbol{B}\boldsymbol{\Sigma}\boldsymbol{B}'\boldsymbol{t} - \mathrm{i}\boldsymbol{t}'B\boldsymbol{\gamma})$$

□

因此，广义双曲分布的参数中由 GIG 混合分布生成的参数在线性运算下是不变的。这也就意味着 $\boldsymbol{X}$ 的边际分布很容易计算，计算得到 $X_i\sim\mathrm{GH}_1(\lambda,\chi,\psi,\mu_i,\boldsymbol{\Sigma}_{ii},\boldsymbol{\gamma}_i)$。

参数化　在文献中，对于广义双曲分布有许多令人困惑的替代参数化，而以重新参数化的形式满足这种分布更为常见。在一个常见的版本中，我们称为 $\boldsymbol{\Sigma}$ 的分散矩阵被重命名为 Δ，并且施加了一个约束 $|\Delta|=1$; 这解决了上面提到的识别问题。将偏度参数 $\boldsymbol{\gamma}$ 替换为参数 $\boldsymbol{\beta}$，将非负参数 χ 和 ψ 替换为非负参数 δ 和 α，即

$$\boldsymbol{\beta}=\Delta^{-1}\boldsymbol{\gamma},\qquad \delta=\sqrt{\chi},\qquad \alpha=\sqrt{\psi+\boldsymbol{\gamma}'\Delta^{-1}\boldsymbol{\gamma}}$$

这些参数必须满足限制条件：如果 $\lambda>0$，那么 $\delta\geqslant 0, \alpha^2>\boldsymbol{\beta}'\Delta\boldsymbol{\beta}$; 如果 $\lambda=0$，那么 $\delta>0$, $\alpha^2>\boldsymbol{\beta}'\Delta\boldsymbol{\beta}$; 如果 $\lambda<0$，那么 $\delta>0$,$\alpha^2\geqslant\boldsymbol{\beta}'\Delta\boldsymbol{\beta}$。Blæsild (1981) 使用这种参数化来表明，广义双曲分布在线性操作和条件下形成了封闭的分布族。但是，参数化确实存在这样的问题：在这两种操作下重要参数 α 和 δ 通常不是不变的。

如果能对公式 (6.29) 中的参数 χ–ψ–$\boldsymbol{\Sigma}$–$\boldsymbol{\gamma}$ 和参数 α–δ–Δ–$\boldsymbol{\beta}$ 进行轻松转换，则会很有意义。而这两种表示方法中都含有参数 λ 和 $\boldsymbol{\mu}$。如果已知参数化表示形式 χ–ψ–$\boldsymbol{\Sigma}$–$\boldsymbol{\gamma}$，那么可以得到另一种参数化表示，

$$\Delta=|\boldsymbol{\Sigma}|^{-1/d}\boldsymbol{\Sigma},\quad \boldsymbol{\beta}=\boldsymbol{\Sigma}^{-1}\boldsymbol{\gamma},$$
$$\delta=\sqrt{\chi|\boldsymbol{\Sigma}|^{1/d}},\qquad \alpha=\sqrt{|\boldsymbol{\Sigma}|^{-1/d}(\psi+\boldsymbol{\gamma}'\boldsymbol{\Sigma}^{-1}\boldsymbol{\gamma})}$$

而如果已知参数化表示形式 α–δ–Δ–$\boldsymbol{\beta}$，那么就可以获得另外一种参数化表示

$$\boldsymbol{\Sigma}=\Delta,\qquad \boldsymbol{\gamma}=\Delta\boldsymbol{\beta},\qquad \chi=\delta^2,\qquad \psi=\alpha^2-\boldsymbol{\beta}'\Delta\boldsymbol{\beta}$$

特例　多元广义双曲分布族是非常灵活的，并且正如前文提到的，它包含许多可以以其他名字命名的特殊分布。

- 如果 $\lambda=\frac{1}{2}(d+1)$，那么可以把“广义”一词去掉并且称该分布为 d 维双曲分布。值得注意的是这个分布的一元边际分布也有 $\lambda=\frac{1}{2}(d+1)$，但不是一元双曲分布。
- 如果 $\lambda=1$，那么可以得到一个多元分布，它的一元边际分布是一元双曲分布。这个一元双曲分布已经被广泛地应用到金融收益率数据的一元分析中（参见说明与评论）。
- 如果 $\lambda=-\frac{1}{2}$，那么这个分布就是 NIG 分布。在一元情形下，这个模型也被用在收益数据的分析中。该分布的函数形式和具有稍微厚尾的双曲分布类似（注意 NIG 和 GIG 是两个不同的分布！）。
- 如果 $\lambda>0$ 且 $\chi=0$，那么可以获得广义双曲分布的极限形式，这类分布可以被称为广义 Laplace 函数、Bessel 函数或方差—伽马（VG）分布。
- 如果 $\lambda=-\frac{1}{2}\nu$，$\chi=\nu$ 且 $\psi=0$，那么可以获得另外一种极限形式，该类分布似乎并没有被过多地研究讨论过，但是它可以被称为非对称或偏态 t 分布。当 $\psi\to 0$ 时，计算式 (6.29) 的极限，可以得到多元密度

$$f(\boldsymbol{x})=c\frac{K_{(\nu+d)/2}(\sqrt{(\nu+Q(\boldsymbol{x}))\boldsymbol{\gamma}'\boldsymbol{\Sigma}^{-1}\boldsymbol{\gamma}})\exp((\boldsymbol{x}-\boldsymbol{\mu})'\boldsymbol{\Sigma}^{-1}\boldsymbol{\gamma})}{(\sqrt{(\nu+Q(\boldsymbol{x}))\boldsymbol{\gamma}'\boldsymbol{\Sigma}^{-1}\boldsymbol{\gamma}})^{-(\nu+d)/2}(1+(Q(\boldsymbol{x})/\nu))^{(\nu+d)/2}}\tag{6.31}$$

其中 $Q(\boldsymbol{x})=(\boldsymbol{x}-\boldsymbol{\mu})'\boldsymbol{\Sigma}^{-1}(\boldsymbol{x}-\boldsymbol{\mu})$，标准化常数是

$$c=\frac{2^{1-(\nu+d)/2}}{\Gamma(\frac{1}{2}\nu)(\pi\nu)^{d/2}|\boldsymbol{\Sigma}|^{1/2}}$$

当 $\boldsymbol{\gamma}\to\mathbf{0}$ 时，该密度函数可以简化为公式 (6.22) 中的标准多元 t 分布密度函数。

6.2.4　实证案例

在本节中，我们对真实数据进行多元广义双曲分布（GH）拟合，并且检验哪一子类广义双曲分布——例如 t 分布，双曲分布或 NIG 分布——更有用。我们也讨论了一般的均值一方差混合分布是否可以用（椭圆对称）方差混合分布替代。我们的第一个例子通过简单地研究一元模型，为多元例子奠定了基础。通过对数似然的直接数值最大化拟合一元分布。多元分布通过 EM 算法的一种变体进行拟合，如第 15.1.1 节所述。

例 6.14 (一元股票收益率). 在相关文献中，NIG 分布、双曲分布和 t 分布模型是一直特别受欢迎的特殊例子。我们可以用这些分布的对称情形和非对称情形对例 6.3 中的日收益率数据和周收益率数据进行拟合，这两类数据的数据量和其他两类数据相比更丰富一些（分别是 $n=2020$ 和 $n=468$）。在收益率数据是独立同分布的假设下，我们可以用极大似然估计进行模型拟合。在一元情形下，可以利用拟牛顿迭代法替代 EM 算法。

表 6.2 的上边两个面板表示对称模型的结果。由于三个模型的参数数量相同，我们可以直接利用模型的最大对数似然值对 t 模型、NIG 模型和双曲模型进行比较：对于日收益率数据，我们可以看出在 10 只股票中有 8 只，t 分布的拟合效果优于双曲分布和 NIG 分布。对于周收益率数据，在 10 只股票中有 6 只，t 分布拟合效果优于双曲分布和 NIG 分布。总的来说，表现第二好的模型是 NIG 分布。混合模型在所有情形下的拟合效果均优于高斯模型，并且使用 Akaike 信息准则（AIC）可以很容易地证明，在正式的比较中，混合模型的拟合效果也优于高斯模型（关于 AIC 的更多资料请参阅第 A.3.6 节）。

对于非对称模型，我们只罗列出在似然比检验下非对称模型的表现显著优于对称模型的情形，即和对称模型相比，非对称 t 分布、NIG 分布和双曲模型中至少有一个有显著改进（$p<0.05$）的情形。这种情形发生在花旗集团股票和英特尔股票的周收益率数据上，在日收益率数据上，并没有这样的显著改进情形发生。对于花旗股票，t 分布、NIG 分布和双曲分布模型的似然比检验 p 值分别是 0.06, 0.04 和 0.04；而对于英特尔股票，三种模型的似然比检验 p 值都是 0.01，这表明对于英特尔股票，这三个非对称模型是相当不对称的。

对于英特尔股票，我们已经把各种拟合的非对称分布的密度附加在图 6.3 中数据的柱状图上。同时展示的对数密度图显示了在尾部区域中不同分布的区别。对于所有数据来说左尾（对应损失）似乎比较厚，而根据似然比较可以得到拟合性最好的分布是非对称 t 分布。

例 6.15 (多元股票收益率). 我们对前边例子中的全部十维对数收益数据集进行多元模型拟合。表 6.3 展示了最大对数似然值的结果以及所有模型的似然比检验的 p 值，该似然比检验是和（非对称）广义双曲分布（GH）模型进行比较的。另外，表 6.3 也给出了每一个

表 6.2　广义双曲分布族的一元模型比较。结果显示的是估计的参数值和最大的对数似然值；粗体数字表明该模型的对数似然值在所有模型中是最大的。具体可以参考例 6.14 的说明。

	高斯	t 模型		NIG 模型		双曲模型	
股票	$\ln L$	ν	$\ln L$	$\sqrt{\chi\psi}$	$\ln L$	$\sqrt{\chi\psi}$	$\ln L$
日收益：对称模型							
美国运通	4945.7	5.8	5001.8	1.6	**5002.4**	1.3	5002.1
柯达	5112.9	3.8	**5396.2**	0.8	5382.5	0.6	5366.0
波音	5054.9	3.8	**5233.5**	0.8	5229.1	0.5	5221.2
花旗	4746.6	6.3	**4809.5**	1.9	4806.8	1.7	4805.0
可口可乐	5319.6	5.1	**5411.0**	1.4	5407.3	1.3	5403.3
微软	4724.3	5.8	**4814.6**	1.6	4809.5	1.5	4806.4
惠普	4480.1	4.5	**4588.8**	1.1	4587.2	0.9	4583.4
英特尔	4392.3	5.4	**4492.2**	1.5	4486.7	1.4	4482.4
摩根大通	4898.3	5.1	4967.8	1.3	4969.5	0.9	**4969.7**
迪斯尼	5047.2	4.4	**5188.3**	1	5183.8	0.8	5177.6
周收益：对称模型							
美国运通	719.9	8.8	724.2	3.0	**724.3**	2.8	724.3
柯达	718.7	3.6	**765.6**	0.7	764.0	0.5	761.3
波音	732.4	4.4	**759.2**	1.0	758.3	0.8	757.2
花旗	656.0	5.7	**669.6**	1.6	669.3	1.3	669
可口可乐	757.1	6.0	765.7	1.7	766.2	1.3	**766.3**
微软	671.5	6.3	**683.9**	1.9	683.2	1.8	682.9
惠普	627.1	6.0	637.3	1.8	**637.3**	1.5	637.1
英特尔	595.8	5.2	**611.0**	1.5	610.6	1.3	610
摩根大通	681.7	5.9	**693.0**	1.7	692.9	1.5	692.6
迪斯尼	734.1	6.4	742.7	1.9	**742.8**	1.7	742.7
周收益：非对称模型							
花旗	NA	6.1	**671.4**	1.7	671.3	1.3	671.2
英特尔	NA	6.3	**614.2**	1.8	613.9	1.7	613.3

模型的参数个数。值得注意的是，一般的 d 维 GH 模型有 $\frac{1}{2}d(d+1)$ 个协方差矩阵分散参数，d 个位置参数，d 个偏度参数和三个来自 GIG 混合分布的参数，但是由于要受到一个识别限制条件的限制，因此自由参数的个数就是 $\frac{1}{2}(d(d+5)+4)$。

对于日数据，最优的特殊情况是偏态 t 分布，它给出了一个带有附加参数的更一般模型无法明显改进的最大化似然值。在似然比检验中，所有其他非椭圆对称子模型都被拒绝。但是注意，与最一般的模型相比，椭圆对称的 t 分布不能被拒绝，因此这似乎为这些数据

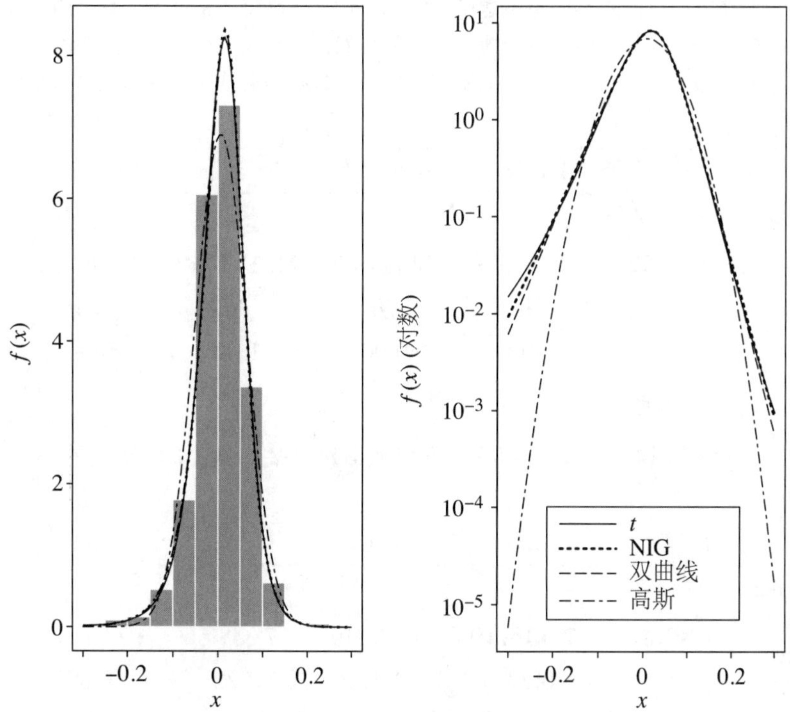

图 6.3 英特尔 (INTC) 股票的周收益率模型

提供了一个简单的简约模型（估计自由度为 6.0）。

对于周收益率数据，最好的特例是 NIG 分布，紧接着就是偏态 t 分布；双曲分布和方差—伽马（VG）分布的似然比检验拒绝了零假设。最好的椭圆对称分布似乎是 t 分布（自由度的估计值是 6.2）。

例 6.16 (多元汇率收益率). 我们利用相同的多元模型对四维汇率对数收益率数据集建模，这些汇率是英镑、欧元、日元和瑞士法郎对美元的汇率，对应的时间区间是从 2000 年 1 月到 2004 年 3 月底（1067 个日收益率数据和 222 个周收益率数据）。表 6.4 展示了实验的最大对数似然值。

对于日收益率数据，最好的特殊情况（总的来说或者在对称模型范围内）是 NIG 分布，其次是双曲分布、t 和方差—伽马（VG）分布。在针对一般 GH 分布的特殊情况的似然比检验中，只有 VG 模型在显著性水平为 5% 的情况下拒绝零假设。偏态 t 分布模型是在显著性水平为 10% 的情况下拒绝零假设。当和全模型进行检验比较时，某些椭圆模型不拒绝零假设，并且最好的模型是 NIG 模型。对于周收益率数据，最好的模型是 t 分布模型，其次是 NIG 模型、双曲模型和方差—伽马（VG）模型。虽然 VG 模型在显著性水平为 10% 的情况下拒绝了零假设，但是所有的模型在 5% 的显著性水平下均不拒绝零假设。在椭圆对称分布中，高斯分布很明显拒绝了零假设，VG 模型在显著性水平为 10% 的情况下再一次拒绝了零假设，而其他的椭圆分布情形均接受了零假设。在这些模型中，最好的似乎是 t 分布模型，它的自由度参数估计值是 5.99。

表 6.3　对十维股票收益数据的 GH 模型建模比较。对每一个模型，表格展示了最大的对数似然值 ($\ln L$)、参数个数 (# par) 和似然比检验的 p 值，该似然比检验以一般 GH 模型为比较标准。一般 GH 模型的对数似然值、最好模型的对数似然值以及最好的椭圆对称模型的对数似然值是用粗体表示的。详细信息可以看例 6.15。

	GH 分布	NIG 分布	双曲分布	t 分布	VG 分布	高斯分布
日收益：非对称模型						
$\ln L$	**52 174.62**	52 141.45	52 111.65	**52 174.62**	52 063.44	
参数个数	77	76	76	76	76	
p 值		0.00	0.00	1.00	0.00	
日收益：对称模型						
$\ln L$	52 170.14	52 136.55	52 106.34	**52 170.14**	52 057.38	50 805.28
参数个数	67	66	66	66	66	65
p 值	0.54	0.00	0.00	0.63	0.00	0.00
周收益：非对称模型						
$\ln L$	**7 639.32**	**7 638.59**	7 636.49	7 638.56	7 631.33	
p 值		0.23	0.02	0.22	0.00	
周收益：对称模型						
$\ln L$	7 633.65	7 632.68	7 630.44	**7 633.11**	7 625.4	7 433.77
p 值	0.33	0.27	0.09	0.33	0.00	0.00

说明与评论

Kelker (1970) 和 Cambanis et al. (1981) 是关于多元正态分布的早期重要论文。Bingham and Kiesel (2002) 概括了正态混合分布、椭圆分布和双曲分布之间的关系，并且讨论了它们在金融建模中的作用。Fang et al. (1990) 讨论了对称正态混合分布模型，并把它作为更一般的球型分布和椭圆分布族的特殊情形。

Barndorff-Nielsen (1978) 引入了广义双曲分布（一元和多元），Barndorff-Nielsen and Blæsild (1981) 对此分布做了进一步讨论。Blæsild (1981) 和 Blæsild and Jensen (1981) 是关于多元分布的一些有用参考文献。在最近的论文 Eberlein and Keller (1995) 和 Eberlein et al. (1998) (也可以参见 Bibby and Sørensen, 2003) 中讨论了如何利用广义双曲分布（特别是一元情形）对金融收益率数据建立模型。PhD 论文 Prause (1999) 也是关于这方面的一些有用信息的摘要。

这些分布在金融应用中流行的原因包括实证和理论两方面：一方面，它们似乎能很好地拟合金融收益率数据（在一元情形下最普遍）；另一方面，它们和连续时间模型也比较一致。在连续时间模型中，对数资产价格服从一元或多元 Lévy 过程（因此产生了 Black-Scholes 模型，此模型中对数价格服从布朗运动），可以参考文献 Eberlein and Keller (1995) 和 Schoutens (2003)。

表 6.4 针对四维汇率收益率数据的 GH 族的建模比较。对于每一个模型，该表展示了对最大数似然值 ($\ln L$)、模型的参数个数 (# par.) 和似然比检验的 p 值，该似然比检验以一般 GH 模型作为比较基准。一般模型的对数似然值、拟合效果最好的模型的对数似然值以及最好的椭圆对称模型的似然值使用粗体显示。更多细节可以参考例 6.16。

	GH 分布	NIG 分布	双曲分布	t 分布	VG 分布	高斯分布
日收益：非对称模型						
$\ln L$	**17 306.44**	**17 306.43**	17 305.61	17 304.97	17 302.5	
参数个数	20	19	19	19	19	
p-值		0.85	0.20	0.09	0.00	
日收益：对称模型						
$\ln L$	17 303.10	**17 303.06**	17 302.15	17 301.85	17 299.15	17 144.38
参数个数	16	15	15	15	15	14
p-值	0.15	0.24	0.13	0.10	0.01	0.00
周收益：非对称模型						
$\ln L$	**2 890.65**	2 889.90	2 889.65	**2 890.65**	2 888.98	
p-值		0.22	0.16	1.00	0.07	
周收益：对称模型						
$\ln L$	2 887.52	2 886.74	2 886.48	**2 887.52**	2 885.86	2 872.36
p-值	0.18	0.17	0.14	0.28	0.09	0.00

对于 NIG 分布，Barndorff-Nielsen (1997) 讨论了一元和多元的情形，并且认为对于收益率数据，NIG 的一元模型稍微优于双曲分布的一元模型。这也符合我们对股票收益率数据的分析。Kotz et al. (2001) 是一篇关于方差—伽马（VG）分布的有用参考文献，在该参考文献中，方差—伽马（VG）分布是以广义拉普拉斯分布的名字出现，而具有方差—伽马（VG）分布增量的（一元或多元的）Lévy 过程被称为拉普拉斯运动。一元拉普拉斯运动其实本质上就是 Madan and Seneta (1990) 中提出的模型，该文献把该运动派生为随机时间变化下的布朗运动，并且把它称为方差—伽马（VG）模型 (也可参见 Madan et al., 1998)。Kotz and Nadarajah (2004) 讨论了多元 t 分布，Bibby and Sørensen (2003) 也讨论了本节中的非对称或偏态 t 分布。Kotz and Nadarajah (2004) 和 Genton (2004) 讨论了多元 t 分布的其他偏态扩展形式。

6.3 球面和椭圆分布

在上一节中，我们观察到正态方差混合分布——尤其是多元 t 和对称多元 NIG——为美国每日和每周的股票收益率数据提供了远优于多元正态分布的模型。较一般的非对称均值—方差混合分布对对称方差混合模型的改进不大。虽然这是一个单一的例子，但其他调查表明，对于类似类型的收益组，多元收益数据往往表现出类似的行为。

正态方差混合分布是所谓的椭圆分布，在本节中我们将更仔细地研究椭圆分布理论。为此，我们从球面分布的特殊情况开始。

6.3.1　球面分布

球面族构成了随机向量的一大类分布，这些随机向量具有不相关的成分和相同的、对称的边际分布。需要注意的是，在这个类中，$N_d(\mathbf{0}, I_d)$ 是相互独立组件向量的唯一模型。椭圆分布的许多性质可以从球面分布开始理解。

定义 6.17. 随机向量 $\boldsymbol{X} = (X_1, \ldots, X_d)'$ 有一个球面分布，如果对于每一个正交映射 $\boldsymbol{U} \in \mathbb{R}^{d\times d}$（即满足 $\boldsymbol{U}\boldsymbol{U}' = \boldsymbol{U}'\boldsymbol{U} = I_d$），有

$$\boldsymbol{U}\boldsymbol{X} \overset{\mathrm{d}}{=} \boldsymbol{X}$$

则球面随机向量在旋转下是分布不变的。有很多种方法可以定义具有该性质的分布，如下所示。

定理 6.18. 以下几个命题是等价的：

(1) $\boldsymbol{X}$ 是服从球形分布的随机向量。

(2) 存在一个标量变量的函数 ψ，对于所有的 $\boldsymbol{t} \in \mathbb{R}^d$，有

$$\phi_{\boldsymbol{X}}(\boldsymbol{t}) = E(\mathrm{e}^{\mathrm{i}\boldsymbol{t}'\boldsymbol{X}}) = \psi(\boldsymbol{t}'\boldsymbol{t}) = \psi(t_1^2 + \cdots + t_d^2) \tag{6.32}$$

(3) 对每一个 $\boldsymbol{a} \in \mathbb{R}^d$,

$$\boldsymbol{a}'\boldsymbol{X} \overset{\mathrm{d}}{=} \|\boldsymbol{a}\| X_1 \tag{6.33}$$

其中 $\|\boldsymbol{a}\|^2 = \boldsymbol{a}'\boldsymbol{a} = a_1^2 + \cdots + a_d^2$。

证明. (1) ⇒ (2)。如果 $\boldsymbol{X}$ 是球面随机向量，那么对于任意的正交矩阵 $\boldsymbol{U}$ 有

$$\phi_{\boldsymbol{X}}(\boldsymbol{t}) = \phi_{\boldsymbol{U}\boldsymbol{X}}(\boldsymbol{t}) = E(\mathrm{e}^{\mathrm{i}\boldsymbol{t}'\boldsymbol{U}\boldsymbol{X}}) = \phi_{\boldsymbol{X}}(\boldsymbol{U}'\boldsymbol{t})$$

可以看出只有当 $\phi_{\boldsymbol{X}}(\boldsymbol{t})$ 仅依赖于 $\boldsymbol{t}$ 的长度时，该等式才成立。即存在某一个非负标量变量的函数 ψ 且满足 $\phi_{\boldsymbol{X}}(\boldsymbol{t}) = \psi(\boldsymbol{t}'\boldsymbol{t})$，该等式才成立。

(2) ⇒ (3)。首先可以发现有 $\phi_{X_1}(t) = E(\mathrm{e}^{\mathrm{i}tX_1}) = \phi_{\boldsymbol{X}}(t\boldsymbol{e}_1) = \psi(t^2)$，其中 $\boldsymbol{e}_1$ 表示 $\mathbb{R}^d$ 的第一单位向量。则对于任意的 $\boldsymbol{a} \in \mathbb{R}^d$，有

$$\phi_{\boldsymbol{a}'\boldsymbol{X}}(t) = \phi_{\boldsymbol{X}}(t\boldsymbol{a}) = \psi(t^2\boldsymbol{a}'\boldsymbol{a}) = \psi(t^2\|\boldsymbol{a}\|^2) = \phi_{X_1}(t\|\boldsymbol{a}\|) = \phi_{\|\boldsymbol{a}\|X_1}(t)$$

(3) ⇒ (1)。对于任意的正交矩阵 $\boldsymbol{U}$，我们有

$$\phi_{\boldsymbol{U}\boldsymbol{X}}(\boldsymbol{t}) = E(\mathrm{e}^{\mathrm{i}(\boldsymbol{U}'\boldsymbol{t})'\boldsymbol{X}}) = E(\mathrm{e}^{\mathrm{i}\|\boldsymbol{U}'\boldsymbol{t}\|X_1}) = E(\mathrm{e}^{\mathrm{i}\|\boldsymbol{t}\|X_1}) = E(\mathrm{e}^{\mathrm{i}\boldsymbol{t}'\boldsymbol{X}}) = \phi_{\boldsymbol{X}}(\boldsymbol{t})$$

□

定理 6.18 的第二条表明服从球面分布的随机向量的特征函数可以完全由一个标量变量的函数 ψ 来描述。正因为这个原因，ψ 被称为球面分布的特征生成器并且由符号 $\boldsymbol{X} \sim S_d(\psi)$ 表示。定理 6.18 的第三条表明球面随机向量的线性组合总是有相同类型的分布，所以取决于位置和尺度的变化，这些线性组合的分布是相同的（可以参考第 A.1.1 节）。第 8 章将利用这个重要性质去证明风险价值的次可加性，这些风险价值是服从椭圆分布的风险因子的线性投资组合的风险价值。接下来我们给出球面分布的几个例子。

例 6.19 (多元正态分布). 如果随机向量 $\boldsymbol{X}$ 服从标准不相关正态分布 $N_d(\mathbf{0}, I_d)$，那么很明显它服从球面分布。它的特征函数是

$$\phi_{\boldsymbol{X}}(\boldsymbol{t}) = E(\exp(\mathrm{i}\boldsymbol{t}'\boldsymbol{X})) = \exp(-\tfrac{1}{2}\boldsymbol{t}'\boldsymbol{t})$$

所以根据定理 6.18 的第二条，可以得到 $\boldsymbol{X} \sim S_d(\psi)$ 并且特征生成器是 $\psi(t) = \exp(-\frac{1}{2}\boldsymbol{t})$。

例 6.20 (正态方差混合分布). 如果随机向量 $\boldsymbol{X}$ 服从标准、不相关正态方差混合分布 $M_d(\mathbf{0}, I_d, \hat{H})$，那么它同时也是球面分布。利用公式 (6.20)，可以得到 $\phi_{\boldsymbol{X}}(\boldsymbol{t}) = \hat{H}(\frac{1}{2}\boldsymbol{t}'\boldsymbol{t})$，很明显，该公式满足 (6.32)，因此通过 $\psi(t) = \hat{H}(\frac{1}{2}t)$ 该球面分布的特征生成器和 W 的混合分布函数的 Laplace–Stieltjes 变换关联起来。因此，$\boldsymbol{X} \sim M_d(\mathbf{0}, I_d, \hat{H}(\cdot))$ 和 $\boldsymbol{X} \sim S_d(\hat{H}(\frac{1}{2}\cdot))$ 是表示同一个混合分布的两种写法。

下面的结果给出了描述球面分布的另一种极其重要的方法。

定理 6.21. 当且仅当 $\boldsymbol{X}$ 有一个随机表示

$$\boldsymbol{X} \overset{\mathrm{d}}{=} R\boldsymbol{S} \tag{6.34}$$

那么它有一个球面分布。其中 $\boldsymbol{S}$ 是单位球 $\mathcal{S}^{d-1} = \{\boldsymbol{s} \in \mathbb{R}^d : \boldsymbol{s}'\boldsymbol{s} = 1\}$ 上的均匀分布，$R \geqslant 0$ 是一个径向随机变量并且独立于 $\boldsymbol{S}$。

证明. 首先，我们证明了如果 $\boldsymbol{S}$ 均匀分布在单位球上，并且 $R \geqslant 0$ 是一个独立标量变量，那么 $R\boldsymbol{S}$ 具有一个球面分布。这是通过考虑特征函数得到的

$$\phi_{R\boldsymbol{S}}(\boldsymbol{t}) = E(\mathrm{e}^{\mathrm{i}R\boldsymbol{t}'\boldsymbol{S}}) = E(E(\mathrm{e}^{\mathrm{i}R\boldsymbol{t}'\boldsymbol{S}} \mid R))$$

由于 $\boldsymbol{S}$ 本身是球形分布的，所以它的特征函数有一个特征生成器，通常用特殊的符号 Ω_d 表示。因此，通过定理 6.18 (2)，我们得到了

$$\phi_{R\boldsymbol{S}}(\boldsymbol{t}) = E(\Omega_d(R^2\boldsymbol{t}'\boldsymbol{t})) = \int \Omega_d(r^2\boldsymbol{t}'\boldsymbol{t})\,\mathrm{d}F(r) \tag{6.35}$$

其中 F 是 R 的分布函数。由于该式是 $\boldsymbol{t}'\boldsymbol{t}$ 的函数，因此再次利用定理 6.18 (2)，可以得到 $R\boldsymbol{S}$ 服从球面分布。

我们现在证明，如果随机向量 $\boldsymbol{X}$ 是球形的，那么它的表示形式为 (6.34)。对于任意的 $\boldsymbol{s} \in \mathcal{S}^{d-1}$，$\boldsymbol{X}$ 的特征生成器 ψ 一定满足 $\psi(\boldsymbol{t}'\boldsymbol{t}) = \phi_{\boldsymbol{X}}(\boldsymbol{t}) = \phi_{\boldsymbol{X}}(\|\boldsymbol{t}\|\boldsymbol{s})$。如果我们引入球上

的服从均匀分布的随机向量 $\boldsymbol{S}$，那么可以得到

$$\psi(\boldsymbol{t}'\boldsymbol{t}) = \int_{\mathcal{S}^{d-1}} \phi_{\boldsymbol{X}}(\|\boldsymbol{t}\|\boldsymbol{s})\,\mathrm{d}F_{\boldsymbol{S}}(\boldsymbol{s}) = \int_{\mathcal{S}^{d-1}} E(\mathrm{e}^{\mathrm{i}\|\boldsymbol{t}\|\boldsymbol{s}'\boldsymbol{X}})\,\mathrm{d}F_{\boldsymbol{S}}(\boldsymbol{s})$$

交换积分的顺序并且使用 $\boldsymbol{S}$ 的特征生成器表示 Ω_d，可以得到

$$\psi(\boldsymbol{t}'\boldsymbol{t}) = E(\Omega_d(\|\boldsymbol{t}\|^2\|\boldsymbol{X}\|^2)) = \int \Omega_d(\boldsymbol{t}'\boldsymbol{t}r^2)\,\mathrm{d}F_{\|\boldsymbol{X}\|}(r) \tag{6.36}$$

其中 $F_{\|\boldsymbol{X}\|}$ 是 $\|\boldsymbol{X}\|$ 的分布函数。通过和公式 (6.35) 比较，我们可以看到 (6.36) 是 $R\boldsymbol{S}$ 的特征函数，其中 R 是一个具有分布函数 $F_{\|\boldsymbol{X}\|}$ 的随机变量且独立于 $\boldsymbol{S}$。□

我们经常排除考虑将点质量放在原点的分布，也就是说，我们在子集 $S_d^+(\psi)$ 中考虑球形随机变量 $\boldsymbol{X}$，其中 $P(\boldsymbol{X}=\boldsymbol{0})=0$。下边是定理 6.21 的一个特别有用的推论，第 15.1.2 节就利用它进行球面和椭圆对称性检验。

推论 6.22. 假设 $\boldsymbol{X} \stackrel{\mathrm{d}}{=} R\boldsymbol{S} \sim S_d^+(\psi)$。那么

$$\left(\|\boldsymbol{X}\|, \frac{\boldsymbol{X}}{\|\boldsymbol{X}\|}\right) \stackrel{\mathrm{d}}{=} (R, \boldsymbol{S}) \tag{6.37}$$

证明. 设 $f_1(\boldsymbol{x}) = \|\boldsymbol{x}\|$ 和 $f_2(\boldsymbol{x}) = \boldsymbol{x}/\|\boldsymbol{x}\|$。则由公式 (6.34) 可以得到

$$\left(\|\boldsymbol{X}\|, \frac{\boldsymbol{X}}{\|\boldsymbol{X}\|}\right) = (f_1(\boldsymbol{X}), f_2(\boldsymbol{X})) \stackrel{\mathrm{d}}{=} (f_1(R\boldsymbol{S}), f_2(R\boldsymbol{S})) = (R, \boldsymbol{S})$$

□

例 6.23 (与 R 和 $\boldsymbol{S}$ 合作). 假设 $\boldsymbol{X} \sim N_d(\boldsymbol{0}, I_d)$。因为 $\boldsymbol{X}'\boldsymbol{X}$ 服从自由度为 d 的卡方分布，即 $\boldsymbol{X}'\boldsymbol{X} \sim \chi_d^2$，所以由公式 (6.37) 可得 $R^2 \sim \chi_d^2$。

我们可以利用这个结论计算 $E(\boldsymbol{S})$ 和 $\mathrm{cov}(\boldsymbol{S})$，它们是单位球上的均匀分布的前两阶矩。因为当 $R^2 \sim \chi_d^2$ 时，$E(R^2) = d$，所以有

$$\begin{aligned} \boldsymbol{0} &= E(\boldsymbol{X}) = E(R)E(\boldsymbol{S}) \Rightarrow E(\boldsymbol{S}) = \boldsymbol{0} \\ I_d &= \mathrm{cov}(\boldsymbol{X}) = E(R^2)\,\mathrm{cov}(\boldsymbol{S}) \Rightarrow \mathrm{cov}(\boldsymbol{S}) = I_d/d \end{aligned} \tag{6.38}$$

现在假设 $\boldsymbol{X}$ 服从球面正态方差混合分布 $\boldsymbol{X} \sim M_d(\boldsymbol{0}, I_d, \hat{H})$，我们希望计算出此假设下 $R^2 \stackrel{\mathrm{d}}{=} \boldsymbol{X}'\boldsymbol{X}$ 的分布。因为 $\boldsymbol{X} \stackrel{\mathrm{d}}{=} \sqrt{W}\boldsymbol{Y}$，其中 $\boldsymbol{Y} \sim N_d(\boldsymbol{0}, I_d)$ 并且 W 独立于 $\boldsymbol{Y}$，那么有 $R^2 \stackrel{\mathrm{d}}{=} W\tilde{R}^2$，其中 $\tilde{R}^2 \sim \chi_d^2$ 并且 W 和 $\tilde{R}$ 是独立的。所以，如果能够计算出 W 和一个独立卡方随机变量乘积的分布，那么就可以计算出 R^2 的分布。

现讨论一个具体的例子 $\boldsymbol{X} \sim t_d(\nu, \boldsymbol{0}, I_d)$。对于多元 t 分布，根据例 6.7 可以得到 $W \sim \mathrm{Ig}(\frac{1}{2}\nu, \frac{1}{2}\nu)$，即 $\nu/W \sim \chi_\nu^2$。因为相互独立的卡方分布除以各自的自由度后再求比例的值服从 F 分布，所以利用这个性质可以得到 R^2/d 服从自由度为 d 和 ν 的 F 分布，即 $R^2/d \sim F(d, \nu)$ (可以参考第 A.2.3 节)。因为 $F(d,\nu)$ 的均值是 $\nu/(\nu-2)$，那么利用 (6.38) 可以得到

$$\mathrm{cov}(\boldsymbol{X}) = E(\mathrm{cov}(R\boldsymbol{S} \mid R)) = E(R^2 I_d/d) = (\nu/(\nu-2))I_d$$

满足 $\boldsymbol{\mu}=\mathbf{0}$ 和 $\Sigma=I_d$ 的正态混合分布是一类易于理解的球面分布。也有其他球面分布不能用方差混合分布表示。其中一个例子就是单位球 $\mathcal{S}^{d-1}$ 上的均匀分布向量 $\boldsymbol{S}$ 自身的分布。正态混合分布在球面分布分析讨论中有重要作用，下边的定理就对此做了概括。

定理 6.24. 对于任意 $d\geqslant 1$，令 Ψ_∞ 表示生成 d 维球面分布的特征生成器构成的一个集合，那么 $\boldsymbol{X}\sim S_d(\psi)$，其中 $\psi\in\Psi_\infty$ 当且仅当 $\boldsymbol{X}\overset{\mathrm{d}}{=}\sqrt{W}\boldsymbol{Z}$ 时，其中 $\boldsymbol{Z}\sim N_d(\mathbf{0},\boldsymbol{I}_d)$ 独立于 $W\geqslant 0$。

证明. 证明过程在Fang et al. (1990, pp. 48~51)。 □

因此，正态混合分布的特征生成器可以生成任意维的球分布，而其他的球发生器只能用于特定的维数。一个具体的例子就是单位球上的均匀分布。设 Ω_d 表示 $\mathcal{S}_{d-1}$ 上的均匀向量 $\boldsymbol{S}=(S_1,\ldots,S_d)'$ 的特征生成器。可以证明得到 $\Omega_d((t_1,\ldots,t_{d+1})'(t_1,\ldots,t_{d+1}))$ 并不是 $\mathbb{R}^{d+1}$ 中球面分布的特征函数（更多细节请参阅Fang et al. (1990, pp. 70~72)）。

如果一个球面分布有密度函数 f，那么利用反演公式

$$f(\boldsymbol{x})=\frac{1}{(2\pi)^d}\int_{-\infty}^{\infty}\cdots\int_{-\infty}^{\infty}\mathrm{e}^{-\mathrm{i}\boldsymbol{t}'\boldsymbol{x}}\phi_{\boldsymbol{X}}(\boldsymbol{t})\,\mathrm{d}t_1\cdots\mathrm{d}t_d$$

根据定理 6.18 可以很容易地推导出对于任意的正交矩阵 $\boldsymbol{U}$，有 $f(\boldsymbol{x})=f(\boldsymbol{U}\boldsymbol{x})$，所以密度函数有如下表达式

$$f(\boldsymbol{x})=g(\boldsymbol{x}'\boldsymbol{x})=g(x_1^2+\cdots+x_d^2) \tag{6.39}$$

其中，g 为某标量变量函数，该函数被称为密度生成函数。很明显，联合密度是 $\mathbb{R}^d$ 中超球面 $\{\boldsymbol{x}:x_1^2+\cdots+x_d^2=c\}$ 上的常量。有一个这方面的例子，即多元 t 分布（即例 6.7 中的模型 $\boldsymbol{X}\sim t_d(\nu,\mathbf{0},\boldsymbol{I}_d)$) 的密度生成函数是

$$g(x)=\frac{\Gamma(\frac{1}{2}(\nu+d))}{\Gamma(\frac{1}{2}\nu)(\pi\nu)^{d/2}}\left(1+\frac{x}{\nu}\right)^{-(\nu+d)/2}$$

6.3.2　椭圆分布

定义 6.25. 如果

$$\boldsymbol{X}\overset{\mathrm{d}}{=}\boldsymbol{\mu}+\boldsymbol{A}\boldsymbol{Y}$$

那么 $\boldsymbol{X}$ 服从椭圆分布，其中 $\boldsymbol{Y}\sim S_k(\psi)$，$\boldsymbol{A}\in\mathbb{R}^{d\times k}$ 是一个常量矩阵，$\boldsymbol{\mu}\in\mathbb{R}^d$ 是一个常量向量。

换句话说，椭圆分布可以通过球面分布的多元仿射变换得到。因为特征函数是

$$\phi_{\boldsymbol{X}}(\boldsymbol{t})=E(\mathrm{e}^{\mathrm{i}\boldsymbol{t}'\boldsymbol{X}})=E(\mathrm{e}^{\mathrm{i}\boldsymbol{t}'(\boldsymbol{\mu}+\boldsymbol{A}\boldsymbol{Y})})=\mathrm{e}^{\mathrm{i}\boldsymbol{t}'\boldsymbol{\mu}}E(\mathrm{e}^{\mathrm{i}(\boldsymbol{A}'\boldsymbol{t})'\boldsymbol{Y}})=\mathrm{e}^{\mathrm{i}\boldsymbol{t}'\boldsymbol{\mu}}\psi(\boldsymbol{t}'\boldsymbol{\Sigma}\boldsymbol{t})$$

其中 $\boldsymbol{\Sigma}=\boldsymbol{A}\boldsymbol{A}'$，那么椭圆分布可以表示为

$$\boldsymbol{X}\sim E_d(\boldsymbol{\mu},\boldsymbol{\Sigma},\psi)$$

并且称 $\boldsymbol{\mu}$ 为位置向量，称 $\boldsymbol{\Sigma}$ 为分散矩阵，称 ψ 为分布的特征生成器。

备注 6.26. 根据 $\boldsymbol{X}$ 不能唯一确定其椭圆表示 $E_d(\boldsymbol{\mu}, \boldsymbol{\Sigma}, \psi)$。尽管可以确定 $\boldsymbol{\mu}$ 是唯一的，但是仅能确定 $\boldsymbol{\Sigma}$ 和 ψ 是正的常数。例如，当 $\psi(u) = \exp(-\frac{1}{2}u)$ 时，对于任意的 $c > 0$，多元正态分布 $N_d(\boldsymbol{\mu}, \boldsymbol{\Sigma})$ 可以被表示为 $E_d(\boldsymbol{\mu}, \boldsymbol{\Sigma}, \psi(\cdot))$。假定方差是有限的，那么一个椭圆分布可以完全由它的均值向量、协方差矩阵和特征生成器确定。并且该椭圆分布可能有表示式 $E_d(\boldsymbol{\mu}, \boldsymbol{\Sigma}, \psi)$，尽管它并不总是分布的标准表示。

现在，我们给出了椭圆分布的另一种随机表示方法，该方法直接遵循定义 6.25 和定理 6.21。

命题 6.27. $\boldsymbol{X} \sim E_d(\boldsymbol{\mu}, \boldsymbol{\Sigma}, \psi)$ 当且仅当存在 $\boldsymbol{S}$, R 和 $\boldsymbol{A}$ 且满足

$$\boldsymbol{X} \stackrel{\mathrm{d}}{=} \boldsymbol{\mu} + R\boldsymbol{A}\boldsymbol{S} \tag{6.40}$$

其中

(i) $\boldsymbol{S}$ 均匀分布于单位球 $\mathcal{S}^{k-1} = \{\boldsymbol{s} \in \mathbb{R}^k : \boldsymbol{s}'\boldsymbol{s} = 1\}$；

(ii) $R \geqslant 0$，并且是一个径向随机变量，并且独立于 $\boldsymbol{S}$；

(iii) $\boldsymbol{A} \in \mathbb{R}^{d\times k}$ 且 $\boldsymbol{A}\boldsymbol{A}' = \boldsymbol{\Sigma}$。

对于实际例子，我们最关注 $\boldsymbol{\Sigma}$ 是正定的情形。那么椭圆分布和球面分布之间的关系是

$$\boldsymbol{X} \sim E_d(\boldsymbol{\mu}, \boldsymbol{\Sigma}, \psi) \iff \boldsymbol{\Sigma}^{-1/2}(\boldsymbol{X} - \boldsymbol{\mu}) \sim S_d(\psi) \tag{6.41}$$

在这种情形下，如果球面向量 $\boldsymbol{Y}$ 有一个密度生成函数 g，那么 $\boldsymbol{X} = \boldsymbol{\mu} + \boldsymbol{\Sigma}^{1/2}\boldsymbol{Y}$ 的密度是

$$f(\boldsymbol{x}) = \frac{1}{|\boldsymbol{\Sigma}|^{1/2}} g((\boldsymbol{x} - \boldsymbol{\mu})'\boldsymbol{\Sigma}^{-1}(\boldsymbol{x} - \boldsymbol{\mu}))$$

在集合 $\{\boldsymbol{x} : (\boldsymbol{x} - \boldsymbol{\mu})'\boldsymbol{\Sigma}^{-1}(\boldsymbol{x} - \boldsymbol{\mu}) = c\}$ 上的联合密度总是常量，该集合是 $\mathbb{R}^d$ 上的椭圆体。很明显，具有一般位置参数 $\boldsymbol{\mu}$ 和分散矩阵参数 $\boldsymbol{\Sigma}$ 的全部多元正态混合分布族是椭圆的，这是因为它们可以通过上一节讨论过的球面分布的仿射变换得到。

由 (6.37) 和 (6.41) 可以得到，对于 $\boldsymbol{\mu}$ 处无点质量的非奇异的椭圆变量 $\boldsymbol{X} \sim E_d(\boldsymbol{\mu}, \boldsymbol{\Sigma}, \psi)$，有

$$\left(\sqrt{(\boldsymbol{X} - \boldsymbol{\mu})'\boldsymbol{\Sigma}^{-1}(\boldsymbol{X} - \boldsymbol{\mu})}, \frac{\boldsymbol{\Sigma}^{-1/2}(\boldsymbol{X} - \boldsymbol{\mu})}{\sqrt{(\boldsymbol{X} - \boldsymbol{\mu})'\boldsymbol{\Sigma}^{-1}(\boldsymbol{X} - \boldsymbol{\mu})}}\right) \stackrel{\mathrm{d}}{=} (R, \boldsymbol{S}) \tag{6.42}$$

其中 $\boldsymbol{S}$ 均匀分布于 $\mathcal{S}^{d-1}$ 上且 R 是一个独立的标量随机变量。这是第 15.1.2 节中椭圆对称性检验的基础。

下面的命题表明，椭圆分布随机向量 $\boldsymbol{X}$ 的特定条件分布与 $\boldsymbol{X}$ 具有相同的相关矩阵，也可用于检验椭圆对称性。

命题 6.28. 设 $\boldsymbol{X} \sim E_d(\boldsymbol{\mu}, \boldsymbol{\Sigma}, \psi)$ 并且假设 $\boldsymbol{\Sigma}$ 是正定的，$\mathrm{cov}(\boldsymbol{X})$ 是有限的。那么对于满足 $P((\boldsymbol{X} - \boldsymbol{\mu})'\boldsymbol{\Sigma}^{-1}(\boldsymbol{X} - \boldsymbol{\mu}) \geqslant c) > 0$ 的任意 $c \geqslant 0$，有

$$\rho(\boldsymbol{X} \mid (\boldsymbol{X} - \boldsymbol{\mu})'\boldsymbol{\Sigma}^{-1}(\boldsymbol{X} - \boldsymbol{\mu}) \geqslant c) = \rho(\boldsymbol{X}) \tag{6.43}$$

证明. 由 (6.42) 可以很容易地得到

$$\boldsymbol{X} \mid (\boldsymbol{X}-\boldsymbol{\mu})'\boldsymbol{\Sigma}^{-1}(\boldsymbol{X}-\boldsymbol{\mu}) \geqslant c \stackrel{\mathrm{d}}{=} \boldsymbol{\mu} + R\boldsymbol{\Sigma}^{1/2}\boldsymbol{S} \mid R^2 \geqslant c$$

其中 $R \stackrel{\mathrm{d}}{=} \sqrt{(\boldsymbol{X}-\boldsymbol{\mu})'\boldsymbol{\Sigma}^{-1}(\boldsymbol{X}-\boldsymbol{\mu})}$，$\boldsymbol{S}$ 独立于 R 且在 $\mathcal{S}^{d-1}$ 上是均匀分布的。因此，可以得到

$$\boldsymbol{X} \mid (\boldsymbol{X}-\boldsymbol{\mu})'\boldsymbol{\Sigma}^{-1}(\boldsymbol{X}-\boldsymbol{\mu}) \geqslant c \stackrel{\mathrm{d}}{=} \boldsymbol{\mu} + \tilde{R}\boldsymbol{\Sigma}^{1/2}\boldsymbol{S}$$

其中 $\tilde{R} \stackrel{\mathrm{d}}{=} R \mid R^2 \geqslant c$。由命题 6.27 可以得到该条件分布依然是椭圆分布并且分散矩阵是 $\boldsymbol{\Sigma}$，因此可以得到 (6.43)。 □

6.3.3　椭圆分布的性质

现在，我们用一种格式总结了椭圆分布的一些特性，这种格式允许它们与第 6.1.3 节中的多元正态分布的特性进行比较。许多属性可以直接继承，其他属性只需要稍加修改。这些相似之处强调，将风险管理中的许多标准程序建立在风险因子变化具有近似椭圆分布的假设之上是相当容易的，而不是明显错误的假设，即它们是多元正态分布。

线性组合　椭圆随机向量的线性组合仍然是椭圆随机向量，并且具有相同的特征生成器 ψ。设 $\boldsymbol{X} \sim E_d(\boldsymbol{\mu}, \boldsymbol{\Sigma}, \psi)$，任意的 $B \in \mathbb{R}^{k\times d}$ 和 $\boldsymbol{b} \in \mathbb{R}^k$。然后，使用与命题 6.9 相似的论证，就可以很容易地展示出

$$B\boldsymbol{X} + \boldsymbol{b} \sim E_k(B\boldsymbol{\mu} + \boldsymbol{b}, B\boldsymbol{\Sigma}B', \psi) \tag{6.44}$$

作为特殊情况，如果 $\boldsymbol{a} \in \mathbb{R}^d$，则

$$\boldsymbol{a}'\boldsymbol{X} \sim E_1(\boldsymbol{a}'\boldsymbol{\mu}, \boldsymbol{a}'\boldsymbol{\Sigma}\boldsymbol{a}, \psi) \tag{6.45}$$

边际分布　由分布 (6.45) 可以得到 $\boldsymbol{X}$ 的边际分布一定是具有相同特征生成器的椭圆分布。使用第 6.1.3 节中的 $\boldsymbol{X} = (\boldsymbol{X}_1', \boldsymbol{X}_2')'$ 符号，并且很自然地将该符号扩展到 $\boldsymbol{\mu}$ 和 $\boldsymbol{\Sigma}$:

$$\boldsymbol{\mu} = \begin{pmatrix} \boldsymbol{\mu}_1 \\ \boldsymbol{\mu}_2 \end{pmatrix}, \qquad \boldsymbol{\Sigma} = \begin{pmatrix} \Sigma_{11} & \Sigma_{12} \\ \Sigma_{21} & \Sigma_{22} \end{pmatrix},$$

那么可以得到 $\boldsymbol{X}_1 \sim E_k(\boldsymbol{\mu}_1, \Sigma_{11}, \psi)$ 和 $\boldsymbol{X}_2 \sim E_{d-k}(\boldsymbol{\mu}_2, \Sigma_{22}, \psi)$。

条件分布　在给定 $\boldsymbol{X}_1$ 的情况下 $\boldsymbol{X}_2$ 的条件分布也是椭圆分布，尽管它一般具有不同的特征生成器 $\tilde{\psi}$。关于特征生成器如何变化的细节可以参考Fang et al. (1990, pp. 45, 46)。在多元正态分布这一特殊情形下，特征生成器是一样的。

二次型　如果 $\boldsymbol{X} \sim E_d(\boldsymbol{\mu}, \boldsymbol{\Sigma}, \psi)$ 且 $\boldsymbol{\Sigma}$ 是非奇异的，那么可以发现在公式 (6.42) 中有

$$Q := (\boldsymbol{X} - \boldsymbol{\mu})'\boldsymbol{\Sigma}^{-1}(\boldsymbol{X} - \boldsymbol{\mu}) \stackrel{\mathrm{d}}{=} R^2 \tag{6.46}$$

其中 R 是随机方程 (6.40) 中的径向随机变量。正如例 6.23 所示，对于一些特定的情形，R^2 的分布是：如果 $\boldsymbol{X} \sim N_d(\boldsymbol{\mu}, \boldsymbol{\Sigma})$，那么 $R^2 \sim \chi_d^2$；如果 $\boldsymbol{X} \sim t_d(\nu, \boldsymbol{\mu}, \boldsymbol{\Sigma})$，那么 $R^2/d \sim F(d, \nu)$。对于所有的椭圆分布 Q，其一定独立于 $\boldsymbol{\Sigma}^{-1/2}(\boldsymbol{X} - \boldsymbol{\mu})/\sqrt{Q}$。

卷积　两个相互独立且具有相同分散矩阵 $\boldsymbol{\Sigma}$ 的椭圆向量的卷积也服从椭圆分布。如果 $\boldsymbol{X}$ 和 $\boldsymbol{Y}$ 是相互独立的 d 维随机向量且满足 $\boldsymbol{X} \sim E_d(\boldsymbol{\mu}, \boldsymbol{\Sigma}, \psi)$ 和 $\boldsymbol{Y} \sim E_d(\tilde{\boldsymbol{\mu}}, \boldsymbol{\Sigma}, \tilde{\psi})$，那么我们利用特征函数的乘积可以得到

$$\boldsymbol{X} + \boldsymbol{Y} \sim E_d(\boldsymbol{\mu} + \tilde{\boldsymbol{\mu}}, \boldsymbol{\Sigma}, \bar{\psi}) \tag{6.47}$$

其中 $\bar{\psi}(u) = \psi(u)\tilde{\psi}(u)$。

如果 $\boldsymbol{X}$ 和 $\boldsymbol{Y}$ 的分散矩阵相差超过一个常量因子，那么它们的卷积将不一定仍然服从椭圆分布，甚至当它们的特征生成器 ψ 和 $\tilde{\psi}$ 是相同时，卷积也不一定是服从椭圆分布的。

6.3.4　估计离散度和相关性

假设有风险因子收益率数据 $\boldsymbol{X}_1, \ldots, \boldsymbol{X}_n$，这些数据服从某椭圆分布 $E_d(\boldsymbol{\mu}, \boldsymbol{\Sigma}, \psi)$，且该椭圆分布和多元正态分布相比具有厚尾。由备注 6.26 可以知道分散矩阵 $\boldsymbol{\Sigma}$ 并不是唯一确定的，而是仅固定到比例常数。当协方差是有限的时，协方差矩阵和 $\boldsymbol{\Sigma}$ 成比例关系。

在本节中，我们简要考虑如何估计位置参数 $\boldsymbol{\mu}$，分散矩阵 $\boldsymbol{\Sigma}$ 和相关矩阵 P，并且假设第二阶矩是有限的。我们可以利用第 6.1.2 节中的标准估计量。当假设观测值向量服从独立同分布或者是不相关的，可以发现公式 (6.9) 中的 $\bar{\boldsymbol{X}}$ 和 S 分别是均值向量和协方差矩阵的无偏估计量。在一些相当弱的假设下，它们也将是一致的。然而这并不是说对于任意给定的椭圆分布的有限样本，它们就一定是位置和离散度的最好的估计量。还有许多其他的估计量，它们可能对于厚尾数据更有效并且可能对于污染数据，它们的稳健性更好。

其中一个策略就是使用第 6.2.4 节中的方法去拟合大量的正态方差混合分布，例如 t 分布和正态逆高斯分布。根据拟合效果最好的模型，我们可以获得一个均值向量的估计值，并且能够很容易地计算出协方差矩阵和相关矩阵的隐含估计值。在本节中，我们给出了另外一种更简单的估计方法，该方法并不要求对正态分布进行完全拟合。关于稳健性离散度估计的参考文献可以参考说明与评论。

M 估计量　在稳健统计学中，位置和离散度的 Maronna 的 M 估计量 (Maronna, 1976) 是一个相对老的方法，但是它的优点是特别易于计算。设 $\hat{\boldsymbol{\mu}}$ 和 $\hat{\boldsymbol{\Sigma}}$ 分别表示均值向量和方差矩阵的估计量。对于每一个观测值 $\boldsymbol{X}_i$，计算 $D_i^2 = (\boldsymbol{X}_i - \hat{\boldsymbol{\mu}})'\hat{\boldsymbol{\Sigma}}^{-1}(\boldsymbol{X}_i - \hat{\boldsymbol{\mu}})$。如果想要计算位置和离散度的改善估计量，特别是有厚尾数据时，可能就需要能够消除很大的观测值数据 D_i 的影响，这是因为这些观测值常常很容易扭曲参数的估计值。M 估计量使用递减权

重函数 $w_j:\mathbb{R}^+\to\mathbb{R}^+,\ j=1,2$ 去降低 D_i 比较大的观测值的权重。这可以转换成一个迭代的过程，该迭代过程能够收敛于位置和离散度的所谓 M 估计量。这个分散矩阵估计量一般是真实的协方差矩阵的无偏估计量。

算法 6.29 (**位置和离散度的** M **估计量**).

(1) 首先设 $\hat{\boldsymbol{\mu}}^{[1]}=\bar{\boldsymbol{X}}$，$\hat{\boldsymbol{\Sigma}}^{[1]}=S$，它们是 (6.9) 中的标准估计量。设置迭代步数 $k=1$。

(2) 对于 $i=1,\dots,n$，设 $D_i^2=(\boldsymbol{X}_i-\hat{\boldsymbol{\mu}}^{[k]})'\hat{\boldsymbol{\Sigma}}^{[k]\,-1}(\boldsymbol{X}_i-\hat{\boldsymbol{\mu}}^{[k]})$。

(3) 使用下边公式更新位置估计值

$$\hat{\boldsymbol{\mu}}^{[k+1]}=\frac{\sum_{i=1}^{n}w_1(D_i)\boldsymbol{X}_i}{\sum_{i=1}^{n}w_1(D_i)}$$

其中 w_1 是一个权重函数，下边会对该函数进行讨论。

(4) 使用下边的公式更新分散矩阵

$$\hat{\boldsymbol{\Sigma}}^{[k+1]}=\frac{1}{n}\sum_{i=1}^{n}w_2(D_i^2)(\boldsymbol{X}_i-\hat{\boldsymbol{\mu}}^{[k]})(\boldsymbol{X}_i-\hat{\boldsymbol{\mu}}^{[k]})'$$

其中 w_2 是一个权重函数。

(5) 设 $k=k+1$ 并且重复 (2)–(4) 步直至估计值收敛。

对于权重函数 w_1 和 w_2，一种常用的选择是递减函数 $w_1(x)=(d+\nu)/(x^2+\nu)=w_2(x^2)$，其中 ν 是某个正的常数。有意思的是，在算法 6.29 中利用这些权重函数正好对应于利用 EM 算法 (例如可以参考 Meng and van Dyk, 1997) 拟合多元分布 $t_d(\nu,\boldsymbol{\mu},\Sigma)$，其中自由度 ν 是已知的。

也有很多其他的权重函数可以选择。例如，在分布的中心部分的观测值可以得到全部的权重，只有较外围的观测值降低加权。这个方法可以通过某权重函数来实现，例如，对于某个值 a，当 $x\leqslant a$ 时 $w_1(x)=1$，当 $x>a$ 时 $w_1(x)=a/x$ 且有 $w_2(x^2)=(w_1(x))^2$。

通过 Kendall 秩相关系数进行相关性估计 有一个很容易计算估计相关性的方法是以 Kendall 秩相关系数为基础，并且可以发现该方法和第 7 章中某连接函数的参数估计方法相关。两个随机向量 X_1 和 X_2 的 Kendall 秩相关系数（也称为 Kendall tau）的理论表示是 $\rho_\tau(X_1,X_2)$，在第 7.2.3 节中对它做了正式定义。从命题 7.43 可以看出如果 $(X_1,X_2)\sim E_2(\boldsymbol{\mu},\boldsymbol{\Sigma},\psi)$，那么

$$\rho_\tau(X_1,X_2)=\frac{2}{\pi}\arcsin(\rho) \tag{6.48}$$

其中 $\rho=\sigma_{12}/(\sigma_{11}\sigma_{22})^{1/2}$ 是椭圆分布的伪相关系数，它总是被定义（即使相关系数未定义，因为方差是无限的）。可以对该式子进行变形从而用来根据数据估计 ρ。只需要用 Kendall tau 的估计量来代替 (6.48) 式的左边部分，就能得到一个估计 $\hat{\rho}$ 的等式，其中 (7.52) 给出了 Kendall tau 的标准教科书式的估计量。这个方法利用了椭圆分布的几何性质来估计相关性，并且常常不需要估计方差和协方差。

对每一个二维边际分布利用该方法，可以用来估计一个更高维椭圆分布的相关矩阵。然而，这样产生的是一个由两两相关估计值构成的矩阵，该矩阵并不一定是正定矩阵。这个问题并不经常出现，即使出现了，也可以利用矩阵调整方法进行解决，例如 Rousseeuw and Molenberghs (1993) 中的特征值方法，算法 7.57 描述了该方法。

为了能利用二维相关矩阵的估计方法去求分散矩阵的稳健估计量，我们需要计算标准差的比值 $\lambda=(\sigma_{22}/\sigma_{11})^{1/2}$，例如求截尾的样本标准差的比值；这也就是说，对每一个一元数据集 $X_{1,i},\ldots,X_{n,i}$，$i=1,2$，去掉相同数目的异常值，然后求剩下的样本观察值的样本标准差。然后我们可以得到估计值

$$\hat{\Sigma}=\begin{pmatrix}1 & \hat{\lambda}\hat{\rho}\\ \hat{\lambda}\hat{\rho} & \hat{\lambda}^2\end{pmatrix} \tag{6.49}$$

例 6.30 (厚尾数据的有效相关估计). 假设我们根据 90 天（稍微超过三个交易月）的数据计算资产收益率数据或风险因子收益率数据计算相关性。我们假设这段时间内的数据服从相同的分布，这么长的数据似乎足够让我们准确地估计出潜在的真实相关性。

图 6.4 展示了模拟实验的结果，在该实验中，我们生成了 3000 个二元样本数据，并且他们服从同一个 t 分布，该分布的自由度为 3，相关系数为 $\rho=0.5$；这个 t 分布是一个厚尾椭圆分布。标准相关系数（也称为 Pearson(皮尔逊) 相关系数）值的分布并不是特别集中于真实值附近，并且对于大样本来说它的估计效果很差。另一方面，Kendall tau 转换方法产生的估计值通常很接近真实值，因此它是一个更有效的估计 ρ 的方法。

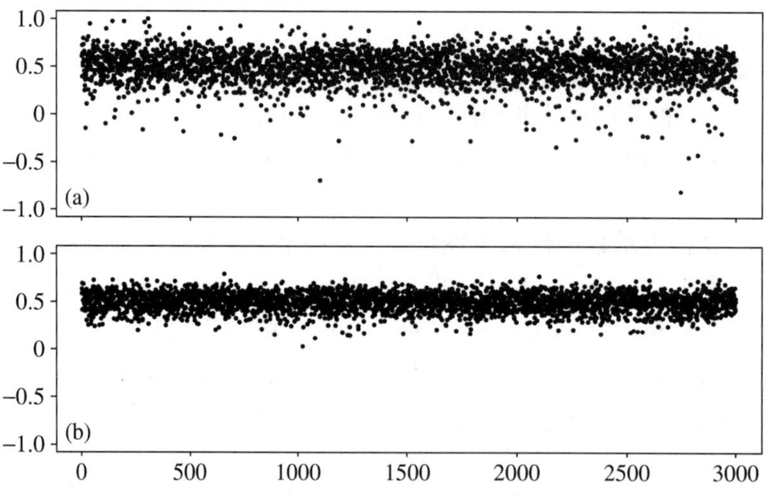

图 6.4　由自由度为 3、线性相关系数为 0.5 的二元 t 分布生成的 90 天的 3000 个独立样本数据：(a) 标准（Pearson）相关系数估计量；(b)Kendall tau 转换估计量。具体参见例 6.30 的评论。

说明与评论

Fang et al. (1990) 是一篇关于球面分布和椭圆分布的综合参考文献。基于这篇文献，我们简要地叙述了这部分内容的理论部分。关于该理论的其他参考文献有 Kelker (1970),

Cambanis et al. (1981) 和 Bingham and Kiesel (2002)，后者是在金融建模的背景下介绍该理论的。定理 6.21 的原始参考文献是 Schoenberg (1938)。Frahm (2004) 建议对椭圆类进行推广以允许非对称模型，同时保留椭圆分布的许多有吸引力的属性。Letac (2004) 介绍了更历史性的讨论（追溯到阿基米德）和单位 d 球上的均匀分布的一些重要性质。

有大量的文献著作介绍了其他的关于方差和相关矩阵的估计量，特别是一些具有更好的稳健性的估计量。Hampel et al. (1986)，Marazzi (1993)，Wilcox (1997) 和 Huber and Ronchetti (2009) 就含有相关内容，讨论稳健统计量在经济和金融中的应用时常常推荐后边一本书。

我们主要关注了分散矩阵的 M 估计量，这是因为这个估计量和其他椭圆模型的极大似然估计有关。M 估计量有相当长的历史并且具有很好的局部稳健性（对于小数据的扰动不敏感）。然而它们在高维空间有相当低的故障点，所以当数据中有更多污染数据时，它的估计效果很差。关于 M 估计量的一小部分可供选择的论文有 Maronna (1976), Devlin et al. (1975, 1981) 和 Tyler (1983, 1987); Frahm (2004) 给出了一个有趣的泰勒估计量的替代推导。Lindskog et al. (2003) 讨论了基于 Kendall tau 的估计方法。

6.4　降维技术

因子模型和主成分分析法等降维技术是多元统计分析的核心，在计量经济模型的建立中得到了广泛的应用。在金融风险管理的高维世界中，它们也是必不可少的工具。

6.4.1　因子模型

通过使用因子模型，我们试图用更小的一组公共因子构成的集合去解释 d 维随机向量 $\boldsymbol{X}$ 中元素的随机性。例如，如果 $\boldsymbol{X}$ 的组成部分代表股票收益率，那么很明显，它们的大部分变化可以用较小的一组市场指数收益率的变化来解释。我们正式定义一个因子模型如下。

定义 6.31 (线性因子模型). 随机向量 $\boldsymbol{X}$ 被认为遵循一个 p 因子模型，如果它可以被分解为

$$\boldsymbol{X} = \boldsymbol{a} + \boldsymbol{B}\boldsymbol{F} + \boldsymbol{\varepsilon} \tag{6.50}$$

其中

(i) $\boldsymbol{F} = (F_1, \ldots, F_p)'$ 是一个公共因子随机向量，$p < d$ 并且它的协方差矩阵是正定的；

(ii) $\boldsymbol{\varepsilon} = (\varepsilon_1, \ldots, \varepsilon_d)'$ 是一个特异性误差项随机向量，并且元素之间是不相关的且均值为零；

(iii) $\boldsymbol{B} \in \mathbb{R}^{d\times p}$ 为常数因子载荷矩阵，$\boldsymbol{a} \in \mathbb{R}^d$ 为常数向量；

(iv) $\mathrm{cov}(\boldsymbol{F}, \boldsymbol{\varepsilon}) = E((\boldsymbol{F} - E(\boldsymbol{F}))\boldsymbol{\varepsilon}') = 0$。

误差彼此不相关的假设 (ii) 以及公共因子 (iv) 是该定义的重要部分。通常我们并不要求它们是独立的，只要求不相关。然而，如果向量 $\boldsymbol{X}$ 服从多元正态分布并且遵循公式 (6.50) 中的因子模型，那么可能能够找到这样一个因子模型，在该模型中，$\boldsymbol{F}$ 和 $\boldsymbol{\varepsilon}$ 服从高

斯分布，并且可以假设误差之间是相互独立的，且误差和公共因子之间也独立。我们将在例 6.32 中详细阐述该性质。

根据模型的基本假设，由因子模型可以得到 $\boldsymbol{X}$ 的协方差矩阵 $\boldsymbol{\Sigma}$ 有一个特别的结构关系。如果我们用 $\boldsymbol{\Omega}$ 表示 $\boldsymbol{F}$ 的协方差矩阵，用对角矩阵 $\boldsymbol{\Upsilon}$ 表示 $\boldsymbol{\varepsilon}$ 的协方差矩阵，那么有

$$\boldsymbol{\Sigma} = \mathrm{cov}(\boldsymbol{X}) = \boldsymbol{B}\boldsymbol{\Omega}\boldsymbol{B}' + \boldsymbol{\Upsilon} \tag{6.51}$$

如果因子模型存在，那么常常可以对公共因子进行变形以使新的公共因子的均值为零并且相互之间正交。设 $\boldsymbol{F}^* = \boldsymbol{\Omega}^{-1/2}(\boldsymbol{F} - E(\boldsymbol{F}))$ 和 $\boldsymbol{B}^* = \boldsymbol{B}\boldsymbol{\Omega}^{1/2}$，可以得到一个因子模型表达式 $\boldsymbol{X} = \boldsymbol{\mu} + \boldsymbol{P}^*\boldsymbol{F}^* + \boldsymbol{\varepsilon}$，其中通常 $\boldsymbol{\mu} = E(\boldsymbol{X})$，$\boldsymbol{\Sigma} = \boldsymbol{B}^*(\boldsymbol{B}^*)' + \boldsymbol{\Upsilon}$。

反过来说，可以证明只要随机向量 $\boldsymbol{X}$ 的协方差矩阵满足

$$\boldsymbol{\Sigma} = \boldsymbol{B}\boldsymbol{B}' + \boldsymbol{\Upsilon} \tag{6.52}$$

其中 $\boldsymbol{B} \in \mathbb{R}^{d\times p}$，$\mathrm{rank}(\boldsymbol{B}) = p < d$ 且 $\boldsymbol{\Upsilon}$ 为对角阵，那么 $\boldsymbol{X}$ 就有一个因子模型，该因子模型具有 p 维因子向量 $\boldsymbol{F}$ 和 d 维误差向量 $\boldsymbol{\varepsilon}$。

例 6.32 (等相关性模型). 假设随机向量 $\boldsymbol{X}$ 的边际分布是标准边际分布（均值为 0，方差为 1）并且有等相关性矩阵；换言之，向量的组成部分两两间的相关性相等且都为 $\rho > 0$。这意味着分散矩阵 $\boldsymbol{\Sigma}$ 可以表示成 $\boldsymbol{\Sigma} = \rho\boldsymbol{J}_d + (1-\rho)\boldsymbol{I}_d$，其中 $\boldsymbol{J}_d$ 是元素全为 1 的 d 维方阵，$\boldsymbol{I}_d$ 是单位矩阵，所以很明显 $\boldsymbol{\Sigma}$ 有公式 (6.52) 的形式表达式，其中 d 维向量 $\boldsymbol{B}$ 是 $\boldsymbol{B} = \sqrt{\rho}\boldsymbol{1}$。

为了得到 $\boldsymbol{X}$ 的因子分解式，可以设 $\boldsymbol{Y}$ 为任一均值为 0、方差为 1 的随机向量，且 $\boldsymbol{Y}$ 独立于 $\boldsymbol{X}$，那么可以用下边的方法定义一个公共因子 $\boldsymbol{F}$ 和误差 $\boldsymbol{\varepsilon}$

$$\boldsymbol{F} = \frac{\sqrt{\rho}}{1+\rho(d-1)}\sum_{j=1}^{d}\boldsymbol{X}_j + \sqrt{\frac{1-\rho}{1+\rho(d-1)}}\boldsymbol{Y}, \qquad \varepsilon_j = \boldsymbol{X}_j - \sqrt{\rho}F$$

注意到在这个构造式中，F 的均值为 0，方差为 1。因此可以得到因子分解式 $\boldsymbol{X} = \boldsymbol{B}\boldsymbol{F} + \boldsymbol{\varepsilon}$，并且通过计算可以得到对于所有 j，$\mathrm{cov}(\boldsymbol{F}, \varepsilon_j) = 0$ 且当 $j \neq k$ 时，有 $\mathrm{cov}(\varepsilon_j, \varepsilon_k) = 0$，因此该因子分解式满足定义 6.31 的条件要求。因此具有等相关性矩阵的随机向量可以被认为含有单个公共因子的因子模型。

由于 $\boldsymbol{Y}$ 可以是满足上述条件的任意向量，因此在这个分解式中因子和误差不是唯一的。若 $\boldsymbol{X}$ 服从高斯分布，那么对于构造因子分解式来说设 $\boldsymbol{Y}$ 服从高斯分布是最方便的，这是因为在这种情况下公共因子服从正态分布，误差向量也服从多元正态分布，对于所有的 j，$\boldsymbol{Y}$ 独立于 ε_j，且当 $j \neq k$ 时，ε_j 和 ε_k 也是相互独立的。因为 $\mathrm{var}(\varepsilon_j) = 1-\rho$，所以用包含下边的等相关性模型的因子模型最方便。

$$\boldsymbol{X}_j = \sqrt{\rho}\boldsymbol{F} + \sqrt{1-\rho}\boldsymbol{Z}_j, \quad j = 1, \ldots, d \tag{6.53}$$

其中 $\boldsymbol{F}, \boldsymbol{Z}_1, \ldots, \boldsymbol{Z}_d$ 是相互独立的标准高斯随机向量。这个模型可以被应用在第 11.1.5 节的同质性信用组合建模中。有关本例所基于的更一般的构造，可以参考Mardia et al. (1979, 练习 9.2.2)。

6.4.2　统计估计策略

现在假设有数据 $\boldsymbol{X}_1,\ldots,\boldsymbol{X}_n \in \mathbb{R}^d$，它们表示在 $t=1,\ldots,n$ 时刻的风险因子变化值。假设每一个向量观测值 $\boldsymbol{X}_t$ 是 (6.50) 形式的因子模型的实现，那么有

$$\boldsymbol{X}_t = \boldsymbol{a} + \boldsymbol{B}\boldsymbol{F}_t + \boldsymbol{\varepsilon}_t,\ t=1,\ldots,n \tag{6.54}$$

其中 $\boldsymbol{F}_t = (\boldsymbol{F}_{t,1},\ldots,\boldsymbol{F}_{t,p})'$ 是公共因子向量，$\boldsymbol{\varepsilon}_t$ 是误差向量，$\boldsymbol{a} \in \mathbb{R}^d$ 是一个常量向量，$\boldsymbol{B} \in \mathbb{R}^{d\times p}$ 是因子载荷矩阵。虽然偶尔我们希望 $\boldsymbol{a}$ 和 $\boldsymbol{B}$ 是时间依赖的，但是大多数情况下，我们假设这两个量不随时间变化。

显然，模型 (6.54) 是一种理想化情形。数据很少能被一个因子模型完美地解释；其目的是找到一个近似因子模型，该模型能够捕获数据中可变性的主要来源。金融风险应用中常用的因子模型有三种类型；它们是*宏观经济因子模型*，*基本面因子模型*和*统计因子模型*。

宏观经济因子模型　在这些模型中，我们假设恰当的因子 $\boldsymbol{F}_t$ 也是可以观测得到的，并且我们收集时间序列数据 $\boldsymbol{F}_1,\ldots,\boldsymbol{F}_n \in \mathbb{R}^p$。这类因子模型的名称来自这样的一个事实，即经济学和金融的许多应用中，这类模型的可观测因子常常是宏观变量，例如 GDP 变化，通货膨胀和利率。

宏观经济模型在金融中一个简单应用就是夏普单指数模型，在该模型中，$\boldsymbol{F}_1,\ldots,\boldsymbol{F}_n$ 是市场指数收益率的观测值，$\boldsymbol{X}_1,\ldots,\boldsymbol{X}_n$ 是单个股票的收益率观测值，并且它们可以由市场收益率来解释。可以利用时间序列回归方法对该模型进行拟合（估计 $\boldsymbol{B}$ 和 $\boldsymbol{a}$），该回归方法在第 6.4.3 节中有描述。

基本面因子模型　和宏观因子模型相比，在基本面因子模型中我们假设载荷矩阵 $\boldsymbol{B}$ 是已知的，但是基础因子 $\boldsymbol{F}_t$ 是不可观测到的。因子值 $\boldsymbol{F}_1,\ldots,\boldsymbol{F}_n$ 必须去估计才能得到，可以在每个时间点对数据 $\boldsymbol{X}_1,\ldots,\boldsymbol{X}_n$ 利用截面回归估计求得这些因子值。

这个模型的名称来源于对股票收益率建模的应用，在该应用中股票常常根据它们的"基本面"进行分类，例如国家、行业类别和市值（小市值、大市值等）。这些基本面是一般的分类变量，并且假设存在潜在的不能被观测到的因子，这类因子和每一个层次的分类变量相关，例如和一个国家或行业类别相关的因子。

如果每个风险因子改变 $\boldsymbol{X}_{t,i}$ 可以用一组基本要素的独特值来标识，例如，由唯一的国家或行业类别确定，那么矩阵 $\boldsymbol{B}$ 是一个由 0 和 1 组成的矩阵。如果 $\boldsymbol{X}_{t,i}$ 和基本面变量的不同值有关，那么 $\boldsymbol{B}$ 可能包含相加起来和为 1 的因子权重；例如，一个跨国公司的股票收益率的 60% 归于未被观测的美国因子，40% 归于未被观测的英国因子。除此之外，基本面因子模型可能也有其他的一些情形，其中之一就涉及依赖于时间的载荷矩阵 $\boldsymbol{B}_t$。

统计因子模型　在这些模型中，我们既不观测因子 $\boldsymbol{F}_t$ 也不观测载荷矩阵 $\boldsymbol{B}$。我们代之以使用统计方法从数据 $\boldsymbol{X}_1,\ldots,\boldsymbol{X}_n$ 中估计这两个值。这个方法可能是一个解释数据变动的

很有用的方法，但是要注意的是，如果从统计的角度进行解释，这些估计得到的因子可能并没有很明显的含义。

求因子有两种一般方法。第一种方法在金融中应用相当普遍，它就是利用主成分分析构造因子。我们在第 6.4.5 节详细讨论它的细节。第二种方法是经典统计因子分析，该方法在金融应用中没那么普遍；可以参考说明与评论。

因子模型和系统性风险　在风险管理中，所有因子建模方法的目标都是确定或者估计恰当的因子 $\boldsymbol{F}_1,\ldots,\boldsymbol{F}_n$。如果可以得到恰当的因子，我们就可以主要关注如何建立因子的分布或动态性，和建立 $\boldsymbol{X}_1,\ldots,\boldsymbol{X}_n$ 的模型相比，这是一个低维度问题。

这些因子描述了系统性风险并且是最重要的。未被观测到的误差 $\boldsymbol{\varepsilon}_1,\ldots,\boldsymbol{\varepsilon}_n$ 描述了特质风险（非系统性风险）并且是次重要的。当有很多风险因子时，在误差性中的风险就由于分散效应而得到一定减缓，而在公共因子中的风险依然存在。下边的一个简单例子说明了这种情况。

例 6.33. 我们继续分析例 6.32 中的单因子模型。假设例 6.32 中的随机向量 $\boldsymbol{X}$ 表示 d 个不同公司的收益率，那么随机向量 $\boldsymbol{Z}_{(d)}=(1/d)\sum_{j=1}^{d}X_j$ 就可以被认为是对这几个公司进行等权重投资构成的投资组合的收益率。那么可以计算得到

$$\boldsymbol{Z}_{(d)}=\frac{1}{d}\boldsymbol{1}'\boldsymbol{B}\boldsymbol{F}+\frac{1}{d}\boldsymbol{1}'\boldsymbol{\varepsilon}=\sqrt{\rho}\boldsymbol{F}+\frac{1}{d}\sum_{j=1}^{d}\varepsilon_j$$

在第一项中的风险并不受投资组合大小 d 的影响，而第二项中的风险会因为 d 的增长而减小。假设我们利用方差度量风险；那么

$$\operatorname{var}(\boldsymbol{Z}_{(d)})=\rho+\frac{1-\rho}{d}\to\rho,\quad d\to\infty$$

所以在一个很大的投资组合中，风险的主要构成是系统风险。

6.4.3　估计宏观经济因子模型

有两种等效的方法可以用来估计公式 (6.54) 形式中宏观因子模型的参数。在第一种方法中，进行 d 次一元回归分析，每次是针对单个股票收益率序列进行。在第二种方法中，在一次多元回归中估计所有的参数。

一元回归　用 $X_{t,j}$ 表示时刻 t，合约 j 的观测值，然后考虑一元回归模型

$$\boldsymbol{X}_{t,j}=\boldsymbol{a}_j+\boldsymbol{b}_j'\boldsymbol{F}_t+\varepsilon_{t,j},\quad t=1,\ldots,n$$

这称为时间序列回归，因为因变量 $X_{1,j},\ldots,X_{n,j}$ 形成一个一元时间序列，而因子 $\boldsymbol{F}_1,\ldots,\boldsymbol{F}_n$ 形成一个可能的多元时间序列。参数 $\boldsymbol{a}_j$ 和 $\boldsymbol{b}_j$ 是用标准的普通最小二乘法（OLS）估计得到的，该方法在所有关于线性回归的书籍中均有介绍，我们在此不再对它的技术细节做过多讨论。为了证明该方法的使用是正确的，并推导出该方法的统计特性，通常假定，

在有条件的条件下，误差 $\varepsilon_{1,j},\ldots,\varepsilon_{n,j}$ 是同分布且序列不相关的。换句话说，它们形成了一个在第 4 章中定义的白噪声过程。

$\hat{\boldsymbol{a}}_j$ 很明显是 $\boldsymbol{a}$ 的第 j 个组成部分的估计值，而 $\hat{\boldsymbol{b}}_j$ 是矩阵 $\boldsymbol{B}$ 的第 j 行的估计值。通过对一元时间序列 $X_{1,j},\ldots,X_{n,j}$（$j=1,\ldots,d$）的每一个序列进行回归，可以得到参数 $\boldsymbol{a}$ 和 $\boldsymbol{B}$ 的估计值。

多元回归　为了把这个问题当作一个多元线性回归模型看待，我们构造了许多大矩阵：

$$\boldsymbol{X}=\underbrace{\begin{pmatrix}\boldsymbol{X}_1'\\ \vdots\\ \boldsymbol{X}_n'\end{pmatrix}}_{n\times d},\qquad \boldsymbol{F}=\underbrace{\begin{pmatrix}1 & \boldsymbol{F}_1'\\ \vdots & \vdots\\ 1 & \boldsymbol{F}_n'\end{pmatrix}}_{n\times(p+1)},\qquad \boldsymbol{B}_2=\underbrace{\begin{pmatrix}\boldsymbol{a}'\\ \boldsymbol{B}'\end{pmatrix}}_{(p+1)\times d},\qquad E=\underbrace{\begin{pmatrix}\boldsymbol{\varepsilon}_1'\\ \vdots\\ \boldsymbol{\varepsilon}_n'\end{pmatrix}}_{n\times d}$$

$\boldsymbol{X}$ 的每一行表示在固定时刻 t 的一个观测值向量，每一列表示一个合约收益率的一元时间序列。那么模型 (6.54) 可以用矩阵等式表示为

$$\boldsymbol{X}=\boldsymbol{F}\boldsymbol{B}_2+E \tag{6.55}$$

其中 $\boldsymbol{B}_2$ 是需要估计的回归参数矩阵。

不可观测误差向量 $\boldsymbol{\varepsilon}_1,\ldots,\boldsymbol{\varepsilon}_n$ 构成了 E 的行，如果我们假设这些误差向量服从同分布并且是序列不相关的，那么在条件 $\boldsymbol{F}_1,\ldots,\boldsymbol{F}_n$ 下，等式 (6.55) 定义了一个标准的多元线性回归（例如可以参考 Mardia et al. (1979) 标准假设）。可以根据下边公式通过多元最小二乘法 OLS 估计 $\boldsymbol{B}_2$

$$\hat{\boldsymbol{B}}_2=(\boldsymbol{F}'\boldsymbol{F})^{-1}\boldsymbol{F}'\boldsymbol{X} \tag{6.56}$$

由于我们已经估计得到 $\boldsymbol{a}$ 和 $\boldsymbol{B}$，现在基本上对因子模型进行了校准。现在可以根据定义 6.31 的初始条件对模型进行严格检验。要检验误差向量 $\boldsymbol{\varepsilon}_t$ 是否服从具有对角协方差矩阵的分布以及它们和因子项之间是不是不相关的。

为了了解这些误差项，可以构造模型的残差矩阵 $\hat{E}=\boldsymbol{X}-\boldsymbol{F}\hat{\boldsymbol{B}}_2$。这个矩阵的每一行包含一个在固定时间点的误差向量的推断值。对这些推断误差向量的样本相关矩阵进行检验，结果很可能表明误差中的相关性很小（或者至少比原始向量数据 $\boldsymbol{X}_t$ 的相关性小）。如果确实是这样的话，那么 $\hat{\boldsymbol{\varepsilon}}_t$ 的样本协方差矩阵的对角元素可以作为 Υ 的估计值 $\hat{\Upsilon}$。有时可以构造因子模型隐含的协方差矩阵并且把它和数据的原始样本协方差矩阵 $\boldsymbol{S}$ 进行比较。这个隐含的协方差矩阵是

$$\hat{\boldsymbol{\Sigma}}^{(\boldsymbol{F})}=\hat{\boldsymbol{B}}\hat{\boldsymbol{\Omega}}\hat{\boldsymbol{B}}'+\hat{\boldsymbol{\Upsilon}},\quad 其中\ \hat{\boldsymbol{\Omega}}=\frac{1}{n-1}\sum_{t=1}^{n}(\boldsymbol{F}_t-\bar{\boldsymbol{F}})(\boldsymbol{F}_t-\bar{\boldsymbol{F}})'$$

我们希望 $\hat{\boldsymbol{\Sigma}}^{(\boldsymbol{F})}$ 能够具有 $\boldsymbol{S}$ 的大部分结构并且相关矩阵 $\boldsymbol{R}^{(\boldsymbol{F})}:=\wp(\hat{\boldsymbol{\Sigma}}^{(\boldsymbol{F})})$ 能够具有样本相关矩阵 $\boldsymbol{R}=\wp(\boldsymbol{S})$ 的大部分结构。

例 6.34 (**道琼斯 30 指数的单指数模型**). 现在展示一个利用回归方法拟合因子模型的简单例子。我们利用单因子模型对道琼斯工业平均指数中的 10 只成分股票收益率序列进行拟合，股票时间是从 1992 年到 1998 年。请注意，这些与本章前几节分析的结果不同。它们被选为两种类型：惠普、英特尔、微软和 IBM 等与科技相关的公司。与食品和消费者相关的品牌，如菲利普莫里斯、可口可乐、伊士曼柯达、麦当劳、沃尔玛和迪斯尼。选择的因子是道琼斯 30 指数本身的相应收益率。

表 6.5 的第一行是公式 (6.56) 隐含的 $\boldsymbol{B}$ 的估计值。$\boldsymbol{B}$ 值最大的股票就是所谓的高贝塔股票，这是因为单因子模型有关系式 $\boldsymbol{E}(\boldsymbol{X}_j)=\boldsymbol{a}_j+\boldsymbol{B}_j\boldsymbol{E}(\boldsymbol{F})$，从这个关系式可以看出这些 $\boldsymbol{B}$ 值大的股票可能具有更高的和市场相关的期望收益率（但是常常有更高的风险）。在该模型中，四个技术相关股票有最高的贝塔值。第二行表示 r^2 值，也就是所谓的决定系数，这些值分别对应一个一元回归模型。r^2 值度量了 $\boldsymbol{X}_j$ 和 $\boldsymbol{F}$ 之间的回归关系的强弱，并且可以看作股票收益率变动中可以由市场收益率变动影响的比例。r^2 值最大的股票是可口可乐（33%），总的来说，单只股票收益率变动的大约 20% 可以由市场收益率变动解释。

表格的接下来的 10 行是数据 $\boldsymbol{R}$ 的样本相关矩阵，而中间的 10 行是因子模型暗含的相关矩阵（对应 $\hat{\boldsymbol{\Sigma}}^{(\boldsymbol{F})}$）。从表中可以看出后边这个相关矩阵具有前边矩阵的大部分结构特征，但并不是全部结构特征。最后 10 行是回归模型残差的估计相关矩阵，但是只保留了绝对值大于 0.1 的元素。其中残差间的相关性确实比原始数据间的相关性小很多，但是一些值比较大的元素表明这个因子模型并不能完美地表示原始数据，特别是对于技术类股票。很明显，更广泛市场的指数收益率是一个重要的公共因子，但是在这样的市场中有更明显的系统效应，而指数并不能捕捉到这个效应。

6.4.4 估计基本面因子模型

为了估计基本面因子模型，在每一个时刻 t，我们考虑横截面回归模型

$$\boldsymbol{X}_t=\boldsymbol{B}\boldsymbol{F}_t+\boldsymbol{\varepsilon}_t \tag{6.57}$$

其中 $\boldsymbol{X}_t\in\mathbb{R}^d$ 是风险因子变化数据，$\boldsymbol{B}\in\mathbb{R}^{d\times p}$ 是一个已知的因子载荷矩阵（该矩阵在一些应用中可能时间依赖），$\boldsymbol{F}_t\in\mathbb{R}^p$ 是需要估计的因子，$\boldsymbol{\varepsilon}_t$ 是具有对角协方差矩阵 Υ 的误差向量。在基本面因子模型中并不需要截距项 $\boldsymbol{a}$，这是因为截距会作为因子估计值的一部分体现。

为了保证 $\boldsymbol{F}_t$ 估计的准确性，风险因子向量的维度 d 和待估计的因子的数目 p 相比应该比较大。同时还要注意的是误差向量 $\boldsymbol{\varepsilon}_t$ 通常不能被假设为具有相等的方差，因此公式 (6.57) 是一个含有所谓异方差误差项的回归问题。

我们回顾发现，在股票收益率建模的一些典型应用中，因子常常是国家、行业和公司市值。如果 $\boldsymbol{X}_{t,i}$ 是和单一的国家或行业关联的话，那么矩阵 $\boldsymbol{B}$ 的行是由零和一构成，如果 $\boldsymbol{X}_{t,i}$ 是和不止一个国家或行业相关的话，矩阵 $\boldsymbol{B}$ 的行就是一些权重值。这种对因子的解释在用于对投资组合信用风险建模的因子模型中也很常见，正如我们在第 11.5.1 中讨论的那样。

表 6.5　表格的第一行是一个多元回归模型的 B 的估计值，该模型对道琼斯工业平均指数中的 10 只成分股进行拟合，对应的可观测公共因子就是道琼斯工业平均指数本身的收益率。第二行是一个一元回归模型的 r^2 值，该模型分别对每一个股票的时间序列进行拟合。接下来的 10 行给出了数据 R 的样本相关矩阵，而中间的 10 行是因子模型隐含的相关矩阵。最后 10 行是回归模型的残差的估计相关矩阵，其中绝对值小于 0.1 的值被忽略掉。这个表的具体讨论细节可以参考例 6.34。

	高特利	可口可乐	柯达	惠普	英特尔	微软	IBM	麦当劳	沃尔玛	迪斯尼
$\hat{B}$	0.87	1.01	0.77	1.12	1.12	1.11	1.07	0.86	1.02	1.03
r^2	0.17	0.33	0.14	0.18	0.17	0.21	0.22	0.23	0.24	0.26
高特利	1.00	0.27	0.14	0.17	0.16	0.25	0.18	0.22	0.16	0.22
可口可乐	0.27	1.00	0.17	0.22	0.21	0.25	0.18	0.36	0.33	0.32
柯达	0.14	0.17	1.00	0.17	0.17	0.18	0.15	0.14	0.17	0.16
惠普	0.17	0.22	0.17	1.00	0.42	0.38	0.36	0.20	0.22	0.23
英特尔	0.16	0.21	0.17	0.42	1.00	0.53	0.36	0.19	0.22	0.21
微软	0.25	0.25	0.18	0.38	0.53	1.00	0.33	0.22	0.28	0.26
IBM	0.18	0.18	0.15	0.36	0.36	0.33	1.00	0.20	0.20	0.20
麦当劳	0.22	0.36	0.14	0.20	0.19	0.22	0.20	1.00	0.26	0.26
沃尔玛	0.16	0.33	0.17	0.22	0.22	0.28	0.20	0.26	1.00	0.28
迪斯尼	0.22	0.32	0.16	0.23	0.21	0.26	0.20	0.26	0.28	1.00
高特利	1.00	0.24	0.16	0.18	0.17	0.19	0.20	0.20	0.20	0.21
可口可乐	0.24	1.00	0.22	0.24	0.23	0.26	0.27	0.28	0.28	0.29
柯达	0.16	0.22	1.00	0.16	0.15	0.17	0.18	0.18	0.18	0.19
惠普	0.18	0.24	0.16	1.00	0.17	0.19	0.20	0.20	0.21	0.22
英特尔	0.17	0.23	0.15	0.17	1.00	0.19	0.19	0.19	0.20	0.21
微软	0.19	0.26	0.17	0.19	0.19	1.00	0.22	0.22	0.22	0.23
IBM	0.20	0.27	0.18	0.20	0.19	0.22	1.00	0.23	0.23	0.24
麦当劳	0.20	0.28	0.18	0.20	0.19	0.22	0.23	1.00	0.23	0.24
沃尔玛	0.20	0.28	0.18	0.21	0.20	0.22	0.23	0.23	1.00	0.25
迪斯尼	0.21	0.29	0.19	0.22	0.21	0.23	0.24	0.24	0.25	1.00
高特利	1.00									
可口可乐		1.00					−0.12	0.12		
柯达			1.00							
惠普				1.00	0.30	0.24	0.20			
英特尔				0.30	1.00	0.43	0.20			
微软				0.24	0.43	1.00	0.14			
IBM		−0.12		0.20	0.20	0.14	1.00			
麦当劳		0.12						1.00		
沃尔玛										
迪斯尼										1.00

因子 $\boldsymbol{F}_t$ 的无偏估计可以通过普通最小二乘法（OLS）估计

$$\hat{\boldsymbol{F}}_t^{\mathrm{OLS}} = (\boldsymbol{B}'\boldsymbol{B})^{-1}\boldsymbol{B}'\boldsymbol{X}_t$$

并且当误差是同方差时，这是最好的线性无偏估计，此时对于某个标量 υ，有 $\boldsymbol{\varUpsilon}=\upsilon^2 I_d$。然而，普通最小二乘法的估计并不是有效的，而可以通过广义最小二乘法（GLS）获得具有更小协方差矩阵的线性无偏估计。如果 $\boldsymbol{\varUpsilon}$ 是一个已知的矩阵，那么广义最小二乘法是

$$\hat{\boldsymbol{F}}_t^{\mathrm{GLS}}=(\boldsymbol{B}'\boldsymbol{\varUpsilon}^{-1}\boldsymbol{B})^{-1}\boldsymbol{B}'\boldsymbol{\varUpsilon}^{-1}\boldsymbol{X}_t \tag{6.58}$$

在实际中，我们用下边方法获得的估计值 $\hat{\boldsymbol{\varUpsilon}}$ 替代公式 (6.58) 中的 $\boldsymbol{\varUpsilon}$。当假设在每一个时刻 $t=1,\dots,n$，都有模型 (6.57)，那么我们首先在每一个时刻 t 进行最小二乘法估计，并且构造模型残差向量

$$\hat{\boldsymbol{\varepsilon}}_t=\boldsymbol{X}_t-\boldsymbol{B}\hat{\boldsymbol{F}}_t^{\mathrm{OLS}},\ t=1,\dots,n$$

然后我们构造残差 $\hat{\boldsymbol{\varepsilon}}_1,\dots,\hat{\boldsymbol{\varepsilon}}_n$ 的样本协方差矩阵。如果因子模型的假设成立，那么这个矩阵应该是近似对角阵的。我们可以把非对角元素设定为零，从而构造出 $\varUpsilon$ 的一个估计值。

在第 9.1.4 节的收益率曲线建模中，我们给出了一个基本面因子模型的估计的例子。

6.4.5　主成分分析法

主成分分析（PCA）的目标是通过寻找少量的不相关线性组合去降低高度相关的数据的维度，这些组合可以解释原始数据的大部分变化。PCA 本身并不是一个模型，而是一种数据旋转技术。然而它可以被看作一种构造因子的方法用于因子建模，这是我们在本节考虑的主要应用。

PCA 背后的关键数学理论是线性代数的*谱分解定理*，该定理指出任何对称矩阵 $\boldsymbol{A}\in\mathbb{R}^{d\times d}$ 都可以表示成

$$\boldsymbol{A}=\boldsymbol{\varGamma}\boldsymbol{\varLambda}\boldsymbol{\varGamma}' \tag{6.59}$$

其中

(i) $\boldsymbol{\varLambda}=\mathrm{diag}(\lambda_1,\dots,\lambda_d)$ 是一个 $\boldsymbol{A}$ 的*特征值*构成的对角矩阵，不失一般性，对特征值排序，可以有 $\lambda_1\geqslant\lambda_2\geqslant\cdots\geqslant\lambda_d$。

(ii) $\boldsymbol{\varGamma}$ 是一个正交矩阵，并且满足 $\boldsymbol{\varGamma}\boldsymbol{\varGamma}'=\boldsymbol{\varGamma}'\boldsymbol{\varGamma}=I_d$，它的列是 $\boldsymbol{A}$ 的标准化*特征向量*（即，长度为 1 的特征向量）。

理论主成分　很明显我们可以把该分解应用到任意的协方差矩阵 $\boldsymbol{\varSigma}$，此时 $\boldsymbol{\varSigma}$ 是正的并且是半正定的，这就保证了对于所有的 j，有 $\lambda_j\geqslant 0$。假设随机向量 $\boldsymbol{X}$ 的均值为 $\boldsymbol{\mu}$，协方差矩阵为 $\boldsymbol{\varSigma}$ 并且有形如 (6.59) 的分解式 $\boldsymbol{\varSigma}=\boldsymbol{\varGamma}\boldsymbol{\varLambda}\boldsymbol{\varGamma}'$。那么 $\boldsymbol{X}$ 的主成分变换可以定义如下

$$\boldsymbol{Y}=\boldsymbol{\varGamma}'(\boldsymbol{X}-\boldsymbol{\mu}) \tag{6.60}$$

这个变换可以看作是对 $\boldsymbol{X}$ 进行中心化和旋转变换。旋转后的向量 $\boldsymbol{Y}$ 的第 j 个成分可以看作 $\boldsymbol{X}$ 的*第 j 个主成分*，它的具体表示如下

$$\boldsymbol{Y}_j=\boldsymbol{\gamma}_j'(\boldsymbol{X}-\boldsymbol{\mu}) \tag{6.61}$$

其中 $\boldsymbol{\gamma}_j$ 是 $\boldsymbol{\Sigma}$ 的排序后的第 j 个特征值对应的特征向量，同时也是第 j 个主成分载荷向量。

经过一些简单的计算可以看出

$$\boldsymbol{E}(\boldsymbol{Y})=\mathbf{0} \quad \text{并且} \quad \operatorname{cov}(\boldsymbol{Y})=\boldsymbol{\Gamma}'\boldsymbol{\Sigma}\boldsymbol{\Gamma}=\boldsymbol{\Gamma}'\boldsymbol{\Gamma}\boldsymbol{\Lambda}\boldsymbol{\Gamma}'\boldsymbol{\Gamma}=\boldsymbol{\Lambda}$$

所以，$\boldsymbol{Y}$ 的主成分是不相关的并且方差是 $\operatorname{var}(\boldsymbol{Y}_j)=\lambda_j,\forall j$。因此这些主成分是是按照方差由大到小排序的。而且，第一个主成分是 $\boldsymbol{X}$ 的标准化线性组合，该组合是所有的这样的组合中，方差最大的组合。也就是说，

$$\operatorname{var}(\boldsymbol{\gamma}_1'\boldsymbol{X})=\max\{\operatorname{var}(\boldsymbol{a}'\boldsymbol{X}):\boldsymbol{a}'\boldsymbol{a}=1\}$$

对于 $j=2,\ldots,d$，第 j 个主成分是 $\boldsymbol{X}$ 的标准化线性组合并且是所有这样的组合中方差最大的组合，该组合和前 $j-1$ 个线性组合正交（因此是不相关的）。最后的第 d 个主成分是 $\boldsymbol{X}$ 的所有标准化线性组合中方差最小的组合。

为了度量前边几个主成分解释 $\boldsymbol{X}$ 方差的能力，我们发现

$$\sum_{j=1}^{d}\operatorname{var}(\boldsymbol{Y}_j)=\sum_{j=1}^{d}\lambda_j=\operatorname{trace}(\boldsymbol{\Sigma})=\sum_{j=1}^{d}\operatorname{var}(\boldsymbol{X}_j)$$

如果我们把 $\operatorname{trace}(\boldsymbol{\Sigma})=\sum_{j=1}^{d}\operatorname{var}(\boldsymbol{X}_j)$ 看作是对 $\boldsymbol{X}$ 整个方差的测度，那么对于 $k\leqslant d$，比率 $\sum_{j=1}^{k}\lambda_j/\sum_{j=1}^{d}\lambda_j$ 表示可由前 k 个主成分解释的方差的大小。

主成分作为因子　我们注意到，通过主成分变换 (6.60) 的逆变换我们得到了

$$\boldsymbol{X}=\boldsymbol{\mu}+\boldsymbol{\Gamma}\boldsymbol{Y}=\boldsymbol{\mu}+\boldsymbol{\Gamma}_1\boldsymbol{Y}_1+\boldsymbol{\Gamma}_2\boldsymbol{Y}_2$$

其中我们把 $\boldsymbol{Y}$ 分为向量 $\boldsymbol{Y}_1\in\mathbb{R}^k$ 和 $\boldsymbol{Y}_2\in\mathbb{R}^{d-k}$，使得 $\boldsymbol{Y}_1$ 包含前 k 个主成分，并且对应地我们把 $\boldsymbol{\Gamma}$ 划分为矩阵 $\boldsymbol{\Gamma}_1\in\mathbb{R}^{d\times k}$ 和 $\boldsymbol{\Gamma}_2\in\mathbb{R}^{d\times(d-k)}$。假设前 k 个主成分能够解释整个方差的大部分，那么我们主要讨论这几个主成分并且忽略 $\boldsymbol{Y}_2$ 中的主成分。如果设 $\boldsymbol{\varepsilon}=\boldsymbol{\Gamma}_2\boldsymbol{Y}_2$，那么可以得到

$$\boldsymbol{X}=\boldsymbol{\mu}+\boldsymbol{\Gamma}_1\boldsymbol{Y}_1+\boldsymbol{\varepsilon} \tag{6.62}$$

这让人想起基本因子模型 (6.50)，其中向量 $\boldsymbol{Y}_1$ 充当因子的角色，矩阵 $\boldsymbol{\Gamma}_1$ 充当因子载荷矩阵的角色。尽管误差向量 $\boldsymbol{\varepsilon}$ 中的成分常常含有较小的方差，但是因子模型的假设常常在 (6.62) 并不成立，这是因为 $\boldsymbol{\varepsilon}$ 并不需要有一个对角协方差矩阵且并不要求 $\boldsymbol{\varepsilon}$ 和 $\boldsymbol{Y}_1$ 不相关。但是，主成分常常被当作因子并且被用于建立近似因子模型。接着我们描述当有样本数据时的估计过程。

样本主成分　假设有一时间序列，它是由服从同分布的多元数据观测值 $\boldsymbol{X}_1,\ldots,\boldsymbol{X}_n$ 构成，分布的均值向量 $\boldsymbol{\mu}$ 和协方差矩阵 $\boldsymbol{\Sigma}$ 未知，协方差矩阵有谱分解式 $\boldsymbol{\Sigma}=\boldsymbol{\Gamma}\boldsymbol{\Lambda}\boldsymbol{\Gamma}'$。

为了构造样本主成分，我们需要估计未知的参数。我们用样本均值向量 $\bar{\boldsymbol{X}}$ 估计参数 $\boldsymbol{\mu}$，用样本协方差矩阵 $\boldsymbol{\Sigma}$ 估计 $\boldsymbol{\Sigma}$。

$$\boldsymbol{S}_x = \frac{1}{n}\sum_{t=1}^{n}(\boldsymbol{X}_t - \bar{\boldsymbol{X}})(\boldsymbol{X}_t - \bar{\boldsymbol{X}})'$$

利用谱分解 (6.59) 对正的对称半正定矩阵进行分解可以得到

$$\boldsymbol{S}_x = \boldsymbol{G}\boldsymbol{L}\boldsymbol{G}', \tag{6.63}$$

其中 $\boldsymbol{G}$ 是特征向量矩阵，$\boldsymbol{L} = \mathrm{diag}(l_1, \ldots, l_d)$ 是由排序后的特征值构成的对角矩阵。此处我们改为用罗马字母表示这两个矩阵是为了强调它们是由一个样本协方差矩阵计算得到的。矩阵 $\boldsymbol{G}$ 可以看作 $\boldsymbol{\Gamma}$ 的估计值，$\boldsymbol{L}$ 可以看作 $\boldsymbol{\Lambda}$ 的估计值。

类似于 (6.60)，我们定义样本主成分向量

$$\boldsymbol{Y}_t = \boldsymbol{G}'(\boldsymbol{X}_t - \bar{\boldsymbol{X}}),\ t = 1, \ldots, n \tag{6.64}$$

$\boldsymbol{Y}_t$ 的第 j 个成分看作 t 时的第 j 个样本主成分，即

$$\boldsymbol{Y}_{t,j} = \boldsymbol{g}_j'(\boldsymbol{X}_t - \bar{\boldsymbol{X}})$$

其中 $\boldsymbol{g}_j$ 是 $\boldsymbol{G}$ 的第 j 列，它对应于 $\boldsymbol{S}_x$ 的第 j 个最大特征值对应的特征向量。

旋转向量 $\boldsymbol{Y}_1, \ldots, \boldsymbol{Y}_n$ 的样本协方差矩阵是 $\boldsymbol{L}$，这个可以很容易地由下边的推导证明

$$\begin{aligned}\boldsymbol{S}_y &= \frac{1}{n}\sum_{t=1}^{n}(\boldsymbol{Y}_t - \bar{\boldsymbol{Y}})(\boldsymbol{Y}_t - \bar{\boldsymbol{Y}})' = \frac{1}{n}\sum_{t=1}^{n}\boldsymbol{Y}_t\boldsymbol{Y}_t' \\ &= \frac{1}{n}\sum_{t=1}^{n}\boldsymbol{G}'(\boldsymbol{X}_t - \bar{\boldsymbol{X}})(\boldsymbol{X}_t - \bar{\boldsymbol{X}})'\boldsymbol{G} = \boldsymbol{G}'\boldsymbol{S}_x\boldsymbol{G} = \boldsymbol{L}\end{aligned}$$

因此，旋转向量表明主成分之间没有相关性并且主成分 $\boldsymbol{Y}_1, \ldots, \boldsymbol{Y}_n$ 是根据样本方差从大到小排序后的结果。

备注 6.35. 当向量 $\boldsymbol{X}_1, \ldots, \boldsymbol{X}_n$ 的不同成分的样本方差差别很大时（特别是如果它们是在不同量级上进行度量），我们希望具有最大方差的成分支配第一个载荷向量 $\boldsymbol{g}_1$ 并支配第一个主成分。在这种情形下，常常把数据转换为具有相等的方差，这实际上意味着主成分分析应用于样本相关矩阵 $\boldsymbol{R}_x$。同时还要注意的是我们可以从相关矩阵或多元分散矩阵得到样本主成分。

现在我们可以利用样本特征向量矩阵 $\boldsymbol{G}$ 和样本主成分 $\boldsymbol{Y}_t$ 调整 (6.62) 形式的近似因子模型。我们假设数据是如下模型产生的实现

$$\boldsymbol{X}_t = \bar{\boldsymbol{X}} + \boldsymbol{G}_1\boldsymbol{F}_t + \varepsilon_t,\ t = 1, \ldots, n, \tag{6.65}$$

其中 $\boldsymbol{G}_1$ 由 $\boldsymbol{G}$ 的前 k 列组成，$\boldsymbol{F}_t = (\boldsymbol{Y}_{t,1}, \ldots, \boldsymbol{Y}_{t,k})', t = 1, \ldots, n$。$k$ 的大小将取决于样本主成分数目的主观选择，这些样本主成分要能解释整个样本方差中的大部分。可以参考例 6.36。

公式 (6.65) 和因子模型 (6.54) 比较类似，除了在实际中，误差项 $\boldsymbol{\varepsilon}_t$ 一般并不具有对角协方差矩阵且一般和 $\boldsymbol{F}_t$ 并不是不相关的。然而，这个方法是构造统计性解释因子的时

间序列的常用方法，这些因子是风险因子变化的多元时间序列的解释因子。

例 6.36 (**基于主成分分析法的因子模型道琼斯 30 指数收益率**). 我们再次讨论例 6.34 中的数据。对收益率数据的样本协方差矩阵利用主成分分析，图 6.5 和图 6.6 展示了相关结果。第一个图是前 8 个主成分的样本方差 l_j 的条形图。在每一个垂直条上的数字表示给定主成分所解释的全部方差中的累积方差比例。从图中可以看出前两个主成分几乎解释全部方差中的 50%。第二个图表示前两个载荷向量 $\boldsymbol{g}_1$ 和 $\boldsymbol{g}_2$。

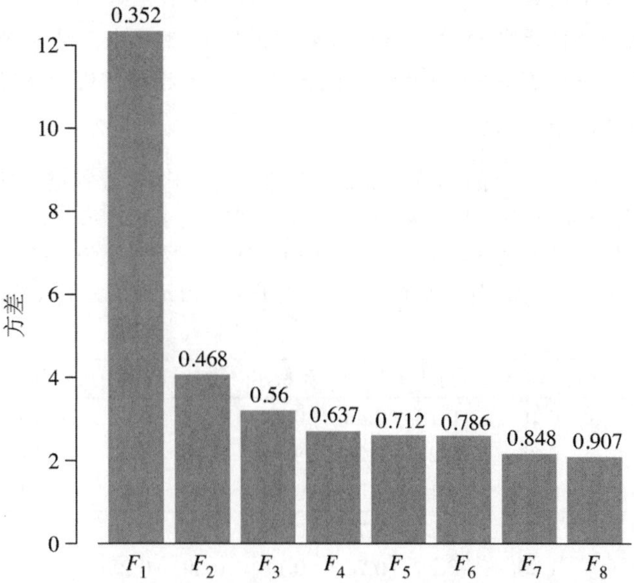

图 6.5　前 8 个主成分的样本方差 l_j 的条形图；每一个垂直条上的数字表示给定主成分所解释的全部方差中的累积方差比例 ($\sum_{j=1}^{k} l_j / \sum_{j=1}^{10} l_j$, $k = 1, \ldots, 8$).

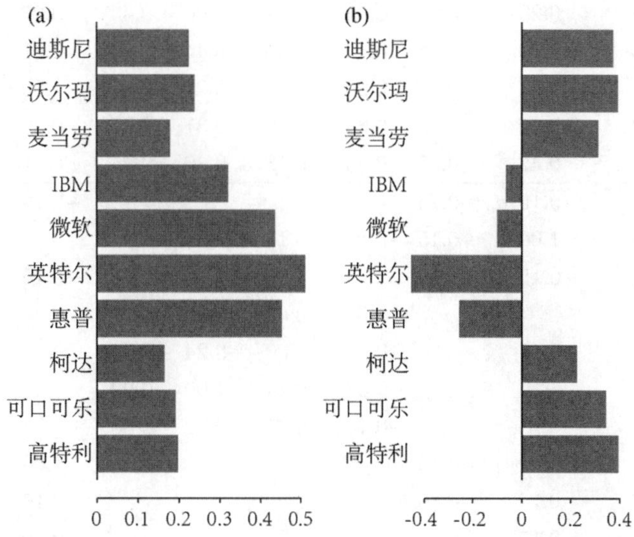

图 6.6　载荷向量 $\boldsymbol{g}_1$ 和 $\boldsymbol{g}_2$ 的条形图，这两个载荷向量定义了前两个主成分：(a) 因子 1 载荷向量；和 (b) 因子 2 载荷向量。

第一个载荷向量中所有股票的权重都是正的，这个载荷向量可以看作一种指数投资组合。当然在载荷向量中的所有权重和不是一，不过可以对权重进行标量处理使权重和为一，这样就构造了一个所谓的模拟主成分投资组合。在第二个向量中，消费类股票的权重为正值，技术类股票的权重为负值；作为一个投资组合，这个向量描述的投资操作可以看作是买消费类股票而卖空技术类股票。利用这前两个样本主成分载荷向量去定义因子。

表 6.6 罗列出了矩阵 $\hat{\boldsymbol{B}}$ 的转置（包含因子模型中的载荷估计量）；行表示利用主成分分析的前两个载荷向量。第三行的 r^2 值是决定系数，每一个数值表示该股票的一元回归模型的决定系数，这些数值表明对于数据中的变动的解释性而言，这两个基于主成分分析法的因子的解释效果要好于例 6.34 中的可观测因子的解释效果。从结果可以看出对于英特尔股票的模型解释效果似乎最好。

表 6.6　前两行表示一个因子模型的 B 的转置的估计值，该因子模型是对道琼斯工业平均指数中的 10 只成分股进行拟合，然后选择前两个样本主成分。第三行表示对每一个股票的时间序列进行一元回归时对应的 r^2 值。接下来的 10 行是因子模型暗含的相关矩阵。最后 10 行是回归模型的残差的估计相关矩阵，该矩阵只保留了绝对值大于 0.1 的元素。关于该表的详细说明可以参考例子 6.36。

	高特利	可口可乐	柯达	惠普	英特尔	微软	IBM	麦当劳	沃尔玛	迪斯尼
$\hat{B}'$	0.20	0.19	0.16	0.45	0.51	0.44	0.32	0.18	0.24	0.22
	0.39	0.34	0.23	−0.26	−0.45	−0.10	−0.07	0.31	0.39	0.37
r^2	0.35	0.42	0.18	0.55	0.75	0.56	0.35	0.34	0.42	0.41
高特利	1.00	0.39	0.25	0.17	0.13	0.25	0.20	0.35	0.38	0.38
可口可乐	0.39	1.00	0.28	0.21	0.17	0.29	0.23	0.38	0.42	0.42
柯达	0.25	0.28	1.00	0.18	0.15	0.22	0.18	0.25	0.28	0.27
惠普	0.17	0.21	0.18	1.00	0.64	0.55	0.43	0.20	0.23	0.23
英特尔	0.13	0.17	0.15	0.64	1.00	0.61	0.48	0.16	0.19	0.18
微软	0.25	0.29	0.22	0.55	0.61	1.00	0.44	0.27	0.31	0.30
IBM	0.20	0.23	0.18	0.43	0.48	0.44	1.00	0.21	0.25	0.24
麦当劳	0.35	0.38	0.25	0.20	0.16	0.27	0.21	1.00	0.38	0.37
沃尔玛	0.38	0.42	0.28	0.23	0.19	0.31	0.25	0.38	1.00	0.41
迪斯尼	0.38	0.42	0.27	0.23	0.18	0.30	0.24	0.37	0.41	1.00
高特利	1.00	−0.19	−0.15					−0.19	−0.37	−0.26
可口可乐	−0.19	1.00	−0.15		0.11				−0.16	−0.17
柯达	−0.15	−0.15	1.00					−0.15	−0.16	−0.16
惠普				1.00	−0.63	−0.37	−0.14			
英特尔		0.11		−0.63	1.00	−0.24	−0.31			
微软				−0.37	−0.24	1.00	−0.22			
IBM				−0.14	−0.31	−0.22	1.00			
麦当劳	−0.19		−0.15					1.00	−0.19	−0.19
沃尔玛	−0.37	−0.16	−0.16					−0.19	1.00	−0.23
迪斯尼	−0.26	−0.17	−0.16					−0.19	−0.23	1.00

接下来的 10 行表示因子模型隐含的相关矩阵（对应于 $\hat{\boldsymbol{\Sigma}}^{(\boldsymbol{F})}$）。这个矩阵和可观测因子模型暗含的相关矩阵相比似乎能更多包含例 6.34 中的真实样本相关矩阵。

最后 10 行表示回归模型的残差的估计相关矩阵，不过只保留了绝对值大于 0.1 的元素。这些残差结果表明它们之间的相关性和原始数据之间的相关性相比较要小，不过仍然有很多相关性更高，这表明这个因子模型并不能完美地表示原始数据。特别地，在本例子中出现了很多残差之间呈现更大的负相关性。在实际中，我们很少期望能有一个因子模型的残差的协方差矩阵刚好是对角阵。

说明与评论

关于因子模型的更多细节可以参考论文 Connor (1995)，该文章对三种类型的模型进行了比较，同时也可以参考书 Campbell et al. (1997)。Zivot and Wang (2003) 介绍了在 S-Plus 环境下的这些模型的实际应用。Alexander (2001) 和 Tsay (2002) 也对因子模型和主成分分析法在金融中的应用进行了讨论。

我们对因子模型、多元回归和主成分的大部分讨论都基于 Mardia et al. (1979)。此外 Seber (1984) 和 Johnson and Wichern (2002) 有对因子模型的统计方法讨论，它包含经典统计因子分析，而我们忽略了这部分。

第 7 章　连接函数和依赖性

在本章中，我们将使用连接函数的概念来更深入地研究对依赖金融风险因子的随机向量进行建模的问题。在本章第 7.1 节中，我们定义了连接函数，给出了一些例子并建立了它们的基本属性。

依赖概念和依赖性度量在第 7.2 节中进行了讨论，从完全的正依赖或共单调的概念开始。这是风险管理中一个非常重要的概念，因为它使不可分散风险的概念形式化，因此对确定基于风险的资本具有重要意义。依赖性度量提供了风险之间依赖强度的标量指标，并且有许多不同的衡量方式；我们考虑线性相关和另外两类度量方式——秩相关和尾部依赖系数——它们可以直接与连接函数相关。

线性相关是一个用来描述金融资产间依赖性的标准度量，但它有一些限制，尤其是当我们不考虑前面第 6章中多元正态分布和多元椭圆分布时。秩相关主要用于校准连接函数到数据，而尾部依赖是一个重要的理论概念，因为它解决了几个风险因子中的联合极值现象，这也是金融风险管理中主要关注的问题之一（参见第 3.2 节）。

在第 7.3 节中我们更详细地考虑混合正态分布的连接函数，它们是当拟合混合正态分布适应到多元风险因子变化数据时被隐式地使用的连接函数，如第 6 章。在第 7.4 节中我们考虑阿基米德连接函数，它被广泛地用作低维应用中的依赖模型，并且它在投资组合信用风险建模中发现了一个重要的有利可图的市场，详见第 11 章和第 12 章。本章以一节根据数据拟合连接函数结束。

7.1　连接函数

在某种意义上，每个风险因子随机向量的联合分布函数都隐式地包含个别风险因子的边际分布行为描述和它们的依赖结构描述。连接函数方法提供了一个隔离依赖结构描述的方式。我们视连接函数为一个非常有用的概念，并且看到了介绍和研究它们的很多优势。

首先，连接函数帮助更深层地理解依赖性。它们让我们看到了只关注相关性的依赖性方法的潜在危险，并且向我们展示了如何定义一些有用的可供选择的依赖性度量。连接函数在一个 *分位数水平*上表达依赖性，这对描述极端产出的依赖性是很有用的，并且在风险管理环境中是自然的，其中 VaR 带领我们根据损失分布的分位数思考风险。

此外，连接函数促进了*多元模型建立的自下而上法*。这在风险管理中尤其有用，在风险管理中，我们往往对单个风险因子的边际分布行为比我们对其依赖结构的了解要好得多。信用风险就是一个例子，债务人的个人违约风险本身虽然难以估计，但至少比几个债务人的违约风险之间的依赖关系更容易处理。连接函数方法允许我们将更成熟的边际分布模型与各种可能的依赖模型结合起来，并研究风险对依赖关系的敏感性。由于我们提出的连接函数很容易模拟，它们特别适合于蒙特卡罗风险研究。当然，虽然连接函数方法的灵活性在理论上允许我们对于给出的边际分布建立无限多的模型，但是我们应该强调良好的理解对于不同连接函数的行为和它们对特殊类型的建模应用的适当性是十分重要的。

7.1.1　基本性质

定义 7.1 (连接函数). 一个 d 维连接函数是一个在 $[0,1]^d$ 上的有标准均匀边际分布的分布函数。

我们为连接函数的多元分布函数保留记号 $C(\boldsymbol{u}) = C(u_1,\dots,u_d)$。因此 C 是一个 $C:[0,1]^d \to [0,1]$ 的映射，即一个单位超立方体到单位区间的映射。下面是必须满足的三个性质。

(1) 若对任意的 i 有 $u_i = 0$，那么 $C(u_1,\dots,u_d) = 0$。

(2) 若对任意 $i \in \{1,\dots,d\}$, $u_i \in [0,1]$，那么 $C(1,\dots,1,u_i,1,\dots,1) = u_i$。

(3) 若对所有满足 $a_i \leqslant b_i$ 的 $(a_1,\dots,a_d),(b_1,\dots,b_d) \in [0,1]^d$，那么我们有

$$\sum_{i_1=1}^{2} \cdots \sum_{i_d=1}^{2} (-1)^{i_1+\cdots+i_d} C(u_{1i_1},\dots,u_{di_d}) \geqslant 0 \tag{7.1}$$

其中对任意 $j \in \{1,\dots,d\}$，有 $u_{j1} = a_j$ 和 $u_{j2} = b_j$。

注意到第二个性质相当于要求边际分布是均匀分布。公式 (7.1) 中所谓的矩形不等式确保了若随机向量 $(U_1,\dots,U_d)'$ 有分布函数 C，则 $P(a_1 \leqslant U_1 \leqslant b_1,\dots,a_d \leqslant U_d \leqslant b_d)$ 是非负的。这三个性质描绘出一个连接函数的特征。如果一个函数 C 满足这三个性质，那么它就是一个连接函数。又注意到，对于 $2 \leqslant k < d$，d 维连接函数的 k 维边际本身也是连接函数。

预备知识　在研究连接函数时，我们必须熟悉概率和分位数转换的运算，以及广义逆阵的性质，这将在第 A.1.2 节中总结。下列基本命题在许多概率论文献中都能找到。

命题 7.2. 设 F 是一个分布函数并且用 $F^{\leftarrow}$ 表示它的广义逆阵，即函数 $F^{\leftarrow}(u) = \inf\{x : F(x) \geqslant u\}$。

(1) 分位数转换 若 $U \sim U(0,1)$ 有一个标准均匀分布，则 $P(F^{\leftarrow}(U) \leqslant x) = F(x)$。

(2) 概率转换 若 X 有分布函数 F，其中 F 是一个连续一元分布函数，则 $F(X) \sim U(0,1)$。

证明. 设 $x \in \mathbb{R}$，$u \in (0,1)$。在第一部分我们用到

$$F(x) \geqslant u \iff F^{\leftarrow}(u) \leqslant x$$

（见第 A.1.2 节中的命题 A.3(iv)），从中满足

$$P(F^{\leftarrow}(U) \leqslant x) = P(U \leqslant F(x)) = F(x)$$

在第二部分我们推断

$$P(F(X) \leqslant u) = P(F^{\leftarrow} \circ F(X) \leqslant F^{\leftarrow}(u)) = P(X \leqslant F^{\leftarrow}(u)) = F \circ F^{\leftarrow}(u) = u$$

其中第一个不等式根据事实 $F^{\leftarrow}$ 严格递增 (命题 A.3(ii))，第二个不等式根据命题 A.4，最后一个等式是命题 A.3(viii)。 □

命题 7.2(1) 是随机模拟的关键。如果我们能够生成一个均匀分布变量 U 并计算分布函数 F 的逆函数，那么我们就可以从那个分布函数中取样。该命题的两个部分合在一起意味着，我们可以用特定的连续分布函数将风险转换为任何其他连续分布。例如，如果 X 有标准正态分布函数，那么通过命题 7.2(2) 可以得出 $\Phi(X)$ 是均匀分布，并且，由于标准指数分布函数 G 的分位函数是 $G^{\leftarrow}(u) = -\ln(1-u)$，那么由命题 7.2(1) 转化得来的变量 $Y := -\ln(1-\Phi(X))$ 服从标准指数分布。

Sklar 定理 通过下面这个优雅的定理，我们可以总结出连接函数在多元分布函数研究中的重要性：首先，所有的多元分布函数包含连接函数，其次，连接函数可能与一元分布函数共同用来构造多元分布函数。

定理 7.3 (Sklar 1959). 设 F 是一个联合分布函数，其中边际分布为 $F_1,\ldots,F_d$。那么在 $\bar{\mathbb{R}} = [-\infty,\infty]$ 上存在一个连接函数 $C:[0,1]^d \to [0,1]$，使得对于所有的 $x_1,\ldots,x_d$

$$F(x_1,\ldots,x_d) = C(F_1(x_1),\ldots,F_d(x_d)) \tag{7.2}$$

如果边际分布是连续的，那么 C 是唯一的；否则 C 在 $\operatorname{Ran} F_1 \times \operatorname{Ran} F_2 \times \cdots \times \operatorname{Ran} F_d$ 上是唯一确定的，这里 $\operatorname{Ran} F_i = F_i(\bar{\mathbb{R}})$ 表示 F_i 的范围。相反，如果 C 是一个连接函数并且 $F_1,\ldots,F_d$ 是一元分布函数，那么定义 (7.2) 上的在函数 F 是一个联合分布函数，具有边际分布 $F_1,\ldots,F_d$。

证明. 我们证明一个连接函数在 $F_1,\ldots,F_d$ 是连续的情况下是存在且唯一的，并且在一般情况下是不成立的。备注 7.4 解释了一般的结果可能通过更复杂的分布转换来证明，这个证明将在附录 A.1.3 节中给出。

设 $\boldsymbol{X}$ 是一个有分布函数 F 并且有连续边际 $F_1,\ldots,F_d$ 的随机向量，并且对于 $i = 1,\ldots,d$，令 $U_i = F_i(X_i)$。通过命题 7.2（2），$U_i \sim U(0,1)$，以及附录中的命题 A.4，$F_i^{\leftarrow}(U_i) = X_i$，几乎必然成立。设 C 表示 $(U_1,\ldots,U_d)$ 的分布函数，由定义 7.1 可知它是一个连接函数。对于任意的 $x_1,\ldots,x_d$ 在 $\bar{\mathbb{R}} = [-\infty,\infty]$，我们推论，由命题 A.3(iv)，

$$\begin{aligned} F(x_1,\ldots,x_d) &= P(X_1 \leqslant x_1,\ldots,X_d \leqslant x_d) \\ &= P(F_1^{\leftarrow}(U_1) \leqslant x_1,\ldots,F_d^{\leftarrow}(U_d) \leqslant x_d) \\ &= P(U_1 \leqslant F_1(x_1),\ldots,U_d \leqslant F(x_d)) \\ &= C(F_1(x_1),\ldots,F_d(x_d)) \end{aligned} \tag{7.3}$$

我们得到恒等式 (7.2)。

如果我们以参数 $x_i = F_i^{\leftarrow}(u_i)$，$0 \leqslant u_i \leqslant 1$，$i = 1, \ldots, d$ 计算 (7.2) 式，并且运用命题 A.3（viii），则得到

$$C(u_1, \ldots, u_d) = F(F_1^{\leftarrow}(u_1), \ldots, F_d^{\leftarrow}(u_d)) \tag{7.4}$$

这以 F 和它的边际分布形式给出了 C 的一个显式表示，并因此说明了唯一性。

对于相反的陈述，假设 C 是一个连接函数，那么 $F_1, \ldots, F_d$ 是任意一元分布函数。通过用分布函数 C 把 $\boldsymbol{U}$ 取成任意随机向量并设 $\boldsymbol{X} := (F_1^{\leftarrow}(U_1), \ldots, F_d^{\leftarrow}(U_d))$，我们用分布函数公式 (7.2) 构造一个随机向量。接着可以根据从公式 (7.3) 开始的完全一样的等式顺序来确定满足公式 (7.2) 的 $\boldsymbol{X}$ 的分布函数。 □

备注 7.4. Sklar 定理的一般形式可以用附录第 A.1.3 节中的分布式变换，而不是用概率变换来证明。对一个有任意分布函数 F 和边际分布 $F_1, \ldots, F_d$ 的随机向量 $\boldsymbol{X}$，我们可以设 $U_i = \tilde{F}_i(X_i, V_i)$，其中 $\tilde{F}_i$ 是在公式 (A.6) 中定义的 X_i 的改进分布函数，而 $V_1, \ldots, V_d$ 是独立于 $X_1, \ldots, X_d$ 的均匀随机变量。命题 A.6 说明 $U_i \sim U(0,1)$ 和 $F_i^{\leftarrow}(U_i) = X_i$ 几乎必然成立，于是可以用另外的恒等式证明。连接函数的非唯一性与选择变量 V_i 的不同方式有关；它们不需要互相独立，事实上对所有的 i 可以完全相同。

公式 (7.2) 和 (7.4) 是处理连接函数的基础。前者显示了联合分布 F 是如何由边际分布与连接函数 C 耦合而形成的；后者展示了如何从具有连续边界的多元分布函数中提取连接函数。此外，(7.4) 展示了连接函数如何表达对分位数尺度的依赖性，因为 $C(u_1, \ldots, u_d)$ 是联合概率，X_1 位于它的 u_1 分位数下，X_2 位于它的 u_2 分位数下，依次类推。Sklar 定理也显示，在边际分布连续的情况下，定义一个分布的连接函数的概念是自然的。

定义 7.5 (分布函数 F 的连接函数). 如果随机向量 $\boldsymbol{X}$ 有联合分布函数 F，且有连续的边际分布 $F_1, \ldots, F_d$，则 F（或 $\boldsymbol{X}$）的连接函数是 $(F_1(X_1), \ldots, F_d(X_d))$ 的分布函数 C。

离散分布　对于多元离散分布，连接函数的概念稍微不那么自然。这是因为有超过一个连接函数可以被用来连接边际以形成联合分布函数，如下面的例子所示。

例 7.6 (二元伯努利的连接函数). 设 (X_1, X_2) 有一个二元伯努利分布满足

$$P(X_1 = 0, X_2 = 0) = \tfrac{1}{8}, \quad P(X_1 = 1, X_2 = 1) = \tfrac{3}{8}$$
$$P(X_1 = 0, X_2 = 1) = \tfrac{2}{8}, \quad P(X_1 = 1, X_2 = 0) = \tfrac{2}{8}$$

显然，$P(X_1 = 0) = P(X_2 = 0) = \frac{3}{8}$ 且 X_1 和 X_2 的边际分布 F_1 和 F_2 是一样的。由 Sklar 定理我们知道

$$P(X_1 \leqslant x_1, X_2 \leqslant x_2) = C(P(X_1 \leqslant x_1), P(X_2 \leqslant x_2))$$

对所有 x_1，x_2 和一些连接函数 C 成立。因为 $\operatorname{Ran} F_1 = \operatorname{Ran} F_2 = \{0, \frac{3}{8}, 1\}$，显然对 C 的唯一约束是 $C(\frac{3}{8}, \frac{3}{8}) = \frac{1}{8}$。任何满足这个约束的连接函数是一个 (X_1, X_2) 的连接函数，且有无数多个这样的连接函数。

不变性　分布的连接函数的一个有用的性质是它在严格递增的边际变换下的不变性。根据 Sklar 定理和这个不变性，我们将一个分布的连接函数解释为表示该分布依赖结构的一种非常自然的方式，当然这是在连续边际分布的情况下。

命题 7.7. 设 $(X_1,\ldots,X_d)$ 是一个有连续边际分布和连接函数 C 的随机向量，设 $T_1,\ldots,T_d$ 是严格递增函数，则 $(T_1(X_1),\ldots,T_d(X_d))$ 也有连接函数 C。

证明. 我们首先注意到 $(T_1(X_1),\ldots,T_d(X_d))$ 也是一个具有连续边际分布的随机向量并且它服从相同的分布，无论每个 T_i 在它的不连续点（可数多）是左连续的或者是右连续的。通过对于 $(X_1,\ldots,X_d)$ 的唯一连接函数 C 的公式 (7.4)，对严格递增转换 T_i 使用 $\{X_i \leqslant x\} = \{T_i(X_i) \leqslant T_i(x)\}$ 的事实，然后对左连续转换应用命题 A.5，我们得到

$$\begin{aligned}
C(u_1,\ldots,u_d) &= P(X_1 \leqslant F_1^{\leftarrow}(u_1),\ldots,X_d \leqslant F_d^{\leftarrow}(u_d)) \\
&= P(T_1(X_1) \leqslant T_1 \circ F_1^{\leftarrow}(u_1),\ldots,T_d(X_d) \leqslant T_d \circ F_d^{\leftarrow}(u_d)) \\
&= P(T_1(X_1) \leqslant F_{T_1(X_1)}^{\leftarrow}(u_1),\ldots,T_d(X_d) \leqslant F_{T_d(X_d)}^{\leftarrow}(u_d))
\end{aligned}$$

这表明 C 也是 $(T_1(X_1),\ldots,T_d(X_d))$ 的唯一的连接函数。 □

Fréchet 边界　我们通过对连接函数建立重要的 *Fréchet* 边界来结束本节，重要的依赖性解释会在第 7.1.2 节和第 7.2.1 节中进一步讨论。

定理 7.8. 对于每个连接函数 $C(u_1,\ldots,u_d)$，我们有边界

$$\max\left(\sum_{i=1}^{d} u_i + 1 - d, 0\right) \leqslant C(\boldsymbol{u}) \leqslant \min(u_1,\ldots,u_d) \tag{7.5}$$

证明. 第二个不等式的依据是，对于所有的 i,

$$\bigcap_{1\leqslant j\leqslant d} \{U_j \leqslant u_j\} \subset \{U_i \leqslant u_i\}$$

对第一个不等式我们观察到

$$\begin{aligned}
C(\boldsymbol{u}) = P\left(\bigcap_{1\leqslant i\leqslant d} \{U_i \leqslant u_i\}\right) &= 1 - P\left(\bigcup_{1\leqslant i\leqslant d} \{U_i > u_i\}\right) \\
&\geqslant 1 - \sum_{i=1}^{d} P(U_i > u_i) = 1 - d + \sum_{i=1}^{d} u_i
\end{aligned}$$

□

下边界和上边界分别记为 $W(u_1,\ldots,u_d)$ 和 $M(u_1,\ldots,u_d)$。

备注 7.9. 虽然对于我们给出的连接函数的 Fréchet 边界，对于任意的多元分布函数，我们都可能给出 Fréchet 边界，但对于一个具有边际分布 $F_1,\ldots,F_d$ 的多元分布函数 F，我们通过相同的论证建立

$$\max\left(\sum_{i=1}^{d} F_i(x_i)+1-d,0\right)\leqslant F(\boldsymbol{x})\leqslant \min\left(F_1(x_1),\ldots,F_d(x_d)\right) \tag{7.6}$$

因此对于 F 的边际分布有其边界。

7.1.2　连接函数的例子

我们在本节中提供了一些连接函数的例子，这些例子被细分为三类：基本连接函数表示一些重要的特殊依赖结构；隐式连接函数通过使用 Sklar 定理从众所周知的多元分布中提取得到，但是不一定具有简单的封闭式表达式；显式连接函数具有简单的封闭式表达式，并遵循已知产生连接函数的数学结构。但请注意，隐式和显式不是相互排斥的类别，而某些连接函数可能同时具有隐式和显式表示，后面会在例 7.14 中加以说明。

基本连接函数　独立连接函数是

$$\Pi(u_1,\ldots,u_d)=\prod_{i=1}^{d}u_i \tag{7.7}$$

由 Sklar 定理，特别是方程 (7.2) 可知，当且仅当依赖结构由等式 (7.7) 给出时，连续分布的分布函数是独立的。

共单调连接函数是从等式 (7.5) 来的 Fréchet 上边界连接函数：

$$M(u_1,\ldots,u_d)=\min\left(u_1,\ldots,u_d\right) \tag{7.8}$$

观察到这个特殊的连接函数是随机向量 $(U,\ldots,U)$ 的联合分布函数，这里 $U\sim U(0,1)$。假设随机变量 $X_1,\ldots,X_d$ 具有连续的分布函数并且在它们互相几乎必然是严格递增函数的意义上是完全正依赖的，所以对于 $i=2,\ldots,d$，几乎必然有 $X_i=T_i(X_1)$。根据命题 7.7，$(X_1,\ldots,X_d)$ 和 $(X_1,\ldots,X_1)$ 的连接函数是一样的。但是 $(X_1,\ldots,X_1)$ 的连接函数只是 $(U,\ldots,U)$ 的分布函数，其中 $U=F_1(X_1)$，即连接函数 (7.8)。

反单调连接函数是由 (7.5) 得来的二维 Fréchet 下边界连接函数，由下式给出：

$$W(u_1,u_2)=\max\left(u_1+u_2-1,0\right) \tag{7.9}$$

这个连接函数是随机向量 $(U,1-U)$ 的联合分布函数，其中 $U\sim U(0,1)$。如果 X_1 和 X_2 有连续的分布函数，并且在 X_2 几乎必然是 X_1 的严格递增函数的意义上是完全逆依赖的，则 (7.9) 是它们的连接函数。

在第 7.2.1 节我们讨论了完全正依赖和完全逆依赖的更多细节，在那里我们发现把反单调概念拓展到二维以上的维度是不可能的。

三个基本连接函数的透视图和等值线图在图 7.1 中给出。Fréchet 边界 (7.5) 表明所有的二元连接函数位于 (a) 和 (c) 的曲面中。

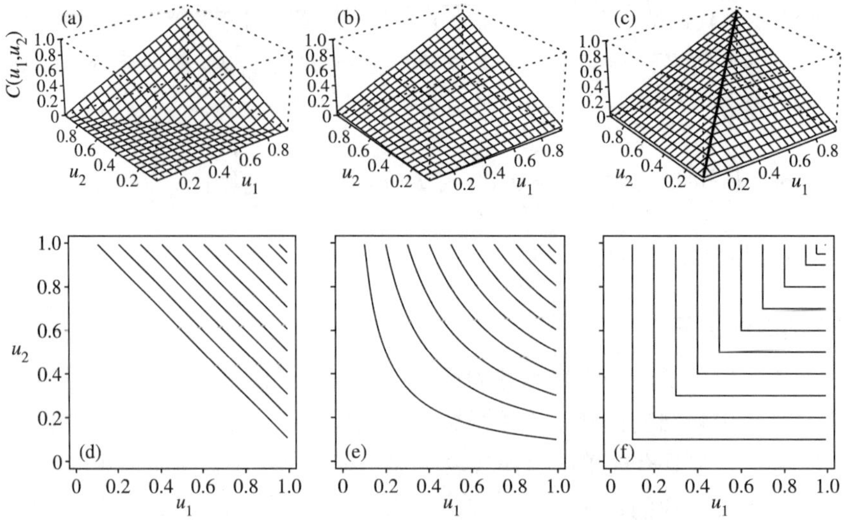

图 7.1　三个基本连接函数的透视图 (a)～(c) 等值线图 (d)～(f): (a), (d) 反单调，(b), (e) 独立性以及 (c), (f) 共单调。注意到这些图是分布函数的图。

隐式连接函数　如果 $\boldsymbol{Y} \sim N_d(\boldsymbol{\mu}, \Sigma)$ 是一个多元正态随机向量，则它的连接函数是一个所谓的高斯连接函数. 因为使边际分布标准化的计算相当于应用一系列严格递增转换，命题 7.7 意味着 $\boldsymbol{Y}$ 的连接函数和 $\boldsymbol{X} \sim N_d(\boldsymbol{0}, P)$ 的连接函数完全一样，其中 $P = \wp(\Sigma)$ 是 $\boldsymbol{Y}$ 的相关矩阵。由定义 7.5 这个连接函数如下：

$$\begin{aligned} C_P^{\mathrm{Ga}}(\boldsymbol{u}) &= P(\Phi(X_1) \leqslant u_1, \ldots, \Phi(X_d) \leqslant u_d) \\ &= \boldsymbol{\Phi}_P(\Phi^{-1}(u_1), \ldots, \Phi^{-1}(u_d)) \end{aligned} \tag{7.10}$$

其中 Φ 表示一元标准正态分布函数，$\boldsymbol{\Phi}_P$ 表示 $\boldsymbol{X}$ 的联合分布函数。记号 C_P^{Ga} 强调了连接函数是由相关矩阵的 $\frac{1}{2}d(d-1)$ 个参数进行参数化得到的，在二维情况下记作 C_ρ^{Ga}，其中 $\rho = \rho(X_1, X_2)$。

高斯连接函数没有简单的封闭形式，但是它能被表示成在 $\boldsymbol{X}$ 的密度上的积分；在二维情况下，对于 $|\rho| < 1$，使用公式 (7.10)，我们有

$$\begin{aligned} &C_\rho^{\mathrm{Ga}}(u_1, u_2) \\ &= \int_{-\infty}^{\Phi^{-1}(u_1)} \int_{-\infty}^{\Phi^{-1}(u_2)} \frac{1}{2\pi(1-\rho^2)^{1/2}} \exp\left(\frac{-(s_1^2 - 2\rho s_1 s_2 + s_2^2)}{2(1-\rho^2)}\right) \mathrm{d}s_1\,\mathrm{d}s_2 \end{aligned}$$

注意到独立和共单调连接函数都是高斯连接函数的特例。如果 $P = I_d$，则我们得到独立连接函数 (7.7)；如果 $P = J_d$，$d \times d$ 矩阵全部由 1 构成，那么我们得到共单调函数 (7.8)。同样，对于 $d = 2$ 和 $\rho = -1$，高斯连接函数等于反单调连接函数 (7.9)。所以在二维情况中高斯连接函数能够被当作一个依赖性性结构介于完全正依赖和完全负依赖之间，这里参数 ρ 代表依赖的强度。

当 $\rho = 0.7$ 时，二元高斯连接函数的透视图和等值线在图 7.2（a)，(c) 中给出；这些

图可以与图 7.1 中独立连接函数和完全依赖连接函数的等值线比较。注意到这些图展示了分布函数的等值线而不是密度函数。一个高斯连接密度函数在图 7.5 中展示。

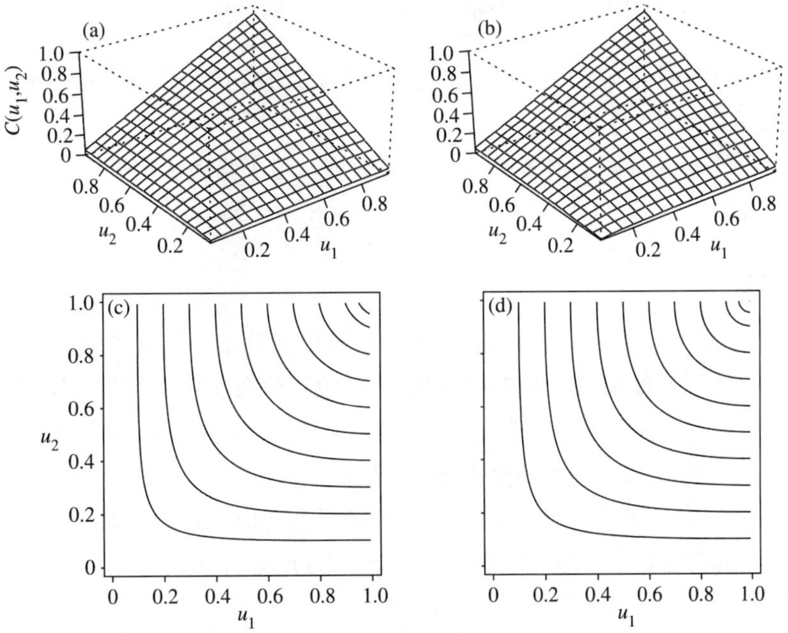

图 7.2　高斯和 Gumbel 连接函数的透视图 (a), (b) 和等值线图 (c), (d)，参数分别取 $\rho = 0.7$，$\theta = 2$。注意到这些是分布函数的图；一个高斯连接函数密度函数在图 7.5 中展示。

我们用同样的方法从多元正态分布中提取连接函数。我们能够从任何其他的具有连续边际分布函数的分布中提取隐式的连接函数。例如 d 维t 连接函数采用形式

$$C^t_{\nu,P}(\boldsymbol{u}) = \boldsymbol{t}_{\nu,P}(t_\nu^{-1}(u_1), \ldots, t_\nu^{-1}(u_d)) \tag{7.11}$$

这里 t_ν 是具有自由度 ν 的标准一元 t 分布的分布函数，$\boldsymbol{t}_{\nu,P}$ 是向量 $\boldsymbol{X} \sim t_d(\nu, \boldsymbol{0}, P)$ 的联合分布函数，P 是相关矩阵。正如高斯连接函数的情况一样，如果 $P = J_d$，那么我们得到共单调连接函数 (7.8)。然后，不同于高斯连接函数，如果 $P = I_d$，那么我们不能得出独立连接函数（假设 $\nu < \infty$），因为不相关的多元 t 分布的随机变量不是独立的（见引理 6.5）。

显式连接函数　虽然高斯和 t 连接函数是由已知的多元分布函数得到的，且它们没有简单封闭形式，但我们可以写出一些有简单封闭形式的连接函数。一个例子是二元 *Gumbel* 连接函数：

$$C_\theta^{\text{Gu}}(u_1, u_2) = \exp\left(-((-\ln u_1)^\theta + (-\ln u_2)^\theta)^{1/\theta}\right), \quad 1 \leqslant \theta < \infty \tag{7.12}$$

如果 $\theta = 1$，那么我们得到独立连接函数作为一个特例，$\theta \to \infty$ 时 C_θ^{Gu} 的极限是二维共单调连接函数。因此 Gumbel 连接函数介于独立连接函数和完全依赖连接函数之间，参数 θ 表示依赖性强度。当 $\theta = 2$ 时，Gumbel 连接函数的透视图和等值线图在图 7.2 (b),(d) 中所示。它们似乎与高斯连接函数的图非常相似，但是例 7.13 将会说明高斯和 Gumbel 依赖结构是完全不同的。

另一个例子是二元 *Clayton* 连接函数：

$$C_\theta^{\mathrm{Cl}}(u_1,u_2)=(u_1^{-\theta}+u_2^{-\theta}-1)^{-1/\theta},\quad 0\leqslant\theta<\infty \tag{7.13}$$

当 $\theta\to 0$ 时，(7.13) 的极限为 $\theta=0$，它是一个独立连接函数；当 $\theta\to\infty$ 时，我们接近二维共单调连接函数。

Gumbel 和 Clayton 属于阿基米德连接函数族，这个函数族我们在第 7.4 节和第 15.2 节中进一步讨论。

7.1.3 元分布

Sklar 定理的逆命题提供了一个构造具有任意边际分布和连接函数的多元分布的强有力的技巧。我们知道，如果从一个连接函数 C 和边际分布 $F_1,\dots,F_d$ 出发，那么 $F(\boldsymbol{x}):=C(F_1(x_1),\dots,F_d(x_d))$ 定义了一个具有边际分布 $F_1,\dots,F_d$ 的多元分布函数。

考虑建立一个具有高斯连接函数 C_P^{Ga} 但是任意边际的分布，这样一个模型有时被称为元（*meta*）高斯分布。我们将元（meta）术语拓展到其他分布，比如，一个 元 t_ν 分布具有连接函数 $C_{\nu,P}^t$ 和任意边际分布，并且一个元 *Clayton* 分布具有 Clayton 连接函数和任意边际分布。

7.1.4 连接函数和元分布的模拟

由第 7.1.2 节中从已知分布提取隐式连接函数的方法，假设我们能从那些分布中取样的话，显然我们可以很轻易地从这些连接函数中抽样。在下面的算法中总结了步骤。

算法 7.10 (**隐式连接函数模拟**).

(1) 生成 $\boldsymbol{X}\sim F$，其中 F 是有连续边际的分布函数 $F_1,\dots,F_d$。

(2) 返回 $\boldsymbol{U}=(F_1(X_1\ \dots,F_d(X_d))'$。随机向量 $\boldsymbol{U}$ 有分布函数 C，其中 C 是 F 的唯一连接函数。

下面的算法给出了具体的例子。

算法 7.11 (**高斯连接函数模拟**).

(1) 用算法 6.2 生成 $\boldsymbol{Z}\sim N_d(\boldsymbol{0},P)$。

(2) 返回 $\boldsymbol{U}=(\Phi(Z_1),\dots,\Phi(Z_d))'$，其中 Φ 是标准正态分布函数。随机向量 $\boldsymbol{U}$ 有分布函数 C_P^{Ga}。

算法 7.12 (t **连接函数的模拟**).

(1) 用算法 6.10 生成 $\boldsymbol{X}\sim t_d(\nu,\boldsymbol{0},P)$。

(2) 返回 $\boldsymbol{U}=(t_\nu(X_1),\dots,t_\nu(X_d))'$，其中 t_ν 表示一个标准一元 t 分布。随机向量 $\boldsymbol{U}$ 有分布函数 $C_{\nu,P}^t$。

连接函数表现出更具挑战性的模拟问题，我们观察了这些连接函数结构的更多细节以后，在第 7.4 节中给出了算法。而这些算法将在下面的例 7.13 中用到。

假设已经解决了从特定连接函数生成实现 $\boldsymbol{U}$ 的问题。Sklar 定理的逆命题向我们展示了如何从结合了这个连接函数和任意选择边际分布的元分布中抽样。如果 $\boldsymbol{U}$ 有分布函数 C，那么我们使用分位数转换来获得 $\boldsymbol{X} := (F_1^{\leftarrow}(U_1), \ldots, F_d^{\leftarrow}(U_d))'$，它是一个具有边际分布 $F_1, \ldots, F_d$ 和多元分布函数 $C(F_1(x_1), \ldots, F_d(x_d))$ 的随机向量。这个技术在风险研究的蒙特卡洛方法中极其有用，并将在例 7.58 中进一步讨论。

例 7.13 (比较各种连接函数). 在图 7.3 中我们展示了四个连接函数的 2000 个模拟点：高斯连接函数 (7.10)，其中参数 $\rho = 0.7$；Gumbel 连接函数 (7.12)，其中参数 $\theta = 2$；Clayton 连接函数 (7.13)，其中参数 $\theta = 2.2$；t 连接函数 (7.11)，其中参数 $\nu = 4$ 和 $\rho = 0.71$。

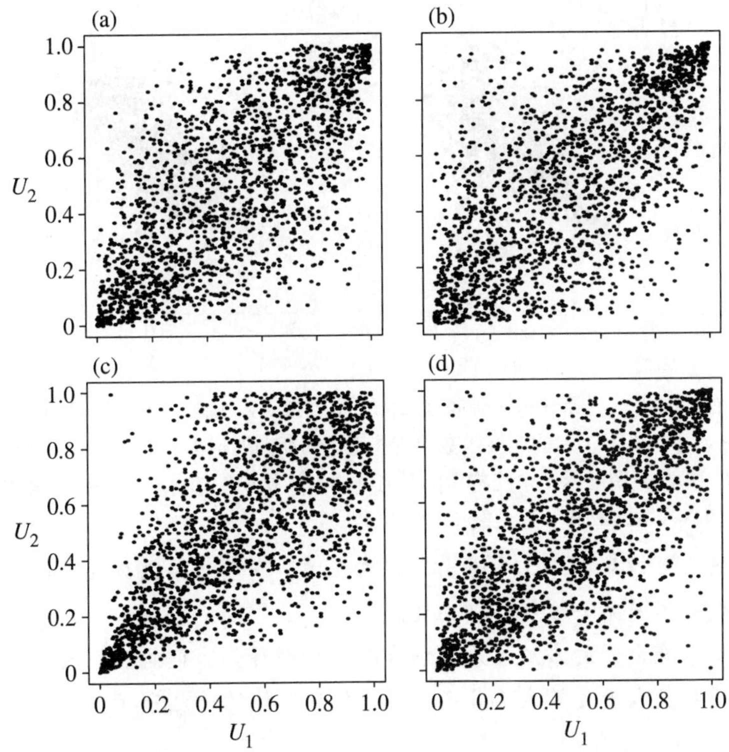

图 7.3　(a) Gaussian，(b) Gumbel，(c) Clayton 和 (d) t 连接函数的 2000 模拟点。参数选取和解释见例 7.13。

在图 7.4 中，我们使用标准正态分布的分位数函数对这些点进行分量方式转换，以获得具有标准正常边际分布的四种不同元分布的实现。高斯图显示了从标准二元正态分布生成的数据，相关性为 70%。另外一些图展示了从使用 Sklar 定理的逆创造的非常见分布中产生的数据。选择这些连接函数的参数使得所有这些分布的线性相关性大约为 70%。

考虑 Gumbel 图，这些数据是服从元 Gumbel 分布的二元数据，有分布函数 $C_\theta^{\mathrm{Gu}}(\Phi(x_1), \Phi(x_2))$，其中 $\theta = 2$。Gumbel 连接函数导致这个分布有右尾依赖性，这个概念在第 7.2.4 节中有正式的定义。大概说来，有很大的趋势当 X_1 是极值时，X_2 也是极值，反之亦然，当 X_1 和 X_2 当作潜在的金融损失时，这个现象很让人担心。Clayton 连接函数原来有左尾依赖性，而 t 连接函数同时有左尾依赖性和右尾依赖性。相反地，高斯连接函数

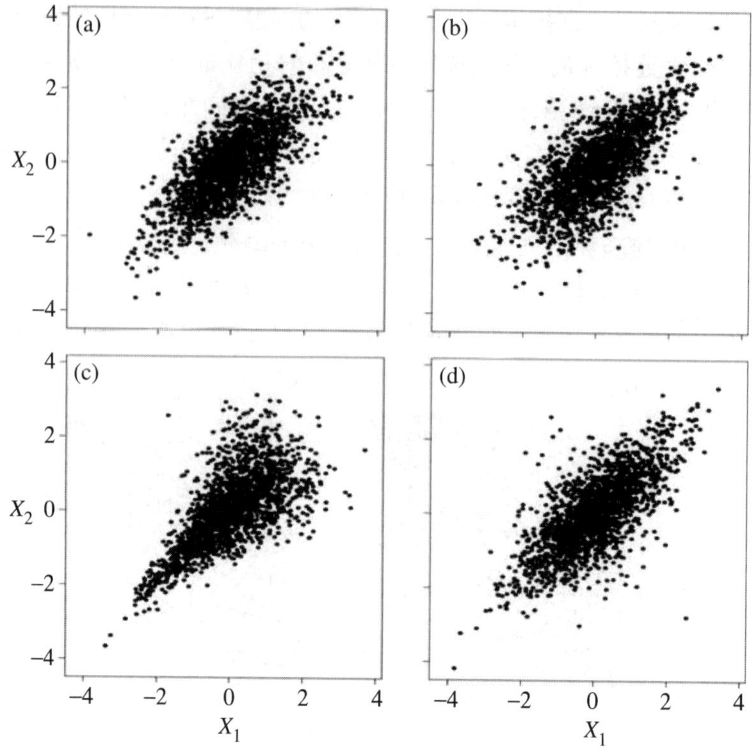

图 7.4　从四个有标准正态边际分布的分布取 2000 个模拟点，用图 7.3 ((a) Gaussian，(b) Gumbel，(c) Clayton 和 (d) t) 中的连接函数数据构造。高斯图展示了一个二元标准正态分布的点，相关性为 70%；其他图展示了一些构造的具有非高斯连接函数的分布，它们具有线性相关系数，大约是 70%。参数选取和解释见例 7.13。

没有尾部依赖性，可以从图 7.2 中看出。在右上方，高斯连接函数的等值线更像图 7.1 中的独立连接函数而不是完全依赖连接函数。

注意到这些分布之间的本质差别只由连接函数解释。我们能够构造同样的图，在这些图中边际分布是指数或者是学生 t 分布，或者任何其他的一元分布。

7.1.5　连接函数的进一步特性

生存连接函数　Sklar 恒等式的一个版本 (公式 (7.2)) 也适用于多元分布的生存函数。设 $\boldsymbol{X}$ 是一个具有多元生存函数 $\bar{F}$、边际分布函数 $F_1,\ldots,F_d$ 和边际生存函数 $\bar{F}_1,\ldots,\bar{F}_d$，如 $\bar{F}_i=1-F_i$ 的随机向量。我们有恒等式

$$\bar{F}(x_1,\ldots,x_d)=\hat{C}(\bar{F}_1(x_1),\ldots,\bar{F}_d(x_d)) \tag{7.14}$$

对于一个连接函数 $\hat{C}$，它是一个生存连接函数。当 $F_1,\ldots,F_d$ 是连续的时，这个恒等式可以轻易地建立。注意到

$$\begin{aligned}\bar{F}(x_1,\ldots,x_d)&=P(X_1>x_1,\ldots,X_d>x_d)\\&=P(1-F_1(X_1)\leqslant\bar{F}_1(x_1),\ldots,1-F_d(X_d)\leqslant\bar{F}_d(x_d))\end{aligned}$$

所以通过把 $\mathbf{1}-\boldsymbol{U}$ 的分布函数写成 $\hat{C}$(7.14) 成立，这里 $\boldsymbol{U} := (F_1(X_1),\ldots,F_d(X_d))'$ 和 $\mathbf{1}$ 是在 $\mathbb{R}^d$ 中的 1 的向量。总体来说，当 $\boldsymbol{U}$ 有分布函数 C 项时，连接函数 C 的生存连接函数会被用来表示分布函数。

在 $F_1,\ldots,F_d$ 是连续的且严格递增的情况下，对 $i=1,\ldots,d$，我们可以通过设 $x_i=\bar{F}_i^{-1}(u_i)$ 给出一个在公式 (7.14) 中 $\hat{C}$ 的表示，得到

$$\hat{C}(u_1,\ldots,u_d)=\bar{F}(\bar{F}_1^{-1}(u_1),\ldots,\bar{F}_d^{-1}(u_d)) \tag{7.15}$$

下一个例子说明了如何用公式 (7.15) 从一个二元生存函数导出一个生存连接函数。

例 7.14 (二元帕累托分布的生存连接函数). 一个著名的广义一元帕累托分布是具有生存函数的二元帕累托分布，它由下式给出：

$$\bar{F}(x_1,x_2)=\left(\frac{x_1+\kappa_1}{\kappa_1}+\frac{x_2+\kappa_2}{\kappa_2}-1\right)^{-\alpha},\quad x_1,x_2\geqslant 0,\ \alpha,\kappa_1,\kappa_2>0$$

我们可以简单验证边际函数是 $\bar{F}_i(x)=(\kappa_i/(\kappa_i+x))^{\alpha}$, $i=1,2$，然后使用公式 (7.15) 推论生存连接函数由 $\hat{C}(u_1,u_2)=(u_1^{-1/\alpha}+u_2^{-1/\alpha}-1)^{-\alpha}$ 给出。与公式 (7.13) 的比较揭示出这是个具有参数 $\theta=1/\alpha$ 的 Clayton 连接函数。

径向对称这个有用的概念可以用连接函数和生存连接函数的形式表示。

定义 7.15 (径向对称). 如果 $\boldsymbol{X}-\boldsymbol{a}\stackrel{\mathrm{d}}{=}\boldsymbol{a}-\boldsymbol{X}$，那么一个随机向量 $\boldsymbol{X}$（或者是它的分布函数）是关于点 $\boldsymbol{a}$ 径向对称的。

一个椭圆随机向量 $\boldsymbol{X}\sim E_d(\boldsymbol{\mu},\Sigma,\psi)$ 显然关于 $\boldsymbol{\mu}$ 是径向对称的。如果 $\boldsymbol{U}$ 有分布函数 C，这里 C 是一个连接函数，那么唯一的可能的对称中心就是 $(0.5,\ldots,0.5)$，所以 C 是径向对称的，如果

$$(U_1-0.5,\ldots,U_d-0.5)\stackrel{\mathrm{d}}{=}(0.5-U_1,\ldots,0.5-U_d)\iff \boldsymbol{U}\stackrel{\mathrm{d}}{=}\mathbf{1}-\boldsymbol{U}$$

因此如果一个连接函数 C 是径向对称的并且 $\hat{C}$ 是它的生存连接函数，那么我们有 $\hat{C}=C$。显然椭圆分布的连接函数是径向对称的，但是 Gumbel 和 Clayton 连接函数不是径向对称的。

生存连接函数不能同连接函数的*生存函数*混淆，生存函数不是连接函数。因为连接函数只是多元分布函数，它们有生存或尾部函数，用 $\bar{C}$ 表示。如果 $\boldsymbol{U}$ 有分布函数 C，且 C 的生存连接函数是 $\hat{C}$，则

$$\begin{aligned}\bar{C}(u_1,\ldots,u_d)&=P(U_1>u_1,\ldots,U_d>u_d)\\&=P(1-U_1\leqslant 1-u_1,\ldots,1-U_d\leqslant 1-u_d)\\&=\hat{C}(1-u_1,\ldots,1-u_d)\end{aligned}$$

在二元情况下，一个连接函数和它的生存连接函数之间的关系为

$$\hat{C}(1-u_1,1-u_2)=1-u_1-u_2+C(u_1,u_2) \tag{7.16}$$

连接函数的条件分布 研究连接函数的条件分布通常是有趣的。我们关注二维的情况并且假设 (U_1, U_2) 有分布函数 C。由于一个连接函数在每个变量上都是一个递增的连续函数，所以

$$\begin{aligned} C_{U_2|U_1}(u_2 \mid u_1) = P(U_2 \leqslant u_2 \mid U_1 = u_1) &= \lim_{\delta \to 0} \frac{C(u_1 + \delta, u_2) - C(u_1, u_2)}{\delta} \\ &= \frac{\partial}{\partial u_1} C(u_1, u_2) \end{aligned} \tag{7.17}$$

这里这个偏导数几乎无处不在 (详见 Nelsen (2006))。当 C 是独立连接函数时，在区间 $[0,1]$ 上的条件分布仅仅是一个均匀分布。条件分布在风险管理中的解释如下。假设连续风险 (X_1, X_2) 具有（唯一的）连接函数 C，那么 $1 - C_{U_2|U_1}(q \mid p)$ 是假定 X_1 达到它的第 p 个分位数时 X_2 超过它的第 q 个分位数的概率。

连接函数密度函数 连接函数不总是具有联合密度；共单调和反单调连接函数是非绝对连续连接函数的例子。然而，我们迄今为止遇到的参数连接函数确实具有密度

$$c(u_1, \ldots, u_d) = \frac{\partial C(u_1, \ldots, u_d)}{\partial u_1 \cdots \partial u_d} \tag{7.18}$$

我们有时需要计算它们，例如当想要通过最大似然来拟合数据的连接函数时。

要注意的是对于具有严格递增的连续边际分布函数 $F_1, \ldots, F_d$ 的绝对连续的联合分布函数 F 的隐式连接函数来说，我们可以对 $C(u_1, \ldots, u_d) = F(F_1^{\leftarrow}(u_1), \ldots, F_d^{\leftarrow}(u_d))$ 微分求解连接函数的密度函数，得到

$$c(u_1, \ldots, u_d) = \frac{f(F_1^{-1}(u_1), \ldots, F_d^{-1}(u_d))}{f_1(F_1^{-1}(u_1)) \cdots f_d(F_d^{-1}(u_d))} \tag{7.19}$$

这里 f 是 F 的联合密度，$f_1, \ldots, f_d$ 是边际密度，$F_1^{-1}, \ldots, F_d^{-1}$ 是边际分布函数的普通逆。

使用这个技巧，我们能够计算出高斯连接函数和 t 连接函数的密度，如图 7.5 和图 7.6 所示。观察到 t 连接函数把更多的概率质量分配到单位方格的角落；这是因为 t 连接函数具有尾部依赖性，如在第 7.2.4 节中讨论的一样。

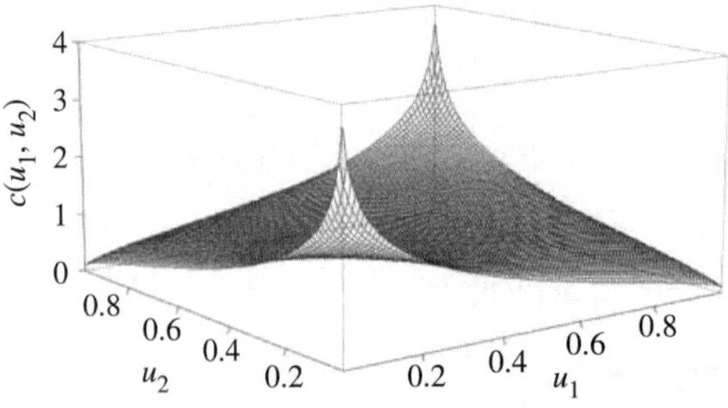

图 7.5 参数 $\rho = 0.3$ 的二元高斯连接函数的密度透视图。

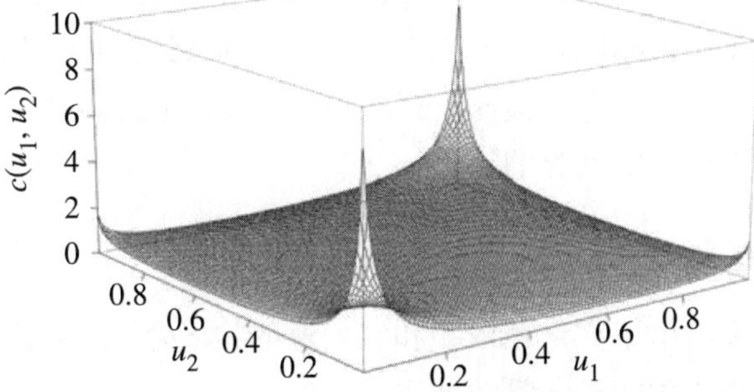

图 7.6　参数为 $\nu=4$ 和 $\rho=0.3$ 的二元变量 t 连接函数的密度透视图。

可交换性

定义 7.16 (可交换性). 如果满足

$$(X_1,\ldots,X_d)\stackrel{\mathrm{d}}{=}(X_{\Pi(1)},\ldots,X_{\Pi(d)})$$

则一个随机向量 $\boldsymbol{X}$ 对任意的 $(1,\ldots,d)$ 的排列 $(\Pi(1),\ldots,\Pi(d))$ 是可交换的。

如果一个连接函数是一个均匀变量 $\boldsymbol{U}$ 的可交换随机向量的分布函数，则我们会称它为一个可交换的连接函数。显然，对这样一个连接函数，有

$$C(u_1,\ldots,u_d)=C(u_{\Pi(1)},\ldots,u_{\Pi(d)}) \tag{7.20}$$

对所有可能的 C 的参数排列成立。证明这种连接函数在信用风险方面，对同质组公司集团违约依赖性的建模中有用。可交换连接函数的例子包括了 Gumbel 和 Clayton 连接函数以及高斯和 t 连接函数，C_P^{Ga} 和 $C_{\nu,P}^t$，在 P 是一个等相关矩阵 (Equicorrelation Matrix) 的情况下，即有如下形式的矩阵 $P=\rho\boldsymbol{J}_d+(1-\rho)\boldsymbol{I}_d$，其中 $\boldsymbol{J}_d$ 是完全由 1 组成的方阵，且 $\rho\geqslant -1/(d-1)$。

由公式 (7.20) 和公式 (7.17) 知道，如果向量 (U_1,U_2) 的分布函数是一个二元可交换连接函数，则

$$P(U_2\leqslant u_2\mid U_1=u_1)=P(U_1\leqslant u_2\mid U_2=u_1) \tag{7.21}$$

这说明了很强的对称性。如果一个随机向量 (X_1,X_2) 有这样一个连接函数，则假定 X_1 达到它的 u_1 分位时 X_2 超过它的 u_2 分位的概率和假定 X_2 达到它的 u_1 分位时 X_1 超过它的 u_2 分位的概率是完全一样的。不是所有的二元连接函数都必须满足公式 (7.21)。一个非可交换二元连接函数的例子见第 15.2.2 节和图 15.4。

说明与评论

Sklar 定理在 Sklar (1959) 中首次建立；结论的证明见 Schweizer and Sklar (1983) 或者 Nelsen (2006)。正如备注 7.4 中提到的一样，这个精妙的证明使用了分布的转换，这是因为 Rüschendorf (2009)。带有许多例子的连接函数理论的系统发展，特别是二元连接函数，在 Nelsen (2006) 中建立。关于边际函数不连续的缺陷在 Marshall (1996) 中提出，对

于离散计数数据的连接函数的入门内容在 Genest and Nešlehová (2007) 中给出。对于参数的连接函数族的拓展见 Hutchinson and Lai (1990), Joe (1997) 和 Nelsen (2006)。

在金融中连接函数方法参考 Cherubini et al. (2004)。Embrechts (2009) 包括了关于在保险和金融建模的连接函数的利弊的讨论。

7.2 依赖概念和度量

在这一节我们首先给出了完全正依赖和完全逆依赖概念（共单调和反单调）的定义，并且我们介绍了一些完全相关随机向量的性质。

接着我们重点关注三种依赖性度量：普通 Pearson 线性相关；秩相关；以及尾部依赖系数。所有这些相关性度量是由对一组随机变量 (X_1, X_2) 的一个“相关性强度”的标量度量产生的，虽然不同情况下这些度量的本质和性质是不同的。

秩相关和尾部依赖系数是基于连接函数的依赖性度量。与一般相关性相比，这些度量只是连接函数的函数，因此可以用于连接函数参数化，在第 7.5 节中有讨论。

7.2.1 完全依赖

我们用第 7.1.2 节中的基本连接函数定义了完全正依赖和完全逆依赖的概念。这些概念的别称分别是共单调和反单调。

共单调　这个概念可以用许多等价的方式定义。我们给出了一个基于连接函数的定义，并推导出相应的表示方法，证明了共单调随机变量可以被认为是不可分散的随机变量。

定义 7.17 (共单调). 随机变量 $X_1, \ldots, X_d$ 是共单调的，如果它们作为连接函数有 Fréchet 上边界 $M(u_1, \ldots, u_d) = \min(u_1, \ldots, u_d)$。

以下结论表明共单调随机变量是单一随机变量的单调递增函数。换句话说，有一个风险的单一来源并且共单调变量随着风险以一种“ 步伐一致” 的方式确定地移动。

命题 7.18. 对于随机变量 Z 和递增函数 $v_1, \ldots, v_d$，当且仅当

$$(X_1, \ldots, X_d) \stackrel{\mathrm{d}}{=} (v_1(Z), \ldots, v_d(Z)) \tag{7.22}$$

$X_1, \ldots, X_d$ 是共单调的。

证明. 根据定义 7.2.1，假设 $X_1, \ldots, X_d$ 是共单调的。设 U 是任意均匀随机变量，并分别记 F，$F_1, \ldots, F_d$ 为 $X_1, \ldots, X_d$ 的联合分布函数和边际分布函数。由等式 (7.2) 有

$$\begin{aligned}
F(x_1, \ldots, x_d) &= \min(F_1(x_1), \ldots, F_d(x_d)) \\
&= P(U \leqslant \min(F_1(x_1), \ldots, F_d(x_d))) \\
&= P(U \leqslant F_1(x_1), \ldots, U \leqslant F_d(x_d)) \\
&= P(F_1^{\leftarrow}(U) \leqslant x_1, \ldots, F_d^{\leftarrow}(U) \leqslant x_d)
\end{aligned}$$

对任意 $U \sim U(0,1)$ 成立，其中在最后一个等式中我们用了命题 A.3（iv）。它服从

$$(X_1, \ldots, X_d) \stackrel{\mathrm{d}}{=} (F_1^{\leftarrow}(U), \ldots, F_d^{\leftarrow}(U)) \tag{7.23}$$

这是如 (7.22) 的形式。相反，如果等式 (7.22) 成立，则

$$F(x_1, \ldots, x_d) = P(v_1(Z) \leqslant x_1, \ldots, v_d(Z) \leqslant x_d) = P(Z \in A_1, \ldots, Z \in A_d)$$

其中每个 A_i 是形如 $(-\infty, k_i]$ or $(-\infty, k_i)$ 的区间，所以一个区间 A_i 是其他所有区间的一个子集。因此，

$$F(x_1, \ldots, x_d) = \min\left(P(Z \in A_1), \ldots, P(Z \in A_d)\right) = \min\left(F_1(x_1), \ldots, F_d(x_d)\right)$$

这证明了共单调。 □

对于连续边际分布的随机变量，我们有一个更简单和更强的结果。

推论 7.19. 设 $X_1, \ldots, X_d$ 是有连续分布函数的随机变量。它们是共单调的，当且仅当对于每一对 (i,j)，我们几乎必然有 $X_j = T_{ji}(X_i)$ 用于某个递增转换 T_{ji} 时。

证明. 结果是根据命题 7.18 的证明得来的，注意到随机变量 U 对任意 i 可能被取为 $F_i(X_i)$。不失一般性，设 $d=2$，$i=1$ 并利用等式 (7.23) 和命题 A.4 得到

$$(X_1, X_2) \stackrel{\mathrm{d}}{=} (F_1^{\leftarrow} \circ F_1(X_1), F_2^{\leftarrow} \circ F_1(X_1)) \stackrel{\mathrm{d}}{=} (X_1, F_2^{\leftarrow} \circ F_1(X_1))$$

□

分位数的共单调可加性 对于共单调随机变量一个非常重要的结论是分位函数的可加性，见以下命题。除了 VaR 风险度量，在第 8.2.1 节中我们会揭示，共单调可加性的性质也适用于被称为畸变风险测度的 DRM 模型（Distortion Risk-Measure），这类风险度量包括预期损失。

命题 7.20. 设 $0 < \alpha < 1$ 和 $X_1, \ldots, X_d$ 是具有分布函数 $F_1, \ldots, F_d$ 的共单调随机变量。那么

$$F_{X_1+\cdots+X_d}^{\leftarrow}(\alpha) = F_1^{\leftarrow}(\alpha) + \cdots + F_d^{\leftarrow}(\alpha) \tag{7.24}$$

证明. 为了便于记忆，取 $d=2$，根据命题 7.18，我们有 $(X_1, X_2) \stackrel{\mathrm{d}}{=} (F_1^{\leftarrow}(U), F_2^{\leftarrow}(U))$ 对于一些 $U \sim U(0,1)$，它服从

$$F_{X_1+X_2}^{\leftarrow}(\alpha) = F_{T(U)}^{\leftarrow}(\alpha),$$

这里 T 是递增的左连续函数 $T(x) = F_1^{\leftarrow}(x) + F_2^{\leftarrow}(x)$。应用命题 A.5 得到

$$F_{T(U)}^{\leftarrow}(\alpha) = T(F_U^{\leftarrow}(\alpha)) = T(\alpha) = F_1^{\leftarrow}(\alpha) + F_2^{\leftarrow}(\alpha)$$

□

反单调 以与定义共单调相类似的方式，我们定义反单调作为一个连接函数的概念，虽然它被限制在 $d=2$ 的情况下。

定义 7.21 (反单调). 如果随机变量 X_1 和 X_2 作为连接函数有 Fréchet 下边界 $W(u_1,u_2)=\max(u_1+u_2-1,0)$，那么它们是反单调的。

命题 7.22. 当且仅当对于一些 v_1 增函数以及 v_2 减函数的随机变量 Z，

$$(X_1,X_2)\stackrel{\mathrm{d}}{=}(v_1(Z),v_2(Z))$$

时，X_1 和 X_2 是反单调的，反之亦然。

证明. 证明与命题 7.18 的证明相似，在 Embrechts et al. (2002) 中给出。 □

备注 7.23. 在 X_1 和 X_2 连续的情况下我们有更简单的结果：反单调等价于对一些递增函数 T，几乎必然有 $X_2=T(X_1)$。

反单调概念不能推广到更高维度。Fréchet 下边界 $W(u_1,\ldots,u_d)$ 对 $d>2$ 不是一个连接函数，因为它不是一个正常分布函数，且不满足公式 (7.1)，如下面Nelsen (2006, Exercise 2.36) 中的例子所示。

例 7.24 (当 $d>2$ 时，Fréchet 的下边界不是连接函数). 考虑 d 维立方体 $[1/2,1]^d\subset[0,1]^d$。如果连接函数的 Fréchet 下边界是一个 $[0,1]^d$ 上的分布函数，则公式 (7.1) 说明这个立方体的概率质量 $P(d)$ 将由下式给出：

$$\begin{aligned}P(d)&=\max(1+\cdots+1-d+1,0)-d\max(\tfrac{1}{2}+1+\cdots+1-d+1,0)\\&\quad+\binom{d}{2}\max(\tfrac{1}{2}+\tfrac{1}{2}+\cdots+1-d+1,0)-\cdots\\&\quad+\max(\tfrac{1}{2}+\cdots+\tfrac{1}{2}-d+1,0)\\&=1-\tfrac{1}{2}d\end{aligned}$$

因此 Fréchet 下边界对于 $d>2$ 不可能是一个连接函数。

下面的简单例子进一步说明了维数大于 2 时反单调的不可能性。

例 7.25. 设 X_1 是一个正随机变量并取 $X_2=1/X_1$ 和 $X_3=\exp(-X_1)$。显然，(X_1,X_2) 和 (X_1,X_3) 是反单调随机向量。然而，(X_2,X_3) 是共单调的且向量 (X_1,X_2,X_3) 的连接函数是向量 $(U,1-U,1-U)$ 的分布函数，可以计算成

$$C(u_1,u_2,u_3)=\max(\min(u_2,u_3)+u_1-1,0)$$

7.2.2 线性相关

相关性在金融理论中发挥着核心作用，但重要的是要认识到，在多元正态模型或更普遍的椭圆模型的背景下，这个概念实际上只是一个自然的概念。正如我们所看到的，椭圆分布被一个均值向量、一个协方差矩阵和一个特征生成器函数完全刻画出来。由于均值和

方差是边际分布的特征，椭圆分布连接函数仅依赖于相关矩阵和特征生成器，因此，相关矩阵在这些模型中有一个自然的参数作用，这在更一般的多元模型中没有。我们对相关性的讨论将集中于相关性的缺点和在远离椭圆模型时，使用相关性的新手可能会遇到的微妙陷阱。连接函数的概念将帮助我们阐明这些陷阱。

随机变量 X_1 和 X_2 的相关系数 $\rho(X_1, X_2)$ 在公式 (6.3) 中已经定义过了。它是线性依赖性的度量并且取值在 $[-1,1]$。如果 X_1 和 X_2 是独立的，那么 $\rho(X_1, X_2) = 0$，但重要的是我们要清楚反过来是不对的：由 X_1 和 X_2 不相关一般不能推出它们是独立的。不相关的混合正态分布类提供了相应的例子（见引理 6.5）和球面分布类（和多元正态的一个例外）。举一个更简单的例子，我们取 $X_1 = Z \sim N(0,1)$ 和 $X_2 = Z^2$；这两个是显然依赖的随机变量，但是相关系数是 0。

如果 $|\rho(X_1, X_2)| = 1$，那么这等价于说 X_2 和 X_1 是完全线性相关的，意思是 $X_2 = \alpha + \beta X_1$ 对于某些 $\alpha \in \mathbb{R}$ 和 $\beta \neq 0$ 几乎是必然的，$\beta > 0$ 表示正线性相关，$\beta < 0$ 表示负线性相关。另外，对于 $\beta_1, \beta_2 > 0$，

$$\rho(\alpha_1 + \beta_1 X_1, \alpha_2 + \beta_2 X_2) = \rho(X_1, X_2)$$

所以相关系数在严格递增线性转换下是不变的。但是，在非线性严格递增的转换 $T: \mathbb{R} \to \mathbb{R}$ 下，相关系数不是不变的。对于两个实值的随机变量，一般来说，$\rho(T(X_1), T(X_2)) \neq \rho(X_1, X_2)$。

另一个明显但重要的备注是，只有当 X_1 和 X_2 的方差是有限时，才能定义相关性。这种对有限方差模型的限制对于依赖度量并不理想，当我们处理厚尾分布时可能会导致问题。例如，精算师用无穷大方差分布对不同业务部门的损失进行建模，他们可能不会使用相关性来描述风险的依赖性。我们将在关于操作风险的第 13.1.4 节中遇到类似的例子。

相关性谬误 现在，我们将以谬误的形式讨论相关性使用中的进一步陷阱。我们认为，这些谬误值得强调，因为它们说明了试图从边际分布出发构建多元风险模型的危险，以及关于风险之间相关性的想法。如果我们把注意力限制在椭圆分布的风险因子上，那么我们所做的陈述是正确的，但一般来说是错误的。有关这些谬误的背景、替代例子以及与多变量蒙特卡罗模拟的相关性的讨论，请参见 Embrechts et al. (2002)。

谬误 1. *随机向量的边际分布和两两相关决定了它的联合分布。*

本章的读者应该已经清楚这不是真的。图 7.4 显示了构造反例的关键。假设随机变量 X_1，X_2 有连续的边际分布 F_1 和 F_2 且对一些连接函数 C 有联合分布函数 $C(F_1(x_1), F_2(x_2))$，并假设它们的线性相关为 $\rho(X_1, X_2) = \rho$。一般可能找到一个可替换的连接函数 $C_2 \neq C$，也可能构造一个有分布函数 $C_2(F_1(x_1), F_2(x_2))$ 的随机向量使得 $\rho(Y_1, Y_2) = \rho$。下面这个例子说明了在 $\rho = 0$ 时的这个观点。

例 7.26. *考虑两个随机变量代表两个投资组合的利润和亏损。假设我们得到的信息是，两种风险都具有标准正态分布且相关性为零。我们构造两个随机向量与这个信息一致。*

模型 1 是标准二元正态 $\boldsymbol{X} \sim N_2(\boldsymbol{0}, I_2)$。模型 2 通过取 V 为一个独立的离散随机变量使得 $P(V=1)=P(V=-1)=0.5$ 和令 $(Y_1,Y_2)=(X_1,VX_1)$，X_1 与模型 1 中一致的方式来构造。这个模型显然具有正态边际分布以及相关系数为 0，它的连接函数是

$$C(u_1,u_2)=0.5\max(u_1+u_2-1,0)+0.5\min(u_1,u_2)$$

它是二维共单调性和反单调性连接函数的混合。这可以大致解释为代表世界上两种等概率状态：在一种状态下，两种投资组合的金融收益是共态的，我们肯定会在两种状态中赚钱或赔钱；在另一种状态下，它们是反单调的，我们在一种状态下赚钱，在另一种状态下赔钱。

我们可以解析计算总损失的分布 X_1+X_2 和 Y_1+Y_2，后面一项的和不服从单一变量的正态分布。对于 $k \geqslant 0$ 我们有

$$P(X_1+X_2>k)=\bar{\Phi}(k/\sqrt{2}), \qquad P(Y_1+Y_2>k)=\tfrac{1}{2}\bar{\Phi}(\tfrac{1}{2}k)$$

因此，对于 $\alpha > 0.75$，

$$F^{\leftarrow}_{X_1+X_2}(\alpha)=\sqrt{2}\Phi^{-1}(\alpha), \qquad F^{\leftarrow}_{Y_1+Y_2}(\alpha)=2\Phi^{-1}(2\alpha-1)$$

在图 7.7 中可看到概率水平高于 93% 时 Y_1+Y_2 的分位数高出 X_1+X_2 的分位数。这个例子也阐明了风险之和的 VaR 明显不是由边际分布和两两相关系数决定的。

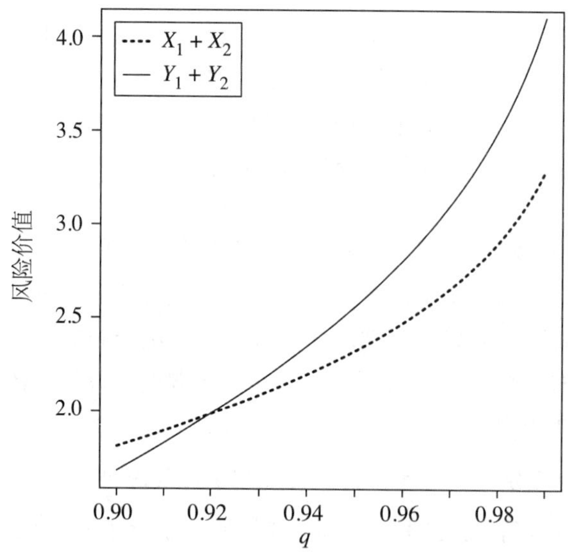

图 7.7 例 7.26 中讨论的风险 X_1+X_2 和 Y_1+Y_2 的 VaR。这两对都有标准正态边际分布且相关系数为 0；X_1 和 X_2 是独立的，然而 Y_1 和 Y_2 是相关的。

两个风险之间的相关性不仅取决于它们的连接函数。如果是这样，那么命题 7.7 意味着在严格递增的转换下相关性是不变的，而事实并非如此。相关性也不可避免地与风险的边际分布联系在一起，这对相关性所能取的值施加了一定的约束。这就是第二个谬误的主题。

谬误 2. 对于给定的一元分布 F_1，F_2，以及 $[-1,1]$ 上任取的相关系数值 ρ，我们总是能构造具有边际分布 F_1 和 F_2 并且相关系数是 ρ 的联合分布 F。

与之前一样，当 F_1 和 F_2 是椭圆分布的边际分布时，这个叙述是正确的，但是在一般情况下，它是错误的。这个所谓的可实现的相关系数可以构成区间 $[-1,1]$ 的一个真子集，可见如下定理。在定理证明的过程中我们得到 Höffding 公式，它在下一个引理中给出。

引理 7.27. 如果 (X_1,X_2) 有联合分布函数 F 和边际分布函数 F_1 和 F_2，则在有限的情况下 X_1 和 X_2 的协方差由下式给出

$$\operatorname{cov}(X_1,X_2)=\int_{-\infty}^{\infty}\int_{-\infty}^{\infty}(F(x_1,x_2)-F_1(x_1)F_2(x_2))\,\mathrm{d}x_1\,\mathrm{d}x_2 \tag{7.25}$$

证明. 设 (X_1,X_2) 有分布函数 F 且设 $(\tilde{X}_1,\tilde{X}_2)$ 是一个 独立分布（即独立于 (X_1,X_2) 的有分布函数 F 的另一对）。我们有

$$2\operatorname{cov}(X_1,X_2)=E((X_1-\tilde{X}_1)(X_2-\tilde{X}_2))$$

现在我们有一个有用的等式，对任意 $a\in\mathbb{R}$ 和 $b\in\mathbb{R}$，我们总是有 $(a-b)=\int_{-\infty}^{\infty}(I_{\{b\leqslant x\}}-I_{\{a\leqslant x\}})\,\mathrm{d}x$ 并把这个等式用到随机对 $(X_1-\tilde{X}_1)$ 和 $(X_2-\tilde{X}_2)$ 上。我们得到

$$\begin{aligned}
&2\operatorname{cov}(X_1,X_2)\\
&=E\left(\int_{-\infty}^{\infty}\int_{-\infty}^{\infty}(I_{\{\tilde{X}_1\leqslant x_1\}}-I_{\{X_1\leqslant x_1\}})(I_{\{\tilde{X}_2\leqslant x_2\}}-I_{\{X_2\leqslant x_2\}})\,\mathrm{d}x_1\,\mathrm{d}x_2\right)\\
&=2\int_{-\infty}^{\infty}\int_{-\infty}^{\infty}(P(X_1\leqslant x_1,X_2\leqslant x_2)-P(X_1\leqslant x_1)P(X_2\leqslant x_2))\,\mathrm{d}x_1\,\mathrm{d}x_2
\end{aligned}$$

□

定理 7.28 (可实现的相关系数). 设 (X_1,X_2) 是一个随机向量，它具有有限方差的边际分布函数 F_1 和 F_2 并且具有未指明的联合分布函数；又假设 $\operatorname{var}(X_1)>0$ 和 $\operatorname{var}(X_2)>0$，以下叙述成立。

(1) 可实现相关系数构成了闭区间 $[\rho_{\min},\rho_{\max}]$ 这里 $\rho_{\min}<0<\rho_{\max}$。

(2) 当且仅当 X_1 和 X_2 是反单调的时，最小相关系数 $\rho=\rho_{\min}$ 是可实现的。当且仅当 X_1 和 X_2 是共单调的时，最大可达相关系数 $\rho=\rho_{\max}$ 是可达到的。

(3) 当且仅当 X_1 和 $-X_2$ 是相同类型的（见第 A.1.1 节）时，$\rho_{\min}=-1$，并且当且仅当 X_1 和 X_2 是相同类型时，$\rho_{\max}=1$。

证明. 我们由 (2) 开始并利用公式 (7.25)。同时在公式 (7.6) 中的一般分布函数的二维 Fréchet 边界：

$$\max\left(F_1(x_1)+F_2(x_2)-1,0\right)\leqslant F(x_1,x_2)\leqslant\min\left(F_1(x_1),F_2(x_2)\right)$$

显然，如果固定 F_1 和 F_2，那么 (7.25) 中的被积函数当 X_1 和 X_2 有 Fréchet 上边界连接函数 $C(u_1,u_2)=\min(u_1,u_2)$ 时，即当它们是反单调的时被逐点最大化。类似的，当 X_1 和 X_2 是反单调的时，被积函数被最小化。

为了完成 (1) 的证明，注意到显然有 $\rho_{\max}\geqslant 0$。然而 $\rho_{\max}=0$ 可以不考虑，因为这将说明对所有 x_1, x_2，有 $\min(F_1(x_1),F_2(x_2))=F_1(x_1)F_2(x_2)$。这只有在 F_1 或 F_2 是由在一个单点上的点质量组成的退化分布时会发生，但假设变量是非零的，就排除了这一点。通过一个类似的证明我们有 $\rho_{\min}<0$。如果 $W(F_1,F_2)$ 和 $M(F_1,F_2)$ 分别表示 Fréchet 下界和 Fréchet 上界，则混合式 $\lambda W(F_1,F_2)+(1-\lambda)M(F_1,F_2)$, $0\leqslant\lambda\leqslant 1$ 有相关系数 $\lambda\rho_{\min}+(1-\lambda)\rho_{\max}$。因此对任意 $\rho\in[\rho_{\min},\rho_{\max}]$ 我们可以设 $\lambda=(\rho_{\max}-\rho)/(\rho_{\max}-\rho_{\min})$ 来构造一个可实现相关系数值 ρ 的联合分布函数。

第 (3) 部分很明显，因为当且仅当 X_1 和 X_2 之间有一个几乎确定的线性关系时，$\rho_{\min}=-1$ 或 $\rho_{\max}=1$。 □

例 7.29 (**对数正态随机变量的可实现相关系数**). 当 $\ln X_1\sim N(0,1)$ 并且 $\ln X_2\sim N(0,\sigma^2)$ 时，最大相关系数和最小相关系数可以简单地算出。对于 $\sigma\neq 1$，对数正态分布的随机变量 X_1 和 X_2 不是相同类型的（虽然 $\ln X_1$ 和 $\ln X_2$ 是相同类型），所以，通过定理 7.28 的第 (3) 部分，我们有 $\rho_{\max}<1$。随机变量 X_1 和 $-X_2$ 也不是相同类型的，所以 $\rho_{\min}>-1$。

为了计算可实现区间的实际边界，设 $Z\sim N(0,1)$，并且观察到如果 X_1 和 X_2 是共单调的，那么 $(X_1,X_2)\stackrel{\mathrm{d}}{=}(\mathrm{e}^Z,\mathrm{e}^{\sigma Z})$，显然，$\rho_{\max}=\rho(\mathrm{e}^Z,\mathrm{e}^{\sigma Z})$，并且，利用类似的方法，$\rho_{\min}=\rho(\mathrm{e}^Z,\mathrm{e}^{-\sigma Z})$。现在解析的计算轻而易举了，并且产生结果

$$\rho_{\min}=\frac{\mathrm{e}^{-\sigma}-1}{\sqrt{(\mathrm{e}-1)(\mathrm{e}^{\sigma^2}-1)}},\qquad \rho_{\max}=\frac{\mathrm{e}^{\sigma}-1}{\sqrt{(\mathrm{e}-1)(\mathrm{e}^{\sigma^2}-1)}}$$

对于不同的 σ 的可实现相关系数区间的说明见图 7.8，注意当 σ 增加时区间的两端是如何快速趋于 0 的。这表明共单调的随机变量具有非常小的相关系数值的情况可能发生。因为共单调是正依赖最强的形式，所以这为小的相关系数总是意味着弱依赖这一被广泛接受的观点建立了联系。

谬误 3. 对随机变量 $X_1\sim F_1$ 和 $X_2\sim F_2$ 和给定的 α，当联合分布 F 有最大相关系数时，$F^{\leftarrow}_{X_1+X_2}(\alpha)$ 之和的分位数被最大化。

虽然当 (X_1,X_2) 是联合椭圆分布时这个叙述也是成立的，但在一般情况下并不正确，任何分位函数（或 VaR 风险度量）的超加性即是反例。

在一个超加性 VaR 例子中，对于某个值 α，我们有

$$F^{\leftarrow}_{X_1+X_2}(\alpha)>F^{\leftarrow}_{X_1}(\alpha)+F^{\leftarrow}_{X_2}(\alpha) \tag{7.26}$$

但是，由命题 7.20，对于一对共单调的随机变量具有 (Y_1,Y_2)，其中 $Y_1\stackrel{\mathrm{d}}{=}X_1$ 和 $Y_2\stackrel{\mathrm{d}}{=}X_2$，这个不等式的右边等于 $F^{\leftarrow}_{Y_1+Y_2}(\alpha)$。此外，由定理 7.28 部分 (2)，$(Y_1,Y_2)$ 会达到最大相关系数 $\rho_{\max}$ 和 $\rho_{\max}>\rho(X_1,X_2)$。发生这种情况的一个简单示例如下。

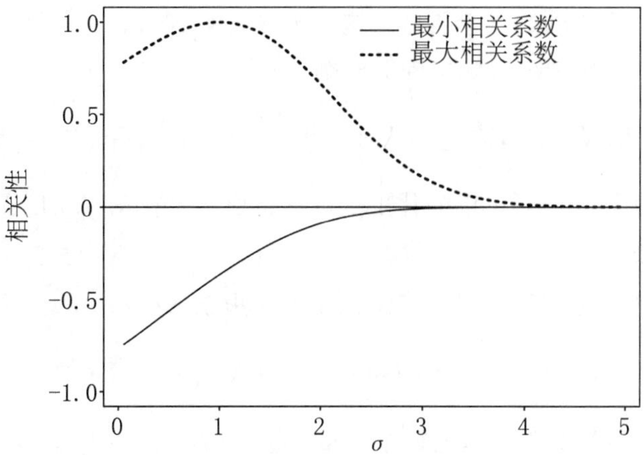

图 7.8　对数随机变量 X_1 和 X_2 的最大最小可实现相关系数，其中 $\ln X_1$ 是标准正态分布，$\ln X_2$ 是有均值为 0、方差为 σ^2 的正态分布。

例 7.30. 设 $X_1 \sim \text{Exp}(1)$ 和 $X_2 \sim \text{Exp}(1)$ 是两个独立的标准指数随机变量。令 $Y_1 = Y_2 = X_1$ 并且取 $\alpha = 0.7$。因为 $X_1 + X_2 \sim \text{Ga}(2,1)$（见附录 A.2.4 节）很容易检验 $F^{\leftarrow}_{X_1+X_2}(\alpha) > F^{\leftarrow}_{X_1}(\alpha) + F^{\leftarrow}_{X_2}(\alpha) = F^{\leftarrow}_{Y_1+Y_2}(\alpha)$，但是 $\rho(X_1, X_2) = 0$ 且 $\rho(Y_1, Y_2) = 1$。这个例子也会在第 8.3.3 节中讨论。

在第 8.4.4 节中，我们将研究发现公式 (7.26) 中两个风险之和的分位数在已知边际分布的情况下有多“坏”的问题。

从本节的谬误中可以提取出一条共同的信息：即除非在定义良好的联合模型上下文中应用相关性的概念，否则它是没有意义的。应该避免在没有这种模型的情况下对相关系数值进行任何解释。

7.2.3　秩相关

秩相关系数是仅取决于二元分布的连接函数的依赖性的简单标量度量，它不取决于边界分布的依赖性。它与线性相关系数不同，线性相关系数取决于两者。秩相关系数的标准经验估计仅仅通过数据的秩就可以计算出来，所以它由此得名。换句话说，我们只需要知道任意感兴趣变量的样本排序而不是任何实际的数值的值。

研究秩相关的主要实际原因是可以用它们根据经验数据来调整连接函数。在理论层面，秩相关作为连接函数的函数，具有比线性相关更吸引人的性质，如下所述。秩相关主要有两类，Kendall 和 Spearman 相关系数，它们都可以理解为二元随机向量一致性的度量。记 $\mathbb{R}^2$ 中的两点为 (x_1, x_2) 和 $(\tilde{x}_1, \tilde{x}_2)$，如果 $(x_1 - \tilde{x}_1)(x_2 - \tilde{x}_2) > 0$，则这两点是协同的，如果 $(x_1 - \tilde{x}_1)(x_2 - \tilde{x}_2) < 0$，则这两点是不协同的。

Kendall tau　考虑一个随机向量 (X_1, X_2) 和一个独立复制 $(\tilde{X}_1, \tilde{X}_2)$（即 另一个具有相同分布，但是与第一个向量独立的向量）。如果 X_2 随着 X_1 的增加而增加，那么我们期望协同性的概率会比非协同性的概率要高；如果 X_2 随着 X_1 的增加而减少，那么我们期望协同性的概率会比不协同的概率要低。这个想法促使 Kendall 秩相关系数的产生，它是这些数据对的协同性的概率减去非协同的概率：

$$\rho_\tau(X_1,X_2)=P((X_1-\tilde{X}_1)(X_2-\tilde{X}_2)>0)-P((X_1-\tilde{X}_1)(X_2-\tilde{X}_2)<0) \tag{7.27}$$

我们可以轻易地发现写成期望可以简化上式，这也引出了在第 7.5.1 节中的一个明显的估计。

定义 7.31. 对于随机变量 X_1 和 X_2，Kendall tau 由下式给出

$$\rho_\tau(X_1,X_2)=E(\text{sign}((X_1-\tilde{X}_1)(X_2-\tilde{X}_2)))$$

其中 $(\tilde{X}_1,\tilde{X}_2)$ 是 (X_1,X_2) 的独立复制并且 $\text{sign}(x)=I_{\{x>0\}}-I_{\{x<0\}}$。

在更高维的情况中，随机变量 $\boldsymbol{X}$ 的 Kendall tau 矩阵可能会写成 $\rho_\tau(\boldsymbol{X})=\text{cov}(\boldsymbol{Y})$，这里 $\boldsymbol{Y}=\text{sign}(\boldsymbol{X}-\tilde{\boldsymbol{X}})$ 并且 $\tilde{\boldsymbol{X}}$ 是 $\boldsymbol{X}$ 的一个独立复制。注意到 $\boldsymbol{Y}$ 由 sign 函数逐个分量方式地得到，所以 $\boldsymbol{Y}=(Y_1,\ldots,Y_d)'$，这里 $Y_i=\text{sign}(X_i-\tilde{X}_i)$，其中 $i=1,\ldots,d$。由于 $\rho_\tau(\boldsymbol{X})$ 可以表示成 $\boldsymbol{Y}$ 的协方差矩阵，所以它显然是半正定的。

现在我们说明对于具有连续分布函数的随机变量，Kendall tau 仅取决于 (X_1,X_2) 的唯一的连接函数 C，并且我们给出由 C 计算 ρ_τ 的显式的公式。

命题 7.32. 假设 X_1 和 X_2 有连续的边际分布和唯一的连接函数 C，那么

$$\rho_\tau(X_1,X_2)=4\int_0^1\int_0^1 C(u_1,u_2)\,\mathrm{d}C(u_1,u_2)-1 \tag{7.28}$$

证明. 从 (7.27) 开始并记边际分布函数为 F_1 和 F_2，我们有

$$\begin{aligned}\rho_\tau(X_1,X_2)&=2P((X_1-\tilde{X}_1)(X_2-\tilde{X}_2)>0)-1\\&=4P(X_1<\tilde{X}_1,X_2<\tilde{X}_2)-1\\&=4P(F_1(X_1)<F_1(\tilde{X}_1),F_2(X_2)<F_2(\tilde{X}_2))-1\end{aligned} \tag{7.29}$$

这里第二个等式由 (X_1,X_2) 和 $(\tilde{X}_1,\tilde{X}_2)$ 的可交换性得到，并且第三个等式由 F_1 和 F_2 的连续性得到。引入均匀随机变量 $U_i=F_i(X_i)$ 和 $\tilde{U}_i=F_i(\tilde{X}_i)$，$i=1,2$，并且注意到 (U_1,U_2) 和 $(\tilde{U}_1,\tilde{U}_2)$ 的分布函数是 C，我们得到

$$\begin{aligned}\rho_\tau(X_1,X_2)&=4E(P(U_1<\tilde{U}_1,U_2<\tilde{U}_2\mid\tilde{U}_1,\tilde{U}_2))-1\\&=4\int_0^1\int_0^1 P(U_1<u_1,U_2<u_2)\,\mathrm{d}C(u_1,u_2)-1\end{aligned}$$

所以式子 (7.28) 成立。 □

Spearman rho 这个度量也按照二元随机向量的协同性和非协同性定义，但是这里我们考虑独立配对 (X_1,X_2)，和 $(\tilde{X}_1,\bar{X}_2)$，并且假设它们有相同的边际分布，但是后者是独立随机变量。

定义 7.33. 对于随机变量 X_1 和 X_2，Spearman rho 由下式给出

$$\rho_S(X_1, X_2) = 3\left(P((X_1 - \tilde{X}_1)(X_2 - \bar{X}_2) > 0) - P((X_1 - \tilde{X}_1)(X_2 - \bar{X}_2) < 0)\right) \tag{7.30}$$

这里 $\tilde{X}_1$ 和 $\bar{X}_2$ 是随机变量，满足 $\tilde{X}_1 \stackrel{\mathrm{d}}{=} X_1$ 和 $\bar{X}_2 \stackrel{\mathrm{d}}{=} X_2$，并且这里 (X_1, X_2), $\tilde{X}_1$ 和 $\bar{X}_2$ 都是独立的。

这一定义并不能立即明显地给出一个合理的相关度量，即区间 $[-1, 1]$ 中的一个数字。下面的命题给出了另一种表示方法，这对连续随机变量来说很清楚。

命题 7.34. 如果 X_1 和 X_2 有连续边际分布 F_1 和 F_2，则 $\rho_S(X_1, X_2) = \rho(F_1(X_1), F_2(X_2))$。

证明. 如果随机向量 (X_1, X_2) 和 $(\tilde{X}_1, \bar{X}_2)$ 有连续的边际分布，则我们可以写成

$$\begin{aligned}\rho_S(X_1, X_2) &= 6P((X_1 - \tilde{X}_1)(X_2 - \bar{X}_2) > 0) - 3 \\ &= 6P((F_1(X_1) - F_1(\tilde{X}_1))(F_2(X_2) - F_2(\bar{X}_2)) > 0) - 3 \\ &= 6P((U_1 - \tilde{U}_1)(U_2 - \bar{U}_2) > 0) - 3\end{aligned} \tag{7.31}$$

这里 $(U_1, U_2) := (F_1(X_1), F_2(X_2))$,$\tilde{U}_1 := F_1(\tilde{X}_1)$ 和 $\bar{U}_2 = F_2(\bar{X}_2)$ 和 U_1, U_2, $\tilde{U}_1$ 和 $\bar{U}_2$ 都有标准均匀分布。调整 U_1 和 U_2 我们得到

$$\begin{aligned}\rho_S(X_1, X_2) &= 6E\left(P((U_1 - \tilde{U}_1)(U_2 - \bar{U}_2) > 0 \mid U_1, U_2)\right) - 3 \\ &= 6E\left(P(\tilde{U}_1 < U_1, \bar{U}_2 < U_2 \mid U_1, U_2) + P(\tilde{U}_1 > U_1, \bar{U}_2 > U_2 \mid U_1, U_2)\right) - 3 \\ &= 6E\left(U_1U_2 + (1 - U_1)(1 - U_2)\right) - 3 \\ &= 12E\left(U_1U_2\right) - 6E(U_1) - 6E(U_2) + 3 \\ &= 12\operatorname{cov}(U_1, U_2)\end{aligned} \tag{7.32}$$

这里我们用到了 $E(U_1) = E(U_2) = 1/2$。注意到 $\operatorname{var}(U_1) = \operatorname{var}(U_2) = 1/12$。结论 $\rho_S(X_1, X_2) = \rho(F_1(X_1), F_2(X_2))$ 成立。 □

换句话说，对于连续的随机变量，Spearman rho 是它们的唯一连接函数的线性相关系数。对于一般的具有连续边际分布的多元随机向量 $\boldsymbol{X}$，Spearman rho 矩阵由 $\rho_S(\boldsymbol{X}) = \rho(F_1(X_1), \ldots, F_d(X_d))$ 给出，并且它一定是半正定的。在二元的情形中，只需要简单地把 Höffding 公式 (7.25) 应用到公式 (7.32)，则根据 (X_1, X_2) 的连接函数 C 的 Spearman rho 公式成立。

推论 7.35. 假设 X_1 和 X_2 有连续的边际分布和唯一的连接函数 C。那么

$$\rho_S(X_1, X_2) = 12\int_0^1\int_0^1 (C(u_1, u_2) - u_1u_2)\,\mathrm{d}u_1\,\mathrm{d}u_2 \tag{7.33}$$

秩相关性质 Kendall tau 和 Spearman rho 有许多共同的性质。它们都是取值于区间 $[-1,1]$ 的对称的依赖性度量。对独立的随机变量它们的值是 0，虽然 0 秩相关系数不一定意味着独立。可以证明当且仅当 X_1 和 X_2 是共单调的 (参见 Embrechts et al., 2002) 时，它们取 1，并且当且仅当它们是反单调的（这与在定理 7.28 观察到的线性相关的表现不同）时，它们取 -1。它们在 X_1 和 X_2 的严格递增的变换下是不变的。

第 7.2.2 节中确定的线性相关的谬误在多大程度上可以转化为等级相关? 显然，谬误 1 仍然是相关的：边际分布和成对的等级相关性不能完全确定风险向量的联合分布。谬误 3 在我们从线性关系转换到秩相关关系时仍然适用。虽然两个共单调风险的最大秩相关值为 1，但这并不意味着它们的和的分位数在具有相同边际分布的所有联合模型的类上都是最大的。

然而，谬误 2 不再适用于我们考虑秩相关时：对于任何连续的边际分布的选择，都可以指定一个二元分布，该分布具有 $[-1,1]$ 中的任何期望秩相关值。其中一种方法是取这种形式的凸组合

$$F(x_1,x_2)=\lambda W(F_1(x_1),F_2(x_2))+(1-\lambda)M(F_1(x_1),F_2(x_2))$$

其中 W 和 M 分别是反单调连接函数和共单调连接函数。一个有这个分布的随机对 (X_1,X_2) 有秩相关

$$\rho_\tau(X_1,X_2)=\rho_{\mathrm{S}}(X_1,X_2)=1-2\lambda$$

这对任意 $[0,1]$ 中适当选取的 λ 产生 $[-1,1]$ 中任意值。但这只是所有可能的构造之一。一个形式如 $F(x_1,x_2)=C_\rho^{\mathrm{Ga}}(F_1(x_1),F_2(x_2))$ 的高斯连接函数模型，也可以通过选取适当的参数 $\rho\in[-1,1]$ 使其秩相关系数为 $[-1,1]$ 中的任意值。在第 7.3.2 节中我们将计算高斯连接函数和其他方差混合正态分布的 Spearman rho 和 Kendall tau 的值。

7.2.4 尾部依赖系数

与秩相关类似，尾部依赖系数是成对依赖关系的度量，仅依赖于一对具有连续边际分布函数的随机变量 X_1 和 X_2 的连接函数。研究这些系数的动机是，它们提供了对极值依赖的度量，或者换句话说，对二元分布尾部依赖程度的度量。我们所描述的系数是根据极限条件概率的分位数超越量来定义的。我们注意到，在文献中还有许多其他关于尾部依赖度量的定义（参见说明与评论）。

在右尾依赖的情况下，我们看看 X_2 超过其 q 分位数的概率。假设 X_1 超过其 q 分位数，然后考虑 q 趋于 1 时的极限。显然 X_1 和 X_2 的角色是可以互换的。

定义 7.36. 设 X_1 和 X_2 是有分布函数 F_1 和 F_2 的随机变量。只要存在一个极限 $\lambda_{\mathrm{u}}\in[0,1]$，$X_1$ 和 X_2 的右尾依赖系数是

$$\lambda_{\mathrm{u}}:=\lambda_{\mathrm{u}}(X_1,X_2)=\lim_{q\to1^-}P(X_2>F_2^{\leftarrow}(q)\mid X_1>F_1^{\leftarrow}(q))$$

如果 $\lambda_{\mathrm{u}} \in (0,1]$，则据说 X_1 和 X_2 在右尾显示了右尾相关或极值依赖；如果 $\lambda_{\mathrm{u}} = 0$，则它们在右尾渐近相关。类似地，只要存在一个极限 $\lambda_{\mathrm{l}} \in [0,1]$，左尾依赖系数是

$$\lambda_{\mathrm{l}} := \lambda_{\mathrm{l}}(X_1, X_2) = \lim_{q \to 0^+} P(X_2 \leqslant F_2^{\leftarrow}(q) \mid X_1 \leqslant F_1^{\leftarrow}(q))$$

如果 F_1 和 F_2 是连续分布函数，则我们根据二元分布的唯一连接函数 C 得到 λ_{l} 和 λ_{u} 简单的表达。运用基本条件概率和公式 (7.4) 可以得到

$$\begin{aligned} \lambda_{\mathrm{l}} &= \lim_{q \to 0^+} \frac{P(X_2 \leqslant F_2^{\leftarrow}(q), X_1 \leqslant F_1^{\leftarrow}(q))}{P(X_1 \leqslant F_1^{\leftarrow}(q))} \\ &= \lim_{q \to 0^+} \frac{C(q,q)}{q} \end{aligned} \tag{7.34}$$

对右尾依赖性，我们用公式 (7.14) 得到

$$\lambda_{\mathrm{u}} = \lim_{q \to 1^-} \frac{\hat{C}(1-q, 1-q)}{1-q} = \lim_{q \to 0^+} \frac{\hat{C}(q,q)}{q} \tag{7.35}$$

其中 $\hat{C}$ 是 C 的生存连续函数（见公式 (7.16)）。对径向对称连接函数，必须有 $\lambda_{\mathrm{l}} = \lambda_{\mathrm{u}}$，因为对这样的连接函数 $C = \hat{C}$。

如果问题中的连接函数有一个简单闭型，则这些系数的计算是明确的，和 (7.12) 中的 Gumbel 连接函数以及 (7.13) 中的 Clayton 连接函数一样。在第 7.3.1 节中我们将用一个更相关的方法来计算方差混合正态分布的连接函数的尾部相关系数，比如高斯和 t 连接函数。

例 7.37 (Gumbel **和** Clayton **连接函数**). 对于 Gumbel 生存连接函数 $\hat{C}_\theta^{\mathrm{Gu}}$，我们首先使用公式 (7.16) 来推断

$$\lambda_{\mathrm{u}} = \lim_{q \to 1^-} \frac{\hat{C}_\theta^{\mathrm{Gu}}(1-q, 1-q)}{1-q} = 2 - \lim_{q \to 1^-} \frac{C_\theta^{\mathrm{Gu}}(q,q) - 1}{q - 1}$$

我们使用洛必达 (L'Hôpital) 法则和 $C_\theta^{\mathrm{Gu}}(u,u) = u^{2^{1/\theta}}$ 来推断

$$\lambda_{\mathrm{u}} = 2 - \lim_{q \to 1^-} \frac{\mathrm{d}C_\theta^{\mathrm{Gu}}(q,q)}{\mathrm{d}q} = 2 - 2^{1/\theta}$$

假定 $\theta > 1$，Gumbel 连接函数有右尾依赖性。这个尾部依赖的强度随着 $\theta \to \infty$ 趋于 1，这是希望得到的结果，因为 Gumbel 连接函数随着 $\theta \to \infty$ 趋向于共单调连接函数。用一个类似的技巧，Clayton 连接函数的左尾依赖系数对 $\theta > 0$ 有 $\lambda_{\mathrm{l}} = 2^{-1/\theta}$。

Clayton 连接函数的左尾依赖性和 Gumbel 连接函数的右尾依赖性的结论可以在图 7.3 和图 7.4 中看到，在那里这些连接函数显然有一个增长的趋势来在各自的转角产生联合极值。在第 7.3.1 节中，我们将看到高斯连接函数在两个尾部是渐近独立的，而 t 连接函数由于它的径向对称性具有相同大小的上下尾部依赖关系。

说明与评论

共单调或完全正相关的概念被很多作者讨论过，包括 Schmeidler (1986) 和 Yaari (1987)。也可参考 Wang and Dhaene (1998)，我们在命题 7.18 中用到了他的证明，和 Vyncke (2004) 精算科学百科全书中的条目。

相关性谬误的讨论基于 Embrechts et al. (2002)，其中包含一些其他例子，解释了这些陷阱。在整本书中我们多次提到这篇文献，它在普及连接函数概念方面也起到了重要的作用，但在金融、保险和经济方面不是唯一的，例如，Genest et al. (2009)。这篇文献的 ETH 风险实验室预印本早在 1998 年就有，同时有一个发布的删减版 Embrechts et al. (1999)。

对于 Höffding 公式和它在证明可获得相关系数范围中的作用见 Höffding (1940)，Fréchet (1957) 和 Shea (1983)。秩相关的有用参考文献是 Kruskal (1958) 和 Joag-Dev (1984)。秩相关和连接函数的关系在 Schweizer and Wolff (1981) 和 Nelsen (2006) 中有讨论。我们用到的尾部依赖性的定义源于 Joe (1993, 1997)。如讨论过的那样，尾部依赖度量有很多可替换的定义，比如在 Coles et al. (1999) 中有。

探讨相关性概念并强调与连接函数关系的重要书籍包括 Joe (1997), Denuit et al. (2005) 和 Rüschendorf (2013)。

7.3　混合正态连接函数

每个具有连续边缘分布的多元分布中都包含一个唯一的连接函数，在第 6.2 节中，多元正态混合分布中包含的参数连接函数是一类有用的参数连接函数。我们认为这些交点在市场风险应用中尤其重要。实际上，在大多数情况下，这些连接函数都是隐式使用的，而用户不一定认识到这个事实。当正态混合物分布拟合多元回归数据或作为多元时间序列模型的新息分布时，均采用正态混合物交点。正如我们在第 12.2 节中讨论的那样，它们也存在于许多信用风险模型中。

在本节中我们首先关注方差混合正态连接函数。在第 7.3.1 节中我们检验它们的尾部依赖性质。在第 7.3.2 节中我们计算秩相关系数，这有利于我们校准连接函数到数据上。接着，在第 7.3.3 和 7.3.4 节中我们研究从多元混合正态构造产生的连接函数的一些更独特的例子。

7.3.1　尾部依赖性

尾部依赖系数　考虑一对均匀随机变量 (U_1, U_2)，它的分布 $C(u_1, u_2)$ 是一个正态方差混合连接函数。由于 C 的径向对称性（见第 7.1.5 节），在这里可以考虑公式 (7.34) 中左尾依赖系数的公式来计算 C 的尾部依赖 λ。应用洛必达 (L'Hôpital) 法则和公式 (7.17) 我们得到

$$\lambda = \lim_{q\to 0^+} \frac{\mathrm{d}C(q,q)}{\mathrm{d}q} = \lim_{q\to 0^+} P(U_2 \leqslant q \mid U_1 = q) + \lim_{q\to 0^+} P(U_1 \leqslant q \mid U_2 = q)$$

因为 C 是可交换的，所以由等式 (7.21) 得到

$$\lambda = 2 \lim_{q\to 0^+} P(U_2 \leqslant q \mid U_1 = q) \tag{7.36}$$

我们现在展示了在例 7.13 中提到的高斯和 t 连接函数之间的有趣对比，即 t 连接函数具有尾部依赖性，而高斯连接函数在尾部是渐近独立的。

例 7.38 (**高斯连接函数的渐近独立性**). 为了计算高斯连接函数 C_ρ^{Ga} 的尾部依赖系数，令 $(X_1, X_2) := (\Phi^{-1}(U_1), \Phi^{-1}(U_2))$，使 (X_1, X_2) 具有标准边际和相关性 ρ 的二元正态分布。如果 $\rho < 1$，则由等式 (7.36) 得到

$$\begin{aligned}\lambda &= 2 \lim_{q \to 0^+} P(\Phi^{-1}(U_2) \leqslant \Phi^{-1}(q) \mid \Phi^{-1}(U_1) = \Phi^{-1}(q)) \\ &= 2 \lim_{x \to -\infty} P(X_2 \leqslant x \mid X_1 = x)\end{aligned}$$

由于 $X_2 \mid X_1 = x \sim N(\rho x, 1 - \rho^2)$，可以计算出

$$\lambda = 2 \lim_{x \to -\infty} \Phi(x\sqrt{1-\rho}/\sqrt{1+\rho}) = 0$$

所以高斯连接函数在两个尾部都是渐近独立的。无论相关系数有多大，只要我们足够接近尾部，极端事件在每个边际都会独立地发生。

例 7.39 (t **连接函数的渐近独立性**). 为了计算 t 连接函数 $C_{\nu,\rho}^t$ 的尾部依赖性，令 $(X_1, X_2) := (t_\nu^{-1}(U_1), t_\nu^{-1}(U_2))$，这里 t_ν 表示具有自由度 ν 的单一变量 t 分布的分布函数。所以 $(X_1, X_2) \sim t_2(\nu, \mathbf{0}, P)$，这里 P 是相关矩阵，它的非对角线元素是 ρ。通过由二元 t 分布的联合分布密度和边际分布密度计算出的条件分布密度，可以验证，当 $X_1 = x$ 时，有

$$\left(\frac{\nu+1}{\nu+x^2}\right)^{1/2} \frac{X_2 - \rho x}{\sqrt{1-\rho^2}} \sim t_{\nu+1} \tag{7.37}$$

同样的论证应用于例 7.38 我们发现

$$\lambda = 2t_{\nu+1}\left(-\sqrt{\frac{(\nu+1)(1-\rho)}{1+\rho}}\right) \tag{7.38}$$

假设 $\rho > -1$，二元 t 分布的连接函数在右尾和左尾都是渐近依赖的。

在表 7.1 中列出了 ν 和 ρ 取不同值所对应的尾部依赖系数。对于固定的 ρ，当 ν 减少时，尾部依赖性增加。对于固定的 ν，当 ρ 增加时，尾部依赖性增加。甚至对于 0 相关值或者是负相关值，尾部依赖性也存在。t 分布是具有一个服从逆伽马分布（这是一个厚尾分布）的混合变量 W 的混合正态分布，这并不意外并且可以通过回忆第 6.2.1 节中的内容直观地理解：如果 $|X_1|$ 很大，则很有可能是因为 W 很大，这增加了 $|X_2|$ 很大的概率。

我们可以使用与前面例子中相同的方法来计算其他正态方差混合连接函数的尾部相关系数会发现，大多数例子，如对称双曲分布的交点或 NIG 分布的交点，都属于高斯交点的同一类别，并且在尾部是渐近独立的。定义 6.4 中混合变量 W 分布的尾部是否与正态方差混合的连接函数具有尾部依赖性，是决定其是否具有尾部依赖性的重要因素。如果 W 有一个带幂尾的分布，那么我们就得到了尾依赖性，否则我们就得到了渐近无关性。这是在第 16.1.3 节中给出的椭圆分布的一般结果的结论。

表 7.1　对于不同 ν 值，自由度，ρ，相关性的 t 连接函数 $C^t_{\nu,\rho}$ 的 λ 的值，右尾依赖系数和左尾依赖系数。最后一行代表高斯连接函数。

	ρ				
ν	-0.5	0	0.5	0.9	1
2	0.06	0.18	0.39	0.72	1
4	0.01	0.08	0.25	0.63	1
10	0.00	0.01	0.08	0.46	1
∞	0	0	0	0	1

联合分位数超越量概率　尾部依赖系数无疑是渐进量，在本节的剩余部分中，我们将研究高斯和 t 连接函数的有限高分位数的联合超额数，以便更多地了解这两种模型极值行为差异的实际后果。

我们考虑图 7.9，其中显示了来自四个不同分布的 5000 个模拟点。(a) 和 (b) 中的分布是元高斯分布（参见第 7.1.3 节），并且共有相同的连接函数 C^{Ga}_ρ。(c) 和 (d) 的分布是元 t 分布，并且共有相同的连接函数 $C^t_{\nu,\rho}$。在所有部分 ν 和 ρ 的值分别是 4 和 0.5。(a) 和 (c) 中的分布共享相同的边际分布，也就是标准正态边际分布。(b) 和 (d) 中的分布都有自由度为 4 的学生 t 分布。(a) 和 (d) 中的分布显然是椭圆分布，是有四个自由度的一个二元标准正态分布和一个二元 t 分布，它们都有线性相关系数 $\rho = 0.5$。其他分布不是椭圆分布且不一定有 50% 线性相关，因为边际分布的改变使线性相关性改变了。这四个分布都有相同的 Kendall tau 的值（见命题 7.43）。元高斯分布有相同的 Spearman rho 的值，元 t 分布也一样，虽然两个值不同（参见第 7.2.3 节）。

垂直和水平线标记了所有分布的 0.005 和 0.995 分位的真实理论值。注意到对元 t 分布，都在 0.005 分位以下或都超过 0.995 分位的点的数量显然比元高斯分布的多，这可以由 t 连接函数的尾部依赖性解释。这些联合超过数在元 t 模型中的真实理论比例，可能超出元高斯模型中的数是 2.79，这可以在表 7.2 中看出，我们现在讨论它的解释。

在表 7.2 中，对各种 ρ 和 ν 且 $u = 0.05, 0.01, 0.005, 0.001$，计算了 $C^{\mathrm{Ga}}_\rho(u,u)/C^t_{\nu,\rho}(u,u)$ 的值。标记为高斯的行包含 $C^{\mathrm{Ga}}_\rho(u,u)$ 的值，这是有这个连接函数的两个随机变量低于它们的 $(1-u)$ 分位数的概率。剩下的几行给出了比值，从而表示当我们从高斯连接函数模型转移到 t 连接函数模型时，联合分位数超额概率必须被夸大的程度。

在表 7.3中我们把表 7.2 推广到更高维。我们现在只关注 1%（或 99%) 分位数的联合超额数。我们对比例值 $C^{\mathrm{Ga}}_P(u,\dots,u)/C^t_{\nu,P}(u,\dots,u)$ 建表，其中 P 是一个等相关矩阵，所有的相关系数等于 ρ。显而易见，不仅这些值随着相关参数或自由度的减小而增长，而且它们也随着连接函数维数而增长。下一个例子给出了其中一个数字的解释。

例 7.40 (联合分位数超额数：一个解释). *考虑 5 只股票的日收益。假设我们不确定这些数据收益率的最优的多元椭圆模型，但是我们相信同一天任何两项收益率之间的相关系数是 50%。如果收益率服从多元高斯分布，那么在任意一天所有收益率都在它们各自分布的*

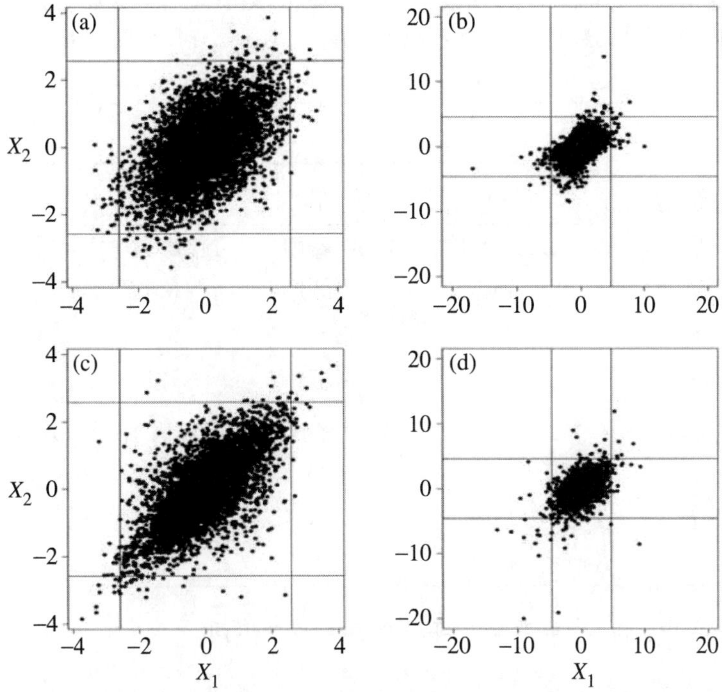

图 7.9　4 个分布的 5000 个模拟点。(a) 二元标准正态分布有相关参数 $\rho = 0.5$。(b) 有连接函数 C_ρ^{Ga} 的 元高斯分布和自由度为 4 的学生 t 边际分布。(c) 有连接函数 $C_{4,\rho}^t$ 的 元 t 分布和标准正态边际分布。(d) 有四个自由度的二元标准 t 分布，相关参数 $\rho = 0.5$。水平和垂直线标记了 0.005 和 0.995 分位。评论可以参见第 7.3.1 节。

表 7.2　二元高斯和 t 连接函数的联合分位超额数取相关参数值 0.5 和 0.7。对高斯分布联合分位超额数的概率是给定的；对 t 连接函数，高斯概率必须乘上的因子是给定的。

			分位数			
ρ	连接函数	ν	0.05	0.01	0.005	0.001
0.5	高斯		1.21×10^{-2}	1.29×10^{-3}	4.96×10^{-4}	5.42×10^{-5}
0.5	t	8	1.20	1.65	1.94	3.01
0.5	t	4	1.39	2.22	2.79	4.86
0.5	t	3	1.50	2.55	3.26	5.83
0.7	高斯		1.95×10^{-2}	2.67×10^{-3}	1.14×10^{-3}	1.60×10^{-4}
0.7	t	8	1.11	1.33	1.46	1.86
0.7	t	4	1.21	1.60	1.82	2.52
0.7	t	3	1.27	1.74	2.01	2.83

1% 分位数之下的概率是 7.48×10^{-5}。长远来看这个事件平均 13 369 交易日会发生一次，大概是 51.4 年一次（假设一年有 260 个交易日）。另一方面，如果收益率服从具有自由度为 4 的多元 t 分布，那么这样一个事件发生频率会提升 7.68 倍，也就是大概 6.7 年一次。

表 7.3　多元高斯函数和 t 等相关连接函数的联合 1% 分位数概率，相关参数值分别为 0.5 和 0.7。表中给出了高斯连接函数联合分位数超额数的概率。对于 t 连接函数，给出了必须乘以高斯概率的因子。

			d 维			
ρ	连接函数	ν	2	3	4	5
0.5	高斯		1.29×10^{-3}	3.66×10^{-4}	1.49×10^{-4}	7.48×10^{-5}
0.5	t	8	1.65	2.36	3.09	3.82
0.5	t	4	2.22	3.82	5.66	7.68
0.5	t	3	2.55	4.72	7.35	10.34
0.7	高斯		2.67×10^{-3}	1.28×10^{-3}	7.77×10^{-4}	5.35×10^{-4}
0.7	t	8	1.33	1.58	1.78	1.95
0.7	t	4	1.60	2.10	2.53	2.91
0.7	t	3	1.74	2.39	2.97	3.45

在风险经理的一生中，50 年事件和 7 年事件意义十分不同。

7.3.2　秩相关

为了计算正态方差混合连接函数的秩相关，我们对椭圆分布使用以下初步结果。

命题 7.41. 设 $\boldsymbol{X} \sim E_2(\boldsymbol{0}, \Sigma, \psi)$ 和 $\rho = \wp(\Sigma)_{12}$，这里 $\wp$ 表示等式 (6.5) 中的相关算子。假设 $P(\boldsymbol{X} = \boldsymbol{0}) = 0$。那么

$$P(X_1 > 0, X_2 > 0) = \tfrac{1}{4} + \frac{\arcsin \rho}{2\pi}$$

证明. 首先我们标准化变量并且观察到如果 $\boldsymbol{Y} \sim E_2(0, P, \psi)$，$P = \wp(\Sigma)$，那么 $P(X_1 > 0, X_2 > 0) = P(Y_1 > 0, Y_2 > 0)$。现在引入一对球面变量 $\boldsymbol{Z} \sim S_2(\psi)$，由此得出结论

$$\begin{aligned}(Y_1, Y_2) &\stackrel{\mathrm{d}}{=} (Z_1, \rho Z_1 + \sqrt{1-\rho^2} Z_2) \\ &\stackrel{\mathrm{d}}{=} R(\cos\Theta, \rho\cos\Theta + \sqrt{1-\rho^2}\sin\Theta)\end{aligned}$$

这里 R 是一个正的径向随机变量，并且 Θ 是一个在 $[-\pi, \pi)$ 上的独立的、均匀分布的角度（见第 6.3.1 节和定理 6.21）。令 $\phi = \arcsin\rho$ 并观察到 $\sin\phi = \rho$ 和 $\cos\phi = \sqrt{1-\rho^2}$。因为 $P(R = 0) = P(\boldsymbol{X} = \boldsymbol{0}) = 0$，所以我们得出

$$\begin{aligned}P(X_1 > 0, X_2 > 0) &= P(\cos\Theta > 0, \sin\phi\cos\Theta + \cos\phi\sin\Theta > 0) \\ &= P(\cos\Theta > 0, \sin(\Theta + \phi) > 0)\end{aligned}$$

这个角度 Θ 必须联合地服从 $\Theta \in (-\frac{1}{2}\pi, \frac{1}{2}\pi)$ 和 $\Theta + \phi \in (0, \pi)$，并且显然对于任何 ϕ 的值，它有概率 $(\frac{1}{2}\pi + \phi)/(2\pi)$，结论成立。 □

定理 7.42 (高斯连接函数秩相关). 设 $\boldsymbol{X}$ 服从具有连接函数 C_ρ^{Ga} 和连续边际分布的元高斯分布。那么秩相关系数是

$$\rho_\tau(X_1, X_2) = \frac{2}{\pi} \arcsin \rho \tag{7.39}$$

$$\rho_{\mathrm{S}}(X_1, X_2) = \frac{6}{\pi} \arcsin \tfrac{1}{2}\rho \tag{7.40}$$

证明. 既然秩相关是一个连接函数的性质，我们显然可以简单地假设 $\boldsymbol{X} \sim N_2(\mathbf{0}, P)$，其中 P 是一个非对角元为 ρ 的相关矩阵，运算则是很简单的。对 Kendall tau，公式 (7.29) 意味着

$$\rho_\tau(X_1, X_2) = 4P(Y_1 > 0, Y_2 > 0) - 1$$

其中 $\boldsymbol{Y} = \tilde{\boldsymbol{X}} - \boldsymbol{X}$ 和 $\tilde{\boldsymbol{X}}$ 是 $\boldsymbol{X}$ 的独立复制。因为由第 6.1.3 节中多元正态分布的卷积性质，$\boldsymbol{Y} \sim N_2(\mathbf{0}, 2P)$，根据命题 7.41 我们有 $\rho(Y_1, Y_2) = \rho$ 和等式 (7.39)。

对 Spearman rho，设 $\boldsymbol{Z} = (Z_1, Z_2)'$ 是一个由两个独立标准正态随机变量组成的向量并观察公式 (7.31)，说明

$$\begin{aligned}
\rho_{\mathrm{S}}(X_1, X_2) &= 3(2P((X_1 - Z_1)(X_2 - Z_2) > 0) - 1) \\
&= 3(4P(X_1 - Z_1 > 0, X_2 - Z_2 > 0) - 1) \\
&= 3(4P(Y_1 > 0, Y_2 > 0) - 1)
\end{aligned}$$

其中 $\boldsymbol{Y} = \boldsymbol{X} - \boldsymbol{Z}$。因为 $\boldsymbol{Y} \sim N_2(\mathbf{0}, (P + I_2))$，所以根据命题 7.41 和事实 $\rho(Y_1, Y_2) = \rho/2$ 有公式 (7.40)。 □

图 7.10 说明了秩相关和 ρ 之间的关系。注意，公式 (7.40) 的右边可以近似为 ρ 本身。这个近似值结果是非常准确的，这个误差范围是 $|6\arcsin(\rho/2)/\pi - \rho| \leqslant (\pi - 3)|\rho|/\pi \leqslant 0.0181$。

由公式 (7.39) 表示的 Kendall tau 和高斯连接函数 C_ρ^{Ga} 的相关参数的关系，对于除了点集中在中心的椭圆分布之外的所有椭圆分布的连接函数广泛地成立，包括，例如，t 连接函数 $C_{\nu,\rho}^t$。这是以下结论的结果，我们曾经在第 6.3.4 节中使用过这个结论来导出二元分布的替代的相关估计。

命题 7.43. 设 $\boldsymbol{X} \sim E_2(\mathbf{0}, P, \psi)$，其中相关矩阵 P 的非对角元素是 ρ 并且假设 $P(\boldsymbol{X} = \mathbf{0}) = 0$，那么关系 $\rho_\tau(X_1, X_2) = (2/\pi) \arcsin \rho$ 成立。

证明. 结论依赖于 (6.47) 中的椭圆分布的卷积性质。令 $\boldsymbol{Y} = \tilde{\boldsymbol{X}} - \boldsymbol{X}$，这里 $\tilde{\boldsymbol{X}}$ 是 $\boldsymbol{X}$ 的一个独立复制，我们注意到对于某些特征生成器 $\tilde{\psi}\boldsymbol{Y} \sim E_2(\mathbf{0}, P, \tilde{\psi})$，我们需要像在定理 7.42 的证明中那样估计 $\rho_\tau(X_1, X_2) = 4P(Y_1 > 0, Y_2 > 0) - 1$，但是命题 7.41 表明 $P(Y_1 > 0, Y_2 > 0)$ 取值相同，无论 $\boldsymbol{Y}$ 是不是椭圆的。 □

Spearman rho 和高斯连接函数的相关参数之间的关系 (7.40) 对所有椭圆分布的连接函数并不都成立，然而我们可以基于以下结论对方差混合正态分布的连接函数导出一个公式。

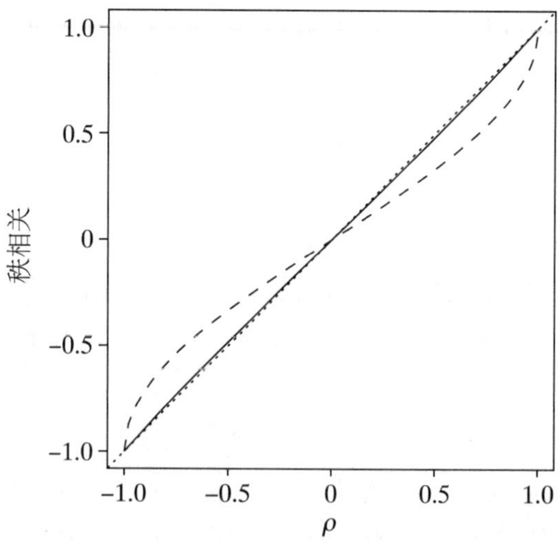

图 7.10　实线是 Spearman rho 和有连续分布函数的元高斯随机变量的高斯连接函数 C_ρ^{Ga} 的相关性参数 ρ 之间的关系。它和直线 $y=x$ 非常接近，只用点线表示。虚线表示 Kendall tau 和 ρ 之间的关系。这个关系对相关性参数为 ρ 的其他方差混合正态分布适用，比如 t 连接函数 $C_{\nu,\rho}^t$。

命题 7.44. 对于非对角元素 ρ 且 $P(\boldsymbol{X}=\mathbf{0})=0$ 的相关性矩阵 P，设 $P(\boldsymbol{X}=\mathbf{0})=0$，$\boldsymbol{X}\sim M_2(\mathbf{0},P,\hat{H})$ 的分布是服从方差混合正态分布，那么

$$\rho_{\mathrm{S}}(X_1,X_2)=\frac{6}{\pi}E\left(\arcsin\left(\rho\frac{W}{\sqrt{(W+\tilde{W})(W+\bar{W})}}\right)\right) \tag{7.41}$$

$W,\tilde{W}$ 和 $\bar{W}$，是独立的随机变量其分布函数是 H，它使得 H 的 Laplace–Stieltjes 变换是 $\hat{H}$。

证明. 假设 $\boldsymbol{X}=\sqrt{W}\boldsymbol{Z}$，这里 $\boldsymbol{Z}\sim N_2(\mathbf{0},P)$。令 $\tilde{Z}$ 和 $\bar{Z}$ 是标准正态变量并且假设 $\boldsymbol{Z}$, $\tilde{Z}$, $\bar{Z}$, W, $\tilde{W}$ 和 $\bar{W}$ 都是独立的。记 $\tilde{X}:=\sqrt{\tilde{W}}\tilde{Z}$, $\bar{X}:=\sqrt{\bar{W}}\bar{Z}$，所以

$$Y_1:=X_1-\tilde{X}=\sqrt{W}Z_1-\sqrt{\tilde{W}}\tilde{Z}$$
$$Y_2:=X_2-\bar{X}=\sqrt{W}Z_2-\sqrt{\bar{W}}\bar{Z}$$

我们用与定理 7.42 中相似的方法并且对 $W,\tilde{W}$ 和 $\bar{W}$ 来证明这个结论。我们注意到 $\boldsymbol{Y}=(Y_1,Y_2)'$ 条件分布满足

$$\boldsymbol{Y}\mid W,\tilde{W},\bar{W}\sim N_2\left(\mathbf{0},\begin{pmatrix}W+\tilde{W} & W\rho\\ W\rho & W+\bar{W}\end{pmatrix}\right).$$

使用公式 (7.31) 可以计算出

$$\begin{aligned}\rho_{\mathrm{S}}(X_1,X_2)&=6P((X_1-\tilde{X}_1)(X_2-\bar{X}_2)>0)-3\\&=3\left(2E\left(P\left(Y_1Y_2>0\mid W,\tilde{W},\bar{W}\right)\right)-1\right)\end{aligned}$$

$$= 3E\left(4P(Y_1 > 0, Y_2 > 0 \mid W, \tilde{W}, \bar{W}) - 1\right)$$

应用命题 7.41 并且当给定 $W, \tilde{W}$ 和 $\bar{W}$ 时

$$\rho(Y_1, Y_2) = \rho\frac{W}{\sqrt{(W+\tilde{W})(W+\bar{W})}}$$

由此我们得出结论 (7.41)。 □

当 $W = \tilde{W} = \bar{W} = k$ 其中 k 是正常数时，公式 (7.41) 可以简化为公式 (7.40))。通常，对于方差混合正态分布的 Spearman rho 可以通过蒙特卡洛方法近似求得在公式 (7.41) 中的积分来准确地算出。例如，为了计算 t 连接函数 $C^t_{\nu,\rho}$ 的 Spearman rho，我们会产生逆伽马变量的一个集合 $\{W_j, \tilde{W}_j, \bar{W}_j, j = 1, \ldots, m\}$，大小为 m，使得这个集合中的每个变量有独立的 $\mathrm{Ig}(\frac{1}{2}\nu, \frac{1}{2}\nu)$ 分布。接着有

$$\rho_S(X_1, X_2) \approx \frac{6}{m\pi}\sum_{j=1}^{m}\arcsin\left(\rho\frac{W_j}{\sqrt{(W_j+\tilde{W}_j)(W_j+\bar{W}_j)}}\right) \tag{7.42}$$

7.3.3　偏混合正态连接函数

一个偏混合正态连接函数是服从任意不满足椭圆对称的混合正态分布的连接函数。例子由偏 t 连接函数给出，它是服从公式 (6.31) 中密度函数的分布的连接函数。

在第 6.2.3 节的表示法中，一个服从偏 t 分布且自由度为 ν 的随机向量 $\boldsymbol{X}$ 表示为 $\boldsymbol{X} \sim \mathrm{GH}_d(-\frac{1}{2}\nu, \nu, 0, \boldsymbol{\mu}, \Sigma, \boldsymbol{\gamma})$。它的边际分布满足 $X_i \sim \mathrm{GH}_1(-\frac{1}{2}\nu, \nu, 0, \mu_i, \Sigma_{ii}, \gamma_i)$（由命题 6.13）且它的连接函数依赖于 ν, $P = \wp(\Sigma)$ 以及 $\boldsymbol{\gamma}$，表示为 $C^t_{\nu,P,\boldsymbol{\gamma}}$，或者在二元情况下 $C^t_{\nu,\rho,\gamma_1,\gamma_2}$。偏 t 连接函数中的随机抽样基于算法 7.10 中的一般方法。

算法 7.45 (偏 t 连接函数的模拟).

(1) 用算法 6.10 生成 $\boldsymbol{X} \sim \mathrm{GH}_d(-\frac{1}{2}\nu, \nu, 0, \mathbf{0}, P, \boldsymbol{\gamma})$。

(2) 返回 $\boldsymbol{U} = (F_1(X_1), \ldots, F_d(X_d))'$，其中 F_i 是一个 $\mathrm{GH}_1(-\frac{1}{2}\nu, \nu, 0, 0, 1, \gamma_i)$ 分布的分布函数。随机向量 $\boldsymbol{U}$ 有分布函数 $C^t_{\nu,P,\boldsymbol{\gamma}}$。

注意到 F_i 的求值需要对一个一元偏 t 分布的密度函数求数值积分。

为了讨论偏 t 连接函数的灵活性，需要考虑二元情况下偏斜参数 γ_1 和 γ_2 的不同取值。在图 7.11 中我们描绘了从这个连接函数的 9 个不同例子中的模拟点。(e) 对应于取 $\gamma_1 = \gamma_2 = 0$ 的情况，因此是普通的 t 连接函数。其他所有的图展示了非辐射对称的连接函数（见第 7.1.5 节），显然每幅图以 $(\frac{1}{2}, \frac{1}{2})$ 点为中心旋转 180°；(c), (e) 和 (g) 展示了满足公式 (7.20) 的可交换连接函数，而剩余 6 个是非可交换的。

显然相比普通的 t 连接函数，偏 t 连接函数的优势是它的不对称性让我们在分布的“另一侧的角落”有各种不同水平的尾部依赖性。在市场风险环境下声称股票中的联合负收益率比联合正收益率表现出更多的尾部依赖性。

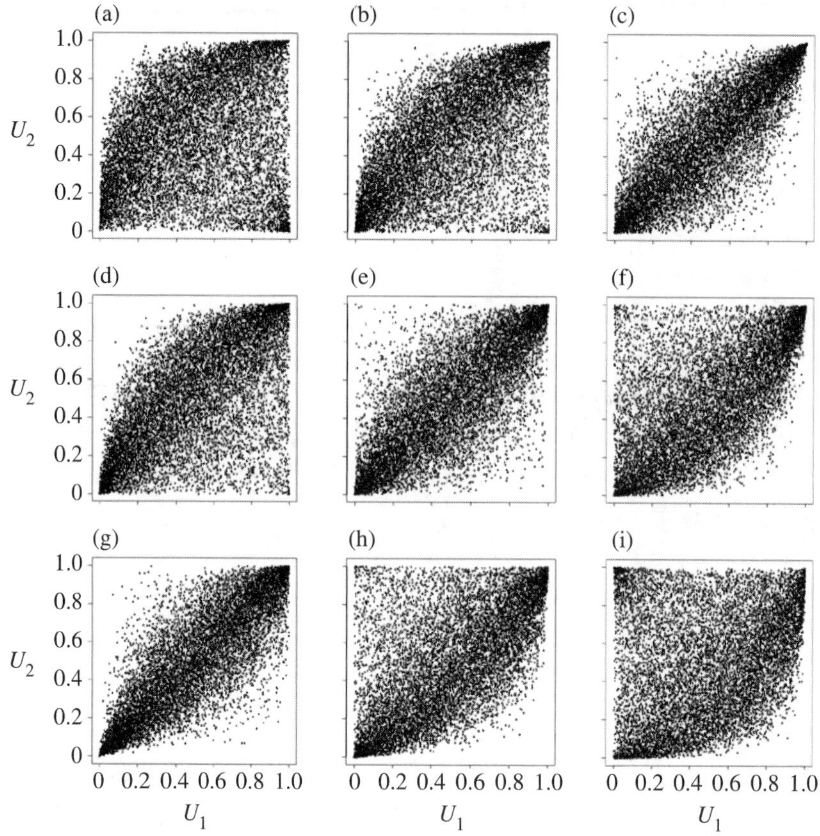

图 7.11 二元偏 t 连接函数 $C^t_{\nu,\rho,\gamma_1,\gamma_2}$ 的 2000 个模拟点。取 $\nu=5$, $\rho=0.8$ 和参数 $\boldsymbol{\gamma}=(\gamma_1,\gamma_2)'$ 的各种取值：(a) $\boldsymbol{\gamma}=(0.8,-0.8)'$;(b) $\boldsymbol{\gamma}=(0.8,0)'$; (c) $\boldsymbol{\gamma}=(0.8,0.8)'$; (d) $\boldsymbol{\gamma}=(0,-0.8)'$; (e) $\boldsymbol{\gamma}=(0,0)'$; (f) $\boldsymbol{\gamma}=(0,0.8)'$;(g) $\boldsymbol{\gamma}=(-0.8,-0.8)'$; (h) $\boldsymbol{\gamma}=(-0.8,0)'$; and (i) $\boldsymbol{\gamma}=(-0.8,0.8)'$。

7.3.4 分组混合正态连接函数

从技术上来说，分组混合正态连接函数不是一个混合正态分布的连接函数，它是一种把一组混合正态连接函数连接起来的方法。我们通过考虑分组 t 连接函数来阐述这个想法。这里的基本想法是去构造一个随机向量 $\boldsymbol{X}$ 的连接函数，使得特定的 $\boldsymbol{X}$ 子向量具有 t 连接函数，但是有不同的尾部依赖性。

我们使用在公式 (6.18) 中的方差混合构造 $\boldsymbol{X}=\sqrt{W}\boldsymbol{Z}$ 的泛化来创建一个分布。我们用不同的变量 W_j 乘以不同的子组，而不是像例 6.7 那样把相关的高斯向量 $\boldsymbol{Z}$ 的所有分量都乘以一个逆伽马分布的变量 W 的根，这里 $W_j\sim \mathrm{Ig}(\frac{1}{2}\nu_j,\frac{1}{2}\nu_j)$ 并且 W_j 是共单调的（见第 7.2.1 节）。所以我们构造出一些子组，它们的依赖性质由不同参数 ν_j 的 t 连接函数刻画。这些子组甚至可能由每个参数 rν_j 对应一个元素这种方式组成，Luo and Shevchenko (2010) 发明了这个想法，取名叫广义 t 连接函数。

就像 t 连接函数、偏 t 连接函数和基于多元混合正态的任何事物一样，一个组合 t 连接函数可以简单地模拟，所以可以简单地在蒙特卡洛风险研究中使用，这是其发展的一个主要动力。我们通过更详细地解释如何产生一个随机向量 $\boldsymbol{U}$ 来正式定义组合 t 连接函数。

算法 7.46 (连接函数分组 t 连接函数的模拟).

(1) 独立产生 $\boldsymbol{Z} \sim N_d(\boldsymbol{0}, P)$ 和 $U \sim U(0,1)$。

(2) 大小分别为 $s_1, \ldots, s_m$ 的 m 个子集的分割 $\{1, \ldots, d\}$, 并且对于 $k = 1, \ldots, m$, 令 ν_k 是关于组 k 的自由度参数。

(3) 设 $W_k = G_{\nu_k}^{-1}(U)$, 这里 G_ν 是单一变量 $\mathrm{Ig}(\frac{1}{2}\nu, \frac{1}{2}\nu)$ 分布的分布函数, 使得 $W_1, \ldots, W_m$ 是共单调的和逆伽马分布变量。

(4) 通过下式构造向量 $\boldsymbol{X}$ 和 $\boldsymbol{U}$:

$$\boldsymbol{X} = (\sqrt{W_1}Z_1, \ldots, \sqrt{W_1}Z_{s_1}, \sqrt{W_2}Z_{s_1+1}, \ldots, \sqrt{W_2}Z_{s_1+s_2}, \ldots, \sqrt{W_m}Z_d)'$$
$$\boldsymbol{U} = (t_{\nu_1}(X_1), \ldots, t_{\nu_1}(X_{s_1}), t_{\nu_2}(X_{s_1+1}), \ldots, t_{\nu_2}(X_{s_1+s_2}), \ldots, t_{\nu_m}(X_d))'$$

前者有一个分组 t 分布，后者是根据分组 t 连接函数的分布。

如果我们有期望的组合结构的先验的想法，就能使用基于 Kendall 秩相关系数 tau 的办法来将 t 连接函数调整到数据上。对普通 t 连接函数的这个办法会在第 7.5.1 节和例 7.56 中描述。

说明与评论

t 连接函数的尾部依赖系数首先在 Embrechts et al. (2002) 中得到。椭圆分布连接函数的一个更广义的结果在 Hult and Lindskog (2002) 中给出了，并且将在第 16.1.3 节中讨论。椭圆分布的 Kendall tau 公式可以在 Lindskog et al. (2003) 和 Fang and Fang (2002) 中找到。

命题 7.44 起因于 Andrew D. Smith （私人信件），他还推导了吸引人的可替换公式 $\rho_{\mathrm{S}}(X_1, X_2) = (6/\pi)E(\arcsin(\rho\sin(\Theta/2)))$，其中 Θ 为三角形种边长为 $(W^{-1} + \tilde{W}^{-1})$, $(W^{-1} + \bar{W}^{-1})$ 和 $(\tilde{W}^{-1} + \bar{W}^{-1})$ 的（随机）角。

偏 t 连接函数在 Demarta and McNeil (2005) 中有介绍，这里面也描述了分组的 t 连接函数。分组的 t 连接函数和一个对它的校准方法首先在 Daul et al. (2003) 提出。 Luo and Shevchenko (2010, 2012) 调查过每组中只有一个成员的分组的 t 连接函数特殊情况，他称之为广义 t 连接函数。

7.4　阿基米德连接函数

Gumbel 连接函数 (7.12) 和 Clayton 连接函数 (7.13) 都属于所谓的阿基米德连接函数，它已经被广泛地研究了。已经证明这个族对投资组合信用风险建模有用，这将在例 11.4中看到。在本节我们考虑这些连接函数的简单结构，并建立一些我们将会需要的性质。

7.4.1　二元阿基米德连接函数

和 Gumbel、Clayton 连接函数一样，我们考虑的另外两个深层次例子是 *Frank* 连接函数

$$C_\theta^{\mathrm{Fr}}(u_1,u_2)=-\frac{1}{\theta}\ln\left(1+\frac{(\exp(-\theta u_1)-1)(\exp(-\theta u_2)-1)}{\exp(-\theta)-1}\right),\quad \theta\in\mathbb{R}$$

和我们称之为广义 *Clayton* 连接函数的双参数连接函数：

$$C_{\theta,\delta}^{\mathrm{GC}}(u_1,u_2)=\left(((u_1^{-\theta}-1)^\delta+(u_2^{-\theta}-1)^\delta)^{1/\delta}+1\right)^{-1/\theta},\quad \theta\geqslant 0,\ \delta\geqslant 1$$

可以被证实的是，假设参数 θ 位于我们在连接函数定义中指定的范围内，则我们遇到过的四个例子都有形式

$$C(u_1,u_2)=\psi(\psi^{-1}(u_1)+\psi^{-1}(u_2))\tag{7.43}$$

其中 $\psi:[0,\infty)\to[0,1]$ 是一个递增连续函数，满足条件 $\psi(0)=1$ 和 $\lim_{t\to\infty}\psi(t)=0$。已知函数 ψ 是连接函数的生成器。例如，对于 $\theta\geqslant 1$ 的 Gumbel 连接函数 $\psi(t)=\exp(-t^{1/\theta})$，以及对于其他连接函数，生成器在表 7.4 中给出。

表 7.4　汇总了生成器、允许的参数值和 4 个选取的阿基米德连接函数限制的特殊情况。当 $\theta=0$ 时意味着限制 $\lim_{\theta\to 0}\psi_\theta(t)$。对于 Clayton 和 Frank 连接函数，这个限制是 $\exp(-t)$，它是独立连接函数的生成器。

连接函数	生成器 $\psi(t)$	参数范围	$\psi\in\Psi_\infty$	下边界	上边界
C_θ^{Gu}	$\exp(-t^{1/\theta})$	$\theta\geqslant 1$	Yes	Π	M
C_θ^{Cl}	$\max\left((1+\theta t)^{-1/\theta},0\right)$	$\theta\geqslant -1$	$\theta\geqslant 0$	W	M
C_θ^{Fr}	$-\frac{1}{\theta}\ln\left(1+(e^{-\theta}-1)e^{-t}\right)$	$\theta\in\mathbb{R}$	$\theta\geqslant 0$	W	M
$C_{\theta,\delta}^{\mathrm{GC}}$	$(1+\theta t^{1/\delta})^{-1/\theta}$	$\theta\geqslant 0,\ \delta\geqslant 1$	Yes	N/A	N/A

当我们在 (7.13) 中介绍 Clayton 连接函数时，我们强调它的参数应该是非负的。我们还定义了 $-1\leqslant\theta<0$ 的 Clayton 连接函数。为了适应这种情况，生成器写作 $\psi(t)=\max\left((1+\theta t)^{-1/\theta},0\right)$。我们观察到 $\psi(t)$ 在 $[0,-1/\theta)$ 上是严格递增的，但在 $[-1/\theta,\infty)$ 上 $\psi(t)=0$。为了在零点唯一地定义生成器的逆，我们令 $\psi^{-1}(0)=\inf\{t:\psi(t)=0\}=-1/\theta$。

在表 7.4 中，我们还给出了这个族在参数 θ 趋于参数空间的边界时的上下极限。Frank 连接函数和 Clayton 连接函数都被认为是综合连接函数，因为它们插在一个反单调的下极限和共单调的上极限之间。一个更全面的阿基米德连接函数的表见 Nelsen (2006)。

下面的重要的定理阐明了一个条件，在这个条件下函数 ψ 是一个二元阿基米德连接函数的生成器，这个定理让我们可以正式地定义一个阿基米德连接函数生成器。

定理 7.47 (二元阿基米德连接函数). 设 $\psi:[0,\infty)\to[0,1]$ 是一个递增连续函数，满足条件 $\psi(0)=1$ 和 $\lim_{t\to\infty}\psi(t)=0$，则，当且仅当 ψ 是凸的时

$$C(u_1,u_2)=\psi(\psi^{-1}(u_1)+\psi^{-1}(u_2))\tag{7.44}$$

是一个连接函数。

证明. 参见Nelsen (2006, 定理 4.1.4)。 □

定义 7.48 (**阿基米德连接函数生成器**). 一个递减连续凸函数 $\psi : [0,\infty) \to [0,1]$ 满足 $\psi(0)=1$ 和 $\lim_{t\to\infty}\psi(t)=0$，该函数是一个阿基米德连接函数生成器。

注意到这个定义自动说明，对所有的 t 满足 $\psi(t)>0$，ψ 是严格递减的。但如果 ψ 达到零值，则可能存在平面块。这是唯一的逆 ψ^{-1} 有歧义的点并且我们设 $\psi^{-1}(0)=\inf\{t: \psi(t)=0\}$。

对于阿基米德连接函数的 Kendall 秩相关系数，可以使用以下的命题 7.49 直接由生成器逆计算得到。 得到的公式可以通过使用 Kendall tau 的样本来将阿基米德连接函数校准到经验数据上，正如我们在第 7.5 节中讨论的那样。

命题 7.49. 设 X_1 和 X_2 是由 ψ 产生的具有唯一阿基米德连接函数的连续随机变量。那么

$$\rho_\tau(X_1,X_2)=1+4\int_0^1\frac{\psi^{-1}(t)}{\frac{\mathrm{d}}{\mathrm{d}t}\psi^{-1}(t)}\,\mathrm{d}t \tag{7.45}$$

证明. 见 Nelsen (2006, Corollary 5.1.4)。 □

对于阿基米德类的封闭形式的连接函数，尾部依赖系数用例 7.37 中使用的一类方法可以简单地计算出来。 表 7.4 的连接函数的 Kendall tau 的值 和尾部依赖系数由表 7.5给出。有趣的是，注意到广义的 Clayton 连接函数 $C^{\mathrm{GC}}_{\theta,\delta}$ 在某种意义上结合了正参数值的 Gumbel 族和 Clayton 族，所以它成功地在两个尾部都有尾部依赖性。

表 7.5　表 7.4 的 Kendall 秩相关系数和尾部依赖系数。$D_1(\theta)$ 是 Debye(德拜) 函数，$D_1(\theta)=\theta^{-1}\int_0^\theta t/(\exp(t)-1)\,\mathrm{d}t$。

连接函数	ρ_τ	λ_{u}	λ_{l}
C^{Gu}_θ	$1-1/\theta$	$2-2^{1/\theta}$	0
C^{Cl}_θ	$\theta/(\theta+2)$	0	$\begin{cases}2^{-1/\theta}, & \theta>0,\\ 0, & \theta\leqslant 0,\end{cases}$
C^{Fr}_θ	$1-4\theta^{-1}(1-D_1(\theta))$	0	0
$C^{\mathrm{GC}}_{\theta,\delta}$	$\dfrac{(2+\theta)\delta-2}{(2+\theta)\delta}$	$2-2^{1/\delta}$	$2^{-1/(\theta\delta)}$

7.4.2　多元阿基米德连接函数

根据

$$C(u_1,\ldots,u_d)=\psi(\psi^{-1}(u_1)+\cdots+\psi^{-1}(u_d)) \tag{7.46}$$

这里 ψ 是定义 7.48 中的一个阿基米德生成函数，尝试去构造一个更高维的阿基米德连接函数似乎是一个自然的想法。但是，这个构造不能对任意维 d 定义一个合适的分布函数。

一个例子就是当我们取生成器 $\psi(t)=1-t$ 时，这是 $\theta=-1$ 的 Clayton 生成器。在这个情况下我们得到连接函数的 Fréchet 下界，它本身不是 $d>2$ 的连接函数。

为了保证能得到任意维度的合适的连接函数，我们要给在 ψ 加上完全单调性性质。一个递减函数 $f(t)$ 在区间 $[a,b]$ 上是完全单调的，如果它满足

$$(-1)^k\frac{\mathrm{d}^k}{\mathrm{d}t^k}f(t)\geqslant 0,\quad k\in\mathbb{N},\ t\in(a,b) \tag{7.47}$$

定理 7.50. 当且仅当 ψ 是完全单调的时，$\psi:[0,\infty)\to[0,1]$ 是一个阿基米德连接函数生成器。构造 (7.46) 给出了任意维 d 中的一个连接函数。

证明. 参见 Kimberling (1974)。 □

如果一个阿基米德连接函数生成器是完全单调的，则我们记作 $\psi\in\Psi_\infty$。表 7.4 的一列展示了生成器完全单调的情况。例如 Clayton 生成器是完全单调的，当 $\theta\geqslant 0$ 时 d 维 Clayton 连接函数有以下形式

$$C_\theta^{\mathrm{Cl}}(\boldsymbol{u})=(u_1^{-\theta}+\cdots+u_d^{-\theta}-d+1)^{-1/\theta},\quad \theta\geqslant 0 \tag{7.48}$$

这里极限情况 $\theta=0$ 应该解释为 d 维独立连接函数。

完全单调的阿基米德连接函数发生器等价于在 $[0,\infty)$ 上的分布函数 G（$G(0)=0$）的 Laplace–Stieltjes 变换类。设 X 有分布函数 G 的随机变量。我们回忆 G （或者 X）的 Laplace–Stieltjes 变换，有

$$\hat{G}(t)=\int_0^\infty \mathrm{e}^{-tx}\,\mathrm{d}G(x)=E\left(\exp(-tX)\right),\quad t\geqslant 0 \tag{7.49}$$

不难证明 $\hat{G}:[0,\infty)\to[0,1]$ 是一个具有完全单调 (7.47) 性质的、连续的、严格递减的函数。此外，$\hat{G}(0)=1$ 并且排除点大多集中于 0 点的分布保证了 $\lim_{t\to\infty}\hat{G}(t)=0$。$\hat{G}$ 因此提供了会生成任何维度下的一个连接函数的阿基米德生成器的一个候选。

这个见解有很多实际的含义。一方面，我们能由考虑在 $[0,\infty)$ 上不同分布的 Laplace–Stieltjes 变换来产生很多种类的阿基米德连接函数。另一方面，我们能基于以下结论导出从阿基米德连接函数抽样的一般方法。

命题 7.51. 设 G 是在 $[0,\infty)$ 上的分布函数，满足 $G(0)=0$，它具有在公式 (7.49) 中的 Laplace–Stieltjes 变换 $\hat{G}$。设 V 是一个具有分布函数 G 的随机变量并且设 $Y_1,\dots,Y_d$ 是一系列与 V 相互独立的标准指数随机变量。那么以下结论成立。

(i) 随机向量 $\boldsymbol{X}:=(Y_1/V,\dots,Y_d/V)$ 的生存函数是具有生成器 $\psi=\hat{G}$ 的一个阿基米德连接函数 C。

(ii) 随机向量 $\boldsymbol{U}:=(\psi(X_1),\dots,\psi(X_d))'$ 的分布取决于 C。

(iii) 假设 V 具有条件分布函数 $P(U_i\leqslant u\mid V=v)=\exp(-v\psi^{-1}(u))$，那么 $\boldsymbol{U}$ 的分量是条件独立的。

证明. 对于第 (i) 部分我们计算出，对于 $\boldsymbol{x} \in \mathbb{R}_+^d$，

$$
\begin{aligned}
P(X_1 > x_1, \ldots, X_d > x_d) &= \int_0^\infty \prod_{i=1}^d \exp(-x_i v)\, \mathrm{d}G(v) \\
&= \int_0^\infty \exp(-v(x_1 + \cdots + x_d))\, \mathrm{d}G(v) \\
&= \hat{G}(x_1 + \cdots + x_d) \qquad (7.50)
\end{aligned}
$$

由于边际分布生存函数由 $P(X_i > x) = \hat{G}(x)$ 给出并且 $\hat{G}$ 是连续且严格递减的，记

$$
P(X_1 > x_1, \ldots, X_d > x_d) = \hat{G}\left(\hat{G}^{-1}(P(X_1 > x_1)) + \cdots + \hat{G}^{-1}(P(X_d > x_d))\right)
$$

则结论成立。由公式 (7.50)，第 (ii) 部分显然成立，因为

$$
P(\boldsymbol{U} \leqslant \boldsymbol{u}) = P(U_1 < u_1, \ldots, U_d < u_d) = P(X_1 > \psi^{-1}(u_1), \ldots, X_d > \psi^{-1}(u_d))
$$

第 (iii) 部分的条件独立性是显然的，并且我们计算出 $P(U_i \leqslant u \mid V = v) = P(X_i > \psi^{-1}(u) \mid V = v) = P(Y_i > v\psi^{-1}(u)) = \exp(-v\psi^{-1}(u))$。 □

这样的连接函数是重要的，尤其在信用风险领域，称这些连接函数为拉普拉斯变换—阿基米德连接函数，并且做出以下定义。

定义 7.52 (拉普拉斯变换—阿基米德连接函数). 一个拉普拉斯变换—阿基米德连接函数具有形式 (7.46)，这里 ψ 是在 $[0,\infty)$ 上的分布函数 G，G 满足 $G(0) = 0$ 的 Laplace–Stieltjes 变换。

抽样算法基于命题 7.51 的第 (i) 和 (ii) 部分。我们给出了 Clayton, Gumbel 和 Frank 连接函数的显性教学。

算法 7.53 (拉普拉斯变换—阿基米德连接函数的模拟).

(1) 生成具有分布函数 G 的变量 V 满足 $\hat{G}$, G 的 Laplace–Stieltjes 变换，是要求的连接函数的生成器 ψ。

(2) 对 $i = 1, \ldots, d$，生成独立均匀变量 $Z_1, \ldots, Z_d$ 和集合 $Y_i = -\ln(Z_i)$，使得 $Y_1, \ldots, Y_d$ 是标准指数的。

(3) 得到 $\boldsymbol{U} = (\psi(Y_1/V), \ldots, \psi(Y_d/V))'$。

(a) 对于 Clayton 连接函数的特殊情况，我们生成一个有 $\theta > 0$ 的伽马变量 $V \sim \mathrm{Ga}(1/\theta, 1)$ （见第 A.2.4 节）。V 的分布函数具有拉普拉斯变换 $\hat{G}(t) = (1+t)^{-1/\theta}$。这与表 7.4 中的 Clayton 生成器有一点点不同，但是我们注意到 $\hat{G}(\theta t)$ 和 $\hat{G}(t)$ 产生同样的阿基米德连接函数。

(b) 对于 Gumbel 连接函数的特殊情况，我们生成正的稳定变量 $V \sim \mathrm{St}(1/\theta, 1, \gamma, 0)$，这里 $\gamma = (\cos(\pi/(2\theta)))^\theta$ 并且 $\theta > 1$ （详见第 A.2.9 节和模拟算法的参考)。这个分布函数具有要求的拉普拉斯变换 $\hat{G}(t) = \exp(-t^{1/\theta})$。

(c) 对于 Frank 连接函数的特殊情况，我们生成离散的随机变量 V，对于 $k = 1, 2, \ldots$ 和 $\theta > 0$，它具有概率质量函数 $p(k) = P(V = k) = (1 - \exp(-\theta))^k/(k\theta)$。这能由离散分布的标准模拟方法获得 (参见 Ripley, 1987, p. 71)。

使用这个算法的四维 Gumbel 连接函数的数据模拟的例子见图 7.12。注意这个连接函数的每一个二元边际分布的右尾依赖性。

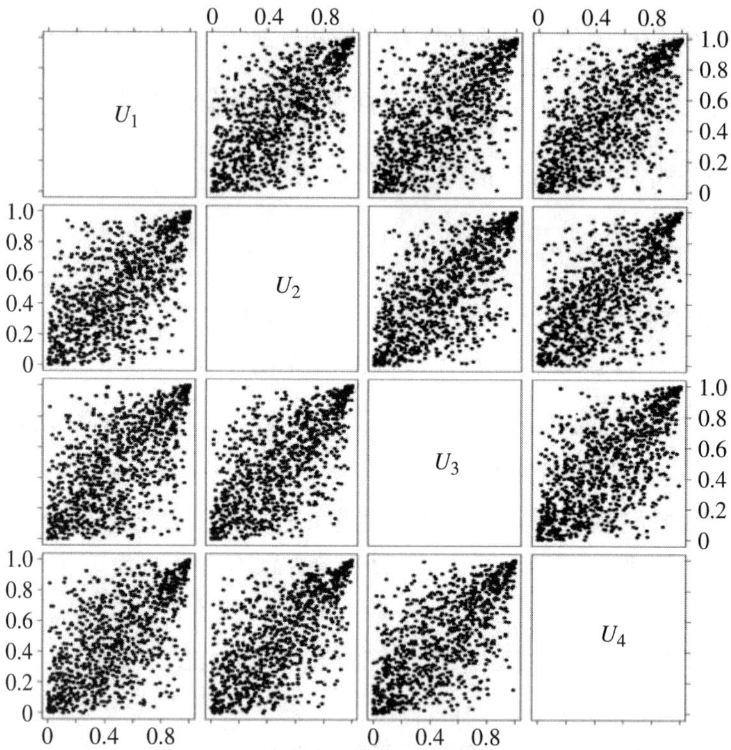

图 7.12　当 $\theta = 2$ 时，四维可交换的 Gumbel 连接函数的 1000 个模拟点的成对散点图。数据由算法 7.53 模拟得到。

虽然具有完全单调生成器（Laplace–Stieltjes 变换）的阿基米德连接函数可以在任何维中使用，但是如果我们对给定维数 d 的阿基米德连接函数感兴趣，那么可以放宽完全单调的要求，并且用弱一点的d 单调性要求来替代。详见第 15.2.1 节。

由构造 (7.46) 得到的连接函数显然是一个符合公式 (7.20) 的 可交换连接函数。虽然可交换的二元阿基米德连接函数广泛地使用于建模应用中，但是它们的可交换的多元拓展代表着一个非常特殊的依赖结构的形式，并且比非交换的应用更受限。一个例外是在信用风险领域，虽然甚至在这里我们也需要具有组合结构的更一般的模型。询问非严格交换的阿基米德类的拓展是否存在的问题当然是自然的。我们在第 15.2.2 节列出了一些非交换的阿基米德连接函数。

说明与评论

所谓的阿基米德是和连接函数的一个代数性质关联的，类似于实值情况的阿基米德公理 (参见 Nelsen, 2006, p. 122)。Clayton 连接函数在 Clayton (1978) 中有介绍，虽然它也被称作 Cook 和 Johnson 连接函数 (参见 Genest and MacKay, 1986) 和 Paretocopula (参见 Hutchinson and Lai, 1990)。对于 Frank 连接函数，见 Frank (1979)；这个连接函数有辐射对称性，并且是唯一的这种阿基米德连接函数。一个有用的参考，特别是对二元阿基米德连接函数的参考，是 Nelsen (2006)。

定理 7.47 是 Schweizer and Sklar (1983) 的一个结果，也可以见 Alsina et al. (2006)。在阿基米德家族中的 Kendall tau 公式源于 Genest and MacKay (1986)。完全单调函数和给出形式 (7.46) 的阿基米德连接函数的生成器之间的关系可以在 Kimberling (1974) 中找到。更多的完全单调性概念也可见 Feller (1971)。阿基米德生成器和拉普拉斯转换间的更多重要联系见 Joe (1997)。

命题 7.51 和算法 7.53 本质上源于 Marshall and Olkin (1988)。关于这个技巧的更多讨论见 Frees and Valdez (1997), Schönbucher (2005) 和 Frey and McNeil (2003)。Mai and Scherer (2012) 是一篇关于连接函数家族仿真技巧的文献。

其他我们没有考虑到的连接函数家族包括 Marshall-Olkin 连接函数 (Marshall and Olkin, 1967a,b) 和极值连接函数，见 Tiit (1996)。还有很多关于成对连接函数和藤连接函数 (Vine-Copula) 的文献。基本参考包括 Bedford and Cooke (2001), Kurowicka and Cooke (2006), Aas et al. (2009) 和 Czado (2010)。

7.5 将连接函数拟合到数据

假设数据向量 $\boldsymbol{X}_1, \ldots, \boldsymbol{X}_n$ 服从同分布函数 F，用来描述金融损失和金融风险因子收益，我们用 $\boldsymbol{X}_t = (X_{t,1}, \ldots, X_{t,d})'$ 表示个体随机向量，用 $\boldsymbol{X} = (X_1, \ldots, X_d)'$ 表示一个有分布函数 F 的随机向量。我们进一步假设这个分布函数 F 有连续边际分布 $F_1, \ldots, F_d$，因此由 Sklar 定理，有一个唯一的表达 $F(x) = C(F_1(x_1), \ldots, F_d(x_d))$。

找到一个同时有效地描述边际行为和依赖性结构的好的多元模型通常是很困难的，特别是在更高维度和我们处理偏损失分布或异质风险因子情况下。对一个相似类型的多元风险因子收益数据，比如股票收益或汇率收益，我们讨论过有用的整体模型，比如第 6.2.3 节中的广义双曲族，但即便在这些情况下，分离边际模型和依赖模型问题和考虑每一个更深细节都可能是有价值的。对多元模型的连接函数方法促进了这个方法，并让我们考虑比如是否尾部相关显示存在于我们的数据中的问题。

因此本节致力于估计一个参数连接函数 $C_{\boldsymbol{\theta}}$ 的参数 $\boldsymbol{\theta}$。我们考虑的主要方法是第 7.5.3 节中的极大似然估计。首先我们用样本秩相关估计刻画一个简单的矩量法过程。这个方法有优势，因为边际分布不需要估计，因此连接函数的推论在某种意义上是“边际分布自由的”。

7.5.1 利用秩相关的矩估计

根据我们想要拟合的特定连接函数，可能更容易使用 Spearman 或 Kendall 秩相关的经验估计来推断连接函数参数的估计。我们首先讨论这两个等级相关的标准估计。

命题 7.34表明我们可以通过计算伪观测 $\{(F_{i,n}(X_{t,i}),\ F_{j,n}(X_{t,j})) : t = 1, \ldots, n\}$ 的相关系数来估计 $\rho_S(X_i, X_j)$，这里 $F_{i,n}$ 表示第 i 个边际分布的标准经验分布函数。实际上我们通过计算数据的秩的相关系数来估计 $\rho_S(X_i, X_j)$，它是一个被称为 Spearman 秩相关系数的值。当没有关联的观察值（这是一种对于某些 $t \neq s$，有 $X_{t,i} = X_{s,i}$ 或者 $X_{t,j} = X_{s,j}$ 的观察）时，伪观测的相关系数相一致。

$X_{t,i}$ 的秩，记为 $\text{rank}(X_{t,i})$，是当观察值按照从大到小排列后，$X_{t,i}$ 在样本 $X_{1,i}, \ldots, X_{n,i}$ 中的位置。如果有关联观察值且关联被随机断开，则我们指定它们的秩等于观察值秩的平均，例如四个观察样本 $\{2, 3, 2, 1\}$ 有秩 $\{2.5, 4, 2.5, 1\}$。

当没有关联时，Spearman 秩相关系数由以下公式给出：

$$r_{ij}^{\mathrm{S}} = \frac{12}{n(n^2-1)} \sum_{t=1}^{n} (\text{rank}(X_{t,i}) - \tfrac{1}{2}(n+1))(\text{rank}(X_{t,j}) - \tfrac{1}{2}(n+1)). \tag{7.51}$$

我们用 $R^{\mathrm{S}} = (r_{ij}^{\mathrm{S}})$ 表示两两 Spearman 秩相关系数矩阵，因为这是秩向量的样本相关矩阵，所以它显然是半正定的。

Kendall tau 的标准估计 $\rho_\tau(X_i, X_j)$ 是 Kendall 秩相关系数：

$$r_{ij}^{\tau} = \binom{n}{2}^{-1} \sum_{1 \leqslant t < s \leqslant n} \text{sign}((X_{t,i} - X_{s,i})(X_{t,j} - X_{s,j})). \tag{7.52}$$

显然这是定义 7.31 的理论 Kendall tau 的经验类似。注意对于大的 n，这个估计量的实际求值是耗时的（与 Spearman rho 相比较），因为我们要考虑每对观察值。我们可以再一次在矩阵 $R^\tau = (r_{ij}^\tau)$ 中采集两两 Kendall 秩相关系数，观察到这个矩阵可以写成

$$R^\tau = \binom{n}{2}^{-1} \sum_{1 \leqslant t < s \leqslant n} \text{sign}(\boldsymbol{X}_t - \boldsymbol{X}_s)\,\text{sign}(\boldsymbol{X}_t - \boldsymbol{X}_s)'$$

显然这又给出了一个半正定矩阵。

在一系列的例子中，我们展示了如何使用这些样本秩相关关系校准（或部分校准）各种连接函数。显然，我们假设有先验来考虑所选择的连接函数是一个合适的模型，例如对称性或缺乏对称性，以及尾部依赖关系的存在与否。一般的方法总是相似的：我们寻找一个秩相关关系和连接函数参数之间的理论关系，并将秩相关的经验值代入这个关系中，以得到对一些或所有连接函数参数的估计。

例 7.54 (单一参数二元阿基米德连接函数). 假设我们的假定模型有如下形式 $F(x_1, x_2) = C_\theta(F_1(x_1), F_2(x_2))$，其中 θ 是一个需要估计的单参数。对许多这样的连接函数，一个简单的函数关系存在于 Kendall tau 和 θ 或 Spearman rho 和 θ 之间。对于特殊的例子考虑第 7.4 节中的 Gumbel、Clayton 和 Frank 连接函数，在这些情况我们有简单的如下形式关

系：$\rho_\tau(X_1,X_2)=f(\theta)$，如表 7.5 所示。这说明我们能校准这些连接函数，通过先对 Kendall tau 计算一个样本值 r^τ，然后解方程 $r^\tau=f(\hat{\theta})$，假设 $\hat{\theta}$ 是一个在连接函数的参数空间中的有效值。例如，Gumbel 连接函数是通过取 $\hat{\theta}=(1-r^\tau)^{-1}$ 校准的，假设 $r^\tau\geqslant 0$。Clayton 连接函数介于完全负相关和完全正相关之间，可以被校准到任何 $(-1,1)$ 中的样本 Kendall tau 的值。用秩相关关系对更高维的阿基米德连接函数进行校准见 Hofert et al. (2013)。

例 7.55 (用 Spearman rho 校准高斯连接函数). 我们对有连接函数 C_P^{Ga} 的 $\boldsymbol{X}$，假设一个元高斯模型，并且我们希望估计相关矩阵 P。由定理 7.42 得到

$$\rho_{\mathrm{S}}(X_i,X_j)=(6/\pi)\arcsin\tfrac{1}{2}\rho_{ij}\approx\rho_{ij}$$

其中最后一个近似是非常准确的（见图 7.10）。这建议我们用两两 Spearman 秩相关系数 R^{S} 来估计 P。

例 7.55 中的方法可以用来估计在一个 t 连接函数模型 $C_{\nu,P}^t(F_1(x_1),\ldots,F_d(x_d))$ 中的 P，虽然这个校准不能和高斯情况一样准确。基于蒙特卡洛近似 (7.42) 的关系 (7.41) 的实证研究表明误差（虽然还是适度的）$|\rho_{\mathrm{S}}(X_i,X_j)-\rho_{ij}|$ 比高斯情况下的大并且随着自由度 ν 的下降而增长。取而代之地，我们在下面的例子中提出一个基于 Kendall tau 的方法，它基于命题 7.43，可以应用于所有椭圆连接函数。

例 7.56 (使用 Kendall tau 校准 t 连接函数). 我们对具有连接函数 $C_{\nu,P}^t$ 的 $\boldsymbol{X}$ 假设了一个元 t 模型并且我们希望估计相关矩阵 P。由命题 7.43

$$\rho_\tau(X_i,X_j)=(2/\pi)\arcsin\rho_{ij}$$

使得 P 的一个可能的估计是具有元素 $r_{ij}^*=\sin(\frac{1}{2}\pi r_{ij}^\tau)$ 的矩阵 $\boldsymbol{R}^*$。但是这个 Kendall 秩相关系数矩阵的分量方式转换并不保证半正定性（即使在我们的经验中这通常是保证的）。在这种情况下，$\boldsymbol{R}^*$ 可以由算法 7.57 的特征值法来得到接近 $\boldsymbol{R}^*$ 的半正定矩阵。连接函数剩下的参数 ν 能由最大似然估计出来，如第 7.5.3 节中讨论的那样。

算法 7.57 (特征值法). 设 $\boldsymbol{R}^*$ 是一个所谓的伪相关矩阵，即具有单位对角元素并且非对角元素属于 $[-1,1]$ 的两两相关估计的非半正定的对称矩阵。

(1) 计算在公式 (6.59) 中的谱分解 $\boldsymbol{R}^*=\boldsymbol{GLG}'$，这里 $\boldsymbol{L}$ 是特征值矩阵并且 $\boldsymbol{G}$ 是一个正交矩阵，它的列是 $\boldsymbol{R}^*$ 的特征向量。

(2) 用小的值 $\delta>0$ 替换所有在 $\boldsymbol{L}$ 中的负特征向量来得到 $\tilde{\boldsymbol{L}}$。

(3) 计算 $\boldsymbol{Q}=\boldsymbol{G}\tilde{\boldsymbol{L}}\boldsymbol{G}'$，它是对称正定的，但它不是一个相关矩阵，因为它的对角元素不一定等于 1。

(4) 得到相关矩阵 $\boldsymbol{R}=\wp(\boldsymbol{Q})$，这里 $\wp$ 表示在公式 (6.5) 中定义的相关矩阵算子。

在例 7.55 和例 7.56 中我们看到了调整高斯连接函数和 t 连接函数的相关参数矩阵 P 到样本秩相关上是相对容易的。在我们有有限的多元数据并且完全多元模型的正式估计不现实的情况下，这个技巧特别有用。考虑如下假设的例子。

例 7.58 (虚构的风险整合情况). 假设一家公司被分成多个小的运行半自主的商业单元。公司管理层希望计算一个月的整个企业的 P&L 分布。他们只有两年内每个商业单元的月收益率的历史数据，即 24 个观察值。但是每个商业单元确信通过更久远的商业情况的更详细信息可以相对准确地说明它们自己的 P&L。风险管理团队决定使用由 24 个数据点估计的秩相关矩阵来结合各个商业单位提供的单独的边际分布模型。

在这种情况下，我们通过使用任何可以调整到估计的秩相关的连接函数，结合已知的边际分布来建立多元模型。高斯和 t 连接函数有助于这个目标，并且可以被用来建立符合可用信息的元高斯和元 t 模型。

通常这些模型可以用于蒙特卡洛风险分析中；我们已经在第 7.1.4 节中看到元高斯和元 t 模型模拟起来相对容易。因为这个方法显然有风险建模的倾向（24 观察值提供了非常少的多元数据），所以它可以被看作是使用详细边际分布信息和仅仅模糊尾部依赖执行的敏感性分析的一种形式。我们可能会比较没有尾部依赖的元高斯模型和有自由度为 3 和非常强的尾部依赖的元 t 模型。在第 8.4.4 节中我们会在依赖性不确定的情况下风险整合的问题上讨论得更多。

7.5.2　从连接函数形成一个伪样本

现在我们讨论参数连接函数的最大似然估计。在实际情况中，我们很少只对连接函数感兴趣，还需要估计边缘值来形成一个完整的多元模型；即使连接函数是主要的关注点，就像我们在本章中所做的那样，我们也不得不估计边际分布来估计连接函数，因为连接函数数据几乎从未被直接观察过。

虽然我们可能尝试在单个优化中估计边际分布和连接函数，但把模型拆分为两步可以产生更多见解和一个对不同模型部分更细节的分析。本节我们简略地描述一些估计边际分布，并从连接函数构造一个观察的伪样本的一般方法的第一步。在下一节我们会描述如何用最大似然法从伪样本中估计连接函数参数。

设 $\hat{F}_1, \ldots, \hat{F}_d$ 表示边际分布函数的估计（可能的方法在下面有讨论）。连接函数中的伪样本由向量 $\hat{\boldsymbol{U}}_1, \ldots, \hat{\boldsymbol{U}}_n$ 组成，其中

$$\hat{\boldsymbol{U}}_t = (\hat{U}_{t,1}, \ldots, \hat{U}_{t,d})' = (\hat{F}_1(X_{t,1}), \ldots, \hat{F}_d(X_{t,d}))' \tag{7.53}$$

可以观察到，即便原始数据向量 $\boldsymbol{X}_1, \ldots, \boldsymbol{X}_n$ 是独立同分布的，伪样本数据一般也是相关的，因为边际分布估计 $\hat{F}_i$ 在大多数情况下是通过一元样本 $X_{1,i}, \ldots, X_{n,i}$ 由所有原始数据向量构造的。得到边际分布估计 $\hat{F}_i$ 的可能的方法如下。

(1) 参数估计 我们对问题中的数据选择一个合适的参数模型并用最大似然法来拟合它：对金融风险因子收益数据我们可能考虑广义双曲分布，或者它的特殊情况其中之一，比如学生 t 或正态逆高斯（NIG）分布；对保险或运行损失数据我们可能考虑一个标准精算损失分布，比如 Pareto 或对数正态分布。

(2) 有不同经验分布函数的非参估计 我们可以用

$$F_{i,n}^{*}(x)=\frac{1}{n+1}\sum_{t=1}^{n}I_{\{X_{t,i}\leqslant x\}} \tag{7.54}$$

估计 F_j，它与通常的经验分布函数不同，分母用 $n+1$ 而不是 n。这保证了在公式 (7.53) 中的伪连接函数数据严格位于单位立方体内部，为了实施最大似然法，我们必须能求出连接函数在每一 $\hat{\boldsymbol{U}}_i$ 的密度，在许多情况下这个密度在立方体边界上是无限的。

(3) 尾部的极值理论 经验分布函数被认为是尾部基础分布的不好的估计量。一个供替换的选择是用一个机制理论中的技巧，在第 5.2.6 节中有描述，据此尾部用一个广义 Pareto 分布（GPD）半参数建模；分布的主体可以根据经验建模。

例 7.59. 我们为英特尔、微软和通用电气股票分析了 5 年每日对数收益数据 (1996—2000)。边际分布被经验地估计 (方法 (2)) 连接函数的伪样本在图 7.13 中展示。基本上，点都落在坐标 $(\text{rank}(X_{t,i})/(n+1), \text{rank}(X_{t,j})/(n+1))$，其中 $\text{rank}(X_{t,i})$ 表示 $X_{t,i}$ 在样本 $X_{1,i},\ldots,X_{n,i}$ 中的顺序。

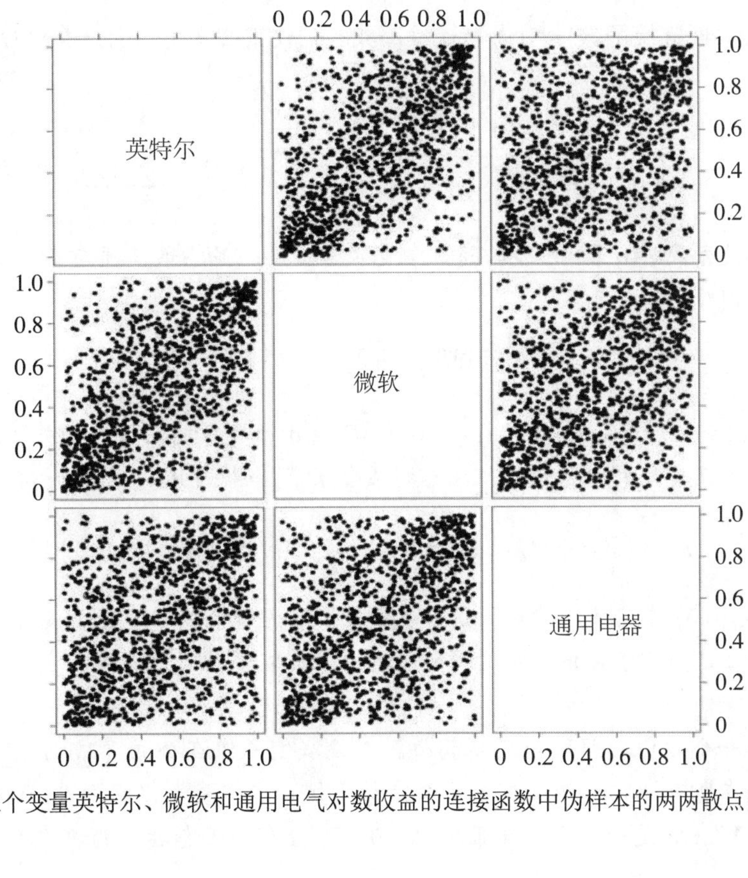

图 7.13　有三个变量英特尔、微软和通用电气对数收益的连接函数中伪样本的两两散点图（见例 7.59）。

7.5.3　最大似然估计

设 $C_{\boldsymbol{\theta}}$ 表示一个参数连接函数，这里 $\boldsymbol{\theta}$ 是要估计的参数向量。最大似然估计由关于 $\boldsymbol{\theta}$ 的最大化

$$\ln L(\boldsymbol{\theta}; \hat{\boldsymbol{U}}_1, \ldots, \hat{\boldsymbol{U}}_n) = \sum_{t=1}^{n} \ln c_{\boldsymbol{\theta}}(\hat{\boldsymbol{U}}_t) \tag{7.55}$$

得到，这里 $c_{\boldsymbol{\theta}}$ 表示在公式 (7.18) 中的连接函数密度，$\hat{\boldsymbol{U}}_t$ 表示由连接函数产生的伪观察。

显然连接参数估计的统计性质在很大程度上取决于用于由连接函数形成伪样本的边际分布估计的性质。使用第 7.5.2 节中的边际分布估计方法 (1) 和 (2) 导出的估计的性质都已经更详细地研究过了。在参数地估计边际分布时（方法 (1)），使用 (7.55) 连接函数进行推断相当于 Joe (1997) 所提出的边际推断函数（IFM）方法。在非参数地估计边际时（方法 (2)），连接函数参数的估计可能被认为是半参数的，并且这个方法被 Genest and Rivest (1993) 标注为伪最大似然（见说明与评论）。我们可以设想用两阶段法来确定最合适的连接函数族，然后在最后一轮全参数估计中估计所有参数（边际分布和连接函数）。

实际上，为了使用最大似然方法，我们需要导出连接函数密度。对于第 7.4 节中的可交换阿基米德连接函数，这是一种简单明了的方法，虽然有些单调，但是这些模型在保险损失数据的二元和三元应用中已经非常流行。对于像高斯和 t 连接函数这样的隐式的连接函数，我们使用公式 (7.19)。MLE 一般由数值最大化结果的对数似然 (7.55) 得到。

例 7.60 (拟合高斯连接函数). 对高斯连接函数我们使用公式 (7.19)，看到对数似然 (7.55) 变成了

$$\ln L(P; \hat{\boldsymbol{U}}_1, \ldots, \hat{\boldsymbol{U}}_n) = \sum_{t=1}^{n} \ln f_P(\Phi^{-1}(\hat{U}_{t,1}), \ldots, \Phi^{-1}(\hat{U}_{t,d})) - \sum_{t=1}^{n}\sum_{j=1}^{d} \ln \phi(\Phi^{-1}(\hat{U}_{t,j}))$$

这里 $f_{\boldsymbol{\Sigma}}$ 表示具有 $N_d(\mathbf{0}, \boldsymbol{\Sigma})$ 分布的随机向量联合密度。显然第二项与 P 的最大化没有关系，并且最大似然估计由

$$\hat{P} = \arg\max_{\boldsymbol{\Sigma} \in \mathcal{P}} \sum_{t=1}^{n} \ln f_{\boldsymbol{\Sigma}}(\boldsymbol{Y}_t) \tag{7.56}$$

得出，这里 $Y_{t,j} = \Phi^{-1}(\hat{U}_{t,j})$，$j = 1, \ldots, d$ 和 $\mathcal{P}$ 表示所有可能的线性相关矩阵的集合。为了在实际中使用这个最大似然估计，注意到集合 $\mathcal{P}$ 可以构造成

$$\mathcal{P} = \{P = \wp(\boldsymbol{Q}) : \boldsymbol{Q} = \boldsymbol{A}\boldsymbol{A}',\ \boldsymbol{A} \text{ 对角线上下三角为 } 1\}$$

这里 $\wp$ 在公式 (6.5) 中定义。换句话说，我们可以在无限制的对角元素是 1 的下三角矩阵的集合上搜索。这个搜索在低维度时是可行的，但是在高维度时很慢，因为参数的数量是 $O(d^2)$。

最大化的一个近似的解可以简单获得。假设我们不像在公式 (7.56) 中那样在 $\mathcal{P}$ 上最大化，而是在所有协方差矩阵这个集合上最大化。这个最大化问题有一个解析解 $\hat{\boldsymbol{\Sigma}} = (1/n)\sum_{t=1}^{n} \boldsymbol{Y}_t \boldsymbol{Y}_t'$，它是独立同分布服从 $N_d(\mathbf{0}, \boldsymbol{\Sigma})$ 分布的正态数据的协方差矩阵的最大似

然估计。实际上，$\hat{\boldsymbol{\Sigma}}$ 可能近似于一个相关矩阵。原问题的一个近似解可以为相关矩阵 $\tilde{P} = \wp(\hat{\boldsymbol{\Sigma}})$。

当一个高斯连接函数通过完全极大似然拟合到例 7.59 中的三变量数据时，估计的相关性矩阵有项目 0.58 (INTC-MSFT), 0.34 (INTC-GE) 和 0.40 (MSFT-GE)；对数似然函数的最大值是 376.65。用可替换的方法得出估计在两个有效数字处相同，这产生了一个对数似然值 376.62。

一个更进一步可替换的方法是用例 7.55 中的估计过程，基于 Spearman 秩相关性。用 Spearman 方法可分别得到 0.57, 0.34 和 0.40 的参数估计；在这个 P 的值处的对数似然值是 376.50，它离极大值也不是很远

例 7.61 (拟合 t 连接函数). t 连接函数的情况，公式 (7.19) 意味着对数似然估计 (7.55) 是

$$\ln L(\nu, P; \hat{\boldsymbol{U}}_1, \ldots, \hat{\boldsymbol{U}}_n) = \sum_{t=1}^{n} \ln g_{\nu,P}(t_\nu^{-1}(\hat{\boldsymbol{U}}_{t,1}), \ldots, t_\nu^{-1}(\hat{\boldsymbol{U}}_{t,d})) - \sum_{t=1}^{n}\sum_{j=1}^{d} \ln g_\nu(t_\nu^{-1}(\hat{\boldsymbol{U}}_{t,j}))$$

其中 $g_{\nu,P}$ 表示一个服从 $t_d(\nu, \boldsymbol{0}, P)$ 分布的随机向量的联合密度，P 是一个线性相关矩阵，g_ν 是一个一元 $t_1(\nu, 0, 1)$ 分布的密度，t_ν^{-1} 是相应的分位函数。

此外，在相对低的维度，我们能在相关矩阵 P 和自由度参数 ν 的集合上寻找一个全局最大值。对更高维的情况，用 Kendall tau 来估计 P 可能更简单，如例 7.56，用极大似然估计单个参数 ν 也更简单。

当一个 t 连接函数通过完全极大似然拟合到例 7.59 中的三变量数据时，估计矩阵 P 有项目 0.59 (INTC-MSFT), 0.36 (INTC-GE) 和 0.42 (MSFT-GE)，ν 的估计是 6.5，在最大值处的对数似然值是 420.39。用基于 Kendall tau 的更简单的方法给出了到两位有效数字相等的参数估计和一个对数似然值 420.32。显然，t 模型比高斯连接函数模型更符合，对数似然增长了超过 40。这在似然比检验中是非常重要的 (虽然严格来说，这样一个检验介绍了一个技术性的困难，因为高斯连接函数代表了 t 连接函数模型 ($\nu = \infty$) 的一个边界情况，这违背了标准正则性条件 (见说明与评论))。

根据标准统计实践，我们通常根据数据拟合一些连接函数模型，并且用工具比如赤池信息量准则（见附录 A.3.6 节）来比较拟合模型的质量。我们还可以进行拟合优度测试，以评估数据来自任何给定连接函数的可信性。为连接函数提出的大多数拟合优度测试都需要大量的计算，并且局限于相对较低维度的应用，参考文献见说明与评论。

说明与评论

Genest and Rivest (1993) 详细讨论了基于 Kendall tau 的实证值的阿基米德二元连接函数的连接函数估计过程，解释了为什么这个过程可以被认为是一种矩估计技术，并展示了如何推导连接函数参数的置信区间（在单参数连接函数的情况下）。

在例 7.55 中用 Spearman 秩相关系数校准高斯连接函数的方法本质上源于 Iman and Conover (1982)。这个校准方法的用途，即建立有指定边际分布的元高斯模型和这些模型

中数据的蒙特卡洛模拟，在 @RISK 软件 (Palisade, 1997) 中实现了，它在保险业中广为使用。我们的例 7.56 意图展示这个方法可以推广到元 t 模型，因为尾部依赖性可能更有趣。

算法 7.57 中给出用来修正相关矩阵的正定性的特征值方法，该方法由 Rousseeuw and Molenberghs (1993) 描述。对于这个问题，特征值方法和其他不同方法的经验，包括所谓的收缩法，可以在 Lindskog (2000) 中找到。

对连接函数的估计的推断边际函数 (IFM) 估计法 (根据 (7.55) 的极大值，第 7.5.2节中Joe (1997) 讨论的方法 (1))，他给出了渐进理论，方法 (IFM) 的名字是根据 McLeish and Small (1988) 的术语。

对连接函数估计的伪似然估计法 (根据 (7.55)) 的极大值，7.5.2 节中的方法 (2)) 在Genest and Rivest (1993) 中有讨论，并且演示了作为结果的参数估计的一致性和渐进正态性。在蒙特卡洛模拟中发现这个方法对一个二元 Clayton 连接函数胜过 Kendall tau 方法 (参见 Genest et al., 1995)。

Frees and Valdez (1997) 讨论了在保险应用中的连接函数的关联，并给出了一个例子，其中连接函数用 Kendall tau 方法和 IFM 方法根据数据拟合。在保险环境中，同样，Klugman and Parsa (1999) 讨论了对连接函数的极大似然推论和二元拟合优度检验，而 Frees and Valdez (1997) 描述了一个对半参数连接函数选择的似然比检验。

t 连接函数对数据的拟合和检验、这个连接函数针对高斯连接函数的统计特性在 Mashal and Zeevi (2002) 的最后有讨论；高斯连接函数是 t 连接函数的边界情况的技术问题在这篇文献中有讨论并且给出了一个修正。作者提供了一些金融实例，说明极值依赖是金融数据的特性。Breymann et al. (2003) 将不同的双变量连接函数与不同时间尺度的高频金融收益率数据进行拟合，并就拟合优度进行了广泛的比较。

有一篇关于对连接函数的拟合优度检验的文献，见 Genest et al. (2009) 调查文章。一个吸引人的图像检验见 Hofert and Mächler (2014)。

用连接函数对金融收益数据发展动态时间序列模型的文献有 Chen and Fan (2006), Patton (2004, 2006) 和 Fortin and Kuzmics (2002)。

第 8 章　整体风险

本章专门讨论量化风险管理中的一些理论概念，这些概念属于整体风险和综合风险管理的广义范畴。我们把整体风险理解为投资组合的风险，它甚至可能是金融机构风险资产的全部头寸。这些材料以第 2.3 节中讨论的风险度量的一般思想为基础，并且在一些特定的地方使用第 7 章中提到的连接函数和第 6.3 节中关于椭圆分布的一些事实。

在第 8.1~8.3 节会探讨如何度量整体风险的问题。我们从总体结果开始，并特别讨论凸风险度量作为广义场景的对偶表示（压力测试概念的数学扩展）。接下来考虑特定的不变定律的风险度量（仅取决于损失分布的风险度量）。最后，我们将表示结果应用到线性投资组合的情况下，并讨论特殊投资组合（椭圆形分布的风险因子的线性组合）的风险度量。

第 8.4 节与风险聚合有关：我们假设已经计算了企业子单元的风险资本数字，并讨论了将这些风险资本数字合并为整个企业的资本需求的方法。此外，如果我们知道单个风险对整体的贡献，但对它们的依赖性只有有限的信息，那么我们将考虑界定总风险的问题。我们讨论用非次加性的风险度量方法（如 VaR）来度量在发生风险时出现的具体困难。最后，在第 8.5 节中，我们将风险资本分配的主题重新放到投资组合中的单个风险上。这个问题与业绩衡量、贷款定价或资本预算有关。

8.1　一致性和凸性风险度量

在本节中，我们将介绍现代风险度量理论的要素。我们的论述是对在 Föllmer and Schied (2011) 中发现的材料的简化说明。首先回顾特征一致性和凸风险度量的公理。关于这些公理的经济动机，参考第 2.3.5 节。

考虑一个概率空间 $(\Omega, \mathcal{F}, P)$ 和一个线性空间 $\mathcal{M} \subset \mathcal{L}^0(\Omega, \mathcal{F}, P)$，其中 $\mathcal{L}^0(\Omega, \mathcal{F}, P)$ 表示所有 $(\Omega, \mathcal{F}, P)$ 上随机变量的集合，这些随机变量几乎必然有限。每个 $L \in \mathcal{M}$ 代表在某个固定时间范围内金融状况遭受的损失。我们通篇假设常数随机变量属于 $\mathcal{M}$ 并用小写字母表示。在这个背景下风险度量是一个映射 $\varrho\mathcal{M} \to \mathbb{R}$，其解释为 $\varrho(L)$ 给出了支持损失 L 的位置所需的总资本。对 ϱ 给出的公理如下：

单调性： $L_1 \leqslant L_2 \Rightarrow \varrho(L_1) \leqslant \varrho(L_2)$

平移不变性： 对 $m \in \mathbb{R}, \varrho(L+m) = \varrho(L) + m$

次可加性： 对 $L_1, L_2 \in \mathcal{M}$, $\varrho(L_1 + L_2) \leqslant \varrho(L_1) + \varrho(L_2)$

正齐性： 对 $\lambda \geqslant 0$, $\varrho(\lambda L) = \lambda \varrho(L)$

凸性： 对 $0 \leqslant \gamma \leqslant 1$, $L_1, L_2 \in \mathcal{M}$，

$$\varrho(\gamma L_1 + (1-\gamma)L_2) \leqslant \gamma\varrho(L_1) + (1-\gamma)\varrho(L_2)$$

定义 8.1. 一个满足单调性、平移不变性和凸公理的风险度量被称为一个风险的凸度量；一个满足单调性、平移不变性、次可加性和正齐性公理的风险度量被称为一个风险的一致性度量。

一致的风险度量是自动凸的，而相反的含义并不正确，如下所示。另一方面，对于正齐次风险度量，凸性和一致性是等价的。

8.1.1　风险度量和验收集

在风险度量和所谓的验收集之间有一个重要的关系。对于给定的风险度量，相关的验收集包含没有任何支持资本的可接受头寸。

定义 8.2. 对一个单调且平移不变的风险度量 ϱ，对应的 ϱ 的验收集是

$$A_\varrho = \{L \in \mathcal{M} : \varrho(L) \leqslant 0\} \tag{8.1}$$

命题 8.3. 考虑一个单调且平移不变的风险度量 ϱ 有对应验收集 A_ϱ，则下面的陈述成立：

(1) A_ϱ 是非空的，并且满足条件

$$L \in A_\varrho \text{ and } \tilde{L} \leqslant L \Rightarrow \tilde{L} \in A_\varrho \tag{8.2}$$

(2) ϱ 可以由 A_ϱ 通过下式给出：

$$\varrho(L) = \inf\{m \in \mathbb{R} : L - m \in A_\varrho\} \tag{8.3}$$

证明. 陈述 (1) 是显而易见的。对陈述 (2) 注意到

$$\inf\{m : L - m \in A_\varrho\} = \inf\{m : \varrho(L - m) \leqslant 0\} = \inf\{m : \varrho(L) - m \leqslant 0\}$$

它显然等于 $\varrho(L)$。 □

相反，有时候从一个可验收范围的集合 $A \subset \mathcal{M}$ 开始，再用公式 (8.3) 定义一个对应的风险度量 ϱ_A 是有用的。这样一个风险度量的性质在下面的命题中给出了。

命题 8.4. 假设集合 A 满足公式 (8.2)，定义 ϱ_A

$$\varrho_A(L) = \inf\{m \in \mathbb{R} : L - m \in A\} \tag{8.4}$$

此外，假设用这个方法定义的 $\varrho_A(L)$ 对所有 $L \in \mathcal{M}$ 是有限的，则 ϱ_A 是一个在 $\mathcal{M}$ 上单调的平移不变的风险度量。相应的验收集 A_{ϱ_A} 满足 $A_{\varrho_A} \supseteq A$。

证明. 这些 ϱ_A 的性质很容易被验证。 □

备注 8.5. 很容易发现，命题 8.4 中的集合 A 和 A_{ϱ_A} 是相等的。对于 $\mathcal{M}$ 只包含有界随机变量的情况，Föllmer and Schied (2011) 的第 4.1 节中给出了该方向的一个结果：在这种情况下，当且仅当集合 A 在上确界范数下是闭的时，$A = A_{\varrho_A}$。

在下一个命题中，我们需要凸分析中的其他一些基本思想。对任意的 $x \in C, y \in C$ 和 $0 < \gamma < 1$，如果 $(1-\gamma)x + \gamma y \in C$，那么集合 $C \subset \mathcal{M}$ 被称为凸的。当 $x \in C$ 且 $\lambda > 0$ 时，一个凸集是一个凸锥，前提是它具有在正的标量乘法下是闭的这个额外的性质，即 $\lambda x \in C$。

命题 8.6. (a) 考虑一个单调的、平移不变的、具有公式 (8.1) 中定义的对应的验收集 A_ϱ 的风险度量 ϱ。那么

(a1) 当且仅当 A_ϱ 是凸时，ϱ 是凸的风险度量。

(a2) 当且仅当 A_ϱ 是一个凸锥时，ϱ 是一致性的。

(b) 更一般地，考虑验收范围的集合 A 和由公式 (8.4) 定义的对应风险度量 ϱ_A（它的验收范围可能比 A 大）。如果 A 是凸的，那么 ϱ_A 是一个凸的风险度量，并且如果 A 是一个凸锥，那么 ϱ_A 是一致的。

证明. 对于部分 (a1)，显然如果 ϱ 是凸的，那么 A_ϱ 是凸的。对于相反方向，考虑任意 L_1，$L_2 \in \mathcal{M}$ 和 $0 \leqslant \gamma \leqslant 1$。现在对 $i = 1, 2$，根据 A_ϱ 的定义，有 $L_i - \varrho(L_i) \in A_\varrho$。因为 A_ϱ 是凸的，所以也有 $\gamma(L_1 - \varrho(L_1)) + (1-\gamma)(L_2 - \varrho(L_2)) \in A_\varrho$。通过 A_ϱ 的定义和平移不变性我们有

$$
\begin{aligned}
0 &\geqslant \varrho\Big(\gamma\big(L_1 - \varrho(L_1)\big) + (1-\gamma)\big(L_2 - \varrho(L_2)\big)\Big) \\
&= \varrho\Big(\gamma L_1 + (1-\gamma)L_2\Big) - \Big(\gamma\varrho(L_1) + (1-\gamma)\varrho(L_2)\Big)
\end{aligned}
$$

这意味着 ϱ 的凸性。

为了证明 (a2)，假设 $L \in A_\varrho$。因为 ϱ 是正齐次的，所以 $\varrho(\lambda L) = \lambda\varrho(L) \leqslant 0$，因此 $\lambda L \in A_\varrho$。相反，对于 $L \in \mathcal{M}$，我们有 $L - \varrho(L) \in A_\varrho$，并且因为 A_ϱ 是一个凸锥，对于所有的 λ，也有 $\lambda\big(L - \varrho(L)\big) \in A_\varrho$。因此，通过平移不变性，

$$
0 \geqslant \varrho\big(\lambda L - \lambda\varrho(L)\big) = \varrho(\lambda L) - \lambda\varrho(L) \tag{8.5}
$$

对于反方向的不等式，注意到，对于 $m < \varrho(L), L - m \notin A_\varrho$，对所有 $\lambda > 0$，因此也有 $\lambda(L - m) \notin A_\varrho$。因此

$$
0 < \varrho(\lambda L - \lambda m) = \varrho(\lambda L) - \lambda m
$$

例如 $\varrho(\lambda L) > \lambda m$。取上确界得到 $\varrho(\lambda L) \geqslant \sup\{\lambda m : m < \varrho(L)\} = \lambda\varrho(L)$，结合公式 (8.5) 知结论成立。

(b) 的证明可以使用与部分 (a1) 和 (a2) 相同的论证，这里略。 □

现在我们给出一些风险度量和验收集的例子。

例 8.7 (风险价值). 如果 $P(L > 0) \leqslant 1 - \alpha$，则给定一个置信水平 $\alpha \in (0, 1)$，我们称一个随机变量 $L \in \mathcal{M}$ 是可接受的。由定义的对应风险度量公式 (8.4) 给出

$$
\varrho_\alpha(L) := \inf\{m \in \mathbb{R} : P(L - m > 0) \leqslant 1 - \alpha\} = \inf\{m \in \mathbb{R} : P(L \leqslant m) \geqslant \alpha\}
$$

这是在置信水平 α 上的 VaR。

例 8.8 (基于损失函数的风险度量). 考虑一个严格递增的凸函数 $\ell:\mathbb{R}\to\mathbb{R}$ 和一些阈值 $c\in\mathbb{R}$。假设 $E(\ell(L))$ 对所有 $L\in\mathcal{M}$ 是有限的，并定义一个验收集

$$A=\{L\in\mathcal{M}:E\big(\ell(L)\big)\leqslant\ell(c)\}$$

和对应的风险度量

$$\varrho_A=\inf\{m\in\mathbb{R}:E\big(\ell(L-m)\big)\leqslant\ell(c)\}$$

在这个背景下 ℓ 被称为一个损失函数，因为 ℓ 的凸性用于惩罚大的损失，一个损失函数可以通过设 $\ell(x)=-u(-x)$ 从一个效用函数 u（一个严格递增的凹函数）导出。

集合 A 显然满足 (8.2)，所以 ϱ_A 根据命题 8.4 是平移不变的和单调的。此外 A 是凸的。可以看出，通过考虑可接受范围 L_1 和 L_2，并观察到 ℓ 的凸性，

$$E\Big(\ell\big(\gamma L_1+(1-\gamma)L_2\big)\Big)\leqslant E\big(\gamma\ell(L_1)+(1-\gamma)\ell(L_2)\big)\leqslant\gamma\ell(c)+(1-\gamma)\ell(c)=\ell(c)$$

其中我们用到了对可接受范围的事实 $E\big(\ell(L_i)\big)\leqslant\ell(c)$。因此根据需要 $\gamma L_1+(1-\gamma)L_2\in A$，并且由命题 8.6 可知 ϱ_A 是一个凸风险度量。

作为一个特殊的例子，对一些 $\alpha>0$ 我们取 $\ell(x)=e^{\alpha x}$，得到

$$\begin{aligned}\varrho_{\alpha,c}(L):=&\inf\{m:E(e^{\alpha(L-m)})\leqslant e^{\alpha c}\}=\inf\{m:E(e^{\alpha L})\leqslant e^{\alpha c+\alpha m}\}\\=&\frac{1}{\alpha}\cdot\ln\{E(e^{\alpha L})\}-c\end{aligned}$$

注意到 $\varrho_{\alpha,c}(0)=-c$，这对于一致性风险度量是不对的。考虑特殊的情况 $c=0$ 并记 $\varrho_\alpha:=\varrho_{\alpha,0}$。我们发现对 $\lambda>1$

$$\varrho_\alpha(\lambda L)=\frac{1}{\alpha}\ln\{E(e^{\alpha\lambda L})\}\geqslant\frac{1}{\alpha}\ln\{E(e^{\alpha L})^\lambda\}=\lambda\varrho_\alpha(L)$$

如果随机变量 L 是非退化的，则不等式是严格的。这说明 ϱ_α 是凸的，但不是一致的。如果损失 L 被理解为债权，则在保险数据中这个风险度量被认为是指数保费原理。

例 8.9 (压力测试或最坏情况风险度量). 给定一组压力场景 $S\subset\Omega$，压力测试风险度量的定义是

$$\varrho(L)=\sup\{L(\omega):\omega\in S\}$$

当我们将注意力限制在属于 S 的样本空间 Ω 元素时，损失是最严重的。对应的验收集是 $A_\varrho=\{L:L(\omega)\leqslant 0\ 对所有\omega\in S\}$，即对所有压力状况非正的损失。定义风险度量的至关重要的部分是对场景集 S 的选择，它经常是根据概率考量包括潜在的度量 P 选择的。

例 8.10 (广义场景). 考虑一个在 $(\Omega,\mathcal{F})$ 上概率测度的集合 $\mathcal{Q}$ 和一个映射 $\gamma:\mathcal{Q}\to\mathbb{R}$ 使得 $\inf\{\gamma(Q):Q\in\mathcal{Q}\}>-\infty$。对所有 $L\in\mathcal{M}$，假设 $\sup_{Q\in\mathcal{Q}}E_Q(|L|)<\infty$。定义一个风险度量 ϱ

$$\varrho(L)=\sup\{E_Q(L)-\gamma(Q):Q\in\mathcal{Q}\}\tag{8.6}$$

请注意，在公式 (8.6) 的最大值中，如果度量 $Q \in \mathcal{Q}$ 很大，则会受到惩罚，因此可以将 γ 解释为一个惩罚函数，该函数指定了 $\mathcal{Q}$ 中各种度量的相关性。相应的验收集由

$$A_\varrho = \Big\{L \in \mathcal{M}\colon \sup\big\{E_Q(L) - \gamma(Q) : Q \in \mathcal{Q}\big\} \leqslant 0\Big\}$$

给出。A_ϱ 显然是凸的，于是 ϱ 是一个凸风险度量。事实上，每个凸风险度量可以由公式 (8.6) 表示，这会在下面的定理 8.11 中说明（至少对于有限 Ω 的情况如此）。在 $\mathcal{Q}$ 上，在 $\gamma(\cdot) \equiv 0$ 的情况下，ϱ 显然是正齐的，所以是一致的。

例 8.9 的压力风险度量是公式 (8.6) 的特殊情形，这里的罚函数等于 0 并且 $\mathcal{Q}$ 是所有 Dirac(狄拉克) 度量 $\delta_\omega(\cdot), \omega \in S$ 的集合，即度量使得 $\delta_\omega(B) = I_B(\omega)$ 对任意可测集 $B \subset \Omega$ 成立。因为在公式 (8.6) 中，我们可能会选择比简单 Dirac 度量更一般的概率测度，具有公式 (8.6) 的风险度量通常指一般状况的风险度量。

8.1.2　凸风险度量的对偶表示

在本节中，我们展示了风险的凸度量作为广义情景风险度量具有对偶表示。我们在有限概率空间的一个较简单的背景下证明了一个定理。然而，通过在风险度量上附加连续性条件，结果可以扩展到一般的概率空间。例如，参见 Föllmer and Schied (2011) 第 4.2 节和第 4.3 节。

定理 8.11 (风险度量的对偶表示). 假设 Ω 是一个有 $|\Omega| = n < \infty$ 的有限的概率空间。设 $\mathcal{F} = \mathcal{P}(\Omega)$，$\Omega$ 是所有子集的集合，并且取 $\mathcal{M} := \{L : \Omega \to \mathbb{R}\}$，那么有以下结论。

(1) 所有 $\mathcal{M}$ 上的凸风险度量 ϱ 可以写成形式：

$$\varrho(L) = \max\{E_Q(L) - \alpha_{\min}(Q) : Q \in \mathcal{S}^1(\Omega, \mathcal{F})\} \tag{8.7}$$

这里 $\mathcal{S}^1(\Omega, \mathcal{F})$ 表示在 Ω 上所有概率测度的集合，这里惩罚函数 $\alpha_{\min}$ 是

$$\alpha_{\min}(Q) = \sup\{E_Q(L)\colon L \in A_\varrho\} \tag{8.8}$$

(2) 如果 ϱ 是一致性的，则它有表达式

$$\varrho(L) = \max\{E_Q(L)\colon Q \in \mathcal{Q}\} \tag{8.9}$$

对于一些集合 $\mathcal{Q} = \mathcal{Q}(\varrho) \subset \mathcal{S}^1(\Omega, \mathcal{F})$。

证明. 证明分为三个步骤。简单记 $\mathcal{S}^1(\Omega, \mathcal{F})$ 为 $\mathcal{S}^1$。

步骤 1　首先我们说明对 $L \in \mathcal{M}$，

$$\varrho(L) \geqslant \sup\{E_Q(L) - \alpha_{\min}(Q) : Q \in \mathcal{S}^1\} \tag{8.10}$$

为了建立公式 (8.10)，设 $L' := L - \varrho(L)$ 并且注意到 $L' \in A_\varrho$，所以

$$\alpha_{\min}(Q) = \sup\{E_Q(L) : L \in A_\varrho\} \geqslant E_Q(L') = E_Q(L) - \varrho(L)$$

这里给出 $\varrho(L) \geqslant E_Q(L) - \alpha_{\min}(Q)$，并且取不同测度 Q 上的上确界，得出公式 (8.10)。

步骤 2　证明的主要步骤是现在为 $L \in \mathcal{M}$ 构造一个测度 $Q_L \in \mathcal{S}^1$ 使得 $\varrho(L) \leqslant E_{Q_L}(L) - \alpha_{\min}(Q_L)$。加上公式 (8.10)，这建立了公式 (8.7) 和 (8.8)。这是论证最具技术性的部分，并且我们在例 8.12 中给出了一个简单的说明。

通过平移不变性足够对一个损失 L 构造 Q_L 满足 $\varrho(L) = 0$。此外，我们可以在不失一般性的情况下假定 $\varrho(0) = 0$。由于 $|\Omega| = n < \infty$，我们可以确定 L 和 $\mathbb{R}^n$ 中可能产生的向量 $\boldsymbol{\ell} = \big(L(\omega_1), \dots, L(\omega_n)\big)'$。类似的一个概率测度 $Q \in \mathcal{S}^1$ 可以视为同等于相应的概率向量 $\boldsymbol{q} = \big(q(\omega_1), \dots, q(\omega_n)\big)'$，它是一个 $\mathbb{R}^n$ 中的单位单纯形的元素。我们可以用 $\mathbb{R}^n$ 的一个凸子集 $\mathcal{A}_\varrho$ 来标识 A_ϱ。注意，当 $\varrho(L) = 0$ 时，损失 L 并不在 A_ϱ 的内部。另外 $L + \epsilon$ 对于足够小的 $\epsilon > 0$ 将属于 A_ϱ，于是 $0 \geqslant \varrho(L + \epsilon) = \varrho(L) + \epsilon = \epsilon$，这是一个矛盾。因此 $\boldsymbol{\ell}$ 不在 $\mathcal{A}_\varrho$ 内部。根据支持超平面定理（见附录 A.1.5 节中的命题 A.8），存在一个向量 $\boldsymbol{u} \in \mathbb{R}^n \setminus \{0\}$，使得

$$\boldsymbol{u}'\boldsymbol{\ell} \geqslant \sup\{\boldsymbol{u}'\boldsymbol{x} : \boldsymbol{x} \in \mathcal{A}_\varrho\} \tag{8.11}$$

在下文中我们将根据向量 $\boldsymbol{u}$ 构造 Q_L。首先，我们将 $u_j \geqslant 0$ 用于所有 $1 \leqslant j \leqslant n$。因为 $\varrho(0) = 0$,对所有的 j 和所有 $\lambda > 0$,所以由单调性和平移不变性我们有 $\varrho(L-1-\lambda I_{\{\omega_j\}}) < 0$。这说明 $L-1-\lambda I_{\{\omega_j\}} \in A_\varrho$,或者,等价地 $\boldsymbol{\ell}-\mathbf{1}-\lambda\boldsymbol{e}_j \in \mathcal{A}_\varrho$,这里我们使用符号 $\mathbf{1} = (1, \dots, 1)'$。应用关系 (8.11)，我们得到对于所有 $\lambda > 0$，$\boldsymbol{u}'\boldsymbol{\ell} \geqslant \boldsymbol{u}'(\boldsymbol{\ell} - \mathbf{1} - \lambda\boldsymbol{e}_j)$, 这意味着

$$0 \geqslant -\sum_{j=1}^{n} u_j - \lambda u_j \,, \forall\lambda > 0$$

这仅适用于 $u_j \geqslant 0$。因为 $\boldsymbol{u}$ 不等于零，所以至少其中一项是严格正的，并且我们可以定义向量 $\boldsymbol{q} := \boldsymbol{u}/(\sum_{j=1}^{n} u_j)$。注意到 $\boldsymbol{q}$ 属于 $\mathbb{R}^n$ 中的单位单纯形，我们定义 Q_L 为相应的概率测度。仍然需要验证 Q_L 是否满足不等式 $\varrho(L) \leqslant E_{Q_L}(L) - \alpha_{\min}(Q_L)$。因为我们假设 $\varrho(L) = 0$，所以需要证明

$$E_{Q_L}(L) \geqslant \alpha_{\min}(Q) \tag{8.12}$$

我们得到 $\alpha_{\min}(Q_L) = \sup\{E_{Q_L}(X) : X \in A_\varrho\} = \sup\{\boldsymbol{q}'\boldsymbol{x} : \boldsymbol{x} \in \mathcal{A}_\varrho\}$。由公式 (8.11) 得到

$$E_{Q_L}(L) = \boldsymbol{q}'\boldsymbol{\ell} \geqslant \sup\{\boldsymbol{q}'\boldsymbol{x} : \boldsymbol{x} \in \mathcal{A}_\varrho\} = \alpha_{\min}(Q_L)$$

因此我们得到了期望的关系 (8.12)。

步骤 3　为了对一致性的风险度量建立表达式 (8.9)，我们回顾一下对于一个一致性的风险度量 ϱ，验收集 A_ϱ 是一个凸锥。因此我们得到对于 $\lambda > 0$

$$\alpha_{\min}(Q) = \sup_{L \in A_\varrho} E_Q(L) = \sup_{\lambda L \in A_\varrho} E_Q(\lambda L) = \lambda\alpha_{\min}(Q)$$

仅适用于 $\alpha_{\min}(Q) \in \{0, \infty\}$。如果我们设 $\mathcal{Q}(\varrho) := \{Q \in \mathcal{S}^1 : \alpha_{\min}(Q) = 0\}$，则表达式 (8.9) 成立。　□

例 8.12. 为了说明定理证明中的步骤 2 的构造，我们给出一个简单的例子；参见图 8.1。

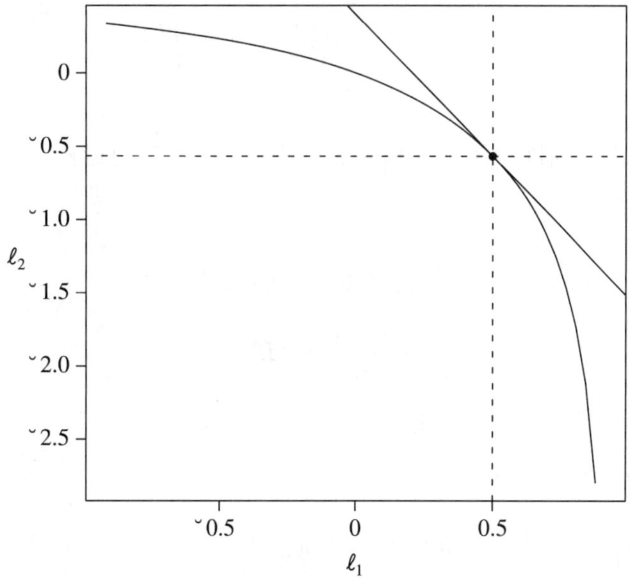

图 8.1　定理 8.11 的证明步骤 2 中测度构造的说明；详见例 8.12。

考虑以下情况：$d=2$，其中风险度量为 $\varrho(L)=\ln E(e^L)$，在例 8.8 的指数保费原理中，$\alpha=1$ 且 $c=0$。假设概率测度 P 为 $\boldsymbol{p}=(0.4,0.6)$，这里 $\varrho(L)=0$ 对应的损失 L 由等式 $f_\varrho(\boldsymbol{\ell}):=\ln(0.4e^{\ell_1}+0.6e^{\ell_2})=0$ 的曲线给出。验收集 A_ϱ 由这条曲线和曲线下的区域构成。我们现在对曲线 $L(\omega_1)=\ell_1=0.5$ 和 $L(\omega_2)=\ell_2\approx-0.566$ 上的损失 L 构造 Q_L。对公式 (8.11) 中的向量 $\boldsymbol{u}$（支持超平面的正态向量）的一个可能的选择是取

$$\boldsymbol{u}=\nabla f_\rho(\boldsymbol{\ell})=\left(\frac{\partial f_\varrho(\boldsymbol{\ell})}{\partial \ell_1},\frac{\partial f_\varrho(\boldsymbol{\ell})}{\partial \ell_2}\right)'$$

通过 $\boldsymbol{u}$ 的标准化，测度 Q_L 可能与 $\boldsymbol{q}\approx(0.659,0.341)$ 相同并且对于这个测度惩罚是 $\alpha_{\min}(Q_L)=\boldsymbol{q}'\boldsymbol{\ell}\approx 0.137$。

$\alpha_{\min}$ 的性质　接下来我们讨论惩罚函数 $\alpha_{\min}$ 的性质。首先解释一下 $\alpha_{\min}$ 是表示 ϱ 的最小惩罚函数。假设 $\alpha:\mathcal{S}^1(\Omega,\mathcal{F})\to\mathbb{R}$ 是任何使得 (8.7) 对所有 $L\in M$ 成立的函数。那么对于固定 $Q\in\mathcal{S}^1(\Omega,\mathcal{F}),L\in\mathcal{M}$，我们有 $\varrho(L)\geqslant E_Q(L)-\alpha(Q)$，所以也有

$$\begin{aligned}\alpha(Q)\geqslant \sup_{L\in\mathcal{M}}\{E_Q(L)-\varrho(L)\}&\geqslant \sup_{L\in A_\varrho}\{E_Q(L)-\varrho(L)\}\\&\geqslant \sup_{L\in A_\varrho}E_Q(L)=\alpha_{\min}(Q)\end{aligned}\tag{8.13}$$

接下来，我们给出了 $\alpha_{\min}$ 的另一种表示方法，它将有助于分析线性投资组合的风险度量。考虑 $L\in\mathcal{M}$，由于 $L-\varrho(L)\in A_\varrho$，我们得到

$$\sup_{L\in\mathcal{M}}\{E_Q(L)-\varrho(L)\}=\sup_{L\in\mathcal{M}}\{E_Q\big(L-\varrho(L)\big)\}\leqslant\sup_{L\in A_\varrho}E_Q(L)=\alpha_{\min}(Q)$$

结合上式和之前的估计 (8.13)，我们得到关系

$$\alpha_{\min}(Q)=\sup_{L\in\mathcal{M}}\{E_Q(L)-\varrho(L)\} \tag{8.14}$$

8.1.3 对偶表示例子

在本节中，我们详细推导了预期损失的对偶表示，并简要讨论了基于指数损失函数的风险度量的对偶表示。

预期损失 回顾第 2.3.4 节，可积损失 L 的预期损失由下式

$$\mathrm{ES}_\alpha(L)=\frac{1}{1-\alpha}\int_\alpha^1 q_u(L)\,\mathrm{d}u,\ \alpha\in[0,1)$$

给出。以下引理给出了 ES_α 的另外的表达式。

命题 8.13. 对于 $0<\alpha<1$ 我们有

$$\begin{aligned}\mathrm{ES}_\alpha(L)&=\frac{1}{1-\alpha}E\left((L-q_\alpha(L))^+\right)+q_\alpha(L) &(8.15)\\ &=\frac{1}{1-\alpha}\Big(E(L;L>q_\alpha(L))+q_\alpha(L)\big(1-\alpha-P(L>q_\alpha(L))\big)\Big) &(8.16)\end{aligned}$$

证明. 回顾对于 $U\sim U(0,1)$，的随机变量 $F^{\leftarrow}(U)$ 有分布函数 F_L （见命题 7.2)。因为 $q_\alpha(L)=F_L^{\leftarrow}(\alpha)$，观察到

$$\begin{aligned}\frac{1}{1-\alpha}E((L-q_\alpha(L))^+)=&\frac{1}{1-\alpha}\int_0^1(F_L^{\leftarrow}(u)-F_L^{\leftarrow}(\alpha))^+\,\mathrm{d}u\\ =&\frac{1}{1-\alpha}\int_\alpha^1(F_L^{\leftarrow}(u)-F_L^{\leftarrow}(\alpha))\mathrm{d}u\\ =&\frac{1}{1-\alpha}\int_\alpha^1 q_u(L)\mathrm{d}u-q_\alpha(L)\end{aligned}$$

所以公式 (8.15) 成立。对于公式 (8.16)，我们使用 $E((L-q_\alpha(L))^+=E(L;L>q_\alpha(L))-q_\alpha(L)P(L>q_\alpha(L))$。 □

如果 F_L 在 $q_\alpha(L)$ 连续，那么 $P(L>q_\alpha(L))=1-\alpha$ 并且

$$\mathrm{ES}_\alpha(L)=\frac{E(L;L>q_\alpha(L))}{1-\alpha}=E(L|L>\mathrm{VaR}_\alpha)$$

也可参见引理 2.13。

定理 8.14. 对 $\alpha\in[0,1)$，ES_α 在 $\mathcal{M}=\mathcal{L}^1(\Omega,\mathcal{F},P)$ 上定义一个一致性风险度量。对偶表示给出如下：

$$\mathrm{ES}_\alpha(L)=\max\left\{E^Q(L):Q\in\mathcal{Q}_\alpha\right\} \tag{8.17}$$

其中 $\mathcal{Q}_\alpha$ 是 $(\Omega,\mathcal{F})$ 上关于 P 绝对连续的概率测度集合,并且其理论测量的密度函数 $\mathrm{d}Q/\mathrm{d}P$ 以 $(1-\alpha)^{-1}$ 为界。

证明. 对于 $\alpha = 0$，有 $Q_\alpha = \{P\}$ 并且等式 (8.17) 是显而易见的，所以我们假设 $\alpha > 0$。通过平移不变性，我们可以在不失一般性的前提下假定 $q_\alpha(L) > 0$。因为预期损失只与右尾有关，所以我们也可以假设 $L \geqslant 0$。(否则我们可以简单地定义 $\tilde{L} = \max(L, 0)$ 并观察到 $\mathrm{ES}_\alpha(\tilde{L}) = \mathrm{ES}_\alpha(L)$)。

通过下式定义一个一致性测度 ϱ_α：

$$\varrho_\alpha(L) = \sup\{E^Q(L) : Q \in Q_\alpha\} \tag{8.18}$$

我们想证明 $\varrho_\alpha(L)$ 可以被写成命题 8.13的形式。第一步我们把优化问题转化为公式 (8.18)。集合 $\mathcal{Q}_\alpha$ 中的度量值也可以用它们的度量理论密度函数来描述，因此可以用一组随机变量 $\{\psi : 0 \leqslant \psi \leqslant 1/(1-\alpha), E(\psi) = 1\}$ 来描述。我们有

$$\varrho_\alpha(L) = \sup\left\{E(L\psi) : 0 \leqslant \psi \leqslant \frac{1}{1-\alpha}, E(\psi) = 1\right\}$$

通过 $\varphi = (1-\alpha)\psi$ 转化这些随机变量并分解出表达式 $E(L)$，我们得到

$$\varrho_\alpha(L) = \frac{E(L)}{1-\alpha}\sup\left\{E\left(\frac{L}{E(L)}\varphi\right) : 0 \leqslant \varphi \leqslant 1,\ E(\varphi) = 1-\alpha\right\}$$

于是得到

$$\varrho_\alpha(L) = \frac{E(L)}{1-\alpha}\sup\left\{\tilde{E}(\varphi) : 0 \leqslant \varphi \leqslant 1, E(\varphi) = 1-\alpha\right\} \tag{8.19}$$

其中测度 $\tilde{P}$ 是由 $\mathrm{d}\tilde{P}/\mathrm{d}P = L/E(L)$ 定义的。

我们现在证明公式 (8.19) 中的上确界是由随机变量得到的

$$\varphi_0 = I_{\{L > q_\alpha(L)\}} + \kappa I_{\{L = q_\alpha(L)\}} \tag{8.20}$$

其中取 $\kappa \geqslant 0$ 使得 $E(\varphi_0) = (1-\alpha)$。为了证实 φ_0 的最优性，考虑一个任意的 $0 \leqslant \varphi \leqslant 1$ 满足 $E(\varphi) = (1-\alpha)$。由 φ_0 的定义，我们一定有不等式

$$0 \leqslant (\varphi_0 - \varphi)(L - q_\alpha(L)) \tag{8.21}$$

因为第一个因式对于 $L > q_\alpha(L)$ 是非负的，并且对 $L < q_\alpha(L)$ 是非正的。公式 (8.21) 的积分给出下式

$$0 \leqslant E\left((\varphi_0 - \varphi)(L - q_\alpha(L))\right) = E(L(\varphi_0 - \varphi)) - q_\alpha(L)E(\varphi_0 - \varphi)$$

现在第二项因为 $E(\varphi_0) = E(\varphi) = 1-\alpha$ 而消失了，而第一项等于 $E(L)\tilde{E}(\varphi_0 - \varphi)$。于是 $\tilde{E}(\varphi_0) \geqslant \tilde{E}(\varphi)$，验证了 φ_0 的最优性。

在公式 (8.19) 中插入 φ_0，得到

$$\varrho_\alpha(L) = \frac{E(L)}{(1-\alpha)}\tilde{E}(\varphi_0) = \frac{1}{1-\alpha}E(L\varphi_0)$$

$$= \frac{1}{1-\alpha}\big(E(L; L > q_\alpha(L)) + \kappa q_\alpha(L)P(L = q_\alpha(L))\big) \tag{8.22}$$

条件 $E(\varphi_0) = (1-\alpha)$ 表明 $P(L > q_\alpha(L)) + \kappa P(L = q_\alpha(L)) = (1-\alpha)$，因此有

$$\kappa = \frac{(1-\alpha) - P(L > q_\alpha(L))}{P(L = q_\alpha(L))}$$

其中我们运用公约 $0/0 = 0$。在公式 (8.22) 中插入 κ 得到公式 (8.16)，证明完毕。 □

备注 8.15. 熟悉数理统计的读者可能会注意到，在优化问题 (8.19) 中构造 φ_0 类似于在著名的 Neyman-Pearson 引理中构造最优检验。这个证明表明，对 $\alpha \in (0,1)$ 和可积的 L，它在 ES_{alpha} 的对偶表达式的上确界的测度 $Q_L \in \mathcal{Q}_\alpha$ 由测度理论密度函数给出：

$$\frac{dQ_L}{dP} = \frac{\varphi_0}{(1-\alpha)} = \frac{1}{1-\alpha}\left(I_{\{L>q_\alpha(L)\}} + \kappa I_{\{L=q_\alpha(L)\}}\right)$$

其中

$$\kappa = \begin{cases} \dfrac{(1-\alpha) - P(L > q_\alpha(L))}{P(L = q_\alpha(L))}, & P(L = q_\alpha(L)) > 0\,, \\ 0, & P(L = q_\alpha(L)) = 0 \end{cases}$$

指数损失函数的风险度量　在本节的最后，我们不加证明地给出了由指数损失函数的可验收集导出的风险度量的对偶表示，

$$\varrho_\alpha(L) = \frac{1}{\alpha}\ln\{E(e^{\alpha L})\}$$

从例 8.8 可得到更多细节。由于 ϱ_α 是凸的但不是一致性的，在这个情况下我们有一个非零惩罚函数。可以记为

$$\varrho_\alpha(L) = \max_{Q \in \mathcal{S}_1}\left\{E_Q(L) - \frac{1}{\alpha}H(Q|P)\right\}$$

其中

$$H(Q|P) = \begin{cases} E_Q\left(\ln\dfrac{dQ}{dP}\right), & \text{如果 } Q \ll P \\ \infty, & \text{否则} \end{cases}$$

被称为 P 和 Q 之间的相对熵。换句话说，惩罚函数与两个测度之间的相对熵成比例。这个事实的证明需要对相关熵性质有更细致的研究，所以省略了。更多细节参见 Föllmer and Schied (2011) 的第 3.2 节和第 4.9 节。

说明与评论

在一致风险度量方面主要的文献是 Artzner et al. (1999)。同一个作者做的非技术性介绍是 Artzner et al. (1997)。诸如无限概率空间上的一致性风险度量的特征等技术扩展在

Delbaen (2000, 2002, 2012) 中给出。压力测试作为一种风险度量方法被 Berkowitz (2000), Kupiec (1998)，Breuer et al. (2009) 和 Rebonato (2010) 等人研究。

在风险管理和数学金融背景下，凸风险度量的研究始于 Föllmer and Schied (2002) (参见 Frittelli, 2002)。一个高等教科书水平的解决方案在 Föllmer and Schied (2011) 的第 4 章中给出。Cont (2006) 在衍生品定价的凸风险度量和模型风险之间提供了一个有趣的链接。定理 8.11 的另一种证明可以基于凸函数的对偶定理；例如 Föllmer and Schied (2011) 的备注 4.18。

在 Acerbi and Tasche (2002) 的可读性论文中讨论了预期损失的不同现有概念。预期损失由 Rockafellar and Uryasev (2000, 2002) 以条件风险价值独立研究。特别地，这些文献发展出一个观点，预期损失可以作为一个凸优化问题的值得到。

最近人们对多期风险度量的主题产生了兴趣，该主题考虑到一个头寸在几个时间段内的最终价值的演变，并考虑到中间信息和行动的影响。这个领域的重要文章包括 Artzner et al. (2007), Riedel (2004), Weber (2006) 和 Cheredito et al. (2005)。教材和进一步的参考见Föllmer and Schied (2011) 第 11 章。

8.2　一致性风险度量不变定律

如果 $\varrho(L)$ 仅仅通过它的分布函数 F_L 依赖于 L，那么风险度量 ϱ 叫作不变定律（*law-invariant*）。不变定律风险度量的例子是 VaR 和预期损失。另一方面，例 8.9 的压力测试风险度量一般来说不是不变定律的。在本节中我们讨论一些经常用于金融和精算研究中的不变定律和一致性风险度量。

8.2.1　畸变风险度量

畸变风险度量是一致性风险度量的一个重要类别。在文献中用很多不同的方法介绍了这些风险度量，并用到了各种不同的名称。在畸变风险度量之前，我们首先总结一些更重要的表示形式。最后我们考虑某些畸变风险度量的参数族。

畸变风险度量的表达式　下面从一个一般定义开始。

定义 8.16 (畸变风险度量).　(1) 凸畸变函数 D 是一个 $[0,1]$ 上凸的、递增的且绝对连续的函数，并满足 $D(0)=0$ 和 $D(1)=1$。

(2) 与一个凸畸变函数 D 相关的畸变风险度量定义为

$$\varrho(L)=\int_0^1 q_u(L)dD(u) \tag{8.23}$$

注意到每个凸畸变函数是一个 $[0,1]$ 上的分布函数。一个畸变风险度量的最简单的例子是预期损失 (ES)，它是由取凸畸变函数 $D_\alpha(u)=(1-\alpha)^{-1}(u-\alpha)^+$ 得到的。显然，一个畸变风险度量是不变定律的（它仅通过 L 的分布依赖于随机变量 L），因为它定义为 L 的分位数的均值。

因为由定义一个凸畸变函数 D 是绝对连续的，所以对于一个递增的正函数 ϕ（D 的右导数），它能被写成 $D(u)=\int_0^u \phi(s)\mathrm{d}s$ 的形式。这产生了另一种表达

$$\varrho(L)=\int_0^1 q_u(L)\phi(u)\mathrm{d}u \tag{8.24}$$

公式 (8.24) 的风险度量也称为谱风险度量并且函数 ϕ 称为谱。它可以被想成是应用到 L 的分布的分位数上的权重函数。在预期损失的案例中，上确界是 $\phi(u)=(1-\alpha)^{-1}I_{\{u\geqslant\alpha\}}$，表明相等权重置于所有超过 α 分位数的分位数上。

下面的引理给出了另一种表示方法。

引理 8.17. 与凸畸变函数 D 有关的畸变风险度量 ϱ 可以写成如下形式

$$\varrho(L)=\int_{\mathbb{R}} x\,\mathrm{d}D\circ F_L(x) \tag{8.25}$$

这里 $D\circ F_L$ 表示函数 D 和 F_L 的组成部分，也就是 $D\circ F_L(x)=D\big(F_L(x)\big)$。

证明. 设 $G(x)=D\circ F_L(x)$ 并且注意到 G 本身是一个分布函数。相关的分位函数由 $G^{\leftarrow}=F_L^{\leftarrow}\circ D^{\leftarrow}$ 给出，这是因为使用附录里的命题 A.3（第 iv 部分），

$$G^{\leftarrow}(v)=\inf\{x: D\circ F_L(x)\geqslant v\}=\inf\{x: F_L(x)\geqslant D^{\leftarrow}(v)\}$$

并且注意到通过广义逆的定义，它等于 $F_L^{\leftarrow}\circ D^{\leftarrow}(v)$。所以等式 (8.25) 右边可以写成形式

$$\int_{\mathbb{R}} x\mathrm{d}G(x)=\int_0^1 G^{\leftarrow}(u)\,\mathrm{d}u=\int_0^1 F_L^{\leftarrow}\circ D^{\leftarrow}(u)\,\mathrm{d}u=E\left(F_L^{\leftarrow}\circ D^{\leftarrow}(U)\right),$$

这里 U 是一个标准均匀随机变量。现在引入分布函数为 D 的随机变量 $V=D^{\leftarrow}(U)$。我们已经证明了

$$\int_{\mathbb{R}} x\,\mathrm{d}D\circ F_L(x)=E\left(F^{\leftarrow}(V)\right)=\int_0^1 F_L^{\leftarrow}(v)\mathrm{d}D(v)$$

因此结论成立。□

表达式 (8.25) 为畸变的概念提供了更多的直觉。函数 D 使原始分布函数 F_L 变形。此外，对于 $u\in(0,1)$，由 D 的凸性我们得到 $D(u)\leqslant u$，比起原始分布函数 F，畸变分布函数 $G=D\circ F$ 在 L 的高数值上有更多质量。

最后，一个畸变风险度量可以表示成不同置信水平上预期损失的加权平均。为了说明这一点，我们固定一个凸畸变 D，它具有联合畸变风险度量 ϱ 和谱 ϕ（参见公式 (8.24)）。从现在开始我们讨论 ϕ 的右连续情况。因为 ϕ 是递增的，对于 $0\leqslant t\leqslant 1$，通过设 $\nu([0,t]):=\phi(t)$ 我们得到 $[0,1]$ 上的测度 ν。注意到对于每个函数 $f\colon[0,1]\to\mathbb{R}$ 我们有

$$\int_0^1 f(\alpha)\mathrm{d}\nu(\alpha)=f(0)\phi(0)+\int_0^1 f(\alpha)\mathrm{d}\phi(\alpha$$

此外我们现在定义一个 $[0,1]$ 上测度 μ，设

$$\frac{\mathrm{d}\mu}{\mathrm{d}\nu}(\alpha)=(1-\alpha), \text{即} \int_0^1 f(\alpha)\mathrm{d}\mu(\alpha)=f(0)+\int_0^1 f(\alpha)(1-\alpha)\mathrm{d}\phi(\alpha) \tag{8.26}$$

现在我们可以说明 ϱ 的表示结果。

命题 8.18. 设 ϱ 是一个与凸畸变 D 有关的畸变风险度量并且通过公式 (8.26) 定义测度 μ。那么 μ 是概率测度，并且我们有表达式

$$\varrho(L)=\int_0^1 \mathrm{ES}_\alpha(L)\mathrm{d}\mu(\alpha)$$

证明. 使用分步积分法和公式 (8.26)，我们得到

$$\begin{aligned}\mu([0,1])&=\phi(0)+\int_0^1(1-\alpha)\mathrm{d}\phi(\alpha)=\phi(0)+\int_0^1\phi(\alpha)\mathrm{d}\alpha-\phi(0)\\&=\int_0^1\phi(\alpha)\mathrm{d}\alpha=D(1)-D(0)=1\end{aligned}$$

这表明 μ 是一个概率测度。接下来我们转向 ϱ 的表示结果。由富比尼（Fubini）定理有

$$\begin{aligned}\varrho(L)&=\int_0^1 q_u(L)\phi(u)\mathrm{d}u=\int_0^1 q_u(L)\int_0^u 1\,\mathrm{d}\nu(\alpha)\mathrm{d}u\\&=\int_0^1\int_0^1 q_u(L)1_{\{\alpha\leqslant u\}}\mathrm{d}\nu(\alpha)\mathrm{d}u=\int_0^1\int_\alpha^1 q_u(L)\mathrm{d}u\mathrm{d}\nu(\alpha)\\&=\int_0^1(1-\alpha)\,\mathrm{ES}_\alpha(L)\mathrm{d}\nu(\alpha)=\int_0^1\mathrm{ES}_\alpha(L)\mathrm{d}\mu(\alpha)\end{aligned}$$

□

畸变风险度量的性质 下面我们讨论畸变风险度量的确定性质。在下面的情况下畸变风险度量是共单调可加的。

定义 8.19 (共单调可加性). 只要 $(L_1,\ldots,L_d)$ 是一个共单调风险的向量，那么在随机向量的一个空间 $\mathcal{M}$ 上的一个风险度量 ϱ，如果满足

$$\varrho(L_1+\cdots+L_d)=\varrho(L_1)+\cdots+\varrho(L_d)$$

则被称为是共单调可加的。

共单调的性质定义在定义 7.2.1 中，并在命题 7.20 中展示了分位函数（或者，换句话说，风险价值的风险度量）对于同单调风险是可加的。畸变风险度量的同单调可加性是简单地根据它们可以被表示为分位函数的加权积分这个事实，如公式 (8.23) 中所示。

另外，畸变风险度量是一致性的。单调性、平移不变性和正齐性是显然的。为了说明它们是一致性的，我们只需检验次可加性。根据命题 8.18 和定理 8.14 观察得到

$$\varrho(L_1+L_2)=\int_0^1\mathrm{ES}_\alpha(L_1+L_2)\mathrm{d}\mu(\alpha)$$

$$\leqslant \int_0^1 \mathrm{ES}_\alpha(L_1)\mathrm{d}\mu(\alpha) + \int_0^1 \mathrm{ES}_\alpha(L_2)\mathrm{d}\mu(\alpha) = \varrho(L_1) + \varrho(L_2)$$

总的来说，我们已经证明了畸变风险度量是不变定律的、一致性的和共单调可加的。事实上，可能也可以说明在一个没有原子的概率空间中（即一个空间，其中对所有 $\omega, P(\{\omega\}) = 0$），一个不变定律的、一致性的、共单调可加的风险度量对某些凸畸变 D 一定有形式 (8.23)。

例 8.20 (参数族). 许多有用的参数族畸变风险度量可以基于凸变形函数的形式

$$D_\alpha(u) = \Psi\left(\Psi^{-1}(u) + \ln(1-\alpha)\right),\ 0 \leqslant \alpha < 1 \tag{8.27}$$

其中 Ψ 是 $\mathbb{R}$ 上的一个连续分布函数。当对 $u \geqslant 0$，$\Psi(u) = 1 - \exp(-u)$，即为标准指数分布函数时得到预期损失的畸变函数。

考虑到不同分布函数 Ψ 在整个实线 $\mathbb{R}$ 上严格递增，人们对畸变风险度量产生了兴趣。一个自然的问题涉及 Ψ 上导致凸畸变函数的约束。通过关于 u 区分两次公式 (8.27) 中的 $D_\alpha(u)$，很容易证实一个充分必要条件是 $\ln\psi(u)$ 是凹的，其中 ψ 表示 Ψ 的密度函数；参见 Tsukahara (2009)。

对于固定的 u，形如公式 (8.27) 的一族凸畸变函数关于 α 是严格递减的。另外，$D_0(u) = u$（对应于风险度量 $\varrho(L) = E(L)$）且 $\lim_{\alpha\to 1} D(u) = 1_{\{u=1\}}$。对于 $\alpha_1 < \alpha_2$ 和 $0 < u < 1$，我们有 $D_{\alpha_1}(u) > D_{\alpha_2}(u)$，这个事实意味着严格来说 D_{α_2} 使原始概率测度畸变的程度大于 D_{α_1}，且在产出结果的尾部加了更多权重。

通过将 $\Psi(u) = 1/(1+e^{-u})$ 作为标准对数分布函数得到一个特例。这导致对于 $0 \leqslant \alpha < 1$，$D_\alpha(u) = (1-\alpha)u\,(1-\alpha u)^{-1}$ 为所给出的凸畸变函数参数族。我们可以用 $G_\alpha(x) = D_\alpha \circ F_L(x)$ 来表示

$$\left(\frac{1-G_\alpha(x)}{G_\alpha(x)}\right) = \frac{1}{1-\alpha}\left(\frac{1-F_L(x)}{F_L(x)}\right)$$

这为这个族提供了一个有趣的解释。对于每一个可能的临界损失级别 x，在畸变损失分布下，由 $(1-F_L(x))/F_L(x)$ 给出的尾部事件 $\{L > x\}$ 的可能性乘上 $(1-\alpha)^{-1}$。由于这个原因，这个族被称为比例优势族。

8.2.2　期望分位数风险度量

定义 8.21. 设 $\mathcal{M} := L^1(\Omega, \mathcal{F}, P)$，这是所有满足 $E|L| < \infty$ 可积随机变量 L 的集合。那么，对于 $\alpha \in (0,1)$ 和 $L \in \mathcal{M}$, α 期望分位数 (Expectile)$e_\alpha(L)$ 由等式

$$\alpha E((L-y)^+) = (1-\alpha)E((L-y)^-) \tag{8.28}$$

的唯一解 y 给出。这里 $x^+ = \max(x,0)$ 并且 $x^- = \max(-x,0)$。

回顾 $x^+ - x^- = x$，注意到 $e_{0.5}(L) = E(L)$，因为

$$E((L-y)^-) = E((L-y)^+) \iff E\left((L-y)^+ - (L-y)^-\right) = 0 \iff E(L-y) = 0$$

对于平方可积损失 L 期望属性 $e_\alpha(L)$ 可以看成形式

$$\min_{y\in\mathbb{R}} E\left(S(y,L)\right) \tag{8.29}$$

的最优化问题的最小元。对于所谓的 打分函数 $S(y,L)$，这可能与期望分位数估计的样本外检验有关（所谓的回溯检验），这会在第 9.3 节中解释。产生期望分位数特殊的打分函数是

$$S_\alpha^e(y,L) = |1_{\{L\leqslant y\}} - \alpha|(L-y)^2 \tag{8.30}$$

实际上我们能够计算

$$\begin{aligned}\frac{\mathrm{d}}{\mathrm{d}y}E\left(S_\alpha^e(y,L)\right) &= \frac{\mathrm{d}}{\mathrm{d}y}\int_{-\infty}^{\infty}|1_{\{y\geqslant x\}}-\alpha|(y-x)^2\mathrm{d}F_L(x)\\ &= \frac{\mathrm{d}}{\mathrm{d}y}\int_{-\infty}^{y}(1-\alpha)(y-x)^2\mathrm{d}F_L(x)+\frac{\mathrm{d}}{\mathrm{d}y}\int_{y}^{\infty}\alpha(y-x)^2\mathrm{d}F_L(x)\\ &= 2(1-\alpha)\int_{-\infty}^{y}(y-x)\mathrm{d}F_L(x)+2\alpha\int_{y}^{\infty}(y-x)\mathrm{d}F_L(x)\\ &= 2(1-\alpha)E\left((L-y)^-\right)-2\alpha E\left((L-y)^+\right)\end{aligned} \tag{8.31}$$

设它等于 0 产生等式 (8.28)，它定义一个期望分位数。

备注 8.22. 在第 9.3.3 节中我们会证明 α 分位数 $q_\alpha(L)$ 在考虑打分函数的情况下也是等式 (8.29) 的最优化问题的最小元

$$S_\alpha^q(y,L) = |1_{\{L\leqslant y\}} - \alpha||L-y| \tag{8.32}$$

我们现在展示了任意分布函数 F_L 的 α 期望分位数可以表示为相关分布函数 $\tilde{F}_L$ 的 α 分位数，该分位数在其支持上严格递增。这也表明一个分布的 α 期望分位数的唯一性。此外，我们得到一个公式，它对计算特定分布的期望分位数有帮助并且我们用一个简单的例子来解释它。

命题 8.23. 设 $\alpha\in(0,1)$ 并且 L 是一个随机变量，使得 $\mu := E(L) < \infty$。那么公式 (8.28) 的解 $e_\alpha(L)$ 可以写成 $e_\alpha(L) = \tilde{F}_L^{-1}(\alpha)$，其中

$$\tilde{F}_L(y) = \frac{yF_L(y)-\mu(y)}{2(yF_L(y)-\mu(y))+\mu-y} \tag{8.33}$$

是一个连续的在其支撑集上严格递增的分布函数，并且 $\mu(y) := \int_{-\infty}^{y} x\mathrm{d}F_L(x)$ 是 F_L 的一个下偏矩。

证明. 因为 $x^+ + x^- = |x|$，等式 (8.31) 表明期望分位数 y 也必须求解

$$\alpha E(|L-y|) = E((L-y)^-) = \int_{-\infty}^{y}(y-x)\mathrm{d}F_L(x) = yF_L(y)-\mu(y)$$

此外

$$\begin{aligned}E(|L-y|) &= \int_{-\infty}^{y}(y-x)\mathrm{d}F_L(x)+\int_{y}^{\infty}(x-y)\mathrm{d}F_L(x)\\ &= 2\int_{-\infty}^{y}(y-x)\mathrm{d}F_L(x)+\int_{-\infty}^{\infty}(x-y)\mathrm{d}F_L(x)\\ &= 2(yF_L(y)-\mu(y))+\mu-y\end{aligned}$$

因此 $\alpha=\tilde{F}_L(y)$，$\tilde{F}_L$ 如等式 (8.33) 中定义的那样。

接下来我们展示 $\tilde{F}_L$ 确实是一个分布函数。$\tilde{F}_L$ 的导数可以简单计算

$$\tilde{f}_L(y)=\frac{\mu F_L(y)-\mu(y)}{(2(yF_L(y)-\mu(y))+\mu-y)^2}=\frac{F_L(y)(\mu-E(L\mid L\leqslant y))}{(2(yF_L(y)-\mu(y))+\mu-y)^2}$$

显然 $\tilde{f}_L$ 对于所有的 y 是非负的，在 $D=\{y:0<F_L(y)<1\}$ 上是严格正的，因此 $\tilde{F}_L$ 对于所有的 y 都是递增的，并且在 D 上是严格递增的。设 $y_0=\inf D$ 并且 $y_1=\sup D$ 表示 F_L 的左右端点。我们很容易发现 $[y_0,y_1]$ 是 $\tilde{F}_L$ 的支撑集，$\lim_{y\to y_0}\tilde{F}_L(y)=0$ 并且 $\lim_{y\to y_1}\tilde{F}_L(y)=1$。 □

在下面的例子中，我们考虑一个伯努利分布，其中分位数是一个不能令人满意的风险度量，它只能取 0 和 1。相反，期望分位数可以取 0 到 1 之间的任何值。

例 8.24. 设 $L\sim\mathrm{Be}(p)$ 是一个伯努利分布损失。那么

$$F_L(y)=\begin{cases}0, & y<0\\ 1-p, & 0\leqslant y<1,\\ 1, & y\geqslant 1\end{cases}\quad \mu(y)=\begin{cases}0, & y<1\\ p, & y\geqslant 1\end{cases}$$

由此可以得出

$$\tilde{F}_L(y)=\frac{y(1-p)}{y(1-2p)+p},\ 0\leqslant y\leqslant 1,\quad 和\quad e_\alpha(L)=\frac{\alpha p}{(1-\alpha)+p(2\alpha-1)}$$

期望分位数的性质

命题 8.25. 如果 $\alpha\geqslant 0.5$，那么期望分位数风险度量 $\varrho=e_\alpha$ 是在 $\mathcal{M}=L^1(\Omega,\mathcal{F},P)$ 上一致的风险度量。

证明. 对于 $L\in\mathcal{M}$ 和 $y\in\mathbb{R}$ 定义函数

$$\begin{aligned}g(L,y,\alpha) &= \alpha E\left((L-y)^+\right)-(1-\alpha)E\left((L-y)^-\right)\\ &= (2\alpha-1)E\left((L-y)^+\right)+(1-\alpha)E(L-y)\end{aligned}$$

并且注意到，对于固定的 L，它是一个 y 的递减函数，并且对于固定的 y，它在 L 中是单调的，所以 $L_1\leqslant L_2\Rightarrow g(L_1,y,\alpha)\leqslant g(L_2,y,\alpha)$。

平移不变性和正齐性容易遵循以下事实：如果 $g(L,y,\alpha)=0$（即如果 $e_\alpha(L)=y$），那么对于 $m\in\mathbb{R}$ 有 $g(L+m,y+m,\alpha)=0$，并且对于 $\lambda>0$ 有 $g(\lambda L,\lambda y,\alpha)=0$。

对于单调性，固定 α 并且设 $y_1 = e_\alpha(L_1)$，$y_2 = e_\alpha(L_2)$。如果 $L_2 \geqslant L_1$，那么 $g(L_2,y_1,\alpha)\geqslant g(L_1,y_1,\alpha)=g(L_2,y_2,\alpha)=0$。因为 g 在 y 上是递减的，所以一定有 $y_2\geqslant y_1$。

对于次可加性，再一次设 $y_1=e_\alpha(L_1)$, $y_2=e_\alpha(L_2)$。我们有

$$\begin{aligned}
&g(L_1+L_2,y_1+y_2,\alpha)\\
&=(2\alpha-1)E\left((L_1+L_2-y_1-y_2)^+\right)+(1-\alpha)E(L_1+L_2-y_1-y_2)\\
&=(2\alpha-1)E\left((L_1+L_2-y_1-y_2)^+\right)+(1-\alpha)E(L_1-y_1)+(1-\alpha)E(L_2-y_2)
\end{aligned}$$

并且，因为对于 $i=1,2$，$(2\alpha-1)E((L_i-y_i)^+)+(1-\alpha)E(L_i-y_i)=0$ 我们得到

$$\begin{aligned}
&g(L_1+L_2,y_1+y_2,\alpha)\\
&=(2\alpha-1)\left(E\left((L_1+L_2-y_1-y_2)^+\right)-E((L_1-y_1)^+)-E((L_2-y_2)^+)\right)\leqslant 0
\end{aligned}$$

这里我们使用了 $(x_1+x_2)^+\leqslant x_1^+ + x_2^+$ 的事实。因为 $g(L,y,\alpha)$ 在 y 上是递减的，所以一定有 $e_\alpha(L_1+L_2)\leqslant y_1+y_2$。 □

期望分位数风险度量对于 $\alpha\geqslant 0.5$ 是一个不变定律的、一致性的风险度量。然而，它不是共单调可加的，所以不属于第 8.2.1 节中描述的畸变风险度量一类。

如果 L_1 和 L_2 是同一类的共单调随机变量（对于某些 $m\in\mathbb{R}$ 和 $k>0$ 有 $L_2=kL_1+m$），那么我们有共单调可加性（由平移不变性和正齐性的性质），但是对于不是同一类的共单调变量，我们可以找到对于 $\alpha>0.5$，$e_\alpha(L_1+L_2)<e_\alpha(L_1)+e_\alpha(L_2)$ 的例子。

说明与评论

对畸变风险度量我们用了 Tsukahara (2009) 的定义，但将注意力限制在凸畸变函数上。运用这个定义，畸变风险度量等价于 Kusuoka (2001)，Acerbi (2002) 和 Tasche (2002) 的谱风险度量。畸变风险度量（或保费原理）的一个平行概念已经发展到保险数学文献中，在那里它们也被称为王测度 (参见 Wang, 1996)，尽管这个概念在 Denneberg (1990) 中也能找到。Denuit and Charpentier (2004) 对这些风险度量方法进行了很好的讨论。在无原子的概率空间上的畸变风险度量的特征比如不变定律、共单调可加、一致性风险度量源于 Kusuoka (2001)。如预期损失的均值的表征是在 Föllmer and Schied (2011) 中发现的。

Adam et al. (2008) 给出了在投资组合优化中用到的畸变风险度量的例子。更进一步的例子可以在Tsukahara (2009) 中找到，即不同选择、由此产生的风险度量的性质和统计估计。一个畸变的概念在预期理论和行为金融学的数学发展中也起到了重要的作用，例见 Zhou (2010) 和 He and Zhou (2011)。

期望分位数作为风险度量指标出现，是围绕最近有关“易用性”(elicitability) 的讨论展开的。易用性是一种用于比较预测的统计概念，参见 Gneiting (2011) 和 Ziegel (2014)。在

第 9 章中将会讨论关于这个问题的更多细节。早先关于期望分位数的参考文献包括 Newey and Powell (1987)，Jones (1994) 和 Abdous and Remillard (1995) 的论文。Remillard (2013) 提供了教科书处理方法。

8.3　线性投资组合的风险度量

在本节中我们考虑在集合

$$\mathcal{M}=\left\{L:L=m+\boldsymbol{\lambda}'\mathbf{X},\ m\in\mathbb{R},\boldsymbol{\lambda}\in\mathbb{R}^d\right\} \tag{8.34}$$

上的线性投资组合。这里 $\boldsymbol{X}$ 是一个定义在概率空间 $(\Omega,\mathcal{F},P)$ 上的固定的 d 维风险因子的随机向量。出于多种原因，线性投资组合的情况很有意思。首先，许多风险聚合和资本配置的标准方法都或明或暗地基于这样的假设：投资组合损失与潜在风险因子之间存在线性关系。此外，正如我们在第 2 章中所观察到的，在短期内由于市场风险而造成的损失通常使用线性近似。

在第 8.3.1 节中我们应用线性投资组合的一致性风险度量的对偶表示。我们证明，在公式 (8.34) 的集合 $\mathcal{M}$ 上的每个一致性风险度量可以看成是一个压力测试，如例 8.9。在第 8.3.2 节中，我们考虑了因子向量 $\boldsymbol{X}$ 具有椭圆分布的情况，并且在第 8.3.3 节中我们简要考虑了非椭圆分布的情况。除了在第 8.3.2 节中推导出压力测试的形式外，我们还收集了许多有关椭圆分布风险线性组合风险度量的重要结果。

8.3.1　作为压力测试的一致风险度量

给定一个正齐次的风险度量 $\varrho:\mathcal{M}\to\mathbb{R}$，可以方便地定义一个风险度量函数 $r_\varrho(\boldsymbol{\lambda})=\varrho(\boldsymbol{\lambda}'\boldsymbol{X})$，它可以看作是投资组合权重的函数。由

$$\varrho(m+\boldsymbol{\lambda}'\boldsymbol{X})=m+r_\varrho(\boldsymbol{\lambda})$$

给出的 ϱ 和 r_ϱ 之间存在一一对应的关系。因此 ϱ 的属性可以保留到 r_ϱ，反之亦然。我们将结果总结为以下引理。

引理 8.26. *考虑一些平移不变性风险度量：$\varrho:\mathcal{M}\to\mathbb{R}$ 具有相关的风险度量函数 r_ϱ。*

(1) *当且仅当 r_ϱ 是一个在 $\mathbb{R}^d$ 上的正齐次的函数时，ϱ 是正齐次的风险度量，也就是对所有 $t>0,\ \boldsymbol{\lambda}\in\mathbb{R}^d$，$r_\varrho(t\boldsymbol{\lambda})=tr_\varrho(\boldsymbol{\lambda})$ 成立。*

(2) *假设 ϱ 是正齐次的。当且仅当 r_ϱ 是 $\mathbb{R}^d$ 上的凸函数时，ϱ 是次可加的。*

从定义容易得到结论，因此省略正式的证明。

本节的主要结果表明，线性投资组合的一致性风险度量可以被视为例 8.9 中描述的类型的压力测试，其中情景集是由集合

$$S_\varrho:=\{\boldsymbol{x}\in\mathbb{R}^d\colon \boldsymbol{u}'\boldsymbol{x}\leqslant r_\varrho(\boldsymbol{u})\ \text{for all}\ \boldsymbol{u}\in\mathbb{R}^d\} \tag{8.35}$$

给出的。

命题 8.27. 当且仅当对于每一个 $L=m+\boldsymbol{\lambda}'\boldsymbol{X}\in\mathcal{M}$，$\varrho$ 是一组线性投资组合 $\mathcal{M}$ 在等式 (8.34) 上的一致性风险度量时，我们有表达式

$$\varrho(L)=m+r_\varrho(\boldsymbol{\lambda})=\sup\{m+\boldsymbol{\lambda}'\boldsymbol{x}:\boldsymbol{x}\in S_\varrho\}\tag{8.36}$$

证明. 在等式 (8.36) 中给出的风险度量可以看作是一个广义的场景：$\rho(L)=\sup\{E_Q(L):Q\in\mathcal{Q}\}$，这里 $\mathcal{Q}$ 是 Dirac 测度 $\{\delta_{\boldsymbol{x}}:\boldsymbol{x}\in S_\varrho\}$ 的集合；见例 8.10。这样一个风险度量自然是一致性的。

相反，假设 ϱ 是线性投资组合集 $\mathcal{M}$ 上的一致性风险度量。由于 ϱ 的平移不变性，我们可设 $m=0$ 并且考虑随机变量 $L=\boldsymbol{\lambda}'\boldsymbol{X}\in\mathcal{M}$。因为 $E_Q(\boldsymbol{\lambda}'\boldsymbol{X})=\boldsymbol{\lambda}'E_Q(\boldsymbol{X})$，所以定理 8.11 表明

$$\varrho(\boldsymbol{\lambda}'\boldsymbol{X})=\sup\{\boldsymbol{\lambda}'E_Q(\boldsymbol{X})\colon Q\in\mathcal{S}^1(\Omega,\mathcal{F}),\alpha_{\min}(Q)=0\}\tag{8.37}$$

根据等式 (8.14)，使 $\alpha_{\min}(Q)=0$ 的测度 $Q\in\mathcal{S}^1(\Omega,\mathcal{F})$ 也使 $E_Q(L)\leqslant\varrho(L)$Z 对于所有 $L\in\mathcal{M}$ 成立。因此我们得到

$$\begin{aligned}\{Q\in\mathcal{S}^1(\Omega,\mathcal{F})\colon\alpha_{\min}(Q)=0\}&=\{Q\in\mathcal{S}^1(\Omega,\mathcal{F})\colon\boldsymbol{u}'E_Q(\boldsymbol{X})\leqslant r_\varrho(\boldsymbol{u})\text{对任意}\boldsymbol{u}\in\mathbb{R}^d\}\\&=\{Q\in\mathcal{S}^1(\Omega,\mathcal{F})\colon E_Q(\boldsymbol{X})\in S_\varrho\}\end{aligned}\tag{8.38}$$

现在定义集合 $C:=\{\boldsymbol{\mu}\in\mathbb{R}^d\colon\exists Q\in\mathcal{S}^1(\Omega,\mathcal{F})$，其中$\boldsymbol{\mu}=E_Q(\boldsymbol{X})\}$, 并且用 $\bar{C}$ 表示 C 的闭包。注意到 C 是 $\mathbb{R}^d$ 的凸子集，因此 $\bar{C}$ 也是 $\mathbb{R}^d$ 的凸子集。因此我们结合公式 (8.37) 和公式 (8.38) 得到

$$\varrho(\boldsymbol{\lambda}'\boldsymbol{X})=\sup\{\boldsymbol{\lambda}'\boldsymbol{\mu}:\boldsymbol{\mu}\in C\cap S_\varrho\}=\sup\{\boldsymbol{\lambda}'\boldsymbol{\mu}:\boldsymbol{\mu}\in\bar{C}\cap S_\varrho\}$$

如果 $S_\varrho\subset\bar{C}$，那么最后一个等式与 $\varrho(\boldsymbol{\lambda}'\boldsymbol{X})=\sup\{\boldsymbol{\lambda}'\boldsymbol{\mu}:\boldsymbol{\mu}\in S_\varrho\}$ 等价，它是我们需要的结果。注意到这个论证的关键就是线性投资组合空间 $\mathcal{M}$ 上的概率测度可以由它的均值向量确定。在这里输入 $\mathcal{M}$ 的特殊结构。

为了证明 $S_\varrho\subset\bar{C}$，设存在 $\boldsymbol{\mu}_0\in S_\varrho$ 不属于 $\bar{C}$。根据命题 A.8 的声明 b)（分离超平面定理的严格分离部分），存在 $\boldsymbol{u}^*\in\mathbb{R}^d\setminus\{0\}$，使得 $\boldsymbol{\mu}_0'\boldsymbol{u}^*>\sup\{\boldsymbol{\mu}'\boldsymbol{u}^*\colon\boldsymbol{\mu}\in\bar{C}\}$。因为

$$\begin{aligned}r_\varrho(\boldsymbol{u}^*)=\varrho\big((\boldsymbol{u}^*)'\boldsymbol{X}\big)&\leqslant\sup\left\{E_Q\big((\boldsymbol{u}^*)'\boldsymbol{X}\big):Q\in\mathcal{S}^1(\Omega,\mathcal{F})\right\}\\&=\sup\{\boldsymbol{\mu}'\boldsymbol{u}^*:\boldsymbol{\mu}\in\bar{C}\}<\boldsymbol{\mu}_0'\boldsymbol{u}^*\end{aligned}$$

这与 $\boldsymbol{\mu}_0\in S_\varrho$ 的事实矛盾，它要求 $\boldsymbol{\mu}_0'\boldsymbol{u}^*\leqslant r_\varrho(\boldsymbol{u}^*)$。 □

在公式 (8.35) 中的情景集 S_ϱ 是半空间 $H_u=\{\boldsymbol{x}\in\mathbb{R}^d\colon\boldsymbol{u}'\boldsymbol{x}\leqslant r_\varrho(\mathbf{u})\}$ 的交集，因此 S_ϱ 是一个闭凸集。S_ϱ 的确切形式取决于 $\boldsymbol{X}$ 的分布和风险度量 ϱ。在分位数风险度量 $\varrho=\mathrm{VaR}_\alpha$ 的情况下，集合 S_ϱ 有一个所谓深度集的概率解释。假设 $\boldsymbol{X}$ 使得对于所有 $\boldsymbol{u}\in\mathbb{R}^d\setminus\{0\}$，随机变量 $\boldsymbol{u}'\boldsymbol{X}$ 有连续的分布函数。那么对于 $H_u:=\{\boldsymbol{x}\in\mathbb{R}^d\colon\boldsymbol{u}'\boldsymbol{x}\leqslant\mathrm{VaR}_\alpha(\boldsymbol{u}'\boldsymbol{X})\}$ 我们有 $P\left(\boldsymbol{u}'\boldsymbol{X}\in H_u\right)=\alpha$。因此，集合 S_{VaR_α} 是所有半空间与概率 α 的交集。

8.3.2　椭圆分布风险因子

我们在第 6 章中已经看到，椭圆模型可能是各种风险因子数据的合理近似模型，例如股票或汇率收益。下面的结果总结了当风险因子基础分布是椭圆的时候，线性空间风险度量的一些关键结果。

定理 8.28 (椭圆风险因子的风险度量). 假设 $\boldsymbol{X} \sim E_d(\boldsymbol{\mu}, \Sigma, \psi)$，并设 $\mathcal{M}$ 是线性投资组合 (8.34) 的空间。对任意 $\mathcal{M}$ 上的正齐次的、平移不变性的和不变定律的风险度量 ϱ，下面的性质成立。

(1) 对任意 $L = m + \boldsymbol{\lambda}'\boldsymbol{X} \in \mathcal{M}$，我们有

$$\varrho(L) = \sqrt{\boldsymbol{\lambda}'\Sigma\boldsymbol{\lambda}}\varrho(Y) + \boldsymbol{\lambda}'\boldsymbol{\mu} + m \tag{8.39}$$

其中 $Y \sim S_1(\psi)$，即一个一元球面分布（一个关于 0 对称的分布）有生成器 ψ。

(2) 如果 $\varrho(Y) \geqslant 0$，则 ϱ 在 $\mathcal{M}$ 上是次可加的。特别地，当 $\alpha \geqslant 0.5$ 时，VaR_α 是次可加的。

(3) 若 $\boldsymbol{X}$ 有一个有限的均值向量，则对任意 $L = m + \boldsymbol{\lambda}'\boldsymbol{X} \in \mathcal{M}$，我们有

$$\varrho(L - E(L)) = \sqrt{\sum_{i=1}^{d}\sum_{j=1}^{d}\rho_{ij}\lambda_i\lambda_j\varrho(X_i - E(X_i))\varrho(X_j - E(X_j))} \tag{8.40}$$

其中 ρ_{ij} 是相关矩阵 $\wp(\Sigma)$ 的元素。

(4) 若 $\varrho(Y) > 0$ 且 $\boldsymbol{X}$ 有一个有限的协方差矩阵，则对一些依赖于风险度量的常数 $k_\varrho > 0$，每个 $L \in \mathcal{M}$，满足

$$\varrho(L) = E(L) + k_\varrho\sqrt{\mathrm{var}(L)} \tag{8.41}$$

(5) 若 $\varrho(Y) > 0$ 且 Σ 是可逆的，则在 ϱ 的压力测试表达式 (8.36) 中的情景集 S_ϱ 由下面的椭圆给出：

$$S_\varrho = \{\boldsymbol{x} : (\boldsymbol{x} - \boldsymbol{\mu})'\Sigma^{-1}(\boldsymbol{x} - \boldsymbol{\mu}) \leqslant \varrho(Y)^2\}$$

证明. 对任意 $L \in \mathcal{M}$，根据定义 6.25，对于一个球面随机向量 $\boldsymbol{Y} \sim S_k(\psi)$，一个矩阵 $\boldsymbol{A} \in \mathbb{R}^{d\times k}$ 满足 $\boldsymbol{A}\boldsymbol{A}' = \boldsymbol{\Sigma}$，对于一个常数向量 $\boldsymbol{\mu} \in \mathbb{R}^d$，我们可以写 $L = m + \boldsymbol{\lambda}'\boldsymbol{X} \stackrel{\mathrm{d}}{=} \boldsymbol{\lambda}'\boldsymbol{A}\boldsymbol{Y} + \boldsymbol{\lambda}'\boldsymbol{\mu} + m$。由定理 6.18 的部分 (3) 有

$$L \stackrel{\mathrm{d}}{=} \|\boldsymbol{A}'\boldsymbol{\lambda}\|Y + \boldsymbol{\lambda}'\boldsymbol{\mu} + m \tag{8.42}$$

其中 Y 是一个有对称分布 $Y \sim S_1(\psi)$ 的随机向量 $\boldsymbol{Y}$ 的组成部分。因此每个 $L \in \mathcal{M}$ 是一个有相同类型的随机变量，而 ϱ 的平移不变性和齐次性说明

$$\varrho(L) = \|A'\boldsymbol{\lambda}\|\varrho(Y) + \boldsymbol{\lambda}'\boldsymbol{\mu} + m \tag{8.43}$$

于是声明 (1) 成立。

对于第 (2) 部分，设 $L_1 = m_1 + \boldsymbol{\lambda}_1'\boldsymbol{X}$ 和 $L_2 = m_2 + \boldsymbol{\lambda}_2'\boldsymbol{X}$。因为 $\|\boldsymbol{A}'(\boldsymbol{\lambda}_1+\boldsymbol{\lambda}_2)\| \leqslant \|\boldsymbol{A}'\boldsymbol{\lambda}_1\| + \|\boldsymbol{A}'\boldsymbol{\lambda}_2\|$ 且 $\varrho(Y) \geqslant 0$，所以风险度量的次可加性易得。因为 $E(L) = \boldsymbol{\lambda}'\boldsymbol{\mu} + m$ 且 ϱ 是平移不变的，所以公式 (8.39) 意味着

$$\varrho(L - E(L)) = \left(\sum_{i=1}^{d}\sum_{j=1}^{d} \lambda_i\lambda_j\rho_{ij}\sigma_i\sigma_j\right)^{\frac{1}{2}} \varrho(Y) \tag{8.44}$$

其中 $\sigma_i = \sqrt{\Sigma_{ii}}$ 对于 $i = 1, \ldots, d$。作为 (8.44) 的一个特例，我们观察到

$$\varrho(X_i - E(X_i)) = \varrho(\boldsymbol{e}_i'\boldsymbol{X} - E(\boldsymbol{e}_i'\boldsymbol{X})) = \sigma_i\varrho(Y) \tag{8.45}$$

结合公式 (8.44) 和公式 (8.45) 得到公式 (8.40)，并证明了第 (3) 部分。

对第 (4) 部分，假设对一些正常量 c，有 $\operatorname{cov}(\boldsymbol{X}) = c\boldsymbol{\Sigma}$。根据公式 (8.44) 易得 $\varrho(L) = E(L) + \sqrt{\operatorname{var}(L)}\varrho(Y)/\sqrt{c}$ 和 $k_\varrho = \varrho(Y)/\sqrt{c}$。

对于第 (5) 部分，注意到第 (2) 部分意味着风险度量函数 $r_\varrho(\boldsymbol{\lambda})$ 有形式 $r_\varrho(\boldsymbol{\lambda}) = \|\boldsymbol{A}'\boldsymbol{\lambda}\|\varrho(Y) + \boldsymbol{\lambda}'\boldsymbol{\mu}$，于是等式 (8.36) 中的集合 S_ϱ 是

$$\begin{aligned} S_\varrho &= \left\{\boldsymbol{x} \in \mathbb{R}^d \ : \ \boldsymbol{u}'\boldsymbol{x} \leqslant \boldsymbol{u}'\boldsymbol{\mu} + \|\boldsymbol{A}'\boldsymbol{u}\| \ \varrho(Y), \forall \boldsymbol{u} \in \mathbb{R}^d\right\} \\ &= \left\{\boldsymbol{x} \in \mathbb{R}^d \ : \ \boldsymbol{u}'\boldsymbol{A}\boldsymbol{A}^{-1}(\boldsymbol{x} - \boldsymbol{\mu}) \leqslant \|\boldsymbol{A}'\boldsymbol{u}\| \ \varrho(Y), \forall \boldsymbol{u} \in \mathbb{R}^d\right\} \\ &= \left\{\boldsymbol{x} \in \mathbb{R}^d \ : \ \boldsymbol{v}'\frac{\boldsymbol{A}^{-1}(\boldsymbol{x} - \boldsymbol{\mu})}{\varrho(Y)} \leqslant \|\boldsymbol{v}\|, \forall \boldsymbol{v} \in \mathbb{R}^d\right\} \end{aligned}$$

其中最后一行由于 $\mathbb{R}^d = \{A'\boldsymbol{u} \ : \ \boldsymbol{u} \in \mathbb{R}^d\}$ 而成立。通过观察得到欧几里得单位球 $\{\mathbf{y} \in \mathbb{R}^d \ : \ \boldsymbol{y}'\boldsymbol{y} \leqslant 1\}$ 可以被写作集合 $\{\boldsymbol{y} \in \mathbb{R}^d \ : \ \boldsymbol{v}'\boldsymbol{y} \leqslant \|\boldsymbol{v}\|, \forall \boldsymbol{v} \in \mathbb{R}^d\}$，我们断定，对于 $\boldsymbol{x} \in S_\varrho$，向量 $\boldsymbol{y} = \boldsymbol{A}^{-1}(\boldsymbol{x} - \boldsymbol{\mu})/\varrho(Y)$ 描述了单位球，因此

$$S_\varrho = \{\boldsymbol{x} \in \mathbb{R}^d \ : \ (\boldsymbol{x} - \boldsymbol{\mu})'\Sigma^{-1}(\boldsymbol{x} - \boldsymbol{\mu}) \leqslant \varrho(Y)^2\}$$

□

定理 8.28 的各个部分有许多重要的应用。第 (2) 部分给出了一个特殊情况，其中 VaR 风险度量是次可加的，因此是一致性的。我们回顾第 2.25 节，发现通常情况并非如此。第 (3) 部分根据压力测试的聚类给出了一个 $\mathcal{M}$ 上的风险度量的有用的解释，这会在之后的第 8.4 节中看到。

第 (4) 部分和投资组合优化有关。如果我们只考虑在一定程度上固定了 $E(L)$ 的组合损失 $L \in \mathcal{M}$，那么最小化 ϱ 的组合权重也会最小化方差。最小化风险度量 ϱ 的投资组合与最小化马科维茨方差的投资组合相同。

定理 8.28 的第 (5) 部分表明，当风险因子变化的分布是椭圆时，一致性风险度量的压力测试表示情景集是椭球。另外，对不变定律一致性风险度量的不同例子，我们只获得半径不同的椭球体 $\varrho(Y)$。在实际应用中，常采用椭球形式的情景集，这一结果为椭圆风险因子线性组合的情况下的这种做法提供了依据。

8.3.3 其他风险因子分布

现在简要讨论一下命题 8.27 在风险因子不呈椭圆分布的情况下的应用。VaR 风险度量一般来说在线性空间 $\mathcal{M}$ 上是不一致的。考虑一个简单的例子，我们有两个独立的标准指数分布的风险因子 X_1 和 X_2。

对于某些 α 值，VaR_α 在 $\mathcal{M}$ 上可能不一致。在这种情况下等式 (8.36) 一般不成立，并且我们可能找到投资组合权重 $\boldsymbol{\lambda}$ 的向量使得

$$\mathrm{VaR}_\alpha(\boldsymbol{\lambda}'\boldsymbol{X}) > \sup\{\boldsymbol{\lambda}'\boldsymbol{x} : \boldsymbol{x} \in S_\alpha\}$$

其中

$$S_\alpha := S_{\mathrm{VaR}_\alpha} = \{\mathbf{x} \in \mathbb{R}^d : \boldsymbol{u}'\mathbf{x} \leqslant \mathrm{VaR}_\alpha(\boldsymbol{u}'\boldsymbol{X}), \forall \boldsymbol{u} \in \mathbb{R}^d\}$$

左侧面板为两个独立的标准指数风险因子。每条直线以 $\alpha = 0.7$ 的概率限定一个半空间，这些半空间（中间的空白区域）的交集是 $S_{0.7}$。这些直线不支撑 $S_{0.7}$ 的超平面。一个例子是图右上角的粗体对角线。在这种情况下我们能够构造投资组合权重 $\boldsymbol{\lambda}_1$ 和 $\boldsymbol{\lambda}_2$ 的向量使得 $\mathrm{VaR}_\alpha((\boldsymbol{\lambda}_1 + \boldsymbol{\lambda}_2)'\boldsymbol{X}) > \mathrm{VaR}_\alpha(\boldsymbol{\lambda}_1'\boldsymbol{X}) + \mathrm{VaR}_\alpha(\boldsymbol{\lambda}_2'\boldsymbol{X})$。事实上，对于 $\alpha = 0.7$ 我们只有 $\mathrm{VaR}_\alpha(X_1 + X_2) > \mathrm{VaR}_\alpha(X_1) + \mathrm{VaR}_\alpha(X_2)$，这可以由图推出，只要注意到右边的黑色垂直线是 $x_1 = \mathrm{VaR}_\alpha(X_1)$，上边的黑色水平线是 $x_2 = \mathrm{VaR}_\alpha(X_2)$ 并且黑体对角线是 $x_1 + x_2 = \mathrm{VaR}_\alpha(X_1 + X_2)$。这与我们在例 7.30 中的观察一致。

对于值 $\alpha = 0.95$ 深度集，如图 8.2 的右边所示。在这种情况下，深度集有一个光滑的边界，并且在每个方向上都有支持超平面的半空间概率 α。我们可以应用命题 8.27 来得出结论 VaR_α 是对 $\mathcal{M}$ 的一致性风险度量，因为 $\alpha = 0.95$。

对于预期损失风险度量或任何其他一致性的风险度量，不会出现这些问题。这些风险度量的情景集 S_ϱ 将支持每个方向 $\boldsymbol{u} \neq \mathbf{0}$ 的方程 $\boldsymbol{u}'\boldsymbol{x} = r_\varrho(\boldsymbol{u})$ 的超平面。

说明与评论

线性投资组合空间上一致性的风险度量和压力测试的关系是基于 McNeil and Smith (2012) 的。我们对于压力测试的定义与 Studer (1997, 1999) 介绍的最大损失风险度量的概念一致，Studer (1997, 1999) 也考虑椭圆情景集。Breuer et al. (2009) 描述了寻找“可信的、严重的和有用的”情景的问题，并对基于椭球集的研究方法提出了一些改进。

在风险度量为 VaR 时得到的深度集在统计学上有一段有趣的历史，已经由 Massé and Theodorescu (1994)，Rousseeuw and Ruts (1999) 等人进行了研究。这一概念起源于 Tukey (1975) 提出的经验数据深度的概念，以及 Eddy (1984) 和 Nolan (1992) 在分位函数的多元近似方面的理论工作。

椭圆分布对风险度量的影响的处理遵循 Embrechts et al. (2002)。Hult et al. (2012) 的第 9 章对风险管理中的椭圆分布进行了有趣的讨论。有大量关于在金融中使用椭圆分布的经济理论。Owen and Rabinovitch (1983), Chamberlain (1983) 和 Berk (1997) 的文章提供了这个领域的入门知识——讨论椭圆分布风险投资组合的数量 $E(L \mid L > q_\alpha(L))$ 的精确计算。这与连续损失分布的预期损失是一致的（参见命题 2.13）。

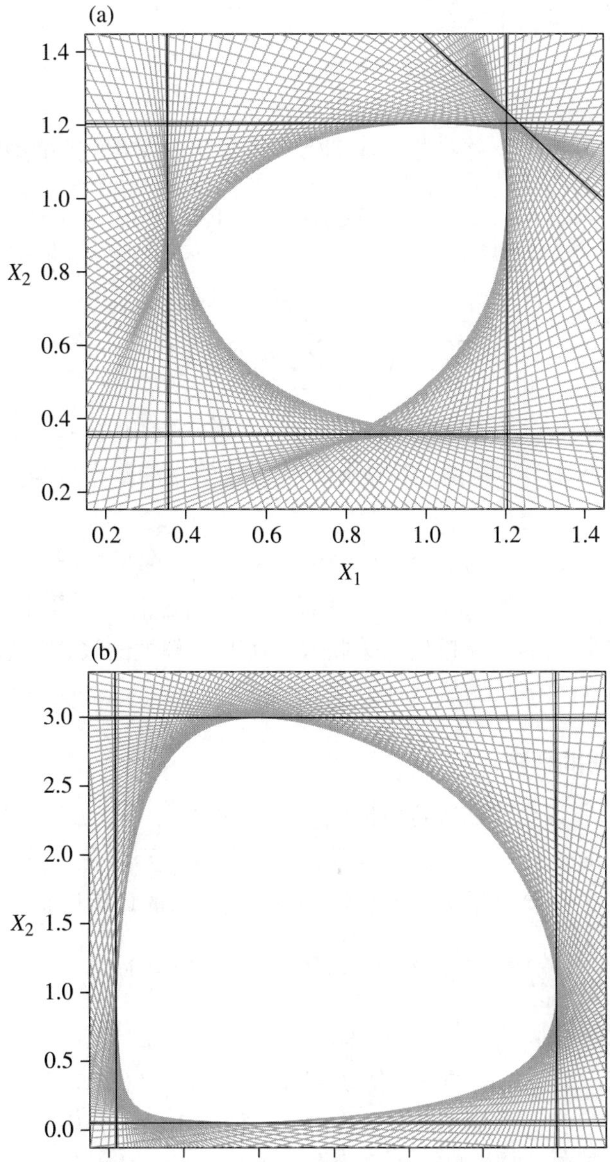

图 8.2　当 X_1 和 X_2 是两个独立标准指数变量并且风险度量是 VaR_α 时，对状况集 S_α 的解释。左图表明 $\alpha = 0.7$，其中 VaR_α 在 $\mathcal{M}$ 上是非一致性的情况。右图表明 $\alpha = 0.95$，其中 VaR_α 是一致性的情况。

8.4　风险聚合

在许多情况下都可能需要整体风险。假设已经为组成企业的每个 d 子公司或业务线计算了 $\mathrm{EC}_1, \dots, \mathrm{EC}_d$（EC 表示经济资本），并且需要一种计算整个企业总资本的方法。或者，以类似的方式，假设为企业资产负债表上的 d 个不同资产类别计算了 $\mathrm{EC}_1, \dots, \mathrm{EC}_d$ 的资本总额，并且需要一种方法来计算支持所有资产所需的总资本。

一个风险聚合法则是一个映射：

$$f:\mathbb{R}^d \to \mathbb{R},\quad f(\mathrm{EC}_1,\ldots,\mathrm{EC}_d)=\mathrm{EC}$$

它将单个资本数额作为输入，并将总资本 EC 作为输出。常用规则的例子是简单的求和：

$$\mathrm{EC}=\mathrm{EC}_1+\cdots+\mathrm{EC}_d \tag{8.46}$$

或者相关调整求和：

$$\mathrm{EC}=\sqrt{\sum_{i=1}^{d}\sum_{j=1}^{d}\rho_{ij}\,\mathrm{EC}_i\,\mathrm{EC}_j} \tag{8.47}$$

这里 ρ_{ij} 是满足 $0\leqslant\rho_{ij}\leqslant 1$ 的参数的集合，它通常指相关性。当然公式 (8.46) 是当 $\rho_{ij}=1,\forall i,j$ 时公式 (8.47) 的特例，并且公式 (8.46) 给出的聚合资金是公式 (8.47) 给出的聚合资金的最大值。

在没有更深入地考虑企业的多变量模型或使用风险度量的情况下，诸如公式 (8.46) 和公式 (8.47) 的规则的应用被称为*基于规则的聚合*。相比之下，使用可以从理论上通过将资本数额与风险度量和损失的多元模型相关联来证明其合理性的聚合规则称为*基于原则的聚合*。在下一节中，我们举例说明后一种方法。

8.4.1　基于损失分布的聚合

在本节中，我们假设企业在固定时间间隔内的总体损失由 $L_1+\cdots+L_d$ 给出，其中 $L_1,\ldots,L_d$ 是由企业的子公司（如资产负债表上的业务单元或资产类别）导致的损失。我们考虑一个平移不变的风险度量 ϱ，并定义一个风险度量的均值调整版本

$$\varrho^{\mathrm{mean}}(L)=\varrho(L-E(L))=\varrho(L)-E(L) \tag{8.48}$$

ϱ^{mean} 可以被看作是覆盖非预期损失的资本。

对 $i=1,\ldots,d$，子公司的的资本需求有 $\mathrm{EC}_i=\varrho^{\mathrm{mean}}(L_i)$，聚合资本应该是 $\mathrm{EC}=\varrho^{\mathrm{mean}}(L_1+\cdots+L_d)$。我们需要一个聚合规则 f，使得 $\mathrm{EC}=f(\mathrm{EC}_1,\ldots,\mathrm{EC}_d)$。

例如，假设我们采用风险度量 $\varrho(L)=k\,\mathrm{sd}(L)+E(L)$，其中 sd 表示标准差，$k$ 是某个正的常数，假定损失分布的二阶矩是有限的。无论 $L_1,\ldots,L_d$ 的基础分布如何分布，其标准差都满足

$$\mathrm{sd}(L)=\sqrt{\sum_{i=1}^{d}\sum_{j=1}^{d}\rho_{ij}\,\mathrm{sd}(L_i)\,\mathrm{sd}(L_j)} \tag{8.49}$$

其中 ρ_{ij} 是 $(L_1,\ldots,L_d)$ 的相关矩阵的元素，所以在本例中遵循聚合规则 (8.47)。

当损失是在公式 (8.34) 中的线性空间 $\mathcal{M}$ 的元素且基础风险因子变化的分布 $\boldsymbol{X}$ 是椭圆的且协方差矩阵有限时，公式 (8.49) 和定理 8.28 第 (4) 部分意味着公式 (8.47) 对任何正齐的、平移不变的、不变定律的风险度量是合理的。我们现在给出一个更优雅的证据，证明这个事实并不需要我们假设 $\boldsymbol{X}$ 的有限二阶矩。

命题 8.29. 设 $\boldsymbol{X} \sim E_k(\boldsymbol{\mu}, \Sigma, \psi)$ 与 $E(\boldsymbol{X}) = \boldsymbol{\mu}$。设 $\mathcal{M} = \{L\colon L = m + \boldsymbol{\lambda}'\boldsymbol{X},\ \boldsymbol{\lambda} \in \mathbb{R}^k,\ m \in \mathbb{R}\}$ 是线性投资组合的空间，而 ϱ 是一个在 $\mathcal{M}$ 上正齐的、平移不变的、不变定律的风险度量。对 $L_1, \ldots, L_d \in \mathcal{M}$，设 $\mathrm{EC}_i = \varrho^{\mathrm{mean}}(L_i)$，$\mathrm{EC} = \varrho^{\mathrm{mean}}(L_1 + \cdots + L_d)$，则资本 $\mathrm{EC}, \mathrm{EC}_1, \ldots, \mathrm{EC}_d$ 满足聚合规则 (8.47)，其中 ρ_{ij} 是相关矩阵 $P = \wp(\tilde{\Sigma})$ 的元素，$\tilde{\boldsymbol{\Sigma}}$ 是（椭圆分布的）随机变量 $(L_1, \ldots, L_d)$ 的分散矩阵。

证明. 对 $i = 1, \ldots, d$，设 $L_i = \boldsymbol{\lambda}_i'\boldsymbol{X} + m_i$。根据定理 8.28，第 (1) 部分有

$$\mathrm{EC}_i = \varrho(L_i) - E(L_i) = \sqrt{\boldsymbol{\lambda}_i'\boldsymbol{\Sigma}\boldsymbol{\lambda}_i}\,\varrho(Y)$$

其中 $Y \sim S_1(\psi)$ 且

$$\begin{aligned}
\mathrm{EC} &= \sqrt{(\boldsymbol{\lambda}_1 + \cdots + \boldsymbol{\lambda}_d)'\,\boldsymbol{\Sigma}\,(\boldsymbol{\lambda}_1 + \cdots + \boldsymbol{\lambda}_d)\varrho(Y)} \\
&= \sqrt{\sum_{i=1}^{d}\sum_{j=1}^{d}\boldsymbol{\lambda}_i'\boldsymbol{\Sigma}\boldsymbol{\lambda}_j\varrho(Y)} \\
&= \sqrt{\sum_{i=1}^{d}\sum_{j=1}^{d}\frac{\boldsymbol{\lambda}_i'\boldsymbol{\Sigma}\boldsymbol{\lambda}_j}{\sqrt{(\boldsymbol{\lambda}_i'\boldsymbol{\Sigma}\boldsymbol{\lambda}_i)(\boldsymbol{\lambda}_j'\boldsymbol{\Sigma}\boldsymbol{\lambda}_j)}}\,\mathrm{EC}_i\,\mathrm{EC}_j}
\end{aligned}$$

现在 $(L_1, \ldots, L_d)$ 的分散矩阵 $\tilde{\boldsymbol{\Sigma}}$ 由 $\tilde{\boldsymbol{\Sigma}} = \boldsymbol{\Lambda}\boldsymbol{\Sigma}\boldsymbol{\Lambda}'$ 给出，其中 $\boldsymbol{\Lambda} \in \mathbb{R}^{d\times k}$ 的行向量由 $\boldsymbol{\lambda}_i$ 给出。显然相关矩阵 $P = \wp(\tilde{\boldsymbol{\Sigma}})$ 有元素 $\boldsymbol{\lambda}_i'\boldsymbol{\Sigma}\boldsymbol{\lambda}_j/\sqrt{(\boldsymbol{\lambda}_i'\boldsymbol{\Sigma}\boldsymbol{\lambda}_i)(\boldsymbol{\lambda}_j'\boldsymbol{\Sigma}\boldsymbol{\lambda}_j)}$ 且结果成立。 □

命题 8.29 意味着当我们考虑均值调整风险价值或预期损失风险度量时，如果我们准备做一个强假设，假设潜在的多元损失分布是椭圆的话，可以证明聚合规则 (8.47) 合理。

显然，椭圆假设在实践中不太可能成立，因此通常缺乏允许我们将公式 (8.47) 视为基于原则的方法的理论支持。然而，即使该公式被用作实用规则，该方法也存在实际问题。

- 该公式要求规定损失 $L_1, \ldots, L_d$ 之间的两两相关。要得到这些相关系数的估计比较困难，因为经验数据通常可以在基础风险因子的水平，而不是由此产生的投资组合损失水平上获得。
- 相反，如果参数是由专家判断选择的，则存在兼容性需求。为了有意义，ρ_{ij} 必须构成正半定相关矩阵的元素。当两两估计将相关矩阵拼接在一起时，很容易违反这个条件，并且这种情况发生的风险随着维数的增加而增加。
- 如果 $L_1, \ldots, L_d$ 被认为是一个非椭圆的分布，那么每对 (L_i, L_j) 的可获得关联的有限范围也是一个相关的约束，如在第 7.2.2 节中涉及的与谬论 2的关系，也有相关的约束。
- 使用等式 (8.47) 并没有提供将损失之间的尾部依赖关系纳入总资本计算的明显方法。

可以假定，使用求和公式 (8.46) 可以避免这些问题，并且为 $(L_1, \ldots, L_d)$ 的任何基础分布生成一个保守的总资本上限。如果风险度量 ϱ 是一个一致性的风险度量，那么这是正

确的，但是如果 ϱ 是一个非次可加的风险度量如 VaR，则这是第 7.2.2 节中谬误 3的一个例子。

在一个多元损失模型中，可能对某些 α 的值，$\mathrm{VaR}_\alpha(L_1+\cdots+L_d) > \mathrm{VaR}_\alpha(L_1)+\cdots+\mathrm{VaR}_\alpha(L_d)$。在这种情况下，如果我们设 $\mathrm{EC}_i = \mathrm{VaR}_\alpha(L_i) - E(L_i)$ 并取和 $\mathrm{EC}_1 + \cdots + \mathrm{EC}_1$，则会低估实际需要的资本 $\mathrm{EC} = \mathrm{VaR}_\alpha(L) - E(L)$，其中 $L = L_1 + \cdots + L_d$。

在第 8.4.4 节中，我们会研究在已知边际分布和边际资本需求由风险价值度量决定的情况下，对总资本设定上限和下限的问题。

8.4.2　基于压力风险因子的聚合

在实践中使用形式 (8.47) 的聚合规则的另一种情况是通过强调个别风险因子计算出的资本贡献的汇总。这种应用的一个例子是偿付能力 II 的标准公式方法，例如，参见 CEIOPS (2006)。资本金额 $\mathrm{EC}_1, \ldots, \mathrm{EC}_d$ 是通过检查资产负债表中对一些关键风险因子极端变化的影响来计算的，并且用公式 (8.47) 来计算考虑了风险因子依赖性的整体资本。为了理解什么时候使用公式 (8.47) 可以被认为是基于原则的聚合方法，假设我们记根据基本风险因子的变化定义的情景为 $\boldsymbol{x} = \boldsymbol{X}(\omega)$，并且记相应的损失为 $L(\boldsymbol{x})$。我们假设 $L(\boldsymbol{x})$ 是已知的函数，并且简单起见，在 $\boldsymbol{x}$ 的各个分量上递增。依照惯例，d 风险因子由预先确定的金额 $k_1, \ldots, k_d$ 每次加压一次。每个风险因子的资本贡献计算

$$\mathrm{EC}_i = L(k_i \boldsymbol{e}_i) - L(E(X_i)\boldsymbol{e}_i) \tag{8.50}$$

其中 $\boldsymbol{e}_i$ 表示第 i 个单位向量并且 $k_i > E(X_i)$，所以 $\mathrm{EC}_i > 0$。EC_i 可以被认为是通过将风险因子 i 施加相对于对其预期变化所产生的影响压力 k_i 而产生的损失，而其他所有风险因子都保持不变。一个可能性是将压力事件的大小设为 X_i 分布的 α 分位数水平，以便当 α 接近 1 时有 $k_i = q_\alpha(X_i)$。我们现在证明一个简单的结论，它证明聚合法则公式 (8.47) 的合理性，以此来把在公式 (8.50) 中定义的贡献 $\mathrm{EC}_1, \ldots, \mathrm{EC}_d$ 结合到总经济资本中去。

命题 8.30. 设 $\boldsymbol{X} \sim E_d(\boldsymbol{\mu}, \Sigma, \psi)$，其中 $E(\boldsymbol{X}) = \boldsymbol{\mu}$。令 $\mathcal{M}$ 是线性投资组合 (8.34) 的空间，并且 ϱ 是在 $\mathcal{M}$ 上正齐次的、平移不变的并且不变定律的风险度量。那么对任意的 $L = L(\boldsymbol{X}) = m + \boldsymbol{\lambda}'\boldsymbol{X} \in \mathcal{M}$，我们有

$$\varrho(L - E(L)) = \sqrt{\sum_{i=1}^{d}\sum_{j=1}^{d} \rho_{ij}\,\mathrm{EC}_i\,\mathrm{EC}_j} \tag{8.51}$$

其中 $\mathrm{EC}_i = L(\varrho(X_i)\boldsymbol{e}_i) - L(E(X_i)\boldsymbol{e}_i)$ 并且 ρ_{ij} 是 $\wp(\Sigma)$ 的元素。

证明. 应用定理 8.28 第 (3) 部分，我们观察到 $\mathrm{EC}_i = \lambda_i\varrho(X_i) - \lambda_i E(X_i) = \lambda_i\varrho(X_i - E(X_i))$ 和公式 (8.51)。 □

命题 8.30 表明，在强假设集合下，我们可以汇总单风险因子压力的影响，以获得与任何正齐次的、平移不变的并且不变定律的风险度量相对应的总资本。这适用于 VaR、预期

损失或第 8.2.1 节中的畸变风险度量。正是这种思想强调了公式 (8.47) 在偿付能力 II 中的使用。然而，关键的假设仍然是风险因子变化中的损失线性关系和风险因子变化的椭圆分布，这两个假设在实际应用中都过于简单。

当然，我们可以将公式 (8.47) 的使用看作是一种实用的、基于规则的方法。相关参数在风险因子的水平上定义，对于典型的市场风险因子，如价格或利率的收益，可以使用数据来估计这些参数。对于偿付能力 II 应用程序中的其他风险因子，如死亡率和保单失效率，可由专家判断设置参数，适用于第 8.4.1 节中提到的相同问题。特别地，包含 ρ_{ij} 的矩阵必须是正定的，这样程序才有意义。

求和规则可能再次显示为一个保守规则，它避免了与估计和设置相关性相关的问题。但是，应当指出，在损失与风险因子之间存在非线性关系的情况下，风险因子之间可能存在复杂的相互作用，需要的资本甚至比单风险因子压力所造成的损失总和所表示的还要多，参见说明与评论。

8.4.3　模块化和完全集成的聚合方法比较

在第 8.4.1 节和第 8.4.2 节中讨论的方法可以描述为风险资本的 *(*模块化) 方法。风险以模块或竖井计算，然后聚合。在第 8.4.1 节中，模块是根据业务单元或资产类别定义的；在第 8.4.2 节中，模块是根据单个风险因子定义的。可以说，前一种方法更为自然，因为跨资产类别和业务单元的损失是附加的，而且可以通过出售部分业务来消除企业的风险。基础风险因子导致的风险更为普遍，可能表现在资产负债表的不同部分，通常，它们的影响可以是非线性的，只能通过对冲来降低。

无论基础竖井的性质如何，我们描述的聚合方法都涉及关联的规范和公式 (8.47) 或其特例公式 (8.46) 的使用。我们注意到，在选择相关性方面存在一些实际问题，在第 7 章中，我们认为相关性只是对多元分布的部分描述，连接函数是一种更好的多元相关性建模方法。考虑在聚合中使用连接函数是很自然的。

在第 8.4.1 节的设定下，总损失由 $L = L_1 + \cdots + L_d$ 给出，并且 L_i 是业务单元造成的损失，假设我们已知或者能准确估计每个模块的边际分布 $F_1, \ldots, F_d$。这是计算边际资本需求 $\mathrm{EC}_i = \varrho(L_i) - E(L_i)$ 的必要先决条件。我们可以尝试选择一个合适的连接函数 C 并且使用 Sklar 定理 (7.3) 的逆来构造一个多元损失分布 $F(\boldsymbol{x}) = C(F_1(x_1), \ldots, F_d(x_d))$，称为边际加强连接函数方法。总资本的计算通常会从 F 产生大量的多元损失，并将其累加以获得模拟的总损失 L，然后应用经验分位数或损失估计技术。

这个方法的难题是 C 的指定。业务单元的多元损失数据可能是稀疏的或者不存在的，并且需要借助专家评价。这可能包括决定连接函数是否应该有尾部依赖度，观察对 (L_i, L_j) 之间秩相关的合理水平，然后使用第 7.5.1 节中描述的基于秩相关的连接函数校正方法。显然，这种方法与选择要在公式 (8.47) 中使用的关联矩阵一样多，甚至更多。它仍然是一种模块化方法，我们由单个业务 L_i 的模型开始并且添加依赖性假设作为叠加。在第 8.4.4 节中我们会以一个边际加上连接函数的方法说明依赖不确定性问题，特别是，如果只知道损失的边际分布，则我们将量化 VaR 和 ES 估计中的“最佳到最差”差距。

一个更具吸引力的方法，我们称为 完全集成方法，是为了对基础风险因子 $\boldsymbol{X} = (X_1, \ldots, X_k)'$ 和泛函 $g_i : \mathbb{R}^k \mapsto \mathbb{R}$ 建立多元模型，给出了不同投资组合、部门或组成了企业的业务单位的损失 $L_i = g_i(\boldsymbol{X}), i = 1, \ldots, d$。一般来说，为基础风险因子建立多元模型比较容易，因为在风险因子水平上存在更多的数据。$\boldsymbol{X}$ 的模型可能包括从边际增强连接函数分配模型到更动态的金融计量模型在内的各种精细化模型。这经常被称为经济情景发生器。在完全集成的方法中，总资本是通过对 $L = g_1(\boldsymbol{X}) + \cdots + g_d(\boldsymbol{X})$ 的分配应用风险度量得到的，业务单位 L_i 和 L_j 的损失是通过相互依赖 $L = bmX$ 而隐式依赖的。

8.4.4　风险聚合和 Fréchet 问题

在第 8.4.3 节中描述的对风险聚合的边际增强连接函数方法，构建总损失 $L = L_1 + \cdots + L_d$ 模型的两步过程如下：

(1) 找到合适的模型（分布）$F_1, \ldots, F_d$ 用于边际风险 $L_1 \ \ldots, L_d$。这些数据可以通过对历史数据的统计拟合得到，也可以通过在压力测试中进行先验假设得到。

(2) 为随机向量 $\boldsymbol{L} = (L_1, \ldots, L_d)'$ 选择一个合适的连接函数 C，从而生成一个联合模型 $C(F_1, \ldots, F_d)$，从中可以导出组合总损失 L 的分布函数。

基于步骤 (1) 和 (2)，任何不变定律风险度量 $\varrho(L)$ 在原则上可以被计算。我们将在本节中集中讨论的例子是 $\varrho = \mathrm{VaR}_\alpha$ 和 $\varrho = \mathrm{ES}_\alpha$。请注意，投资组合 L 的总和结构没有什么特别之处；对适当函数 $\varPsi\colon \mathbb{R}^d \to \mathbb{R}$ 的更一般的投资组合（或金融的）状况 $L = \varPsi(L_1, \ldots, L_d)$ 也会被考虑。

正如在第 8.4.3 节中提到的，围绕步骤 (2) 中选择适当的连接函数时存在很多模型不确定性。因此，在本节中，我们将放弃步骤 (2)，而保留步骤 (1)。显然，这意味着如 $\mathrm{VaR}_\alpha(L) = \mathrm{VaR}_\alpha(L_1 + \cdots + L_d)$ 这样的数量不能再精确地计算出来了，由于缺少对向量 $\boldsymbol{L}$ 详细说明的模型继而缺少合计损失 L。

我们将尝试通过只给出由步骤 (1) 得到的边际信息而找到 $\mathrm{VaR}_\alpha(L)$ 的边界。这个类型的问题在文献中被称作 *Fréchet* 问题。在本节我们涉及的情况是由于依赖不确定性，只有边际信息可以得到。

为了导出边界，我们引入随机变量类

$$\mathcal{S}_d = \mathcal{S}_d(F_1, \ldots, F_d) = \left\{ L = \sum_{i=1}^{d} L_i\colon L_1, \ldots, L_d\text{，其中}L_i \sim F_i, i = 1, \ldots, d \right\}$$

显然，$\mathcal{S}_d$ 的每个元素都是满足步骤 (1) 的可行的风险位置。在依赖不确定性下找到 VaR 边界的问题现在简化为找出

$$\overline{\mathrm{VaR}}_\alpha(\mathcal{S}_d) = \sup\{\mathrm{VaR}_\alpha(L)\colon L \in \mathcal{S}_d(F_1, \ldots, F_d)\}$$

和

$$\underline{\mathrm{VaR}}_\alpha(\mathcal{S}_d) = \inf\{\mathrm{VaR}_\alpha(L)\colon L \in \mathcal{S}_d(F_1, \ldots, F_d)\}$$

如果将 VaR_α 替换为其他风险度量 ϱ，则我们将使用类似的符号，比如我们会写 $\overline{\mathrm{ES}}_\alpha$ 和 $\underline{\mathrm{ES}}_\alpha$。在我们感兴趣的主要情况下，当 $L = L_1 + \cdots + L_d$ 有如步骤 (1) 中的 L_i 个变量时，我们经常会写 $\varrho(\mathcal{S}_d) = \varrho(L)$ 并对相应的上下界用相似的表示法。对于一个一致性和共单调可加的风险度量的预期损失（见定义 8.19），我们有

$$\overline{\mathrm{ES}}_\alpha(L) = \sum_{i=1}^{d} \mathrm{ES}_\alpha(L_i)$$

且可以看到上界是在共单调性下得到的。我们经常提到，$\underline{\varrho}$ 作为最好的和 $\overline{\varrho}$ 作为最差的 ϱ，这个解释当然依赖于上下文。

计算 $\overline{\mathrm{VaR}}_\alpha(\mathcal{S}_d)$，$\underline{\mathrm{VaR}}_\alpha(\mathcal{S}_d)$ 和 $\underline{\mathrm{ES}}_\alpha(\mathcal{S}_d)$ 一般是很困难的。我们将回顾一些主要结论，在这个非常活跃的研究领域，更深的参考可以在说明与评论中找到。可得到的结果非常依赖于维度 ($d = 2$ 对 $d > 2$) 和投资组合是否是同质的 ($F_1 = \cdots = F_d$)。我们从例子 $d = 2$ 的结果开始。

命题 8.31 (VaR, $d = 2$). *在上面的设置下，*$\forall\alpha \in (0, 1)$，

$$\overline{\mathrm{VaR}}_\alpha(\mathcal{S}_2) = \inf_{x\in[0,1-\alpha]} \left\{F_1^{-1}(\alpha + x) + F_2^{-1}(1 - x)\right\}$$

且

$$\underline{\mathrm{VaR}}_\alpha(\mathcal{S}_2) = \inf_{x\in[0,\alpha]} \left\{F_1^{-1}(x) + F_2^{-1}(\alpha - x)\right\}$$

证明. 参见 Makarov (1981) 和 Rüschendorf (1982)。 □

从上面的命题我们已经看到，最优的耦合（实现 VaR 界限的依赖结构）将一种风险中的大结果与另一种风险中的小结果结合起来。接下来我们给出更高维度的 VaR 边界，假设有一个同质投资组合。

命题 8.32 (VaR, $d \geqslant 2$，**同质案例**). *假设* $F := F_1 = \cdots = F_d$ *且对一些* $b \in \mathbb{R}$, F *的密度函数* f *（假设存在）在* $[b, \infty)$ *上递减，则对* $\alpha \in [F(b), 1)$ *以及* $X \sim F$，

$$\overline{\mathrm{VaR}}_\alpha(\mathcal{S}_d) = dE\left(X \mid X \in \left[F^{-1}(\alpha + (d-1)c, F^{-1}(1 - c)\right]\right) \tag{8.52}$$

其中 c *是* $[0, (1 - \alpha)/d]$ *上最小的数，所以*

$$\int_{\alpha+(d-1)c}^{1-c} F^{-1}(t)\mathrm{d}t \geqslant \frac{1 - \alpha - dc}{d} \left((d - 1)F^{-1}(\alpha + (d - 1)c) + F^{-1}(1 - c)\right)$$

如果 F *的密度函数* f *在它的支撑集下是递减的，则对* $\alpha \in (0, 1)$ *和* $X \sim F$，

$$\underline{\mathrm{VaR}}_\alpha(\mathcal{S}_d) = \max\left\{(d - 1)F^{-1}(0) + F^{-1}(\alpha), dE\left(X \mid X \leqslant F^{-1}(\alpha)\right)\right\} \tag{8.53}$$

证明. 对 (8.52) 的证明见 Wang et al. (2013)。案例 (8.53) 遵循对称性参数，见 Bernard et al. (2014)。 □

备注 8.33. 首先要注意 F 分布的密度函数 f 的额外条件，以获得 $\underline{\mathrm{VaR}}_\alpha(\mathcal{S}_d)$ 的精确界限 (8.53)，我们需要 f 在它的整个支撑集上是递减的，而不是只在特定的尾部区域递减，这对于 (8.52) 是足够的。因此，公式 (8.52) 和公式 (8.53) 都可以应用，比如对于 F 是帕累托的情况，但对于对数正态随机变量，只能应用 (8.52)。

虽然结果公式 (8.52) 和公式 (8.53) 看起来很复杂，但它们展示了一个有趣的结构。如在 $d=2$ 时，极值耦合结合了基础分布函数 F 的大小值。更重要的是，如果 $c=0$，则公式 (8.52) 减少为

$$\overline{\mathrm{VaR}}_\alpha(\mathcal{S}_d) = \overline{\mathrm{ES}}_\alpha(\mathcal{S}_d) \tag{8.54}$$

VaR 的极值耦合是非常特殊的，它与 ES 的极值耦合是不同的，后者当然是共单调的。条件 $c=0$ 对应于 d 可混性的关键概念，见定义 8.35。

观察公式 (8.54) 的结果，与讨论风险价值与预期损失的利弊以及围绕这些风险度量的监管辩论有关。虽然上界在 $c=0$ 的情况下是一致的，但由于预期损失的共单调可加性，计算 $\overline{\mathrm{ES}}_\alpha(\mathcal{S}_d)$ 更简单，参见 Embrechts et al. (2014) 以及说明与评论。

与命题 8.32 类似，可以给出一个同质投资组合的最优预期损失案例的一个精确界，这也要求基础密度函数具有强单调性条件。这里输入较低预期损失风险度量 LES_α，对于 $\alpha \in (0,1)$，定义为

$$\mathrm{LES}_\alpha(X) = \frac{1}{\alpha}\int_0^\alpha \mathrm{VaR}_u(X)\mathrm{d}u = -\,\mathrm{ES}_{1-\alpha}(-X)$$

命题 8.34 (ES, $d \geqslant 2$，**同质案例**)**.** 假设 $F = F_1 = \cdots = F_d$, F 以一个有限一阶矩且 F 的密度函数（假设存在）在它的支撑集上递减，则对于 $\alpha \in [1-dc, 1)$, $\beta = (1-\alpha)/d$ 且 $X \sim F$，

$$\begin{aligned}\underline{\mathrm{ES}}_\alpha(\mathcal{S}_d) &= \frac{1}{\beta}\int_0^\beta \big((d-1)F^{-1}((d-1)t) + F^{-1}(1-t)\big)\,\mathrm{d}t \\ &= (d-1)\,\mathrm{LES}_{(d-1)\beta}(X) + \mathrm{ES}_{1-\beta}(X)\end{aligned} \tag{8.55}$$

其中 c 是 $[0,1/d]$ 中的最小值，所以

$$\int_{(d-1)c}^{1-c} F^{-1}(d)\mathrm{d}t \geqslant \frac{1-dc}{d}\big((d-1)F^{-1}((d-1)c) + F^{-1}(1-c)\big)$$

证明. 参见 Bernard et al. (2014)。 □

证明这些结果的一个重要工具是多元负依赖的一般概念，称为可混性，下面将进行介绍。

定义 8.35. 如果存在 d 个随机变量 $X_1, \ldots, X_d \sim F$ 使得对一些 $k \in \mathbb{R}$，那么 $\mathbb{R}$ 上的分布函数 F 被称为 d 完全可混的 (dCM)：

$$P(X_1 + \cdots + X_d = dk) = 1 \tag{8.56}$$

如果 F 对所有 $d \geqslant 2$ 是 dCM，那么 F 是完全可混的。如果存在 d 个随机变量 $X_i \sim F_i$, $i = 1, \ldots, d$，使得对一些 $c \in \mathbb{R}$，那么 $\mathbb{R}$ 上的分布函数 $F_1, \ldots, F_d$ 被称为联合可混的:

$$P(X_1 + \cdots + X_d = c) = 1$$

显然，如果 F 有有限均值 μ，则在公式 (8.56) 中我们必有 $k = \mu$。完全可混性是一个强负依赖的概念。确实是这个依赖结构产生了命题 8.32 中的极值耦合。上面的 d 完全可混性定义和它连接到依赖不确定性问题可以在 Wang and Wang (2011) 中找到。完全可混的例子是正态分布、学生 t 分布、柯西分布和均匀分布。在 Rüschendorf and Uckelmann (2002) 中显示，任何有对称单峰密度函数的连续分布函数对任何 $d \geqslant 2$ 是 d 完全可混的。有关历史观点和更多参考见说明与评论。

与上面同质情况的分析结果相比，对于异质情况，即对于不满足条件 $F_1 = \cdots = F_d$ 的投资组合还知道得很少。然而一般来说，解决依赖不确定性问题有一个快速高效的计算方案，称为重排算法 (RA)，见 Embrechts et al. (2013)。RA 最初是为了计算最优/差 VaR 边界而产生的，它可以被推广到其他风险度量如预期损失。在数学上，重排算法（RA）是基于上面可混性的观点。例如，对于 $\overline{\mathrm{VaR}}_\alpha(L)$ 的计算，用 $N = 100\,000$ 箱，离散化潜在因子分布函数 $F_1, \ldots, F_d$ 的 $(1-\alpha)100\%$ 右尾。对维度 d，值在高于 1000 的附近，就是说可以由重排算法（RA）简单地处理。对于同质和异质情况下 $\underline{\mathrm{VaR}}_\alpha(L)$ 和 $\underline{\mathrm{ES}}_\alpha(L)$ 的计算也可用类似的方法。

根据上面讨论的结果，包括 RA，我们现在可以计算与多样化、（非）一致性、模型和依赖不确定性相关的几个量。在步骤 1 的设置下，我们将注意力限制在可加性投资组合 $L = L_1 + \cdots + L_d$ 上。考虑多个在不同依赖假设下比较风险度量的函数 $\mathcal{X}\colon \mathbb{R}^2 \to \mathbb{R}$ 是有用的。在文献中遇到的例子有：

- (超/次可加性指数)
  $a = \mathrm{VaR}_\alpha(L)$, $b = \mathrm{VaR}_\alpha^+(L)$，以及 $\mathcal{X}_1(a,b) = \frac{a}{b}$, $\mathcal{X}_2(a,b) = 1 - \frac{a}{b}$, $\mathcal{X}_3(a,b) = b - a$。$\mathrm{VaR}_\alpha^+(L)$ 表示共单调情况，比如 $\mathrm{VaR}_\alpha^+(L) = \sum_{i=1}^d \mathrm{VaR}_\alpha(L_i)$。
- (最差超可加性比率)
  $a = \overline{\mathrm{VaR}}_\alpha(L)$，$b = \mathrm{VaR}_\alpha^+(L)$，和 $\mathcal{X}_4(a,b) = \frac{a}{b}$；与最优超加性率类似，将 $\overline{\mathrm{VaR}}_\alpha(L)$ 用 $\underline{\mathrm{VaR}}_\alpha(L)$ 代替。
- (依赖不确定性利差)
  不是 $a = \underline{\mathrm{VaR}}_\alpha(L)$, $b = \overline{\mathrm{VaR}}_\alpha(L)$ 就是 $a = \underline{\mathrm{ES}}_\alpha(L)$, $b = \overline{\mathrm{ES}}_\alpha(L)$ and $\mathcal{X}_5(a,b) = b - a$。另一个有趣的度量方法是比较 VaR 依赖不确定性利差和 ES 依赖不确定性利差。
- (最优/差 *(VaR, ES)* 比例)
  不是 $a = \underline{\mathrm{VaR}}_\alpha(L)$, $b = \underline{\mathrm{ES}}_\alpha(L)$ 就是 $a = \overline{\mathrm{VaR}}_\alpha(L)$, $b = \overline{\mathrm{ES}}_\alpha(L)$，所以 $\mathcal{X}_6(a,b) = \frac{b}{a}$。

如我们已经在 (8.54) 中观察到的，每当在命题 8.32 中 $c = 0$ 时，我们有 $\overline{\mathrm{VaR}}_\alpha(\mathcal{S}_d) = \overline{\mathrm{ES}}_\alpha(\mathcal{S}_d)$。下面的结果以渐近的方式扩展了这个观察结果。

命题 8.36 ($\overline{\mathrm{ES}}$ 和 $\overline{\mathrm{VaR}}$ 的渐进等价). 假设 $L_i \sim F_i$, $i \geqslant 1$ 且

(i) 对某些 $k>1$, $E\left(|L_i-E(L_i)|^k\right)$ 是一致有界的；

(ii) 对某些 $\alpha\in(0,1)$，$\liminf_{d\to\infty}\frac{1}{d}\sum_{i=1}^{d}\mathrm{ES}_\alpha(L_i)>0$。

那么，随着 $d\to\infty$,

$$\frac{\overline{\mathrm{ES}}_\alpha(\mathcal{S}_d)}{\overline{\mathrm{VaR}}_\alpha(\mathcal{S}_d)}=1+O(d^{\frac{1}{k}-1}) \tag{8.57}$$

证明. 参见 Embrechts et al. (2014)。 □

命题 8.36 表明，在 QRM 实践中通常遇到的非常一般的假设中，我们对于 d 大的情况有，$\overline{\mathrm{VaR}}_\alpha(L)\approx\overline{\mathrm{ES}}_\alpha(L)$。该命题还提供了一个收敛速度。由数值实例看来这些渐近结果能非常精确地满足，即便对小到中等的投资组合维度 d 的值，见例 8.40。从同一篇文章 (Embrechts et al. (2014)) 中我们增加一个与 VaR 和 ES 依赖不确定性利差相关的最终结果。

命题 8.37 (VaR 与 ES **依赖不确定性利差**). 取 $0<\alpha_1\leqslant\alpha_2<1$ 并假设分布函数 $F_i, i\geqslant 1$, 满足命题 8.36 的条件 (i) 且

(iii) $\liminf_{d\to\infty}\frac{1}{d}\sum_{i=1}^{d}\mathrm{LES}_{\alpha_1}(X_i)>0$, 且

(iv) $\limsup\limits_{d\to\infty}\dfrac{\sum_{i=1}^{d}E(X_i)}{\sum_{i=1}^{d}\mathrm{ES}_{\alpha_1}(X_i)}<1.$

那么

$$\liminf_{d\to\infty}\frac{\overline{\mathrm{VaR}}_{\alpha_2}(\mathcal{S}_d)-\underline{\mathrm{VaR}}_{\alpha_2}(\mathcal{S}_d)}{\overline{\mathrm{ES}}_{\alpha_1}(\mathcal{S}_d)-\underline{\mathrm{ES}}_{\alpha_1}(\mathcal{S}_d)}\geqslant 1 \tag{8.58}$$

证明. 参见 Embrechts et al. (2014)。 □

备注 8.38. 命题 8.36 和命题 8.37 与正在进行的关于计算管制资本的风险措施的讨论有关。回顾在银行业的巴塞尔框架以及保险业的偿付能力 II 框架下，比较和对比基于 VaR 的资金需求和基于预期损失的资金需求。特别地，在不同的分位数上比较了 VaR 和 ES，比如在 $\mathrm{VaR}_{0.99}$ 之间 $\mathrm{ES}_{0.975}$ 比较。上面的命题对这些讨论增加了一个依赖不确定性的成分。特别地，VaR 的依赖不确定性利差一般比 ES 的大。这个数值说明，考虑下面的例 8.40。

例子　我们考虑一个例子，其中汇总损失为 $L=L_1+\cdots+L_d$。对于任何风险度量 ϱ，我们用 $\varrho^+(L)$ 表示 ϱ 的值，当 $L_1\ \ldots\ L_d$ 为共单调的时，$\varrho^\perp(L)$ 是独立的。在首例中，我们考虑标准正态分布函数 $d=2$ 和 $F_1=F_2=\Phi$ 的情况。在例 8.40中考虑有帕累托边际的更高维投资组合。

例 8.39 (**正态边际投资组合的最差** VaR). 对 $i=1,2$，设 $F_i=\Phi$。在图 8.3 中我们绘制了用命题 8.31算出的 α 函数的 $\overline{\mathrm{VaR}}_\alpha(L)$，以及用命题 7.20计算出的对应共单调情况的曲线 $\mathrm{VaR}^+(L)$。前者位于后者的上方这个事实说明了有正态边际的投资组合的存在性，对此 VaR 是次可加的。比如，对于 $\alpha=0.95$，上界是 3.92，然而 $\mathrm{VaR}_\alpha(L_i)=1.645$，所以对最差 VaR 投资组合，$\overline{\mathrm{VaR}}_{0.95}(L)=3.92>3.29=\mathrm{VaR}_{0.95}(L_1)+\mathrm{VaR}_{0.95}(L_2)$。导致 $\overline{\mathrm{VaR}}_\alpha(L)$ 的 (L_1,L_2) 分布的密度函数在图 8.4 中展示。更多细节参见 Embrechts et al. (2005)。

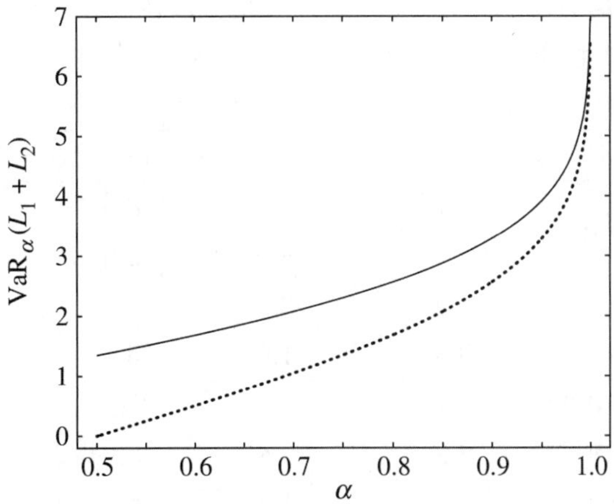

图 8.3　两个标准正态风险绘制最差 $\overline{\mathrm{VaR}}_\alpha(L)$ 对应 α 的情况（实线）。共单调风险情况用点线描绘出 $\mathrm{VaR}_\alpha^+(L)$。

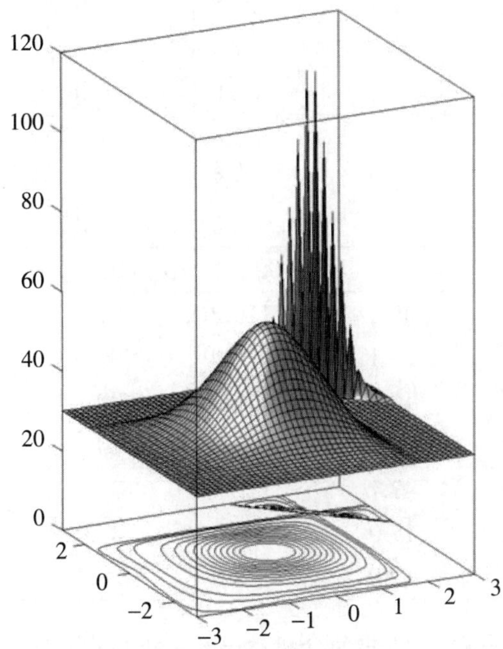

图 8.4　当 L_i 是标准正态的时，(L_1, L_2) 分布的密度函数的等高线和透视图在 $\alpha = 0.95$ 水平对于 $L = L_1 + L_2$ 导致了最差情况的 $\overline{\mathrm{VaR}}_\alpha(L)$。

例 8.40 (帕累托边际的 VaR 和 ES 边界). 在表 8.1和表 8.2中，我们对一个同质帕累托情况应用了各种结果，其中 $L_i \sim \mathrm{Pa}(\theta, 1)$, $i = 1, \ldots, d$，于是常用的分布函数是 $F(x) = 1 - (1+x)^{-\theta}$, $x \geqslant 0$。也可见附录中的第 A.2.8 节。在表 8.1中我们考虑 $\theta \geqslant 3$ 的情况，对应有限方差的分布；在表 8.2中我们考虑 $\theta \leqslant 2$ 的情况，对应无限方差分布。选择值 $d = 8$ 和 $d = 56$，应用程序会考虑操作风险。在该情况下 $d = 8$ 相当于一个相对低维的聚合问题，而 $d = 56$ 对应一个相对高维的聚合问题，参见第 13 章。

表 8.1　$L=L_1+\ldots+L_d$ 的 ES 和 VaR 边界，其中 $L_i\sim\mathrm{Pa}(\theta,1)$, $i=1,\ldots,d$，对 $\theta\geqslant 3$，分布函数为 $F(x)=1-(1+x)^{-\theta}$, $x\geqslant 0$。有关讨论，请参考例 8.40。

	$d=8$			$d=56$		
$\theta=10$	$\alpha=95\%$	$\alpha=99\%$	$\alpha=99.9\%$	$\alpha=95\%$	$\alpha=99\%$	$\alpha=99.9\%$
$\overline{\mathrm{VaR}}_\alpha$	4.0	6.1	9.7	28.0	42.6	68.1
VaR_α^+	2.8	4.7	8.0	19.6	32.8	55.7
$\mathrm{VaR}_\alpha^\perp$	1.5	1.9	2.5	7.8	8.6	9.6
$\underline{\mathrm{VaR}}_\alpha$	0.7	0.8	1.0	5.1	5.9	6.2
$\overline{\mathrm{ES}}_\alpha$	4.0	6.1	9.7	28.0	42.6	68.1
$\mathrm{ES}_\alpha^\perp$	1.8	2.2	2.8	8.3	9.1	10.0
$\underline{\mathrm{ES}}_\alpha$	0.9	1.2	1.7	6.2	6.2	6.2
$\theta=5$	$\alpha=95\%$	$\alpha=99\%$	$\alpha=99.9\%$	$\alpha=95\%$	$\alpha=99\%$	$\alpha=99.9\%$
$\overline{\mathrm{VaR}}_\alpha$	10.2	17.1	31.7	71.4	119.8	222.7
VaR_α^+	6.6	12.1	23.8	46.0	84.7	166.9
$\mathrm{VaR}_\alpha^\perp$	3.7	5.0	7.2	18.3	20.7	24.1
$\underline{\mathrm{VaR}}_\alpha$	1.6	1.8	3.0	11.0	12.9	13.8
$\overline{\mathrm{ES}}_\alpha$	10.2	17.1	31.8	71.4	119.8	222.7
$\mathrm{ES}_\alpha^\perp$	4.5	5.9	8.7	19.8	22.2	26.0
$\underline{\mathrm{ES}}_\alpha$	2.5	3.8	6.5	14.0	14.0	14.3
$\theta=3$	$\alpha=95\%$	$\alpha=99\%$	$\alpha=99.9\%$	$\alpha=95\%$	$\alpha=99\%$	$\alpha=99.9\%$
$\overline{\mathrm{VaR}}_\alpha$	24.1	46.9	110.2	171.9	333.7	783.7
VaR_α^+	13.7	29.1	72.0	96.0	203.9	504.0
$\mathrm{VaR}_\alpha^\perp$	8.1	12.3	23.0	39.1	47.6	67.2
$\underline{\mathrm{VaR}}_\alpha$	2.9	3.6	9.0	20.4	24.9	27.2
$\overline{\mathrm{ES}}_\alpha$	24.6	47.7	112.0	172.0	333.9	784.0
$\mathrm{ES}_\alpha^\perp$	11.0	17.0	32.9	44.9	56.2	85.5
$\underline{\mathrm{ES}}_\alpha$	7.2	12.9	29.0	28.6	31.3	56.4

我们用命题 8.32 和命题 8.34 中的分析结果及重排算法。对于独立情况，用到了模拟。给出的图适当四舍五入。对于同质情况，我们只报告分析的边界（有一个数值跟在命题中寻找 c）。重排算法边界近似等于它们的分析对应值，对于厚尾分布函数只有很小的偏差，即对于小的 θ。我们注意到对于厚尾风险，重排算法需要一个好的离散化，因此需要相当多时间来计算 $\underline{\mathrm{ES}}_\alpha(L)$。

两个表都证实了上面讨论的结果，即使对于 $d=8$，$\overline{\mathrm{ES}}_\alpha(L)/\overline{\mathrm{VaR}}_\alpha(L)$ 接近于 1；如命题 8.37 中说明的依赖不确定性利差行为，还有最终在 $\mathrm{Pa}(\theta,1)$, $\theta>1$ 的情况下我们有

$$\lim_{\alpha\uparrow 1}\frac{\overline{\mathrm{ES}}_\alpha(L)}{\mathrm{VaR}_\alpha^+(L)}=\frac{\theta}{\theta-1}$$

表 8.2 $L=L_1+\ldots+L_d$ 的 ES 和 VaR 边界，其中 $L_i\sim \mathrm{Pa}(\theta,1), i=1,\ldots,d$，对 $\theta\leqslant 2$，分布函数为 $F(x)=1-(1+x)^{-\theta}$，$x\geqslant 0$。有关讨论，请参考例 8.40。

	$d=8$			$d=56$		
$\theta=2$	$\alpha=95\%$	$\alpha=99\%$	$\alpha=99.9\%$	$\alpha=95\%$	$\alpha=99\%$	$\alpha=99.9\%$
$\overline{\mathrm{VaR}}_\alpha$	59	142	465	440	1054	3454
VaR_α^+	28	72	245	194	504	1715
$\mathrm{VaR}_\alpha^\perp$	18	35	96	89	132	293
$\underline{\mathrm{VaR}}_\alpha$	5	9	31	36	46	53
$\overline{\mathrm{ES}}_\alpha$	64	152	498	445	1064	3486
$\mathrm{ES}_\alpha^\perp$	31	63	184	123	205	518
$\underline{\mathrm{ES}}_\alpha$	24	56	178	75	149	472
$\theta=1.5$	$\alpha=95\%$	$\alpha=99\%$	$\alpha=99.9\%$	$\alpha=95\%$	$\alpha=99\%$	$\alpha=99.9\%$
$\overline{\mathrm{VaR}}_\alpha$	135	409	1928	1100	3323	15629
VaR_α^+	51	164	792	357	1150	5544
$\mathrm{VaR}_\alpha^\perp$	39	98	413	207	421	1574
$\underline{\mathrm{VaR}}_\alpha$	8	21	99	56	77	99
$\overline{\mathrm{ES}}_\alpha$	169	509	2392	1182	3563	16744
$\mathrm{ES}_\alpha^\perp$	98	265	1159	419	1016	4126
$\underline{\mathrm{ES}}_\alpha$	88	258	1199	323	945	4390
$\theta=0.8$	$\alpha=95\%$	$\alpha=99\%$	$\alpha=99.9\%$	$\alpha=95\%$	$\alpha=99\%$	$\alpha=99.9\%$
$\overline{\mathrm{VaR}}_\alpha$	2250	16873	300182	35168	263301	4683172
VaR_α^+	330	2522	44979	2313	17653	314855
$\mathrm{VaR}_\alpha^\perp$	620	4349	75877	7318	49858	862855
$\underline{\mathrm{VaR}}_\alpha$	41	315	5622	207	433	5622

也可由给出的例子看到，虽然这里收敛慢得多。对于正则变差尾部的分布，后一个结果更为普遍，见定义 5.7 和 Karamata 的定理（附录 A.1.4 节）并回顾如学生 t 分布和伽马分布。

表 8.2也包括例子 $\theta=0.8$，即一个无限均值案例（对此 ES 没有定义）。这里我们注意到 $\mathrm{VaR}_\alpha^\perp(L)>\mathrm{VaR}_\alpha^+(L)$，于是这里给出了一个 VaR_α 超可加性在独立情况下的例子，见例 2.25 后面的讨论。

说明与评论

偿付能力 II 允许使用基于 (8.47) 中包含的聚合类型的标准公式方法，参见欧洲保险和业务养老金监督委员会（现在是 EIOPA）编制的文件 CEIOPS 2006。在银行业背景下，通常使用在公式 (8.46) 中的求和方法，特别是对于市场和信用风险的资本要求的汇总。正如 Breuer et al. (2010) 解释的那样，通过假设信用风险来自银行账户而市场风险来自交易账户，对于衍生工具，取决于两者市场和信用风险，可能导致低估风险。反之，Alessandri and Drehmann (2010) 研究了银行账户中信用风险和利率风险的整合，并进行了模拟，表明两种风险类型的资本总和可能过于保守；Drehmann et al. (2010) 认为信用和利率风险必须在银行账户中共同评估。Kretzschmar et al. (2010) 对于开发完全集成模型而非模块化方法的重要性提出了类似的观点。

国际金融风险研究所（International Financial Risk Institute）对 2007 年危机前的经济资本模型进行了全面调查，包括银行和保险公司。在这项调查中，据报道，目前一般的整合方法是使用相关矩阵（参见 IFRI 基金会和论坛，2007）。超过 75% 的受访银行支持这种方法，其他银行则使用基于情景生成的模拟方法或混合方法。在保险业中，用于整合方法更加多样化：大约 35% 的受访者使用相关方法，大约相同数量的受访者使用模拟方法；其余报告使用连接函数或混合方法。

有大量关于 Fréchet 问题的文献，例如，参见 Rüschendorf (2013) 中的第 2 章。从 QRM 的角度看，Embrechts and Puccetti (2006) 大大促进了该领域的发展。后一篇论文也包含了对早期文献最重要的参考文献。从历史上看，将随机变量的总和与给定边界的分布函数限制在一起的问题可以追溯到 Kolmogorovv，并由 Makarov (1981) 给出了在 $d = 2$ 时的解释。Frank et al. (1987) 使用连接函数的概念重申了 Makarov 结果。同时，Rüschendorf (1982) 使用对偶性独立地给出了相同结果的一个优雅证明。Williamson and Downs (1990) 介绍了依赖信息的使用。许多其他的作者（特别是在分析和保险精算数学方面）为这一领域做出了贡献。除了 Müller and Stoyan (2002) 的综合著作之外，精算数学的其他一些文献还对依赖关系建模做出了有趣的贡献，例如以 Kaas et al. (2001) 中的第 10 章作为开始。精算环境中的一组丰富的优化问题可以在 De Vylder (1996) 中找到，特别是见 “Optimization Theory，第 II 部分”，其中作者 “展示了如何得到在一个风险的分布函数 F 的泛函 $T(F)$ 上最优上下界，在矩或其他积分约束下”。可以在 Denuit and Charpentier (2004) 中找到一个出色的解释。从一个保险精算观点的确定性解释是 Denuit et al. (2005)。很多保险精算的例子可以在两篇外延的文章 Hürlimann (2008a) 和 Hürlimann (2008b) 中找到。

Embrechts et al. (2013) 中出现的 VaR 的重排算法 (RA) 出现在 Embrechts et al. (2013) 中，该算法是基于 Puccetti and Rüschendorf (2012) 的早期工作。对于预期损失，重排算法 (RA) 是在 Puccetti (2013) 中得出的。对于 VaR 和 ES 分析结果和各种界限的清晰度的讨论，引用相应命题的论文给出了一个很好的开端。一些更有趣的论文是 Bernard et al. (2014), Bernard, Liu, MacGillivray, and Zhang (2013) 和Bernard, Rüschendorf, and Vanduffel (2013)。

完全可混性的概念导致了一个多元 ($d \geqslant 2$) 随机向量的负相关性条件。这个领域最新的发展总结在 Puccetti and Wang (2014a), Puccetti and Wang (2014b) 和 Wang and Wang (2014) 中。

Rosenberg and Schuermann (2006) 给出了本章中使用的汇总观点的一些适用性。他们运用连接函数方法构建了一个典型的、大型的、在国际上活跃的银行的联合风险分布，并综合了市场、信贷和操作风险的类别。

在有关挪威金融集团的实际环境中，第 8.4.4 节的思想和结果的说明，请参见 Dimakos and Aas (2004) 和 Aas and Puccetti (2014)。后一篇文章讨论了最佳/最差耦合。关于这个主题，请参见 Embrechts et al. (2013)。

8.5　资产配置

本章的最后一节主要讨论与第 8.4 节逆向的问题。给定一个总损失模型，我们现在考虑如何将总体资本要求分解为可归因于构成整体投资组合的不同子组合或资产的附加贡献。

8.5.1　配置问题

如在第 8.4.1 节中所示，让随机变量 $L_1,\ldots,L_d$ 表示由 d 不同资产类别相应的损失（或负 P&Ls），或者 d 对应于公司资产负债表上不同资产类别的损失。在本节中，我们将更大投资组合的这些子单元简称为投资。配置问题可以通过考虑如何衡量一个投资组合中不同投资的风险调整收益来解决。

投资业绩通常采用风险调整资本回报率（RORAC）方法来衡量，即通过考虑以下比例

$$\frac{\text{投资期望收益 } i}{\text{投资风险资本 } i} \tag{8.59}$$

公式 (8.59) 中体现的一般方法提出了如何计算作为更大投资组合的一部分的投资的风险资本的问题。它不应该仅仅孤立地考虑投资的独立风险资本，那将忽视分散化的问题，并对较大的投资组合内的投资表现给出一个无法衡量的指标。相反，投资组合内投资的风险资本应反映该投资对投资组合整体风险的贡献。在实践中使用了确定这些贡献的两步程序：

(1) 计算总风险资本 $\varrho(L)$，其中 $L=\sum_{i=1}^{d}L_i$ 且 ϱ 是一个特定的风险度量，例如 VaR、ES，或其中一个均值调整版本（见公式 (8.48)）。注意，在这个阶段，我们没有规定 ϱ 必须是一致性的。

(2) 根据一些数学*资产配置原则*把资本 $\varrho(L)$ 分配到各个投资上，如果 AC_i 表示分配给潜在损失 L_i 的投资资本（所谓的单位 i 的*风险贡献*），则风险贡献的总和相当于总的风险资本 $\varrho(L)$。

在本节中，我们对过程的第二步感兴趣。不严格地说，我们需要一个映射，该映射将单个损失 $L_1,\ldots,L_d$ 作为输入，将风险度量 ϱ 作为输出，并将风险贡献向量 $(\mathrm{AC}_1,\ldots,\mathrm{AC}_d)$ 作为输出，即

$$\varrho(L)=\sum_{i=1}^{d}\mathrm{AC}_i \tag{8.60}$$

这样一个映射将被称为一个资产配置原则。公式 (8.60) 有时被称为*完全配置属性*，因为所有的总风险资本 $\varrho(L)$ 被分配到各个投资。我们认为这个属性是配置原则定义的一个组成部分。当然，从经济角度来看，资本配置原则还有其他特性，在讨论其他属性之前，我们先做一些正式的设置，并给出配置原则的例子。

正式的设置　设 $L_1,\dots,L_d$ 是概率空间 $(\Omega,\mathcal{F},P)$ 上的随机变量，表示 d 投资的损失（或收益）。对于我们的讨论，考虑投资组合是有用的，其中个别投资的权重相对于我们的基本投资组合 $(L_1,\dots,L_d)$ 而变化，其被视为固定的随机向量。也就是说，我们考虑投资组合权重的一个开放集 $\Lambda\subset\mathbb{R}^d\setminus\{\mathbf{0}\}$ 使得 $\mathbf{1}\in\Lambda$，并定义对 $\boldsymbol{\lambda}\in\Lambda$，损失为 $L(\boldsymbol{\lambda})=\sum_{i=1}^d\lambda_iL_i$。我们实际的投资组合损失当然是 $L(\mathbf{1})$。设 ϱ 是一些定义在集合 $\mathcal{M}$ 上的风险度量，其中包含随机变量 $\{L(\boldsymbol{\lambda}):\boldsymbol{\lambda}\in\Lambda\}$。如第 8.3.1 节我们用关联的风险度量函数 $r_\varrho:\Lambda\to\mathbb{R}$ 有 $r_\varrho(\boldsymbol{\lambda})=\varrho(L(\boldsymbol{\lambda}))$。

8.5.2　欧拉原理和例子

从现在开始，我们将注意力限制在正齐次的风险度量上。这可能是一个一致性风险度量，或如公式 (8.48) 中的一致风险度量的均值调整版本。它也可以是 VaR（或 VaR 的均值修正版本）或标准差风险度量。显然，对所有 $t>0,\ \boldsymbol{\lambda}\in\Lambda$，关联的风险度量函数必须满足 $r_\varrho(t\boldsymbol{\lambda})=tr_\varrho(\boldsymbol{\lambda})$，因此 $r_\varrho:\Lambda\to\mathbb{R}$ 是向量参数的一个正齐次函数。回顾著名的欧拉准则：如果 r_ϱ 在 $\boldsymbol{\lambda}\in\Lambda$ 中是正的同质且可微分的，那么我们有

$$r_\varrho(\boldsymbol{\lambda})=\sum_{i=1}^d\lambda_i\frac{\partial r_\varrho}{\partial\lambda_i}(\boldsymbol{\lambda})\tag{8.61}$$

如果我们使用 $\varrho(L)=r_\varrho(\mathbf{1})$ 来获取 $\boldsymbol{\lambda}=\mathbf{1}$，

$$\varrho(L)=\sum_{i=1}^d\frac{\partial r_\varrho}{\partial\lambda_i}(\mathbf{1})$$

就引出了下面的定义。

定义 8.41 (欧拉资本配置原则). *如果 r_ϱ 是一个正齐风险度量函数，在 $\boldsymbol{\lambda}=\mathbf{1}$ 上可微，则与 ϱ 有关的欧拉资产配置原理有风险贡献*

$$\mathrm{AC}_i^\varrho=\frac{\partial r_\varrho}{\partial\lambda_i}(\mathbf{1}),\quad 1\leqslant i\leqslant d$$

欧拉原理有时被称为*梯度分配*。显然，欧拉原理给出了风险资本的完全配置。我们现在看一下欧拉配置的具体例子，它们对应于不同的风险度量选择 ϱ。

标准差和协方差原理　考虑风险度量函数 $r_{\mathrm{SD}}(\boldsymbol{\lambda})=\sqrt{\mathrm{var}(L(\boldsymbol{\lambda}))}$ 并把 $(L_1,\dots,L_d)$ 的协方差矩阵写作 $\boldsymbol{\Sigma}$。则我们有 $r_{\mathrm{SD}}(\boldsymbol{\lambda})=(\boldsymbol{\lambda}'\boldsymbol{\Sigma}\boldsymbol{\lambda})^{1/2}$，由此得到

$$\mathrm{AC}_i^\varrho=\frac{\partial r_{\mathrm{SD}}}{\partial\lambda_i}(\mathbf{1})=\frac{(\boldsymbol{\Sigma}\mathbf{1})_i}{r_{\mathrm{SD}}(\mathbf{1})}=\frac{\sum_{j=1}^d\mathrm{cov}(L_i,L_j)}{r_{\mathrm{SD}}(\mathbf{1})}=\frac{\mathrm{cov}(L_i,L)}{\sqrt{\mathrm{var}(L)}}$$

这个公式称作*协变性原理*。如果我们考虑更普遍的 $\varrho(L)=E(L)+\kappa\,\mathrm{SD}(L)$ 形式的风险度量，则对于某些 $\kappa>0$，我们得到 $r_\varrho(\boldsymbol{\lambda})=\boldsymbol{\lambda}'E(\boldsymbol{L})+\kappa\, r_{\mathrm{SD}}(\boldsymbol{\lambda})$。因此

$$\mathrm{AC}_i^\varrho=E(L_i)+\kappa\frac{\mathrm{cov}(L_i,L)}{\sqrt{\mathrm{var}(L)}}$$

VaR 和 VaR 贡献 假设 $r_{\mathrm{VaR}}^{\alpha}(\boldsymbol{\lambda})=q_{\alpha}(L(\boldsymbol{\lambda}))$，在这种情况下，根据技术条件可以证明

$$\mathrm{AC}_i^{\varrho}=\frac{\partial r_{\mathrm{VaR}}^{\alpha}}{\partial \lambda_i}(\mathbf{1})=E(L_i \mid L=q_{\alpha}(L)),\quad 1\leqslant i\leqslant d \tag{8.62}$$

我们根据 Tasche (2000)，在简化假设损失分布 $(L_1,\ldots,L_d)$ 具有联合密度函数 f 的情况下，推导 (8.62) 要比协方差原理复杂得多，在下面的引理中我们用 $\phi(u,l_2,\ldots,l_d)=f_{L_1|L_2,\ldots,L_d}(u\mid l_2,\ldots,l_d)$ 表示 L_1 的条件密度函数。

引理 8.42. 假设 $d\geqslant 2$ 且 $(L_1,\ldots,L_d)$ 具有联合密度函数。然后，对于任意向量 $(\lambda_1,\ldots,\lambda_d)$ 的投资组合权重，在 $\lambda_1\neq 0$ 的情况下，我们发现

(i) $L(\boldsymbol{\lambda})$ 有密度函数

$$f_{L(\boldsymbol{\lambda})}(t)=|\lambda_1|^{-1}E\left(\phi\left(\lambda_1^{-1}\left(t-\sum_{j=2}^{d}\lambda_jL_j\right),L_2,\ldots,L_d\right)\right)$$

(ii) 对 $i=2,\ldots,d$,

$$E(L_i\mid L(\boldsymbol{\lambda})=t)=\frac{E(L_i\phi(\lambda_1^{-1}(t-\sum_{j=2}^{d}\lambda_jL_j),L_2,\ldots,L_d))}{E(\phi(\lambda_1^{-1}(t-\sum_{j=2}^{d}\lambda_jL_j),L_2,\ldots,L_d))},\quad \text{几乎必然成立。}$$

证明. 对 (i) 考虑 $\lambda_1>0$ 的情况并观察，我们可以发现

$$\begin{aligned}P(L(\boldsymbol{\lambda})\leqslant t)&=E(P(L(\boldsymbol{\lambda})\leqslant t\mid L_2,\ldots,L_d))\\&=E\left(P\left(L_1\leqslant\lambda_1^{-1}\left(t-\sum_{j=2}^{d}\lambda_jL_j\right)\,\middle|\,L_2,\ldots,L_d\right)\right)\\&=E\left(\int_{-\infty}^{\lambda_1^{-1}(t-\sum_{j=2}^{d}\lambda_jL_j)}\phi(u,L_2,\ldots,L_d)\,\mathrm{d}u\right)\end{aligned}$$

该断言通过对期望进行微分得到。

对 (ii) 观察到

$$E(L_i\mid L(\boldsymbol{\lambda})=t)=\lim_{\delta\to 0}\frac{\delta^{-1}E(L_iI_{\{t<L(\boldsymbol{\lambda})\leqslant t+\delta\}})}{\delta^{-1}P(t<L(\boldsymbol{\lambda})\leqslant t+\delta)}=\frac{(\partial/\partial t)E(L_iI_{\{L(\boldsymbol{\lambda})\leqslant t\}})}{f_{L(\boldsymbol{\lambda})}(t)}$$

假如 $f_{L(\boldsymbol{\lambda})}(t)\neq 0$。应用一个在 (i) 的证明中用在分子上的相似的调节技术得到结果。 □

现在，我们解释为什么公式 (8.62) 遵循引理 8.42。因为随机变量 $L(\boldsymbol{\lambda})$ 有密度函数，所以我们有 $P(L(\boldsymbol{\lambda})\leqslant q_{\alpha}(L(\boldsymbol{\lambda})))=\alpha$。记 $k(t)=\lambda_1^{-1}(t-\sum_{j=2}^{d}\lambda_jL_j)$，我们有

$$\alpha=P(L(\boldsymbol{\lambda})\leqslant r_{\mathrm{VaR}}^{\alpha}(\boldsymbol{\lambda}))=E\left(\int_{-\infty}^{k(r_{\mathrm{VaR}}^{\alpha}(\boldsymbol{\lambda}))}\phi(u,L_2,\ldots,L_d)\,\mathrm{d}u\right) \tag{8.63}$$

当 $i=2,\ldots,d$ 时，我们对公式 (8.63) 关于 λ_i 求导，得到

$$0=\lambda_1^{-1}E\left(\left(\frac{\partial r_{\mathrm{VaR}}^{\alpha}(\boldsymbol{\lambda})}{\partial\lambda_i}-L_i\right)\phi(k(r_{\mathrm{VaR}}^{\alpha}(\boldsymbol{\lambda})),L_2,\ldots,L_d)\right)$$

使用引理 8.42 的第 (ii) 部分求解 $\partial r^{\alpha}_{\mathrm{VaR}}(\boldsymbol{\lambda})/\partial\lambda_i$ 表达式，根据需要代入 $\boldsymbol{\lambda}=\mathbf{1}$ 得到公式 (8.62)。对于 $i=1$ 和 $\lambda_1<0$，也可以进行类似的计算。Tasche (2000) 利用隐函数定理，给出了所有必要条件，使推导在数学上严谨。

预期损失和损失贡献 现在考虑使用风险度量函数 $r^{\alpha}_{\mathrm{ES}}(\boldsymbol{\lambda})=E(L\mid L\geqslant q_{\alpha}(L(\boldsymbol{\lambda})))$ 对应预期损失。根据定义 2.12 我们可以写

$$r^{\alpha}_{\mathrm{ES}}(\boldsymbol{\lambda})=\frac{1}{1-\alpha}\int_{\alpha}^{1}r^{u}_{\mathrm{VaR}}(\boldsymbol{\lambda})\,\mathrm{d}u$$

其中我们使用 $r^{\alpha}_{\mathrm{VaR}}(\boldsymbol{\lambda})=q_{\alpha}(L(\boldsymbol{\lambda}))$。我们通过再次计算关于 λ_i 的导数来应用欧拉原理。假设 $r^{u}_{\mathrm{VaR}}(\boldsymbol{\lambda})$ 有可微性，我们有当 $L=L(\mathbf{1})$ 时

$$\frac{\partial r^{\alpha}_{\mathrm{ES}}}{\partial\lambda_i}(\mathbf{1})=\frac{1}{1-\alpha}\int_{\alpha}^{1}\frac{\partial r^{u}_{\mathrm{VaR}}}{\partial\lambda_i}(\mathbf{1})\,\mathrm{d}u=\frac{1}{1-\alpha}\int_{\alpha}^{1}E(L_i\mid L=q_u(L))\,\mathrm{d}u$$

现在我们假设 L 的密度函数 f_L 是严格正的，于是 L 的分布函数有一个可微的逆函数，我们可以改变变量 $v=q_u(L)=F_L^{\leftarrow}(u)$。因为 $\mathrm{d}v/\mathrm{d}u=(f_L(v))^{-1}$，所以得到

$$\frac{\partial r^{\alpha}_{\mathrm{ES}}}{\partial\lambda_i}(\mathbf{1})=\frac{1}{1-\alpha}\int_{q_{\alpha}(L)}^{\infty}E(L_i\mid L=v)f_L(v)\,\mathrm{d}v=\frac{1}{1-\alpha}E(L_i;L\geqslant q_{\alpha}(L)))$$

因此，欧拉资产配置采取了下面这种形式：

$$\mathrm{AC}^{\varrho}_i=E(L_i\mid L\geqslant \mathrm{VaR}_{\alpha}(L)),\quad L:=L(\mathbf{1}) \tag{8.64}$$

其中 AC^{ϱ}_i 被认为是投资可能性（或业务范围）的预期损失贡献 i。这是一个在实践中很流行的配置原则，通常被认为比协方差原则和基于 VaR 贡献的原则更可取。有关其在信贷组合中实际应用的文献，请参阅说明与评论。

对椭圆损失分布的欧拉配置 在定理 8.28 的推论中，我们考虑向量 $(L_1,\dots,L_d)$ 的椭圆损失分布的特殊情况。我们认为这个分布以零为中心，因此它真正代表了损失在其平均值附近的波动；以 $(L_1,\dots,L_d)$ 为中心的当然等价于使用一些平移不变风险度量的均值调整版本 ϱ。我们发现无论我们把欧拉配置基于标准偏差、VaR 或预期损失风险度量，还是实际上任意正齐风险度量，分配到每个投资机会的资本的相对金额总是相等的。因此在这种情况下配置非常简单：根据我们选择的风险度量，计算要分派的总风险资本，然后用下面的公式 (8.65) 给出的简单的分割公式。

推论 8.43. 假设 $r_{\varrho}:\Lambda\to\mathbb{R}$ 是一个正齐的和不变定律风险度量 ϱ 的风险度量函数。设 $\boldsymbol{L}\sim E_d(\mathbf{0},\Sigma,\psi)$。则在一个欧拉分配下，相关资本分派给出如下：

$$\frac{\mathrm{AC}^{\varrho}_i}{\mathrm{AC}^{\varrho}_j}=\frac{\sum_{k=1}^{d}\Sigma_{ik}}{\sum_{k=1}^{d}\Sigma_{jk}},\quad 1\leqslant i,j\leqslant d \tag{8.65}$$

证明. 由定理 8.28 的证明可以推出，由风险度量的正齐性，有

$$r_\varrho(\boldsymbol{\lambda}) = \varrho(L(\boldsymbol{\lambda})) = \varrho\left(\sum_{i=1}^{d}\lambda_i L_i\right) = \sqrt{\boldsymbol{\lambda}'\Sigma\boldsymbol{\lambda}}\varrho(Y_1)$$

其中 Y_1 是一个有特征生成元 ψ 的球面随机向量的第一个组成部分。对于欧拉配置，得到

$$\mathrm{AC}_i^\varrho = \frac{\partial r_\varrho}{\partial\lambda_i}(\mathbf{1}) = \frac{\sum_{k=1}^{d}\Sigma_{ik}}{\sqrt{\mathbf{1}'\Sigma\mathbf{1}}}\varrho(Y_1)$$

由此结果成立。□

8.5.3　欧拉原理的经济性质

在本节中，我们证明了欧拉原理具有许多良好的经济特性。与上一节一样，我们考虑一个正的齐次风险度量 ϱ，并假设相应的风险度量函数 r_ϱ 在 $\mathbb{R}^d\setminus\{0\}$ 中是连续可微的（一个正的齐次函数在 $\boldsymbol{\lambda}=0$ 中通常是不可微的）。然后，用 $\mathrm{AC}_i^\varrho = \partial r_\varrho(\mathbf{1})/\partial\lambda_i$ 表示在欧拉原理下的相关风险贡献。

与 RORAC 方法的兼容性　我们将总损失的 RORAC（风险调整后资本收益率）定义为 $\mathrm{RORAC}(L) := E(-L)/\rho(L)$，投资单元 i 的投资组合相关 RORAC 定义为

$$\mathrm{RORAC}(L_i \mid L) := \frac{E(-L_i)}{\mathrm{AC}_i^\varrho}$$

其中默认分母是严格正的。那么欧拉原理与 RORAC 方法在以下意义上是兼容的：如果投资机会 i 在 RORAC 度量中的表现好于整个投资组合 L，那么如果单位 i 的权重稍微增加，则整个投资组合的 RORAC 就会增加。因此，欧拉原理为投资决策提供了正确的信号。在数学术语中，RORAC 兼容性的意思是存在一些 $\varepsilon > 0$，使得对所有 $0 < h \leqslant \varepsilon$，满足

$$\big(\mathrm{RORAC}(L_i \mid L) > \mathrm{RORAC}(L)\big) \Rightarrow \big(\mathrm{RORAC}(L + hL_i) > \mathrm{RORAC}(L)\big) \tag{8.66}$$

为了建立公式 (8.66)，需要说明，$\mathrm{RORAC}(L_i \mid L) > \mathrm{RORAC}(L)$ 意味着 $\frac{\mathrm{d}}{\mathrm{d}h}\mathrm{RORAC}(L + hL_i)|_{h=0} > 0$。用 $\boldsymbol{e}_i$ 表示第 i 个单位向量。则有

$$\begin{aligned}\frac{\mathrm{d}}{\mathrm{d}h}\mathrm{RORAC}(L+hL_i)|_{h=0} &= \frac{\mathrm{d}}{\mathrm{d}h}\frac{E(-(L+hL_i))}{r_\varrho(\mathbf{1}+h\boldsymbol{e}_i)}|_{h=0} \\ &= \frac{1}{r_\varrho(\mathbf{1})^2}\left(E(-L_i)r_\varrho(\mathbf{1}) - E(-L)\frac{\partial r_\varrho(\mathbf{1})}{\partial\lambda_i}\right)\end{aligned}$$

回顾 $\varrho(L) = r_\varrho(\mathbf{1})$ 且 $\mathrm{AC}_i^\varrho = \partial r_\varrho(\mathbf{1})/\partial\lambda_i$。因此，如果如 $E(-L_i)/\mathrm{AC}_i^\varrho > E(-L)/\varrho(L)$ 所述，则最后一个表达式严格为正数。

事实上，可以证明，对于正齐次 ϱ，欧拉原理是唯一满足 RORAC 兼容性 (8.66) 的资产配置原理，有关详细信息，请参阅 Tasche (1999)。

分散化收益　假设风险度量 ϱ 是正齐性的且次可加的，就像一致性风险度量或其均值调整版本一样。在这种情况下，由于 $\varrho(L) \leqslant \sum_{i=1}^{d} \varrho(L_i)$，投资组合所需的总体风险资本小于单独业务单元所需风险资本的总和。在实践中，$\sum_{i=1}^{d} \varrho(L_i) - \varrho(L)$ 被称为分散化收益。要求每个业务单位从分散化收益中获利是合理的，因为单位 i 的风险贡献不超过单独的资本费用 $\varrho(L_i)$（否则会有激励子单元 i 离开公司，至少在理论上）。我们现在说明欧拉原理确实满足不等式

$$\mathrm{AC}_i^{\varrho} \leqslant \varrho(L_i), \quad 1 \leqslant i \leqslant d \tag{8.67}$$

关键是以下不等式：对于一个凸正齐函数 $f\colon \mathbb{R}^d \to \mathbb{R}$，它在 $\mathbb{R}^d \setminus \{0\}$ 中连续可微，对于所有 $\boldsymbol{\lambda}, \tilde{\boldsymbol{\lambda}}$、$\boldsymbol{\lambda} \neq -\tilde{\boldsymbol{\lambda}}$ 都适用

$$f(\boldsymbol{\lambda}) \geqslant \sum_{i=1}^{d} \lambda_i \frac{\partial f(\boldsymbol{\lambda} + \tilde{\boldsymbol{\lambda}})}{\partial \lambda_i} \tag{8.68}$$

如果我们把这个不等式应用到 $f = r_{\varrho}$（它是凸的，因为 ϱ 是正齐的且次可加的），$\boldsymbol{\lambda} = \boldsymbol{e}_i$ 和 $\tilde{\boldsymbol{\lambda}} = \boldsymbol{1} - \boldsymbol{e}_i$。我们得到不等式 $r_{\varrho}(\boldsymbol{e}_i) \geqslant \partial r_{\varrho}(\boldsymbol{1})/\partial \lambda_i$，因此有不等式 (8.67)。

不等式 (8.68) 还有待建立。因为 f 是凸的，所以对所有 $\boldsymbol{x}, \boldsymbol{y} \in \mathbb{R}^d$, $\boldsymbol{x} \neq 0$ 满足

$$f(\boldsymbol{y}) \geqslant f(\boldsymbol{x}) + \sum_{i=1}^{d} (y_i - x_i) \frac{\partial f(\boldsymbol{x})}{\partial x_i}$$

另外，根据欧拉原理我们有 $f(\boldsymbol{x}) = \sum_{i=1}^{d} x_i \partial f(\boldsymbol{x})/\partial x_i$，因此

$$f(\boldsymbol{y}) \geqslant \sum_{i=1}^{d} y_i \frac{\partial f(\boldsymbol{x})}{\partial x_i}$$

代入 $\boldsymbol{y} = \boldsymbol{\lambda}$, $\boldsymbol{x} = \boldsymbol{\lambda} + \tilde{\boldsymbol{\lambda}}$ 给出了结果。

Kalkbrener (2005) 和 Denault (2001) 的工作使这种分析又向前迈进了一步。研究表明，在适当的技术条件下，欧拉原则是唯一满足稍微强化分散化收益不等式的资产配置原则 (8.67)。显然，如果在一致性的风险度量领域工作，则为使用欧拉原则提供了额外的支持。从实际的观点看，在许多应用领域，特别是在信贷风险管理和贷款定价方面，使用预期损失和预期损失贡献可能是一种合理的选择（关于后续讨论，参见说明与评论）。

说明与评论

关于资本分配和业绩衡量的广泛的、非技术性的讨论见 Matten (2000)，也可参见 Klaassen and van Eeghen (2009)。“欧拉原理” 这一术语似乎首先在 Patrik et al. (1999) 中使用。公式 (8.62) 的结果可以在 Gourieroux et al. (2000) 和 Tasche (2000) 中找到；前一篇论文假设损失有一个联合密度函数，后一篇论文给出了一个稍微更一般的结果，以及关于 VaR 和 ES 风险度量在投资组合构成方面的可微性的技术细节。在 Fischer (2003) 中讨论了第 2.3.5 节的一致性保费原理的可微性。从风险度量的属性中推导出配置原理，也可以在 Goovaerts et al. (2003) 和 Goovaerts et al. (2005) 中找到。

关于绩效度量的风险度量适宜性的争论，见 Tasche (1999) 和 Tasche (2008)。资产配置的公理化方法可以在 Kalkbrener (2005) 和 Denault (2001) 中找到。一个博弈论应用于保险领域中成本分配的早期贡献，参见 Lemaire (1984)。

信用风险的应用已在 Kalkbrener et al. (2004) 和 Merino and Nyfeler (2004) 找到，这些有强有力的论据支持了使用预期损失贡献。另一方面，Pfeifer (2004) 包含了一些令人信服的例子，说明了在使用非寿命保险时，把预期损失作为一种风险度量，把预期损失贡献作为一种配置方法可能会存在一些严重的缺陷。当基于预期损失时，罕见的极端事件的存在可能会导致荒谬的资本配置。因此，在解决特定的风险度量和配置原则之前，请先仔细考虑。只基于正式标准的“一致性的”风险敏感的资本配置也是值得商榷的。从非寿险的角度出发，更多的细节请参见 Koryciorz (2004)。

风险调整后的绩效指标在行业中得到了广泛的应用资本预算和绩效评估。目前实践的一个很好的综述在 Crouhy et al. (2001) 的第 14 章中给出，也可以参阅Klaassen and van Eeghen (2009)。从经济的角度来看，一个关于对金融机构风险管理和资本预算的分析是 Froot and Stein (1998)。

第 3 部分

应用篇

第 9 章　市场风险

在本章中，我们将探讨度量投资组合中市场风险的方法。我们强调使用本书第 2 部分介绍的统计模型和技术。虽然我们借鉴了前面大部分章节的内容，但基本的先决条件是介绍基本风险度量问题的第 2 章和关于金融时间序列的第 4 章。材料被分成三部分。本章内容大致可分为以下三节。

在第 9.1 节中，我们重新讨论了在第 2.2 节中描述的风险因子和风险映射的概念。在本章中，我们针对银行交易账户中对市场风险进行建模的具体问题，更详细地开发了建模框架。在银行交易账户中，衍生品头寸很常见，监管机构要求在短期内（如一天或两周内）度量风险。

第 9.2 节专门讨论市场风险度量的主题。假设投资组合已经映射到风险因子，然后我们用业内各种统计方法来估计损失分布和度量风险，比如计算 VaR 值或预期损失。方法包括方差—协方差法（delta-normal）、历史模拟和蒙特卡罗模拟法。

在第 9.3 节中，我们将介绍对于以上方法的性能的回溯测试。一般地，我们主要介绍基于 VaR 突破的模型验证的流程，同时也有一些更前沿的比较的方法，比如基于可导出性理论的打分函数。

9.1　风险因子与映射

本节的关键概念是第 9.1.1 节中提到的*损失算子*。损失函数把组合的损失映射为风险因子的变化。银行通过有效运用损失函数来决定在各种未来风险因子改变的情境中交易账户的盈亏。由于到期日对很多市场工具的价值都有着重要影响，在具体的运用中，我们需要考虑风险度量及估值的不同时间跨度问题。在第 9.1.2 节中我们展示了典型的非线性损失函数在很短的时间间隔上近似化成线性的一阶（delta）与二阶函数（delta-gamma）。

将该方法应用于第 9.1.3 节中的零息债券投资组合，结果表明，损失算子的一阶和二阶近似就是经典的债券定价概念中的久期和凸性。由于固定收益投资组合的映射通常是一个高维问题，我们在第 9.1.4 节中通过风险因子建模来降低映射的复杂度。

9.1.1　损失算子

考虑受市场风险影响的资产组合，比如股票、债券或者衍生品的组合。投资组合的价值由连续时间随机过程 $(V(t))_{t\in\mathbb{R}}$ 给出，其中假定 $V(t)$ 在 t 时刻为*已知的*。这意味着投资组合中的工具既可以是盯市的，也可以按适当的模型计价（有关这些概念的讨论，请参见第 2.2.2 节）。

对于给定的时间范围 Δt，例如在一个典型的市场风险应用中为 1 或 10 天，投资组合在 $[t,t+\Delta t]$ 期间的损益（P&L）由 $V(t+\Delta t)-V(t)$ 给出。我们发现考虑负的损益

$-(V(t+\Delta t)-V(t))$ 以及用这个量的右尾表示风险更方便，我们将其简单地称为损失。我们假设组合的持仓在这段时间内是不变的，并且没有中间收入或费用。

在将损失分布的分析问题转化为金融时间序列分析中的问题时，可以方便地以 Δt 为单位度量时间并引入适当的时间序列表示法。在本章的许多地方，我们都通过以下公式把一般的连续时间过程 $Y(t)$ 转化成时间序列 $(Y_t)_{t\in\mathbb{Z}}$

$$Y_t := Y(\tau_t), \quad \tau_t := t(\Delta t) \tag{9.1}$$

使用这种表示法将损失写为

$$L_{t+1} := -(V(\tau_{t+1}) - V(\tau_t)) = -(V_{t+1} - V_t) \tag{9.2}$$

在市场风险管理中，我们通常会用到估值模型（例如，Black-Scholes 公式）。其中日历时间是以年来计算的，利率和波动率也是年化的。因此，如果我们要计算每日的损失，则设定 $\Delta t = 1/365$ 或者 $\Delta t \approx 1/250$。后者主要用于股票衍生品市场，因为每年大约有 250 个交易日。V_t 和 V_{t+1} 表示 t 日和 $t+1$ 日的投资组合价值，而 L_{t+1} 则表示从 t 日到 $t+1$ 日的损失。

如在第 2.2.1 节中解释的那样，V_t 的值被建模为时间和一个风险因子的 d 维随机向量 $\boldsymbol{Z}_t = (Z_{t,1}, \ldots, Z_{t,d})'$ 的函数。这个过程称为映射。使用规范的时间单位进行估值模型（通常是年份）映射，可以得到以下等式：

$$V_t = g(\tau_t, \boldsymbol{Z}_t) \tag{9.3}$$

其中包含了可测函数 $g : \mathbb{R}_+ \times \mathbb{R}^d \to \mathbb{R}$ 以及一些适当的风险因子向量 $\boldsymbol{Z}_t$。对函数 g 和风险因子向量 $\boldsymbol{Z}_t$ 的选择取决于组合的构成以及对风险模型要求的精度。

通过引入函数 $f(t, \boldsymbol{Z}_t) := g(\tau_t, \boldsymbol{Z}_t)$，我们可以得到公式 (2.2) 中适用的映射公式的简单版本。但是，$g(\tau_t, \boldsymbol{Z}_t)$ 的表示法要求我们在更加灵活地映射组合持仓的同时保留时间标准化的市场惯例。例如，在第 9.1.3 节中可以看到零息债券投资组合的映射。

风险因子的变化 $(\boldsymbol{X}_t)_{t\in\mathbb{Z}}$ 由 $\boldsymbol{X}_t := \boldsymbol{Z}_t - \boldsymbol{Z}_{t-1}$ 给出。使用映射 (9.3)，可以将投资组合损失写为

$$L_{t+1} = -(g(\tau_{t+1}, \boldsymbol{Z}_t + \boldsymbol{X}_{t+1}) - g(\tau_t, \boldsymbol{Z}_t)) \tag{9.4}$$

由于 $\boldsymbol{Z}_t$ 在时刻 t 是已知的，所以时刻 t 的损失分布就由风险因子的变化 $\boldsymbol{X}_{t+1}$ 的分布决定。于是，本章我们引入新的表示法，称作时刻 t 的**损失算子**，写作 $l_{[t]} : \mathbb{R}^d \to \mathbb{R}$，它把风险因子的变化映射为损失。定义是

$$l_{[t]}(\boldsymbol{x}) := -(g(\tau_{t+1}, \boldsymbol{z}_t + \boldsymbol{x}) - g(\tau_t, \boldsymbol{z}_t)), \quad \boldsymbol{x} \in \mathbb{R}^d \tag{9.5}$$

其中 $\boldsymbol{z}_t$ 代表 $\boldsymbol{Z}_t$ 在时刻 t 的已实现价值。显然，在时刻 t 有 $L_{t+1} = l_{[t]}(\boldsymbol{X}_{t+1})$。于是，损失算子将帮助我们讨论通过统计方法度量第 9.2 节中讲到的市场风险。

注意，虽然我们在公式 (9.5) 中使用小写的 $\boldsymbol{z}_t$ 来强调损失算子是 t 时刻已知风险因子值的函数，但是我们不会在后面的示例中严格应用这个约定。

9.1.2 Delta 及 Delta-Gamma 近似

如果映射函数 g 可导，并且 Δt 非常小，我们就可以用一阶泰勒展开来近似 g

$$g(\tau_t+\Delta t,\boldsymbol{z}_t+\boldsymbol{x})\approx g(\tau_t,\boldsymbol{z}_t)+g_\tau(\tau_t,\boldsymbol{z}_t)\Delta t+\sum_{i=1}^{d}g_{z_i}(\tau_t,\boldsymbol{z}_t)x_i \tag{9.6}$$

其中下标 τ 表示对映射的时间变量的偏导数，以及下标 z_i 表示对于风险因子的偏导数。这允许我们在公式 (9.5) 中，用时刻 t 的线性的损失算子来近似处理真正的损失函数，即下面的公式

$$l_{[t]}^{\Delta}(\boldsymbol{x}):=-\left(g_\tau(\tau_t,\boldsymbol{z}_t)\Delta t+\sum_{i=1}^{d}g_{z_i}(\tau_t,\boldsymbol{z}_t)x_i\right) \tag{9.7}$$

注意，当 Δt 非常小时，$g_\tau(\tau_t,\boldsymbol{z}_t)\Delta t$ 也非常小，在实践中有时甚至可以忽略不计。

我们也可以建立一个二阶泰勒序列，或者叫作 *Delta-Gamma* 近似。假设我们引入向量表示法来表示映射对于风险因子的一阶偏导。

$$\boldsymbol{\delta}(\tau_t,\boldsymbol{z}_t)=(g_{z_1}(\tau_t,\boldsymbol{z}_t),\ldots,g_{z_d}(\tau_t,\boldsymbol{z}_t))'$$

对于二阶偏导数，我们设 $\boldsymbol{\omega}(\tau_t,\boldsymbol{z}_t)=(g_{z_1\tau}(\tau_t,\boldsymbol{z}_t),\ldots,g_{z_d\tau}(\tau_t,\boldsymbol{z}_t))'$ 表示对于时间和风险因子的混合偏导，设 $\boldsymbol{\Gamma}(\tau_t,\boldsymbol{z}_t)$ 为矩阵，其 (i,j) 个元素由 $g_{z_iz_j}(\tau_t,\boldsymbol{z}_t)$ 给出。在这个矩阵中，对角元素是对每个单独风险因子的 *gamma* 敏感度，而对角线之外（非对角线上）的元素则表示每对风险因子的交叉 *gamma* 敏感度。完整的二阶近似 g 应该写作

$$\begin{aligned}g(\tau_t+\Delta t,\boldsymbol{z}_t+\boldsymbol{x})\ &\approx g(\tau_t,\boldsymbol{z}_t)+g_\tau(\tau_t,\boldsymbol{z}_t)\Delta t+\boldsymbol{\delta}(\tau_t,\boldsymbol{z}_t)'\boldsymbol{x}+\\&\quad\frac{1}{2}\left(g_{\tau\tau}(\tau_t,\boldsymbol{z}_t)(\Delta t)^2+2\boldsymbol{\omega}(\tau_t,\boldsymbol{z}_t)'\boldsymbol{x}\Delta t+\boldsymbol{x}'\Gamma(\tau_t,\boldsymbol{z}_t)\boldsymbol{x}\right).\end{aligned} \tag{9.8}$$

在实践中，我们通常忽略 $o(\Delta t)$ 项，即比 Δt 更快趋近于 0 的项。在上面的公式中就是指 $(\Delta t)^2$，如果我们假设风险因子服从一个标准连续时间金融模型，比如 Black-Scholes 模型或其他类似的模型，那么该项在 $\boldsymbol{x}\Delta t$ 中。

为了更容易理解前面的陈述，我们以 Black-Scholes 模型为例。t 时刻的股票价格的对数为 $\ln S_t=(\mu-\frac{1}{2}\sigma^2)\tau_t+\sigma W_{\tau_t}$，其中 μ 是随机项，σ 是波动率，$\tau_t=t(\Delta t)$，而 W_{τ_t} 则代表一个布朗运动。因此风险因子的改变满足以下公式:

$$X_{t+1}=\ln\left(\frac{S_{t+1}}{S_t}\right)\sim N((\mu-\frac{1}{2}\sigma^2)\Delta t,\sigma^2\Delta t)$$

显然当 $\Delta t\to 0$ 时，$X_{t+1}/(\sigma\sqrt{\Delta t})$ 收敛到一个标准正态分布。因此在这个模型中，风险因子变动 x 与 $O(\sqrt{\Delta t})$ 同阶，这意味着它们将以和 $\sqrt{\Delta t}$ 相同的速率归零。因此 $x\Delta t$ 趋于零的速率与 $(\Delta t)^{\frac{3}{2}}$ 相同，和 $o(\Delta t)$ 是同阶的。

忽略掉公式 (9.8) 中的项 $o(\Delta t)$，然后留下二阶损失算子，即

$$l_{[t]}^{\Delta\Gamma}(\boldsymbol{x}):=-\left(g_\tau(\tau_t,\boldsymbol{z}_t)\Delta t+\boldsymbol{\delta}(\tau_t,\boldsymbol{z}_t)'\boldsymbol{x}+\frac{1}{2}\boldsymbol{x}'\Gamma(\tau_t,\boldsymbol{z}_t)\boldsymbol{x}\right) \tag{9.9}$$

这通常比线性损失算子更精确地逼近公式 (9.5)。在下面的例 9.1 中，我们将给出 Delta-Gamma 近似 (公式 (9.9)) 的一个具体应用。

例 9.1 (欧式看涨期权). 本例中的设定和表示法与例 2.2 相似。但是我们考虑的是一个由银行出售被用来套期保值的欧式看涨期权，以对冲消除一些风险。这意味着银行为每一份期权持有买入 delta 份的标的股票来实现对冲，因此被套期头寸对股价变动的一阶敏感性为零。为了简化风险因子的分析，我们假设利率 r 是常数。

使用公式 (9.1) 中的时间序列表示法，被套期头寸在 t 时的价值为

$$V_t = S_t h_t - C^{\mathrm{BS}}(\tau_t, S_t; r, \sigma_t, K, T) \tag{9.10}$$

其中 S_t 和 σ_t 分别是股价和时刻 t 的隐含波动率，K 是执行价格，T 是到期日，$h_t = C_S^{\mathrm{BS}}(\tau_t, S_t; r_t, \sigma_t, K, T)$ 是这个期权的 delta。利率的时间间隔是一天，因为 Black-Scholes 公式以年为时间单位，所以我们让 $\Delta t = 1/250$, $\tau_t = t/250$。

估值公式 (9.10) 的形式为公式 (9.3))，风险因子为 $\boldsymbol{Z}_t = (\ln S_t, \sigma_t)'$。因为 $g_{z_1}(\tau_t, \boldsymbol{z}_t) = (h_t - C_S^{\mathrm{BS}})S_t = 0$，这个线性算子 (9.7) 由

$$l_{[t]}^{\Delta}(\boldsymbol{x}) = C_\tau^{\mathrm{BS}} \Delta t + C_\sigma^{\mathrm{BS}} x_2$$

给出。

考虑以下情况：距离到期时间为 $T - \tau_t = 1$，执行价为 100，利率为 $r = 0.02$。此外，假设当前股价为 $S_t = 110$，因此期权是实值的，而当前隐含波动率为 $\sigma_t = 0.2$。在 Black-Scholes 模型中，这个期权的希腊字母可以通过著名的公式进行计算（参见说明与评论），$C_\tau^{\mathrm{BS}} \approx -4.83$，$C_\sigma^{\mathrm{BS}} \approx 34.91$。假设我们考虑风险因子变动的取值 $\boldsymbol{x} = (0.05, 0.02)'$ 代表股票价格上涨 5% 以及隐含波动率增加 2%。显然股票收益对线性损失无贡献，那么线性损失可以表示为

$$l_{[t]}^{\Delta}(\boldsymbol{x}) = C_\tau^{\mathrm{BS}} \cdot (1/250) + C_\sigma^{\mathrm{BS}} \cdot 0.02 \approx -0.019 + 0.698 = 0.679$$

另一方面，如果我们对期权在时刻 $t+1$ 完全重新定价，那么损失将是 $l_{[t]}(\boldsymbol{x}) \approx 0.812$。因此，对于这个风险因子变动 $\boldsymbol{x}$，线性化将带来 16% 的低估。

为了完成二阶近似，在这里我们必须计算 *gamma*，对于股价的二阶导数 C_{SS}^{BS}，对于波动率的二阶导数 $C_{\sigma\sigma}^{\mathrm{BS}}$，和对于股票及波动率的交叉二阶导数 $C_{S\sigma}^{\mathrm{BS}}$。那么二阶的损失算符将写作

$$l_{[t]}^{\Delta\Gamma}(\boldsymbol{x}) = C_\tau^{\mathrm{BS}} \Delta t + C_\sigma^{\mathrm{BS}} x_2 + \frac{1}{2} C_{SS}^{\mathrm{BS}} S_t^2 x_1^2 + C_{S\sigma}^{\mathrm{BS}} S_t x_1 x_2 + \frac{1}{2} C_{\sigma\sigma}^{\mathrm{BS}} x_2^2$$

其中我们设 S_t^2 和因子 S_t 进入第三项和第四项，因为风险因子是 $\ln S_t$ 而不是 S_t。在数值例子中：

$$\begin{aligned} l_{[t]}^{\Delta\Gamma}(\boldsymbol{x}) &= l_{[t]}^{\Delta}(\boldsymbol{x}) + \frac{1}{2} C_{SS}^{\mathrm{BS}} S_t^2 x_1^2 + C_{S\sigma}^{\mathrm{BS}} S_t x_1 x_2 + \frac{1}{2} C_{\sigma\sigma}^{\mathrm{BS}} x_2^2 \\ &\approx 0.679 + 0.218 - 0.083 + 0.011 = 0.825 \end{aligned}$$

这比真实损失高出不到 2%，对风险因子变动 $\boldsymbol{x}$ 的影响进行了更为准确的评估。引入期权 C_{SS}^{BS} 的 gamma 尤其重要。

这个例子表明，二阶近似的额外复杂性通常是可以保证的。但是要注意的是，Delta-Gamma 近似在应用于较长时间跨度且风险因子变化较大时，结果可能非常糟糕。

9.1.3　债券投资组合映射

在本节中，我们将第 9.1.2 节中的理念应用于债券投资组合的映射，并将其与债券投资组合风险管理中的期限和凸性的经典概念联系起来。

债券定价的基本定义　在标准债券定价表示法中，$p(t,T)$ 表示到期日为 T 的无违约零息债券在 t 时的价格。虽然长期零息债券在实践中相对较少，但许多其他固定收益工具，如附息债券或标准掉期，可以被视为零息债券的投资组合。因此，零息债券是研究利率风险的基本工具。我们遵循现代利率理论中的一个标准惯例，将债券面值 $p(T,T)$ 标准化为 1，然后我们以年为单位度量时间计算。

不同期限的映射 $T \to p(t,T)$ 是描述时刻 t 的所谓利率期限结构的方法。另一种描述方法基于收益率。零息债券的连续复利收益率可以定义为：$y(t,T) = -(1/(T-t))\ln p(t,T)$，从而有以下关系：

$$p(t,T) = \exp(-(T-t)y(t,T))$$

映射 $T \mapsto y(t,T)$ 被称为时刻 t 的连续复利收益率曲线。收益率是描述期限结构的一种流行方式，因为它们在不同期限之间具有可比性，这是基于时间 $(T-t)$ 的标准化决定，它们通常表达为年化的形式。

现在，我们考虑零息债券投资组合的映射。请注意，对于单个附息债券、附息债券投资组合或未来固定时间承诺现金流的任何投资组合，将获得相同的映射结构。

债券投资组合的详细映射　我们考虑一个无违约零息债券的投资组合，到期日为 T_i，价格为 $p(t,T_i), 1 \leqslant i \leqslant d$。$\lambda_i$ 表示投资组合中到期日为 T_i 的债券的数量。

在对债券投资组合价值变化的详细分析中，我们把所有的收益率 $y(t,T_i)$，$1 \leqslant i \leqslant d$ 作为风险因子。在时刻 t，这个组合的价值可以写作

$$V(t) = \sum_{i=1}^{d} \lambda_i p(t,T_i) = \sum_{i=1}^{d} \lambda_i \exp(-(T_i - t)y(t,T_i)) \tag{9.11}$$

使用公式 (9.1) 切换到离散时间设置，对这个债券组合的映射 (9.3) 可以写作

$$V_t = g(\tau_t, \boldsymbol{Z}_t) = \sum_{i=1}^{d} \lambda_i \exp(-(T_i - \tau_t)Z_{t,i}) \tag{9.12}$$

其中 $\tau_t = t(\Delta t)$，Δt 是以年为单位的时间间隔，同时风险因子是收益率 $Z_{t,i} = y(\tau_t, T_i)$，其中 $1 \leqslant i \leqslant d$。风险因子的变动就是收益率的变动 $X_{t+1,i} = y(\tau_{t+1}, T_i) - y(\tau_t, T_i)$，其中 $1 \leqslant i \leqslant d$。

根据公式 (9.12)，损失算子 $l_{[t]}$ 以及它的一阶和二阶的近似可以很容易被算出来，映射函数的一阶导数是

$$g_\tau(\tau_t, \boldsymbol{z}_t) = \sum_{i=1}^{d} \lambda_i p(\tau_t, T_i) z_{t,i}$$
$$g_{z_i}(\tau_t, \boldsymbol{z}_t) = -\lambda_i (T_i - \tau_t) \exp(-(T_i - \tau_t) z_{t,i})$$

将其代入公式 (9.7)，再转化成一个标准债券定价的表示法，我们得到

$$l_{[t]}^{\Delta}(\boldsymbol{x}) = -\sum_{i=1}^{d} \lambda_i p(\tau_t, T_i)(y(\tau_t, T_i)\Delta t - (T_i - \tau_t) x_i) \tag{9.13}$$

其中 x_i 代表第 i 个债券的收益率的变动。

对于二阶近似，我们需要对收益率的二阶导数

$$g_{z_i z_i}(\tau_t, \boldsymbol{z}_t) = \lambda_i (T_i - \tau_t)^2 \exp(-(T_i - \tau_t) z_{t,i})$$

且当 $i \neq j$ 时，$g_{z_i z_j}(\tau_t, \boldsymbol{z}_t) = 0$。使用标准债券定价的表示法，公式 (9.9) 式中的二次损失算子是

$$l_{[t]}^{\Delta\Gamma}(\boldsymbol{x}) = -\sum_{i=1}^{d} \lambda_i p(\tau_t, T_i) \left(y(\tau_t, T_i)\Delta t - (T_i - \tau_t) x_i + \frac{1}{2}(T_i - \tau_t)^2 x_i^2 \right) \tag{9.14}$$

久期与凸度的关系 近似值 (9.13) 和公式 (9.14) 可以用债券投资组合的期限和凸性的经典概念来解释。要建立这种联系，可以考虑一个非常简单的 t 时期收益率曲线模型，对于所有到期日 T_i，

$$y(\tau_{t+1}, T_i) = y(\tau_t, T_i) + x \tag{9.15}$$

在这个模型中，我们假设水平平行移动沿着整个收益率曲线发生，这个假设是不现实的，但在实践中经常出现。

显然当公式 (9.15) 成立时，在公式 (9.13) 和公式 (9.14) 中的损失算子就是标量变量 x 的函数（移位的大小）。我可以用经典的债券组合的久期 概念来表达公式 (9.13)：

$$l_{[t]}^{\Delta}(x) = -V_t \Big(A_t \Delta t - D_t x \Big) \tag{9.16}$$

其中

$$D_t := \sum_{i=1}^{d} \frac{\lambda_i p(\tau_t, T_i)}{V_t}(T_i - \tau_t), \quad A_t := \sum_{i=1}^{d} \frac{\lambda_i p(\tau_t, T_i)}{V_t} y(\tau_t, T_i)$$

在这里我们关心 D_t，它被称为债券组合的麦考利久期。它是投资组合中不同现金流的到期时间的加权和，其权重与现金流的折现值成正比。

在很短的时间间隔 Δt 内，公式 (9.16) 中的项将被省略，然而债券组合的损失值将由 $l_{[t]}(x) \approx v_t D_t x$ 决定，从而收益率曲线的增加导致损失，而减少会带来盈利（假设组合中都

是多头头寸，对于所有的 i 都有 $\lambda_i > 0$）。久期 D_t 可以被认为是债券价格与期权的 delta 相对应。对于一阶近似，损失将由 D_t 决定。如果收益率曲线发生一个很小的平行移动，则任何两个有相同价值和久期的债券组合将会受到相似的损失，不论组合中的具体组成存在什么不同。

久期是传统债券组合管理或者资产负债管理的重要工具。基于久期的标准的管理债券组合的利率风险的策略，我们称之为*免疫*。在这种策略下，投资于确定数量资金来实现债券投资同时需要在未来支付确定金额的投资经理，将这些资金分配到许多债券上，以便于形成一个总体久期为零的投资负债组合。正如我们所见，久期测量的是组合价值相对于收益曲线水平移动的敏感度。因此一个零久期意味着头寸对于（收益率的）变动是免疫的。然而，这个组合依然面临其他类型收益率曲线变动，比如斜率和曲率的变动。

考虑二阶效应，可以得到更精确的债券投资组合损失近似值。与期权 gamma 相对应的是*凸性*的概念。在收益率变动相关的公式 (9.15) 的模型中，二阶的损失算子 (9.14) 的表达式变成

$$l_{[t]}^{\Delta\Gamma}(x) = -V_t\left(A_t\Delta t - D_t x + \frac{1}{2}C_t x^2\right) \tag{9.17}$$

其中

$$C_t := \sum_{i=1}^{d} \frac{\lambda_i p(\tau_t, T_i)}{V_t}(T_i - \tau_t)^2$$

是这个债券组合的凸性。凸性是到期时间平方的加权平均值，也是久期对收益率求导的负数。考虑两个债券组合有同样的价值 V_t 和久期 D_t，假设组合 (1) 的凸性大于组合 (2)，也就是说 $C_t^{(1)} > C_t^{(2)}$。忽略 Δt 项，损失算子的差异满足

$$l_{[t]}^{\Delta\Gamma(1)}(x) - l_{[t]}^{\Delta\Gamma(2)}(x) \approx -\frac{1}{2}V_t(C_t^{(1)} - C_t^{(2)})x^2 < 0$$

换句话说，收益率水平的提高将导致投资组合 (1) 的损失更小，收益率水平的降低将导致更大的收益（$-l_{[t]}^{\Delta\Gamma(1)}(x) > -l_{[t]}^{\Delta\Gamma(2)}(x)$）。因此，投资组合经理经常采取步骤来构建具有相对高凸性的投资组合。粗略地讲，这是通过让现金流充分分散来实现的，参见说明与评论。

9.1.4　债券组合的风险因子模型

对于由固定收益工具组成的大型投资组合，比如说一家大银行的全部固定收益头寸，为每一个现金流到期的收益率的变动而建模分析变得不切实际。还有对 $\boldsymbol{X}_{t+1}$ 的分布的统计任务很困难，因为不同到期时间与对应收益率之间高度相依。一个可行的方法就是对收益率建立一个因子模型，以求找出收益率变动之中最主要的特征。收益率曲线的三因素模型在实践中经常使用，其中三个因子通常代表基准*水平*、*斜率*和*曲度*。

在本节中，我们描述了两种不同的方法来近似债券投资组合的损失算子，并展示了如何使用因子建模领域的统计分析技术来校准近似函数。

基于 Nelson and Siegel (1987) 模型的方法 Nelson-Siegel 模型通常由即时的远期利率来表示，其可以由价格来定义

$$f(t,T)=-\frac{\partial}{\partial T}\ln p(t,T)$$

也可以被解释为在时刻 t 时可得的在时刻 T 借款的利率。收益率与远期利率的关系是

$$y(t,T)=\frac{1}{T-t}\int_t^T f(t,u)du \tag{9.18}$$

在 Nelson-Siegel 模型中，远期曲线可以表示为

$$f(\tau_t,T)=Z_{t,1}+Z_{t,2}\exp(-\eta_t(T-\tau_t))+Z_{t,3}\eta_t(T-\tau_t)\exp(-\eta_t(T-\tau_t))$$

其中因子是 $(Z_{t,1},Z_{t,2},Z_{t,3})$，且 η_t 是一个为了给出远期利率的最佳估计而选择出的正的比率参数。关于远期和收益率曲线之间的关系，公式 (9.18) 意味着

$$y(\tau_t,T)=Z_{t,1}+k_1(T-\tau_t,\eta_t)Z_{t,2}+k_2(T-\tau_t,\eta_t)Z_{t,3} \tag{9.19}$$

其中函数 k_1 和 k_2 表示

$$k_1(s,\eta)=\frac{1-\exp(-\eta s)}{\eta s},\ k_2(s,\eta)=k_1(s,\eta)-\exp(-\eta s)$$

这些函数如图 9.1 所示。现在我们对这些因子进行经济解释。

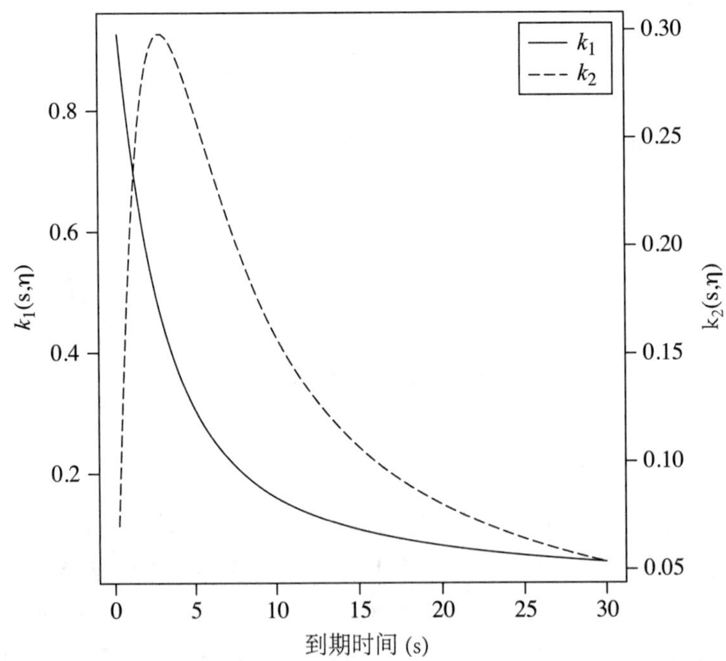

图 9.1 当 $\eta=0.623$ 时，Nelson-Siegel 公式 $k_1(s,\eta)$ 和 $k_2(s,\eta)$(参考例 9.2)。

当 $\lim_{s\to 0}k_1(s,\eta)=1$ 和 $\lim_{s\to 0}k_2(s,\eta)=0$ 时，$\lim_{s\to\infty}k_1(s,\eta)=\lim_{s\to\infty}k_2(s,\eta)=0$。然后就得到 $\lim_{T\to\infty}y(\tau_t,T)=Z_{t,1}$，所以第一个因子通常被解释为长期水平因子。$Z_{t,2}$

被解释为一个斜率因子，因为短期收益率和长期收益率之间的差值满足 $\lim_{T\to\tau_t} y(\tau_t, T) - \lim_{T\to\infty} y(\tau_t, T) = Z_{t,2}$。$Z_{t,3}$ 被解释为一个曲率因子。

使用因子模型，公式 (9.19)，对债券组合的映射 (9.11) 变成

$$V_t = g(\tau_t, \boldsymbol{Z}_t) = \sum_{i=1}^{d} \lambda_i \exp\left(-(T_i - \tau_t)\boldsymbol{k}'_{t,i}\boldsymbol{Z}_t\right)$$

其中 $\boldsymbol{k}_{t,i} = (1, k_1(T_i - \tau_t, \eta_t), k_2(T_i - \tau_t, \eta_t))'$。然后就可以直接推导出损失算子 $l_{[t]}(\boldsymbol{x})$，或者它的线性化形式 $l^{\Delta}_{[t]}(\boldsymbol{x})$，相比于公式 (9.13) 来说，现在是三维空间上的函数 $\mathbb{R}^3$ 而不是 d 维空间上的函数 $\mathbb{R}^d$（d 是组合当中债券的数量）。

为了使用这个方法来对时刻 t 的线性损失算子进行估值，在实际中我们要求风险因子 $\boldsymbol{Z}_t$ 的实际值 $\boldsymbol{z}_t$。然而我们必须克服一个问题，Nelson-Siegel 模型在时刻 t 的因子 $\boldsymbol{Z}_t$ 并不能被直接观察到。它们必须从可观察到的收益率曲线数据中估计出来。

让我们假设时刻 t，我们拥有包含不同到期 $s_1, \dots, s_m$ 的收益率的数据向量 $\boldsymbol{Y}_t = (y(\tau_t, \tau_t + s_1), \dots, y(\tau_t, \tau_t + s_m))'$，其中 m 很大。假定服从因子模型 $\boldsymbol{Y}_t = B_t\boldsymbol{Z}_t + \boldsymbol{\varepsilon}_t$，其中 $B_t \in \mathbb{R}^{m\times 3}$ 是每 i 行表示 $(1, k_1(s_i, \eta_t), k_2(s_i, \eta_t))$ 的矩阵，同时 $\boldsymbol{\varepsilon}_t \in \mathbb{R}^m$ 是一个误差向量。这个模型符合公式 (6.50) 中的一般因子模型的框架。

对于一个给定的值 η_t，对于 $\boldsymbol{Z}_t$ 的估计可以由使用加权最小二乘的横截面回归得到。为了估计 η_t，要用到更加复杂的最优化（参见说明与评论）。现在，我们将展示该方法如何适用于实际市场收益率数据。

例 9.2 (因子模型分析收益率曲线). 这些数据是加拿大 120 种不同季度到期债券的日零息债券收益率，期限从 0.25 年到 30 年不等。通过为加拿大官方债券和（美国短期）国债定价可以计算出这些数据，如图 9.2 中所示。我们在 2011 年 8 月 8 日算出收益率曲线。对因子的估计分别是 $z_{t,1} = 3.82$,$z_{t,2} = -2.75$,$z_{t,3} = -5.22$ 和 $\hat{\eta}_t = 0.623$。因此 $k_1(s, \eta)$ 和 $k_2(s, \eta)$ 的曲线，如图 9.1 中所示。

例 9.2 描述了在单个时刻 t 时对于 Nelson-Siegel 因子模型的估计。我们注意到，为了对债券组合损失基于历史数据给出统计学的推断，我们一般通过估计在集合 $\{t-n+1, \dots, t\}$ 上某些时间点 u 进行横截面回归，从收益率数据 $(\boldsymbol{Y}_u)$ 出发构建历史的风险因子时间序列 $(\boldsymbol{Z}_u)$。估计的风险因子时间序列 $(\boldsymbol{Z}_u)$ 和相应的风险因子变化将构成第 9.2 节主题的统计方法的数据。

基于主成分分析（PCA）的方法 另一种建立期限结构因子模型的方法是使用主成分分析法（PCA）。我们参考第 6.4 节来介绍这种方法。Nelson-Siegel 方法的关键区别在于，这里通过因子模型进行的降维应用于收益率变化而不是收益率本身。

设 $\boldsymbol{R}_{t+1}$ 表示组合中债券收益率变动的向量，那么 $R_{t+1,i} = y(\tau_{t+1}, T_i) - y(\tau_t, T_i)$，其中 $1 \leqslant i \leqslant d$。从公式 (6.62) 中可以看出，PCA 可以被用来建立下面这种形式的近似因子模型：

$$\boldsymbol{R}_{t+1} = \boldsymbol{\mu} + \boldsymbol{\Gamma}_1\boldsymbol{X}_{t+1} + \boldsymbol{\varepsilon}_{t+1} \tag{9.20}$$

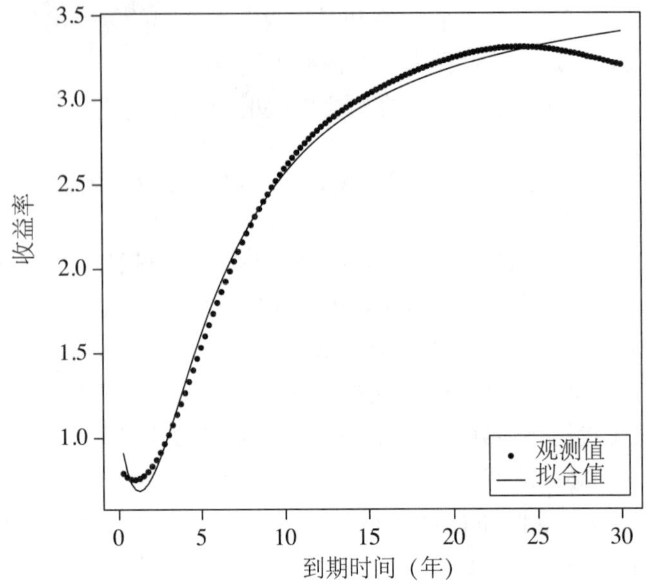

图 9.2　2011 年 8 月 8 日加拿大收益率曲线数据和 Nelson-Siegel 拟合曲线，详情请参考例 9.2。

其中 $\boldsymbol{X}_{t+1}$ 是一个由主成分构成的 p 维的向量 ($p \ll d$)，$\boldsymbol{\Gamma}_1 \in \mathbb{R}^{d\times p}$ 包含对应的载荷矩阵，$\boldsymbol{\mu}$ 是 $\boldsymbol{R}_{t+1}$ 的均值向量。$\boldsymbol{\varepsilon}_{t+1}$ 是一个误差向量。矩阵 $\boldsymbol{\Gamma}_1$ 的列由协方差矩阵 $\boldsymbol{R}_{t+1}$ 的前 p 个奇异向量构成（按照特征值的降序）。我们的组合分析中的风险因子变动是 $\boldsymbol{X}_{t+1}$ 的重要组成部分，因此也是我们表示法的选择。

通常，误差项被忽略，并且 $\boldsymbol{\mu} \approx \mathbf{0}$，所以我们可以做出近似，$\boldsymbol{R}_{t+1} \approx \boldsymbol{\Gamma}_1 \boldsymbol{X}_{t+1}$。对于公式 (9.13) 中的债券投资组合的线性损失算子，我们使用了近似

$$l^{\Delta}_{[t]}(\boldsymbol{x}) = -\sum_{i=1}^{d} \lambda_i p(\tau_t, T_i)(y(\tau_t, T_i)\Delta t - (T_i - \tau_t)(\boldsymbol{\Gamma}_1 \boldsymbol{x})_i) \tag{9.21}$$

从而一个 p 维变量 $\boldsymbol{x}$ 的函数替代了 d 维变量的函数。

要使用这个函数，我们需要矩阵 $\boldsymbol{\Gamma}_1$ 的估计值。这个可以通过对历史时间序列数据进行样本主成分的估计来得到，就像例 9.3 中解释的那样。

例 9.3 (收益率变化的主成分因子模型分析). 我们再次分析例 9.2 中的加拿大债券收益率数据。为了估计主成分载入所形成的矩阵 $\boldsymbol{\Gamma}_1$，我们需要纵向的（时间序列）数据而不是前面用到的横截面数据。

我们简单假设组合中债券到期 $T_1 - \tau_t, \dots, T_d - \tau_t$ 分别准确对应于历史数据 $s_1, \dots, s_d$ 集中存在的到期（如果不是，我们需要对数据进行合适的选择），并且风险管理的时间间隔 Δt 是 1 天。

在加拿大数据集中，我们有从 2002 年 1 月 2 日到 2011 年 12 年 30 日的 2488 天的数据（10 个完整的交易年）。每一个都存在一个包含不同到期的收益率的数据向量 $\boldsymbol{Y}_u = (y(\tau_u, \tau_u + s_1), \dots, y(\tau_u, \tau_u + s_d))'$。根据公式 (9.20)，我们使用主成分分析法分析了这些数据 $\boldsymbol{R}_u = \boldsymbol{Y}_u - \boldsymbol{Y}_{u-1}$ 的日收益率（第一个差异），假设它们构成一个平稳的时间序列（注意，

分析固定到期时间而不是固定到期日的收益率的每日收益率变化会产生一个小错误，但为了说明这一点，我们将忽略这一点）。

当我们计算样本主成分的方差（使用图 6.5 所用的方法）时，我们发现第一成分解释了 87% 的数据方法，前两个成分解释了 95.9% 的方差，前三个成分解释了 97.5%。我们选择使用前三个主成分，也就是说设定 $p = 3$。矩阵 $\boldsymbol{\Gamma}_1$ 通过矩阵 $\boldsymbol{G}_1$ 估计得到，矩阵 $\boldsymbol{G}_1$ 是一个列向量由样本方差矩阵的前三个奇异向量组成的矩阵。我们回想在公式 (6.63) 中样本方差矩阵的完全特征向量矩阵被定义为 $\boldsymbol{G}$。

前三个特征向量在图 9.3 中被图形化地展示出来，并提供了一个标准的解释。第一主成分对所有到期日都有载荷量；二是负向载荷长达 10 年，其后为正向载荷；第三种是非常短的期限（小于 2.5 年）和非常长的期限（大于 15 年）的正载荷量，其他情况则是负载荷量。这表明，可以认为第一主成分会引起所有收益率水平的变化，第二主成分引起斜率的变化，第三主成分引起收益率曲线曲率的变化。

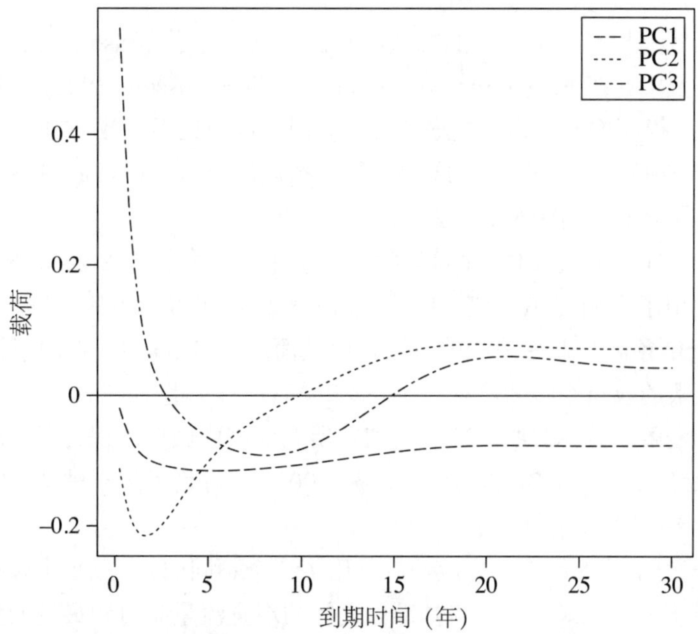

图 9.3　前三个主成分加载向量对应到期时间。这些数据是 2002 年至 2011 年 10 年间加拿大零息债券收益率的日变化。在水平线 0 处表示载荷是正的还是负的。有关详细信息，请参见例 9.3。

我们注意到，为了对债券组合损失做出基于历史数据的统计学推断，我们需要一个对不同时间点 u 设置 $\{t-n+1,\ldots,t\}$ 的风险因子变动 $(\boldsymbol{X}_u)$ 的历史时间序列。这些数据不能被直接观察到，但可以由样本主成分 $(G^{-1}(\boldsymbol{R}_u - \bar{\boldsymbol{R}}))$ 中提取出来，其中 $\bar{\boldsymbol{R}}$ 是样本均值向量。风险因子变动数据 $(\boldsymbol{X}_u)$ 就是主成分序列的前 p 个数据。这些数据构成了用于统计学方法的数据，也是第 9.2 节中的主题。

说明与评论

本节所介绍的风险映射框架与 RiskMetrics 集团首创的方法近似，具体可参见 RiskMetrics 技术文档 (RiskMetrics, 1996)，Mina and Xiao (2001)。Dowd (1998), Jorion (2007) 和 (Alexander, 2009) 在市场风险分析系列的第三卷同样讨论了头寸的映射。后四卷系列与本章的大部分内容有关。

在 Duffie and Pan (1997) 和 Rouvinez (1997) (还有 Duffie and Pan, 2001) 中可以找到对于组合价值的一阶和二阶近似（所谓的 Delta-Gamma 近似）。在很多教科书，比如 Haug (1998) 和 Wilmot (2000) 中，可以找到对于 B-S 模型中希腊字母的计算公式。Leoni (2014) 是一个很值得读的导论。

许多标准的金融教科书都探讨了利率风险和债券。Jarrow and Turnbull (1999) 和 Hull (1997) 中对于久期的一个深入讨论以及它在利率风险管理中的应用都是很好的出发点。在 Tuckman and Serrat (2011) 中讨论了对于高凸性的固收组合的构造（所谓的杠铃组合）。

更高级的利率模型数学教科书，包括 Brigo and Mercurio (2006)，Carmona and Tehranchi (2006) 和 Filipović (2009)。

对收益率曲线建模有许多不同的方法。我们重点研究了 Nelson and Siegel (1987) 提出的参数因子模型，并在 Siegel and Nelson (1988) 和 Svensson (1994) 中进一步发展的模型。Nelson-Siegel 模型的一个理论缺陷是与无套利定价理论不一致 (Filipović, 1999)。在最近的研究中，Christensen et al. (2011) 提出了一种近似于 Nelson-Siegel 模型的模型，但也适用于三因素、无套利仿射模型。

在 Ferstl and Hayden (2011) 中可以找到关于在实践中估计 Nelson-Siegel 模型的有用的信息。我们使用了它们的 R 程序包 *termstrc* 来执行例 9.2 中的分析。Diebold and Li (2006) 发展了一个预测收益率曲线的方法，用截面的 Nelson-Siegel 因子模型拟合多元的包含不同剩余期限的收益率时间序列，然后使用 VAR（向量自回归）来预测 Nelson-Siegel 因子，从而得到整条收益率曲线。当 η 的值在所有横截面回归中保持不变时，它们报告了令人满意的结果。 Hull (1997) 和 Alexander (2001) 中讨论了另一种基于主成分分析法的因子模型（具体参见第 6.2 节中的示例）。

RiskMetrics 对于债券组合的维度问题采用了一个不同的方法。每个国家都取几个基准收益率，并使用一个程序来近似地将基准点之间的现金流量映射到最近的两个基准点，详细信息请参考 RiskMetrics 技术文档 (RiskMetrics, 1996) 的第 6.2 节。

9.2　市场风险度量

在本节中，我们将讨论金融业中用于估计受市场风险影响的投资组合的损失分布和相关风险度量的方法。在第 9.1 节中的正式框架中，这相当于估算 $L_{t+1} = l_{[t]}(\boldsymbol{X}_{t+1})$，或者它的线性或二阶近似的分布，其中 $\boldsymbol{X}_{t+1}$ 是从时刻 t 到时刻 $t+1$ 的风险因子的变动向量，同时 $l_{[t]}$ 是时刻 t 已知的损失算子函数。

该问题包括两项任务：一方面，我们有估计 $\boldsymbol{X}_{t+1}$ 分布的统计问题；另一方面，我们

在计算 $L_{t+1} = l_{[t]}(\boldsymbol{X}_{t+1})$ 的分布时遇到计算或数值问题。为了完成第一个任务，我们首先必须仔细考虑我们希望估计的分布的性质，特别是我们是否关注风险因子变化的条件分布或无条件分布。

9.2.1 条件及无条件损失分布

一般来说，在市场风险度量中，根据最新可用的金融市场信息计算有条件的风险度量是很自然的。在这里，任务是对于给定 $\mathcal{F}_t$（表示在时间 t 时可用信息的 σ 代数）来估计 $F_{\boldsymbol{X}_{t+1}|\mathcal{F}_t}$，也就是风险因子变动的条件分布。在多数情况下，$\mathcal{F}_t$ 是由 $\mathcal{F}_t = \sigma(\{\boldsymbol{X}_s : s \leqslant t\})$ 给出的，由过去和现在的风险因子变动生成的 σ 代数变化到时间 t，并包括时间 t。条件损失分布是在条件分布 $F_{\boldsymbol{X}_{t+1}|\mathcal{F}_t}$ 下损失算子 $l_{[t]}(\cdot)$ 的分布，也就是说，这个分布的分布函数是 $F_{L_{t+1}|\mathcal{F}_t}(l) = P(l_{[t]}(\boldsymbol{X}_{t+1}) \leqslant l \mid \mathcal{F}_t)$。

尽管条件方法在市场风险度量中非常自然，但它可能并不总是产生对风险的审慎评估。如果我们正处于金融市场的平静期，则我们可能低估了市场出现极端亏损的可能性，这可能导致对一家公司的资本充足率过于乐观。由于这个原因，基于（理想情况下）包含过去市场波动时期的较长时间窗内平稳行为的假设，去计算*无条件*损失分布就可能会有用。

在无条件方法中，我们假设风险因子的变动过程 $(\boldsymbol{X}_s)_{s\leqslant t}$ 形成一个平稳的多元时间序列。我们回顾了第 4.1.1 节中平稳一元时间序列的定义，而多元定义在第 14.1 节中给出。我们先估计时间序列 $F_{\boldsymbol{X}}$ 的平稳分布，然后估计 $l_{[t]}(\boldsymbol{X})$ 的无条件损失分布，其中 $\boldsymbol{X}$ 表示 d 维实数空间 $\mathbb{R}^d$ 中分布函数为 $F_{\boldsymbol{X}}$ 的一般的随机向量。无条件损失分布因此就是 $F_{\boldsymbol{X}}$ 下的损失算子的分布 $l_{[t]}(\cdot)$。

如果风险因子变动服从一个独立同分布的序列，则我们显然有 $F_{\boldsymbol{X}_{t+1}|\mathcal{F}_t} = F_{\boldsymbol{X}}$，所以条件方法和无条件方法将会变得一致。然而，在第 3.1.1 节中，我们已经讨论了许多类型的风险因子变化数据显示波动率聚类，这与独立同分布行为不一致。在用于解释这种行为的平稳模型中，$F_{\boldsymbol{X}_{t+1}|\mathcal{F}_t}$ 通常不等于平稳分布 $F_{\boldsymbol{X}}$。GARCH 家族流行的模型提供了一个重要的例子。在第 4.2.1 节中，我们观察到一个简单的平稳模型 ARCH(1)，服从一个更加尖峰的平稳分布的条件正态分布，其实是一个有着厚尾的非正态分布。对于许多复杂的一元或多元 GARCH 模型都是如此。

自 2007 年至 2009 年的金融危机以来，监管机构一直呼吁在对 VaR 的常规估计之外，还应补充*压力* VaR 估计 (Basel Committee on Banking Supervision (2013a))。公司被要求使用来自金融市场压力时期（如 2008 年）的历史数据来估计 VaR。压力 VaR 计算更多地与历史数据的选择有关，而不是有条件或无条件分布的选择。原则上，可以用任何一种方法计算压力 VaR 估计值。关键的一点是，来自压力时期的历史时间序列数据被替换为用于进行常规 VaR 估计的最新时间序列数据。

9.2.2 方差—协方差法

这种方法最初是由摩根大通的 RiskMetrics 集团在 20 世纪 90 年代初首创的。虽然目前只有少数银行使用，但它仍然为市场风险度量方法的发展做出了重要贡献。如第 2.2.3 节所述，这是一种分析方法的例子，其中线性化的损失分布有一个已知的形式，可以用简单的公式计算 VaR 和预期损失（ES）。

在方差—协方差方法中，我们假设风险因子变动的条件分布 $F_{\boldsymbol{X}_{t+1}|\mathcal{F}_t}$ 是一个多元正态分布，其中均值向量为 $\boldsymbol{\mu}_{t+1}$，协方差矩阵为 $\boldsymbol{\Sigma}_{t+1}$。换句话说，我们假设，给定 $\mathcal{F}_t$，那么 $\boldsymbol{X}_{t+1} \sim N_d(\boldsymbol{\mu}_{t+1}, \boldsymbol{\Sigma}_{t+1})$，其中 $\boldsymbol{\mu}_{t+1}$ 和 $\boldsymbol{\Sigma}_{t+1}$ 都是 $\mathcal{F}_t$ 可测的。

对 $F_{bmt+1|\mathcal{F}_t}$ 的估计可以用多种方法进行。我们可以将（多元）时间序列模型拟合到历史数据 $\boldsymbol{X}_{t-n+1}, \dots, \boldsymbol{X}_t$ 中，并使用拟合的模型推导出 $\boldsymbol{\mu}_{t+1}$ 和 $\boldsymbol{\Sigma}_{t+1}$ 的估计值。在第 4.2.5 节中，我们解释了一元 GARCH 或 ARMA-GARCH 模型的过程（具体参见例 4.25和例 4.26）。同样的想法也可以应用到第 14.2 节中的多元 GARCH 模型中，尤其可以参见第 14.2.6 节。

此外，也可以更直接地使用 RiskMetrics 建议的无模型指数加权移动平均（EWMA）过程。该技术的一元版本在第 4.2.5 节中给出，而多元版本是该思想的一个简单扩展。我们假设处理一个多元模型，其中条件均值 $\boldsymbol{\mu}_t = E(\boldsymbol{X}_t \mid \mathcal{F}_{t-1}) = \boldsymbol{0}$。那么条件方差矩阵 $\boldsymbol{\Sigma}_{t+1}$ 由下面的式子递归地给出：

$$\hat{\boldsymbol{\Sigma}}_{t+1} = \theta \boldsymbol{X}_t \boldsymbol{X}_t' + (1-\theta)\hat{\boldsymbol{\Sigma}}_t \tag{9.22}$$

其中是 θ 一个很小的正数（通常取 $\theta \approx 0.04$）。估计量 (9.22) 采用在 $t-1$ 时计算的 $\boldsymbol{\Sigma}_t$ 估计值和满足 $E(\boldsymbol{X}_t\boldsymbol{X}_t' \mid \mathcal{F}_{t-1}) = \boldsymbol{\Sigma}_t$ 的项 $\boldsymbol{X}_t\boldsymbol{X}_t'$ 的加权和的形式。其解释是，时间 t 的估计值是通过对 $t-1$ 时的估计值进行扰动来获得的，这个术语对关于风险因子变化的联合变异性的“最新信息”做出反应。

如果 n 很大，则我们可以这样计算

$$\hat{\boldsymbol{\Sigma}}_{t+1} \approx \theta \sum_{i=0}^{n-1} (1-\theta)^i \boldsymbol{X}_{t-i}\boldsymbol{X}_{t-i}'$$

这意味着在 EWMA 过程运行了一段时间之后，条件协方差矩阵的初始值的影响可以忽略不计，当权重指数衰减时，估计值实际上是矩阵 $\boldsymbol{X}_t\boldsymbol{X}_t'$ 的加权和。这些估计通常非常接近正式多元 GARCH 建模得出的估计值。该方法可以通过放松条件均值满 $\boldsymbol{\mu}_t = \boldsymbol{0}$ 的假设，并包括通过指数平滑得到的 $\boldsymbol{\mu}_t$ 的估计值来得到更新方程，从而对方法进行改进，得到

$$\hat{\boldsymbol{\Sigma}}_{t+1} = \theta(\boldsymbol{X}_t - \hat{\boldsymbol{\mu}}_t)(\boldsymbol{X}_t - \hat{\boldsymbol{\mu}}_t)' + (1-\theta)\hat{\boldsymbol{\Sigma}}_t$$

方差—协方差方法中的第二个关键假设是，投资组合的线性损失算子 (9.7) 是对实际损失算子 (9.5) 的足够精确的近似。线性损失算子采用下面这样一种函数的形式：

$$l_{[t]}^{\Delta}(\boldsymbol{x}) = -(c_t + \boldsymbol{b}_t'\boldsymbol{x}) \tag{9.23}$$

其中 c_t 是某个常数，$\boldsymbol{b}_t$ 是常数向量，它们在时刻 t 是已知的。我们能够看到很多例子，包括：例 2.1 中的股票组合，其中损失算子采取 $l_{[t]}^{\Delta}(\boldsymbol{x}) = -v_t\boldsymbol{w}_t'\boldsymbol{x}$ 的形式，并且 $\boldsymbol{w}_t$ 是组合在时刻 t 的权重向量；例 2.2 中的欧式看涨期权；公式 (9.13) 给出的带有线性损失算符的零息债券组合。

多元正态的一个重要属性就是正态向量的线性函数 (9.23) 一定是一元正态函数，就像第 6.1.3 节中所讲的。从公式 (6.13) 我们推测的，在 $\mathcal{F}_t$ 的条件下

$$L_{t+1}^{\Delta} = l_{[t]}^{\Delta}(\boldsymbol{X}_{t+1}) \sim N(-c_t - \boldsymbol{b}_t'\boldsymbol{\mu}_{t+1}, \boldsymbol{b}_t'\Sigma_{t+1}\boldsymbol{b}_t) \tag{9.24}$$

对于公式 (9.24) 中的正态损失分布，可以很容易地计算风险价值（VaR）和预期损失（ES）。对于 VaR 我们使用例 2.11 中的公式 (2.18)。对于 ES 我们使用例 2.14 中的公式 (2.24)。

方法和扩展的弱点　方差—协方差方法为风险度量问题提供了一个简单的分析解决方案，但这种方便是以两个粗略的简化假设为代价实现的。首先，线性化可能并不总是能够很好地近似真实损失分布与风险因子变化之间的关系，特别是对于衍生品投资组合和较长时间间隔而言。其次，对于较短时间间隔的数据（如日数据和周数据）的风险因子变化的条件分布而言，使用正态的假定不太可能是符合实际情况的。另一种说法是，在此类数据的合适时间序列模型中，新息分布通常比正态情况下的尾部更厚（参见例 4.24）。

方差—协方差方法的便利之处依赖于多元高斯向量的线性组合具有一元高斯分布。然而，我们在第 6 章中已经看到，有许多其他多元分布族在线性运算下依然是封闭的，所以方差—协方差模型也可以被用于这些分布。这些例子包括多元 t 分布和多元广义双曲分布，尤其可以看看命题 6.13 和公式 (6.45) 中的建议。

例如，假设我们为风险因子变动建模时，其中条件分布是一个多元 t 分布，换句话说，假设 $\boldsymbol{X}_{t+1} \mid \mathcal{F}_t \sim t_d(\nu, \boldsymbol{\mu}, \boldsymbol{\Sigma})$，在第 6.4 节中介绍过这种表示法（参见例 6.7)），那么，在 $\mathcal{F}_t$ 的条件下，我们从公式 (9.23) 中得到

$$L_{t+1}^{\Delta} = l_{[t]}^{\Delta}(\boldsymbol{X}_{t+1}) \sim t(\nu, -c_t - \boldsymbol{b}_t'\boldsymbol{\mu}, \boldsymbol{b}_t'\tilde{\boldsymbol{\Sigma}}\boldsymbol{b}_t) \tag{9.25}$$

并且风险度量能够利用例 2.14 中的公式 (2.19) 和公式 (2.25) 来计算。

9.2.3　历史模拟法

迄今为止，历史模拟是银行在交易账簿中最常用的方法。Pérignon and Smith (2010) 宣称，在所有公开方法的美国和国际商业银行中，73% 都使用这种方法。此外，许多这样的公司以一种简单的、无条件的方式使用历史模拟，本节将对此进行介绍。在第 9.2.4 节中我们会讨论许多方法来改进历史模拟法，以便给出考虑了变化中的市场波动率的，风险的条件估计值。

历史模拟法可以看作是在数据 $\boldsymbol{X}_{t-n+1}, \ldots, \boldsymbol{X}_t$ 的经验分布下估计损失算子的分布，而不是在 $\boldsymbol{X}_{t+1}$ 的显式参数模型下估计 $l_{[t]}(\boldsymbol{X}_{t+1})$ 的分布。这个方法可以被简明地用损失算子表示法来描述。我们通过把算子应用于风险因子变动向量的每一个历史观测值，最终建立一个一元的包含历史的模拟损失的数据集。

$$\{\tilde{L}_s = l_{[t]}(\boldsymbol{X}_s) : s = t-n+1, \ldots, t\} \tag{9.26}$$

这些 $\tilde{L}_s$ 值展示了如果第 s 天的风险因子变动再次发生，则现在的投资组合将会发生什么。我们使用这些历史的模拟损失数据来对损失分布做出推断。

如果我们暂时假定风险因子变动都是独立同分布的且服从分布函数 $F_{\boldsymbol{X}}$，且使用 $F_n(l)$ 来表示数据 $\tilde{L}_{t-n+1},\ldots,\tilde{L}_t$ 的经验分布函数，然后我们就可以使用强大数定律（SLLN）来表示，当 $n\to\infty$ 时，

$$F_n(l)=\frac{1}{n}\sum_{s=t-n+1}^{t}I_{\{\tilde{L}_s\leqslant l\}}=\frac{1}{n}\sum_{s=t-n+1}^{t}I_{\{l_{[t]}(\boldsymbol{X}_s)\leqslant l\}}$$

$$\to P(l_{[t]}(\boldsymbol{X})\leqslant l)=F_L(l)$$

其中 $\boldsymbol{X}$ 是一个服从分布 $F_{\boldsymbol{X}}$ 的风险因子变动的通用向量，$L=l_{[t]}(\boldsymbol{X})$。因此 $F_n(l)$ 就是一个在 $F_{\boldsymbol{X}}$ 下与 $l_{[t]}(\boldsymbol{X})$ 的分布函数一致的估计量。

在强大数定律的适当调整下，相同的结论也将适用于许多严格平稳的时间序列模型，例如 GARCH 过程。由于历史模拟损失数据的经验分布函数估计了 $F_{\boldsymbol{X}}$ 下的 $l_{[t]}(\boldsymbol{X})$ 的分布，因此历史模拟的基本形式是一种无条件的方法。

在实践中我们有很多方法可以使用历史模拟数据。经常使用经验分位数估计的方法来估计 VaR，其中损失分布的理论分位数是由数据的样本分位数来估计的。另一种方法是，在第 5.2 节中的基于 EVT 的方法也可以用来推导损失分布的尾部的参数估计值。我们把这些问题的更多讨论放到了第 9.2.6 节。

方法的优缺点　历史模拟法具有明显的优点：易于实现，将风险度量估计问题简化为一维问题；不需要对 $\boldsymbol{X}$ 的多元分布进行统计估计，也不假设风险因子变化的依赖结构；我们通常使用真实损失算符而不是它的线性近似形式。

然而，正如我们所观察到的，这是一种无条件的方法，因此不适合给出动态的、有条件的风险度量方法，这种方法捕捉了交易账簿中风险的波动性。历史模拟的支持者经常发现，与条件方法相比，历史模拟方法能够提供更稳定的风险估计，这是一种优点。但更谨慎的做法是，将准确估计风险措施的统计或计量经济学问题与实施更稳定资本金要求的监管问题分开，在某种程度上，稳定性是在公式 (2.20) 中使用 60 天平滑之后。出于这个原因，我们在第 9.2.4 节中研究了历史模拟的动态扩展。

另一个问题在于，这种方法的成功依赖于我们能够收集到足够多相关的同步的所有风险因子的数据。只要风险因子的历史中存在间断，或者模型中引入了新的风险因子，想要填补间断和补全历史记录都存在问题。这些问题都可能会减少 n 有效值的数量，并且意味着 VaR 和 ES 的经验估计值会很不准确。在理想情况下，我们希望 n 相当大，因为这个方法是无条件的方法，并且我们希望在历史记录中有许多极端情况，以便对损失分布的尾部提供更有效的估计。

这种方法被称为“看着后视镜开车”，在某种程度上，所有纯粹的统计方法都存在这一缺陷。正是由于这个原因，监管机构引入了第 9.2.1 节中提到的压力 VaR 计算。

最后，尽管历史模拟法很容易描述，但对于大的衍生品的投资组合来说，想有效实施可能也比较困难。计算公式 (9.26) 中的历史模拟损失涉及操作者去计算每一个历史情境 $\boldsymbol{X}_s$ 下投资组合的*完全重估*，而这样计算成本会非常大。为了能够解决在计算模拟损失 (9.26) 中完全再估值的问题，我们可以考虑代入二阶损失算子 $l_{[t]}^{\Delta\Gamma}$ 而不是原来的损失算子 $l_{[t]}$，从而达到二阶近似损失。这意味着只需要风险因子敏感性，而且它们不论怎样都会因为对冲的目的而被日常地计算出来。

9.2.4 动态历史模拟法

在本节中，我们提出了将波动率预测纳入历史模拟的两种方法：第 4 章提到的基于一元波动率预测的一元方法和多元方法。

动态历史模拟的一元方法 对于一个 t 时刻给定的损失算子 $l_{[t]}$，我们回顾公式 (9.26) 中历史模拟数据的构造过程 $\{\tilde{L}_s = l_{[t]}(\boldsymbol{X}_s) : s = t-n+1,\ldots,t\}$。假设它们都是从一个平稳的一元随机过程 $(\tilde{L}_s)$ 中取得的实际值，通过 $l_{[t]} : \mathbb{R}^d \to \mathbb{R}$ 把一个风险因子变动的平稳多元过程 $(\boldsymbol{X}_s)$ 代入到函数中，并且 $L_{t+1} = l_{[t]}(\boldsymbol{X}_{t+1})$ 是这个过程中的下一个随机变量。

此外，对于所有的 s，我们假设平稳过程 $(\tilde{L}_s)$ 都满足等式 $\tilde{L}_s = \mu_s + \sigma_s Z_s$，其中 μ_s 是 $\mathcal{F}_{s-1}$ 可测的条件均值项，σ_s 是 $\mathcal{F}_{s-1}$ 可测波动率，并且 (Z_s) 是一个服从 SWN(0,1) 的标准正态新息过程 F_Z。一个满足这些假定的模型的例子可以是一个带有第 4.2.3 节中定义过的 GARCH 型误差项的 ARMA 过程。就像第 4.2.5 节中展示的，在这些假设下，我们可以推导出条件损失分布 $F_{L_{t+1}|\mathcal{F}_t}$ 的 VaR 和 ES 的简单计算公式。

用 VaR_α^t 表示分布 $F_{L_{t+1}|\mathcal{F}_t}$ 的 α 分位数，并且用 ES_α^t 表示对应的 ES，我们得到

$$\mathrm{VaR}_\alpha^t = \mu_{t+1} + \sigma_{t+1} q_\alpha(Z), \qquad \mathrm{ES}_\alpha^t = \mu_{t+1} + \sigma_{t+1}\,\mathrm{ES}_\alpha(Z) \tag{9.27}$$

其中 Z 是分布函数 F_Z 的一个通用随机变量。

为了估计公式 (9.27) 中的风险度量，我们需要估计 μ_{t+1} 和 σ_{t+1}，并且估计新息分布函数 F_Z 的分位数和预期损失。在高斯（正态）新息过程中，后面两项不需要计算，可以简单地得到 $q_\alpha(Z) = \Phi^{-1}(\alpha)$ 和 $\mathrm{ES}_\alpha(Z) = \phi(\Phi^{-1}(\alpha))/(1-\alpha)$，其中后者在例 2.14 中给出。在一个非正态的新息过程中，$q_\alpha(Z)$ 和 $\mathrm{ES}_\alpha(Z)$ 都依赖于新息分布的更多参数。比如，我们可以假定（标准化的）t 新息过程，在这种情况下，标准多元 t 分布（由 (2.25) 给出）的分位数和预期损失都将被用因子 $\sqrt{(\nu-2)/\nu}$ 进行标准化转换，以便使新息分布的方差为 1。

现在我们给出一些可能的估计策略。在所有情况下，数据均为历史模拟数据，表示为 $\tilde{L}_{t-n+1},\ldots,\tilde{L}_t$。

(1) 通过最大似然（ML）方法将 ARMA-GARCH 模型与数据进行适当的新息分布拟合，并使用第 4.2.5 节中讨论的预测方法来估计 σ_{t+1} 和 μ_{t+1}。任何进一步的新息分布参数都可以在模型拟合中同时估计。

例如，假设我们使用一个 AR(1)-GARCH(1,1) 模型，根据定义 4.22，其形式在任何

时间 s 应该是

$$\begin{aligned}\tilde{L}_s &= \mu_s + \sigma_s Z_s \\ \mu_s &= \mu + \phi_1(\tilde{L}_{s-1} - \mu_{s-1}) \\ \sigma_s^2 &= \alpha_0 + \alpha_1(\tilde{L}_{s-1} - \mu_{s-1})^2 + \beta_1\sigma_{s-1}^2\end{aligned}$$

然后条件均值 μ_{t+1} 和标准差 σ_{t+1} 就可以递归地估计出来

$$\begin{aligned}\hat{\mu}_{t+1} &= \hat{\mu} + \hat{\phi}_1(\tilde{L}_t - \hat{\mu}_t) \\ \hat{\sigma}_{t+1} &= \sqrt{\hat{\alpha}_0 + \hat{\alpha}_1(\tilde{L}_t - \hat{\mu}_t)^2 + \hat{\beta}_1\hat{\sigma}_t^2},\end{aligned}$$

其中 AR(1)-GARCH(1,1) 模型的参数的极大似然估计用“帽子”标记表示。

(2) 用 QML（参见第 4.2.4 节）去拟合一个 ARMA-GARCH 模型，然后使用（1）中的策略去估计 σ_{t+1} 和 μ_{t+1}。在一个独立的第二步中，使用模型的残差项去找出 $q_\alpha(Z)$ 和 $\mathrm{ES}_\alpha(Z)$ 的估计值。对于基本的历史模拟法，可以使用基于 EVT 的分位数和预期损失的简单经验估计或半参数估计来实现（参见第 9.2.6 节）。

(3) 使用一元 EWMA 过程（请参阅第 4.2.5 节）来估计 $\sigma_{t-n+1},\dots,\sigma_t,\sigma_{t+1}$。条件均值项 $\mu_{t-n+1},\dots,\mu_t,\mu_{t+1}$ 也可以由指数平滑来估计，然而更简单的方法就是设它们等于 0，因为它们很有可能非常小。把每个历史模拟损失 $\tilde{L}_{t-n+1},\dots,\tilde{L}_t$ 都除以对应的 EWMA 波动率估计值 $\hat{\sigma}_{t-n+1},\dots,\hat{\sigma}_t$，从而标准化每个值。这产生了一组残差，其中新息分布 F_Z 可以如策略 (2) 中方法估计。

这些方法在实践中非常有效，但是在历史模拟数据的水平上应用波动率模型，而不是在风险因子变化本身的水平上应用波动率模型，可能会丢失一些信息。现在我们提出了第二种方法，它在单个风险因子的层次上包含了波动性。虽然该方法计算量更大，但它可以更准确地估计风险度量。

动态历史模拟的多元方法 在这种方法中，我们使用风险因子变动数据 $\boldsymbol{X}_{t-n+1},\dots,\boldsymbol{X}_t$，并且假设数据向量是一个多元时间序列过程 $(\boldsymbol{X}_s)$ 的实际值，满足下面这种形式的等式：

$$\boldsymbol{X}_s = \boldsymbol{\mu}_s + \Delta_s\boldsymbol{Z}_s, \quad \Delta_s = \mathrm{diag}(\sigma_{s,1},\dots,\sigma_{s,d})$$

其中 $(\boldsymbol{\mu}_s)$ 是一个向量的序列，(Δ_s) 是一个对角矩阵的序列，其中 $\mu_{s,1},\dots,\mu_{s,d},\sigma_{s,1},\dots,\sigma_{s,d}$ 都是 $\mathcal{F}_{s-1}$ 可测的，并且基于某个相关矩阵 P（换句话说，是独立同分布的随机向量，其中协方差矩阵就是相关矩阵 P）服从一个标准 $(\boldsymbol{Z}_s) \sim \mathrm{SWN}(\boldsymbol{0}, P)$。在这些假设下，$E(X_{s,k} \mid \mathcal{F}_{s-1}) = \mu_{s,k}$，$\mathrm{var}(X_{s,k} \mid \mathcal{F}_{s-1}) = \sigma_{s,k}^2$，从而向量 $\boldsymbol{\mu}_s$ 包括条件均值，同时矩阵 Δ_s 包含 s 时刻的成分序列的波动率。一个满足这个框架的模型的例子就是恒定条件相关（CCC）的 GARCH 过程。见定义 14.11。

在此背景下，我们可以使用多元动态历史模拟。该方法的关键点就是把历史模拟应用于未观察到的新息变量 $(\boldsymbol{Z}_s)$，而不是观察得到的数据 $(\boldsymbol{X}_s)$（像标准的历史模拟法中的那样）。第一步是计算条件均值向量 $\{\hat{\boldsymbol{\mu}}_s : s = t-n+1,\ldots,t\}$ 和波动率矩阵 $\{\hat{\Delta}_s : s = t-n+1,\ldots,t\}$ 的估计值。这可以通过依次对每个成分序列使用 ARMA-GARCH 模型进行一元时间序列拟合实现。或者也可以对每个序列使用一元 EWMA 方法。不论在哪种情况下，我们都可以使用预测方法去得到 $\hat{\Delta}_{t+1}$ 的估计值，也就是下一个时间段的波动率矩阵，并且得到 $\hat{\boldsymbol{\mu}}_{t+1}$，条件均值向量。

在第二步，我们构建残值

$$\{\hat{\boldsymbol{Z}}_s = \hat{\Delta}_s^{-1}(\boldsymbol{X}_s - \hat{\boldsymbol{\mu}}_s) : s = t-n+1,\ldots,t\}$$

并且把它们当作未观察到的新息变量的观测值。给定 $\mathcal{F}_t$，为了对分布 $L_{t+1} = l_{[t]}(\boldsymbol{X}_{t+1}) = l_{[t]}(\boldsymbol{\mu}_{t+1} + \Delta_{t+1}\boldsymbol{Z}_{t+1})$ 做出统计推断，我们构造数据集

$$\{\tilde{L}_s = l_{[t]}(\hat{\boldsymbol{\mu}}_{t+1} + \hat{\Delta}_{t+1}\hat{\boldsymbol{Z}}_s) : s = t-n+1,\ldots,t\} \tag{9.28}$$

为了估计 VaR（或者 ES），我们可以直接对这些数据应用简单的基于 EVT 方法的经验估计公式。在第 9.2.6 节中有更多相关的细节。

9.2.5　蒙特卡洛模拟法

蒙特卡洛模拟法是任何一种包含对风险因子变动进行显式参数模型模拟的风险度量方法的通用名称。许多银行宣称它们使用蒙特卡洛模拟来计算交易账户中的市场风险的度量 (Pérignon and Smith, 2010)。然而，蒙特卡洛模拟只是给出了在给定模型 $\boldsymbol{X}_{t+1}$ 下解决对 $L_{t+1} = l_{[t]}(\boldsymbol{X}_{t+1})$ 的分布进行计算的问题。它并没有解决找出的合适模型 $\boldsymbol{X}_{t+1}$ 的统计学问题。

在市场风险的背景下，让我们假定已经对风险因子变动 $\boldsymbol{X}_{t-n+1},\ldots,\boldsymbol{X}_t$ 估计了一个时间序列模型，并且从这个模型我们立即就可以开始模拟。我们使用这个模型从风险因子变动 $\hat{F}_{\boldsymbol{X}_{t+1}|\mathcal{F}_t}$ 估计出的条件分布来产生 m 个独立的实际值 $\tilde{\boldsymbol{X}}_{t+1}^{(1)},\ldots,\tilde{\boldsymbol{X}}_{t+1}^{(m)}$。

使用跟历史模拟法相似的思路，我们把损失算子应用到这些模拟出向量，从估计出的条件损失分布 $\hat{F}_{L_{t+1}|\mathcal{F}_t}$ 模拟得到 $\{\tilde{L}_{t+1}^{(i)} = l_{[t]}(\tilde{\boldsymbol{X}}_{t+1}^{(i)}) : i = 1,\ldots,m\}$。对于历史模拟方法，采用蒙特卡罗方法的模拟损失数据，如采用简单的经验估计或基于 EVT 的方法对 VaR 和预期损失进行估计，更多细节参见第 9.2.6 节。

注意，蒙特卡罗模拟法的使用意味着我们可以在明显的计算时间限制内自由选择复制的次数 m。一般情况下，m 可以选择比 n（数据集的样本量）大得多的值，这样我们在经验 VaR 和预期损失估计方面就比在历史模拟情况下获得更多的准确性。

方法的缺陷　正如我们已经注意到的，该方法并没有解决为 $F_{\boldsymbol{X}_{t+1}|\mathcal{F}_t}$ 寻找多元模型的问题，任何得到的结果都只能和选择的模型的优良程度一致。

对于大的投资组合，蒙特卡洛模拟法的计算成本可能非常大，因为每次模拟理论上都要求对组合完成重新估值来计算损失算子。如果投资组合包含许多无法以封闭形式定价的衍生品，就会特别成问题。计算成本的问题与蒙特卡罗模拟法的关系甚至比与历史模拟法

的关系更大，因为我们通常会为蒙特卡罗模拟法中的风险因子变化选择更多的场景 m。如果二阶敏感性可用，则可将损失算子替换为二次损失算子 $l_{[t]}^{\Delta\Gamma}$ 以降低计算成本。此外，用于评估尾部概率和分位数的降低方差的技术，如重要性抽样，也可能有帮助，参见说明与评论。

9.2.6　估算风险度量

在历史模拟法和蒙特卡罗模拟法中，我们使用模拟损失数据估计风险度量。在本节中，我们将讨论从数据样本中估算风险价值和预期损失的不同方法。假定我们已经从基础损失分布 F_L 中得到数据 $L_1,\ldots,L_n$，并且我们的目标是估计 $\mathrm{VaR}_\alpha = q_\alpha(F_L) = F_L^{\leftarrow}(\alpha)$ 或 $\mathrm{ES}_\alpha = (1-\alpha)^{-1}\int_\alpha^1 q_\theta(F_L)\mathrm{d}\theta$。

L 估计量　这些估计量都采取样本顺序统计量的线性组合，并且它们名字中的 L 就代表线性。在第 5 章，我们定义高阶统计量 $L_{1,n} \geqslant \cdots \geqslant L_{n,n}$，作为极值理论中的标准。许多涉及 L 估计量的结果是低阶统计量 $L_{(1)} \leqslant \cdots \leqslant L_{(n)}$ 的形式给出的。注意到，我们观察 $L_{k,n} = L_{(n-k+1)}, k = 1,\ldots,n$ 就可以轻松地在两种表达之间转换。

最简单的对 VaR 的 L 估计量就是把数据 $L_1,\ldots,L_n$ 代入到经验分布函数 $F_n(x) = n^{-1}\sum_{i=1}^n 1_{\{L_i\leqslant x\}}$ 中得到的样本分位数。这很容易得到确认，因为经验分布函数的反函数可以这样表示

$$F_n^{\leftarrow}(\alpha) = L_{(k)} \text{ for } \frac{k-1}{n} < \alpha \leqslant \frac{k}{n}$$

我们可以更加紧凑地写成 $F_n^{\leftarrow}(\alpha) = L_{(\lceil n\alpha\rceil)}$，其中 $\lceil x\rceil = \min\{k\in\mathbb{Z} : k\geqslant x\}$。这是向上取整（*ceiling*）函数，给出不小于 x 的最小整数。

在使用顺序统计量时，我们经常同时使用向上取整函数和向下取整（*floor*）函数：$\lfloor x\rfloor = \max\{k\in\mathbb{Z} : k\leqslant x\}$，其中向下函数给出不超过 x 的最大整数。很容易看到，它们可以通过 $\lfloor -x\rfloor = -\lceil x\rceil$ 相互联系起来。这个事实连同 $L_{k,n} = L_{(n-k+1)}$，允许我们根据高阶统计量来编写样本分位数。我们得到 $L_{(\lceil n\alpha\rceil)} = L_{k,n}$，其中 $k = n - \lceil n\alpha\rceil + 1 = \lfloor n(1-\alpha)\rfloor + 1$，得到

$$\widehat{\mathrm{VaR}}_\alpha = L_{k,n}, \quad k = \lfloor n(1-\alpha)\rfloor + 1 \tag{9.29}$$

例如，如果 $n = 1000$，$\alpha = 0.995$，那么估计量将是 $L_{6,1000}$，也就是第六大的值。对于同样的数据，$\alpha = 0.9945$，估计量也是 $L_{6,1000}$。

对经验分布函数进行转换将产生一个对 α 不连续的样本分位数函数。为了得到一个对 α 连续的函数，有很多可选的样本分位数的定义，对相邻的顺序统计量进行线性插值。比如，在统计软件包 R 中的默认的估计 α 分位数的方法就是

$$\widehat{\mathrm{VaR}}_\alpha = \lambda_{\alpha,k,n}L_{k+1,n} + (1-\lambda_{\alpha,k,n})L_{k,n}, \quad k = \lceil (n-1)(1-\alpha)\rceil \tag{9.30}$$

其中权重由 $\lambda_{\alpha,k,n} = (n-k)-(n-1)\alpha$ 给出。如果 $n = 1000$，$\alpha = 0.995$，那么有 $k = 5$，并且估计量等于 $0.995L_{6,1000} + 0.005L_{5,1000}$。如果我们想要对同样的数据估计 0.9945 分位数，那么有 $k = 6$，并且估计量等于 $0.4945L_{7,1000} + 0.5055L_{6,1000}$。

估计量 (9.29) 和 (9.30)，仅仅基于一阶或二阶统计量，有很大的方差，尤其是在分布尾部的分位数和样本量很小的情况下。

为了得到预期损失的 L 估计量，我们回顾第 8.2.1 节中畸变风险度量的通用形式，其中预期损失是一个特殊情况。畸变风险度量由

$$\varrho(L) = \int_0^1 F_L^{\leftarrow}(u)dD(u)$$

给出，其中 D 是区间 $[0,1]$ 上的凸变形函数。对于预期损失来说，畸变函数是 $D_\alpha(u) = (1-\alpha)^{-1}(u-\alpha)^+$。畸变风险度量的 L 估计量，可以通过插入经验分布函数的反函数作为 $F_L^{\leftarrow}$ 的估计量来推导，最终得到

$$\widehat{\varrho}(L) = \int_0^1 F_n^{\leftarrow}(u)dD(u) = \sum_{k=1}^n L_{(k)}\left(D_\alpha\left(\frac{k}{n}\right) - D_\alpha\left(\frac{k-1}{n}\right)\right)$$

在预期损失的特殊情况中，估计量等于

$$\begin{aligned}
\widehat{\mathrm{ES}}_\alpha &= \frac{1}{n(1-\alpha)}\sum_{k=1}^n L_{(k)}\left((k-n\alpha)^+ - ((k-1)-n\alpha)^+\right)\\
&= \frac{1}{n(1-\alpha)}\left(\left(\sum_{k=\lceil n\alpha\rceil+1}^n L_{(k)}\right) + (\lceil n\alpha\rceil - n\alpha)L_{(\lceil n\alpha\rceil)}\right)\\
&= \frac{1}{n(1-\alpha)}\left(\left(\sum_{k=1}^{\lfloor n(1-\alpha)\rfloor} L_{k,n}\right) + (\lceil n\alpha\rceil - n\alpha)L_{\lfloor n(1-\alpha)\rfloor+1,n}\right)
\end{aligned}$$

最后涉及的一项 $L_{\lfloor n(1-\alpha)\rfloor+1,n}$ 通常会在简化的估计量形式中被忽略掉。

基于 EVT 的估计量　在 n 的规模适中（比如说只有几年的每日数据），对 VaR 的简单经验估计，尤其是预期损失很可能是不精确的。这是一个历史模拟的问题。一种可能的解决方案是使用极值理论 (EVT) 技术来提供对最极端数据尽可能可靠的损失分布尾部的估计，并使用理论支持的参数形式。在第 5.2.3 节中，我们提出了一种的基于广义帕累托分布的标准极值理论方法。

为了使用这种方法来估算 VaR_α 和 ES_α，我们可以先设置一个高阈值 $u = L_{k+1,n}$ 等于第 $(k+1)$ 高阶统计量，然后用一个 GPD 分布去拟合超过 u 的那些损失值。因此我们得到对于 $\hat{\xi}$ 和 $\hat{\beta}$ 的基于超过阈值的 k 个值的最大似然估计。为了形成一个分位数估计量，值 k 必须满足 $k/n > 1-\alpha$。还有，k 必须足够大，以便给出对于 GPD 参数的合理的精确估计。

我们接下来写出风险度量的估计量：

$$\widehat{\mathrm{VaR}}_\alpha = u + \frac{\hat{\beta}}{\hat{\xi}}\left(\left(\frac{1-\alpha}{k/n}\right)^{-\hat{\xi}} - 1\right)$$

$$\widehat{\mathrm{ES}}_\alpha = \frac{\widehat{\mathrm{VaR}}_\alpha}{1-\hat{\xi}} + \frac{\hat{\beta}-\hat{\xi}u}{1-\hat{\xi}}$$

参考第 5.2.2 节可以了解更多对阈值选择的指导。参考第 5.2.5 节可以了解 EVT 分位数估计和简单经验分位数估计之间的比较。

9.2.7　多期和标准化损失

在银行业的背景下，我们在前几节中描述的方法通常应用于日风险因子变动数据和以天为时间单位计量的风险度量。然而，出于监管资本的目的，需要计算 10 个交易日（两周）内 99% 的风险价值估计值。

这种计算的一个明显方法是使用与本章中讨论的完全相同的方法，对 10 天间隔内的历史风险因子变化进行建模。但是，对于固定金额 n 的历史时间序列数据，这会导致模型参数统计估计精度的显著降低。例如，如果我们有 $n = 1000$ 天（不到 4 年）的历史数据，则只会给出 100 次非重叠的 10 天风险因子变化观测值。为了获得与每日收益率分析相似的准确性，我们必须每天收集 $n = 10\,000$ 个数据（大约 38 年）。这里我们可以通过形成重叠的风险因子收益率来人为地制造 n 个值（在第 3.1 节中描述的结构）。但是，这引入的新的序列相依性数据使统计建模复杂化，并且并不能显著地提高统计的精确度。

基于这些原因，许多银行使用一种简单的标准化规则，也就是时间平方根规则，用来在 1 日 VaR 和 10 日 VaR 的估计值之间进行标准化转换。我们将看到对于这个规则的理论支持，并且讨论另一个方法，蒙特卡洛模拟法。

标准化　对于 $h \in \mathbb{Z}, h \geqslant 1$，假定我们用来表示从时刻 t 开始，接下来 h 个时间区间的总损失 $L_{t+h}^{(h)}$。就如同公式 (9.3) 和公式 (9.4) 中讨论的，我们有

$$\begin{aligned} L_{t+h}^{(h)} = -(V_{t+h} - V_t) &= -(g(\tau_{t+h}, \boldsymbol{Z}_{t+h}) - g(\tau_t, \boldsymbol{Z}_t)) \\ &= -(g(\tau_{t+h}, \boldsymbol{Z}_t + \boldsymbol{X}_{t+1} + \cdots + \boldsymbol{X}_{t+h}) - g(\tau_t, \boldsymbol{Z}_t)) \\ &=: l_{[t]}^{(h)}\left(\sum_{i=1}^{h} \boldsymbol{X}_{t+i}\right) \end{aligned}$$

其中 $l_{[t]}^{(h)}$ 表示在时刻 t，h 个时间区间的损失。一般的问题是如何将风险度量应用于有 h 个时间间隔的 $\mathcal{F}_t$ 范围内的条件分布 $L_{t+h}^{(h)}$，这里除了在一些特殊情况下，并没有简单的答案。

注意，在映射明显地由时间所决定的情况（比如衍生品投资组合）下，h 个区间的损失算子与一个区间的损失算子是不同的。简单起见，让我们考虑映射与时间无关的情形，所以有 $l_{[t]}^{(h)}(\boldsymbol{x}) = l_{[t]}(\boldsymbol{x})$。这个算子的线性化形式是 $l_{[t]}^{\Delta}(\boldsymbol{x}) = \boldsymbol{b}_t'\boldsymbol{x}$，其中 $\boldsymbol{b}_t$ 是一个在 t 时刻已知的向量。我们现在可以面对简化的标准化问题，针对线性化分布下的风险度量。

$$L_{t+h}^{(h)\Delta} = l_{[t]}^{\Delta}\left(\sum_{i=1}^{h} \boldsymbol{X}_{t+i}\right) = \sum_{i=1}^{h} \boldsymbol{b}_t'\boldsymbol{X}_{t+i} \tag{9.31}$$

下面的例子说明了时间平方根规则的合理性。

例 9.4 (时间平方根标准化法). 假设风险因子变动向量是独立同分布的，且服从分布 $N_d(\mathbf{0},\boldsymbol{\Sigma})$。那么 $\sum_{i=1}^{h}\boldsymbol{X}_{t+i}\sim N_d(\mathbf{0},h\boldsymbol{\Sigma})$，并且公式 (9.31) 中的分布 $L_{t+h}^{(h)\Delta}$ 满足 $L_{t+h}^{(h)\Delta}\sim N(0,h\boldsymbol{b}_t'\boldsymbol{\Sigma}\boldsymbol{b}_t)$。然后从公式 (2.18) 和公式 (2.24) 中可以很容易地看到，这个分布的分位数和预期损失都可以根据时间的平方根 $\sqrt{h}$ 来进行标准化转换。例如，写出对于预期损失的表达式 $\mathrm{ES}_\alpha^{(h)}$，我们有

$$\mathrm{ES}_\alpha^{(h)}=\sqrt{h}\sigma\frac{\phi(\Phi^{-1}(\alpha))}{1-\alpha}$$

其中 $\sigma^2=\boldsymbol{b}_t'\boldsymbol{\Sigma}\boldsymbol{b}_t$。显然 $\mathrm{ES}_\alpha^{(h)}=\sqrt{h}\,\mathrm{ES}_\alpha^{(1)}$，并且利用相同的表示法，$\mathrm{VaR}_\alpha^{(h)}=\sqrt{h}\,\mathrm{VaR}_\alpha^{(1)}$。

尽管这种标准化转换规则在实践中相当普遍，但是经验的风险因子变动数据既不支持高斯分布假定，也不支持独立同分布假设（见第 3.1 节）。还有，对于合适的动态时间序列模型（比如 GARCH）的类型，对于其 h 个区间的损失 $L_{t+h}^{(h)}$（或者其线性化形式）的条件损失分布的风险度量，我们对该怎么标准化转换知道得很少。

蒙特卡洛模拟法　可以使用蒙特卡罗模拟法来确定 h 期条件损失分布的风险度量。假设我们有一个风险因子变化 $(\boldsymbol{X}_s)_{s\leqslant t}$ 的时间序列模型。我们模拟出了过程的许多未来路径 $\tilde{\boldsymbol{X}}_{t+1}^{(i)},\ldots,\tilde{\boldsymbol{X}}_{t+h}^{(i)}$，$i=1,\ldots,m$，其中 m 是一个预先确定的很大的重复次数。然后我们就可以把这些模拟数据代入到 h 期损失算符来得到模特卡洛模拟法模拟出的损失。

$$\{\tilde{L}_{t+h}^{(h)(i)}=l_{[t]}^{(h)}(\tilde{\boldsymbol{X}}_{t+1}^{(i)}+\cdots+\tilde{\boldsymbol{X}}_{t+h}^{(i)}):i=1,\ldots,m\}$$

就如同在第 9.2.5 节中介绍的，这些也被用来对损失分布及其有关的风险度量进行统计推断。我们也可以使用蒙特卡洛研究方法来检验时间平方根方法的表现，并进行幂次律的实验，详见说明与评论。

说明与评论

市场风险的标准方法详见 Jorion (2007) 和 Crouhy et al. (2001)。有关使用 EWMA 的方差—协方差方法，请参见 Mina and Xiao (2001)。Pérignon and Smith (2010) 给出了在实践中流行的不同方法的有用概述。动态历史模拟的多元方法见 Hull and White (1998) 和 Barone-Adesi et al. (1998)。

Glasserman (2003) 的教科书是对蒙特卡洛模拟法的一个很好的概述。Glasserman et al. (2000) 展示了（基于 Delta–Gamma 近似和高级模拟技术）在厚尾风险因子的情况下估计衍生品组合的 VaR 的有效的数值技术。

有关经验分位数估计值及其性质的不同定义的参考资料，请参见 Hyndman and Fan (1996)。Tsukahara (2009) 描述了畸变风险度量的 L 估计量，它可以适用于预期损失的情况。McNeil and Frey (2000) 介绍了使用极值理论来提供风险度量的动态估计，并强调了有条件方法和无条件方法之间的差异。将极值理论应用于市场状态转换模型的风险度量估计，请参见 Chavez-Demoulin et al. (2014)。

对市场风险度量的标准化转换结果的有用总结可以参考 Kaufmann (2004) (参见 Brummelhuis and Kaufmann, 2007; Embrechts et al., 2005)。在这些论文的结论中显示，对于更长的时间范围内的无条件 VaR，平方根时间规则通常工作得很好。另一方面，对于短时间范围内的条件 VaR 标准化转换，McNeil and Frey (2000) 使用蒙特卡罗模拟法来提供反对平方根时间标准化转换的证据。有关这些和进一步扩展问题的评论，请参见 Diebold et al. (1998) 和 Daníelsson and de Vries (1997c)。

有关市场风险管理的实用信息，请参阅 Daníelsson (2011)。

9.3　回溯测试

回溯测试是通过将风险度量的样本外估计值与实际损益进行比较来评估风险度量过程的方法。回溯测试允许我们处理一个给定的评估过程是否产生可信的风险度量评估的问题。在第 9.2 节中，我们考虑了估计某一时刻的风险措施的标准方法，以便在下一周期分配损失。在下一周期结束时，我们有机会将风险度量估计值与实际实现的损失进行比较。当这个过程在多个时间段重复时，我们可以监视方法的性能并比较它们的相对表现。

我们将在第 9.3.1 节中讨论 VaR 的回溯测试，在第 9.3.2 节中讨论预期损失的回溯测试。在第 9.3.3 节检验使用可导出性理论构建自然评分统计量，以比较不同 VaR 估计方法的回溯测试结果。在第 9.3.4 节介绍一个回溯测试的经验示例，而在第 9.3.5 节我们简要地考虑整体估计损失分布的回溯测试。

9.3.1　基于突破的 VaR 测试

在任意时间点 t，设 VaR_α^t 表示条件损失分布 $F_{L_{t+1}|\mathcal{F}_t}$ 的 α 分位数。我们将把 $\{L_{t+1} > \mathrm{VaR}_\alpha^t\}$ 的事件称作 VaR 突破或者例外，并且用 $I_{t+1} = I_{\{L_{t+1}>\mathrm{VaR}_\alpha^t\}}$ 来定义事件指示函数。假定一个连续的损失分布，根据分位数的定义我们有

$$E(I_{t+1} \mid \mathcal{F}_t) = P(L_{t+1} > \mathrm{VaR}_\alpha^t \mid \mathcal{F}_t) = 1 - \alpha \tag{9.32}$$

因此 I_{t+1} 是一个发生概率为 $1-\alpha$ 的伯努利变量。还有，下面的引理表示 VaR 突破指示的序列 (I_t) 形成一个伯努利试验过程，也就是一个发生概率为 $1-\alpha$ 的独立同分布的伯努利随机变量的过程。

引理 9.5. 设 $(Y_t)_{t\in\mathbb{Z}}$ 为一个伯努利指示变量的序列，服从 $(\mathcal{F}_t)_{t\in\mathbb{Z}}$ 的域流，并且对所有 t 满足 $E(Y_{t+1} \mid \mathcal{F}_t) = p > 0$。那么 (Y_t) 是一个独立同分布伯努利变量的过程。

证明. 过程 $(Y_t - p)_{t\in\mathbb{Z}}$ 具有鞅差属性（见定义 4.6）。此外，对于所有 t，方差 $\mathrm{var}(Y_t - p) = E(E((Y_t - p)^2 \mid \mathcal{F}_{t-1})) = p(1-p)$。由于 $(Y_t - p)$ 是一个有限方差的鞅差序列，它就是一个白噪声过程（参见第 4.1.1 节）。因此 (Y_t) 是一个不相关的白噪声过程。如果两个伯努利变量 Y_t 和 Y_s 不相关，那么

$$0 = \mathrm{cov}(Y_t, Y_s) = E(Y_t Y_s) - E(Y_t)E(Y_s)$$

$$= P(Y_t = 1, Y_s = 1) - P(Y_t = 1)P(Y_s = 1)$$

这表示它们也是相互独立的。 □

对于突破序列的独立伯努利特征，有两个重要的结论。第一，如果对不同的时间的突破指示变量进行求和，则得到二项分布的随机变量。例如，$M = \sum_{t=1}^{m} I_{t+1} \sim B(m, 1-\alpha)$。第二，相邻突破的时间距离是独立的，并且满足几何分布。假定事件 $\{L_{t+1} > \mathrm{VaR}_\alpha^t\}$ 发生于时间集合 $t \in \{T_1, \ldots, T_M\}$，并且设 $T_0 = 0$。然后时间距离 $S_j = T_j - T_{j-1}$ 将是独立的几何分布的随机变量，均值为 $1/(1-\alpha)$，从而对 $k \in \mathbb{N}$ 有 $P(S_j = k) = \alpha^{k-1}(1-\alpha)$。这两个性质都可以由实证数据进行检验。

假设我们基于 t 时刻的已有信息估计出了 VaR_α^t，并且用 $\widehat{\mathrm{VaR}}_\alpha^t$ 来表示我们的估计值。实证突破指示变量 $\hat{I}_{t+1} = I_{\{L_{t+1} > \widehat{\mathrm{VaR}}_\alpha^t\}}$ 代表一个单步的样本外的比较，其中我们把实际的损失值 L_{t+1} 和我们对时刻 t 的 VaR 估计值进行比较。

在零假设中我们的估计方法是准确的，这意味着在时间点 $t = 1, \ldots, m$，有 $E(\hat{I}_{t+1} \mid \mathcal{F}_t) = 1 - \alpha$。然后实证指示变量 $(\hat{I}_{t+1})_{1 \leqslant t \leqslant m}$ 的序列将成为一个发生概率为 $1-\alpha$ 的伯努利试验过程的实现值。例如，$\sum_{t=1}^{m} \hat{I}_{t+1}$ 应该表现出一个二项分布 $B(m, 1-\alpha)$ 的实现值的特征，这个假设可以通过二项式检验轻松解决。有很多种二项检验的方法。二项检验的品种有很多。在双侧得分检验中，我们计算统计量

$$Z_m = \frac{\sum_{t=1}^{m} \hat{I}_{t+1} - m(1-\alpha)}{\sqrt{m\alpha(1-\alpha)}} \tag{9.33}$$

如果 $|Z_m| > \Phi^{-1}(0.975)$，我们就在 5% 的水平上拒绝对伯努利现象的假设。拒绝意味着对 VaR 系统性的低估或者高估。对二项检验更多的介绍参见说明与评论。

为了检验突破变量的独立性，我们可以构建一个对几何分布假设的检验。因为突破应当是罕见事件，概率 $(1-\alpha) \leqslant 0.05$，所以证明可以用一种更方便的方法，也就是用连续时间的泊松过程来近似一个离散时间的罕见事件的伯努利过程，同时对于事件的时间距离，用连续的指数分布来近似离散的几何分布。

确切地说，我们假定离散时间的区间 $[t, t+1]$ 和连续时间中选中的间隔 Δt 相等。例如，如果 $[t, t+1]$ 表示一个交易日，那么 $\Delta t = 1$（时间以天为单位），$\Delta t = 1/250$（时间以年为单位）。如果伯努利罕见事件概率为 $1-\alpha$，那么近似泊松过程的参数为 $\lambda = (1-\alpha)\Delta t$，并且近似的指数分布的参数为 λ，均值为 $1/\lambda$。

指数假设可以使用间距数据对标准指数参考分布的分位数 Q–Q 图来进行测试，就像在第 5.3.2 节中讨论的那样。此外，Christoffersen and Pelletier (2004) 已经提出了针对更一般的 Weibull 替代方案的指数间隔假设的似然比检验。在指数模型中，事件的所谓风险函数是恒定的，但 Weibull 分布可以模拟事件聚类现象，其中风险函数在事件发生后最初变高，然后减小。有关风险率模型的更多讨论，请参见第 10.4.1 节。

在第 9.2.7 节中，我们也讨论了对于 h 期的损失分布的 VaR 估计。为了在 h 期估计值上使用上面的检验方法，我们必须将回溯测试建立在非重叠周期的基础上。例如，如果

我们计算两周的 VaR，则将对每两周发生的实际损失和 VaR 估计值进行比较，这将显然使得突破数据的样本量非常小，而我们将使用这些数据来评估模型的优劣。我们也可以关注于有互相重叠的区间，比如我们可以每天记录发生在过去两周的损失值。然而，这将会使得建立一个用于正式推断的相互独立的伯努利试验序列变得非常困难。

9.3.2　基于突破的预期损失测试

此外，还可以使用有关 VaR 突破程度的信息来对预期损失的估计进行回溯测试。让 ES_α^t 表示条件损失分布 $F_{L_{t+1}|\mathcal{F}_t}$ 的预期损失，并定义突破残值为

$$K_{t+1}=\left(\frac{L_{t+1}-\mathrm{ES}_\alpha^t}{\mathrm{ES}_\alpha^t-\mu_{t+1}}\right)I_{\{L_{t+1}>\mathrm{VaR}_\alpha^t\}} \tag{9.34}$$

其中 $\mu_{t+1}=E(L_{t+1}\mid\mathcal{F}_t)$。在一个有 VaR 突破发生的事件 $\{L_{t+1}>\mathrm{VaR}_\alpha^t\}$ 中，突破残值 K_{t+1} 的实际大小与根据 ES_α^t 给出的到时间 t 的信息的预期大小进行比较，如果没有 VaR 突破，那么突破残值为 0。下面将说明为什么要用 $(\mathrm{ES}_\alpha^t-\mu_{t+1})$，来调整残值大小。

从引理 2.13 得到，对于一个连续的损失函数，恒等式

$$E(K_{t+1}\mid\mathcal{F}_t)=0$$

满足，从而突破残值 (K_t) 的序列形成一个鞅差序列。在更强的假设下，我们可以把它作为预期损失估计的回溯测试的基础。对于所有 t，我们假设产生损失的随机过程 (L_t) 都满足这个形式的等式 $L_t=\mu_t+\sigma_t Z_t$，其中 μ_t 是一个 $\mathcal{F}_{t-1}$ 可测的条件均值项，σ_t 是一个 $\mathcal{F}_{t-1}$ 可测的波动率，(Z_t) 是一个标准正态过程 SWN(0,1)。例如，带有 GARCH 误差项的 ARMA 过程将满足这一假设，该过程模拟了金融收益率数据的许多基本特征。在这个假定下，我们有 $\mathrm{ES}_\alpha^t=\mu_{t+1}+\sigma_{t+1}\mathrm{ES}_\alpha(Z)$，$\mathrm{ES}_\alpha(Z)$，其中 $\mathrm{ES}_\alpha(Z)$ 表示新息分布的预期损失。然后我们可以计算

$$K_{t+1}=\left(\frac{Z_{t+1}-\mathrm{ES}_\alpha(Z)}{\mathrm{ES}_\alpha(Z)}\right)I_{\{Z_{t+1}>q_\alpha(Z)\}}$$

从而突破残值 (K_t) 的序列形成一个均值为零的独立同分布变量的过程，在 0 处的概率质量大小为 α。

通过计算，以一种显而易见的方式构建实证突破残值：

$$\hat{K}_{t+1}=\left(\frac{L_{t+1}-\widehat{\mathrm{ES}}_\alpha^t}{\widehat{\mathrm{ES}}_\alpha^t-\hat{\mu}_{t+1}}\right)\hat{I}_{t+1} \tag{9.35}$$

其中 $\widehat{\mathrm{ES}}_\alpha^t$ 表示在时刻 t 的 ES_α^t 的估计值，$\hat{I}_{t+1}$ 是在第 9.3.1 节中定义过的 VaR 突破指示变量，$\hat{\mu}_{t+1}$ 是条件均值的估计值。实际上，条件均值 μ_{t+1} 并不总是被估计出来的（尤其是基于 EMWA 的方法），而且一般当它被估计时，它经常接近于零，基于这个原因，我们可以直接设定 $\hat{\mu}_{t+1}=0$ 来简化计算。

我们希望实证突破残值表现出一个均值为零的独立同分布的变量序列的特征。我们可以对非零突破残差进行均值为零的行为检验。最简单的方法就是使用 t 检验，这也是我们

在第 9.3.4 节中使用的方法。也可以使用一个自助法（bootstrap）检验，该检验对于突破残值的分布并没有做什么假定，参见说明与评论。

9.3.3 风险度量估计的可导出性与比较

现在，我们提出了一种较新的回溯测试方法，这种方法对于比较使用不同方法得到的风险度量估计值很有用。这种方法是建立在以下观察的基础上的：对下一个时间段的财务风险度量的估计问题是对预测分布的估计问题的一般统计问题的一个特例。因此，在回溯测试中使用预测文献中的观点是很自然的。

在预测中，基于最小化得分函数或预测误差函数的思想进行预测是很常见的。例如，如果我们希望最小化平方预测误差，则我们应该使用预测分布的均值作为预测；如果我们希望最小化绝对预测误差，则我们使用预测分布的中位数。

预测分布的均值和中位数被称为分布的可导出（*elicitable*）统计函数，因为它们在打分函数的特定选择下提供了最佳预测。当可以得出统计数据时，有自然的方法可以使用经验分数来比较该统计数据的不同估计集。

例如，设 (X_t) 表示一个时间序列，并假设我们使用两个过程 A 和 B 来估计在不同时间点的条件均值 $\mu_{t+1} = E(X_{t+1} \mid \mathcal{F}_t)$，根据截至时间 t 的数据，得出估计值 $\hat{\mu}_{t+1}^{(j)}$，$j \in \{A, B\}$,$t = 1, \ldots, m$。条件均值 μ_{t+1} 被认为是在平方误差打分函数下 X_{t+1} 的最优预测。因此我们通过计算差值的平方将我们的估计值与实际实现的值 X_{t+1} 进行比较。其中更优的估计方法 j 将会给出最小的总误差平方和 $\sum_{t=1}^{m}(X_{t+1} - \hat{\mu}_{t+1}^{(j)})^2$。

我们现在从可导出性理论中对基本概念进行更正式的处理，并特别说明这些概念与风险价值估算问题之间的关系。

可导出性（Elicitability）理论 一个定义在随机变量空间 $\mathcal{M}$ 上的不变定律风险度量 ϱ 可以被看作定义在分布函数空间上 $\mathcal{X}$ 的一个统计函数 T。如果 $L \in \mathcal{M}$ 的分布函数 $F_L \in \mathcal{X}$，那么 ϱ 和 T 就由 $\varrho(L) = T(F_L)$ 联系起来，例如 $\mathrm{VaR}_\alpha(L) = F_L^{\leftarrow}(\alpha)$，所以这个函数是在 α 处的广义逆函数。

可导出性的理论通常是作为分布函数的统计函数理论展示的。我们的叙述基于 Bellini and Bignozzi (2013) 中的陈述。注意，我们遵循它们将注意力限制在实值泛函上，这对于金融风险度量的应用来说更为自然，但与统计预测文献中更常见的表示不同，在统计预测文献中允许使用集值泛函 (例如参见 Gneiting (2011))。

可导出的统计函数是最小化预期得分的函数，其中使用打分函数计算预期分数。这些指标量化了预测值和分布实现值之间的差异。打分函数和可导出函数的正式定义如下。

定义 9.6. 一个打分函数是满足下列条件的函数 $S : \mathbb{R} \times \mathbb{R} \to [0, \infty)$，对于任意 $y, l \in \mathbb{R}$：

(i) 当且仅当两个自变量相等 $y = l$ 时，函数 $S(y, l) \geqslant 0$，函数 $S(y, l) = 0$；

(ii) 若变量 $y > l$，则函数 $S(y, l)$ 值递增，反之递减；

(iii) 函数 $S(y, l)$ 对变量 y 连续。

定义 9.7. 如果存在一个打分函数 S，那么对于每个 $F \in \mathcal{X}_T$ 满足

(1)　$\int_{\mathbb{R}} S(y,l)\mathrm{d}F(l) < \infty, \quad \forall y \in \mathbb{R}$。

(2)　$T(F) = \arg\min_{y\in\mathbb{R}} \int_{\mathbb{R}} S(y,l)\mathrm{d}F(l$ 。

那么我们说在分布函数空间上定义的实值统计函数 T 在 $\mathcal{X}_T \subseteq \mathcal{X}$ 上是可导出的。在这种情况下，称打分函数 S 和 T 是严格一致的。

在风险度量的背景下，如果 L 是具有损失函数 F_L 的随机变量，则可导出的风险度量最小化

$$E\left(S(y,L)\right) = \int_{\mathbb{R}} S(y,l)\mathrm{d}F_L(l) \tag{9.36}$$

关于每个 $F_L \in \mathcal{X}_T$ 对应的 y，其中 $\mathcal{X}_T$ 是一组分布函数，其中定义了公式 (9.36) 中的积分。

例如，设 $\mathcal{X}$ 是一组可积随机变量的分布函数。在有限方差的分布函数空间上 $\mathcal{X}_T$ 均值 $E(L) = \int_{\mathbb{R}} l\mathrm{d}F_L(l)$ 是可导出的。这很清楚，因为它使严格一致的打分函数 $S(y,l) = (y-l)^2$ 的 (9.36) 最小化，这一点很容易验证。

应用于 VaR 和预期风险度量　我们现在考虑 VaR 和预期风险度量。前者对于严格递增的分布函数来说是可导出性的，而后者一般都是可导出性的，当然要受定义 9.7 中强加的瞬时条件影响。我们总结这些信息并且在下面两个命题中给出严格一致的打分函数。

命题 9.8. 对于任意 $0 < \alpha < 1$，统计函数 $T(F_L) = F_L^{\leftarrow}(\alpha)$ 在有限均值的严格递增的分布函数的集合上都是可导出性的。下面这个打分函数

$$S_\alpha^q(y,l) = |1_{\{l \leqslant y\}} - \alpha||l-y| \tag{9.37}$$

与 T 严格一致。

证明. 对于 L 和分布函数 F_L，预期分数 $E\left(S_\alpha^q(y,L)\right)$ 是一个连续函数 F_L，它在所有连续点上都是可导的。导数是

$$\begin{aligned}
\frac{\mathrm{d}}{\mathrm{d}y}E\left(S_\alpha^q(y,L)\right) &= \frac{\mathrm{d}}{\mathrm{d}y}\int_{-\infty}^{\infty} |1_{\{y \geqslant x\}} - \alpha||y-x|\mathrm{d}F_L(x) \\
&= \frac{\mathrm{d}}{\mathrm{d}y}\int_{-\infty}^{y} (1-\alpha)(y-x)\mathrm{d}F_L(x) + \frac{\mathrm{d}}{\mathrm{d}y}\int_{y}^{\infty} \alpha(x-y)\mathrm{d}F_L(x) \\
&= (1-\alpha)\int_{-\infty}^{y} \mathrm{d}F_L(x) - \alpha\int_{y}^{\infty} \mathrm{d}F_L(x) \\
&= F_L(y) - \alpha
\end{aligned}$$

有两种情况需要考虑。如果这里存在一个点 y 使得 $F_L(y) = \alpha$，那么 $y = F_L^{\leftarrow}(\alpha)$ 和 y 就显然使得 $E\left(S_\alpha^q(y,L)\right)$ 最小化。另一方面，如果集合 $\{y : F_L(y) = \alpha\}$ 为空，那么一定是这样一种情况，存在一个点，在这个点 y 处，分布函数 F_L 发生跳跃并且 $F_L(x) - \alpha < 0, x < y$，同时，$F_L(x) - \alpha > 0$，$x > y$。所以同样也有 $y = F_L^{\leftarrow}(\alpha)$，$y$ 是使得 $E\left(S_\alpha^q(y,L)\right)$ 最小化的自变量值。 □

命题 9.9. 对于任意 $0<\alpha<1$，对应预期风险度量 e_α 的统计函数 T 对于所有有限方差的损失分布 F_L 都是可导出性的。下面这个打分函数

$$S_\alpha^e(y,l)=|1_{\{l\leqslant y\}}-\alpha|(l-y)^2 \tag{9.38}$$

与 T 严格一致。

证明. 这很容易由定义 8.21 和第 8.2.2 节中的公式 (8.31) 得到。 □

可导出风险度量的特征　这个期望值是一个既可导出性又一致性的风险度量（$\alpha\geqslant 0.5$）。如 Ziegel (2014) 中提到，它也是事实上唯一同时具有这些性质的风险度量。Bellini and Bignozzi (2013) 已经提供了一个很好的结果，它描述了所有具有凸性、一致性和共单调可加性的可导出性的风险度量。

定理 9.10 (Bellini and Bignozzi (2013)). 设 $T(F_L)$ 是对应于一个不变定律的单调的转换不变的风险度量的统计函数。那么

(a) 当且仅当风险度量是基于（凸的）损失函数的时，$T(F_L)$ 是凸时、可导出性的。（参见例 8.8）。

(b) 当且仅当 $T(F_L)$ 是一个预期的 e_α 且 $\alpha\geqslant 0.5$ 时，$T(F_L)$ 是一致的、可导出性的。

(c) 当且仅当 $T(F_L)$ 和预期损失相等时，$T(F_L)$ 是一致的、共单调可加的、可导出性的。

特别地，我们注意到，根据这个定理，预期损失风险度量是不可导出性的。有别的方法更直接地可以证明这一点，比如说参考 Gneiting (2011)。

计算实证分数　如本节导言所述，如果我们想要比较估计可导出性的函数的不同方法的表现，则可以使用可导出性理论提出的严格一致的打分函数。由命题 9.8，我们知道分布函数 $F_{L_{t+1}|\mathcal{F}_t}$ 的分位数 VaR_α^t 可以使得 $E(S_\alpha^q(y,L_{t+1})\mid\mathcal{F}_t)$ 最小化。

假设，像在第 9.3.1 节中一样，基于截至时刻 t 的信息，我们计算 VaR_α^t 在第一天 $t=1,\ldots,mt=1,\ldots,m$ 时的 $\widehat{\mathrm{VaR}}_\alpha^t$ 估计值，并在 $t+1$ 回溯测试每个估计值。一个自然的分数是由

$$\sum_{t=1}^{m}S_\alpha^q(\widehat{\mathrm{VaR}}_\alpha^t,L_{t+1})$$

得出的。如果我们为不同的估计方法计算这个量，那么对条件分位数 VaR_α^t 给出最准确估计的方法将趋向于给出最小的分数。

不幸的是，由于预期损失不是一个可导出性的函数，因此没有自然的经验分数来比较预期损失的估计集。

9.3.4　回溯测试概念方法的实证比较

在本节中，我们将各种 VaR 估计方法应用到一个假想投资者的国际股票指数的投资组合中，并对得到的 VaR 估计结果进行回溯测试。我们比较的方法属于一般的类型：方差—协方差法和历史模拟法，以及无条件方法和条件方法的混合。

假设英国投资者持有英镑（GBP），并准备投资于英国金融时报 100 指数（FTSE 100）、标准普尔 500 指数（S&P 500）和瑞士市场指数（SMI）。因此，投资者持有美元（USD）和瑞士法郎（CHF）的货币敞口，投资组合的价值受到 5 个风险因子（3 个对数指数值和 2 个对数汇率）的影响。对应的 2000—2012 年风险因子时间序列如图 9.4 所示。

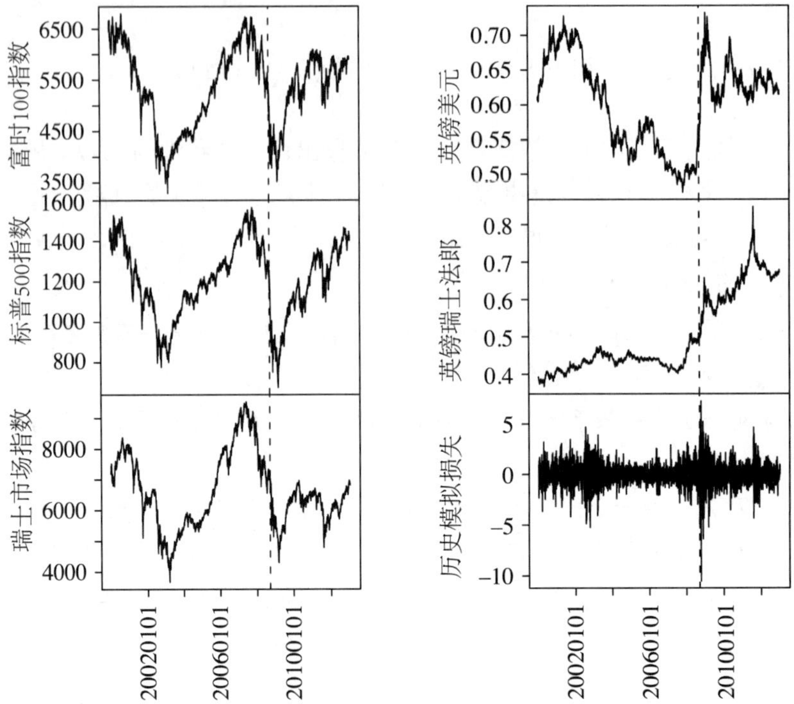

图 9.4 5 个风险因子的时间序列。分别是 (a) 英国金融时报 100 指数；(b) 标准普尔 500；(c) 瑞士市场指数；(d) GBP/USD 汇率；(e) GBP/CHF 汇率。最后一幅图显示了第 9.3.4 节中中组合所对应的历史模拟数据 (9.26)。竖直的虚线标记了雷曼兄弟申请破产的日期。

在任意一天 t，我们将总投资组合价值 V_t（以英镑计算）标准化为 1，并考虑投资组合权重（投资于英国金融时报 100、标准普尔 500、瑞士市场指数的总投资价值的比例）分别为 30%, 40% 和 30%。使用与例 2.1 类似的推理，可以验证损失算子是

$$l_{[t]}(\boldsymbol{x}) = 1 - (0.3\mathrm{e}^{x_1} + 0.4\mathrm{e}^{x_2+x_4} + 0.3\mathrm{e}^{x_3+x_5})$$

并且其线性化版本是

$$l_{[t]}^{\Delta}(\boldsymbol{x}) = -(0.3x_1 + 0.4(x_2 + x_4) + 0.3(x_3 + x_5))$$

其中 x_1,x_2 和 x_3 代表三个股指的对数收益率，x_4 和 x_5 代表 GBP/USD 和 GBP/CHF 汇率的对数收益率。

我们的目标是计算 2005 年到 2012 年期间所有交易日 95% 和 99% 置信水平上的 VaR 估计值。当个别市场（例如美国的 7 月 4 日）有当地公众假期时，我们手动地把日常收益率记为 0，从而每年保留约 258 天的风险因子收益率数据。我们使用过去 1000 天的历史数据 $\boldsymbol{X}_{t-999},\ldots,\boldsymbol{X}_t$ 通过以下方法对 $t+1$ 日进行所有 VaR 估计。

VC。 方差—协方差方法假设多元高斯风险因子变化并使用多元 EWMA 方法估计如第 9.2.2 节中所述的风险因子变化的条件协方差矩阵。

HS。 如第 9.2.3 节中所述的标准的无条件历史模拟方法。

HS-GARCH。 历史模拟的一元动态方法，其中将具有恒定条件均值项的 GARCH(1,1) 模型和高斯新息用于拟合历史模拟损失，以估计第二天损失的波动率，参见第 9.2.4 节。

HS-GARCH-*t*。 一个近似于 HS-GARCH 模型的方法，但 GARCH 模型中假设的是学生 t 分布新息。

HS-GARCH-EVT。 一个近似 HS-GARCH 和 HS-GARCH-t 的方法，但是用于模型残值的模型参数是通过 QML 和 EVT 估计得到的。参见第 9.2.4 节中提到的一元动态历史模拟法策略 (2)，也可参见第 5.2.6 节。

HS-MGARCH。 历史模拟的多元动态方法，将具有恒定条件均值项的 GARCH(1,1) 模型拟合每个风险因子变化的时间序列，以估计波动率，参见第 9.2.4 节。

HS-MGARCH-EVT。 一个近似 HS-MGARCH 的方法，但 EVT 估计量而不是简单的经验估计量应用于 (9.28) 中构建的数据，以计算风险度量估计量。

这种方法集合当然远非完备，仅仅意味着可能的策略种类。特别是，我们将兴趣限制在相当简单的 GARCH 模型中，而没有添加如非对称新息分布、杠杆效应（参见第 4.2.3 节）或市场状态转换模型等，而这些方法经常能够大为改进模型的表现。

表 9.1 包含了每种方法下 95% 和 99%VaR 的估计值的突破数量。突破数量被分解到每一年，并且最后一列显示了过去 8 年总的突破数量。在每个单元格中，都用到了使用打分统计量 (9.33) 的二项检验，5% 下显著的结果用斜体表明。

在 95% 水平下，HS-MGARCH 和 HS-MGARCH-EVT 方法都明显在整个周期内给出了最佳的总体结果、前者正好产生预期的突破数量，后者只多了一个。考虑到突破数量与预期数量之间的接近程度，第三好的方法是 HS-GARCH-EVT。在 99% 水平下，HS-MGARCH，HS-MGARCH-EVT 和 HS-GARCH-EVT 依然是最好的方法，尽管很难根据突破数量来单独选出一个最好的。HS-MGARCH 对每一年都给出了不显著的答案，但同时 HS-MGARCH-EVT 和 HS-GARCH-EVT 在总的突破数量上都与预期数量比较接近。事实上，HS-MGARCH 方法在总体上给出的突破数量太少。

动荡的 2007 年和 2008 年对于许多方法来说都存在问题，每种方法都会产生比预期更多的突破行为。然而，VC 方法在 95% 水平下对这两年都给出了不显著的答案，HS-MGARCH 在 99% 水平下对这两年给出了不显著的答案。

我们现在考虑使用可导出性理论来比较 VaR 回溯测试的结果。这些结果都在表 9.2的前两列。根据这个结果，HS-MGARCH-EVT 给出了 95% 水平下最优的 VaR 估计，HS-MGARCH 给出了 99% 水平下最优的 VaR 估计。在 95% 水平下，第二低的分数由 HS-MGARCH 方法给出。在 99% 水平下，第二低的分数由 HS-MGARCH-EVT 给出，第三低的分数由 HS-GARCH-EVT 给出。

表 9.1　使用如第 9.3.4 节中介绍的各种方法来计算 95% 和 99% 水平下 VaR 估计下的突破数量。斜体数字表示 5% 水平下根据二项得分检验，观察到的突破数量与预期突破数量之间存在显著差异。

年份	2005	2006	2007	2008	2009	2010	2011	2012	所有
交易日	258	257	258	259	258	259	258	258	2065
95% VaR 结果									
预期突破数量	13	13	13	13	13	13	13	13	103
VC	8	16	17	19	13	15	14	14	116
HS	*0*	*6*	*28*	*49*	19	*6*	10	*1*	119
HS-GARCH	9	13	*22*	*22*	13	14	9	15	117
HS-GARCH-t	9	14	*23*	*22*	14	15	10	15	122
HS-GARCH-EVT	*5*	13	*22*	*21*	13	13	9	13	109
HS-MGARCH	*5*	14	*21*	19	12	9	11	12	103
HS-MGARCH-EVT	*5*	14	*22*	18	13	10	10	12	104
99% VaR 结果									
预期突破数量	2.6	2.6	2.6	2.6	2.6	2.6	2.6	2.6	21
VC	2	*8*	*8*	*8*	2	4	5	*6*	*43*
HS	0	0	*10*	*22*	2	0	2	0	*36*
HS-GARCH	2	*8*	*8*	*10*	5	4	3	3	*43*
HS-GARCH-t	2	*8*	*6*	*8*	1	4	2	1	*32*
HS-GARCH-EVT	0	*6*	4	*7*	1	1	2	1	22
HS-MGARCH	0	4	4	5	0	1	2	1	17
HS-MGARCH-EVT	0	4	5	*6*	0	1	2	1	19

表 9.2　基于可导出性理论的 VaR 回溯测试得分（4 个有效数字）和预期损失（ES）p 值（2 位小数）；斜体数字表示没有通过 ES 检验。

	VaR 得分比较		突破残值检验			
	95% VaR $\times 10^6$	99% VaR $\times 10^6$	95% ES (n)		99% ES (n)	
VC	1081	308.1	*0.00*	116	0.05	43
HS	1399	466.4	*0.02*	119	0.25	36
HS-GARCH	1072	306.8	*0.00*	117	0.05	43
HS-GARCH-t	1074	299.6	0.12	122	0.68	32
HS-GARCH-EVT	1074	295.7	0.59	109	0.65	22
HS-MGARCH	1064	287.8	0.99	103	0.55	17
HS-MGARCH-EVT	1063	289.7	0.83	104	0.94	19

同样值得注意的是，标准的 HS 方法在两个水平上的得分都很低。作为一种无条件方法，它不适用于估计条件损失分布的分位数；从表 9.1 中的突破数量也可以看出这一点。在图 9.5 中，我们展示了 2008 年下半年，即 2007—2009 年信贷危机最严重的时期，其中包括雷曼兄弟申请破产的日期（2008 年 9 月 15 日）。图中以柱形图的形式显示了实际损失，同时叠加了 HS 和 HS-MGARCH 方法的风险度量估计值；突破情况由圆圈（HS）和交叉（HS- mgarch）表示。

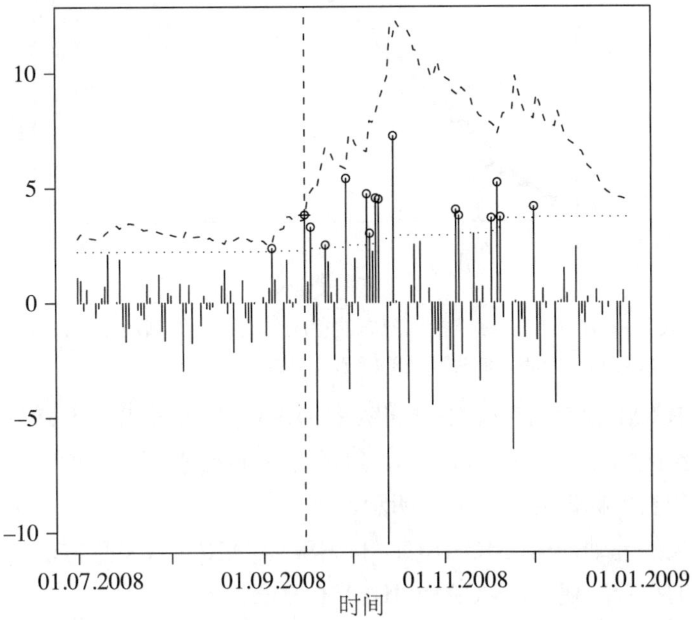

图 9.5　2008 年下半年的每日损失，以及 HS 方法和 HS-MGARCH 方法下的 99% 水平下 VaR 估计以及对应的突破数量。HS 方法的 VaR 估计用点划线表示，对应的突破数量用圆圈表示。HS-MGARCH 方法估计用虚线表示，这段时间唯一的突破发生在 2008 年 9 月 15 日（雷曼兄弟申请破产的当天），由一个竖虚线和画十字的圆圈表示。更多信息参见第 9.3.4 节。

在动荡的 2008 年，标准的历史模拟法都表现得很差。49 个突破 95% 的 VaR 估计值，22 个突破 99% 的 VaR 估计值。HS-MGARCH 方法作为一种条件方法，能够较好地响应波动的变化，从而产生 19 个中突破 5 次。我们看到 22 个 HS 方法的 99%VaR 估计突破 16 个，以及 HS-MGARCH 方法的 5 个中突破 1 个。

在图 9.6 中，我们提出了一个假设，即 VaR 突破行为应该形成一个伯努利试验过程，突破行为之间的间隔呈几何分布（或近似指数分布）。图中显示了突破 HS-MGARCH 方法对标准指数分布的相应分位数所得到的 99% VaR 估计值之间的间隔（以天为单位）的 Q–Q 图。在这张图片的基础上，指数假设是合理的。

在表 9.2中，我们还根据第 9.3.2 节中介绍过的基于突破残值的预期损失的回溯测试结果。对于 95% 水平下的预期损失估计值，7 种方法中的 3 种未能通过突破残值的零均值检验。不失败的方法是 HS-GARCH-t，HS-GARCH-EVT，HS-MGARCH 和 HS-MGARCH-EVT。对于 99% 水平下的预期损失，结果似乎更好。5 种方法（HS，HS-GARCH-t，HS-

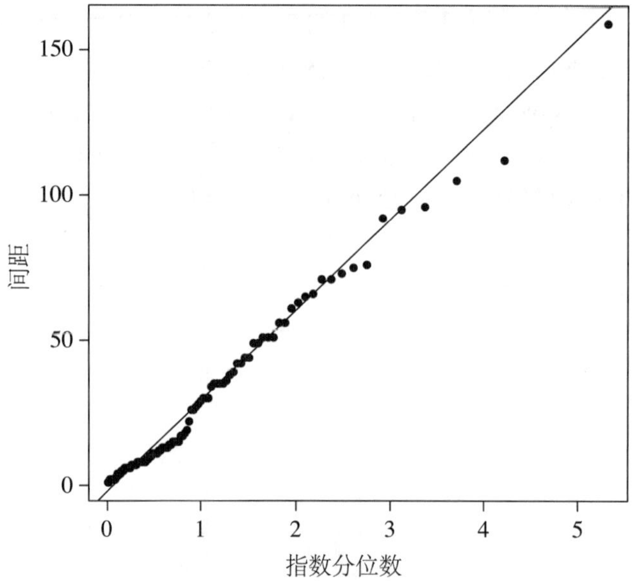

图 9.6　突破 HS-MGARCH 方法对标准指数分布的相应分位数所得到的 99% VaR 估计值之间的间隔（以天为单位）的 Q–Q 图。参见第 9.3.4 节。

GARCH-EVT，HS-MGARCH 和 HS-MGARCH-EVT）都给出了不显著的结果，而其他两种方法得出的结果略显显著 ($p = 0.05$)。然而，在 99% 水平下我们只有很小数量的突破残值需要检验，如表中标记为 (n) 的列所示。

基于所有结果的基础，HS-MGARCH 和 HS-MGARCH-EVT 方法对于我们考虑的例子中给出了最佳的综合表现，HS-GARCH-EVT 方法也表现良好。

9.3.5　预测分布的回溯测试

除了 VaR 和 ES 的回溯测试外，我们还可以设计测试来评估估计条件损失分布的总体质量，风险度量估计值就是从这些条件损失分布中得出的。当然，我们的主要兴趣集中在尾部风险的测量上，但是对我们对整个预测分布的估计进行回溯测试以获得风险度量估计过程的额外确认仍然是有用的。

假设我们在每个时刻 t 的目标都是估计条件损失分布 $F_{L_{t+1}|\mathcal{F}_t}$，并使得 $U_{t+1} = F_{L_{t+1}|\mathcal{F}_t}(L_{t+1})$。对于给定的损失过程 (L_t)，考虑通过应用前面那个转换来构造一个过程 (U_t)。如第 9.3.2 节中，对于所有 t 让我们假设基础过程产生的损失 (L_t)，都满足等式 $L_t = \mu_t + \sigma_t Z_t$，其中 μ_t 是 $\mathcal{F}_{t-1}$ 可测的条件均值项，σ_t 是 $\mathcal{F}_{t-1}$ 可测的波动率，(Z_t) 是服从 SWN(0, 1) 的新息。

在这种假设下，很容易从以下事实得出结论

$$F_{L_{t+1}|\mathcal{F}_t}(l) = P(\mu_{t+1} + \sigma_{t+1} Z_{t+1} \leqslant l \mid \mathcal{F}_t) = F_Z((l - \mu_{t+1})/\sigma_{t+1})$$

其中 $U_{t+1} = G_Z(Z_{t+1})$，从而 (U_t) 是一个严格的白噪声过程。此外，如果 G_Z 是连续的，那么 (U_t) 的平稳或无条件分布必须是标准均匀分布（见命题 7.2）。

在实际应用中，我们从截至 t 时刻的数据中估计 $F_{L_{t+1}|\mathcal{F}_t}$，然后我们通过形成 $t+1$ 日的 $\hat{U}_{t+1} := \hat{F}_{L_{t+1}|\mathcal{F}_t}(L_{t+1})$ 来回溯测试我们的估计。假设我们在不同的日期 $t=0,\ldots,n-1$ 估计我们的预测分布，然后形成回溯测试数据系列 $\hat{U}_1,\ldots,\hat{U}_n$；我们希望这些数据表现出独立同分布的均匀数据的样本的特征。这种分布假定可以通过标准的拟合优度检验，比如卡方检验，或者 Kolmogorov-Smirnov 检验（参见第 15.1.2 节）。也可以构造数据 $\Phi^{-1}(\hat{U}_1),\ldots,\Phi^{-1}(\hat{U}_n)$，其中 Φ 是标准正态分布函数；这些数据应该表现出独立同分布的标准正态分布的特征（参见命题 7.2），可以像第 3.1.2 节中那样去检验。严格的白噪声假定可以使用第 4.1.3 节中描述的方法进行检验。

说明与评论

VaR 突破次数的二项式检验和突破次数之间的几何检验可以在 Kupiec (1995) 中找到，在这两种情况下，都建议使用似然比检验。对于二项式检验，还可以选择 Wald 检验和打分检验 (比如参见 Casella and Berger, 2002, pp. 493~495)。得分检验似乎在样本大小 $m=250$ 或 $m=500$ 时对 VaR 概率 $\alpha=0.99$ 和 $\alpha=0.95$ 进行合适的检验（即错误地拒绝二项行为的原假设的正确的第一类错误的检验）。关于检验独立伯努利行为的 VaR 突破的其他论文包括 Christoffersen et al. (2001) 和 Christoffersen and Pelletier (2004)，后一篇论文开发了一系列关于突破之间持续时间的指数行为测试，发现针对 Weibull 替代方法的似然比检验通常是检测突破聚集最有效的方法。

关于回溯测试的论文有很大的增长，Embrechts et al. (2014) 对监管影响做了很好的概述。我们回溯测试材料部分取自 McNeil and Frey (2000)，在其中可以找到对于突破数量的二项检验，以及使用超额残值来检验预期损失。在那篇文章中，一个对超额残值的自助检验也被提出，作为对于本章使用的简单 t 检验的替代。关于自助假设检验的介绍参见Efron and Tibshirani (1994, p. 224)。Kerkhof and Melenberg (2004) 描述了一个用于对基于风险的监管资本进行回溯测试的计量经济学框架。C. Acerbi and B. Szekely 2014 年 6 月在慕尼黑举行的“系统性风险和监管市场风险措施”国际金融研讨会上，向人们展示了预期损失的回溯测试。

Gneiting (2011) 讨论了可导出性理论和回溯测试的关联，他也在 Osband (1985) 的基础上证明了预期损失的不可导出性。更多有关可导出性的文章包括 Davis (2013), Ziegel (2014) 和 Bellini and Bignozzi (2013)。

检验预测分布估计值的想法可以在 Berkowitz (2001, 2002) 中找到。有关检验商业银行 VaR 模型准确性的一般性文章，请参见 Berkowitz and O'Brien (2002)。最后，关于早期华尔街使用 VaR 技术的重要内幕观点，请参阅Brown (2012) 中的相关章节。

第 10 章　信用风险

信用风险是指交易对手未履行合同义务而导致的损失风险。这包括违约风险 (由借款人或贸易伙伴违约造成的损失风险) 和评级下调风险 (交易对手的信用状况恶化导致在某些评级系统中被下调评级而产生损失的风险)。在典型的金融机构的资产组合中，信用风险几乎无所不在。首先，贷款和公司债券组合显然受到信用风险的影响。其次，信用风险伴随着任何场外 (over-the-counter，即非交易所担保) 衍生品交易，如互换，因为其中一方的违约可能会严重影响交易的实际到期收益。此外，还有一个专门的信用衍生品市场，如信用违约互换，金融机构在其中扮演积极角色。因此，信用风险关系到大多数银行的核心业务。它也与那些在其投资组合中面临大量信贷风险和在其再保险协议中面临对手违约风险的保险公司高度相关。

金融机构信贷风险管理涉及一系列的任务。首先，为了监管和经济资本的目的，公司需要确定它应该持有多少资本来消化信贷风险造成的损失。它还需要管理资产负债表上的信贷风险。这涉及确保信用风险工具的投资组合充分多样化，并根据风险回报考虑优化投资组合。通过信用衍生工具对冲风险集中度或通过证券化将风险转移给投资者，也可以提高投资组合的风险状况。此外，金融机构需要管理其交易信用衍生品投资组合。这涉及定价、套期保值和管理此类交易的抵押品。最后，金融机构在与其他机构的交易和合同中需要控制交易对手的信用风险。事实上，在 2007—2009 年金融危机之后，交易对手风险管理成为金融机构最重要的问题之一。

考虑到这些任务，我们将信用风险的分析分为四章。本章为信用风险分析奠定了基础。我们介绍了最常见的信用风险工具 (第 10.1 节)，讨论了各种信用质量评估方法 (第 10.2 节)，并给出了单一公司的信用风险模型 (第 10.3 节 ~ 第 10.6 节)。此外，我们研究了单一名称信用衍生品，如信用违约互换。

第 11 章和第 12 章涉及投资组合模型和违约之间依赖性的关键问题。第 11 章研究针对大量非交易投资组合的资本充足率和信用风险管理的单期模型。第 12 章论述了担保债务凭证 (CDOs) 等组合信用衍生品的特性。此外，还讨论了这些产品使用标准连接函数模型的估值问题。最后，第 17 章阐述了更先进的完全动态的组合信用风险模型。该章也是对交易对手信用风险进行详细讨论的自然场所，因为正确的分析离不开动态多元信用风险模型。

信用风险模型可以分为两种，一种是*结构模型* 或*公司价值模型*，另一种是*简约模型*。广义地说，在结构模型中，当表示资产价值的一个随机变量 (或在动态模型中是一个随机过程) 低于表示负债的一个阈值时，就会发生违约。在简约模型中并未明确指出导致违约的精确机制，而将公司的违约时间通过一个非负的随机变量来建模，其分布通常依赖于经济协变量。在本章中，我们在第 10.3 节中讨论结构模型，在第 10.4 节中讨论具有确定危险

率 (hazard rates) 的一般简约模型，在第 10.5 节和第 10.6 节中的讨论更高级的简约模型。

10.1 信用风险工具

在这一节中，我们将从最简单的贷款和债券例子出发，概述信用风险工具的范围，讨论场外交易（OTC）衍生品交易中的交易对手信用风险，并且描述一些较为常见的现代信用衍生产品。在下文中，我们经常对借款人、债券发行人、贸易伙伴或有信贷敞口的对手方使用通用术语*债务人*（*obligor*）。债务人的名称来源于债务人在任何情况下都有在一定条件下支付一定款项的合同义务。

10.1.1 贷款

贷款是最古老的信用风险的“工具”，并且形式层出不穷。通常根据债务人的不同可以分为*零售贷款*（对个人和中小企业）、*企业贷款*（对大公司）、*银行间同业贷款*和*主权贷款*（对政府）。在每一个类别的债务人都有可能有好些不同的贷款产品。例如，零售客户可以通过房地产抵押贷款、信用卡和透支等方式从银行取得贷款。

大多数贷款的共同特点是，被称为*本金*的一笔钱在特定期限内提前支付给借款人，以换取一系列固定或浮动利率的固定利息支付。在期限结束时，借款人必须偿还本金。

把*有担保*和*无担保*贷款区别开来是非常有必要的。如果一笔贷款有担保，则意味着借款人已提供资产抵押作为贷款的抵押品。最典型的例子就是住房抵押贷款，抵押品是房产。借款人不能履行支付利息或者偿还本金的义务的行为属于*违约*，贷款人可以取得该资产。通过这种方式，可以部分地减轻违约时的损失，并且可以通过出售资产来收回资金。在无担保贷款中，贷款人对抵押资产没有此类索赔，在违约情况下的收回可能只是所谓的*敞口*（即未偿还本金和利息支付的价值）的一小部分。

和债券这种在公开市场上交易的证券不同，贷款是一种借款人和贷款人之间的私人协议。因此，贷款协议形式多样，并各自具有不同的法律特征。这使得贷款很难根据公允价值的原则做出估值。更通常的做法是按照账面价值估值，适用于公允价值法估值的（资产）大多属于 3 级估值的范畴 (见第 2.2.2 节)。

10.1.2 债券

债券是公司和政府发行的公开交易的证券，允许发行人在金融市场上筹集资金。公司发行的债券是*公司债*，由企业发行的债券叫公司债，由各国政府发行的债券叫*国债*、*主权债*，特别是在英国叫*金边公债*（gilt-edged securities）。

债券的到期收益结构与贷款的结构非常类似。证券承诺债券发行人（借款人）向债券买方（贷方）支付一系列利息，并在固定到期日偿还本金。利息率，或息票，可能在发行债券时已经*固定*（即所谓固定利率债券）。另外，也有一些债券的利率随市场的波动而变动（所谓*浮动利率债券*）。浮动利率的参考利率通常是 LIBOR（伦敦银行同业拆借利率）。还有一种*可转债*，该种债券允许购买者在事先决定的某个时间点将其持有的债券转换为债券发行人的公司股份。这些债券的利率通常低于传统公司债券，因为投资者可以选择参与公司未来的增长的期权。

债券持有人承担着一系列的风险，特别是利率风险、*利差风险*和违约风险。对于贷款来说，违约风险是承诺的利息收入和本金无法收回的风险。历史上来看发达国家政府发行的债券被认为是无违约风险的，然而基于众所周知的原因，自 2010—2012 年欧洲债务危机以来，该种观点已经受到质疑。

利差风险是市场风险的一种形式，是指*信用利差*的变化。违约风险债券的信用利差是指债券收益率与同级别无违约风险债券收益率之差 (参考第 10.3.2 节中关于信用利差的正式定义)。债券利差的增加意味着债券的市场价值下降，这通常被解释为金融市场认为债券违约风险增加。

10.1.3 受交易对手风险影响的衍生品合约

有相当一部分衍生品交易都是通过场外交易来完成的，并且没有一个有组织的交易所类型的中央清算主体来确保合同各方都履行合约义务。因此，这些交易有可能在交易过程中有一个缔约方违约，从而影响到另一方实际收到的现金流。这种风险被称为*交易对手信用风险*，在 2007—2009 年的金融危机中，该风险受到极大关注，一些金融机构深度卷入了信用质量持续恶化的衍生品交易中，而在雷曼兄弟的案例中，该交易直接违约了。所有金融机构现在都把对手风险管理作为一个核心问题，同时这也是很多新的监管发展的关注焦点。

我们通过一个利率互换的例子来详细说明在衡量和管理交易对手信用风险中面临的挑战。假设合同双方 A 和 B 同意在一定时期内以一定的名义金额交换一系列的利息支付。具体而言，A 收到固定利率的利息并支付 B 三个月 LIBOR 浮动利率的利息。

现在假设 A 在合约到期前的 τ_A 时点违约，这样合约在该日结算了。违约后果将取决于当时剩余时间尚未支付利息的价值。如果当时的市场利率相对于双方签订合同时的约定利率有所升高，那么固定利率的价值相对就下降了，对 B 来说利率互换合同的价值增加了。由于 A 不能再履行其义务，其违约构成 B 的损失；确切的损失将取决于在违约时点 τ_A 利率的期限结构。另一方面来说，如果 τ_A 时的市场利率相对于 $t=0$ 时约定的利率有所下降，固定利率支付的价值就会增加，于是 B 的互换合约的价值为负。在结算时，B 仍然需要根据合约往破产池中支付利息，这样在 A 违约时 B 就不会有任何好处。如果 B 首先违约，则情况就会逆转：利率下降会导致 A 产生交易对手风险相关损失。这个简单的例子说明了：交易对手的信用风险敞口的大小不是事先就知道的，甚至不清楚谁拥有信用风险敞口。

交易对手风险管理引发了一系列问题。首先，在定价和估值时必须考虑交易对手风险。这涉及信用价值调整的概念（CVA，Credit Value Adjustment）。其次，需要使用轧差净额结算和抵押等风险缓解工具来控制交易对手风险。根据净额结算协议，A 和 B 之间所有衍生品交易的价值都会汇总计算，仅汇总价值受交易对手风险影响，由于抵消交易相互抵消，因此有可能大幅降低交易对手风险。根据抵押协议，双方交换抵押品（现金和证券）作为接收方的承诺。抵押品的价值会动态调整，以反映基础交易价值的变化。

对交易对手风险的适当评估需要对两个交易对手的违约时间（A 和 B）以及相关衍生合约的价格动态进行联合建模。基于这个原因，我们将在第 17 章详细讨论这个问题。

10.1.4 信用违约互换和其他信用衍生品

信用衍生品是主要用于信用风险对冲和交易的有价证券。与迄今为止考虑的产品相比，信用衍生品的承诺到期收益与影响一家或多家公司的信用事件有关。信用衍生品市场的主要参与者是银行、保险公司和投资基金。零售银行通常是防范信用事件的净买家；其他投资者，如对冲基金和投资银行，往往同时充当信用保护的卖方和买方。

信用违约互换 信用违约互换（CDS）是信用衍生品市场的主力，而且大公司信用违约互换市场的流动性相当好；在说明与评论中给出了一些关于市场规模的数字。CDS 的基本结构如图 10.1 所示。CDS 是买卖双方的合同，一方是*信用保护买方*，另一方是*信用保护卖方*。信用风险保护的买方在合约期限内或在信用事件发生前定期向信用风险保护的卖方就某个参照实体（金融公司或发行债券的主权国家）的信用事件支付费用，以换取信用事件发生后的到期收益。

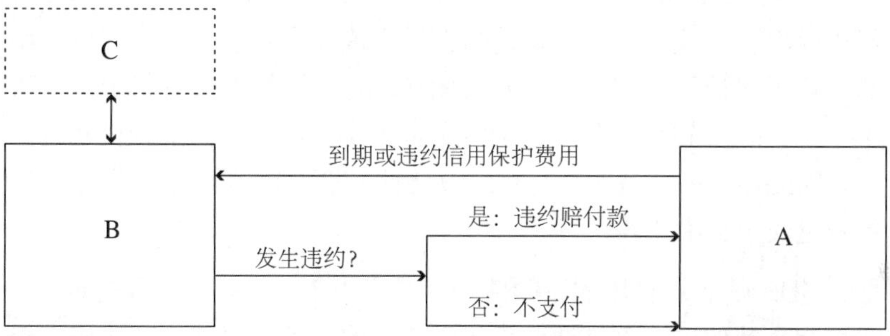

图 10.1 信用违约互换（CDS）的基本结构。公司 C 是参照主体，公司 A 是信用保护买方，公司 B 是信用保护卖方。

如果参照主体在合同约定的到期日 T 前发生了违约事件，那么信用保护卖方就支付违约金额给信用保护买方，这种安排最大限度地减少了 (信用保护买方) 由于参照主体发行债券 (参照标的资产) 违约导致的损失。CDS 的这部分叫作*违约赔付款支付端 (default payment leg)*。通过这种方式信用保护买方获得了金融保护以应对在违约情况下承担的参照标的资产违约损失。而作为补偿，信用保护买家需要定期支付保费 (通常是每季度或每半年一次) 给信用保护卖家（*信用保护费用支付端 (premium payment leg)*），一旦参照标的主体发生违约事件，保费支付停止。在这种结构中不存在首付款。保费通常是参照标的资产名义金额的一个年化百分比 x^*，x^* 通常被定义为 (公允或市价的)*CDS 利差*。更精确的数学描述请见第 10.4.4 节。

CDS 在具体要求上有很多技术和法律上的细节问题。比如说，交易双方必须就违约事件的精准定义达成一致，在参照标的主体发生违约事件时，确认违约导致的损失的认定程序也必须获得双方的首肯。国际互换交易员联盟（ISDA）在这方面做了很大的努力，这些问题的标准化认可也越来越多。

投资者签订 CDS 合约的原因多种多样。首先，对参照标的主体有大量信用敞口的债券投资者通过购买 CDS 来保护自己免受债券违约的损失。这种做法比在市场上直接减持债券要容易，因为 CDS 市场的流动性比债券市场要好。此外，CDS 的头寸能很快被交割掉。

有些投资者也会基于投机的目的持有 CDS 合约。比如，所谓裸 CDS（naked CDS）头寸，在这种情况下投资者通常会认为那些不持有债券信用保护买家，只是在对标的主体逐渐拉大的信用溢价进行投机。这些头寸类似于买空、卖空参照标的主体的债券。值得注意的是，同保险不一样，CDS 结构中信用保护买方不需要拥有*可保利益*（*insurable interest*），即实际持有参照标的主体发行的债券。持有 CDS 投机的动机至少和保险的动机是一样重要的。

对于 CDS 市场的风险，尤其是大量裸头寸的风险，以及这些头寸是否应该受到限制，一直存在一些争议。通过持有裸 CDS 头寸，投机者可以压低参照主体所发行债券的价格，从而使违约成为自我实现的预言。市场上关于限制裸 CDS 头寸利弊的争论丝毫不亚于股票市场上限制卖空股票利弊的争论。

CDS 是通过场外交易来进行的，没有清算机构的担保。因此，CDS 头寸可能会面临相当大的交易对手风险，尤其是在交易抵押品不足的情况下。一个恰当的例子出现在次贷危机期间，出售了许多保护头寸的美国国际集团（AIG）不得不接受美国政府的纾困，以防止其 CDS 合约违约的系统性后果。人们担心，CDS 市场已经在金融机构之间形成了一种新的依赖形式，因此，一家大型（具有系统重要性）机构违约，可能会由于交易对手风险，在整个金融行业造成一连串违约。

另一方面，CDS 是非常有用的风险管理工具。由于 CDS 市场的流动性，信用违约互换（CDS）天然就是其他许多更复杂信用衍生产品的基础担保品。那些资产组合相关的信用衍生品的定价模型通常都根据 CDS 的基差来校定它的价格。另一方面，CDS 也是非常有用的风险管理工具。随着 CDS 市场上抵押品管理的日渐改进，有人认为，由 CDS 市场造成潜在的大规模蔓延的违约的可能性已经大大减少了。请参见说明与评论。

信用联结票据 信用联结票据（Credit-Linked Note）是将信用衍生品和附息债券组合打包、一起销售的债券。如果第三方（参照主体）在合同存续期间发生了违约事件，债券收益（有时也包括债券的本金）会减少，那么信用联结票据的买方就给发行者提供了信用保护。

信用联结票据的发行一般是基于两个原因。首先，从法律的角度认为，信用联结票据是一种固定收益类投资，因此无法直接参与涉及信贷衍生品交易的投资者（如寿险公司）可以通过购买与信用联结票据来出售信用保护。其次，投资者购买信用联结票据，首先支付价格，以便保护买方（信用联结票据的发行方）免受保护卖方违约造成的损失。

10.1.5　违约概率、违约损失率和违约风险敞口

无论我们从事贷款业务，购买可违约债券，参与场外衍生品交易还是在信用违约互换中作为信用保护卖方，信用损失都离不开三个参数，违约风险敞口（EAD），违约概率 PD，违约损失率（LGD）或者可以用违约发生后回收资金大小。这几个数值是巴塞尔协议的 IRB 法（Internal Ratings Based，内部评级法）用来测算信用风险资产组合对应的资本要求时用到的公式中的关键参数，所以把这几个数值考虑进去很重要。

违约风险敞口　如果我们提供贷款或购买债券，那么风险敞口相对容易确定，因为风险主要就是本金。但是，对于可能损失的利息支付的价值存在一些额外的不确定性。敞口不确定性的另一个来源是信用额度的广泛使用。基本上信用额度是公司客户可以按照给定条款借钱的上限，借款人可以决定他实际想要使用信用额度的哪一部分。对于场外交易衍生品而言，交易对手风险敞口更难以量化，因为它是一个随机变量，取决于交易对手违约的未知时间以及衍生价值到此时的演变。一个主要的例子就是第 10.1.3 节中讨论的利率互换的例子。

在实践中，用于描述敞口的概念是违约风险敞口（或称违约风险暴露）或 EAD，很多金融工具的风险敞口取决于具体的违约时间。在交易对手信用风险中，抵押品的使用也可以降低风险，从而减少损失。

违约概率　在衡量固定时间范围内的损失风险（例如一年）时，我们特别关注的是估计债务人在该时间范围内违约的概率，即从业人员所熟知的违约概率或 PD。违约概率与债务人的信用质量有关，第 10.2 节和第 10.3 节讨论了一些用于量化违约风险的模型。对于那些损失取决于违约确切时间的金融工具，例如带有交易对手风险的场外衍生品，违约风险是通过可能违约时间的整体分布，而不仅仅是固定期限内违约的概率来描述的。

违约损失率　在违约发生时，通常不太可能所有的风险敞口都损失殆尽。例如，当抵押贷款持有人对住房抵押贷款违约，且不存在重组债务的现实可能性时，贷款人可以出售该房产（抵押资产），出售所得将弥补部分本金损失。同样，当债券发行人进入破产管理程序时，债券持有人也会加入债权人的行列，通过出售公司资产，部分偿还债权人的损失。

从业人员使用违约损失率或 LGD 一词来描述在违约事件发生时实际的损失占敞口的比率，或用回收率（recovery）描述通过债务重组和资产销售回收的敞口数量。

几大变量的依赖性　认识到违约风险敞口、违约概率和违约损失率是相互依赖的变量这一点很重要。虽然试图用独立随机变量对它们建模比较常见，但是这样做是不现实的。例如，在金融危机时期，当违约概率较高、企业资产价值低迷、企业违约时，可能会出现相应的回收率较低的情形，因此违约概率与违约损失率之间存在正相关关系。这将在第 11.2.3 节中进一步讨论。

说明与评论

有关贷款和贷款定价的进一步阅读，请参阅 Benzschawel et al. (2010)。债券的概述见Sharpe et al. (1999)。

为了了解 CDS 市场的规模，请注意截至 2007 年年底，CDS 市场的名义价值（总名义金额）大约为 60 万亿美元，之后到 2012 年年底虽然有所下降，但仍有大约 25 万亿美元。2013 年净名义金额约为 2 万亿美元。相比之下，截至 2012 年年底，世界 GDP 约为 80 万亿美元。为了举例说明 CDS 中投机市场的规模，Cont (2010) 报告称，“当雷曼兄弟于 2008 年 9 月 14 日申请破产时，它的未偿还债务为 1550 亿美元，但是名义价值超过 4000 亿美元的 CDS 合约将雷曼兄弟作为参照主题”。Stulz (2010) 给出了关于信用衍生品在次贷危机中的作用的一个很好的讨论。改进 CDS 抵押品管理对 CDS 市场大规模传染风险的影响在 Brunnermeier et al. (2013) 中得到了阐述。

在这篇简短的介绍中，我们讨论了信用衍生品的一些基本特征，但忽略了与这些工具相关的监管、法律和会计问题。对这些主题感兴趣的读者可以参考由 Gregory (2003) 和 Perraudin (2004) 编辑的论文集，最后两篇参考文献还讨论了定价问题。在教科书层面上，Schönbucher (2003) 是信用衍生品方面的优秀教材。有关从金融工程角度讨论信用衍生品的问题，请参阅 Neftci (2008)。

10.2 信用质量度量

信用质量或债务人违约风险的量化方法有很多种，但从广义上讲，这些方法可以分为两种理念。一方面，信用质量可以用信用评级或信用打分来描述，信用评级或信用评分是基于描述债务人或类似债务人借贷和还款历史的经验数据。对于那些股本权益在资本市场上交易的债务人来说，可以从股票价格中推断市场对于债务人的信用质量的观点。本节将专门讨论第一种理念，并将在第 10.3 节讨论结构模型。

信用评级和信用评分履行类似的功能，它们都允许我们根据信用风险对债务人进行排序，并将风险映射到违约概率的估计值。信用评级倾向于用有序的分类尺度来表示，而信用评分通常用度量尺度上的分数来表示。对债务人，特别是大型企业或主权国家进行评级的任务通常外包给评级机构，如穆迪或标准普尔（S&P）；或者，也可以使用金融机构内部的评级系统。在标准普尔评级系统中，有 7 个标记为 AAA，AA，A，BBB，BB，B，CCC 的默认评级类别，其中 AAA 为最高评级，CCC 为最低评级；穆迪使用 9 个标记为 Aaa，Aa，A，Baa，Ba，B，Caa，Ca，C 的默认评级类别。两个机构也使用更精细的字母数字系统。

信用评分传统上用于零售客户，并基于银行通过对历史数据进行广泛统计分析而开发的所谓打分卡。其基本原理是，违约风险被建模为描述债务人的人口、行为和财务协变量的函数。使用逻辑回归等技术，这些协变量被加权并组合成一个得分。

10.2.1 信用评级迁移

在信用迁移方法中，每个公司在任何给定的时间点都被分配到一个信用评级类别。然后指定在给定风险期内（通常是一年）从一个信用评级转移到另一个信用评级的概率。转移概率通常以矩阵的形式表示；穆迪的一个例子如表 10.1所示。信用评级迁移矩阵是根据历史违约数据估计所得，用于此目的的标准统计方法将在第 10.2.2 节中讨论。

表 10.1 一年内从某一评级迁移到另一评级的概率。WR 表示由于各种原因（包括另一家公司的收购）而在年底不再评级的公司比例。来源：Ou (2013)，展示 26。

初始评级	年末评级 (%) Aaa	Aa	A	Baa	Ba	B	Caa	Ca–C	Default	WR
Aaa	87.20	8.20	0.63	0.00	0.03	0.00	0.00	0.00	0.00	3.93
Aa	0.91	84.57	8.43	0.49	0.06	0.02	0.01	0.00	0.02	5.48
A	0.06	2.48	86.07	5.47	0.57	0.11	0.03	0.00	0.06	5.13
Baa	0.039	0.17	4.11	84.84	4.05	7.55	1.63	0.02	0.17	5.65
Ba	0.01	0.05	0.35	5.52	75.75	7.22	0.58	0.07	1.06	9.39
B	0.01	0.03	0.11	0.32	4.58	73.53	5.81	0.59	3.85	11.16
Caa	0.01	0.02	0.02	0.12	0.38	8.70	61.71	3.72	13.34	12.00
Ca-C	0.00	0.00	0.00	0.00	0.40	2.03	9.38	35.46	37.93	14.80

在信用迁移方法中，我们假设当前的信用评级完全确定了违约概率，因此可以从转移矩阵中读取该概率。例如，如果我们使用表 10.1中给出的转移矩阵，则得到一个评级为 A 的公司的一年违约概率为 0.06 %，而评级为 Caa 公司的一年违约概率为 13.3 %。在实际操作中，可能会对表 10.1中的数字进行修正以考虑评级撤回的情况，即转移到 WR 状态。最简单的修正是将表格每行中的前 9 个概率除以 1 与该行最后一列的概率的差；这隐含地假设评级撤回行为不包含有关债务人任何升级、降级或违约的可能性的信息。

评级机构还会在更长时间范围内产生累积违约概率。在表 10.2中，我们再现了给定当前信用评级的公司的穆迪累计违约概率。例如，根据这个表格，一个目前信用评级是 Baa 的公司在未来四年内的违约概率是 1.37%。这些累计违约概率是直接从违约数据中估计出来的。如何从一年过渡矩阵中推断多年违约概率的替代估计将在下一节中详细介绍。

表 10.2 平均累积违约概率 (%)。来源：Ou (2013)，展示 33。

初始评级	周期 1	2	3	4	5	10	15
Aaa	0.00	0.01	0.01	0.04	0.11	0.50	0.93
Aa	0.02	0.07	0.14	0.26	0.38	0.92	1.75
A	0.06	0.20	0.41	0.63	0.87	2.48	4.26
Baa	0.18	0.50	0.89	1.37	1.88	4.70	8.62
Ba	1.11	3.08	5.42	7.93	10.18	19.70	29.17
B	4.05	9.60	15.22	20.13	24.61	41.94	52.22
Caa-C	16.45	27.87	36.91	44.13	50.37	69.48	79.18

备注 10.1 (商业周期核算). 众所周知，违约率往往随经济状况而变化，在经济衰退期间高，在经济扩张时期低，如图 10.2 所示。另一方面，标准普尔（Standard & Poor's）或穆迪（Moody's）估计的迁移率是涵盖了较长历史时期并覆盖多个商业周期的历史平均水平。例如表 10.1中的迁移率是根据 1970—2012 年期间的评级迁移数据估算而来的。此外，评级机构在对某家公司进行信用评级时，会关注“跨越商业周期”的平均信用质量。因此，信用迁移方法估计的违约概率是对平均违约概率的估计，独立于当前的经济环境。在某些情况下，我们对反映当前宏观经济环境（如短期贷款定价）的违约概率的“时间点”估计感兴趣。在这些情况下，可以从信用迁移方法调整长期平均违约概率。例如，我们可以使用股票价格作为额外的信息来源，正如在第 10.3.3 节中讨论的上市公司 EDF 模型中所做的那样。

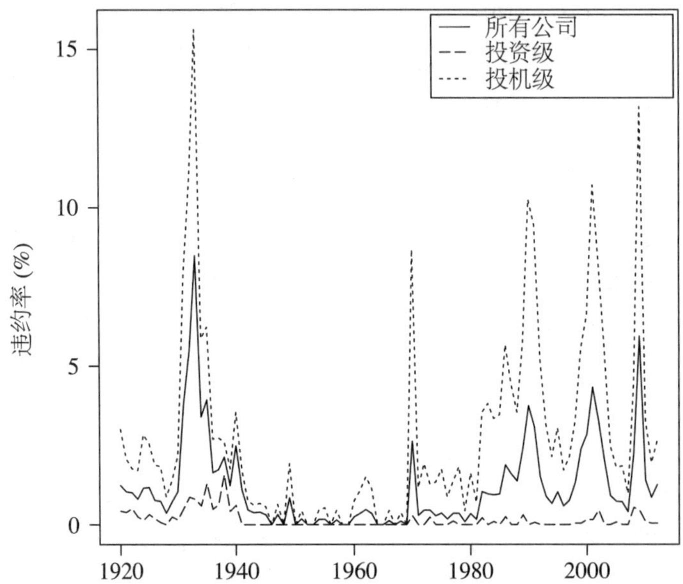

图 10.2 1920—2012 年穆迪年违约率 (数据来源：Ou (2013), Exhibit 30。)

10.2.2 基于马尔可夫链的评级迁移

设 (R_t) 表示在 $t=0,1,\ldots$ 上定义的离散时间随机过程，取值为 $S=\{0,1,\ldots,n\}$。集合 S 定义信用等级增加的状态，其中 0 表示违约。(R_t) 代表债务人评级随时间的变化过程。

我们假设 (R_t) 是一个马尔可夫链。对所有 $t\geqslant 1$ 和所有 $j,r_0,r_1,\ldots,r_{t-2},k\in S$

$$P(R_t=k \mid R_0=r_0,R_1=r_1,\ldots,R_{t-1}=j)=P(R_t=k \mid R_{t-1}=j)$$

这意味着条件迁移概率满足马尔可夫性质。换言之，给定债务人的评级历史，评级迁移的条件概率仅取决于上一个时间点上的评级 $R_{t-1}=j$，而不取决于更长时间以前债务人在时间为 $t-1$ 时如何到达评级状态 j。

马尔可夫对评级迁移的假设受到了批评。经验评级历史中有动量和黏性的证据 (参考 Lando and Skodeberg (2002))。动量是最近被降级到特定评级的债务人比长期具有相同评级的债务人更有可能遭受进一步降级的现象。黏性是一种相反的现象，评级机构最初犹豫是否要降低债务人的评级，直到信用恶化的证据压倒一切。但是，尽管存在这些问题，马尔可夫链假设还是得到了非常广泛的使用，因为它导致易处理模型具有易于理解的理论和转移概率的自然估计。

对于所有 $t \geqslant 1$ 和所有评级状态 j 和 k，如果

$$P(R_t = k \mid R_{t-1} = j) = P(R_1 = k \mid R_0 = j)$$

那么马尔可夫链是平稳的。在这种情况下，我们可以定义迁移矩阵为 $(n+1) \times (n+1)$ 矩阵 $\boldsymbol{P} = (p_{jk})$，其中，对于任意 $t \geqslant 1$，元素 $p_{jk} = P(R_t = k \mid R_{t-1} = j)$。简单的条件概率参数可以用来推导 *Chapman-Kolmogorov* 方程，该方程对于任意 $t \geqslant 2$，和任意 $j, k \in S$,

$$\begin{aligned} P(R_t = k \mid R_{t-2} = j) &= \sum_{l \in S} P(R_t = k \mid R_{t-1} = l) P(R_{t-1} = l \mid R_{t-2} = j) \\ &= \sum_{l \in S} p_{lk} p_{jl} \end{aligned}$$

该公式意味着两个时间步长的转移概率矩阵由 $\boldsymbol{P}^2 = \boldsymbol{P} \times \boldsymbol{P}$ 给出。类似地，T 时间段的转移概率矩阵是 $\boldsymbol{P}^T$。然而，我们不清楚如何计算一小部分时间段的转移概率矩阵。事实上，这需要应用连续时间中的马尔可夫链的概念，我们将在下面讨论。

现在我们讨论估算 $\boldsymbol{P}$ 的问题。假设我们在 $0, 1, \ldots, T$ 的时间点观察或获得有关公司评级的信息。通常这些信息与波动或公司队列有关，只有少数公司在 $[0, T]$ 中具有完整的评级历史：新公司可以随时添加到队列中；一些公司可能违约并退出队列；其他一些公司可能会撤销评级。在后一种情况下，我们将假设评级的撤回与公司的违约或评级迁移风险发生无关（虽然这未必是真的）。

对 $t = 0, \ldots, T-1$ and $j \in S \setminus \{0\}$，设 N_{tj} 表示在时间 t 评级为 j 的公司数量，并且该公司在 $t+1$ 存在评级，设 N_{tjk} 表示这些公司在时间 $t+1$ 评级为 k 的子集。在离散时间，时间同质马尔可夫假设下，每个时间 t 都会发生有效的独立的多项式实验。在每个实验中，N_{tj} 公司评级 j 可以被认为是根据概率 p_{jk} 随机分配到 $\sum_{k=0}^{n} p_{jk} = 1$ $(k \in S)$。

在此框架下，似然方程为：

$$L((p_{jk}); (N_{tj}), (N_{tjk})) = \prod_{t=0}^{T-1} \left(\prod_{j=1}^{n} \left(N_{tj}! \prod_{k=0}^{n} \frac{p_{jk}^{N_{tjk}}}{N_{tjk}!} \right) \right)$$

如果其在 $\sum_{k=0}^{n} p_{jk} = 1$ for $j = 1, \ldots, n$ 的约束条件下最大化，则我们得到最大似然估计量

$$\hat{p}_{jk} = \frac{\sum_{t=0}^{T-1} N_{tjk}}{\sum_{t=0}^{T-1} N_{tj}} \tag{10.1}$$

用离散时间马尔可夫链对评级迁移建模存在许多缺点。实际上，评级变化往往发生在不规律间隔的日期。虽然这些数据可以用定期间隔的时间序列（或面板）来近似，例如，年度、季度或月度评级，但这样做会丢失信息。上面描述的离散时间模型将忽略发生在时间 t 和 $t+1$ 之间的关于评级迁移的任何信息。例如，如果债务人在 $[t,t+1]$ 期间从 A 降级到 BBB 然后到 BB，则该债务人将被简单地记录为从 A 迁移到 BB，而从 A 迁移到 BBB 和从 BBB 迁移到 BB 的信息将不会被记录。此外，离散时间链的估计过程往往会得到含有大量零元素的过渡矩阵的稀疏估计。例如，如果在一个时间段内没有观察到 AAA 和违约之间的迁移，那么这种迁移的概率估计为零。然而，在现实中这种迁移是可能的，即使不太可能，其发生的估计概率也不应为零。

因此，用连续时间现象对评级迁移建模会更令人满意。在这种情况下，迁移概率不是直接建模的，而是根据迁移率给出的。直观地说，迁移率和迁移概率之间的关系可以描述如下。

评级 j 和 k 之间的迁移率定义为假设在任意时间增量 δt，从评级 j 到 k 的迁移概率是 $\lambda_{jk}\delta t$，其中 $\lambda_{jk}>0$，为常量。留在评级 j 的概率为 $1-\sum_{k\neq j}\lambda_{jk}\delta t$。假设我们定义一个矩阵 $\mathbf{\Lambda}$，具有非对角线元素 λ_{jk} 和对角线元素 $-\sum_{k\neq j}\lambda_{jk}$，我们可以总结矩阵 $(I_{n+1}+\Lambda\delta t)$ 中任意时间增量 δt 的隐含迁移概率。

现在我们考虑 $[0,t]$ 期间的迁移，并将相应的迁移概率矩阵表示为 $\boldsymbol{P}(t)$。如果我们将时间周期划分为大小为 $\mathrm{t}\delta t=t/N$，其中 N 比较大，则迁移概率矩阵可以近似为

$$\boldsymbol{P}(t)\approx\left(I_{n+1}+\frac{\mathbf{\Lambda}t}{N}\right)^{N}$$

$$\boldsymbol{P}(t)=\exp\left(\mathbf{\Lambda}t\right)$$

这个公式给我们提供了一种计算任意时间范围 t 迁移概率矩阵 $\mathbf{\Lambda}$ 的方法，也就是所谓的生成矩阵。

连续时间条件下的马尔可夫链与生成矩阵 $\mathbf{\Lambda}$ 可以用以下方法构造。一个债务人保持评级状态 j 的时间服从参数为 $\lambda_{jj}=\sum_{k\neq j}\lambda_{jk}$ 的指数分布，即减去生成矩阵的对角线元素。当发生迁移时，新的评级由多项实验决定，其中从 j 到状态 k 的迁移概率由 $\lambda_{jk}/\lambda_{jj}$ 给出。

这种构造也导致了矩阵 $\mathbf{\Lambda}$ 的自然估计。由于 λ_{jk} 是从 j 到 k 的瞬时迁移速率，我们可以通过

$$\hat{\lambda}_{jk}=\frac{N_{jk}(T)}{\int_0^T Y_j(t)dt} \tag{10.2}$$

其中 $N_{jk}(T)$ 是观察到时间区间 $[0,T]$ 上评级从 j 到 k 迁移的个数，$Y_i(t)$ 是在时间 t 评级为 j 的债务人的数量，因此，分母表示数据集里所有公司在状态 j 中花费的总时间。注意，这是公式 (10.1) 中最大似然估计的连续时间模拟。因此，公式 (10.2) 可以显示为同质连续马尔可夫链迁移强度的极大似然估计。

说明与评论

有大量关于信用评分的文献，读者可以从 Thomas (2009) 和 Hand and Henley (1997) 这两个参考文献开始。除了著名的商业评级机构，现在还有开放的评级系统。例如，新加坡国立大学（NUS）风险管理研究所（RMI）的信用研究计划。

基于评级迁移的模型的另一种讨论在 Crouhy et al. (2001) 的第 7 章和第 8 章中给出。评估迁移矩阵的统计方法在 Hu et al. (2002) 和 Lando and Skodeberg (2002) 中讨论。后一篇论文还表明，评级迁移数据存在动量，这与评级转换形成马尔可夫链的假设相矛盾。基于信用评级的业界模型的一个例子是 CrediMetrics，参见 Gupton et al. (1997)。

在 Duffie and Singleton (2003) 的第 4 章中，对评级迁移的统计特性进行了广泛的研究。在 Albert (1962) 中正式导出了连续时间马尔可夫链无穷小生成元的极大似然估计。关于马尔可夫链的更多信息，请参阅标准教科书 Norris (1997)。

10.3 关于违约的结构模型

在违约的结构模型或公司价值模型中，人们假定了一种根据公司的资产和负债之间的关系来判断公司是否违约的机制。通常，当表示资产价值的随机变量（或动态模型中的随机过程）低于表示负债的阈值时，就会发生违约。这些模型所体现的思维方式对信用风险的分析和行业解决方案的发展具有很大的影响力，因此很自然地也成为我们讨论信用风险模型的起点。我们首先详细分析 Merton (1974)(在第 10.3.1 节和第 10.3.2 节中) 的开创性模型。结构模型的行业应用在第 10.3.3 节中讨论。

从现在开始我们用 (X_t) 表示一段连续时间内的通用随机过程，在 $t \geqslant 0$ 时的随机过程价值由随机变量 X_t 表示。

10.3.1 默顿模型

Merton (1974) 中提出的模型是所有公司价值模型的原型。假设一家公司的资产价值遵循某个随机过程 (V_t)。该公司通过*权益*（即通过发行股票）和*债务*进行融资。在默顿模型中，债务由到期日为 T 的零息债券组成；到期债务的名义价值由常数 B 给出。此外，假定公司不能支付股息或发行新债券。

股票和债务在时间 t 的值用 S_t 和 B_t 表示。如果公司错过向其债务持有人支付的款项，则会出现违约，而默顿模型中的支付只能在债券的到期日 T 时发生。在时间 T，我们必须区分两种情况。

(i) $V_T > B$: 公司资产的价值超过负债的名义价值。在这种情况下，债券持有人（零息债券的所有者）获得 B,，股东获得剩余价值 $S_T = V_T - B$，没有违约。

(ii) $V_T \leqslant B$：公司资产的价值低于其负债，公司不能履行其财务义务。在这种情况下，股东没有兴趣提供新的股本，因为这些资金将立即流向债券持有人。因此他们让公司违约。公司资产的控制权转移给债券持有人，债券持有人清算公司，并将收益分配给他们。股东支付而没有得到任何东西，所以我们有 $B_T = V_T$, $S_T = 0$。

总之，关系如下：

$$S_T = \max(V_T - B, 0) = (V_T - B)^+ \tag{10.3}$$

$$B_T = \min(V_T, B) = B - (B - V_T)^+ \tag{10.4}$$

公式 (10.3) 意味着公司股权在时间 T 的价值等于欧式看涨期权在 V_T 上的到期收益，而公式 (10.4) 意味着公司债务到期时的价值等于负债的名义价值减去执行价格为 B 的欧式看跌期权在 V_T 上的到期收益，行使价等于 B。

这个模型当然是对违约的典型化描述。实际上，公司债务的结构要复杂得多，因此违约可能发生在许多不同的日期。此外，在现代破产法下，违约并不自动意味着破产，即公司破产清算。尽管如此，默顿模型是建立信用风险和对违约证券进行定价的有用起点。

备注 10.2. 股权和债务的期权解释有助于解释公司股东和债权人之间潜在的利益冲突。众所周知，在其他条件相同的情况下，如果基础证券的波动性增加，期权的价值就会增加。因此，股东对承担风险项目的公司感兴趣。另一方面，债券持有人对公司资产的看跌期权持有空头头寸，因此希望看到资产价值的波动性降低。

在默顿模型中，假设在真实或物理概率测度 P 下，随机过程 (V_t) 遵循扩散模型（称为 Black-Scholes 模型或几何布朗运动）的形式

$$\mathrm{d}V_t = \mu_V V_t \,\mathrm{d}t + \sigma_V V_t \,\mathrm{d}W_t \tag{10.5}$$

对于常量 $\mu_V \in \mathbb{R}$（资产价值过程的漂移），$\sigma_V > 0$（资产价值过程的波动），以及一个标准的布朗运动 (W_t)。公式 (10.5) 可以被解析求解，可以看出

$$V_T = V_0 \exp\left((\mu_V - \tfrac{1}{2}\sigma_V^2)T + \sigma_V W_T\right)$$

由于 $W_T \sim N(0, T)$，因此得出 $\ln V_T \sim N(\ln V_0 + (\mu_V - \frac{1}{2}\sigma_V^2)T, \sigma_V^2 T)$。在公式 (10.5) 下，公司的违约概率可以快速被计算。我们得到

$$P(V_T \leqslant B) = P(\ln V_T \leqslant \ln B) = \varPhi\left(\frac{\ln(B/V_0) - (\mu_V - \frac{1}{2}\sigma_V^2)T}{\sigma_V \sqrt{T}}\right) \tag{10.6}$$

由 (10.6) 得到，违约概率是 B 的增函数，V_0 和 μ_V 的减函数，对于 $V_0 > B$，是 σ_V 的增函数。所有这些属性都完全符合经济学解释。

图 10.3 展示了两个参数为 $V_0 = 1$, $\mu_V = 0.03$ 和 $\sigma_V = 0.25$ 的资产价格过程 (V_t) 的模拟轨迹。假设 $B = 0.85$ 和 $T = 1$，其中一条路径是违约路径，当价值 $V_T < B$ 时中止，而另一条路径是非违约路径。

10.3.2 默顿模型的定价

在默顿模型的背景下，人们可以对那些到期收益取决于公司资产价值 V_T 的证券在时间 T 定价。最主要的例子是公司的债务，或者是公司发行的零息债券，以及公司的股权。在

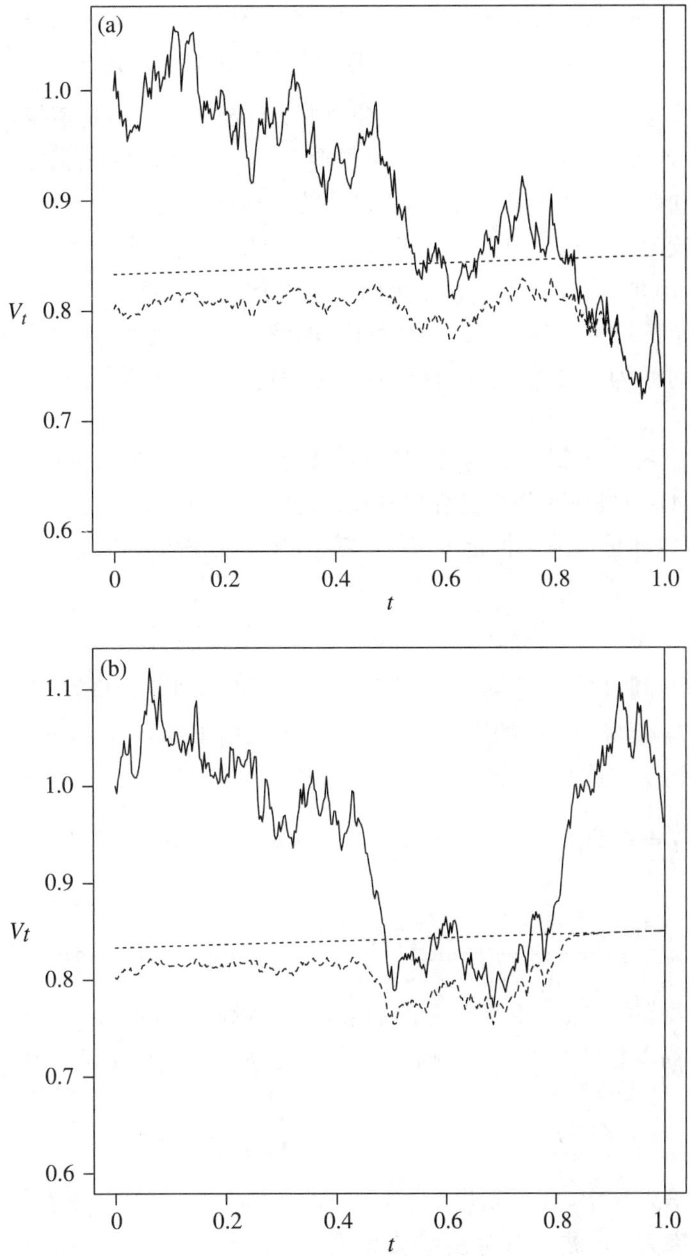

图 10.3 默顿模型中违约路径（上图）和非违约路径（下图）的说明。实线显示了资产价值过程 (V_t)，从 $V_0 = 1$ 开始，参数 $\mu_V = 0.03$ 和 $\sigma_V = 0.25$ 的一年模拟轨迹。假设债务面值为 $B = 0.85$，期限为 $T = 1$，利率为 $r = 0.02$，虚线表示无违约债务 $(Bp_0(t,T))$，虚线表示公司债务 B_t 根据公式 (10.12) 的演变。资产价值 V_t 和债务 B_t 之间的差额是权益 S_t 的价值。

默顿模型背景下的定价分析中，我们利用了金融数学和随机微积分中的一些基本概念。在说明与评论中给出了一些金融数学的参考文献。

我们做了以下假设。

假设 10.3. (i) 无风险利率是确定的并且等于 $r \geqslant 0$。

(ii) 公司的资产价值过程 (V_t) 独立于公司的融资方式，特别是它独立于债务水平 B。

(iii) 资产价值 (V_t) 可以在无摩擦市场上交易，资产价值动态由几何布朗运动 (10.5) 给出。

这些假设本身值得商榷。首先，(V_t) 与公司财务结构的独立性是值得怀疑的，因为非常高的债务水平以及由此造成的高违约概率可能会对公司产生业务的能力产生负面影响，从而影响其资产的价值。这是在第 1.4.2 节中讨论的间接破产成本的一个特例。其次，虽然有许多公司拥有可交易的股权，但公司资产的价值通常既不能完全观察到，也不能进行交易。我们在下面的第 10.3.3 节中重新讨论这个问题。举个 (iii) 的例子，设想一家投资公司或信托公司，它投资于流动性交易证券，并利用债务融资来平衡其头寸。在这种情况下，V_t 对应于投资组合在时间为 t 时的价值，这个组合由假定的交易证券组成。

权益和债务定价　考虑对到期日为 T 且到期收益 $h(V_T)$ 的公司价值的债权，例如在公式 (10.3) 和 (10.4) 中描述的公司权益和债务。在假设 10.3下，该债权的公允价值 $f(t, V_t)$ 在 $t \leqslant T$ 时，可以通过风险中性定价规则计算出该债权在风险中性测度 Q 下的到期收益贴现预期，即

$$f(t, V_t) = E^Q(\mathrm{e}^{-r(T-t)} h(V_T) \mid \mathcal{F}_t) \tag{10.7}$$

根据 (10.3)，公司的股权相当于对 (V_t) 的欧式看涨期权，执行价格为 B，到期日为 T。因此，从公式 (10.7) 获得的股权的风险中性价值简单地由 Black-Scholes 定价 C^{BS}给出欧式看涨期权价格。这个收益率

$$S_t = C^{\mathrm{BS}}(t, V_t; r, \sigma_V, B, T) := V_t \Phi(d_{t,1}) - B\mathrm{e}^{-r(T-t)} \Phi(d_{t,2}) \tag{10.8}$$

其中

$$d_{t,1} = \frac{\ln V_t - \ln B + (r + \frac{1}{2}\sigma_V^2)(T-t)}{\sigma_V \sqrt{T-t}}, \quad d_{t,2} = d_{t,1} - \sigma_V \sqrt{T-t} \tag{10.9}$$

接下来我们来看看公司发行的风险债务的估值。由于我们假设利率 r 不变，到期日为 T 且面值为 1 的无违约零息债券在 $t \leqslant T$ 时的价格 $p_0(t,T) = \exp(-r(T-t))$。根据 (10.4) 所示

$$B_t = Bp_0(t, T) - P^{\mathrm{BS}}(t, V_t; r, \sigma_V, B, T) \tag{10.10}$$

其中 $P^{\mathrm{BS}}(t, V; r, \sigma_V, B, T)$ 表示欧式看跌期权 Black-Scholes 价格，执行价格为 B，(V_t) 的到期日为 T，利率为 r，波动率为 σ_V。众所周知

$$P^{\mathrm{BS}}(t, V_t; r, \sigma_V, B, T) = B\mathrm{e}^{-r(T-t)} \Phi(-d_{t,2}) - V_t \Phi(-d_{t,1}) \tag{10.11}$$

其中 $d_{t,1}$ 和 $d_{t,2}$ 如公式 (10.9) 中所述。结合公式 (10.10) 和公式 (10.11)，我们得到

$$B_t = p_0(t, T) B \Phi(d_{t,2}) + V_t \Phi(-d_{t,1}) \tag{10.12}$$

在假设 $r = 0.02$ 的情况下，将 B_t 的演变作为 V_t 的演变函数添加到图 10.3 中。资产价值 V_t 和债务 B_t 之间的差额是权益 S_t 的价值；注意，在违约路径中，$t > 0.8$ 的权益价值基本上可以忽略不计。

公司股票的波动性　在假设 10.3下，计算公司股票的波动性是很有趣的。为此，我们定义了数量

$$\nu(t,V_t):=\frac{V_tC_V^{\mathrm{BS}}(t,V_t)}{C^{\mathrm{BS}}(t,V_t)}$$

在期权定价的上下文中，这被称为欧式看涨期权相对于基础证券价格的弹性。在我们的上下文中，它衡量的是股本价值的百分比变化与标的资产价值的百分比变化之间的关系。

如果我们将伊藤公式应用到 $S_t=C^{\mathrm{BS}}(t,V_t;r,\sigma_V,B,T)$，则得到

$$dS_t=\sigma_VC_V^{\mathrm{BS}}(t,V_t)V_t\mathrm{d}W_t+\left(C_t^{\mathrm{BS}}(t,V_t)+\mu_VC_V^{\mathrm{BS}}(t,V_t)V_t+\frac{1}{2}\sigma_V^2V_t^2C_{VV}^{\mathrm{BS}}\right)\mathrm{d}t$$

使用弹性 ν 的定义，我们可以用下面的格式重写 $\mathrm{d}W_t$ 项

$$\sigma_VC_V^{\mathrm{BS}}(t,V_t)V_t\mathrm{d}W_t=\sigma_V\nu(t,V_t)C^{\mathrm{BS}}(t,V_t)\mathrm{d}W_t$$

由此我们得出结论，公司股票在 t 时刻的波动性是一个关于 $\sigma_S(t,V_t)$ 和当前资产价值 V_t 的函数，采取的形式为

$$\sigma_S(t,V_t)=\nu(t,V_t)\sigma_V \tag{10.13}$$

因此，公司股票的波动性大于 σ_V，因为欧式看涨期权的弹性总是大于 1。

风险中性和物理违约概率　接下来，我们比较默顿模型中的物理违约概率和风险中性违约概率。金融数学的一个基本概念是，在风险中性测度 Q 下，随机过程 (V_t) 满足随机微分方程（SDE）$\mathrm{d}V_t=rV_t\,\mathrm{d}t+\sigma_VV_t\,\mathrm{d}\tilde{W}_t$, $\tilde{W}$ 为 Q 测度下标准布朗运动。现在公式 (10.5) 中的漂移项 μ_V 被无风险利率 r 取代。因此，风险中性违约概率由公式 (10.6) 给出，且 $\mu_V=r$:

$$q=Q(V_T\leqslant B)=\varPhi\left(\frac{\ln B-\ln V_0-(r-\frac{1}{2}\sigma_V^2)T}{\sigma_V\sqrt{T}}\right)$$

将其与公式 (10.6) 中给出的物理违约概率相比较，我们得出以下关系

$$q=\varPhi\left(\varPhi^{-1}(p)+\frac{\mu_V-r}{\sigma_V}\sqrt{T}\right) \tag{10.14}$$

修正项 $(\mu_V-r)/\sigma_V$ 等于 V 的*夏普比率*（一个流行的衡量公司风险溢价的方法）。转换公式 (10.14) 在实践中有时用于从物理违约概率转换为风险中性违约概率。但是请注意，仅在默顿模型的狭义上下文中，公式 (10.14) 才得到理论参数的支持。

信用利差　我们可以用公式 (10.12) 来推断默顿模型中隐含的信用利差 $c(t,T)$。信用利差衡量的是可违约零息债券 $p_1(t,t)$ 与无违约零息债券 $p_0(t,t)$ 的连续复合到期收益率之差。

$$c(t,T)=\frac{-1}{T-t}(\ln p_1(t,T)-\ln p_0(T,t))=\frac{-1}{T-t}\ln\frac{p_1(t,T)}{p_0(t,T)} \tag{10.15}$$

在整本书中，我们使用的惯例是零息债券的票面价值等于 1。根据这一惯例，我们假定公司发行的零息债券在时间 T 的到期收益为 $(1/B)B_T$，因此，这种债券在 $t \leqslant T$ 时的价格为 $p_1(t,T) = (1/B)B_t$。由此我们得到

$$c(t,T) = \frac{-1}{T-t}\ln\left(\varPhi(d_{t,2}) + \frac{V_t}{Bp_0(t,T)}\varPhi(-d_{t,1})\right) \tag{10.16}$$

由于 $d_{t,1}$ 可以被重写为

$$d_{t,1} = \frac{-\ln(Bp_0(t,T)/V_t) + \frac{1}{2}\sigma_V^2(T-t)}{\sigma_V\sqrt{T-t}}$$

$d_{t,2}$ 同理，我们认为，对于一个固定的时间到到期日 $T-t$，利差 $c(t,T)$ 只取决于波动 σ_V 和比率 $d := Bp_0(t,T)/V_t$，它是公司债务的贴现名义价值与公司资产价值的比率，因此是衡量公司相对债务水平或杠杆率的一种方法。随着欧式看跌期权 (10.11) 的价格在波动中越来越大，其走势如公式 (10.10) 所示，$c(t,T)$ 随着 σ_V 而增大。在图 10.4 中，我们绘制了信用利差作为 σ_V 和到期时间 $\tau = T-t$ 的函数。

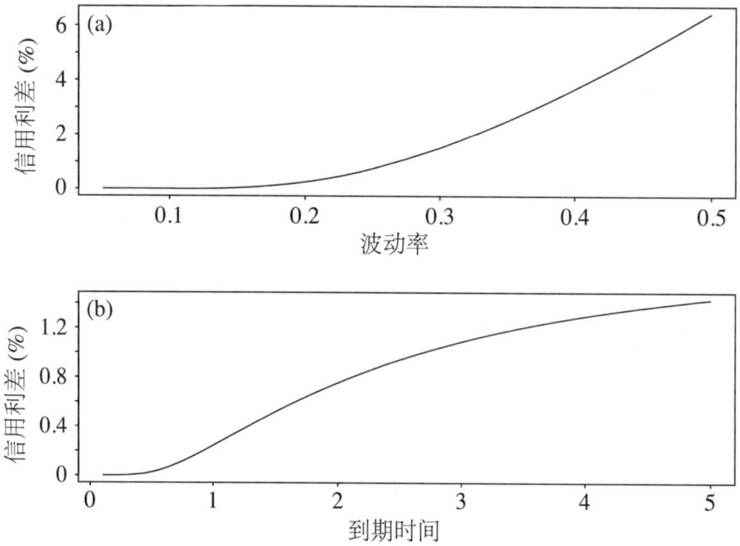

图 10.4 以百分比表示的信用利差 $c(t,t)$ 在此图中表述为以下变量的函数：(a) 公司波动率 σ_V；(b) 固定杠杆措施到期时间 $\tau = t-t$（在 (a) $\tau = 2$ 年；在 (b) $\sigma_V = 0.25$）。请注意，对于到期日小于约 3 个月的情况，默顿模型隐含的信用利差基本上等于零。这与大多数关于公司债券利差的实证研究不一致，从而导致了默顿模型的扩展，这些扩展在说明与评论中列出。我们将在第 10.5.3 节中看到，简约模型会导致短期信用利差的更合理行为。

扩展 默顿的模型非常简单。多年来，这催生了大量关于公司价值模型的文献。我们对最重要的研究方向做了简要的评述（文献参考资料在说明与评论中给出）。首先，观察发现，在现实中，公司基本上可以在任何时候违约（而且不仅仅是在确定的时间点 T），这导致了所谓的首次通过时间模型（*first-passage-time models*）的开发。这类模型中，当资产价值过

程第一次越过违约阈值 B 时，发生违约。阈值通常被解释为负债的平均值。形式上，违约时间 τ 由 $\tau = \inf\{t \geqslant 0 : V_t \leqslant B\}$ 定义。进一步的技术发展包括具有随机无违约利率的模型，以及资产价值过程 (V_t) 由具有跳跃扩散的模型给出。

带内生违约阈值的公司价值模型是默顿模型的一个有趣的经济扩展。这里的违约边界 B 不是由建模者预先确定的，而是由股东的战略考虑决定的。最后，具有资产价值和/或负债不完备信息的结构模型提供了结构和简约模型的信用风险建模方法之间的重要联系。

10.3.3　实践中的结构模型：EDF 和 DD

有许多行业模型是从默顿模型派生出来的。一个重要的例子是由穆迪分析维护的所谓的上市公司 *EDF* 模型。这里的缩写 EDF 代表预期违约频率（*expected default frequency*），这是一个特定公司在一年内的实际违约概率的具体估计。穆迪分析（Moody's analytics）是在 20 世纪 90 年代 KMV（一家以其创始人 Kealhofer、McQuown 和 Vasicek 的名字命名的私人公司）早期工作的基础上提出的方法，也被称为 KMV 模型。我们介绍的上市公司 EDF 模型基于 Crosbie and Bohn (2002) 和 citetbib:moodys-12。我们专注于主要观点，因为关于实际实施和校准程序的详细信息是专有的，而且这些程序可能会随着时间的推移而更改。

概要　回顾在经典的默顿模型中，给定公司的一年违约概率是由一年内资产价值低于代表该公司总负债的阈值 B 的概率给出的。在假设 10.3下，一年违约概率是资产价值过程中当前资产价值 V_0、（年化）漂移 μ_V 和波动率 σ_V 的函数，阈值 B; 使用 (10.6) 和 $T=1$，并回顾 $\Phi(d) = 1-\Phi(-d)$，我们推断

$$\mathrm{EDF}_{\mathrm{Merton}} = 1 - \Phi\left(\frac{\ln V_0 - \ln B + (\mu_V - \frac{1}{2}\sigma_V^2)}{\sigma_V}\right) \tag{10.17}$$

在上市公司 EDF 模型中假定 EDF 具有类似的结构。然而，$1-\Phi$ 取代了一些实证估计函数，B 被新的违约阈值 $\tilde{B}$ 所取代，代表公司的负债的结构更紧密，以便于表述有时省略分子中的 $(\mu_V - \frac{1}{2}\sigma_V^2)$。此外，当前资产价值 V_0 和资产波动率 σ_V 从公司股权价值的信息推断（或“退出”）。

确定资产价值和资产波动率　基于公司价值的信用风险模型是基于公司资产的市场价值 V_0。这种方式也是非常有道理的，因为市场价值通常是前瞻性的估量，反映了投资者对公司前景和未来现金流的期望值。不幸的是，与默顿模型的假设相反，在大多数情况下，企业的资产没有市场，因此资产价值不能直接被观察到。此外，根据会计准则（即所谓的账面价值）来衡量，市场价值可能与公司价值偏离很大，因此，会计信息和资产负债表数据在估算资产价值 V_0 时的作用有限。由于这些原因，上市公司 EDF 模型依赖于一种间接的方法，并从更容易观察到的公司股权价值 S_t 中推断出不同时间的 V_t 的值。这种方法同时提供了对 V_0 和 σ_V 的资产波动性的估计。这样的估计是必要的，因为 σ_V 对违约概率有很

大的影响。在其他条件相同的情况下，资产波动性相对较高的风险公司的违约概率高于资产波动性较低的公司。

我们在默顿模型的上下文中解释了估计方法。回顾在假设 10.3下，我们有

$$S_t = C^{\mathrm{BS}}(t, V_t; r, \sigma_V, B, T) \tag{10.18}$$

显然，在一个固定的时间点 $t=0$，公式 (10.18) 是一个带有两个未知数的方程 V_0 和 σ_V。为了克服这个困难，可以使用迭代过程。在步骤 (1) 中公式 (10.18) 用一些初步估计 $\sigma_V^{(0)}$ 从股票价格来推断一个时间序列的资产价值 $(V_t^{(0)})$。然后从该时间序列中得到新的波动率估计值 $\sigma_V^{(1)}$。再使用公式 (10.18) 构造新的 $(V_t^{(1)})$ 和 $\sigma_V^{(1)}$。把这个过程经过 n 次迭代，直到步骤 $(n-1)$ 和步骤 (n) 的波动性估计值 $\sigma_V^{(n-1)}$ 和 $\sigma_V^{(n)}$ 足够接近。

在上市公司 EDF 模型中，公司的资本结构模型比默顿模型更复杂。债务有多种类型，如长期和短期债务和可转换债券，该模型允许支付与息票和股息相对应的中间现金支付，违约可以在任何时候发生。此外，违约点（阈值 $\tilde{B}$，如果 (V_t) 低于 $\tilde{B}$，公司将违约）是通过对公司债务期限结构的更详细分析确定的。因此，权益值不再由 (10.18) 给出，而是由一些不同的函数 $f(t, V_t\, \sigma_V)$ 给出，这些函数必须以数值方式计算。但是，用于估计 V_0 和 σ_V 的方法的基本思想与上面描述的完全相同。

EDF 计算 在默顿模型中，如果一家公司的资产价值低于其负债，就会发生违约。对于对数正态分布的资产值，就像假设 10.3所暗示的那样，违约概率如公式 (10.17) 中那样表示为 EDF_{Merton}。资产价值与违约概率之间的这种关系可能过于简单，无法准确描述实际违约概率。例如，资产价值不一定是对数正态的，而可能遵循一个尾部较大的分布，而且可能在某个中间时间点到期的支付会导致该日期出现违约。

由于这些原因，在上市公司 EDF 模型中，在中间步骤中建模了一个新的状态变量，即所谓的*违约距离*（*distance-to-default*）（DD）

$$\mathrm{DD} := (\log V_0 - \log \tilde{B})/\sigma_V \tag{10.19}$$

这里 $\tilde{B}$ 表示违约阈值。在某些版本的模型中，$\tilde{B}$ 表示为在一年内的短期债务和长期债务的一半之和。有时，业内有时将违约距离称为“公司偏离其违约阈值的标准差数量”。注意 (10.19) 实际上是一个近似的论点 (10.17)，因为 μ_V 和 σ_V^2 通常很小。

在 EDF 方法中，我们通常按照 DD 值越高违约概率越高对违约距离的排序来假定违约距离。DD 和 EDF 之间的函数关系是由实证决定的。通过一个由历史违约事件建成的数据库来预估在一定小范围 DD 内的公司在一年之内违约的比例。这个比例是经验估计的 EDF。DD 到 EDF 的映射显示了“厚尾”：对于具有较大 DD 的高质量公司，经验估计 EDF 远高于公式 (10.17) 中的 $\mathrm{EDF}_{\mathrm{Merton}}$。例如，对于 DD 等于 4 的公司，我们发现 $\mathrm{EDF}_{\mathrm{Merton}} \approx 0.003\%$，而经验估计的 EDF 等于 0.4%。

在表 10.3中，我们举例说明了两家不同公司的 EDF 计算情况：强生（在相对稳定的医疗市场上运营一家资本充足的公司）以及 RadioShack（一家活跃于高度波动的消费电子

行业的公司)。如果我们比较数字，就会发现强生的 EDF 值非常接近于零，而 RadioShack 的 EDF 则相当高。这一差异反映了 RadioShack 较高的杠杆率和基础业务的高风险，表现为较大的资产波动率 $\sigma_V = 24\%$。事实上，2014 年 9 月 11 日，《纽约时报》报道称，RadioShack 可能即将申请破产，这表明 EDF 在本案中有很好的预测能力。

表 10.3　上市公司 EDF 方法的总结。这个例子取自 Sun et al. (2012)，涉及强生（J&J）和 RadioShack 在 2012 年 4 月的情况。所有单位都是美元。

参数	强生	RadioShack	说明
资产市场价值 V_0	236 bn	1834 m	由股票价格的时间序列决定。
资产波动率 σ_V	11%	24%	
违约阈值 $\tilde{B}$	39 bn	1042 m	短期负债和长期负债的一半。
DD	16.4	2.3	由 $(\log V_0 - \log \tilde{B})/\sigma_V$ 给出。
EDF（1 年）	0.01%	3.58%	使用 DD 和 EDF 之间的经验映射确定。

10.3.4　再论信用迁移模型

回顾在信用迁移方法中，每个公司在任何给定的时间点都被分配到一个信用评级类别。此类评级的数量是有限的，它们是按信用质量排序的，包括违约。然后指定在给定风险期内（通常是一年）从一个信用评级转换到另一个信用评级的概率。在本节中，我们将解释如何将迁移模型嵌入到公司价值模型中，从而将其视为结构模型。这将有助于在第 11 章中讨论这些模型的投资组合版本。此外，我们还比较了上市公司 EDF 模型和信用迁移方法。

信用迁移模型作为公司价值模型　我们假设有一家公司，在 $t = 0$ 时处于非违约评级状态 j，并且在时间区间 $[0, T]$ 上其迁移概率是 p_{jk}，$0 \leqslant k \leqslant n$。这表示该公司在时间 T 属于评级 k，在时间 $t = 0$ 属于评级 j 的概率。特别是，$p_{j,0}$ 是公司在时间区间 $[0, T]$ 上的违约概率。

假设公司的资产价值过程 (V_t) 遵循 (10.5) 中给出的模型，则

$$V_T = V_0 \exp((\mu_V - \tfrac{1}{2}\sigma_V^2)T + \sigma_V W_T) \tag{10.20}$$

服从对数正态分布。我们可以选择阈值

$$0 = \tilde{d}_0 < \tilde{d}_1 < \cdots < \tilde{d}_n < \tilde{d}_{n+1} = \infty \tag{10.21}$$

这样对于 $k \in \{0, \ldots, n\}$，$P(\tilde{d}_k < V_T \leqslant \tilde{d}_{k+1}) = p_{jk}$。因此，我们已经将迁移概率转换为假设资产价值过程的一系列阈值。阈值 $\tilde{d}_1$ 是违约阈值，在第 10.3.1 节的默顿模型中该阈值被解释为公司负债值。较高的阈值是标记较高评级类别边界的资产价值水平。当且仅当 $\tilde{d}_k < V_T \leqslant \tilde{d}_{k+1}$，我们嵌入迁移模型的公司价值模型可以这样总结：

在同时严格递增的 V_T 和阈值 $\tilde{d}_j$ 变换下，公司价值模型的迁移概率显然保持不变。如果我们定义

$$X_T := \frac{\ln V_T - \ln V_0 - (\mu_V - \frac{1}{2}\sigma_V^2)T}{\sigma_V\sqrt{T}} \tag{10.22}$$

$$d_k := \frac{\ln \tilde{d}_k - \ln V_0 - (\mu_V - \frac{1}{2}\sigma_V^2)T}{\sigma_V\sqrt{T}} \tag{10.23}$$

那么我们也可以说，当且仅当 $d_k < X_T \leqslant d_{k+1}$ 时，公司在时间范围 T 上属于评级 k。注意，X_T 是资产价格对数收益（*asset-value log-return*）$\ln V_T - \ln V_0$ 的标准化版本，我们可以很容易地验证 $X_T = W_T/\sqrt{T}$，使其服从标准的正态分布。对于 $k = 1, \ldots, n$，在这种情况下由阈值的公式很容易得到 $d_k = \Phi^{-1}(\sum_{l=0}^{k-1} p_{jl})$。

上市公司 EDF 模型和信用迁移方法比较　上市公司 EDF 模型使用市场数据，尤其是当前股价作为 EDF 计算的输入项。因此 EDF 对公司经济前景的变化反应迅速，因为这些变化反映在公司的股价上，因此也反映在估计的违约距离上。此外，EDFs 对当前的宏观经济环境也非常敏感。据观察，在经济扩张时期（主要是由于股价上涨反映了更好的经济状况），违约距离会上升，而在衰退时期则会下降。另一方面，评级机构通常在调整其信用评级方面行动迟缓，因此当前的评级并不总是反映企业的经济状况。这一点对于信用质量迅速恶化的公司尤其重要，对于那些濒临违约的公司来说，情况通常就是如此。例如，投资银行雷曼兄弟（Lehman Brothers）在 2008 年 9 月违约时，其评级相当不错（Aa 或更高）。因此，EDFs 可能是短期内更好的违约概率预测器。

另一方面，上市公司 EDF 的模式对全球股市的过度和过低反应相当敏感。特别是，股市泡沫的破裂可能会导致 EDF 的急剧增加，即使某家公司的经济前景没有多大变化。这可能导致支持给定信贷组合所需的风险资本数额出现巨大波动。从这个观点来看，基于相对惯性评级的模型可以被认为是一种优势，因为随着时间的推移，随之而来的风险资本要求往往更加稳定。

说明与评论

在第 10.3.2 节中提到的基本金融数学结果，尽管体现为不同的技术层面，但在很多优秀的课本中都能看到。Cox and Rubinstein (1985) 和 Jarrow and Turnbull (1999) 中讨论了离散时间下的模型；对连续时间模型介绍的的优秀教材包括 Baxter and Rennie (1996)，Björk (2004)，Bingham and Kiesel (2004) 和 Shreve (2004b)。

Lando (2004) 很好地概述了关于公司价值模型的丰富文献。首次通过时间模型在 Black and Cox (1976) 中有阐述，另外 Longstaff and Schwartz (1995) 加入了随机利率模型。我们在图 10.4 中指出，到期日 $\tau = T - t$ 很短导致信用利差非常之小的问题已经导致了默顿模型的扩展。公司价值模型中的部分补救措施在很多文献中有提及，如 Zhou (2001) 中的公司价值跳跃模型，Hull and White (2001) 中的时变违约阈值模型，Overbeck and Schmidt

(2005) 中具有时变动态的公司价值过程随机波动模型，以及 Duffie and Lando (2001), Frey and Schmidt (2009) 或 Cetin (2012) 中关于公司价值或违约阈值的不完备信息模型。具有内生违约阈值的模型在 Leland (1994), Leland and Toft (1996) 和 Hilberink and Rogers (2002) 中被考虑。

建立了连续时间下公司价值模型与简约模型之间的关系。从本质上讲，它们表明，从持有不完备会计信息的投资者的角度来看（即不完备公司资产或负债信息），公司价值模型成为简约模型。在 Jarrow and Protter (2004) 中可以找到关于这些问题的技术性较低的讨论。

上市公司 EDF 模型首次在 Crosbie and Bohn (2002) 中描述。目前正在使用的该模型变量在 Dwyer and Qu (2007) 和 Sun et al. (2012) 中有阐述。

10.4　债券和 CDS 在危险率模型中定价

危险率（Hazard Rate）模型是最基本的简约信用风险模型，因此自然成为我们讨论该类模型的一个起点。此外，危险率模型还被用于构建流行的组合信用衍生品连接函数模型。由于这些原因，本节专门讨论债券和 CDS 在危险率模型中的定价问题。我们首先在第 10.4.1 节中介绍必要的数学背景。由于本节中给出的定价结果依赖于风险中性定价和鞅模型的概念，因此我们在第 10.4.2 节中简要回顾了这些概念。债券和信用违约互换的定价和一些相关的实证研究在第 10.4.3 节 ~ 第10.4.5 节中进行了讨论。

10.4.1　危险率模型

危险率模型是一种模型，其中债务人的违约时间的分布由危险率函数直接指定，而不对违约发生的机制进行建模。

为了建立一个危险率模型，我们考虑概率空间 $(\Omega, \mathcal{F}, P)$ 和一个在这个空间上定义的随机时间 τ，即一个 $\mathcal{F}$ 可测的随机变量，取值在 $[0,\infty]$。在经济学意义上，τ 可以解释为某些公司的违约时间。我们用 $F(t) = P(\tau \leqslant t)$ 表示 τ 的 df，$\bar{F}(t) = 1 - F(t)$ 表示尾部或生存函数。假设 $P(\tau = 0) = F(0) = 0$，所以对于任意 $t < \infty$，$\bar{F}(t) > 0$。我们定义*跳跃或违约指示函数过程* (Y_t) 与 τ 关联

$$Y_t = I_{\{\tau \leqslant t\}}, \quad t \geqslant 0 \tag{10.24}$$

请注意 (Y_t) 是一个右连续过程，在违约时间从 0 跳跃到 1，并且 $1 - Y_t = I_{\{\tau > t\}}$ 是公司的*生存指标*。

定义 10.4 (累积危险函数和危险函数). *函数* $\Gamma(t) := -\ln(\bar{F}(t))$ *被称为时间* τ *的累积危险函数。如果密度函数为* f *的* F *绝对连续，则函数* $\gamma(t) := f(t)/(1 - F(t)) = f(t)/\bar{F}(t)$ *被称为* τ *的危险函数。*

根据定义我们得到 $\bar{F}(t) = \mathrm{e}^{-\Gamma(t)}$。如果 F 有密度函数 f，则我们计算得到 $\Gamma'(t) =$

$f(t)/\bar{F}(t)=\gamma(t)$，这样我们就可以用危险函数表示 τ 的生存函数

$$\bar{F}(t)=\exp\Big(-\int_0^t\gamma(s)\,\mathrm{d}s\Big) \tag{10.25}$$

在固定时间 t 的危险函数 $\gamma(t)$ 给出了 t 的危险率，它可以用来解释，在给定时间 t 之前公司都能存活的条件下，如何衡量在时间 t 时瞬间违约的风险。实际上，对于 $h>0$ 我们得到 $P(\tau\leqslant t+h\mid\tau>t)=(F(t+h)-F(t))/\bar{F}(t)$。因此得到

$$\lim_{h\to0}\frac{1}{h}P(\tau\leqslant t+h\mid\tau>t)=\frac{1}{\bar{F}(t)}\lim_{h\to0}\frac{F(t+h)-F(t)}{h}=\gamma(t)$$

为了更好地说明情况，我们确定危险函数符合 Weibull 分布。这是一个流行的生存时间分布，其分布函数为 $F(t)=1-\exp(-\lambda t^{\alpha})$，参数 $\lambda,\alpha>0$。对于 $\alpha=1$，Weibull 分布简化为标准指数函数。求导后

$$f(t)=\lambda\alpha t^{\alpha-1}\exp(-\lambda t^{\alpha})\ \ \text{and}\ \ \gamma(t)=\lambda\alpha t^{\alpha-1}$$

特别地，当 $\alpha<1$ 时，γ 是 t 的减函数，而当 $\alpha>1$ 时，γ 是 t 的增函数。对于 $\alpha=1$（指数分布），危险率与时间无关，等于参数 λ。

σ 域流和条件期望　在金融模型中，σ 域流用来对投资者在不同时间点可以得到的信息进行建模。形式上，在 $(\Omega,\mathcal{F})$ 上的σ 域流（*filtration*）$(\mathcal{F}_t)$ 是上升子 σ 域族 $\{\mathcal{F}_t:t\geqslant0\}$，其中 $\mathcal{F}:\mathcal{F}_t\subset\mathcal{F}_s\subset\mathcal{F}$ 对 $0\leqslant t\leqslant s<\infty$。$\sigma$ 域 $\mathcal{F}_t$ 表示观察者在时间 t 时的知识状态，而 $A\in\mathcal{F}_t$ 是指在 t 时，观察者能够确定事件 A 是否已经发生。

在本节中，假设投资者可以观察到的唯一数量是被考虑的公司的违约事件，或者，等价地，与 τ 关联的违约指示函数随机过程 (Y_t)。因此，适当的 σ 域流由 $(\mathcal{H}_t)$ 提供

$$\mathcal{H}_t=\sigma(\{Y_u:u\leqslant t\}) \tag{10.26}$$

违约历史记录直到时间 t（包括时间 t）。根据定义，对任意 $t\geqslant0$，$\{\tau\leqslant t\}=\{Y_t=1\}\in\mathcal{H}_t$，$\tau$ 是 $(\mathcal{H}_t)$-停时；此外，$(\mathcal{H}_t)$ 显然是具有此属性的最小 σ 域流。

为了研究危险率模型中的债券和 CDS 定价，我们需要计算关于 σ 域 $\mathcal{H}_t$ 的条件期望。我们从一个关于 $\mathcal{H}_t$ 可测的随机变量结构的辅助结果开始分析这个问题。结果正式表明，每一个 $\mathcal{H}_t$ 可测的随机变量都可以表示为与 时间 t 的违约历史记录相关的事件的函数。

引理 10.5. 对于可测函数 $h:[0,t]\to\mathbb{R}$ 和一些常量 $c\in\mathbb{R}$，每一个 $\mathcal{H}_t$ 可测随机变量 H 形式是 $H=h(\tau)I_{\{\tau\leqslant t\}}+cI_{\{\tau>t\}}$。

证明. σ 域 $\mathcal{H}_t$ 由事件 $\{Y_u=1\}=\{\tau\leqslant u\}$, $u<t$，和 $\{Y_t=0\}=\{\tau>t\}$ 生成，因此 $(\tau\wedge t):=\min\{\tau,t\}$ 和 $I_{\{\tau>t\}}$。这意味着在某些可测函数 $g:[0,t]\times\{0,1\}\to\mathbb{R}$ 上，$\mathcal{H}_t$ 可测随机变量 H 可以表示为 $H=g(\tau\wedge t,I_{\{\tau>t\}})$。如果我们定义 $h(u):=g(u,0)$, $u\leqslant t$，和 $c:=g(t,1)$，这个结论就成立了。 □

引理 10.6. 让 τ 是一个带有跳跃指示函数随机过程的随机时间 $Y_t = I_{\{\tau\leqslant t\}}$ 和自然 σ 域流 $(\mathcal{H}_t)$。然后，对于任何可积随机变量 X 和任何 $t \geqslant 0$，我们得到

$$E(I_{\{\tau>t\}}X \mid \mathcal{H}_t) = I_{\{\tau>t\}}\frac{E(I_{\{\tau>t\}}X)}{P(\tau>t)} \tag{10.27}$$

证明. 由于 $E(I_{\{\tau>t\}}X \mid \mathcal{H}_t)$ 是 $\mathcal{H}_t$ 可测的并且在 $\{\tau \leqslant t\}$ 上为 0，我们根据引理 10.5得到 $E(I_{\{\tau>t\}}X \mid \mathcal{H}_t) = I_{\{\tau>t\}}c$。取期望会得到 $E(I_{\{\tau>t\}}X) = cP(\tau > t)$，因此 $c = E(I_{\{\tau>t\}}X)/P(\tau > t)$。□

引理 10.6可用于确定条件生存概率。固定 $t<T$ 并考虑 $P(\tau > T \mid \mathcal{H}_t)$。将 $X := I_{\{\tau>T\}}$ 代入公式 (10.27) 得到

$$P(\tau > T \mid \mathcal{H}_t) = E(X \mid \mathcal{H}_t) = E(I_{\{\tau>t\}}X \mid \mathcal{H}_t) = I_{\{\tau>t\}}\frac{\bar{F}(T)}{\bar{F}(t)} \tag{10.28}$$

如果 τ 承认危险函数 $\gamma(t)$，则得到重要的公式

$$P(\tau > T \mid \mathcal{H}_t) = I_{\{\tau>t\}}\exp\Big(-\int_t^T \gamma(s)\mathrm{d}s\Big), \quad t<T \tag{10.29}$$

下一个命题是关于随机时间 τ 的跳跃指标过程的随机过程性质的。

命题 10.7. 假设 τ 是一个完全连续分布函数 F 和危险函数为 γ 的随机时间。那么 $M_t := Y_t - \int_0^t I_{\{\tau>u\}}\gamma(u)\,\mathrm{d}u$, $t \geqslant 0$ 是 $(\mathcal{H}_t)$ 鞅，就是说对任意 $0 \leqslant t \leqslant s < \infty$，$E(M_s \mid \mathcal{H}_t) = M_t$。

在第 10.5.1 节中我们将此结果推广到双随机随机时间，并讨论其金融和数学相关性。

证明. 假设 $s > t$，我们需要证明 $E(M_s - M_t \mid \mathcal{H}_t) = 0$，例如 $E(Y_s - Y_t \mid \mathcal{H}_t) = E(\int_t^s \gamma(u)I_{\{u<\tau\}}\,\mathrm{d}u \mid \mathcal{H}_t)$。使用公式 (10.28)，我们得到

$$\begin{aligned} E(Y_s - Y_t \mid \mathcal{H}_t) &= I_{\{\tau>t\}}P(\tau \leqslant s \mid \mathcal{H}_t) = I_{\{\tau>t\}}\left(1-\frac{\bar{F}(s)}{\bar{F}(t)}\right) \\ &= I_{\{\tau>t\}}\frac{\bar{F}(t)-\bar{F}(s)}{\bar{F}(t)} \end{aligned}$$

请注意，$X := \int_t^s \gamma(u)I_{\{u<\tau\}}\,\mathrm{d}u$ 在 $\{\tau \leqslant t\}$, so $X = XI_{\{\tau>t\}}$ 上为 0。因此我们从引理 10.6得到比尼定理及其恒等式

$$E(X \mid \mathcal{H}_t) = I_{\{\tau>t\}}\frac{E(X)}{\bar{F}(t)} = I_{\{\tau>t\}}\frac{\int_t^s \gamma(u)\bar{F}(u)\,\mathrm{d}u}{\bar{F}(t)} = I_{\{\tau>t\}}\frac{\bar{F}(t)-\bar{F}(s)}{\bar{F}(t)}$$

□

10.4.2　再访风险中性定价

第 10.4 节的其余部分致力于分析危险率模型下信用产品的风险中性定价结果。风险中性定价已变得如此流行，以至于基础概念常常被忽视。一个典型的例子是机械地使用高斯

连接函数为 CDO 部分定价，这种做法在 2007—2009 年金融危机的时候导致了广为记载的那些问题。因此，在信用风险模型的背景下澄清风险中性定价的适用性和局限性似乎是恰当的。

风险中性定价 我们以第 2.2.2 节中关于风险中性估值为基础建立基本讨论。在该部分中，我们考虑了一个简单的单期违约模型，用于期限为 T 等于一年、确定性回收率 $1-\delta$ 等于 60% 的可违约零息债券。此外，我们假设真实世界的违约概率为 $p=1\%$，无风险的单利利率为 $r_{0,1}=5\%$，而债券在 $t=0$ 时的市场价格为 $p_1(0,1)=0.941$。

风险中性定价与风险中性测度的概念密切相关。一般而言，风险中性测度是一种人造概率测度 Q，相当于历史测度 P，即所有交易证券的贴现价格都是 Q 鞅（公平赌注）。我们在第 2.2.2 节中看到，在简单的单期违约模型中，风险中性测度 Q 是由一个人为的违约概率 q 给出的

$$p_1(0,1)=(1.05)^{-1}((1-q)\cdot 1+q\cdot 0.6)$$

显然，q 是由这个等式唯一确定的，从而得到 $q=0.03$。注意，在本例中，风险中性的违约概率 q 高于实际的违约概率 p。这反映了投资者的风险厌恶情绪，这是真实市场的典型特征；物理和历史违约概率之间关系的实证证据将在第 10.4.5 节中给出。

*风险中性定价规则*指出衍生证券的价格可以计算为风险中性测度 Q 下的到期收益贴现的数学期望。用数学术语来说，到期收益 H 和到期日 $T\geqslant t$ 的衍生品在时间 t 的价格是这样给出的

$$V_t^H=E^Q\left(\mathrm{e}^{-\int_t^T r_s\mathrm{d}s}H\mid\mathcal{F}_t\right)\tag{10.30}$$

其中 r_s 表示在时间 s 时连续复合的无违约短期利率，σ 域 $\mathcal{F}_t$ 表示时间为 t 时投资者可获得的信息 (参考第 10.4.1 节中关于 σ 域流的讨论。) 注意，在单期模型中，(10.30) 简化成公式 $V_0^H=E^Q\big(H/(1+r_{0,1})\big)$，其中 $r_{0,1}$ 是这一时期的单一利率。

风险中性定价有两个理论依据。一个论点基于没有套利：根据资产定价的第一个基本定理，当且仅当它承认至少一个等价鞅测度 Q 时，证券价格的模型是无套利的。因此，如果金融产品按照无套利原则定价，则其价格必须由风险中性定价公式给出一些风险中性测度 Q。第二个理由依赖于对冲：在金融模型中，通常可以通过可用资产的（动态）交易来复制金融产品的到期收益，而在无摩擦的市场中，执行这种对冲的成本由风险中性定价规则给出。

对冲和市场完整性 接下来，我们进一步研究对冲的概念。我们使用上一段介绍的简单的单期违约模型。考虑一个投资者，例如投资银行，计划出售违约零息债券的衍生品。具体来说，我们考虑一个带到期日 $T=1$ 的*违约看跌期权*。如果债券违约，则本合同支付一个单位，否则不支付；它可以看作 CDS 的简化版。显然，违约看跌期权在 $(t=0)$ 时到期收益日期不详，因此对投资者构成风险。应对这种风险的一种可能策略是在违约债券和现金

中形成一个对冲组合，以降低卖出看跌期权的风险：假设在 $t=0$ 时，我们做空 2.5 单位的债券，持有大约 $\frac{50}{21}\approx 2.38$ 的现金。在时刻 $t=1$ 时，这个组合的值 V_1 有两种可能性。

- 违约发生时，出现以下情况：$V_1=(-2.5)\cdot 0.6+\frac{50}{21}\cdot 1.05=1$。
- 违约不发生，出现以下情况：$V_1=(-2.5)\cdot 1+\frac{50}{21}\cdot 1.05=0$。

在这两种情况下，对冲组合的价值 V_1 等于期权的到期收益，我们为期权找到了一个所谓的复制策略 *(replication strategy)*。特别是，通过形成复制策略，投资者完全消除了卖出期权的风险，并且一价法则规定期权 $t=0$ 的公允价格应该等于套期保值的价值投资组合在 $t=0$ 时由 $V_0=(-2.5)\cdot 0.941+\frac{50}{21}\approx 0.0285$ 给出（否则买方或卖方可能会获得一些无风险的利润）。

要在这个简单的单期两状态的情况下构造投资组合，我们必须考虑两个线性方程。用 ξ_1 和 ξ_2 表示可违约债券的数量和投资组合中的现金数量。当 $t=1$ 时，我们必须有

$$\xi_1\cdot 0.6+\xi_2\cdot 1.05=1 \quad \text{（违约）} \tag{10.31}$$

$$\xi_1\cdot 1.0+\xi_2\cdot 1.05=0 \quad \text{（无违约）} \tag{10.32}$$

这导致了上述值 $\xi_1=-2.5$ 和 $\xi_2=\frac{50}{21}$。在数学金融学中，如果在基础资产中存在复制投资组合策略，则称衍生证券为可复制证券。上述论证表明，在只有两种状态的单期违约模型中，每种衍生证券都是可复制的。这种模型被称为完备 *(complete)* 模型。

违约看跌期权的公平价格（复制投资组合的初始值 V_0）可以通过风险中性定价规则计算。回想一下风险中性的违约概率是由 $q=0.03$ 给出的。应用到违约看跌期权的风险中性定价规则会导致 $(1.05)^{-1}(0.97\cdot 0+0.03\cdot 1)=0.0285$ 的值等于 V_0。当然，这不是一个幸运的巧合。数学金融学的一个基本结论是，任何可复制索赔的公平价格都可以计算为风险中性测度下到期收益贴现的期望值。有了这个结果，我们通常首先计算价格（在风险中性度量下到期收益贴现的期望值），然后确定复制策略。因此，许多研究都集中在计算价格的问题上。然而，人们应该记住，风险中性定价规则的经济合理性部分源自仅适用于可复制索赔的对冲论点。这一问题在很大程度上被信用风险证券定价的文献所忽视。下一个例子说明了在不完备市场中出现的一些困难，在这些市场中，大多数衍生品是无法复制的。

例 10.8 (一个随机回收的模型). 由于实际回收率具有相当大的随机性，因此研究随机回收率对上述定价论点有效性的影响是一件有趣的事情。我们考虑对基本的单期违约模型的扩展，其中给定的违约损失率可能是 30% 或 50%。假设价格为 $p_1(0,1)=0.941$，假设无风险的简单利率与之前一致，为 $r_{0,1}=5\%$。价格 $p_1(\cdot,1)$ 的演化如图 10.5 所示。我们没有具体说明物理测度——假设所有三种可能的结果都有严格的正概率。

我们首先通过确定等价鞅测度来分析这个模型。令 q_1 为违约发生且 LGD 为 0.5 的风险中性概率；设 q_2 为违约发生且 LGD 为 0.3 的风险中性概率；设 $q_3=1-q_1q_2$。q_1 和 q_2 满足方程

$$p_1(0,1)=1.05^{-1}(q_1\cdot 0.5+q_2\cdot 0.7+(1-q_1-q_2)\cdot 1) \tag{10.33}$$

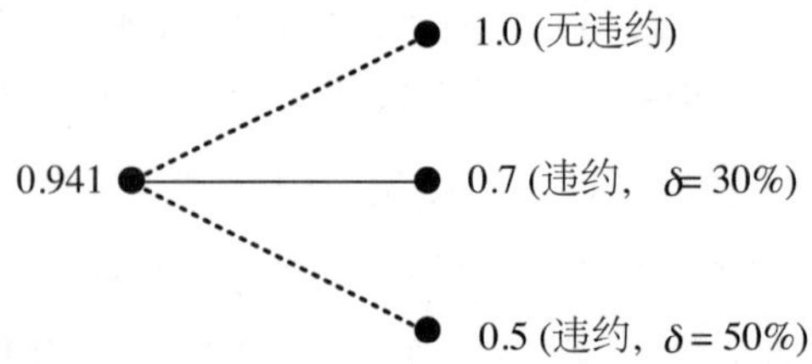

图 10.5　例 10.8中可违约债券的价格 $p_1(\cdot,1)$ 演变。

限制条件是 $q_1>0, q_2>0, 1-q_1-q_2>0$。显然，$Q$ 不再是唯一的。从公式 (10.33) 中很容易看出，设置的等价鞅测度 $\mathcal{Q}$ 由

$$\mathcal{Q}=\{\boldsymbol{q}\in\mathbb{R}^3: q_1\in(0,0.024),\ q_2=\tfrac{10}{3}(1-1.05\cdot p_1(0,1)-0.5\cdot q_1)\\ q_3=1-(q_1+q_2)\} \tag{10.34}$$

给出。观察边界的问题很有趣。对于 $q_1=0$，我们得到 $q_2=4\%, q_3=96\%$。在这种情况下，风险中性的违约概率 $q=q_1+q_2$ 是最大化的。对于 $q_1=2.4\%$，我们得到 $q_2=0$，$q_3=97.6\%$。这是最小化 q 的场景。但是请注意，测度 $\boldsymbol{q}_0:=(0.024,0,0.976)$ 和 $\boldsymbol{q}_1:=(0,0.04,0.96)$ 不属于 II，因为它们不等同于物理测度 P。

考虑具有到期收益为 H 和到期日为 $T=1$ 的衍生证券，例如，如果 $p_1(1,1)=1$（无违约），则违约看跌期权具有到期收益 $H=0$，否则 $H=1$。对于某些 $Q\in\mathcal{Q}$，$H_0=E^Q(1.05^{-1}H)$ 形式的每个价格都与无套利一致，因此被称为衍生品的可接纳价格（*admissible value*）。如果 $\mathcal{Q}$ 包含多个元素，那么就像在我们的例子中一样，通常会有多个可接纳价值。例如，我们获得违约看跌期权

$$\inf_{Q\in\mathcal{Q}} E^Q\left(\frac{H}{1.05}\right)\approx 0.023 \quad \text{以及} \quad \sup_{Q\in\mathcal{Q}} E^Q\left(\frac{H}{1.05}\right)\approx 0.038 \tag{10.35}$$

显然，公式 (10.35) 中的下确界和上确界分别对应测度 $\boldsymbol{q}_0$ 和 $\boldsymbol{q}_1$，其中 q 分别最小化和最大化。这种可接纳价值的非唯一性反映了一个事实，即在我们的三态模型中，看跌不再是可复制的。实际上，对冲组合 (ξ_1,ξ_2) 现在需要解决以下三个方程：

$$\left.\begin{aligned} \xi_1\cdot 0.5+\xi_2\cdot 1.05=1 &\quad \text{（违约，低回收率）}\\ \xi_1\cdot 0.7+\xi_2\cdot 1.05=1 &\quad \text{（违约，高回收率）}\\ \xi_1\cdot 1+\xi_2\cdot 1.05=0 &\quad \text{（无违约）} \end{aligned}\right\} \tag{10.36}$$

可以看出，三个方程的系统 (10.36) 只有两个未知数没有解，所以违约看跌期权是不可复制的。这说明了现代数学金融学的两个基本结果：当且仅当可接纳价值集由一个数字组成时，才可获得有界的到期收益索赔；当且仅当有一个等价的鞅测度 Q 时，无套利市场才完备。后一种结果被称为资产定价第二基本定理。

例 10.8显示在一个不完备的市场中出现了新的问题；特别是，如何从可接纳价值范围中选择衍生证券的正确价格或如何处理出售衍生证券所产生的风险并不明显。这是不幸的，

因为捕捉金融时间序列动态的现实模型通常是不完备的。近年来，衍生品证券在不完全市场中的风险管理出现了许多有趣的概念。这些方法通常建议通过适当的交易策略来降低风险，并常常建议对剩余风险采用定价公式。然而，对这项工作的讨论超出了本书的范围。关于（不完全）信贷市场中对冲的现有文献的简要概述见说明与评论。

风险中性定价优劣 风险中性定价方法是一种相对定价理论，它用其他证券的可观察价格来解释信贷产品的价格。如果运用得当，则会导致信用风险证券的无套利价格，这与市场报价一致。这些特点使信用风险的风险中性定价方法成为在信用风险交易活跃的环境中的一种选择方法，特别是在有关产品的市场相对流动的情况下评价信用工具的方法。另一方面，由于定价模型必须根据交易信贷工具的价格进行校准，当我们缺乏足够的市场信息时，很难应用它们。此外，在这种情况下，采用某种风险中性措施的特别选择所报价格或多或少是“凭空捏造”的。

这种方法可以与更传统的贷款和相关的信贷产品定价方法进行对比，这些传统方法中贷款体现在资产负债表上，贷款获得的利差被贷款人认为可以足够补偿承担的该贷款的违约风险，且违约风险是按现实世界的方法和历史（违约）数据测量的。这种方法非常适用于相关信用工具市场相对缺乏流动且很少或根本没有价格信息的情况。对中小企业的贷款就是一个很好的例子。另一方面，传统的定价方法并不一定导致产品之间的价格一致（在没有套利的意义上）或与信用工具的市场报价相符，因此它不太适合在交易环境中使用。

鞅建模 回顾根据资产定价的第一个基本定理，当且仅当（本质上）证券价格模型允许至少一个等价鞅测度 Q 时，它是无套利的。此外，在一个完备市场中，影响衍生品证券定价的唯一因素是交易标的资产的 Q 动态。因此，在建立衍生品定价模型时，在某种外生的鞅测度 Q 下，直接为利率、违约时间和交易债券的价格过程等目标建模是一种自然的捷径。在文献中，这种方法被称为鞅建模。

如果标的资产在某个到期日 T 的价值 H 是外生给定的，就像零息债券那样，那么鞅模型特别方便。在这种情况下，标的资产在时间 $t<T$ 时的价格可以通过风险中性定价规则 (10.30) 计算为到期时贴现价值在 Q 下的条件期望。然后，模型参数的确定使用的条件是，当 $t=0$ 时，交易证券的价格（由使用公式 (10.30) 的模型计算得出）应与市场观察到的这些证券的价格一致。这就是众所周知的模型对市场数据的校准。

鞅建模确保了所得到的模型是无套利的，如果必须同时对许多不同证券的价格进行建模，则这是有利的。因此，这种方法经常被用于无违约期限结构模型和信用风险证券的简约模型中。鞅建模有两个缺点。首先，在估计模型参数时，历史信息在很大程度上是无用的，因为这些参数可能在从真实测度到等效鞅测度的转换过程中发生变化。其次，如例 10.8所示，信用衍生品定价的现实模型通常是不完备的，因此不能通过动态对冲消除所有风险。在这些情况下，人们感兴趣的是剩余风险在物理测度 P 下的分布，所以单靠鞅模型是不够的。综上所述，鞅建模方法最适用于标的证券市场流动性较强的情况。在这种情况下，我们有足够的价格信息来校准我们的模型，市场完备性问题变得不那么重要了。

10.4.3 债券定价

在本节中，我们将讨论在危险率模型中可违约零息债券的定价。注意，付息公司债券可以表示为零息债券的投资组合，因此我们的分析也适用于付息债券。

回收率模型 我们首先对可违约零息债券回收的不同模式进行调查。如前几节所示，我们用 $p_1(t,t)$ 表示到期日为 $T \geqslant t$ 的可违约零息债券在 t 时的价格；$p_0(t,t)$ 表示相应的无违约零息债券的价格。这些债券的面值总是 1。文献中常用的恢复模型有以下几种。

(i) *国债回收率* 国债回收率模型由 Jarrow and Turnbull (1995) 提出。在该模型下，如果违约发生在某个时间点 $\tau \leqslant T$，则违约债券持有人在时间 τ 收到 $(1-\delta_\tau)$ 单位的无违约零息债券 $p_0(\cdot,T)$，其中 $\delta_\tau \in [0,1]$ 表示违约损失率。因此，违约债券持有人在到期日 T 时将收到 $I_{\{\tau>T\}}+(1-\delta_\tau)I_{\{\tau\leqslant T\}}$。

(ii) *面值回收率* 在面值回收率下，如果违约发生在 $\tau \leqslant T$，则债券持有人将在违约时间 τ 时立即收到（可能是随机的）大小 $(1-\delta_\tau)$ 的回收款项。请注意，即使给定了确定性损失 $\delta_\tau \equiv \delta$ 和确定性利率，回收的到期值也是随机的，因为它取决于违约的确切时间。

在下面的第 10.5.3 节中进一步考虑了回收模型，即所谓的 *市场回收率*。在实际市场中，回收率是一个复杂的问题，具有许多法律和机构的特性，文献中提出的所有回收模型充其量只是对现实的粗略估计。面值回收率假设最接近法律实践，因为相同等级的债务被分配到相同（部分）回收率，与到期日无关。另一方面，对于“极端”参数值（期限长且无风险利率高），面值回收率可能导致负的信用利差，我们将在下面的第 10.6.3 节中看到。此外，面值回收率模型导致违约债券的定价公式比国债回收率模型稍微复杂一些。关于贷款和债券回收率的实证证据将在第 11.3.1 节中讨论。

债券定价 接下来，我们来看看可违约债券的定价公式。我们使用鞅建模并直接在一些鞅测度 Q 下工作。我们假设在 Q 下，违约时间 τ 是一个带有确定性风险的中性危险函数 $\gamma^Q(t)$ 的随机时间。投资者在时间 t 时可以获得的信息由 $\mathcal{H}_t=\sigma(\{Y_u : u \leqslant t\})$ 给出。我们认为利率和回收率是确定的。违约损失率用百分比 $\delta \in (0,1)$ 表示，连续复利利率用 $r(t) \geqslant 0$ 表示。注意，在此设置中，到期日为 $T \geqslant t$ 的无违约零息债券的价格等于

$$p_0(t,T)=\exp\Big(-\int_t^T r(s)\,\mathrm{d}s\Big)$$

这是一种最简单的模型，可以根据无违约利率和单一名称信用利差的给定期限结构进行校准。允许随机利率、回收率和危险率的推广将在下面第 10.5 节中讨论。可违约零息债券的实际支付可以表示为到期日 T 时支付一个单位的*生存索赔* 和违约情况下的回收支付的组合。生存索赔有到期收益 $I_{\{\tau>T\}}$。从公式 (10.29) 得到

$$Q(\tau>T \mid \mathcal{H}_t)=I_{\{\tau>t\}}\exp\big(-\int_t^T \gamma^Q(s)\mathrm{d}s\big)$$

定义 $R(t)=r(t)+\gamma^Q(t)$。那么 t 时刻的生存索赔的价格等于

$$
\begin{aligned}
& E^Q\left(p_0(t,T)I_{\{\tau>T\}}\mid\mathcal{H}_t\right)\\
&=\exp\left(-\int_t^T r(s)\,\mathrm{d}s\right)Q(\tau>T\mid\mathcal{H}_t)=I_{\{\tau>t\}}\exp\left(-\int_t^T R(s)\mathrm{d}s\right)
\end{aligned}
\tag{10.37}
$$

注意，对于 $\tau>t$，公式 (10.37) 可以看作是调整利率 $R(t)>r(t)$ 的无违约零息债券的价格。在许多简约信用风险模型中，可以建立可违约和无违约债券价格之间的类似关系。

在国债回收率模型下，债券在到期日 T 的回收价值为 $(1-\delta)I_{\{\tau\leqslant T\}}=(1-\delta)-(1-\delta)I_{\{\tau>T}$，使用公式 (10.37)，在时间 $t<T$ 的回收价值变为

$$
(1-\delta)p_0(t,T)-(1-\delta)I_{\{\tau>t\}}\exp\left(-\int_t^T(r(s)+\gamma^Q(s))\,\mathrm{d}s\right)
$$

在面值回收率假设下，回收支付采用形式 $(1-\delta)I_{\{\tau\leqslant T\}}$，其中支付直接发生在时间 τ。此形式的支付将被称为*违约支付索赔*)。因此，在 $t\leqslant t$ 时的回收价值等于

$$
E^Q\Big((1-\delta)I_{\{t<\tau\leqslant T\}}\exp\big(-\int_t^\tau r(s)\mathrm{d}s\big)\mid\mathcal{H}_t\Big)
$$

下面的引理将讨论这个表达式的计算。

引理 10.9. *假设 τ 是一个随机时间，有危险函数 $\gamma(t)$，并且让 $R(t)=r(t)+\gamma(t)$ 与前面一样。然后我们有恒等式*

$$
E\Big(I_{\{t<\tau\leqslant T\}}\exp\Big(-\int_t^\tau r(s)\mathrm{d}s\Big)\mid\mathcal{H}_t\Big)=I_{\{\tau>t\}}\int_t^T\gamma(s)\exp\Big(-\int_t^s R(u)\mathrm{d}u\Big)\,\mathrm{d}s
$$

证明. 使用引理 10.6 我们得到

$$
E\Big(I_{\{t<\tau\leqslant T\}}\exp\big(-\int_t^\tau r(s)\mathrm{d}s\big)\mid\mathcal{H}_t\Big)=I_{\{\tau>t\}}\frac{E\Big(I_{\{t<\tau\leqslant T\}}\exp\big(-\int_t^\tau r(s)\mathrm{d}s\big)\Big)}{\exp\big(-\int_0^t\gamma(s)ds\big)}
\tag{10.38}
$$

由于 τ 有密度函数

$$
\gamma(t)\exp\big(-\int_0^t\gamma(s)\mathrm{d}s\big)
$$

我们得到

$$
E\Big(I_{\{t<\tau\leqslant T\}}\exp\big(-\int_t^\tau r(s)\mathrm{d}s\big)\Big)=\int_t^T\exp\big(-\int_t^s r(u)\mathrm{d}u\big)\gamma(s)\exp\big(-\int_0^s\gamma(u)\mathrm{d}u\big)\,\mathrm{d}s
$$

将右侧代入公式 (10.38)，得到结果。 □

10.4.4 CDS 定价

CDS 市场是信用风险证券中流动性最强的市场之一，因此在实践中经常遇到利用 CDS 利差作为输入项建立模型的任务。因此，在本节中，我们将讨论 CDS 定价和危险率模型对观察到的 CDS 利差的校准。

定价　我们考虑以下 CDS 合同。假设名义损失为 1，那么违约损失率百分比和违约损失绝对值相等。在时间 $0 < t_1 < \cdots < t_N$，有 N 个点需要支付保费。如果 $\tau > t_k$，信用保护买方在时间 t_k 支付大小为 $x^*(t_k - t_{k-1})$ 的保费，其中 x^* 表示互换利差。违约后，不再支付额外的保费。如果违约发生在互换到期日 t_N 之前，则信用保护卖方在违约时间 τ 向买方支付大小为 δ 的违约款项。在标准 CDS 中，信用保护买方在违约时向信用保护卖方支付自上次定期保费支付日起已累计的保费的一部分，为了简化说明，这里我们忽略了这些应计保费。

我们使用与前一节债券定价分析相同的设置。第一步，设置信用保护买家的付款（所谓互换的信用保护费用支付端）和信用保护卖方的付款（违约赔付款支付端）。另外，使用一个通用的风险中性危险函数 γ^Q 和一个通用的利差 x。在 $t < t_N$ 时，违约赔付款支付端（支付的贴现值期望）由下面的公式给出

$$\begin{aligned} V_t^{\text{prem}}(x;\gamma^Q) &= E^Q\left(\sum_{k:\, t_k>t} \exp\left(-\int_t^{t_k} r(u)\,\mathrm{d}u\right) x(t_k - t_{k-1}) I_{\{t_k<\tau\}} \mid \mathcal{H}_t\right) \\ &= x \sum_{k:\, t_k>t} p_0(t,t_k)(t_k - t_{k-1}) Q(\tau > t_k \mid \mathcal{H}_t) \end{aligned} \tag{10.39}$$

可以通过下面的公式轻松计算

$$Q(\tau > t_k \mid \mathcal{H}_t) = I_{\{\tau>t\}} \exp\left(-\int_t^{t_k} \gamma^Q(s)\,\mathrm{d}s\right)$$

预期信用损失是典型的违约支付索赔。使用引理 10.9，我们得到

$$\begin{aligned} V_t^{\text{def}}(\gamma^Q) &= E^Q\left(\exp\left(-\int_t^{\tau} r(u)\,\mathrm{d}u\right)\delta I_{\{t<\tau\leqslant t_N\}} \mid \mathcal{H}_t\right) \\ &= I_{\{t<\tau\}}\delta \int_t^{t_N} \gamma^Q(s) \exp\left(-\int_t^{s} (r(u)+\gamma^Q(u))\,\mathrm{d}u\right)\mathrm{d}s \end{aligned} \tag{10.40}$$

根据 CDS 利差的市场惯例，在时间 t CDS 合约利差的报价 x_t^*（即所谓 *CDS* 的公允利差 x^*）被选择为恰好使合约的价格为 0 时的报价。这样 x_t^* 的定义就成了方程 $V_t^{\text{prem}}(x_t^*;\gamma^Q) = V_t^{\text{def}}(\gamma^Q)$，我们因此得出：

$$x_t^* = I_{\{t<\tau\}} \frac{\delta \int_t^{t_N} \gamma^Q(s) \exp\left(-\int_t^{s}(r(u)+\gamma^Q(u))\,\mathrm{d}u\right)\mathrm{d}s}{\sum_{k:\, t_k>t} p_0(t,t_k)(t_k-t_{k-1}) \exp\left(-\int_t^{t_k}\gamma^Q(s)\,\mathrm{d}s\right)} \tag{10.41}$$

很明显，x_t^* 取决于危险函数 γ^Q，V_t^{prem} 及 V_t^{def} 取决于 γ^Q。请注意，在定价论证中，我们忽略了交易对手信用风险的问题，尤其是信用保护卖方在 CDS 到期前违约的可能性。对信用违约互换合同的交易对手信用风险的讨论见第 17.2 节。

校准　现在假设我们观察到同一参考实体上一个或多个 CDS 在市场上的利差。在鞅模型的方法下，我们必须以现有的市场信息校准我们的模型，所以必须确定隐含风险中性危险函数 γ^Q，确保 CDS 的公允利差模型隐含的值与市场上观察到的值一致。

假设市场信息在时间 $t=0$ 包含一个到期日为 t_N 的 CDS 的公允利差 x^*，风险中性危险函数 γ^Q 是一个常数，那么，对所有的 $s\geqslant 0$，$\bar{\gamma}^Q>0$，$\gamma^Q(s)=\bar{\gamma}^Q$，我们用它代表风险中性危险率。它将遵从公式 (10.39) 和公式 (10.40) 的隐含风险中性危险率。$\bar{\gamma}^Q$ 满足

$$x^*\sum_{k=1}^{N}p_0(0,t_k)(t_k-t_{k-1})\mathrm{e}^{-\bar{\gamma}^Q t_k}=\delta\bar{\gamma}^Q\int_0^{t_N}p_0(0,t)\mathrm{e}^{-\bar{\gamma}^Q t}\,\mathrm{d}t \tag{10.42}$$

这里等式左边等于 $V_0^{\mathrm{prem}}(x^*,\bar{\gamma}^Q)$，而右边很明显等于 $V_0^{\mathrm{def}}(\bar{\gamma}^Q)$。解开公式 (10.42) 可以得到唯一的隐含风险中性危险率。这一点首先可以看出 $V_0^{\mathrm{prem}}(x^*,\bar{\gamma}^Q)$ 是 $\bar{\gamma}^Q$ 的减函数，而 $V_0^{\mathrm{def}}(\bar{\gamma}^Q)$ 是 $\bar{\gamma}^Q$ 的增函数。此外，$V_0^{\mathrm{def}}(0)=0$，对于较小值的 $\bar{\gamma}^Q$，保险费支付的价值超过了违约支付的价值。另一方面，随着 $\bar{\gamma}^Q$ 趋于无穷大，$V_0^{\mathrm{prem}}(x^*,\bar{\gamma}^Q)$ 收敛于零，对于较大值 $\bar{\gamma}^Q$，$V_0^{\mathrm{prem}}(x^*,\bar{\gamma}^Q)<V_0^{\mathrm{def}}(\bar{\gamma}^Q)$。

如果观察同一参考实体上不同到期日的多个 CDS 的利差，会发现一个独立于时间的风险中性危险函数通常不足以将模型校准到所观察到的互换利差。相反，通常使用分段常数或分段线性的危险函数 $\gamma^Q(t)$。在特殊情况下发生例外：(1) 利差曲线为 平坦的（即 所有 CDS 参考实体具有相同的利差 x^*、独立的到期日）；(2) 无风险利率为常数；(3) 时间点 t_k 是等距的（对于任意 k，$t_k-t_{k-1}=\Delta t$）。在这种情况下，隐含风险中性危险率 $\bar{\gamma}^Q$ 是公式 (10.42) 的解，在 $N=1$ 的情况下，即解决方案

$$x^*\Delta t\,p_0(0,\Delta t)\mathrm{e}^{-\bar{\gamma}^Q\Delta t}=\delta\bar{\gamma}^Q\int_0^{\Delta t}\mathrm{e}^{-rt}\mathrm{e}^{-\bar{\gamma}^Q t}\,\mathrm{d}t \tag{10.43}$$

对于相对较小 Δt（季度或半年度利差支付），公式 (10.43) 的解的良好近似值 $\bar{\gamma}^Q\approx x^*/\delta$，即公平互换利差与违约损失率百分比之比。这种近似在实践中经常使用。

最后请注意，对于大多数发行者而言，隐含危险率相对较小（约为几个百分点）。因此，我们得到了一年违约概率的近似

$$Q(\tau\leqslant 1)=1-\mathrm{e}^{-\bar{\gamma}^Q}\approx\bar{\gamma}^Q\approx x^*/\delta \tag{10.44}$$

所以数量 x^*/δ 可以被视为风险中性的一年违约概率的代理。

10.4.5 P vs Q: 实证结果

我们现在已经汇集了必要的技术工具来讨论关于物理和风险中性违约概率之间的关系的一些实证研究。理解这种关系很重要，它使市场参与者能够利用历史违约概率信息为信用风险证券定价。相反，它允许使用信用违约互换或可违约债券的市场报价作为确定历史违约概率的额外输入。

在大多数的实证研究中，风险中性的违约概率是根据 CDS 的信用利差数据估算出来的。通过将这些估计与物理违约概率的估计进行比较——例如，从第 10.3.3 节中介绍的上市公司 EDF 方法中获得的估计——有可能获得一些有关实际市场中物理违约概率与风险中性违约概率之间的关系的经验证据。在 Berndt et al. (2008) 中发现了一个关于这些方面

的广泛的实证研究。作者对大量公司的 5 年期 CDS 与 5 年期 EDF 的利差进行了非常详细的回归分析。上市公司的 5 年期 EDF 是对 5 年期实际违约概率的年化估计。EDFs 的计算在第 10.3.3 节中有详细的描述，而年度化是一种在不同时间范围内表达不同时间范围的 EDF 的方式。

Berndt et al. (2008) 首先估计公司 i 在时间 t 观察到的互换利差 $x^*_{t,i}$ 和同一天该公司的 5 年 EDF $\mathrm{EDF}_{t,i}$ 之间关系的线性模型。该关系如

$$x^*_{t,i} = \alpha + \beta\,\mathrm{EDF}_{t,i} + \varepsilon_{t,i}\,, \quad (t,i) \in S \tag{10.45}$$

其中 S 表示存在可观察 EDF-CDS 组的所有时间点/公司的集合。该模型适用 2000 年 12 月至 2004 年 12 月期间大量美国上市公司的 33 912 EDF-CDS 观测样本。估计系数为 $\alpha = 33bp$ 和 $\beta = 1.6$；R^2 是 0.73。

Berndt et al. (2008) 提出了对该回归结果的以下解释。他们的模型暗示，公司的 5 年 EDF 每增加 10 个基点，公司的公平互换利差 x^* 增加约 16 个基点，忽略截距，我们就有 $x^*_{t,i}/\,\mathrm{EDF}_{t,i} \approx 1.6$。假设给定固定违约损失率 δ，我们可以使用数量 $q_{t,i} = x^*_{t,i}/\delta$ 作为时间 t 公司 i 的风险中性违约概率的代理。此外，$\mathrm{EDF}_{t,i}$ 可以被视为 t 时刻公司 i 的物理违约概率的代理。因此，风险中性违约与历史违约概率的比率近似如下

$$\frac{q_{t,i}}{p_{t,i}} \approx \frac{x^*_{t,i}}{\delta\,\mathrm{EDF}_{t,i}} \approx 1.6\,\delta^{-1}$$

使用 $\delta = 0.75$，我们得到 $q_{t,i}/p_{t,i} \approx 2.13$。回收率越高，即 δ 取值越小，将导致对 $q_{t,i}/p_{t,i}$ 的估计越高。对 Berndt et al. (2008) 的分析清楚地表明，物理和风险中性违约概率可能存在很大差异，必须注意区分这两个概念。

对 EDF-CDS 关系的仔细检查表明，由于许多原因，简单的线性模型 (10.45) 可能不适合。第一，33 个基点的截距是不合理的，因为这意味着即使对于一个历史违约概率 p 接近于零的公司来说，互换利差数量级仍然是 30 个基点。第二，Berndt et al. (2008) 发现不同行业之间比率 $x^*_i/\,\mathrm{EDF}_i$ 差异很大，说明不同行业回收率差别比较大，随时间的变化见图 10.6。第三，互换利差与 EDF 之间的关系似乎存在一定的凹性关系，特别是，较低 EDF 的高质量公司的比率 $x^*_{t,i}/\,\mathrm{EDF}_{t,i}$ 高于低质量的公司。基于这些原因，笔者继续考虑更精确的对数回归模型，以求更好地拟合数据。

说明与评论

危险率模型是信用风险和生存分析的常用工具，例如 Bielecki and Rutkowski (2002)，关于生存分析的总体介绍，请参阅经典教科书 Cox and Oakes (1984)。其他有用的教材有 Fleming and Harrington (2005), Marshall and Olkin (2007) 和 Aalen et al. (2010)。

大多数数理金融教科书都讨论了资产定价的基本原理和风险中性定价的概念基础，例如，Duffie (2001), Björk (2004), Shreve (2004b) 和 Delbaen and Schachermayer (2006)。术语鞅建模是在 Björk (2004) 无违约短期利率模型的上下文中创造的。近年来，在不完备

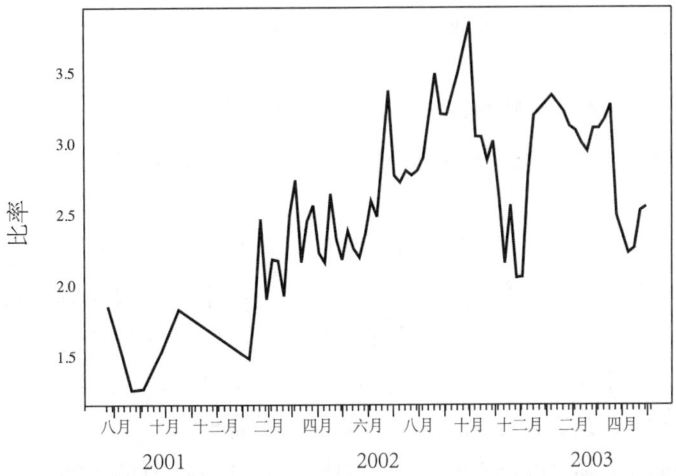

图 10.6 Berndt et al. (2008) 估计的 Vintage Petroleum 一年期风险中性违约概率和历史违约概率

市场中衍生品证券的风险管理出现了许多有趣的方法。二次对冲方法最早由 Föllmer and Sondermann (1986) 和 Föllmer and Schweizer (1991) 开发；Schweizer (2001) 是一个出色的概论；在 Delbaen et al. (2002) 和 Becherer (2004) 中讨论了不完备市场中基于效用的定价和对冲方法；后一篇论文明确考虑了基于效用的套期保值策略在信用风险模型中的应用。信用风险模型中涉及动态套期保值和市场不完备性的论文包括 Bielecki et al. (2004), Bielecki et al. (2007), Frey and Backhaus (2010) 和 Cont and Kan (2011)。

关于 CDS 定价的详细分析可以从许多文献中找到。一个好的参考文献是 Schönbucher (2003)。通过 Artzner and Delbaen (1995) 和 Jarrow et al. (2005)，得到了物理和风险中性违约概率之间关系的理论结果。Berndt et al. (2008) 超越了本书中提出的回归分析，他们估计了风险中性和实际违约强度联合演化的全时间序列模型。实际违约概率与风险中性违约概率关系的实证研究还包括 Fons (1994)、Bohn (2000)、Driessen (2005) 和 Huang and Huang (2012)。这些结果在很大程度上证实了 Berndt et al. (2008) 的发现。

10.5 随机危险率定价

在第 10.4 节中讨论的具有确定性危险函数的模型中，影响可违约债券或 CDS 的唯一风险因子是违约风险。因此，在这些模型中，信用利差在违约之前确定演化是不现实的。此外，在这种模式下，为可违约债券或 CDS 期权定价是不可能的。在本节中，我们研究危险函数被一个随机危险过程所替代的模型。用数学模型解释，这导致了双随机随机时间的概念，这个概念在第 10.5.1 节中讨论。在第 10.5.2 节中，我们推导某些构建模块的定价公式，这些构建模块可用于评估许多重要的信用风险证券。这些公式的应用会在第 10.5.3 节中提及。

10.5.1 双随机随机时间

我们现在考虑一种情况，可以获得影响随机时间 τ 分布的附加信息。在形式上，我们通过对概率空间 $(\Omega, \mathcal{F}, P)$ 的 σ 域流 $(\mathcal{F}_t)$ 来表示这些附加信息。在信用风险模型中，此信息通常由某些背景过程 $(\boldsymbol{\Psi}_t)$ 生成，例如，无风险利率或各种经济活动指标，所以 $\mathcal{F}_t = \sigma(\{\boldsymbol{\Psi}_s : s \leqslant t\})$。

考虑 $(\Omega, \mathcal{F}, P)$ 上的一些随机时间 τ，其中 $P(\tau > 0) = 1$ 并用 $Y_t = I_{\{\tau \leqslant t\}}$ 表示相关的跳跃指标，用 $(\mathcal{H}_t)$ 表示 (Y_t) 生成的 σ 域流（参见公式 (10.26)）。我们引入了一个新的 σ 域流 $(\mathcal{G}_t)$

$$\mathcal{G}_t = \mathcal{F}_t \vee \mathcal{H}_t, \quad t \geqslant 0 \tag{10.46}$$

意味着 $\mathcal{G}_t$ 是包含 $\mathcal{F}_t$ 和 $\mathcal{H}_t$ 的最小的 σ 域。在后续中，我们将经常使用符号 $(\mathcal{G}_t) = (\mathcal{F}_t) \vee (\mathcal{H}_t)$。$\sigma$ 域流 $(\mathcal{G}_t)$ 包含关于背景过程的信息，以及在时间 t 之前发生或不发生违约的信息，因此通常对应于投资者可得到的信息。显然 τ 是 $(\mathcal{H}_t)$ 停时，因此也是 $(\mathcal{G}_t)$ 停时。但是请注意，我们并不认为 τ 是相对于背景 σ 域流 $(\mathcal{F}_t)$ 的停时。

双随机随机时间是第 10.4 节中所考虑的模型对现有模型的直接扩展，提供了附加信息。

定义 10.10 (双随机随机时间). 随机时间 τ 被认为是双随机的，如果存在正的 $(\mathcal{F}_t)$ 适应过程 (γ_t) 使得 $\Gamma_t = \int_0^t \gamma_s \, \mathrm{d}s$ 严格递增，并且每个 $t > 0$ 都是有限的，则对任意 $t \geqslant 0$

$$P(\tau > t \mid \mathcal{F}_\infty) = \exp\left(-\int_0^t \gamma_s \, \mathrm{d}s\right) \tag{10.47}$$

这里 (γ_t) 被称为 τ 的$(\mathcal{F}_t)$ 条件危险过程。

在公式 (10.47) 中 $\mathcal{F}_\infty$ 表示 $t \geqslant 0$ 下包含 $\mathcal{F}_t$ 的最小 σ 域，表示为 $\mathcal{F}_\infty = \sigma(\bigcup_{t \geqslant 0} \mathcal{F}_t)$。因此，给定 $\mathcal{F}_\infty$ 的条件意味着我们知道过去和未来的经济环境，特别是危险率过程的整个轨迹 $(\gamma_s(\omega))_{s \geqslant 0}$。因此，方程 (10.47) 意味着在给定的经济环境中，τ 是一个由映射 $s \mapsto \gamma_s(\omega)$ 给出的确定性危险函数的随机时间。术语 *双随机*显然是指在任何时候的危险率本身就是一个随机过程的实现。在文献中双随机随机时间也被称作*条件泊松*或 *Cox* 随机时间。最后注意公式 (10.47) 意味着 $P(\tau \leqslant t \mid \mathcal{F}_\infty)$ 是 $\mathcal{F}_t$ 可测的，所以我们得到等式

$$P(\tau \leqslant t \mid \mathcal{F}_\infty) = P(\tau \leqslant t \mid \mathcal{F}_t) \tag{10.48}$$

在下一个引理中，我们给出了双随机随机时间的明确的构造。这种构造对于仿真非常有用。

引理 10.11. 设 X 是在 $(\Omega, \mathcal{F}, P)$ 上独立于 $\mathcal{F}_\infty$ 的标准的指数分布的随机变量，例如对任意 $t \geqslant 0$，方程 $P(X \leqslant t \mid \mathcal{F}_\infty) = 1 - \mathrm{e}^{-t}$ 成为正的 $(\mathcal{F}_t)$ 适应过程，以便 $\Gamma_t = \int_0^t \gamma_s \, \mathrm{d}s$ 对每个 $t > 0$ 严格递增和有限。定义随机时间 τ 如下

$$\tau := \Gamma^{\leftarrow}(X) = \inf\{t \geqslant 0 : \Gamma_t \geqslant X\} \tag{10.49}$$

然后 τ 是带有 $(\mathcal{F}_t)$ 条件危险率过程 (γ_t) 的双重随机。

证明. 注意，根据 τ 的定义，得到 $\{\tau > t\} = \{\Gamma_t < X\}$。由于 Γ_t 是 $\mathcal{F}_\infty$ 可测，X 是独立于 $\mathcal{F}_\infty$ 的，因此我们得到

$$P(\tau > t \mid \mathcal{F}_\infty) = P(\Gamma_t < X \mid \mathcal{F}_\infty) = \exp(-\Gamma_t)$$

证明完毕。 □

引理 10.11具有以下相反的结果。

引理 10.12. 假设 τ 是一个具有 $(\mathcal{F}_t)$ 条件危险过程 (γ_t) 的双随机随机时间。τ 的 $(\mathcal{F}_t)$ 条件累积危险过程表示为 $\Gamma_t = \int_0^t \gamma_s \, \mathrm{d}s$ 并设 $X := \Gamma_\tau$。然后随机变量 X 为标准指数分布并独立于 $\mathcal{F}_\infty$，而且几乎肯定 $\tau = \Gamma^{\leftarrow}(X)$。

证明. 由于 (Γ_t) 根据假设严格递增，关系 $\tau = \Gamma^{\leftarrow}(X)$ 从 X 的定义中清楚可见。为了证明 X 的分布是正确的，我们的论点如下：

$$P(X \leqslant t \mid \mathcal{F}_\infty) = P(\Gamma_\tau \leqslant t \mid \mathcal{F}_\infty) = P(\tau \leqslant \Gamma^{\leftarrow}(t) \mid \mathcal{F}_\infty)$$

因为 τ 是双随机的，所以最后一个表达式等于 $1 - \exp(-\Gamma(\Gamma^{\leftarrow}(t))) = 1 - \mathrm{e}^{-t}$，即 Γ 假设连续且严格递增。这表明 X 独立于 $\mathcal{F}_\infty$，并且它是标准的指数分布的。 □

引理 10.11构成以下算法的基础用于双随机随机时间的模拟。

算法 10.13 (一元阈值模型).

(1) 生成危险过程 (γ_t) 的轨迹。在说明与评论中给出了适当的仿真方法参考文献。

(2) 生成一个独立于 (γ_t)（阈值）的单位指数随机变量 X 并设定 $\tau = \Gamma^{\leftarrow}(X)$，这个步骤如图 10.7 所示。

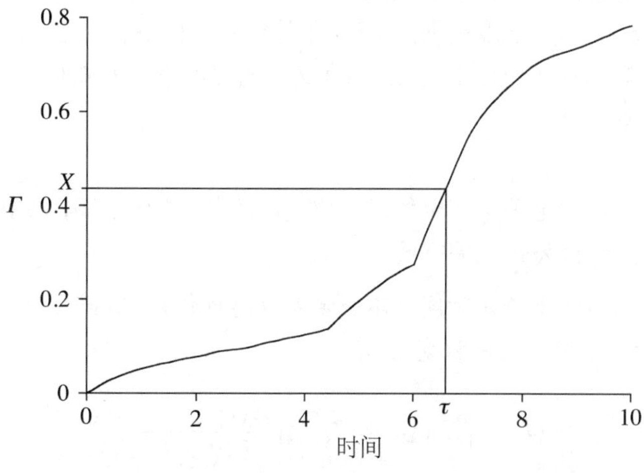

图 10.7 图形示例算法 10.13: $X \approx 0.44$, $\tau \approx 6.59$。

此外，引理 10.11和 10.12从操作时间的角度对双随机随机时间提供了有趣的解释。给定 $(\mathcal{F}_t)$ 适应危险过程 (γ_t)，定义一个新的时间表（操作时间）由关联的累积危险过程 $\Gamma_t = \int_0^t \gamma_s \, \mathrm{d}s$，所以 c 单位的操作时间对应 $\Gamma^{\leftarrow}(c)$ 单位实际时间。取一个独立于 $\mathcal{F}_\infty$ 的标准指数随机变量 X，并以操作时间为单位度量时间。然后根据引理 10.11，相关的日历时间 $\tau := \Gamma^{\leftarrow}(X)$ 为双随机的。反过来，根据引理 10.12，如果我们取一个双随机随机时间 τ，则相关操作时间 $X := \Gamma_\tau$ 服从标准指数分布，独立于 $\mathcal{F}_\infty$。操作时间的概念在保险数学中起着重要的作用（参见第 13.2.7 节）。

双随机随机时间的强度 我们在命题 10.7中看到跳跃指示过程 (Y_t) 可以转化为 $(\mathcal{H}_t)$ 鞅，如果我们减去过程 $\int_0^{t\wedge\tau}\gamma(s)\,\mathrm{d}s$，这里 $t\wedge\tau$ 是 $\min\{t,\tau\}$ 的简写符号。现在我们把这个结果推广到双随机随机时间。

命题 10.14. 假设 τ 是一个具有 $(\mathcal{F}_t)$ 条件危险过程 (γ_t) 的双随机随机时间。于是 $M_t := Y_t - \int_0^{t\wedge\tau}\gamma_s\,\mathrm{d}s$ 是一个 $(\mathcal{G}_t)$ 鞅。

证明. 通过 $\tilde{\mathcal{G}}_t = \mathcal{F}_\infty \vee \mathcal{H}_t$ 定义一个新的人工 σ 域流 $(\tilde{\mathcal{G}}_t)$，并注意对任意 t，$\tilde{\mathcal{G}}_0 = \mathcal{F}_\infty$ 和 $\mathcal{G}_t \subset \tilde{\mathcal{G}}_t$。如上所述，给定 $\mathcal{F}_\infty$，τ 是具有确定性危险率的随机时间。命题 10.7意味着 $M_t := Y_t - \int_0^{t\wedge\tau}\gamma_s\,\mathrm{d}s$ 是关于 $(\tilde{\mathcal{G}}_t)$ 的鞅。因为 (M_t) 是 $(\mathcal{G}_t)$ 适应的并且 $\mathcal{G}_t \subset \tilde{\mathcal{G}}_t$。$(M_t)$ 也是关于 $(\mathcal{G}_t)$ 的鞅。 □

最后，我们将命题 10.14与随机时间的流行概念强度联系起来。

定义 10.15. 考虑一个 σ 域流 $(\mathcal{G}_t)$ 和随机时间 τ 具有 $(\mathcal{G}_t)$ 适应的跳跃指示进程 (Y_t)。如果 $M_t := Y_t - \int_0^{t\wedge\tau}\lambda_s\,\mathrm{d}s$ 是一个 $(\mathcal{G}_t)$ 鞅，一个非负的 $(\mathcal{G}_t)$ 适应过程 (λ_t) 被称为随机时间 τ 的 $(\mathcal{G}_t)$-强度过程。

在简约信用风险模型中，(λ_t) 通常被称为违约时间 τ 的违约强度。众所周知，强度 (λ_t) 是唯一在 $\{t<\tau\}$ 上被定义的。这是关于半鞅分解唯一性的随机微积分普通答案的直接结果（参见 Protter (2005) 第 2 章）。使用定义 10.15的术语，我们可以重申命题 10.14的形式“双随机随机时间 τ 的 $(\mathcal{G}_t)$ 强度由它的 $(\mathcal{F}_t)$ 条件危险过程 (γ_t) 给出”。在这一点上，一个警告是有顺序的：随机时间允许定义 10.15意义上的强度不是双随机的，因此第 10.5.2 节中推导的定价公式不适用。

条件期望 接下来我们讨论关于完整信息 σ 域 $\mathcal{G}_t$ 的条件期望结构；这些结果对于推导双随机违约时间模型的定价公式至关重要。

命题 10.16. 设 τ 成为任意随机时间（不一定是双随机的），这样对所有 $t\geqslant 0$，$P(\tau>t\mid\mathcal{F}_t)>0$。然后对于每个可积的随机变量 X

$$E(I_{\{\tau>t\}}X\mid\mathcal{G}_t) = I_{\{\tau>t\}}\frac{E(I_{\{\tau>t\}}X\mid\mathcal{F}_t)}{P(\tau>t\mid\mathcal{F}_t)}$$

请注意，命题 10.16允许我们用关于 $\mathcal{G}_t$ 的条件期望替换关于背景信息 $\mathcal{F}_t$ 的条件期望。这个结果也被称为 *Dellacherie* 公式。在背景 σ 域流非常微不足道的特殊情况下，比如对所有 $t\geqslant 0$，$\mathcal{F}_t=\{\emptyset,\Omega\}$，命题 10.16简化到引理 10.6。

证明. 标准测度理论论证表明，对于每一个 $\mathcal{G}_t$ 可测随机变量 X，都有一些 $\mathcal{F}_t$ 可测随机变量 $\tilde{X}$，使得 $XI_{\{\tau>t\}} = \tilde{X}I_{\{\tau>t\}}$。这是非常直观的，因为在违约之前所有信息都是由背景 σ 域流 $(\mathcal{F}_t)$ 产生的。Bielecki and Rutkowski (2002) 第 5.1.1 节给出了正式证明。现在 $E(I_{\{\tau>t\}}X\mid\mathcal{G}_t)$ 是 $\mathcal{G}_t$ 可测的并在 $\{\tau\leqslant t\}$ 上为 0。因此 $\mathcal{F}_t$ 可测随机变量 $\tilde{Z}$ 满足

$E(I_{\{\tau>t\}}X \mid \mathcal{G}_t) = I_{\{\tau>t\}}\tilde{Z}$。计算关于 $\mathcal{F}_t$ 的条件期望并且注意 $\mathcal{F}_t \subset \mathcal{G}_t$ 我们得出

$$E(I_{\{\tau>t\}}X \mid \mathcal{F}_t) = P(\tau > t \mid \mathcal{F}_t)\tilde{Z}$$

因此 $\tilde{Z} = E(I_{\{\tau>t\}}X \mid \mathcal{F}_t)/P(\tau > t \mid \mathcal{F}_t)$，证明完毕。□

推论 10.17. 令 $T > t$ 并假设 τ 是随危险过程 (γ_t) 变化的双随机随机时间，那么

$$E(I_{\{\tau>T\}}\tilde{X} \mid \mathcal{G}_t) = I_{\{\tau>t\}}E(\mathrm{e}^{-\int_t^T \gamma_s \mathrm{d}s}\tilde{X} \mid \mathcal{F}_t)$$

证明. 令 $X := I_{\{\tau>T\}}\tilde{X}$。因为 $X = I_{\{\tau>t\}}X$ （当 $T > t$），所以由命题 10.16 得出

$$E(I_{\{\tau>T\}}\tilde{X} \mid \mathcal{G}_t) = E(I_{\{\tau>t\}}X \mid \mathcal{G}_t) = I_{\{\tau>t\}}\mathrm{e}^{\int_0^t \gamma_s \mathrm{d}s}E(I_{\{\tau>T\}}\tilde{X} \mid \mathcal{F}_t)$$

其中我们使用 $P(\tau > t \mid \mathcal{F}_t) = \mathrm{e}^{-\int_0^t \gamma_s \mathrm{d}s}$ 这个事实。因为 $\tilde{X}$ 是 $\mathcal{F}_T$ 可测的，所以

$$E(I_{\{\tau>T\}}\tilde{X} \mid \mathcal{F}_t) = E(\tilde{X}P(\tau > T \mid \mathcal{F}_T) \mid \mathcal{F}_t) = E(\tilde{X}\mathrm{e}^{-\int_0^T \gamma_s \mathrm{d}s} \mid \mathcal{F}_t)$$

结果如下。□

推论 10.17对于具有双随机违约时间的模型中各种信用风险证券的定价非常有用。此外，推论表明，在上述设置中，γ_t 可以很好地估计一年的违约概率。接下来设 $T = T + 1$ 和 $\tilde{X} = 1$，获得

$$P(\tau > t+1 \mid \mathcal{G}_t) = I_{\{\tau>t\}}E\left(\exp\left(-\int_t^{t+1} \gamma_s \,\mathrm{d}s\right) \,\middle|\, \mathcal{F}_t\right) \tag{10.50}$$

现在假设 $\tau > t$，危险率在时间间隔 $[t, t+1]$ 中保持相对稳定。在这些假设下方程 (10.50) 的右边可以近似为 $\exp(-\gamma_t)$，如果 γ_t 很小，则一年期违约概率满足

$$P(\tau \leqslant t+1 \mid \mathcal{G}_t) \approx 1 - \exp(-\gamma_t) \approx \gamma_t \tag{10.51}$$

10.5.2　定价公式

本节的主要结果涉及三种或有债权的定价，这些债权可用作构建许多重要信用风险证券的到期收益的基石。我们将证明，对于一个双重随机的违约时间，如果我们调整利率并替换无风险利率 r_t 为 $R_t = r_t + \gamma_t$，则这些索赔的价格计算可以降低到相应的无违约索赔的定价问题和违约时间的危险率。

模型　我们考虑一家公司，如在第 10.5.1 节中描述的那样，其违约时间由双随机随机时间给出。经济背景 σ 域流代表了一个无套利且完备的非违约证券价格模型生成的信息。更准确地说，让 $(\varOmega, \mathcal{F}, (\mathcal{F}_t), Q)$ 表示经过过滤的概率空间，其中 Q 是等价的鞅度量。无违约债券和无违约利率 (r_t) 等无违约证券的价格是 $(\mathcal{F}_t)$ 适应过程；$B_t = \exp(\int_0^t r_s \,\mathrm{d}s)$ 是对无违约的储蓄账户进行建模。

令 τ 是某个公司的违约时间并令 $Y_t = I_{\{\tau \leqslant t\}}$ 是相关的违约指示进程。与之前一样，我们设置 $\mathcal{H}_t = \sigma(\{Y_s : s \leqslant t\})$ 和 $\mathcal{G}_t = \mathcal{F}_t \vee \mathcal{H}_t$。我们假设违约是可观察的，投资者可以访问背景 σ 域流 $(\mathcal{F}_t)$ 中包含的信息，因此，投资者在 t 时可以获得的信息由 $\mathcal{G}_t$ 给出。我们认为信贷产品市场的流动性足够大，可以使用鞅建模方法，使用 Q 作为可违约证券的定价措施。根据公式 (10.30)，任意的、非负的、$\mathcal{G}_T$ 可测的或有索赔 H 在 t 时的价格为

$$H_t = E^Q\left(\exp\left(-\int_t^T r_s\,\mathrm{d}s\right)H \;\middle|\; \mathcal{G}_t\right) \tag{10.52}$$

最后，我们假设在 Q 下，违约时间 tau 是带有背景 σ 域流的双随机随机时间 $(\mathcal{F}_t)$ 和危险率过程 (γ_t)。后面一种假设对于接下来的结果至关重要。

定义 10.18. 我们介绍以下构建模块。

(i) 一个生存索赔，比如一个 $\mathcal{F}_T$ 可测承诺支付 X，如果没有违约则在时间 T 生成；生成索赔的实际支付等于 $XI_{\{\tau>T\}}$。

(ii) 一个高风险的股息流。这里我们考虑一个承诺的股息流由 $(\mathcal{F}_t)$ 适应过程 $\nu_s, 0 \leqslant s \leqslant T$。当违约发生时，高风险股息流的支付停止，因此这个构建模块的实际支付由股息流给出，利率为 $\nu_t I_{\{\tau>t\}}, 0 \leqslant t \leqslant T$。

(iii) 一个违约支付索赔 $Z_\tau I_{\{\tau \leqslant T\}}$，其中 $Z = (Z_t)_{t \geqslant 0}$ 是 $(\mathcal{F}_t)$ 适应随机过程，Z_τ 是 $Z_{\tau(\omega)}(\omega)$ 的简写。

从第 10.4.3 节中可以看出，违约债券可以被看作是生存索赔和违约支付索赔的组合。信用违约互换也可以写成这些索赔要求的组合，如第 10.5.3 节所示。另一个例子是受交易对手信用风险影响的期权合约。具体地说，我们考虑对某些无违约证券 (S_t) 的看涨期权。用 K 表示行权价格，用 T 表示到期日，并假设期权卖方在时间 $\tau \leqslant T$ 违约，期权的所有者在违约时收到期权内在价值的一部分 $(1-\delta_\tau)$。这可以通过对生存索赔 $(S_T - K)^+ I_{\{\tau>T\}}$ 和违约支付索赔 $(1-\delta_\tau)(S_\tau - K)^+ I_{\{\tau \leqslant T\}}$ 的组合来建模。

定价结果　在下面的定理中，我们证明了从定义 10.18中引入的构建模块的定价，可以在背景 σ 域流 $(\mathcal{F}_t)$ 给出投资者信息和调整无违约利率的无违约证券市场模型中被简化为一个定价问题。

定理 10.19. 假设在 Q 下，τ 是在背景 σ 域流 $(\mathcal{F}_t)$ 和危险过程 (γ_t) 下的双随机随机时间。定义 $R_s := r_s + \gamma_s$。假设随机变量 $\exp(-\int_t^T r_s\,\mathrm{d}s)|X|$, $\int_t^T |\nu_s| \exp(-\int_t^s r_u\,\mathrm{d}u)\,\mathrm{d}s$ 和 $\int_t^T |Z_s\gamma_s| \exp(-\int_t^s R_u\,\mathrm{d}u)\,\mathrm{d}s$ 是关于 Q 可积的。下面的等式成立：

$$\begin{aligned} & E^Q\left(\exp\left(-\int_t^T r_s\,\mathrm{d}s\right)I_{\{\tau>T\}}X \;\middle|\; \mathcal{G}_t\right) \\ & \qquad = I_{\{\tau>t\}}E^Q\left(\exp\left(-\int_t^T R_s\,\mathrm{d}s\right)X \;\middle|\; \mathcal{F}_t\right) \end{aligned} \tag{10.53}$$

$$E^Q\left(\int_t^T \nu_s I_{\{\tau>s\}} \exp\left(-\int_t^s r_u \mathrm{d}u\right)\mathrm{d}s \mid \mathcal{G}_t\right)$$

$$= I_{\{\tau>t\}} E^Q\left(\int_t^T \nu_s \exp\left(-\int_t^s R_u \mathrm{d}u\right) \mathrm{d}s \mid \mathcal{F}_t\right) \tag{10.54}$$

$$E^Q\left(I_{\{t<\tau\leqslant T\}} \exp\left(-\int_t^\tau r_s\,\mathrm{d}s\right) Z_\tau \,\middle|\, \mathcal{G}_t\right)$$

$$= I_{\{\tau>t\}} E^Q\left(\int_t^T Z_s\gamma_s \exp\left(-\int_t^s R_u\,\mathrm{d}u\right) \mathrm{d}s \,\middle|\, \mathcal{F}_t\right) \tag{10.55}$$

证明. 可积性条件确保所有条件期望都得到明确定义。我们从索赔的定价公式 (10.53) 开始。定义 $\mathcal{F}_T$ 可测随机变量 $\tilde{X} := \exp(-\int_t^T r_s\,\mathrm{d}s)X$。使用推论 10.17，其中 $s = T$ 且 $\varGamma_t = \int_0^t \gamma_s\,\mathrm{d}s$，我们发现

$$E^Q(\tilde{X} I_{\{\tau>T\}} \mid \mathcal{G}_t) = I_{\{\tau>t\}} E^Q(\exp(-(\varGamma_T - \varGamma_t))\tilde{X} \mid \mathcal{F}_t)$$

注意 $\varGamma_T - \varGamma_t = \int_t^T \gamma_s\,\mathrm{d}s$ 和使用 $\tilde{X}$ 的定义，因此右边等于 $I_{\{\tau>t\}}\ E^Q(\exp(-\int_t^T R_s\,\mathrm{d}s)X \mid \mathcal{F}_t)$。定价公式 (10.54) 来自 (10.53) 和条件期望的 Fubini(富比尼) 定理。最后，我们转向 (10.55)。引理 10.16 意味着

$$E^Q\left(I_{\{\tau>t\}} \exp\left(-\int_t^\tau r_s\,\mathrm{d}s\right) Z_\tau I_{\{\tau\leqslant T\}} \,\middle|\, \mathcal{G}_t\right)$$

$$= I_{\{\tau>t\}} \frac{E^Q(I_{\{\tau>t\}} \exp(-\int_t^\tau r_s\,\mathrm{d}s) Z_\tau I_{\{\tau\leqslant T\}} \mid \mathcal{F}_t)}{P(\tau > t \mid \mathcal{F}_t)} \tag{10.56}$$

现在请注意

$$P(\tau \leqslant t \mid \mathcal{F}_T) = 1 - \exp\left(-\int_0^t \gamma_s\,\mathrm{d}s\right)$$

所以给定 $\mathcal{F}_T$，τ 的条件密度函数等于 $f_{\tau|\mathcal{F}_T}(t) = \gamma_t \exp(-\int_0^t \gamma_s\,\mathrm{d}s)$。因此

$$E^Q\left(I_{\{\tau>t\}} \exp\left(-\int_t^\tau r_s\,\mathrm{d}s\right) Z_\tau I_{\{\tau\leqslant T\}} \,\middle|\, \mathcal{F}_T\right)$$

$$= \int_t^T \exp\left(-\int_t^s r_u\,\mathrm{d}u\right) Z_s\gamma_s \exp\left(-\int_0^s \gamma_u\,\mathrm{d}u\right) \mathrm{d}s$$

$$= \exp\left(-\int_0^t \gamma_u\,\mathrm{d}u\right) \int_t^T Z_s\gamma_s \exp\left(-\int_t^s R_u\,\mathrm{d}u\right) \mathrm{d}s$$

通过迭代条件期望，我们得到了这个公式：

$$E^Q\left(I_{\{\tau>t\}} \exp\left(-\int_t^\tau r_s\,\mathrm{d}s\right) Z_\tau I_{\{\tau\leqslant T\}} \,\middle|\, \mathcal{F}_t\right)$$

$$= \exp\left(-\int_0^t \gamma_u\,\mathrm{d}u\right) E^Q\left(\int_t^T Z_s\gamma_s \exp\left(-\int_t^s R_u\,\mathrm{d}u\right) \mathrm{d}s \,\middle|\, \mathcal{F}_t\right)$$

恒等式 (10.55) 从公式 (10.56) 开始。 □

10.5.3　应用

信用违约互换　我们扩展了对第 10.4.4 节的分析，并讨论了在违约时间为双随机时间的模型中 CDS 的定价。这使我们能够将随机利率、回收率和危险率纳入分析。

我们很快记起 CDS 合约的付款形式。如前所述，保费应在时间 $0 < t_1 < \cdots < t_N$ 中的 N 个时间点支付；在违约前的日期 t_k，信用保护买方支付的保费大小为 $x(t_k - t_{k-1})$，其中 x 表示以百分比表示的互换利差（我们将假设互换的名义金额为 1）。如果 $\tau \leqslant t_N$，信用保护卖方在违约时间 τ 向买方支付大小为 δ_τ，其中违约损失率的百分比一般 $(\mathcal{F}_t)$ 适应过程。使用定理 10.19，互换的双方都能被定价。定期的保费支付构成了一系列的生存索赔。使用公式 (10.53)，在 $t = 0$ 时保费的公平价格为

$$\begin{aligned}V^{\text{prem},1} &= \sum_{k=1}^{N} E^Q\left(\exp\left(-\int_0^{t_k} r_u\,\mathrm{d}u\right)x(t_k - t_{k-1})I_{\{t_k<\tau\}}\right)\\ &= x\sum_{k=1}^{N}(t_k - t_{k-1})E^Q\left(\exp\left(-\int_0^{t_k} R_u\,\mathrm{d}u\right)\right)\end{aligned}$$

预期信用损失是带有 $Z_s = \delta_s$ 和到期日 t_N 的违约支付索赔，所以它的价格由下列式子给出：$V^{\text{def}} = E^Q(\int_0^{t_N} \delta_s\gamma_s \exp(-\int_0^s R_u\,\mathrm{d}u)\,\mathrm{d}s)$。因此，我们将信用违约互换的定价简化为无违约世界的定价问题。解决这个问题的方法将在下一节中讨论。

市值回收　市值回收，简称 RM，是 Duffie and Singleton (1999) 提出的可违约债券及其他信用风险证券的另一种回收模式；它的主要优点是可以得出特别简单的定价公式。考虑一个索赔，其偿付包括生存索赔 X 和违约时间的回收支付。在 RM 假设下回收支付可以用下列式子给出：$(1-\delta_\tau)V_\tau I_{\{\tau\leqslant T\}}$，其中 $(\mathcal{F}_t)$ 适应过程 $(\delta_t) \in (0,1)$ 给出索赔的违约损失率百分比以及 $(\mathcal{F}_t)$ 适应过程 (V_t) 表示索赔的违约前价值。注意，这是一个递归定义，因为在 t 时违约前的价值也取决于在 $(t,T]$ 期间的回收支付的形式。尽管如此，下面的结果是可以确定的。

命题 10.20. 假设在 Q 下，τ 是危险率过程 (γ_t) 下的双重随机。此外，假设 X 是可积的，RM 假设成立。然后，违约前过程 (V_t) 是唯一确定的，由下式给出：

$$V_t = E^Q\left(\exp\left(-\int_t^T (r_s + \delta_s\gamma_s)\,\mathrm{d}s\right)X \,\middle|\, \mathcal{F}_t\right),\quad 0 \leqslant t \leqslant T \tag{10.57}$$

注意，对于 $\delta_t \equiv 1$，索赔是一个标准的生存索赔。公式 (10.57) 可以简化为公式 (10.53)。另外一方面，对于 $\delta_t \equiv 0$，该索赔是无风险的；在这种情况下，公式 (10.57) 可以简化为无违约证券市场模型中索赔 X 的标准定价公式。对于命题 10.20的证明，我们引用说明和评论中给出的参考文献。

信用利差和危险率 随着双随机违约时间，风险中性危险过程 (γ_t) 以及可违约债券的信用利差

$$c(t,T) = -\frac{1}{T-t}(\ln p_1(t,T) - \ln p_0(t,T))$$

是密切相关的。对于给定的瞬时信用利差，最容易得到解析结果

$$c(t,t) = \lim_{T\to t} c(t,T) = -\frac{\partial}{\partial T}\bigg|_{T=t}(\ln p_1(t,T) - \ln p_0(t,T)) \tag{10.58}$$

假设 $\tau > t$，因此 $p_1(t,t) = p_0(t,t) = 1$。因此我们得到

$$\frac{\partial}{\partial T}\bigg|_{T=t}\ln p_1(t,T) = \frac{\partial}{\partial T}\bigg|_{T=t} p_1(t,T) \tag{10.59}$$

对于 $p_0(t,T)$，与之同理。为了计算 (10.59) 中的导数，我们需要区分不同的回收模型。在 RM 假设下，我们可以将 $X=1$ 应用到命题 10.20。交换期望和微分，得到

$$\begin{aligned}-\frac{\partial}{\partial T}\bigg|_{T=t} p_1(t,T) &= -E^Q\left(\frac{\partial}{\partial T}\bigg|_{T=t}\exp\left(-\int_t^T (r_s + \delta_s\gamma_s\,\mathrm{d}s)\right)\,\bigg|\,\mathcal{F}_t\right)\\ &= r_t + \delta_t\gamma_t \end{aligned}\tag{10.60}$$

将 $\delta_t \equiv 0$ 代入公式 (10.60) 得到

$$-\frac{\partial}{\partial T}\bigg|_{T=t} p_0(t,T) = r_t$$

因此，$c(t,t) = \delta_t\gamma_t$，即瞬时信用利差等于危险率与违约损失率百分比的乘积，从经济学角度看这是相当直观的。在面值回收率模型下，$p_1(t,T)$ 由一个生存索赔 $I_{\{\tau>T\}}$ 和一个大小为 $(1-\delta_\tau)$ 的违约支付价格之和给出。在 $\delta_t \equiv 1$ 下公式 (10.60) 表明在 $T=t$ 处对 T 的生存索赔的导数等于 $-(r_t+\gamma_t)$。对于回收付款我们得到

$$\frac{\partial}{\partial T}\bigg|_{T=t} E\left(\int_t^T \gamma_s(1-\delta_s)\exp\left(-\int_t^s R_u\,\mathrm{d}u\right)\mathrm{d}s\,\bigg|\,\mathcal{F}_t\right) = (1-\delta_t)\gamma_t$$

因此

$$-\frac{\partial}{\partial T}\bigg|_{T=t} p_1(t,T) = r_t + \gamma_t - (1-\delta_t)\gamma_t = r_t + \delta_t\gamma_t$$

因此，$c_1(t,t)$ 再次等于 $\delta_t\gamma_t$。类似的计算表明，在 RT 下，我们还有 $c_1(t,t) = \delta_t\gamma_t$。但是，对于 $T-t>0$，不同回收模型对应的信用利差是不同的，如第 10.6.3 节所示。

说明与评论

本节讨论的材料基于许多参考文献。我们特别提到了 Lando (2004) 和 Bielecki and Rutkowski (2002) 的书。Bielecki 和 Rutkowski 的书比我们的内容更技术性；此外，作者还讨论了双随机随机时间的各种概率刻画。双随机随机时间的阈值模拟方法要求对危险过程的轨迹进行模拟。随机过程仿真技术的一个很好的参考书是 Glasserman (2003)。

关于违约时间 τ 不是双随机的更普遍的简约模型的讨论，可以参考 Kusuoka (1999), Elliott et al. (2000), Bélanger et al. (2004), Collin-Dufresne et al. (2004) 或者 Blanchet-Scalliet and Jeanblanc (2004)。

定理 10.19是由 Lando (1998) 提出的。Jarrow and Turnbull (1995) 和 Jarrow et al. (1997) 得到了相关结果。命题 10.20是由 Duffie and Singleton (1999) 提出的。Becherer and Schweizer (2005) 中对其扩展进行了讨论。Jeanblanc et al. (2009) 提供了全面优秀数学背景知识。

与无违约期限结构模型的类比使得具有双随机违约时间的简约模型相对容易应用。然而，在解释结果和应用模型所暗示的公司债券的*线性定价规则*时需要一些注意。尤其要注意的是，在这些模型中，违约强度并没有明确考虑公司未偿风险债务的结构。对债务结构对债券价值影响的正式分析最好是在公司价值模型的背景下进行的，在这种模型中，违约是根据基本经济量明确建模的。这些问题在 Lando (2004) 的第 2 章中有很好的讨论。

10.6 仿射模型

为了应用定理 10.19中所得到的双随机随机时间的定价公式，我们需要有效的方法来评估方程右侧的条件期望 (10.53), (10.54) 和 (10.55)。在大多数模型中，违约由双随机随机时间 (r_t) 建模，被建模为一些由域 $D \subset \mathbb{R}^p$ 给出的状态空间的 p 维马尔可夫状态变量过程 $(\boldsymbol{\Psi}_t)$ 的函数，所以自然背景 σ 域流可以表示为 $(\mathcal{F}_t) = \sigma(\{\boldsymbol{\Psi}_s : s \leqslant t\})$。此外，对于某些函数 $R : D \subseteq \mathbb{R}^p \to \mathbb{R}_+$，$R_t := r_t + \gamma_t$ 是某种函数的形式 $R_t = R(\boldsymbol{\Psi}_t)$。因此，对于通用函数 $g, h : D \to \mathbb{R}_+$，我们必须计算表单的条件期望

$$E\left(\exp(-\int_t^T R(\boldsymbol{\Psi}_s)\,\mathrm{d}s) g(\boldsymbol{\Psi}_T) + \int_t^T h(\boldsymbol{\Psi}_s) \exp(-\int_t^s R(\boldsymbol{\Psi}_u)\,\mathrm{d}u)\,\mathrm{d}s \mid \mathcal{F}_t \right) \tag{10.61}$$

由于 $(\boldsymbol{\Psi}_t)$ 是一个马尔科夫过程，这个条件期望由一些时间的函数 $f(t, \boldsymbol{\Psi}_t)$ 和状态变量过程的当前值 $\boldsymbol{\Psi}_t$ 给出。众所周知，在一些额外的正则性假设下，函数 f 可以被计算为一个抛物型偏微分方程（PDE）的解——这是著名的 *Feynman-Kac(费曼—卡茨)公式*。Feynman–Kac 公式提供了一种使用 PDEs 的解析或数值计算确定 f 的方法。特别是，众所周知，在 $(\boldsymbol{\Psi}_t)$ 属于*仿射跳跃扩散类*（见下文）的情况下，R 是一个仿射函数，对于某些 $\boldsymbol{u} \in \mathbb{R}^p$ 的 $g(\boldsymbol{\psi}) = \exp(\boldsymbol{u}'\boldsymbol{\psi})$ 以及 $h \equiv 0$，函数 f 为

$$f(t, \boldsymbol{\psi}) = \exp(\alpha(t, T) + \boldsymbol{\beta}(t, T)'\boldsymbol{\psi}) \tag{10.62}$$

对于确定性的函数 $\alpha : [0, T] \to \mathbb{R}$ 和 $\boldsymbol{\beta} : [0, T] \to R^p$。此外，$\alpha$ 和 $\boldsymbol{\beta}$ 由 $(p+1)$ 维常微分方程（ODE）系统，可以很容易地用数值求解。因此，基于仿射跳跃扩散和 R 的仿射规范的模型相对容易实现，这解释了它们在实践中的受欢迎程度。函数 (10.62) 之间的关系通常被称为*仿射利率期限结构*，因为它意味着在时间 t 时连续复合收益率是 $\boldsymbol{\Psi}_t$ 的仿射函数。

在本节中，我们将讨论这些结果。我们主要研究状态变量过程由一维扩散给出的情况，最后将简要讨论对具有跳跃过程的扩展。

10.6.1 基本结果

f 的 PDE 特征 我们假设状态变量过程 (Ψ_t) 是 SDE 的唯一解

$$\mathrm{d}\Psi_t = \mu(\Psi_t)\,\mathrm{d}t + \sigma(\Psi_t)\,\mathrm{d}W_t, \quad \Psi_0 = \psi \in D \tag{10.63}$$

由域 $D \subseteq \mathbb{R}$ 给出的状态空间。这里 (W_t) 是一个标准的一维布朗运动、在域流概率空间 $(\Omega, \mathcal{F}, (\mathcal{F}_t), P)$、$\mu$ 和 σ 分别在 D 到 $\mathbb{R}$ 和 D 到 $\mathbb{R}_+$ 上的连续函数。下一个结果表明，条件期望 (10.61) 可以计算为一个抛物线 PDE 的解。

引理 10.21 (Feynman-Kac). *考虑泛型函数 $R, g, h\colon D \to \mathbb{R}_+$。假设函数 $f: [0,T]\times D \to \mathbb{R}$ 是连续的，在 t 一阶连续可微，在 ψ on $[0,T)\times D$ 二阶连续可微，则这个 f 求解了终值问题*

$$\left.\begin{aligned} f_t + \mu(\psi)f_\psi + \tfrac{1}{2}\sigma^2(\psi)f_{\psi\psi} + h(\psi) = R(\psi)f, \quad (t,\psi)\in[0,T)\times D \\ f(T,\psi) = g(\psi), \quad \psi \in D \end{aligned}\right\} \tag{10.64}$$

如果 f 是有界的，更概括地说，如果对于 $\psi \in D$，$\max_{0\leqslant t\leqslant T} f(t,\psi) \leqslant C(1+\psi^2)$，那么

$$E\left(\exp(-\int_t^T R(\boldsymbol{\Psi}_s)\,\mathrm{d}s)g(\boldsymbol{\Psi}_T) + \int_t^T h(\boldsymbol{\Psi}_s)\exp(-\int_t^s R(\boldsymbol{\Psi}_u)\,\mathrm{d}u)\,\mathrm{d}s \mid \mathcal{F}_t\right) = f(t,\Psi_t) \tag{10.65}$$

Feynman-Kac 公式是随机微积分的一个标准结果，在许多关于随机过程和金融数学的教科书中都有讨论，因此我们省略了证明过程（参考文献在说明与评论中给出）。

仿射利率期限结构 我们从例子 $h \equiv 0$ 开始。从金融角度来说，这意味着我们专注于生存索赔。下面的假设确保了对于 $h \equiv 0$，PDE (10.64) 的解在 $\psi \in D$ 且 $g(\psi) = \exp(u\psi)$, $u\psi \leqslant 0$ 最终条件下具有公式 (10.62) 形式，因此我们有一个仿射期限结构。注意对于 $u = 0$，$g \equiv 1$，这是为零息债券定价的合适的最终条件。

假设 10.22. *R, μ 和 σ^2 是 ψ 的仿射函数，即存在常数 ρ^0, ρ^1, k^0, k^1, h^0 和 h^1，使得 $R(\psi) = \rho^0 + \rho^1\psi$, $\mu(\psi) = k^0 + k^1\psi$ 和 $\sigma^2(\psi) = h^0 + h^1\psi$。此外，对于所有 $\psi \in D$，我们有 $h^0 + h^1\psi \geqslant 0$ 和 $\rho_0 + \rho_1\psi \geqslant 0$。*

固定一些 $T > 0$。我们试图找到公式 (10.64) 的解，使得对于连续可微函数 $\alpha(\cdot,T)$ 和 $\beta(\cdot,T)$，具有 $\tilde{f}(t,\psi) = \exp(\alpha(t,T) + \beta(t,T)\psi)$ 形式。由于 $\tilde{f}(T,\psi) = \exp(u\psi)$，我们立即得到了最终条件 $\alpha(T,T) = 0$, $\beta(T,T) = u$。由 $\alpha'(\cdot,T)$ 和 $\beta'(\cdot,T)$ 表示 α 和 β 关于 t 的导数。使用 $\tilde{f}$ 的特殊形式我们得到了

$$\tilde{f}_t = (\alpha' + \beta'\psi)\tilde{f}, \quad \tilde{f}_\psi = \beta\tilde{f} \quad \text{和} \quad \tilde{f}_{\psi\psi} = \beta^2\tilde{f}$$

因此，在假设 10.22 PDE 公式 (10.64) 变成

$$(\alpha' + \beta'\psi)\tilde{f} + (k^0 + k^1\psi)\beta\tilde{f} + \tfrac{1}{2}(h^0 + h^1\psi)\beta^2\tilde{f} = (\rho^0 + \rho^1\psi)\tilde{f}$$

除以 $\tilde{f}$ 并计算得到

$$\alpha' + k^0\beta + \tfrac{1}{2}h^0\beta^2 - \rho^0 + (\beta' + k^1\beta + \tfrac{1}{2}h^1\beta^2 - \rho^1)\psi = 0$$

由于该方程必须适用于所有 $\psi \in D$，我们得到如下 ODE 系统：

$$\beta'(t,T) = \rho^1 - k^1\beta(t,T) - \tfrac{1}{2}h^1\beta^2(t,T), \quad \beta(T,T) = u \tag{10.66}$$

$$\alpha'(t,T) = \rho^0 - k^0\beta(t,T) - \tfrac{1}{2}h^0\beta^2(t,T), \quad \alpha(T,T) = 0 \tag{10.67}$$

对于 $\beta(\cdot,T)$，ODE(10.66) 被称为 *Ricatti(黎卡提)* 方程。虽然解析解只存在于某些特殊情况下，但 ODE 很容易用数值方法求解。对于 $\alpha(\cdot,T)$，ODE (10.67) 在确定 β 的情况下通过简单的（数值）积分来求解。综上所述，我们有以下命题。

命题 10.23. *假设假设 10.22成立，那么 ODE 系统 (10.66)，(10.67) 在 $[0,t]$ 上有一个唯一的解 $(\alpha\ \beta)$，并且有一些 C，使得 $(T,T)\psi \leqslant C$ 对于所有 $t \in [0,T]$, $\psi \in D$。然后*

$$E\left(\exp\left(-\int_t^T R(\Psi_s)\,\mathrm{d}s\right)\exp(u\Psi_T)\,\middle|\,\mathcal{F}_t\right) = \exp(\alpha(t,T) + \beta(t,T)\Psi_t)$$

证明. 直接从引理 10.21得到结果，因为我们对 β 的假设意味着 $\tilde{f}(t,\psi) = \exp(\alpha(t,T) + \beta(t,T)\psi)$ 是有界的。 □

10.6.2　CIR 平方根扩散

一个非常流行的仿射模型是 Cox et al. (1985) 作为短期利率模型提出的平方根扩散模型。在这个模型中，对参数 $\kappa, \bar{\theta}, \sigma > 0$ 和状态空间 $D = [0,\infty)$，(Ψ_t) 是由 SDE 的解给出的，

$$\mathrm{d}\Psi_t = \kappa(\bar{\theta} - \Psi_t)\,\mathrm{d}t + \sigma\sqrt{\Psi_t}\,\mathrm{d}W_t, \quad \Psi_0 = \psi > 0 \tag{10.68}$$

显然，(10.68) 是假设 10.22意义下的仿射模型，参数为 $k^0 = \kappa\bar{\theta}$, $k^1 = -\kappa$, $h^0 = 0$ 和 $h^1 = \sigma^2$。

众所周知，SDE (10.68) 接受整体解（参考文献见说明与评论）。这个问题很重要，因为平方根函数不是 Lipschitz(利普希茨) 函数，而且必须确保对所有 $t > 0$ 的解都保留在 D 中。注意，(10.68) 意味着 (Ψ_t) 是一个*均值回归过程*：如果 Ψ_t 偏离均值回归水平 $\bar{\theta}$，则进程将被拉回到 $\bar{\theta}$。此外，如果均值回归相对于波动率足够强，则轨迹永远不会达到零。更精确地说，令 $\tau_0(\Psi) := \inf\{t \geqslant 0 : \Psi_t = 0\}$。众所周知对于 $\kappa\bar{\theta} \geqslant \frac{1}{2}\sigma^2$，我们有 $P(\tau_0(\Psi) < \infty) = 0$，其中对于 $\kappa\bar{\theta} < \frac{1}{2}\sigma^2$，我们有 $P(\tau_0(\Psi) < \infty) = 1$。

在 CIR 平方根模型中，Ricatti 方程 (10.66) 和 (10.67) 可以得到解析解。使用命题 10.23，我们可以计算

$$E\left(\exp\left(-\int_t^T (\rho^0 + \rho^1\Psi_s)\,\mathrm{d}s\right)\,\middle|\,\mathcal{F}_t\right) = \exp(\alpha(T-t) + \beta(T-t)\Psi_t)$$

其中

$$\beta(\tau)=\frac{-2\rho^1(e^{\gamma\tau}-1)}{\gamma-\kappa+e^{\gamma\tau}(\gamma+\kappa)}, \tag{10.69}$$

$$\alpha(\tau)=-\rho^0\tau+2\frac{\kappa\bar{\theta}}{\sigma^2}\ln\left(\frac{2\gamma e^{\tau(\gamma+\kappa)/2}}{\gamma-\kappa+e^{\gamma\tau}(\gamma+\kappa)}\right) \tag{10.70}$$

另外 $\tau:=T-t, \gamma:=\sqrt{\kappa^2+2\sigma^2\rho^1}$。在无风险短期利率和违约强度为独立平方根过程仿射函数的模型中，这些公式是债券定价的关键，如下一个示例所示。

例 10.24 (三因子模型). 我们现在用类似于文献中经常使用的三因子模型来考虑零息债券的定价。我们假设 $\boldsymbol{\Psi}_t=(\Psi_{t,1},\Psi_{t,2},\Psi_{t,3})'$ 是三个独立的平方根扩散矢量，对于独立的布朗运动 $(W_{t,i})$，$i=1,2,3$，它们的动态变化是 $\mathrm{d}\Psi_{t,i}=\kappa_i(\bar{\theta}_i-\Psi_{t,i})\,\mathrm{d}t+\sigma_i\sqrt{\Psi_{t,i}}\,\mathrm{d}W_{t,i}$。取一常数 $r_0\geqslant 0$，无风险短期利率为 $r_t=r_0+\Psi_{t,2}-\Psi_{t,1}$。取某个常数 $\gamma_1>0$，被考虑的交易对手危险率由 $\gamma_t=\gamma_1\Psi_{t,1}+\Psi_{t,3}$ 给出。这种参数化允许 (r_t) 和 (γ_t) 之间的负瞬时相关性，这与经验证据一致。然而，请注意，这种负相关是以可能为负的无风险利率为代价的。在这种情况下，无违约零息债券的价格由下式给出：

$$\begin{aligned}p_0(t,T)&=E\left(\exp\left(-\int_t^T r_s\,\mathrm{d}s\right)\middle|\,\mathcal{F}_t\right)\\&=e^{-r_0(T-t)}E\left(\exp\left(-\int_t^T \Psi_{s,2}\,\mathrm{d}s\right)\middle|\,\mathcal{F}_t\right)E\left(\exp\left(\int_t^T \Psi_{s,1}\,\mathrm{d}s\right)\middle|\,\mathcal{F}_t\right)\end{aligned} \tag{10.71}$$

其中我们用了 $(\Psi_{t,1})$, $(\Psi_{t,2})$, $(\Psi_{t,3})$ 的独立性。公式 (10.71) 中的每一项都可以使用上面的 α 和 β 公式（公式 (10.69) 和公式 (10.70)）进行计算。假设我们已经有违约情况下国债回收率（参见第 10.4.3 节），并且给定了一个违约损失率百分比 δ，我们发现可违约零息债券的价格

$$p_1(t,T)=(1-\delta)p_0(t,T)+\delta E\left(\exp\left(-\int_t^T(r_s+\gamma_s)\,\mathrm{d}s\right)\middle|\,\mathcal{F}_t\right)$$

根据 r_t 和 γ_t 定义，等式右边最后一项等于

$$\delta E\left(\exp\left(-\int_t^T\big(r_0+(\gamma_1-1)\Psi_{s,1}+\Psi_{s,2}+\Psi_{s,3}\big)\,\mathrm{d}s\right)\middle|\,\mathcal{F}_t\right)$$

它的计算方法与公式 (10.71) 的计算方法类似。在下一节中，我们将展示如何处理更复杂的回收率模型，例如面值回收率。

10.6.3 扩展

(Ψ_t) 跳跃扩散模型 我们简要讨论了基本模型 (10.63) 的扩展，其中经济因子过程 (Ψ_t) 遵循带跳跃的扩散。将跳跃添加到动态变化 (Ψ_t) 中，为有条件独立的违约模型中的违约相关性建模提供了更大的灵活性（参见第 17.3.2 节），而且它还导致了更现实的信用利差动态变化。

在本节中我们假设 (Ψ_t) 是 SDE 的唯一解：

$$\mathrm{d}\Psi_t = \mu(\Psi_t)\,\mathrm{d}t + \sigma(\Psi_t)\,\mathrm{d}W_t + \mathrm{d}Z_t, \quad \Psi_0 = \psi \in D \tag{10.72}$$

这里 Z_t 是一个纯粹的跳转过程，其时间 t 的跳跃强度等于某个函数 $\lambda^Z : D \to \mathbb{R}_+$ 的 $\lambda^Z(\Psi_t)$，其跳跃大小分布在 $\mathbb{R}$ 上有 df ν。直观地说，这意味着，给定因子过程的轨迹 $(\Psi_t(\omega))_{t\geqslant 0}$，$Z_t$ 跳跃于非均匀泊松过程的跳跃时间（见第 13.2.7 节），其时变强度为 $\lambda^Z(t,\Psi_t)$，跳跃的大小为 df ν。

假设现在假设 10.22成立，对于常数 l^0, l^1，$\lambda^Z(\psi) = l^0 + l^1\psi$，这样对于所有 $\psi \in D$，$\lambda^Z(\psi) > 0$。在这种情况下，我们说 (Ψ_t) 服从仿射跳跃扩散。对于 $x \in \mathbb{R}$，用 $\hat{\nu}(x) = \int_{\mathbb{R}} \mathrm{e}^{-xy}\,\mathrm{d}\nu(y) \in (0,\infty]$ 表示扩展的 Laplace–Stieltjes 变换 ν（在域 $\mathbb{R}$ 而不是通常的域 $[0,\infty)$）。考虑以下 ODE 系统的扩展（由公式 (10.66), (10.67)）：

$$\beta'(t,T) = \rho^1 - k^1\beta(t,T) - \tfrac{1}{2}h^1\beta^2(t,T) - l^1(\hat{\nu}(-\beta(t,T)) - 1) \tag{10.73}$$

$$\alpha'(t,T) = \rho^0 - k^0\beta(t,T) - \tfrac{1}{2}h^0\beta^2(t,T) - l^0(\hat{\nu}(-\beta(t,T)) - 1) \tag{10.74}$$

对于一些 $u \leqslant 0$ 和 $\alpha(T,T) = 0$ 的最终条件 $\beta(T,T) = u$ 成立。假设方程组 (10.74)、(10.73) 有唯一解 α, β 而且对于所有 $t \in [0,T]$、$\psi \in D$（对 l^0 或 $l^1 \neq 0$ 这意味着对任意时间 t，$\hat{\nu}(-\beta(t,T)) < \infty$），$\beta(t,T)\psi \leqslant C$）。使用与上述类似的参数，可以证明条件期望 $E(\exp(-\int_t^T R(\Psi_s)\,\mathrm{d}s)\exp(u\Psi_T) \mid \mathcal{F}_t)$ 等于 $\tilde{f}(t,\Psi_t)$。

例 10.25 (Duffie and Gârleanu (2001) **模型**). 在关于 CDO 定价的文献中使用了以下跳跃扩散模型。对参数 $\kappa, \bar{\theta}, \sigma > 0$ 和带有恒定跳跃强度 $l^0 > 0$ 的跳跃过程 (Z_t) 和参数为 $1/\mu$ 的指数分布跳跃幅度。(Ψ_t) 的动态变化

$$\mathrm{d}\Psi_t = \kappa(\bar{\theta} - \Psi_t)\,\mathrm{d}t + \sigma\sqrt{\Psi_t}\,\mathrm{d}W_t + \mathrm{d}Z_t \tag{10.75}$$

在 Duffie 和 Gârleanu 之后，我们有时会称模型 (10.75) 为 基本仿射跳跃扩散。注意，这些假设意味着 ν 的均值等于 μ 并且 ν 支持 $[0,\infty)$，所以 (Ψ_t) 只有向上跳跃。因此，(10.75) 解的存在性来自纯扩散情况下解的存在性。相对容易证明，对于 $t \to \infty$，我们得到 $E(\Psi_t) \to \bar{\theta} + l^0\mu/\kappa$。为了便于说明，我们在表 10.4中展示 Duffie and Gârleanu (2001) 中使用的参数值；(Ψ_t) 的典型轨迹在图 10.8 中模拟。接下来我们计算 Laplace–Stieltjes 变换 $\hat{\nu}$。对 $u > -1/\mu$ 我们得到

$$\hat{\nu}(u) = \int_0^\infty \mathrm{e}^{-ux}(1/\mu)\mathrm{e}^{-x/\mu}\,\mathrm{d}x = \frac{1}{1+\mu u}$$

对 $u \leqslant -1/\mu$，我们得到 $\hat{\nu}(u) = \infty$。因此，我们具备了建立 Ricatti 方程 (10.74) 和 (10.73) 的所有必要条件。在模型 (10.75) 的情况下这些方程可以得到解析解（参见 Duffie and Singleton (2003) 第 11 章）。但是，解析解是由一个非常长的表达式给出的，因此我们省略了细节。

表 10.4　模型 Duffie and Gârleanu (2001) 使用到的参数。l^0 给出因子过程的跳跃强度，μ 表示平均跳跃幅度。在这些参数下系统因子过程跳跃的平均等待时间为 $1/l^0 = 5$ 年。

κ	$\bar{\theta}$	σ	l^0	μ
0.6	0.02	0.14	0.2	0.1

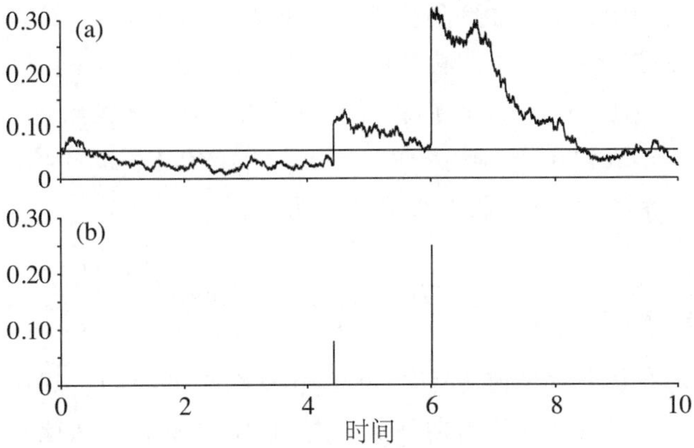

图 10.8　(a) 基本仿射跳跃扩散模型 (10.75) 的典型轨迹。(b) 对应 (Z_t) 的跳跃。使用的参数值在表 10.4 中给出。初始值 Ψ_0 等于以水平线为标志的长期均值 $\bar{\theta} + (l^0\mu)/\kappa$。

违约支付索赔应用　根据定理 10.19，在一个双随机违约时间 τ 和风险中性危险率 $\gamma(\Psi_t)$ 的模型中，t 时刻违约支付索赔在 $\delta > 0$ 等于

$$\delta E\left(\int_t^T \gamma(\Psi_s)\exp\left(-\int_t^s R(\Psi_u)\,\mathrm{d}u\right)\mathrm{d}s \,\middle|\, \mathcal{F}_t\right) \tag{10.76}$$

其中 $R(\psi) = r(\psi) + \gamma(\psi)$。使用 Fubini 定理等于

$$\delta\int_t^T E\left(\gamma(\Psi_s)\exp\left(-\int_t^s R(\Psi_u)\,\mathrm{d}u\right) \,\middle|\, \mathcal{F}_t\right)\mathrm{d}s \tag{10.77}$$

现在假设 $\gamma(\psi) = \gamma^0 + \gamma^1\psi$，$R(\psi) = \rho^0 + \rho^1\psi$ 和 (Ψ_t) 是由上面介绍的仿射跳跃扩散给出的。在这种情况下，公式 (10.77) 中的内部期望由一个函数 $F(t, s, \Psi_t)$ 给出。这个函数可以使用基本仿射方法的扩展来计算，这样 (10.77) 可以通过一维数值积分来计算。定义在 $0 \leqslant t \leqslant s$ 上，函数 $\tilde{f}(t, s, \psi) = \exp(\alpha(t, s) + \beta(t, s)\psi)$，其中 $\alpha(\cdot, s)$ 和 $\beta(\cdot, s)$ 求解了 ODEs 方程组 (10.74), (10.73)，其中最终条件 $\alpha(s, s) = \beta(s, s) = 0$。用 $\hat{\nu}'(x)$ 表示 Laplace–Stieltjes 变换 ν 的导数。这是标准微积分的一个简单的应用来证明，对一些可积条件进行模运算，$F(t, s, \psi) = \tilde{f}(t, s, \psi)(A(t, s) + B(t, s)\psi)$，其中 $A(\cdot, s)$ 和 $B(\cdot, s)$ 解下面的 ODE 方程组：

$$B'(t, s) + k^1 B(t, s) + h^1\beta B(t, s) - l^1\hat{\nu}'(-\beta)B(t, s) = 0 \tag{10.78}$$

$$A'(t, s) + k^0 B(t, s) + h^0\beta B(t, s) - l^0\hat{\nu}'(-\beta)B(t, s) = 0 \tag{10.79}$$

其中最终条件 $A(s, s) = \gamma_0$, $B(s, s) = \gamma_1$。另外，方程组 (10.78) 和 (10.79) 的数值计算很简单。

当然，可以使用 Feynman-Kac 公式 (10.65) 计算条件期望 (10.76)，其中 $g \equiv 0$ 和 $h = \gamma$。然而，在大多数情况下，后续的 PDE 需要用数值计算来解决。

例 10.26 (可违约零息债券和 CDS). 我们现在已经有了计算可违约零息债券和 CDS 的价格和信用利差的所有必要条件，该模型具有双随机违约时间，危险率 $\gamma_t = \Psi_t$ 为一维仿射跳跃扩散 (Ψ_t)。在图 10.9 中我们绘制了可违约债券的信用利差图，用于第 10.4.3 节中讨论的回收率假设。请注意，对于 $T \to T$，即到期时间接近于 0 时，利差趋向于 $c(T,T) = \delta\Psi_t > 0$，正如第 10.5.3 节所述。特别是，信用利差不会因为 $T \to t$ 而消失。这与公司价值模型形成了鲜明的对比，在公司价值模型中，典型的 $c(t,t) = 0$，如第 10.3.1 节所述。进一步注意，对于较大的 $T - t$，在 RF 假设下，我们获得负的信用利差，这显然是不现实的。这些负信用利差是由于在 RF 下我们在违约时立即获得固定大小的 $1-\delta$ 付款。如果无违约利率 r 相对较大，则即使 $\delta > 0$，也有可能发生这种情况

$$E^Q\left(\exp\left(-\int_0^\tau r_s\,\mathrm{d}s\right)(1-\delta)I_{\{\tau\leqslant T\}}\right) > E^Q\left(\exp\left(-\int_0^T r_s\,\mathrm{d}s\right)I_{\{\tau\leqslant T\}}\right)$$

这是因为右侧贴现是在整个时期内进行的 $[0,T]$（而不是 $[0,\tau]$），因此贴现对右侧的价值有很大的影响，补偿了较高的最终到期收益。图 10.10 中的假设风险中性的危险过程是一个基本的仿射跳跃扩散，我们绘制了不同到期日有和没有应计付款的 CDS 的公平利差。

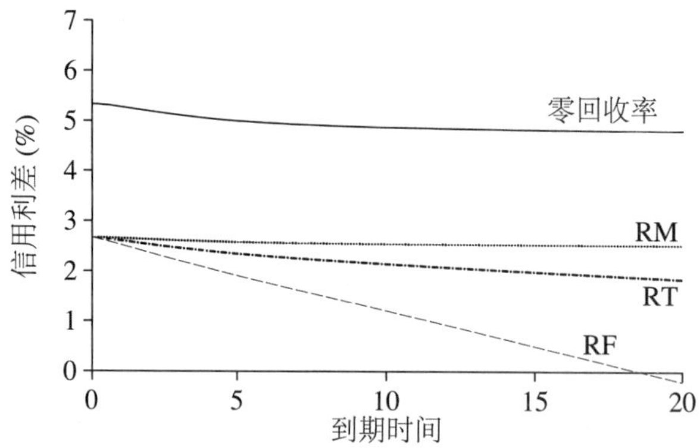

图 10.9　不同回收率假设的 Duffie-Gârleanu 模型 (10.75) 下的可违约零息债券的利差。(Ψ_t) 的参数在表 10.4中给出，初始值 $\Psi_0 \approx 0.0533$。无风险利率和违约损失率是确定值 $r = 6\%$ 和 $\delta = 0.5$。请注意，在面值回收率模型下，随着到期日变大，利差变为负值。

说明与评论

Feynman-Kac 公式在 Björk (2004) 第 5.5 节中进行了讨论，或者在更技术性的水平上，在 Karatzas and Shreve (1988) 第 5.7 节中进行了讨论。

利率期限结构方面仿射模型重要原创论文，关于扩散模型是 Duffie and Kan (1996) 和跳跃扩散模型的 Duffie et al. (2000)。后一篇论文还包含了仿射模型的其他应用，如随机波动下的股票期权定价和与仿射模型相关的计量经济学问题。应该提到的是，还有一个与命题 10.23相反的命题；如果有条件期望 $E(\exp(-\int_t^T R(\Psi_s)\,\mathrm{d}s)\mathrm{e}^{u\Psi_T} \mid \mathcal{F}_t)$ 是 Ψ_t 的指数仿射函数，则这个随机过程 (Ψ_t) 必然是仿射的（详细信息参考 Duffie and Kan (1996), Duffie et al. (2003) 或 Filipović (2009) 的第 10 章）。

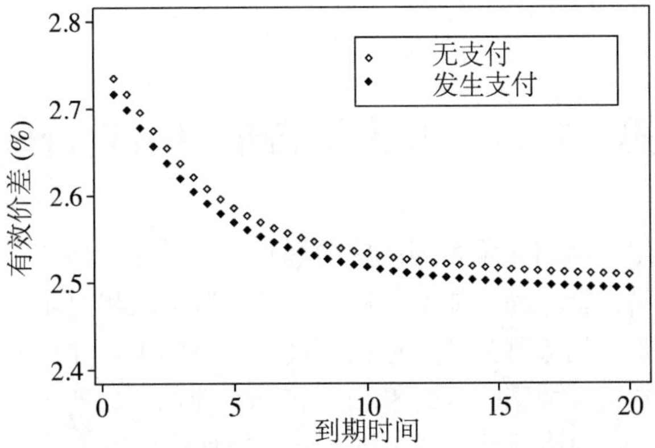

图 10.10 半年度 CDS 合约溢价支付的 Duffie-Gârleanu 模型 (10.75) 下的公平 CDS 利差以及随着到期日的变化情况。(Ψ_t) 的参数在表 10.4中给出，初始值 $\Psi_0 \approx 0.0533$。无风险利率和违约损失率是确定值 $r = 6\%$ 和 $\delta = 0.5$。请注意，对于较小的到期日，公平互换利差 $\delta\Psi_0 \approx 2.7\%$。

CIR 模型的数学特性在 Lamberton and Lapeyre (1996) 的第 6.2 章中有讨论，其中还导出了 CIR 模型中 Ricatti 方程的 (10.69) 和 (10.70) 的解析解。例 10.24中研究的模型类似于 Duffie and Singleton (1999) 提出的模型。仿射设置中状态变量过程的负相关建模问题在 Lando (2004) 第 5.8 节中讨论。违约债券仿射模型的实证研究包括 Duffee (1999) 和 Driessen (2005) 的论文。

第 11 章　投资组合信用风险管理

本章从有关投资组合信用风险管理问题的视角讨论一年期信贷组合模型，这些投资组合资产大部分是非交易信贷产品，如银行账户内的零售贷款和商业贷款。

我们主要分析的是违约事件相关性结构的模拟。事实上，违约相关性对大型投资组合信用损失分布的右尾有很大的影响。如图 11.1 所示，我们比较两个投资组合的损失分布函数，（组合 1）投资 1000 家公司且假设公司发生违约是独立的；（组合 2）是一种更加实际的情况，投资 1000 家公司但这 1000 家公司发生违约是相关的。在组合 2 中，违约事件之间的相关性为 0.5% 左右，从这个意义上看，公司发生违约是弱相关的。在这两种情况下，违约概率都是大约 1%，所以平均而言预计会发生 10 起违约事件。在第 11.5 节中我们可以看到，应用于组合 2 的模型可看作是一个同质投资组合损失分布的实际模型，该投资组合包含 1000 笔标普评级为 BB 级的贷款。从图 11.1 中我们清楚地看到，组合 2 的损失分布是有偏（skewed）的，其右尾明显厚于组合 1 损失分布函数的右尾，体现了违约相关性的显著影响。

注意，经济因子可以很好地解释不同债务人之间的违约相关性。最重要的是，一个公司的财务状况会随着宏观经济因子的随机波动而变化，如经济增长率的变化。由于不同公司都会受到共同的宏观经济因子的影响，这就造成它们违约具有相关性。

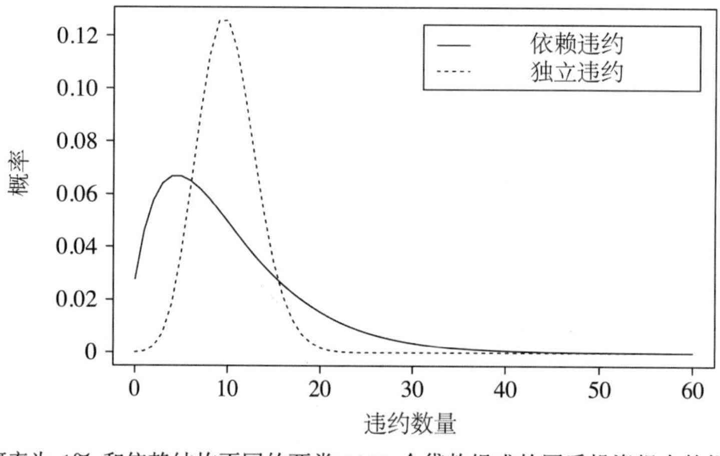

图 11.1　违约概率为 1% 和依赖结构不同的两类 1000 个贷款组成的同质投资组合的损失分布比较。在投资组合 1 中，假设违约是独立的；在投资组合 2 中，我们假设违约相关性为 0.5%。投资组合 2 可以被认为是 BB 级贷款的代表。我们清楚地看到，违约依赖关系生成了一个损失分布，其右尾较重，众数向左偏。

在第 11.1 节中我们通过讨论阈值模型来展开分析，这些模型可认为是第 10 章默顿模型的多元扩展。给定一组共同因子，假设违约是条件独立事件，在这种情况下，在第 11.2 节中我们考虑使用所谓的混合模型。这些因子通常被称为宏观经济变量，并且可以被随机模拟。在实践中混合模型使用广泛，根本原因是因为它容易处理；许多阈值模型也和混合模型一样有简单的表达式。

在第 11.3 节和第 11.4 节中关注投资组合损失分布的计算、估计以及尾部风险的相关计量。我们给出尾部概率的近似值以及大型相对同质的投资组合的分位数（第 11.3 节），然后我们在混合模型中讨论用蒙特卡罗方法来估算尾部概率、风险措施和资本配置（第 11.4 节）。最后，在第 11.5 节中，我们讨论信用模型统计推断这一重要问题。

11.1　阈值模型

这一节讨论的模型是投资组合信用风险一年期模型，该信用风险是由第 10.3 节中公司价值模型引发的。这些模型有其定义的属性，即如果某一关键随机变量 X_i 低于某一特定阈值 d_i，则公司 i 在 $[0,T]$ 时期发生违约。变量 X_i 可以有不同的解释。在多元默顿模型中，$X_i = X_{T,i}$ 是时间范围 T 上的 Logit 正态分布的资产价值，d_i 表示 T 时刻偿还的负债。更理论地说，X_i 经常被认为是一个表示债务人 i 信用质量或偿付能力的潜变量。

违约之间的依赖性源于向量 $\boldsymbol{X} = (X_1, \dots, X_m)'$ 的组成部分之间的依赖性。对 $\boldsymbol{X}$ 的假设分布原则上是完全通用的，而事实上本节的一个主要问题是研究 $\boldsymbol{X}$ 的连接函数对投资组合风险的影响。

11.1.1　一年期的投资组合模型的表示法

为了方便起见，本章先介绍一年期投资组合模型的一些表示法，这些表示法在本章的其余部分会被用到。我们讨论一个有 m 个债务人的，固定在时间范围 T 上的投资组合。当 $1 \leqslant i \leqslant m$ 时，我们设定随机变量 R_i 为债务人 i 在 T 时刻的状态指标，并假设 R_i 是表示评级等指标的整数；正如第 10.2.1 节中所讲，我们设定违约时该数值为 0，信用良好不违约则为非零值。当 $t = 0$ 时，假设债务人是在不违约的状态。

我们主要关注违约和不违约两种结果，忽略不违约公司的细分类型。在这种情况下，我们设定 Y_i 是违约指示变量，则 $Y_i = 1 \iff R_i = 0$，$Y_i = 0 \iff R_i > 0$。随机向量 $\boldsymbol{Y} = (Y_1, \dots, Y_m)'$ 是投资组合的违约指标向量，$p(\boldsymbol{y}) = P(Y_1 = y_1, \dots, Y_m = y_m)$，$\boldsymbol{y} \in \{0,1\}^m$ 是它的联合概率函数；边际违约概率表示为 $p_i = P(Y_i = 1), i = 1, \dots, m$。

我们尤其关注*违约相关性*或*事件相关性*，它们可以被表示为违约指标的相关关系，因为

$$\operatorname{var}(Y_i) = E(Y_i^2) - p_i^2 = E(Y_i) - p_i^2 = p_i - p_i^2$$

对于公司 i 和公司 j（$i \neq j$），我们有如下公式：

$$\rho(Y_i, Y_j) = \frac{E(Y_i Y_j) - p_i p_j}{\sqrt{(p_i - p_i^2)(p_j - p_j^2)}} \tag{11.1}$$

在 T 时刻，我们得到随机变量违约的债务人数目 $M := \sum_{i=1}^m Y_i$。当公司 i 违约时，实际损失，即*违约损失率* (LGD) 可以用随机变量 $\delta_i e_i$ 表示，其中 e_i 表示公司 i 所有的风险敞

口，$0 \leqslant \delta_i \leqslant 1$ 表示在违约事件中产生损失的风险敞口的比例。所以，总损失可以表示为 $L := \sum_{i=1}^{m} \delta_i e_i Y_i$。当需要时，我们进一步对 e_i 和 δ_i 进行假设。

建立不同的信用风险模型可以得到相同的 $\boldsymbol{R}$ 和 $\boldsymbol{Y}$ 的多元分布，研究者在分析投资组合信用风险时对该分布很感兴趣。当 $\boldsymbol{R} \stackrel{\mathrm{d}}{=} \tilde{\boldsymbol{R}}$ (or $\boldsymbol{Y} \stackrel{\mathrm{d}}{=} \tilde{\boldsymbol{Y}}$) 时，我们认为两个包括向量 $\boldsymbol{R}$ 和 $\tilde{\boldsymbol{R}}$（或 $\boldsymbol{Y}$ 和 $\tilde{\boldsymbol{Y}}$）的模型是等价的。

可交换的（exchangeable）特例　为了简化分析，我们通常会假设状态指标向量 $\boldsymbol{R}$ 和违约指标向量 $\boldsymbol{Y}$ 是可交换的随机向量，这能使实践中常用的同质组的概念数学形式化。回忆一下，如果对于任何 $(1, \ldots, m)$ 的序列 $(\Pi(1), \ldots, \Pi(m))$，都有 $(R_1, \ldots, R_m) \stackrel{\mathrm{d}}{=} (R_{\Pi(1)}, \ldots, R_{\Pi(m)})$，那么这个随机向量 $\boldsymbol{R}$ 可以说是可交换的。特别地，可交换性意味着对于任何 $k \in \{1, \ldots, m-1\}$，所有 $\binom{m}{k}$ 可能的 $\boldsymbol{R}$ 的 k 维边际分布是一样的。在这种情况下，我们介绍违约概率的一种简单表示法，其中 $\pi := P(Y_i = 1), i \in \{1, \ldots, m\}$ 是任一公司的违约概率，

$$\pi_k := P(Y_{i_1} = 1, \ldots, Y_{i_k} = 1), \quad \{i_1, \ldots, i_k\} \subset \{1, \ldots, m\},\ 2 \leqslant k \leqslant m \tag{11.2}$$

是任何 k 家公司的联合违约概率，也就是说，π_k 是一个有任意 k 家公司的子组（subgroup）在时间 $[0, T]$ 上的违约概率。如果违约指标是可交换的，我们就有

$$E(Y_i) = E(Y_i^2) = P(Y_i = 1) = \pi, \quad \forall i,$$
$$E(Y_i Y_j) = P(Y_i = 1, Y_j = 1) = \pi_2, \quad \forall i \neq j$$

因此 $\operatorname{cov}(Y_i, Y_j) = \pi_2 - \pi^2$，这意味着公式 (11.1) 中的违约相关性是由公式（11.3）给出的：

$$\rho_Y := \rho(Y_i, Y_j) = \frac{\pi_2 - \pi^2}{\pi - \pi^2}, \quad i \neq j \tag{11.3}$$

这是一阶违约概率和二阶违约概率的简单函数。

11.1.2　阈值模型和连接函数

在讨论连接函数的连接（link）前，我们首先给阈值模型一个一般的定义。

定义 11.1.

$$R_i = j \iff d_{ij} < X_i \leqslant d_{i(j+1)}, \quad j \in \{0, \ldots, n\},\ i \in \{1, \ldots, m\}$$

$\boldsymbol{X} = (X_1, \ldots, X_m)'$ 是 m 维随机向量，$D \in \mathbb{R}^{m \times n}$ 是元素 d_{ij} 的一个确定性矩阵。这样，对于每一个 i，第 i 列元素都形成一组满足 $d_{i1} < \cdots < d_{in}$ 的递增的阈值。我们通过设定所有的债务人 $d_{i0} = -\infty$ 并且 $d_{i(n+1)} = \infty$ 实现阈值的递增，并设定

$$R_i = j \iff d_{ij} < X_i \leqslant d_{i(j+1)}, \quad j \in \{0, \ldots, n\},\ i \in \{1, \ldots, m\}$$

当状态向量 $\boldsymbol{R} = (R_1, \ldots, R_m)'$ 时，$(\boldsymbol{X}, D)$ 可以用来定义阈值模型。

我们将 $\boldsymbol{X}$ 指定为关键变量的向量，并将其边际分布函数表示为 $F_{X_i}(x) = P(X_i \leqslant x)$:。$D$ 的第 i 列是公司 i 的关键阈值。根据定义，如果在 $X_i \leqslant d_{i1}$ 时违约发生（相当于事件 $R_i = 0$），那么公司 i 的违约概率就通过公式 $p_i = F_{X_i}(d_{i1})$ 给定。当使用仅违约模型时，我们只要让 $d_i = d_{i1}$，并用 $(\boldsymbol{X}, \boldsymbol{d})$ 表示阈值模型即可。

在这种模型背景下，从关键变量 X_i 和 X_j 的相关关系来区别两个公司违约相关性 $\rho(Y_i, Y_j)\ i \neq j$ 是非常重要的。由于关键变量通常用资产价值表示，这种相关性通常被称为资产相关性。对于给定的违约概率分布，根据公式 (11.1) $\rho(Y_i, Y_j)$ 由 $E(Y_iY_j)$ 决定。在一个阈值模型 $E(Y_iY_j) = P(X_i \leqslant d_{i1},\ X_j \leqslant d_{j1})$ 中，违约相关性取决于 X_i 和 X_j 的联合分布。在实践的常用模型中，如果 $\boldsymbol{X}$ 是多元正态变量，那么 X_i 和 X_j 的相关关系就决定了它们联合分布的连接函数，也决定了它们的违约相关性（见定理 11.2）。对于多元正态类以外的一般关键变量，关键变量之间的相关性并不能完全决定违约相关性，这可能对分布 $M = \sum_{i=1}^{m} Y_i$ 的尾部有严重影响，在第 11.1.5 节中我们可以看到该现象。

连接函数就状态向量 $\boldsymbol{R}$ 和连接函数 $\boldsymbol{X}$ 的边际分布而言，现在我们给定两个阈值模型等价的简单标准。这个结果解释了连接函数在阈值模型中为何有着重要作用。对于连接函数必要的背景信息，我们参考第 7 章。

引理 11.2. 假设 $(\boldsymbol{X}, D)$ 和 $(\tilde{\boldsymbol{X}}, \tilde{D})$ 是一对阈值模型，它们的状态向量分别是 $\boldsymbol{R} = (R_1, \ldots, R_m)'$ 和 $\tilde{\boldsymbol{R}} = (\tilde{R}_1, \ldots, \tilde{R}_m)'$。在以下条件下，两个模型是等价的：

(i)

$$P(R_i = j) = P(\tilde{R}_i = j), \quad j \in \{1, \ldots, n\},\ i \in \{1, \ldots, m\}$$

(ii) $\boldsymbol{X}$ 和 $\tilde{\boldsymbol{X}}$ 有相同的连接函数 C

证明. 根据定义 11.1，对所有 $j_1, \ldots, j_m \in \{1, \ldots, n\}$，要使 $\boldsymbol{R} \overset{\mathrm{d}}{=} \tilde{\boldsymbol{R}}$，当且仅当

$$\begin{aligned}P(d_{1j_1} &< X_1 \leqslant d_{1(j_1+1)}, \ldots, d_{mj_m} < X_m \leqslant d_{m(j_m+1)}) \\ &= P(\tilde{d}_{1j_1} < \tilde{X}_1 \leqslant \tilde{d}_{1(j_1+1)}, \ldots, \tilde{d}_{mj_m} < \tilde{X}_m \leqslant \tilde{d}_{m(j_m+1)})\end{aligned}$$

时才成立。根据标准度量参数，如果对于所有的 $j_1, \ldots, j_m \in \{1, \ldots, n\}$，

$$P(X_1 \leqslant d_{1j_1}, \ldots, X_m \leqslant d_{mj_m}) = P(\tilde{X}_1 \leqslant \tilde{d}_{1j_1}, \ldots, \tilde{X}_m \leqslant \tilde{d}_{mj_m})$$

根据 Sklar 定理（定理 7.3），这等价于

$$C(F_{X_1}(d_{1j_1}), \ldots, F_{X_m}(d_{mj_m})) = C(F_{\tilde{X}_1}(\tilde{d}_{1j_1}), \ldots, F_{\tilde{X}_m}(\tilde{d}_{mj_m}))$$

其中，C 是 $\boldsymbol{X}$ 和 $\tilde{\boldsymbol{X}}$ 的连接函数（使用条件 (ii)）。条件 (i) 表明，对于所有 $j \in \{1, \ldots, n\}$，$i \in \{1, \ldots, m\}$，$F_{X_i}(d_{ij}) = F_{\tilde{X}_i}(\tilde{d}_{ij})$，证明完毕。 □

结果表明，在阈值模型中，关键变量的连接函数决定了单个公司风险迁移的边际概率和公司群风险转移的联合概率之间的联系。为了进一步说明，简单考虑一个违约和不违约

的两状态模型（two-state model），以及一组包含各个违约概率为 $p_{i_1},\dots,p_{i_k}$ 的 k 个公司 $\{i_1,\dots,i_k\}\subset\{1,\dots,m\}$ 的子组。然后，

$$\begin{aligned}P(Y_{i_1}=1,\dots,Y_{i_k}=1)&=P(X_{i_1}\leqslant d_{i_1 1},\dots,X_{i_k}\leqslant d_{i_k 1})\\&=C_{i_1\cdots i_k}(p_{i_1},\dots,p_{i_k})\end{aligned}\tag{11.4}$$

其中，$C_{i_1\cdots i_k}$ 表示 C 对应的 k 维边际分布。现在我们考虑适用于单个同质组的模型的特例。我们假设 $\boldsymbol{X}$ 有一个可转换连接函数（即（公式 (7.20) 中连接函数的形式）），所有的单个违约概率等于某个常数 π，因此违约指示向量 $\boldsymbol{Y}$ 也是可转换的。公式 (11.4) 可以简化成以下公式：

$$\pi_k=C_{1\cdots k}(\pi,\dots,\pi),\quad 2\leqslant k\leqslant m\tag{11.5}$$

这个公式在之后一些连接函数模型的标准化中会用到。

11.1.3　高斯阈值模型

在这一节中，我们讨论关键变量有高斯连接函数这一情况。

多元默顿模型　在第 10.3.1 节中，由 m 家公司形成的投资组合的默顿模型是比较容易归纳的。我们假设多元资产价格变化过程 $(\boldsymbol{V}_t)$ 是一个 m 维几何布朗运动，其中 $\boldsymbol{V}_t=(V_{t,1},\dots,V_{t,m})'$，其漂移向量为 $\boldsymbol{\mu}_V=(\mu_1,\dots,\mu_m)'$，波动向量为 $\boldsymbol{\sigma}_V=(\sigma_1,\dots,\sigma_m)'$，瞬时相关矩阵为 P。这意味着 $(\boldsymbol{V}_t)$ 解释了相关关系为 $\rho(W_{t,i},W_{t,j})=\rho_{ij}$, $t\geqslant 0$ 的相关布朗运动的随机微分方程。

$$\mathrm{d}V_{t,i}=\mu_i V_{t,i}\,\mathrm{d}t+\sigma_i V_{t,i}\,\mathrm{d}W_{t,i},\quad i=1,\dots,m,$$

对于所有的 i，资产价值 $V_{T,i}$ 可以表示为

$$V_{T,i}=V_{0,i}\exp\left((\mu_i-\tfrac{1}{2}\sigma_i^2)T+\sigma_i W_{T,i}\right)$$

另外，$\boldsymbol{W}_T:=(W_{T,1},\dots,W_{T,m})'$ 是一个满足 $\boldsymbol{W}_T\sim N_m(\boldsymbol{0},TP)$ 的多元正态随机向量。默顿模型的基本形式是违约模型，当 $V_{T,i}\leqslant B_i$ 时，公司发生违约，其中 B_i 是公司 i 的负债。$(\boldsymbol{V}_T,\boldsymbol{B})$ 就这样给出了阈值模型的替代形式 $\boldsymbol{B}=(B_1,\dots,B_m)'$。因为在关键变量和阈值的转换是严格递增的情况下，阈值模型中的违约事件是不变的，所以这个模型相当于阈值模型 $(\boldsymbol{X},\boldsymbol{d})$，其中：

$$\begin{aligned}X_i&:=\frac{\ln V_{T,i}-\ln V_{0,i}-(\mu_i-\frac{1}{2}\sigma_i^2)T}{\sigma_i\sqrt{T}}\\d_i&:=\frac{\ln B_i-\ln V_{0,i}-(\mu_i-\frac{1}{2}\sigma_i^2)T}{\sigma_i\sqrt{T}}\end{aligned}$$

转换后的变量满足 $\boldsymbol{X}\sim N_m(\boldsymbol{0},P)$，它们的连接函数是高斯向量 C_P^{Ga}。

实践中的高斯阈值模型　在实践中通常是直接以满足 $\boldsymbol{X} \sim N_m(\boldsymbol{0}, P)$ 的阈值模型 $(\boldsymbol{X}, \boldsymbol{d})$ 开始的。但这里有两个现实挑战：第一个是必须校准给出的阈值向量 $\boldsymbol{d}$（在多期模型中，则为阈值矩阵 D），使之符合给定的外生违约概率和转移概率；第二个是需要小幅度校准相关矩阵 P。将阈值矩阵 D 中的特定债务人列（评级）校准为状态转移概率（state transition probabilities）的问题会在第 10.3.4 节中讨论。特别是，在一个单个违约模型中，给定违约概率 p_i，我们设定 $d_i = \Phi^{-1}(p_i)$，$i = 1, \ldots, m$. 因为 $\boldsymbol{X}$ 服从标准正态边际分布，所以 P 也是 $\boldsymbol{X}$ 的协方差矩阵。

在最一般的形式中，P 有 $m(m-1)/2$ 个不同的参数。在投资组合信用风险应用中，m 通常很大，所以使用一个更简洁的参数矩阵十分重要，该简化过程可以基于第 6.4.1 节中描述的因子模型进行。因子模型中的因子也可以给出经济解释，通常被解释为国家和行业影响。现在我们来定义一些信用风险中常用的典型因子模型的数学形式。这些模型在实践中的校准问题会在第 11.5.1 节讨论。

因子模型　我们假设

$$X_i = \sqrt{\beta_i}\tilde{F}_i + \sqrt{1-\beta_i}\varepsilon_i \tag{11.6}$$

其中，$\tilde{F}_i$ 和 $\varepsilon_1, \ldots, \varepsilon_m$ 是独立正态分布变量，$0 \leqslant \beta_i \leqslant 1$ 对所有的 i 都成立。在这个公式中，$\tilde{F}_i$ 是相关的系统性变量，ε_i 是非系统性变量。也就是说，β_i 被认为可以衡量系统性风险 X_i: X_i 的部分方差可以被系统性变量解释。

假设系统性变量的形式是 $\tilde{F}_i = \boldsymbol{a}_i'\boldsymbol{F}$，其中 $\boldsymbol{F}$ 是一个向量，其共同因子满足在 $p < m$ 下 $\boldsymbol{F} \sim N_p(\boldsymbol{0}, \Omega)$，这里 Ω 是一个相关关系矩阵。这些因子通常代表国家和行业因子。对于所有的 i，假设方差 $\mathrm{var}(\tilde{F}_i) = 1$ 都有 $\boldsymbol{a}_i'\Omega\boldsymbol{a}_i = 1$ 的限制。因为 $\mathrm{var}(X_i) = 1$，$\tilde{F}_i$ 和 $\varepsilon_1, \ldots, \varepsilon_m$ 独立且服从正态分布，所以此模型中资产的相关性可以表示为

$$\rho(X_i, X_j) = \mathrm{cov}(X_i, X_j) = \sqrt{\beta_i\beta_j}\,\mathrm{cov}(\tilde{F}_i, \tilde{F}_j) = \sqrt{\beta_i\beta_j}\boldsymbol{a}_i'\Omega\boldsymbol{a}_j$$

为了建立模型，我们必须给定每个债务人的 $\boldsymbol{a}_i$ 和 β_i，以及对于所有 i 都给定额外限制 $\boldsymbol{a}_i'\Omega\boldsymbol{a}_i = 1$ 的 Ω。Ω 有 $p(p-1)/2$ 个参数，载荷向量 $\boldsymbol{a}_i$ 和系数 β_i 共有 $mp + m$ 个参数，我们给予模型 m 个约束，因此校准问题的维数为 $mp + p(p-1)/2$。特别注意的是，参数的数量是线性增长而不是以 m 的平方增长。

注意，这个因子模型非常适合第 6.4.1 节提出的总体框架。$\boldsymbol{X}$ 可以写成

$$\boldsymbol{X} = B\boldsymbol{F} + \tilde{\boldsymbol{\varepsilon}} \tag{11.7}$$

其中，$B = DA$，$D = \mathrm{diag}(\sqrt{\beta}_1, \ldots, \sqrt{\beta}_m)$，$A \in \mathbb{R}^{m \times p}$ 是第 i 列由 $\boldsymbol{a}_i'$ 给定的矩阵，$\tilde{\varepsilon}_i = \sqrt{1-\beta_i}\varepsilon_i$。

我们经常考虑单因子模型这一特例。该模型中，$\tilde{F}_i = F$ 是一个普通的标准正态因子，因此公式 (11.6) 中的方程也有如下形式：

$$X_i = \sqrt{\beta_i}F + \sqrt{1-\beta_i}\varepsilon_i \tag{11.8}$$

而且，如果每个债务人都有相同的系统性方差 $\beta_i = \rho$，那么对所有的 $i \neq j$ 都有 $\rho(X_i, X_j) = \rho$。这个模型通常被称为等相关模型，在之前的例 6.32 和公式 (6.53) 中有介绍过。

11.1.4　基于另类连接函数的模型

虽然大多数行业中使用的阈值模型都是基于显式或隐式的高斯连接函数，但我们没有理由假设它一定是高斯连接函数。事实上，第 11.1.5 节中的模拟表明，连接函数的选择可能对违约次数 M 的分布的尾部形状非常关键。我们现在基于另类连接函数来研究阈值模型。

第一个类型的模型试图保留一些高斯阈值模型的灵活性，这确实很吸引人，因为它们可以适应关键变量的各种不同相关结构。当债务人接触多个风险因子，而且债务人之间不同风险因子的风险敞口是有显著差别时，比如来自不同的行业或国家的公司贷款的投资组合，在这种情况下，用高斯阈值模型构造资产组合具有明显的优势。

例 11.3 (正态均值—方差混合模型). 对于关键变量的分布，我们考虑第 6.2.2 节描述的模型类型。首先，我们从一个 m 维多元正态向量 $\boldsymbol{Z} \sim N_m(\boldsymbol{0}, \Sigma)$ 和一个正标量随机变量 W 开始，其中 W 和 $\boldsymbol{Z}$ 是独立的。假设关键变量 $\boldsymbol{X}$ 有以下结构：

$$\boldsymbol{X} = \boldsymbol{m}(W) + \sqrt{W}\boldsymbol{Z} \tag{11.9}$$

其中，$\boldsymbol{m} : [0, \infty) \to \mathbb{R}^m$ 是一个可测函数。在一个特例中，$\boldsymbol{m}(W)$ 是一个常数 $\boldsymbol{\mu}$，不随 W 而变化，这种分布被称为正态方差混合分布。正态方差混合分布的一个重要例子是例 6.7 中讨论的多元 t 分布。通常在 W 有一个逆伽马分布，即 $W \sim \mathrm{Ig}(\frac{1}{2}\nu, \frac{1}{2}\nu)$ 或者 $\nu/W \sim \chi^2_\nu$ 时。一般正态方差混合分布的一个例子就是在第 6.2.3 节中讨论的广义双曲线分布。

在一个正态均值—方差混合模型中，违约条件可以写

$$X_i \leqslant d_{i1} \iff Z_i \leqslant \frac{d_{i1}}{\sqrt{W}} - \frac{m_i(W)}{\sqrt{W}} =: \tilde{D}_i \tag{11.10}$$

其中，$m_i(W)$ 是 $\boldsymbol{m}(W)$ 的第 i 个成分。公式 (11.9) 的一个可能的经济学解释就是把 Z_i 认为是公司 i 的资产价值，d_{i1} 认为是相应违约阈值的先验估计。实际的违约阈值是随机的，可以用 $\tilde{D}_i$ 表示，$\tilde{D}_i$ 是通过对估计值 d_{i1} 运用一个乘数和一个附加的突发事件得到的。如果我们把突发事件解释为全球风险因子的典型化表现，比如银行系统的总体流动性和风险偏好，那么假设突发事件对不同债务人的违约阈值是由相同的随机变量 W 引起是有意义的。

正态方差混合分布，比如多元 t 分布，是一个最容易处理的正态均值—方差混合分布的例子。多元 t 分布承认一个相似的校正方法，即基于高斯连接函数使用线性因子模型来建模。在正态方差混合模型中，$\boldsymbol{X}$ 的相关关系矩阵（已经被定义后）和 $\boldsymbol{Z}$ 一致。而且，如果 $\boldsymbol{Z}$ 是一个线性因子模型公式 (11.7)，则 $\boldsymbol{X}$ 继承了 $\boldsymbol{Z}$ 的线性因子结构。然而要注意，系统性因子 $\sqrt{W}\boldsymbol{F}$ 和非系统性因子 $\sqrt{W}\varepsilon$ 不再是独立的，而只是不相关。

当极端情况 $\nu \to \infty$ 时，基于连接函数 t 的阈值模型类型可以被认为包括了高斯阈值模型。然而，附加的参数 ν 给模型增加了很多灵活性。在第 11.1.5 节我们还会继续讨论这一点。

另一类可以在阈值模型中使用的参数连接函数是第 7.4 节中的阿基米德系。

例 11.4 (阿基米德连接函数). 回忆一下，阿基米德连接函数是均匀随机变量的分布函数，有如下形式

$$C(u_1, \ldots, u_m) = \psi(\psi^{-1}(u_1) + \cdots + \psi^{-1}(u_m)) \tag{11.11}$$

其中，$\psi : [0, \infty) \to [0, 1]$ 是连续的递减函数，被认为是连接函数发生器，满足 $\psi(0) = 1$ 以及 $\lim_{t\to\infty} \psi(t) = 0$，$\psi^{-1}$ 是它的逆。我们还假设 ψ 是完全单调的（见公式 (7.47) 以及旁边的讨论）。正如第 7.4 节解释的，这些条件保证了公式 (11.11) 定义了一个适用任意 m 个公司的投资组合的连接函数。这一章我们主要的例子是 Clayton 连接函数。回忆第 7.4 节，这个连接函数的发生器为 $\psi_\theta(t) = (1 + \theta t)^{-1/\theta}$，其中 $\theta > 0$，从而有了以下表达式：

$$C_\theta^{\text{Cl}}(u_1, \ldots, u_m) = (u_1^{-\theta} + \cdots + u_m^{-\theta} + 1 - m)^{-1/\theta} \tag{11.12}$$

正如第 7.4 节讨论的，可转换阿基米德连接函数有明显的不足，它们的参数不够多，只能模拟关键变量的可转换相关性结构，不能模拟完全灵活的相关性结构。然而，它们能为规模相对小的同质投资组合产生有用且简洁的模型，这些模型很容易被校正和模拟，更多细节会在第 11.2.4 节讨论。

假设 $\boldsymbol{X}$ 是一个有着阿基米德连接函数的随机变量，边际分布函数为 F_{X_i}，$1 \leqslant i \leqslant m$，那么 $(\boldsymbol{X}, \boldsymbol{d})$ 指定了一个阈值模型，该模型单个违约概率为 $F_{X_i}(d_i)$。我们考虑 Clayton 连接函数这一特例，假设在类似情况下，即所有单个违约概率都一样，是 π，利用公式 (11.5) 和公式 (11.12)，我们可以推测出以下结论：从一个有 m 个公司的投资组合中随意挑选 k 个债务人形成组合，该组合在一定时间内违约的概率是由公式 $\pi_k = (k\pi^{-\theta} - k + 1)^{-1/\theta}$ 给定的。本质上，现在同质组的依赖违约机制是由该方程和参数 π，θ 决定的。我们会在例 11.13中进一步研究 Clayton 连接函数模型。

11.1.5 模型风险问题

模型风险是一种与错误的解释模型相关的风险，在我们的案例中，即模型对信用投资组合的违约或转移的真实控制机制解释能力较差。例如，如果我们想用我们的模型来估计衡量尾部风险，如 VaR 和预期损失，那么我们应该特别关注模型低估投资组合损失分布尾部的可能性。

正如我们所见，阈值模型本质上是由一组单个公司的违约（转移）概率和描述某些关键变量相关性的连接函数组成的。当在这种情况下讨论模型风险时，我们只关注违约模型，同时假设单个违约概率已被较为可靠地确定。确定用来描述违约相关性的连接函数更加困难，所以我们关注与连接函数的错误解释相关的模型风险。我们也可以在第 8.4.4 节看到相关性不确定问题的讨论。

选择不同连接函数的影响 因为在实践中使用的大多数阈值模型都使用高斯连接函数，所以在高斯相关性的假设下，我们对违约数量 M 的分布的敏感性特别感兴趣。我们的兴趣是出于第 7.3.1 节中的观察，通过假设一个高斯分布的相关性结构，我们可能低估了风险因子大幅波动的联合概率，这可能会对风险管理模型的性能带来极端的影响。

我们比较两个模型，其中一个是简单的多元正态关键变量的可转换模型，另一个是关键变量为多元 t 变量的模型。给定一个标准正态随机变量 F，与 F 独立的标准正态变量的独立同分布序列 $\varepsilon_1,\ldots,\varepsilon_m$，以及一个资产相关关系参数 $\rho\in[0,1]$，我们通过 $Z_i=\sqrt{\rho}F+\sqrt{1-\rho}\varepsilon_i$ 定义随机向量 $\boldsymbol{Z}$。可以观察到，这是因子模型 (11.8) 的等相关模型的特例。

在连接函数是 t 向量的例子中，我们定义关键变量 $X_i:=\sqrt{W}Z_i$，其中 $W\sim\mathrm{Ig}(\frac{1}{2}\nu,\frac{1}{2}\nu)$ 是和 $\boldsymbol{Z}$ 独立的，因此，$\boldsymbol{X}$ 服从多元 t 分布。在连接函数是高斯向量的例子中，我们只是让 $\boldsymbol{X}:=\boldsymbol{Z}$。在这两个例子中，我们都选择使用阈值，因此对所有的 i 和部分 $\pi\in(0,1)$，$P(Y_i=1)=\pi$ 都成立。注意，$\boldsymbol{X}$ 的相关关系矩阵 P（资产相关关系矩阵）在两个模型中都是一样的，都是由非对角元素为 ρ 的等相关矩阵给定的。但是，$\boldsymbol{X}$ 的连接函数不一样。因为 t 模型中连接函数的联合分布尾部有更高的相关性，所以我们预期在 t 模型中会有更高的联合违约率。

我们考虑三个信用质量由高到低的投资组合 A,B,C. 在组合 A 中，我们让 $\pi=0.06\%$，$\rho=2.58\%$；在组合 B 中，我们让 $\pi=0.50\%$，$\rho=3.80\%$；在组合 C 中，我们让 $\pi=7.50\%$，$\rho=9.21\%$。再考虑一个规模 $m=10\,000$ 的投资组合。我们让每一个投资组合的自由度参数 ν 都不同。为了表示违约事件数量 M 的尾部分布，我们利用模拟来确定（大致确定）95% 和 99% 分位数，$q_{0.95}(M)$ 和 $q_{0.99}(M)$，并且在表 11.1中列出来。实际模拟是通过使用一个阈值模型的表达式执行的，该模型是伯努利混合模型，会在之后的第 11.2.4 节中讨论到。

表 11.1显示 ν 明显对高分位数有很大的影响。而重要的 99% 分位数，对投资组合 A 的影响最显著。当我们从高斯模型转变为 $\nu=10$ 的模型时，$q_{0.99}(M)$ 增长了近六倍。

表 11.1 模拟研究结果。我们把 10 000 家公司可交换模型（exchangeable model）中估计出来的第 95 分位和第 99 分位的 M 分布进行汇总制成表格。违约概率 π 的价值和与 A，B，C 三组相关的资产相关系数 ρ 如表所示。

	$q_{0.95}(M)$			$q_{0.99}(M)$		
组	$\nu=\infty$	$\nu=50$	$\nu=10$	$\nu=\infty$	$\nu=50$	$\nu=10$
A	14	23	24	21	49	118
B	109	153	239	157	261	589
C	1618	1723	2085	2206	2400	3067

改变资产相关性的影响 我们保留 $\boldsymbol{X}$ 有一个高斯连接函数的假设，然后研究联合违约事件中，即分布 M 尾部的资产回报因子结构的影响。更具体地说，我们在投资组合中为债务人增加了临界变量的系统性风险成分，同时，分析了这种成分如何影响 M 的尾部。我们使用上面介绍的可交换模型，设违约概率 $\pi = 0.50\%$（上述 B 组的值），区分在资产相关系数 $\rho = 2.58\%$、$\rho = 3.80\%$ 和 $\rho = 9.21\%$ 条件下的不同情况。在表 11.2中，我们汇总了包含 10 000 个交易对手的投资组合中 M 分布的第 95 分位数 $q_{0.95}(M)$ 和第 99 分位数 $q_{0.99}(M)$。显然，不同的 ρ 值对 M 的分位数有相当大的影响。然而，这种影响与我们之前实验中提到的不同连接函数的影响相比，并非那么“引人注目”或者说“令人惊讶”。

表 11.2 模拟研究结果。根据资产相关系数 ρ 的不同取值，来估计可交换模型中 M 分布的第 95 分位数和第 99 分位数。

分位数	$\rho = 2.58\%$	$\rho = 3.80\%$	$\rho = 9.21\%$
$q_{0.95}(M)$	98	109	148
$q_{0.99}(M)$	133	157	250

这两个模拟的实验表明，阈值模型所暗示的损失分布对临界变量的连接函数非常敏感。正因如此，我们应该投入大量的精力致力于依赖模型中关键变量的校准。同时，敏感性分析也是非常重要的，它可以帮助我们理解模型风险中风险资本计算的含义。

说明与评论

从很大程度上来说，我们关于阈值模型的描述建立在 Frey and McNeil (2003, 2001)。研究成果的基础之上。在论文中，我们把阈值模型称作“潜变量”模型，因为它与统计模型中的“潜变量”模型具有结构上的相似性 (参见 Joe, 1997)。然而，尽管在统计上潜变量模型中的临界变量通常被视为是无法观测到的变量，但是在信用模型中，它经常被认为在形式上是可识别的，比如作为资产价值或者资产价值回报。

为了了解应用于行业中的因子模型法是如何对应第 11.1.3 节中的内容的，读者需要自行阅读有关信用度量技术的文献 (Gupton et al., 1997) 以及 Huang et al. (2012) 对于穆迪 GCorr 模型的描述，该模型（穆迪 GCorr 模型）通常被应用于刻画不同种类债务人（包括上市公司、民营企业、中小企业和个别借款人）信贷质量变化的相关性。对于上市公司来说，根据第 10.3.3 节中所讲的上市公司 EDF 方法计算出来的每周资产回报，通常被作为度量信贷质量变化或者“偿付能力”的方法。

第一个对信用组合模型中的模型风险进行系统性研究的人是 Gordy (2000)。我们有关连接函数 $\boldsymbol{X}$ 对 M 尾部影响的分析遵照了 Frey et al. (2001) 的做法，而对于风险管理中有关模型风险不同层面的探讨，我们参考了 Gibson (2000) 的研究内容。

11.2 混合模型

在混合模型中，债务人的违约风险被假设为取决于一些常见的因子，这些因子通常被解释为宏观经济变量，也是模型的随机变量。若给定一些因子实现，个体企业的违约事件被认为是独立的。违约事件之间的依赖源于这些常见因子对个人违约概率的影响。在第 11.2.1 节中，我们首先介绍伯努利混合模型的定义；然后，在第 11.2.2 节中，我们将仔细研究一个特例——单因子伯努利混合模型；在第 11.2.4 节中，我们将表明许多阈值模型可以被表示成伯努利的混合；在第 11.2.5 节中，我们会通过泊松混合模型（Poisson mixture models）和信用风险的重要案例（CreditRisk+ 模型）来讨论伯努利混合模型的近似值。

11.2.1 伯努利混合模型

定义 11.5 (伯努利混合模型). 给定 $p<m$，以及 p 维随机空间向量 $\boldsymbol{\Psi}=(\Psi_1,\dots,\Psi_p)'$，如果函数 $p_i\ \mathbb{R}^p\to[0,1], 1\leqslant i\leqslant m$：以至于在 $\boldsymbol{\Psi}$ 的条件下 $\boldsymbol{Y}$ 符合 $P(Y_i=1\mid\boldsymbol{\Psi}=\boldsymbol{\psi})=p_i(\boldsymbol{\psi})$，且 $\boldsymbol{Y}$ 属于独立伯努利随机变量，那么随机向量 $\boldsymbol{Y}=(Y_1,\dots,Y_m)'$ 和因子向量服从伯努利混合模型。

在 $\{0,1\}^m$ 上，对于 $\boldsymbol{y}=(y_1,\dots,y_m)'$ 我们有

$$P(\boldsymbol{Y}=\boldsymbol{y}\mid\boldsymbol{\Psi}=\boldsymbol{\psi})=\prod_{i=1}^{m}p_i(\boldsymbol{\psi})^{y_i}(1-p_i(\boldsymbol{\psi}))^{1-y_i} \tag{11.13}$$

违约指示向量 $\boldsymbol{Y}$ 的无条件分布是对因子向量 $\boldsymbol{\Psi}$ 分布求积分获得。特别地，公司的违约概率 i 由 $p_i=P(Y_i=1)=E(p_i(\boldsymbol{\Psi}))$ 得到。

请注意，伯努利混合模型的两级层次结构有助于模型的抽样。首先，我们产生一些经济因子的实现，然后，我们以这些实现为条件，产生违约模式，由于因子的实现属于条件独立性假设，因此，第二步很容易实现。

一般来说，伯努利混合模型有很多计算上的优势。思考一下在风险敞口 e_i 和 LGDs δ_i 都确定的情况下组合的损失 $L=\sum_{i=1}^{m}e_i\delta_iY_i$。尽管很难计算出 L 的分布函数 F_L，但是可以很容易地利用违约事件的条件独立性来表示 F_L 的 Laplace–Stieltjes 变换，对于 $t\in\mathbb{R}$，有

$$\begin{aligned}\hat{F}_L(t)=E(e^{-tL})=E\left(E(e^{-tL}\mid\boldsymbol{\Psi})\right)&=E\left(E(e^{-t\sum_{i=1}^{m}e_i\delta_iY_i}\mid\boldsymbol{\Psi})\right)\\&=E\left(\prod_{i=1}^{m}E(e^{-te_i\delta_iY_i}\mid\boldsymbol{\Psi})\right)\\&=E\left(\prod_{i=1}^{m}\left(p_i(\boldsymbol{\Psi})e^{-te_i\delta_i}+1-p_i(\boldsymbol{\Psi})\right)\right)\end{aligned}$$

它可以通过对因子 $\boldsymbol{\Psi}$ 的分布求积分获得。Laplace–Stieltjes 变换在解决与伯努利混合模型有关的问题时是非常有效的：

- 为了使伯努利混合模型中损失的抽样达到在“蒙特卡洛方法”下“有效”，我们通常采用重要性抽样。对于上述过程，我们需要 L 的矩生成函数（moment generating function），该函数可以根据 $M_L(t)=E(e^{Lt})=\hat{F}_L(-t)$ 由 Laplace–Stieltjes 变换计算出来，详情请见第 11.4 节。

- L 的概率质量函数（probability mass function）可以通过傅里叶逆变换（inverse Fourier transform）来转化 L 的特征方程（$\phi_L(t) = E(e^{iLt})$）进而计算出来。特征方程与 Laplace–Stieltjes 变换 $\hat{F}_L(t)$ 具有相同的函数形式，但是带有虚自变量 $-it$，详见定理 11.16 后的讨论。

11.2.2 单因子伯努利混合模型

所谓单因子模型，指的是 Ψ 是一元向量的模型。由于其很方便处理，属于重要的模型特例。对于大型组合来说它们的行为很容易理解，并且对巴塞尔资本框架也有一定的影响（详见第 11.3 节）。此外，它们有相对较少的参数，因此更容易从数据中进行估计。在本章中，我们仅考虑随机变量 Ψ 在 $\mathbb{R}$ 上取值，并且函数 $p_i(\Psi)$ 取值为 $\mathbb{R} \to [0,1]$，以 Ψ 为条件的违约指示变量 $\boldsymbol{Y}$ 属于独立伯努利随机变量的一个向量，满足 $P(Y_i = 1 \mid \Psi = \psi) = p_i(\psi)$。下面，我们考虑一些特殊的情况。

可交换的伯努利混合模型　如果函数 p_i 都是相同的，那么就可以进行进一步简化。如果随机向量 $\boldsymbol{Y}$ 是可交换的，那么在这种情况下伯努利混合模型称之为"可交换的伯努利混合模型"。介绍随机变量 $Q := p_1(\Psi)$ 以及以 $G(q)$ 表示这种混合变量的分布函数都是很方便的。在 $Q = q$ 的条件下，违约事件 M 的数量是带有参数 q 的独立伯努利变量 m 的加和，因此 M 的数量服从带有参数 q 和 m 的二项分布，即 $P(M = k \mid Q = q) = \binom{m}{k} q^k (1-q)^{m-k}$。$M$ 的无条件分布可以对 q 求积分得到，我们有

$$P(M = k) = \binom{m}{k} \int_0^1 q^k (1-q)^{m-k} \,\mathrm{d}G(q) \tag{11.14}$$

运用第 11.1.1 节中的表示法，我们可以计算出违约概率以及可交换组的联合违约概率。通过简单的计算 $\pi = E(Y_1) = E(E(Y_1 \mid Q)) = E(Q)$，拓展到一般情形

$$\pi_k = P(Y_1 = 1, \ldots, Y_k = 1) = E(E(Y_1 \cdots Y_k \mid Q)) = E(Q^k) \tag{11.15}$$

因此一阶和高阶的无条件违约概率将被视为是混合分布的矩。此外，对于 $i \neq j$ 来说，$\mathrm{cov}(Y_i, Y_j) = \pi_2 - \pi^2 = \mathrm{var}(Q) \geqslant 0$，这意味着在可交换的伯努利混合模型中以公式 (11.3) 定义的违约相关系数 ρ_Y 总是非负的。ρ_Y 在 $[0,1]$ 上的任何值都可以通过对混合分布 G 的恰当选择来得到。特别是，如果 $\rho_Y = \mathrm{var}(Q) = 0$，那么随机变量 Q 表现为所有质量集中在 π 上的退化分布，并且违约指标是独立的。$\rho_Y = 1$ 的情况则对应于模型中 $\pi = \pi_2$，同时 Q 的分布集中在 0 到 1 区间的时刻。

例 11.6 (Probit **正态和** Logit **正态混合**). 下列混合分布是伯努利混合模型中经常遇到的情况。

贝塔混合分布　在这个模型中，Q 满足 $Q \sim \mathrm{Beta}(a, b)$，并且 $a > 0, b > 0$。详情参见第 A.2.1 节。

Probit 正态混合模型 在这个模型中，$Q=\Phi(\mu+\sigma\Psi)$，其中 $\Psi\sim N(0,1)$，$\mu\in\mathbb{R}$ 并且 $\sigma>0$，Φ 是标准正态分布函数。我们将在稍后的第 11.2.4 节中说明这个模型相当于是在公式 (11.8) 中展示的单因子高斯阈值模型的可交换形式。

Logit 正态混合模型 在这个模型中，$Q=F(\mu+\sigma\Psi)$，其中 $\Psi\sim N(0,1)$，$\mu\in\mathbb{R}$ 并且 $\sigma>0$，$F(x)=(1+\exp(-x))^{-1}$ 是逻辑分布的分布函数。

在带有贝塔混合分布的模型中，高阶违约概率 π_k 和 M 的分布可以被明确计算出来（见下面的例 11.7）。计算 Logit 正态、Probit 正态和其他模型通常需要对公式 (11.14) 和公式 (11.15) 的积分进行数值运算（numerical evaluation）。在 Beta、Logit 正态和 Probit 正态模型中，如果我们能够确定 π，π_2 和 ρ_Y 中任意两个的值，混合分布中的参数 a 和 b 或者 μ 和 σ 都将随之被确定，高阶联合违约概率也就自动被确定了。

例 11.7 (贝塔混合分布). Beta 分布的密度可以由下式得出：

$$g(q)=\frac{1}{\beta(a,b)}q^{a-1}(1-q)^{b-1},\quad a,b>0,\ 0<q<1$$

其中，$\beta(a,b)$ 表示贝塔函数。下面我们将利用贝塔函数满足递推公式 $\beta(a+1,b)=(a/(a+b))\beta(a,b)$ 的原理；依据第 A.2.1 节中的伽马函数，它很容易从 Beta 函数的表达式中推导出来。运用我们为高阶违约概率得到的公式 (11.15)

$$\pi_k=\frac{1}{\beta(a,b)}\int_0^1 q^k q^{a-1}(1-q)^{b-1}\,\mathrm{d}q=\frac{\beta(a+k,b)}{\beta(a,b)},\quad k=1,2,\ldots$$

得出贝塔函数的递推公式 $\pi_k=\prod_{j=0}^{k-1}(a+j)/(a+b+j)$；特别地，有 $\pi=a/(a+b)$，$\pi_2=\pi(a+1)/(a+b+1)$ 以及 $\rho_Y=(a+b+1)^{-1}$。随机变量 M 服从所谓的贝塔二项分布。从公式 (11.14) 中我们得到

$$\begin{aligned}P(M=k)&=\binom{m}{k}\frac{1}{\beta(a,b)}\int_0^1 q^{k+a-1}(1-q)^{m-k+b-1}\,\mathrm{d}q\\&=\binom{m}{k}\frac{\beta(a+k,b+m-k)}{\beta(a,b)}\end{aligned}\tag{11.16}$$

单因子协变量模型 我们可以很直接地把单因子 Probit 正态和 Logit 正态混合模型拓展成包含影响违约概率和违约相关性的协变量的单因子协变量模型。这些协变量可能是区别组别的指标，例如评级类别、行业或者是公司资产负债表的关键指标。

如果 $\boldsymbol{x}_i\in\mathbb{R}^k$ 属于确定的协变量中的一组向量，那么在公式 (11.13) 中条件违约概率 $p_i(\Psi)$ 的一般形式应当为

$$\begin{aligned}p_i(\Psi)&=h(\mu_i+\sigma_i\Psi)\\\mu_i&=\mu+\boldsymbol{\beta}'\boldsymbol{x}_i\\\sigma_i&=\exp(\delta+\boldsymbol{\gamma}'\boldsymbol{x}_i)\end{aligned}\tag{11.17}$$

公式中 $\Psi \sim N(0,1)$，$h(x) = \Phi(x)$ 或者 $h(x) = (1+\exp(-x))^{-1}$，向量 $\boldsymbol{\beta} = (\beta_1, \ldots, \beta_k)'$ 和向量 $\boldsymbol{\gamma} = (\gamma_1, \ldots, \gamma_k)'$ 包含回归参数，同时 $\mu \in \mathbb{R}$ 和 $\delta \in \mathbb{R}$ 是截距参数。类似的说明常被用在统计学上的广义线性模型中（见第 11.5.3 节）。

很明显，如果对于所有的 i 来说 $\boldsymbol{x}_i = \boldsymbol{x}$，那么一切风险都具有相同的协变量，我们就可以回到具有完全可交换性的情况。还需注意，尽管函数 $p_i(\Psi)$ 随着 Ψ 的增加而增加，条件违约概率 $(p_1(\Psi), \ldots, p_m(\Psi))$ 组成同单调随机变量，因此，在一个国家中如果相对于某一交易对手来说具有很高的违约概率，那么对于它所有的交易对手来说它的违约概率都很高。关于同单调性的讨论我们参考第 7.2.1 节。

例 11.8 (一些可交换的模型). 公式 (11.17) 中的回归结构包含了部分可交换模型（在这里我们所定义的可交换模型是指多组风险可交换的模型）。根据一些内部的或者评级机构的分类，这些组可能代表着不同的评级类别。

如果协变量 $\boldsymbol{x}_i$ 仅仅是 $\boldsymbol{x}_i = \boldsymbol{e}_{r(i)}$ 的 k 维单位向量，并且 $r(i) \in \{1, \ldots, k\}$ 表示公司 i 的评级类别，那么公式 (11.17) 可以被写作如下形式：

$$p_i(\Psi) = h(\mu_{r(i)} + \sigma_{r(i)}\Psi) \tag{11.18}$$

其中，对于 $r = 1, \ldots, k$，参数 $\mu_r := \mu + \beta_r$；$\sigma_r := \exp(\delta + \gamma_r)$。

将这一技术参数（specification）代入到公式 (11.13) 中，我们可以得到违约指示向量的条件分布。假定在评级分类 r 中有 m_r 个债务人（$r = 1, \ldots, k$），M_r 表示违约事件的数目。向量 $\boldsymbol{M} = (M_1, \ldots, M_k)'$ 的条件分布可以由下式得出

$$P(\boldsymbol{M} = \boldsymbol{l} \mid \Psi = \psi) = \prod_{r=1}^{k} \binom{m_r}{l_r} (h(\mu_r + \sigma_r\psi))^{l_r} (1 - h(\mu_r + \sigma_r\psi))^{m_r - l_r} \tag{11.19}$$

其中，$\boldsymbol{l} = (l_1, \ldots, l_k)'$。在第 11.5.4 节公式 (11.19) 中带有 $\sigma_1 = \cdots = \sigma_k$ 形式的模型将被用来拟合标普违约数据（Standard & Poor's default data）。这种模型（当 m 很大时）的渐近性质将在例 11.20进行研究。

11.2.3　混合模型中的回收风险

在标准投资组合风险模型中，均假设违约造成的损失独立于违约事件。随着经济直觉表明回收率取决于与违约概率相似的风险因子，这种假设看起来可能过于简单化了，在这种情况下也就谈及系统性回收风险。考虑一下房地产抵押贷款市场的例子，在房产危机期间，许多抵押贷款违约，与此同时，资产的价格很低，导致真正的房地产在丧失抵押品赎回权期间（银行以所持资产作为抵押进行强制出售）只能以非常低的价格出售，所以回收率很低。

大量的实证研究已经证明系统性回收风险的存在。其中，Frye (2000) 曾经用穆迪公司评过级的公司债券所收集到的回收数据进行了正式的实证分析，他发现回收率大大低于经济衰退时期的平均值。以下引用自他的文章：

> 使用那些数据（穆迪的数据）来估计一个恰当的信用模型，我们可以推测，在经济严重低迷时期回收款每年可能平均下降 20%~25%。这可能导致违约造成的损失增加近 100%，同时，对经济资本也会造成相似的影响。而在第一代信用模型中是不存在系统性回收风险的，因此这些模型可能大大低估了银行机构的资本需求。

同样地，Hamilton et al. (2005) 为一年违约率 q 和公司债券回收率 R 之间的关系估计出相应的模型。根据他们的研究，两者之间的最佳拟合关系为 $R(q) \approx (0.52 - 6.9q)^+$。

很明显，这些研究均需要把系统性回收风险纳入标准信用风险模型当中。这在混合模型框架中是很容易实现的——我们用一些函数 $\delta_i(\boldsymbol{\psi})$ 来代替常数 δ_i，然而困难在于对违约造成的损失和系统性因子之间关系的函数估计 $\delta_i(\cdot)$。

11.2.4　阈值模型作为混合模型

尽管乍一看本章所描述的混合模型与第 11.1 节中的阈值模型的结构不同，但是我们需要认识到大多数有用的阈值模型，包括我们之前所给的例子，都可以表示为伯努利混合模型。这是一个非常有用的认知，因为伯努利混合模型的形式有很多方面要优于阈值模型的形式。

- 蒙特卡洛（Monte Carlo）风险研究中的伯努利混合模型。通过本章的分析，我们从许多讨论过的模型中获得了抽样方法，比如第 11.1.5 节中 t 连接函数阈值模型的使用。
- 对于统计拟合过程来说，混合模型可以说更方便一些。我们在第 11.5.3 节中展示了广义线性混合模型的统计技术可以用于将多个时期搜集到的实证违约数据与混合模型进行拟合。
- 在伯努利混合中，大型投资组合的行为可以被分析出来，也可以从常见的经济因子的分布行为角度进行理解。我们将在第 11.3 节中展示该部分内容。

为了日后进行更好地分析，我们首先计算第 11.8 节中简单的单因子高斯阈值模型（one-factor Gaussian threshold model）的混合模型表达形式。可以很容易地看出混合模型表达式中的变量 $\varPsi$ 与阈值模型中的 F 因子是等同的；由此得出在 $\varPsi$ 中增加的条件违约概率以及推导出与巴塞尔内部评级法相符合的公式。令 $F = -\varPsi$，单因子模型可以由下式得出：

$$X_i = -\sqrt{\beta_i}\varPsi + \sqrt{1-\beta_i}\varepsilon_i$$

根据定义，当且仅当 $X_i \leqslant d_i$ 并由此导致当且仅当 $\sqrt{1-\beta_i}\varepsilon_i \leqslant d_i + \sqrt{\beta_i}\varPsi$ 时，公司 i 发生违约。由于变量 $\varepsilon_1, \ldots, \varepsilon_m$ 和 $\varPsi$ 都是独立的，因此违约事件条件独立于 $\varPsi$，同时我们可以计算

$$\begin{aligned} p_i(\psi) = P(Y_i = 1 \mid \varPsi = \psi) &= P(\sqrt{1-\beta_i}\varepsilon_i \leqslant d_i + \sqrt{\beta_i}\varPsi \mid \varPsi = \psi) \\ &= \varPhi\left(\frac{d_i + \sqrt{\beta_i}\psi}{\sqrt{1-\beta_i}}\right) \end{aligned} \tag{11.20}$$

在这里我们认定 ε_i 服从标准正态分布。通常来说阈值是给定的，以便于违约概率与选择出

来的外生值 p_i 相匹配，因此 $d_i = \Phi^{-1}(p_i)$。在这种情况下，我们得到

$$p_i(\psi) = \Phi\left(\frac{\Phi^{-1}(p_i) + \sqrt{\beta_i}\psi}{\sqrt{1-\beta_i}}\right) \tag{11.21}$$

接下来，我们想把这个想法拓展到带有临界变量因子结构的更一般的阈值模型中。我们给定一个条件，来确保阈值模型可以被写作伯努利混合模型。

定义 11.9. 随机向量 $\boldsymbol{X}$ 具有带有条件变量 $\boldsymbol{\Psi}$ 的 p 维条件独立结构。也就是说，如果 $p < m$，并且 $\boldsymbol{\Psi} = (\Psi_1, \ldots, \Psi_p)'$ 是 p 维随机向量，那么随机向量 $X_1, \ldots, X_m$ 在 $\boldsymbol{\Psi}$ 条件下是独立的。

在激励的例子中，条件变量由 $\Psi = -F$ 得出。接下来的引理将把公式 (11.20) 中的计算推广到任意带有条件独立结构的阈值模型中。

引理 11.10. $(\boldsymbol{X}, \boldsymbol{d})$ 表示 m 维随机向量 $\boldsymbol{X}$ 的阈值模型。如果 $\boldsymbol{X}$ 具有带有条件变量 $\boldsymbol{\Psi}$ 的 p 维条件独立结构，那么违约指示变量 $Y_i = I_{\{X_i \leqslant d_i\}}$ 服从带有因子 $\boldsymbol{\Psi}$ 的伯努利混合模型，其中条件违约概率为 $p_i(\boldsymbol{\psi}) = P(X_i \leqslant d_i \mid \boldsymbol{\Psi} = \boldsymbol{\psi})$。

证明. 对于 $y \in \{0,1\}^m$，定义集合 $B := \{1 \leqslant i \leqslant m : y_i = 1\}$，令 $B^c = \{1, \ldots, m\} \backslash B$，得

$$\begin{aligned} P(\boldsymbol{Y} = y \mid \boldsymbol{\Psi} = \boldsymbol{\psi}) &= P\left(\bigcap_{i\in B}\{X_i \leqslant d_i\} \bigcap_{i \in B^c}\{X_i > d_i\} \,\middle|\, \boldsymbol{\Psi} = \boldsymbol{\psi}\right) \\ &= \prod_{i \in B} P(X_i \leqslant d_i \mid \boldsymbol{\Psi} = \boldsymbol{\psi}) \prod_{i \in B^c} (1 - P(X_i \leqslant d_i \mid \boldsymbol{\Psi} = \boldsymbol{\psi})) \end{aligned}$$

因此，在 $\boldsymbol{\Psi} = \boldsymbol{\psi}$ 条件下，Y_i 是带有成功概率 $p_i(\boldsymbol{\psi}) := P(X_i \leqslant d_i \mid \boldsymbol{\Psi} = \boldsymbol{\psi})$ 的独立伯努利变量。 □

现在，我们来思考一些例子。

例 11.11 (高斯阈值模型). 考虑公式 (11.6) 中带有因子结构的高斯阈值模型的一般形式

$$X_i = \sqrt{\beta_i} a_i' F + \sqrt{1-\beta_i}\varepsilon_i \tag{11.22}$$

其中 $\varepsilon_1, \ldots, \varepsilon_m$ 是标准正态独立同分布（iid），并且对于所有的 i，有 $\mathrm{var}(a_i' F) = 1$。在 $\Psi = -F$ 条件下，向量 X 通常呈现对角协方差矩阵分布，因此具有条件独立结构。当 $d_i = \Phi^{-1}(p_i)$ 时，条件违约概率可以由下式得出：

$$\begin{aligned} p_i(\psi) = P(Y_i = 1 \mid \Psi = \psi) &= P(\sqrt{1-\beta_i}\varepsilon_i \leqslant d_i + \sqrt{\beta_i} a_i' \psi) \\ &= \Phi\left(\frac{\Phi^{-1}(p_i) + \sqrt{\beta_i} a_i' \psi}{\sqrt{1-\beta_i}}\right) \end{aligned} \tag{11.23}$$

通过与例 11.6 进行比较，我们可以看出个人随机违约概率 $p_i(\Psi)$ 为带有参数 μ_i 和 σ_i 的 Probit 正态分布，可由下式得出：

$$\mu_i = \Phi^{-1}(p_i)/\sqrt{1-\beta_i} \quad 和 \quad \sigma_i^2 = \beta_i/(1-\beta_i)$$

例 11.12 (学生 t 阈值模型). 现在考虑这样一种情形，临界变量满足 $\boldsymbol{X}=\sqrt{W}\boldsymbol{Z}$，其中 $\boldsymbol{Z}$ 满足公式 (11.22) 中的高斯因子模型（Gaussian factor model）、W 服从 $W \sim \mathrm{Ig}(\frac{1}{2}\nu, \frac{1}{2}\nu)$。向量 $\boldsymbol{X}$ 符合自由度为 ν 的多元 t 分布，并且标准一元 t 边际的自由度为 ν。

这次，我们以 $\Psi=(-F', W)'$ 为条件，给定 $\Psi=(\tilde{\psi}, w)$，向量 $\boldsymbol{X}$ 服从带有独立成分并且与前例计算相似的多元正态分布，满足

$$p_i(\boldsymbol{\psi})=p_i(\tilde{\boldsymbol{\psi}}, w)=\Phi\left(\frac{t_\nu^{-1}(p_i)w^{-1/2}+\sqrt{\beta_i}a_i'\tilde{\psi}}{\sqrt{1-\beta_i}}\right) \tag{11.24}$$

公式 (11.23) 和公式 (11.24) 对于蒙特卡洛模拟法所对应的阈值模型来说是非常有用的。例如，我们不需要模拟 m 维 t 分布来实现 t 模型，我们只需要模拟一个 p 维法向量 $\tilde{\boldsymbol{\Psi}}$（其中 $p \ll m$）和一个独立伽马分布变量 $V=W^{-1}$，然后，我们就可以简单地用违约概率 $p_i(\boldsymbol{\Psi})$ 进行一系列伯努利试验，进而判断私人企业是否违约。

阿基米德连接函数模型（Archimedean copula models）的应用 如果在模型中临界变量具有定义 7.52 中的可交换 LT-阿基米德连接函数，那么另一类带有等价混合表达式的阈值模型可以由其得出。考虑阈值模型 $(\boldsymbol{X}, \boldsymbol{d})$，其中 $\boldsymbol{X}$ 具有可交换的 LT-阿基米德连接函数 C，C 是由分布函数 G 在 $[0,\infty)$ 上且 $G(0)=0$ 的拉普拉斯转换得出的，$\boldsymbol{p}=(p_1,\ldots,p_m)'$ 为违约概率的向量形式。

考虑非负随机变量 $\Psi \sim G$，随机变量 $U_1,\ldots,U_m$ 条件独立于 Ψ，并且满足条件分布函数 $P(U_i \leqslant u \mid \Psi=\psi)=\exp(-\psi\hat{G}^{-1}(u))$，其中 $u\in[0,1]$。那么，根据命题 7.51，$\boldsymbol{U}$ 具有分布函数 C，与此同时，根据引理 11.2，$(\boldsymbol{X}, \boldsymbol{d})$ 和 $(\boldsymbol{U}, \boldsymbol{p})$ 是两个关于违约的等价阈值模型。根据以上分析，$\boldsymbol{U}$ 具有以变量 Ψ 为条件的一元条件独立结构，条件违约概率可以由下式得出：

$$p_i(\psi)=P(U_i \leqslant p_i \mid \Psi=\psi)=\exp(-\psi\hat{G}^{-1}(p_i)) \tag{11.25}$$

为了模拟出以 LT-阿基米德连接函数为基础的阈值模型，我们可以采用以下简单又有效的步骤。首先，我们要模拟出 Ψ 的取值 Ψ，其次，我们要用公式 (11.25) 中的违约概率 $p_i(\psi)$ 进行 m 次独立的伯努利试验，进而模拟出交易对手违约的情形。

例 11.13 (连接函数). 考虑连接函数中参数 $\theta>0$ 的例子。假设我们希望构造一个带有违约概率 π 和联合违约概率 π_2 的可交换伯努利混合模型，使其与带有临界变量 Clayton 连接函数的阈值模型是等价的。正如在算法 7.53 中提到的那样，随机变量 ψ 服从伽马分布 $\Psi \sim \mathrm{Ga}(1/\theta, 1)$（详见第 A.2.4 节中的定义），并且具有拉普拉斯转换 $\hat{G}(t)=(1+t)^{-1/\theta}$。使用公式 (11.25)，伯努利混合模型等式中的混合变量可以通过设置 $Q=p_1(\Psi)=\exp(-\Psi(\pi^{-\theta}-1))$ 来定义。

使用公式 (11.4) 给所需的联合违约概率的所需值 θ 是方程 $\pi_2=C_\theta(\pi,\pi)=(2\pi^{-\theta}-1)^{-1/\theta}, \theta>0$ 的解，很容易发现 π_2 和在我们可转换的伯努利混合模型中违约相关系数在 θ 递增；当 $\theta\to 0$ 时，我们得到独立违约值，并且当 $\theta\to\infty$ 时，违约值变得同单调，违约相关系数趋于 1。

11.2.5　泊松混合模型和CreditRisk+ 模型

因为违约是典型的稀有事件，所以大致估计伯努利混合模型和泊松混合模型的伯努利违约指数随机变量和泊松随机变量的和是可能的，通过为经济因子 $\boldsymbol{\Psi}$ 选择独立的伽马分布和使用泊松估计，我们获得一个特别易处理的模型来计算投资组合损失，也就是 CreditRisk+ 模型。

泊松估计和泊松混合模型　为了更精确，对于特定的时间区间，假定给定因子 $\boldsymbol{\Psi}$，违约指数变量 $Y_1,\ldots,Y_m$ 是满足 $P(Y_i=1\mid\boldsymbol{\Psi}=\psi)=p_i(\psi)$ 的条件独立伯努利变量，进一步假设，$\boldsymbol{\Psi}$ 的分布是趋于很小的条件违约概率 $p_i(\boldsymbol{\psi})$，在这个例子中，由于

$$P(\tilde{Y}_i=0\mid\boldsymbol{\Psi}=\psi)=e^{-p_i(\psi)}\approx 1-p_i(\boldsymbol{\psi})$$
$$P(\tilde{Y}_i=1\mid\boldsymbol{\Psi}=\psi)=p_i(\boldsymbol{\psi})e^{-p_i(\psi)}\approx p_i(\boldsymbol{\psi})$$

Y_i 变量可以通过满足 $\tilde{Y}_i\mid\boldsymbol{\Psi}=\boldsymbol{\psi}\sim\mathrm{Poi}(p_i(\boldsymbol{\psi}))$ 条件独立泊松变量 $\tilde{Y}_i$ 来大致估计，而且投资损失 $L=\sum_{i=1}^m e_i\delta_iY_i$ 可以通过 $\tilde{L}=\sum_{i=1}^m e_i\delta_i\tilde{Y}_i$ 来估计，当然，对于一家公司来说，在估计泊松模型时不只违约一次是可能的，即使这种可能性很小。

为了计算变量，现在我们给出一个关于泊松混合模型的正式的定义，它与在第 11.2.1 节中的伯努利混合模型的定义有相似之处。

定义 11.14 (泊松混合模型). 给定一些 $p<m$ 和一个 p 维随机向量 $\boldsymbol{\Psi}=(\Psi_1,\ldots,\Psi_p)'$，如果有方程式 $\lambda_i:\mathbb{R}^p\to(0,\infty)$, $1\leqslant i\leqslant m$，随机向量 $\tilde{\boldsymbol{Y}}=(\tilde{Y}_1,\ldots,\tilde{Y}_m)'$ 服从带有因子 $\boldsymbol{\Psi}$ 的泊松混合模型。如果 $\boldsymbol{\Psi}=\boldsymbol{\psi}$，随机向量 $\tilde{\boldsymbol{Y}}$ 是一个含有评级参数 $\lambda_i(\psi)$ 服从独立泊松分布的随机变量。

如果 $\tilde{\boldsymbol{Y}}$ 服从一个泊松混合模型并且我们定义指数 $Y_i=I_{\{\tilde{Y}_i\geqslant 1\}}$，那么 $\boldsymbol{Y}$ 服从一个伯努利混合模型并且混合变量与 $p_i(\cdot)=1-\exp(-\lambda_i(\cdot))$ 有关。

CreditRisk+ 模型　CreditRisk+ 模型由瑞士信贷在 1997 年提出（详情 (参见 Credit Suisse Financial Products, 1997)），他在定义 11.14中给出泊松混合模型的构造，即因子向量 $\boldsymbol{\Psi}$ 由 p 个独立的，伽马分布的随机变量组成。CreditRisk+ 模型的分布假设和函数形式使得为复合分布和混合分布通过工具相当准确地计算违约数量分布和合计投资组合损失变得可能，复合分布和混合分布在精算数学中是有名的，并且在第 13 章中讨论过，尤其可以在第 13.2.2 和 13.2.4节中看到。

对于公司 i 来说，对于常数 $k_i>0$，条件泊松分布的随机参数 $\lambda_i(\boldsymbol{\Psi})$ 被假定为以下形式：

$$\lambda_i(\boldsymbol{\Psi})=k_i\boldsymbol{w}_i'\boldsymbol{\Psi}\tag{11.26}$$

对于非负因子权重 $\boldsymbol{w}_i=(w_{i1},\ldots,w_{ip})'$,满足 $\sum_j w_{ij}=1$,并且对于 $\sigma_j>0$ 和 $j=1,\ldots,p$,p 个带有参数的服从 $\mathrm{Ga}(\alpha_j,\beta_j)$ 独立分布的 $\Psi_1,\ldots,\Psi_p$ 因子,其中参数设定为 $\alpha_j=\beta_j=\sigma_j^{-2}$。这一服从伽马变量的参数化确保我们有 $E(\Psi_j)=1$ 和 $\mathrm{var}(\Psi_j)=\sigma_j^2$。

我们很容易核实

$$E(\tilde{Y}_i) = E\left(E(\tilde{Y}_i \mid \boldsymbol{\Psi})\right) = E\left(\lambda_i(\boldsymbol{\Psi})\right) = k_i E(\boldsymbol{w}_i'\boldsymbol{\Psi}) = k_i$$

所以在时间区间内，对于债务人 i 来说 k_i 是期望违约数量，设定 $Y_i = I_{\{\tilde{Y}_i \geqslant 1\}}$，我们也能观察到

$$P(Y_i = 1) = E(P(\tilde{Y}_i > 0 \mid \boldsymbol{\Psi})) = E(1 - \exp(-k_i \boldsymbol{w}_i'\boldsymbol{\Psi})) \approx k_i E(\boldsymbol{w}_i'\boldsymbol{\Psi}) = k_i$$

因为 k_i 很小，所以 k_i 大致上等于违约概率。

备注 11.15. 可转换版本的 CreditRisk+ 模型非常接近一个可转换的带有贝塔混合分布的伯努利混合模型，为了看到这一点，观察在可转换例子中给定对于一些 $\varPsi \sim \mathrm{Ga}(\alpha, \beta), k > 0$，$\alpha = \beta$，伯努利混合模型的 $\boldsymbol{Y}$ 包含由公式 $Q = 1 - \exp(-k\Psi)$ 得到的混合变量 Q。因此，我们得到，因为 $q \in (0,1)$，

$$P(Q \leqslant q) = P(1 - \exp(-k\varPsi) \leqslant q) = P\left(\varPsi \leqslant -\frac{\ln(1-q)}{k}\right)$$

所以密度 g_Q 和 $g_\varPsi$ 通过 $g_Q(q) = g_\varPsi\big(-\ln(1-q)/k\big)/(k(1-q))$ 联系起来，使用 $\mathrm{Ga}(\alpha, \beta)$ 分布密度公式的形式，我们得到

$$\begin{aligned} g_Q(q) &= \frac{\beta^\alpha}{\Gamma(\alpha)} \frac{1}{k(1-q)} \left(\frac{-\ln(1-q)}{k}\right)^{\alpha-1} \exp\left(\frac{\beta\ln(1-q)}{k}\right) \\ &= \left(\frac{\beta}{k}\right)^\alpha \frac{1}{\Gamma(\alpha)} \left(-\ln(1-q)\right)^{\alpha-1} (1-q)^{\frac{\beta}{k}-1} \end{aligned}$$

在现实的信用风险模型中，选择参数应使 Q 的分布质量集中在接近零的 q 值上，因为违约通常是罕见的事件。对于 q 取小值，我们用近似的 $-\ln(1-q) \approx q$ 来观察到 g_Q 的函数分布形式非常接近于一个带有参数 α 和 β/k 的贝塔分布的函数分布形式，我们再次强调模型是参数化地来得到 $\alpha = \beta$ 违约数量的分布。

违约数量分布　在 CreditRisk+ 模型中，我们有 $\boldsymbol{\Psi} = \boldsymbol{\psi}$, $\tilde{Y}_i \sim \mathrm{Poi}(k_i \boldsymbol{w}_i'\boldsymbol{\psi})$，这就意味着违约数量的分布 $\tilde{M} := \sum_{i=1}^m \tilde{Y}_i$ 满足

$$\tilde{M} \mid \boldsymbol{\Psi} = \boldsymbol{\psi} \sim \mathrm{Poi}\left(\sum_{i=1}^m k_i \boldsymbol{w}_i'\boldsymbol{\psi}\right) \tag{11.27}$$

因为独立泊松变量的和也是一个带有评级参数的泊松变量，它是由独立变量的评级参数和给定的。

为了计算 $\tilde{M}$ 的无条件分布，我们需要一个关于混合泊松分布的著名结果，这一结果出现在第 13 章为了定量风险管理而讨论的相关的保险精算方法的命题 13.21中。结果表明如果随机变量 N 是带有伽马分布的评级参数 $\varLambda \sim \mathrm{Ga}(\alpha, \beta)$ 的条件泊松，那么 N 服从负二项分布 $N \sim \mathrm{NB}(\alpha, \beta/(\beta+1))$。

当 $p=1$ 时，我们也许直接将这个结果应用于公式 (11.27) 中来推测出 $\tilde{M}$ 有一个负二项分布（因为一个常数乘以一个伽马变量仍然服从伽马分布），对于任意的 p，$\tilde{M}$ 分布等于独立负二项分布随机变量 p 的和的分布，可以通过观察得到：

$$\sum_{i=1}^{m} k_i \boldsymbol{w}_i' \boldsymbol{\Psi} = \sum_{i=1}^{m} k_i \sum_{j=1}^{p} w_{ij} \Psi_j = \sum_{j=1}^{p} \Psi_j \left(\sum_{i=1}^{m} k_i w_{ij} \right)$$

现在，考虑随机变量 $\tilde{M}_1, \ldots, \tilde{M}_p$，满足条件 $\Psi_j = \psi_j$，$\tilde{M}_j$ 是均值 $(\sum_{i=1}^{m} k_i w_{ij})\psi_j$ 的条件泊松分布，$\Psi_1, \ldots, \Psi_p$ 的独立表示 $\tilde{M}_j$ 是独立的，通过构造，我们得到 $\tilde{M} \stackrel{\mathrm{d}}{=} \sum_{j=1}^{p} \tilde{M}_j$，并且，随机变量 $(\sum_{i=1}^{m} k_i w_{ij})\Psi_j$ 服从伽马分布，因此根据命题 13.21，每一个 $\tilde{M}_j$ 都有负的二项分布。

总损失分布　为了获得一个易处理的模型，在 CreditRisk+ 模型中使用风险曝光带（exposure bands）概念时，风险敞口是离散化的。关于 CreditRisk+ 模型的文件 (参见 Credit Suisse Financial Products, 1997) 显示可以通过实际风险敞口乘以对于有相同信用评级的债务人的典型的违约损失率值得到的违约损失率值归类到风险敞口中，我们将接受这一方法并且假设由于个体债务人引起的损失是 $\tilde{L}_i = e_i \tilde{Y}_i$ 的形式，其中 e_i 代表根据违约损失率调整的风险敞口。

对于所有的 i，我们将 ϵ 个单位数量 e_i 的离散化，我们用 $\ell_i \epsilon \geqslant e_i$ 代替 e_i，其中 ℓ_i 是一个正整数乘数，现在我们定义，对于乘数，风险敞口带 $b=1,\ldots,n$ 对应于 $\ell^{(1)}, \ldots, \ell^{(n)}$ 的不同值，换句话说，我们根据债务人离散风险敞口值将债务人集合在风险敞口带中。

用 $\tilde{L}^{(b)} = \sum_{i \in s_b} \epsilon \ell_i \tilde{Y}_i$ 代表在风险敞口带 b 中的总损失，我们有 $\tilde{L}^{(b)} = \epsilon \ell^{(b)} \tilde{M}^{(b)}$ 其中 $\tilde{M}^{(b)} = \sum_{i \in s_b} \tilde{Y}_i$ 代表在风险敞口带中的违约数量，用 $\tilde{L} = \sum_{b=1}^{n} \tilde{L}^{(b)}$ 代表总的投资组合损失。

我们现在想要决定 $\tilde{L}$ 的分布，接下来的定理给了通过傅里叶逆变换来达到这一目的的必要信息。

定理 11.16. 让 $\tilde{L}$ 表示为一般 p 因子 CreditRisk+ 模型的总损失，该模型将风险敞口离散为如上所述的风险敞口带。然后接下来

(i) 通过下式得到 $\tilde{L}$ 的分布函数值的 Laplace–Stieltjes 变换

$$\hat{F}_{\tilde{L}}(s) = \prod_{j=1}^{p} \left(1 + \sigma_j^2 \sum_{i=1}^{m} k_i w_{ij} \left(1 - \sum_{b=1}^{n} \mathrm{e}^{-s\epsilon\ell^{(b)}} q_{jb} \right) \right)^{-\sigma_j^{-2}} \tag{11.28}$$

其中对于 $b=1,\ldots,n$，有 $q_{jb} = \sum_{i \in s_b} k_i w_{ij} / \sum_{i=1}^{m} k_i w_{ij}$。

(ii) $\tilde{L}$ 的分布有 $\tilde{L} \stackrel{d}{=} \sum_{j=1}^{p} Z_j$ 的结构，其中 Z_j 是服从负复合二项分布的独立变量，更准确地说，$Z_j \sim \mathrm{CNB}(\sigma_j^{-2}, \theta_j, G_{X_j})$ 其中 $\theta_j = (1 + \sigma_j^2 \sum_{i=1}^{m} k_i w_{ij})^{-1}$ 和 G_{X_j} 多项式随机变量 X_j 的 df,，其中值 $\epsilon \ell^{(b)}$ 的概率为 q_{jb}。

证明. 证明需要使用第 13.2.2 节中的复合分布的数学运算。

(i) 在条件 $\boldsymbol{\Psi}=\boldsymbol{\psi}$ 下，$M^{(b)}=\sum_{i\in s_b}\tilde{Y}_i$ 服从泊松分布，其参数为

$$\lambda^{(b)}(\boldsymbol{\psi}):=\sum_{i\in s_b}\lambda_i(\boldsymbol{\psi})=\sum_{i\in s_b}k_i\boldsymbol{w}_i'\boldsymbol{\psi}$$

并且在风险敞口带 b 中的损失 $\tilde{L}^{(b)}=\epsilon\ell^{(b)}\tilde{M}^{(b)}$ 服从复合泊松分布

$$\tilde{L}^{(b)}\mid\boldsymbol{\Psi}=\boldsymbol{\psi}\sim\mathrm{CPoi}\left(\lambda^{(b)}(\boldsymbol{\psi}),G^{(b)}\right)$$

其中，$G^{(b)}$ 是点质量 $\epsilon\ell^{(b)}$ 的分布函数。它服从命题 13.10 中关于复合泊松变量的和

$$\tilde{L}\mid\boldsymbol{\Psi}=\boldsymbol{\psi}\sim\mathrm{CPoi}\left(\lambda(\boldsymbol{\psi}),\sum_{b=1}^{n}\frac{\lambda^{(b)}(\boldsymbol{\psi})}{\lambda(\boldsymbol{\psi})}G^{(b)}\right)\tag{11.29}$$

其中，$\lambda(\boldsymbol{\psi}):=\sum_{b=1}^{n}\lambda^{(b)}(\boldsymbol{\psi})$，公式 (11.29) 中条件损失程度分布是多项式随机变量的分布函数，其中对于 $b=1,\ldots,n$ 时值 $\epsilon\ell^{(b)}$ 的概率为 $\lambda^{(b)}(\boldsymbol{\psi})/\lambda(\boldsymbol{\psi})$。

给定 $\boldsymbol{\Psi}$，设定 $\hat{F}_{L|\boldsymbol{\Psi}}(s\mid\boldsymbol{\psi})$ 为 $\tilde{L}$ 的条件分布函数的 Laplace–Stieltjes 变换，我们可以使用公式 (13.11) 和例 13.5来推断

$$\begin{aligned}\hat{F}_{\tilde{L}|\boldsymbol{\Psi}}(s\mid\boldsymbol{\psi})&=\exp\left(-\lambda(\boldsymbol{\psi})\left(1-\sum_{b=1}^{n}\frac{\lambda^{(b)}(\boldsymbol{\psi})}{\lambda(\boldsymbol{\psi})}e^{-s\epsilon\ell^{(b)}}\right)\right)\\&=\exp\left(-\left(\sum_{i=1}^{m}k_i\sum_{j=1}^{p}w_{ij}\psi_j-\sum_{b=1}^{n}e^{-s\epsilon\ell^{(b)}}\sum_{i\in s_b}k_i\sum_{j=1}^{p}w_{ij}\psi_j\right)\right)\\&=\exp\left(-\sum_{j=1}^{p}\psi_j\left(\sum_{i=1}^{m}k_iw_{ij}-\sum_{b=1}^{n}e^{-s\epsilon\ell^{(b)}}\sum_{i\in s_b}k_iw_{ij}\right)\right)\\&=\prod_{j=1}^{p}\exp\left(-\psi_j\sum_{i=1}^{m}k_iw_{ij}\left(1-\sum_{b=1}^{n}e^{-s\epsilon\ell^{(b)}}q_{jb}\right)\right)\end{aligned}$$

设定 g_{Ψ_j} 代表因子 Ψ_j 的密度，根据因子的独立性，它服从

$$\hat{F}_{\tilde{L}}(s)=\prod_{j=1}^{p}\int_0^{\infty}\exp\left(-\psi_j\sum_{i=1}^{m}k_iw_{ij}\left(1-\sum_{b=1}^{n}e^{-s\epsilon\ell^{(b)}}q_{jb}\right)\right)g_{\Psi_j}(\psi_j)\mathrm{d}\psi_j$$

公式 (11.28) 通过计算积分导出，回顾伽马分布的参数被选择为 $\alpha_j=\beta_j=\sigma_j^{-2}$。

(ii) 为了观察独立复合负二项分布的和分布函数值的 Laplace–Stieltjes 变换，公式 (11.28) 可以写成

$$\hat{F}_{\tilde{L}}(s)=\prod_{j=1}^{p}\left(1+\sigma_j^2\sum_{i=1}^{m}k_iw_{ij}\left(1-\hat{G}_{X_j}(s)\right)\right)^{-\sigma_j^{-2}}\tag{11.30}$$

其中，$\hat{G}_{X_j}$ 是 G_{X_j} 的 Laplace–Stieltjes 变换，替换 $\theta_j = (1+\sigma_j^2\sum_{i=1}^m k_i w_{ij})^{-1}$，我们得到

$$\hat{F}_{\tilde{L}}(s) = \prod_{j=1}^{p}\left(\frac{\theta_j}{1-\hat{G}_{X_j}(s)(1-\theta_j)}\right)^{\sigma_j^{-2}}$$

并且，通过与例 13.6 做比较，可以看到变量 $Z_j \sim \mathrm{CNB}(\sigma_j^{-2}, \theta_j, G_{X_j})$ 的分布函数的 Laplace–Stieltjes 变换的结果。□

通过使用傅里叶逆转换计算 $\tilde{L}$ 的特征函数，这一信息给了我们需要计算 $\tilde{L}$ 分布的关键信息，事实上，我们有

$$\phi_{\tilde{L}}(s) = \prod_{j=1}^{p}\left(\frac{\theta_j}{1-\phi_{X_j}(s)(1-\theta_j)}\right)^{\sigma_j^{-2}}$$

其中，ϕ_{X_j} 是多项损失分布的特征函数。使用快速傅里叶变化（FFT）可以直接计算 ϕ_{X_j}，因此可以计算 $\tilde{L}$ 的 cf，$\tilde{L}$ 的概率质量函数可以通过使用（FFT）转换 $\phi_{\tilde{L}}$ 来计算。

说明与评论

Logit 正态混合模型可以被认为是 Wilson 的信贷资产组合模型（Wilson (1997)）的单因子版本，关于这个模型的细节可以在 Crouhy et al. (2000) 的第 5 章找到，更多关于贝塔二项分布的细节可以在 Joe (1997) 中找到。

穆迪评级机构使用一个所谓的二项式扩展技术对违约依赖性简单地构造模型，这一在参与者中广受欢迎的方法不是基于一个正式的违约风险模型，但与二项分布有关。基本思想是通过 $d < m$ 独立交易对手，调整后风险敞口和相同的违约概率的均匀投资组合粗略估计一个有 m 个相关的交易对手的投资组合，指标 d 被称为多样性值，并且根据穆迪规定的准则选择，获取更多信息我们参考 Davis and Lo (2001) 和 Lando (2004) 的 9.2.7。

阈值模型和混合模型相等已经被 Koyluoglu and Hickman (1998) 和 Gordy (2000) 在对信用指标和 CreditRisk+ 模型的特例中观察到，命题 7.51 在用风险模型上的应用也在 Schönbucher (2005) 的讨论中。随机变量的序列混合表示法的研究与 de Finetti 的一个有名的结果有关，这一结果表明任何可转换伯努利随机变量的 *无限序列* $Y_1, Y_2, \ldots$ 都可以表示为一个可转换的伯努利混合，所以，例如，在 Billingsley (1995) 定理 35.10 中就有一个精确的表述。因此 $\boldsymbol{Y}$ 的任何一个可以被拓展到大小为 m 的套利投资组合模型的可转换模型都可以表达为一个可转换的伯努利混合模型。

在 CreditRisk+ 模型的最初文件 (Credit Suisse Financial Products, 1997) 中给出了关于 CreditRisk+ 模型的综合描述，Gordy (2000) 从一个更学术的角度，对于模型构造提出了很好的讨论。这两个资源也都提供了关于校准因子方差 σ_i 和因子权重 w_{ij} 的更多信息。在 CreditRisk+ 模型文件的附录 A10 中给出了通过 Panjer(潘尼尔) 递归对概率 $P(\tilde{M} = k)$，$k = 0, 1, \ldots$ 递推公式的推导。在 Gordy (2002) 中，使用鞍点近似提出了关于 CreditRisk+ 模型中计算损失分布的可供选择的方法 (参见，如 Jensen, 1995)，更多关于 CreditRisk+

模型的数字工作可以在 Kurth and Tasche (2003)，Glasserman (2004) 和 Haaf et al. (2004) 中找到。在 Glasserman and Li (2005) 中讨论了关于 CreditRisk+ 模型的重要性的抽样技术。

11.3 大型投资组合的渐进性

现在我们提供一些在伯努利混合模型中大型投资组合渐进性的结果。这一结果可以用来大致估计信用损失分布，并且可以与大型投资组合中的风险度量关联起来。此外，这些结果对于定义伯努利混合模型中的模型风险的主要来源很有用。特别是，我们将发现在单因子模型中，损失分布的尾部基本由混合模型的尾部决定，这对于分析混合模型中的模型风险和贷款规定的资本充足率设置可以有直接结果。

11.3.1 可转换模型

我们通过一个可转换模型的特例开始我们关于伯努利混合模型渐进性质的讨论。考虑一个债务人 i 的无限序列，$i \in \mathbb{N}$，其中风险敞口相同 $e_i = e$ 并且违约损失率为 100%。我们假定，给定一个混合变量 $Q \in [0,1]$，违约指数 Y_i 是独立伯努利随机变量，满足条件违约概率 $P(Y_i = 1 \mid Q = q) = q$，这个简单的模型可以看作是理想化的大量同质债务人。

我们对相对损失的渐进性表现很感兴趣（损失表达为占总损失的百分比），用 $L^{(m)} = \sum_{i=1}^{m} eY_i$ 表示前 m 家公司的总损失，通过下式得到对应的相关损失。

$$\frac{L^{(m)}}{me} = \frac{1}{m}\sum_{i=1}^{m} Y_i$$

在条件 $Q = q$ 下，Y_i 独立于均值 q 和强大数定理（SLLN），这表示，给定 $Q = q$，$\lim_{m\to\infty} L^{(m)}/(me) = q$ 是基本确定的，这也说明，对于 m 取较大值，相关损失的表现基本由 Q 的 $G(q)$ 混合分布决定。特别的，它可以表示为，对于 G 严格递增，

$$\lim_{m\to\infty} \mathrm{VaR}_\alpha\left(\frac{L^{(m)}}{me}\right) = q_\alpha(Q) \tag{11.31}$$

见下面命题 11.18。

这些结果可以被用来分析可转换的伯努利混合模型的模型风险。我们考虑在违约风险 π 和违约相关性 ρ_Y（或者同样的 π 和 π_2）限制条件下，混合分布选择的相关风险是已知和固定的。

根据公式 (11.31)，对于 m 取较大值，$L^{(m)}$ 的尾部基本取决于混合变量 Q 的尾部。在图 11.2 中，我们描绘尾部 Probit 正态分布（对应于高斯阈值模型），Logit 正态分布，贝塔分布（与 CreditRisk+ 模型相似，见备注 11.15）和混合分布（对应于 Clayton 连接函数见例 11.13）的函数。我们用一个对数尺度来描绘这个图，在所有情况下，首先前两个时刻的值 $\pi = 0.049$ 和 $\pi_2 = 0.003\,13$ 大致符合标准普尔评级类别 B，在表 11.3中可以找到每个模型的参数值。

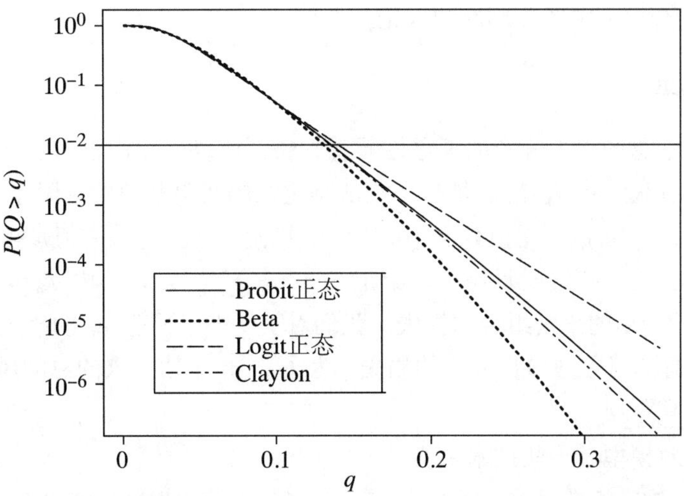

图 11.2　Q 的混合分布的尾部在四个不同的可转换伯努利混合模型（贝塔，Probit 正态，Logit 正态，Clayton）中。在所有情况下，前两个时刻的值 $\pi = 0.049$ 和 $\pi_2 = 0.003\,13$ 大致符合标准普尔评级类别 B，可以在表 11.3中找到实际的参数值。10^{-2} 的水平线表示模型的混合分布只在 99 分位数后开始不同。

表 11.3　π 和 π_2 的值（和 ρ_Y）相同的各种可转换伯努利混合模型的参数值。π 和 π_2 的值大致符合标准普尔评级 CCC, B 和 BB（实际上，它们是用标准普尔 20 年来的数据使用公式 (11.50) 中的简单矩估计器估计出来的）。这一表格将会在第 11.1.5节模型风险中学习和第 11.5.2 节的模拟研究中使用。

模型	参数	CCC	B	BB
所有模型	π	0.188	0.049	0.011 2
	π_2	0.042	0.003 13	0.000 197
	ρ_Y	0.0446	0.015 7	0.006 43
Beta	a	4.02	3.08	1.73
	b	17.4	59.8	153
Probit 正态	μ	−0.93	−1.71	−2.37
	σ	0.316	0.264	0.272
Logit 正态	μ	−1.56	−3.1	−4.71
	σ	0.553	0.556	0.691
Clayton	π	0.188	0.049	0.0112
	θ	0.0704	0.032	0.0247

观察图 11.2 发现尾部的函数只有在 99% 分位数后有显著的差异，Logit 正态分布的尾部最厚。从一个实用的角度来看，这意味着一旦 π 和 ρ_Y 已经固定，在伯努利混合模型中特定的参数形式的混合分布的重要性变小。当然，这并不意味着伯努利混合模型不存在模型风险，$L^{(m)}$ 的尾部对 π 很敏感，特别是对于 ρ_Y，并且这些参数并不容易估计 (参见

第 11.5.4 节中混合模型中统计判断的讨论)。

11.3.2　一般结果

因为我们对于总的损失分布的渐进性质感兴趣，所以，我们也考虑在给定违约的情况下的风险敞口和损失。令 $(e_i)_{i\in\mathbb{N}}$ 是一个正的确定性的风险敞口的无限序列，$(Y_i)_{i\in\mathbb{N}}$ 是对应的违约指数序列，$(\delta_i)_{i\in\mathbb{N}}$ 是值介于 $(0,1]$ 的随机变量序列，其中值是指在给定违约发生情况下的损失百分比。在这一设定中，给定 $L^{(m)}=\sum_{i=1}^{m}L_i$，其中 $L_i=e_i\delta_i Y_i$ 是个体的损失，得出大小为 m 的投资组合的损失。我们对于 $L^{(m)}/\sum_{i=1}^{m}e_i$ 的相关损失的结果感兴趣，并将它作为总的风险敞口百分比的损失。为了前 m 个债务人的总的风险敞口，我们引入表示法 $a_m=\sum_{i=1}^{m}e_i$。

现在，我们对模型做一些技术性假设。

(A1) 假定一个 p 维随机向量 $\boldsymbol{\Psi}$，在条件 $\boldsymbol{\Psi}$ 下，$(L_i)_{i\in\mathbb{N}}$ 代表独立随机变量的序列。

在这一假设中，条件独立构造从违约指数扩展到损失，注意 (A1) 允许 δ_i 依赖于系统的因子 $\boldsymbol{\Psi}$ 的情况，这一扩展与一个经验主义的观点有关，因为有证据表明在给定违约情况下的损失趋于依赖于潜在的经济情况，见第 11.2.3 节。

(A2) 这里有函数 $\bar{\ell}:\mathbb{R}^p\to[0,1]$，

$$\lim_{m\to\infty}\frac{1}{a_m}E(L^{(m)}\mid\boldsymbol{\Psi}=\boldsymbol{\psi})=\bar{\ell}(\boldsymbol{\psi}) \tag{11.32}$$

所以对于所有的 $\boldsymbol{\psi}\in\mathbb{R}^p$，有上式情形，我们称 $\bar{\ell}(\boldsymbol{\psi})$ 为渐进相对损失函数。

假设 (A2) 表示表示我们在允许组合增长时保留组合的基本组成成分 (见例 11.20)。

(A3) 风险敞口的序列满足 $\lim_{m\to\infty}a_m=\infty$ 和 $\sum_{i=1}^{\infty}(e_i/a_i)^2<\infty$。

对于任何一个现实中的风险敞口的序列都满足这一假设，因此这一假设技术性很弱。举例来说，如果对于所有的 i，$e_i=e$，所以 $\sum_{i=1}^{\infty}(e_i/a_i)^2=\sum_{i=1}^{\infty}i^{-2}<\infty$，即使在 $e_i=i$ 的情况下，风险敞口与投资组合大小成线性增长，因为 $a_i=\sum_{k=1}^{i}k=i(i+1)/2$，我们得到 $\sum_{i=1}^{\infty}(e_i/a_i)^2=\sum_{i=1}^{\infty}(2/(i+1))^2<\infty$。为了找到一个反例，我们需要用一个累积和增长率与前 m 个风险敞口的最大值相同的风险敞口序列。直观地说，这意味着投资组合是由一些大的风险敞口主导的（客户集中）。

接下来的结果表示在这些假设下，平均投资组合损失基本决定于渐进相关损失函数 $\bar{\ell}$ 和因子随机向量 $\boldsymbol{\Psi}$ 的实现。

命题 11.17. *考虑一个满足上述 (A1) 到 (A3) 假设的序列 $L^{(m)}=\sum_{i=1}^{m}L_i$，给定 $\boldsymbol{\Psi}=\boldsymbol{\psi}$，由 $P(\cdot\mid\boldsymbol{\Psi}=\boldsymbol{\psi})$ 表示序列 $(L_i)_{i\in\mathbb{N}}$ 的条件分布，所以*

$$\lim_{m\to\infty}\frac{1}{a_m}L^{(m)}=\bar{\ell}(\boldsymbol{\psi}),\quad P(\cdot\mid\boldsymbol{\Psi}=\boldsymbol{\psi})\ \text{几乎必然}$$

证明. Petrov (1995)（定理 6.7) 基于大数定律的非恒等分布的随机变量的角度给出了证明。如果 $(Z_i)_{i\in\mathbb{N}}$ 是独立随机变量的序列，正的常数序列 $(a_i)_{i\in\mathbb{N}}$ 满足 $\lim_{m\to\infty}a_m=\infty$ 和

$\sum_{i=1}^{\infty}(\mathrm{var}(Z_i)/a_i^2) < \infty$。当 $m \to \infty$ 时，有

$$\frac{1}{a_m}\left(\sum_{i=1}^{m} Z_i - E\Big(\sum_{i=1}^{m} Z_i\Big)\right) \to 0 \text{ 几乎必然}$$

我们和之前一样假定 $Z_i = L_i = e_i\delta_i Y_i$ 和 $a_i = \sum_{k=1}^{i} e_k$。在条件 $\boldsymbol{\Psi} = \boldsymbol{\psi}$ 下，我们应用这一结果，也就是说我们在 $P(\cdot \mid \boldsymbol{\Psi} = \boldsymbol{\psi})$ 下进行研究。在这一测量下，根据假定 (A1)，L_i 是独立的。注意 $\mathrm{var}(L_i) = e_i^2 \,\mathrm{var}(\delta_i Y_i) \leqslant e_i^2$，因为 $\delta_i Y_i$ 是 $[0, 1]$ 上的随机变量。在假设 (A3) 下，我们验证

$$\sum_{i=1}^{\infty} \frac{\mathrm{var}(Z_i)}{a_i^2} \leqslant \sum_{i=1}^{\infty}\left(\frac{e_i}{a_i}\right)^2 < \infty$$

应用 Petrov 的结果和假设 (A2)，我们得到

$$\lim_{m\to\infty} \frac{1}{a_m} L^{(m)} - \bar{\ell}(\boldsymbol{\psi}) = \lim_{m\to\infty}\left(\frac{1}{a_m}\sum_{i=1}^{m} L_i - \frac{1}{a_m} E\left(\sum_{i=1}^{m} L_i \mid \boldsymbol{\Psi} = \boldsymbol{\psi}\right)\right) = 0$$

□

对于单因子伯努利混合模型，可以得到一个更有力的结果，这一结果将相对投资组合损失 $L^{(m)}/a_m$ 的分位数与混合分布的分位数连接起来。

命题 11.18. *考虑一个满足假设 (A1) 到 (A3) 的带有分布函数为 G 的一维混合变量 Ψ 的序列 $L^{(m)} = \sum_{i=1}^{m} L_i$，假设条件渐进损失函数 $\bar{\ell}(\psi)$ 严格递增和持续并且 G 在 $q_\alpha(\Psi)$ 上严格递增，举个例子，对于每个 $\delta > 0$，有 $G(q_\alpha(\Psi) + \delta) > \alpha$。所以*

$$\lim_{m\to\infty} \mathrm{VaR}_\alpha\left(\frac{1}{a_m} L^{(m)}\right) = \bar{\ell}(q_\alpha(\Psi)) \tag{11.33}$$

如果假设经济良好状态的低值 Ψ 对应低于平均的条件违约概率和违约损失率，以及糟糕状况下的高值 Ψ 对应更高的违约损失率，那么关于 $\bar{\ell}$ 严格递增的假设是有意义的。

证明. 证明基于下述简单的直觉。因为 $L^{(m)}/a_m$ 收敛于 $\bar{\ell}(\Psi)$ 并且根据我们有的假设，$\bar{\ell}$ 是严格增长的，假设 m 取较大值，有

$$q_\alpha\left(\frac{L^{(m)}}{a_m}\right) \approx q_\alpha(\bar{\ell}(\Psi)) = \bar{\ell}(q_\alpha(\Psi))$$

为了将这个转换成一个正式的说法，我们对分位数使用下述的连续性结果，可以在 Fristedt and Gray (1997)（命题 5，页码 250）或者 Resnick (1987)（命题 0.1）中找到这一证明。

引理 11.19. *考虑序列随机变量 $(Z_m)_{m\in\mathbb{N}}$，其分布收敛于随机变量 Z。那么在分位数函数 $u \mapsto q_u(Z)$ 的多有连续点 u 处都存在 $\lim_{m\to\infty} q_u(Z_m) = q_u(Z)$。*

在这个案例中，$L^{(m)}/a_m$ 几乎必然依 $\bar{\ell}(\Psi)$ 收敛，由此在分布上。假设函数严格单调递增，并且 G 在 $q_\alpha(\Psi)$ 上严格单调递增，使得此时 $\bar{\ell}$ 的分布函数也是严格单调递增的，因此，随机变量 $\bar{\ell}(\Psi)$ 的分位函数在 α 上连续。这表明，$\lim_{m\to\infty} q_\alpha\left(\frac{1}{a_m}L^{(m)}\right) = q_\alpha(\bar{\ell}(\Psi))$。最后，由附录中命题 A.3 可推出 $q_\alpha(\bar{\ell}(\Psi)) = \bar{\ell}(q_\alpha(\Psi))$。 □

例 11.20. 考虑由 (11.18) 定义的 k 可组交换单因子伯努利混合模型。债务人 i 组由 $r(i)$ 表示，假设在每一组 r 中，风险敞口、违约损失率和条件违约概率都是相同的，分别由 e_r，δ_r，$p_r(\psi)$ 表示。

当组合规模为 m 时，假设我们使得投资组合增长，以 $m_r^{(m)}$ 记作 r 组中债务人的数量。r 组的相对风险敞口由 $\lambda_r^{(m)} = e_r m_r^{(m)} / \sum_{r=1}^{k} e_r m_r^{(m)}$ 得出，我们假定当 $m \to \infty$ 时，$\lambda_r^{(m)} \to \lambda_r$。此时，公式 (11.32) 中的渐近相对损失函数（Asymptotic Relative Loss Fuction）为

$$\begin{aligned}\bar{\ell}(\psi) &= \lim_{m\to\infty} \sum_{i=1}^{m} \frac{e_{r(i)}}{\sum_{i=1}^{m} e_{r(i)}} \delta_{r(i)} p_{r(i)}(\psi) \\ &= \lim_{m\to\infty} \sum_{r=1}^{k} \frac{e_r m_r^{(m)}}{\sum_{r=1}^{k} e_r m_r^{(m)}} \delta_r h(\mu_r + \sigma\psi) = \sum_{r=1}^{k} \lambda_r \delta_r h(\mu_r + \sigma\psi) \,.\end{aligned}$$

因为假定 Ψ 具有标准正态分布，公式 (11.33) 表示为

$$\lim_{m\to\infty} q_\alpha\left(\frac{L^{(m)}}{\sum_{i=1}^{m} e_i}\right) = \sum_{r=1}^{k} \lambda_r \delta_r h(\mu_r + \sigma \Phi^{-1}(\alpha)) \tag{11.34}$$

对于大 m，因为 $\lambda_r \sum_{1=1}^{m} e_i \approx m_r^{(m)} e_r$，我们得到

$$\mathrm{VaR}_\alpha(L^{(m)}) \approx \sum_{r=1}^{k} m_r^{(m)} e_r \delta_r h(\mu_r + \sigma_r \Phi^{-1}(\alpha)) \tag{11.35}$$

11.3.3　巴塞尔内部评级法

在这部分中，我们将检验第 11.3.1 节和第 11.3.2 节中的问题将如何影响巴塞尔资本充足率框架，后者我们已经在第 1.3 节中概括地讨论过。在此框架下，银行被要求持有其信贷组合中，风险加权资产（RWA）的 8% 作为风险资本。一个组合的 RWA 由组合中各个风险的 RWA 加总计算，即 $\mathrm{RWA}^{\mathrm{portfolio}} = \sum_{i=1}^{m} \mathrm{RWA}_i$。$\mathrm{RWA}_i$ 的数量反映了风险敞口的规模和债务人 i 的风险性，表达式为 $\mathrm{RWA}_i = w_i e_i$，其中，w_i 为风险权重而 e_i 为风险敞口。

银行有两种方法来计算风险权重 w_i，选择其中的一种后，需将其运用到整个组合中。在相对简单的标准法中，风险权重 w_i 由对手方 i 的种类（主权国家，银行或公司）和信用评级决定。例如，一个穆迪评级在 A+ 至 A− 范围的公司，其 $w_i = 50\%$。而在更高级的内部评级法（IRB）中，风险权重由下式得出

$$w_i = (0.08)^{-1} c \delta_i \Phi\left(\frac{\Phi^{-1}(p_i) + \sqrt{\beta_i}\Phi^{-1}(0.999)}{\sqrt{1-\beta_i}}\right) \tag{11.36}$$

其中，c 是技术调整因子，我们对此并不特别感兴趣，p_i 为违约概率，δ_i 为债务人 i 的违约损失率。参数 $\beta_i \in (0.12, 0.24)$ 则用于计算债务人 i 的系统性风险。每个银行估计其 p_i、（在

高级内部评级法中）δ_i 和 e_i；调整因子 c 和最重要的 β_i 估值则由新巴塞尔协议中的固定规则计算出，与具体投资组合的结构无关。根据对手方 i 须持有的风险资本由下式得出。

$$\mathrm{RC}_i = 0.08\mathrm{RWA}_i = c\delta_i e_i \Phi\left(\frac{\Phi^{-1}(p_i) + \sqrt{\beta_i}\Phi^{-1}(0.999)}{\sqrt{1-\beta_i}}\right) \tag{11.37}$$

有意思的是，公式 (11.37) 中包括了标准正态分布，现在我们进行推导。

考虑一个违约概率为 $p_1, \ldots, p_m$ 的单因子高斯阈值，其临界变量可通过下式给出

$$X_i = \sqrt{\beta_i}F + \sqrt{1-\beta_i}\varepsilon_i \tag{11.38}$$

对于独立同分布标准随机变量 F，有 $\varepsilon_1, \ldots, \varepsilon_m$。通过 $\Psi = -F$，则第 11.2.4 节中的等效伯努利混合模型中有条件违约率 $p_i(\psi) = \Phi((\Phi^{-1}(p_i) + \sqrt{\beta_i}\psi)/\sqrt{1-\beta_i})$。注意，对于 $h = \Phi$，$\mu_i = \Phi^{-1}(p_i)/\sqrt{1-\beta_i}$ 和 $\sigma_i = \sqrt{\beta_i/(1-\beta_i)}$，我们有 $p_i(\psi) = h(\mu_i + \sigma_i\psi)$。另外，假设投资组合具有同质组结构，由一些大组构成，这些大组如同例 11.20中的组，具有（近似）相同的风险敞口、违约概率、违约损失率和因子权重。

按照例题中的分析，特别是公式 (11.35) 满足

$$\mathrm{VaR}_\alpha(L) \approx \sum_{i=1}^{m} \delta_i e_i p_i(q_\alpha(\Psi)) = \sum_{i=1}^{m} \delta_i e_i \Phi\left(\frac{\Phi^{-1}(p_i) + \sqrt{\beta_i}\Phi^{-1}(\alpha)}{\sqrt{1-\beta_i}}\right)$$

对于 $c = 1$，公式 (11.37) 中的风险资本 RC_i 为具有同质组结构的单因子高斯阈值模型中，对应总投资组合 99.9%VaR 的 i 风险的渐进性贡献。进一步注意，β_i 可作为同一组中 i 公司的资产相关性。

然而公式 (11.36) 受组合理论的影响，巴塞尔框架未能反应银行信贷组合的真实关联结构，原因如下：第一，在巴塞尔框架中，参数 β_i 由规范性规则得出，而没有考虑具体投资组合的构成；第二，同质组结构和简单单因子模型公式 (11.38) 过于简化了违约依赖性下的因子结构，尤其对于国际活跃银行来说；第三，资本充足率标准没有考虑投资组合的违约历史。在使用相对简化的内部评级法时，应权衡这些缺点，使其适用于监督工作。另一方面，从经济资本考虑，大部分银行开发了具有更复杂的因子模型的全面内部模型来解释依赖性。

说明与评论

第 11.3 节中得出的结果融合了 Frey and McNeil (2003) 的结果与 Gordy (2003) 的结果。第一个对大投资组合的有限结果，来源于 Vasicek (1997) 的一个等同于 KMV 模型的 Probit 正态混合模型。Dembo et al. (2004) 得出了与大偏差理论相关的信贷组合的渐进性结果。对于 IRB 方法的细节，和总体的新巴塞尔资本协定，来源于巴塞尔委员会的网站。第 11.3.3 节中的讨论与 Gordy (2003) 的分析相关。

第 11.17 和 11.18节中的命题涉及一些论文，其主体为二阶修正和大组合结果的粒度调整。虽然结果中假设非系统性风险在有效大组合中可分散掉，这些调整考虑到了实务中，实

际组合中仍存在一部分非系统性风险和名称集中风险。参考资料包括：Martin and Wilde (2002)，Gordy (2004))，Gordy and Marrone (2012)，Gordy and Lütkebohmert (2013) 和 Gagliardini and Gouréroux (2013)。参考书籍为 Lütkebohmert (2009) 所著有关信贷组合中的集中风险。

11.4　蒙特卡洛法

在这部分中，我们考虑贷款组合的伯努利混合模型，假设总损失为 $L=\sum_{i=1}^{m} L_i$，其中 L_i 与给定经济因子向量 $\boldsymbol{\Psi}$ 的条件无关。一个计算风险度量和诸如资金配置等的相关数量的方法就是蒙特卡洛（MC）模拟，尽管这会伴随着稀有事件模拟的问题。例如，假设我们想计算组合的预期损失以及置信水平为 α 的预期损失贡献，我们需要估计条件期望

$$E(L \mid L \geqslant q_\alpha(L)) \text{ 且 } E(L_i \mid L \geqslant q_\alpha(L)) \tag{11.39}$$

如果 $\alpha=0.99$，则表示在标准蒙特卡洛下只有 1% 的可能导致组合损失高于 $q_{0.99}(L)$。公式 (11.39) 中的标准蒙特卡洛估计量由所有抽样的 L 或 L_i 的模拟值取平均得出，导致模拟组合损失 $L \geqslant q_\alpha(L)$，因此标准蒙特卡洛估计量并不稳定，且有高可变形的倾向，除非模拟的数量非常大。问题就是大量的模拟被“浪费”了，因此导致 L 的值小于 $q_\alpha(L)$。幸运的是，一种名为*重要性抽样* (IS) 的方差缩减技术可以有效解决这个问题。

11.4.1　重要性抽样基础

考虑一个概率空间 $(\Omega,\mathcal{F},P)$ 上的随机变量 X，并假设它有密度为 f 的绝对连续分布函数。以下为一般概率空间的概括讨论。现在我们考虑的问题是计算已知函数 h 的期望值

$$\theta=E(h(X))=\int_{-\infty}^{\infty} h(x)f(x)\,\mathrm{d}x \tag{11.40}$$

为了计算事件概率，我们考虑函数 $h(x)=I_{\{x\in A\}}$，并设定 $A\subset\mathbb{R}$；为了计算预计损失，我们考虑函数 $h(x)=xI_{\{x\geqslant c\}}$，并设定 $c\in\mathbb{R}$。因为 X 分布的复杂性，公式 (11.40) 的分析估算较困难。我们可以采取蒙特卡洛方法，现在我们只需要模拟密度为 f 的分布中的变量。

算法 11.21 (蒙特卡洛积分).　*(1) 从密度 f 中独立生成 $X_1,\ldots,X_n$。*

(2) 计算标准蒙特卡洛估计 $\hat{\theta}_n^{\mathrm{MC}}=(1/n)\sum_{i=1}^{n} h(X_i)$。

蒙特卡洛估计量通过强大数律依 θ 收敛，但收敛的速度并不非常快，尤其在稀有事件估计的情况下。

重要性抽样是基于公式 (11.40) 中积分的另一种表示。考虑第二个概率密度 g（包括了密度 f），并且定义*似然比* $r(x):=f(x)/g(x)$，$g(x)>0$，否则 $r(x)=0$。公式 (11.40) 的积分可写作如下似然比形式

$$\theta=\int_{-\infty}^{\infty} h(x)r(x)g(x)\,\mathrm{d}x=E_g(h(X)r(X)) \tag{11.41}$$

其中，E_g 表示关于密度 g 的期望值。现在我们可以通过以下算法估计积分的近似。

算法 11.22 (**重要性抽样**).

(1) 从密度 g 中独立生成 $X_1, \dots, X_n$。

(2) 计算重要性抽样估计 $\hat{\theta}_n^{\mathrm{IS}} = (1/n)\sum_{i=1}^n h(X_i)\, r(X_i)$。

密度 g 经常被称为重要性抽样密度。重要性抽样的精髓就在于选择重要性抽样密度，例如，对于固定的 n，IS 估计量的方差比标准 MC 估计量的方差小很多。通过这种方法我们可以得到有规定精确度的利率积分，其中需要的随机抽取比标准 MC 模拟方法中所需的少得多。估计量多方差由下式得出，

$$\mathrm{var}_g(\hat{\theta}_n^{\mathrm{IS}}) = (1/n)(E_g(h(X)^2 r(X)^2) - \theta^2)$$
$$\mathrm{var}(\hat{\theta}_n^{\mathrm{MC}}) = (1/n)(E(h(X)^2) - \theta^2)$$

此时，目的为使得 $E_g(h(X)^2 r(X)^2)$ 比 $E(h(X)^2)$ 小。理论上，通过选择一个最佳 g 可以使 $\hat{\theta}^{\mathrm{IS}}$ 的方差减至 0。为此，假设 h 是非负的并且使

$$g^*(x) = f(x)h(x)/E(h(X)) \tag{11.42}$$

在这样的选择下，似然比变为 $r(x) = E(h(X))/h(x)$。因此，$\hat{\theta}_1^{\mathrm{IS}} = h(X_1)r(X_1) = E(h(X))$，并且，重要性抽样估计量可以通过一次抽样得出正确答案。实际上，取公式 (11.42) 中的一个重要性抽样密度是不可能的，因为这需要计算所需的 $E(h(X))$ 量的知识（knowledge of the quantity）；但是，公式 (11.42) 为选择重要性抽样密度提供了有效指导，我们将在下一章中讨论这个问题。

考虑估计稀有事件概率的情况，此时，$h(x) = I_{\{x \geqslant c\}}$，$c$ 显著大于 X 的均值。因此，$E(h(X)^2) = P(X \geqslant c)$，引入公式 (11.41)

$$E_g(h(X)^2 r(X)^2) = E_g(r(X)^2; X \geqslant c) = E(r(X); X \geqslant c) \tag{11.43}$$

很明显，我们应该试着选一个满足对于 $x \geqslant c$，似然比 $r(x) = f(x)/g(x)$ 小的 g；换句话说，我们应该使 $\{X \geqslant c\}$，相比在原始密度 f 下，更有可能在 IS 密度 g 下达成。

指数倾斜 现在我们讨论当 X 为薄尾时，取重要性抽样密度的有效方法。对于 $t \in \mathbb{R}$，我们记矩生成函数的 X 为 $M_X(t) = E(\mathrm{e}^{tX}) = \int_{-\infty}^{\infty} \mathrm{e}^{tx} f(x)\,\mathrm{d}x$，其中，我们假定 $t \in \mathbb{R}$ 有限。如果 $M_X(t)$ 有限，我们定义重要性抽样密度为 $g_t(x) := \mathrm{e}^{tx} f(x)/M_X(t)$。似然比为 $r_t(x) = f(x)/g_t(x) = M_X(t)\mathrm{e}^{-tx}$。定义 μ_t 为具有密度 g_t 的均值 X，

$$\mu_t := E_{g_t}(X) = E(X \exp(tX))/M_X(t) \tag{11.44}$$

那我们该如何为一个特定重要性抽样问题选择最佳 t？我们考虑尾部概率估计的情况，回顾公式 (11.43)，目的是最小化下面的公式：

$$E(r(X); X \geqslant c) = E(I_{\{X \geqslant c\}} M_X(t)\mathrm{e}^{-tX}) \tag{11.45}$$

现在我们观察到对于 $x \geqslant c$ 和 $t \geqslant 0$，有 $\mathrm{e}^{-tx} \leqslant \mathrm{e}^{-tc}$，因此

$$E(I_{\{X \geqslant c\}} M_X(t)\mathrm{e}^{-tX}) \leqslant M_X(t)\mathrm{e}^{-tc}$$

代替解决最小化公式 (11.45) 中 t 的问题，我们选择使范围变得最小的 t。相应的，我们试着取使 $\ln M_X(t) - tc$ 最小的 t。通过公式 (11.44)，我们得到

$$\frac{\mathrm{d}}{\mathrm{d}t} \ln M_X(t) - tc = \frac{E(X\exp(tX))}{M_X(t)} - c = \mu_t - c$$

这表明，取 $t = t(c)$ 可以得到等式 $\mu_t = c$ 的解，因此，如果我们通过密度 $g_{t(c)}$ 来计算概率，稀有事件 $\{X \geqslant c\}$ 变为正常事件。对于 c 的所有相对价值，等式 $\mu_t = c$ 有唯一解。此时，重要的是从指数倾斜分布的形式上我们可以显然看到这一点，因此，我们省略形式证明。

例 11.23 (正态分布指数倾斜). 我们将用一个标准正态随机函数的简单例子来说明指数倾斜的概念。假设 $X \sim N(0,1)$ 具有密度 $\phi(x)$。通过指数倾斜，我们得到一个新的密度 $g_t(x) = \exp(tx)\phi(x)/M_X(t)$。$X$ 的矩生成函数为 $M_X(t) = \exp(\frac{1}{2}t^2)$。因此，

$$g_t(x) = \frac{1}{\sqrt{2\pi}} \exp(tx - \tfrac{1}{2}(t^2 + x^2)) = \frac{1}{\sqrt{2\pi}} \exp(-\tfrac{1}{2}(x-t)^2)$$

所以，在倾斜分布中，$X \sim N(t,1)$。注意此时指数倾斜与 X 的均值变化相一致。

重要性抽样的观点摘要　为了在下一章组合信用风险中的综合应用，这部分有助于从一个更总体的观点来看待重要性抽样。给定密度 f 和 g，定义概率测度 P 和 Q 为

$$P(A) = \int_A f(x)\,\mathrm{d}x \text{和} Q(A) = \int_A g(x)\,\mathrm{d}x, \quad A \subset \mathbb{R}$$

在这一表示法下，公式 (11.41) 变为 $\theta = E^P(h(X)) = E^Q(h(X)r(X))$，因此 $r(X)$ 等于 $\mathrm{d}P/\mathrm{d}Q$，相对于 Q 的（测度）密度 P。在更抽象的观点下，指数倾斜可以应用于更广泛的情形：给定一个 $(\Omega, \mathcal{F}, P)$ 上的随机变量 X，并且 $M_X(t) = E^P(\exp(tX)) < \infty$，定义 $(\Omega, \mathcal{F})$ 上的 Q_t

$$\frac{\mathrm{d}Q_t}{\mathrm{d}P} = \frac{\exp(tX)}{M_X(t)}, \quad \text{比如 } Q_t(A) = E^P\left(\frac{\exp(tX)}{M_X(t)}; A\right)$$

并且 $(\mathrm{d}Q_t/\mathrm{d}P)^{-1} = M_X(t)\exp(-tX) = r_t(X)$。重要性抽样算法依旧不变：在 Q_t 下模拟独立实现 X_i，并设定 $\hat{\theta}^{\mathrm{IS}} = (1/n)\sum_{i=1}^{n} X_i r_t(X_i)$。

11.4.2　伯努利混合模型应用

在这部分中，我们回到信用损失的主题并考虑一个组合损失，其形式为 $L = \sum_{i=1}^{m} e_i Y_i$，其中 e_i 是确定的，正风险敞口和 Y_i 是违约率 p_i 的违约指示函数。我们假设 $\boldsymbol{Y}$ 符合定义 11.5中的伯努利混合模型，具有因子向量 $\boldsymbol{\Psi}$ 和条件违约概率 $p_i(\boldsymbol{\Psi})$。我们通过重要性抽样来研究估计超越概率 θ 的问题，对于 c 恒大于 $E(L)$，$\theta = P(L \geqslant c)$。这在风险管理时十

分有效，例如，对于 $c \approx q_\alpha(L)$，一个对于计算 $P(L \geqslant c)$ 好的重要性抽样分布同样适用于计算预期损失或在预期损失贡献时减少实质变异。

我们首先考虑当违约指示 $Y_1, \dots, Y_m$ 相互独立的情形，然后再考虑有条件独立违约指示的情形。我们的阐述基于 Glasserman and Li (2005) 的研究。

独立违约指示函数　现在我们采用前一部分最后概述的更一般化的重要性抽样方法。让 $\Omega = \{0,1\}^m$，$\boldsymbol{Y}$ 为状态空间。概率测度 P 由下式得出

$$P(\{y\}) = \prod_{i=1}^{m} p_i^{y_i}(1-p_i)^{1-y_i}, \quad y \in \{0,1\}^m$$

我们需要运用 L 理解这个测度如何在指数倾斜下变化。L 的矩生成函数可由下式简单计算得出

$$M_L(t) = E\left(\exp\left(t\sum_{i=1}^{m} e_i Y_i\right)\right) = \prod_{i=1}^{m} E(\mathrm{e}^{te_iY_i}) = \prod_{i=1}^{m}(\mathrm{e}^{te_i}p_i + 1 - p_i)$$

测度 Q_t 由 $Q_t(\{y\}) = E^P(\mathrm{e}^{tL}/M_L(t); \boldsymbol{Y} = y)$ 得出，因此

$$Q_t(\{y\}) = \frac{\exp(t\sum_{i=1}^{m} e_i y_i)}{M_L(t)} P(\{y\}) = \prod_{i=1}^{m} \frac{\exp(te_i y_i)}{\exp(te_i)p_i + 1 - p_i} p_i^{y_i}(1-p_i)^{1-y_i}$$

通过 $\bar{q}_{t,i} := \exp(te_i)p_i/(\exp(te_i)p_i + 1 - p_i)$ 定义新的违约概率。并且它满足 $Q_t(\{y\}) = \prod_{i=1}^{m} \bar{q}_{t,i}^{y_i}(1-\bar{q}_{t,i})^{1-y_i}$，因此，在经过指数倾斜后，违约指数保持独立，但具有了新的违约概率 $\bar{q}_{t,i}$。注意，当 $t \to \infty$ 时，$\bar{q}_{t,i}$ 趋向于 1，当 $t \to -\infty$ 时，$\bar{q}_{t,i}$ 趋向于 0，因此，L 的均值适用于 $(0, \sum_{i=1}^{m} e_i)$ 上的任意一点。

与之前的讨论类似，从重要性抽样出发，通过 $E^{Q_t}(L) = c$ 取 t 的最佳值，$\sum_{i=1}^{m} e_i \bar{q}_{t,i} = c$。

有条件独立违约指示函数　将重要性抽样方法扩展到有条件独立违约的第一步非常显然：给定经济因子的实现 $\boldsymbol{\psi}$，通过上述估计独立违约指示的方法来估计条件超越概率 $\theta(\boldsymbol{\psi}) := P(L \geqslant c \mid \boldsymbol{\Psi} = \boldsymbol{\psi})$。算法如下。

算法 11.24 (条件损失分布下的重要性抽样).

(1) 给定 $\boldsymbol{\psi}$，根据模型计算条件违约概率 $p_i(\boldsymbol{\psi})$，并解下列等式

$$\sum_{i=1}^{m} e_i \frac{\exp(te_i)p_i(\boldsymbol{\psi})}{\exp(te_i)p_i(\boldsymbol{\psi}) + 1 - p_i(\boldsymbol{\psi})} = c$$

通过解 $t = t(c, \boldsymbol{\psi})$ 得到最佳倾斜度。

(2) 得出违约向量 $\boldsymbol{Y} = (Y_1, \dots, Y_m)'$ 的条件实现 n_1。公司的违约模拟是相互独立的，第 i 个公司的违约率由下式得出

$$\frac{\exp(t(c,\boldsymbol{\psi})e_i)p_i(\boldsymbol{\psi})}{\exp(t(c,\boldsymbol{\psi})e_i)p_i(\boldsymbol{\psi}) + 1 - p_i(\boldsymbol{\psi})}$$

(3) L 的矩生成函数表示为 $M_L(t,\boldsymbol{\psi}) := \prod_{i=1}^m\{\exp(te_i)p_i(\boldsymbol{\psi})+1-p_i(\boldsymbol{\psi})\}$。通过模拟违约数据，我们可以构建条件实现 n_1，并写作 $L=\sum_{i=1}^m e_iY_i$ 和 $L^{(1)},\dots,L^{(n_1)}$。通过下式得到条件损失分布的重要性抽样估计量

$$\hat{\theta}_{n_1}^{\mathrm{IS},1}(\boldsymbol{\psi}) = M_L(t(c,\boldsymbol{\psi}),\boldsymbol{\psi})\frac{1}{n_1}\sum_{j=1}^{n_1} I_{\{L^{(j)}\geqslant c\}}\exp(-t(c,\boldsymbol{\psi})L^{(j)})$$

原则上，上述方法可应用于更一般化的情形，如违约损失率为随机时；我们需要假定的是 L_i 在给定 $\boldsymbol{\Psi}$ 下有条件独立，就如同第 11.3 节中的假设 (A1)。然而，实际中的应用可能相当复杂。

因子变量分布中的重要性抽样　假设现在我们想要估计无条件概率 $\theta=P(L\geqslant c)$。初级方法是得出因子向量 $\boldsymbol{\Psi}$ 的实现并通过算法 11.24 中提到的平均重要性抽样估计量来估计 θ。如同 Glasserman and Li (2005) 所指出的，这对于具有关联信用风险的大组合而言，不是最佳方法。直观上，这是因为大组合中，经济因子的波动导致了大部分 L 的波动，而我们还无法将重要性抽样用于 $\boldsymbol{\Psi}$ 的分布。因此，现在我们来讨论一种全面重要性抽样算法，它在算法 11.24 中加入了对于经济因子变量的重要性抽样方法。

我们考虑一个伯努利混合模型的重要情形，它具有多元高斯因子和 $\boldsymbol{\Psi}\sim N_p(\mathbf{0},\Omega)$ 下的条件违约概率 $p_i(\boldsymbol{\Psi})$，例如例 11.11中提到的 Probit 正态伯努利混合模型。此时，我们自然会选择一个重要性抽样密度，例如对于一个新的平均向量 $\boldsymbol{\mu}\in\mathbb{R}^p$，$\boldsymbol{\Psi}\sim N_p(\boldsymbol{\mu},\Omega)$，也就是我们把密度 $N_p(\boldsymbol{\mu},\Omega)$ 写作 g。我们希望一个好的 $\boldsymbol{\mu}$ 能够更频繁地生成高条件违约率的实现 $\boldsymbol{\Psi}$。相应的似然比 $r_{\boldsymbol{\mu}}(\boldsymbol{\Psi})$ 由各自的多元正态密度比率得出，因此

$$r_{\boldsymbol{\mu}}(\boldsymbol{\Psi}) = \frac{\exp(-\frac{1}{2}\boldsymbol{\Psi}'\Omega^{-1}\boldsymbol{\Psi})}{\exp(-\frac{1}{2}(\boldsymbol{\Psi}-\boldsymbol{\mu})'\Omega^{-1}(\boldsymbol{\Psi}-\boldsymbol{\mu}))} = \exp(-\boldsymbol{\mu}'\Omega^{-1}\boldsymbol{\Psi}+\tfrac{1}{2}\boldsymbol{\mu}'\Omega^{-1}\boldsymbol{\mu})$$

本质上，这是类似于例 11.23 中的一元正态分布，但这里是指数倾斜的多元类似情况。

现在，我们可以得出全面重要性抽样的算法。首先，我们要选定模拟回合的总数 n，每回合模拟中条件 IS 的重复次数 n_1 和对于因子，重要性抽样分布的均值 $\boldsymbol{\mu}$。鉴于 n 的值取决于理想精度，最优是通过模拟研究决定，n_1 应该相当小。以下为决定合理 $\boldsymbol{\mu}$ 值的方法。

算法 11.25 (具有高斯因子的混合模型中的全面重要性抽样).

(1) 生成 $\boldsymbol{\Psi}_1,\dots,\boldsymbol{\Psi}_n\sim N(\boldsymbol{\mu},I_p)$。

(2) 按照算法 11.24 计算每个 $\boldsymbol{\Psi}_i$ 的 $\hat{\theta}_{n_1}^{\mathrm{IS},1}(\boldsymbol{\Psi}_i)$。

(3) 决定全面重要性抽样估计量：

$$\hat{\theta}_n^{\mathrm{IS}} = \frac{1}{n}\sum_{i=1}^{n} r_{\boldsymbol{\mu}}(\boldsymbol{\Psi}_i)\hat{\theta}_{n_1}^{\mathrm{IS},1}(\boldsymbol{\Psi}_i)$$

选择 $\boldsymbol{\mu}$　全面重要性抽样的一个关键点在于为 $\boldsymbol{\mu}$ 决定一个较好的值，这使得重要性抽样估计量的方差变小。我们大致描述 Glasserman and Li (2005) 提出的方法。因为 $\hat{\theta}_{n_1}^{\mathrm{IS},1}(\boldsymbol{\psi})\approx$

$P(L \geqslant c \mid \boldsymbol{\Psi}=\boldsymbol{\psi})$，将重要性抽样应用于因子必然相当于为函数 $\boldsymbol{\psi} \to P(L \geqslant c \mid \boldsymbol{\Psi}=\boldsymbol{\psi})$ 取一个好的重要性抽样密度。现在，回顾之前讨论过的最优重要性抽样密度 g^* 需满足

$$g^*(\boldsymbol{\psi}) \propto P(L \geqslant c \mid \boldsymbol{\Psi}=\boldsymbol{\psi}) \exp(-\tfrac{1}{2}\boldsymbol{\psi}'\Omega^{-1}\boldsymbol{\psi}) \tag{11.46}$$

“$\propto$”即“与之成比例”。从这些密度中抽样很显然并不可行，因为标准化过程持续包括我们需要的超越概率 $P(L \geqslant c)$。在这种情况下，作者们建议使用具有相同模式的多元正态密度 g^* 作为最优 IS 密度的类似。因为正态密度在均值 $\boldsymbol{\mu}$ 上达成其模型，这类似于通过选取 $\boldsymbol{\mu}$ 来解决最优化问题

$$\max_{\boldsymbol{\psi}} P(L \geqslant c \mid \boldsymbol{\Psi}=\boldsymbol{\psi}) \exp(-\tfrac{1}{2}\boldsymbol{\psi}'\Omega^{-1}\boldsymbol{\psi}) \tag{11.47}$$

公式 (11.47) 的精确解法很困难，因为函数 $P(L \geqslant c \mid \boldsymbol{\Psi}=\boldsymbol{\psi})$ 通常无法在闭型中得到。Glasserman and Li (2005) 提出了几种解决问题的方法，如果需要知道详细方法可以在他们的论文中查找。

例 11.26. 我们给出一个非常简单的重要性抽样示例，以显示通过在因子变量的水平和条件损失分布的水平上应用重要性抽样可以获得的收益。

考虑一个可交换的单因子伯努利混合模型，其中 Ψ 因子是标准正态分布的，对于所有的债务人 i 违约的条件概率如下

$$p_i(\psi) = P(Y_i = 1 \mid \Psi=\psi) = \Phi\left(\frac{\Phi^{-1}(p)+\sqrt{\rho}\psi}{\sqrt{1-\rho}}\right)$$

设定无条件违约概率为 $p=0.05$，资产相关性 $\rho=0.05$，并认为 $m=100$ 个债务人，每个债务人具有相同的风险敞口 $e_i=1$。我们对 $L=\sum_{i=1}^m Y_i$ 时的概率 $\theta=P(L \geqslant 20)$ 感兴趣。在这个设定下，我们可以使用数值积分来计算得出 $\theta \approx 0.00112$，使得 $\{L \geqslant 20\}$ 是相对罕见的事件。在图 11.3 的第一个面板中，我们在 n 的前提下，应用简单的蒙特卡洛估计 θ 和图形 $\hat{\theta}_n^{\mathrm{MC}}$; 真实值由一条水平线来表示。

在第二个面板中，我们以因子 Ψ 的水平来进行重要性抽样，其中使用了数值 $\mu=-2.8$，它是在 Q 和取不同随机因子数量 n 值之下后得到的估计结果图，进而推出 Ψ 的平均分布的均值。在第三个面板中，我们以条件损失分布的水平进行重要性抽样，其中使用了算法 11.24，代入了 $n_1=50$，但是对于因子分布使用了简单蒙特卡洛模拟。

在最后的面板中，我们应用了完全重要性抽样，使用算法 11.25，以 n 为变量画图 $\hat{\theta}_n^{\mathrm{IS}}$ 并一如既往取 $n_1=50$。显然，这是在我们抽样了 $n=10000$ 个因子值的时候看来收敛到真实值的唯一估计。

说明与评论

我们对信用投资组合的重要性抽样的讨论紧跟 Glasserman and Li (2005)。关于大型投资组合的重要性抽样估计量渐近线理论结果和 Glasserman and Li (2005) 中的数值案例研究表明，全 IS 是处理大型伯努利混合模型非常有用的工具。Merino and Nyfeler (2004)

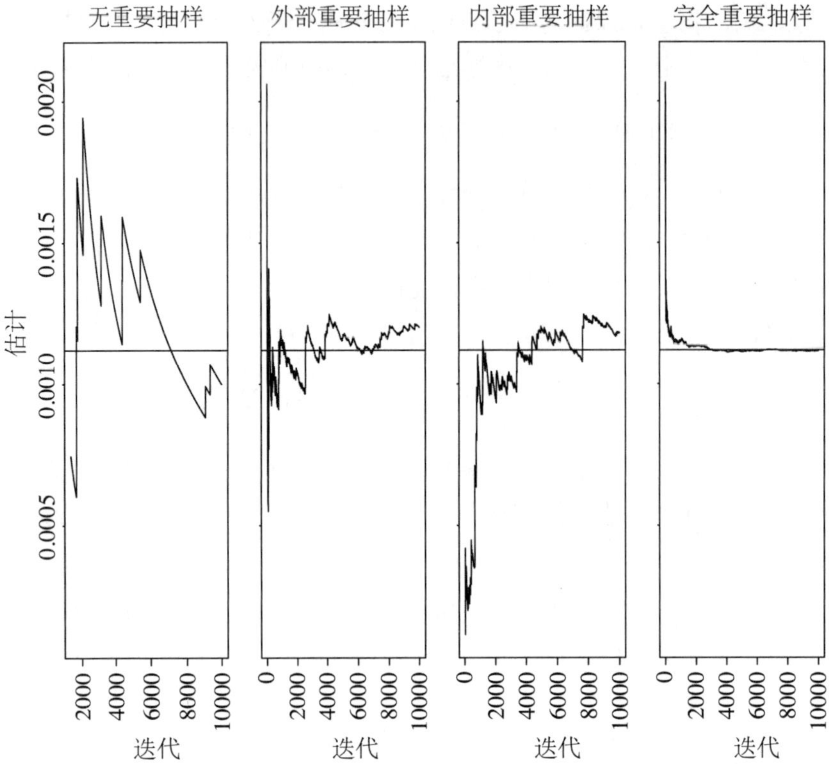

图 11.3　当重要性抽样在两个因子水平和条件损失分布被给定因子的水平上应用时，伯努利混合模型的稀有事件概率的重要性提升插图可以被画出。详见例 11.26。

和 Kalkbrener et al. (2004) 进行了相关工作——后一篇论文给出了一个有趣的替代解决办法来找到一个对于因子合理的重要性抽样均值 $\boldsymbol{\mu}$。

对于重要性抽样的一般介绍，我们参考 Glasserman 的优秀教科书 Glasserman (2003)；也参考 Robert and Casella (1999) 和 Asmussen and Glynn (2007)。对于重要性抽样在重尾分布的应用，此时指数族不能直接应用，参见 Asmussen et al. (2000) 和 Glasserman et al. (2000)。

模拟的替代方法是使用对投资组合损失分布的分析近似值。鞍点近似值的应用 (参见 Jensen, 1995) 在 Martin et al. (2001) 和 Gordy (2002)。

11.5　投资组合信用模型中的统计推断

在本章的剩余部分，我们将考虑两种不同的方法来估计投资组合信用风险模型。在第 11.5.1节中，我们讨论行业阈值模型的校准，如 CreditMetrics 模型和穆迪公共企业 EDF 模型的投资组合版本；我们集中于使用代理数据对股权或资产收益描述关键变量的依赖结构的因子模型估计。

在第 11.5.2~11.5.4节中，我们讨论了从历史违约数据对伯努利混合模型或泊松混合模型的直接估计。这种方法在工业中的应用不太广泛，因为违约数据相对稀缺，特别是对于评级较高的公司。然而，随着更大的历史违约和评级迁移数据库的可用，它变得越来越可行。

11.5.1 行业阈值模型中的因子建模

回顾第 11.1.3 节，许多行业模型采用具有 $\boldsymbol{X} \sim N_m(\mathbf{0}, P)$ 的高斯阈值模型 $(\boldsymbol{X}, \boldsymbol{d})$ 的形式，其中随机向量 $\boldsymbol{X}$ 包含表示资产组合中债务人信用质量或"付款能力"的关键变量，确定性向量 $\boldsymbol{d}$ 包含关键违约阈值，P 是所谓的资产相关矩阵，它在 $\boldsymbol{X}$ 的因子模型的辅助下得到估计。

工业模型通常分离向量 $\boldsymbol{d}$（或多状态模型中的阈值矩阵 D）的校准和 $\boldsymbol{X}$ 的因子模型的校准。正如第 11.1.3 节所讨论的，在违约模型中，阈值 d_i 通常设置为 $d_i = \Phi^{-1}(p_i)$，其中 p_i 是对于所讨论的时间段（通常为一年）的债务人 i 的违约概率的估计。根据债务人的类型，可以以不同的方式估计违约概率：对于较大的公司，可以使用信用评级或使用公司价值法，如穆迪公共企业 EDF 模型；对于零售债务人，可以根据信用评分来估计。

在这一节中，我们集中在 $\boldsymbol{X}$ 的因子模型估计。对于所有的 i，$0 \leqslant \beta_i \leqslant 1$，我们回顾起来是这种形式：

$$X_i = \sqrt{\beta_i}\tilde{F}_i + \sqrt{1-\beta_i}\varepsilon_i, \quad i = 1, \ldots, m \tag{11.48}$$

其中，$\tilde{F}_i$ 和 $\varepsilon_1, \ldots, \varepsilon_m$ 是独立的标准正态变量。假设 $\mathrm{var}(\tilde{F}_i) = 1$ 对所有 i 施加 $\boldsymbol{a}_i'\boldsymbol{\Omega}\boldsymbol{a}_i = 1$ 的约束，系统变量 $\tilde{F}_i$ 被假定为 $\tilde{F}_i = \boldsymbol{a}_i'\boldsymbol{F}$ 形式，其中 $\boldsymbol{F}$ 是满足 $\boldsymbol{F} \sim N_p(\mathbf{0}, \boldsymbol{\Omega})$ 的公共因子的向量，同时 $p < m$，其中 $\boldsymbol{\Omega}$ 是相关矩阵。这些因子典型代表国家和行业效应。

不同的行业模型使用不同的 $\boldsymbol{X}$ 数据来校准因子模型 (11.48)。穆迪全球相关性分析或者 GCorr 模型为许多不同类型的债务人，包括公共企业，私人公司，中小型企业（SMEs），零售客户和主权 (Huang et al., 2012) 提供子模型。公共公司 GCorr 的子模型使用每周资产价值回报数据进行校准，其中资产价值作为第 10.3.3 节所述公共企业 EDF 方法的一部分确定。在 CreditMetrics 框架中，每周股票回报被视为资产回报的代表，用于估计因子模型 (Gupton et al., 1997)。在这两种情况下，数据包含关于改变信用质量的信息。

我们现在提供一个用于估计企业的因子模型的通用程序的略图，其中因子具有国家和行业部门的解释。具体的行业模式大致遵循此程序，但可能会在某些步骤的计算细节上有区别。我们假设我们在一段时间内有资产回报（或其他用于改变信用质量代表数据，）的高维多元时间序列 $(\boldsymbol{X}_t)_{1 \leqslant t \leqslant n}$，其中可以假定稳定性；我们还假设每个分量时间系列已经被调整为均值为 0，方差为 1。

(1) 我们首先确定因子矢量 $\boldsymbol{F}$ 的结构，使得例如第一组成份可能代表国家因子，第二组成份可能代表工业因子。然后，我们根据我们对公司的了解向每个债务人分配矢量权重 $\boldsymbol{a}_i$。如果公司可以清晰地归为单个国家和行业，则 $\boldsymbol{a}_i$ 的元素可以简单地由 1 和 0 组成，但如果公司在多个国家或多个行业部门中具有重要活动，则也可以包括权重。例如，一个公司 60% 的业务在一个国家，40% 的业务在另一个国家，则在 $\boldsymbol{a}_i$ 的相关位置将被编码的权重为 0.6 和 0.4。

(2) 然后我们使用横截面估计技术来估计在每个时间点 t 的因子值 $\boldsymbol{F}_t$。因子估计 $\hat{\boldsymbol{F}}_t$ 被有效构造为暴露于每个因子的债务人 i 的 $X_{t,i}$ 数据的加权之和。实现这一点的一种方法是构建具有行 $\boldsymbol{a}_i$ 的矩阵 A，然后如第 6.4.4 节所述，估计每个时间点 t 的基本因

子模型形式为 $\boldsymbol{X}_t = A\boldsymbol{F}_t + \varepsilon_t$。

(3) 原始因子估计形成维度 p 的多元时间序列。我们将每个分量系列标准化为具有均值为 0 和方差为 1 获得 $(\hat{\boldsymbol{F}}_t)_{1\leqslant t\leqslant n}$ 并计算标准化因子估计的样本协方差矩阵，把它用作我们对 Ω 的估计。

(4) 然后我们标准化向量 $\boldsymbol{a}_i$ 因子权重，使得条件 $\boldsymbol{a}_i'\hat{\Omega}\boldsymbol{a}_i = 1$ 满足每个债务人。

(5) 每个债务人的估计系统变量的时间序列对于 $t = 1,\ldots,n$ 来说，通过计算 $\hat{\tilde{F}}_{t,i} = \boldsymbol{a}_i'\hat{\boldsymbol{F}}_t$ 构成。

(6) 最后，我们通过对每个债务人在 $\hat{\tilde{F}}_{t,i}$ 上执行时间序列回归 $X_{t,i}$ 来估计 β_i 参数。

注意，在最后步骤中 β_i 的准确估计是特别重要的。在第 11.1.5 节中，我们表明存在与特定风险组成部分的规模相关的相当大的模型风险，特别是当信用损失分布的尾部具有核心重要性时。β_i 的估计是步骤 (6) 中时间序列回归模型的所谓的 R2，并且对于信用质量变化由系统因子最好解释的公司，β_i 的估计将是最大的。

11.5.2　伯努利混合模型的估计

我们现在将我们的注意力从历史违约数据转向组合信用风险的伯努利混合模型估计。我们描述的模型是由我们考虑的数据格式驱动的，这可以被描述为重复的横截面数据。这种数据可以容易地从评级机构的评级迁移和违约数据库中提取，包括在多个时间段内对被监视公司的组的违约或非违约的观察。由于公司集团可能随着时期的变化而变化，新公司被评级，其他公司违约或停止评级，我们在每个期间有一个公司的横截面，但横截面可能随着不同期间而变化。

在本节中，我们讨论了同质组的违约概率和违约相关性的估计，例如具有相同信用评级的组。在第 11.5.3 和 11.5.4节中，我们考虑更复杂的单因子模型，允许更多的异质性，并且链接到许多统计应用中使用的广义线性混合模型（GLMMs）的重要类别。

假设我们观察到同质组在 n 个时间段内的历史违约数量；通常这些可能是年度数据。对于 $t = 1,\ldots,n$，令 m_t 表示期间 t 开始时被观察企业的数量，令 M_t 表示期间违约的数量；前者将在期间开始时被视为固定，后者作为随机变量。进一步假设在一段时间内，这些违约由第 11.2.2 节所述种类的可交换伯努利混合模型产生。换句话说，假设给定一些数值在 $(0,1)$ 的混合变量 Q_t 和队列规模 m_t，违约值 M_t 的条件二元分布，并且满足 $M_t \mid Q_t = q \sim B(m_t, q)$。进一步假设混合变量 $Q_1,\ldots,Q_n$ 是相同分布的。我们考虑两种方法来估计 混合分布的基本参数 $\pi = \pi_1,\pi_2$ 和 ρ_Y（违约相关）；这些是矩的方法和最大似然方法。

一个简单的矩估计器　对于 $1 \leqslant t \leqslant n$，令 $Y_{t,1},\ldots,Y_{t,m_t}$ 是队列中 m_t 公司的违约指标。假设我们定义随机变量

$$\binom{M_t}{k} := \sum_{\{i_1,\ldots,i_k\}\subset\{1,\ldots,m_t\}} Y_{t,i_1}\cdots Y_{t,i_k} \tag{11.49}$$

它代表期间 t 内违约债务人中 k 个债务人的可能子组的数量（当 $k > M_t$ 时取值为零）。代入公式 (11.49) 的期望值，我们得到

$$E\left(\binom{M_t}{k}\right) = \binom{m_t}{k}\pi_k$$

因此

$$\pi_k = E\left(\binom{M_t}{k}\right) \Big/ \binom{m_t}{k}.$$

我们通过根据 n 年的数据构建的自然经验平均值 (11.50) 来估计未知的理论矩 π_k：

$$\hat{\pi}_k = \frac{1}{n}\sum_{t=1}^{n}\frac{\binom{M_t}{k}}{\binom{m_t}{k}} = \frac{1}{n}\sum_{t=1}^{n}\frac{M_t(M_t-1)\cdots(M_t-k+1)}{m_t(m_t-1)\cdots(m_t-k+1)} \tag{11.50}$$

对于 $k=1$，我们得到违约概率的标准估计量

$$\hat{\pi} = \frac{1}{n}\sum_{t=1}^{n}\frac{M_t}{m_t}$$

ρ_Y 显然可以通过 $\hat{\rho}_Y = (\hat{\pi}_2 - \hat{\pi}^2)/(\hat{\pi} - \hat{\pi}^2)$ 估计。估计器对于 π_k 是无偏的，并且与 $n \to \infty$ 一致。(更多细节参见Frey and McNeil (2001))。注意，对于 Q_t 随机，一致性要求观察大量年份；在一年内观察一个大水池不是很有效。

最大似然估计　为了实现最大似然（ML）过程，我们假设 Q_t 的密度简单参数形式（例如贝塔，Logit 正态或 Probit 正态）。联合概率函数的违约计数为 $M_1,\ldots,M_n$，考虑到群组大小 $m_1,\ldots,m_n$ 然后可以使用公式 (11.14) 计算，假设不同年份的 Q_t 变量是独立的。然后相对于混合分布的自然参数（即，在贝塔的情况下 a 和 b 以及对于 Logit 正态和 Probit 正态的 μ 和 σ）最大化该表达式。当然，由于经济周期的现象，独立性可能是对混合变量的不切实际的假设，但是该方法可以被认为是准最大似然（QML）过程，其错误地表示串行依赖结构，但正确地指定每年违约的边际分布，仍然给出合理的参数估计。

在实践中，使用贝塔混合分布是最容易的，因为在这种情况下，给定在时段 t 中的组大小 m_t，随机变量 M_t 具有在公式 (11.16) 中给出的具有概率函数的贝塔二项分布。因此，最大化的可能性采取形式如下

$$L(a,b;\text{data}) = \prod_{t=1}^{n}\binom{m_t}{M_t}\frac{\beta(a+M_t, b+m_t-M_t)}{\beta(a,b)}$$

并且可以相对于 a 和 b 求数值上的最大化。有关最大似然方法的进一步信息，请参见第 A.3 节。通过使用公式 (11.15) 评估拟合分布的矩来计算 $\pi = \pi_1,\pi_2$ 和 ρ_Y 的 ML 估计；在例 11.7中给出了公式。

矩估计和最大似然估计的比较　为了比较这两种方法，我们进行了一个模拟研究总结放在了表 11.4中。为了在模拟研究中生成数据，我们考虑了第 11.2.2 节的贝塔、Probit 正态和 Logit 正态的混合模型。在任何单个实验中，我们使用大致对应于标普信用等级 CCC，B 或 BB 之一的参数值生成 20 年的数据 (参数值见表 11.3)。使用二项式 β 模型随机产生每年中的公司数 m_t 以给出实际数据的典型值的扩展；然后使用伯努利混合模型之一生成违约值，并且计算 π，π_2 和 ρ_Y。该实验重复 5000 次，并且对于每个参数和每个方法估计相对均方根误差（RRMSE）：即，我们取估计 MSE 的平方根除以真实参数值。通过计算针对每个参数的估计 RRMSE 相对于更好方法（即，RRMSE 最小化方法）的增加百分比来互相比较。

表 11.4可以得出结论，除了一个实验之外，ML 方法都更好。令人惊讶的是，即使在实验中，当它被错误指定并且真混合分布是 Probit 正态分布或 Logit 正态分布时，也是更好的；事实上，在这些情况下，它比在贝塔的情况下提供了更多的改进。这可以部分地由以下事实来解释：当我们约束行为良好的单峰时混合分布与密度具有相同的第一矩和第二矩，这些分布非常相似 (见图 11.2)。最后，我们观察到，当我们增加了信用质量时 ML 方法趋向于显示更好的矩方法，所以违约变得更少。

11.5.3　混合模型作为 GLMMs

一个单因子伯努利混合模型　回顾在第 11.2.2 节中概括可交换模型的简单单因子模型 (11.17)，并考虑所有债务人 i 的 $\sigma_i = \sigma$ 的情况。这个模型可重写为如以下形式

$$p_i(\Psi) = h(\mu + \boldsymbol{\beta}'\boldsymbol{x}_i + \Psi) \tag{11.51}$$

其中，h 是链接函数，向量 $\boldsymbol{x}_i$ 包含第 i 个公司的协变量，例如组成员资格或关键资产负债表比率的指标，$\boldsymbol{\beta}$ 和 μ 是模型参数。链接函数的示例包括标准正态分布函数 $\Phi(x)$ 和对数分布函数 $(1+\exp(-x))^{-1}$。尺度参数 σ 已被包含在正态分布随机变量 $\Psi \sim N(0,\sigma^2)$ 中，表示公共或系统因子。

这个模型可以变成一个在不同时期的多期模型的违约计数，通过假设一系列混合变量 $\Psi_1,\ldots,\Psi_n$ 在每个时间段 $t=1,\ldots,n$ 中产生违约相关性。时间段 t 中第 i 个公司的违约指标 $Y_{t,i}$ 被假定为具有违约概率 $p_{t,i}(\Psi_t)$ 的伯努利，据下式依赖 Ψ_t

$$p_{t,i}(\Psi_t) = h(\mu + \boldsymbol{x}_{t,i}'\boldsymbol{\beta} + \Psi_t) \tag{11.52}$$

其中，$\Psi_t \sim N(0,\sigma^2)$ 和 $\boldsymbol{x}_{t,i}$ 是第 i 个公司在时间段 t 中的协变量。此外，违约指标 $Y_{t,1},\ldots,Y_{t,m_t}$ 在时间段 t 中被假定为在给定 t 时是条件独立于给定的 Ψ_t。

为了完成模型，我们需要指定联合分布 $\Psi_1,\ldots,\Psi_n$，并且最容易假设这些是独立同分布混合变量。为了捕获可能的经济周期效应导致在连续时间段内的违约次数之间的依赖性，可以在已知为“经济状况”的良好代理的 $\boldsymbol{x}_{ti}$ 水平上输入协变量，诸如 GDP 随时间的变化或者像美国芝加哥联邦国家活动指数（CFNAI）这样的指数，或者可以考虑系统因子 (Ψ_t) 的串行依赖的时间序列结构。

表 11.4　表的每个部分都涉及具有大致对应于特定 S&P 评级的参数值的 5000 个模拟的块，这个块使用特定可交换伯努利混合模型。对于每个利息参数，可通过两种估计方法制定估计的 RRMSE：使用公式 (11.50) 的力矩估计和基于 β 模型的 ML 估计。可通过使用 Δ，即针对每个参数而言，因相对更好的方法（例如，RRMSE 最小化方法）的百分比增加而使估计的 RRMSE 值的百分比变动来比较的方法。因此，对于每个参数，更好的方法是具有 $\Delta=0$。该表清楚地表示出在除一个情况之外的所有情况下，MLE 至少与矩估计量一样好。

			Moment		MLE-beta	
组	真实模型	参数	RRMSE	Δ	RRMSE	Δ
CCC	Beta	π	0.101	0	0.101	0
CCC	Beta	π_2	0.202	0	0.201	0
CCC	Beta	ρ_Y	0.332	5	0.317	0
CCC	Probit 正态	π	0.100	0	0.100	0
CCC	Probit 正态	π_2	0.205	1	0.204	0
CCC	Probit 正态	ρ_Y	0.347	11	0.314	0
CCC	Logit 正态	π	0.101	0	0.101	0
CCC	Logit 正态	π_2	0.209	1	0.208	0
CCC	Logit 正态	ρ_Y	0.357	11	0.320	0
B	Beta	π	0.130	0	0.130	0
B	Beta	π_2	0.270	0	0.269	0
B	Beta	ρ_Y	0.396	8	0.367	0
B	Probit 正态	π	0.130	0	0.130	0
B	Probit 正态	π_2	0.286	3	0.277	0
B	Probit 正态	ρ_Y	0.434	19	0.364	0
B	Logit 正态	π	0.131	0	0.132	0
B	Logit 正态	π_2	0.308	7	0.289	0
B	Logit 正态	ρ_Y	0.493	26	0.392	0
BB	Beta	π	0.199	0	0.199	0
BB	Beta	π_2	0.435	0	0.438	1
BB	Beta	ρ_Y	0.508	7	0.476	0
BB	Probit 正态	π	0.197	0	0.197	0
BB	Probit 正态	π_2	0.492	10	0.446	0
BB	Probit 正态	ρ_Y	0.607	27	0.480	0
BB	Logit 正态	π	0.196	0	0.196	0
BB	Logit 正态	π_2	0.572	24	0.462	0
BB	Logit 正态	ρ_Y	0.752	45	0.517	0

一个单因子泊松混合模型 当考虑具有相对较低违约风险的公司的更高级别的投资组合时，制定泊松混合模型有时可能优于伯努利混合模型（特别是在拟合程序的稳定性方面）。基于定义 11.14的多期混合模型可以通过假设在时间段 t 中第 i 个公司的违约计数变量 $\tilde{Y}_{t,i}$ 是条件泊松，其速率参数 $\lambda_{t,i}(\Psi_t)$ 取决于 Ψ_t，根据下式

$$\lambda_{t,i}(\Psi_t) = \exp(\mu + \boldsymbol{x}'_{t,i}\boldsymbol{\beta} + \Psi_t) \tag{11.53}$$

其他所有模型中的元素同公式 (11.52)。变量 $\tilde{Y}_{t,1}, \ldots, \tilde{Y}_{t,m_t}$ 假定与给定的 Ψ_t 条件独立。

GLMM 在公式 (11.52) 和公式 (11.53) 中的多期伯努利混合模型和泊松混合模型属于广泛使用的统称模型家族，称为 *广义线性混合模型*（GLMM）。这种模型的三个基本要素如下。

(1) *随机效应向量*。在我们的例子中，这是向量 $(\Psi_1, \ldots, \Psi_n)$，其中包含每个时间段的系统因子。

(2) *指数族的分布*，用于条件分布给出随机效应的响应（$Y_{t,i}$ 或 $\tilde{Y}_{t,i}$）。考虑到随机效应，假设响应是条件独立的。伯努利、二项式和泊松分布都属于指数族 (参见，例如，McCullagh and Nelder (1989, p. 28))。

(3) 涉及 $E(Y_{t,i} \mid \Psi_t)$ 的*链接函数*，以随机效应为平均响应条件，响应到所谓的*线性预测器*。在我们的例子中 $Y_{t,i}$ 的线性预测因子是

$$\eta_{t,i}(\Psi_t) = \mu + \boldsymbol{x}'_{t,i}\boldsymbol{\beta} + \Psi_t \tag{11.54}$$

我们已经考虑了伯努利情况下的所谓的概率和 Logit 链接函数以及泊松情况下的日志链接函数。(注意，在 GLMM 中通常将模型写为 $g(E(Y_{t,i} \mid \Psi_t)) = \eta_{t,i}(\Psi_t)$ 并将 g 称为链接函数；因此 Probit 链接函数是标准正常的分位数函数，泊松情况 (11.53) 中的链接被称为“对数”而不是“指数”)。

当在 GLMM 中没有建模任何随机效应时，该模型简称为广义线性模型或 GLM。在某种意义上，随机效应在 GLMM 中的作用是捕获响应中可变性的模式，这些模式不能由单独的观察到的协变量解释，但可以通过附加的未观察到的因子来解释。在我们的情况下，这些未观察到的因子被捆绑成一个时间段的效应，我们宽松地描述为在那段时间内的经济状态；或者，我们将其称为系统风险。

GLMM 框架允许更复杂的模型。我们可以添加更多的随机效应来获得多因子混合模型。例如，我们可能知道每个公司的行业部门，并希望包括一个嵌入在年度范围内的部门随机效应；通过这种方式，我们可以捕获与不同行业的经济效应相关的额外可变性，超过与年度相关的全球变率。通过允许公式 (11.54) 中的线性预测器采用形式 $\eta_{t,i}(\Psi_t) = \mu + \boldsymbol{x}'_{t,i}\boldsymbol{\beta} + \boldsymbol{z}'_{t,i}\boldsymbol{\Psi}_t$，可以在 GLMM 框架中考虑这样的模型公式。对于一些随机效应矢量 $\boldsymbol{\Psi}_t = (\Psi_{t,1}, \ldots, \Psi_{t,p})'$；向量 $\boldsymbol{z}_{t,i}$ 是选择随机的模型的已知*设计元素*与响应 $Y_{t,i}$ 相关效应。我们在模型中将有总共 $p \times n$ 个随机效应。我们可能需要可也能不需要建立串行依赖时间序列 $\boldsymbol{\Psi}_1, \ldots, \boldsymbol{\Psi}_n$ 的模型。

从广义线性混合模型推断　对于一个广义线性混合模型来说，所有的极大似然推理是最简单的模型的一个选项。对于公式 (11.52) 和公式 (11.53) 中的单因子模型考虑似然的形式。如果我们把给定 Ψ_t 的应变量 $Y_{t,i}$（或 $\tilde{Y}_{t,i}$）的条件概率质量函数写为 $p_{Y_{t,i}|\Psi_t}(y \mid \psi)$，则对于数据 $\{Y_{t,i} : t = 1, \ldots, n,\ i = 1, \ldots, m_t\}$，我们有

$$L(\boldsymbol{\beta}, \sigma; \mathrm{data}) = \int \cdots \int \left(\prod_{t=1}^{n} \prod_{i=1}^{m_t} p_{Y_{t,i}|\Psi_t}(Y_{t,i} \mid \psi_t) \right) f(\psi_1, \ldots, \psi_n)\, \mathrm{d}\psi_1 \cdots \mathrm{d}\psi_n \tag{11.55}$$

其中，f 表示随机效应的假设的联合密度。如果我们不假设独立的随机效应从时间周期到时间周期，那么我们会面临一个 n 维积分（或者是在多元模型中的一个 $(n \times p)$ 维积分）。假设独立同分布的高斯随机效应有边际高斯密度 f_Ψ，似然函数公式 (11.55) 则变成

$$L(\boldsymbol{\beta}, \sigma; \mathrm{data}) = \prod_{t=1}^{n} \left(\int \prod_{i=1}^{m_t} p_{Y_{t,i}|\Psi_t}(Y_{t,i} \mid \psi_t) f_\Psi(\psi_t)\, \mathrm{d}\psi_t \right) \tag{11.56}$$

因此，我们有一个产品的一维积分，这可以很容易地评估数值和最大化的未知参数。另外，更快的近似似然方法，如惩罚拟似然（PQL）和边际拟似然（MQL），可以使用（见说明与评论）。

另一个有吸引力的可能性是从贝叶斯的角度来处理这些模型的推论，并使用马尔科夫链蒙特卡罗（MCMC）方法来对参数进行推论；例如 McNeil and Wendin (2007) 与 McNeil and Wendin (2006)。贝叶斯方法有两个主要优点。首先，贝叶斯 MCMC 方法允许我们处理比在似然框架中处理的复杂得多的模型，如具有序列相关性的随机效应模型。其次，贝叶斯方法是处理投资组合信用风险中相当大的参数不确定性的理想选择，尤其是在缺乏违约数据的较高评级交易对手的模型中。

11.5.4　具有评级效应的单因子模型

在这一节中，我们应用一个伯努利混合模型于标准普尔 1981—2000 期间年度违约计数数据，这些数据已被重建于公布的违约率在标准普尔 (Standard & Poor's (2001, Table 13, pp. 18–21))。标准普尔使用等级 AAA、AA、A、BBB、BB、B、CCC，但由于观察一年的违约率为 AAA 级和 AA 级的企业几乎为零，我们专注于评级等级从 A 到 CCC。

在我们的模型中，我们假设一个单一年度的随机效应代表“经济状况”，并且把评级类别作为每个公司各时间段的一个观察到的协变量。我们的模型是一个特定的实例的单因子伯努利混合模型公式 (11.52) 和在一个多阶段的延伸模型 (描述于例 11.8)。我们简单假设每年随机效应是独立同分布的，这使我们能够使用似然法公式 (11.56)。

由于我们能够按年份和评级类别将公司加入组合中，我们注意到，可以将模型作为一个二项式混合模型。在我们的研究中让 $r = 1, \ldots, 5$ 代表五个评级类别，以 $m_{t,r}$ 表示在年份 t 和评级 r 的随后的公司数量，以 $M_{t,r}$ 表示这些公司违约的数量。我们模型的假设是：有 Ψ_t 的条件（和组合的规模），违约数 $M_{t,1}, \ldots, M_{t,5}$ 是独立的，以这样的方式分布 $M_{t,r} \mid \Psi_t = \psi \sim B(m_{t,r}, p_r(\psi))$。利用 Probit 连接在 t 年的 r 级公司条件违约概率

$$p_r(\Psi_t) = \Phi(\mu_r + \Psi_t) \tag{11.57}$$

该模型可以适用于在每年独立同分布随机效应的假设下通过直接的极大似然法应用于公式 (11.56)。表 11.5中给出的参数估计和得到的标准误差，连同对于每一个评级分类的估计违约概率 $\hat{\pi}^{(r)}$ 和由参数估计得出的估计违约相关性 $\hat{\rho}_Y^{(r_1,r_2)}$。对于一个通用的随机效应变量，给出 Ψ，对于评级为 r 的违约概率由下式给出：

$$\hat{\pi}^{(r)} = E(\hat{p}_r(\Psi)) = \int_{-\infty}^{\infty} \Phi(\hat{\mu}_r + \hat{\sigma} z)\phi(z)\,\mathrm{d}z, \quad 1 \leqslant r \leqslant 5$$

其中，ϕ 是标准正态概率密度。对于同一年评级分别为 r_1 和 r_2 的两个公司的违约相关性从这两个公司的联合违约概率密度函数中很容易计算得出。

$$\hat{\pi}_2^{(r_1,r_2)} = E(\hat{p}_{r_1}(\Psi)\hat{p}_{r_2}(\Psi)) = \int_{-\infty}^{\infty} \Phi(\hat{\mu}_{r_1} + \hat{\sigma} z)\Phi(\hat{\mu}_{r_2} + \hat{\sigma})\phi(z)\,\mathrm{d}z$$

相应的违约相关性为

$$\hat{\rho}_Y^{(r_1,r_2)} = \frac{\hat{\pi}_2^{(r_1,r_2)} - \hat{\pi}^{(r_1)}\hat{\pi}^{(r_2)}}{\sqrt{(\hat{\pi}^{(r_1)} - (\hat{\pi}^{(r_1)})^2)(\hat{\pi}^{(r_2)} - (\hat{\pi}^{(r_2)})^2)}}$$

注意到违约相关性是非常低概率事件的事件指标之间的联系并且一般很小。

表 11.5　对单因子伯努利混合模型极大似然参数的估计和标准差（se）对应于历史 Standard & Poor 一年期的违约数据，连同对违约概率 $\hat{\pi}^{(r)}$ 和违约相关性 $\hat{\rho}_Y^{(r_1,r_2)}$ 的估计。极大似然法中的尺度参数 σ 是 0.24，对应的标准差是 0.05。注意表格中的违约相关性是绝对数而不是相对数。

参数	A	BBB	BB	B	CCC	
μ_r	−3.43	−2.92	−2.40	−1.69	−0.84	
se (μ_r)	0.13	0.09	0.07	0.06	0.08	
$\pi^{(r)}$	0.000 4	0.002 3	0.009 7	0.050 3	0.207 8	
$\rho_Y^{(r_1,r_2)}$	0.000 40	0.000 77	0.001 30	0.002 19	0.003 04	A
	0.000 77	0.001 49	0.002 55	0.004 35	0.006 15	BBB
	0.001 30	0.002 55	0.004 40	0.007 63	0.010 81	BB
	0.002 19	0.004 35	0.007 63	0.013 28	0.019 06	B
	0.003 04	0.006 15	0.010 81	0.019 06	0.027 88	CCC

公式 (11.57) 中的模型假设所有公司在所有年的系统因子 Ψ_t 的方差是相同的。当与非常一般的伯努利混合模型公式 (11.23) 相比，我们可能会担心，在这一部分中考虑的简单模型不允许足够的异质性的系统风险的方差。一个简单的扩展模型是允许不同评级类别的方差是不同的，即适用于一个模型 $p_r(\Psi_t) = \Phi(\mu_r + \sigma_r\Psi_t)$，其中 Ψ_t 是标准正态分布随机效应。这将模型中的参数增加到 4 个，但并不比基本模型更难适用。在有异质标准化的模型中对数似然的最大值是 −2557.4，在有同质扩展标准化的模型中该值是 −2557.7。似然比率检验证明允许异质扩展对结果并没有显著改善。如果评级是唯一的分类变量，简单模型似乎已经足够了，但如果我们有更多的有关该公司所属于的工业和地理区域的信息，为这些行业引入进一步的随机效应，并以这种方式在模型中允许更多的异质性将是自然而然的。

表 11.5中表示对违约概率和违约相关性的估计，可以是一个有用的资源，用于校准简单的信用模型到以评级定义的同组。例如，校准一个 Clayton 连接函数到 BB 组，我们输入 $\pi^{(3)} = 0.0097$ 和 $\rho_Y^{(3,3)} = 0.004\,40$ 去决定 Clayton 连接函数的参数 θ(参见例 11.13)。注意到我们可以立即使用 11.3部分的比率结果去计算大致的已被评为标普系统的大型投资组合的风险措施 (参见例 11.20)。

说明与评论

我们对于行业因子模型的解释主要的参考是 Huang et al. (2012) 和 Gupton et al. (1997)。

联合违约概率的估计公式 (11.50) 也用在 Lucas (1995)、Nagpal and Bahar (2001)，即使 de Servigny and Renault (2002) 表明对于低违约率的组合在估计上可能存在问题。相关矩式估计已经被 Gordy (2000) 表明且对于 (公式 (11.50)) 有相似的表现 (参见 Frey and McNeil, 2003)。对违约相关性估计进一步研究的是 Gordy and Heitfield (2002)。

一篇关于广义线性混合模型的很好的综述文章是 Clayton (1996)。广义线性模型的一个标准参考是 McCullagh and Nelder (1989) (也可参见 Fahrmeir and Tutz, 1994)。

在第 11.5.4 节中的分析与 Frey and McNeil (2003) 的分析很相似（其中对每个评级类别的异质性差异进行了假设）。在这本书中报告的结果是通过使用我们自己的 R 代码的进行充分最大似然得到的。与在 `lme4`lme4 R 包中 `glmer`glmer 函数获得的结果非常相似，它最大化自适应高斯插值近似对数似然。广义线性混合模型也可以用近似的惩罚拟似然估计（PQL）和边际拟似然（MQL）方法被估计；参见 Breslow and Clayton (1993)。对于贝叶斯方法通过使用马尔可夫链蒙特卡洛技术来拟合模型，参见 McNeil and Wendin (2007)，它们也包含随机效应的自回归时间序列结构。

虽然我们只描述了违约模型，它也有可能分析广义线性模型框架中的评级迁移（无论是否有随机效应）。一个标准模型是有序的 Probit 模型，这被 Nickell et al. (2000) 使用于没有随机效应去提供归因于宏观经济因子的违约率的时间变化的证据中；一个相似的观点被 Bangia et al. (2002) 建立。McNeil and Wendin (2006) 显示随机效应和不可观测的因子如何可能包括在这种模型中并进行贝叶斯推理，参见 Gagliardini and Gouriéroux (2005)，他估计各种评级迁移模型的序列相关的不可观测的因子。

这里有大量的资料关于模型有着潜在的结构被设计去捕捉系统风险的动态性，在模型类型的考虑中有相当大的变化。进一步的著名研究包括 Crowder et al. (2005)，他使用两个国家的隐藏的马尔可夫结构来捕捉高和低的违约风险期，Koopman et al. (2005)，他用一个未观察到的组成部分的时间序列模型来描述美国公司的失败率；Koopman et al. (2008)，他建立一个潜在的评级转换的因子强度模型；Koopman et al. (2012)，他在经历 2008 年金融危机后，将宏观经济因子、未观察到的弱点和行业影响结合到一个美国违约模型中。

第 12 章 投资组合信用衍生品

在本章中，我们研究了信用组合衍生品，例如担保债务凭证（Collateralized Debt Obligation(CDOs)）和相关产品。投资组合信用衍生品的主要用途是信用风险的证券化，即将信用风险转化为投资者可买卖的证券。如之前在第 1.2.1 节部分讨论的，投资组合信用衍生品市场在 2007 年至 2009 年信贷危机之前达到顶峰，自危机爆发以来，只复苏了部分水平。

在第 12.1 节中，我们描述了最重要的投资组合信用衍生品及其性质。我们还将进一步讨论这些产品在信贷危机中所扮演的角色。第 12.2 节介绍了投资组合信用风险的连接函数模型，该模型已成为 CDO 和相关信用衍生品定价的市场标准。在第 12.3 节中我们讨论了因子连接函数模型中的定价和模型校准。更高级的动态投资组合信用风险模型将在第 17 章中进行研究。

本章广泛使用了第 10.1~10.4 节中的单一名称信用风险模型和连接函数理论的基础概念。我们将注意力限制在具有确定性危险函数（hazard function）的随机违约时间模型上，而不增加双重随机违约时间的额外复杂性，如第 10.5 和 10.6 节所述。因为较简单的模型足以理解组合信贷衍生品定价的关键特征。

12.1 信用组合产品

在本节中，我们将描述某些重要的信用组合产品，担保债务凭证 (CDO) 的到期收益和定性特性。我们首先介绍必要的表示法。

我们考虑一个有 m 个公司的投资组合，其中违约时间为 $\tau_1,\ldots,\tau_m$。为了与之前信用章节引入的表示法保持一致，随机向量 $\boldsymbol{Y}_t=(Y_{t,1},\ldots,Y_{t,m})'$，其中 $Y_{t,i}=I_{\{\tau_i\leqslant t\}}$ 描述了投资组合在某个时间点 $t\geqslant 0$ 的违约状态。当公司 i 在 t 时刻违约时，记 $Y_{t,i}=1$，否则 $Y_{t,i}=0$。我们假设自始至终都没有违约同时出现，因此可以定义通过取

$$T_n:=\min\{\tau_1,\ldots,\tau_m\colon \tau_i>T_{n-1}\},\quad 1\leqslant n\leqslant m$$

定义出一个有序违约时间（*ordered default times*），使得 $T_0<T_1<\cdots<T_m$ 且 $T_0=0$。如在第 11 章中，对于公司 i（也被称为参考实体）的敞口记为 e_i，其违约损失率（LGD）记为 $\delta_i\in[0,1]$。直至 t 时刻，组合的累积损失可表示为 $L_t=\sum_{i=1}^m\delta_i e_i Y_{t,i}$。尽管 δ_i 和 e_i 可以是随机的变量，但在通常情况下敞口和违约损失率都是确定的，关于它们的更多假设将在之后需要的时候引入。

12.1.1　担保债务凭证

在 2007—2009 年的信贷危机之前，担保债务凭证 (CDO) 市场在信贷市场中是一个快速增长的领域。尽管自危机爆发以来，CDO 市场的活动有所放缓，但 CDO 和结构类似的信贷产品仍是风险经理需要研究的重要资产类别。

CDO 是一个将信用产品组合，如债券、贷款和按揭，进行证券化的金融工具。该信用产品组合构成了合约背后所谓的*资产池*。在实践中交易的 CDO 有许多不同的品种，但基本结构是相同的。这些基础资产被卖给一个所谓的*特殊目的机构* (SPV)，即为了进行证券化交易特别成立的一个公司。为了融资以取得这些资产，SPV 需要发行具有不同优先级别的证券，这就构成了这个交易结构的*负债端*。按照递进的优先级，负债端的不同分层可被称为权益层、夹层和优先层，有时也有超级优先层。确定不同分层的现金流规则也被称为 CDO 的*瀑布式结构*（*waterfall structure*）。这个规则可能相当复杂。粗略地说，这个瀑布式结构是保证了资产端由于信用事件导致的损失最先有权益层吸收；如果权益层被全部消耗完了，则由夹层吸收，再之后才由优先层吸收。因此优先级越高的分层的信用质量通常要比资产池平均的信用质量更好。典型 CDO 的付款方式在图 12.1 中逐步详细介绍。

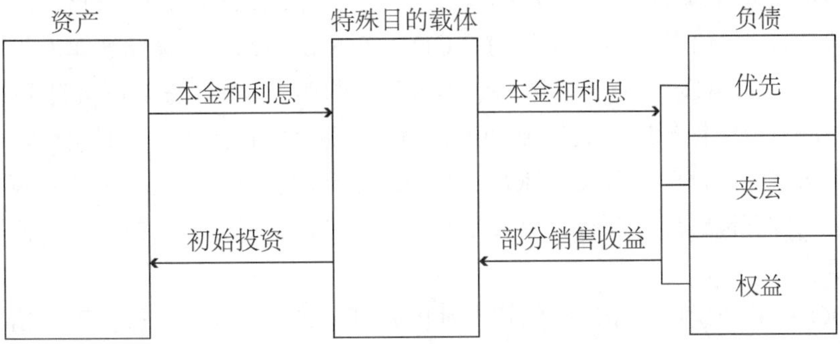

图 12.1　CDO 结构中支付的示意图。

如果 CDO 的资产池由债券构成的通常称为担保债券凭证（collateralized bond obligation，简称 CBO）；如果其资产端主要是由贷款构成的通常称为担保贷款凭证（collateralized loan obligation，简称 CLO）；用于抵押贷款证券化的 CDO 也被称为住房抵押贷款证券化（Mortgage-backed securities，简称 MBS）或资产证券化（Asset-backed securities，简称 ABS）。*合成型* CDO 层（synthetic CDO tranches）也有一个流动的市场。在此类产品合同中，只有当标的公司池的中公司发生违约后才触发付款（通常是大公司），但是合同中并没有标明具体的资产。关于合成型 CDO 层的到期收益将在第 12.1.2 节中有详细描述。

安排 CDO 交易有许多经济动机。首先，在典型的 CDO 结构中，即使相关资产的质量大幅降低，资产池的很大一部分也会分配给具有相当高信用质量的高级部分。例如，根据 Hull and White (2010)，对于一个基于住房抵押贷款的典型 ABS，标的资产中大约 75% 到 80% 的本金是分配给评级为 AAA 的优先层。由于法律或制度上的限制，许多机构投资者偏向于投资高评级的证券。因此，证券化提供了一种方式，使得原本不能直接投资标的资产池的投资者可以获得资产池中的大部分资产。设立 CDO 交易的另外一个动机是和资本充足率有关，CDO 通常是由想要销售其资产负债表上的部分风险资产的银行发行，目的是降低监管对其的资本要求。

通过 CDO 或 ABS 进行证券化是信贷市场的重要工具。它使得债权人可以减少集中度风险和杠杆，以及使得他们更有效地进行再融资。因此资产证券化可以提升金融部门的融资能力，另一方面，2007—2009 年的信贷危机清楚地暴露了与证券化和资产支持 CDO 使用相关的一系列问题。

- 证券化会产生*激励问题*：如果初始债权人知道他放给房屋持有人的抵押贷款未来会进行证券化，那么他自然就会降低评估借款人的信用质量的动力。这可能导致贷款标准的恶化。有大量证据表明这些情况在次贷危机前都真实发生过，具体可参见 Crouhy et al. (2008)。这个问题可以通过优化原始债权人和 ABS 投资者的利益分配方式解决。例如，可以要求原始债权人持有一定比例的由他们自己资产证券化后在市场上销售的各级别产品。
- 大部分资产支持 CDO 的现金流结构都是非常复杂的。事实上，描述一个资产支持 CDO 的支付的法律文件都有好几百页。这就导致投资者较难对其中某一个级别的产品的价值和风险的形成评估意见，因此也导致了在次贷危机期间，证券化市场上的交易量较低。在次贷危机爆发时，CDO 产品还跨越了道德和法律的界限。高盛的 ABACUS2700-AC-1 CDO 就是一个臭名昭著的例子，具体细节可参见 Duffie (2010)。
- 在次贷危机前，银行通过利用 CDO 和 ABS 进行*监管套利*。他们允许贷款相关的信用风险从银行账户转移到交易账户，在交易账户银行享受更宽松的资本待遇。通过在交易账户持有被过度乐观评为 AAA 的优先级产品，银行可以极大地降低监管对它的资本要求。
- 与 CDO 相关的偿付分布对标的资产池的特征非常敏感，这使得正确评估与这些工具相关的风险变得非常困难。特别是，违约相关性的小幅上升往往会导致高级债券损失的可能性大幅上升。下面给出了这种相关性—敏感性的直观解释。

典型化 CDO 和相关性—敏感性　为了更好地理解 CDO 的主要定性特征，同时又不被瀑布式结构的细节所困扰，我们引入了一个假设的合同，并将其标记为一个典型化 CDO。我们考虑敞口确定的一个 m 公司的投资组合累计损失 $L_t=\sum_{i=1}^m \delta_i e_i Y_{t,i}$。这个典型 CDO 有 k 个分层，记为 $\kappa\in\{1,\ldots,k\}$，且其连接点 $0=K_0<K_1<\cdots<K_k\leqslant\sum_{i=1}^m e_i$。对于分层 κ 对应的名义价值描述如下。首先，其面值等于 $K_\kappa-K_{\kappa-1}$；当发生违约事件使得累积损失落在区间 $[K_{\kappa-1},K_\kappa]$ 时会使其面值减少。在数学术语中，$N_{t,\kappa}$，表示在 t 期间的分层 κ 的名义金额为

$$N_{t,\kappa}=N_\kappa(L_t)\quad \text{其中 } N_\kappa(l)=\begin{cases}K_\kappa-K_{\kappa-1}, & l<K_{\kappa-1}\\ K_\kappa-l, & l\in[K_{\kappa-1},K_\kappa]\\ 0, & l>K_\kappa\end{cases}\tag{12.1}$$

可以注意到 $N_\kappa(l) = (K_\kappa - l)^+ - (K_{\kappa-1} - l)^+$，因此 $N_{t,\kappa}$ 等价于构建如下一个投资组合，买入一个以 L_t 为标的资产行权价格为 K_κ 的看跌期权并同时卖出一个以 L_t 为标的资产行权价格为 $K_{\kappa-1}$ 的看跌期权，这个组合也被称为看跌期权利差。

我们假设在一个典型化 CDO 中，分层 κ 的到期收益等于 $N_{T,\kappa}$，即该分层在到期日 T 的名义价值。在图 12.2 中，我们描绘了一个典型化 CDO 的收益曲线，其到期日为 $T = 5$ 年，由 $m = 1000$ 的公司组成的同质组合包含三个部分（股权、夹层、高级），每个公司都有一个单位的风险敞口，并且违约损失率为 $\delta_i = 0.5$。连接点 $K_1 = 20, K_2 = 40, K_3 = 60$ 分别对应总敞口的 2%，4% 和 6%，其他更高连接点的分层在此不做讨论。我们绘制了 L_T 的两种分布，第一种是损失分布对应 5 年违约概率为 5%，5 年违约相关性为 2%，第二种是 5 年违约概率为 5%，但违约事件为独立的损失分布。在这两种情况下期望损失为 $E(L_T) = 25$。图 12.2 说明了不同 CDO 级别的价值如何依赖于违约事件之间的依赖程度。

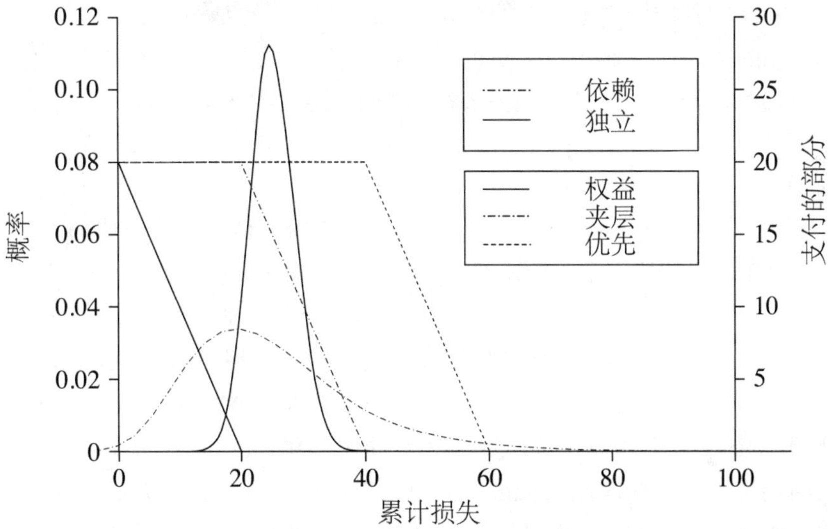

图 12.2　一个典型化 CDO 合同的到期收益一个 5 年损失 L_5 违约概率为 5% 不同违约相关性的损失分布，具体解释详见正文。

- 对于违约事件独立的情况，由于投资组合中的分散效应，L_T 通常接近于其均值。因此，对于较低连接点为 $K_{\kappa-1}$ 大于 $E(L_T)$ 的分层 κ 较难出现损失（例如图 12.2 中的优先层），因此这样的分层的价值通常较高。另一方面，因为权益层的上连接点 K_1 小于 $E(L_T) = 25$，不太会出现 L_T 小于 K_1，因此权益层的价值较低。
- 如果违约事件有依赖性，组合的分散效应就会降低。已实现损失 L_T 大于优先层中较低的连接点 K_2 的可能性更大，同样，已实现损失小于权益层的上连接点 K_1 的可能性也更大。这将导致和之前违约事件独立的情况相比，优先级分层的价值下降而权益层的价值上升。
- 改变违约相关性对于夹层的影响尚不清楚，也无法预先预测。

违约相关性和 CDO 各分层的价值之间的关系延续到实际交易的更复杂的结构中，因此违约相关性建模是 CDO 各分层定价模型的关键问题，详细参见第 12.3.2 节。

定价和评级机构的作用 在金融危机之前，评级机构在资产支持型 CDO 的估值中发挥了主导作用。事实上，许多 CDO 投资者缺乏必要的成熟度和数据，无法对资产支持的 CDO 的风险程度做出独立判断，而大多数 CDO 发行的复杂瀑布结构加剧了这一问题。因此，他们的投资决策完全基于评级机构的风险评估。对于 AAA 级债券尤其如此，这些债券的收益率相对较高（例如，与标准 AAA 级债券的收益率相比），似乎是颇具吸引力的投资机会。

在依赖评级的过程中，投资者含蓄地假设，CDO 的 AAA 等高质量评级，意味着这部分分层的 CDO 的风险状况与 AAA 级债券类似。这种看法显然是错误的；由于资产支持的 CDO 部分的损失分布对基础资产池中抵押贷款的信用质量和违约相关性极为敏感，因此 CDO 部分的评级会随着这些参数的变化而迅速变化。此外，尽管评级机构在企业和主权债务评级方面有丰富的经验，但它们在 CDO 和其他结构性信贷产品方面的经验相当有限。结果，CDO 的评级变得非常不稳定。事实上，在危机爆发的评级交易 ABS 的很大一部分 CDO（CDO 的基础资产池是抵押贷款 ABS）在很短的时间内从投资级下调到投机级甚至违约 (Crouhy et al. (2008))。大量的巨大评级变化引发了一场激烈的辩论，围绕着评级方法的适宜性，以及更广泛意义上评级机构的作用和激励机制。进一步讨论请参考说明与评论。

CDO 平方合约 CDO 平方合约是指基础资产池本身由 CDO 部分组成的 CDO。这类产品非常复杂，对其进行估值也是相当困难的。因为这个原因，它们并没有在合成型 CDO 市场上特别受欢迎。但对于资产支持 CDO，情况则是完全不同的。在次贷危机前，ABS-CDO 市场交易火热。产生这个现象的主要原因是，这类产品可以从原来的 ABS 的夹层中再额外创造一个 AAA 级证券，这满足了市场上对 AAA 级证券的大量需求。在次贷危机期间，投资了高评级 ABS-CDO 的投资者遭受了严重损失，并且，如在 Hull and White (2010) 中介绍的，回头看这类结构产品大量被评为 AAA 是很不合理的。大量对次贷危机后果的研究都强调需要减少金融产品的复杂度和增加金融产品的标准化，具体参见 Crouhy et al. (2008) 和 Hull (2009)。ABS-CDO 显然就是一个明证。

12.1.2 信用指数和指数衍生品

信用指数衍生品是一种标准化的信用产品，其收益是由形成所谓信用指数的固定主要公司池中信用事件的发生来确定的。将一家公司纳入信用指数的一个关键要求是，该公司存在一个流动性良好的单一名称 CDS 市场。指数的可用性有助于为某些信用指数衍生品创造一个流动的市场，这已成为模型校准的有用基准和学术研究的重要参考点。

目前信用指数主要有 CDX 和 iTraxx 两大类。CDX 指数是基于美国公司而 iTraxx 指数是基于欧洲、亚洲或澳洲的公司。这些主要信用指数的特征可参见表 12.1。为了更好的反映这些指数成分的信用质量变化，大部分的信用指数每六个月，在所谓的滚动日（3 月 20 日和 9 月 20 日）会调整一次其成分公司，对应不同滚动日的公司池被认为是不同的指数系列。对应较早期系列的产品仍在市场上交易，但是通常对应当前系列的产品的流动性最好。

名称	规模	地区	信用等级
CDX.NA.IG	125	北美	投资级
CDX.NA.IG.HVOL	30	北美	较低等级投资级
CDX.NA.HY	100	北美	非投资级
iTraxx Europe	125	欧洲	投资级
iTraxx Europe	30	欧洲	较低等级投资级

表 12.1 主要信用指数的构成 (源自 Couderc and Finger (2010)) 最重要的指数是 iTraxx Europe 和 CDX.NA.IG

标准化指数衍生品是信用指数互换和标准连接点集的单一分层的 CDO。这些产品的现金流与第 10.1.4 和 10.4.4 节中描述的单一名称 CDS(single-name CDS) 的现金流有一些相似之处。每个合同都包含*信用保护费用支付端*（由违约风险保护买方支付）和*违约赔付款支付端*（由违约风险保护卖方支付）两部分组成。信用保护费用是在确定的时间点 $0 < t_1 < \cdots < t_N = T$ 支付，其中 T 表示合同的到期日。标准的指数衍生品每季度支付信用保护费用，因此 $t_n - t_{n-1} = 0.25$；发行期限为 3 年、5 年、7 年或 10 年，其中 5 年期产品流动性最强。

接下来，我们讨论一下指数互换和 CDO 分层的到期收益。我们假设是一个固定的池子里有 m 家公司（和 iTraxx Europe 和 CDX.NA.IG 挂钩的衍生品，$m = 125$）并且假设每家公司的敞口标准化为 1，因此这个投资组合在 t 时刻的累积损失 $L_t = \sum_{i=1}^m \delta_i Y_{t,i}$。

信用指数互换 在违约时刻 $T_k \leqslant T$，违约赔付款支付大小为 δ_{ξ_k}，其中 $\xi_k \in \{1, \ldots, m\}$ 是违约时刻 T_k 的身份标识。直到 $t \leqslant T$ 时刻违约赔付款支付端的累积现金流（由违约风险保护卖方支付）如下

$$\sum_{T_k \leqslant t} \delta_{\xi_k} = \sum_{\tau_i \leqslant t} \delta_i = \sum_{i=1}^{m} \delta_i Y_{t,i} = L_t$$

假设年化的互换利差为 x，则在 t_n 时刻信用保护费用支付（由违约风险保护卖方取得）可表示为

$$x(t_n - t_{n-1}) N_{t_n}^{\text{Ind}}$$

其中，指数互换的*合约名义价值* N_t^{Ind} 等于在 t 时刻幸存的公司数量，也就是 $N_t^{\text{Ind}} = m - \sum_{i=1}^m Y_{t,i}$。这个概念的定义反映了这样一个事实：在违约时刻这个违约的公司就会从这个指数中被剔除。此外，在违约时刻 $T_k \in (t_{n-1}, t_n]$ 违约风险保护买方支付违约风险保护卖方自上一个权利金支付日期起应支付的部分 $x(T_k - t_{n-1})$。一个信用违约事件会对指数互换的现金流结构产生双重影响——它导致违约赔付款支付并减少未来的信用保护费用支付。

单一分层 CDO 参考投资组合上的单一分层 CDO 的特征是固定的上下连接点 $0 \leqslant l < u \leqslant 1$，表示为指数池整体合约名义价值 m 的百分比。与公式 (12.1) 类似，我们通过看跌

期权利差来定义该部分的名义价值 $N_t^{[l,u]}$，

$$N_t^{[l,u]} = (um - L_t)^+ - (lm - L_t)^+. \tag{12.2}$$

特别地，对于 $L_0 = 0$，分层的名义价值等于 $m(u-l)$。直至 t 时刻，累积分层损失表示如下：

$$L_t^{[l,u]} := m(u-l) - N_t^{[l,u]} = (L_t - lm)^+ - (L_t - um)^+ \tag{12.3}$$

因此分层损失可以看成是一个基于累积组合损失看涨期权利差。在违约时点 $T_k \leqslant T$，违约风险保护卖方需要进行违约赔付款支付金额

$$\Delta L_{T_k}^{[l,u]} := L_{T_k}^{[l,u]} - L_{T_k-}^{[l,u]} \tag{12.4}$$

而信用保护费用支付端包含常规的和应计的信用保护费用支付费用。假设分层年化利差为 x，在 t_n 日，常规信用保护费用支付为 $x(t_n - t_{n-1})N_{t_n}^{[l,u]}$。在违约时刻 $T_k \in (t_{n-1}, t_n]$ 应计信用保护费用支付等于 $x(T_k - t_{n-1})\Delta L_{T_k}^{[l,u]}$。为了简单起见，接下来的讨论里我们将省略应计信用保护费用。

与资产支持 CDO 相比，单一分层 CDO 通常也称为*合成型*，因为不存在信用风险证券从保护卖方向保护买方的实物转移。对于 iTrax Europe 和 CDX.NA.IG 指数信用衍生品的分层有一套标准化的连接点集合，详见表 12.2。与用于资产支持 CDO 的术语类似，对于较低连接点 $l = 0$ 的分层也被称为*权益层*；显然，标的资产池损失最先影响权益层。对应高连接点的分层则被称为*优先层*，其他层则被称为有不同优先级的*夹层*。对于基于主流信用指数，但是没有标准期限或连接点的分层则被称为*定制化的* CDO 分层（bespoke CDO tranche）。

CDX.NA.IG	0% – 3%	3% – 7%	7% – 10%	10% – 15%	15% – 30%
iTraxx Europe	0% – 3%	3% – 6%	6% – 9%	9% – 12%	12% – 20%

表 12.2 基于 CDX.NA.IG 和 iTrax Europe 的 STCDO 产品的标准化连接点

12.1.3 指数互换和 CDO 的基本定价关系

在本节中，我们将讨论一些基本的独立于模型的指数互换和 CDO 定价关系，这些关系将在本章中有用。在我们的分析中，我们没有详细说明基础投资组合的信用风险模型；在此，不具体介绍标的组合信用风险的构建模型细节，相反我们假设违约时间和违约损失率是在一定风险中性定价概率 Q 下的联合分布。为了简单起见，假设估值日期 $t = 0$，同时假设无违约利率 $r(t)$ 是确定的，在 $t = 0$ 时刻无违约的折现因子或无息债券的定价可表示成

$$p_0(0,t) = \exp\Big(-\int_0^t r(s)\mathrm{d}s\Big), \quad t \geqslant 0$$

确定性利率在大多数关于投资组合信用风险模型的文献中都是假设的，本质上是因为，考虑到围绕违约相关性模型的大量不确定性，随机利率的额外复杂性是没有必要的。

CDS 指数互换 一个 CDS 指数互换的违约赔付款支付的市场价值 V^{Def} 可以表示为相关折现现金流的 Q 期望。折现现金流部分可以写成 $\sum_{T_k\leqslant T}p_0(0,T_k)\Delta L_{T_k}$，其中 $\Delta L_{T_k}=L_{T_k}-L_{T_k-}=\delta_{\xi_k}$。这个求和可以更简单地写成 $\int_0^T p_0(0,t)\mathrm{d}L_t$，也就有

$$V^{\mathrm{Def}}=E^Q\Big(\int_0^T p_0(0,t)\mathrm{d}L_t\Big)=\sum_{i=1}^m E^Q\Big(\int_0^T p_0(0,t)\mathrm{d}L_{t,i}\Big) \tag{12.5}$$

其中，$L_{t,i}=\delta_i Y_{t,i}$ 为公司 i 的累积损失。

给定一般利差 x，信用保护费用支付的市场价值记为 $V^{\mathrm{Prem}}(x)$，其中

$$\begin{aligned}V^{\mathrm{Prem}}(x)&=x\sum_{n=1}^N p_0(0,t_n)(t_n-t_{n-1})E^Q(N_t^{\mathrm{Ind}})\\&=x\sum_{i=1}^m\sum_{n=1}^N p_0(0,t_n)(t_n-t_{n-1})E^Q(1-Y_{t_n,i})\end{aligned} \tag{12.6}$$

显然，$V^{\mathrm{Prem}}(x)=xV^{\mathrm{Prem}}(1)$。

在 $t=0$ 时刻，一个利差为 x 的指数互换的信用风险保护买方头寸的市场价值应为 $V^{\mathrm{Def}}-V^{\mathrm{Prem}}(x)$。在单一名称 CDS 的情况下，在给定时刻，合同的*公允指数互换利差*，x^{Ind} 定义为在那个时刻的市场价值为 0，也就是

$$x^{\mathrm{Ind}}=\frac{V^{\mathrm{Def}}}{V^{\mathrm{Prem}}(1)} \tag{12.7}$$

接下来，我们考虑指数互换利差 x^{Ind} 和构成指数的单一名称 CDS 的公允 CDS 利差 x^i 的关系。容易得到指数互换利差就是 x^i 的简单算术平均，但下面可以证明这个结论通常是错的。对于和前文讨论的指数互换有一样的期限和信用保护费用支付日期的公司 i 的单一名称 CDS，我们有 $V_i^{\mathrm{Def}}=V_i^{\mathrm{Prem}}(x^i)$，其中

$$\begin{aligned}V_i^{\mathrm{Def}}&=E^Q\Big(\int_0^T p_0(0,t)dL_{t,i}\Big),\\V_i^{\mathrm{Prem}}(x)&=x\sum_{n=1}^N p_0(t,t_n)(t_n-t_{n-1})E^Q(1-Y_{t_n,i}),\quad x>0\end{aligned}$$

比较公式 (12.5) 和公式 (12.6) 的关系，可以得到 $V^{\mathrm{Def}}=\sum_{i=1}^m V_i^{\mathrm{Def}}$ 和 $V^{\mathrm{Prem}}(x)=\sum_{i=1}^m V_i^{\mathrm{Prem}}(x)$。因此对于公允指数互换利差有

$$x^{\mathrm{Ind}}=\frac{V^{\mathrm{Def}}}{V^{\mathrm{Prem}}(1)}=\frac{\sum_{i=1}^m V_i^{\mathrm{Def}}}{\sum_{i=1}^m V_i^{\mathrm{Prem}}(1)}=\frac{\sum_{i=1}^m x^iV_i^{\mathrm{Prem}}(1)}{\sum_{i=1}^m V_i^{\mathrm{Prem}}(1)}=:\sum_{i=1}^m w_ix^i \tag{12.8}$$

其中，权重 $w_i:=V_i^{\mathrm{Prem}}(1)/(\sum_{i=1}^m V_i^{\mathrm{Prem}}(1))$。因此指数利差是单一名称 CDS 利差的加权平均，但是这个权重通常不等于 $1/m$。事实上，如果公司 i 的信用质量高于公司 j，则我们有

$$E^Q(1-Y_{t,i})=Q(\tau_i>t)>Q(\tau_j>t)=E^Q(1-Y_{t,j}),\quad t>0.$$

这意味着 $V_i^{\text{Prem}}(1) > V_j^{\text{Prem}}(1)$，因此 $w_i > w_j$，因此信用质量较高公司的权重要高于信用质量较低的公司。当然，在所有 τ_i 具有相同分布的特殊情况下，我们得到 $w_1 = \cdots = w_m = 1/m$。简单模型给出了一个例子，其中违约时间是指数分布的，具有相同的危险率 γ^Q，因此 $Q(\tau_i > t) = \exp(-\gamma^Q t)$，其中违约损失率是确定的，并且在各公司之间是相同的。在这个情况下，有 $x^1 = \cdots = x^m = x^{\text{ind}}$。此外，参数 γ^Q 可以从市场上观察到的指数利差 x^* 中使用与单一名称 CDS 利差 (详见第 10.4.4 节) 相同的方法进行校准。在现实中，这种计算方式常被用来计算单一分层 CDO 之间的隐含相关性。

单一分层 CDO 最后，我们对单笔 CDO 的价值进行了更明确的描述。我们从信用保护费用支付开始。根据在公式 (12.2) 里对分层名义价值的定义，对于一般 CDO 利差 x 的信用保护费用支付的市场价值记为 $V^{\text{Prem}}(x)$，且

$$V^{\text{Prem}}(x) = x\sum_{n=1}^{N} p_0(0,t_n)(t_n - t_{n-1})E^Q\Big((um - L_{t_n})^+ - (lm - L_{t_n})^+\Big) \tag{12.9}$$

关于违约赔付款支付我们在公式 (12.4) 中注意到对违约赔付款支付部分的折现现金流可以表示成

$$V^{\text{Def}} = \sum_{T_k \leqslant T} p_0(0,T_k)\Delta L_{T_k}^{[l,u]} = \int_0^T p_0(0,t)\mathrm{d}L_t^{[l,u]} \tag{12.10}$$

右边的积分可以近似为黎曼和，使用信用保护费用支付日期作为网格点：

$$\int_0^T p_0(0,t)dL_t^{[l,u]} \approx \sum_{n=1}^{N} p_0(0,t_n)\left(L_{t_n}^{[l,u]} - L_{t_{n-1}}^{[l,u]}\right) \tag{12.11}$$

用金融的语言表达就是这个近似值等于在 $[t_{n-1}, t_n]$ 区间内发生的损失只在 t_n 支付（因此需要用稍微大一些的折现因子）。在实际情况中，信用保护费用通常每季度支付，因此近似值的误差是可忽略的。回忆一下，$L_t^{[l,u]}$ 是关于 L_t 的函数，即 $L_t^{[l,u]} = v^{[l,u]}(L_t) := (L_t - lm)^+ - (L_t - um)^+$。因此，轻微滥用一下表示法，我们有

$$V^{\text{Def}} = \sum_{n=1}^{N} p_0(0,t_n)\left(E^Q\left(v^{[l,u]}(L_{t_n})\right) - E^Q\left(v^{[l,u]}(L_{t_{n-1}})\right)\right). \tag{12.12}$$

总结一下，我们找到了公式 (12.12) 和公式 (12.9) 的估值，因此计算 CDO 利差简化成计算在信用保护费用支付日期 $t_1, \ldots, t_N$ 基于累计损失的看涨期权和看跌期权。

说明与评论

在 2007 年和 2008 年的次贷危机背景下，有很多关于证券化利弊的讨论。关于次贷危机的事件有许多详尽的介绍，包括对于为了防止危机重演应采取的措施 (见 Crouhy et al. (2008), Hull (2009))，在保险方面 (Donnelly and Embrechts (2010) 和 Embrechts and Fasen (2013))；另外在Hull and White (2010) 中对危机之前的 ABS 和 ABS-CDO 的评级进行了

测试。他们发现，尽管给予 ABS 产品 AAA 评级不能说是没有道理的，但是任何的数量分析都无法证明对于以 ABS 夹层为底层资产的 CDO 产品给出 AAA 评级是合理的。

在他对次贷危机的分析中，Brunnermeier (2009) 特别关注了各类传导机制，这些机制导致规模相对较小的美国次级抵押贷款市场的损失被放大，从而造成全球金融危机。从监管的角度来看，关于证券化的一个有趣的讨论是著名的特纳评论 (2009)。抵押贷款证券化的激励问题在 Franke and Kahnen (2009) 中进行了讨论。关于证券化作为一种风险管理工具的价值的更技术性的分析可以在 Frey and Seydel (2010) 中找到。我们从众多书中挑出了 Dewatripont et al. (2010) 和 Shin (2010)。我们也建议有兴趣的读者可以去看看由国际清算银行和巴塞尔银行监管委员会发布的大量文献。

关于 CDO 和相关指数衍生品另外的教科书可参考 Bluhm and Overbeck (2007) 和 Brigo et al. (2010)。这两个文献都包含了大量 CDO 市场的大量机构细节介绍。Bluhm and Overbeck (2007) 的书也讨论了所谓的*一篮子信贷违约互换*或者，更专业的，*k 次违约互换*。这种产品对有 m 个债务人的组合中的第 k 次违约提供保护（$m > k$）。和普通的 CDS 类似，k 次违约互换的信用保护费用支付是定期现金流的形式，只有在第 k 次违约发生之后 T_k 停止。只有当 T_k 小于互换的期限时，才会触发违约赔付款支付。通常首次违约互换比较常见，较高顺序的违约互换比较少见。

12.2 连接函数模型

连接函数模型被广泛地应用在 CDO 各分层和一篮子信用衍生品定价过程中。在本节中，我们将讨论这类重要的模型，并重点关注连接函数有因子结构的模型。

12.2.1 定义和属性

定义 12.1 (违约时间的连接函数模型). *假设 C 表示连接函数，设 $\gamma_i(t)$，$1 \leqslant i \leqslant m$ 表示非负函数，那么，对所有的 $t > 0$ 且 $\lim_{t\to\infty}\Gamma_i(t) = \infty$，我们有 $\Gamma_i(t) := \int_0^t \gamma_i(s)ds < \infty$。如果联合生存函数（joint survival function）可以写成如下形式，*

$$\bar{F}(t_1, \ldots, t_m) = C\big(\exp(-\Gamma_1(t_1)), \ldots, \exp(-\Gamma_m(t_m))\big). \tag{12.13}$$

那么违约时间 $\tau_1, \ldots, \tau_m$ 服从连接函数模型，其中 C 表示生存连接函数、$\gamma_i(t)$ 表示边际危险函数。

对于违约连接函数模型中的边际生存函数，显然为 $\bar{F}_i(t) = \exp(-\Gamma_i(t))$。边际生存函数和边际分布函数是连续的，且根据 Sklar 理论连接函数和关于违约时间向量 $\boldsymbol{\tau} := (\tau_1, \ldots, \tau_m)'$ 的生存连接函数 C 都是唯一的。当然，违约时间的联合分布也可以表达成 $\boldsymbol{\tau}$ 的连接函数和边际分布函数 $F_1, \ldots, F_m$。我们重点关注生存连接函数，因为它和本章的大部分内容有关。如果公式 (12.13) 中的 C 是径向对称（详见定义 7.15），那么 C 也是一个关于 $\boldsymbol{\tau}$ 的连接函数。特别地，如果 C 是椭圆连接函数，如高斯连接函数或者 t 连接函数也是如此。

从数学的角度看，我们分别明确生存连接函数和边际危险函数，或者直接指定联合生存函数 $\bar{F}$(joint survival function) 都是没有区别的；每一个有绝对连续边际分布的联合生存函数都有唯一的表达公式 (12.13)。然而，公式 (12.13) 更便于在对交易的信用衍生品定价时进行模型参数校准。模型参数校准通常如下文介绍的分为两个步骤。

在第一步中，边际危险函数根据 CDS 利差的特定期限结构或可违约债券的差价进行校准，如 10.4.4 所述。在第二步中，生存连接函数 C 的参数根据交易投资组合信用衍生品的观察价格进行校准，最出名的就是 CDO 指数部分。两阶段校准是可行的，因为第二步对第一步校准的参数没有影响。从数值的观点来看，这是非常有利的，这是连接函数模型在从业者中普及的原因之一。我们回到第 12.3 节中的连接函数模型的校准。

为了把我们的分析和在第 11.1 节的阈值模型中的连接函数的讨论相联系，我们简单看一下单期投资组合模型，暗含着连接函数模型的违约时间 $\tau_1,\ldots,\tau_m$。我们确定期限为 T 且 $Y_i := Y_{T,i}$。由定义得到，当且仅当 $\tau_i \leqslant T$ 时 $Y_i = 1$，因此单期模型有了阈值表示 $(\boldsymbol{\tau},(T,\ldots,T)')$。在单期模型中违约事件的依赖性可以有关键变量 $\tau_1,\ldots,\tau_m$ 的依赖性结构所确定。注意到在第 11.1 节中，这种依赖性通过关键变量的连接函数来描述，然而在这节中，我们倾向用违约时间的生存连接函数。

定义 12.1 显而易见给出了一个从随机阈值构造随机时间 $\tau_1,\ldots,\tau_m$ 的方法；这反过来产生了连接函数模型的通用模拟方法。假设一个随机变量 $\boldsymbol{U} \sim C$ 并且定义违约时间

$$\tau_i = \inf\{t \geqslant 0\colon\ \exp(-\Gamma_i(t)) \leqslant U_i\}, \quad 1 \leqslant i \leqslant m \tag{12.14}$$

因此公司 i 在边际生存函数 $\bar{F}_i(t)$ 越过随机阈值变量 U_i 的第一个时间点上违约。公式 (12.14) 收益率为

$$\begin{aligned} P(\tau_1 > t_1,\ldots,\tau_m > t_m) &= P\big(U_1 \leqslant \exp(-\Gamma_1(t_1)),\ldots,U_m \leqslant \exp(-\Gamma_m(t_m))\big) \\ &= C\big(\exp(-\Gamma_1(t)),\ldots,\exp(-\Gamma_m(t))\big) \end{aligned}$$

为了生成 $\boldsymbol{\tau}$ 的样本，我们生成一个随机变量 $\boldsymbol{U}$ 的样本，并且通过公式 (12.14) 来构造 τ_i。对于因子连接函数模型，本节末尾给出了另一种模拟算法。

因子连接函数模型　在实际应用中，大部分的连接函数模型都具有因子结构。我们的意思是在公式 (12.14) 中应用的阈值向量 $\boldsymbol{U} \sim C$ 在定义 11.9 意义下具有条件独立结构，即有一个 p 维的随机向量 $\boldsymbol{V}$，其中 $p < m$，且 U_i 是独立于给定的 $\boldsymbol{V}$。

U_i 的条件独立性允许使用混合模型替代表示违约时间的联合生存函数。在已知 $\boldsymbol{V}$ 的情况下，根据公式 (12.14)，我们可以将 $\boldsymbol{\tau}$ 的联合生存函数写成

$$\begin{aligned} \bar{F}(t_1,\ldots,t_m) &= E(P(U_1 \leqslant \bar{F}_1(t_1),\ldots,U_m \leqslant \bar{F}_m(t_m) \mid \boldsymbol{V})) \\ &= E\left(\prod_{i=1}^{m} P(U_i \leqslant \bar{F}_i(t_i) \mid \boldsymbol{V})\right) \end{aligned} \tag{12.15}$$

此外，基于公式 (12.14) 中关于 τ_i 的定义，我们有 $P(\tau_i > t \mid \boldsymbol{V}) = P(U_i \leqslant \bar{F}_i(t) \mid \boldsymbol{V})$。因此给定 $\boldsymbol{V} = \boldsymbol{v}$，关于 τ_i 的条件生存函数满足

$$\bar{F}_{\tau_i|\boldsymbol{V}}(t \mid \boldsymbol{v}) = P(U_i \leqslant \bar{F}_i(t) \mid \boldsymbol{V} = \boldsymbol{v}),$$

并且我们可以写成 $\bar{F}(t_1, \ldots, t_m) = E\left(\prod_{i=1}^m \bar{F}_{\tau_i|\boldsymbol{V}}(t_i \mid \boldsymbol{V})\right)$.。记 $\boldsymbol{V}$ 的密度函数或者概率质量函数为 $g_{\boldsymbol{V}}$，我们通常把联合生存函数写成如下形式

$$\bar{F}(t_1, \ldots, t_m) = \int_{\mathbb{R}^p} \prod_{i=1}^m \bar{F}_{\tau_i|\boldsymbol{V}}(t_i \mid \boldsymbol{v}) g_{\boldsymbol{V}}(\boldsymbol{v}) \,\mathrm{d}\boldsymbol{v} \tag{12.16}$$

我们可以注意到公式 (12.16) 的表示形式带有条件独立结构，如伯努利混合模型，详见第 11.2.4 节）的单期阈值模型类似。特别地，公式 (12.16) 展示了对于固定的 T，违约指标服从带有因子向量 $\boldsymbol{V}$ 的伯努利混合模型且其条件违约概率 $p_i(\boldsymbol{v}) = 1 - \bar{F}_{\tau_i|\boldsymbol{V}}(t \mid \boldsymbol{v})$。

因子连接函数模型的混合模型表示产生以下用于模拟违约时间的通用算法。

算法 12.2 (**从因子连接函数模型中抽样**). (1) 生成 $\boldsymbol{V}$ 的一个样本。

(2) 生成的密度函数为 $1 - \bar{F}_{\tau_i|\boldsymbol{V}}(t \mid \boldsymbol{V})$，$1 \leqslant i \leqslant m$ 的随机变量 τ_i。

在单周期伯努利混合模型的上下文中，在第 11.4 节中讨论的重要性抽样技术可以用来提高算法 12.2 的表现。如果你对一些罕见事件感兴趣，比如高连接点 CDO 的定价，这些技术尤其有用。

12.2.2 例子

本节将讨论因子联结模型的具体例子。在这一部分中，我们将会讨论因子连接函数模型的一些具体例子。任何具有连续的边际分布和 p 维条件独立结构（具体见定义 11.9）的随机向量都能用来构建因子连接函数模型。在实际应用中的重要例子包括基于高斯连接函数 C_P^{Ga} 的因子连接函数模型、基于 LT 阿基米德连接函数 s 的因子连接函数模型（具体参见第 7.4.2 节）和基本单因子连接函数，包括所谓的双 t 和双 NIG 连接函数。

例 12.3 (**单因子高斯连接函数**). 基于高斯连接函数的因子连接函数模型在实践中经常使用。我们将计算单因子情况下的违约时间的联合生存函数。假设

$$X_i = \sqrt{\rho_i} V + \sqrt{1 - \rho_i} \varepsilon_i \tag{12.17}$$

其中，$\rho_i \in (0,1)$ 和 $V, (\varepsilon_i)_{1 \leqslant i \leqslant m}$ 是独立同分布的标准正态随机变量。随机向量 $\boldsymbol{X} = (X_1, \ldots, X_m)'$ 满足 $\boldsymbol{X} \sim N_m(\boldsymbol{0}, P)$，其中 P 的元素 (i,j) 是由 $\rho_{ij} = \sqrt{\rho_i \rho_j}$ 定义的。我们定义 $U_i = \Phi(X_i)$，所以有 $\boldsymbol{U} = (U_1, \ldots, U_m)' \sim C_P^{\mathrm{Ga}}$。$\boldsymbol{X}$ 和 $\boldsymbol{U}$ 有单因子条件独立结构。

关于 τ_i 的条件生存函数是容易计算的。记 $d_i(t) := \Phi^{-1}(\bar{F}_i(t))$，我们有

$$\bar{F}_{\tau_i|V}(t \mid v) = P(U_i \leqslant \bar{F}_i(t) \mid V = v) = P\left(\varepsilon_i \leqslant \frac{d_i(t) - \sqrt{\rho_i} V}{\sqrt{1 - \rho_i}} \,\middle|\, V = v\right)$$

由此得到 $\bar{F}_{\tau_i|V}(t\mid v)=\Phi\big((d_i(t)-\sqrt{\rho_i}v)/(\sqrt{1-\rho_i})\big)$。因此

$$\bar{F}(t_1,\ldots,t_m)=\frac{1}{\sqrt{2\pi}}\int_{\mathbb{R}}\prod_{i=1}^{m}\Phi\left(\frac{d_i(t_i)-\sqrt{\rho_i}v}{\sqrt{1-\rho_i}}\right)\mathrm{e}^{-v^2/2}\,\mathrm{d}v \tag{12.18}$$

上式显然容易通过一维数值积分方法得到。

在通过单因子高斯连接函数模型进行信用组合衍生品定价的实际操作中，经常假设对所有的 i, $\rho_i=\rho$（平均相关结构情况）。这个模型也是众所周知的可交换高斯连接函数模型。在这个情况下，$\rho=\operatorname{corr}(X_i,X_j)$，因此 ρ 轻易地可以被解释为资产的相关性。这导致了可交换高斯连接函数模型特别受从业者的欢迎。事实上，在 CDO 市场中给合成型 CDO 分层进行定价多基于隐含资产相关性采用可交换高斯连接函数模型进行，具体的将在第 12.3.2 节中进行讨论。

例 12.4 (**一般单因子连接函数**). 这类例子概括了例 12.3 中单因子高斯连接函数的构建；一些由此得出的模型对于解释信用指数上 CDO 的价格很有用。如同在公式 (12.17) 中，我们从随机变量 $X_i=\sqrt{\rho_i}V+\sqrt{1-\rho_i}\epsilon_i$，$\rho_i\in[0,1]$ 和独立随机变量 $V,\varepsilon_1,\ldots,\varepsilon_m$ 开始，但是现在 V 和 ϵ_1 可以是任意的连续分布（不必是正态分布）。分布函数 F_{X_i} 可以通过 $\sqrt{\rho_i}V$ 和 $\sqrt{1-\rho_i}\epsilon_i$ 分布的卷积得到。对应的连接函数是随机变量 $\boldsymbol{U}$ 的分布函数，满足 $U_i=F_{X_i}(X_i)$。与单因子高斯连接函数的计算结果相似，条件生存函数的计算结果如下：

$$\bar{F}_{\tau_i|V}(t\mid v)=F_{\varepsilon}\left(\frac{F_{X_i}^{-1}(\bar{F}_i(t))-\sqrt{\rho_i}v}{\sqrt{1-\rho_i}}\right)$$

常见的例子有所谓的双 t 连接函数（其中 V 和 ε_i 都服从一元 t_ν 分布）和双 GH 连接函数（其中 V 和 ε_i 都服从在第 6.2.3 节中引入的一元广义双曲分布）。我们应注意到双 t 分布和通常的 t 连接函数是不一样的，因为随机变量 $V,\varepsilon_1,\ldots,\varepsilon_m$ 不是多元 t 分布（记得不相关的双变量 t 分布随机变量不是独立的，然而 V 和 ϵ_i 是独立的），对于双 GH 连接函数也是同样的。

使用双 t 和双 GH 连接函数的主要计算挑战来自确定 V 和 ε_i 的卷积以及对应分位数函数 $F_{X_i}^{-1}$。这个问题有很多好的解决方案，参考文献在说明与评论中给出。

例 12.5 (LT **阿基米德连接函数**). 回顾一下在第 7 章中的定义 7.52，一个 LT 阿基米德连接函数通过一个密度函数为 G_V，正的随机变量 V 定义出，且 $G(0)=0$，通过如下公式对 $\hat{G}_V$ 进行 Laplace-Stieltjes 变化

$$C(u_1,\ldots,u_m)=E\left(\exp\left(-V\sum_{i=1}^{m}\hat{G}_V^{-1}(u_i)\right)\right)$$

和通常一样，记 $\bar{F}_i(t_i)$ 表示关于 τ_i 的边际生存函数。利用公式 (12.13) 关于 $\boldsymbol{\tau}$ 的联合生存函数可以得到

$$\bar{F}(t_1,\ldots,t_m)=E\left(\prod_{i=1}^{m}\exp\{-V\hat{G}_V^{-1}(\bar{F}_i(t_i))\}\right) \tag{12.19}$$

上式显然是公式 (12.16) 的一般形式。记得在关于参数 θ 的 Clayton 连接函数的特殊情况下，我们有 $V \sim \text{Ga}(1/\theta, 1)$；在算法 7.53 中给出了 $\hat{G}_V$ 和 $\hat{G}_V^{-1}$ 的显性公式。注意到 LT 阿基米德连接函数通常是非径向对称，因此生存函数为公式 (12.19) 的关于违约时间的单期版本的连接函数模型和在例 11.4 中介绍的关于阿基米德连接函数的阈值模型是不一样的；它对应的是关于阿基米德生存连接函数的阈值模型。

说明与评论

投资组合信用风险的第一个连接函数模型是由 Li (2000) 给出的，他的模型是基于高斯连接函数。一般连接函数模型首次在 Schönbucher and Schubert (2001) 中介绍。关于因子连接函数模型的第一篇论文是 Laurent and Gregory (2005)。这些模型都受到了极大的关注，特别是和隐含相关性偏斜（详见第 12.3 节）。双 t 连接函数是由Hull and White (2004) 提出的；关于这个连接函数模型数值方面在 Vrins (2009) 有所探讨。双 GH 在 Kalemanova et al. (2005), Guégan and Houdain (2005) 和 Eberlein et al. (2008) 等人中有介绍。

12.3　因子连接函数模型中指数衍生品定价

在本节中，我们感兴趣的是指数衍生品（指数互换和 CDO）在因子联结模型中的定价。这些模型是处理 CDO 分层定价的市场标准方法。我们从指数导数估值的分析和数值方法开始。在第 12.3.2 节中，我们将讨论观察到的 CDO 利差的定性特性，并讨论众所周知的相关性偏度。在第 12.3.3 节中，我们考虑了一个替代因子模型，即隐含连接函数模型，它是为了解释相关性偏度而开发的。

12.3.1　分析

在整个过程中，我们考虑了一个因子相关的违约可回收风险因子连接函数模型。更精确地说，我们假设在风险中性定价度量 Q 下，违约时间的生存函数遵循混合表示的因子连接函数模型公式 (12.16)。此外，公司 i 的违约损失率是状态相关（state-dependent），因此给出因子 $\boldsymbol{V} = \boldsymbol{v}$，违约损失率是关于函数 $\delta_i \colon \mathbb{R}^p \to (0,1)$ 的函数 $\delta_i(\boldsymbol{v})$。状态相关的违约损失率对于模型参数校正更为灵活。例如，当 V 是一个一元的随机变量且在 V 中条件违约概率是上升的。取递增函数 $\delta_i(v)$ 可以构建违约概率和回收率的负相关性。从我们在第 11.2.3 节中论证的角度看这个推演是合理的。

指数互换　我们从计算指数互换违约的违约赔付款和信用保护费用支付端开始。回顾 $V^{\text{Def}}(x) = \sum_{i=1}^m V_i^{\text{Def}}$ 和 $V^{\text{Prem}}(x) = \sum_{i=1}^m V_i^{\text{Prem}}(x)$，其中 V_i^{Def} 和 $V_i^{\text{Prem}}(x)$ 分别表示债务人 i 基于单一名称 CDS 违约赔付款和信用保护费用支付端的价值。此外，V_i^{Def} 和 $V_i^{\text{Prem}}(x)$ 仅依赖于公司 i 的损失过程，由 $L_{t,i} = \delta_i Y_{t,i}$ 所确定。因此指数互换的价值实际上不依赖于违约时间的连接函数；如下分析的单一分层 CDO 将与之相对。

我们现在看看实际的计算。如果违约回收率是固定的，通过第 10.4.4 节中讨论的基于危险率模型对单一名称 CDS 定价的结果，可以计算出 V_i^{Def} 和 $V_i^{\text{Prem}}(x)$。在一般情况下我

们可以通过如下方式进行计算。首先，给出了与公式 (12.11) 中应用的类似的推理，有如下

$$V^{\mathrm{Def}} = E^Q\Big(\int_0^T p_0(0,t)\mathrm{d}L_t\Big) \approx \sum_{n=1}^N p_0(0,t_n)\Big(E^Q(L_{t_n}) - E^Q(L_{t_{n-1}})\Big) \tag{12.20}$$

因为 $L_{t_n} = \sum_{i=1}^m \delta_i Y_{t_n,i}$，我们得到关于其在条件 $\boldsymbol{V}$ 上的概率

$$E^Q(L_{t_n}) = \int_{\mathbb{R}^p} \sum_{i=1}^m \delta_i(\boldsymbol{v}) E^Q\big(Y_{t_n,i} \mid \boldsymbol{V} = \boldsymbol{v}\big)\, g_{\boldsymbol{V}}(\boldsymbol{v})\,\mathrm{d}\boldsymbol{v}$$

现在 $Y_{t_n,i}$ 是伯努利且满足 $Q(Y_{t_n,i} = 1 \mid \boldsymbol{V} = \boldsymbol{v}) = 1 - \bar{F}_{\tau_i|\boldsymbol{V}}(t_n \mid \boldsymbol{v})$。因此

$$E^Q(L_{t_n}) = \int_{\mathbb{R}^p} \sum_{i=1}^m \delta_i(\boldsymbol{v})\big(1 - \bar{F}_{\tau_i|\boldsymbol{V}}(t_n \mid \boldsymbol{v})\big)\, g_{\boldsymbol{V}}(\boldsymbol{v})\,\mathrm{d}\boldsymbol{v}$$

公式 (12.20) 中上式的变形给出了违约赔付款支付端的价值。类似地，我们可以得到利差为 x 信用风险保护费用支付端的价值 $V^{\mathrm{Prem}}(x)$ 等于

$$V^{\mathrm{Prem}}(x) = x\sum_{n=1}^N p_0(0,t_n) \int_{\mathbb{R}^p} \sum_{i=1}^m \bar{F}_{\tau_i|\boldsymbol{V}}(t_n \mid \boldsymbol{v})\, g_V(\boldsymbol{v})\,\mathrm{d}\boldsymbol{v} \tag{12.21}$$

在两个案例中关于 $\boldsymbol{v}$ 的积分可以通过数值积分方法。显然 V 最贴近实践的一元的随机变量。

CDO 分层 回顾一下第 12.1.3 节中计算 CDO 利差的基本任务是确定关于 L_{t_n} 的看涨期权或看跌期权价格。通过一个条件参数，我们得到了一个泛型函数 $f\colon \mathbb{R}^+ \to \mathbb{R}$ 的表达式，例如一个看涨期权或看跌期权的收益

$$E^Q\big(f(L_{t_n})\big) = \int_{\mathbb{R}^p} E^Q\left(f\left(\sum_{i=1}^m \delta_i(\boldsymbol{v}) Y_{t_n,i} \mid \boldsymbol{V} = \boldsymbol{v}\right)\right) g_V(\boldsymbol{v})\,\mathrm{d}\boldsymbol{v}$$

对于上式，我们固定 t_n 并且简单定义表示法 $q_i(\boldsymbol{v}) := Q(Y_{t_n,i} = 1 \mid \boldsymbol{V} = \boldsymbol{v})$。给定 $\boldsymbol{V}$，因为随机变量 $Y_{t_n,i}$，$1 \leqslant i \leqslant m$，所以其条件独立，计算条件期望实质上就是得到独立伯努利随机变量之和的分布。对同质组合，显而易见其所有公司的违约损失率函数和条件违约概率相等，因此 $q_i(\boldsymbol{v}) \equiv q(\boldsymbol{v})$ 和 $\delta_i(\boldsymbol{v}) \equiv \delta(\boldsymbol{v})$。在这种情况下，$L_{t_n} = \delta(V)M_{t_n}$，其中 $M_t = \sum_{i=1}^m Y_{t,i}$ 表示截止到时间 t 已经违约的公司数量。给定 $\boldsymbol{V} = \boldsymbol{v}$，$M_{t_n}$ 是独立且同分布（由于同质性）伯努利随机变量之和，因此 M_{t_n} 满足参数为 m 和 $q(\boldsymbol{v})$ 的二项分布。

对于异质组合（heterogeneous portfolio），另外一方面，计算条件损失分布是不直接的，特别是处理独立但不同伯努利分布的随机变量之和。我们在这章的其他部分讨论了这个问题的几种解决方法。

大投资组合近似　在所谓的大组合近似（LPA）中，已知在 $\boldsymbol{V}=\boldsymbol{v}$ 条件下 L_{t_n} 的分布被条件均值质量点 $\ell(\boldsymbol{v})=\sum_{i=1}^{m}\delta_i(\boldsymbol{v})q_i(\boldsymbol{v})$ 所取代。这就近似地有

$$E^Q\big(f(L_{t_n})\big)\approx\int_{\mathbb{R}^p}f(\ell(\boldsymbol{v}))g_V(\boldsymbol{v})\,\mathrm{d}\boldsymbol{v}\tag{12.22}$$

这个方法是出于第 11.3 节中的渐进结果。在那部分中我们特别展示了，在单因子模型中，如果组合足够大且不会太不同质，则组合的损失分布分位数可以由随机变量 $\ell(V)$ 的分位数近似得到。因此我们认为对于典型的信用组合的近似值公式 (12.22) 近似效果较好。关于大投资组合的近似效果的数值分析详见表 12.3。

分层	$[0,3]$	$[3,6]$	$[6,9]$	$[9,12]$	$[12,22]$
资产相关性	$\rho=0.219$	$\rho=0.042$	$\rho=0.148$	$\rho=0.223$	$\rho=0.305$
大投资组合近似 (%)	30.66	0.79	0.53	0.36	0.18
正态近似值 (%)	29.38	1.51	0.66	0.42	0.20
精确利差 (%)	28.38	1.55	0.68	0.42	0.20

表 12.3　在可交换高斯连接函数模型中采用 LPA 和简单高斯近似方法计算的各层公允利差。精确利差是通过扩展蒙特卡洛模拟计算出的。“资产相关性”这行记录了在对各层定价时使用的相关系数参数。这些相关系数也被称为隐含分层相关系数（详见下表 12.4）。当分层的资产相关系数较低时高斯近似显著地优于 LPA 方法，如 $[3,6]$ 层和 $[6,9]$ 层；对于其他层，这两种方法表现都相当不错。产生这个情况的原因是，当资产相关系数较高时，损失分布主要是由 V 的实现所确定的，然而对于资产相关系数较低的情况 L_t 损失分布的形式也非常重要。数值结果摘自 Frey et al. (2008).

高斯和泊松近似　大投资组合近似完全忽略了 L_{t_n} 围绕条件均值波动的影响。为了把这个波动的影响考虑进来，一种方法适合将 L_{t_n} 未知的条件分布替换成有相似矩的已知分布。简单的高斯近似方法就是将 L_{t_n} 的条件分布通过高斯分布进行近似，满足均值 $\ell(\boldsymbol{v})$ 和方差

$$\sigma^2(\boldsymbol{v}):=\operatorname{var}(L_{t_n}\mid\boldsymbol{V}=\boldsymbol{v})=\sum_{i=1}^{m}\delta_i^2(\boldsymbol{v})q_i(\boldsymbol{v})(1-q_i(\boldsymbol{v}))$$

（选择用高斯分布当然是源于极限中心定理的考虑）。在高斯近似中，我们有

$$E^Q\big(f(L_{t_n})\big)\approx\int_{\mathbb{R}^p}\frac{1}{\sqrt{2\pi\sigma^2(\boldsymbol{v})}}\int_{\mathbb{R}}f(l)\exp\Big(-\frac{(l-\ell(\boldsymbol{v}))^2}{2\sigma^2(\boldsymbol{v})}\Big)\mathrm{d}l\,g_V(\boldsymbol{v})\,\mathrm{d}\boldsymbol{v}$$

表 12.3 解释了在可交换高斯连接函数模型下高斯近似和大投资组合近似的表现。

类似地，在泊松分布中条件损失分布由参数为 $\lambda=\ell(\boldsymbol{v})$ 泊松分布进行近似。这些简单的高斯近似和泊松近似方法都还可以再大大改进，详见El Karoui et al. (2008)。对于求条件损失分布还有许多其他的技巧。一方面，我们可以通过傅里叶或拉普拉斯逆变换来解决这个问题，另外一方面也还有很多的递归技巧可以使用。这两种方法都可以在说明与评论中找到。

12.3.2 相关性偏度

投资者通常用一种简单的同质高斯连接函数模型（称为基准模型）计算出的隐含相关性来表示 CDO 利差。通过这种方式，分层利差可以在不同连接点和期限中进行比较。这种做法类似于使用隐含波动率作为比较股票和外汇期权价格的常用标准。在本节中，我们将更详细地解释这种引用惯例，并讨论市场观察到的隐含相关性的定性性质。

如例 12.3 所示，基准模型是可交换高斯连接函数模型。对于所有的 i，公司违约损失率是确定的并等于 60%，假设所有的违约时间服从指数分布且满足 $Q(\tau_i > t) = \exp(-\gamma^Q t)$。危险率 γ^Q 被用来将在考虑的分层通过模型校准到有相同期限的指数互换的利差；详见第 12.1.3 节中对将同质模型校准到指数互换的讨论。在基准模型中只有“资产相关性”ρ 一个自由参数。这个参数被用来将模型校准到市场上可观察到的分层利差，由此产生了许多关于隐含相关性的概念。

隐含相关性 市场使用隐含相关性的两个概念来描述市场观察到的分层利差。隐含分层相关性 (Implied tranche correlation)，也称为复合相关性，即使得由基准模型计算出来的利差等于市场观察到的利差的最小值 $\rho \in [0,1]$。对于夹层，隐含分层相关性遇到两个问题。一是，满足模型利差等于市场利差的相关性数值 ρ 不一定一直存在，对于利差在 2008—2009 年（次贷危机期间）定价时这个问题经常碰到。二是，对于市场差价的某些值，在 $\rho \in [0,1]$ 中有多个匹配值，习惯上采用最小的数值也是武断的决定。

如果对于完整的分层组合市场利差都是可获取的，如对于 iTraxx 和 CDX 的标准分层，所谓的 基础相关性（base correlation）经常被用作表达另外一种表达分层利差的方式。为了计算基础利差我们先离题一下，计算权益层的嵌套组合的隐含相关性以便与观察到的分层利差一致。基础相关性方法比较流行是因为它减轻了由计算隐含相关性产生的校正模型问题。另外一方面，基础相关性更难解释并且有理论不一致性问题，具体见以下介绍。下面详细介绍一下基础相关性的计算。

算法 12.6. 假设我们观察到对于一组连接点为 (l_κ, u_κ)，$\kappa = 1, \ldots, k$ 且 $l_1 = 0$，$l_{\kappa+1} = u_\kappa$ 的 CDO 分层 的市场利差为 x_κ^*，$\kappa = 1, \ldots, K$。满足连接点为 u 和利差 $x > 0$ 且基准模型的相关系数为 $\rho \in [0,1]$ 权益层信用风险保护费用支付端的价值记为 $V^{\text{Prem}}(u, \rho, x)$。同样地，违约赔付款支付端的价值记为 $V^{\text{Def}}(u, \rho)$。按如下步骤进行：

(1) 通过观察到的 ρ_1 计算基础相关性 x_1 作为 $[0, u_1]$ 分层的隐含分层相关性。设 $\kappa = 1$。

(2) 给定基础相关性 ρ_κ 和利差 $x_{\kappa+1}^*$（$[l_{\kappa+1}, u_{\kappa+1}]$ 分层的市场利差），通过计算如下方程的解得到基础相关性 $\rho_{\kappa+1}$（后给出算法详细介绍）

$$
\begin{aligned}
&V^{\text{Def}}(u_{\kappa+1}, \rho_{\kappa+1}) - V^{\text{Def}}(u_\kappa, \rho_\kappa) \\
&= V^{\text{Prem}}(u_{\kappa+1}, \rho_{\kappa+1}, x_{\kappa+1}^*) - V^{\text{Prem}}(u_\kappa, \rho_\kappa, x_{\kappa+1}^*)
\end{aligned} \tag{12.23}
$$

(3) 用 $\kappa + 1$ 替代 κ 后继续重复第二步。

公式 (12.23) 是源于下面的考虑。基础相关性方法的基础假设是对所有的 $1 \leqslant \kappa \leqslant K$ 和对所有的利差 x 对于上连接点为 u_κ 的权益层的违约赔付款和信用风险保护费用支付端的准确价值分别是 $V^{\text{Def}}(u_\kappa, \rho_\kappa)$ 和 $V^{\text{Prem}}(u_\kappa, \rho_\kappa, x)$。在这个假设条件下，公式 (12.23) 的左半部表示 $[l_{\kappa+1}, u_{\kappa+1}]$ 分层违约赔付款支付端的价值，右半部分表示对应的观测到的市场利差为 $x^*_{\kappa+1}$ 的公式 (12.23)。对于观测到的利差 $x^*_{\kappa+1}$，$[l_{\kappa+1}, u_{\kappa+1}]$ 分层违约赔付款和信用风险保护费用支付必须相等，这也决定了公式 (12.23) 中的 $\rho_{\kappa+1}$。

注意到，在基础相关性方法中，两种不同的模型被用来计算 $[l_\kappa, u_\kappa]$ 分层的模型价值：相关系数为 ρ_κ 的基准模型用于上连接点和相关系数为 $\rho_{\kappa-1}$ 的基准模型用于下连接点。如 Brigo et al. (2010) 介绍，如果基础相关性方法用于非标准连接点的分层定价中，可能会导致不一致。

隐含相关性的实证性质 在表 12.4 中，我们给出了市场利差和 iTraxx 在 2004、2006 和 2008 三个不同时期的隐含分层相关性。这些数字是非常有代表性的，因为它们代表了信用指数市场的 3 个不同阶段：市场发展的早期，次贷危机前期，次贷危机阶段。我们看到隐含相关性非常不稳定。特别地，一个相关系数为固定 ρ 的标准高斯连接函数不能同时解释所有的分层利差（否则隐含相关性曲线将是平的）。

数据类型	年份	Index	[0,3]	[3,6]	[6,9]	[9,12]	[12,22]
市场利差	2004	42bp	27.6%	168bp	70bp	43bp	20bp
分层相关性	2004		22.4%	5.0%	15.3%	22.6%	30.6%
市场利差	2006	26bp	14.5%	62 bp	18bp	7bp	3bp
分层相关性	2006		18.6 %	7.9 %	14.1%	17.25%	23.54
市场利差	2008	150 bp	46.5%	5.7%	3.7 %	2.3 %	1.45%
分层相关性	2008		51.1%	85.7 %	95.3 %	3.0 %	17.6%

表 12.4 iTraxx 欧洲 5 年期债券在不同时期的市场报价及隐含分层相关性。注意，权益层的利差对应的是最早的支付，并以名义本金的百分比表示；根据市场习惯把对应权益层的季度利差设为 5%。

在金融危机之前，隐含相关性表现出一种典型的形式，即所谓的*隐含相关性偏度*：隐含分层相关性和连接点之间是 v 型的关系；隐含基础相关性是严格增加的；对于高层级的分层的隐含相关性相对较高。在表 12.4 中 2004 和 2006 这两列是典型的隐含相关性；也可见图 12.3。

金融危机一爆发，各层利差和隐含分层相关性就变得相当不正常。特别地，对于夹层，经常找不到合适的相关系数数值使得能够满足那天在市场上观察到的利差。如果想要了解更多隐含相关性行为，推荐阅读Brigo et al. (2010)。

可以说相关性偏性反映了基准模型的缺陷。首先，高斯连接函数是一个特别的选择主要目的是出于分析的便利性而不是通过数据分析得到的。再者，通过一个单一的相关性系数把组合中的违约时间的依赖关系描述出来也是不太可能的。另外，关于回收率的阐述的假设也是和现实情况矛盾的。

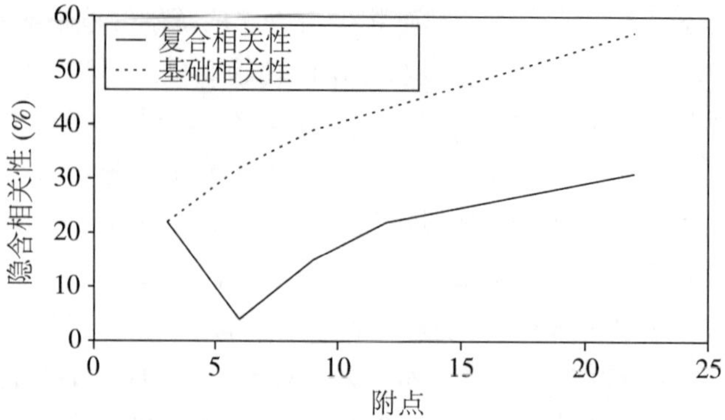

图 12.3　复合相关性和基础相关性对应表 12.4 中 2004 这行的 CDO 利差。这些利差表示出了典型的相关偏性（数据源自 Hull and White (2004)）。

解释因子连接函数模型中观察到的 CDO 利差　事实上，对于一些分层基准模型不能再现其在市场上的利差，导致在所谓的“*定制的*”分层，即没有标准期限或者在连接点分层定价时和在分层账户进行风险管理时都会产生问题。在这些应用中我们都希望把所有可获取的价格信息都考虑进去。这就需要信用组合风险模型可以同时和几个分层的市场利差保持一致。

自然地，许多学者希望通过用更通用的因子连接函数模型来解决这个问题，更通用的因子模型取消了一些基准模型中的非现实假设条件的模型。首先，一些作者证明了通过引进状态依赖并与违约概率负相关的回收率可以减轻相关性偏度（但不能完全消除）。更重要的是，其他的连接函数模型已经用过了，多数是例 12.4 中介绍的一般单因子连接函数类模型。事实证明，双 t 连接函数及 双 GH 连接函数模型可以很好地校准到市场上观察到的 CDO 分层利差；详见 Eberlein et al. (2008)。然而，实证表明这些模型在 2007 年次贷危机时表现恶化显著。更多的细节可以参见说明与评论中的参考文献。

12.3.3　隐含连接函数方法

隐含连接函数类模型可以被看成是第 12.2.2 节中讨论的单因子连接函数模型的更通用的形式。在隐含连接函数模型中，因子变量 V 被建模为一个离散的随机变量，其概率质量函数由对市场数据（如观察到的指数和部分利差）的校准决定。因为 V 的定义域通常可以采用相当大的集合，这也对解释观察到 CDO 分层的市场利差提供了一些额外的弹性。

定义和关键属性　关于 $\tau_1, \ldots, \tau_m$ 的联合生存函数的结构和在因子连接函数模型中的混合表示与公式 (12.16) 类似。假设 τ_i 和给定的取离散值 $v_1, \ldots, v_K$（系统的论述）的混合变量 V 是条件独立；条件生存函数概率表达形式成如下

$$Q(\tau_i > t \mid V = v_k) = \exp\big(-\lambda_i(v_k)t\big), \quad 1 \leqslant i \leqslant m, \quad t \geqslant 0 \tag{12.24}$$

对于函数 λ_i: $\{v_1,\ldots,v_K\}\to(0,\infty)$。$V$ 的概率质量函数可以记为 $\boldsymbol{\pi}=(\pi_1,\ldots,\pi_k)$ 其中 $\pi_k=Q(V=v_k)$，$k=1,\ldots,K$。由此得到，关于 $\tau_1,\ldots,\tau_m$ 的联合生存函数可以写成

$$\bar{F}(t_1,\ldots,t_m)=\sum_{k=1}^{K}\pi_k\Big\{\prod_{i=1}^{m}\exp\big(-\lambda_i(v_k)t_i\big)\Big\} \tag{12.25}$$

如果模型被同时校准到不同期限的分层利差，可以使公式 (12.24) 中的函数 $\lambda_i(\cdot)$ 是时间依赖的，这个是必要的。为了便于理解，我们将会介绍时间依赖的案例。

注意到："隐含连接函数模型"这个名字有点误导，因为如果 V 的分布变化则依赖关系和关于 τ_i 的边际分布都会变化。例如，对于 $\boldsymbol{\pi}=(1,0,\ldots,0)$，我们有 $Q(\tau_i>t)=\exp\big(-\lambda_i(v_1)t\big)$，反之对于 $\boldsymbol{\pi}=(0,\ldots,0,1)$，我们有 $Q(\tau_i>t)=\exp\big(-\lambda_i(v_K)t\big)$。因此对于公式 (12.25) 更好的名字是"关于隐含因子分布的模型"，但是标签"隐含连接函数模型"已经成为标准，主要是因为有影响力的论文 Hull and White (2006)。

为了计算隐含连接函数模型中 CDS、指数互换或者单一分层 CDO 的利差，我们采用和上一节中讨论因子模型中的类似方法进行。首先我们计算给定 $V=v_k$ 的违约赔付款和信用风险保护费用支付端的条件价值，记为 $V^{\mathrm{Def}}(v_k)$ 和 $V^{\mathrm{Prem}}(v_k,x)$，其中 x 表示一般利差水平，在第 12.3.1 节中介绍的方法可以用来解决这个问题。违约赔付款和信用风险保护费用支付端的非条件价值通过计算多个不同状态的平均值得到，如下

$$V^{\mathrm{Def}}=\sum_{k=1}^{K}\pi_kV^{\mathrm{Def}}(v_k)\ \text{and}\ V^{\mathrm{Prem}}(x)=\sum_{k=1}^{K}\pi_kV^{\mathrm{Prem}}(v_k,x).$$

这个结构的公允利差等于 $x^*=V^{\mathrm{Def}}/V^{\mathrm{Prem}}(1)$。

隐含连接函数模型通常被用来对非标准连接点到 CDO 分层进行定价。它也可以被用来对标的池不是标准信用指数的分层进行估值，不过对这类产品的估值多少有点主观，详细介绍可见说明与评论中的参考书。在第 17.4.3 节中我们解释了如何把隐含连接函数模型嵌入动态组合信用风险模型中。延伸看来，这个模型可以用来对基于标准信用指数产品的期权进行定价，如 CDS 指数互换。

例 12.7 (同质投资组合的隐含连接函数模型). *在同质投资组合中，所有公司的违约强度是等同的，$\lambda_i(\cdot)=\lambda(\cdot)$，我们可以直接用在不同状态下的违约强度（default intensity）数值 $\lambda_1,\ldots,\lambda_K$ 中进行模型参数化。而且，这些状态可以进行排序使得 $\lambda_1<\lambda_2<\cdots<\lambda_K$。在这种情况下，状态 1 可以被视为是经济的最好状态（最低的违约强度）和状态 K 表示最差情况。在下面我们的校准示例中我们使用一个状态 $K=9$ 的模型并且我们假设违约强度取值于集合 $\{0.01\%,0.3\%,0.6\%,1.2\%,2.5\%,4.0\%,8.0\%,20\%,70\%\}$。*

对于异质组合我们要求更多复杂的参数化。具体示例可以参见 Rosen and Saunders (2009)，更多的参考书目将在说明与评论中找到。

在模型的实际运用中，状态集合 $\{v_1,\ldots,v_K\}$ 在分析的一开始就已经选定了，并且在模型校准过程中保持不变。然而，为了使得对于定制指数产品的定价结果关于 v_k 的精确值是稳健的，建议采用精细的坐标格，这也就是说要使用大量的状态 K。当然，这就是意味

着确定概率质量函数 $\boldsymbol{\pi}$ 变成了一个高维问题，但是对于 $\boldsymbol{\pi}$ 的模型校准则相对简单，我们现在具体介绍一下。

$\boldsymbol{\pi}$ 模型校准　在隐含连接函数模型框架下，我们需要通过在市场上观测到的数据确定概率质量函数 $\boldsymbol{\pi}$。通常在模型校准中 $\boldsymbol{\pi}$ 是通过最小化市场价格和模型价格的某种距离得到的。在观察到模型价格关于 $\boldsymbol{\pi}$ 是线性的极大地简化了这个问题。因此在给定的时间点 t，所有的概率质量函数集合和价格信息一致可以被描述成一组线性不等式。我们现在通过一个公司债和单一名称 CDS 的案例来具体解释一些；对于指数互换和 CDO 分层也是同样的论据。

- 考虑公司 i 发行的期限为 T 的零息债券，在状态 v_k 下债券价值记为 $p_i(v_k)=\exp\big(-\lambda_i(v_k)(T-t)\big)$（为了简化，我们假设回收率等于 0）。假设观察到债券的买价和卖价为 $\underline{p}\leqslant\overline{p}$。为了和这些信息一致，一个概率质量函数 $\boldsymbol{\pi}$ 需要满足如下的线性不等式

$$\underline{p}\leqslant\sum_{k=1}^{K}\pi_k p_i(v_k)\leqslant\overline{p}$$

- 接下来考虑关于公司 i 的 CDS 合同；这是一个关于两个现金流交换的合同的简单例子。假设在时间 t，我们观察到合同的买入和卖出利差 $\underline{x}\leqslant\overline{x}$。记 $V_i^{\mathrm{Def}}(v_k)$ 和 $V_i^{\mathrm{Def}}(v_k,x)$ 表示在状态 k 下一般 CDS 利差 x 的信用风险保护费用支付和违约赔付款支付端的价值。那么 $\boldsymbol{\pi}$ 必须满足如下两个不等式：

$$\sum_{k=1}^{K}\pi_k\big(V_i^{\mathrm{prem}}(v_k,\underline{x})-V_i^{\mathrm{def}}(v_k)\big)\leqslant 0$$
$$\sum_{k=1}^{K}\pi_k\big(V_i^{\mathrm{prem}}(v_k,\overline{x})-V_i^{\mathrm{def}}(k)\big)\geqslant 0$$

再者，对所有 k 并且 $\sum_{k=1}^{K}\pi_k=1$，$\boldsymbol{\pi}$ 显然需要满足 $\pi_k\geqslant 0$。

从上面的讨论中可以得出，在时间 t，在 $\boldsymbol{\pi}$ 上的限制可以写成更一般的形式

$$A\boldsymbol{\pi}\leqslant b$$

其中，矩阵 $A\in\mathbb{R}^{N\times K}$，向量 $b\in\mathbb{R}^N$ 和 $N\in\mathbb{N}$。为了找到一个向量 $\boldsymbol{\pi}$ 满足线性不等式系统，固定一个权重向量 $\boldsymbol{c}=(c_1,\ldots,c_K)$ 并考虑如下线性程式问题，

$$\min_{\boldsymbol{\pi}\in\mathbb{R}^K}\sum_{i=1}^{K}c_k\pi_k\quad \text{使服从} A\boldsymbol{\pi}\leqslant b \tag{12.26}$$

显然，公式 (12.26) 的每一个解是一个概率质量函数并且和给定的价格信息一致，从这方面来说就是解决了系统 $A\boldsymbol{\pi}\leqslant b$。注意到公式 (12.26) 可以通过标准线性程序软件解决。

如果状态 K 的数量大于限制条件数量，那通常就有多于一个概率质量函数 $\boldsymbol{\pi}$ 解决系统 $A\boldsymbol{\pi}\leqslant b$。一个简单的方法确定就是变化权重向量公式 (12.26) 中的 $\boldsymbol{c}$，因为不同的权

重向量通常对应系统 $A\boldsymbol{\pi} \leqslant b$ 不同的解。在那种情况下，模型校准的唯一解 $\boldsymbol{\pi}^*$ 可以通过一个合适的正则化过程（regulization procedure）确定。比如可以通过最小化基于集合 $\{v_1, \ldots, v_K\}$ 的均匀分布的相对熵（relative entropy）。这个就变成凸最优化问题

$$\min_{\boldsymbol{\pi} \in \mathbb{R}^K} \sum_{i=1}^{K} \pi_k \ln \pi_k \quad 使服从 A\boldsymbol{\pi} \leqslant b \tag{12.27}$$

这个可以通过图形规划算法解决，详见 Bertsimas and Tsitsiklis (1997)。通过熵最小化方法进行模型校准有许多有吸引力的特征，例如，在 Avellaneda (1998) 中。特别地，定制分层的价格（模型输出）平滑地依赖与市场上观察到的（模型输入）。

我们通过展示一个模型校准练习Frey and Schmidt (2011) 中的结果来结束关于隐含连接函数模型这部分。在那篇文章中例 12.7中的同质模型被校准到 2004 年、2006 年、2008 年和 2009 年的 iTraxxx 分层和指数利差数据；所有的合约都是 5 年期。2004 年和 2006 年的分层和指数利差数据是典型信用危机前的；而 2008 年和 2009 年的数据代表了在危机中的市场状态。熵最小化被用来确定模型校准问题的解 $\boldsymbol{\pi}^*$。表 12.5中给出了 $\boldsymbol{\pi}^*$ 的结果。我们可以清晰地看到由于次贷危机的出现，校准过程把更多的质量放在了违约强度较高的状态下；特别地，在 $\lambda = 70\%$ 的极端状况下的概率大概是 3%。这就反映了在危机开始后市场上对于未来的违约到认识的提升和风险偏好的降低。

通常，对于单一期限，隐含连接函数模型可以比较好地被校准到分层和指数利差；如果是同时校准到多个期限的分层利差则要复杂多了；具体细节可见 Brigo et al. (2010)。

λ (%)	0.01	0.3	0.6	1.2	2.5	4.0	8.0	20	70
$\boldsymbol{\pi}^*$, 从 2004 年	12.6	22.9	42.0	17.6	2.5	1.45	0.54	0.13	0.03
$\boldsymbol{\pi}^*$, 从 2006 年	22.2	29.9	39.0	7.6	1.2	0.16	0.03	0.03	0.05
$\boldsymbol{\pi}^*$, 从 2008 年	1.1	7.9	57.6	10.8	11.7	4.9	1.26	1.79	2.60
$\boldsymbol{\pi}^*$, 从 2009 年	0.0	13.6	6.35	42.2	22.3	12.5	0.0	0.00	3.06

表 12.5 同质隐含连接函数模型校准到不同年份的 iTraxx 利差数据（指数和分层）的结果，$\boldsymbol{\pi}^*$ 表示成百分比形式。数值结果来自 Frey and Schmidt (2011)。

说明与评论

因子连接函数模型对合成型 CDO 进行定价的半解析方法是由 Laurent and Gregory (2005), Hull and White (2004), Gibson (2004) 和 Andersen and Sidenius (2004) 等人发展起来的。Laurent 和 Gregory 利用因子连接函数模型的条件独立结构并发展了基于傅里叶分析的方法；Anderson 和 Sidenius，Gibson 和 Hull 和 White 提出了递归的方法。大投资组合近似（简称 LPA）起初来源于 Vasicek (1997)。Frey et al. (2008) 提出的正态近似作为大组合近似简单但不失有效的另外一种选择。关于应用于 CDO 定价中的独立随机变量之和的正态和泊松逼近的深入研究可见El Karoui et al. (2008)。

关于一般的单因子连接函数模型的相关性偏度有丰富的研究：Hull and White (2004) 和 Vrins (2009) 研究了双 t 连接函数；Eberlein et al. (2008), Guégan and Houdain (2005)

和 Kalemanova et al. (2005) 等人则分析了双 GH 连接函数。利用状态相关的回收率的想法提升了 CDO 定价模型的贴合程度，具体可参见 Hull and White (2006)。在对非标准分层进行定价时，基础相关性方法被用在许多（相当可疑）外推方法中。关于在信用风险中隐含相关性偏度的更深入的讨论可参见 Brigo et al. (2010)。

隐含连接函数模型源自 Hull and White (2006);类似的想法可以在 Rosen and Saunders (2009) 和 Frey and Schmidt (2012) 中找到。Hull and White (2006) 和 Rosen and Saunders (2009) 讨论在这个模型的背景下对定制 CDO 分层进行定价。关于隐含连接函数模型校准到异质组合的讨论可以参见 Rosen and Saunders (2009) 和 Frey and Schmidt (2012)。Brigo et al. (2010) 给出了隐含连接函数模型校准性质的实证评价。基于熵最小化进行模型校准的方法在 Avellaneda (1998) 中有详细讨论。

第 13 章　操作风险和保险分析

到目前为止，我们专注于市场风险和信用风险的建模，这反映了银行业量化风险管理的历史发展进程。书中讨论过的一些技术也适用于操作风险建模，特别是第 5 章中提到的极值理论模型和第 8 章中的聚合方法。不过，但我们也需要其他专门针对操作风险的技术，我们认为在这方面非寿险领域使用的精算模型值得借鉴。

在本章的前半部分（第 13.1 节），我们研究了巴塞尔对银行操作风险量化建模的要求，讨论了各种可能的解决方法。在行业数据的基础上，我们强调了实施所谓的基于损失分布建模的高级计量（AM）方法（也称为损失分布法（LDA））所面临的挑战。

在操作风险领域中没有统一的最佳建模方法。与市场风险和信用风险不同，操作风险的数据源更为有限，且现有数据表现出高度的不均匀和不稳定的统计特性，导致许多统计工具无法被直接使用。本章的目的不是提供特定的模型，而是提供一组工具，可以用来更多地了解这个重要但难以建模的风险类别。

在第 13.2 节，我们在保险分析标题下总结了与操作风险相关的精算建模技术。虽然那节的出发点是对操作风险进行量化模型，但事实上精算模型在量化风险管理领域中有更广泛的适用性，有些方法已经被应用到了信用风险章节。本章最后的说明与评论部分概述了保险数学的进一步技术，这些技术在更广泛的量化风险管理领域中具有潜在的应用。

13.1　操作风险透视

13.1.1　重要的风险类别

在第 1.2.2 节概述巴塞尔监管框架的发展进程中，我们解释了操作风险作为一个新的风险等级被纳入巴塞尔 II，金融机构也被要求为它预留监管资本。尽管它同时也被纳入了保险公司偿付能力二代监管体系，在本章中我们仍将把注意力放在银行体系。

我们首先回顾巴塞尔定义，因为它出现在巴塞尔 II 文档 (Basel Committee on Banking Supervision, 2006) 的最终综合版本中。

> 操作风险定义为内部流程，人员和系统不足或失败或外部事件导致的损失风险。
> 该定义包括法律风险，但不包括战略和声誉风险。

操作风险损失案例　内外部诈骗，IT 故障，交易中出现错误，由于洪水、火灾、地震和恐怖袭击导致的诉讼和损失都属于操作风险损失的范畴。由于管理不当，类似于过去二十年间许多兼并收购而导致的 2007—2009 年金融危机，并不包含在内。但事实上，法律风险作为操作风险定义的一部分，对危机之后的金融业有很大的影响。

早期的一个案例几乎涉及上述定义的几乎所有方面，那就是巴林银行（也参见第 1.2.2 节）。从缺乏内部制衡（流程）到欺诈（人力）风险），外部事件（神户地震），许多经营风险因素促成了这个曾经著名的商业银行的垮台。更多的例子包括爱尔兰联合银行（全冠银行）6.91 亿美元的欺诈交易 (rogue trading) 损失，家庭金融公司（Household Finance）4.84 亿美元的销售误导赔款，以及纽约银行由于 9 • 11 恐怖袭击导致的约 1.40 亿美元的损失。

最近涉及法律风险的例子包括操纵伦敦银行间同业拆借利率（Libor）以及每日交易额约为 5.35 万亿美元的外汇交易市场汇率，欧盟委员会（European Commission）对八家大型金融机构处以总计 23 亿美元的罚款。2007—2009 年的金融危机发生后，很多金融机构面临着不当销售金融产品，尤其是具有信息不准确或者误导性的信息所产生的风险的贷款资产证券化产品（不良抵押贷款证券）。由于销售不良抵押贷款证券，美国银行在 2014 年 8 月 21 日接受了 166.5 亿美元的罚款。

越来越多地使用算法和高频交易导致了操作损失。举例来说，2010 年的闪电崩盘事件以及骑士资本电脑交易失误造成估计为 4.4 亿美元的损失。一些重大的交易员违规操作导致巨大损失的案例也被媒体广泛报道，包括高盛的法布里 • 托尔雷，瑞银的奎库 • 阿多博利，法兴银行的杰瑞米 • 科维尔和摩根大通布鲁诺 • 伊克希尔（知名的伦敦鲸）。

上面列举的种种事例，以及全球监管机构已对违规事件采取的严厉手段，证明了操作风险作为风险等级的重要性。许多银行被要求增加操作风险经济资本，有的风险资本增加值高达 50%。监管文件深入调查瑞银交易亏损的一个例子是 FINMA (2012)。

操作风险的特殊性 操作风险与市场风险和信用风险的本质区别在于操作风险对银行而言没有任何好处。它来自日常运营的错误，因此对银行来说是一个质量控制的问题。尽管银行尽可能地努力降低操作风险，但操作损失仍在发生。

尽管损失持续发生，但缺乏公开的、高质量的操作损失数据一直是开发操作风险模型面临的主要问题。这与巨灾承保人遇到的问题类似。保险业通过收集跨行业数据来解决这个问题，银行业也正朝相似的方向发展。目前数据来源包括巴塞尔委员会的定量研究（QISs），波士顿储备银行的联邦数据库和类似操作风险数据交流协会（ORX）等订阅商为会员提供的服务。越来越多的民营企业也开始提供数据。但银行层面缺乏广泛可访问的数据仍然是一个主要问题。随着可用数据的增加，本书中讨论的许多方法（例如第 5 章中提到的极值模型和第 13.2 节中的保险分析）将变得更为有用。

基本和高级计量方法 在第 13.1.3 节中我们提到了*高级计量* (AM) 方法，通常被拥有高质量操作损失数据的大型银行采用。这种方法被称为*损失分布法* (LDA)，将已被分类成不同类型的操作损失数据拟合到一系列分布模型或随机过程中。

首先，我们将先讨论操作风险建模中所谓的*基本方法*。针对规模较小的银行，它们不需要不同类型损失分布的具体模型，而是简单计算与公司规模对应的风险资本。

我们注意到例如在计算信用风险时，巴塞尔框架下监管资本的计算逐渐变得更为复杂。回顾在第 1.3.1 节中提到的，银行被要求必须实施标准法或内部评级法来计算信用风险。银行领域的监管在不断变化，我们下面描述的方法细节可能随着时间而变化，但基本原则将保持不变。

13.1.2 基本方法

操作风险度量的基本方法有两种。在基本指标 (BI) 法下，银行必须将占过去三年平均收入固定百分比 α 的资本作为操作风险资本。任何一年的年度总收入如果为负或为零，应在计算平均值时将其从分子和分母中排除。在基本指标法下，年份 t 的风险资本为

$$\mathrm{RC}_{\mathrm{BI}}^{t}(\mathrm{OR})=\frac{1}{Z_t}\sum_{i=1}^{3}\alpha\max(\mathrm{GI}^{t-i},0) \tag{13.1}$$

其中，$Z_t=\sum_{i=1}^{3}I_{\{\mathrm{GI}^{t-i}>0\}}$ 和 GI^{t-i} 代表年份 $t-i$ 的总收入。值得注意的是操作风险的风险资本是按年度计算的。基本指标法给出了一个相对直接，与公司规模相关，通用的风险资本。基于不同的定量研究（QISs），巴塞尔委员会建议将赋值 $\alpha=15\%$。

在标准法下，银行的业务被分为八条业务线：银行融资部，交易 & 销售部，零售银行，商业银行，支付结算，代理服务，资产管理 & 零售经纪。在 (Basel Committee on Banking Supervision, 2006) 二号文件中能找到对这些业务线更准确的定义。在每一个业务范围内，总收入可以宽泛地作为代表业务规模和操作风险暴露的指标。每条业务线被分配的风险资本等于总收入乘以一个系数（称为 β）。正如在公式 (13.1) 中提到的，总的风险资本等于三年平均不为负的总收入，推导出下面的公式：

$$\mathrm{RC}_{\mathrm{S}}^{t}(\mathrm{OR})=\frac{1}{3}\sum_{i=1}^{3}\max\left[\sum_{j=1}^{8}\beta_j\mathrm{GI}_j^{t-i},0\right] \tag{13.2}$$

在公式 (13.2) 中需要指出的是，在任何给定的 $t-i$ 年，业务线 j 中因总收入为负导致的负数风险资本可以和其他业务线的正值风险资本相抵消（尽管监管者有最终裁定权）。这种“轧差”应该吸引银行从基本指标法转移到标准法，当然“轧差”这个词应被小心使用。基于定量研究（QISs），巴塞尔委员会已将 β 系数列举在表 13.1 中。Moscadelli (2004) 在 2002 年夏天基于第二轮定量研究中超过 47 000 组操作损失数据库的研究，给出了对 β 系数的关键分析（见第 13.1.4 节）。关于在公式（13.1）和公式（13.2）中的总收入，请见说明与评论。

13.1.3 高级计量法

在高级计量法下，监管资本是根据 (Basel Committee on Banking Supervision, 2006) 监管文件中在一系列定量定性要求下由银行内部的风险度量系统来设定的。由于在巴塞尔文件中有了详细说明，我们将不细述高级计量法被国际活跃银行及其子公司采用的过程。我们将注意力放在操作风险度量的定量方法论方面，但和市场和信用风险类似，操作风险的高级计量法需要监管部门的批准和持续的质量检查。

表 13.1　标准法的 β 系数

业务线 (j)	β 系数 (β_j)
$j=1$，银行融资部	18%
$j=2$，交易销售部	18%
$j=3$，零售银行	12%
$j=4$，商业银行	15%
$j=5$，支付结算	18%
$j=6$，代理服务	15%
$j=7$，资产管理	12%
$j=8$，零售经纪	12%

虽然基本指标法和标准法规定了明确的公式 (13.1) 和公式 (13.2)，但高级计量方法只规定了一般准则。借用巴塞尔委员会的话（参见 Basel Committee on Banking Supervision (2006, 段落 667)）：

> 鉴于操作风险分析方法的持续发展，委员会将不指定用于生成操作风险监管资本的方法或分布假设。然而，银行必须证明所用方法能捕捉到潜在的尾部损失事件。无论使用什么数据，银行必须证明其操作风险测量满足与信用风险内部评价法相当的健全标准（相当于一年 99.9% 的置信区间）。

在高级计量法下普遍使用的损失分布法，将操作损失分配到第 13.1.2 节中提到的八大业务线以及内部舞弊、外部欺诈、就业环境 & 工作场所安全、客户产品 & 商业活动、实物资产损失、业务中断 & 系统故障、执行交付 & 过程管理等七种损失事件类型中。虽然这种八大业务线、七种损失类型的归类很常见，在适当情况下，银行也可能会偏离这个模式。

银行应该收集内部重复、高频率的损失数据（三至五年的数据），以及外部相关的非重复的低频损失数据。在此基础上，银行还必须在损失严重程度（冲击模型参数）和损失相关性上增加压力情境。在缺乏具体损失类别联合模型的情况下，累积损失等于不同损失类型的加总。一般情况下，预期和非预期损失都应考虑在内（风险指标评估不能通过减去预期损失金额而减少）。

我们现在描述一个典型高级计量法解决方案的框架版本，用于计算 t 年操作风险费用。假设从数据库收集的前几年的历史损失数据结构为：

$$\{X_k^{t-i,b,\ell} : i=1,\ldots,T;\ b=1,\ldots,8;\ \ell=1,\ldots,7;\ k=1,\ldots,N^{t-i,b,\ell}\} \tag{13.3}$$

其中，$X_k^{t-i,b,\ell}$ 代表在 $t-i$ 年的业务线 b 的 k 个损失类型 ℓ，$N^{t-i,b,\ell}$ 表示损失的次数并且年份 $T \geqslant 5$。值得注意的是每一个（i (i,b,ℓ)）类别都能设置对应的阈值，一些小于阈值的损失将被忽略不计。典型的阈值一般设为 10000 欧元。业务线 b 在 $t-i$ 年的总历史损失金额为

$$L^{t-i,b} = \sum_{\ell=1}^{7} \sum_{k=1}^{N^{t-i,b,\ell}} X_k^{t-i,b,\ell} \tag{13.4}$$

$t-i$ 年的整体损失金额为

$$L^{t-i} = \sum_{b=1}^{8} L^{t-i,b} \tag{13.5}$$

高级计量的问题在于运用损失数据来估算 L_t 在 t 年的分布和对预计分布的风险度量计算，例如 VaR 和预期损失（参见第 2.3 节）。设 ϱ_α 代表置信水平为 α 的风险度量，监管资本将等于

$$\mathrm{RC}^t_{\mathrm{AM}}(\mathrm{OR}) = \varrho_\alpha(L^t) \tag{13.6}$$

其中，α 通常被监管赋值为 $0.99 \sim 0.999$。因为在公式 (13.4) 和公式 (13.5) 中任何一年的损失联合分布通常是未知的，我们通常会简单地把各损失风险类别聚合，以得到公式

$$\mathrm{RC}^t_{\mathrm{AM}}(\mathrm{OR}) = \sum_{b=1}^{8} \varrho_\alpha(L^{t,b}) \tag{13.7}$$

根据在第 8 章中的讨论，可以理解公式 (13.7) 中相加规则的选择。事实上，对任何一致性风险度量 ϱ_α，公式 (13.7) 的右边将推导出总风险的上限 $\varrho_\alpha(L^t)$。在 VaR 的重要案例中，公式 (13.7) 的右边会对应单调情景（详见命题 7.20 ）。第 8.4.4 节的最优结果可用来计算 $\varrho_\alpha(L^t)$ 在各业务线下不同情境的边界（可特别参见例 8.40）。

当 $\varrho_\alpha = \mathrm{VaR}_\alpha$ 且 $\alpha = 0.999$ 时公式将被简化为其最典型化的形式，在高级计量法下的风险资本需要计算损失种类的数量：

$$\mathrm{VaR}_{0.999}\left(\sum_{k=1}^{N} X_k\right) \tag{13.8}$$

其中，(X_k) 是损失严重性的排序，N 是损失发生频率的随机变量。公式 (13.8) 中的随机变量是如第 13.2.2 节中运用精算模型的一个例子。在我们继续讨论下一节中的模型之前，我们要强调一些操作损失数据的“典型化事实”。

13.1.4　操作损失数据

为了可靠地评估公式 (13.6)，公式 (13.7) 或是像公式 (13.8) 中的典型性版本，我们都需要大量的数据。但操作风险的数据情况比信用风险糟得多，比拥有大量公开数据的市场风险更是差了好多数量级。正如在第 13.1.1 节中讨论过的，银行开始收集数据的时间还不长，数据的主动汇聚共享还处于起步阶段。据我们所知，针对操作风险目前还没有可靠的公共数据源存在。

我们以下的讨论是基于我们能够分析的行业数据、Moscadelli (2004) 定量研究数据库中的发现和波士顿联邦储备银行 2004 年收集损失数据得到的结果 (参见 Federal Reserve Bank of Boston, 2005)。从巴塞尔委员会报告 (Basel Committee on Banking Supervision, 2003) 中可以找到对数据特性很好的概述。正如报告所指出的：

> 尽管取得了上述进展，基于数据的推理还是应该慎重 …… 此外，最近的一次数据收集工作仅提供了一年的数据。即使在最好的情况下，为期一年的数据窗

口仍无法提供全方位的潜在操作风险事件，特别是缺乏少见但非常重要的“尾部风险事件”。

更多的信息能在越来越多的相关文章中被发现，特别是操作风险数据交流协会（ORX）推出的相关论文中（参见说明与评论）。

在图 13.1 中，我们绘制了从不同来源获得的操作损失数据，(a)~(c) 部分显示从 1992~2001 年三条业务线的损失情况。对读者而言确切的损失类型并不重要，知道数据是公式 (13.3) 中典型的 (b,ℓ) 类型就足够了。在（d）部分中，前三张图中的数据将被汇集在一起。

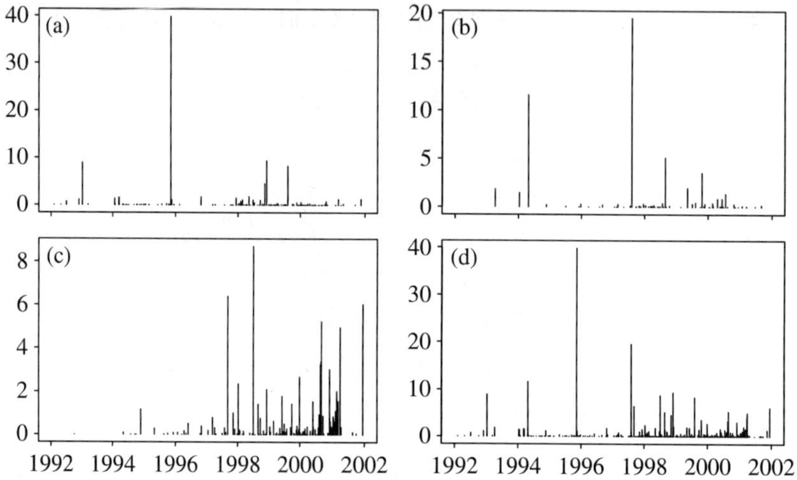

图 13.1 操作风险损失 (a) 类型 1, $n=162$; (b) 类型 2, $n=80$; (c) 类型 3, $n=175$; 以及 (d) 汇集损失 $n=417$。

数据分析显示出以下典型性事实（也在其他研究中被确认）：

- 损失严重程度具有厚尾分布；
- 损失发生时间随机；
- 损失发生频率可能随着时间而变化。

第三个观点多少说明了自巴塞尔 II 发布以来银行收集了越来越多的操作损失数据。因此，有相当数量的报告存在*报告偏差*，导致 90 年代的前半段损失较少，而随后的几年损失较多。另外，几类损失类型存在相当大的周期性因子和（或）可能取决于经济协变量的变化。例如，后台错误取决于交易数量，欺诈可能与经济的整体水平（萧条和繁荣周期）有关。此外，在一次严重的危机之后可能产生法律损失，正如我们从 2007—2009 年信用危机后观察到的那样。这种明显的不均匀损失频率使统计学方法的直接应用变得困难。然而，我们至少能合理假设（通胀调整后）的损失大小服从普遍的严重程度分布，使第 5 章中的应用方法能被使用。

在图 13.2 中，我们为图 13.1 中的数据绘制了样本平均超额函数 (5.16)。这幅图清楚表明了损失严重程度呈现厚尾这一典型性事实。在（a）和（b）中平均超额以近似线性的方式明显增长，指向帕累托式的行为。与（c）相对比，图形在阈值 1 周围趋于平稳。这暗示了损失分布存在有限上限，但这需要更详细的损失类型知识来证明。在（d）中汇集的数据掩盖了不同类型的表现，说明了不考虑数据生成机制、单纯的统计分析的危险。

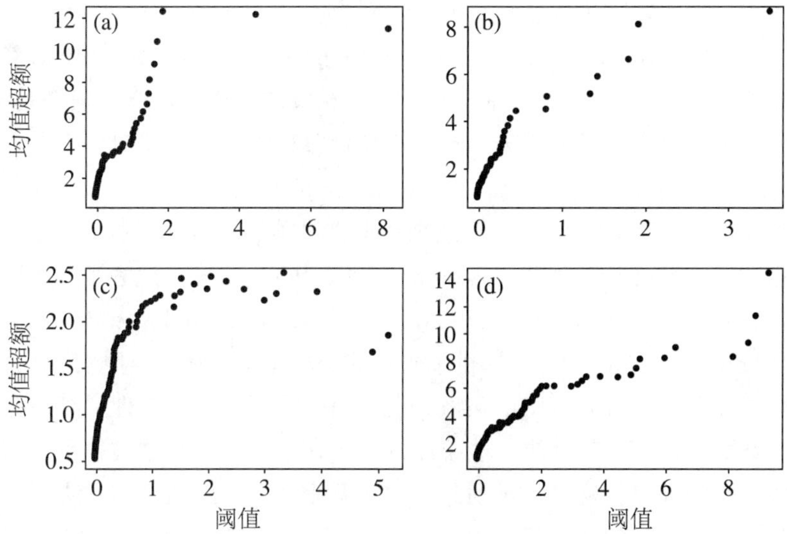

图 13.2　图 13.1 中数据对应的样本平均超额函数：(a) 类型 1；(b) 类型 2；(c) 类型 3；(d) 汇总。

Moscadelli (2004) 对完整的超过 47 000 个定量研究数据进行了一个详细的 EVT（极值理论）分析（包括首次尝试解决频率问题），总结出损失分布的上尾部分与帕累托分布能很好地拟合（必要的统计背景请见第 5.2.2 节）。预计不同业务的尾部参数 (5.14) 中的 (ξ) 的范围将从资产管理的 0.85 一直到商业银行的 1.39。相对于无限均值模型，六条业务线的预估 ξ 参数将大于 1。基于定量研究数据，预计风险资本/总收益比（表 13.1 中的 β）的范围从零售银行业务的 8.3% 一直到支付结算部门的 33.3%；整体 α 值（见 (13.1)）为 13.3%，略低于巴塞尔 II 中基本指标下使用的 15%。值得注意的是从定量风险数据中分析出现的 β 的赋值区间比表 13.1 中标准化方法下规定的 12~18% 的范围宽泛许多。

说明与评论

已经出版了几本关于操作风险的教科书，例如 Cruz (2002, 2004), King (2001), Jenkins and Roberts (2004) 编辑初版的风险丛书，以及 Ong (2003) 和 Crouhy et al. (2001) 中的一些章节。特别是由 Carolyn Currie 编写的 Cruz (2004) 第四章，给围绕操作风险监管问题做了一个极好的概述。更多的教材包括 Shevchenko (2011), Cruz et al. (2014) 和 Panjer (2006)。操作风险杂志出版与学术或业界相关的研究，包括风险数据交流协会发表的文章，例如操作风险数据交流协会（ORX）出版的论文；例如参见 Cope and Antonini (2008) and Cope and Labbi (2008)。

在实践中运用操作风险模型的论文包括 Ebnöther et al. (2003)。Frachot et al. (2001) 讨论了操作风险的损失分布法；Doebeli et al. (2003) 表明良好的操作风险管理框架能全面改善业务质量；Aue and Kalkbrener (2006) 全面描述了损失分布方法在德意志银行的发展过程。运用公开操作风险损失数据的优秀分析论文包括 de Fontnouvelle et al. (2003) 和

Moscadelli (2004)。Rosenberg and Schuermann (2006) 解决了整合市场、信用和操作风险度量。de Jongh et al. (2014) 是一个综合性的研究，在情境生成的背景下结合内部和外部数据以及专家意见，还包含了很好的参考文献列表。

图 13.1 是从 Embrechts et al. (2004) 中摘取的。这篇文章也强调所谓重复和非重复损失之间的重要差异。前一种（某种程度中不太重要的）损失，统计模型是非常有用的。对非重复、低概率、高严重性的损失，在运用统计分析方法前需要更为小心 (参见 Pézier, 2003a,b)。

众多作者通过 EVT（极值理论）方法来对操作风险进行定量分析 (参见，如，Medova and Kyriacou, 2000; Medova, 2000; Coleman, 2002, 2003)。由于过去几年的操作损失数据的不稳定性，使我们需要更精确的 EVT 模型。Chavez-Demoulin and Embrechts (2004) and Chavez-Demoulin et al. (2014) 提供了一些这类模型的实例。运用 EVT 来计算操作风险资本的一篇重要文章是 Embrechts et al. (2003)，其中包含了合理估算高分位数所需数据数量的模拟研究。除 EVT 外的其他统计方法也在上面的教材中被提到。这些方法包括线性预测模型、贝叶斯信念网络、辨别分析法和可靠性理论的工具和方法。

我们意识到操作风险的严重程度往往（非常）厚尾。若干出版物提到了无限均值模型。这个问题早期的讨论出现在 Nešlehová et al. (2006)。对这些模型在经济意义上更深层次的讨论感兴趣的读者应该在互联网上搜索“暗淡定理（the dismal theorem）”并阅读一些有关这个专题已发表的材料。“暗淡定理”一词是由 Martin Weitzman 创造的，在 Weitzman (2011) 这篇有趣的文章里通过灾难天气变化经济学引入了这一词语。

通过前几章对风险度量的了解，我们应该意识到一年 99.9% 的操作风险在险价值的聚合及统计评估是一项艰巨的任务。因此，Ames, Schuermann and Scott (2014) 指出了几个由于监管政策变化引出的更简单、更规范、更稳定和可靠的方法，直至我们对操作风险的理解有所增加。在最近的出版物中，巴塞尔银行监管委员会 (2014) 提出了在公式（13.1）和公式（13.2）中将总收入指标变为新业务指标（BI）的提议。

13.2　保险分析的要素

13.2.1　精算方法的案例

运用精算工具和方法来建模、定价和对传统寿险非寿险、再保险领域产品测算准备金可以追溯到一个多世纪以前。近年来，金融和保险产品之间的界限变得越来越模糊，投连险以及通过证券化将保险风险转移到资本市场（见第 1 章，特别是第 1.5.3 节和说明与评论）是这一进程中的几个例子。

尽管一些银行保险组合产品并未实现原本希望的成功，但对能够弥补这两个领域之间方法差距的金融和精算专业人员的需求仍然日益增加。在接下来的章节中，我们将讨论保险分析工具，我们认为更传统的以金融为导向的风险管理者应该意识到这一点；保险分析这个名称背后的故事可以在 Embrechts (2002) 中找到。

不仅是一些银行和保险联合开发的产品为精算方法论在量化风险管理（QRM）中的运

用提供了依据，而且我们观察到在前几章中提到的许多量化风险管理（QRM）概念和方法其实是从精算资料中借鉴的。

- 风险度量如预期损失（定义 2.12 ）在保险文献中被进行了系统性的研究。预期损失也是偿二代（偿付能力标准 II）中标准的风险度量。
- 在第 7 章中提到的许多依赖性建模工具的首次应用都是在保险领域。此外，类似于风险因子单调性的起源也来自精算问题。
- 在第 2.3.5 节中我们讨论了金融风险度量的公理原则，也提到了保险保费原则的平行发展（通常有着相似的目标和结果）。
- 在统计建模中的极值事件自保险开始以来一直是精算师的强项。在第 5 章中提到的许多工具在精算师中是众所周知的。
- 在信用风险管理领域，行业模型 CreditRisk+ 模型（第 11.2.5 节）被称为精算模型。
- 在第 13.1.3 节高级计量法中运用精算方法来构建操作风险模型。

在接下来的几节中，我们将简要讨论相关的精算技术。所提供的材料应能使读者更容易地将精算概念转换到量化风险管理（QRM）中。我们并不准备对相关工具进行全面地处理，因为那样的话将会填满一本单独的（篇幅巨大的）教科书，读者可在 Denuit and Charpentier (2004), Mikosch (2004) 和 Partrat and Besson (2004) 中找到许多相关方法的资料。

13.2.2　整体损失金额

重新考虑公式 (13.8)，所有随机损失数量 N 和给定时间内损失严重性 X_k 被加总。为了采用一个类似风险价值（VaR）的风险度量，我们需要对 (X_k) 和 N 做出假设，这就引入了非寿险保险数学的基本概念。

定义 13.1 (整体损失金额和分布). 用 $N(t)$ 表示在固定时间 $[0,t]$ 内损失的（随机）数目，用 $X_1, X_2, \ldots$ 表示单个损失。整体损失金额（或 累计损失）定义为

$$S_{N(t)} = \sum_{k=1}^{N(t)} X_k \tag{13.9}$$

其中分布函数 $F_{S_{N(t)}}(x) = P(S_{N(t)} \leqslant x)$，为总（或累计）损失分布函数。当 t 是固定的，例如 $t=1$ 时，我们可以将时间索引从记号中省略，简单写成 S_N 和 F_{S_N}。

备注 13.2. 公式 (13.9) 作为一个随机变量可以被理解为 $S_{N(t)}(\omega) = \sum_{k=1}^{N(t)(\omega)} X_k(\omega), \omega \in \Omega$ 是一个随机（或随机索引）的和。

这一节的主要目的是对 F_{S_N} 进行数值计算和分析，这还需要对 (X_k) 和 N 做进一步假设。

假设 13.3 (独立、复利和). 我们假设随机变量 (X_k) 独立同分布且拥有相同的分布函数 G，$G(0)=0$。我们进一步假设随机变量 (X_k) 和 N 也相互独立，在这种情况下，我们称公式 (13.9) 为复利和。N 的概率质量函数表示为 $p_N(k) = P(N=k)$，$k=0,1,2,\ldots$，随机变量 N 被称为复合随机变量。

命题 13.4 (复利分布). 设 S_N 代表复利和，且假设 13.3成立。那么，对于所有 $x \geqslant 0$，

$$F_{S_N}(x) = P(S_N \leqslant x) = \sum_{k=0}^{\infty} p_N(k) G^{(k)}(x) \tag{13.10}$$

其中，$G^{(k)}(x) = P(S_k \leqslant x)$，$G$ 的 k 次卷积。注意当 $x \geqslant 0$ 时，$G^{(0)}(x) = 1$；当 $x < 0$ 时，$G^{(0)}(x) = 0$。

证明. 假设 $x \geqslant 0$，那么

$$F_{S_N}(x) = \sum_{k=0}^{\infty} P(S_N \leqslant x \mid N = k) P(N = k) = \sum_{k=0}^{\infty} p_N(k) G^{(k)}(x)$$

□

虽然公式 (13.10) 是显性公式，但是由于 G 函数分布的卷积 $G^{(k)}$ 通常没有封闭形式，运用这个公式进行特定案例的计算是很难的。因此，借助于（数值）近似法是其中一个办法。第一批学者使用了 Laplace–Stieltjes 变换卷积是 Laplace–Stieltjes 变换的这个事实。使用通常符号 $\hat{F}(s) = \int_0^{\infty} \mathrm{e}^{-sx}\,\mathrm{d}F(x)$，其中对于 Laplace–Stieltjes 变换，$s \geqslant 0$，我们得到 $\widehat{G^{(k)}}(s) = (\hat{G}(s))^k$。从命题 13.4 中我们可以得到

$$\hat{F}_{S_N}(s) = \sum_{k=0}^{\infty} p_N(k)\, \hat{G}^k(s) = \Pi_N(\hat{G}(s)), \quad s \geqslant 0 \tag{13.11}$$

其中，Π_N 代表 N 的概率生成函数，被定义为 $\Pi_N(s) = \sum_{k=1}^{\infty} p_N(k) s^k$。

例 13.5 (复合泊松分布函数). 假设 N 服从泊松分布且强度参数 $\lambda > 0$，用 $N \sim \mathrm{Poi}(\lambda)$ 来表示。在这个情况下，$p_N(k) = \mathrm{e}^{-\lambda}\lambda^k/k!$，当 $k \geqslant 0$ 且 $s > 0$ 时，

$$\Pi_N(s) = \sum_{k=0}^{\infty} \mathrm{e}^{-\lambda} \frac{\lambda^k}{k!} s^k = \exp(-\lambda(1-s))$$

因此从公式 (13.11) 中可以推导出，当 $s \geqslant 0$ 时

$$\hat{F}_{S_N}(s) = \exp(-\lambda(1 - \hat{G}(s)))$$

在这种情况下，S_N 的分布被称为复合泊松分布函数，用 $S_N \sim \mathrm{CPoi}(\lambda, G)$ 来表示。

例 13.6 (复合负二项分布函数). 假设 N 服从负二项函数分布且参数 $\alpha > 0$ 且 $0 < p < 1$，用 $N \sim \mathrm{NB}(\alpha, p)$ 来表示。它的概率质量函数由（A.18）给出，我们得到当 $0 < s < (1-p)^{-1}$ 时，

$$\Pi_N(s) = \sum_{k=0}^{\infty} \binom{\alpha + k - 1}{k} p^{\alpha}(1-p)^k s^k = \left(\frac{p}{1 - s(1-p)}\right)^{\alpha}.$$

从公式 (13.11) 中我们可以推导出，当 $s \geqslant 0$ 时，

$$\hat{F}_{S_N}(s) = \left(\frac{p}{1 - \hat{G}(s)(1-p)}\right)^{\alpha}$$

在这种情况下，S_N 被称为复合负二项分布函数，用 $S_N \sim \mathrm{CNB}(\alpha, p, G)$ 来表示。

公式 (13.11) 能帮助计算 S_N 的矩，通过快速傅里叶变换算法（FFT）进行数值计算（参考资料见说明与评论）。对于矩的计算，请注意，在存在足够高的矩的假设下，从而得到 $\hat{G}$ 和 Π_N 可微性，我们得到

$$\left.\frac{\mathrm{d}^k}{\mathrm{d}s^k}\Pi_N(s)\right|_{s=1} = E(N(N-1)\cdots(N-k+1))$$

和

$$\left.(-1)^k\frac{\mathrm{d}^k}{\mathrm{d}s^k}\hat{G}(s)\right|_{s=0} = E(X_1^k) = \mu_k$$

例 13.7 (**继续例** 13.5). *在复合泊松分布的情况下得到*

$$\begin{aligned}E(S_N) = (-1)\left.\frac{\mathrm{d}}{\mathrm{d}s}\hat{F}_{S_N}(s)\right|_{s=0} &= \exp(-\lambda(1-\hat{G}(0)))\lambda(-\hat{G}'(0)) \\ &= \lambda\mu_1 = E(N)E(X_1)\end{aligned}$$

类似的计算可以推导出 $\operatorname{var}(S_N) = E(S_N^2) - (E(S_N))^2 = \lambda\mu_2$。

对于一般复合分布的情况，我们获得了以下有用的结果。

命题 13.8 (**复合分布函数矩**). *在假设* 13.3*下，假定* $E(N) < \infty, \mu_2 < \infty$，*我们得到*

$$E(S_N) = E(N)E(X_1) \quad \text{且} \quad \operatorname{var}(S_N) = \operatorname{var}(N)(E(X_1))^2 + E(N)\operatorname{var}(X_1) \tag{13.12}$$

证明. 从公式 (13.11) 很容易得到 s 的微分。下面的直接证明避免了使用转换。以 N 为条件并使用假设 13.3，可以得到

$$\begin{aligned}E(S_N) = E(E(S_N \mid N)) &= E\left(E\left(\sum_{k=1}^{N} X_k \,\middle|\, N\right)\right) \\ &= E\left(\sum_{k=1}^{N} E(X_k)\right) = E(N)E(X_1)\end{aligned}$$

类似地，

$$\begin{aligned}E(S_N^2) &= E\left(E\left(\left(\sum_{k=1}^{N} X_k\right)^2 \,\middle|\, N\right)\right) = E\left(E\left(\sum_{k=1}^{N}\sum_{\ell=1}^{N} X_k X_\ell \,\middle|\, N\right)\right) \\ &= E(N\mu_2 + N(N-1)\mu_1^2) = E(N)\mu_2 + (E(N^2) - E(N))\mu_1^2 \\ &= E(N)\operatorname{var}(X_1) + E(N^2)(E(X_1))^2\end{aligned}$$

所以 $\operatorname{var}(S_N) = E(S_N^2) - (E(S_N))^2 = E(N)\operatorname{var}(X_1) + \operatorname{var}(N)(E(X_1))^2$。 □

备注 13.9. *公式* (13.12) *巧妙地结合了频率* ($\operatorname{var}(N)$) *和严重性* ($\operatorname{var}(X_1)$) *的随机性。在复合泊松情况下，如例* 13.7*，它将被缩写为公式* $\operatorname{var}(S_N) = \lambda E(X_1^2) = \lambda\mu_2$*。在确定总和的情况下，即* $P(N=n) = 1$*，我们能看到众所周知的结果* $E(S_N) = n\mu_1$ *和* $\operatorname{var}(S_N) = n\operatorname{var}(X_1)$*，事实上，在这个简化的情况下，*$\operatorname{var}(N) = 0$。

复合泊松模型是总体金融或保险风险损失的基本模型。泊松模型在保险中无处不在的原因可以被理解为如下。考虑一个时间段 $[0,1]$，并让 N 代表这段时间内的整体损失数。进一步假设对 $k=1,\dots,n$ 我们拥有许多子区间 $((k-1)/n,k/n]$，在子区间中存在潜在的损失发生器（交易、信贷、保单等），概率 p_n 发生一个损失，概率 $1-p_n$ 不发生损失。此外，假设在任何一个特定子区间的损失发生与否不受其他子区间的影响。那么，损失数 N_n 将服从二项式分布包含参数 n 和 p_n，那么

$$P(N_n=k)=\binom{n}{k}p_n^k(1-p_n)^{n-k},\quad k=0,\dots,n$$

这个频率分布结合损失严重性分布产生了公式 (13.10)，组成所谓的二项损失模型。接下来假设通过 $n\to\infty$ 使 $\lim_{n\to\infty}np_n=\lambda>0$。它将遵循罕见事件的泊松定理（参见第 5.3.1 节）

$$\lim_{n\to\infty}P(N_n=k)=\mathrm{e}^{-\lambda}\frac{\lambda^k}{k!},\quad k=0,1,2,\dots$$

即 $N_\infty\sim\mathrm{Poi}(\lambda)$，解释了为什么泊松模型假设作为频率分布是非常自然的，而复合泊松模型是一种常见的整体损失模型。复合泊松模型有几个很好的特性，其中一个涉及汇总的特性在类似公式 (13.5) 的操作风险背景下很有用。

命题 13.10 (复合泊松随机变量的和). 假设复合总和 $S_{N_i}\sim\mathrm{CPoi}(\lambda_i,G_i)$, $i=1,\dots,d$，且随机变量各自独立。那么 $S_N=\sum_{i=1}^d S_{N_i}\sim\mathrm{CPoi}(\lambda,G)$，其中 $\lambda=\sum_{i=1}^d\lambda_i$，$G=\sum_{i=1}^d(\lambda_i/\lambda)G_i$。

证明.（当 $d=2$ 时，一般情况与此类似。）根据例 13.5 且 S_N 相互独立，可通过 Laplace–Stieltjes 将 S_N 转换为

$$\begin{aligned}\hat{F}_{S_N}(s)&=\hat{F}_{S_{N_1}}(s)\hat{F}_{S_{N_2}}(s)\\&=\exp\left(-(\lambda_1+\lambda_2)\left(1-\frac{1}{\lambda_1+\lambda_2}(\lambda_1\hat{G}_1(s)+\lambda_2\hat{G}_2(s))\right)\right)\\&=\exp(-\lambda(1-\hat{G}(s)))\end{aligned}$$

当 $\lambda=\lambda_1+\lambda_2$ 时，

$$G=\frac{\lambda_1}{\lambda_1+\lambda_2}G_1+\frac{\lambda_2}{\lambda_1+\lambda_2}G_2$$

结果表明 Laplace–Stieltjes 转换确定了唯一隐含的函数分布。 □

新的强度参数 λ 是旧参数之和，新的严重性分布 G 是损失分布 G_i 根据 λ_i/λ, $i=1,\dots,d$ 加权后的离散混合。我们可以很容易地通过两个步骤来模拟该模型的损失：首先得到概率为 λ_i/λ 的 i（$i=1,\dots,d$），然后再得到分布为 G_i 的损失分布。

泊松模型之外 泊松模型可以作为损失生成机制的典型化代表，从中还能派生出更实用的模型。例如，我们希望引入一个时间参数 N 来捕捉未来不同时间损失发生的规律（见第 13.2.6 节）。另外，设强度参数 λ 为随机（例 13.21）。下一步将 λ 变为随机过程，从而使整个模型成为双重（或 Cox）随机（见第 10.5.1 节）或在第 16.2.1 节中遇到的自激励过程（self-exciting process）。此外，X_k 随机变量之间或 N 和 (X_k) 之间的各类相关性也可以建模。最后，多业务线组合需要多变量模型对应 $(S_{N_1},\dots,S_{N_d})$ 的类别项量。操作风险高级计量方法的最终目标是为这类随机向量建模，例如用 d 来代表七种风险类别、八条业务线，或共计 56 个损失类别单元。

13.2.3 近似和 Panjer 递归

如在第 13.2.2 节中提到的，因为多数模型无法使用解析方法计算 F_{S_N}，因此精算师们提出了若干数值近似法。下面我们回顾一些近似法并演示其对几种严重性分布 G 的运用。最基础的例子是复合泊松分布，$S_N\sim\mathrm{CPoi}(\lambda,G)$，虽然大部分近似法可以在调整后处理其他类型的 N 分布。给定 λ 和 G，我们很容易模拟 F_{S_N}，通过重复模拟多次，我们能得到与真实分布接近的经验估计。图 13.3 包含了 $n=100\,000$ 对 $S_N\sim\mathrm{CPoi}(100,\mathrm{Exp}(1))$ 的模拟。虽然直方图显示出轻微的偏离（理论上很容易体现（见 (13.15)），一个明显的中心极限定理产生了。这将用在下面第一个近似中。

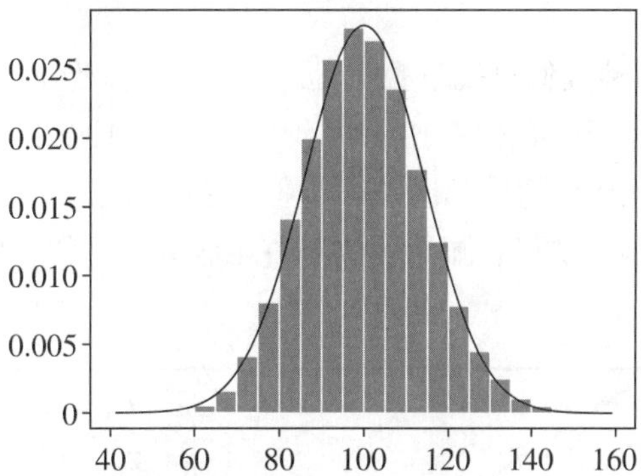

图 13.3 $S_N\sim\mathrm{CPoi}(100,\mathrm{Exp}(1))$ 的模拟复合损失数据直方图 ($n=100\,000$)，加上 (13.14) 正态近似。

正态近似 当随机变量 X_i 相互独立同分布（存在有限二阶矩）且 S_N 是 X_i 变量的（随机）总和时，我们可以通过 Embrechts et al. (1997) 的定理 2.5.16 和本书的命题 13.8 得到下面对 N 的近似

$$F_{S_N}(x)\approx\Phi\left(\frac{x-E(N)E(X_1)}{\sqrt{\mathrm{var}(N)(E(X_1))^2+E(N)\,\mathrm{var}(X_1)}}\right) \tag{13.13}$$

在这里及后面的近似，“≈”仅表示“存在右侧被用作左边的近似”，并无其他引申的数学解释。特别是，在上面的复合泊松情况下，公式 (13.13) 被简化为

$$F_{S_N}(x)\approx\Phi\left(\frac{x-100}{\sqrt{200}}\right) \tag{13.14}$$

在这里 Φ 和往常一样，是标准正态分布。这个正态近似被叠加在直方图 13.3 中。显然，为了得到公式 (13.13) 的近似有些条件必须满足：例如，赔付不应该太厚尾（见定理 13.22 ）。

对于 $\text{CPoi}(\lambda, G)$ 我们不难看出偏态参数应满足

$$\frac{E((S_N - E(S_N))^3)}{(\text{var}(S_N))^{3/2}} = \frac{E(X_1^3)}{\sqrt{\lambda(E(X_1^2))^3}} > 0 \tag{13.15}$$

注意几乎必然 $X_1 \geqslant 0$，对正偏态分布的近似能改善对公式 (13.14) 的估算，尤其是在尾部区域。事实也确实如此，所以引申出下一个近似。

伽马转换近似　我们将 S_N 近似为 $k+Y$，其中 k 是转换系数，$Y \sim \text{Ga}(\alpha, \beta)$ 是一个伽马分布（见第 A.2.4 节）。参数 (k, α, β) 将匹配均值，方差以及 $k+Y$ 和 S_N 的偏度。我们不难检验以下方程的结果：

$$k + \frac{\alpha}{\beta} = \lambda E(X_1), \qquad \frac{\alpha}{\beta^2} = \lambda E(X_1^2), \qquad \frac{2}{\sqrt{\alpha}} = \frac{E(X_1^3)}{\sqrt{\lambda(E(X_1^2))^3}}$$

在我们的例子中，$\lambda = 100$ 和 X_1 服从标准指数分布，通过方程 $k+\alpha/\beta = 100$, $\alpha/\beta^2 = 200$, $2/\sqrt{\alpha} = 0.2121$ 得到 $\alpha = 88.89$, $\beta = 0.67$, $k = -32.72$ 的结果。

关于这些近似的评论　两种近似对批量数据处理相当有效。然而，以风险管理为目的，我们主要关注的是右尾风险，因此在图 13.4 中我们将 $x \geqslant 120$ 的两种近似绘制到了双对数标度上，对应 F_{S_N} 超过 90% 的尾部区域。类似的图经常在第 5 章极值理论模型（例如，图 5.6 ）中被使用。正如预期那样，伽马近似对右尾区域的近似更精确，而正态近似将低估潜在损失。

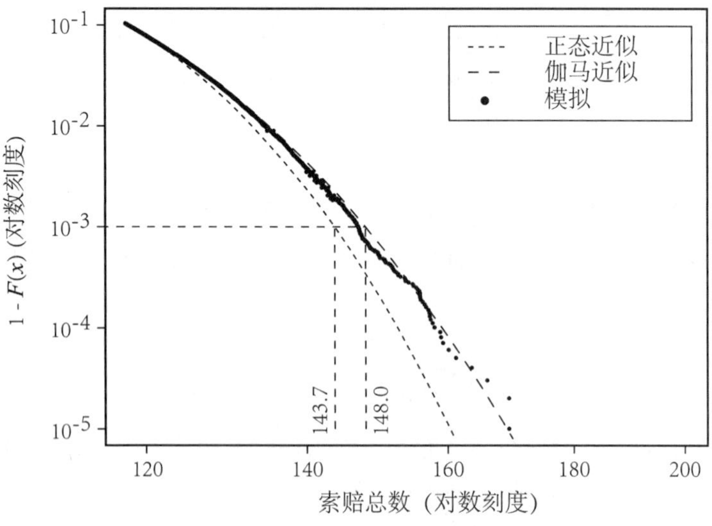

图 13.4　模拟 $\text{CPoi}(100, \text{Exp}(1))$ 数据以及正态、变换伽马近似（双对数标度），还给出了 99.9% 分位数估计值。

当然，对于比指数分布更厚尾的损失数据（对数正态分布或帕累托分布），仅使用伽马转换近似还不够，还可以设计基于厚尾的其他近似方法，例如 F 转换、逆伽马或广义帕累托。

另一种方法可以通过蒙特卡洛模拟整体损失 S_N，然后将适当的厚尾损失分布拟合到该损失分布中。一种可行的方法是通过第 5.2.2 节中的 GPD 对这些复合模拟损失的尾部建模。这正是在图 13.5 和 13.6 中所做的，在图中绘制出各种 $\text{CPoi}(100, \text{LN}(1,1))$ 和 $\text{CPoi}(100, \text{Pa}(4,1))$ 的近似。前者对应一个典型的操作风险行业模型 (参见 Frachot, 2004)，后者对应 Moscadelli (2004) 中被用到的一类操作风险模型。图中的信息很明确：如果数据服从复合泊松假设，那么 GPD 对高分位数的拟合度更胜一筹。

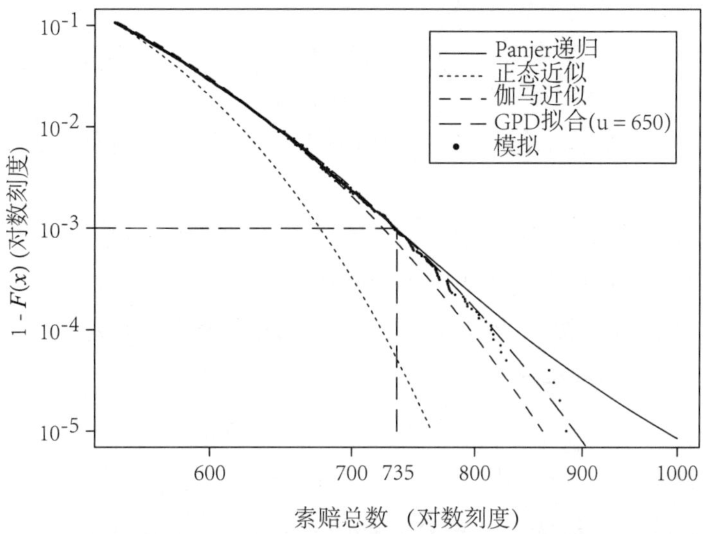

图 13.5 模拟 $\text{CPoi}(100, \text{LN}(1,1))$ 数据（$n = 100\,000$）以及正态、变换伽马、GPD 和 Panjer 递归（见例 13.18）近似（双对数标度）。

我们现在转向以递归方法为基础的另一类重要近似。在损失大小 (X_i) 是离散的且 N 的分布满足特定条件（见定义 13.11 ）的条件下，可以推出一个可靠的递归法。

假设 X_1 是一个离散分布，那么 $P(X_1 \in \mathbb{N}_0) = 1$ 且 $g_k = P(X_1 = k), p_k = P(N = k)$（为简单起见，我们用 p_k 代表 $p_N(k)$，$s_k = P(S_N = k)$）。为了方便计算，让 $g_0 = 0$ 且 $g_k^{(n)} = P(X_1 + \cdots + X_n = k)$，$g_k$ 是概率质量函数的离散卷积。请注意，按照定义 $g_k^{(n+1)} = \sum_{i=1}^{k-1} g_i^{(n)} g_{k-i}$，我们可以马上得到下列等式：

$$\left.\begin{aligned} s_0 &= P(S_N = 0) = P(N = 0) = p_0 \\ s_n &= P(S_N = n) = \sum_{k=1}^{\infty} p_k g_n^{(k)}, \quad n \geqslant 1 \end{aligned}\right\} \tag{13.16}$$

其中后一个公式对应于命题 13.4，但现在在离散的情况下。在命题 13.4 中我们注意到由于 $g_n^{(k)}$ 是卷积的原因，公式 (13.16) 很难计算。然而，作为一类很重要的计数变量 N，公式 (13.16) 可以简化为简单的递归。为此我们引入 *Panjer* 类。

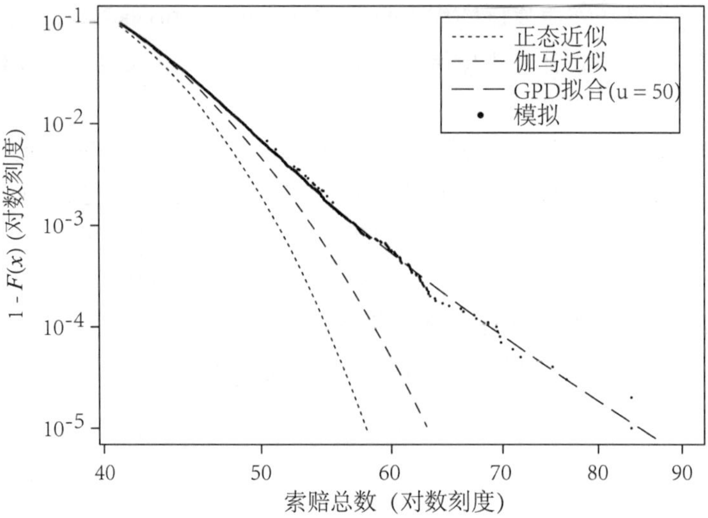

图 13.6　模拟 CPoi(100, Pa(4, 1)) 数据 ($n = 100\,000$) 以及正态、变换伽马和 GPD 近似（双对数标度）

定义 13.11 (Panjer 类). 如果对于 $r \geqslant 1$，等式 $p_r = (a + (b/r))p_{r-1}$ 成立，那么对于一些 $a, b \in \mathbb{R}$，N 的概率质量函数 (p_k) 属于 Panjer(a, b) 类。

例 13.12 (二项式). 如果 $N \sim \mathrm{B}(n, p)$，那么 N 的概率质量函数是 $p_r = \binom{n}{r}p^r(1-p)^{n-r}$ for $0 \leqslant r \leqslant n$，这很容易被检验

$$\frac{p_r}{p_{r-1}} = -\frac{p}{1-p} + \frac{(n+1)p}{r(1-p)}$$

这表明 N 属于 Panjer(a, b) 类，其中 $a = -p/(1-p)$ 且 $b = (n+1)p/(1-p)$。

例 13.13 (泊松). 如果 $N \sim \mathrm{Poi}(\lambda)$, N 的概率质量函数 $p_r = \mathrm{e}^{-\lambda}\lambda^r/r!$ 满足 $p_r/p_{r-1} = \lambda/r$，那么 N 属于 Panjer(a, b) 类别，其中 $a = 0$ 且 $b = \lambda$。

例 13.14 (负二项式). 如果 N 服从负二项式分布，记作 $N \sim \mathrm{NB}(\alpha, p)$，那 N 的概率质量函数为

$$p_r = \binom{\alpha + r - 1}{r} p^\alpha (1-p)^r, \quad r \geqslant 0,\ \alpha > 0,\ 0 < p < 1$$

（详见第 A.2.7 节），我们可以很容易地检验

$$\frac{p_r}{p_{r-1}} = 1 - p + \frac{(\alpha - 1)(1-p)}{r}$$

因此 N 属于 Panjer(a, b) 类别，其中 $a = 1 - p$ 和 $b = (\alpha - 1)(1-p)$。在命题 13.21 中我们将展示当随机强度参数服从伽马分布时，那么负二项模型将很自然地遵循泊松模型。

备注 13.15. 我们可以证明如果忽略 (p_k) 的退化模型，上述三个例子是唯一满足定义 13.11 的计数分布。这个结果可回溯到 Johnson and Kotz (1969)，并在精算文献 Sundt and Jewell (1982) 中明确表述过。

定理 13.16 (Panjer 递归). 假设 N 满足 Panjer(a,b) 类条件且 $g_0 = P(X_1 = 0) = 0$，那么 $s_0 = p_0$，并且当 $r \geqslant 1$ 时，$s_r = \sum_{i=1}^{r}(a + (bi/r))g_i s_{r-i}$。

证明. 从公式 (13.16) 我们已知 $s_0 = p_0$，所以假设 $r \geqslant 1$。注意 $X_1, \ldots, X_n$ 是独立同分布 (iid)，我们需要下面这个众所周知的等式来交换随机变量：

$$
\begin{aligned}
E\left(X_1 \,\middle|\, \sum_{i=1}^{n} X_i = r\right) &= \frac{1}{n}\sum_{j=1}^{n} E\left(X_j \,\middle|\, \sum_{i=1}^{n} X_i = r\right) \\
&= \frac{1}{n} E\left(\sum_{j=1}^{n} X_j \,\middle|\, \sum_{i=1}^{n} X_i = r\right) = \frac{r}{n} \qquad (13.17)
\end{aligned}
$$

此外，利用 $n \geqslant 2$，$g_0^{(n-1)} = 0$ 这个事实，我们初步计算得到

$$
\begin{aligned}
p_{n-1}\sum_{i=1}^{r-1}\left(a + \frac{bi}{r}\right) g_i g_{r-i}^{(n-1)} &= p_{n-1}\sum_{i=1}^{r}\left(a + \frac{bi}{r}\right) g_i g_{r-i}^{(n-1)} \\
&= p_{n-1}\sum_{i=1}^{r}\left(a + \frac{bi}{r}\right) P\left(X_1 = i,\ \sum_{j=2}^{n} X_j = r - i\right) \\
&= p_{n-1}\sum_{i=1}^{r}\left(a + \frac{bi}{r}\right) P\left(X_1 = i,\ \sum_{j=1}^{n} X_j = r\right) \\
&= p_{n-1}\sum_{i=1}^{r}\left(a + \frac{bi}{r}\right) P\left(X_1 = i \,\middle|\, \sum_{j=1}^{n} X_j = r\right) g_r^{(n)} \\
&= p_{n-1} E\left(a + \frac{bX_1}{r} \,\middle|\, \sum_{j=1}^{n} X_j = r\right) g_r^{(n)} \\
&= p_{n-1}\left(a + \frac{b}{n}\right) g_r^{(n)} = p_n g_r^{(n)}
\end{aligned}
$$

其中公式 (13.17) 被用在最后一步。因此，公式 (13.16) 可引申出

$$
\begin{aligned}
s_r &= \sum_{n=1}^{\infty} p_n g_r^{(n)} = p_1 g_r + \sum_{n=2}^{\infty} p_n g_r^{(n)} \\
&= (a+b)p_0 g_r + \sum_{n=2}^{\infty}\sum_{i=1}^{r-1}\left(a + \frac{bi}{r}\right) g_i p_{n-1} g_{r-i}^{(n-1)} \\
&= (a+b)s_0 g_r + \sum_{i=1}^{r-1}\left(a + \frac{bi}{r}\right) g_i \sum_{n=2}^{\infty} p_{n-1} g_{r-i}^{(n-1)} \\
&= (a+b)g_r s_0 + \sum_{i=1}^{r-1}\left(a + \frac{bi}{r}\right) g_i s_{r-i} \\
&= \sum_{i=1}^{r}\left(a + \frac{bi}{r}\right) g_i s_{r-i}
\end{aligned}
$$

□

备注 13.17. 无论是 FFT 法还是 Panjer 递归，都要对 G 的损失分布进行初始离散化，因此引入了近似误差。针对复合分布离散化误差的更深入讨论可以从 Grübel and Hermesmeier (1999, 2000) 中找到（其中的参考资料对这些方法进行了比较）。如果 $g_0 = P(X_1 = 0) > 0$，则必须对定理 13.16 进行轻微的修正。我们得到 $s_0 = \sum_{k=0}^{\infty} p_k g_0^k$，以及对于 $r \geqslant 1$，$s_r = (1 - ag_0)^{-1} \sum_{i=1}^{r} (a + bi/r) g_i s_{r-i}$(参见 Mikosch, 2004, 定理 3.3.10)。在说明与评论中我们给出了进一步的参考文献。

例 13.18 (CPoi(100, LN(1, 1)) **情况下的** Panjer **递归**). 在图 13.5 中我们已经包含了 CPoi(100, LN(1, 1)) 情况下的 Panjer 近似。为了运用定理 13.16，我们首先要让对数分布函数离散化。一个等距间隔约 0.5 的离散能得到图 13.5 中的 Panjer 近似，这对于在 0.999 分位点附近拟合良好，适合于应用。根据 Panjer 递归计算出的 99.9% 分位点值为 735，非常接近 GPD 的估计。超过 0.999 的极端尾部，凑整的误差变得重要（尾部偏移），所以计算需要更加小心。我们在说明与评论中将对改进极端尾部的递归方法提供一些参考资料。

13.2.4 泊松混合

泊松混合模型被用于信用和操作风险建模中，后者建模的例子可参加见Cruz (2002, Section 5.2.2)，其特征是负二项分布（一种特殊的泊松混合模型）。泊松复合模型被精算师运用了很长的时间，负二项式作为个体在给定时间内遭受重复损失的次数分布首次在精算资料中出现 (参见 Seal, 1969)。

在例 13.5 中我们介绍了复合泊松模型 CPoi(λ, G)，其中 $N \sim \text{Poi}(\lambda)$ 用来计算损失次数，G 为损失程度的分布。泊松频率分布的一个缺点是 $\text{var}(N) = \lambda = E(N)$。鉴于损失次数数据往往表现出所谓的过度分散，指向一个 $\text{var}(N) > E(N)$ 的模型。解决这个问题的一个常规方法是将强度 λ 和与某个 $F_\Lambda(\lambda)$ 分布混合，例如假设 $\lambda > 0$ 是此分布函数正的随机变量 Λ 的实现，根据定义，

$$\begin{aligned} p_N(k) = P(N = k) &= \int_0^\infty P(N = k \mid \Lambda = \lambda)\, \mathrm{d}F_\Lambda(\lambda) \\ &= \int_0^\infty \mathrm{e}^{-\lambda} \frac{\lambda^k}{k!}\, \mathrm{d}F_\Lambda(\lambda) \end{aligned} \tag{13.18}$$

定义 13.19 (混合泊松分布). 随机变量 N 服从分布公式 (13.18) 被称为内含结构（或 混合）分布 F_Λ 的混合泊松变量。

下一个结果将推导出混合分布会导致过度离散。

命题 13.20. 假设 N 是内含结构分布 F_Λ 的混合泊松变量，那么 $E(N) = E(\Lambda)$ 且 $\text{var}(N) = E(\Lambda) + \text{var}(\Lambda)$，则当 Λ 为常态（非退化）时，N 会过度分散。

证明. 我们可以马上得到

$$E(N) = \sum_{k=0}^{\infty} k p_N(k) = \int_0^\infty \sum_{k=0}^{\infty} k \mathrm{e}^{-\lambda} \frac{\lambda^k}{k!}\, \mathrm{d}F_\Lambda(\lambda) = \int_0^\infty \lambda\, \mathrm{d}F_\Lambda(\lambda) = E(\Lambda).$$

类似地

$$E(N^2) = \sum_{k=0}^{\infty} k^2 p_N(k) = E(\Lambda) + E(\Lambda^2)$$

证明完毕。 □

我们现在给出一个混合泊松分布的具体例子，这对操作风险和信用风险的建模都很重要。事实上，我们已经在第 11.2.5 节描述行业信用风险模型 CreditRisk+ 模型时用到了以下结果。

命题 13.21 (负二项式作为泊松混合分布). 假设随机变量 N 属于泊松混合分布且其中的混合变量 Λ 服从伽马分布 $\Lambda \sim \mathrm{Ga}(\alpha, \beta)$，那么 N 服从负二项式分布 $N \sim \mathrm{NB}(\alpha, \beta/(\beta+1))$。

证明. 根据第 A.2.4 节中伽马分布的定义，我们得到

$$P(N = k) = \int_0^{\infty} \frac{\beta^\alpha}{\Gamma(\alpha)} \frac{\lambda^k}{k!} \mathrm{e}^{-\lambda} \lambda^{\alpha-1} \mathrm{e}^{-\beta\lambda} \, \mathrm{d}\lambda = \frac{\beta^\alpha}{k!\Gamma(\alpha)} \int_0^{\infty} \lambda^{\alpha+k-1} \mathrm{e}^{-(\beta+1)\lambda} \, \mathrm{d}\lambda$$

代入 $u = (\beta + 1)\lambda$，积分可以计算为

$$\int_0^{\infty} (\beta+1)^{-(\alpha+k)} u^{\alpha+k-1} \mathrm{e}^{-u} \, \mathrm{d}u = \frac{\Gamma(\alpha+k)}{(\beta+1)^{\alpha+k}}$$

由此可以推出

$$P(N = k) = \left(\frac{\beta}{\beta+1}\right)^{\alpha} \left(\frac{1}{\beta+1}\right)^{k} \frac{\Gamma(\alpha+k)}{k!\Gamma(\alpha)}$$

通过关系 $\Gamma(\alpha + k) = (\alpha + k - 1) \cdots \alpha\Gamma(\alpha)$，我们能看到这等于一个负二项式随机变量的概率密度函数，其中 $p := \beta/(\beta + 1)$（参见第 A.2.7 节）。 □

回顾一下第 13.2.2 节对复合总和的定义（假设 13.3 和命题 13.4 ）。在特殊情况下的混合泊松随机变量，复合后将得到所谓的复合混合泊松分布，例如例 13.6 中的复合负二项式分布。关于这类分布的文献有许多（见说明与评论）。

13.2.5 整体损失分布的尾部

在第 5.1.2 节中，我们定义了具有规则变化或幂尾的随机变量类。如果（赔付）分布 G 随指数 $\alpha > 0$ 变化，则存在一个慢变函数 L（定义 5.7 ）满足 $\bar{G}(x) = 1 - G(x) = x^{-\alpha}L(x)$ 的条件。下一个结果显示，对一大类计数分布 $(p_N(k))$，复合总和分布 S_N,F_{S_N}，会继承 G 的表现。

定理 13.22 (复合分布的幂函数行为). 假设 S_N 是复合总和且 $E(N) = \lambda$，再假设存在一个 $\varepsilon > 0$ 满足 $\sum_{k=0}^{\infty}(1+\varepsilon)^k p_N(k) < \infty$。如果 $\bar{G}(x) = x^{-\alpha}L(x)$ 且 $\alpha \geqslant 0$，L 慢变，那么

$$\lim_{x\to\infty} \frac{\bar{F}_{S_N}(x)}{\bar{G}(x)} = \lambda$$

所以 $\bar{F}_{S_N}$ 继承了 $\bar{G}$ 的幂函数行为。

证明. 这个结果通常对次指数分布成立，证明及更多讨论参考Embrechts et al. (1997, 第 1.3.3 节)。 □

例 13.23 (负二项). 我们不难证明负二项分布满足定理 13.22 中 N 的条件。我们可以在 Embrechts et al. (1997, 例 1.3.11) 中找到所需论据。因此，如果 $\bar{G}(x) = x^{-\alpha}L(x)$，那么复合总和分布的尾部的表现将类似于 G 的尾部，例如：

$$\bar{F}_{S_N}(x) \sim \frac{\alpha}{\beta}\bar{G}(x), \quad \text{当 } x \to \infty$$

（具体请参见Embrechts et al. (1997, 第 1.3.3 节)。）

在定理 13.22 的条件下，在帕累托损失分布中 $\bar{F}_{S_N}(x)$ 的渐近表现是同指数的帕累托。在图 13.6 中能清楚看到模拟损失的线性表现和 GPD 拟合。在图 13.5 的示例中能看出 $\bar{F}_{S_N}(x)$ 的衰减和对数正态尾部类似，更多详细信息请见证明定理 13.22 时提供的参考资料。请注意 GDP 在两种情况下都能识别尾部特征。

13.2.6　同质泊松过程

在前面的章节中，我们记在固定时间间隔 $[0, 1]$ 内计数随机变量为 N。在没有任何额外困难下，对于 $t \geqslant 0$，我们可以直接得到计量在 $[0, t]$ 内发生的事件数 $N(t)$。在泊松的情况下，这将对应 $N(t) \sim \text{Poi}(\lambda t)$。因此，在固定时间 t 内，我们用 λt 取代 λ，之前所有对 $\text{Poi}(\lambda)$ 变量的结果都能做相应的调整。

在这一节我们需要将随机变量 $N(t), t \geqslant 0$ 融入一个随机过程的框架中。未受过很多数学训练的读者必须意识到对时间索引的随机变量，我们仅指定单一维度的分布（是我们迄今所做的），这与特定结构、嵌入随机变量的随机过程存在很大的不同。这个区别类似于边缘分布和联合分布的区别，这个话题我们通过连接函数概念已经在第 7 章中强调了它的重要性。当然，在随机过程中也存在跨时间概率一致性。从某种意义上说，第 7 章中的有限维问题变成了无限维问题。

在提示了随机变量和随机过程的区别后，我们现在通过一些快捷的方法来达到目标。对此感兴趣并想更多了解的读者需要深入探究涉及一般或计数随机过程的相关数学背景。说明与评论将包含一些参考资料。

定义 13.24 (计数过程). 如果一个随机过程 $N = (N(t))_{t\geqslant 0}$ 的样本轨道是右连续的且左极限存在，另外存在随机变量序列 $T_0 = 0, T_1, T_2, \ldots$ 趋向于 ∞，以满足 $N(t) = \sum_{k=1}^{\infty} I_{\{T_k \leqslant t\}}$ 的条件，那么该随机过程是一个计数过程。

图 13.7 是一个此类过程的典型演示。我们现在定义同质泊松过程为一个特殊的计数过程。

定义 13.25 (同质泊松过程). 如果一个 $N = (N(t))_{t\geqslant 0}$ 的随机过程是一个强度（比率）$\lambda > 0$ 的同质泊松过程，就需要具有以下属性：

(i) N 是一个计数过程；

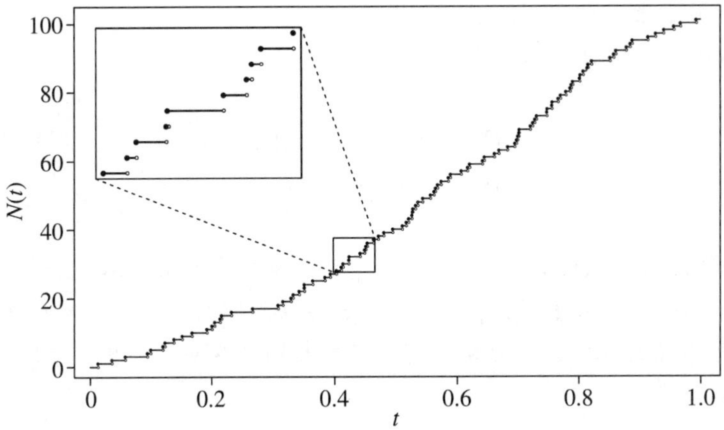

图 13.7　计数过程的样本路径。

(ii) 几乎必然 $N(0)=0$;

(iii) N 有平稳和独立的增量;

(iv) 对每个 $t>0$，$N(t)\sim \mathrm{Poi}(\lambda t)$。

备注 13.26. 注意条件 (iii) 和 (iv) 意味着对于 $0<u<v<t$，随机变量 $N(v)-N(u)$ 和 $N(t)-N(v)$ 相互独立，且 $k\geqslant 0$,

$$\begin{aligned}P(N(v)-N(u)=k)&=P(N(v-u)=k)\\&=\mathrm{e}^{-\lambda(v-u)}\frac{(\lambda(v-u))^k}{k!}\end{aligned}$$

随机变量 $N(v)-N(u)$ 计量在时间间隔 $(u,v]$ 内发生的事件数（赔付，损失），由于其平稳性，它和 $N(v-u)$ 具有相同的分布。在图 13.8 中我们生成了 10 个 $\lambda=100$，时间区间为 $[0,1]$ 的同质泊松过程。留意一下各个样本轨道落在了一个相当窄的区间内。

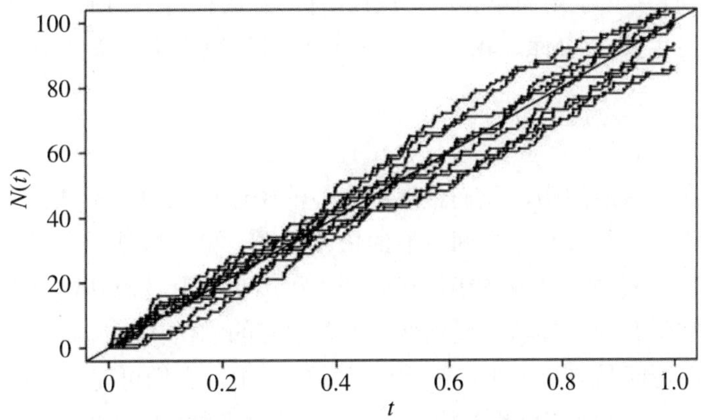

图 13.8　参数 $\lambda=100$ 的同质泊松分布的十个实现。

在实际运用中，下面的结果包含了同质泊松过程的主要特性。

定理 13.27 (同质泊松分布的特性). 假设 N 是一个计数过程，那么下列陈述是相当的：

(1) N 是一个发生率 $\lambda>0$ 的同质泊松分布；

(2) N 有平稳和独立增量，并且

$$P(N(t)=1)=\lambda t+o(t), t\downarrow 0,$$
$$P(N(t)\geqslant 2)=o(t), \qquad t\downarrow 0$$

(3) 事件中的间隔时间 $(\Delta_k=T_k-T_{k-1})_{k\geqslant 1}$ 为独立同分布且服从 $\mathrm{Exp}(\lambda)$ 分布；

(4) 对所有 $t>0$, $N(t)\sim \mathrm{Poi}(\lambda t)$，给定 $N(t)=k$，那么损失发生时间 $T_1,T_2,\ldots,T_k$ 以及在 $[0,t]$ 中均匀分布的 k 个有序样本具有相同的分布。因此，我们可以将条件共同密度写为

$$f_{T_1,\ldots,T_k|N(t)=k}(t_1,\ldots,t_k)=\frac{k!}{t^k}I_{\{0<t_1<\cdots<t_k<t\}}$$

证明. 许多随机过程的标准教科书都包含对这个重要定义的证明。(参见，比如， Resnick, 1992; Mikosch, 2004)。 □

讨论　定义 13.27 中的第 (2) 点声明表示 λ 可以被解释为速率或强度，$\lambda=\lim_{t\downarrow 0}(1/t)P(N(t)=1)$。此外，该声明还表明一个同质泊松过程不允许聚类事件 $\lim_{t\downarrow 0}P(N(t)\geqslant 2)=0$。第 (3) 点声明给出了同质泊松分布的事件发生时间的定义。即首个事件发生时间服从 $\mathrm{Exp}(\lambda)$ 分布，$P(T_1>t)=P(N(t)=0)=\mathrm{e}^{-\lambda t}, t\geqslant 0$。声明 (3) 超越了这一点，进一步确定了事件发生间隔 Δ_k 是独立同分布的且服从 $\mathrm{Exp}(\lambda)$ 分布。这引出了从发生率为 λ 的均匀泊松分布模拟一系列损失事件的简单方法。此外，若假设 Δ_k 是独立同分布的但服从常规分布 $\Delta_k\sim F_\Delta$，这个等价定义能立即被广泛推广。由此产生的过程被称为*更新过程*(注意只有马尔可父更新过程是均匀泊松过程)。

最后，声明 (4) 引出了用简单算法生成在时间段 $[0,t]$ 内均匀泊松的发生率的方法，假定在时间 t 内共发生 k 个事件。我们只需在 $[0,t]$ 时间段内生成 k 个均匀随机变量并对它们排序。

多元泊松过程　在许多应用中，我们希望用许多泊松过程来模拟不同损失类型的频率，同时考虑不同损失类型的损失频率之间可能的依赖关系。更一般地说，我们可能希望构造一系列复合泊松过程，其中不同业务线的损失严重程度也相互依赖。建立这种依赖关系的一种自然方法是假定所有损失都与一系列潜在的、独立的泊松（Poisson）冲击过程有关。在保险业，这些冲击可能是自然灾害；在信用风险模型中，它们可能是各种各样的经济事件，比如局部或全球衰退；在操作风险建模中，它们可能是各种 IT 系统的故障。当地震发生时，可能会造成几种不同类型的损失；共同的冲击导致每种类型的损失数量是相互依赖的。有关的模型，请参见 Lindskog and McNeil (2003), Pfeifer and Nešlehová (2004) 和 Chavez-Demoulin and Embrechts (2004)。

13.2.7　与泊松过程相关的过程

以同质泊松过程为基础，我们可以构建更通用的计数过程，这对金融和保险业的损失事件建模更有用。这种推广包括以下各类：

更新过程（在前面提到过） 指数等待时间分布被通用的分布函数 F_{Δ} 代替。

异质泊松过程 强度常数 λ 被确定性函数 $\lambda(\cdot)$ 取代。

混合泊松过程 确定性强度常数 λ 被随机变量 Λ 替换。

双随机或 Cox 过程 λ 被随机过程 $\{\lambda_t : t \geqslant 0\}$ 替换，按照第 10 章中使用的符号（例如定义 10.15 ）。

自激励或 Hawkes 过程 λ 被一个只依赖于以前事件时间的随机过程替换。详细案例见第 16.2.1 节。

下面，我们将强调这些过程的一些特点：

异质泊松过程

定义 13.28 (异质泊松). 如果对一些确定性函数 $\lambda(s) \geqslant 0$ 且符合下列条件，那么计数过程 N 是异质泊松过程：

(i) 几乎确定 $N(0) = 0$；

(ii) N 包含独立的增量；

(iii) 对于所有 $t \geqslant 0$，

$$P(N(t+h) - N(t) = 1) = \lambda(t)h + o(h), \quad h \downarrow 0$$
$$P(N(t+h) - N(t) \geqslant 2) = o(h), \quad h \downarrow 0$$

函数 $\lambda(\cdot)$ 被称为强度（intensity）或速率函数（rate function）。积分 $\Lambda(t) = \int_0^t \lambda(s)\,\mathrm{d}s$ 被称为强度度量（或累积强度函数）。

备注 13.29. 一个类似于定理 13.27 的特征定理能被推导出来。特别是我们发现，当 $0 < s < t$ 时，$N(t) - N(s) \sim \mathrm{Poi}(\Lambda(t) - \Lambda(s))$。

当确定的趋势或季节性成分是在损失频率建模时，异质泊松过程是一种有用的损失函数建模工具。下一个例子还显示，这个过程自然地作为记录损失的计数过程出现。

例 13.30 (记录). 金融和保险界充斥着关于记录事件的声明：美元/日元最大单日下跌，最昂贵的飓风，去年三位最佳基金经理，第二大内部欺诈损失，某公司最大单日信用利差变化等。同样，记录世界与泊松过程的（一般）理论密切相关。在说明与评论中，我们将为此提供一些参考。下面我们将指出一个与记录问题相关的简单例子即如何导致异质泊松过程的模型。

假设损失随机变量 $X_i \geqslant 0$ 是独立同分布的且强度函数为 $f(x) > 0,\, x \geqslant 0$。定义计数过程 N 为

$$N(t) = \sum_{i=1}^{\infty} I_{\{X_i \leqslant t \text{ and } X_i > X_{i-j},\ j=1,\ldots,i-1\}}$$

$N(t)$ 计算在 $(X_i)_{i\geqslant 1}$ 序列中损失小于 t 的记录数量，且 $(N(t))$ 是一个记录过程（record process）。可见对 $h,t>0$，

$$\begin{aligned}
P(N(t+h)-N(t)\geqslant 1)&=\sum_{i=1}^{\infty}P(X_i\in(t,t+h] \text{ and } X_{i-1}\leqslant t,\ldots,X_1\leqslant t)\\
&=\sum_{i=1}^{\infty}(F(t+h)-F(t))(F(t))^{i-1}\\
&=\frac{F(t+h)-F(t)}{1-F(t)}\\
&=\frac{f(t)}{1-F(t)}h+o(h),\quad \text{当 } h\downarrow 0
\end{aligned}$$

此外，对 $h,t>0$，

$$\begin{aligned}
&P(N(t+h)-N(t)\geqslant 2)\\
&\leqslant\sum_{i<j}P(X_1\leqslant t,\ldots,X_{i-1}\leqslant t,\ X_i\in(t,t+h],\\
&\qquad\qquad X_{i+1}\leqslant t+h,\ldots,X_{j-1}\leqslant t+h,\ X_j\in(t,t+h])\\
&=\left(\int_t^{t+h}f(s)\,\mathrm{d}s\right)^2\sum_{i<j}(F(t))^{i-1}(F(t))^{j-i-1}\\
&=o(h^2),\quad \text{当 } h\downarrow 0
\end{aligned}$$

通过这些计算我们推断记录过程 N 是一个异质泊松过程，其中速率函数 $\lambda(t)=f(t)/(1-F(t))$，所谓 F 的危险率，是我们在第 10.4.1 节中遇到过的概念。

如在大多数实际案例中一样，我们假设 $\Lambda(t)$ 严格递增，那么 $\Lambda(\Lambda^{-1}(t))=\Lambda^{-1}(\Lambda(t))=t$。那么我们可以通过时间变化将强度系数为 Λ 的异质泊松过程 N 转换为一个强度为 1 的同质泊松过程。

命题 13.31 (时间变化，操作时间). 假设 N 是一个强度为 Λ 的严格递增的异质泊松分布，并定义当 $t\geqslant 0$ 时，$\tilde{N}(t)=N(\Lambda^{-1}(t))$，那么我们可以得到 $\tilde{N}$ 是一个强度为 1 的同质泊松分布。

证明. 当 $t>0$ 固定且 $k\geqslant 0$ 时，

$$P(\tilde{N}(t)=k)=P(N(\Lambda^{-1}(t))=k)=\mathrm{e}^{-\Lambda(\Lambda^{-1}(t))}\frac{(\Lambda(\Lambda^{-1}(t)))^k}{k!}=\mathrm{e}^{-t}\frac{t^k}{k!}$$

那么 $\tilde{N}(t)\sim\mathrm{Poi}(t)$。根据定义，$\tilde{N}$ 的增量是相互独立的，此外，对 $0<u<v$，我们得到

$$\begin{aligned}
P(\tilde{N}(v)-\tilde{N}(u)=k)&=P(N(\Lambda^{-1}(v))-N(\Lambda^{-1}(u))=k)\\
&=\mathrm{e}^{-(\Lambda(\Lambda^{-1}(v))-\Lambda(\Lambda^{-1}(u)))}\frac{(\Lambda(\Lambda^{-1}(v))-\Lambda(\Lambda^{-1}(u)))^k}{k!}\\
&=\mathrm{e}^{-(v-u)}\frac{(v-u)^k}{k!}
\end{aligned}$$

这里遵循时间数列的平稳性。 □

这是金融和保险中许多通过仔细选择新时间（所谓时间调整构建（time change construction））将复杂过程 N 简化为一个标准的（更容易的）模型 $\tilde{N}$ 的例子（信用风险见第 10.5.1 节）。命题 13.31能更普遍推广到不严格递增的 Λ，反之也成立。命题 13.31证明了损失频率模型是同质（单位速率）泊松这一常见的简化假设，虽然在许多情况下只表现在操作时间上。原来的时间刻度 N 被减慢或加快。平均而言，$\tilde{N}$ 每个时间单位有一个赔付，而原来的 N 每单位赔付数为 $\Lambda(1)$。

备注 13.32. 异质泊松过程能通过随机抽样均匀泊松过程得到。假设对于 $s \geqslant 0$，强度函数 λ 满足 $\lambda(s) \leqslant c < \infty$。从速率 $c > 0$ 的同质泊松过程开始并用 $T_0 = 0$, T_1 T_2 ... 来表示到达时间。通过从 $\tilde{N}$ 删除每个概率为 $1 - (\lambda(T_i)/c)$ 独立于 T_j 的 T_i 构建一个新的过程 $\tilde{N}$。这个所谓减薄的计数过程 $\tilde{N}$ 包含了其他剩余（未删除）的点。我们可以看到这个过程是强度函数 $\lambda(\cdot)$ 的异质泊松过程。

混合泊松过程　在第 13.2.4 节中的混合泊松随机变量能够嵌入所谓的混合泊松过程中。实现混合泊松的过程无法从统计方法上与同质泊松过程区分，事实上，要模拟这样的样本路径，我们首先提取强度随机数 $\lambda = \Lambda(\omega)$，再提取速率为 λ 的同质泊松分布样本路径。（这里 Λ 代表随机变量而不是异质泊松的强度度量）只有频繁重复上述模拟才能看到混合泊松过程的不同概率性质：比较图 13.9 和图 13.8，前者从混合变量为 $\Lambda \sim \mathrm{Ga}(100, 1)$ 的混合泊松过程中模拟了 10 条样本路径，因此 $E(\Lambda) = 100$。注意路径中更大的可变性。

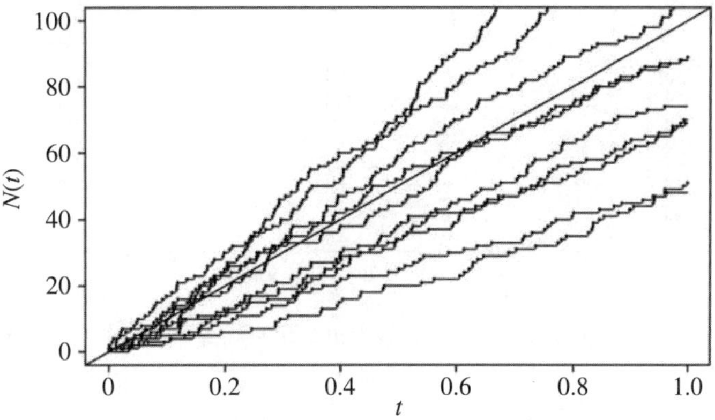

图 13.9　混合泊松过程的 10 种实现，其中参数 $\Lambda \sim \mathrm{Ga}(100, 1)$。

例 13.33. 当计数过程被用于信用风险建模时，时间 T_k 往往对应信用事件，例如违约或降级。更准确地说，一个信用事件可以被构建成计数过程的第一个跳跃 N。信用时间的时间分布能通过观察 $P(T_1 > t) = P(N(t) = 0)$ 很容易地得到。这个概率能直接通过强度为 λ 的同质泊松过程计算，得到 $P(N(t) = 0) = \mathrm{e}^{-\lambda t}$。当 N 是一个混合分布为 F_Λ 的混合泊松过程时，我们得到

$$P(T_1 > t) = P(N(t) = 0) = \int_0^\infty \mathrm{e}^{-t\lambda}\,\mathrm{d}F_\Lambda(\lambda) = \hat{F}_\Lambda(t)$$

用 F_Λ 的 Laplace–Stieltjes 转换代替 t。在 $\Lambda \sim \mathrm{Ga}(\alpha,\beta)$ 的特殊情况下，负二项式例子可以用命题 13.21 处理，我们发现

$$\begin{aligned} P(T_1 > t) &= \int_0^\infty \mathrm{e}^{-t\lambda} \frac{\beta^\alpha}{\Gamma(\alpha)} \lambda^{\alpha-1} \mathrm{e}^{-\beta\lambda}\,\mathrm{d}\lambda \\ &= \frac{\beta^\alpha}{\Gamma(\alpha)} (t+\beta)^{-\alpha} \int_0^\infty \mathrm{e}^{-s} s^{\alpha-1}\,\mathrm{d}s \\ &= \beta^\alpha (t+\beta)^{-\alpha}, \quad t \geqslant 0 \end{aligned}$$

所以 T_1 是帕累托分布 $T_1 \sim \mathrm{Pa}(\alpha,\beta)$（见第 A.2.8 节）。

随机强度过程　当在同质泊松中的 λ 被一般随机过程 (λ_t) 替换能得到一类重要的模型，所谓的双随机过程产生。

例如，我们可以将 λ_t 扩散，或成为有限的马尔可夫过程。后者引出了市场状态转换模型：马尔可夫过程每个状态的强度都在不同的恒定水平上，过程在跳跃到另一个状态前在原状态下保持指数时间。在图 13.10 中我们模拟了随机在 $\lambda = 10$ 和 $\lambda = 100$ 之间切换的样本路径。在第 10.5.1 节中我们着眼于双随机泊松过程中对应第一次跳跃的随机时间。

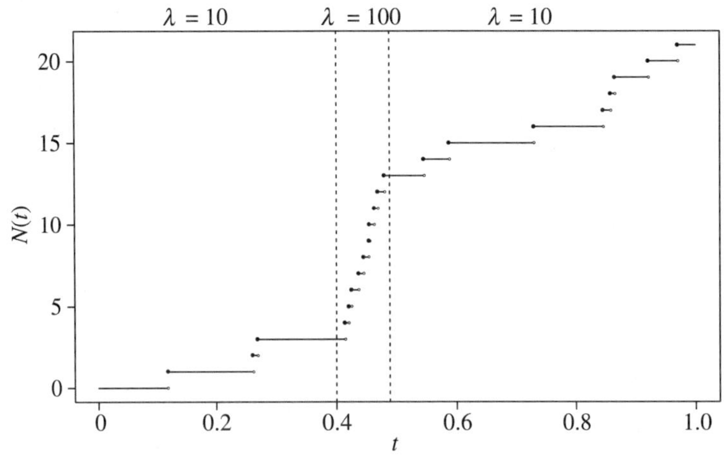

图 13.10　计数过程的实现，其中市场状态从 $\lambda = 10$ 到 $\lambda = 100$。

说明与评论

保险分析名字背后的故事可参见 Embrechts (2002)。搜索精算文献应该从国际精算协会网址开始着手。从北美精算协会的网址能找到一些有趣的相关书籍。典型的关于精算数学的教科书是 Bowers et al. (1986); 精算的金融经济学可见 Panjer and Boyle (1998)。对于本章，Partrat and Besson (2004) 和 Partrat and Besson (2004) 都是优秀教材。Wüthrich (2013) 是最有可读性和知识性的（在线）讲稿并包括许多历史链接。Rolski et al. (1999) 给出了一个广泛的，更具技术性的随机过程模型概览。在第 7、8 章我们提供了一些与风险计量研究相关的精算工具的参考资料，包括畸变风险计量（第 8.2.1 节）、单调性（第 7.2.1

节）和 Fréchet 界限（第 7.2.1 和 8.4.4 节）。最后，对最先进的精算模型概览请见 Teugels and Sundt (2004)。

针对保险损失分布建模的精算教科书是 Hogg and Klugman (1984), Klugman et al. (2012) 和 Klugman et al. (2013)。除了这些书，一本早期讨论运用数值方法来计算整体损失随机分布的是 Feilmeier and Bertram (1987); Bühlmann (1984) 第一次比较了 FFT 方法和 Panjer 递归。更深层次的比较，把舍入和离散化误差考虑在内，可见 Grübel and Hermesmeier (1999, 2000)。讨论如何在保险中运用 FFT 方法的可见 Embrechts et al. (1993)。FFT 算法在网络上免费提供，能通过网络搜索快速找到。Panjer (1981) 的原文包括密度版本的定理 13.16。对在 CreditRisk+ 模型框架中运用 Panjer 递推度量信用风险，请见 Credit Suisse Financial Products (1997)。基于 Giese (2003), Haaf et al. (2004) 提出了一个可供替代的递归方法。近期 Panjer 递归的进展，特别是在多变量情境下，可参见 Hesselager (1996) 和 Sundt (1999, 2000)。保险递推方法的教科书可见 Sundt and Vernic (2009)。

超越正态近似公式 (13.13) 的渐近近似法在统计中被称为 Berry-Esséen, Edgeworth 和*鞍点*。前两个在 Embrechts et al. (1997) 中已经有过讨论，具有更多的理论重要性。鞍点方法非常有用：见 Jensen (1995) 给出的很好的总结，以及 Embrechts et al. (1985) 在复合分布中的应用。Gordy (2002) 讨论了鞍点方法在信用风险建模中以及在 CreditRisk+ 模型背景下的重要性。在风险管理中更广泛的应用可见 Studer (2001) 和 Glasserman and Li (2003), Glasserman (2004)。

(另请参阅 Bening and Korolev, 2002) 对考虑泊松混合模型在精算中的应用做了总结。为了更深入钻研计算过程，我们必须研究点过程理论。Daley and Vere-Jones (2003) 和 Karr (1991) 是非常可读和全面的资料。研究这一理论对数学的要求很高，但在实践中会有所回报。这类模型在信用风险中被越来越多地被用到。时间变化这一概念是许多保险和金融的应用基础，例如如何将它运用在操作风险模型中，可见 Embrechts et al. (2004)。了解如何将其引入金融领域，请见 Ané and Geman (2000) 和 Dacorogna et al. (2001)。一个优秀的调研可见 Peeters (2004)。

我们在简要介绍保险分析的要素时没有包括哪些内容？我们没有讨论破产理论和保险风险、可信度理论、动态金融分析（也被称为动态偿付能力测试）或再保险等随机过程理论。

保险风险的随机过程理论有着悠久的传统。第一个对其进行基本概述的开创性作品是 Cramér (1994a,b)。Bühlmann (1970) 在这一领域中受几代精算师的欢迎。早期的作品已经被在所有可能的领域中推广，一本经典的破产理论教科书是 Asmussen and Albrecher (2010)。对大额赔付和其破产估计建模的讨论，可见 Embrechts et al. (1997).

信度理论 (Credibility theory) 关注异质投资组合的保费计算，并在非寿险数学领域中有丰富的历史。它的基本概念由美国精算师在 20 世纪 20 年代首先开创，早期开创性的论文是 Mowbray (1914) 和 Whitney (1918)。更重要的论文可见 Bailey (1945), Robbins (1955, 1964) 和 Bühlmann (1967, 1969), Bühlmann (1971)。一篇优秀的追溯基本概念历史

发展的论文是 Norberg (1979)；也可见 Jewell (1990) 的近期回顾。Bühlmann and Gisler (2005) 这个存在不同版本的教科书，提供了权威的精算领域应用并对金融风险管理有所提示。

动态金融分析 (Dynamic financial analysis)，也被称为*动态偿付能力测试* (dynamic solvency testing)，是基于大规模计算机模拟，评估非寿险和再保险公司战略决策风险与收益的一种系统性综合财务模型 (见 Blum and Dacorogna, 2004; Blum, 2005)。一个简单的介绍可见 Kaufmann et al. (2001)。有兴趣的读者可以参考财产险精算协会网站。

第 4 部分

专题

第 14 章　多元时间序列

在本章中，我们考虑了多个金融风险因子变化数据序列的多元时间序列模型，如差分对数价格序列。本章的叙述可对应第 4 章中关于一元时间序列的叙述。

多元时间序列分析的概念介绍和多元 ARMA 模型的讨论见第 14.1 节，而第 14.2 节给出了更重要的多元 GARCH 模型的例子。

14.1　多元时间序列的基本原理

本节所讨论的多元时间序列的基本概念包括互相关、多元时间序列的平稳性、多元白噪声过程和多元 ARMA 模型。

14.1.1　基本定义

多因子风险的多元时间序列模型是一个随机过程 $(\boldsymbol{X}_t)_{t\in\mathbb{Z}}$，它是一组由整数索引并定义在概率空间 $(\Omega,\mathcal{F},P)$ 的随机向量。

多元时间序列的矩　假设它们存在，我们定义一个均值方程 $\boldsymbol{\mu}(t)$ 和 $(\boldsymbol{X}_t)_{t\in\mathbb{Z}}$ 的协方差矩阵函数 $\Gamma(t,s)$，

$$\begin{aligned}\boldsymbol{\mu}(t)&=E(\boldsymbol{X}_t), & t\in\mathbb{Z}\\ \Gamma(t,s)&=E((\boldsymbol{X}_t-\boldsymbol{\mu}(t))(\boldsymbol{X}_s-\boldsymbol{\mu}(s))'), & t,s\in\mathbb{Z}\end{aligned}$$

类似于一元的情况，我们有 $\Gamma(t,t)=\mathrm{cov}(\boldsymbol{X}_t)$。我们可以观察到 $\Gamma(t,s)$ 中的元素 $\gamma_{ij}(t,s)$ 满足

$$\gamma_{ij}(t,s)=\mathrm{cov}(X_{t,i},X_{s,j})=\mathrm{cov}(X_{s,j},X_{t,i})=\gamma_{ji}(s,t) \tag{14.1}$$

显然对所有的 t，s，有 $\Gamma(t,s)=\Gamma(s,t)'$。然而，矩阵 Γ 不需要对称，所以一般情况下，$\Gamma(t,s)\neq\Gamma(s,t)$，这一点和一元情况相反。一组序列的滞后值更加依赖于另一组序列的未来价值，反之亦然。这种现象在观察到的经验数据中称为*超前滞后效应*，我们将在例 14.7 中详细介绍。

平稳性　我们考虑的多元模型在以下定义下是平稳的。

定义 14.1 (严平稳性). *如果对于所有的* $t_1,\ldots,t_n,k\in\mathbb{Z}$ *和所有的* $n\in\mathbb{N}$，*有*

$$(\boldsymbol{X}'_{t_1},\ldots,\boldsymbol{X}'_{t_n})\stackrel{\mathrm{d}}{=}(\boldsymbol{X}'_{t_1+k},\ldots,\boldsymbol{X}'_{t_n+k})$$

那么我们称多元时间序列 $(\boldsymbol{X}_t)_{t\in\mathbb{Z}}$ *是严平稳的。*

定义 14.2 (协方差平稳性). 如果一阶二阶矩存在且满足

$$\begin{aligned}\boldsymbol{\mu}(t)&=\boldsymbol{\mu}, & t\in\mathbb{Z}\\ \Gamma(t,s)&=\Gamma(t+k,s+k), & t,s,k\in\mathbb{Z}\end{aligned}$$

我们称多元时间序列 $(\boldsymbol{X}_t)_{t\in\mathbb{Z}}$ 是协方差平稳的（或是弱平稳、二阶平稳）。

具有有限协方差矩阵的严格平稳多元时间序列是协方差平稳的，但我们注意到，与一元情况一样，可以定义严平稳但非协方差平稳的无穷大方差过程（包括某些多元 ARCH 和 GARCH 过程）。

平稳多元时间序列中的序列相关和互相关 协方差平稳性的定义暗示了对所有的 s, t，我们有 $\Gamma(t-s,0)=\Gamma(t,s)$，因此 X_t 和 X_s 的协方差只取决于时间段 $t-s$，也就是我们说的滞后。与一元情况不同的是，滞后的标记是很重要的。

对于一个多元协方差平稳过程，我们把协方差矩阵写成一个变量函数：$\Gamma(h):=\Gamma(h,0)$, $\forall h\in\mathbb{Z}$。已知 $\Gamma(0)=\operatorname{cov}(\boldsymbol{X}_t)$, $\forall t$，我们可以定义协方差平稳过程的协方差矩阵函数。我们给出在公式 (6.4) 中定义的算子 $\Delta(\cdot)$，当计算 $\Sigma=(\sigma_{ij})\in\mathbb{R}^{d\times d}$ 时得到一个对角矩阵，对角线上的值为 $\sqrt{\sigma_{11}},\ldots,\sqrt{\sigma_{dd}}$。

定义 14.3 (相关矩阵函数). 给定一个 $\Delta:=\Delta(\Gamma(0))$，其中 $\Delta(\cdot)$ 是定义在公式 (6.4) 上的算子，一个协方差平稳多元时间序列 $(\boldsymbol{X}_t)_{t\in\mathbb{Z}}$ 的协方差矩阵方程 $P(h)$ 可以定义为

$$P(h):=\Delta^{-1}\Gamma(h)\Delta^{-1},\quad \forall h\in\mathbb{Z}. \tag{14.2}$$

这个矩阵方程的对角线 $\rho_{ii}(h)$ 表示 $(X_{t,i})_{t\in\mathbb{Z}}$ 的第 i 个分量的自相关函数。非对角线上的值被称为在不同时间不同序列分量的相关性。这和公式 (14.1) 中的一致，$P(h)=P(-h)'$，但是 $P(h)$ 不需要是对称的，一般情况下有 $P(h)\neq P(-h)$。

白噪声过程 如在一元情况下，多元白噪声过程是在实际应用中时间序列模型的有效组成模块。

定义 14.4 (多元白噪声). 若对于正相关矩阵 P，如果协方差矩阵 $(\boldsymbol{X}_t)_{t\in\mathbb{Z}}$ 是平稳的且相关性矩阵为

$$P(h)=\begin{cases}P, & h=0\\ 0, & h\neq 0\end{cases}$$

那么我们称之为多元白噪声。

一个具有均值为零和协方差矩阵 $\Sigma=\operatorname{cov}(X_t)$ 的多元白噪声过程将表示为 $\mathrm{WN}(\mathbf{0},\Sigma)$。这种过程除了滞后于零的同时的互相关外，各分量序列之间没有互相关。一个简单的例子就是一系列有限协方差矩阵的独立同分布随机向量序列，这被称为多元严白噪声。

定义 14.5 (多元严白噪声). 如果 $(\boldsymbol{X}_t)_{t\in\mathbb{Z}}$ 是一个存在有限协方差矩阵的独立同分布随机向量序列，那么它是一个多元严白噪声。

一个均值为零和协方差矩阵为 Σ 的严格白噪声过程可以记为 $\mathrm{SWN}(\mathbf{0},\Sigma)$。

鞅差噪声的概念也可以扩展到更多维空间。之前我们假设时间序列 $(\boldsymbol{X}_t)_{t\in\mathbb{Z}}$ 适应于一些域流 $(\mathcal{F}_t)$，典型的比如自然域流 $(\sigma(\{\boldsymbol{X}_s : s\leqslant t\}))$，它表示在时刻 t 时可用的信息。

定义 14.6 (多元鞅差). 如果 $E|\boldsymbol{X}_t|<\infty$ 且满足

$$E(\boldsymbol{X}_t \mid \mathcal{F}_{t-1})=\mathbf{0},\quad \forall t\in\mathbb{Z}$$

那么 $(\boldsymbol{X}_t)_{t\in\mathbb{Z}}$ 关于域流存在多元鞅差。

这样一个过程的无条件均值显然也是零，同时如果对所有的 t 存在 $\mathrm{cov}(\boldsymbol{X}_t)<\infty$，则对于 $t\neq s$ 协方差矩阵函数满足 $\Gamma(t,s)=0$。如果对于所有的 t 协方差矩阵也是常数，那么满足多元鞅差的过程也是一个多元白噪声过程。

14.1.2　时域分析

我们现在假设有一个随机样本 $\boldsymbol{X}_1,\ldots,\boldsymbol{X}_n$ 来自一个协方差平稳的多元时间序列模型 $(\boldsymbol{X}_t)_{t\in\mathbb{Z}}$。在时域分析中，我们利用该随机样本构造协方差矩阵函数和相关矩阵函数的经验估计量。

样本相关矩阵方程可以通过下面公式进行计算，

$$\hat{\Gamma}(h)=\frac{1}{n}\sum_{t=1}^{n-h}(\boldsymbol{X}_{t+h}-\bar{\boldsymbol{X}})(\boldsymbol{X}_t-\bar{\boldsymbol{X}})',\quad 0\leqslant h<n$$

这里 $\bar{\boldsymbol{X}}=\sum_{t=1}^{n}\boldsymbol{X}_t/n$ 表示样本均值，是 $\boldsymbol{\mu}$ 的估计值，也是时间序列的均值。记 $\hat{\Delta}:=\Delta(\hat{\Gamma}(0))$，这里的 $\Delta(\cdot)$ 是在公式 (6.4) 中定义的算子，最后得到 样本相关矩阵函数：

$$\hat{P}(h)=\hat{\Delta}^{-1}\hat{\Gamma}(h)\hat{\Delta}^{-1},\quad 0\leqslant h<n$$

样本相关矩阵函数包含在元素 $\hat{\rho}_{ij}(h)$ 中的信息通常表现在交叉相关图中，这是一个 $d\times d$ 矩阵散点图（有关例子，请参见图 14.1）。图中第 i 个对角线的点表示第 i 个分量序列的相关图，表示为 $\{(h,\hat{\rho}_{ii}(h)) : h=0,1,2,\ldots\}$。由互相关估计组成的非对角线散点有多种表示方式，我们将考虑以下公约：对于 $i<j$，我们绘制点 $\{(h,\hat{\rho}_{ij}(h)) : h=0,1,2,\ldots\}$；对于 $i>j$，我们绘制 $\{(-h,\hat{\rho}_{ij}(h)) : h=0,1,2,\ldots\}$。例 14.7中将解释偏离对角线的点的含义。

可以看出，对于由多元严白噪声新息驱动的因果过程（参见第 14.1.3 节），由样本相关矩阵函数 $\hat{P}(h)$ 的组成部分成分的估计是对基础理论量的一致估计。比如，如果数据本身来自一个 SWN，那么对于 $h\neq 0$ 随着样本量的增加互相关性估计 $\hat{\rho}_{ij}(h)$ 将收敛到零。然而，在一般情况下，对于互相关性估计的渐近分布结果将比在一元情况下定理 4.13 自相关估计更为复杂。相关理论可以参考 Brockwell and Davis (1991) 的第 11 章和 Brockwell and Davis (2002) 的第 7 章。在绘制 $(-1.96\sqrt{n}, 1.96\sqrt{n})$ 中高斯置信带的非对角线图形是很正常的，但是这些置信带只能是视觉上给予粗略的指导，不能依靠这些图形得到结论。

例 14.7 (**三元指数收益的交叉相关图**). 在图 14.1 中，每天对数收益的交叉相关图表示了道琼斯、日经和瑞士市场指数从 1996 年 6 月 26 日到 2001 年 6 月 25 日的市场指数。虽然在这个三元时间序列中每个观测向量和交易日期相关，但收益并不会和时间轴同步。因此图 14.1 也展现出了滞后效应，这也能够帮助我们理解交叉相关图中非对角线图形。

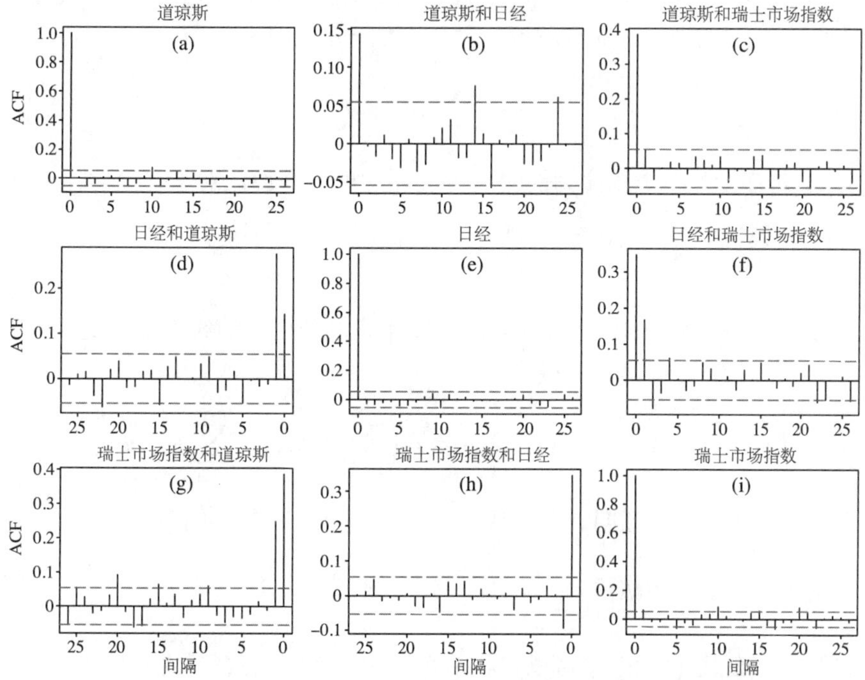

图 14.1　1996.6.26–2001.6.25，道琼斯、日经和瑞士市场指数每日对数收益的交叉相关图（见例 14.7）。

图中 (b) 给出了对于 $h \geqslant 0$，道琼斯指数在 $t+h$ 天和日经指数在 t 天的收益相关性；准确地说，这些估计值很小，误差控制在置信区间内，在同一个交易日的收益相关性估计 $\hat{P}_{12}(0) \approx 0.14$ 例外。图中 (d) 给出了对于 $h \leqslant 0$，道琼斯指数在 $t+h$ 天和日经指数在 t 天的收益相关性估计；若 $h=-1$ 则估计值大约为 0.28 并且可以表现出美国市场如何引导日本市场的变化。比较图中 (c) 和 (g)，我们看到不出所料的是美国市场也在引导瑞士市场，所以前者在 $t-1$ 天的收益和后者在 t 天的收益高度相关。

14.1.3　多元 ARMA 过程

我们对多元 ARMA 模型进行了简要的介绍，本书来说明如何将第 4.1.2 节的思想扩展到更多维空间。对于日常数据，通过多元 GARCH 模型捕获多元 ARMA 效应远不如捕获多元波动效应（和动态相关效应）重要，但对于较长期的回报，更传统的 ARMA 过程变得越来越有用。在计量经济学文献中，它们通常被称为向量 ARMA（或 VARMA）过程。

定义 14.8 (**VARMA 过程**). 设 $(\boldsymbol{\varepsilon}_t)_{t\in\mathbb{Z}}$ 服从 $\mathrm{WN}(\mathbf{0}, \Sigma_\varepsilon)$。如果 $(\boldsymbol{X}_t)_{t\in\mathbb{Z}}$ 是一个协方差平稳

过程且满足下面的微分方程

$$\boldsymbol{X}_t-\Phi_1\boldsymbol{X}_{t-1}-\cdots-\Phi_p\boldsymbol{X}_{t-p}=\boldsymbol{\varepsilon}_t+\Theta_1\boldsymbol{\varepsilon}_{t-1}+\cdots+\Theta_q\boldsymbol{\varepsilon}_{t-q},\quad\forall t\in\mathbb{Z}$$

其中参数矩阵 Φ_i 和 Θ_j 在 $\mathbb{R}^{d\times d}$ 中，则它是一个均值为零的 VARMA(p,q) 过程。如果中心序列 $(\boldsymbol{X}_t-\boldsymbol{\mu})_{t\in\mathbb{Z}}$ 是一个均值为零的 VARMA(p,q) 过程，则 $(\boldsymbol{X}_t)$ 是一个均值为 $\boldsymbol{\mu}$ 的 VARMA 过程。

考虑一个均值为零的 VARMA(p,q) 过程。在实际应用中，我们再次考虑且只考虑因果过程（参见第 4.1.2 节），定义方程解的过程有如下的表达式：

$$\boldsymbol{X}_t=\sum_{i=0}^{\infty}\Psi_i\boldsymbol{\varepsilon}_{t-i}\tag{14.3}$$

其中，$(\Psi_i)_{i\in\mathbb{N}_0}$ 是 $\mathbb{R}^{d\times d}$ 中矩阵序列的绝对可加性，也就是说，对于任意的 j 和 k，有

$$\sum_{i=0}^{\infty}|\psi_{i,jk}|<\infty\tag{14.4}$$

在一元的情况下（见命题 4.9），它可以通过直接计算得到这样的线性过程是协方差平稳的。对于 $h\geqslant 0$ 协方差矩阵方程可以写成

$$\Gamma(t+h,t)=\operatorname{cov}(\boldsymbol{X}_{t+h},\boldsymbol{X}_t)=E\left(\sum_{i=0}^{\infty}\Psi_i\boldsymbol{\varepsilon}_{t+h-i}\sum_{j=0}^{\infty}\boldsymbol{\varepsilon}'_{t-j}\Psi'_j\right)$$

在一元的情况下，这很容易证明它仅取决于 h 而不是 t，表达式如下

$$\Gamma(h)=\sum_{i=0}^{\infty}\Psi_{i+h}\Sigma_\varepsilon\Psi'_i,\quad h=0,1,2,\ldots\tag{14.5}$$

根据公式 (14.5) 和公式 (14.2) 就可以很容易得到相关矩阵函数。

VARMA 过程是因果关系的要求将会对参数矩阵 Φ_i（在特别情况下）和 Θ_j 的值有要求。该理论与一元 ARMA 理论十分相似。我们将从 VARMA 类中给出一个有用的例子；这是一阶向量自回归（或 VAR(1)）模型。

例 14.9 (VAR(1) **过程**). 一阶 VAR 过程满足向量差分方程组

$$\boldsymbol{X}_t=\Phi\boldsymbol{X}_{t-1}+\boldsymbol{\varepsilon}_t,\quad\forall t\tag{14.6}$$

当且仅当矩阵 Φ 所有的特征值小于其绝对值时，我们可能找到一个因果关系的过程满足公式 (14.3) 和公式 (14.4)，这是公式 (14.6) 的一个解。这是此因果关系过程

$$\boldsymbol{X}_t=\sum_{i=0}^{\infty}\Phi^i\boldsymbol{\varepsilon}_{t-i}\tag{14.7}$$

的唯一解。这个解可以看成是一个无限阶向量的移动平均过程，叫作 VMA(∞) 过程。该过程的协方差矩阵方程满足公式 (14.3) 和公式 (14.5)，可以写成

$$\Gamma(h)=\sum_{i=0}^{\infty}\Phi^{i+h}\Sigma_\varepsilon\Phi^{i\prime}=\Phi^h\Gamma(0),\quad h=0,1,2,\ldots$$

在实践中，完整的 VARMA 模型不如 VAR 和 VMA 子族的模型常见，原因之一是在估计参数时出现可识别性问题。例如，我们可以有这样的 VARMA(1,1) 模型，$\boldsymbol{X}_t - \Phi\boldsymbol{X}_{t-1} = \boldsymbol{\varepsilon}_t + \Theta\boldsymbol{\varepsilon}_{t-1}$ 可以根据完全不同的参数矩阵 Φ^* 和 Θ^* （见例Tsay (2002, p. 323)) 将其改写成 $\boldsymbol{X}_t - \Phi^*\boldsymbol{X}_{t-1} = \boldsymbol{\varepsilon}_t + \Theta^*\boldsymbol{\varepsilon}_{t-1}$。在这两个子族中，VAR 模型更容易估计。VAR 模型的拟合选择范围从没有对驱动白噪声分布进行强假设的多元最小二乘估计，到完全最大似然估计；模型结合 VAR 和多元 GARCH 特性可以使用条件 ML 方法进行估计，方法与第 4.2.4 节中描述的一元模型非常相似。

说明与评论

很多标准的时间序列文本也能够处理多元理论（见例 Brockwell and Davis (1991, 2002) 或 Hamilton (1994)）。关于计量经济学的关键参考文献是 Lütkepohl (1993)。例如，在金融领域中的，请参阅 Tsay (2002) 和 Zivot and Wang (2003)。

14.2　多元 GARCH 过程

在本节中，我们首先建立了多元 GARCH（或 MGARCH) 模型的一般表示法，然后再考虑在第 14.2.2 节中通过条件相关矩阵定义的模型和在第 14.2.4 节中通过条件协方差矩阵定义的模型。我们还提供了关于模型估计、降维策略和在量化风险管理中使用多元 GARCH 模型的简要说明。

14.2.1　模型的一般结构

对于以下定义，参见第 6.1 节末尾的讨论，正定矩阵 $\boldsymbol{\Sigma}$ 的 Cholesky 因子 $\boldsymbol{\Sigma}^{1/2}$ 满足 $\boldsymbol{A}\boldsymbol{A}' = \boldsymbol{\Sigma}$ 的下三角矩阵。

定义 14.10. 将 $(\boldsymbol{Z}_t)_{t\in\mathbb{Z}}$ 定义为 SWN$(\boldsymbol{0}, I_d)$。如果过程 $(\boldsymbol{X}_t)_{t\in\mathbb{Z}}$ 是严格稳态的且满足方程

$$\boldsymbol{X}_t = \boldsymbol{\Sigma}_t^{1/2}\boldsymbol{Z}_t, \quad t \in \mathbb{Z} \tag{14.8}$$

这里 $\boldsymbol{\Sigma}_t^{1/2} \in \mathbb{R}^{d\times d}$ 是正定矩阵 $\boldsymbol{\Sigma}_t$ 的 Cholesky 因子，且关于 $\mathcal{F}_{t-1} = \sigma(\{\boldsymbol{X}_s : s \leqslant t-1\})$ 可测，该过程的历史信息持续到时间 $t-1$，那么该过程就被称为一个多元 GARCH 过程。

条件矩　这种类型的协方差平稳过程具有多元鞅差性质，这是很容易计算出来的

$$E(\boldsymbol{X}_t \mid \mathcal{F}_{t-1}) = E(\boldsymbol{\Sigma}_t^{1/2}\boldsymbol{Z}_t \mid \mathcal{F}_{t-1}) = \boldsymbol{\Sigma}_t^{1/2}E(\boldsymbol{Z}_t) = \boldsymbol{0}$$

因此它必须是多元白噪声过程，如在第 14.1 节讨论过的一样。此外，由于

$$\operatorname{cov}(\boldsymbol{X}_t \mid \mathcal{F}_{t-1}) = E(\boldsymbol{X}_t\boldsymbol{X}_t' \mid \mathcal{F}_{t-1}) = \boldsymbol{\Sigma}_t^{1/2}E(\boldsymbol{Z}_t\boldsymbol{Z}_t')(\boldsymbol{\Sigma}_t^{1/2})' = \boldsymbol{\Sigma}_t^{1/2}(\boldsymbol{\Sigma}_t^{1/2})' = \boldsymbol{\Sigma}_t \tag{14.9}$$

$\boldsymbol{\Sigma}_t$ 是条件协方差矩阵。多元 GARCH 模型中的条件协方差矩阵对应到一元 GARCH 模型中的平方波动 σ_t^2。对于 $\boldsymbol{\Sigma}_t$ 的 Cholesky 因子的应用来描述公式 (14.8) 中变动噪声的关系

是不重要的，事实上，可以使用 $\boldsymbol{\Sigma}_t$ 的任何类型（比如对称分解得出根）的"平方根"。（唯一的含义就是我们在实际拟合模型中使用的构造残差的方法。）我们将元素 $\boldsymbol{\Sigma}_t$ 表示成 $\sigma_{t,ij}$，并且也使用 $\sigma_{t,i}=\sqrt{\sigma_{t,ii}}$ 来表示第 i 个分量序列 $(X_{t,i})_{t\in\mathbb{Z}}$ 的条件标准差（或波动）。

回顾一下，我们可以写成 $\boldsymbol{\Sigma}_t=\Delta_t P_t \Delta_t$，其中

$$\Delta_t=\Delta(\boldsymbol{\Sigma}_t)=\mathrm{diag}(\sigma_{t,1},\ldots,\sigma_{t,d}),\quad P_t=\wp(\boldsymbol{\Sigma}_t) \tag{14.10}$$

使用了公式 (6.4) 和公式 (6.5) 中定义的算子符号。对角矩阵 Δ_t 可以看成是*波动矩阵*，P_t 可以看成是*条件协方差矩阵*。建立多元 GARCH 模型就是为了说明这种方法过去对于 $\boldsymbol{\Sigma}_t$ 的依赖性（或是 Δ_t 和 P_t），$\boldsymbol{\Sigma}_t$ 总是保持对称性和正定性。一个协方差矩阵必然是对称的和半正定的，实际上我们只关注正定方面。这便于拟合，因为 $\boldsymbol{X}_t \mid \mathcal{F}_{t-1}$ 的条件分布从来没有一个奇异的协方差矩阵。

无条件矩 一个过程的*无条件协方差矩阵* $\boldsymbol{\Sigma}$ 可以写成

$$\boldsymbol{\Sigma}=\mathrm{cov}(\boldsymbol{X}_t)=E(\mathrm{cov}(\boldsymbol{X}_t\mid\mathcal{F}_{t-1}))+\mathrm{cov}(E(\boldsymbol{X}_t\mid\mathcal{F}_{t-1}))=E(\boldsymbol{\Sigma}_t)$$

从中可以计算出*无条件协方差矩阵* P 有下列元素

$$\rho_{ij}=\frac{E(\sigma_{t,ij})}{\sqrt{E(\sigma_{t,ii})E(\sigma_{t,jj})}}=\frac{E(\rho_{t,ij}\sigma_{t,i}\sigma_{t,j})}{\sqrt{E(\sigma_{t,i}^2)E(\sigma_{t,j}^2)}} \tag{14.11}$$

通常很难计算，其条件相关系数矩阵的期望也很复杂。

新息 在实际工作中，新息通常被认为是来自多元高斯分布（$\boldsymbol{Z}_t\sim N_d(\boldsymbol{0},\boldsymbol{I}_d)$），或者，更实际地说，对于每日收益，是一个适当缩放的球形多元 t 分布（$\boldsymbol{Z}_t\sim t_d(\nu,\boldsymbol{0},(\nu-2)\boldsymbol{I}_d/\nu)$）。任何具有均值为零协方差矩阵 $\boldsymbol{I}_d$ 的分布都是被允许的，并且可以考虑第 6.2 节中的正态混合类和第 6.3.1 节中球类的适当成员。

模型介绍 在接下来的几节中，我们将介绍一些更重要的多元 GARCH 规则。在此过程中，我们主要关注模型的以下方面。

- 动态方程的形式，适当时候使用经济参数和评价标准。
- 需要满足的条件：条件协方差矩阵 $\boldsymbol{\Sigma}_t$ 是正定的。这些模型的其他数学性质，比如协方差平稳，是很难在严谨的数学理论上保证的；说明与评论中的参考文献将详细说明。
- 参数化的局限性。多数多元 GARCH 规则的主要问题是参数的数量会随着模型的维度增加呈爆炸式增长，这使得它们不适用于分析很多风险因子。
- 简单直观的拟合方法是可用的。所有模型都可以用第 14.2.4 节介绍的一般全局最优方法来拟合，但是一些模型需要在某些阶段对自身进行估计，特别是第 14.2.2 节中介绍的模型。

14.2.2　条件相关性模型

本节我们介绍主要考虑条件相关系数矩阵 P_t 的模型，这里将波动定义为一元 GARCH 模型。我们从一个著名但相对有限制的模型开始介绍，这里对于所有的 t 假设 P_t 是常数。

常数条件相关 (CCC)

定义 14.11. 如果过程 $(\boldsymbol{X}_t)_{t\in\mathbb{Z}}$ 具有定义 14.10 中给出的一般结构，则我们把该过程称为 CCC-GARCH 过程，条件协方差矩阵的形式为 $\boldsymbol{\Sigma}_t = \Delta_t P_c \boldsymbol{\Delta}_t$，其中

(i) P_c 是一个常正定相关系数矩阵；

(ii) $\boldsymbol{\Delta}_t$ 是一个对角波动矩阵，元素 $\sigma_{t,k}$ 满足

$$\sigma_{t,k}^2 = \alpha_{k0} + \sum_{i=1}^{p_k} \alpha_{ki} X_{t-i,k}^2 + \sum_{j=1}^{q_k} \beta_{kj} \sigma_{t-j,k}^2, \quad k = 1, \ldots, d \tag{14.12}$$

其中 $\alpha_{k0} > 0, \alpha_{ki} \geqslant 0, i = 1, \ldots, p_k, \beta_{kj} \geqslant 0, j = 1, \ldots, q_k$。

CCC-GARCH 规则可以看成是一元 GARCH 模型的简单结合。可以看出 CCC-GARCH 模型的观测和新息与方程 $\boldsymbol{X}_t = \Delta_t P_c^{1/2} \boldsymbol{Z}_t$ 有关，可以改写成在一个 $\text{SWN}(\mathbf{0}, P_c)$ 过程 $(\tilde{\boldsymbol{Z}}_t)_{t\in\mathbb{Z}}$ 中的 $\boldsymbol{X}_t = \Delta_t \tilde{\boldsymbol{Z}}_t$。显然，这里组成的元素都是一元 GARCH 模型。

命题 14.12. CCC-GARCH 模型定义很明确，对于所有的 t，$\boldsymbol{\Sigma}_t$ 都是几乎必然正定的。此外，当且仅当 $\sum_{i=1}^{p_k} \alpha_{ki} + \sum_{j=1}^{q_k} \beta_{kj} < 1$，对 $k = 1, \ldots, d$，它是协方差平稳的。

证明. 对于 $\mathbb{R}^d$ 中的向量 $\boldsymbol{v} \neq \mathbf{0}$，由于 P_c 是正定的，个别波动过程的严格活跃性对所有的 t 都满足 $\boldsymbol{\Delta}_t \boldsymbol{v} \neq \mathbf{0}$，因此我们有

$$\boldsymbol{v}' \boldsymbol{\Sigma}_t \boldsymbol{v} = (\Delta_t \boldsymbol{v})' P_c (\Delta_t \boldsymbol{v}) > 0$$

如果 $(\boldsymbol{X}_t)_{t\in\mathbb{Z}}$ 是协方差平稳的，那么 $(X_{t,k})_{t\in\mathbb{Z}}$ 的每个分量序列是协方差平稳的，GARCH 模型的充分必要条件是根据命题 4.21 有 $\sum_{i=1}^{p_k} \alpha_{ki} + \sum_{j=1}^{q_k} \beta_{kj} < 1$。相反地，如果分量序列是协方差平稳的，那么对于所有的 i 和 j，根据 Cauchy-Schwarz 不等式得到

$$\sigma_{ij} = E(\sigma_{t,ij}) = \rho_{ij} E(\sigma_{t,i}\sigma_{t,j}) \leqslant \rho_{ij} \sqrt{E(\sigma_{t,i}^2)} \sqrt{E(\sigma_{t,j}^2)} < \infty$$

因为 $(\boldsymbol{X}_t)_{t\in\mathbb{Z}}$ 是一个有限多元鞅差非时间独立二阶矩 σ_{ij}，所以这是一个协方差平稳的白噪声。 □

CCC 模型通常是一个很好的起点，可以扩展到更复杂的模型中。从经验上来说，它有一个很好的性能，但它通常被认为模型中条件相关性的平稳性是不现实的，同时它对于金融市场的影响也需要模型可以允许动态条件相关性和动态波动发生变化。另一个模型的限制是（事实上适用于大多数 MGARCH 规则）个别动态波动 (14.12) 不允许在一个特定点的序列分量的收益对未来一个时间点的其他时间序列分量增加波动。

为了描述一种拟合 CCC 模型的简单方法，我们介绍一个抑制挥发过程。对任何多元时间序列过程 $\boldsymbol{X}_t$，抑制挥发过程是指过程 $\boldsymbol{Y}_t = \Delta_t^{-1}\boldsymbol{X}_t$，这里 Δ_t 通常是波动的对角矩阵。在这种情况下的 CCC 模型很容易看成抑制挥发过程 $(\boldsymbol{Y}_t)_{t\in\mathbb{Z}}$ 是一个 $\mathrm{SWN}(\boldsymbol{0}, P_{\mathrm{c}})$ 过程。

该结构提出了一种简单的两阶段拟合方法，首先通过将一元 GARCH 过程拟合到数据 $\boldsymbol{X}_1, \ldots \boldsymbol{X}_n$ 中来估计分量序列的单个波动过程；注意，虽然我们在定义 14.11 中指定了各个挥发性应该遵循标准的 GARCH 模型，但是我们当然可以扩展该模型，以允许使用第 4.2.3 节中的任何一元模型，比如加杠杆的 GARCH 或带阈值的 GARCH 模型。

在第二阶段我们通过 $\hat{\boldsymbol{Y}}_t = \hat{\Delta}_t^{-1}\boldsymbol{X}_t$ 构造一个抑制挥发过程，其中 $t = 1, \ldots, n$，这里 $\hat{\Delta}_t^{-1}$ 是 Δ_t 的估计值；也就是说，我们从一元 GARCH 模型中得到标准化残差。我们也在第 9.2.4 节中对更一般的条件下的动态历史估计的多元方法结构进行介绍。如果 CCC-GARCH 模型是充分的，那么 $\hat{\boldsymbol{Y}}_t$ 数据应当通过 $\mathrm{SWN}(\boldsymbol{0}, P_{\mathrm{c}})$ 过程得到。这里可以采用适用于原始和绝对值的自相关函数和互相关函数。假设模型的充分性，条件相关系数矩阵 P_{c} 可以通过第 6 章中的方法估计标准化残差。

当 $P_{\mathrm{c}} = \boldsymbol{I}_d$ 成立时，CCC-GARCH 的一个特例我们称为纯对角线模型。这类协方差平稳模型是一个多元白噪声，这里同时存在的分量 $X_{t,i}$ 和 $X_{t,j}$ 也都和 $i \neq j$ 无关。这包含对每个序列分量的独立 GARCH 模型。事实上，如果我们假设驱动 $\mathrm{SWN}(\boldsymbol{0}, I_d)$ 过程是多元高斯过程，那么分量序列是相互独立的。但是如果我们假设 $\boldsymbol{Z}_t \sim t_d(\nu, \boldsymbol{0}, ((\nu-2)/\nu)I_d)$，那么序列分量是非独立的。

动态条件相关 (DCC)　此模型将 CCC 模型一般化，允许条件相关性根据相关限制条件进行动态化，但是这种方式构造的模型仍然可以像一元 GARCH 模型一样进行估计。由于需要在定义中使用相关矩阵算子 $\wp$，因此这类随机过程的常规分析是很困难的。

定义 14.13. 如果 $(\boldsymbol{X}_t)_{t\in\mathbb{Z}}$ 过程符合定义 14.10 中的一般架构，其波动性 Δ_t 满足一元 GARCH 模型中对公式 (14.12) 的定义，同时对于 $t \in \mathbb{Z}$，条件相关矩阵 P_t 满足方程

$$P_t = \wp\left(\left(1 - \sum_{i=1}^{p}\alpha_i - \sum_{j=1}^{q}\beta_j\right)P_{\mathrm{c}} + \sum_{i=1}^{p}\alpha_i \boldsymbol{Y}_{t-i}\boldsymbol{Y}_{t-i}' + \sum_{j=1}^{q}\beta_j P_{t-j}\right), \tag{14.13}$$

这里 P_{c} 是一个正定相关阵，$\wp$ 是公式 (6.5) 上的算子，$\boldsymbol{Y}_t = \Delta_t^{-1}\boldsymbol{X}_t$ 表示一个抑制挥发过程，相关性满足 $\alpha_i \geqslant 0,\ \beta_j \geqslant 0$ 且 $\sum_{i=1}^{p}\alpha_i + \sum_{j=1}^{q}\beta_j < 1$，这时我们称 $(\boldsymbol{X}_t)_{t\in\mathbb{Z}}$ 是 DCC-GARCH 过程。

首先观察到如果公式 (14.13) 中的相关系数 α_i 和 β_j 都是 0，那么模型则退化为 CCC 模型。如果类似的构造带非条件方差 σ^2 的协方差平稳的一元 GARCH 模型，这时波动方程可以写成

$$\sigma_t^2 = \left(1 - \sum_{i=1}^{p}\alpha_i - \sum_{j=1}^{q}\beta_j\right)\sigma^2 + \sum_{i=1}^{p}\alpha_i X_{t-i} + \sum_{j=1}^{q}\beta_j\sigma_{t-j}^2,$$

则公式 (14.13) 中的相关系数矩阵 P_{c} 可以看成长期相关性结构。虽然这个矩阵第一步可以

将 DCC 模型和 ML 估计值拟合，用经验相关矩阵通过抑制挥发数据拟合是很正常的，这和 CCC 模型估计类似。

我们观察到动态公式 (14.13) 保持了 P_t 的正定性。如果我们定义

$$Q_t := \left(1-\sum_{i=1}^{p}\alpha_i-\sum_{j=1}^{q}\beta_j\right)P_{\mathrm{c}}+\sum_{i=1}^{p}\alpha_i\boldsymbol{Y}_{t-i}\boldsymbol{Y}_{t-i}'+\sum_{j=1}^{q}\beta_jP_{t-j},$$

假设 $P_{t-q},\ldots,P_{t-1}$ 是正定的，那么对于 $\mathbb{R}^d$ 上的一个向量 $\boldsymbol{v}\neq\boldsymbol{0}$，我们有

$$\boldsymbol{v}'Q_t\boldsymbol{v}=\left(1-\sum_{i=1}^{p}\alpha_i-\sum_{j=1}^{q}\beta_j\right)\boldsymbol{v}'P_{\mathrm{c}}\boldsymbol{v}+\sum_{i=1}^{p}\alpha_i\boldsymbol{v}'\boldsymbol{Y}_{t-i}\boldsymbol{Y}_{t-i}'\boldsymbol{v}+\sum_{j=1}^{q}\beta_j\boldsymbol{v}'P_{t-j}\boldsymbol{v}>0,$$

其中，第一项为严格正定，第二、第三项非负。如果 Q_t 是正定的，那么有 P_t。

下面介绍常用的 DCC 模型的估计方法。

(1) 将一元 GARCH 类模型对应到分量序列来估计波动矩阵 Δ_t。通过 $\hat{\boldsymbol{Y}}_t=\hat{\Delta}_t^{-1}\boldsymbol{X}_t$ 得到分解过程的估计。

(2) 通过分解数据的样本相关性矩阵估计 P_{c}（或者更好的是一些相关性的稳健性估计）。

(3) 通过将 $\boldsymbol{Y}_t=P_t^{1/2}\boldsymbol{Z}_t$ 类的模型和分解数据进行拟合，可以估计公式 (14.13) 中剩余的参数 α_i 和 β_j。我们把这个模糊的步骤留给时间，并且了解到这是第 14.2.4 节中拟合一般多元 GARCH 模型的方法的简单应用；对于一阶模型 $(p=q=1)$，还剩下两个参数需要估计。

14.2.3　条件协方差模型

本节的模型可以明确地看成是条件协方差矩阵 Σ_t 的动态结构。这些模型不适用于基于一元 GARCH 估计的多边估计。

向量 GARCH 模型（VEC 和 DVEC）　最通用的向量 GARCH 模型——VEC 模型——有太多的参数用于实际目的，我们的任务是通过对参数矩阵施加各种限制来简化模型。

定义 14.14 (VEC **模型**). *如果过程 $(\boldsymbol{X}_t)_{t\in\mathbb{Z}}$ 符合定义 14.10 中的一般结构，同时对于 $\boldsymbol{a}_0\in\mathbb{R}^{d(d+1)/2}$ 和 $R^{(d(d+1)/2)\times(d(d+1)/2)}$ 上的矩阵 $\bar{A}_i$ 和 $\bar{B}_j$，向量条件协方差矩阵 Σ_t 的变动可以表示为*

$$\mathrm{vech}(\Sigma_t)=\boldsymbol{a}_0+\sum_{i=1}^{p}\bar{A}_i\,\mathrm{vech}(\boldsymbol{X}_{t-i}\boldsymbol{X}_{t-i}')+\sum_{j=1}^{q}\bar{B}_j\,\mathrm{vech}(\Sigma_{t-j}),\tag{14.14}$$

那么该过程 $(\boldsymbol{X}_t)_{t\in\mathbb{Z}}$ 是一个 VEC 过程。

定义 “vech” 为半向量算子，它将对称矩阵的下三角列折叠到 $d(d+1)/2$ 维的简单列向量。因为公式 (14.14) 应该理解为对于条件协方差矩阵的下三角部分的变化，矩阵剩下的部分根据对称性得到。

模型的一般形式有 $(1+(p+q)d(d+1)/2)d(d+1)/2$ 个参数，它随着维度增加迅速，所以即使一个三元模型，就有 78 个参数。最普遍的化简当 $\bar{A}_i$ 和 $\bar{B}_j$ 是对角阵时需要进行限制，这就得到对角 VEC 模型或 DVEC 模型。这个特殊情况可以根据不同矩阵的点乘得到，被称为 Hadamard 点乘，记为"$\circ$"，对两个相同大小的矩阵对应的元素相乘。我们得到

$$\Sigma_t = A_0 + \sum_{i=1}^{p} A_i \circ (\boldsymbol{X}_{t-i}\boldsymbol{X}_{t-i}') + \sum_{j=1}^{q} B_j \circ \Sigma_{t-j} \tag{14.15}$$

这里只要 A_0 存在正对角线元素，所有其他矩阵有非负对角元素（标准一元 GARCH 假设），A_0 和 A_i，B_j 必须都是 $\mathbb{R}^{d\times d}$ 上的对称矩阵。这个表达式强调和定义 4.20 的一元 GARCH 模型的相似性。

为了更好地理解公式 (14.15) 的动态含义，我们考虑一个二元 $(1,1)$ 阶模型，分别对 A_0, A_1 和 B_1 中的元素记为 $a_{0,ij}$, $a_{1,ij}$ 和 b_{ij}。模型可以表示为下面的三个简单方程

$$\left.\begin{aligned} \sigma_{t,1}^2 &= a_{0,11} + a_{1,11}X_{t-1,1}^2 + b_{11}\sigma_{t-1,1}^2, \\ \sigma_{t,12} &= a_{0,12} + a_{1,12}X_{t-1,1}X_{t-1,2} + b_{12}\sigma_{t-1,12} \\ \sigma_{t,2}^2 &= a_{0,22} + a_{1,22}X_{t-1,2}^2 + b_{22}\sigma_{t-1,2}^2 \end{aligned}\right\} \tag{14.16}$$

两个分量序列 ($\sigma_{t,1}$ 和 $\sigma_{t,2}$) 的波动服从更新模式的一元 GARCH 模型，条件协方差 $\sigma_{t,12}$ 和时间序列 $X_{t-1,1}X_{t-1,2}$ 的点乘相似。对于 CCC 模型和 DCC 模型，一个单一序列分量的波动只被大型时间序列所驱动，且不能直接被其他序列的大型时间序列影响；更一般但含多个参数的 VEC 模型存在此特征。

在公式 (14.15) 中 $\boldsymbol{\Sigma}_t$ 是一个正定协方差矩阵，它要求矩阵 $\boldsymbol{A}_0$, $\boldsymbol{A}_i$ 和 $\boldsymbol{B}_j$ 满足一定条件，这里我们没有讨论过。实际上，对于一些模型的软件实现，正常的条件并不是强制性的，除非矩阵需要对角线元素非负且矩阵对称；对于条件协方差矩阵的正定估计可以在模型拟合后进行检验。

然而 $\boldsymbol{\Sigma}_t$ 正定的一个充分条件是 $\boldsymbol{A}_0$ 是正定的，矩阵 $\boldsymbol{A}_1,\ldots,\boldsymbol{A}_p,\boldsymbol{B}_1,\ldots,\boldsymbol{B}_q$ 都要是半正定的（参见说明与评论）同时条件需要很容易被加强。我们可以根据 Cholesky 分解来约束所有的参数矩阵，也就是说只要满足

$$\boldsymbol{A}_0 = \boldsymbol{A}_0^{1/2}(\boldsymbol{A}_0^{1/2})', \qquad \boldsymbol{A}_i = \boldsymbol{A}_i^{1/2}(\boldsymbol{A}_i^{1/2})', \qquad \boldsymbol{B}_j = B_j^{1/2}(B_j^{1/2})' \tag{14.17}$$

我们就可以根据下三角 Cholesky 因子矩阵 $\boldsymbol{A}_0^{1/2}$, $\boldsymbol{A}_i^{1/2}$ 和 $\boldsymbol{B}_j^{1/2}$ 将模型参数化。因为充分条件只规定 $\boldsymbol{A}_1,\ldots,\boldsymbol{A}_p$ 和 $\boldsymbol{B}_1,\ldots,\boldsymbol{B}_q$ 是半正定的，事实上我们还可以考虑这种更简单的参数化，比如，

$$\boldsymbol{A}_0 = \boldsymbol{A}_0^{1/2}(\boldsymbol{A}_0^{1/2})', \qquad \boldsymbol{A}_i = \boldsymbol{a}_i\boldsymbol{a}_i', \qquad \boldsymbol{B}_j = \boldsymbol{b}_j\boldsymbol{b}_j' \tag{14.18}$$

这里 $\boldsymbol{a}_i$ 和 $\boldsymbol{b}_j$ 是 $\mathbb{R}^d$ 上的向量。一个满足 $\boldsymbol{\Sigma}_t$ 正定需求的更简单的模型是

$$\boldsymbol{A}_0 = \boldsymbol{A}_0^{1/2}(\boldsymbol{A}_0^{1/2})', \qquad \boldsymbol{A}_i = \boldsymbol{a}_i\boldsymbol{I}_d, \qquad \boldsymbol{B}_j = \boldsymbol{b}_j\boldsymbol{I}_d \tag{14.19}$$

这里 a_i 和 b_j 是简单的正常数。事实上定义在公式 (14.17)$\sim$ 公式 (14.19) 的多元 ARCH 和 GARCH 模型规格可以以更明显的方式混合和匹配。

Baba, Engle, Kroner 和 Kraft 的 BEKK 模型 下一个系列的模型具有很大的优势，它们的构造确保了 $\boldsymbol{\Sigma}_t$ 的正定性，而不需要进一步的条件。

定义 14.15. 如果过程 $(\boldsymbol{X}_t)_{t\in\mathbb{Z}}$ 满足定义 14.10 中的一般结构，并且对所有的 $t\in\mathbb{Z}$，条件协方差矩阵 $\boldsymbol{\Sigma}_t$ 满足

$$\boldsymbol{\Sigma}_t = \boldsymbol{A}_0 + \sum_{i=1}^{p} \boldsymbol{A}_i' \boldsymbol{X}_{t-i} \boldsymbol{X}_{t-i}' \boldsymbol{A}_i + \sum_{j=1}^{q} \boldsymbol{B}_j' \boldsymbol{\Sigma}_{t-j} \boldsymbol{B}_j \tag{14.20}$$

这里所有的相关系数矩阵在 $\mathbb{R}^{d\times d}$ 上，$\boldsymbol{A}_0$ 对称且正定，那么我们称过程 $(\boldsymbol{X}_t)_{t\in\mathbb{Z}}$ 是 BEKK 过程。

命题 14.16. 在 BEKK 模型公式 (14.20) 中，条件协方差矩阵 $\boldsymbol{\Sigma}_t$ 对于所有的 t 都几乎必然正定。

证明. 考虑简单的一阶模型。对于在 $\mathbb{R}^d$ 上的向量 $\boldsymbol{v}\neq\boldsymbol{0}$，我们有

$$\boldsymbol{v}'\boldsymbol{\Sigma}_t\boldsymbol{v} = \boldsymbol{v}'\boldsymbol{A}_0\boldsymbol{v} + (\boldsymbol{v}'\boldsymbol{A}_1'\boldsymbol{X}_{t-1})^2 + (\boldsymbol{B}_1\boldsymbol{v})'\boldsymbol{\Sigma}_{t-1}(\boldsymbol{B}_1\boldsymbol{v}) > 0$$

由于第一项严格正定，所以第二、三项是非负。证明完毕。 □

为了更好地理解 BEKK 模型，我们还是需要考虑特殊二阶情况 $(1,1)$，并且当比较这些公式 (14.16) 时，要考虑其动态性

$$\begin{aligned}\sigma_{t,1}^2 = {} & a_{0,11} + a_{1,11}^2 X_{t-1,1}^2 + 2a_{1,11}a_{1,12}X_{t-1,1}X_{t-1,2} + a_{1,12}^2 X_{t-1,2}^2 \\ & + b_{11}^2\sigma_{t-1,1}^2 + 2b_{11}b_{12}\sigma_{t-1,12} + b_{12}^2\sigma_{t-1,2}^2\end{aligned} \tag{14.21}$$

$$\begin{aligned}\sigma_{t,12} = {} & a_{0,12} + (a_{1,11}a_{1,22} + a_{1,12}a_{1,21})X_{t-1,1}X_{t-1,2} \\ & + a_{1,11}a_{1,21}X_{t-1,1}^2 + a_{1,22}a_{1,12}X_{t-1,2}^2 \\ & + (b_{11}b_{22} + b_{12}b_{21})\sigma_{t-1,12} + b_{11}b_{21}\sigma_{t-1,1}^2 + b_{22}b_{12}\sigma_{t-1,2}^2\end{aligned} \tag{14.22}$$

$$\begin{aligned}\sigma_{t,2}^2 = {} & a_{0,22} + a_{1,22}^2 X_{t-1,2}^2 + 2a_{1,22}a_{1,21}X_{t-1,1}X_{t-1,2} + a_{1,21}^2 X_{t-1,1}^2 \\ & + b_{22}^2\sigma_{t-1,2}^2 + 2b_{22}b_{21}\sigma_{t-1,21} + b_{21}^2\sigma_{t-1,1}^2\end{aligned} \tag{14.23}$$

根据公式 (14.21) 我们有一个模型，$X_{t-1,2}$ 的第二个分量的较大的滞后值可以影响第一个序列 $\sigma_{t,1}$ 的波动。BEKK 模型相比 DVEC 模型有更多的参数且更加动态化。但是注意到 DVEC 模型不能像我们定义 BEKK 模型特殊情况一样去定义。为了消除公式 (14.21) 和公式 (14.23) 中条件协方差方程的所有交叉效应，我们需要将对角阵 $a_{1,12}$, $a_{1,21}$, b_{12} 和 b_{21} 设为 0，且控制个别波动的参数也控制公式 (14.22) 中的条件协方差 $\sigma_{t,12}$。

备注 14.17. 关于 BEKK 类的一个更广泛的定义，它包含所有的 DVEC 模型，最初是由 Engle and Kroner (1995) 给出的。定义中我们有

$$\boldsymbol{\Sigma}_t = \boldsymbol{A}_0\boldsymbol{A}_0' + \sum_{k=1}^{K}\sum_{i=1}^{p} \boldsymbol{A}_{k,i}' \boldsymbol{X}_{t-i} \boldsymbol{X}_{t-i}' \boldsymbol{A}_{k,i} + \sum_{k=1}^{K}\sum_{j=1}^{q} \boldsymbol{B}_{k,j}' \boldsymbol{\Sigma}_{t-j} \boldsymbol{B}_{k,j}$$

这里 $\frac{1}{2}d(d+1) > K \geqslant 1$，同时 K 的选择取决于模型的丰富性。这类模型较为理论化，在实际应用中将更加复杂；即使是 $K=1$ 的情况，在高纬情况下也很难进行拟合。

在表 14.1 中我们总结了这些模型中参数的个数。考虑实际应用的广泛结论是一般的 VEC 模型是纯理论的，BEKK 和一般 DVEC 模型适用于低维情况，其余的模型在实践中是有效的。

表 14.1　多元 GARCH 模型参数个数汇总：在 CCC 中我们假设对所有波动方程 ARCH 和 GARCH 的个数分别是 p 和 q；在 DCC 中假设条件协方车方程有 $p+q$ 参数。第二列给出了一般表达式；最后一列给出了当 $p=q=1$ 时，维度为 2,5,10 和模型个数。这里不考虑在修正分布下另外的参数。

模型	参数个数	2	5	10
VEC	$d(d+1)(1+(p+q)d(d+1)/2)/2$	21	465	6105
BEKK	$d(d+1)/2+d^2(p+q)$	11	65	255
DVEC 如公式 (14.17)	$d(d+1)(1+p+q)/2$	9	45	165
DCC	$d(d+1)/2+(d+1)(p+q)$	9	27	77
CCC	$d(d+1)/2+d(p+q)$	7	25	75
DVEC 如公式 (14.18)	$d(d+1)/2+d(p+q)$	7	25	75
DVEC 如公式 (14.19)	$d(d+1)/2+(p+q)$	5	17	57

14.2.4　多元 GARCH 模型拟合

模型拟合　我们已经给出了关于阶段的模型拟合的说明，而且我们应该强调在高维空间中风险控制的应用，这实际上是唯一可行的策略。对于利益中心在低维（可能低于 10）的多元风险因子回报序列，我们可以尝试在每一步中对所有参数进行极大似然估计。此程序也符合第 4.2.4 节中介绍的一元时间序列方法。

对一般多元 GARCH 模型 $\boldsymbol{X}_t = \varSigma_t^{1/2}\boldsymbol{Z}_t$ 建立一个似然估计的方法是和一元情况完全类似的；再次考虑一个简单的一阶模型 ($p=q=1$)，并且假设数据标记为 $\boldsymbol{X}_0, \boldsymbol{X}_1, \ldots, \boldsymbol{X}_n$。条件似然建立在 $\boldsymbol{X}_1, \ldots, \boldsymbol{X}_n$ 的条件交叉密度的基础上，给定一个 $\boldsymbol{X}_0$ 和条件协方差矩阵的初始化向量 $\varSigma_0$。这个条件交叉密度为

$$f_{\boldsymbol{X}_1,\ldots,\boldsymbol{X}_n|\boldsymbol{X}_0,\varSigma_0}(\boldsymbol{x}_1,\ldots,\boldsymbol{x}_n \mid \boldsymbol{x}_0,\varSigma_0) = \prod_{t=1}^{n} f_{\boldsymbol{X}_t|\boldsymbol{X}_{t-1},\ldots,\boldsymbol{X}_0,\varSigma_0}(\boldsymbol{x}_t \mid \boldsymbol{x}_{t-1},\ldots,\boldsymbol{x}_0,\varSigma_0)$$

如果我们把 $\boldsymbol{Z}_t$ 的多元新息密度称为 $g(\boldsymbol{z})$，那么我们有

$$f_{\boldsymbol{X}_t|\boldsymbol{X}_{t-1},\ldots,\boldsymbol{X}_0,\boldsymbol{\Sigma}_0}(\boldsymbol{x}_t \mid \boldsymbol{x}_{t-1},\ldots,\boldsymbol{x}_0,\boldsymbol{\Sigma}_0) = |\boldsymbol{\Sigma}_t|^{-1/2} g(\boldsymbol{\Sigma}_t^{-1/2}\boldsymbol{x}_t)$$

这里 $\boldsymbol{\Sigma}_t$ 是 $\boldsymbol{x}_{t-1},\ldots,\boldsymbol{x}_0$ 和 $\boldsymbol{\Sigma}_0$ 的模方程。$g(\boldsymbol{z})$ 的更一般选择是在球形类中的，所以根据公式 (6.39) 对于数值变量（密度机制）的函数 h 我们有 $g(\boldsymbol{z}) = h(\boldsymbol{z}'\boldsymbol{z})$，我们可以得到下

面的条件似然估计

$$L(\boldsymbol{\theta}; \boldsymbol{X}_1, \ldots, \boldsymbol{X}_n) = \prod_{t=1}^{n} |\boldsymbol{\Sigma}_t|^{-1/2} h(\boldsymbol{X}_t' \boldsymbol{\Sigma}_t^{-1} \boldsymbol{X}_t)$$

这里在波动方程中出现的所有参数和新息分布都在 $\boldsymbol{\theta}$ 中。当然它也可以增加一个常数平均值项或是一个模型向量回归结构的条件均值项，可以根据似然估计进行相应的调整。

似然估计的评价要求我们输入 $\boldsymbol{\Sigma}_0$ 的值。使用修正牛顿迭代法，可以最大化再次在实践中应用，如 Berndt et al. (1974)。虽然多元 GARCH 模型领域很小，但是关于估计的相关性质的文献在说明与评论中给出。

模型检查和比较 残差可以根据 $\hat{\boldsymbol{Z}}_t = \hat{\boldsymbol{\Sigma}}_t^{-1/2} \boldsymbol{X}_t$ 来计算，并且应该表现的像 SWN$(\boldsymbol{0}, \boldsymbol{I}_d)$ 过程。一般一元模型（相关图，绝对值的相关图和混成检验——如 Ljung-Box）可以应用于残差序列分量。同时，在任何时间段内不管是对自然情况还是交叉相关性中的绝对残差不应该是任何交叉相关性的证据。

模型选择通常是由一个 Akaike AIC 的标准化比较，虽然在多元 GARCH 模型中对 Akaike 使用的理论方面的研究还很缺乏。

14.2.5 MGARCH 中的降维

考虑 MGARCH 模型中的多个参数和估计中的实际困难，以及事实上很多风险因子变化的时间序列都有可能在零滞后中高度交叉相关，对于因子模型（参见第 6.4.1 节）领域考虑如何将降维策略应用在多元 GARCH 模型中是很重要的。

如在第 6.4.2 中讨论的，很多不同的统计方法可以应用于建立因子模型。我们给出策略建立的简单考虑。宏观经济因子模型和基于主成分分析（PCA）的统计因子模型。

宏观经济因子模型 在这种方法中，我们试图找出可以在大量风险因子 $\boldsymbol{X}_t$ 中解释少数相同因子的 $\boldsymbol{F}_t$。例如我们可能用股票指数收益来解释个别权益收益率的变动。这些共同的因素可以用相对详细的多元模拟模型得到 ARMA 模型和 GARCH 模型特征。

因子收益中收益的独立性可以通过此类因子模型校正来建模

$$\boldsymbol{X}_t = \boldsymbol{a} + B\boldsymbol{F}_t + \boldsymbol{\varepsilon}_t, \quad t = 1, \ldots, n$$

在第 6.4.3 节中我们给出如何根据回归技术利用一个静态方法。现在我们假设因子 $\boldsymbol{F}_t$ 的条件性和误差 $\boldsymbol{\varepsilon}_t$ 形成了一个 GARCH 波动的多元白噪声过程。

在一个完美的因子模型（根据定义 6.31）中，这些误差存在一个对角协方差矩阵，可以归属于异质效应。对于 GARCH 模型我们可以假设它们服从纯对角线矩阵，比如一个常条件相关矩阵是恒等矩阵。一个纯对角模型可以用两种方法进行拟合，在第 6.4.3 节介绍了用这两种方法来估计静态回归模型。

(1) 将一元模型拟合到分量序列 $X_{1,k},\ldots,X_{n,k}$, $k=1,\ldots,d$ 中。对每个 k 假设

$$X_{t,k}=\mu_{t,k}+\varepsilon_{t,k},\quad \mu_{t,k}=a_k+\boldsymbol{b}_k'\boldsymbol{F}_t,\quad t=1,\ldots,n$$

其中，残差 $\varepsilon_{t,k}$ 遵循一些一元 GARCH 规则。大多数 GARCH 估计软件允许将协变量合并到条件平均值 $\mu_{t,k}$ 的模型中。

(2) 一步拟合多元模型

$$\boldsymbol{X}_t=\boldsymbol{\mu}_t+\boldsymbol{\varepsilon}_t,\quad \boldsymbol{\mu}_t=\boldsymbol{a}+B\boldsymbol{F}_t,\quad t=1,\ldots,n$$

其中，残差 $\boldsymbol{\varepsilon}_t$ 遵循纯对角 CCC 模型，SWN$(\boldsymbol{0},I_d)$ 过程驱动 GARCH 模型的是一些非高斯球面分布，例如适当标准化的 t 分布。（如果 SWN 是高斯的，方法 (1) 和 (2) 则得到相同的结果。）

在实践中，永远不可能找到“正确”的共同因子，这样的特异性误差都有一个对角协方差结构。纯对角线假设可以通过观察 GARCH 误差的方法研究建模，估计它们的相关矩阵，评估相近的恒等矩阵。在这种情况下对于一个 CCC-GARCH 结构，它可以通过第 14.2.2 节介绍的两阶段估计进行校准。

主成分 GARCH　在第 6.4.5 节中我们解释关于时间序列数据主成分的应用，这里假设数据服从平稳多元时间序列过程。主成分 GARCH 的思路是我们首先计算样本主成分的时间序列，然后对于最重要的时间序列（样本方差最高的一个）使用 GARCH 模型进行建模。通常我们试图将独立的一元 GARCH 模型和样本主成分进行拟合。

对于基础模型，我们隐式地假设数据是由所谓的 PC-GARCH 或正交 GARCH 模型实现的，定义如下：

定义 14.18. 如果过程 $(\boldsymbol{X}_t)_{t\in\mathbb{Z}}$ 存在一些正交阵 $\boldsymbol{\Gamma}\in\mathbb{R}^{d\times d}$ 满足 $\boldsymbol{\Gamma}\boldsymbol{\Gamma}'=\boldsymbol{\Gamma}'\boldsymbol{\Gamma}=\boldsymbol{I}_d$，只要 $(\boldsymbol{\Gamma}'\boldsymbol{X}_t)_{t\in\mathbb{Z}}$ 服从纯对角 GARCH 模型，那么过程 $(\boldsymbol{X}_t)_{t\in\mathbb{Z}}$ 服从 PC-GARCH（或正交 GARCH）模型。如果 $(\boldsymbol{X}_t-\boldsymbol{\mu})_{t\in\mathbb{Z}}$，则均值为 $\boldsymbol{\mu}$ 的过程 $(\boldsymbol{X}_t)_{t\in\mathbb{Z}}$ 是 PC-GARCH 模型。

如果对于某个矩阵 $\boldsymbol{\Gamma}$，$(\boldsymbol{X}_t)_{t\in\mathbb{Z}}$ 服从 PC-GARCH 过程，那么我们可以得到根据 $\boldsymbol{Y}_t=\boldsymbol{\Gamma}'\boldsymbol{X}_t$ 定义的过程 $(\boldsymbol{Y}_t)_{t\in\mathbb{Z}}$，这里 $\boldsymbol{Y}_t=\Delta_t\boldsymbol{Z}_t$，$(\boldsymbol{Z}_t)_{t\in\mathbb{Z}}$ 是 SWN$(\boldsymbol{0},\boldsymbol{I}_d)$ 且 Δ_t 是一个（对角）波动矩阵，元素根据一元 GARCH 过程和 $\boldsymbol{Y}_t$ 分量的过去值进行迭代。由于 $\boldsymbol{X}_t=\boldsymbol{\Gamma}\Delta_t\boldsymbol{Z}_t$，因此条件和非条件协方差矩阵有以下结构

$$\boldsymbol{\Sigma}_t=\boldsymbol{\Gamma}\Delta_t^2\boldsymbol{\Gamma}',\qquad \boldsymbol{\Sigma}=\boldsymbol{\Gamma}E(\Delta_t^2)\boldsymbol{\Gamma}' \tag{14.24}$$

并且显然是对称和正定的。

将公式 (14.24) 和公式 (6.59) 比较，我们看到 PC-GARCH 模型暗示了条件和非条件协方差矩阵的谱分解。条件协方差矩阵的特征值，也就是对角阵 Δ_t^2 的元素，可以给定一个 GARCH 迭代过程。特征向量构成 Γ 的列，并且用来构造 $(\boldsymbol{Y}_t)_{t\in\mathbb{Z}}$ 和 $(\boldsymbol{X}_t)_{t\in\mathbb{Z}}$ 的主成分

转换。需要注意的是，尽管 $\boldsymbol{X}_t$ 的条件相关矩阵是公式 (14.24) 的简单结构，它在此模型中不是常数。

正如下面提到的，这个模型在下面两步中进行估计。我们假设来自均值 $\boldsymbol{\mu}$ 的 PC-GARCH 模型的风险因子变化数据为 $\boldsymbol{X}_1,\ldots,\boldsymbol{X}_n$。第一步如第 6.4.5 节中我们计算样本协方差矩阵 S 的谱分解，这给了我们一个 Γ 的估计 G。然后我们旋转数据得到样本主成分 $\{\boldsymbol{Y}_t = G'(\boldsymbol{X}_t - \bar{\boldsymbol{X}}) : t=1,\ldots,n\}$，这里 $\bar{\boldsymbol{X}} = n^{-1}\sum_{t=1}^{n}\boldsymbol{X}_t$。如果 PC-GARCH 模型适合原始数据，那么这些应该和纯对角模型是一致的；在任何滞后中序列之间没有交叉相关性。在第二阶段，我们将一元 GARCH 模型和主成分的时间序列相拟合，这些 GARCH 模型的残差应该和 $\mathrm{SWN}(\boldsymbol{0}, I_d)$ 一样。

将模型输出到一个因子模型，我们使用公式 (6.65) 中的方法，矩阵 G 的第一个 k 荷载向量指出了最重要的主成分，我们在半矩阵 $G_1 \in \mathbb{R}^{d\times k}$ 中得到这些列。我们把因子定义为第一个 k 主成分时间序列 $\boldsymbol{F}_t := (Y_{t,1},\ldots,Y_{t,k})'$，$t=1,\ldots,n$。我们现在校准一个 $\boldsymbol{X}_t = \bar{\boldsymbol{X}} + G_1\boldsymbol{F}_t + \boldsymbol{\varepsilon}_t$ 的近似因子模型，这里假设 $\boldsymbol{F}_t$ 的分量服从 k 维的纯对角线 GARCH 模型。我们可以利用模型的第一次预测因子 $\boldsymbol{F}_t$ 的行为来预测风险因子 $\boldsymbol{X}_t$ 变化情况，误差项在实践中经常被忽略。

14.2.6 MGARCH 和条件风险度量

假设我们把一个具有一般结构 $\boldsymbol{X}_t = \boldsymbol{\mu}_t + \boldsymbol{\Sigma}_t^{1/2}\boldsymbol{Z}_t$ 的 MGARCH 模型（可能与 VARMA 条件均值结构相似）修改为历史风险因子收益数据 $\boldsymbol{X}_{t-n+1},\ldots,\boldsymbol{X}_t$。我们对在 $\mathcal{F}_t = \sigma(\{\boldsymbol{X}_s : s \leqslant t\})$ 条件下 $L_{t+1} = l_{[t]}(\boldsymbol{X}_{t+1})$ 的损失分布很感兴趣，这些在第 9.1 和 9.2.1 节中有介绍。（我们也对第 9.2.7 节中的长期损失感兴趣。）

可以应用的一般方法是第 9.2.5 节的蒙特卡洛方法：我们可以对用 $\boldsymbol{\mu}_{t+1}$ 和 $\boldsymbol{\Sigma}_{t+1}$ 估计的随机过程 $(\boldsymbol{X}_t)_{t\in\mathbb{Z}}$ 下一期的值 $\boldsymbol{X}_{t+1}$ 进行多次模拟（以及对更长的时期的后期损失）。

另外，方差—协方差计算可以使用第 9.2.2 节中的方法。考虑一个线性损失算子的一般形式 $l_{[t]}^{\Delta}(\boldsymbol{x}) = -(c_t + \boldsymbol{b}_t'\boldsymbol{x})$，某时刻的条件损失分布可以表示为

$$E(L_{t+1}^{\Delta} \mid \mathcal{F}_t) = -c_t - \boldsymbol{b}_t'\boldsymbol{\mu}_{t+1}, \qquad \operatorname{cov}(L_{t+1}^{\Delta} \mid \mathcal{F}_t) = \boldsymbol{b}_t'\boldsymbol{\Sigma}_{t+1}\boldsymbol{b}_t$$

在多元高斯新息分布的假设下，L_{t+1}^{Δ} 的条件分布 $\mathcal{F}_t$ 可以看成是一元高斯公式 (2.14)。在（标量）多元 t 新息的假设下，它可以是一元 t。我们可以根据例 2.11，2.14 和 2.15 来计算 VaR 和 ES，但是我们首先需要根据多元时间序列模型计算 Σ_{t+1} 和 $\boldsymbol{\mu}_{t+1}$ 的估计值，如例 14.19。

例 14.19. 考虑在例 2.1 中的简单股票投资组合，这里 $c_t = 0$，$\boldsymbol{b}_t = V_t\boldsymbol{w}_t$，并且假设我们的时间序列模型是具有常数均值的一阶 DVEC 模型。模型可以写成

$$\boldsymbol{X}_t - \boldsymbol{\mu} = \boldsymbol{\Sigma}_t^{1/2}\boldsymbol{Z}_t, \qquad \boldsymbol{\Sigma}_t = \boldsymbol{A}_0 + \boldsymbol{A}_1 \circ ((\boldsymbol{X}_{t-1} - \boldsymbol{\mu})(\boldsymbol{X}_{t-1}' - \boldsymbol{\mu}')) + \boldsymbol{B} \circ \boldsymbol{\Sigma}_{t-1} \tag{14.25}$$

我们假设新息是多元学生 t 分布。对于线性损失分布的标准风险度量可以表示为

$$\mathrm{VaR}_\alpha^t = -V_t\boldsymbol{w}_t'\boldsymbol{\mu} + V_t\sqrt{\frac{\boldsymbol{w}_t'\boldsymbol{\Sigma}_{t+1}\boldsymbol{w}_t(\nu-2)}{\nu}}\,t_\nu^{-1}(\alpha),$$
$$\mathrm{ES}_\alpha^t = -V_t\boldsymbol{w}_t'\boldsymbol{\mu} + V_t\sqrt{\frac{\boldsymbol{w}_t'\boldsymbol{\Sigma}_{t+1}\boldsymbol{w}_t(\nu-2)}{\nu}}\,\frac{g_\nu(t_\nu^{-1}(\alpha))}{1-\alpha}\left(\frac{\nu+(t_\nu^{-1}(\alpha))^2}{\nu-1}\right)$$

这里的标记和例 2.15 中的一致。风险度量的估计可以根据 $\boldsymbol{\mu}$, ν 和 $\boldsymbol{\Sigma}_{t+1}$ 的估计值得到。下面可以使用 A_0, A_1 和 B 的估计和初始值 $\boldsymbol{\Sigma}_0$ 利用公式 (14.25) 得到迭代公式。

根据 MGARCH 模型的一般估计值的迭代公式我们也可以使用多元指数加权移动平均（EWMA）预测技术来计算 $\boldsymbol{\Sigma}_{t+1}$ 的估计。递归过程将在第 9.2.2 节中介绍。

说明与评论

Bollerslev (1990) 中提到的 CCC-GARCH 模型，可以在欧洲货币体系（EMS）使用前后用来建立欧洲汇率数据模型，得到有效结论是在 EMS 使用后条件相关性变高。DCC 模型的思路在 Engle (2002), Engle and Sheppard (2001) 和 Tse and Tsui (2002) 中有探讨。阶段拟合在 Engle and Sheppard (2001) 的公式中被改进，此框架下的渐进统计理论被给出。Hafner and Franses (2009) 提出 CCC 的动力学对多资产收益的累积上过于简单，并且给出了一个概述，也可以参考教科书 Engle (2009)。

Bollerslev et al. (1988) 提出了 DVEC 模型。更一般（但参数过多）的 VEC 模型和 BEKK 模型在 Engle and Kroner (1995) 中有介绍，和这两位作者齐名的 Baba 和 Kraft，共同撰写了一份早期未发表的手稿。在公式 (14.15) 中 $\boldsymbol{\Sigma}_t$ 正定的条件，公式 (14.17)~ 公式 (14.19) 中介绍了它的参数化，可以参考 Attanasio (1991) 中的描述。

在多元模型中 QMLEs 统计特性的有限工作：Jeantheau (1998) 给出了一个一般公式的配方，同时 Comte and Lieberman (2003) 对 BEKK 方程的渐进正态性进行讨论。

GARCH（PC-GARCH）的主成分模型第一次在一个博士论文Ding (1994) 中被介绍；对于正交 GARCH 的名字已经在 Alexander (2001) 中被广泛研究。后者表示 PC-GARCH 如何在多个资产收益序列的条件协方差矩阵的计算上依据少数主要分量收益序列进行降维。

Bollerslev et al. (1994) 和 Bauwens et al. (2006) 的调查结果是额外信息的有效资源，同时是所有多元模型的引证。

第 15 章　多元建模的高级主题

本章包含选定的高级应用主题是对第 6 章中多元模型和第 7 章中连接函数模型的扩展。其中第 15.1 节讨论了和多元混合正态分布和椭圆分布相关的应用主题，第 15.2 节扩展了阿基米德连接函数理论并且讨论了比第 7.4 节中模型更常见或更灵活的模型。

15.1　正态混合分布和椭圆分布

本节解决了第 6 章提出的那两个统计问题。在第 15.1.1 节给出了针对数据进行多元广义双曲分布拟合的算法，这个算法被用在第 6.2.4 节中创建例子。第 15.1.2 节讨论了椭圆对称性的经验检验。

15.1.1　广义双曲分布估计

尽管许多实证研究已经利用一元广义双曲分布模型对收益数据进行拟合建模，但是利用多元分布建模的实证研究却很少。然而，利用最大期望算法（EM，expectation-maximization）可以对数据进行混合正态分布拟合。本节给出了此算法并且简述了背后的思想。其他作者也独立地讨论过类似的方法，具体可以参考说明与评论部分的描述。

假设有服从独立同分布的数据 $\boldsymbol{X}_1,\dots,\boldsymbol{X}_n$，现在希望能够对这些数据进行多元广义双曲分布拟合或者利用广义双曲分布的一种特殊分布进行拟合。通过 $\boldsymbol{\theta}=(\lambda,\chi,\psi,\boldsymbol{\mu},\Sigma,\boldsymbol{\gamma})'$ 概括表示参数，那么拟合问题就变成了对下边式子求最大化

$$\ln L(\boldsymbol{\theta};\boldsymbol{X}_1,\dots,\boldsymbol{X}_n)=\sum_{i=1}^{n}\ln f_{\boldsymbol{X}}(\boldsymbol{X}_i;\boldsymbol{\theta}) \tag{15.1}$$

其中 $f_{\boldsymbol{X}}(\boldsymbol{x};\boldsymbol{\theta})$ 表示，在公式 (6.29) 中的广义双曲分布密度。

由于这个优化问题的参数比较多以及该问题是在协方差矩阵 $\boldsymbol{\Sigma}$ 的基础上求最大化，使得这个问题看上去并不特别简单。然而，如果能够“观测" 到服从公式 (6.24) 中混合模型的隐含混合变量 $W_1,\dots,W_n$，那么这个优化问题就简单多了。因为任意组合 $\boldsymbol{X}_i$ 和 W_i 的联合密度是

$$f_{\boldsymbol{X},W}(\boldsymbol{x},w;\boldsymbol{\theta})=f_{\boldsymbol{X}|W}(\boldsymbol{x}\mid w;\boldsymbol{\mu},\boldsymbol{\Sigma},\boldsymbol{\gamma})h_W(w;\lambda,\chi,\psi) \tag{15.2}$$

那么可以构造似然函数

$$\begin{aligned}&\ln\tilde{L}(\boldsymbol{\theta};\boldsymbol{X}_1,\dots,\boldsymbol{X}_n,W_1,\dots,W_n)\\&\qquad=\sum_{i=1}^{n}\ln f_{\boldsymbol{X}|W}(\boldsymbol{X}_i\mid W_i;\boldsymbol{\mu},\boldsymbol{\Sigma},\boldsymbol{\gamma})+\sum_{i=1}^{n}\ln h_W(W_i;\lambda,\chi,\psi)\end{aligned} \tag{15.3}$$

其中这两项能够针对各自涉及的参数分别求最大化。看上去处理起来比较麻烦的参数 $\boldsymbol{\Sigma}$ 和 $\boldsymbol{\gamma}$ 在似然函数的第一项中，由于这一项具有高斯形式，使得这两个参数的方法很简单。

为了克服数据 W_i 的延迟性，可以使用 EM 算法。EM 算法是一个由 E 步和 M 步构成的迭代过程，E 步也称期望步（实质上用给定观测值和当前参数估计值的条件下的估计值来代替 W_i），M 步也称最大化步（在该步中更新参数）。假定在第 k 次迭代开始前，已经知道参数估计值 $\boldsymbol{\theta}^{[k]}$。接下来按照下边的步骤进行。

E 步。 在给定数据 $\boldsymbol{X}_1,\dots,\boldsymbol{X}_n$ 时，利用参数值 $\boldsymbol{\theta}^{[k]}$ 计算所谓的增强似然（公式 (15.3)）的条件期望。这时有目标函数

$$Q(\boldsymbol{\theta};\boldsymbol{\theta}^{[k]}) = E(\ln \tilde{L}(\boldsymbol{\theta};\boldsymbol{X}_1,\dots,\boldsymbol{X}_n,W_1,\dots,W_n) \mid \boldsymbol{X}_1,\dots,\boldsymbol{X}_n;\boldsymbol{\theta}^{[k]})$$

M 步。 计算关于 $\boldsymbol{\theta}$ 的目标函数的最大化，此时可以得到下一迭代步的参数 $\boldsymbol{\theta}^{[k+1]}$。

EM 算法在这些步骤之间交替进行，在每一步生成改进的参数估计（即原始似然值 (15.1) 不断增加），并收敛到最大似然 (maximum likelihood, ML) 估计。

实际上，执行 E 步就是用 $E(g(W_i) \mid \boldsymbol{X}_i;\boldsymbol{\theta}^{[k]})$ 代替 (15.3) 中出现的隐含混合变量的任一函数 $g(W_i)$。为了计算这些替换数值，可以发现在给定 $\boldsymbol{X}_i$ 的前提下，W_i 的条件密度满足 $f_{W|\boldsymbol{X}}(w \mid \boldsymbol{x};\boldsymbol{\theta}) \propto f_{W,\boldsymbol{X}}(w,\boldsymbol{x};\boldsymbol{\theta})$，即成某个比例常数关系。因此由公式 (15.2) 可以得到

$$W_i \mid \boldsymbol{X}_i \sim N^-(\lambda - \tfrac{1}{2}d, (\boldsymbol{X}_i-\boldsymbol{\mu})'\tilde{\Sigma}^{-1}(\boldsymbol{X}_i-\boldsymbol{\mu})+\chi, \psi+\boldsymbol{\gamma}'\Sigma^{-1}\boldsymbol{\gamma}) \tag{15.4}$$

如果用公式 (6.25) 表示似然公式 (15.3) 中的第一项，用 GIG 密度公式 (A.14) 表示第二项，那么可以发现公式 (15.3) 中的函数 $g(W_i)$ 是 $g_1(w)=w$，$g_2(w)=1/w$ 和 $g_3(w)=\ln(w)$。模型 (15.4) 中的这些函数的条件期望可能通过使用第 A.2.5 节中 GIG 分布的信息计算得到；值得注意的是 $E(\ln(W_i) \mid \boldsymbol{X}_i;\boldsymbol{\theta}^{[k]})$ 涉及求 Bessel 函数关于阶的倒数，并且一定是数值逼近的。引进表示方法

$$\delta_i^{[\cdot]} = E(W_i^{-1} \mid \boldsymbol{X}_i;\boldsymbol{\theta}^{[\cdot]}),\quad \eta_i^{[\cdot]} = E(W_i \mid \boldsymbol{X}_i;\boldsymbol{\theta}^{[\cdot]}),\quad \xi_i^{[\cdot]} = E(\ln(W_i) \mid \boldsymbol{X}_i;\boldsymbol{\theta}^{[\cdot]}) \tag{15.5}$$

这种表示方便我们下边描述基本的 EM 问题和它的变形。

在 M 步中，有两项需要最大化，这两项来自公式 (15.3) 中的两项。现在用 $Q_1(\boldsymbol{\mu},\Sigma,\boldsymbol{\gamma};\boldsymbol{\theta}^{[k]})$ 和 $Q_2(\lambda,\chi,\psi;\boldsymbol{\theta}^{[k]})$ 分别表示这两项。在计算 Q_1 的最大化时，为了解决第 6.2.3 节中提到的不确定性问题，把 Σ 的行列式限制为一个固定值（实际中使用样本协方差矩阵 S 的行列式）。然后通过对关于 $\boldsymbol{\mu}$, Σ 和 $\boldsymbol{\gamma}$ 求偏导数并令偏导数为 0，可以求出这几个参数的解析解。因此产生的公式表示在下边的算法 15.1 （在参考步骤 (3) 和 (4) 中有描述）。关于混合分布参数的 $Q_2(\lambda,\chi,\psi;\boldsymbol{\theta}^{[k]})$ 的最大化问题是求得数值解。函数 $Q_2(\lambda,\chi,\psi;\boldsymbol{\theta}^{[\cdot]})$ 是

$$(\lambda-1)\sum_{i=1}^n \xi_i^{[\cdot]} - \tfrac{1}{2}\chi\sum_{i=1}^n \delta_i^{[\cdot]} - \tfrac{1}{2}\psi\sum_{i=1}^n \eta_i^{[\cdot]} \\ - \tfrac{1}{2}n\lambda\ln(\chi) + \tfrac{1}{2}n\lambda\ln(\psi) - n\ln(2K_\lambda(\sqrt{\chi\psi})). \tag{15.6}$$

这样就完成了标准 EM 算法的一次迭代。然而，基本方案有几个变形，这两个变形都是对上边最后一步进行改动，即 Q_2 的最大化这一步。

假设在第 k 次迭代中，参数 $\boldsymbol{\mu}$，Σ 和 $\boldsymbol{\gamma}$ 已经被更新，那么定义

$$\boldsymbol{\theta}^{[k,2]} = (\lambda^{[k]}, \chi^{[k]}, \psi^{[k]}, \boldsymbol{\mu}^{[k+1]}, \Sigma^{[k+1]}, \boldsymbol{\gamma}^{[k+1]})',$$

重新计算公式 (15.5) 中的权重 $\delta_i^{[k,2]}$，$\eta_i^{[k,2]}$ 和 $\xi_i^{[k,2]}$，然后对公式 (15.6) 中的函数 $Q_2(\lambda, \eta, \xi; \boldsymbol{\theta}^{[k,2]})$ 求最大化。这样产生了所谓的 MCECM 算法（multi-cycle, expectation, conditional maximization），下边对该算法进行描述。

另外，我们可以对 $\boldsymbol{\mu}^{[k]}$，$\Sigma^{[k]}$ 和 $\boldsymbol{\gamma}^{[k]}$ 几个值取固定值，而不是对 Q_2 求最大化，从而求原始似然 (15.1) 关于 λ, χ 和 ψ 的最大化；这就是 ECME 算法。

算法 15.1 (广义双曲分布的 EM 估计).

(1) 设迭代步数 $k=1$，设定 $\boldsymbol{\theta}^{[1]}$ 的初始值。特别的，$\boldsymbol{\mu}$，γ 和 Σ 的合理初始值分别设为样本均值，零向量和样本协方差矩阵 S。

(2) 利用公式 (15.5)，(15.4) 和 (A.15) 计算权重 $\delta_i^{[k]}$ 和 $\eta_i^{[k]}$。求权重的平均值可以得到

$$\bar{\delta}^{[k]} = n^{-1}\sum_{i=1}^{n}\delta_i^{[k]} \quad 且 \quad \bar{\eta}^{[k]} = n^{-1}\sum_{i=1}^{n}\eta_i^{[k]}.$$

(3) 对于对称模型，设 $\boldsymbol{\gamma}^{[k+1]} = \mathbf{0}$。否则的话，设

$$\boldsymbol{\gamma}^{[k+1]} = \frac{n^{-1}\sum_{i=1}^{n}\delta_i^{[k]}(\bar{\boldsymbol{X}} - \boldsymbol{X}_i)}{\bar{\delta}^{[k]}\bar{\eta}^{[k]} - 1}.$$

(4) 利用下边公式更新位置向量和分散矩阵的估计

$$\boldsymbol{\mu}^{[k+1]} = \frac{n^{-1}\sum_{i=1}^{n}\delta_i^{[k]}\boldsymbol{X}_i - \boldsymbol{\gamma}^{[k+1]}}{\bar{\delta}^{[k]}},$$

$$\Psi = \frac{1}{n}\sum_{i=1}^{n}\delta_i^{[k]}(\boldsymbol{X}_i - \boldsymbol{\mu}^{[k+1]})(\boldsymbol{X}_i - \boldsymbol{\mu}^{[k+1]})' - \bar{\eta}^{[k]}\boldsymbol{\gamma}^{[k+1]}\boldsymbol{\gamma}^{[k+1]\prime},$$

$$\Sigma^{[k+1]} = \frac{|S|^{1/d}\Psi}{|\Psi|^{1/d}}.$$

(5) 设

$$\boldsymbol{\theta}^{[k,2]} = (\lambda^{[k]}, \chi^{[k]}, \psi^{[k]}, \boldsymbol{\mu}^{[k+1]}, \Sigma^{[k+1]}, \boldsymbol{\gamma}^{[k+1]})'.$$

利用公式 (15.5)，(15.4) 和第 A.2.5 节中的信息计算权重 $\delta_i^{[k,2]}$，$\eta_i^{[k,2]}$ 和 $\xi_i^{[k,2]}$。

(6) 求 (15.6) 中 $Q_2(\lambda, \chi, \psi; \boldsymbol{\theta}^{[k,2]})$ 关于 λ, χ 和 ψ 的最大化，从而完成了对 $\boldsymbol{\theta}^{[k,2]}$ 的计算。设迭代步数 $k \to k+1$ 并且转入第 (2) 步。

对该算法进行简单调整就可以对广义双曲分布的一些特殊情形进行拟合。调整过程就是保持某些参数固定不变而求关于其他参数的最大化问题。对于双曲分布，设 $\lambda = 1$；对于 NIG 分布，设 $\lambda = -\frac{1}{2}$；对于 t 分布，设 $\psi = 0$；对于 VG 分布，设 $\chi = 0$。对于 t 分布和 VG 分布，由于假定了 h_W 是逆伽马或伽马密度函数，在算法的第 (6) 步中，需要对这样的函数 Q_2 进行计算。

15.1.2 椭圆对称性检验

本节要讨论的主要问题就是等分布的数据向量 $\boldsymbol{X}_1,\ldots,\boldsymbol{X}_n$ 的样本是否服从参数为 $\boldsymbol{\mu}$，$\boldsymbol{\Sigma}$ 和分布生成器 ψ 的椭圆分布 $E_d(\boldsymbol{\mu},\boldsymbol{\Sigma},\psi)$。在所有的方法中都要求估计 $\boldsymbol{\mu}$ 和 $\boldsymbol{\Sigma}$，要获得这两个估计值可以使用第 6.3.4 节讨论的方法，例如拟合 t 分布，计算 M 估计量或者在二维的情形下使用公式 (6.49)。可以用 $\hat{\boldsymbol{\mu}}$ 和 $\hat{\boldsymbol{\Sigma}}$ 来表示这两个估计值。

一般在金融中，我们不能假设观测值向量服从独立同分布，但是至少假设它们服从同分布。值得注意的是，即使数据是独立的，但是一般由整个数据集来估计 $\boldsymbol{\mu}$ 和 $\boldsymbol{\Sigma}$ 也会引入依赖性，这部分过程在下边会有描述。

稳定相关估计：一种探索性方法　根据命题 6.28，有一个简单的探索性的图形方法。该方法针对不同的 $c\geqslant 0$ 值去估计

$$\rho(\boldsymbol{X}\mid h(\boldsymbol{X})\geqslant c),\qquad h(\boldsymbol{x})=(\boldsymbol{x}-\hat{\boldsymbol{\mu}})'\hat{\boldsymbol{\Sigma}}^{-1}(\boldsymbol{x}-\hat{\boldsymbol{\mu}})$$

我们希望对于椭圆分布数据，在不同的 c 值的范围区间内估计值能够保持大致稳定。当然对于厚尾数据，应该使用比标准相关性估计量更有效的方法重新计算该相关性估计值。该方法可以很自然地作为一个二维变量的估计方法。在二维情形下，对于位于 $h(\boldsymbol{x})=c$ 的椭圆以外的点 $\boldsymbol{X}_i$，可以利用 Kendall tau 转换方法去估计 $\boldsymbol{X}\mid h(\boldsymbol{X})\geqslant c$ 的相关性。在图 15.1 中，我们给出了一个具有模拟数据和真实数据的例子，从中可以看出这两种数据都没有明显偏离稳定相关性的假设。当然这个方法只是一个探索性的方法，并不能因此得到任何正式的结论。

Q–Q 图　接下来描述的方法依赖于非奇异的椭圆分布和球形分布之间的联系 (6.41)。如果 $\boldsymbol{\mu}$ 和 $\boldsymbol{\Sigma}$ 已知，那么可以通过检验数据 $\{\boldsymbol{\Sigma}^{-1/2}(\boldsymbol{X}_i-\boldsymbol{\mu}):i=1,\ldots,n\}$ 的球形对称性来检验椭圆对称性。在忽略估计误差时，可以像上边一样用估计值代替这些参数，然后就可以考虑数据

$$\{\boldsymbol{Y}_i=\hat{\boldsymbol{\Sigma}}^{-1/2}(\boldsymbol{X}_i-\hat{\boldsymbol{\mu}}):i=1,\ldots,n\}\tag{15.7}$$

是否和一个球形分布一致。

Li et al. (1997) 提出了一些基于 Q–Q 图的图形方法，这些方法对于大 d 的情形很适用，且在本质上依赖于下边的结论。

引理 15.2. *假设 $T(\boldsymbol{Y})$ 是一个统计量，并且满足对于任意的 $a>0$，几乎必然有*

$$T(a\boldsymbol{Y})=T(\boldsymbol{Y})\tag{15.8}$$

那么对于每一个球形向量 $\boldsymbol{Y}\sim S_d^+(\psi)$，$T(\boldsymbol{Y})$ 都具有相同的分布。

证明. 由定理 6.21 可以得到 $T(\boldsymbol{Y})\overset{\text{d}}{=}T(R\boldsymbol{S})$ 并且由公式 (15.8) 可以得到 $T(R\boldsymbol{S})\overset{\text{a.s.}}{=}T(\boldsymbol{S})$。因为 $T(\boldsymbol{Y})$ 的分布仅仅依赖于 $\boldsymbol{S}$ 而不依赖于 R，那么对于所有 $\boldsymbol{Y}\sim S_d^+(\psi)$，$T(\boldsymbol{Y})$ 的分布肯定都是一样的。 □

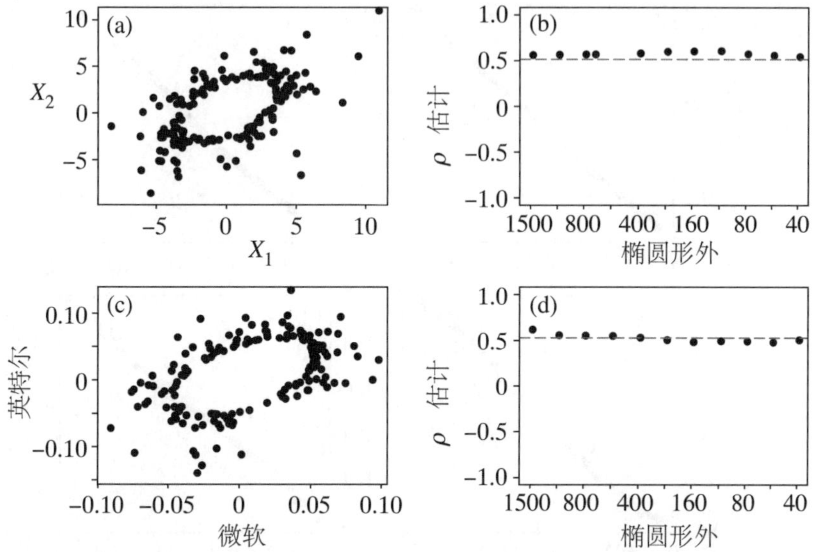

图 15.1　针对位于逐渐变大的椭圆外的点，利用 Kendall tau 方法估计相关性（显示在 (a) 和 (c)）。(a), (b) 是自由度为 4，$\rho = 0.5$ 的 2000 个 t 分布数据。(c), (d) 是微软和英特尔的 2000 对日对数收益数据。虚线和点显示的是可以一直增大直到只有 40 个点位于椭圆外边的椭圆的相关性估计值；点线显示的是所有数据的相关性估计值。

通过寻找具有性质 (15.8) 的统计量 $T(\boldsymbol{Y})$，我们探索利用这个结论。当 $\boldsymbol{Y} \sim N_d(\boldsymbol{0}, I_d)$ 时，我们知道该统计量的分布。下边给出两个例子

$$\left.\begin{aligned} T_1(\boldsymbol{Y}) &= \frac{d^{1/2}\bar{Y}}{\sqrt{(1/(d-1))\sum_{i=1}^{d}(Y_i-\bar{Y})^2}}, \quad \bar{Y} = \frac{1}{d}\sum_{i=1}^{d} Y_i, \\ T_2(\boldsymbol{Y}) &= \frac{\sum_{i=1}^{k} Y_i^2}{\sum_{i=1}^{d} Y_i^2}. \end{aligned}\right\} \tag{15.9}$$

对于 $\boldsymbol{Y} \sim N_d(\boldsymbol{0}, I_d)$，有 $\boldsymbol{Y} \sim S_d^{+}(\psi)$，所以可以得到 $T_1(\boldsymbol{Y}) \sim t_{d-1}$ 和 $T_2(\boldsymbol{Y}) \sim \mathrm{Beta}(\frac{1}{2}k, \frac{1}{2}(d-k))$。

经验表明，贝塔图更能揭示 Q–Q 图的结果。Li et al. (1997) 建议选择和 $d-k$ 大致相等的 k 值。图 15.2 显示的是 Q–Q 图的例子，分别是由自由度为 4 的十维 t 分布的模拟数据获得的 Q–Q 图以及在例 6.3 和第 6.2.4 节中道琼斯工业指数成分股上的日收益、周收益和月收益数据的 Q–Q 图。对于日收益和周收益数据的 Q–Q 图中的曲线似乎不满足椭圆假设的证据。

数值检验　我们主要讨论二维情形的检验。一般情形的检验可以参考说明与评论部分的参考文献。如果忽略在估计位置和散布的估计误差，那么检验椭圆对称性就相当于检验 (15.7) 中数据 $\boldsymbol{Y}_i$ 的球形对称性。对于 $i = 1, \ldots, n$，如果设 $R_i = \|\boldsymbol{Y}_i\|$ 和 $\boldsymbol{S}_i = \boldsymbol{Y}_i / \|\boldsymbol{Y}_i\|$，那么在零假设下，数据 $\boldsymbol{S}_i$ 均匀分布于单位球 $\mathcal{S}^{d-1}$ 上，配对数据 $(R_i, \boldsymbol{S}_i)$ 构成相互独立配对的样本。

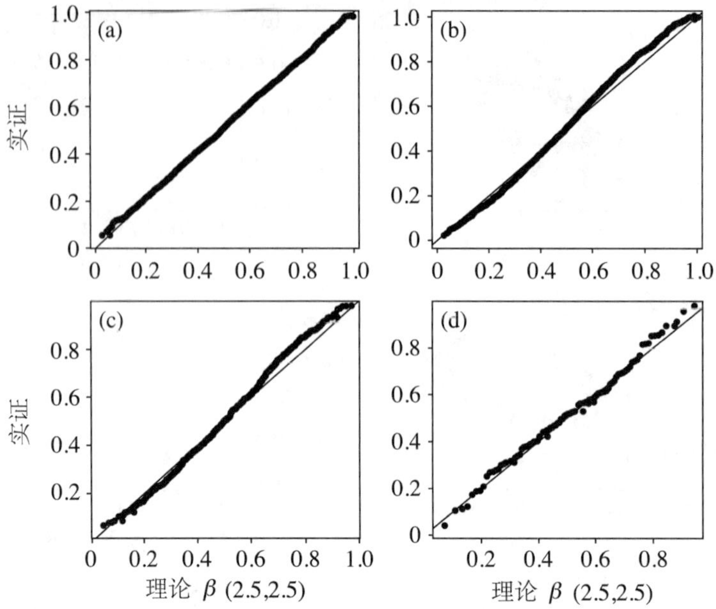

图 15.2　4 个 $d = 10$ 维数据集上的贝塔统计量 (15.9)Q–Q 图；设 $k = 5$。(a)2000 个来自自由度为 4 的 t 分布的模拟观测值。在例 6.3 和第 6.2.4 节中分析过的道琼斯工业指数成分股数据的 (b) 日收益数据，(c) 周收益数据和 (d) 月收益数据。日收益数据和周收益数据的结果是不满足椭圆对称性的证据。

在二元情形中，圆的边界上的点 $\boldsymbol{S}_i = (\cos\Theta_i, \sin\Theta_i)'$ 可以描述角度 Θ_i 值，对单位圆 $\mathcal{S}^1$ 上的均匀性检验就相当于对该角度值在 $[0, 2\pi]$ 中的一元均匀性检验。等价地，可以检验数据 $\{U_i := \Theta_i/(2\pi) : i = 1, \ldots, n\}$ 在 $[0, 1]$ 上的均匀性。如果忽略数据中的序列依赖性问题，可以利用标准卡方拟合度检验 (参见 Rice, 1995, p. 241) 或 Kolmogorov-Smirnov 检验 (参见 Conover, 1999) 来检验该均匀性。而且如果忽略序列依赖性问题，可以利用与 Spearman 秩相关系数相关的关联性检验 (参考例子 Conover, 1999, pp. 312–328) 来检验配对 $\{(R_i, U_i) : i = 1, \ldots, n\}$ 中成分之间的独立性。

我们用这几个检验方法对图 15.1 中用到的两个数据集进行检验，这两个数据集分别是自由度为 4 的二维 t 分布的 2000 个模拟数据和 2000 对英特尔和微软股价的日对数收益数据。图 15.3 表示的是单位圆 $\boldsymbol{S}_i$ 上的变换数据和 $[0, 1]$ 中的隐含角度 U_i 数据；利用基于 Kendall tau 的构造式 (6.49)，我们估计了色散矩阵。在这些数据集中，任何一个都不具有明显的证据违反椭圆性假设。对于二维 t 数据，卡方均匀性检验、Kolmogorov-Smirnov 均匀性检验和 Spearman 秩检验的 p 值分别是 0.99、0.90 和 0.10。对于股票收益数据，这些检验的 p 值分别是 0.08、0.12 和 0.19。值得注意的是，在广义双曲分布族中有稍微偏度的分布的模拟数据中，这些检验的结果往往无法通过椭圆性假设检验。

说明与评论

多元广义双曲分布的 EM 算法由 Protassov (2004) 和 Neil Shephard 分别提出。我们的方法是以进行拟合自由度未知的多元 t 分布的 EM 类型算法为基础的。关于该主题可以参考 Liu and Rubin (1995)，其中讨论了 Meng and Rubin (1993) 的 MCECM 算法和 Liu and Rubin (1994) 提出的 ECME 算法的使用。Liu (1997) 和 Meng and van Dyk (1997) 对这些方法进一步的改进。

Li et al. (1997) 提出了检验球形对称性的 Q–Q 图。此外，有很多关于球形对称性检验的文献，例如 Smith (1977)、Kariya and Eaton (1977)、Beran (1979) 和 Baringhaus (1991)。球形对称性检验也和定向数据的均匀性检验有关，具体可以参考 Mardia (1972)、Giné (1975) 和 Prentice (1978)。

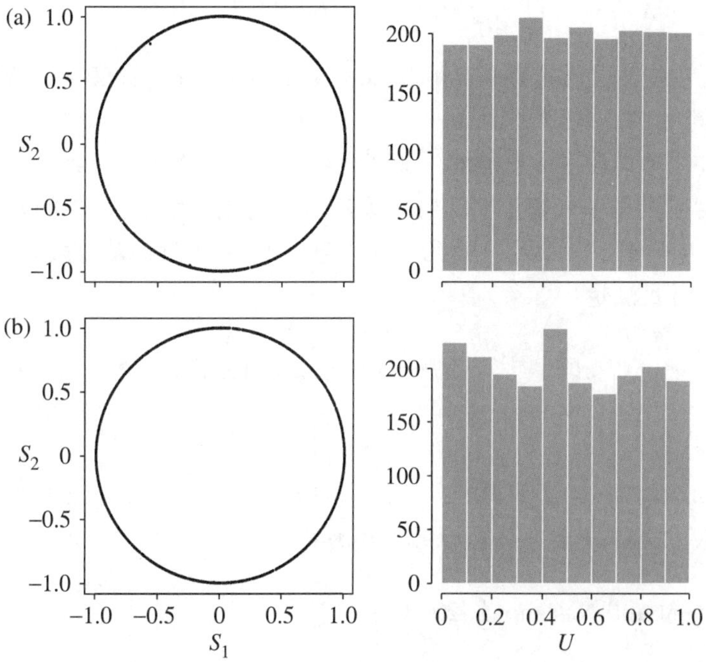

图 15.3 该图说明了二维数据转换为单位圆 $\mathcal{S}^1$ 上的点，该转换方法是 $\boldsymbol{S}_i = \boldsymbol{Y}_i/\|\boldsymbol{Y}_i\|$，其中数据 $\boldsymbol{Y}_i$ 在公式 (15.7) 中做了定义；然后将这些点的角度转换到 $[0,1]$ 标量区间上，这样可以对这些角度值进行均匀性检验。(a) 自由度为 4 的 t 分布 2000 个模拟数据。(b) 英特尔和微软的 2000 对日对数收益。这两类数据的检验结果都没有明显的证据表明不符合椭圆对称性。

15.2 高级阿基米德连接函数模型

第 7.4.2 节给出了利用阿基米德连接函数生成器产生任意 d 维的连接函数的特征结果（定理 7.50）。在第 15.2.1 节将给出一个更广泛的特征结果，更大类别的生成器可以用来生成指定维度 d 的连接函数。

到目前为止讨论的阿基米德连接函数都是关于可交换随机向量的模型。在第 15.2.2 节，我们将讨论阿基米德族的非可交换、非对称的扩展内容。

15.2.1　阿基米德连接函数的特征

回顾一下多元阿基米德连接函数采取的形式

$$C(u_1,\ldots,u_d)=\psi(\psi^{-1}(u_1)+\cdots+\psi^{-1}(u_d))$$

其中 ψ 是一个阿基米德生成器函数，即，一个递减连续的凸函数 $\psi:[0,\infty)\to[0,1]$，并且满足 $\psi(0)=1$ 和 $\lim_{t\to\infty}\psi(t)=0$。$\psi$ 能够在每一个 $d\geqslant 2$ 维度生成一个连接函数的充分必要条件是它应当是一个完全单调的函数，并且要满足

$$(-1)^k\frac{\mathrm{d}^k}{\mathrm{d}t^k}\psi(t)\geqslant 0,\quad k\in\mathbb{N},\ t\in(0,\infty)$$

同时，可以发现这些生成器具有分布函数 G 的 Laplace–Stieltjes 变换的特征，这些分布函数是 $[0,\infty)$ 上满足 $G(0)=0$ 的函数。

尽管具有完全单调性生成器能够生成任意维的阿基米德连接函数，但是如果我们只讨论某一指定维度 d 的阿基米德连接函数，那么就可以放松完全单调性的要求，转而替换成弱一点的要求，d 单调性。如果它在 $(0,\infty)$ 上直到 $(d-2)$ 阶都是可微的和 $(-1)^{d-2}\psi^{(d-2)}$ 递减的凸函数，并且满足

$$(-1)^k\frac{\mathrm{d}^k}{\mathrm{d}t^k}\psi(t)\geqslant 0,\quad k=0,1,\ldots,d-2$$

那么生成器 ψ 是 d 单调的。

定理 15.3. *当且仅当 ψ 是 d 单调的，如果 $\psi:[0,\infty)\to[0,1]$ 是一个阿基米德连接函数生成器，那么公式 (7.46) 产生一个 d 维的连接函数。*

证明. 参见 McNeil and Nešlehová (2009)。 □

如果 ψ 是一个 d 单调生成器，那么可以写作 $\psi\in\Psi_d$。属于 Ψ_d 而不属于 Ψ_{d+1}（或 Ψ_∞）的生成器的例子有 $\psi(t)=\max((1-t)^{d-1},0)$ 和 Clayton 生成器 $\psi(t)=\max((1+\theta t)^{-1/\theta},0)$ for $-1/(d-1)\leqslant\theta<-1/d$；细节可以参考 McNeil and Nešlehová (2009)。用一个不太为人所知的积分变换来描述 d 单调连接函数生成器是一种很好的方法。

Let 满足 $G(0)=0$ 的分布函数，并且设 X 是分布函数 G 的随机向量。那么，对于 $t\geqslant 0$ 和 $d\geqslant 2$，G（或者 X）的 Williamson d 变换是函数

$$\mathfrak{W}_dG(t)=\int_0^\infty\max\left(\left(1-\frac{t}{x}\right)^{d-1},0\right)\mathrm{d}G(x)=E\left(\max\left(\left(1-\frac{t}{X}\right)^{d-1},0\right)\right)$$

满足 $G(0)=0$ 的分布函数 G 的每一个 Williamson d 变换都是一个 d 单调连接函数生成器，并且每一个 d 单调连接函数生成器都是唯一的分布函数 G 的 Williamson d 变换。类似于任意维度的连接函数可以通过利用特定分布的 Laplace–Stieltjes 变换生成，特定维度 d 的连接函数可以利用 Williamson d 变换生成。例如，在 McNeil and Nešlehová (2010)

中，设 X 是一个伽马、逆伽马或者帕累托分布，那么可以获得一族连接函数，这些函数可以产生许多 Spearman 或 Kendall 秩相关性值。

d 单调连接函数生成器和单纯形分布之间有关联，这个关联关系可以构成对应连接函数的取样算法的基础。d 维随机向量 $\boldsymbol{X}$ 被称为有单纯形分布，如果 $\boldsymbol{X} \stackrel{\mathrm{d}}{=} R\boldsymbol{S}_d$，其中 $\boldsymbol{S}_d$ 是均匀分布于单位单纯形 $\mathcal{S}_d = \{\boldsymbol{x} \in \mathbb{R}_+^d : x_1 + \cdots + x_d = 1\}$ 上的随机向量，R 是一个独立的非负随机标量，它的分布 F_R 是单纯形分布的径向分布。有一个重要定理说明了 d 维阿基米德连接函数的类别等价于 d 维单纯形分布的生存连接函数的类别（不包括原点有质量点的生存连接函数类）。

定理 15.4. 如果 $\boldsymbol{X}$ 有一个单纯形分布，并且它的径向分布 F_R 满足 $F_R(0) = 0$，那么 $\boldsymbol{X}$ 的生存连接函数是阿基米德连接函数，并且生成器是 $\psi = \mathfrak{W}_d F_R$。

证明. 设 $\boldsymbol{x} \in \mathbb{R}_+^d$ 和 $\boldsymbol{S}_d = (S_1, \ldots, S_d)'$。利用 $\boldsymbol{S}_d$ 的生存函数

$$P(S_1 > x_1, \ldots, S_d > x_d) = \max\left(\left(1 - \sum_{i=1}^{d} x_i\right)^{d-1}, 0\right)$$

(Fang et al., 1990, p. 115) 可以得到

$$\begin{aligned} P(X_1 > x_1, \ldots, X_d > x_d) &= E\left(P\left(S_1 > \frac{x_1}{R}, \ldots, S_d > \frac{x_d}{R}\right)\right) \\ &= E\left(\max\left(\left(1 - \frac{x_1 + \cdots + x_d}{R}\right)^{d-1}, 0\right)\right) \\ &= \psi(x_1 + \cdots + x_d) \end{aligned}$$

边际生存函数 $P(X_i > x) = \psi(x)$ 是连续的并且在 $\{x : \psi(x) > 0\}$ 上是严格递减的。此外可以证得对于任意的 $\boldsymbol{x} \in \mathbb{R}_+^d$，有 $\psi(x_1 + \cdots + x_d) = \psi\left(\psi^{-1}(\psi(x_1)) + \cdots + \psi^{-1}(\psi(x_d))\right)$，所以有

$$P(X_1 > x_1, \ldots, X_d > x_d) = \psi\left(\psi^{-1}(\psi(x_1)) + \cdots + \psi^{-1}(\psi(x_d))\right)$$

这就证明了推论。更多细节可以参考 McNeil and Nešlehová (2009)。 □

15.2.2　非可交换阿基米德连接函数

从构造中获得的连接函数公式 (7.46) 显然是一个符合公式 (7.20) 的可交换连接函数。可交换二元阿基米德连接函数在模型应用中得到了广泛的应用，但其可交换多元扩展是一种非常特殊的依赖结构形式，应用范围比较有限。有一个例外是在信用风险领域，但即使在这个领域，也需要更通用的、具有组结构的模型。当然，询问阿基米德类是否存在不可严格交换的扩展是很自然的，我们将在本节中对一些可能的扩展进行简短的讨论。

非对称阿基米德连接函数 设 C_θ 是任意的可交换 d 维连接函数。那么利用下边式子可以获得非对称连接函数的参数化族 $C_{\theta,\alpha_1,\ldots,\alpha_d}$

$$C_{\theta,\alpha_1,\ldots,\alpha_d}(u_1,\ldots,u_d)=C_\theta(u_1^{\alpha_1},\ldots,u_d^{\alpha_d})\prod_{i=1}^{d}u_i^{1-\alpha_i},\quad (u_1,\ldots,u_d)\in\mathbb{R}^d \tag{15.10}$$

其中对于所有的 i，有 $0\leqslant\alpha_i\leqslant 1$。只有当 $\alpha_1=\cdots=\alpha_d$ 时，连接函数公式 (15.10) 是可交换的。同时值得注意的是，当参数 α_i 等于 0 时，$C_{\theta,0,\ldots,0}$ 是独立连接函数。当参数 α_i 等于 1 时，$C_{\theta,1,\ldots,1}$ 即为 C_θ。当 C_θ 是一个阿基米德连接函数时，我们称由公式 (15.10) 构造的连接函数为非对称阿基米德连接函数。

可以发现公式 (15.10) 定义了一个连接函数，定义的方法是先构造一个分布函数为该连接函数的随机向量，同时可以发现它的边际是标准均匀分布的。下边把该构造过程作为一个模拟算法描述出来。

算法 15.5 (非对称的阿基米德连接函数).

(1) 生成一个分布函数为 C_θ 的随机向量 $(V_1,\ldots,V_d)$。

(2) 对于 $i=1,\ldots,d$，生成独立于 $(V_1,\ldots,V_d)$ 的独立的标准均匀分布变量 $\tilde{U}_i$。

(3) 得到对于 $i=1,\ldots,d$，$U_i=\max\left(V_i^{1/\alpha_i},\tilde{U}_i^{1/(1-\alpha_i)}\right)$。

可以很容易地证明 $(U_1,\ldots,U_d)$ 具有分布函数（公式 (15.10)）。图 15.4 是一个模拟数据的例子，这些数据来自以 Gumbel 连接函数为基础的非对称二维连接函数。值得注意的是根据独立连接函数外的其他连接函数，利用算法 15.5 中的 $(\tilde{U}_1,\ldots,\tilde{U}_d)$，可以构造其他的连接函数。

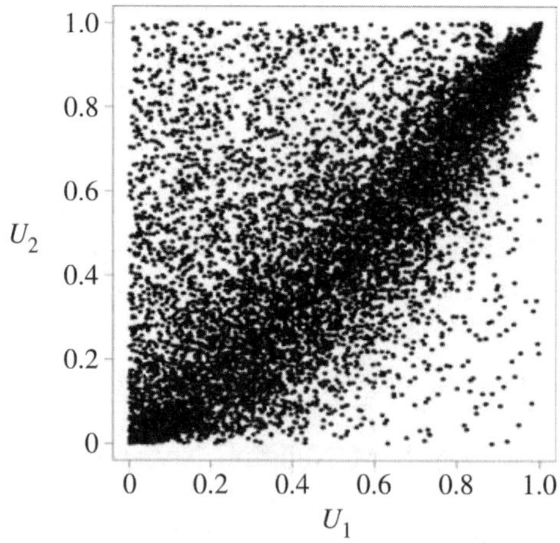

图 15.4 10 000 个模拟点的两两散点图，这些点来自基于构造公式 (15.10) 的非对称 Gumbel 连接函数 $C^{\mathrm{Gu}}_{4,0.95,0.7}$。模拟过程利用算法 15.5。

嵌套的阿基米德连接函数 利用阿基米德生成器的递归应用（或嵌套）和它们的逆过程可以构造具有可交换二维边际的非交换高维阿基米德连接函数，本节将给出相关例子。这些构造过程中的最大问题是检查可以产生满足公式 (7.1) 的有效的多元分布。相关理论比较复杂，我们将只简单地介绍一下那些必须的条件的本质，而不提供相关证明。仔细观察可以发现，我们可以构造部分可交换性的情形。下面我们给出可以表明构造模式的三维和四维的例子。

例 15.6 (三维非可交换性阿基米德连接函数). 假设 ϕ_1 和 ϕ_2 是两个阿基米德连接函数生成器，并且考虑下面的式子

$$C(u_1,u_2,u_3)=\psi_2(\psi_2^{-1}\circ\psi_1(\psi_1^{-1}(u_1)+\psi_1^{-1}(u_2))+\psi_2^{-1}(u_3)) \tag{15.11}$$

可以确保这是一个连接函数的条件是生成器 ψ_1 和 ψ_2 是完全单调函数，就像公式 (7.47) 中所示，而组合函数 $\psi_2^{-1}\circ\psi_1:[0,\infty)\to[0,\infty)$ 的导数是完全单调的函数。

观察后可以发现，当 $\psi_2=\psi_1=\psi$ 时，该连接函数就是公式 (7.46) 中的整体可交换情形。否则，若 $\psi_1\neq\psi_2$ 且 (U_1,U_2,U_3) 是一个分布函数由公式 (15.11) 给定的随机向量，那么只有 U_1 和 U_2 是可交换的，即 $(U_1,U_2,U_3)\stackrel{\mathrm{d}}{=}(U_2,U_1,U_3)$，而其他组成部分不可交换。公式 (15.11) 的所有二维边际本身是阿基米德连接函数。边际 C_{13} 和 C_{23} 有生成器 ψ_2，C_{12} 有生成器 ψ_1。

例 15.7 (四维非可交换阿基米德连接函数). 有一种可能的四维构造式是

$$C(u_1,u_2,u_3,u_4)=\psi_3(\psi_3^{-1}\circ\psi_1(\psi_1^{-1}(u_1)+\psi_1^{-1}(u_2))+\psi_3^{-1}\circ\psi_2(\psi_2^{-1}(u_3)+\psi_2^{-1}(u_4))) \tag{15.12}$$

其中 ψ_1,ψ_2 和 ψ_3 是三个明显的完全单调的阿基米德连接函数生成器，并且假设组合函数 $\psi_3^{-1}\circ\psi_1$ 和 $\psi_3^{-1}\circ\psi_2$ 有导数，这些导数是完全单调的，从而可以获得恰当的分布函数。虽然这个式子并不是唯一的四维构造式 (Joe, 1997)，但是它是一个有用的构造式，因为它给出了两个可交换组。如果 (U_1,U_2,U_3,U_4) 有分布函数（公式 (15.12)），那么 U_1 和 U_2 是可交换的，U_3 和 U_4 也是可交换的。

同样的构造可以推广到更高的维数，同样要满足生成器的逆和生成器这两者的合成映射上的完全单调性条件，参考说明与评论。

具有 p 因子结构的LT-阿基米德连接函数 根据定义 7.52，回顾LT-阿基米德连接函数族。命题 7.51 确立了这些连接函数具有形式

$$\begin{aligned}C(u_1,\dots,u_d)&=\hat{G}\Big(\hat{G}^{-1}(u_1)+\cdots+\hat{G}^{-1}(u_d)\Big)\\&=E\Big(\exp\Big(-V\sum_{i=1}^{d}\hat{G}^{-1}(u_i)\Big)\Big)\end{aligned} \tag{15.13}$$

其中 V 为严格正的随机变量，$\hat{G}$ 为 Laplace–Stieltjes 变换。

对构造式 (15.13) 进行推广，从而获得更大的非交换连接函数族是可能的。利用一个元素相互独立且严格正的 p 维随机向量 $\boldsymbol{V}=(V_1,\dots,V_p)'$ 和元素 $a_{ij}>0$ 的矩阵 $A\in\mathbb{R}^{d\times p}$，

可以构造一个具有 p 因子结构的 LT 阿基米德连接函数

$$C(u_1,\ldots,u_d)=E\bigg(\exp\bigg(-\sum_{i=1}^{d}\boldsymbol{a}_i'\boldsymbol{V}\hat{G}_i^{-1}(u_i)\bigg)\bigg) \tag{15.14}$$

其中 $\boldsymbol{a}_i$ 是 A 的第 i 行，$\hat{G}_i^{-1}$ 是严格正的随机变量 $\boldsymbol{a}_i'\boldsymbol{V}$ 的 Laplace–Stieltjes 变换。

可以用一个不同的方式表示公式 (15.14)，这样有利于对 $C(u_1,\ldots,u_d)$ 的计算。

$$\sum_{i=1}^{d}\boldsymbol{a}_i'\boldsymbol{V}\hat{G}_i^{-1}(u_i)=\sum_{j=1}^{p}V_j\sum_{i=1}^{d}a_{ij}\hat{G}_i^{-1}(u_i)$$

由 V_j 的独立性可以得到

$$\begin{aligned}C(u_1,\ldots,u_d)&=\prod_{j=1}^{p}E\bigg(\exp\bigg(-V_j\sum_{i=1}^{d}a_{ij}\hat{G}_i^{-1}(u_i)\bigg)\bigg)\\&=\prod_{j=1}^{p}\hat{G}_{V_j}\bigg(\sum_{i=1}^{d}a_{ij}\hat{G}_i^{-1}(u_i)\bigg)\end{aligned} \tag{15.15}$$

值得注意的是当 V_j 的 Laplace–Stieltjes 变换 $\hat{G}_{V_j}$ 有闭的形式时，公式 (15.15) 很容易计算，这是因为 V_j 具有独立性，有 $\hat{G}_i(t)=\prod_{j=1}^{p}\hat{G}_{V_j}(a_{ij}t)$。

说明与评论

McNeil and Nešlehová (2009) 讨论了 d 单调函数和 d 维阿基米德连接函数之间的关系，以及和单纯形分布之间的联系。关于这样的连接函数的例子可以参考 McNeil and Nešlehová (2010)，并且该文献把理论扩展到所谓的 Liouville 分布的生存连接函数和 Liouville 连接函数中。

如果要了解由公式 (15.10) 得到的非对称连接函数的更多细节和更常见非对称连接函数的思想理论，可以参考 Genest et al. (1998)。这些连接函数类别是在博士论文 Khoudraji (1995) 中提出的。关于其他的嵌套的更高维阿基米德连接函数的理论和取样算法可以参考 Joe (1997)、McNeil (2008)、Hofert (2008, 2011, 2012) 和 Hofert and Mächler (2011)。Rogge and Schönbucher (2003) 提出了具有 p 因子结构的 LT-阿基米德连接函数，并把它应用在信用风险中。Krupskii and Joe (2013) 把该思想进行了扩展，从而产生构造因子连接函数模型的更一般的方法。

第 16 章　极值理论的高级主题

本章将对第 5 章中极值理论的讨论进行扩展。在第 16.1 节中，我们提供了更多突出的分布和模型的尾部信息，包括第 6 章中正态方差混合模型和第 4 章中严平稳 GARCH 模型的尾部。

在第 16.2 节，我们在点过程框架的基础上描绘在第 5.3 节中临界值超过数（POT 模型）的大小和发生频率。我们展示了极端自激励过程（self-exciting）是如何基于霍克斯（Hawkes）过程的思想发展起来的。

第 16.3 节和第 16.4 节简要概述了多元极值理论中更重要的思想：它们分别处理多元极大值和多元阈值超越量。这些部分的新颖之处在于，这些思想是尽可能使用第 7 章中的连接函数方法提出的。该类型类似于第 5.1 和 5.2 节，主要结果大多是在没有证据的情况下陈述的，重点放在与应用程序相关的例子上。

16.1　特定模型的尾部

在本节中，我们将研究本书中遇到的一些比较重要的分布和模型的尾部。

16.1.1　Fréchet 模型的吸引域

如第 5.1.2 节所述，Fréchet 分布的吸引域由具有规则变差尾部的分布组成，对于 $\alpha > 0$，尾部形式为 $\bar{F}(x) = x^{-\alpha}L(x)$，其中 α 称为尾部指数，一些厚尾模型的高阶矩是不存在的。这些分布中的随机样本的标准化极大值收敛到形状参数 $\xi = 1/\alpha$ 的 Fréchet 分布，超过足够高的阈值收敛到形状参数 $\xi = 1/\alpha$ 的广义帕累托分布。

现在我们来展示在本章中的学生 t 分布和逆伽马分布：我们分析前者是因为它在金融建模中的重要性，分析后者因为它在正态方差混合模型中作为产生学生 t 分布的混合模型出现（详见例 6.7）。在第 16.1.3 节中，我们将会看到在正态方差混合模型中的混合分布本质上决定了模型的尾部。

学生 t 分布和逆伽马分布都是用它们的密度来表示的，对它们尾部的分析证明是 Karamata(卡拉马塔) 定理的一个简单应用，这个有用的结果在第 A.1.4 节中给出。

例 16.1 (学生 t 分布). 这很容易证明 $\nu \geqslant 1$ 的一元 t 分布密度函数为 $f_\nu(x) = x^{-(\nu+1)}L(x)$，其中 L 是一个慢变函数。因此 Karamata(见定理 A.7) 允许我们通过将慢变函数作为常数并将其从积分中取出来计算尾部 $\bar{F}_\nu(x) = \int_x^\infty f_\nu(y)\,\mathrm{d}y$ 的形式。我们得到

$$\bar{F}_\nu(x) = \int_x^\infty y^{-(\nu+1)}L(y)\,\mathrm{d}y \sim \nu^{-1}x^{-\nu}L(x), \quad x \to \infty$$

从定理 5.8 中我们可以总结出 t 分布的自由度有一个尾部指数 ν 和 $F_\nu \in \mathrm{MDA}(H_{1/\nu})$。

例 16.2 (逆伽马分布). 逆伽马分布的密度函数在公式 (A.17) 中给出了。由于当 $x \to \infty$ 时 $\exp(-\beta/x) \to 1$，它的形式为 $f_{\alpha,\beta}(x) = x^{-(\alpha+1)}L(x)$。用在例 16.1 相同的方法，我们推导出这个分布有尾部指数 α，所以 $F_{\alpha,\beta} \in \text{MDA}(H_{1/\alpha})$。

16.1.2　Gumbel 分布的吸引域

Gumbel 类由所谓的冯・米塞斯 *(von Mises)* 分布函数和任何其他尾部和 von Mises 分布相同的分布组成（详见 EMK,pp. 138–150）。对于下面的概念我们都给出定义。注意，在这一分类中的分布都可以有有限或无限的右端点，我们再一次把 F 的右端点写成 $x_F = \sup\{x \in \mathbb{R} : F(x) < 1\} \leqslant \infty$。

定义 16.3 (冯・米塞斯分布函数). 假定存在一些 $z < x_F$，F 可以表示为

$$\bar{F}(x) = c\exp\left\{-\int_z^x \frac{1}{a(t)}\,\mathrm{d}t\right\}, \quad z < x < x_F$$

其中 c 是正常数，$a(t)$ 是一个导数为 a' 的正的绝对连续的函数，并且 $\lim_{x\to x_F} a'(x) = 0$。那么 F 就被称为一个冯・米塞斯分布函数。

定义 16.4 (尾部等价). 对于 $0 < c < \infty$，如果分布函数 F 和 G 有着相同的右端点（$x_F = x_G$）且 $\lim_{x\to x_F} \bar{F}(x)/\bar{G}(x) = c$，我们就称 F 和 G 是尾部等价。

要确定一个特定的分布函数 F 是否是冯・米塞斯分布函数，以下条件非常有用。假设存在某个 $z < x_F$，当且仅当

$$\lim_{x\to x_F} \frac{\bar{F}(x)F''(x)}{f^2(x)} = -1 \tag{16.1}$$

那么 F 是冯・米塞斯分布函数。现在我们使用这一条件来展示伽马分布函数是一个冯・米塞斯分布函数。

例 16.5 (伽马分布). 在公式 (A.13) 中，给出了伽马分布的密度函数 $f = f_{\alpha,\beta}$ 并且给定 $x > \max((\alpha-1)/\beta, 0)$，一个简单的计算 $F''(x) = f'(x) = -f(x)(\beta + (1-\alpha)/x) < 0$。很明显，$\lim_{x\to\infty} F''(x)/f(x) = -\beta$。并且使用洛必达 (L'Hôpital's) 法则，我们得到 $\lim_{x\to\infty} \bar{F}(x)/f(x) = \lim_{x\to\infty} -f(x)/f'(x) = \beta^{-1}$，合并这两个极限建立公式 (16.1)。

例 16.6 (GIG 分布). 在公式 (A.14) 中给出了 GIG 分布随机变量 $X \sim N^-(\lambda,\chi,\psi)$ 的密度，让 $F_{\lambda,\chi,\psi}(x)$ 代表分布函数，并且考虑 $\psi > 0$ 的情况。如果 $\psi = 0$，那么 GIG 是一个反向伽马分布，这在例 16.2 中已经展现出来，并属于 Fréchet 类，如果 $\psi > 0$，那么 $\lambda \geqslant 0$，并且使用一个与例 16.5 中相似的方法可以建立 GIG 是一个冯・米塞斯分布函数。当 $\lambda > 0$，更容易和一个伽马分布展示尾部相等。对于 $0 < c_{\lambda,\chi,\psi} < \infty$，我们观察到

$$\lim_{x\to\infty} \frac{\bar{F}_{\lambda,\chi,\psi}(x)}{\bar{F}_{\lambda,0,\psi}(x)} = \lim_{x\to\infty} \frac{f_{\lambda,\chi,\psi}(x)}{f_{\lambda,0,\psi}(x)} = c_{\lambda,\chi,\psi}$$

服从 $F_{\lambda,\chi,\psi} \in \text{MDA}(H_0)$。

16.1.3　混合模型

在这本书中，我们考虑了作为随机变量混合（或产品）出现的金融风险因子变化的一些模型。在第 6 章中，我们引入多元正态方差混合模型，其中包括学生 t 分布和对称的广义双曲分布（在公式 (6.18) 中给出了大致的结构）。一个一维正态混合（或者一个 d 维正态混合的边际分布）和第 A.1.1 节中的类型相同，都是一个随机变量 X 满足

$$X \overset{\mathrm{d}}{=} \sqrt{W}Z \tag{16.2}$$

其中 $Z \sim N(0,1)$，并且 W 是一个独立的正的标量。我们想知道更多关于满足公式 (16.2) 分布的尾部。

一般地说，要理解椭圆分布的边缘分布的尾部，对于均匀分布在单位球 $\mathcal{S}^{d-1} = \{\boldsymbol{s} \in \mathbb{R}^d : \boldsymbol{s}'\boldsymbol{s} = 1\}$ 上的随机向量 $\boldsymbol{S}$，以及一个独立的径向变量 R（见第 6.3.1 节，特别是定理 6.21），只需考虑具有随机表示的球面分布即可

$$\boldsymbol{X} \overset{\mathrm{d}}{=} R\boldsymbol{S} \tag{16.3}$$

同样，我们想要更多地了解在公式 (16.3) 中向量 $\boldsymbol{X}$ 的边际分布的尾部。

在第 4 章的第 4.2 节中，我们考虑了严平稳的随机过程 (X_t)，例如满足下列等式的 GARCH 过程

$$X_t = \sigma_t Z_t \tag{16.4}$$

其中 (Z_t) 是严白噪声新息，通常使用高斯分布或（更实际的）标准化的学生 t 分布，而 σ_t 是一个表示波动率的 $\mathcal{F}_{t-1}$ 可测随机变量。这些模型也可以看作是混合模型，我们想知道一些关于 (X_t) 的平稳分布的尾部。

为了分析混合模型的尾部，一个有用的结果是由 Breiman (1965) 导出的下列定理，我们立即将其应用于球面分布。

定理 16.7 (**混合模型的尾部**). *设 X 由 $X = YZ$ 得到，其中 Y 和 Z 是独立非负随机变量，所以*

(1) Y 有一个带有尾部指数 α 的正则变差尾部；

(2) 对于某些 $\varepsilon > 0$，$E(Z^{\alpha+\varepsilon}) < \infty$。

因此，X 有一个尾部指数为 α 的正则变差的尾部，并且

$$P(X > x) \sim E(Z^{\alpha})P(Y > x), \quad x \to \infty$$

命题 16.8 (**球形分布的尾部**). *设 $\boldsymbol{X} \overset{\mathrm{d}}{=} R\boldsymbol{S} \sim S_d(\psi)$ 具有一个球形分布。如果 R 有一个尾部参数为 α 的正则变差的尾部，那么对于 $i = 1, \ldots, d$，$|X_i|$ 同样如此。如果对于 $k > 0$，$E(R^k) < \infty$，那么 $|X_i|$ 没有一个正则变差的尾部。*

证明. 假定 R 有一个尾部参数为 α 的正则变差的尾部，并且考虑 RS_i。因为 $|S_i|$ 是有有限支持 $[0,1]$ 和有限矩的非负随机变量。因此从定理 16.7 可以得出 $R|S_i|$，那么 $|X_i|$ 是尾部指

数为 α 正则变差。如果对于所有 $k>0$，$E(R^k)<\infty$，那么对于所有 $k>0$，$E|X_i|^k<\infty$，因此 $|X_i|$ 不能有正则变差的尾部。□

例 16.9 (正态混合方差尾部). 假定用 $\boldsymbol{Z}\sim N_d(\boldsymbol{0},I_d)$ 和 W 作为一个独立标量随机变量的 $\boldsymbol{X}\overset{\mathrm{d}}{=}\sqrt{W}\boldsymbol{Z}$，使得 $\boldsymbol{Z}$ 和 $\boldsymbol{X}$ 具有球形分布，而 $\boldsymbol{X}$ 有正态方差混合分布。向量 $\boldsymbol{Z}$ 有球形表示 $\boldsymbol{Z}\overset{\mathrm{d}}{=}\tilde{R}\boldsymbol{S}$，其中 $\tilde{R}^2\sim\chi_d^2$（见例 6.23），向量 $\boldsymbol{X}$ 有球形表示 $\boldsymbol{X}\overset{\mathrm{d}}{=}R\boldsymbol{S}$，其中 $R\overset{\mathrm{d}}{=}\sqrt{W}\tilde{R}$。

现在，卡方分布（伽马分布）在 Gumbel 分布的吸引域内，所以对于所有的 $k>0$，$E(\tilde{R}^k)=E((\tilde{R}^2)^{k/2})<\infty$。我们首先考虑一种情况，当 W 有一个尾部指数为 α 的正则变差的尾部，那么 $\bar{F}_W(w)=L(w)w^{-\alpha}$，它服从 $P(\sqrt{W}>x)=P(W>x^2)=L_2(x)x^{-2\alpha}$，其中 $L_2(x):=L(x^2)$ 也是慢变的，因此 $\sqrt{W}$ 有一个尾部指数为 2α 正则变差的尾部。通过定理 16.7$R\overset{\mathrm{d}}{=}\sqrt{W}\tilde{R}$ 也有一个尾部指数为 2α 的正则变差的尾部，并且根据命题 16.8，$|\boldsymbol{X}|$ 也有这样的成分。

为了考虑一个特例，假定 $W\sim\mathrm{Ig}(\frac{1}{2}\nu,\frac{1}{2}\nu)$，所以，通过例 16.2，$W$ 是尾部指数为 $\frac{1}{2}\nu$ 的正则变差，那么 $\sqrt{W}$ 是尾部指数为 ν 的正则变差，$|X_i|$ 也是这样。这并不惊讶，因为 $\boldsymbol{X}\sim t_d(\nu,\boldsymbol{0},I_d)$，暗示了 X_i 有一个一元学生 t 分布，自由度为 ν，并且我们早就从例 16.1 中知道它有一个尾部指数 ν。

另一方面，如果 $F_W\in\mathrm{MDA}(H_0)$，那么对于所有的 $k>0$，并且 $|X_i|$ 根据命题 16.8 不能有一个正则变差的尾部，那么 $E(R^k)<\infty$。这意味着，举例来说一元广义双曲线分布没有厚尾（除了符合学生 t 分布的特别边界情况外），因为 GIG 在 Gumbel 分布的吸引最大域处，就像在例 16.6 中展示的那样。

GARCH 模型的尾部平稳分布分析更具挑战性。考虑定理 16.7 和前面的例子，很清楚地发现，当新息 (Z_t) 是高斯分布，如果波动性 σ_t 有个正则变差的尾部，那么在公式 (16.4) 中过程 (X_t) 的规律将会有一个正则变差。Mikosch and Stărică (2000) 分析了 GARCH(1, 1)（见定义 4.20），其中波动性的平方满足 $\sigma_t^2=\alpha_0+\alpha_1X_{t-1}^2+\beta\sigma_{t-1}^2$。这表明给定

$$E((\alpha_1Z_t^2+\beta)^{\kappa/2})=1 \tag{16.5}$$

在 (Z_t) 弱相关条件下，波动性 σ_t 有一个尾部系数为 κ 的正则变差的尾部。在表 16.1 中，我们使用数值积分和寻根过程计算了各种新息分布和参数值 κ 的近似值。通过定理 16.7，这些是平稳分布的 GARCH(1, 1) 的尾部指数的值本身。

两个主要的发现是很显而易见的：对于任何固定的参数值集，当我们移动到厚尾新息分布时，尾部指数变小，GARCH 模型的尾部变厚；对于任何固定的新息分布，当我们减少 ARCH 效应 (α_1)，增加 GARCH 效应 (β) 时，GARCH 尾部变得更薄。

椭圆分布中的尾部依赖关系 我们通过给出椭圆分布尾部依赖和在命题 6.27 中给出的一个椭圆对称分布中随机变量 R 正则变差之间的有趣的联系的结果来结束这一章。

定理 16.10. 设 $\boldsymbol{X}\overset{\mathrm{d}}{=}\boldsymbol{\mu}+RA\boldsymbol{S}\sim E_d(\boldsymbol{\mu},\Sigma,\psi)$，其中 $\boldsymbol{\mu}$，R，A 和 $\boldsymbol{S}$ 和命题 6.27中的一样，并且我们假定对于 $i=1,\ldots,d$，$\sigma_{ii}>0$。如果 R 有一个尾部指数 $\alpha>0$ 的正则变差尾部，

表 16.1　对于具有高斯分布和学生 t 分布的 GARCH(1,1) 过程，求其尾部指数 κ 求解（公式 (16.5)）近似理论值。

参数	高斯	t 分布 $\nu=8$	t 分布 $\nu=4$
$\alpha_1=0.2,\quad\beta=0.75$	4.4	3.5	2.7
$\alpha_1=0.1,\quad\beta=0.85$	9.1	5.8	3.4
$\alpha_1=0.05,\quad\beta=0.95$	21.1	7.9	3.9

那么依赖于 X_i 和 X_j 的上层和下层的系数由

$$\lambda(X_i,X_j)=\frac{\int_{(\pi/2-\arcsin\rho_{ij})/2}^{\pi/2}\cos^{\alpha}(t)\,\mathrm{d}t}{\int_0^{\pi/2}\cos^{\alpha}(t)\,\mathrm{d}t}\tag{16.6}$$

得到，其中 ρ_{ij} 是 $P=\wp(\Sigma)$ 的第 (i,j) 个元素并且 $\wp$ 是在 (6.5) 中给出的相关关系。

在多元 t 分布 $\boldsymbol{X}\sim t_d(\nu,\boldsymbol{\mu},\Sigma)$ 的情况下，R 有一个正则变差的尾部。从例 16.9 中使用的参数可以明显看出，R 的分布函数尾部会随着尾部索引 $\alpha=\nu$ 而正则变差。因此，将 α 替换为 ν，可以为公式 (7.38) 提供一个替代表达式，用于计算 t 连接函数 $C^t_{\nu,P}$ 的尾部依赖系数。

可以说，原始表达式 (7.38) 的更容易使用，因为一元的 t 分布的分布函数是可以在统计软件包中可用的。并且，两个公式的等价性让我们得出结论，当径向随机变量 R 的分布有一个尾部指数为 ν 的正则变差时，我们可以使用公式 (7.38) 去计算为不独立相关性对于任何一个相关系数为 ρ 的二元椭圆分布。

说明与评论

第 16.1 节是一个高度选择性的概述，适合于研究一些非常具体的模型，并且所有的理论主题都涉及正则变差、冯 • 米塞斯分布、产品的尾部、随机递归方程，可以更详细地研究。

有关正则变差、慢变和 Karamata 定理的更多信息，请参见 Bingham et al. (1987) 和 Seneta (1976)。关于极值研究的更重要的想法的总结可以在 Resnick (1987) 中找到。第 16.1.2 节，除例子外，均是从 EKM 中借鉴的，并且冯 • 米塞斯分布的结果的参考和 Gumbel 分布的最大吸引域也能在那里找到。

定理 16.7 由 Breiman (1965) 的结果得到。有关产品分布的相关结果见 Embrechts and Goldie (1980)。关于 GARCH 模型的尾部讨论基于 Mikosch and Stărică (2000)；该理论涉及随机递归关系的研究，本质上是由于 Kesten (1973)。有关这些思想的详细介绍，请参见 Mikosch (2003)。

径向随机变量具有正则变差的尾部时，椭圆分布中尾部依赖系数的公式取自 Hult and Lindskog (2002)。类似的结果由 Schmidt (2002) 独立推导，关于这些结果对金融收益的适用性的讨论，也请参考 Frahm et al. (2003)。

16.2　极值的自激励模型

本节所述的模型是建立在第 5.3 节中阈值超越量的 POT 模型的点过程公式的基础上的。然而，我们现在试图从自激励行为角度解释金融收益数据中极端事件的聚类，而不是像以前一样假设其为泊松运动。

16.2.1　自激励过程

我们首先考虑用一种简单的自激励点过程（称为霍克斯过程）来模拟时间上阈值超越量发生的情况。其基本思想是，我们不将阈值超越量的瞬时风险建模为随时间而定的常数，而是假定最近过去的阈值超越会导致阈值超越的瞬时风险更高。这些模型的主要应用领域是地震及其余震的模型，而现在越来越多地用于金融领域，参见说明与评论。

给定数据 $X_1,\ldots,X_n$ 和阈值 u，我们像往常一样假设有 N_u 个阈值超越量，包括数据 $\{(i,X_i):1\leqslant i\leqslant n,\ X_i>u\}$。注意，从现在开始，我们要用时间序列的自然时间刻度来表示超过数的时间。比如，当数据是每日观测值时，超过数的时间单位就用天表示。用符号表示也是可选的有效方法，$\{(T_j,\tilde{X}_j):j=1,\ldots,N_u\}$，即把超越量连续地列举出来。

我们首先来看一个只考虑时间超越量模型。在点过程表示法中，我们设 $Y_i=iI_{\{X_i>u\}}$，因此 Y_i 给出一个超越量的时间，如果出现阈值超越量，就给出发生的时间 i；反之，则给出 0。对于所有 $A\subset\mathcal{X}$，超越量的点过程 $N(\cdot)$ 可以表示为 $N(A)=\sum_{i=1}^n I_{\{Y_i\in A\}}$，状态空间是 $\mathcal{X}=(0,n]$。

我们假设点过程 $N(\cdot)$ 是一个自激励过程，其条件强度为

$$\lambda^*(t)=\tau+\psi\sum_{j:0<T_j<t}h(t-T_j,\tilde{X}_j-u) \tag{16.7}$$

其中 $\tau>0$，$\psi\geqslant 0$，h 是某个正值函数。每一个之前的超越量 $(T_j,\tilde{X}_j)$ 都会对条件强度有影响，影响程度取决于距离超过数发生的时间 $t-T_j$ 以及超过阈值导致的超额损失数量 $\tilde{X}_j-u$。当表示 t 时刻新的阈值超过数的即时出现时，我们非正式地理解了条件强度，类似于一般泊松过程的发生率或强度。然而，在自激励模型中，条件强度本身是一个随机过程，取决于原始状态 ω，以及到 t 时刻（不包括 t 时刻）为止的阈值超越量的历史情况。

h 函数可能的参数化表达式为：

- 当 $\delta,\gamma>0$，$h(s,x)=\exp(\delta x-\gamma s)$；或
- 当 $\delta,\gamma,\rho>0$，$h(s,x)=\exp(\delta x)(s+\gamma)^{-(\rho+1)}$

收集 $\boldsymbol{\theta}$ 中的所有参数，概率可以表示成以下形式：

$$L(\boldsymbol{\theta};\mathrm{data})=\exp\left(-\int_0^n\lambda^*(s)\,\mathrm{d}s\right)\prod_{i=1}^{N_u}\lambda^*(T_i)$$

为了估计参数，概率可能要进行数值上的最大化。

例 16.11 (1996—2003 **年标普指数日损失百分比**). 我们把自激励过程方法论应用到 1996—2003 年 8 年期间（2078 个数据）标普指数的每日损失百分比。图 16.1 显示了损失数据

和超过 1.5% 这个阈值的最大 200 个日损失的点过程。显然，超过数数据图形存在聚类现象，Q–Q 图显示超过数之间的时间不服从指数分布。

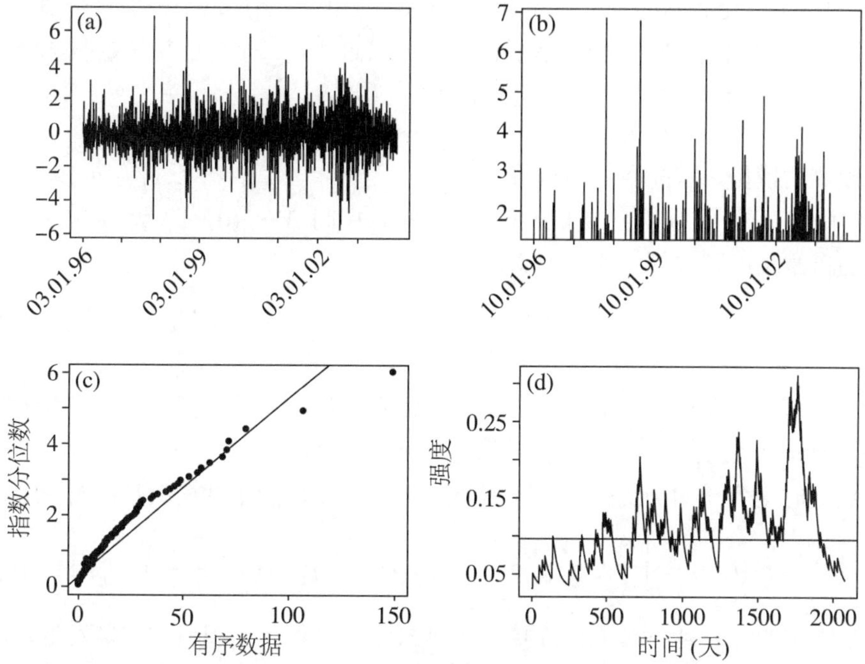

图 16.1　(a) 标普日损失百分比。(b) 200 个最大损失。(c) 相对于指数参考分布的超越时间 Q–Q 图。(d) 自激励模型中超过阈值的估计强度。更多细节参见例 16.11。

我们把自激励模型调整为更简单的形式 $h(s,x)=\exp(\delta x-\gamma s)$，参数估计值（以及标准误差）$\hat{\tau}=0.032(0.011)$，$\hat{\psi}=0.016(0.0069)$，$\hat{\gamma}=0.026(0.011)$，$\hat{\delta}=0.13(0.27)$，发现除了 δ 以外的所有参数都是显著的。修正后模型的对数似然值是 -648.2，而同质泊松模型对数似然值是 -668.2，因此在 p 值小于 0.001 的似然比检验中，我们显然要拒绝模型是泊松特例的假设。图 16.1（d）显示了在整个数据观察期中，阈值超过强度的估计值 $\lambda^*(t)$，反映了所观察到的超过值的模式。

注意，这个模型的简化改良版本（下文中会提及）将考虑自激励结构，其中正负极端收益都会影响条件强度，这会涉及设定更高或更低的阈值，以及考虑两者的超越量。

16.2.2　一个自激励的 POT 模型

现在我们来考虑如何将第 5.3.2 节中的 POT 模型一般化，使之包含自激励成分。我们首先建立一个有标记的自激励模型，该标记服从广义帕累托分布（GPD）。但该模型是不可预测的，意味着超额损失是独立同分布的，服从广义帕累托分布。在第二个模型中，我们考虑有可预测的标记的情况。在这个模型中，给定到标记位置时超过数的历史情况取决于该情况的换算因子（scaling parameter），超额损失服从条件广义帕累托分布。这样我们就得到一个模型，在激励过程中，超过数出现的时间强度（temporal intensity of occurrence）和超过阈值的程度（magnitude of the exceedances）都会增加。

我们的模型用点过程语言可以表示为在一个状态向量为 $\mathcal{X}=(0,n]\times(u,\infty)$ 下的 $N(\cdot)$ 过程，其中对于集合 $A\subset\mathcal{X}$，有 $N(A)=\sum_{i=1}^{n}I_{\{(i,X_i)\in A\}}$。我们以公式 (5.31) 给出的标准 POT 模型的再参数化版本的强度为起点来建立这些模型。回顾这个模型只是说了两点，一是阈值超过数 u 的出现符合有着比率 τ 的同质泊松过程，二是这些超过数服从分布函数为 $G_{\xi,\beta}$ 的广义帕累托分布。

标记不可预测的模型　首先我们用符号 $v^*(t)=\sum_{j:0<T_j<t}h(t-T_j,\tilde{X}_j-u)$ 来表示自激励函数，其中函数 h 在第 16.2.1 节中介绍过。在状态空间 $\mathcal{X}=(0,n]\times(u,\infty)$ 上，我们对有条件强度的自激励模型进行一般化 (5.31)

$$\lambda^*(t,x)=\frac{\tau+\psi v^*(t)}{\beta}\left(1+\xi\frac{x-u}{\beta}\right)^{-1/\xi-1} \tag{16.8}$$

其中 $\tau>0$，$\psi\geqslant 0$。我们将公式 (16.7) 中的一维强度和广义帕累托分布的强度进行有效结合。当 $\psi=0$ 时，我们得到没有自激励结构的一般 POT 模型。

给定到 t 时刻为止的历史信息，计算超过阈值 $x\geqslant u$ 的条件概率是很简单的，即

$$\tau^*(t,x)=\int_x^\infty\lambda^*(t,y)\,\mathrm{d}y=(\tau+\psi v^*(t))\left(1+\xi\frac{x-u}{\beta}\right)^{-1/\xi} \tag{16.9}$$

其中，x 是固定的，只是公式 (16.7) 中的一维自激励过程。当阈值超越量发生时，超额损失的隐含分布（implied distribution）服从广义帕累托分布，因为该分布在时间 t 上是独立的。

$$\frac{\tau^*(t,u+x)}{\tau^*(t,u)}=\left(1+\frac{\xi x}{\beta}\right)^{-1/\xi}=\bar{G}_{\xi,\beta}(x) \tag{16.10}$$

这个模型的统计拟合是使下列形式概率最大化

$$L(\boldsymbol{\theta};\mathrm{data})=\exp\left(-n\tau-\psi\int_0^n v^*(s)\,\mathrm{d}s\right)\prod_{j=1}^{N_u}\lambda^*(T_j,\tilde{X}_j) \tag{16.11}$$

带有可预测标志的模型　带有可预测标志的模型可以由公式 (16.8) 的一般化形式得到，得出

$$\lambda^*(t,x)=\frac{\tau+\psi v^*(t)}{\beta+\alpha v^*(t)}\left(1+\xi\frac{x-u}{\beta+\alpha v^*(t)}\right)^{-1/\xi-1} \tag{16.12}$$

其中 $\beta>0$ 且 $\alpha\geqslant 0$。为了简单起见，我们假定广义帕累托分布标准化在自激励函数 $v^*(t)$ 中也是线性的。这个模型的性质由带有不可预测标志的模型产生。在 t 时刻阈值 $x\geqslant u$ 的条件交叉率是由公式 (16.9) 中参数 β 被时间独立自激励函数 $\beta+\alpha v^*(t)$ 所替代而得到的。通过重复公式 (16.10) 的计算，我们发现，如果给定超越量的发生时间 t 以及超越量高于 t 时刻值的历史数据，超过阈值的超额损失分布是自由度为 $G_{\xi,\beta+\alpha v^*(t)}$ 的广义帕累托分布。模型拟合的可能性再次由公式 (16.11) 计算表示，其中方程 $\lambda^*(t,x)$ 由公式 (16.12) 式得出。请注意，通过比较 $\alpha=0$ 和 $\alpha>0$ 的模型，我们可以验证这个假设：使用似然比检验时标志是不可预测的。

例 16.12 (用标准普尔每日损失数据检验自激励 POT 模型). 我们继续使用例 16.11 中的数据，通过将带有不可预测标志和可预测标志的自激励 POT 模型与阈值 $u = 1.5\%$ 时的 200 个超越量相拟合，进而进行分析。前者相当于例 16.11 中将自激励模型与超越量倍数进行拟合，然后将广义帕累托分布调整成超过阈值的超额损失，由此得到交叉阈值的估计强度与图 16.1 所示相同。这个模型的对数似然函数为 -783.4，然而，带有可预测标志的模型针对一个额外的参数 α 得出的值为 -779.3；在似然比检验中 p 值为 0.004，表现出显著的改善。

在图 16.2 中，我们展示了超越量数据和带有可预测标志模型中超过阈值的估计强度 $\tau^*(t,u)$。同时，我们也列示了在高于阈值的情况下，假定超越量发生在 t 时刻，GPD 超额损失条件分布的估计均值。GPD 的均值 $(\beta + \alpha v^*(t))/(1-\xi)$ 和强度 $\tau^*(t,u)$ 都是自激励函数 $v^*(t)$ 的仿射函数，并且很明显遵循它的路径。

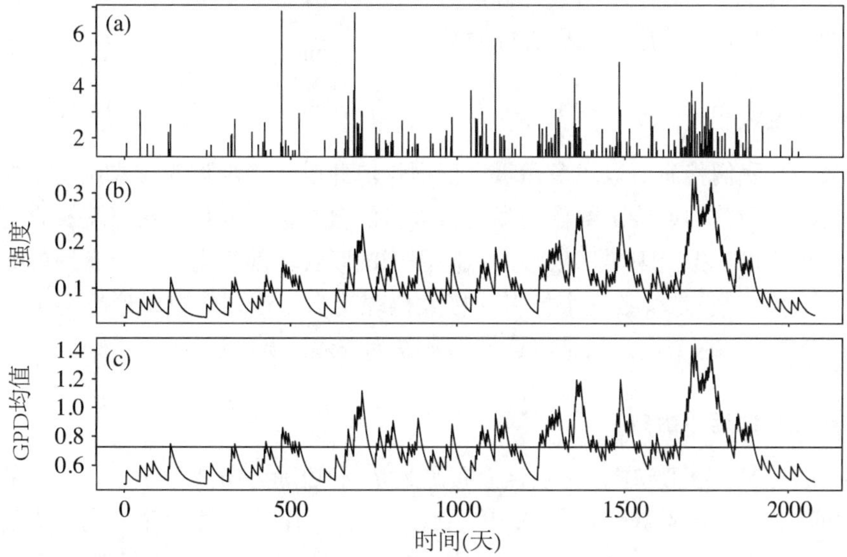

图 16.2　(a) 标准普尔数据中前 200 个最大的每日损失的超越量模式。(b) 在带有可预测标志的自激励 POT 模型中估计超过阈值的强度。(c) 超额损失高于阈值的广义条件帕累托分布的均值。详见例 16.12。

计算条件风险度量　最终，我们注意到自激励 POT 模型可以被用作估计条件下的 VaR 和有条件的预期损失。如果我们已经分析了 t 天的 n 个日常数据，并且想要计算一个 99% 的 VaR，那么，我们就把这个问题当作一个（条件）收益水平问题，我们寻找出条件超越量强度在 t 后的一个时间点（记作 $t+$）的水平是 0.01。通常来说，为了计算一个条件 VaR_α^t 的估计值（α 足够大），我们通常试图解出当 $x \geqslant u$ 时，方程 $\tau^*(t+,x) = (1-\alpha)$ 的解。在带有可预测标志的模型中，$\tau + \psi v^*(t+) > 1-\alpha$ 是可能的，并可以得出公式

$$\mathrm{VaR}_\alpha^t = u + \frac{\beta + \alpha v^*(t+)}{\xi}\left(\left(\frac{1-\alpha}{\tau + \psi v^*(t+)}\right)^{-\xi} - 1\right)$$

这样，相关条件下的预期损失就可以通过观察超额损失高时的条件分布进而计算出来，其中，VaR_α^t 为给定 t 时刻下，带有形状参数（shape parameter）ξ 和尺度参数（scaling parameter）$\beta+\alpha v^*(t+)+\xi(\mathrm{VaR}_\alpha^t-u)$ 的广义帕累托分布。

说明与评论

对于霍克斯自激励过程的最原始参考来自 Hawkes (1971)。有大量的文献记载了这一过程在地震模型中的应用，最早引用的是 Ogata (1988)。而在金融时间序列当中的极端应用是由 Chavez-Demoulin et al. (2005) 提出的。Embrechts et al. (2011) 将多元霍克斯过程应用到多元金融时间序列当中。自激励过程同样被应用在信用风险 (Errais et al., 2010) 和高频金融数据的建模当中 (Chavez-Demoulin and McGill, 2012)。

在第 16.2.2 节中，把自激励结构加入 POT 模型中这一想法是由本书的第一版率先提出来的。Grothe et al. (2014) 将这一想法进行拓展，并考虑了多元模型的极端情况，即成分过程可能对自身或其他成分过程进行激励。

16.3　多元极大值

在本节中，我们将简要概述多元极大值理论，并以连接函数的形式说明主要结果。一类称为极值连接函数的连接函数作为多元极大值的自然极限依赖结构出现。它们提供了有用的依赖结构，以模拟出现尾部依赖的风险因子的联合尾部行为。一个有用的参考文献是 Galambos (1987)，它是少数几个把多元极大值理论当作连接函数理论的文本之一（尽管 Galambos 没有使用这个词，只是将连接函数作为依赖函数来引用）。

16.3.1　多元极值连接函数

设 $\boldsymbol{X}_1,\dots,\boldsymbol{X}_n$ 为 $\mathbb{R}^d$ 中包含联合分布函数 F 和边际分布函数 $F_1,\dots,F_d$ 的独立同分布随机向量。我们把向量分量记作 $\boldsymbol{X}_i=(X_{i,1},\dots,X_{i,d})'$，代表 d 个不同种类的损失。我们把第 j 个分量记作 $M_{n,j}=\max(X_{1,j},\dots,X_{n,j})$，$j=1,\dots,d$。在经典多元极值理论中，目标是分量区间极大值的向量：$\boldsymbol{M}_n=(M_{n,1},\dots,M_{n,d})'$。尤其，我们对 $\boldsymbol{M}_n$ 在适当规范化下的可能的多元极限分布感兴趣，多见于一元的情况中。但是，我们应该观察到向量 $\boldsymbol{M}_n$ 总体上并不符合于任何一个向量观测值 $\boldsymbol{X}_i$。

当 $n\to\infty$ 时，我们为下式寻求极限定律：

$$\frac{\boldsymbol{M}_n-\boldsymbol{d}_n}{\boldsymbol{c}_n}=\left(\frac{M_{n,1}-d_{n,1}}{c_{n,1}},\dots,\frac{M_{n,d}-d_{n,d}}{c_{n,d}}\right)'$$

其中 $\boldsymbol{c}_n=(c_{n,1},\dots,c_{n,d})'$ 和 $\boldsymbol{d}_n=(d_{n,1},\dots,d_{n,d})'$ 是标准化常数向量，前者满足 $\boldsymbol{c}_n>\boldsymbol{0}$。注意，在本章的结论中，等长的向量的算术运算是以分量方式运算的。假设 $(\boldsymbol{M}_n-\boldsymbol{d}_n)/\boldsymbol{c}_n$ 在分布中依具有联合分布函数 H 的随记向量收敛，我们得到

$$\lim_{n\to\infty}P\left(\frac{\boldsymbol{M}_n-\boldsymbol{d}_n}{\boldsymbol{c}_n}\leqslant\boldsymbol{x}\right)=\lim_{n\to\infty}F^n(\boldsymbol{c}_n\boldsymbol{x}+\boldsymbol{d}_n)=H(\boldsymbol{x}).\tag{16.13}$$

定义 16.13 (**多元极值分布和吸引域**). 如果公式 (16.13) 适用于一些 F 和部分 H，那么我们认为 F 在 H 的最大吸引域内，记作 $F \in \mathrm{MDA}(H)$，我们将 H 称为多元极值分布。

多元极大值的收敛问题已经通过一元理论部分解决。如果 H 有非退化边际，那么肯定有 Fréchet、Gumbel 和 Weibull 类型的一元极值分布。因为它们是连续的，Sklar 定理告诉我们 H 必有一个唯一的连接函数。接下来的定理认为连接函数 C 必有一个特定种类的标度行为。

定理 16.14 (**极值连接函数**). 如果公式 (16.13) 适用于一些 F 和具有广义极值分布边际分布的一些 H，那么 H 的唯一连接函数 C 满足

$$C(\boldsymbol{u}^t) = C^t(\boldsymbol{u}), \quad \forall t > 0 \tag{16.14}$$

任何具有公式 (16.14) 性质的连接函数都是一个极值连接函数，并且是 MEV 分布的连接函数。独立和同单调连接函数是极值连接函数，Gumbel 连接函数提供了一个参数化极值连接函数家族的例子。公式 (7.12) 中的二元版本显然具有公式 (16.14) 的属性，基于公式 (7.46) 的可交换更高维 Gumbel 连接函数和基于公式 (15.10)~(15.12) 的不可交换的更高维 Gumbel 连接函数也是一样。

有一系列数学结果描述了多元极值分布和极值连接函数的特点。其中一个如下。

定理 16.15 (Pickands **表示**). 当且仅当连接函数 C 有如下表示的时候：

$$C(\boldsymbol{u}) = \exp\left\{B\left(\frac{\ln u_1}{\sum_{k=1}^d \ln u_k}, \ldots, \frac{\ln u_d}{\sum_{k=1}^d \ln u_k}\right)\sum_{i=1}^d \ln u_i\right\} \tag{16.15}$$

它是极值连接函数，其中 $B(\boldsymbol{w}) = \int_{\mathrm{S}_d} \max(x_1 w_1, \ldots, x_d w_d)\,\mathrm{d}S(\boldsymbol{x})$，并且 S 是一个 d 维单形上的有限测度，即 $\mathrm{S}_d = \{\boldsymbol{x} : x_i \geqslant 0,\ i = 1, \ldots, d,\ \sum_{i=1}^d x_i = 1\}$。

函数 $B(\boldsymbol{w})$ 有时被称为极值连接函数的依赖函数。在多数情况下，这样的函数很难被处理或者可视化，但是在二元情况下，它们有一个简单的形式，我们将更详细地讨论它。

在二元情况下，我们通过设置 $w \in [0,1]$ 上的 $A(w) := B((w, 1-w)')$ 来重新定义标量参数的函数。由定理 16.15 可知，当且仅当它接受下列形式

$$C(u_1, u_2) = \exp\left\{(\ln u_1 + \ln u_2)A\left(\frac{\ln u_1}{\ln u_1 + \ln u_2}\right)\right\} \tag{16.16}$$

二元连接函数是极值连接函数，其中，对于在 $[0,1]$ 上的测度 S，$A(w) = \int_0^1 \max((1-x)w, x(1-w))\,\mathrm{d}S(x)$。换句话说，这样的二元依赖函数必须满足

$$\max(w, 1-w) \leqslant A(w) \leqslant 1, \quad 0 \leqslant w \leqslant 1 \tag{16.17}$$

且必须是凸面的。相反的，一个可微的、凸面的函数 $A(w)$ 满足公式 (16.17) 可以通过公式 (16.16) 构建一个极值连接函数。

公式 (16.17) 中的上下界有直观解读。如果对于所有 w、$A(w) = 1$，那么连接函数公式 (16.16) 显然是独立连接函数，而如果 $A(w) = \max(w, 1-w)$，那么连接函数显然是同

单调连接函数。注意，我们很容易看到我们可以从公式 (16.16) 中的连接函数中提取依赖函数

$$A(w) = -\ln C(\mathrm{e}^{-w}, \mathrm{e}^{-(1-w)}), \quad w \in [0,1] \tag{16.18}$$

例 16.16 (连接函数). 由公式 (7.12) 定义和由公式 (15.10) 构造的二元 Gumbel 连接函数的非对称版本即连接函数

$$C^{\mathrm{Gu}}_{\theta,\alpha,\beta}(u_1,u_2) = u_1^{1-\alpha}u_2^{1-\beta}\exp\{-((-\alpha\ln u_1)^\theta + (-\beta\ln u_2)^\theta)^{1/\theta}\}$$

如已经指出的，该连接函数具有标准化属性（公式 (16.14)）并且是极值连接函数。使用公式 (16.18)，我们计算的依赖函数由以下公式给定

$$A(w) = (1-\alpha)w + (1-\beta)(1-w) + ((\alpha w)^\theta + (\beta(1-w))^\theta)^{1/\theta}$$

我们已经在图 16.3 中绘制了这个函数，θ 值的范围是从 1.1 到 10，以 0.1 为步长。(a) 部分给出了具有 $\alpha = \beta = 1$ 的标准对称 Gumbel 连接函数；依赖函数基本上跨越从由虚线三角形的上边缘表示的独立性到由包括函数 $A(w) = \max(w, 1-w)$ 的两个下边缘表示的共单调性的整个范围。(b) 部分显示了具有 $\alpha = 0.9$ 和 $\beta = 0.8$ 的非对称实例，在这种情况下，当 $\theta = 1$ 时，我们仍然有独立性，但 $\theta \to \infty$ 的极限不再是共单调模型。Gumbel 连接函数模型有时也被称为逻辑模型。

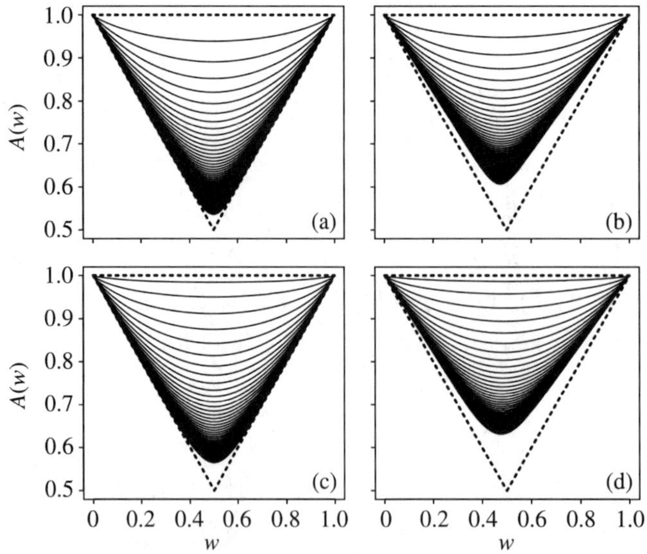

图 16.3 为例 16.16 和 16.17 中描述的依赖函数（a）对称 Gumbel，（b）不对称 Gumbel，（c）对称 Galambos 和（d）不对称 Galambos 连接函数（不对称情况的 $\alpha = 0.9$ 和 $\beta = 0.8$）。虚线表示依赖函数必须存在的三角形的边界，实线显示出了一系列参数值的依赖函数。

例 16.17 (连接函数). 我们以下面的依赖函数开始

$$A(w) = 1 - ((\alpha w)^{-\theta} + (\beta(1-w))^{-\theta})^{-1/\theta} \tag{16.19}$$

其中 $0 \leqslant \alpha, \beta \leqslant 1$ 和 $0 < \theta < \infty$。可以证实这是对于 $0 \leqslant w \leqslant 1$，凸函数满足 $\max(w, 1-w) \leqslant A(w) \leqslant 1$，所以它可以用于在公式 (16.16) 中创建极值连接函数。我们获得连接函数

$$C_{\theta,\alpha,\beta}^{\mathrm{Gal}}(u_1, u_2) = u_1 u_2 \exp\{((-\alpha \ln u_1)^{-\theta} + (-\beta \ln u_2)^{-\theta})^{-1/\theta}\}$$

这也被称为负逻辑模型。我们已经在图 16.3 中绘制了这个函数，其中 θ 值的范围是以 0.1 为步长，从 0.2 到 5。(c）部分显示了具有 $\alpha = \beta = 1$ 的标准对称情况，它跨越了从独立性到共单调性的整个范围。(d）部分显示了具有 $\alpha = 0.9$ 和 $\beta = 0.8$ 的非对称实例，在这种情况下，我们仍然把 $\theta \to 0$ 作为独立，但 $\theta \to \infty$ 时的极限不再是共单调模型。

在文献中已经描述了许多其他二元极值连接函数（参见说明与评论）。

16.3.2　多元极小值连接函数

从多元极大值的极限连接函数结构可以很容易地推导出多元极小值的极限连接函数结构；从极大值移动到极小值本质上涉及我们在第 5.1.1 节末尾所做的相同考虑，以及特别使用恒等式 (5.2)。

如果随机变量 $-\boldsymbol{X}_1, \ldots, -\boldsymbol{X}_n$ 的 $\tilde{F}$ 分布（记作 $\tilde{F} \in \mathrm{MDA}(H)$）在多元极值分布（定义见 16.13）的最大吸引域，有着 F 分布的独立同分布随机向量 $\boldsymbol{X}_1, \ldots, \boldsymbol{X}_n$ 的标准化分量最小值，将收敛到非退化极限。当然，对于径向分布，$\tilde{F}$ 与 F 一致。

设 $\boldsymbol{M}_n^*$ 是 $-\boldsymbol{X}_1, \ldots, -\boldsymbol{X}_n$ 的分量极大值向量，因此 $M_{n,j}^* = \max(-X_{1,j}, \ldots, -X_{n,j})$。如果 $\tilde{F} \in \mathrm{MDA}(H)$ 对于一些非退化 H，我们有以下公式

$$\lim_{n\to\infty} P\left(\frac{\boldsymbol{M}_n^* - \boldsymbol{d}_n}{\boldsymbol{c}_n} \leqslant \boldsymbol{x}\right) = \lim_{n\to\infty} \tilde{F}^n(\boldsymbol{c}_n\boldsymbol{x} + \boldsymbol{d}_n) = H(\boldsymbol{x}) \tag{16.20}$$

标准化向量 $\boldsymbol{c}_n$ 和 $\boldsymbol{d}_n$ 的适当序列，以公式 $H(\boldsymbol{x}) = C(H_{\xi_1}(x_1), \ldots, H_{\xi_d}(x_d))$ 表示多元极值分布 H，其中 H_{ξ_j} 表示具有形状参数 ξ_j 的广义极值分布，C 是满足公式 (16.14) 的极值连接函数。

使用公式 (5.2) 确定 $\boldsymbol{m}_n$ 来定义分量极小值向量，它服从公式 (16.20)

$$\lim_{n\to\infty} P\left(\frac{\boldsymbol{m}_n + \boldsymbol{d}_n}{\boldsymbol{c}_n} \geqslant \boldsymbol{x}\right) = H(-\boldsymbol{x})$$

使得标准化极小值在具有生存函数 $H(-\boldsymbol{x}) = C(H_{\xi_1}(-x_1), \ldots, H_{\xi_d}(-x_d))$ 的极限分布中收敛。因此，极小值的极限分布的连接函数是 C 的生存系数（见第 7.1.5 节讨论的生存连接函数）。一般来说，用于极小值的限制性连接函数是极值的生存连接函数，并且这种连接函数的具体示例是 Gumbel 和 Galambos 连接函数。

在一个径向对称的基础分布的特殊情况下，连接函数的极小值恰恰是极值连接函数的生存函数的极大值。

16.3.3　连接函数吸引域

在一元极大值的情况下，我们想知道哪种基础的多元分布函数 F 被哪种多元极值分布 H 所吸引。现在我们就连接函数给出一个有用的结果，这主要归因于 Galambos（参见说

明与评论)。

定理 16.18. 设 $F(\boldsymbol{x})=C(F_1(x_1),\ldots,F_d(x_d))$ 对连续边际分布函数 $F_1,\ldots,F_d$ 和一些连接函数 C，设 $H(\boldsymbol{x})=C_0(H_1(x_1),\ldots,H_d(x_d))$ 是一个有着极值连接函数 C_0 的多元极值分布。$F\in\mathrm{MDA}(H)$，对于 $1\leqslant i\leqslant d$ 有且只有 $F_i\in\mathrm{MDA}(H_i)$

$$\lim_{t\to\infty}C^t(u_1^{1/t},\ldots,u_d^{1/t})=C_0(u_1,\ldots,u_d),\quad \boldsymbol{u}\in[0,1]^d \tag{16.21}$$

这一结果表明，根据公式 (16.21)，多元极值的极限分布连接函数 C_0 仅由基础分布的连接函数 C 确定。F 的边际分布确定多元极值限制的边际，但是与依赖结构的确定并不相关。这促使我们介绍连接函数吸引域的概念。

定义 16.19. 如果公式 (16.21) 持有一些 C 和一些极值连接函数 C_0，我们就说 C 属于连接函数吸引域 C_0，写成 $C\in\mathrm{CDA}(C_0)$。

有许多和公式 (16.21) 等效的表达方式。首先，当 $x\to1$，通过取对数并且使用渐进恒等式 $\ln(x)\sim x-1$，我们得到，对于 $\boldsymbol{u}\in(0,1]^d$,

$$\left.\begin{aligned}\lim_{t\to\infty}t(1-C(u_1^{1/t},\ldots,u_d^{1/t}))&=-\ln C_0(u_1,\ldots,u_d)\\ \lim_{s\to0^+}\frac{1-C(u_1^s,\ldots,u_d^s)}{s}&=-\ln C_0(u_1,\ldots,u_d)\end{aligned}\right\} \tag{16.22}$$

通过在后一个等式中插入 $u_i=\exp(-x_i)$，并且使用 $s\to0$，$\exp(-sx)\sim1-sx$，我们得到，对于 $\boldsymbol{x}\in[0,\infty)^d$,

$$\lim_{s\to0^+}\frac{1-C(1-sx_1,\ldots,1-sx_d)}{s}=-\ln C_0(\mathrm{e}^{-x_1},\ldots,\mathrm{e}^{-x_d}) \tag{16.23}$$

例 16.20 (二元帕累托分布函数的极限连接函数). 在例 7.14 中我们看到，二元帕累托分布有一元帕累托边际 $F_i(x)=1-(\kappa_i/(\kappa_i+x))^\alpha$ 和 Clayton 生存连接函数。它是从例 5.6 中得出的，其中 $F_i\in\mathrm{MDA}(H_{1/\alpha})$, $i=1,2$。使用公式 (7.16)，Clayton 生存连接函数可以被计算为 $C(u_1,u_2)=u_1+u_2-1+((1-u_1)^{-1/\alpha}+(1-u_2)^{-1/\alpha}-1)^{-\alpha}$。使用公式 (16.23)，很容易计算出 $C_0(u_1,u_2)=u_1u_2\exp(((-\ln u_1)^{-1/\alpha}+(-\ln u_2)^{-1/\alpha})^{-\alpha})$，这是例 16.17 中的标准可交换 Galambos 连接函数。因此，极大值的极限分布由 Galambos 连接函数连接的两个 Fréchet 分布函数组成。

右尾依赖系数在连接函数吸引域中扮演着重要的角色，特别是，它们可以帮助我们识别在独立的连接函数吸引域中的伪连接函数。

命题 16.21. 设 C 是右尾依赖系数 λ_{u} 的二元连接函数，并且假设 C 满足对于一些极值连接函数 C_0,$C\in\mathrm{MDA}(C_0)$。那么 λ_{u} 也是 C_0 的右尾依赖系数且与相关性函数 $\lambda_{\mathrm{u}}=2(1-A(\frac{1}{2}))$ 有关。

证明. 我们用公式 (7.35) 和公式 (7.16) 可以得出

$$\lambda_{\mathrm{u}}=\lim_{q\to1^-}\frac{\hat{C}(1-q,1-q)}{1-q}=2-\lim_{q\to1^-}\frac{1-C(q,q)}{1-q}$$

通过在 $x \to 1$ 上使用渐进等式 $\ln x \sim x - 1$，同时使用 CDA 条件（公式 (16.22)）我们可以计算出

$$\begin{aligned}\lim_{q\to 1^-}\frac{1-C_0(q,q)}{1-q} = \lim_{q\to 1^-}\frac{\ln C_0(q,q)}{\ln q} &= \lim_{q\to 1^-}\lim_{s\to 0^+}\frac{1-C(q^s,q^s)}{-s\ln q} \\ &= \lim_{q\to 1^-}\lim_{s\to 0^+}\frac{1-C(q^s,q^s)}{-\ln(q^s)} \\ &= \lim_{v\to 1^-}\frac{1-C(v,v)}{1-v}\end{aligned}$$

这表示 C 和 C_0 共享同一个右尾依赖系数。使用公式 $\lambda_{\mathrm{u}} = 2 - \lim_{q\to 1^-} \ln C_0(q,q)/\ln q$ 和公式 (16.16) 中的演示，我们很容易得到 $\lambda_{\mathrm{u}} = 2(1 - A(\frac{1}{2}))$。 □

在 $\lambda_{\mathrm{u}} = 0$ 的假设情况下，我们必须有 $A(\frac{1}{2}) = 1$，相关函数的凸性要求 $A(w)$ 是一个恒等函数，所以 C_0 必须是独立的连接函数。在更高维的情况下，这也是成立的：如果 C 是所有右尾部依赖系数等于零的 d 维连接函数，那么极限连接函数 C_0 的二元边际都必须是独立连接函数，并且事实上，可以证明，C_0 必须是 d 维独立的连接函数（参见说明与评论）。

以高斯随机向量的多元极大值的极限分布为例。由于高斯向量尾部依赖的两两系数为零（参见例 7.38），极限分布是边际 Gumbel 分布的乘积，收敛速度极慢，但最终标准化分量极大值是独立于极限的。

现在考虑多元 t 分布，这一直是本书贯穿始终的重要模型。如果 $\boldsymbol{X}_1, \ldots, \boldsymbol{X}_n$ 是独立同分布随机向量，分布为 $t_d(\nu, \boldsymbol{\mu}, \Sigma)$，我们从例 16.1 中得知，一元的各个组成部分的最大值被参数为 $1/\nu$ 的一元 Fréchet 分布所吸引。此外，我们从例 7.39 中得知尾部依赖系数对于 t 连接函数是严格为正的，限制性的极值连接函数不能成为独立的连接函数。

实际上，对于 t 分布随机向量，限制性的极值连接函数可以使用公式 (16.23) 来计算，虽然计算是烦琐的。在二维情况下，发现限制性的连接函数（被我们称为 t-极值连接函数）有相关函数。

$$A(w) = wt_{\nu+1}\left(\frac{(w/(1-w))^{1/\nu} - \rho}{\sqrt{(1-\rho^2)/(\nu+1)}}\right) + (1-w)t_{\nu+1}\left(\frac{((1-w)/w)^{1/\nu} - \rho}{\sqrt{(1-\rho^2)/(\nu+1)}}\right) \tag{16.24}$$

其中 ρ 是 $P = \wp(\Sigma)$ 的非对角成分。相关函数从图 16.4 中显示，对应于四个不同的 ν 值，且 ρ 值从 -0.5 到 0.9 变化，增量为 0.1。当 $\rho \to 1$，t-极值连接函数收敛到同单调连接函数；当 $\rho \to -1$ 或 $\nu \to \infty$，收敛到独立的连接函数。

16.3.4　多元区间极大值建模

可以发展一种类似于第 5.1.4 节中一元方法的多元区间极大值方法，尽管也有类似的批评，即区间极大值方法不是利用极端数据的最有效方法。此外，我们将看到，这种方法所允许的推理可能并不完全是多元情况下所需要的。

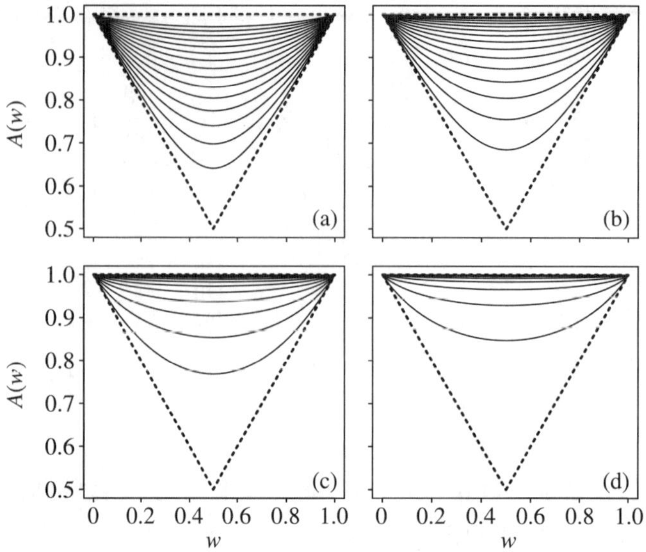

图 16.4　对 t 极值连接函数的相关函数图，(a) $\nu = 2$,(b) $\nu = 4$，(c) $\nu = 10$，(d) $\nu = 20$，对应不同的 ρ 值。

假设我们将我们的基础数据分成和之前一样的区间，用 $\boldsymbol{M}_{n,1}, \ldots, \boldsymbol{M}_{n,m}$ 表示区间极大向量的实现，其中 m 是区间的总数。通过一元和多元的极大值理论提出的分布式模型由广义极值分布的边际组成，由极值连接函数连接。

在多元区间极大值理论中，应用极值和相关性理论必须与从连接函数 C_0 到连接函数 C 的原始数据对应分布相结合。然而，对应的连接函数 C 未知，所以这种方法逐渐和极值连接函数结合，并符合现有的任务目标。在二元应用程序中，如果限制可交换的连接函数，则可以使用 Gumbel、Galambos 和 t 连接函数，而其他可能情况的参考文献在说明与评论部分有详细介绍。从图 16.3 和图 16.4 可以看出，所有这些族的基本功能在形式上非常相似，简单形式也足以满足 Gumbel 或 Galambos 连接函数。因其允许以相对简单的方法计算连接函数密度（是必要的似然推论），即使真实相关的连接函数为 t，用更复杂的 t-极值连接函数也不合理，因为 Gumbel 连接函数的独立函数在 ν 和 ρ 之间有诸多取值，所以公式 (16.24) 可以精确近似。

Gumbel 连接函数可以采用例 16.16 中描述的广义非交换族的不对称概率，虽然再次强调多元极值模型能较好地适用于低维，但第 7.4.2 和 15.2.2 节讨论的高维扩展可用于二维以上的维度。

综上所述，用一些易处理的极值连接函数参数 $C_{\boldsymbol{\theta}}$，在多元极值建模时使用分布函数，$H_{\boldsymbol{\xi},\boldsymbol{\mu},\boldsymbol{\sigma},\boldsymbol{\theta}}(\boldsymbol{x}) = C_{\boldsymbol{\theta}}(H_{\xi_1,\mu_1,\sigma_1}(x_1), \ldots, H_{\xi_d,\mu_d,\sigma_d}(x_d))$ 通常使用极大似然推论的方法，极大值既可以通过所有边际的参数一步得到，也可以拆成两步，即先通过保证金模型估计，然后采用第 7.5.2 和 7.5.3 节的思路计算参数。下面的例子是用模型的思路计算参数。

例 16.22. $M_{65,1}$ 表示美元兑欧元每日下降百分比的季度最大值，$M_{65,2}$ 表示美元兑日元每日下降百分比的季度最大值。定义一个压力事件的每日收益率序列：任意一天美元兑欧元下跌的可能性是 4%；任意一天美元兑日元下跌的可能性是 5%。我们要估计任一季度压力事件发生一个或两个的无条件概率。利息的概率 p 为 $p = 1 - P(M_{65,1} \leqslant 4\%, M_{65,2} \leqslant 5\%)$，由 $1 - H_{\boldsymbol{\xi},\boldsymbol{\mu},\boldsymbol{\sigma},\boldsymbol{\theta}}(0.04, 0.05)$ 估算。其中参数由最大数据区间计算。当然，一个紧张的情景下压力事件将发生在同一天。第 16.4 章用不同的方法论模拟计算极端事件出现的概率。

说明与评论

早期的二元极值研究有 Geffroy (1958)，Tiago de Oliveira (1958) 和 Sibuya (1960)。在之后的学科发展中重要的文章还有 Galambos (1975)，de Haan and Resnick (1977)，Balkema and Resnick (1977)，Deheuvels (1980) 和 Pickands (1981)。Galambos (1987) 和 Resnick (1987) 的文章都是非常有影响力的，本文更加倾向于前者的研究。

Galambos (1987) 证明了定理 16.14，见定理 5.2.1 和引理 5.4.1（同见Joe 1997，第 173 页）。定理 16.15 实质上是 Pickands (1981) 的结果。即使是多元极值分布的表征形式，定理 5.4.5 中的 Galambos (1987) 是完整版的证明。这很容易重新定义为极值连接函数的特征函数。公式 (16.16) 中二元案例 $A(w)$ 的充要条件是定义Joe (1997, Theorem 6.4) 给出的二元极值连接函数。

例 16.17 中的连接函数使用了 Galambos (1975) 的方法。Kotz and Nadarajah (2000) 更好地总结了其余二元和多元极值方法。使用单位 Fréchet 保证金表示多元极值分布，但极值连接函数很容易从本文中推断，详见Joe (1997, 第 5~6)，其中讨论了极值连接函数和其高维扩展。Tawn (1988, 1990) 引入了许多极值参数模型。

定理 16.18 是根据 Galambos (1987) 推导得出的，其充要条件是对于正整数 n，收敛准则 $\lim_{n\to\infty} C^n(\boldsymbol{u}^{1/n}) = C_0(\boldsymbol{u})$，任意 $t > 0$ 时，不等式

$$C^{[t]+1}(\boldsymbol{u}^{1/[t]}) \leqslant C^t(\boldsymbol{u}^{1/t}) \leqslant C^{[t]}(\boldsymbol{u}^{1/([t]+1)})$$

可以推定为和 $\lim_{t\to\infty} C^t(\boldsymbol{u}^{1/t}) = C_0(\boldsymbol{u})$ 相等，Takahashi (1994) 给出了 CDA 条件。极值连接函数吸引域的观点也出现在了 Abdous et al. (1999) 的文章里，并非所有的连接函数都在吸引域中，Schlather and Tawn (2002) 给出了反例。

我们已经表明，成对渐近独立变量的随机向量意味着最大化相互独立的极限多元极值分布。一些作者认可相互独立的多元极值分布实际上意味着相互独立，见Galambos (1987, 推理 5.3.1)，Resnick (1987, 理论 5.27)，Geffroy (1958) 和 Sibuya (1960) 早期的研究。

16.4　多元阈值超越量

在本节中，我们描述了多元极值（同样是在低维应用中）的实用模型，这些模型建立在使用广义帕累托分布（GPD）对超过高阈值的建模的基本思想之上，如第 5.2 节所述。我们的想法是使用在第 5.2.3 节中讨论的基于广义帕累托分布尾部模型，并结合适当的连接函数来得到多元阈值超越量模型。

16.4.1 使用极值连接函数的阈值模型

假设向量 $\boldsymbol{X}_1, \ldots, \boldsymbol{X}_n$ 有未知的联合分布 $F(\boldsymbol{x}) = C(F_1(x_1), \ldots, F_d(x_d))$，其适合于一些未知的连接函数 C 和边际函数 $F_1, \ldots, F_d$，并且 F 在多元极值分布吸引域中。虽然，在一元情况下，我们想近似 $F(\boldsymbol{x})$ 的右尾高于高阈值向量 $\boldsymbol{u} = (u_1, \ldots, u_d)'$。第 5.2.2 和第 5.2.3 节中的一元理论告诉我们：当 $x_j \geqslant u_j$ 且 u_j 足够高时，边际分布 F_j 的尾部可以由一个基于广义帕累托函数形式近似得到，该函数形式为

$$\tilde{F}_j(x_j) = 1 - \lambda_j \left(1 + \xi_j \frac{x_j - u_j}{\beta_j}\right)^{-1/\xi_j} \tag{16.25}$$

其中 $\lambda_j = \bar{F}_j(u_j)$。这显示当 $\boldsymbol{x} \geqslant \boldsymbol{u}$ 时，我们使用近似 $F(\boldsymbol{x}) \approx C(\tilde{F}_1(x_1), \ldots, \tilde{F}_d(x_d))$。但是，$C$ 是未知的且必须自身尾部近似。接下来的启发式论点显示，我们可以用 C 的限制连接函数 C_0 来代替 C。

连接函数吸引域条件（公式 (16.21)）表明，对于任意 $\boldsymbol{v} \in (0,1)^d$，$t$ 足够大，我们可以有近似 $C(\boldsymbol{v}^{1/t}) \approx C_0^{1/t}(\boldsymbol{v})$。如果现在写 $\boldsymbol{w} = \boldsymbol{v}^{1/t}$，则有

$$C(\boldsymbol{w}) \approx C_0^{1/t}(\boldsymbol{w}^t) = C_0(\boldsymbol{w}), \tag{16.26}$$

其通过极值连接函数的标度性得到。由于当 $t \to \infty$ 时，有 $\boldsymbol{v}^{1/t} \to \mathbf{1}$，近似公式 (16.26) 最适合 $\boldsymbol{w}$ 的大值。

我们假设可以在尾部用 C 的极值极限 C_0 来代替连接函数 C，这给我们一个整体模型：

$$\tilde{F}(\boldsymbol{x}) = C_0(\tilde{F}_1(x_1), \ldots, \tilde{F}_d(x_d)), \quad \boldsymbol{x} \geqslant \boldsymbol{u} \tag{16.27}$$

我们通过选择 C_0 较灵活和易处理的参数极值连接函数来完成模型的规范化。如之前，Gumbel 连接函数类是很方便的。

16.4.2 多元尾部模型拟合

假设我们有来自分布函数 F 的观察值 $\boldsymbol{X}_1, \ldots, \boldsymbol{X}_n$，该分布函数 F 的尾部允许近似公式 (16.27)。在这些观察中，只有少数可能在联合尾部 ($\boldsymbol{x} \geqslant \boldsymbol{u}$)；其他观测值可能超过某些个别阈值，但低于其他阈值。对这样一个模型的所有参数（对于 $j = 1, \ldots, d$ 和连接函数参数（或参数向量）θ，边际参数 ξ_j，β_j，λ_j，for $j = 1, \ldots, d$）进行推断的通常方法是最大化截尾数据的似然数。

我们假设数据向量 $\boldsymbol{X}_i$ 的 m_i 成分超过它们各自在向量 $\boldsymbol{u}$ 中的阈值。唯一的相关信息是剩余的成分低于它们的阈值；成分 $X_{i,j}$ 被认为是在 u_j 处被删失的。$\boldsymbol{X}_i$ 的似然的贡献由

$$L_i = L_i(\boldsymbol{\xi}, \boldsymbol{\beta}, \boldsymbol{\lambda}, \boldsymbol{\theta}; \boldsymbol{X}_i) = \left.\frac{\partial^{m_i} \tilde{F}(x_1, \ldots, x_d)}{\partial x_{j_1} \cdots \partial x_{j_{m_i}}}\right|_{\max(\boldsymbol{X}_i, \boldsymbol{u})}$$

得到，其中指数 $j_1, \ldots, j_{m_i}$ 是 $\boldsymbol{X}_i$ 的成分，且超过它们的阈值。

例如，在一个有 Gumbel 连接函数 (7.12) 的二元模型中，似然贡献是：

$$L_i=\begin{cases}C_\theta^{\mathrm{Gu}}(1-\lambda_1,1-\lambda_2), & X_{i,1}\leqslant u_1,\ X_{i,2}\leqslant u_2\\ C_{\theta,1}^{\mathrm{Gu}}(\tilde F_1(X_{i,1}),1-\lambda_2)\tilde f_1(X_{i,1}), & X_{i,1}>u_1,\ X_{i,2}\leqslant u_2\\ C_{\theta,2}^{\mathrm{Gu}}(1-\lambda_1,\tilde F_2(X_{i,2}))\tilde f_2(X_{i,2}), & X_{i,1}\leqslant u_1,\ X_{i,2}>u_2\\ c_\theta^{\mathrm{Gu}}(\tilde F_1(X_{i,1}),\tilde F_2(X_{i,2}))\tilde f_1(X_{i,1})\tilde f_2(X_{i,2}), & X_{i,1}>u_1,\ X_{i,2}>u_2\end{cases}\tag{16.28}$$

其中，$\tilde f_j$ 表示在公式 (16.25) 中的单因素尾部模型 $\tilde F_j$ 的密度函数，$c_\theta^{\mathrm{Gu}}(u_1,u_2)$ 表示 Gumbel 连接函数密度，$C_{\theta,j}^{\mathrm{Gu}}(u_1,u_2):=(\partial/\partial u_j)C_\theta^{\mathrm{Gu}}(u_1,u_2)$ 表示连接函数的条件分布，正如在公式 (7.17) 中。整体的似然是这种贡献的产品，最大化的边际模型和连接函数的所有参数，它是关于边际模型和连接函数的所有参数的最大化。

在一种更简单的方法中，边际广义帕累托分布模型的参数可以与第 5.2.3 节中的方式一样模拟得到，并且只有从上述似然中得到的连接函数参数。实际上，在对所有参数进行全局最大化之前，这也是一种合理的获取初始值的方法。

Ledford and Tawn (1996) 对似然方程（公式 (16.28)）所描述的模型进行了较为详细的研究，在多元极值理论统计文献中也对许多相关模型进行了研究（详见说明与评论）。

例 16.23 (汇率收益率数据的二元尾部模型). 我们分析美元对欧元和日元的日跌幅百分比，收集了 1996—2003 年 8 年间的数据。我们有 2008 个日收益率，并选择把门槛设为 0.75% 和 1.00%，分别给出 189 和 126 个超越量。在充分最大化所有参数的似然性的情况下，我们得到了表 16.2中所示的估计值和标准误。在假设尾部独立的模型中（即一个带 $\theta=1$) 的 Gumbel 连接函数，显示了反对独立假设的有力证据。

表 16.2　调整为汇率收益率数据的二元尾部模型的因素估计和标准误（以括号表示）；详见例 16.23。

	\$/€	\$/¥
u	0.75	1.00
N_u	189	126
λ	0.094 (0.0065)	0.063 (0.0054)
ξ	−0.049 (0.066)	0.095 (0.11)
β	0.33 (0.032)	0.38 (0.053)
θ	1.10 (0.030)	

现在我们可以使用拟合模型（公式 (16.27)）来做压力事件的各种计算。例如，在任何一天，美元对两种货币的跌幅超过 2% 的概率的估计由

$$p_{12}:=1-\tilde F_1(2.00)-\tilde F_2(2.00)+C_\theta^{\mathrm{Gu}}(\tilde F_1(2.00),\tilde F_2(2.00))=0.000\,315$$

使用如公式 (16.25) 中的 $\tilde F_j$，使这一事件约为 13 年（假设每年有 250 个交易日）。这个幅度价值下降的边际概率是 $p_1:=1-\tilde F_1(2.00)=0.0014$ 和 $p_2:=1-\tilde F_2(2.00)=0.0061$。可使用该信息来计算压力事件条件发生的所谓溢出概率，比如，在美元兑欧元下降 2% 的条件下，美元对日元下降 2% 的概率估计为 $p_{12}/p_1=0.23$。

16.4.3　阈值连接函数及其极限

多元极值的另一种方法是明确地观察当观测值位于极值阈值之上或之下时所得到的连接函数类型。正如广义帕累托分布对于一元阈值超过数点是一个自然的极限模型，因此，我们能找到一组连接函数，它们是多元超越量依赖性结构的自然限制模型。

在可交换二元连接函数的情况下，对该理论进行了较为详细的研究，并集中于此。此外，在阐述该理论如何适用到右上尾之前，首先考虑一个概率分布的左下尾，证明这个稍微容易一些。

下阈值连接函数及其极限　考虑一个随机向量 (X_1, X_2)，其连续边际为 F_1 和 F_2，可交换连接函数为 C。分布 (X_1, X_2) 条件低于它们的 v 分位数，我们将事件表示为 $A_v = \{X_1 \leqslant F_1^{\leftarrow}(v), X_2 \leqslant F_2^{\leftarrow}(v)\}$，$0 < v \leqslant 1$。假设 $C(v,v) \neq 0$，X_1 低于 x_1 分位数以及 X_2 低于 x_2 分位数在该事件中的条件概率为：

$$P(X_1 \leqslant F_1^{\leftarrow}(x_1), X_2 \leqslant F_2^{\leftarrow}(x_2) \mid A_v) = \frac{C(x_1, x_2)}{C(v, v)}, \quad x_1, x_2 \in [0, v]$$

作为 x_1 和 x_2 的方程，该公式定义了二元变量在 $[0, v]^2$ 上的密度函数，在 Sklar 定理下，可以写出：

$$\frac{C(x_1, x_2)}{C(v, v)} = C_v^0(F_{(v)}(x_1), F_{(v)}(x_2)), \quad x_1, x_2 \in [0, v] \tag{16.29}$$

对于唯一连接函数 C_v^0 和连续边际分布方程：

$$F_{(v)}(x) = P(X_1 \leqslant F_1^{\leftarrow}(x) \mid A_v) = \frac{C(x, v)}{C(v, v)}, \quad 0 \leqslant x \leqslant v \tag{16.30}$$

唯一连接函数可以写作：

$$C_v^0(u_1, u_2) = \frac{C(F_{(v)}^{\leftarrow}(u_1), F_{(v)}^{\leftarrow}(u_2))}{C(v, v)}, \tag{16.31}$$

该公式代表了水平 v 上的*左下阈值连接函数* C。Juri and Wüthrich (2002) 扩展了该节中的方法，将其称为左尾依赖性连接函数（lower tail dependence copula）(LTDC)。我们试图估计当 $v \to 0$ 时连接函数的极限，这样的极限被称为*极限左下阈值连接函数*。

正如例 5.19 中的广义帕累托分布，在公式 (16.31) 中计算极限低阈值连接函数时，该函数必须拥有稳定性。连接函数 C 是极限左下阈值连接函数，若有阈值 $0 < v \leqslant 1$，则其满足：

$$C_v^0(u_1, u_2) = C(u_1, u_2). \tag{16.32}$$

例 16.24 (作为极限左下阈值连接函数的 Clayton 连接函数). *对于公式 (7.13) 中标准的二元 Clayton 连接函数，容易算出公式 (16.30) 中的 $F_{(v)}$：*

$$F_{(v)}(x) = \frac{(x^{-\theta} + v^{-\theta} - 1)^{-1/\theta}}{(2v^{-\theta} - 1)^{-1/\theta}}, \quad 0 \leqslant x \leqslant v$$

其逆函数为：

$$F_{(v)}^{\leftarrow}(u) = u(2v^{-\theta} - 1 + u^{\theta}(1 - v^{-\theta}))^{-1/\theta}, \quad 0 \leqslant u \leqslant 1$$

因此，Clayton 连接函数的左下阈值连接函数可以从公式 (16.31) 中计算得到，可证得这也是 Clayton 连接函数。换句话说，由公式 (16.32) 可知 Clayton 连接函数是一个极限左下阈值连接函数。

右上阈值连接函数　为定义右上阈值连接函数，再次考虑一个随机向量 (X_1, X_2)，其连接函数为 C，边际函数为 F_1 和 F_2。在 $0 \leqslant v < 1$ 上有事件 $\bar{A}_v = \{X_1 > F_1^{\leftarrow}(v),\ X_2 > F_2^{\leftarrow}(v)\}$。密度函数为：

$$P(X_1 > F_1^{\leftarrow}(x_1), X_2 > F_2^{\leftarrow}(x_2) \mid \bar{A}_v) = \frac{\bar{C}(x_1, x_2)}{\bar{C}(v, v)}, \quad x_1, x_2 \in [v, 1]$$

由于 $\bar{C}(x_1, x_2)/\bar{C}(v, v)$ 定义了一个在 $[v, 1]^2$ 上的二元生存函数，通过公式 (7.14) 可得：

$$\frac{\bar{C}(x_1, x_2)}{\bar{C}(v, v)} = \hat{C}_v^1(\bar{G}_{(v)}(x_1), \bar{G}_{(v)}(x_2)), \quad x_1, x_2 \in [v, 1] \tag{16.33}$$

对于连接函数 C_v^1 的某些生存连接函数 $\hat{C}_v^1$，边际生存函数为：

$$\bar{G}_{(v)}(x) = P(X_1 > F_1^{\leftarrow}(x) \mid \bar{A}_v) = \frac{\bar{C}(x, v)}{\bar{C}(v, v)}, \quad v \leqslant x \leqslant 1 \tag{16.34}$$

连接函数 C_v^1 被称为水平 v 上的右上阈值连接函数，当 $v \to 1$ 时，极限被称为极限右上阈值连接函数。实际上，如下列引理所说，由于左下阈值连接函数和右上阈值连接函数中任意一个的结果都可以引出另一个结果，所以研究两者中的一个就足够了。

引理 16.25. 在 v 水平的 C 函数的右上边界的生存连接函数是在 $1 - v$ 水平 $\hat{C}$ 连接函数的左下边界值。

证明. 我们使用等式 $\bar{C}(u_1, u_2) = \hat{C}(1 - u_1, 1 - u_2)$ 和公式 (16.34) 把公式 (16.33) 改写为

$$\frac{\hat{C}(1 - x_1, 1 - x_2)}{\hat{C}(1 - v, 1 - v)} = \hat{C}_v^1\left(\frac{\hat{C}(1 - x_1, 1 - v)}{\hat{C}(1 - v, 1 - v)}, \frac{\hat{C}(1 - v, 1 - x_2)}{\hat{C}(1 - v, 1 - v)}\right)$$

当 $y_1 = 1 - x_1$, $y_2 = 1 - x_2$ 和 $w = 1 - v$ 时，我们可以得到

$$\frac{\hat{C}(y_1, y_2)}{\hat{C}(w, w)} = \hat{C}_{1-w}^1\left(\frac{\hat{C}(y_1, w)}{\hat{C}(w, w)}, \frac{\hat{C}(w, y_2)}{\hat{C}(w, w)}\right), \quad y_1, y_2 \in [0, w]$$

与公式 (16.29) 和公式 (16.30) 相比，$\hat{C}_{1-w}^1$ 肯定是 $\hat{C}$ 在 $w = 1 - v$ 水平的最低连接函数。 □

于是出现了限制 Copula 下限的生存连接函数，同时也限制 Copula 上限。Clayton 生存连接函数就是限制上限的连接函数。

极限阈值连接函数与极值连接函数的关系　我们给出这样的结果，它展示了限制上限连接函数如何通过可吸引有着尾部依赖的极值 Copula 的可交换连接函数 C 计算得出，因此把对 Copula 阈值的研究与第 16.3.3 节联系起来了。

定理 16.26. 假设 C 是一个有着上限尾部依赖且相关系数 $\lambda_u > 0$，满足 $C \in \text{CDA}(C_0)$，假设 C 有一个生存连接函数自由度的限制上边界函数

$$G(x_1, x_2) = \frac{(x_1 + x_2)(1 - A(x_1/(x_1 + x_2)))}{\lambda_u} \tag{16.35}$$

A 是 C_0 的因变量函数，且 $\hat{C}$ 限制最低边界的连接函数 G。

例 16.27 (上限 Galambos 连接函数). 我们用这个结果来计算有着上限的 Galambos 连接函数。我们回顾在公式 (16.19) 中有着因变量函数的极值连接函数且结合标准交换案例 $\alpha = \beta = 1$ 运用第 7.2.4 节中的方法，可以很容易地计算这个 Copula 的上尾部因变量的相关系数为 $\lambda_u = 2^{-1/\theta}$。因此公式 (16.35) 的二元分布 $G(x_1, x_2)$ 为

$$G(x_1, x_2) = (\tfrac{1}{2}(x_1^{-\theta} + x_2^{-\theta}))^{-1/\theta}, \quad (x_1, x_2) \in (0, 1]^2$$

这个就是 Clayton 连接函数。因此在这个案例中限制上限连接函数就是 Clayton 生存连接函数。而且，Galambos 限制左下限连接函数就是 Clayton 连接函数。

Clayton 连接函数被证明是大部分基础可交换连接函数的引用。Juri and Wüthrich (2003) 表明所有阿基米德的连接函数，其产生值定期不同于 0 和负参数（对于所有的 x 和意味着 $\phi(t)$ 满足 $\lim_{t\to 0} \phi(xt)/\phi(t) = x^{-\alpha}$ 和 $\alpha > 0$ 而言）把 Clayton 连接函数 C_α^{Cl} 作为它们有左下限的连接函数。

计算 t 连接函数的上下限是很有意义的，这个可以使用定理 16.26 和公式 (16.24) 中的依赖函数表达式来实现。然而，由于依赖函数的复杂性，产生的限制对于实际运用并不方便。我们在第 16.3.4 节中已经指出，对于大多数实际目的，t 极值连接函数的依赖函数可以很好地近似于其他可交换极值连接函数的依赖函数，例如 Gumbel 和 Galambos。因此，定理 16.26 表明，我们可以使用 Galambos 连接函数的极限上阈值连接函数，即 Clayton 连接函数。类似地，我们可以用 Clayton 连接函数作为 tCopula 的真正左下限连接函数的近似。

实践中限制阈值连接函数　维度高于 2 的限制阈值的连接函数还没有被广泛地研究，对于不可交换的二元连接函数也没有限制，也不是限制我们定义阈值 v_1 和 v_2，且使得在不同的利率下趋近于 0（或者 1）。因此，当阈值设置为近似相似的分位数并假设对称依赖结构时，这些思想的实际应用主要是在二元应用中。

让我们考虑这样一种情况：我们有一个二元分布，它在右上角和左下角都表现出尾部依赖关系。虽然这种未知分布可能存在真正的上下限阈值连接函数，但在实际应用中，我们可以简单地采用一种易于处理和灵活的参数化极限阈值连接函数族。尤其容易使用的 Clayton Copula 及其生存连接函数分别表示下限和上限。

例如，我们设定高阈值为 $\boldsymbol{u}=(u_1,u_2)'$，因此 $P(X_1>u_1)\approx P(X_2>u_2)$ 且两者概率都很小。对于 (X_1,X_2) 超过阈值 $\boldsymbol{u}$ 的条件分布，我们可以假设模型的形式为

$$P(\boldsymbol{X}\leqslant\boldsymbol{x}\mid\boldsymbol{X}>\boldsymbol{u})\approx\hat{C}_\theta^{\mathrm{Cl}}(G_{\xi_1,\beta_1}(x_1-u_1),G_{\xi_2,\beta_2}(x_2-u_2)),\quad \boldsymbol{x}>\boldsymbol{u}$$

其中 $\hat{C}_\theta^{\mathrm{Cl}}$ 是 Clayton 生存连接函数且 G_{ξ_j,β_j} 定义了一个广义帕累托分布，正如在定义 5.16 中定义的那样。关于模型参数 $(\theta,\xi_1,\beta_1,\xi_2,\beta_2)$ 为基于超过阈值的数据并且会使用在第 7.5 节中所讨论的方法。

同样地，对于一个低阈值的 $\boldsymbol{u}$ 满足 $P(X_1\leqslant u_1)\approx P(X_2\leqslant u_2)$ 且两者概率都很小，我们可以估计低于以模型方式阈值 $\boldsymbol{u}$ 条件概率 (X_1,X_2)

$$P(\boldsymbol{X}\leqslant\boldsymbol{x}\mid\boldsymbol{X}<\boldsymbol{u})\approx C_\theta^{\mathrm{Cl}}(\bar{G}_{\xi_1,\beta_1}(u_1-x_1),\bar{G}_{\xi_2,\beta_2}(u_2-x_2)),\quad \boldsymbol{x}<\boldsymbol{u}$$

其中 C_θ^{Cl} 是 Clayton 连接函数且 $\bar{G}_{\xi_j,\beta_j}$ 定义一个广义帕累托分布生存函数。模型参数的推断将基于阈值以下的数据，并将使用第 7.5 节中的方法。

说明与评论

Ledford and Tawn (1996) 研究了基于广义帕累托分布尾部模型（公式 (16.27)）和使用公式 (16.28) 推断截尾数据。模型引用不同的渐近原因基于多元领域由 Resnick (1987) 发明的多元极值分布的特征。本文着重讨论了具有 Gumbel（逻辑）依赖结构的模型，并特别讨论了极值的渐近独立性检验。当 $\theta>0$ 和 $\xi_j>-\frac{1}{2}$，似然推断是非问题化的（这个问题本质上是规则的），但是测试两个极端的独立性不是那么简单，因为这是参数空间的边界点。这种情况在环境应用中可能比在金融应用中更有趣，在金融应用中，我们倾向于期望极值的依赖性。

一个相关的二元广义帕累托分布模型由 Smith et al. (1997) 提出。在我们的符号中，它们在本质上考虑了一个模型的形式

$$\bar{F}(x_1,\ldots,x_d)=1+\ln C_0(\exp(\tilde{F}(x_1)-1),\ldots,\exp(\tilde{F}(x_d)-1)),\quad \boldsymbol{x}\geqslant\boldsymbol{k}$$

C_0 是一个极值连接函数。这个模型也被 Smith (1994)，Ledford and Tawn (1996) 讨论过，模型指出，当 C_0 是独立的连接函数时，与公式 (16.27) 中的模型不同，$\bar{F}$ 并没有退化为边际分布的乘积。

多元极端的另一种统计模型是基于 de Haan (1985), de Haan and Resnick (1977) 和 Resnick (1987) 中发展的多元极端的点过程理论。使用该理论的统计模型见于 Coles and Tawn (1991) 和 Joe et al. (1992)；也可以参阅 Joe (1997) 和 Coles (2001) 的文章。在 Heffernan and Tawn (2004) 和 Balkema and Embrechts (2007) 中可以找到多元极端建模的新方法；后一篇论文考虑了压力测试在金融领域的应用。

在 Juri and Wüthrich (2002, 2003) 中研究了极限阈值连接函数。在后来的文献中，证明了 Clayton 连接函数是一类阿基米德连接函数的引用；此外，证明了定理 16.26。在 Demarta and McNeil (2005) 中对 t 连接函数的极限阈值连接函数进行了研究。Clayton 连接函数和生存连接函数在描述二元金融收益率数据尾部的相关性时的有效性，在 Breymann et al. (2003) 对高频汇率收益率的大规模实证研究中得到了证实。

第 17 章　投资组合信用风险动态模型及交易对手风险分析

本章围绕投资组合信用风险的动态简约模型展开讨论。由于只有通过动态建模的手段才能得到令人满意的结果，所以本章也会涉及场外 OTC）信用衍生品的交易对手信用风险分析。

在第 17.1 节中，我们通过解释为什么第 12 章中提到的基于连接函数架构的模型并不能很好地适用于信用衍生品的投资风险管理，来引入对动态建模的简短介绍，并对多种可应用于投资组合信用风险分析的动态模型进行概述。

第 17.2 节首先会具体分析交易对手信用风险管理，剩下的篇幅用来关注动态建模的两种不同方法。在第 17.3 节我们基于相对独立的违约次数来考量动态建模。第 17.4 节介绍不完备信息的信用风险建模。

本章我们会运用大量基于连续时间金融学的理论概念和技术方法，并以第 10 和 12 章的内容作为基础来展开阐述。理解第 10.5 和 10.6 节中关于随机风险率模型中完成单一名称信用衍生品的定价的内容，以及第 12.3 节中连接函数模型中的担保债务凭证定价的内容是学习本章的前提。

17.1　组合信用风险动态模型

17.1.1　为什么投资组合信用风险需要动态模型?

在第 12 章中，我们在投资组合信用风险的连接函数模型中直接定义了违约次数的联合分布。然而，这种分布随时间的推移（例如对新的经济信息的反应）并未进行建模。尽管连接函数建模法足以处理在指定时刻 t 下的信用产品例如指数互换或担保债务凭证等的定价计算，但在应对动态定价方面则是完全失效的。由此可见，一些重要的信用衍生产品投资组合的投资风险管理工作难以用连接函数结构的模型来实现，接下来我们继续展开详细讨论。

首先，连接函数模型无法实现对信用风险工具的期权定价，例如对一揽子公司债务的期权定价。由于针对信用风险工具期权定价方面的工作增加，尤其是对所谓的信用价值调整 (CVA) 计算方面的工作，使得对信用风险工具的期权定价成为实用性的问题。以与承销方签订了信用违约互换合约（CDS）的承买方为例，假设承销方在 CDS 合约期内违约，并且参考实体的信用利差已经上升。在这种情况下，承买方会遭受损失，为了更新他的保护权益，他不得不以一个更高的信用利差签订新的 CDS 合约。为了计算这种损失，承买方需要对 CDS 合约估值进行调整。我们将会在第 17.2 节阐述这部分内容，简单来说就是，估值调整以期权的形式，评估合约到期时间等同于承销人违约时间的 CDS 未来现金流量的价值。

此外，我们无法根据连接函数模型来制定动态套期保值的策略。因此，风险管理者倾向于采取类似于连续时间的风险免疫，这类的敏感性的对冲策略来管理债券投资组合的风险。众所周知，对于市场上的其他衍生品，该对冲策略会因缺少足够理论基础而表现欠佳，因此并不能让人满意，参考文献参见说明与评论。由于对冲策略不能在连接函数模型中被体现，因此 CDO 的定价过程会忽略在现代衍生资产分析中很重要的套期保值理论。尽管从本质上看，比起股票市场的应用，运用动态交易策略在风险衍生品市场会更有难度，而且考虑到模型的偏差，结果的稳定性会较差。然而，我们认为这些缺陷不影响我们研究动态对冲模型的价值。本章的说明与评论部分罗列了最新的研究信用衍生品投资组合套期保值的学术文献。

17.1.2　投资组合信用风险简约模型

投资组合信用风险简约模型的属性主要取决于违约时间的*强度*。简约模型可以根据处理违约时间所使用的不同数据结构来分类。在定义 10.15中已经定义了随机违约时间强度的概念，在第 17.3.1 节中会有更详细的阐述。

最简化的投资组合模型是以*条件独立违约*情况为前提的（参考第 17.3 节）。这些简单的多公司扩展的模型中的违约时间建模是双向随机的。条件独立的违约时间建模，给出了一些可观察的背后的经济过程 $(\boldsymbol{\Psi}_t)$。违约强度适用于 $(\boldsymbol{\Psi}_t)$ 的过滤以及在相同经济过程下的不同违约时间之间的相互依赖关系。一个重要特例是一类具有马尔科夫调整强度的模型，其中 $\lambda_{t,i} = \lambda_i(\boldsymbol{\Psi}_t)$ 和 $(\boldsymbol{\Psi}_t)$ 是马尔科夫过程的。

在第 17.4 节，我们用*不完备信息*来考量简约模型，考量的模型机制是基于违约时间的、相互独立的并分别赋予模型的公因子。在最简化的情况下，这个因子仅仅是类似第 12.2.2 节中讨论的连接函数模型中的因子，即一个随机变量 V。假设 V 时刻是可知的，违约是随机的并且违约强度的形式为 $\tilde{\lambda}_{t,i} = \gamma_i(V,t)$，其中 γ_i 为适应函数。若因子 V 是不可知的，投资者只能通过参考违约历史，或者只能通过辅助方法得到不准确的 V，在这种情况下违约强度需要通过函数映射来获得。定义在时间 t 下，企业 i 的违约强度为 $\lambda_{t,i}$，在时间 t 下投资者可得到的信息为 σ 域的 $\mathcal{G}_t$，可以得到

$$\lambda_{t,i} = E\left(\gamma_i(V,t) \mid \mathcal{G}_t\right) \tag{17.1}$$

此外，很多信用衍生品的价格也有类似的条件期望。我们可以看到贝叶斯更新和随机滤波技术能够应用于表达式 (17.1) 的评估以及一般模型的分析。

另一个重要的模型类别包括具有*相互作用强度*的模型。出于篇幅的考虑，这里不会展开讨论，有关的重要文献会罗列在本章的说明与评论部分。在这些模型中，一家企业的违约对另一家企业的影响程度是明确指定的。例如，假设发生了一次违约，违约强度较发生违约前会增加 10%。这种强度之间的相互作用为违约事件之间建立依赖性提供了一种替代机制。书面上，强度相关性模型会以马尔科夫链的结构形式包含所有投资组合的可能违约的状态，因此马尔科夫链理论在这类分析中扮演重要角色。

违约传染性（default contagion）是交互式违约强度模型和不完备信息模型的一个共同点。由此可知，当某些企业发生违约时，幸免于违约的企业违约强度会增加。因此当投资的组合中有发生违约时，企业的信用利差增大。不同的投资组合路径都可能发生违约传染性。另一方面违约传染性效应也可由公司间的直接经济关系引起，比如具有密切的商业关系或者借款借贷关系。例如，当银行一个主要的借款人发生违约时，银行的违约概率就会增加。从广义上看，这种违约的相互作用关系和交易对手风险是相关联的。另一方面，未违约公司的条件违约概率的变化可能由信息的影响导致。投资者可能会根据特定公司违约的消息来重新评估公司财务的健康状况。这种方式被称作*消息面违约传染性*。不完备信息模型从设计上会体现消息面违约传染性。当违约发生时，投资者得到的因子 V 的条件分布会更新。从公式 (17.1) 来看，即造成违约强度 $\lambda_{t,i}$ 的跳跃，这可以看作模型体现违约传染性的证据。雷曼兄弟投资银行在 2008 年秋天发生的违约事件就是一个很好的例子，违约事件和蔓延于市场的紧张情绪就是由金融危机恶化导致信用利差达到前所未有的高水平所造成的。

我们对采用*自下而上*方法以及*自上而下*方法的投资组合信用风险的模型进行区分。这种区分涉及被建模的数量以及穿透所有类型的简约形式的组合信用风险模型，包括第 12 章的连接函数模型。

自下而上模型的建模对象是在投资组合中相独立的企业的违约风险。模型可以得到投资组合的损失变化。通过这种方法可以实现投资组合产品的定价和单一名称 CDS 的利差相同步，并可以得到把单一名称 CDS 作为对冲工具的投资组合品的保值策略。上述是这类模型的显著优势，然而在可行性上这类模型也存在一些劣势。在自下而上模型中，我们必须实时追踪所有的违约指示过程和可能的驱动模型的背景过程。通常来说，这样会导致在定价和模型的校准上存在计算量的挑战，尤其是在投资组合规模庞大的时候。

另一方面，在自上而下模型中，投资组合损失过程的建模因为不用考虑独立违约过程而相对直接。显然，这样大大降低了模型的复杂度。自上而下的模型对于处理指数衍生品定价是足够的，因为这些合约的支付只取决于投资组合的损失。然而这个模型中单一名称利差所包含的信息对于定价目的是被忽略的，因此这类模型并不能用来研究单一名称 CDS 组合衍生工具的套期保值。

这两种模型并不能简单地判断优劣。本章说明与评论部分提供了一些更深入探讨这个问题的文献。我们本章的分析关注在自下而上模型。

说明与评论

静态连接函数模型的局限性在很多论文中都有所讨论，Shreve 在 2009 发表的文章 Shreve (2009) 是关于此的可读性很强的文献。Lipton 和 Rennie 在 2008 年出版的作品 Lipton and Rennie (2008) 中收录了一些介绍投资组合信用风险的“后连接函数”模型的文章。有关于组合信用衍生品的动态套期保值策略的研究包括 Frey and Backhaus (2010), Laurent et al. (2011) 和 Cont and Kan (2011)，早期的作品是 Bielecki et al. (2004)。有关于股权和外汇衍生品的对冲误差的详细数学分析可以在 El Karoui et al. (1998) 中找到。

关于违约相互作用强度的模型同样有很多文献可以供参考。介绍自下而上模型的文献包括 Davis and Lo (2001)，Jarrow and Yu (2001)，Yu (2007)，Frey and Backhaus (2008) 以及 Herbertsson (2008)。有关自上而下模型的文献包括 Arnsdorf and Halperin (2009) 以及 Cont and Minca (2013)。此外，在一些文献中自上而下模型中 CDO 债券利差的期限和起赔点被直接建模，包括 Ehlers and Schönbucher (2009)，Sidenius et al. (2008) 以及 Filipović et al. (2011)。这三篇文献建模所用到的理论类似于著名的 HJM 模型中处理利率期限结构的方法。关于自下而上模型和自上而下模型优缺点的讨论可以在 Bielecki et al. (2010) 及 Giesecke et al. (2011) 中找到。

指定违约强度相互作用的信用风险模型接近网络模型的概念以及统计物理学中量子相互作用的概念。Föllmer (1994) 中将这些概念运用于金融学建模中有令人兴奋的发现。Giesecke and Weber (2004, 2006) 以及 Horst (2007) 对这种概念与信用风险的联系展开了探索。这一议题对于研究 2007—2009 年金融危机的后果具有重要意义。在这一新兴领域中有见地的文献包括 Eisenberg and Noe (2001)，Elsinger et al. (2006)，Gai and Kapadia (2010)，Upper (2011) 以及 Amini et al. (2012)。

关于违约传染性发表过一些实证性的论文。Jarrow and Yu (2001) 为小规模投资组合中交易对手相关风险的传递提供了证据。与之形成对比的是，Lando and Nielsen (2010) 在对历史违约记录的分析中没有发现证明违约传染性的实证性证据，这一研究发表于他们 2010 年的文章中。

其他研究测试了某公司违约或利差扩大对其他公司信贷利差或股票回报的影响；参见Collin-Dufresne et al. (2010) 和 Lang and Stulz (1992)。支持这种类型的违约传染的证据非常有力。例如Collin-Dufresne et al. (2010) 发现，控制其他宏观经济学变量会影响债券收益率，大企业在信贷息差显著扩大（大约 200 基点）的月份，其债券指数的收益率会明显低于其他月份，这点可以被看作是支持传递效应的显著证据。

17.2　交易对手信用风险管理

有相当一部分衍生品交易在柜台（场外交易）进行，因此金融机构面临的一个关键问题是交易对手信用风险，这对交易对手信用风险管理也提出了一些挑战。首先，金融机构需要在众多的交易对手中度量（近乎实时）交易对手风险敞口。此外，因影响信用价值调整的计算，衍生产品在定价时需考虑交易对手风险。最后，金融机构和各大公司应用多样的风险缓释策略控制并降低交易对手风险敞口，特别是目前诸多场外衍生品交易需要抵押。

考虑一个衍生品交易，如 CDS 合约的两方——S 代表信用保护的卖出方，B 代表信用保护的买入方——假设交易存在抵押。如果 CDS 的价值为负，也就是现金或者证券（抵押物）从 S 流向 B。S 在 CDS 标的到期前违约，则在违约时间 τ_S 时的价值对 B 有积极意义。为降低因 S 违约造成的损失，允许买方清算抵押物，但超额抵押部分必须返还给 S。

大多数抵押协议是对称的，因此当 CDS 标的资产价值有变化的信号时，S 和 B 的角色可以互换。

在这一节中，我们从定量方面研究交易对手风险管理。第 17.2.1 节介绍无抵押衍生品交易信用价值调整的一般形式，并讨论在实践中运用的简约模型。第 17.2.2 节考虑抵押交易的案例，具体而言，讨论一个单一名称 CDS 的价值调整和抵押策略，但是我们的论据也适用其他合约。

17.2.1 CDS 的无抵押价值调整

首先分析在参考实体 R 中无抵押单一名称 CDS 合约信用价值调整的形式。构建一个域流概率空间 $(\Omega, \mathcal{G}, (\mathcal{G}_t), Q)$，$Q$ 表示定价衍生工具的风险中性测度，域流空间 $(\mathcal{G}_t)$ 表示投资者提供的信息。各符号的含义如下：信用保护卖出方 S 的违约时间、信用保护买入方 B 的违约时间、参考实体 R 的 $(\mathcal{G}_t)$ 终止时间分别用 τ_S，τ_B 和 τ_R 表示。δ^R，δ^S 和 δ^B 分别表示合同缔约方的违约损失率；$T_1 = \min\{\tau_R, \tau_S, \tau_B\}$ 表示首次违约时间，$\xi_1 \in \{R, S, B\}$ 给出了首先违约公司的集合。假设 δ^R，δ^S 和 δ^B 为常数，在交易对手信用风险框架下使用 Gregory (2012) 方法讨论这些参数的校准。

CDS 合约参考实体 R 有溢价付款日期 $t_1 < \ldots < t_N = T$，其中 t_1 比当前时间 t 和固定利差 x 更大。无违约短期利率用 $(\mathcal{G}_t)$ 适应过程 (r_t) 表示。为方便记录未来折现现金流，将使用下列缩写

$$D(s_1, s_2) = \exp\left(-\int_{s_1}^{s_2} r_u \, \mathrm{d}u\right), \quad 0 \leqslant s_1 \leqslant s_2 \leqslant T$$

当两个时间点 $s_1 < s_2$ 时，CDS 中信用保护买入方的承诺现金流折现到时间 s_1 上，记作 $\Pi(s_1, s_2)$。忽略简单应计溢价支出，有

$$\Pi(s_1, s_2) = \int_{s_1}^{s_2} D(s_1, u)\delta^R \, \mathrm{d}Y_{R,u} - x \sum_{t_n \in (s_1, s_2]} D(s_1, t_n)(1 - Y_{R,t_n}) \tag{17.2}$$

公式 (17.2) 右边的第一部分表示折现违约支出，第二部分表示对应的折现溢价支出。当终止时间 $\tau \geqslant t$ 时，B 的承诺现金流由以下公式给定

$$V_\tau := E^Q\left(\Pi(\tau, T) | \mathcal{G}_\tau\right) \tag{17.3}$$

有时我们称 (V_t) 为 CDS 的交易对手无风险价格。在 $(s_1, s_2]$（真实现金流）期间 B 给出或收到的折现现金流记为 $\Pi^{\mathrm{real}}(s_1, s_2)$。注意 Π 和 Π^{real} 一般是不同的，因为 S 和 B 可能在交易到期日 T 前违约。

为了刻画 Π^{real}，需要区分以下情景。

- 如果 $T_1 > T$ 或 $T_1 \leqslant T$ 且 $\xi_1 = R$，即 CDS 的双方 S 和 B 都生存至到期日，实际和承诺的现金流相吻合，因此 $\Pi^{\mathrm{real}}(\cdot, T) = \Pi(\cdot, T)$。
- 考虑这样一种情景，当 $T_1 < T$ 且 $\xi_1 = S$ 即信用保护的卖出方在 CDS 到期日前先违约，在这种情况下，T_1 之前实际和承诺的现金流是吻合的。在 T_1 时刻，如果 CDS

的交易对手无风险价格 V_{T_1} 为正，为了清算合约，B 有权向 S 收取结算款项。根据文献可以假设结算款项由 V_{T_1} 给定。然而，S 通常无法全额支付清算款项，B 仅能收到规模 $(1-\delta^S)V_{T_1}$ 的款项。另一方面，如果 V_{T_1} 为 $x^- = -\min\{x,0\}$ 为负，B 应当向 S 支付全额款项 $|V_{T_1}|$。使用符号 $x^+ = \max\{x,0\}$ 和 $x^- = -\min\{x,0\}$ 表示这两种情况，集合 $\{T_1 < T\} \cap \{\xi_1 = S\}$ 的真实现金流表示如下

$$\Pi^{\text{real}}(t,T) = \Pi(t,T_1) + D(t,T_1)\left((1-\delta^S)V_{T_1}^+ - V_{T_1}^-\right) \tag{17.4}$$

- 考虑最后一种情景，即 $T_1 < T$ 且 $\xi_1 = B$。如果 $V_{T_1} > 0$，S 需向 B 支付全额款项 V_{T_1}；如果 $V_{T_1} < 0$，信用保护买入者需向 S 支付 $(1-\delta^B)|V_{T_1}|$ 的款项。因此，在集合 $\{T_1 < T\} \cap \{\xi_1 = B\}$ 下有

$$\Pi^{\text{real}}(t,T) = \Pi(t,T_1) + D(t,T_1)\left(V_{T_1}^+ - (1-\delta^B)V_{T_1}^-\right) \tag{17.5}$$

当存在交易对手风险时，CDS 信用保护买入者的正确值由 $E^Q\left(\Pi^{\text{real}}(t,T)|\mathcal{G}_t\right)$ 给定。当 $t < T_1$ 时，

$$\text{BCVA}_t := E^Q\left(\Pi(t,T)|\mathcal{G}_t\right) - E^Q\left(\Pi^{\text{real}}(t,T)|\mathcal{G}_t\right) \tag{17.6}$$

即时间 t 的双边信用价值调整 (BCVA) 是不同的。注意 $E^Q\left(\Pi^{\text{real}}(t,T)|\mathcal{G}_t\right) = V_t - \text{BCVA}_t$，即 BCVA_t 是为了获取现金流 Π^{real} 的价值由 CDS 交易对手无风险价格做出的调整。术语双边的表示考虑了合约双方 B 和 S 违约可能性的价值调整。从定义上说，双边价值调整和由 $-\text{BCVA}_t$ 给定的在时间 t 上计算的信用保护卖出方的价值调整是对称的。S 收到的现金流和 B 收到的现金流明显相反。与此相反，所谓的单方价值调整即在计算 CDS 的调整价值时交易每一方都忽视自己违约的可能性。

下一个命题给了 BCVA 一个更为简洁的表达。

命题 17.1. *若 $t < T_1$，有 $\text{BCVA}_t = \text{CVA}_t - \text{DVA}_t$，其中*

$$\text{CVA}_t = E^Q\left(I_{\{T_1 \leqslant T\}} I_{\{\xi_1 = S\}} D(t,T_1)\delta^S V_{T_1}^+ |\mathcal{G}_t\right) \tag{17.7}$$

$$\text{DVA}_t = E^Q\left(I_{\{T_1 \leqslant T\}} I_{\{\xi_1 = B\}} D(t,T_1)\delta^B V_{T_1}^- |\mathcal{G}_t\right) \tag{17.8}$$

评论　信用价值调整模型或者公式 (17.7) 的 CVA 模型反映了因 S 过早违约，B 引起的潜在损失；债务价值调整模型或者公式 (17.8) 的 DVA 模型反映了因 B 过早违约，S 引起的潜在损失。类似的公式也适用于其他产品；唯一需要调整的部分是公式 (17.2) 中承诺现金流的定义。

记账规则要求 CVA 模型和 DVA 模型的双方都考虑一个由市值会计技术计价的工具。注意有时 DVA 模型的应用是有争议的，理由如下：B 的信用质量下降导致 B 率先违约的可能性增加，因此范围更广。如果在 CDS 估值时考虑 CVA 模型和 DVA 模型，此时将被计入 B 的利润。然而仍不清楚 B 如何将会计利润转换成股东的真实现金流。

命题 17.1表明计算 BCVA 意味着计算在 (V_t) 即行权价格 $K=0$、随机到期日为 T_1 时看涨期权和看跌期权的价格。因此价值调整的计算比 CDS 自身的定价更为复杂，一个动态的投资组合信用模型需要在连续的情况下计算价值调整。真实的价值调整的计算取决于相关信用模型的结构。进一步的信息参见第 17.3.3 节和第 17.4.4 节。

命题 17.1的证明. 当 $t<T_1\leqslant s$，有 $D(t,s)=D(t,T_1)D(T_1,s)$。因此在集合 $\{T_1\leqslant T\}$ 中，有 $\Pi(t,T)=\Pi(t,T_1)+D(t,T_1)\Pi(T_1,T)$。就产生了

$$\begin{aligned}\Pi(t,T)-\Pi^{\text{real}}(t,T)=I_{\{T_1\leqslant T\}}D(t,T_1)\Big(&\Pi(T_1,T)-I_{\{\xi_1=S\}}((1-\delta^S)V_{T_1}^+-V_{T_1}^-)\\&-I_{\{\xi_1=B\}}(V_{T_1}^+-(1-\delta^B)V_{T_1}^-)\Big)\end{aligned}$$

通过迭代条件期望，得到

$$E^Q\left(\Pi(t,T)-\Pi^{\text{real}}(t,T)\right)=E^Q\left(E^Q\left(\Pi(t,T)-\Pi^{\text{real}}(t,T)\mid\mathcal{G}_{T_1}\right)\right)\tag{17.9}$$

我们注重内涵条件期望，因为 $D(t,T_1)$、事件 $\{T_1\leqslant T\}$, $\{\xi_1=S\}$ 和 $\{\xi_1=B\}$ 是可测的 $\mathcal{G}_{T_1}$（$\mathcal{G}_{T_1}$ 可测），有

$$E^Q\left(\Pi(t,T)-\Pi^{\text{real}}(t,T)\mid\mathcal{G}_{T_1}\right)=\tag{17.10a}$$

$$=I_{\{T_1\leqslant T\}}I_{\{\xi_1=S\}}D(t,T_1)E^Q\left(\Pi(T_1,T)-\left((1-\delta^S)V_{T_1}^+-V_{T_1}^-\right)\mid\mathcal{G}_{T_1}\right)\tag{17.10b}$$

$$+I_{\{T_1\leqslant T\}}I_{\{\xi_1=B\}}D(t,T_1)E^Q\left(\Pi(T_1,T)-\left(V_{T_1}^+-(1-\delta^B)V_{T_1}^-\right)\mid\mathcal{G}_{T_1}\right)\tag{17.10c}$$

通过定义 (V_t) 有 $E^Q\left(\Pi(T_1,T)\mid\mathcal{G}_{T_1}\right)=V_{T_1}$。此外，利用分解的思想，即 $V_{T_1}=V_{T_1}^+-V_{T_1}^-$，其中 $V_{T_1}^+$ 和 $V_{T_1}^-$ 是可测的 $\mathcal{G}_{T_1}$。因此，公式 (17.10b) 等于 $I_{\{T_1\leqslant T\}}I_{\{\xi_1=S\}}D(t,T_1)\delta^SV_{T_1}^+$，同样地，等式 (17.10c) 等于 $-I_{\{T_1\leqslant T\}}I_{\{\xi_1=B\}}\delta^BV_{T_1}^-$。综上所述，(17.10a) 等于

$$I_{\{T_1\leqslant T\}}D(t,T_1)\Big(I_{\{\xi_1=S\}}\delta^SV_{T_1}^+-I_{\{\xi_1=B\}}D(t,T_1)\delta^BV_{T_1}^-\Big)$$

将其代入公式 (17.9) 可求解。 □

简化价值调整和错向风险　为了简化价值调整的计算，经常假设 $(Y_{t,S}),(Y_{t,B})$ 和 CDS 的交易对手无风险价格 (V_t) 是独立随机过程，无风险利率已确定。接下来解释在独立性假设下价值调整公式 (17.7) 和公式 (17.8) 是如何简化的。为简单起见，考虑 $t=0$ 的情况，$\bar{F}_S(t),\bar{F}_B(t),f_S(t)$ 和 $f_B(t)$ 分别表示 τ_S 和 τ_B 的生存函数和密度函数。由于 $\{\xi_1=S\}=\{\tau_S<\tau_B\}\cap\{\tau_S<\tau_R\}$，在 $\{\xi_1=S\}$ 时 $V_{T_1}=V_{\tau_S}$，有

$$\begin{aligned}\text{CVA}=\text{CVA}_0&=E^Q\big(I_{\{\tau_S\leqslant T\}}I_{\{\tau_S<\tau_B\}}I_{\{\tau_S<\tau_R\}}D(0,\tau_S)\delta^SV_{\tau_S}^+\big)\\&=\delta^S\int_0^TE^Q\big(I_{\{\tau_S<\tau_B\}}D(0,\tau_S)V_{\tau_S}^+\mid\tau_S=t\big)f_S(t)\,\mathrm{d}t\end{aligned}$$

在公式最后一行中 δ^S 是确定的，集合 $\{\tau_R \leqslant s\}$ 中有恒等式 $V_s \equiv 0$，允许舍弃指示 $I_{\{\tau_S<\tau_R\}}$。过程 $(Y_{t,S}),(Y_{t,B}),(V_t)$ 的独立性和利率的确定性意味着

$$\begin{aligned}E^Q\big(I_{\{\tau_S<\tau_B\}}D(0,\tau_S)V_{\tau_S}^+ \mid \tau_S=t\big) &= E^Q\big(I_{\{t<\tau_B\}}D(0,t)V_t^+\big)\\ &= \bar{F}_B(t)D(0,t)E^Q(V_t^+)\end{aligned}$$

因此，当 $t=0$ 时，在独立性假设下信用价值调整模型为 $\text{CVA}^{\text{indep}}$，由以下公式确定

$$\text{CVA}^{\text{indep}} = \text{CVA}_0^{\text{indep}} = \delta^S \int_0^T \bar{F}_B(t)D(0,t)E^Q(V_t^+)f_S(t)\,\mathrm{d}t \tag{17.11}$$

类似地，独立性债务价值调整模型如下

$$\text{DVA}^{\text{indep}} = \text{DVA}_0^{\text{indep}} = \delta^B \int_0^T \bar{F}_S(t)D(0,t)E^Q(V_t^-)f_B(t)\,\mathrm{d}t \tag{17.12}$$

注意公式 (17.11) 和公式 (17.12) 比真实的表达式 (17.7) 和 (17.8) 更容易求解。尤其我们只需确定被称作预期敞口 $E^Q(V_t^+)$ 和 $E^Q(V_t^-)$ 的 τ_S 和 τ_B 的边缘分布。另一方面，$(V_t),(Y_{t,S})$ 和 $(Y_{t,B})$ 独立性假设往往因难以证明和简化调整而产生误导。例如，若 S，R 和 B 是金融机构，假设 $T_1<T$ 且 $\xi_1=S$，在这种情况下有可能出现 τ_S 在一定时期内下降，然而金融机构面临困境导致参考实体在 τ_S 上的信用利差和 CDS 参考实体 R 的市场价值 V_{τ_S} 相对较高，因此，我们期望

$$E^Q(V_{\tau_S}^+ \mid \tau_S=t) > E^Q(V_t^+)$$

所以 $\text{CVA} > \text{CVA}^{\text{indep}}$ 同理，我们期望 $E^Q(V_{\tau_B}^- \mid \tau_B=t) < E^Q(V_t^-)$。所以 $\text{DVA} < \text{DVA}^{\text{indep}}$，在这种情况下总的效果将是

$$\text{BCVA} > \text{BCVA}^{\text{indep}}$$

部分数值结果也支持第 17.4.4 节的推测。其中，风险敞口规模和对手方信用质量的不足之处的一个典型是给定对手违约的条件期望风险敞口比无条件期望风险敞口要高。交易对手风险管理的不利之处被称作错向风险（因对手方的风险敞口和该方的信贷质量演变成错误方向所致）。错向风险是交易对手风险管理的重要部分；参见 Gregory (2012) 第 15 章的例子。

单边信用价值调整　在一个单边价值调整中，每一方都忽视了自己违约的可能性。通过假设 $Q(\xi_1=B)=0$ 的双边价值调整公式，从而得到信用保护的买入者 B 的单边价值调整。有

$$\text{UCVA}_t = E^Q\left(I_{\{\tau_S<T\}}D(t,\tau_S)\delta^S V_{\tau_S}^+ | \mathcal{G}_t\right)$$

同理，类似的公式适用信用保护卖出者的单边价值调整。单边价值调整避免了金融机构信用利差恶化导致的会计利润问题。另一方面，若 B 和 S 使用单边价值调整，在给定交易下他们可能得到不同的结论。

净额结算 在实践中出现的另一个问题是*净额结算*问题。在法律上可强制执行的净额结算协议下，可以计算在 T_1 时 B 和 S 间所有 CDS 交易的市场价值用于破产程序，特别是抵销交易可以完美地实现相互抵消。净额结算可以大幅降低对手方的风险，因此在实践中净额结算协议被广泛应用。另一方面，净额结算大幅提高 CVA 和 DVA 估计的计算复杂性。假设在净额结算协议下 B 和 S 间有 N 个交易，记为 $n \in \{1, \ldots, N\}$。用 $(V_{t,n})$ 表示 B 的第 n 个交易的市场价值。类似地，正如证明命题 17.1那样，

$$\text{CVA}_t = E^Q\left(I_{\{T_1<T\}}I_{\{\xi_1=S\}}D(t,T_1)\delta^S\left(\sum_{n=1}^{N}V_{T_1,n}\right)^+ \mid \mathcal{G}_t\right)$$

同理也适用债务价值调整。因此净额结算协议的存在，使价值调整的计算相当于在净额结算协议下所有交易的市场价值总和的期权定价。每个 CDS 合约对应一个不同的参考实体，因此需要考虑 $n+2$ 个不同的违约次数。这一般比单独进行期权定价更困难。

17.2.2 CDS 的抵押价值调整

本章介绍广受欢迎的担保策略和定性分析担保对 CDS 信用价值调整的影响。简单起见，假设抵押物为押金并获得无风险利率。多数担保安排在实践中使用的都是这种形式，但对其他证券而言也有其他形式的抵押物。

场外信用违约互换交易的担保细节由信用支持附件（CSA）确定。大致的程序如下，当 $t_0 = 0$ 时抵押账户被打开。C_t 表示账户中时间 t 的现金余额，$C_t > 0$ 意味着 S 将抵押物转移，B 成为抵押人，而当 $C_t < 0$ 则意味着 B 将抵押物转移，S 成为抵押人。抵押物在离散时间点 $t_1, \ldots, t_N \leqslant T$ 时变化，在 t_1 时刻，抵押人支付抵押物利息，现金余额 C_{t_1} 反映调整后 CDS 标的在 $(t_0, t_1]$ 期间的价格变化，直至 CDS 到期或第一个违约事件的发生。如果 $T_1 > T$ 或 $T_1 < T$ 且 $\xi_1 = R$ 抵押物账户因合约“自然结束”而关闭，则在 $t \geqslant T_1 \wedge T$ 时 $C_t \equiv 0$。若 B 或 S 提前违约——也就是 $T_1 \leqslant T$ 且 $\xi_1 \in \{B, S\}$——抵押物则用于降低抵押人的损失，给出任何剩余的抵押物。

在这样的背景下产生的问题是*再抵押*。通常，抵押人接触抵押物不受限制；尤其是基金产品可以作为场外衍生交易的抵押物。因此可能出现抵押人违约和应退回的抵押物部分丢失的情况。简单起见，我们忽略这个问题，并假设抵押人违约时抵押物总是全额退还给另一方。参照说明与评论关于再抵押信用价值调整的参考意见。

担保策略 将抵押账户的现金余额记为 $(\mathcal{G}_t)$ 适应过程 (C_t)，称作抵押策略。为了方便起见，允许抵押物的账目不断变化而非仅设定再平衡日期的策略。回顾前文，CDS 交易对手无风险价格用 (V_t) 表示。在实践中多数担保安排采用*阈值形式的抵押策略*。从形式上来看，一个阈值为 M_1, $M_2 \geqslant 0$ 的阈值担保策略，表示为 $(C_t^{M_1,M_2})$ for $0 \leqslant t \leqslant T_1 \wedge T$，由以下公式确定：

$$C_t^{\gamma,M_1,M_2} = (V_t^+ - M_1)I_{\{V_t^+>M_1\}} - \big(V_t^- - M_2\big)I_{\{V_t^->M_2\}} \tag{17.13}$$

当 V_t^+（B 的风险敞口）超过阈值 M_1 或 V_t^-（S 的风险敞口）超过阈值 M_2 时，在这种策略下的抵押物被转移。若 B 和 S 想免受严重的交易对手风险相关的损失可以采用阈值策略，然而接受更小概率的损失有利于简化抵押过程的实用管理。当 $M_1 = M_2 = 0$ 时，可以得到特殊情况下的市价担保

$$C_t^{\text{market}} = V_t\,,\ 0 \leqslant t \leqslant T_1 \wedge T \tag{17.14}$$

抵押价值调整　CDS 合约的抵押价值调整在很大程度上类似于无抵押的情况，以此简化篇幅。双边抵押价值调整 BCCVA 模型与信用抵押价值调整模型 CCVA、债务抵押信用模型 CDVA 都不同。由于 S 过早违约，CCVA 模型给出了 B 潜在损失估值的方法，而 CDVA 模型则给出了由于 B 过早违约，S 潜在损失估值的方法。

为描述潜在损失我们需考虑过早违约引起的支出。注意在 B 或 S 违约后不转移额外的抵押物。因此，可供交割的合约抵押物的数量为 C_{T_1-}（先于 T_1 转移的抵押物的数量）。一旦结算款项 (V_t) 跃至 T_1，例如由于传染效应或在抵押账户的前次调整和头寸清算之间存在延迟，这种区分就变得很重要。首先从信用保护的卖出方违约开始，需要区分 $V_{T_1} > 0$ 和 $V_{T_1} < 0$ 的情况。

- 当 $V_{T_1} \geqslant 0$ 且信用保护的买入方为抵押人，有 $C_{T_1-} \geqslant 0$。在这种情况下，抵押物用于降低信用保护买入方的潜在损失并返还超额抵押物。当 C_{T_1-} 小于 V_{T_1}，信用保护买入方引发交易对手风险相关损失的规模为 $\delta^S(V_{T_1} - C_{T_1-})$；当 $C_{T_1-} \geqslant V_{T_1}$，抵押物用以降低 B 面对交易对手时的损失。若 S 是抵押人，即当 $C_{T_1-} \leqslant 0$ 时没有用以保护 B 的抵押物，此时损失规模为 $\delta^S V_{T_1}$。
- 当 $V_{T_1} \leqslant 0$ 时，B 对 S 没有风险敞口，故不会造成交易对手风险相关的损失（由于 CDS 交易对手无风险价格的降低和计算得出的交易对手风险价值调整不相当，事实上 B 引起了损失）。

综上所述，B 的交易对手风险相关损失为

$$I_{\{T_1<T\}} I_{\{\xi_1=S\}} \delta^S (V_{T_1}^+ - C_{T_1-}^+)^+$$

同理，当 $V_{T_1} \leqslant 0$，担保合同没有足够的抵押物，即 $V_{T_1}^- > C_{T_1}^-$ 时，S 遭受损失。S 的交易对手风险相关损失为

$$I_{\{T_1<T\}} I_{\{\xi_1=B\}} \delta^B (V_{T_1}^- - C_{T_1-}^-)^+$$

因此，对于 BCCVA_t，即时刻 t 的双边信用担保价值调整由以下公式确定：

$$\begin{aligned} &\text{BCCVA}_t = \text{CCVA}_t - \text{CDVA}_t, \qquad \text{其中} \\ &\text{CCVA}_t := E\big(I_{\{T_1<T\}} I_{\{\xi_1=S\}} D(t,T_1)\delta^S (V_{T_1}^+ - C_{T_1-}^+)^+ \mid \mathcal{G}_t\big) \\ &\text{CDVA}_t := E\big(I_{\{T_1<T\}} I_{\{\xi_1=B\}} D(t,T_1)\delta^B (V_{T_1}^- - C_{T_1-}^-)^+ \mid \mathcal{G}_t\big) \end{aligned} \tag{17.15}$$

在没有抵押时有 $C_t \equiv 0$，公式 (17.15) 简化为命题 17.1中的形式。

市价担保的业绩 $\mathrm{CCVA}_t + \mathrm{CDVA}_t$ 之和给出了 t 时刻与全部对手方风险相关损失的估值，可视为衡量给定担保策略的业绩。观察如下：假设市价担保用 $C_t^{\text{market}} = V_t$ 表示，几乎可以肯定 CDS 的市价不能跃至 T_1，即 $V_{T_1} = V_{T_1-}$，在该情况下公式 (17.15) 中的 CCVA_t 和 CDVA_t 的公式表示如下

$$\mathrm{CCVA}_t = \mathrm{CDVA}_t = 0\,,\ t \leqslant T_1$$

因此，使用市价担保效果较好。另一方面，若 $|\Delta V_{T_1}| = |V_{T_1} - V_{T_1-}|$ 比较大，市价担保的业绩将不会太好。第 17.4.4 节给出了支持以上观察的数据。

说明与评论

交易对手风险管理相关文献增长迅速，确立了估值调整相关模型的方向（如 CVA、DVA、FVA 等）。详细介绍见教材 Gregory (2012)，Cesari et al. (2009) 和 Brigo et al. (2013)。交易对手风险的价值调整计算采用了非技术方法，详见 Hull and White (2012) 和 Hull and White (2013) 的文章。

命题 17.1和公式 (17.15) 中双边信用价值调整的推导见 Brigo and Chourdakis (2009)、Brigo et al. (2014)、Frey and Rösler (2013)。最后两篇文章也考虑了再抵押问题，并讨论各种信用组合风险模型价值调整的实际计算。结构化信用风险模型的信用价值调整见 Lipton and Sepp (2009)。Crépey (2013a,b) 给出了一个一般性的价值调整的技术分析。

17.3 条件独立的违约时间

本章讨论条件独立的违约时间模型。我们首先讨论基本的数学性质，在第 17.3.2 节中讨论应用，在第 17.3.3 节中讨论文献使用的具体实例。

17.3.1 定义和性质

考虑概率空间 $(\Omega, \mathcal{F}, P)$ 上一个有 m 个债务人、违约时间为 τ_i、违约指标为 $Y_{t,i} = I_{\{\tau_i \leqslant t\}}$, $1 \leqslant i \leqslant m$ 的组合。违约时间依次为 $0 = T_0 < T_1 < \cdots < T_m$，在时间 T_n 时公司违约记为 $\xi_n \in \{1, \ldots, m\}$，域流为 $(\mathcal{H}_t^i)$，当 $1 \leqslant i \leqslant m$ 时，$(\mathcal{H}_t)$ 可定义为

$$\mathcal{H}_t^i = \sigma(\{Y_{s,i} : s \leqslant t\}) \quad , \mathcal{H}_t = \mathcal{H}_t^i \vee \cdots \vee \mathcal{H}_t^m \tag{17.16}$$

$(\mathcal{H}_t^i)$ 表示对第 i 个债务人违约的观察形成的域流；$(\mathcal{H}_t)$ 表示对所有债务人违约的观察形成的域流。通常，$(\mathcal{H}_t)$ 叫作组合的历史违约情况或由违约时间 $\tau_1, \ldots, \tau_m$ 生成的内部域流。条件独立违约时间是第 10.5.1 节双随机违约时间的简单多元扩展。尤其是违约时间的分布受历史违约 $(\mathcal{H}_t)$ 顶部附加信息的影响。形式上，在对应的概率空间上用域流 $(\mathcal{F}_t)$ 表示这种信息。通常 $(\mathcal{F}_t)$ 是由一些可观察的背景过程产生的。投资者的可用信息域流用 $(\mathcal{G}_t) = (\mathcal{F}_t) \vee (\mathcal{H}_t)$ 表示，见公式 (10.46)。

定义 17.2. 如果对 $1 \leqslant i \leqslant m$ 存在 $(\mathcal{F}_t)$ 适应过程 $(\gamma_{t,i})$，则有 $\Gamma_{t,i} = \int_0^t \gamma_{s,i} \mathrm{d}s$ 严格递增，且对每个 $t > 0$ 均有限，违约时间 $\tau_1, \ldots, \tau_m$ 是条件独立双随机的随机时间，那么

$$P(\tau_1 > t_1, \ldots, \tau_m > t_m \mid \mathcal{F}_\infty) = \prod_{i=1}^{m} \exp\Big(-\int_0^{t_i} \gamma_{s,i}\,\mathrm{d}s\Big) \tag{17.17}$$

注意从定义 10.10的意义上说，该定义表示每个 τ_i 都是双随机的随机时间，条件危险过程为 $(\gamma_{t,i})$，因此随机变量 $\tau_1, \ldots, \tau_m$ 是条件独立变量，用 $\mathcal{F}_\infty$ 表示。

通过阈值构建和模拟　以下为引理 10.11的扩展。

引理 17.3. 设 $(\gamma_{t,1}), \ldots, (\gamma_{t,m})$ 为正数，$(\mathcal{F}_t)$ 适应过程（例如 $\Gamma_{t,i} := \int_0^t \gamma_{s,i}\,\mathrm{d}s$）是严格递增的，并且，对于任意 $t > 0$ 是有限的。设 $\boldsymbol{X} = (X_1, \ldots, X_m)'$ 是相互独立且独立于 $\mathcal{F}_\infty$ 的标准指数分布的随机变量的向量。定义为

$$\tau_i = \Gamma_i^{\leftarrow}(X_i) = \inf\{t \geqslant 0 : \Gamma_{t,i} \geqslant X_i\}$$

$\tau_1, \ldots, \tau_m$ 是条件独立的双随机过程的随机时间，它的参数危险过程为 $(\gamma_{t,i})$, $1 \leqslant i \leqslant m$。

证明. 通过定义 τ_i，有 $\tau_i > t \iff X_i > \Gamma_{t,i}$。随机变量 $\Gamma_{t_i,i}$ 对于 $\mathcal{F}_\infty$ 是可测的。然而，X_i 是相互独立的且独立于 $\mathcal{F}_\infty$ 的标准指数分布。因此，我们推断

$$\begin{aligned} P(\tau_1 > t_1, \ldots, \tau_m > t_m \mid \mathcal{F}_\infty) &= P(X_1 > \Gamma_{t_1,1}, \ldots, X_m > \Gamma_{t_m,m} \mid \mathcal{F}_\infty) \\ &= \prod_{i=1}^{m} P(X_i > \Gamma_{t_i,i} \mid \mathcal{F}_\infty) = \prod_{i=1}^{m} \exp(-\Gamma_{t_i,i}) \end{aligned} \tag{17.18}$$

这表明 τ_i 满足定义 17.2的条件。 □

引理 17.3是接下来模拟算法的基础。

算法 17.4 (多元阈值模拟).

(1) 生成 $i = 1, \ldots, m$ 时，危险过程 $(\gamma_{t,i})$ 的路径。这里使用与一元情况相同的技术。

(2) 生成独立的标准指数分布随机变量（阈值向量）的向量 $\boldsymbol{X}$，并且有 $\tau_i = \Gamma_i^{\leftarrow}(X_i)$，$1 \leqslant i \leqslant m$。

在一元的情况下（见引理 10.12），引理 17.3有一个逆。

引理 17.5. 设 $\tau_1, \ldots, \tau_m$ 为条件独立的双随机过程的随机时间，它的参数为 $(\mathcal{F}_t)$ 条件危险过程 $(\gamma_{t,i})$。通过设 $X_i = \Gamma_i(\tau_i)$,$1 \leqslant i \leqslant m$，来定义一个随机向量 $\boldsymbol{X}$。$\boldsymbol{X}$ 是相互独立且独立于 $\mathcal{F}_\infty$ 的标准指数分布的随机变量的向量，并且几乎必然有 $\tau_i = \Gamma_i^{\leftarrow}(X_i)$。

证明. 对于 $t_1, \ldots, t_m \geqslant 0$，$\tau_i$ 的条件独立性表明：

$$P\big(\Gamma_1(\tau_1) \leqslant t_1, \ldots, \Gamma_m(\tau_m) \leqslant t_m \mid \mathcal{F}_\infty\big) = \prod_{i=1}^{m} P(\Gamma_i(\tau_i) \leqslant t_i \mid \mathcal{F}_\infty)$$

此外，类似的推理用到一元的情况下表明：

$$P(\Gamma_i(\tau_i) \leqslant t_i \mid \mathcal{F}_\infty) = P(\tau_i \leqslant \Gamma_i^{\leftarrow}(t_i) \mid \mathcal{F}_\infty) = 1 - \mathrm{e}^{-t_i}$$

以上可以证明 $\boldsymbol{X}$ 所要求的性质。 □

递归违约时间模拟　我们来描述一个二阶递归算法来模拟条件独立违约时间，这种方法比多元阈值模拟更有效。我们需要下列引理，这些引理给出第一次违约时间 T_1 的性质。

引理 17.6. 设 $\tau_1, \ldots, \tau_m$ 为条件独立的双随机过程的随机时间，它的参数为危险过程 $(\gamma_{t,1}), \ldots, (\gamma_{t,m})$。设 T_1 是一个双随机的随机时间，参数 $(\mathcal{F}_t)$ 条件危险过程为 $\bar{\gamma}_t := \sum_{i=1}^m \gamma_{t,i}$, $t \geqslant 0$。

证明. 使用 τ_i 的条件独立性，我们可以推断出

$$P(T_1 > t \mid \mathcal{F}_\infty) = P(\tau_1 > t, \ldots, \tau_m > t \mid \mathcal{F}_\infty) = \prod_{i=1}^m \exp\left(-\int_0^t \gamma_{s,i}\,\mathrm{d}s\right)$$

这明显等于 $\exp(-\int_0^t \bar{\gamma}_s\,\mathrm{d}s)$。这个表达式是 $\mathcal{F}_t$ 可测的，结果如下。 □

接下来，我们计算在 T_1（第一次违约）且全部关于背景的信息域流时的事件 $\{\xi_1 = i\}$ 的条件概率。

命题 17.7. 在引理 17.6的假设下，我们有

$$P(\xi_1 = i \mid \mathcal{F}_\infty \vee \sigma(T_1)) = \gamma_i(T_1)/\bar{\gamma}(T_1), \quad i \in \{1, \ldots, m\}$$

证明. 在 $\mathcal{F}_\infty$ 的条件下，τ_i 独立于确定性的危险函数 $\gamma_i(t)$，因此，足够可以证明具有确定性危险函数的独立随机时间的命题。固定 $t > 0$，由于随机向量 $(\tau_1, \ldots, \tau_m)$ 有联合密度，在 $(t-h, t]$ 区间内，超过一次违约的概率为 $o(h)$ 的阶。以此，通过 τ_i 的独立性有

$$\begin{aligned} P(\{\xi_1 = i\} \cap \{T_1 \in (t-h, t]\}) &= P\big(\{\tau_i \in (t-h, t]\} \cap \{\tau_j > t \text{ for all } j \neq i\}\big) + o(h) \\ &= P(\tau_i \in (t-h, t]) \prod_{j \neq i} P(\tau_j > t) + o(h) \end{aligned}$$

由于 $P(\tau_i > t) = \exp(-\int_0^t \gamma_i(s)\,\mathrm{d}s)$, $1 \leqslant i \leqslant m$，这个等于

$$\exp\left(-\int_0^{t-h} \gamma_i(s)\,\mathrm{d}s\right)\left(1 - \exp\left(-\int_{t-h}^t \gamma_i(s)\,\mathrm{d}s\right)\right) \times \prod_{j \neq i} \exp\left(-\int_0^t \gamma_j(s)\,\mathrm{d}s\right) + o(h)$$

因此，

$$\lim_{h \to 0+} \frac{1}{h} P(\{\xi_1 = i\} \cap \{T_1 \in (t-h, t]\}) = \gamma_i(t) \exp\left(-\int_0^t \bar{\gamma}(s)\,\mathrm{d}s\right)$$

此外，通过引理 17.6，得到

$$\lim_{h\to 0+}\frac{1}{h}P(T_1\in(t-h,t])=\bar{\gamma}(t)\exp\left(-\int_0^t\bar{\gamma}(s)\,\mathrm{d}s\right)$$

这个结论来自基本条件概率的定义。 □

算法 17.8 (递归违约时间模拟). 这个算法模拟序列 (T_n,ξ_n) 到到期时间 T 的实现。为了将该算法公式化，我们介绍符号 A_n 为 T_n 后未违约公司的集合。在形式上有：

$$A_0:=\{1,\ldots,m\},\quad A_n:=\{1\leqslant i\leqslant m: Y_i(T_n)=0\},\ n\geqslant 1 \tag{17.19}$$

另外，我们定义，当 $n\geqslant 0$ 时，有

$$\bar{\gamma}_t^{(n)}:=\sum_{i\in A_n}\gamma_{t,i},\quad 0\leqslant n\leqslant m$$

算法过程为下述的步骤：

(1) 当 $n=0$，$T_0=0$ 和 $\xi_0=0$ 时，生成危险过程 $(\gamma_{t,i})$ 到时间 T 的序列。

(2) 使用算法 10.13中的标准一元阈值模拟方法，生成等待时间 $T_{n+1}-T_n$。我们使用引理 17.6的通用化，当 $n<m$ 的条件独立时，违约有

$$P\big(T_{n+1}-T_n>t\mid(T_1,\xi_1),\ldots,(T_n,\xi_n),\mathcal{F}_\infty\big)\qquad=\exp\left(-\int_{T_n}^{T_n+t}\bar{\gamma}_s^{(n)}\,\mathrm{d}s\right)$$

(3) 如果 $T_{n+1}\geqslant T$ 停止。否则使用命题 17.7，ξ_{n+1} 是由多元随机变量 ξ 利用

$$P(\xi=i)=\frac{\gamma_i(T_{n+1})}{\bar{\gamma}^{(n)}(T_{n+1})},\quad i\in A_n$$

得到的一个实现。

(4) 如果 $n+1=m$ 停止。否则 n 增加 1，返回步骤 (2)。

如果我们仅需要模拟在到期日 T 之前的违约发生且违约数量较少时，则递归违约时间模拟特别有效。在那种情况下，在 n 相对较小时，有 $T_n>T$，因此只有少数有序的违约时间需要进行模拟。另一方面，使用多元阈值模拟，需要模拟所有公司在投资组合中的违约时间。

违约强度　在简约组合信用风险模型中，对违约强度进行一般的定义。

定义 17.9 (违约强度). 考虑一个广义域流 $(\mathcal{G}_t)$ 的问题，这样，违约指示过程 $(Y_{t,i})$ 就是 $(\mathcal{G}_t)$ 适应，这几乎必然对所有的 t 有 $\int_0^t\lambda_{s,i}ds<\infty$，如果过程

$$M_{t,i}:=Y_{t,i}-\int_0^{t\wedge\tau_i}\lambda_{s,i}\,\mathrm{d}s=Y_{t,i}-\int_0^t(1-Y_{s,i})\lambda_{s,i}\,\mathrm{d}s$$

是一个 $(\mathcal{G}_t)$ 鞅，那么一个非负 $(\mathcal{G}_t)$ 适应右连续过程 $(\lambda_{t,i})$ 被称作公司 i 的 $(\mathcal{G}_t)$ 违约强度。

域流 $(\mathcal{G}_t)$ 是 $(\lambda_{t,i})$ 定义的不可分割的一部分。如果基础域流的选择在背景上是清楚的，则我们可以简单地谈到公司 i 的违约强度。从随机微分方程，我们都知道 $(Y_{t,i})$（连续的、$(\mathcal{G}_t)$ 适应的过程 $(\Lambda_{t,i})$ 使得 $Y_{t,i}-\Lambda_{t,i}$ 为一个 $(\mathcal{G}_t)$ 鞅）的补偿是唯一的。由于我们假设 (λ_t) 是右连续的，所以当 $t<\tau_i$ 时，有违约强度 $\lambda_{t,i}$ 是唯一的。

在下一个结果，我们将定义 17.9与违约强度的非正式解释联系起来作为瞬时违约概率。

引理 17.10. 设 $(\lambda_{t,i})$ 为公司 i 的 $(\mathcal{G}_t)$ 违约强度，并假设过程 $(\lambda_{t,i})$ 是有界的。我们得到等式

$$I_{\{\tau_i>t\}}\lambda_{t,i}=I_{\{\tau_i>t\}}\lim_{h\to 0^+}\frac{1}{h}P\left(\tau_i\leqslant t+h\mid\mathcal{G}_t\right)$$

证明. 证明我们考虑的公司是固定的，我们设 τ，Y_t 和 λ_t 依次表示违约时间、违约指标和违约强度。通过 Y_t 的定义，我们可以得到

$$P(\tau\leqslant t+h\mid\mathcal{G}_t)=E(Y_{t+h}\mid\mathcal{G}_t)=Y_t+E(Y_{t+h}-Y_t\mid\mathcal{G}_t)$$

由于 $Y_t-\int_0^t(1-Y_s)\lambda_s\mathrm{d}s$ 是 $(\mathcal{G}_t)$ 鞅，由此得出结论 $E(Y_{t+h}-Y_t\mid\mathcal{G}_t)=E\big(\int_t^{t+h}(1-Y_s)\lambda_s\mathrm{d}s\mid\mathcal{G}_t\big)$。又因为 $I_{\{\tau>t\}}Y_t=0$，所以有

$$I_{\{\tau>t\}}P(\tau\leqslant t+h\mid\mathcal{G}_t)=I_{\{\tau>t\}}E\left(\int_t^{t+h}(1-Y_s)\lambda_s\mathrm{d}s\mid\mathcal{G}_t\right)\tag{17.20}$$

过程 $\big((1-Y_s)\lambda_s\big)$ 右连续，意味着几乎必然有

$$\lim_{h\to 0^+}\frac{1}{h}\int_t^{t+h}(1-Y_s)\lambda_s\mathrm{d}s=(1-Y_t)\lambda_t$$

回顾 (λ_t) 在假设中是有界的，我们可以运用公式 (17.20) 和有界收敛定理的条件期望来推断出

$$I_{\{\tau>t\}}\lim_{h\to 0^+}\frac{1}{h}P\left(\tau\leqslant t+h\mid\mathcal{G}_t\right)=I_{\{\tau>t\}}(1-Y_t)\lambda_t=I_{\{\tau>t\}}\lambda_t\,,$$

来证实我们的要求。 □

备注 17.11. 相反的陈述也是正确的，如果导数 $\lim_{h\to 0^+}\frac{1}{h}P\left(\tau\leqslant t+h\mid\mathcal{G}_t\right)$ 存在，那么几乎必然 τ 确认为一个强度（在一些技术条件下），这在说明与评论中给出了参考文献。

最后，我们返回到定义 17.2中条件独立违约这种特殊情况。接下来的定义表示，在这种情况下的任何公司 i 的违约强度是由违约时间 τ_i 时的条件危险过程给出的。

命题 17.12. 设 $\tau_1,\ldots,\tau_m$ 为条件独立双随机过程的随机时间，它的参数 $(\mathcal{F}_t)$ 条件危险过程为 $(\gamma_{t,1}),\ldots,(\gamma_{t,m})$。然后，过程 $M_{t,i}:=Y_{t,i}-\int_0^{t\wedge\tau_i}\gamma_{s,i}\,\mathrm{d}s$ 是 $(\mathcal{G}_t)$ 鞅。

证明. 如果我们可以说明 τ_i 是一个双随机的且随着违约时间，有 $(\mathcal{G}_t^{-i})$ 条件危险过程 $(\gamma_{t,i})$，命题 10.14的结果可以立即得到。其中，$(\mathcal{G}_t^{-i})$ 是由

$$\mathcal{G}_t^{-i}=\mathcal{F}_t\vee\mathcal{H}_t^1\cdots\vee\mathcal{H}_t^{i-1}\vee\mathcal{H}_t^{i+1}\vee\cdots\vee\mathcal{H}_t^m,\quad t\geqslant 0\tag{17.21}$$

定义 10.10中定义的人工背景的域流。根据定义 10.10，我们可以证明有

$$P(\tau_i > t \mid \mathcal{G}_\infty^{-i}) = \exp\left(-\int_0^t \gamma_{s,i}\,\mathrm{d}s\right) \quad t \geqslant 0 \tag{17.22}$$

这种关系是相当直观的。由于 τ_i 不依赖于给定的 $\mathcal{F}_\infty$，包含于 $\mathcal{G}_\infty^{-i}$ 但不在 $\mathcal{F}_\infty$ 中的债务人 $j \neq i$ 的违约历史对债务人 i 的条件违约概率没有影响。

一个正式的论点如下。运用引理 17.5，我们假设向量 $\boldsymbol{X}$ 是相互独立的且独立于 $\mathcal{F}_\infty$ 的标准指数分布的随机变量的向量，因此，对于所有的 $1 \leqslant j \leqslant m$ 有 $\tau_j = \Gamma_j^{\leftarrow}(X_j)$。对于 $j \neq i$，τ_i 明显地独立于 X_j，因此有

$$P(\tau_i > t \mid \mathcal{F}_\infty \vee \sigma(\{X_j : j \neq i\}) = P(\tau_i > t \mid \mathcal{F}_\infty) = \exp\left(-\int_0^t \gamma_{s,i}\mathrm{d}s\right) \tag{17.23}$$

另一方面，如果我们知道 X_j 和域流 $(\gamma_{t,j})_{0\leqslant t\leqslant\infty}$，就可以确定域流 $(Y_{t,j})_{0\leqslant t\leqslant\infty}$ 和 $\mathcal{G}_\infty^{-i} \subseteq \mathcal{F}_\infty \vee \sigma(\{X_j : j \neq i\})$（实际上这两个 σ 代数是相等的）。由于公式 (17.23) 的右侧是关于 $\mathcal{G}_\infty^{-i}$ 可测的，因此公式 (17.22) 可以由公式 (17.23) 得到。 □

备注 17.13 (多余的违约信息). 假设 $\tau_1, \ldots, \tau_m$ 是条件独立双随机过程的随机时间。考虑一个到期时间为 T 的金融产品，它的贴现收益率 H 仅取决于零违约债券（我们假设为 $(\mathcal{F}_t)$ 适应）价格的变化和组合中公司的子集 $A = \{i_1, \ldots, i_k\}$ 的违约历史。因此，关于 σ 代数

$$\mathcal{G}_T^A := \mathcal{F}_T \vee \mathcal{H}_T^{i_1} \vee \cdots \vee \mathcal{H}_T^{i_k} \subset \mathcal{G}_T$$

是可测的。一个典型的例子是在给定公司 i 时，信用违约互换的违约和溢价报酬。在这种情况下，一个类似于用于建立公式 (17.22) 的理由表示

$$E\big(H \mid \mathcal{G}_t\big) = E\big(H \mid \mathcal{G}_t^A\big)$$

尤其是在计算 H 价格时，不属于集合 A 的公司的违约历史是多余的。当违约时间不是条件独立时，这样的关系不适合一般的组合信用风险模型。

17.3.2　案例和应用

在关于条件独立违约的金融文献的许多模型中，危险率被模型为独立仿射扩散的线性组合，也可能是跳跃的。一个典型的模型有下列的形式

$$\gamma_{t,i} = \gamma_{i0} + \sum_{j=1}^{p} \gamma_{ij}\Psi_{t,j}^{\text{syst}} + \Psi_{t,i}^{\text{id}}, \quad 1 \leqslant i \leqslant m \tag{17.24}$$

其中，$(\Psi_{t,j}^{\text{syst}}), 1 \leqslant j \leqslant p$ 和 $(\Psi_{t,i}^{\text{id}}), 1 \leqslant i \leqslant m$ 是公式 (10.68) 中的独立 CIR 平方根扩散过程，或者更一般的为公式 (10.75) 中的基础仿散跳跃扩散；因子权重 $\gamma_{ij}, 0 \leqslant j \leqslant p$ 为非负的常数。

记 $\boldsymbol{\Psi}_t^{\text{syst}} = (\Psi_{t,1}^{\text{syst}}, \ldots, \Psi_{t,p}^{\text{syst}})'$。显然，$(\boldsymbol{\Psi}_t^{\text{syst}})$ 表示公共或系统因子，过程 $(\Psi_{t,i}^{\text{id}})$ 代表特异（非系统性）因子，该因子仅影响债务人 i 的危险率。值得注意的是，不需要明确地起

到主要作用，特异因子的权重可以被纳入到 $(\Psi_{t,i}^{\mathrm{id}})$ 的动力学参数。通过这部分，我们假设背景域流是由 $(\boldsymbol{\Psi}_t^{\mathrm{syst}})$ 和 $(\Psi_{t,i}^{\mathrm{id}}),1 \leqslant i \leqslant m$ 生成的。在模型的实践应用中，这些过程的现值是由观测的违约债券的价格产生的。

我们现在考虑文献中提到的一些例子。Duffee (1999) 已经模拟了当 $p = 2$ 时公式 (17.24) 中的模型，在他的模型中，假设所有的因子过程都是满足 CIR 平方根扩散过程的，因此，其动力学以参数 $(\kappa, \bar{\theta}, \sigma)$ 为特征，见公式 (10.68)。在 Duffee 的模型中，$\boldsymbol{\Psi}_t^{\mathrm{syst}}$ 代表驱动无风险短期利率的因子，这些过程的参数由国库券数据估计得到。另一方面，因子权重 γ_{ij} 和 (Ψ_t^{id}) 的参数是由公司债券的价格估计得到的。

在他们关于 CDO 定价的有影响力的案例研究中，Duffie and Gârleanu (2001)使用公式 (10.75) 中的仿射跳跃的扩散过程来为因子驱动危险率建立模型。(γ_t) 中的跳跃代表冲击，这种冲击提高了公司的违约概率。考虑仅有一个系统因子的齐次模型，其中有 $\gamma_{t,i} = \Psi_t^{\mathrm{syst}} + \Psi_{t,i}^{\mathrm{id}}$, $1 \leqslant i \leqslant m$，对 (Ψ_t^{syst}) 和 $(\Psi_{t,i}^{\mathrm{id}})$，它们也假设了均值回归 κ 的速度，波动率 σ 和平均跳跃规模 μ 是相同的。这明确地表示它们的和 $\gamma_{t,i} = \Psi_t^{\mathrm{syst}} + \Psi_{t,i}^{\mathrm{id}}$ 是一个基础仿射跳跃的扩散过程，参数为 κ,$\bar{\theta}^{\mathrm{syst}} + \bar{\theta}^{\mathrm{id}}$,$\sigma$, $(l^0)^{\mathrm{syst}} + (l^0)^{\mathrm{id}}$ 和 μ；Duffie and Gârleanu (2001) 使用 $(\gamma_{t,i})$ 的参数，可以在表 17.1“基础案例”一行找到。

表 17.1 图 17.1 中使用的 Duffie-Gârleanu 模型的参数集。

参数集	κ	$\bar{\theta}$	σ	l^0	μ
纯扩散	0.6	0.0505	0.141	0	0
基础案例	0.6	0.02	0.141	0.2	0.1
高跳跃强度	0.6	0.0018	0.141	0.32	0.1

单一名称称信用产品定价 正如在备注 17.13的讨论，在单一名称模型得到的条件独立违约的定价公式的框架在组合模型中仍旧是有效的。另外，当危险过程具有公式 (17.24) 中的特性时，大多数的计算可以降低至涉及仿射过程的一维问题，如第 10.6 节中应用的结果。我们考虑计算债务人 i 的条件存活概率作为一个简单的例子。通过备注 17.13和理论 10.19，可以得到

$$P(\tau_i > T \mid \mathcal{G}_t) = P(\tau_i > T \mid \mathcal{G}_t^i) = I_{\{\tau_i > t\}} E\left(\exp\left(-\int_t^T \gamma_{s,i} \, \mathrm{d}s \right) \Big| \mathcal{F}_t \right)$$

对于公式 (17.24) 形式的危险过程，等于

$$I_{\{\tau_i > t\}} \mathrm{e}^{-\gamma_{i0}(T-t)} E\left(\exp\left(-\int_t^T \Psi_{s,i}^{\mathrm{id}} \, \mathrm{d}s \right) \Big| \mathcal{F}_t \right) \times \prod_{j=1}^{p} E\left(\exp\left(-\int_t^T \Psi_{s,j}^{\mathrm{syst}} \, \mathrm{d}s \right) \Big| \mathcal{F}_t \right) \quad (17.25)$$

每一个在公式 (17.25) 中的条件期望都可以通过使用第 10.6 节中的一维仿射模型的结果来计算得到。更广义的模型，一个广义多元变量的仿射过程（不是简单地对独立的一维仿射

过程）得到的危险率，可以通过使用 Duffie et al. (2000) 提出的广义仿射模型技术处理。

隐含单期模型和损失分布计算　危险过程的条件独立性假设和的因子模型 (公式 (17.24)) 对在一个固定时间点的违约指示分布有影响。

为了简单起见，我们假设在模型 ($\Psi_{t,i}^{\text{id}}$) 中没有特异因子。我们固定 $T>0$，考虑随机向量 $\boldsymbol{Y}_T=(Y_{T,1},\dots,Y_{T,m})'$。对于 $\boldsymbol{y}\in\{0,1\}^m$，我们可以计算

$$\begin{aligned}P(\boldsymbol{Y}_T=\boldsymbol{y})&=E(P(\boldsymbol{Y}_T=\boldsymbol{y}\mid\mathcal{F}_\infty))\\&=E\Big(\prod_{j:y_j=1}P(\tau_j\leqslant T\mid\mathcal{F}_\infty)\prod_{j:y_j=0}P(\tau_j>T\mid\mathcal{F}_\infty)\Big)\end{aligned}$$

运用公式 (17.24)，我们可得到

$$P(\tau_i\leqslant T\mid\mathcal{F}_\infty)=1-\exp\Big(-\gamma_{i0}T-\sum_{j=1}^{p}\gamma_{ij}\int_0^T\Psi_{s,j}^{\text{syst}}\,\mathrm{d}s\Big)\tag{17.26}$$

这个讨论表示 $\boldsymbol{Y}_T$ 是具有定义 11.5中 p 因子结构的伯努利混合模型。因子向量由以下公式给出：

$$\boldsymbol{\Psi}:=\Big(\int_0^T\Psi_{s,1}^{\text{syst}}\,\mathrm{d}s,\dots,\int_0^T\Psi_{s,p}^{\text{syst}}\,\mathrm{d}s\Big)'$$

条件违约概率 $p_i(\boldsymbol{\Psi})$ 在公式 (17.26) 中给出。

出于实用目的，比如 CDO 定价，我们需要能够在此模型中评估投资组合损失 $L_T=\sum_{i=1}^m\delta_iY_{T,i}$ 的分布。正如在第 11.2.1节中的解释，能够计算 Laplace–Stieltjes 转换 $\hat{F}_{L_T}(\lambda)=E\big(\mathrm{e}^{-\lambda L_T}\big)$ 是很有用的，因为 L_T 的分布可以通过该转换的反演技术来确定。

在第 11.2.5 节中，我们注意到，在实践中经常用泊松混合模型来近似伯努利混合模型，通常这样更容易处理。我们将推导 Laplace–Stieltjes 转换为近似的泊松混合模型，它包括使用在第 10.6.3 节中的仿射过程的结果来计算期限。更确切地说，我们用随机变量 $\tilde{L}_T:=\sum_{i=1}^m\delta_i\tilde{Y}_{T,i}$，来代替 L_T，假设在 $\mathcal{F}_\infty$ 条件下，随机变量 $\tilde{Y}_{T,1},\dots,\tilde{Y}_{T,m}$ 是独立的，泊松分布的随机变量的参数

$$\Gamma_{T,i}=\gamma_{i0}T+\sum_{j=1}^{p}\gamma_{ij}\int_0^T\Psi_{s,j}^{\text{syst}}\,\mathrm{d}s,\quad ,1\leqslant i\leqslant m\tag{17.27}$$

我们也假设违约概率 $\delta_1,\dots,\delta_m$ 是确定的，使用 $\hat{F}_N(\lambda)=E\big(\exp(-\lambda N)\big)=\exp\big(\Gamma(\mathrm{e}^{-\lambda}-1)\big)$ 可以得到一个广义泊松分布的随机变量 $N\sim\text{Poi}(\Gamma)$ 的 Laplace–Stieltjes 转换的事实。使用 $\tilde{Y}_{T,1},\dots,\tilde{Y}_{T,m}$ 的条件独立性，我们可以得到

$$\begin{aligned}E\big(\mathrm{e}^{-\lambda\tilde{L}_T}\mid\mathcal{F}_\infty\big)&=\prod_{i=1}^m E\big(\mathrm{e}^{-\lambda\delta_i\tilde{Y}_{T,i}}\mid\mathcal{F}_\infty\big)\\&=\prod_{i=1}^m\exp\Big(\Gamma_{T,i}(\mathrm{e}^{-\lambda\delta_i}-1)\Big)=\exp\Big(\sum_{i=1}^m(\mathrm{e}^{-\lambda\delta_i}-1)\Gamma_{T,i}\Big)\end{aligned}$$

使用公式 (17.27) 中的 $\Gamma_{T,i}$ 定义和系统性风险因子过程 $(\Psi_{t,1}^{\mathrm{syst}}),\ldots,(\Psi_{t,p}^{\mathrm{syst}})$ 的独立性，我们可以得到

$$
\begin{aligned}
\hat{F}_{\tilde{L}_T}(\lambda) =& E\Big(E\big(\mathrm{e}^{-\lambda\tilde{L}_T} \mid \mathcal{F}_\infty\big)\Big) = \exp\Big\{\sum_{i=1}^{m}(\mathrm{e}^{-\lambda\delta_i}-1)\gamma_{i0}T\Big\} \\
&\times\prod_{j=1}^{p} E\bigg(\exp\Big\{\big(\sum_{i=1}^{m}(\mathrm{e}^{-\lambda\delta_i}-1)\gamma_{ij}\big)\int_0^T \Psi_{s,j}^{\mathrm{syst}}\,\mathrm{d}s\Big\}\bigg) \qquad (17.28)
\end{aligned}
$$

通过使用第 10.6.3 节中的一维仿射模型的结果，表达式 (17.28) 是可以被计算的。我们参考 Di Graziano and Rogers (2009) 来进一步改进和参考拉普拉斯反演技术。

违约相关性 正如在第 10 章见到的，违约相关性（定义为违约指示间的相关性 $\rho(Y_{T,i},Y_{T,j})$，$i\neq j$）是与信用损失分布的尾部厚度密切相关的。在计算模型中的有条件独立违约事件的违约相关性时，使用*生存指示函数* $1-Y_{T,i}$ 更方便。通过线性相关性的定义，我们可以得到

$$
\begin{aligned}
\rho(Y_{T,i},Y_{T,j}) &= \rho(1-Y_{T,i},1-Y_{T,j}) \\
&= \frac{P(\tau_i>T,\tau_j>T)-\bar{F}_i(T)\bar{F}_j(T)}{(\bar{F}_i(T)(1-\bar{F}_i(T)))^{1/2}(\bar{F}_j(T)(1-\bar{F}_j(T)))^{1/2}} \qquad (17.29)
\end{aligned}
$$

对于公式 (17.24) 中有危险率的模型，生存概率 $\bar{F}_i(T)$ 的计算已经做了上述讨论。我们得到的联合生存概率是使用条件独立性来得到的

$$
\begin{aligned}
P(\tau_i>T,\tau_j>T) &= E(P(\tau_i>T,\tau_j>T\mid\mathcal{F}_\infty)) \\
&= E(P(\tau_i>T\mid\mathcal{F}_\infty)P(\tau_j>T\mid\mathcal{F}_\infty)) \\
&= E\bigg(\exp\Big(-\int_0^T(\gamma_{s,i}+\gamma_{s,j})\,\mathrm{d}s\Big)\bigg) \qquad (17.30)
\end{aligned}
$$

根据公式 (17.24) 中的危险率，公式 (17.30) 可以通过使用与公式 (17.25) 类似的分解方式被分解为可以使用一维仿射模型结果来评估的项。

通过条件独立违约事件模型得到的违约相关性的值比经验违约相关性的值要低。例如，在 Hull and White (2001) 和 Schönbucher and Schubert (2001) 的文献中就证实了这一点。由于违约相关性对模型产生的损失分布有重大的影响，所以我们将进一步讨论这一问题。举一个实际的例子，我们使用 Duffie-Gârleanu 模型，并假设没有特异因子过程 (Ψ_t^{id})，即全部风险是系统性的。正如上述讨论的，在这种情况下，违约因子向量 $\boldsymbol{Y}_T$ 是可交换伯努利混合模型，其混合变量 $\tilde{Q}$ 由 $1-\exp(-\int_0^T\Psi_s^{\mathrm{syst}}\,\mathrm{d}s)$ 得到。

在第 11.2.2 节中我们可以看到，可交换伯努利混合模型的相关系数 $\rho\in(0,1)$ 可以通过选择混合变量的方差足够大来得到。因此，在 Duffie-Garleanu 模型中，如果随机变量 $\Gamma_T:=\int_0^T\Psi_s^{\mathrm{syst}}\,\mathrm{d}s$ 的方差足够大，我们就可以得到高违约相关性。通过选择 $(\boldsymbol{\Psi}_t^{\mathrm{syst}})$ 的扩散部分的高波动 σ 值，或者选择跳跃大小分布 μ 的高均值或高跳跃强度 l^0 来得到 Γ_T 的高

方差。高 σ 值意味着信用利差逐日不稳定波动，这可能与真实的债券数据表现矛盾。这表明，模型中的危险率是遵循纯扩散过程的，生成高违约相关性是困难的。

相反，在 Duffie-Gârleanu 模型中，我们通过提高 l^0 或 μ 来提高危险过程中的跳跃的频率和规模。图 17.1 中显示，这是一个很有效的生成违约相关性的机制。事实上，建立违约相关性模型的灵活性对是考虑仿射跳跃扩散而不是简单 CIR 扩散模型的一个重要动机。

这些定性的研究返现显然可以延伸到其他条件独立违约模型中。我们可以总结出生成条件独立违约模型中的高违约相关性是很可能的，然而，危险过程所需的模型就会变得相当复杂。

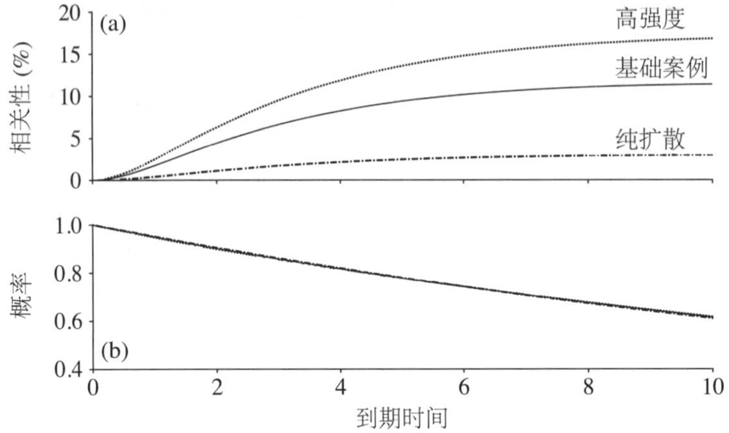

图 17.1 两个图都与 Duffie-Gârleanu 模型有关，其中 $(\Psi_t^{\text{id}}) \equiv 0$，$(\Psi_t^{\text{syst}})$ 的不同参数集在表 17.1 中给出。图 (a) 显示了不同剩余期限的违约相关性。我们可以看出随着 (Z_t) 中跳跃强度的增加，违约相关性大幅提高。图 (b) 显示出对于三个参数集，生存概率本质上是相同的，因此违约相关性的差异仅仅是由于动态 (Ψ_t^{syst}) 对违约时间点依附结构的影响。

17.3.3 信用价值调整

最后，我们用条件独立的违约次数来计算模型中对于信用违约互换的无担保信用价值调整。我们首先来回顾第 17.2.1 节的表示法：τ_S，τ_B 和 τ_R 分别是一个给定 CDS 合约中信用违约风险保护卖方、信用违约风险保护买方和参照实体。τ_S，τ_B 和 τ_R 在风险中性定价方法 Q 下条件独立，此方法的 $(\mathcal{F}_t)$ 条件危险过程为 γ^S，γ^B 和 γ^R。短期利率由某些 $(\mathcal{F}_t)$ 适应过程 (r_t) 给出，回收率是确定的，$T_1 := \tau_S \wedge \tau_B \wedge \tau_R$ 表示第一次违约的时间，$D(0,t) = \exp\big(-\int_0^t r_u \mathrm{d}u\big)$。

在第 17.2.1 节中，我们用 $V_t = E^Q(\Pi(t,T)|\mathcal{G}_t)$ 表示 CDS 中信用违约风险保护买方头寸的承诺现金流的净现值。在第 10.5.3 节中，$V_t = I_{\{\tau_R>t\}}\widetilde{V}_t$，其中 $(\mathcal{F}_t)$ 适应过程 $\widetilde{V}_t$ 由以下公式得出

$$
\begin{aligned}
\widetilde{V}_t =& \delta^R E^Q\bigg(\int_t^T \gamma_s^R \exp\Big(-\int_t^s (r_u+\gamma_u^R)\mathrm{d}u\Big)\mathrm{d}s \mid \mathcal{F}_t\bigg) \\
&- xE^Q\bigg(\sum_{\{t_n>t\}} (t_n - t_{n-1})\exp\Big(-\int_t^s (r_u+\gamma_u^R)\mathrm{d}u\Big) \mid \mathcal{F}_t\bigg)
\end{aligned}
\tag{17.31}
$$

时间点 t_n 代表付息日。

一个通用公式 为了简化，我们考虑 $t=0$ 的情况。根据命题 17.1，双边抵押信用价值调整（对信用违约风险保护买方）由以下公式得出

$$\begin{aligned}\mathrm{BCVA}=\mathrm{CVA}-\mathrm{DVA}&=E^Q\left(I_{\{T_1<T\}}I_{\{\xi=S\}}D(0,T_1)\delta^S(\widetilde{V}_{T_1})^+\right)\\&-E^Q\left(I_{\{T_1<T\}}I_{\{\xi=B\}}D(0,T_1)\delta^B(\widetilde{V}_{T_1})^-\right)\end{aligned}\tag{17.32}$$

在此，我们基于在 $\{\xi=S\}$ 或 $\{\xi=B\}$ 时 $V_{T_1}=\widetilde{V}_{T_1}$ 的事实。我们关注于公式 (17.32) 中的概念 CVA。回顾命题 17.7，有

$$Q(\xi=S\mid\sigma(T_1)\vee\mathcal{F}_\infty)=\frac{\gamma_{T_1}^S}{\gamma_{T_1}^S+\gamma_{T_1}^B+\gamma_{T_1}^R}$$

因此，我们通过两次取条件得到

$$\begin{aligned}\mathrm{CVA}&=E^Q\left(E^Q\left(I_{\{T_1<T\}}I_{\{\xi=S\}}D(0,T_1)\delta^S(\widetilde{V}_{T_1})^+\mid\sigma(T_1)\vee\mathcal{F}_\infty\right)\right)\\&=E^Q\left(I_{\{T_1<T\}}D(0,T_1)\delta^S(\widetilde{V}_{T_1})^+Q\big(\xi=S\mid\sigma(T_1)\vee\mathcal{F}_\infty\big)\right)\\&=E^Q\left(I_{\{T_1<T\}}D(0,T_1)\delta^S(\widetilde{V}_{T_1})^+\frac{\gamma_{T_1}^S}{\gamma_{T_1}^S+\gamma_{T_1}^B+\gamma_{T_1}^R}\right)\end{aligned}$$

在第 10.5.2 节中的术语中，这是一个典型的违约时偿付，在终止时刻 T_1 时偿还。根据引理 17.6，T_1 是一个双重随机时间，危险率为 $\gamma_t^S+\gamma_t^B+\gamma_t^R$。运用引理 10.19的第三个等式，得到

$$\mathrm{CVA}=E^Q\Big(\int_0^T\gamma_t^S\delta^S(\widetilde{V}_t)^+\exp\Big(-\int_0^t(r_s+\gamma_s^S+\gamma_s^B+\gamma_s^R)\,\mathrm{d}s\Big)\,\mathrm{d}t\Big)\tag{17.33}$$

对公式 (17.32) 中概念 DVA 的类似计算为

$$\mathrm{DVA}=E^Q\Big(\int_0^T\gamma_t^B\delta^B(\widetilde{V}_t)^-\exp\Big(-\int_0^t(r_s+\gamma_s^S+\gamma_s^B+\gamma_s^R)\,\mathrm{d}s\Big)\,\mathrm{d}t\Big)\tag{17.34}$$

更明确的结果 为了评估公式 (17.33) 和公式 (17.34)，我们需要对危险率的形式做更明确的假设。我们对于单因子 CIR 模型的价值调整得到一个 PDE。更精确地说，我们假设 γ^S，γ^B，γ^R 和短期利率 r 是一维 CIR 过程 Ψ 的仿射函数，其中 κ，θ 和 σ 为参数，有

$$\gamma_t^R=\gamma^R(t,\Psi_t)=a^R\Psi_t+b^R\tag{17.35}$$

适用于 $a^R>0,b^R\geqslant 0$，类似的也适用于 γ^B, γ^S 和 r。在这种情况下 CDS 的提前违约价值 $\widetilde{V}_t$ 由函数 $\tilde{v}(t,\Psi)$ 得出，函数很容易用第 10.6 节介绍的仿射模型计算得出。此外，Feynman-Kac 公式 (见引理 10.21) 给出了

$$E^Q\Big(\int_t^T\gamma_s^S\delta^S\widetilde{V}_s^+\exp\Big(-\int_t^T(\gamma_u^S+\gamma_u^B+\gamma_u^R+r_u)\mathrm{d}u\Big)\mid\mathcal{F}_t\Big)=h^S(t,\Psi_t)$$

其中函数 h^S 能解出偏微分方程（PDE）

$$h_t^S + (\kappa - \theta\psi)h_\psi^S + \frac{1}{2}\sigma^2\psi h_{\psi\psi}^S + \gamma^S\delta^S\tilde{v}^+ = (r + \gamma^S + \gamma^B + \gamma^R)h^S \tag{17.36}$$

由于放松条件，此时参数 (t,ψ) 被省略。买方调整相应的 PDE 为

$$h_t^B + (\kappa - \theta\psi)h_\psi^B + \frac{1}{2}\sigma^2\psi h_{\psi\psi}^B + \gamma^B\delta^B\tilde{v}^- = (r + \gamma^S + \gamma^B + \gamma^R)h^B \tag{17.37}$$

$h^B(T,\psi)$ 的终值为 0。两个 PDE 都可以用数值来解答。

总结可得，在单因子 CIR 模型的特殊例子中

$$\text{BCVA} = h^S(t,\Psi_t) - h^B(t,\Psi_t) \tag{17.38}$$

说明与评论

对于条件独立违约的另一种替代处理模型的方法，可见 Bielecki and Rutkowski (2002) 中第 9 章的研究。对条件独立违约时间点的模拟在 Duffie and Singleton (2003) 中有所研究。违约强度在 Aven (1985) 和 Janson et al. (2011) 第二部分中有所讨论。这两个来源都含有与引理 17.10部分相反的结果。Di Graziano and Rogers (2009) 考虑了一个条件独立违约的模型，其中因子 Ψ 服从有限态的马尔可夫链。

关于信用投资组合仿射模型更深入的实证研究还包括 Duffee (1999) 和 Driessen (2005)。我们建议读者参考 Filipović (2009) 第 10 章有关仿射过程的更多内容。条件独立违约模型的实证估计和相关的多种问题在 Duffie (2011) 中有所讨论。

17.4　带有不完备信息的信用风险模型

这一部分我们考虑在不完备信息下的简约投资组合信用风险模型，以及考虑在某个常见因子的实现条件下违约时间点独立的模型，从本质上来说，这个因子可以是一个随机过程 (Ψ_t)，在第 17.3 节中讨论的带有条件独立违约的模型中也是如此。但为了解释的目的，我们关注于因子只是一维随机变量 V 的例子。我们假设 V 不能直接被投资者观察到，而不是信息集包含了违约历史数据的情况，在更高级版本的模型中，因子额外的噪声观测值由一个辅助 σ 代数表示。

带有不完备信息的投资组合信用风险模型有大量具有吸引力的特征。首先，它们能产生同时包含违约传染性和信用利差波动性效应的丰富的信用利差动态。而且，典型信用衍生产品的定价能通过使用自然而颇为有效的两步过程得到。

我们的内容从第 17.4.1 节对信用风险和不完备信息的大致讨论开始。在第 17.4.2 节中我们考虑投资者只能观测到违约历史的简单模型，扩展到更丰富的信息集以及交易对手风险管理的应用将在第 17.4.3 和第 17.4.4 节中讨论。

17.4.1　信用风险和不完备信息

以下内容贯穿了这一部分。我们关注于过滤的概率空间 $(\Omega,\mathcal{F},(\tilde{\mathcal{G}}_t),Q)$，其中 Q 是对衍生品定价的风险中性方法，$(\tilde{\mathcal{G}}_t)$ 是总体域流，引入的全部过程都是 $(\tilde{\mathcal{G}}_t)$ 适应 $(\tilde{\mathcal{G}}_t)$ 的。我们考

虑一个有 m 个债务人的投资组合，违约时间点为 $\tau_1,\ldots,\tau_m$，违约指示过程为 $Y_{t,i}=I_{\{\tau_i\leqslant t\}}$，$1\leqslant i\leqslant m$。我们假设在概率空间 $(\Omega,\mathcal{F},Q)$ 上有一个随机变量 V，在给定 V 的前提下随机变量 $\tau_1,\ldots,\tau_m$ 是条件独立的，对所有的 t 和 v，连续函数 $\gamma_i\colon\mathbb{R}\times[0,\infty)\to(0,\infty)$ 有 $\int_0^t\gamma_i(v,s)\mathrm{d}s<\infty$，条件生存函数的形式为

$$\bar{F}_{\tau_i|V}(t\mid v)=\exp\left(-\int_0^t\gamma_i(v,s)\mathrm{d}s\right)\tag{17.39}$$

这表明 $\gamma_i(v,t)$ 是条件危险函数，条件密度函数 $f_{\tau_i|V}(t\mid v)$ 满足

$$f_{\tau_i|V}(t\mid v)=\gamma_i(v,t)\exp\big(-\int_0^t\gamma_i(v,s)\mathrm{d}s\big)\tag{17.40}$$

我们考虑因子 V 分布的两个例子。在第一个例子中，V 是一个绝对连续随机变量，密度函数为 $g_V(v)$，正如在第 12.2.2 节中考虑的因子连接函数模型。在第二个例子中，V 是离散随机变量，集合 $S^V:=\{v_1,\ldots,v_K\}$，概率质量函数 $\pi_k=Q(V=v_k)$，其中 $1\leqslant k\leqslant K$，正如第 12.3.3 节中考虑的隐含连接函数模型。最后，我们总是以为投资组合中给定公司违约下的损失 δ_i 和无违约风险利率 $r(t)$ 是确定的。

完整的信息域流由 $\tilde{\mathcal{G}}_t=\mathcal{H}_t\vee\sigma(V)\vee\sigma(B_s\colon s\leqslant t)$ 确定，其中 $t>0$。这里 $(\mathcal{H}_t)$ 是投资组合的违约历史，(B_t) 是一个布朗运动，独立于 V 和 τ_i。(在第 17.4.3 节中过程 (B_t) 是构建投资者可得噪声信息模型的构成要素。) 如果在完整的信息域流 $(\tilde{\mathcal{G}}_t)$ 下考虑，模型就会是一个如第 17.3 节提到的带有条件独立违约的模型。然而，正如前面提到的，随机变量 V 不能被投资者观测到。因此我们用一个域流 $(\mathcal{G}_t)$ 来描述投资者可得的信息，其中 $\mathcal{G}_t\subset\tilde{\mathcal{G}}_t$，$t\geqslant 0$，并把 $(\mathcal{G}_t)$ 称为投资者域流。我们始终假设对所有的 $t\geqslant 0$，有 $\mathcal{H}_t\subset\mathcal{G}_t$，投资者能够观测到投资组合的违约历史。另一方面，对所有的 $t\geqslant 0$，V 不是 $\mathcal{G}_t$ 可测的。

信用衍生品定价　考虑一个单一名称 CDS，一个 CDS 指数或投资组合中公司的一份 CDO（或其中的一小部分），用 $\Pi(t,T)$ 来表示相应的未来现金流贴现值。在这部分的内容中，时间点 t 的现金流价格由 $V_t=E^Q(\Pi(t,T)\mid\mathcal{G}_t)$ 给出。注意，V_t 由关于 $\mathcal{G}_t$ 的条件期望给定，在时间点 t，信息对投资者来说实际上是可得的。

价格 V_t 可以在两步内计算出来。通过重复计算条件期望，我们得到

$$V_t=E^Q\left(E^Q(\Pi(t,T)\mid\tilde{\mathcal{G}}_t)\mid\mathcal{G}_t\right)\tag{17.41}$$

第一步，我们考虑内部条件期望。为了评估期望，我们需要确定无违约公司的 $\tilde{\mathcal{G}}_t$ 条件分布。用 $\{i_1,\ldots,i_\ell\}\subseteq\{1,\ldots,m\}$ 来表示这些公司的特性。由于布朗运动 (B_t) 与 V 和违约时间点 τ_i 独立，对于任意的 $t_1,\ldots,t_\ell\geqslant t$，有

$$Q\left(\tau_{i_1}>t_1,\ldots,\tau_{i_\ell}>t_\ell\mid\tilde{\mathcal{G}}_t\right)=Q\left(\tau_{i_1}>t_1,\ldots,\tau_{i_\ell}>t_\ell\mid\mathcal{H}_t\vee\sigma(V)\right)$$

由于 τ_i 是独立的，给定 V，它服从于

$$Q\left(\tau_{i_1}>t_1,\ldots,\tau_{i_\ell}>t_\ell\mid\mathcal{H}_t\vee\sigma(V)\right)=\prod_{l=1}^{\ell}Q(\tau_{i_l}>t_l\mid\mathcal{H}_t^{i_l}\vee\sigma(V))$$

$$= \prod_{l=1}^{\ell} I_{\{\tau_{i_l} > t\}} \frac{Q(\tau_{i_l} > t_l \mid \sigma(V))}{Q(\tau_{i_l} > t \mid \sigma(V))}$$

$$= \prod_{l=1}^{\ell} I_{\{\tau_{i_l} > t\}} \exp\Big(- \int_t^{t_l} \gamma_{i_l}(V, s) \mathrm{d}s \Big)$$

因此投资组合中的公司是条件独立的，在给定 $\tilde{\mathcal{G}}_t$ 时，条件生存概率为

$$Q(\tau_i > s \mid \tilde{\mathcal{G}}_t) = I_{\{\tau_i > t\}} \exp\Big(- \int_t^{s} \gamma_i(V, s)\, \mathrm{d}s \Big), \quad s \geqslant t \tag{17.42}$$

在第 12.3.1 节中，值 $E^Q(\Pi(t,T) \mid \tilde{\mathcal{G}}_t)$（与大量 σ 代数 $\tilde{\mathcal{G}}_t$ 有关的价格）只取决于时间点 t，以及在时间点 t 时因子 V 的实现值和违约指示向量 $\boldsymbol{Y}_t$ 的实现值，其中 $\boldsymbol{Y}_t = (Y_{t,1}, \ldots, Y_{t,m})'$。总之，这意味着 $E^Q(\Pi(t,T) \mid \tilde{\mathcal{G}}_t) = h(t, V, \boldsymbol{Y}_t)$ 适用于一个相配的函数 $h(\cdot)$。举例来说，在一个针对公司 i 的单一名称 CDS 中，保费支付日期 $t_1, \ldots, t_N > t$，利差为 x，信用违约风险保护买方的头寸为

$$h(t, v, \boldsymbol{y}) = (1 - y_i) \Big(\delta_i \int_t^{t_N} \gamma_i(v, s) \exp\big(- \int_t^{s} r(u) + \gamma_i(v, u)\, \mathrm{d}u \big)\, \mathrm{d}s \\ - x \sum_{n=1}^{N} (t_n - t_{n-1}) \exp\big(- \int_t^{t_n} r(s) + \gamma_i(v, s)\, \mathrm{d}s \big) \Big)$$

对于债务抵押债券分层，函数 $h(\cdot)$ 可以通过第 12.3.1 节中展开的因子信用风险模型分析法来计算。

利用公式 (17.41) 可以得到在 t 时刻的现金流价值

$$V_t = E^Q(h(t, V, \boldsymbol{Y}_t) \mid \mathcal{G}_t) = \int_{\mathbb{R}} h(t, v, \boldsymbol{Y}_t) g_{V|\mathcal{G}_t}(v) \mathrm{d}v \tag{17.43}$$

其中，$g_{V|\mathcal{G}_t}(v)$ 代表在给定 $\mathcal{G}_t$ 下 V 的条件密度函数。如果 V 是离散的，最后一项由和 $\sum_{k=1}^{K} h(t, v_k, \boldsymbol{Y}_t) Q(V = v_k \mid \mathcal{G}_t)$ 来代替。因此定价公式和第 12.3 节讨论的静态因子模型有相似的结构，但必须用条件密度 $g_{V|\mathcal{G}_t}(v)$ 和条件概率 $\pi_t^k := Q(V = v_k \mid \mathcal{G}_t)$ 来代替非条件密度 $g_V(v)$ 和非条件概率质量函数 $\boldsymbol{\pi}$，其中，$1 \leqslant k \leqslant K$。对这些数值的计算讨论如下。

违约强度　违约强度的计算采用相似的两步过程，因为违约是在给定 V 时的条件独立，采用命题 17.12来推导出关于总体域流 $(\tilde{\mathcal{G}}_t)$ 的公司 i 的违约强度满足 $\tilde{\lambda}_{t,i} = \gamma_i(V, t)$。采用以下普遍结论来计算关于投资域流 $(\mathcal{G}_t)$ 的 τ_i 的强度。

引理 17.14. *对于所有的 $t \geqslant 0$，考虑两个域流 $(\mathcal{G}_t)$ 和 $(\tilde{\mathcal{G}}_t)$，有 $\mathcal{G}_t \subset \tilde{G}_t$，在随机时间点 τ，相应的指示过程 $Y_t = I_{\{\tau \leqslant t\}}$ 是 $(\mathcal{G}_t)$ 适应。假设 τ 承认 $(\tilde{G}_t)$ 强度 $\tilde{\lambda}_t$。从而违约强度由过程 $\lambda_t = E(\tilde{\lambda}_t \mid \mathcal{G}_t)$. 的右连续得到。*

引理 17.14是 Brémaud (1981) 第 2 章定理 14 的特例，以此为证。采用引理 17.14得到 $(\lambda_{t,i})$，公司 i 的 $(\mathcal{G}_t)$ 违约强度由下式得出

$$\lambda_{t,i} = E(\gamma_i(V, t) \mid \mathcal{G}_t) = \int_{\mathbb{R}} \gamma_i(v, t) g_{V|\mathcal{G}_t}(v)\, \mathrm{d}v \tag{17.44}$$

当 V 离散时最后一项由和 $\sum_{k=1}^{K}\gamma_i(v_k,t)Q(V=v_k\mid\mathcal{G}_t)$ 来代替。

17.4.2　纯违约信息

在这一部分，我们将讨论投资者只有组合的违约历史这一唯一信息的情况。模型由设 $(\mathcal{G}_t)=(\mathcal{H}_t)$ 建立。

$g_{V|\mathcal{H}_t}$ 的递归计算　我们重点关注当 V 有密度函数时，离散情况可以通过类似的参数处理的情况。我们将计算条件密度 $g_{V|\mathcal{H}_t}$ 在集合 $\{t<T_1\}$（首次违约前）和 $\{T_1\leqslant t<T_2\}$（首次违约之后第二次违约之前）的值。

设 $A\subseteq\mathbb{R}$ 是可测集。首先指出，在集合 $\{t<T_1\}$ 里有 $Q(V\in A\mid\mathcal{H}_t)=Q(V\in A\mid T_1>t)$。现在有

$$Q(V\in A\mid T_1>t)=\frac{Q(\{V\in A\}\cap\{T_1>t\})}{Q(T_1>t)}\tag{17.45}$$

利用给定 V 时的违约条件独立，分子可计算得到

$$\begin{aligned}Q(\{V\in A\}\cap\{T_1>t\}&=\int_A Q(T_1>t\mid V=v)g_V(v)\mathrm{d}v\\&=\int_A\prod_{i=1}^{m}Q(\tau_i>t\mid V=v)g_V(v)\mathrm{d}v\\&=\int_A\exp\Big(-\int_0^t\sum_{i=1}^{m}\gamma_i(v,s)\mathrm{d}s\Big)g_V(v)\,\mathrm{d}v\end{aligned}$$

由公式 (17.45) 可得，在集合 $\{t<T_1\}$ 里，df$G_{V|\mathcal{H}_t}(v)$ 由以下公式给出

$$G_V(v\mid\mathcal{H}_t)=\frac{1}{Q(T_1>t)}\int_{-\infty}^{v}\exp\Big(-\int_0^t\sum_{i=1}^{m}\gamma_i(w,s)\mathrm{d}s\Big)g_V(w)\,\mathrm{d}w$$

从而条件密度 $g_{V|\mathcal{H}_t}(v)$ 满足

$$g_{V|\mathcal{H}_t}(v)\propto\exp\Big(-\int_0^t\sum_{i=1}^{m}\gamma_i(v,s)\mathrm{d}s\Big)g_V(v)$$

其中，$\propto$ 表示"成比例"。比例常数显然由 $(Q(T_1>t))^{-1}$ 给定，不过这个量与随后的分析无关。为了简化符号，我们将量定义为

$$\bar{\gamma}(v,s)=\sum_{i=1}^{m}(1-Y_{s,i})\gamma_i(v,s)\tag{17.46}$$

则在集合 $\{t<T_1\}$ 里有

$$g_{V|\mathcal{H}_t}(v)\propto\exp\Big(-\int_0^t\bar{\gamma}(v,s)\mathrm{d}s\Big)g_V(v)\tag{17.47}$$

下面我们计算集合 $\{T_1 \leqslant t < T_2\}$ 上的 $g_{V|\mathcal{H}_t}(v)$。作为中间过程，我们得到 $g_{V|\tau_j}(v \mid t)$，即给定组合中任意公司 j 在违约时间点 τ_j 时的 V 的条件密度函数。将条件密度公式 (例如，可见公式 (6.2)) 带入公式 (17.40) 中的条件密度 $f_{\tau_j|V}(t \mid v)$，得

$$g_{V|\tau_j}(v \mid t) \propto f_{\tau_j|V}(t \mid v) g_V(v) = \gamma_j(v,t)\exp\Big(-\int_0^t \gamma_j(v,s)\mathrm{d}s\Big) g_V(v) \tag{17.48}$$

t 的信息包括随机变量 T_1 和 ξ_1(分别为违约时间点和公司首次违约特征)，以及事件 $B_t := \{\tau_i > t,\, i \neq \xi_1\}$（表示在 t 时刻其他公司还未违约）。因此在时间集合 $\{T_1 \leqslant t < T_2\}$ 上有 $Q(V \in A \mid \mathcal{H}_t) = Q(V \in A \mid B_t, T_1, \xi_1)$。我们注意到

$$Q(V \in A \mid B_t, T_1, \xi_1) = \frac{Q\big(\{V \in A\} \cap B_t \mid T_1, \xi_1\big)}{Q(B_t \mid T_1, \xi_1)} \propto Q\big(\{V \in A\} \cap B_t \mid T_1, \xi_1\big)$$

现在我们计算

$$Q\big(\{V \in A\} \cap B_t \mid T_1, \xi_1\big) = \int_A \prod_{i \neq \xi_1} \exp\Big(-\int_0^t \gamma_i(v,s)\mathrm{d}s\Big) g_{V|\tau_{\xi_1}}(v \mid T_1)\,\mathrm{d}v$$

利用公式 (17.48) 可以推出这个概率正比于

$$\int_A \gamma_{\xi_1}(v,T_1)\exp\Big(-\int_0^{T_1}\sum_{i=1}^m \gamma(v,s)\mathrm{d}s\Big)\exp\Big(-\int_{T_1}^t \sum_{i\neq\xi_1}\gamma(v,s)\mathrm{d}s\Big) g_V(v)\,\mathrm{d}v$$

使用公式 (17.46) 可以发现，在 $\{T_1 \leqslant t < T_2\}$ 上

$$g_{V|\mathcal{H}_t}(v) \propto \gamma_{\xi_1}(v,T_1)\exp\Big(-\int_0^t \bar{\gamma}(v,s)\mathrm{d}s\Big) g_V(v) \tag{17.49}$$

比较公式 (17.47) 和公式 (17.49) 可以发现 T_1 时刻附加违约信息对 V 的条件分布的影响。在 T_1 时刻，“归纳的密度函数” $g_{V|\mathcal{H}_{T_1}}(v)$ 与危险率 $\gamma_{\xi_1}(v,T_1)$ 的结果成比例，且“优先的密度函数” $g_{V|\mathcal{H}_t}(v)$ 在 T_1 之前。在以下两个例子中这个结果可导出信息驱动蔓延影响的明确表达。

上面的分析是随机过滤问题（stochastic filtering）的相对简单的举例。总的来说，在过滤问题中，我们考虑一个随机过程 (Ψ_t)（随机变量是特例）和过滤 $(\mathcal{G}_t)$ 使得 (Ψ_t) 不是 $(\mathcal{G}_t)$ 适应。我们尝试在 $t \geqslant 0$ 时，用递归方法在给定 σ 代数 $\mathcal{G}_t$ 下估计 Ψ_t 的条件分布。

例 17.15 (Clayton **连接函数模型**). 对于含有一个 Clayton 生存连接函数的因子连接函数模型，可以明确计算出其条件密度函数 $g_{V|\mathcal{H}_t}(v)$ 和违约强度 $(\lambda_{t,i})$。Clayton 连接函数模型在参数 $\theta > 0$ 时是一个 LT 阿基米德连接函数模型 (见例 12.5)，其中 $V \sim \mathrm{Ga}(1/\theta, 1)$。我们用 $\hat{G}_V$ 和 $\hat{G}_V^{-1}$ 分别表示 V 分布的 Laplace–Stieltjes 变换及其逆函数，让我们回顾一下，$\mathrm{Ga}(\alpha,\beta)$ 分布的密度函数 $g(v;\alpha,\beta)$ 满足 $g(v;\alpha,\beta) \propto v^{\alpha-1}\exp(-\beta v)$，且平均值为 α/β，见附录 A.2.4。

由例 12.5可以看出，在含有 LT-阿基米德连接函数的阈值连接函数模型中，条件生存函数为

$$\bar{F}_{\tau_i|V}(t \mid v) = \exp\big(-v\hat{G}_V^{-1}(\bar{F}_i(t))\big)$$

其中，$\bar{F}_i(t)$ 指边际生存函数。因此，条件风险函数 $\gamma_i(v,t)$ 由以下公式可得

$$\gamma_i(v,t) = -\frac{d}{dt}\ln \bar{F}_{\tau_i|V}(t \mid v) = -v\,\frac{d}{dt}\hat{G}_V^{-1}(\bar{F}_i(t)) \tag{17.50}$$

因为 $Q(T_1 > t \mid V = v) = \exp\big(-v\sum_{i=1}^{m}\hat{G}_V^{-1}(\bar{F}_i(t))\big)$，可以用公式 (17.47) 得到

$$g_{V|\mathcal{H}_t}(v) \propto v^{\frac{1}{\theta}-1}\exp\Big(-v\big(1+\sum_{i=1}^{m}\hat{G}_V^{-1}(\bar{F}_i(t))\big)\Big),\quad t<T_1 \tag{17.51}$$

因此，当 $t<T_1$，给定 $\mathcal{H}_t$ 的 V 的条件分布又是一个伽马分布，但还包括参数 $\alpha = 1/\theta$ 和参数 $\beta = 1+\sum_{i=1}^{m}\hat{G}_V^{-1}(\bar{F}_i(t))$。由于该分布的平均值是 α/β，所以可以看到给定 $T_1>t$ 时 V 的条件均值比 V 的非条件均值小。这与经济直觉一致，事实上 $T_1>t$ 对投资组合来说是一个“好消息”。

接下来我们关注 $t=T_1$ 时的更新。运用公式 (17.49)，公式 (17.50) 和公式 (17.51) 我们发现

$$g_{V|\mathcal{H}_{T_1}} \propto v\Big\{v^{\frac{1}{\theta}-1}\exp\Big(-v\big(1+\sum_{i=1}^{m}\hat{G}_V^{-1}(\bar{F}_i(T_1))\big)\Big)\Big\} \tag{17.52}$$

因此，给定 $\mathcal{H}_{T_1}$，V 服从一个带有参数 $\alpha = 1+1/\theta$，$\beta = 1+\sum_{i=1}^{m}\hat{G}_V^{-1}(\bar{F}_i(T_1))$ 的伽马分布。在时间点 T_1，V 的条件均值 $\mu_{V|\mathcal{H}_t}$ 向上跳跃。我们有以下公式

$$\lim_{t\to T_1^-}\mu_{V|\mathcal{H}_t} = \frac{1/\theta}{1+\sum_{j=1}^{m}\hat{G}_V^{-1}(\bar{F}_j(T_1))}\quad \mu_{V|\mathcal{H}_{T_1}} = \frac{1+1/\theta}{1+\sum_{j=1}^{m}\hat{G}_V^{-1}(\bar{F}_j(T_1))}$$

熟悉贝叶斯统计的读者也许会注意到，由于伽马族是一个指数分布的共轭族，产生了升级规则的明确形式。

最后，我们考虑 $(\mathcal{H}_t)$ 违约强度过程 $(\lambda_{t,i})$。由于 $\gamma_i(v,t)\propto v$，利用公式 (17.44) 得出 $\lambda_{t,i}$ 与 $E(V\mid\mathcal{H}_t)$ 成比例，在给定 $\mathcal{H}_t$ 的条件下条件均值为 V。$\lambda_{t,i}$ 在每个连续的违约时间点上都向上跳跃，并且在违约之间逐渐减少。图 17.2 展示了这一点，并且我们考虑了一个显而易见的例子，其中，对所有的 i，在固定违约率 γ 下的边际生存函数为 $\bar{F}_i(t) = \exp(-\gamma t)$。参数 θ 被用来得到一个理想级别的违约相关系数。

例 17.16 (隐含连接函数模型). 在这个例子中，我们详细研究 V 离散时状态空间 $S^V = \{v_1,\ldots,v_K\}$，且概率质量函数为 $\boldsymbol{\pi}$ 的情况。使用这种方法我们得到了来源于第 12.3.3 节中的一个动态版本的隐含连接函数模型。

用相同的论据来推导所给的公式 (17.47) 和公式 (17.49)，对于 $t<T_1$，有

$$Q(V=v_k\mid\mathcal{H}_t) = \frac{\exp\big(-\int_0^t\bar{\gamma}(v_k,s)\mathrm{d}s\big)\pi_k}{\sum_{l=1}^{K}\exp\big(-\int_0^t\bar{\gamma}(v_l,s)\mathrm{d}s\big)\pi_l},\quad t<T_1 \tag{17.53}$$

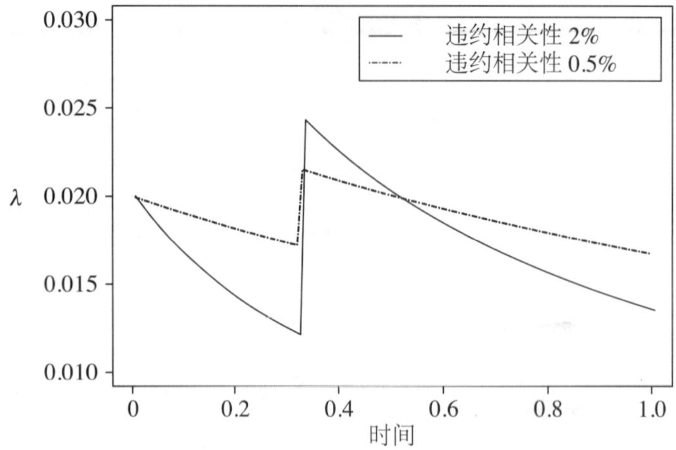

图 17.2　图为在 Clayton 连接函数模型中违约强度 (λ_t) 的路径，假设第一次违约时间点 T_1 出现在四个月中。参数如下：投资组合规模 $m=100$；边际违约率 $\gamma=0.02$；θ 用来表示一年期违约相关系数为 2% 和 0.5% 的情况。如我们所料，越高的违约相关系数意味着越强的传染效应。

在 T_1 时，有

$$Q(V=v_k \mid \mathcal{H}_{T_1}) \propto \gamma_{\xi_1}(v_k,T_1)\exp\Big(-\int_0^{T_1}\bar{\gamma}(v_k,s)\mathrm{d}s\Big)\pi_k \tag{17.54}$$

设 $\pi_t^k := Q(V=v_k \mid \mathcal{H}_t), 1\leqslant k\leqslant K$，我们现在用公式 (17.53) 和公式 (17.54) 来推导由时间和违约指示因子 $(\boldsymbol{Y}_t)$ 所决定的 $\boldsymbol{\pi}_t=(\pi_t^1,\ldots,\pi_t^K)'$ 过程的随机差分方程。这可以帮助理解违约强度和信用衍生品的动态过程。

首先我们考虑不同违约时间的动态过程 $(\boldsymbol{\pi}_t)$。定义 $E_t^k := \exp\big(-\int_0^t\bar{\gamma}(v_k,s)\mathrm{d}s\big)$，有了简单公式之后，对于 $t<T_1$，有 $\pi_t^k=(\pi_k E_t^k)/\big(\sum_{l=1}^K\pi_l E_t^l\big)$。因此，

$$\begin{aligned}\frac{\mathrm{d}}{\mathrm{d}t}\pi_t^k &= \frac{-\pi_k\bar{\gamma}(v_k,t)E_t^k\big(\sum_{l=1}^K\pi_l E_t^l\big)+\pi_k E_t^k\big(\sum_{l=1}^K\pi_l\bar{\gamma}(v_l,t)E_t^l\big)}{\big(\sum_{l=1}^K\pi_l E_t^l\big)^2}\\ &=\pi_t^k\Big(-\bar{\gamma}(v_k,t)+\frac{\sum_{l=1}^K\pi_l\bar{\gamma}(v_l,t)E_t^l}{\sum_{l=1}^K\pi_l E_t^l}\Big)\\ &=\pi_t^k\Big(-\bar{\gamma}(v_k,t)+\sum_{l=1}^K\pi_t^l\bar{\gamma}(v_l,t)\Big),\quad 1,\leqslant k\leqslant K\end{aligned} \tag{17.55}$$

公式 (17.55) 对 $(\boldsymbol{\pi}_t)$ 而言，是 K 个普通差分方程的方法，因此过程 $(\boldsymbol{\pi}_t)$ 与时间 T_1 存在着确定的关系。接下来我们考虑当 $t=T_1$ 时，使用一般的标记 $\pi_{t^-}^k := \lim_{t\to t^-}\pi_t^k$。从公式 (17.54) 可以得到

$$\pi_{T_1}^k=\frac{\gamma_{\xi_1}(v_k,T_1)E_{T_1}^k\pi_k}{\sum_{l=1}^K\gamma_{\xi_1}(v_l,T_1)E_{T_1}^l\pi_l}=\frac{\gamma_{\xi_1}(v_k,T_1)\pi_{T_1^-}^k}{\sum_{l=1}^K\gamma_{\xi_1}(v_l,T_1)\pi_{T_1^-}^l}, \tag{17.56}$$

第二个公式是从 $\pi_{T_1^-}^k=\pi_k E_{T_1}^k/(\sum_l\pi_l E_{T_1}^l)$ 得来的。观察可得，当 $t=T_1$ 时，过程 (π_t^k) 有

一个很大的跳跃。

$$\pi_{t-}^k\left(\frac{\gamma_{\xi_1}(v_k,t)\pi_{t-}^k}{\sum_{l=1}^K \gamma_{\xi_1}(v_l,t)\pi_{t-}^l}-1\right)$$

结合公式 (17.55) 和公式 (17.56)，对于包含所有 t 的动态因子 $(\boldsymbol{\pi}_t)$ 我们得到了 K 维随机差分方程体系

$$\begin{aligned}\mathrm{d}\pi_t^k =&\pi_{t-}^k\Big(-\bar{\gamma}(v_k,t)+\sum_{l=1}^K \pi_{t-}^l\bar{\gamma}(v_l,t)\Big)\,\mathrm{d}t\\ &+\sum_{i=1}^m \pi_{t-}^k\left(\frac{\gamma_i(v_k,t)\pi_{t-}^k}{\sum_{l=1}^K \gamma_i(v_l,t)\pi_{t-}^l}-1\right)\mathrm{d}Y_{t,i}\,,\quad 1\leqslant k\leqslant K\end{aligned} \tag{17.57}$$

记得 $\lambda_{t,i}=\sum_{k=1}^K \pi_t^k\gamma_i(v_k,t)$ 是公司 i 的违约强度 $(\mathcal{H}_t)$。定义补偿违约因子过程

$$M_{t,i}=Y_{t,i}-\int_0^t (1-Y_{s-,i})\lambda_{s-,i}\mathrm{d}s=Y_{t,i}-\int_0^t (1-Y_{s-,i})\sum_{k=1}^K \pi_{s-}^k\gamma_i(v_k,s)\,\mathrm{d}s \tag{17.58}$$

接下来我们证明公式 (17.57) 可以通过使用过程 $(M_{t,1}),\dots,(M_{t,m})$ 作为驱动来简化。这个陈述将会有助于看到我们的分析与第 17.4.3 节中更一般的过滤模型之间的联系。最后，注意到公式 (17.57) 中的 $\mathrm{d}t$ 项等于

$$\pi_{t-}^k\sum_{i=1}^m\left((1-Y_{t,i})\Big(\frac{\gamma_i(v_k,t)}{\sum_{l=1}^K \pi_{t-}^l\gamma_i(v_l,t)}-1\Big)\Big(-\sum_{l=1}^K \pi_{t-}^l\gamma_i(v_l,t)\Big)\right)$$

使用补偿违约指示过程作为驱动因子，因此，动态过程 $(\boldsymbol{\pi}_t)$ 可以被写为以下更为简单的形式

$$\mathrm{d}\pi_t^k=\sum_{i=1}^m \pi_{t-}^k\left(\frac{\gamma_i(v_k,t)}{\sum_{l=1}^K \gamma_i(v_l,t)\pi_{t-}^l}-1\right)\mathrm{d}M_{t,i} \tag{17.59}$$

违约的强度与传染性　公式 (17.59) 决定了违约强度 $(\mathcal{H}_t)$ 的动态过程。在 Clayton 连接函数模型中，$(\lambda_{t,i})$ 决定了违约事件和组合随机违约时间的跳跃。有可能会给予跳跃的规模和不完备信息所引起的传染性一个明确的表达。

考虑到两家公司 $i\neq j$，因此从公式 (17.59) 推测在 j 公司违约时间为 τ_j 的情况下，i 公司的违约强度为

$$\lambda_{\tau_j,i}-\lambda_{\tau_j-,i}=\sum_{k=1}^K \gamma_i(v_k,\tau_j)\pi_{\tau_j-}^k\left(\frac{\gamma_j(v_k,\tau_j)}{\sum_{l=1}^K \gamma_j(v_l,\tau_j)\pi_{\tau_j-}^l}-1\right)=\frac{\mathrm{cov}^{\boldsymbol{\pi}_{\tau_j-}}(\gamma_i,\gamma_j)}{\lambda_{\tau_j-,j}} \tag{17.60}$$

因此 $\mathrm{cov}^{\boldsymbol{\pi}}$ 衡量随机变量 $v\mapsto\gamma_i(v,\tau_j)$，$\boldsymbol{\pi}$ 的 S^V 和 γ_i 是速记概率的协方差。

公式 (17.60) 对于违约的传染性做出了很直观的预测。首先，在其他都相同的情况下，违约的传染性随着在 $\boldsymbol{\pi}_{\tau_j-}$ 情况下随机变量 γ_i 和 γ_j 的增加而增加。也就是说如果债务人有着相似的特征则传染的影响将会变大。其次，传染的影响与违约主体的违约强度 $\lambda_{\tau_j-,j}$ 有着反向比例关系，尤其是有着高信用质量的违约主体 j。因此低价值的 $\lambda_{\tau_j-,j}$ 对市场有着相当大的影响，可能是因为其违约对市场参与者而言是一个惊喜。

17.4.3　补充说明

在例 17.16中学到的动态的隐含柯布拉函数，其违约强度涉及违约事件之间的确定性。这个不现实的行为来源于投资者过滤即违约历史的 $(\mathcal{H}_t)$ 假设。在强大的过滤选择下，新信息只有在违约时间才能进入模型。在这个章节，我们将讨论由 Frey and Schmidt (2012) 提出的一个富裕投资者 $(\mathcal{G}_t)$ 域流的扩展模型。

筹备　在例 17.16中我们假设因子是一个离散随机变量，V 的值在集合 $S^V=\{v_1,\ldots,v_K\}$ 中。投资者过滤 $(\mathcal{G}_t)$ 因子由组合中公司的违约历史所生成——这是新的部分——额外的过程 (Z_t) 代表有着额外噪声的观测值 V。正式地，我们设置 $(\mathcal{G}_t)=(\mathcal{H}_t)\vee(\mathcal{F}_t^Z)$，且 (Z_t) 是以下的形式

$$Z_t=\int_0^t a(V,s)ds+\sigma B_t \tag{17.61}$$

在这里，(B_t) 是一个布朗运动，V 的独立性和违约指示过程 $(\boldsymbol{Y}_t)$，$a(\cdot)$ 是自 $S^V\times[0,\infty)$ 到 $\mathbb{R}$ 的函数方程，σ 是调节噪声影响的换算参数。

公式 (17.61) 是一种在连续时间随机过滤模型中加入了噪声信息 V 的标准化方式。为了进一步了解这个模型的，我们将展示公式 (17.61) 作为简单离散时间模型是怎么推导的。假设投资者收到关于 V 在离散时间点 $t_k=k\Delta,\ k=1,2,\ldots$ 的噪声信息，这个信息以噪声变量 ϵ_k 的独立同分布序列 $X_{t_k}=a(V,t_k)+\epsilon_k$ 的形式存在，与 V 相独立，零均值且方差 $\sigma_\epsilon^2>0$。现在定义比例累计观测过程 $Z_t^\Delta:=\Delta\sum_{t_k\leqslant t}X_{t_k}$ 且使 $\sigma=\sqrt{\Delta\sigma_\epsilon^2}$。当 Δ 变小时我们有近似值

$$Z_t^\Delta=\sum_{t_k\leqslant t}\Delta a(V,t_k)+\Delta\sum_{t_k\leqslant t}\epsilon_k\approx\int_0^t a(V_s,s)\,\mathrm{d}s+\sigma B_t \tag{17.62}$$

为不失一般性，我们设置 $\sigma=1$，其他 σ 的值可以通过调节方程式 $a(\cdot)$ 来输入。在下列数值型例子中我们假设 $a(v_k,t)=c\ln\bar{\gamma}(v_k,t)$，$\bar{\gamma}(v_k,t)$ 在公式 (17.46) 中被定义，且固定值 $c\geqslant 0$ 定义 (Z_t) 信息满足程度。对于 $c=0$，(Z_t) 没有带来信息，但当 c 变大时，V 的地位可以被更准确地观测到。过程 (Z_t) 是一个代表证券价格信息的抽象建模装置，这个不与可观测到的经济数量直接相关。我们回到之前讨论的模型刻度策略。

$(\boldsymbol{\pi}_t)$ 的动态过程　我们依旧使用公式 $\pi_t^k=Q(V=v_k\mid\mathcal{G}_t)$, $1\leqslant k\leqslant K$, 和 $\boldsymbol{\pi}_t=(\pi_t^1,\ldots,\pi_t^K)'$。Frey and Schmidt (2012) 分析中最核心的部分是动态过程 $(\boldsymbol{\pi}_t)$ 的随机差分方程的导数。我们以介绍驱动这个公式的过程作为开始。根据引理 17.14，公司 i 的违约强度 $(\mathcal{G}_t)$ 基于 $\lambda_{t,i}=\sum_{l=1}^K\pi_t^k\gamma_i(v_k,t)$，补偿性违约指示过程是基于公式 (17.58) 所介绍的鞅。然后，我们定义过程

$$W_t=Z_t-\int_0^t\sum_{k=1}^K\pi_s^k a(v_k,s)\,\mathrm{d}s\,,\quad t\geqslant 0 \tag{17.63}$$

在直观的条件下我们有这样的关系

$$E(\mathrm{d}Z_t \mid \mathcal{G}_t) = E(a(v_k, t)\mathrm{d}t \mid \mathcal{G}_t) = \sum_{k=1}^{K} \pi_t^k a(v_k, t)\mathrm{d}t$$

因此 $\mathrm{d}W_t = \mathrm{d}Z_t - E(\mathrm{d}Z_t \mid \mathcal{G}_t)\mathrm{d}t$，以至于增加项 $\mathrm{d}W_t$ 代表新信息 $\mathrm{d}Z_t$ 中不可预见的部分。基于这个原因，(W_t) 在文献中被称为随机过滤的新息过程。众所周知 (W_t) 是一个 $(\mathcal{G}_t)$ 布朗运动。正式的证明过程参见 Bain and Crisan (2009) 或 Davis and Marcus (1981)。

接下来的结果是来源于 Frey and Schmidt (2012) 的广义方程 (公式 (17.59))。

命题 17.17. 对于 $1 \leqslant k \leqslant K$，过程 $(\boldsymbol{\pi}_t) = (\pi_t^1, \ldots, \pi_t^K)'$，求解 SDE 方程

$$\mathrm{d}\pi_t^k = \sum_{i=1}^{m} \pi_{t-}^k \left(\frac{\gamma_i(v_k, t)}{\sum_{l=1}^{K} \gamma_i(vt, i_l, t)\pi_{t-}^l} - 1 \right) \mathrm{d}M_{+}\pi_{t-}^k \Big(a(v_k, t) - \sum_{l=1}^{K} \pi_t^l a(v_l, t) \Big) \mathrm{d}W_t \quad (17.64)$$

其中初始值为 $\boldsymbol{\pi}_0 = \boldsymbol{\pi}$。

随机域流公式 (17.64) 也被称之为库纳什—斯特拉托诺维奇方程。我们省略命题的正式证明过程，但尝试着给公式 (17.64) 更直观的解释。公式中跳跃的部分与公式 (17.59) 很相似。这个部分代表着 $\boldsymbol{\pi}_t$ 违约信息的影响且对由于违约所带来的传染效应。接下来我们将考虑扩散过程部分。通过 $\tilde{a}(v) = a(v, t)$ 和 $I_k(v) = I_{\{v=v_k\}}$ 来定义随机变量 $\tilde{a}$ 和 $I_k \colon S^V \to \mathbb{R}$。扩散部分的系数可以被书写为以下形式

$$E^{\boldsymbol{\pi}}(I_k, \tilde{a}) - E^{\boldsymbol{\pi}}(I_k)E^{\boldsymbol{\pi}}(\tilde{a}) = \operatorname{cov}^{\boldsymbol{\pi}}\big(I_k\,, \tilde{a}\big)$$

在度量 $\boldsymbol{\pi}_t$ 时，如果随机变量 I_k 和 $\tilde{a}$ 存在正相关性，则新息过程中正的增量 $\mathrm{d}W_t$ 会导致 π_t^k 的增加。库纳什—斯特拉托诺维奇方程 (17.64) 会使其自己进入模拟。特别地，这个方程式可以被用来产生 $(\boldsymbol{\pi}_t)$ 的轨道和违约强度 $\lambda_{t,i} = \sum_{l=1}^{K} \pi_t^k \gamma_i(v_k, t)$, $1 \leqslant i \leqslant m$。更多细节请参见 Frey and Schmidt (2011)。

将投资者信息扩展到更大的信息集 $(\mathcal{G}_t)$ 导致丰富和现实动态，包括违约和违约传染之间的信用利差的随机波动。这展现在图 17.3 中，我们绘制了违约强度的代表性模拟路径。在不同违约时间段（如 $t = 600$），违约和违约传染影响之间的强度波动是显而易见的。

信用衍生品的定价　所有常见的信用风险工具，信用衍生品和信用价值调整可以被分成以下两类：

- 基础信用产品：这个类别包括那些现金流取决于基础资产违约历史的产品，因此是 $(\mathcal{H}_t)$ 适应的。例如像公司债券，CDS 和 CDO。
- 信用交易产品期权：这一类包含了其支付是基于基础信用产品未来市场价值的衍生品。例如公司债券的期权，CDS 指数的期权和在第 17.2 节中讨论过的信用衍生品的信用价值调整。

不同类别的产品有着不同的定价方法，因此我们将分类进行讨论。从基础的信用产品出发，以 $\mathcal{H}_T$ 方法定义相关的未来现金流为随机变量 $\Pi(t, T)$。然后，用风险中性定价，价

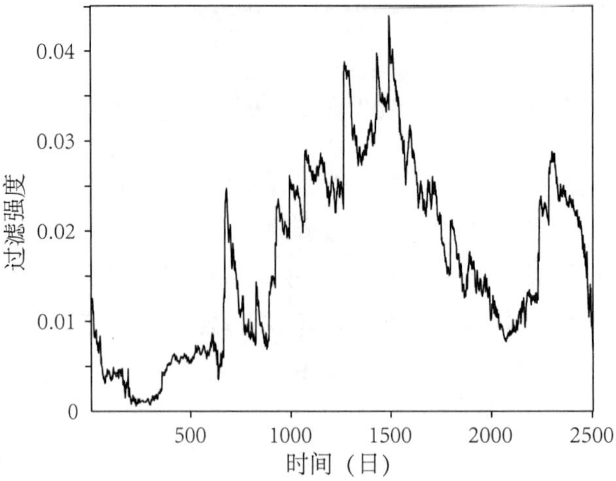

图 17.3　模型中关于违约强度的模拟路径主要依赖不完整的信息，而额外的信息主要是由噪声观测过程 (Z_t) 得来。这个图是使用了例 12.7中的建立部分后得出的。

格在 t 时基础信用产品的价值为 $V_t = E^Q\big(\Pi(t,T) \mid \mathcal{G}_t\big)$，结合 $\mathcal{G}_t = \mathcal{H}_t \vee \mathcal{F}_t^Z$，用与导出公式 (17.43) 相似的方法，我们得到

$$V_t = \sum_{k=1}^{K} h(t, v_k, \boldsymbol{Y}_t)\pi_t^k \tag{17.65}$$

其中，$h(t, V, \boldsymbol{Y}_t) = E^Q(\Pi(t,T) \mid \tilde{\mathcal{G}}_t)$，对于已知 V 的一个假设值。V_t 仅取决于 $\boldsymbol{Y}_t$，$\boldsymbol{\pi}_t$ 和 $h(\cdot)$ 方程。在公式 (17.61) 中方程 $a(\cdot)$ 的简单形式与基础信用产品的定价不相关。

接下来我们考虑信用交易产品期权。假设 N 个基础信用产品，例如市场上交易的 CDS，分层的 CDO 或者是指数互换等，定义不同时间的除息价为 $V_{t,1}, \ldots, V_{t,N}$。那么信用交易产品期权的收益是这样的形式 $I_{\{\tilde{T} \leqslant T\}} g(\boldsymbol{Y}_{\tilde{T}}, V_{\tilde{T},1}, \ldots, V_{\tilde{T},N})$，其中 $\tilde{T}$ 是 $(\mathcal{G}_t)$ 的每一次支付的时间节点，T 是合约的到期时间。一个最好的例子就是信用违约互换的信用价值调整。以交易对手方的无风险的信用违约互换的市场价值定义 (V_t^{CDS})。在推论 17.1中展示，信用价值调整实际是关于信用违约互换在 $\tilde{T} = T_1$ 时的期权且收益为

$$g\left(\boldsymbol{Y}_{T_1}, V_{T_1}^{\mathrm{CDS}}\right) = (1 - Y_{T_1}^R)(1 - Y_{T_1}^B)(V_{T_1}^{\mathrm{CDS}})^+$$

另一个关于信用交易产品期权的例子是 Frey and Schmidt (2011) 提出来的基于信用违约互换的期权。

过程 $(\boldsymbol{Y}_t, \boldsymbol{\pi}_t)$ 实际是投资者过滤的马尔科夫过程，因此 t 时刻的信用交易产品期权的价格是关于 Y_t 和 π_t 形式的方程

$$E\left(\mathrm{e}^{-\int_t^{\tilde{T}} r(s)\mathrm{d}s} I_{\{\tilde{T} \leqslant T\}} g(\boldsymbol{Y}_{\tilde{T}}, V_{\tilde{T},1}, \ldots, V_{\tilde{T},N}) \mid \mathcal{G}_t\right) = I_{\{\tilde{T} > t\}} g(t, \boldsymbol{Y}_t, \boldsymbol{\pi}_t) \tag{17.66}$$

方程 g 的实际估值通常是基于蒙特卡洛方法。交易型信用产品的方程 g 通常依赖于整个动态过程 $(\boldsymbol{Y}_t, \boldsymbol{\pi}_t)$，我们可以在下一章关于信用价值调整的分析中看到。

校准　校准方法成为 Frey and Schmidt (2012) 模型的重要组成部分有以下几点原因。我们把产生域流 $\mathcal{G}$ 的过程 (Z_t) 看作一个模型构建设备，且其不与可观测到的数量有直接的联系，这会导致过程 $(\boldsymbol{\pi}_t)$ 不会被投资者直接观察到。换句话说，模型中的定价公式取决于 $\boldsymbol{Y}_t$ 和 $\boldsymbol{\pi}_t$ 的价值。既然定价公式需要以公开可获得的信息进行评估，因此在模型运用中关键的点是从可观测到的基础信用产品决定 $\boldsymbol{\pi}_t$ 在 t 时刻的实现值。

假设在 t 时刻有 N 个基础信用产品以市场价格 p_n^* 进行交易，$1 \leqslant n \leqslant N$ 且被定义为在 V 已知的人工模型中合约的价值，即 $h_n(t, V, \boldsymbol{Y}_t)$。然后我们需要找到一些概率向量 $\boldsymbol{\pi} = (\pi^1, \ldots, \pi^K)'$，这样模型 $V_t^n(\boldsymbol{\pi}) = \sum_{k=1}^K \pi^k h_n(t, v_k, \boldsymbol{Y}_t)$ 的价格才会接近于对于所有 n 所能观测到的价格 p_n^*。读者可能会回忆起这个问题与第 12.3.3 节中的隐含柯布拉框架下校准问题相类似，我们倾向于把那一章作为运算与数字结果的细节展示。

17.4.4　抵押信用价值调整和传染效应

我们现在已经学习了同一规模下信用价值调整和单一名称 CDS 中抵押策略表现在不同价格波动中的影响。我们现在对传染的影响尤感兴趣。为了证明传染可能与抵押策略的表现相关，考虑在信用违约互换（CDS）到期之前保护性卖方违约的案例。在那种情形下，传染可能会导致相关证券信用利差的急剧上升。因此会带来信用违约互换（CDS）更高的替换价值。标准的抵押策略可能会以更公平简略的方式来考虑，当违约不足以替换 CDS 时，大量的抵押将被交付。

我们的阐述是基于 Frey and Rösler (2013) 的。我们将运用在前几章所提到不完备信息下的模型来帮我们进行分析。将前一节进行简单的延展，我们假设因子是一个有限的马尔科夫链 (Ψ_t)（这里将不讨论相关细节）。我们考虑两个版本的模型，并根据投资者可获得的数量进行相应的分类。在信息完全可获得的这一类，我们假设过程 (Ψ_t) 是可观测到的，因此也就没有传染的影响。在信息不完全可获得的这一类，投资者仅当过程对于 $a(\psi) = c \ln \bar{\gamma}(\psi)$（当然也包括违约信息）$Z_t = \int_0^t a(\Psi_s)\,\mathrm{d}s + B_t$ 时才能观测到。正如我们之前所看到的，在信息不完整的情况之下，可能会存在有违约时间的条件分布 (Ψ_t) 所引起的违约传染。

为了计算信用价值调整和度量我们在第 17.2.2 节中所介绍的双边抵押信用价值调整 (BCCVA) 的担保策略的表现，实际的信用价值调整计算大部分都是用蒙特卡洛的方法得出的。数字实验基于马尔科夫链 (Ψ_t)，其中 $K = 8$ 个状态，即 $k = v_1, \ldots, v_8$ 的情况，这里 v_1 是最好的情况（对所有考虑到的公司都是低违约概率），v_8 是最坏的情况。为了使模型标准化，我们假设保护性买方 B 有 50 个基点的信用利差，关联实体 R 有 1000 个基点的信用利差，且保护性卖方 S 有 500 个基点的信用利差，因此 B 的信用质量是远高于 S 的，更重要的是，三家公司的违约概率为固定的 $\rho_{BR} = 2.0\%$，$\rho_{BS} = 1.5\%$，$\rho_{RS} = 5\%$。标准化过程的结果在表 17.2中展示，且在任何固定的时间违约强度都是单调随机变量。

现在我们得到了模拟研究的结果。我们从最普通的抵押策略表现开始分析，这个在第 17.2.2 节中有所提及。无风险对手方信用违约概率的市场价值 R 以 (V_t^{CDS}) 定义。我们

状态	v_1	v_2	v_3	v_4	v_5	v_6	v_7	v_8
π_0	0.0810	0.0000	0.2831	0.0548	0.0000	0.0000	0.0000	0.5811
γ_B	0.0000	0.0010	0.0027	0.0040	0.0050	0.0059	0.0091	0.0195
γ_R	0.0031	0.0669	0.1187	0.1482	0.1687	0.1855	0.2393	0.3668
γ_S	0.0007	0.0245	0.0482	0.0627	0.0732	0.0818	0.1108	0.1840

表 17.2 信用价值调整的模型标准化案例研究结果

比较抵押的市场价值 $C_t^{\text{market}} = V_t^{\text{CDS}}$, $t \leqslant T$，对于 M_1 和 M_2，抵押的阈值为

$$C_t^{M_1,M_2} = ((V_t^{\text{CDS}})^+ - M_1)I_{\{(V_t^{\text{CDS}})^+ > M_1\}} - \big((V_t^{\text{CDS}})^- - M_2\big)I_{\{(V_t^{\text{CDS}})^- > M_2\}}$$

注意抵押品的市场价值可以用抵押品阈值来表示，且 $M_1 = M_2 = 0$。

表 17.3给出了抵押策略表现的数字结果。我们可以看到在信息完备的情况下，抵押的市场价值是非常有效的。通过对比具有一小部分正的阈值的 CCVA 模型和无抵押的 CCVA，抵押阈值的表现也非常令人满意。因为在案例中所选择的 B 的信用质量远高于 S，且对于抵押策略来说，CDVA 是非常小的，所以 $Q(\xi_1 = B)$ 是非常小的。换句话说，在不完整的信息下，市场价值的表现和抵押阈值并不能完全匹配。特别是，当 $M_1 = M_2 = 0$ 时，与信息完整的案例相比，CCVA 非常高。主要原因是由于传染效应，阈值担保证券系统地低估了信用违约互换（CDS）的市场价值 T_1，这导致了信用保护买方的损失。在两个不同版本的模型中，违约时间的联合概率是相同的，因此在不同的种类中，不同规模的信用价值调整和抵押策略的表现可以归因于不同动态的信用利差（传染的或非传染的）。因此我们的案例研究清晰地展现了信用利差的动态过程对于对手方信用风险管理的重要性。

最后，我们表明对于给定的参数值，有明确的证据表明错误的风险。为此，我们将正确的价值调整量与简化公式 (17.11) 和公式 (17.12) 计算的价值调整量进行了比较，两者都是在没有抵押的情况下进行的。结果列在表 17.3 最后两排中。可以发现所有维度的通过修正公式计算的价值调整的模型都比简化公式计算的价值调整要大。这意味着保护性卖方与相关权益主体之间没有不可忽略的违约相关性，简化公式可能不是很合适。

说明与评论

关于信息不完备的信用风险模型有着大量的文献。Kusuoka (1999)，Duffie and Lando (2001)，Giesecke and Goldberg (2004)，Jarrow and Protter (2004)，Coculescu et al. (2008)，Frey and Schmidt (2009)，Cetin (2012) 和 Frey et al. (2014) 都认为结构模型是基本默顿模型的精髓，即资产和负债的价值都不可直接观测到。后来的三篇报告运用随机过滤技术来研究在信息不完整情况下的结构模型。

关于信息不完备下的简约模型，Schönbucher (2004) 和 Collin-Dufresne et al. (2010) 模型与第 17.4.2 节中的模型类似。所以文章都指出由于收入违约观测值产生了一系列信息驱动违约传染，导致未观测到的条件分布的连续更新。Duffie et al. (2009) 假设未观测到的因子 (Ψ_t) 是由奥恩斯坦—乌伦贝克过程给出的。他们的文章包含了有趣的经验主义结

	信息完成			信息不完整		
阈值	CCVA	CDVA	BCCVA	CCVA	CDVA	BCCVA
$M_1 = M_2 = 0$	0	0	0	35	0	35
$M_1 = M_2 = 0.02$	16	0	15	45	0	45
$M_1 = M_2 = 0.05$	38	1	37	60	0	60
无抵押						
(i) 正确公式	93	1	92	83	1	82
(ii) 简化公式	68	6	62	54	4	49

表 17.3　信息完整模型的价值调整和阈值抵押与市场价值抵押（$M_1 = M_2 = 0$）下的信息不完整模型。名义的信用违约互换（CDS）为 1，所有的数字都是同一基点。在最后一行我们也报告了根据简化价值调整公式 (17.11) 和公式 (17.12) 的价值调整。

果，尤其是分析提供了强大的支持关于未观测到的随机过程驱动违约强度（也称为动态弱点 *dynamic frailty*），用来解释历史数据违约的聚集。随机过滤和简约模型之间的联系被 Frey and Runggaldier (2010) 以及 Frey and Schmidt (2012)，我们在第 17.4.3 节中的分析大量基于这样的文章。抵押策略的数字结果也是基于 Frey and Rösler (2013)，关于信息不完整的信用风险模型调查可以在 Frey and Schmidt (2011) 的文章中找到。

附录 A

A.1 其他定义和结果

A.1.1 分布类型

定义 A.1 (**类型相同**). 对于两个随机变量 V 和 W，如果存在常量 $a>0$ 和 $b\in\mathbb{R}$，满足 $V\overset{\mathrm{d}}{=}aW+b$，那么就称这两个随机变量（或者它们的分布）具有相同类型。

换句话说，相同类型的分布通过位置和尺度变换彼此获得。

A.1.2 广义逆和分位数

设 T 是一个递增函数，即满足 $y>x \implies T(y)\geqslant T(x)$，且对于某些 $y>x$，右侧是严格不等的。因此递增函数可能有平坦区间，如果要排除这种情况，我们可以规定 T 是严格递增的，所以 $y>x \iff T(y)>T(x)$。首先，我们注意到当把递增变换应用到随机变量上时的一些有用结论。

引理 A.2.

(i) 如果 X 是一个随机变量，T 是一个递增函数，那么 $\{X\leqslant x\}\subset\{T(X)\leqslant T(x)\}$ 并且

$$P(T(X)\leqslant T(x))=P(X\leqslant x)+P(T(X)=T(x),\ X>x) \tag{A.1}$$

(ii) 如果 F 是随机变量 X 的分布函数，那么 $P(F(X)\leqslant F(x))=P(X\leqslant x)$。

由公式 (A.1) 第二点性质可以得到，对于任意的 x，$\{F(X)=F(x),\ X>x\}$ 确定的事件对应分布函数 F 的一个平坦区间，因此概率质量为零。

递增函数 T 的广义逆函数定义为 $T^{\leftarrow}(y)=\inf\{x:T(x)\geqslant y\}$，其中我们采用惯例表示 $\inf\emptyset=\infty$。严格来讲，这个广义逆函数被称为左连续广义逆函数。下边的基本性质的证明很简单。

命题 A.3 (**广义逆的性质**). 对于递增函数 T，有如下性质。

(i) $T^{\leftarrow}$ 是一个递增的左连续函数。

(ii) T 是连续的 $\iff$ $T^{\leftarrow}$ 是严格递增。

(iii) T 是严格递增 $\iff$ $T^{\leftarrow}$ 是连续的。

另外假设当 $-\infty<T^{\leftarrow}(y)<\infty$ 时，有如下性质。

(iv) 如果 T 是右连续的，那么 $T(x)\geqslant y \iff T^{\leftarrow}(y)\leqslant x$。

(v) $T^{\leftarrow}\circ T(x)\leqslant x$。

(vi) T 是右连续的 $\Longrightarrow T\circ T^{\leftarrow}(y)\geqslant y$。

(vii) T 是严格递增的 $\Longrightarrow T^{\leftarrow}\circ T(x)=x$。

(viii) T 是连续的 $\Longrightarrow T\circ T^{\leftarrow}(y)=y$。

我们将广义逆的概念应用于分布函数。如果 F 是一个分布函数，那么广义逆函数 $F^{\leftarrow}$ 称为 F 的分位数函数。对于 $\alpha \in (0,1)$，也可以使用另外一种表示方法 $q_\alpha(F) = F^{\leftarrow}(\alpha)$ 来表示 F 的 α 分位数。图 A.1 展示了两种特殊情形下的分位数的计算。

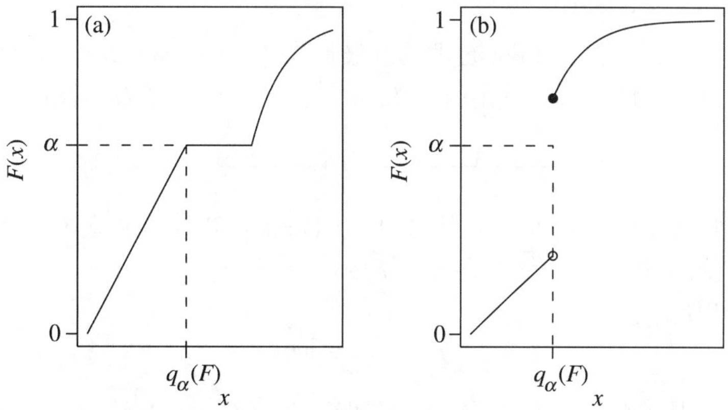

图 A.1 两种特殊情形下分位数的计算。第一种情形 (a) 表示一个连续分布函数，但是平坦区间对应具有零概率质量的区间。第二种情形 (b) 中含有概率质量原子，即对于具有分布函数 F 的 X，我们有 $P(X = q_\alpha(F)) > 0$。

一般，由于分布函数不需要是一个严格递增函数（图中的 (a)），因此由性质 A.3(v) 可以得到 $F^{\leftarrow} \circ F(x) \leqslant x$。不过，满足 $F^{\leftarrow} \circ F(x) \neq x$ 的 x 值对应于平坦区间和有零概率质量，从而可以得到下边的结论。

命题 A.4. 如果 X 是一个分布函数为 F 的随机变量，那么 $P(F^{\leftarrow} \circ F(X) = X) = 1$。

下面的命题展示了如何计算转换后的随机变量的分位数，并在第 7.2.1 节中使用它来证明风险价值的共单调可加性。

命题 A.5. 假设 X 是一个随机变量，T 是一个递增的左连续函数，那么 $T(X)$ 的分位数函数是

$$F^{\leftarrow}_{T(X)}(\alpha) = T\left(F^{\leftarrow}_X(\alpha)\right)$$

证明. 因为 $F_{T(X)}$ 是一个右连续函数，那么根据性质 A.3(iv) 可以得到，对于任意一点 x，有等价关系

$$F^{\leftarrow}_{T(X)}(\alpha) \leqslant x \iff F_{T(X)}(x) \geqslant \alpha \tag{A.2}$$

设 $y_0(x) = \sup\{y : T(y) \leqslant x\}$，那么由 T 的左连续性可以得到

$$T(y) \leqslant x \iff y \leqslant y_0(x)\,. \tag{A.3}$$

由公式 (A.3) 可知事件 $\{T(X) \leqslant x\}$ 和 $\{X \leqslant y_0(x)\}$ 是相同的，从而可以得到

$$F_{T(X)}(x) \geqslant \alpha \iff F_X(y_0(x)) \geqslant \alpha \tag{A.4}$$

另外我们有

$$F_X(y_0(x)) \geqslant \alpha \overset{(a)}{\iff} F^{\leftarrow}_X(\alpha) \leqslant y_0(x) \overset{(b)}{\iff} T\left(F^{\leftarrow}_X(\alpha)\right) \leqslant x \tag{A.5}$$

其中，利用性质 A.3(iv) 可以得到 (a)，利用公式 (A.3) 可以得到 (b)。由等价关系公式 (A.2)、(A.4) 和 (A.5) 以及 x 是任意一个点就可以证明引理。 □

A.1.3 分布变换

分布变换可以用来证明 Sklar 定理的一般形式 (Theorem 7.3)，这是由 Rüschendorf (2009) 得出的结论。对于带有分布函数的随机变量 X，F 定义修改后的分布函数

$$\tilde{F}(x,\lambda) = P(X < x) + \lambda P(X = x), \quad \lambda \in [0,1] \tag{A.6}$$

很显然可以得到 $\tilde{F}(x,\lambda) = F(x-) + \lambda(F(x) - F(x-))$，并且如果 F 在 x 处是连续的，那么 $\tilde{F}(x,\lambda) = F(x)$，但是一般为 $F(x-) \leqslant \tilde{F}(x,\lambda) \leqslant F(x)$。

X 的分布变换的定义是

$$U := \tilde{F}(X,V) \tag{A.7}$$

其中 $V \sim U(0,1)$ 是一个独立于 X 的均匀随机变量，$\tilde{F}(x,\lambda)$ 表示 (A.6)。下边的结果表明分布变换是性质 7.2 的概率变换的推广形式。

命题 A.6. 对于一个分布函数为 F 的随机变量 X，设 $U = \tilde{F}(X,V)$ 表示 X 的分布变换，那么 $U \sim U(0,1)$，并且几乎必然有 $X = F^{\leftarrow}(U)$。

证明. 对于一个给定的 u，我们先计算 $P(U \leqslant u)$。设 $q(u) = P(X < F^{\leftarrow}(u))$，$p(u) = P(X = F^{\leftarrow}(u))$，可以看出

$$\{\tilde{F}(X,V) \leqslant u\} = \{X < F^{\leftarrow}(u)\} \cup \{X = F^{\leftarrow}(u), q(u) + Vp(u) \leqslant u\}$$

有两种情形需要考虑：一种是 F 在 u 分位数 $F^{\leftarrow}(u)$ 处是连续的，在这种情形下 $p(u) = 0$，$q(u) = u$；另一种情形是 F 在 u 分位数处有一个跳跃，在这种情形下 $p(u) > 0$。对于前一种情形

$$P(U \leqslant u) = P(X < F^{\leftarrow}(u)) = q(u) = u$$

对于后一种情形

$$P(U \leqslant u) = q(u) + p(u)P\left(V \leqslant \frac{u - q(u)}{p(u)}\right) = u$$

这就证明了 U 服从均匀分布。

为了证明第二部分，固定 $\omega \in \Omega$ 并且设 $x = X(\omega)$，$u = U(\omega) = \tilde{F}(X(\omega), V(\omega))$。很显然有 $F(x-) \leqslant u \leqslant F(x)$。如果 $F(x-) < u \leqslant F(x)$，那么 $F^{\leftarrow}(u) = x$，但是如果 $F(x-) = u$，那么 $F^{\leftarrow}(u) < x$。然而后一种情形发生时的 ω 值构成了一个零测集。 □

A.1.4 Karamata 定理

下边关于有正则变差函数的结论被应用在了第 5 章。更多细节可以参考Bingham et al. (1987)。从本质上讲，结果表明，慢变函数可以从积分中取出，就像它是一个常数一样。要注意的是 “$\sim$” 在这里指的是渐近相等，即当 $x \to x_0$ 时，$a(x) \sim b(x)$ 指的就是 $\lim_{x\to x_0} a(x)/b(x) = 1$。

定理 A.7 (Karamata **定理**). 设 L 是 $[x_0, \infty)$ 上的慢变函数，它的局部边界是 $x_0 \geqslant 0$。那么

(a) 当 $\kappa > -1$, $\int_{x_0}^{x} t^{\kappa} L(t)\,\mathrm{d}t \sim \frac{1}{\kappa+1} x^{\kappa+1} L(x)$, $x \to \infty$。

(b) 当 $\kappa < -1$, $\int_{x}^{\infty} t^{\kappa} L(t)\,\mathrm{d}t \sim -\frac{1}{\kappa+1} x^{\kappa+1} L(x)$, $x \to \infty$。

A.1.5 支持和分离超平面定理

第 8 章的很多地方都需要下边关于支撑超平面和分割超平面存在性的定理。更多的信息可以参考 Bertsekas (1999) 中的附录 B2，Boyd and Vandenberghe (2004) 中的第 2.5 节或者 Rockafellar (1970) 中的第 11 章。

命题 A.8. 对于一个凸集 $C \subset \mathbb{R}^n$，和某个 $\boldsymbol{x}_0 \in \mathbb{R}^n$。

a) 如果 $\boldsymbol{x}_0$ 不是 C 的内点，那么存在一个经过 $\boldsymbol{x}_0$ 的 C 的支持超平面，也就是说存在某个 $\boldsymbol{u} \in \mathbb{R}^n \setminus \{\boldsymbol{0}\}$ 满足 $\boldsymbol{u}'\boldsymbol{x}_0 \geqslant \sup\{\boldsymbol{u}'\boldsymbol{x} : \boldsymbol{x} \in C\}$。

b) 如果 $\boldsymbol{x}_0$ 不属于 C 的闭集 $\bar{C}$，那么存在严格分割超平面，也就是说存在 $\boldsymbol{u} \in \mathbb{R}^n \setminus \{\boldsymbol{0}\}$ 满足 $\boldsymbol{u}'\boldsymbol{x}_0 > \sup\{\boldsymbol{u}'\boldsymbol{x} : \boldsymbol{x} \in \bar{C}\}$。

A.2 概率分布

伽马 (Gamma) 函数和贝塔 (Beta) 函数出现在许多分布的定义中。伽马函数是

$$\Gamma(\alpha) = \int_0^{\infty} x^{\alpha-1} \mathrm{e}^{-x}\,\mathrm{d}x, \quad \alpha > 0 \tag{A.8}$$

并且满足递归关系 $\Gamma(\alpha+1) = \alpha\Gamma(\alpha)$。贝塔函数是

$$\beta(a,b) = \int_0^1 x^{a-1}(1-x)^{b-1}\,\mathrm{d}x, \quad a,b > 0. \tag{A.9}$$

它和伽马函数之间有关系式 $\beta(a,b) = \Gamma(a)\Gamma(b)/\Gamma(a+b)$。

A.2.1 贝塔分布

随机变量 X 服从贝塔分布，可以写成 $X \sim \mathrm{Beta}(a,b)$，它的密度函数是

$$f(x) = \frac{1}{\beta(a,b)} x^{a-1}(1-x)^{b-1}, \quad 0 < x < 1,\ a,b > 0, \tag{A.10}$$

其中 $\beta(a,b)$ 表示公式 (A.9) 中的贝塔函数。当 $a = b = 1$ 时，可以得到贝塔分布的一种特殊情形，均匀分布 $U(0,1)$。贝塔分布的均值和方差分别为 $E(X) = a/(a+b)$ 和 $\mathrm{var}(X) = (ab)/((a+b+1)(a+b)^2)$。

A.2.2 指数分布

随机变量 X 服从指数分布，可以写成 $X \sim \mathrm{Exp}(\lambda)$，它的密度函数是

$$f(x) = \lambda \exp(-\lambda x), \quad x > 0,\ \lambda > 0 \tag{A.11}$$

分布的均值是 $E(X) = \lambda^{-1}$，方差是 $\mathrm{var}(X) = \lambda^{-2}$。

A.2.3 F 分布

随机变量 X 服从 F 分布，可以写成 $X \sim F(\nu_1, \nu_2)$，它的密度函数是

$$f(x) = \frac{1}{\beta(\frac{1}{2}\nu_1, \frac{1}{2}\nu_2)} \left(\frac{\nu_1}{\nu_2}\right)^{\nu_1/2} \frac{x^{(\nu_1-2)/2}}{(1+\nu_1 x/\nu_2)^{(\nu_1+\nu_2)/2}}, \quad x > 0,\ \nu_1, \nu_2 > 0 \tag{A.12}$$

分布的均值是 $E(X) = \nu_2/(\nu_2 - 2)$，其中要求 $\nu_2 > 2$。当 $\nu_2 > 4$ 时，方差是

$$\operatorname{var}(X) = 2\left(\frac{\nu_2}{\nu_2 - 2}\right)^2 \frac{\nu_1 + \nu_2 - 2}{\nu_1(\nu_1 - 4)}$$

A.2.4 伽马分布

随机变量 X 服从伽马分布，可以写成 $X \sim \mathrm{Ga}(\alpha, \beta)$，它的密度函数是

$$f(x) = \frac{\beta^\alpha}{\Gamma(\alpha)} x^{\alpha-1} \exp(-\beta x), \quad x > 0,\ \alpha > 0,\ \beta > 0 \tag{A.13}$$

其中 $\Gamma(\alpha)$ 表示公式 (A.8) 中的伽马函数。利用伽马函数的迭代性质，就可以很容易地计算出伽马分布的均值和方差，分别为 $E(X) = \alpha/\beta$ 和 $\operatorname{var}(X) = \alpha/\beta^2$。为了利用第 15.1.1 节中的 EM 方法拟合多元 t 分布，可以利用 $E(\ln X) = \psi(\alpha) - \ln(\beta)$，其中 $\psi(k) = \mathrm{d}\ln(\Gamma(k))/\mathrm{d}k$ 是 digamma 或 psi 函数。

当 $\alpha = 1$ 时，可以得到伽马分布的一种特殊情形，指数分布。如果 $X \sim \mathrm{Ga}(\alpha, \beta)$ 且 $k > 0$，那么 $kX \sim \mathrm{Ga}(\alpha, \beta/k)$。对于两个相互独立的伽马变量 $X_1 \sim \mathrm{Ga}(\alpha_1, \beta)$ 和 $X_2 \sim \mathrm{Ga}(\alpha_2, \beta)$，有 $X_1 + X_2 \sim \mathrm{Ga}(\alpha_1 + \alpha_2, \beta)$。同时也要注意到，如果 $X \sim \mathrm{Ga}(\frac{1}{2}\nu, \frac{1}{2})$，那么 X 服从自由度为 ν 的卡方分布，可以写成 $X \sim \chi^2_\nu$。

A.2.5 广义逆高斯分布

随机变量 X 服从广义逆高斯 (GIG) 分布，可以写成 $X \sim N^-(\lambda, \chi, \psi)$，它的密度函数是

$$f(x) = \frac{\chi^{-\lambda}(\sqrt{\chi\psi})^\lambda}{2K_\lambda(\sqrt{\chi\psi})} x^{\lambda-1} \exp(-\tfrac{1}{2}(\chi x^{-1} + \psi x)), \quad x > 0 \tag{A.14}$$

其中 K_λ 表示指数为 λ 的第三类修正 Bessel 函数。并且分布的参数要满足当 $\lambda < 0$ 时，$\chi > 0, \psi \geqslant 0$；当 $\lambda = 0$ 时，$\chi > 0, \psi > 0$；当 $\lambda > 0$ 时，$\chi \geqslant 0, \psi > 0$。更多关于 Bessel 函数的细节可以参考Abramowitz and Stegun (1965)。

GIG 密度函数包含了伽马密度函数和逆伽马密度函数这两种特殊极限形式，分别对应 $\chi = 0$ 和 $\psi = 0$。在这两种情形下，(A.14) 是一种极限表示，可利用渐近关系来计算，即当 $x \to 0+$ 和 $\lambda > 0$ 时，$K_\lambda(x) \sim \Gamma(\lambda) 2^{\lambda-1} x^{-\lambda}$；当 $x \to 0+$ 和 $\lambda < 0$ 时，$K_\lambda(x) \sim \Gamma(-\lambda) 2^{-\lambda-1} x^\lambda$。同时利用 $K_\lambda(x) = K_{-\lambda}(x)$，可以得到当 $\lambda > 0$ 和 $\chi = 0$ 时，$X \sim \mathrm{Ga}(\lambda, \frac{1}{2}\psi)$；当 $\lambda < 0$ 和 $\psi = 0$ 时，$X \sim \mathrm{Ig}(-\lambda, \frac{1}{2}\chi)$。如果 $\lambda = -\frac{1}{2}$ 时，这个分布就是逆高斯分布。同时要注意，当 $Y \sim N^-(\lambda, \chi, \psi)$ 时，$1/Y \sim N^-(-\lambda, \psi, \chi)$。

当 $\chi > 0$ 和 $\psi > 0$ 时，非极限形式的计算是

$$E(X^\alpha) = \left(\frac{\chi}{\psi}\right)^{\alpha/2} \frac{K_{\lambda+\alpha}(\sqrt{\chi\psi})}{K_\lambda(\sqrt{\chi\psi})}, \quad \alpha \in \mathbb{R} \tag{A.15}$$

$$E(\ln X) = \left.\frac{\mathrm{d}E(X^\alpha)}{\mathrm{d}\alpha}\right|_{\alpha=0} \tag{A.16}$$

A.2.6 逆伽马分布

随机变量 X 服从逆伽马分布，可以写成 $X \sim \mathrm{Ig}(\alpha, \beta)$，它的密度函数是

$$f(x) = \frac{\beta^\alpha}{\Gamma(\alpha)} x^{-(\alpha+1)} \exp(-\beta/x), \quad x > 0,\ \alpha > 0,\ \beta > 0 \tag{A.17}$$

如果 $Y \sim \mathrm{Ga}(\alpha, \beta)$，那么 $1/Y \sim \mathrm{Ig}(\alpha, \beta)$。当 $\alpha > 1$ 时，均值是 $E(X) = \beta/(\alpha-1)$。当 $\alpha > 2$ 时，方差是 $\mathrm{var}(X) = \beta^2/((\alpha-1)^2(\alpha-2))$。而且 $E(\ln X) = \ln(\beta) - \psi(\alpha)$。

A.2.7 负二项分布

随机变量 X 服从参数为 $\alpha > 0$ ，$0 < p < 1$ 的负二项分布，可以写成 $N \sim \mathrm{NB}(\alpha, p)$。它的概率质量函数是

$$P(N = k) = \binom{\alpha + k - 1}{k} p^\alpha (1-p)^k, \quad k = 0, 1, 2, \ldots, \tag{A.18}$$

其中对于 $x \in \mathbb{R}$ 和 $k \in \mathbb{N}_0$，$\binom{x}{k}$ 表示一个扩展的二项系数，它的定义是 $\binom{x}{0} = 1$ 和

$$\binom{x}{k} = \frac{x(x-1)\cdots(x-k+1)}{k!}, \quad k > 0$$

这个分布的矩是

$$E(N) = \alpha(1-p)/p \quad \text{and} \quad \mathrm{var}(N) = \alpha(1-p)/p^2$$

当 $\alpha = r \in \mathbb{N}$ 时，随机变量 $N + r$ 表示在一系列相互独立的成功概率为 p 的伯努利实验中，直到第 r 次成功的等待时间，即直到第 r 次成功时总共的实验次数。当 $\alpha = 1$ 时，随机变量 $N + 1$ 服从几何分布。

A.2.8 帕累托分布

如果随机变量 X 分布函数是

$$F(x) = 1 - \left(\frac{\kappa}{\kappa + x}\right)^\alpha, \quad \alpha, \kappa > 0,\ x \geqslant 0 \tag{A.19}$$

那么它服从帕累托分布，可以写成 $X \sim \mathrm{Pa}(\alpha, \kappa)$，当 $\alpha > n$ 时，分布的矩是

$$E(X^n) = \frac{\kappa^n n!}{\prod_{i=1}^n (\alpha - i)}$$

A.2.9 稳定分布

随机变量 X 服从 α 稳定分布，可以写成 $X \sim \mathrm{St}(\alpha, \beta, \gamma, \delta)$。它的特征函数是

$$\phi(t) = E\exp(\mathrm{i}tX) = \begin{cases} \exp(-\gamma^\alpha |t|^\alpha (1 - \mathrm{i}\beta\,\mathrm{sign}(t)\tan(\pi\alpha/2)) + \mathrm{i}\delta t), & \alpha \neq 1 \\ \exp(-\gamma|t|(1 + \mathrm{i}\beta\,\mathrm{sign}(t)(2/\pi)\ln|t|) + \mathrm{i}\delta t), & \alpha = 1 \end{cases} \tag{A.20}$$

其中 $\alpha \in (0,2]$，$\beta \in [-1,1]$，$\gamma > 0$ 和 $\delta \in \mathbb{R}$。要注意的是稳定分布有多种参数表示形式，我们利用Nolan (2003, 定义 1.8) 中的参数形式。当 $\alpha < 1$ 时，$X \sim \mathrm{St}(\alpha, 1, \gamma, 0)$ 是一个正半轴上的分布，我们称该分布为正稳定分布。

Nolan (2003, 定理 1.19) 给出了标准变量 $Z \sim \mathrm{St}(\alpha, \beta, 1, 0)$ 的一个模拟算法。当 $\alpha \neq 1$ 时，$X = \delta + \gamma Z$ 服从 $\mathrm{St}(\alpha, \beta, \gamma, \delta)$；当 $\alpha = 1$ 时，这个分布就比较复杂。

A.3 似然推断

这部分附录总结了进行似然推断的技术方法，但是忽略了理论细节。该理论的一个很好的入门参考资料是Casella and Berger (2002)，我们在本附录中对此进行了相关引用。其他的一些相关书籍有Serfling (1980)、Lehmann (1983, 1986)、Schervish (1995) 和Stuart et al. (1999)，所有这些都给出了关于渐近语句所需的著名的正则条件的细节。

A.3.1 极大似然估计量

假设随机向量 $\boldsymbol{X} = (X_1, \ldots, X_n)'$ 有一个以某个参数族函数 $f_{\boldsymbol{X}}(\boldsymbol{x}; \boldsymbol{\theta})$ 表示的联合概率密度函数（或概率质量函数），具体函数可以用参数空间 $\boldsymbol{\Theta}$ 中的参数向量 $\boldsymbol{\theta} = (\theta_1, \ldots, \theta_p)'$ 来具体指定。并且我们认为现有的数据是某个未知 θ 值对应的 $\boldsymbol{X}$ 的样本数据。

对于给定的数据，参数向量 $\boldsymbol{\theta}$ 对应的似然函数是 $L(\boldsymbol{\theta}; \boldsymbol{X}) = f_{\boldsymbol{X}}(\boldsymbol{X}; \boldsymbol{\theta})$，极大似然估计量（MLE）$\hat{\boldsymbol{\theta}}$ 就是使 $L(\boldsymbol{\theta}; \boldsymbol{X})$ 最大时的 $\boldsymbol{\theta}$ 值。或者等价地，是使对数似然函数 $l(\boldsymbol{\theta}; \boldsymbol{X}) = \ln L(\boldsymbol{\theta}; \boldsymbol{X})$ 最大时的值。如果想要强调估计量依赖于样本量 n，也可以把这个估计量写成 $\hat{\boldsymbol{\theta}}_n$。

对于大样本 n，我们希望估计值 $\hat{\boldsymbol{\theta}}_n$ 应当接近真实值 $\boldsymbol{\theta}$，有许多著名的渐近结果可以评价大样本时估计量的效果。在描述这些结果时，我们考虑一个传统的情形，即假设向量 $\boldsymbol{X}$ 的元素是独立等分布的，并且有单变量密度函数 f，所以有

$$\ln L(\boldsymbol{\theta}; \boldsymbol{X}) = \ln \prod_{i=1}^{n} f(X_i; \boldsymbol{\theta}) = \sum_{i=1}^{n} \ln L(\boldsymbol{\theta}; X_i)$$

A.3.2 渐近结果：标量参数

我们考虑 $p = 1$ 的情形，并且只有一个参数 θ。在恰当的正则条件下 (参见，例 Casella and Berger, 2002, p. 516)，可以证明 $\hat{\theta}_n$ 是 θ 的一致估计量（即，当样本容量 n 不断增大时，该估计量依概率收敛于 θ）。在正则条件下，θ 还有一个显著特征是它应当是一个不变性参数（$\theta \neq \tilde{\theta} \Rightarrow f(x;\theta) \neq f(x;\tilde{\theta})$），真实的参数 θ 应当是参数空间 Θ 的一个内点，$f(x;\theta)$ 的支持度不应当依赖于 θ。

在更强的正则条件下 (参考 Casella and Berger, 2002, p. 516)，$\hat{\theta}_n$ 可能被证明是 θ 的一个渐近有效估计量，所以它满足

$$\sqrt{n}(\hat{\theta}_n - \theta) \xrightarrow{\mathrm{d}} N(0, I(\theta)^{-1}) \tag{A.21}$$

其中 $I(\theta)$ 表示费雪观察信息，它的定义是

$$I(\theta) = E\left(\frac{\partial}{\partial\theta}\ln L(\theta; X)\right)^2 \tag{A.22}$$

在正则条件下，费雪信息一般也可以用下边的公式计算

$$I(\theta) = -E\left(\frac{\partial^2}{\partial\theta^2}\ln L(\theta; X)\right) \tag{A.23}$$

渐近有效性同时要求渐近正态性和一致性。而且，在样本足够大时，由渐近有效性可知 $\mathrm{var}(\hat{\theta}) \approx 1/(nI(\theta))$，其中右侧是所谓的 Cramér–Rao 下界，它是由独立等分布样本 $X_1, \ldots, X_n$ 得到的 θ 的无偏估计量方差的下界。极大似然估计量可以渐近达到这个最小的可能下界，在这个意义下，它是有效的。

A.3.3 渐近结果：向量参数

当 $p > 1$ 时，有一个参数向量需要估计，此时有类似于上边的结果。$\boldsymbol{\theta}$ 的极大似然估计量 $\hat{\boldsymbol{\theta}}_n$ 在一定的意义下是渐近有效的，即在适当的正则条件下，当 $n \to \infty$，

$$\sqrt{n}(\hat{\boldsymbol{\theta}}_n - \boldsymbol{\theta}) \xrightarrow{\mathrm{d}} N_p(\mathbf{0}, I(\boldsymbol{\theta})^{-1}), \tag{A.24}$$

其中 $I(\boldsymbol{\theta})$ 表示单个观测的费雪信息矩阵的期望。类似于公式 (A.22) 和公式 (A.23)，它的计算式是

$$I(\boldsymbol{\theta}) = E\left(\frac{\partial}{\partial\boldsymbol{\theta}}\ln L(\boldsymbol{\theta}; X)\frac{\partial}{\partial\boldsymbol{\theta}'}\ln L(\boldsymbol{\theta}; X)\right) = -E\left(\frac{\partial^2}{\partial\boldsymbol{\theta}\partial\boldsymbol{\theta}'}\ln L(\boldsymbol{\theta}; X)\right)$$

这里使用的符号应该被理解为具有成份的矩阵

$$I(\boldsymbol{\theta})_{ij} = E\left(\frac{\partial}{\partial\theta_i}\ln L(\boldsymbol{\theta}; X)\frac{\partial}{\partial\theta_j}\ln L(\boldsymbol{\theta}; X)\right) = -E\left(\frac{\partial^2}{\partial\theta_i\partial\theta_j}\ln L(\boldsymbol{\theta}; X)\right)$$

收敛结果 (A.24) 表明，当 n 充分大时，有

$$\hat{\boldsymbol{\theta}}_n \sim N_p(\boldsymbol{\theta}, n^{-1}I(\boldsymbol{\theta})^{-1}), \tag{A.25}$$

这个公式可以被用于构造 $\boldsymbol{\theta}$ 的渐近置信区域或任一元素 θ_j 的渐近置信区间。在实际中，不论 $\boldsymbol{X}$ 的样本是什么样的，利用可观测费雪信息矩阵去近似 $I(\boldsymbol{\theta})$ 会更容易些。可观测费雪信息矩阵是

$$\bar{I}(\boldsymbol{\theta}) = -\frac{1}{n}\sum_{i=1}^{n}\frac{\partial^2}{\partial\boldsymbol{\theta}\partial\boldsymbol{\theta}'}\ln L(\boldsymbol{\theta}; X_i)$$

依据大数定理，这个矩阵应当收敛于期望信息矩阵。并且已有研究表明在一定条件下，这个方法甚至能得到更准确的推断 (Efron and Hinkley, 1978)。在其他情形下，信息矩阵依赖于模型的未知参数，并且常常利用 $I(\hat{\boldsymbol{\theta}})$ 或 $\bar{I}(\hat{\boldsymbol{\theta}})$ 来估计。

A.3.4 Wald 检验和置信区间

当 n 充分大时，由公式 (A.25) 可以得到，

$$Z := \frac{\hat{\theta}_j - \theta_j}{\mathrm{se}(\hat{\theta}_j)} \sim N(0,1), \tag{A.26}$$

其中 $\mathrm{se}(\hat{\theta}_j)$ 表示针对 $\hat{\theta}_j$ 的渐近标准误差（渐近标准差的估计量），具体计算式为

$$\mathrm{se}(\hat{\theta}_j) = \sqrt{n^{-1}I(\hat{\boldsymbol{\theta}})^{-1}_{jj}} \text{ or } \sqrt{n^{-1}\bar{I}(\hat{\boldsymbol{\theta}})^{-1}_{jj}}$$

可以利用公式 (A.26) 针对某个 $\theta_{j,0}$ 值进行假设检验。原假设 $H_0 : \theta_j = \theta_{j,0}$，对应的备择假设是 $H_1 : \theta_j \neq \theta_{j,0}$。对于显著水平为 α 的渐近检验，如果 $|Z| \geqslant \Phi^{-1}(1-\frac{1}{2}\alpha)$，我们就拒绝原假设 H_0。

θ_j 的渐近 $100(1-\alpha)\%$ 置信区间由使原假设不被拒绝的 $\theta_{j,0}$ 值构成，该区间为

$$(\hat{\theta}_j - \mathrm{se}(\hat{\theta}_j)\Phi^{-1}(1-\tfrac{1}{2}\alpha), \hat{\theta}_j + \mathrm{se}(\hat{\theta}_j)\Phi^{-1}(1-\tfrac{1}{2}\alpha)) \tag{A.27}$$

A.3.5 似然比检验和置信区间

现在考虑检验原假设 $H_0 : \boldsymbol{\theta} \in \Theta_0$，对应备择假设 $H_1 : \boldsymbol{\theta} \in \Theta_0^{\mathrm{c}}$，其中 $\Theta_0 \subset \Theta$。考虑似然比检验统计量

$$\lambda(\boldsymbol{X}) = \frac{\sup_{\boldsymbol{\theta}\in\Theta_0} L(\boldsymbol{\theta};\boldsymbol{X})}{\sup_{\boldsymbol{\theta}\in\Theta} L(\boldsymbol{\theta};\boldsymbol{X})}$$

并且像上文一样，假设 $X_1, \ldots, X_n$ 独立同分布，且适用恰当的正则条件。在原假设下，可以得到当 $n \to \infty$ 时，$-2\ln\lambda(\boldsymbol{X}) \sim \chi^2_\nu$，其中卡方分布的自由度参数 ν 是由 Θ 确定的自由参数数目减去原假设 $\boldsymbol{\theta} \in \Theta_0$ 确定的自由参数数目得到的。

例如，我们分隔 $\boldsymbol{\theta}$，从而有 $\boldsymbol{\theta}' = (\boldsymbol{\theta}_1', \boldsymbol{\theta}_2')$，其中 $\boldsymbol{\theta}_1$ 的维度是 q，$\boldsymbol{\theta}_2$ 的维度是 $p-q$。我们希望检验原假设 $H_0 : \boldsymbol{\theta}_1 = \boldsymbol{\theta}_{1,0}$，对应备择假设为 $H_1 : \boldsymbol{\theta}_1 \neq \boldsymbol{\theta}_{1,0}$。用 $L(\boldsymbol{\theta}_1, \boldsymbol{\theta}_2)$ 表示似然函数，那么似然比检验统计量就渐近满足

$$-2\ln\lambda(\boldsymbol{X}) = -2(\ln L(\boldsymbol{\theta}_{1,0}, \hat{\boldsymbol{\theta}}_{2,0}; \boldsymbol{X}) - \ln L(\hat{\boldsymbol{\theta}}_1, \hat{\boldsymbol{\theta}}_2; \boldsymbol{X})) \sim \chi^2_q$$

其中 $\hat{\boldsymbol{\theta}}_1$ 和 $\hat{\boldsymbol{\theta}}_2$ 是 $\boldsymbol{\theta}_1$ 和 $\boldsymbol{\theta}_2$ 的无限制的极大似然估计量 MLE，$\hat{\boldsymbol{\theta}}_{2,0}$ 是原假设下有限制的极大似然估计量 MLE。如果 $-2\ln\lambda(\boldsymbol{X}) > c_{q,1-\alpha}$，就拒绝原假设 H_0，其中 $c_{q,1-\alpha}$ 是 χ^2_q 分布的$(1-\alpha)$ 分位数。

$\boldsymbol{\theta}_1$ 的渐近 $100(1-\alpha)\%$ 置信集合由使原假设 $H_0 : \boldsymbol{\theta}_1 = \boldsymbol{\theta}_{1,0}$ 不被拒绝的 $\boldsymbol{\theta}_{1,0}$ 值构成，即

$$\{\boldsymbol{\theta}_{1,0} : \ln L(\boldsymbol{\theta}_{1,0}, \hat{\boldsymbol{\theta}}_{2,0}; \boldsymbol{x}) \geqslant \ln L(\hat{\boldsymbol{\theta}}_1, \hat{\boldsymbol{\theta}}_2; \boldsymbol{x}) - 0.5c_{q,1-\alpha}\}$$

特别的，如果 $q = 1$，那么我们就仅关注 θ_1，此时置信区间为

$$\{\theta_{1,0} : \ln L(\theta_{1,0}, \hat{\boldsymbol{\theta}}_{2,0}; \boldsymbol{x}) \geqslant \ln L(\hat{\theta}_1, \hat{\boldsymbol{\theta}}_2; \boldsymbol{x}) - 0.5c_{1,1-\alpha}\} \tag{A.28}$$

要注意的是，一般这个区间关于 MLE $\hat{\theta}_1$ 并不是对称的，即从 MLE 到上下界的距离不相等。这和 (A.27) 中的 Wald 区间不同，Wald 区间是严格对称的。

曲线 $(\theta_{1,0}, \ln L(\theta_{1,0}, \hat{\boldsymbol{\theta}}_{2,0}; \boldsymbol{x}))$ 有时被称为 θ_1 的轮廓对数似然曲线，并且在 $\hat{\theta}_1$ 取得最大值。

A.3.6 Akaike 信息准则 (AIC)

似然比检验适用于嵌套模型的比较，即当某些参数值受到约束时，一个模型形成一个更一般模型的特殊情况。我们经常遇到这样的情况，我们想要用数量可能非常不同的参数来比较非嵌套模型。

假设有 m 个模型 $M_1, \ldots, M_m$，第 j 个模型有 k_j 个参数 $\boldsymbol{\theta}_j = (\theta_{j1}, \ldots, \theta_{jk_j})'$ 和似然函数 $L_j(\boldsymbol{\theta}_j; \boldsymbol{X})$。Akaike 方法选择使下边式子最小的模型

$$\mathrm{AIC}(M_j) = -2 \ln L_j(\hat{\boldsymbol{\theta}}_j; \boldsymbol{X}) + 2k_j$$

其中 $\hat{\boldsymbol{\theta}}_j$ 表示 $\boldsymbol{\theta}_j$ 的极大似然估计量。AIC 数值本质上是给最大对数似然值添加了一个大小等于模型参数个数 k_j 的惩罚项。被选中的模型是使被惩罚的对数似然 $\ln L_j(\hat{\boldsymbol{\theta}}_j; \boldsymbol{X}) - k_j$ 最大的模型。还有一些 AIC 准则的变形形式，例如 Schwartz 的贝叶斯信息准则 (BIC)，它是添加了关于模型参数的不同的惩罚项。可以参考Burnham and Anderson (2002) 去了解关于使用这些准则进行模型比较的更多细节。